这是一个金融的世界，人人难以置身其外。金融与我们每个人一生的幸福息息相关，与一个国家强弱盛衰的运势息息相关。

金融学

一本通

张卉妍◎编著

北京联合出版公司
Beijing United Publishing Co.,Ltd.

图书在版编目（CIP）数据

金融学一本通 / 张卉妍编著 . — 北京：北京联合出版公司，2015.6（2018.10 重印）

ISBN 978-7-5502-5111-3

Ⅰ .①金… Ⅱ .①张… Ⅲ .①金融学－基本知识 Ⅳ .① F830

中国版本图书馆 CIP 数据核字（2015）第 082624 号

金融学一本通

编　　著：张卉妍

责任编辑：王　巍

封面设计：李艾红

责任校对：胡宝林

美术编辑：盛小云

北京联合出版公司出版

（北京市西城区德外大街83号楼9层　100088）

北京德富泰印务有限公司印刷　新华书店经销

字数700千字　　720毫米×1020毫米　1/16　40印张

2018年10月第2版　2018年10月第3次印刷

ISBN 978-7-5502-5111-3

定价：78.00元

前　言

当今社会,除非你的生活能够远离金钱,否则,不管你是否喜欢,人人都需要关注金融,不仅要关注国内的,还要关注国际的。这些年来,全球经济已经一体化,可谓大家都生活在一个地球村,任何地方发生的财经事件,都有可能间接或直接影响到你的切身利益。说白了,金融的变化将直接关系到你我钱包的大小。于是,有关普通百姓如何应对通货膨胀、货币、金融问题的根本,以及美元贬值策略、中国企业转型迫在眉睫、人民币走向国际等系列话题,都成了街头巷尾的谈资。

法国哲学家狄德罗说,人们谈论最多的事情,往往是最不熟悉的事情。金融也许就是这样。它不仅在历史的长河中主宰着各国的兴衰变迁,同时也在现实生活中与我们如影随形。可以说,我们的生活时刻被金融学的影子所萦绕,日常生活的点点滴滴都与金融学有着或远或近的关系,每一件小事背后其实都有一定的金融学规律和法则可循,我们的生活已经离不开金融学。这是一个金融的世界,人人难以置身其外。金融与我们每个人一生的幸福息息相关,与一个国家强弱盛衰的运势息息相关。经济全球化是历史发展的必然趋势,中国无法置身于外。我们只有参与到全球产业链的竞争与合作中去,才能分享全球化带来的好处。我们既要参与国际游戏,享受全球化带来的好处,又要注意防范国际游戏的风险和陷阱。这就要求我们必须熟悉和掌握国际游戏的规则。毋庸置疑,历史上任何一个国家的兴衰变迁,都离不开金融的力量,一切国际大事件的背后都蕴含着这样一个真理——金融在改变国家的命运。

人类已经进入金融时代、金融社会,金融无处不在并已形成一个庞大体系,金融学涉及的范畴、分支和内容非常广,如货币、证券、银行、保险、资本市场、衍生证券、投资理财、各种基金(私募、公募)、国际收支、财政管理、贸易金融、地产金融、外汇管理、风险管理等。金融学尽管主宰着大国的命运和我们生活当中的方方面面,但因为其专业性、学术性较强,并且需要精深的数学工具才能深悟其运行机理,所以一般读者很难剥去金融学复杂的表象。当面对众多复杂的金融变量和令人眩晕的金融数据时,很多人只好选择逃避。于是神圣的金融学往往被束之高阁,成为专家手里的玩偶。知识只有普及到大众,才能显示出其持久的生命力。如何把博大精深、抽象难懂的金融学知识转化为通俗易懂的语言,如何让它从高深的学术殿堂上走下来、步入寻常百姓家,已成为人们期待解决的问题。

　　为了帮助广大普通读者轻松、愉快、高效地了解金融学知识，我们特精心编写了这本金融学通俗读物——《金融学一本通》，本书系统讲述了金融学的基本理论知识及其在现实社会生活中的应用，以浅显的语言普及经济学常识，以轻松的笔墨回答金融学问题。书中没有艰深晦涩专业术语，而是以金融学的基本结构作为骨架，以生活中的鲜活事例为血肉将金融学内在的深刻原理与奥妙之处娓娓道来，让读者在快乐和享受中，迅速了解金融学的全貌。并学会用金融学的视角和思维观察、剖析种种金融现象，读懂国际热点事件背后蕴藏的金融原理。书中将金融学中最生动的一面呈现在读者面前。通过回顾金融的演化历史，以通俗易懂的语言为读者解释金融专业术语和金融原理在现实生活中的应用，并通过历史上金融家的故事，让读者身临其境地去感受金融学的魅力，这是我们的编写宗旨。希望读者在阅读之后可以有所启发，在大的金融背景下，运用所学指导自己的行为，解决生活中遇见的各种难题，从而更快地走向成功。读过本书，你就会发现，金融学一点也不枯燥难懂，而是如此的贴近生活，如此的有趣，同时又是如此的实用。

目 录

入门篇：开启金融之门

操作篇：打理金融生活

历史篇：解读金融的历史

热点篇：与金融大事面对面

入门篇：

开启金融之门

第一章 我们生活在富饶的"金融时代"

——什么是金融学

推开金碧辉煌的金融学殿堂的大门

人人都喜欢的东西是什么？人民币？对，但狭隘了。钱？对，虽然感觉有点俗，但至少没有人是排斥钱的吧？既然大家都喜欢钱，那务必要了解一下金融学，因为金融学研究的就是关于金钱的问题，货币就是它的研究对象。更重要的是，当你推开金融学的大门，你会发现，金融无处不在。在这里，你不仅能接触到银行存款和银行贷款，还能知道物价上涨会对利率产生影响，不仅能懂得利用基金股票来理财投资，还知道外汇期货也是好的金融工具；在这里，你不仅能从美国金融中心华尔街漫步到香港，还能从北京金融大街畅游到上海陆家嘴金融中心；在这里，你不仅能欣赏庄严古朴的建筑，还能欣赏神奇的以钱生钱术，甚至还有金融操纵控制政治的强大力量。

随着社会经济的不断进步与发展，金融投资活动越来越多地被人所认识并接受，成为平常百姓家的一个常见的话题，金融学早已走下学术的"神坛"，飞入了寻常百姓家。

改革开放以前，由于人们日常生活中很难接触或利用到金融投资方面的知识，并且与西方发达国家的交流很少，所以，在绝大部分人的观念中，金融学与金融投资是一项必须通过专业知识的学习与训练才能掌握的高深学问或技巧，而一般人也很难有专业的学习与训练机会。但是，改革开放以来，随着社会经济的发展，大量西方发达国家的金融知识或金融产品被引入，同时普通民众接触到越来越多的关于金融的实际问题。伴随着金融业的发展、老百姓日常理财和投资需要的增加，特别是网络这一全方位学习媒介的普及，越来越多的人通过学习理论知识、亲身参与金融理财实践，加深了对金融学认识的广度和深度，而这些金融学知识也往往成为他们获取更多财富的重要路径。

以前，企业经济和金融甚至都可以分开，联系还不是那么紧密；而现在，全球经济紧紧地绑在一起，企业经济和金融也无法分开，更重要的是，金融已经和每个人绑在一起了，金融和实体经济相互影响和渗透，跟人们的生活密切相关。

所以无论是生活还是经营，在现在这个社会里，都已经离不开金融了。金融学并不是庄严神圣的人民大会堂，普通人不可以随便进出，它就像是一个项目丰富而又幽深的公园，谁都可以进，但是对于你怎么利用它，还得看个人的知识和功力了。有些人走错道，可能走进了可怕的鬼屋，好端端吓病一场；有些人好好研究了，可能就走出了正确道路，不仅有美丽的风景，也许还有很多美味诱人的果实。

越来越多的财富是金融活动创造的

财富是怎么创造出来的？我们说，有投入才有产出，产出就是财富。所有的产业都一样，包括农业、工业和服务业，都是以创造财富为目的的。在早期的农业社会，财富是粮食，是农作物；在工业社会，财富就是产品，生产出多少产品就是创造了多少财富；在现在服务业发达的今天，财富的创造逐渐从农业和制造业转移到服务业上，而服务业里面，创造财富最多的，莫过于金融业了。

财富被产生出来的标志就是用少量成本或者不用成本创造出更多价值来。这种所谓不花成本的东西，我们称之为生产要素，主要包括自然资源、劳动力以及资本。资本呢，有些场合可以俗称钱。那么很显然，用钱生钱似乎比用其他两种要素生钱效率更高，这就是金融业的作用。

那么，金融是怎么创造财富的呢？我们都知道，同样是钱，同样是财富，在不同的时间和不同的地点，他们带来的效益是不一样的。举个例子说，同样100块钱，对于一个富人来说可能毫不在意，随手撕掉毫不放在心上；但是对一个穷人来说，100块钱很有用，也许可以为孩子买一罐奶粉，也许正好给年迈的父母买上一盒急用药，也许是家里好几天的买菜钱。这就是资金的效用不同。另外，相同的钱用在不同的地方带来的收益也完全不同。比如还是那100块钱，有些人可能拿来买吃的，被消费掉了；而有些人则有可能拿来投资，放到股市里从而赚来更多的钱。那么金融就有这么一个作用，在没有金融的时候，人们钱多了只能储藏起来，而有金融系统以后，人们钱多了则有很多选择，可以放在银行里拿利息；可以放到证券市场上去投资，等待股息分红；可以购买保险、国债等等。这些活动有一个共同的地方，就是有闲钱的人把暂时闲置的资金拿出来，同时还有一定的收益可能；而另外一些资金可能不足但是有大好商机的人就可以先利用这一笔钱去赚钱，给提供资金的人一些回报就行。当然，金融是有风险的，这个风险则是每个人都需要承担的。但是与风险相对应的就是收益，金融创造出的巨大财富吸引广大资金闲置者将剩余资金放到金融市场里，以便为自己创造更多的财富。

作为老牌的欧美强国英国，资产阶级革命以后，随着资本市场的逐渐发展，股票和债券市场也随之建立起来。英国政府借助债券市场的力量，以较低的利率筹集到大量资金，不仅满足了各项经费开支，还利用这些资金建立起了一支强大的军队。英国在股票市场上也很有作为，英国的企业在股票市场上筹集到企业运营所必需的资金，同时所有的股东都根据投资额度而享有相应的有限责任，因此许多投资者都能够积极参与到企业的发展中去，全心为企业的发展着想。

美国的金融市场更不必说，几乎可以这么说，美国的崛起与金融是密不可分的。美国的独立战争以及南北战争，也欠下很多的战争债。在独立战争之后，面对各种债务，财长汉密尔顿很轻松地化解了这些难题，其途径其实特别简单，就是发行了三只新债，并且进行债务重组，除了化解债务危机之外，还为华尔街的兴起奠定了坚实基础。

华尔街所创造的财富自然不必在这里强调，几乎大部分资本都会跑到华尔街。这充分证实金融对财富创造的一个巨大贡献。另外，几乎人尽皆知的一个人物——股神巴菲特，他近六百亿美元的资产几乎都是通过股市这一金融活动所赚来的。再近一点，说我们的上海陆家嘴金融中心，那里林立的高楼中没有工厂，也不生产任何我们能看一看摸一摸的产品，但那些写字楼里坐着的，都是收入远远高于富士康那些工厂里日夜不停劳作的工人的有钱人。这些有钱人都是金融创造出来的，金融不只创造了巴菲特一个，而是创造了千千万万拥有很多资产的人。

从个人来说，重要的就是个人理财。时间往前倒退个二三十年，大部分人说起理财恐怕只有一个途径：存钱。而现在，很多人都知道投资理财有多种途径，鸡蛋不能放在一个篮子里。我们除了要规避投资风险，同样要注意储蓄的收益可能被通胀抵消，所以很多人会进行股票、债券、保险、国债、基金以及不同期存款搭配选择来进行资产的保值增值。这种选择很显然，全是在金融系统里运作。

所以说，如今的生活中，越来越多的财富是被金融创造出来的，金融在经济生活中的作用也将越来越重要，我们每个人都应当越来越重视金融的作用，要更加深入地去了解和学习金融知识。当然，国家也必须加快金融制度建设，加快法制建设以促进金融的发展。

为什么钱多了并没有感到富有

钱多起来了，这句话用来形容中国确实一点也不过分。首先国家很富有，这没的说，我们的外汇储备多得都让专家们忧虑了；从人们的个人财富上来说，也确实多了起来，农民们盖起小洋楼，电灯电话不用说，家用电器全齐了，虽然消费习惯和设施选择等方面的差异还是很大，但室内设施其实已经跟城里并没太大差别了。至少，同 10 年前相比，生活水平是大大提高了，同 30 年前比，那改变更是天翻地覆。但是，如今人们的幸福感，也许还不如 30 年前呢。

为什么中国钱多了许多人并不感到富有？

陈志武教授说过这么一段话：以前基于亲情和友情从而实现的互助互惠的经济活动，如今已经是市场化、经济化的东西了，全部都渗透了隐性的金融交易。而现实里显性金融服务，如保险、养老、信贷以及其他投资产品又无法跟上，保障不够健全，那么中国人在钱多起来的同时，可能仍旧很不安，甚至更加不安。就像我们古有养儿防老的说法，而现在老子不要养儿子已经很好了，生活压力似乎远超过我们的收入，即使今天能过着富有的生活，但人们对未来总是惴惴不安。这会导致人们的一个储蓄偏好，消费跟不上收入水平，因而会导致内需不足，无法增长，总体的经济增长仍然需要大量依靠外需来拉动，而国人的幸福感也无法提升。

所以，说起来是人们富起来了，但是金融工具没跟上。

中华民族是古老勤劳的民族，勤劳一直都是美德，但是中国人历来勤劳却不够富有。因为我们缺少金融工具，没有丰富的产业资本和生产资金。改革开放之初，我们是没有资金，无法解决发展中需要资金的问题，因此要广引外资，借助外资的力量和技术来带动我们自身经济的发展。随着改革开放的深入，我们资金也引来了，技术也引来了，制度也开始效仿和创新了，各方面都发展上去了，但是金融的创新还没跟上。

另外，随着经济每年稳步增长，经济增长率在世界也是备受瞩目，人们财富增加的同时消费水平也逐渐提高，很平常的日常活动也需要大量金钱的支持，收入多了，支出也多了，于是总体上人们就感觉不到财富增加了多少。另外，一个很重要的因素，通货膨胀一直伴随着人们的生活，通胀预期从来就没有减少，甚至日趋加深。人们的财富因通胀抵消的程度很大，甚至导致了人们不敢消费又不敢储蓄的双重困境。一方面，因未来一个不确定性以及防范风险和意外的需要导致不敢消费；另一方面，储蓄所得收益甚至都比不上通胀率，钱放在银行里不仅没有增值，反而保值都困难，大量储蓄面临贬值的风险。

现在的保障体系还不完善，城市居民可以享受到比较健全的保险，农村居民的保险还有很多不健全的地方。经济活动的广泛导致生活环境质量日益下降，一些百姓生活最关心最重要的问题仍然不能够很好地解决，所以说个不好听的比喻，即使人们睡觉的时候手中还捏着钱，做的梦也许还是不安稳的，更提不上幸福感。

所以有些时候，所谓"富二代""官二代"这些字眼特别醒目，并不是民众有仇富心理而放大这些字眼，而是人们的幸福指数真的不够高，这个需要我们重视起来。

在幸福感里面，一个很突出的问题就是房子的问题。在中国的文化里，本身就有一种置业文化，就类似于有房才有家的感觉。没有房子，即使结婚生子，却仍让人感觉浮萍无根，内心始终不觉得安定和充实，总有那么一种空虚感存在。因此，不管怎样，每个人几乎都有这么一个目标：要为房子而奋斗。即使是老年人，也许也还要为下一代操心，为儿女的房子付上首付才算完事。这反映了一个现实：除了房子这个本身不动产不可流通之外，人们的消费力度更加下降，流通性更加减弱，因此更加阻碍了经济的增长。

我们再想一想，为什么我们总感觉美国人那么有钱？为什么他们很乐意全世界到处乱跑去旅游？为什么他们敢于赚多少钱花多少钱，花没了再去赚？这一方面是观念上的差异，东西方消费观确实存在很大的不同；另外一个就是西方国家保障比较好，而我们则还有相当大的差距。还有一个重要的原因，就是美国金融系统发达，他们的资金很自由。相对来说，中国金融则没那么发达，这是我们经济和制度需要努力发展和创新的方面之一。

掌控世界的不是政治家而是投资家

掌控世界需要哪些条件？肯定很多人首先想到：要有权。没权，你说话谁听？当然，还必须得有钱。美国选总统要不要钱？要，不仅要，还得用钱砸出来。因此两类人最有可能：政治家和投资家。那么，掌控世界的是政治家还是投资家？我想分享两个故事就明了了。

对金融有所了解的人都知道有个神秘的罗斯柴尔德家族，对普通人来说，人们知道拿破仑，知道威灵顿，知道林肯，知道今大的巴菲特、乔布斯等人，但对这个名字和家族却比较陌生。那么，从现在开始，我们要了解它了。不管我们认为谁会掌控世界，它的力量有助于我们了解真相。罗斯柴尔德家族的第一个成员叫梅耶，他是一个投资奇才。1970年梅耶成为法兰克福的皇宫代理人，之后还获得了罗马帝国"帝国皇家代理"的头衔，奠定了罗斯柴尔德家族在法兰克福的金融地位。除了他自己之外，梅耶有五个儿子，同样都是投资奇才。大儿子阿姆斯洛驻扎法兰克福，其他几个儿子则分派到欧洲其他国家。最后形成的家族格局是以法兰克福为中心，所罗门驻扎维也纳，内森占领伦敦，卡尔分管那不勒斯，詹姆斯占据巴黎。

首先来介绍一下内森占领英国的故事。1789年法国大革命爆发后，政治家忙着战争，投资家也没闲着。当拿破仑和威灵顿将军在前线激烈交战的时候，英国的内森在密切关注战事，他利用自己的间谍在第一时间内打探到滑铁卢战争的胜负，迅速抄底英国国债，一天之内就狂赚了20倍的金钱。而其他人得到前线传来的战争结果整整比内森的情报晚了一天！威灵顿和拿破仑在几十年战争中所赚到财富的总和，都不及内森在这一天里所赚的多！

再来说说所罗门。当时的奥地利四处征战，大家都知道战争不仅仅需要人力，还需要武器，需要武器就需要大量经济力量的支撑。所罗门首先结交外交大臣梅特涅，在取得梅特涅的信任和重用之后，所罗门便向奥地利提供大量贷款，迅速成为王室最大的债权人，控制了奥地利的财权。

在巴黎的詹姆斯也一样。利用家族的关系，詹姆斯大量购买法国国债以哄抬国债价格，价格被哄抬以后他们又大量抛出，致使国债价格急剧下跌，而詹姆斯则财富空前，成为法国名副其实、无可争议的金融寡头。卡尔在那不勒斯建立那不勒斯银行，正好意大利需要大量军用贷款，借此机会卡尔成为意大利宫廷的财政主脉。在法兰克福的阿姆斯洛也凭借在德意志的影响成为德意志的财政部长。

自此，家族强大的金融网在欧洲铺开，缔造了世上强大的金融帝国。所以归结起来，他们的强大财富除了本身的金融眼光和投资才能之外，主要外力都是借助战争。但是他们的获利，却远远超过政治家们，甚至因为经济和财政的原因，政治家也不得不听从他们家族的安排。

另外一个故事是索罗斯狙击英镑。1990年英国打算加入西欧国家所创立的新货币体系，这个欧洲汇率体系会让体系内各国的货币转而相互钉住，而不是像之前各国货币钉住黄金或者美元的机制，这样会导致汇率的浮动比较大。尤其是两年后马斯特里赫特条约的签订，让很多欧洲货币被高估。索罗斯判断，一旦成员国国家市场发生动荡，如果核心国不牺牲自己利益来帮助欧盟成员，成员国自己是很难渡过难关的。当时英国经济处于低迷不景气的状态，索罗斯正是看清了这一点，于是就不断加大投资规模，随着时间的推移，英国政府无力维持高利率，但核心国德国联邦银行又拒绝英国降息的要求，于是英国经济日益衰退。经济的不景气导致英镑疲软，对马克的汇率不断下跌，索罗斯看准时机对包括英镑在内的其他疲软货币进行攻击，大量抛售，使得英镑不断贬值。索罗斯投入的是一场巨大的赌博，仅他一人就动用了近100亿美元。加之其他投机者的力量，最终迫使英镑退出欧洲汇率体系，至今仍在体系之外。索罗斯也成为打败英国政府，击垮英格兰银行的人。

由此可见，投资家的实力甚至能比一个政府还强大。

经济与政治从来都是密不可分的，经济与生活也从来都是密不可分的。用马克思主义的一句话来说，经济基础决定上层建筑，那么从某种意义上也可以说投资家可以控制政治家。所以真正善于投资的投资家，会关注世界的每一个角落，会关注每一个政策动态，会关注任何一个小小的事故。比如有这样一个故事：有一天一个投资家在家看电视，新闻里讲到赞比亚发生战争。于是该投资家马上就决定购买期货，囤积铜。果不其然，之后铜的价格大涨，他狠狠地赚到一笔。看上去这个新闻和这个决定是两个八竿子打不着的独立事件，但在投资家眼里就是机会。正所谓内行人看门道，外行人看热闹。原来非洲的赞比亚是盛产铜的国家，赞比亚发生战争，投资家判断必然会对世界铜的供应产生影响，一旦供不应求，铜的价格必定会上涨。因此，他果断决定囤积铜以备后续之需。事实证明他这个决策是多么正确。

人人都可以做投资家，只要我们的眼光比政治家还要宽。

金融治国，政府有钱不如民间富有

人们常说"国富民强"，这也一直是国家和人民追求的。可是藏富于国和藏富于民是一回事吗？会带来一样的结果吗？为什么负债累累的政府国民过得比较幸福，经济制度比较健全，能真正酿出民主、自由，发展科学，达到全面繁荣？而有巨额财富，拥有强大外汇储备，是别国政府大债主的政府反而不能带给国民幸福，甚至发展不够健全，各种问题层出不穷？为什么不是富有者更加具有民主法制？为什么不是有钱了才更能办事？

同想历史，国富民安的朝代多采取休养生息、轻徭薄赋的政策，这也是儒家思想治国的核心之一。但是今天，似乎真正将此思想发扬光大并运用到实际中。"国富"和"民富"不是一回事了吗？国家富起来难道不等于国民富起来？人民富裕了对国家影响到底如何？

国富，就是财富都集中于国家。比如商鞅时期，鼓励农业生产，但是必须"家不积粟"，农民需要努力耕地种粮食，但是收成必须上交国家，不许自己私藏。出于商鞅的考虑，也许富有的人民不好管理，他们有自己的实力可以和政府对抗，而贫穷的百姓则好管理得多，他们能解决温饱即可。可是再想一想，多少农民起义不是因为赋税严重，苛捐严税，如硕鼠害民？

民富，则是指财富归百姓所有，藏富于民。这种结果多因为国家轻赋税重发展而致。试想，国家如果不大力发展生产，财富无法生成。而百姓即使有大量财富，如果都被征收税赋，则依然没有财富可言。

到底藏富于国有利于发展，还是藏富于民有利于发展呢？

陈志武曾举这么一个事例，有两组国家，分别是1600年时国库丰盛的国家，如印度、土耳其以及日本；另一组负债累累，比如像英国、意大利城邦、荷兰、西班牙、法国等。但是，从400年前直到19世纪、20世纪，当时负债累累的那组国家如今都是经济发达国家，且民主法制建设都很好；而除日本明治维新之后改变命运逐步发展并进入发达国家之外，那些"腰缠万贯"的国家反而都是发展中国家。

财富在民间和国家之间的分配与自由、民主、法制的发展有着相当微妙的关系。看似八竿子打不着的民主、自由、法制的建设与金融市场之间，其实有着依赖的关系。

拿美国来说，通过国债的价格的涨跌变化能够对具体政策与制度作出相应评价，可以反映出市场对国家的未来定价。国家需要通过国债来收集资金，则当国债价格下跌时政府就必须对法律或者政策作出调整以让公众满意。也就是说，负债累累的政府对百姓的税收很依赖，只有促进民主制约专制让百姓满意，百姓才愿意缴税。当政府有求于百姓时，他就不得不为百姓做事。政府钱不够用时自然需要金融市场的运作，到市场上去融资，为了能更好地融资，势必就要建设好民主和法治。

这里一个很关键的词语：税收。通过阐述，国家依赖税收这个杠杆则依赖于民众。那么税收应该在一个什么样的水平呢？是不是越多越好？显然不是。不收税是不行的，国家缺钱也无法发展建设，民主、自由、法治皆为空谈。但是税收超过民众的负担，劳动之后的成功全部被政府掠夺，则再也不会有人愿意劳动了，谁愿意辛辛苦苦却白白干活？所以关于税收，正如拉弗曲线所说，控制在一定的程度才能达到效益最大化，既不能不收，又不可多收。

对任何一个百姓来说，都是希望国家强大繁荣。国乃家之根本，是家和个人的强大后盾。但是，对于每一个普通百姓来说，生活是具体的，要的是公众温和友爱，善待他人，告别冷漠，看到别人需要帮助时不会不敢站出来帮一把，自己需要帮助时有人愿意搭把手，这些都需要政府的帮助，因此没有人不愿意依法纳税。但是同样的，开门七件事，样样都要钱。国家富有之外，百姓也需要富有，这样才能够相互支撑，也才有能力负担税赋，以让国家充实国库，更好发展。

从根本上说，国家的财富也是来源于民众的创造，是无数百姓将自己小份额的财产让渡给国家，才汇聚成国家的巨大财富。就好像一条大河，主干道充足的河水必定是由众多支流汇聚一起才得以形成强大水流的。小河里有水才能保证大河不干涸，而若大河抽干了所有小河里的水，大河离干涸的日子也不远了。

因此，可以说，民富是民主法治以及自由的基本条件。藏富于民则政府有求于民，有求于完善的金融市场，政府必定要全力建设好才能够让民众心甘情愿让渡出财富，致力于发展的政府才无余力扩张政府权力专制。

金融出问题了，对我们有什么影响

辛格夫妇都是工厂工人，如今退休在家，拿着养老金，日子闲适。一天在街上散步，听到很多人议论纷纷，说是金融危机来了，金融业许多公司倒闭，很多老板跳楼。二老一边唏嘘，一边高兴地说，我们虽然没什么钱，但这个时候我们比那些有钱人幸福。我们不投资，不买股票，没有债券，有点积蓄存银行里，多安全啊！当初不买基金，那个卖基金的小伙子还说咱们老顽固呢！这下是我们对了吧！

辛格夫妇说得到底对不对呢？是不是金融只对从事金融活动的人有影响，对普通老百姓没影响呢？金融出问题了，到底会带来哪些后果？

我们先回顾一下历史上人尽皆知的几次金融危机。1929年经济大崩溃，大批银行倒闭，产品大量剩余积压，资本家们把成桶的牛奶倒入河里，企业纷纷破产，工人失业是普遍的现象，每天排队等候救济粮的失业工人不计其数。1997年东南亚金融危机，自泰国货币危机始，短短几个月内金融危机很快席卷整个东南亚，甚至波及日本、韩国地区，并且不断在向全球扩散。更近一点，2008 年美国金融危机，因次贷缘起，波及整个金融领域以致几乎引起全面的经济危机。受此影响，国内股市大跌，股民损失惨重，散户从 2007 年短暂的股市春天里获利的日子就此成为历史上的记忆。更甚，对外贸的影响至今尚未恢复，就危机爆发的头几个月里广东沿海许多出口加工型的企业都已经纷纷倒闭。这是国际性金融危机，但是也能波及国民个人，比如造成失业，股市暴跌，金融市场不稳定等。如果是国内金融出现问题，像解放前期国统区的通货膨胀，那种民不聊生的情况相信经历过的人都会永难忘记。

金融危机对我们生活的具体影响主要有以下几个层面：

第一个层面，首先是金融系统层面。既然金融出现问题，那么首先受影响的就是金融系统。基金债券公司倒闭，投行关门，金融从业者失业。比如 2008 年金融危机，让全球开始瞩目和震惊的就是因为雷曼兄弟破产，随后在同一天美林证券被美国银行收购，接着美国保险集团 AIG 也陷入危机，更有"两房"（房利美和房地美），让许多人艳羡的华尔街金融从业人员顷刻间纷纷失业，并且相当一段时间内还很难找到工作。除投行外，与民众联系更密切的银行也一样。如果银行倒闭，除银行工作人员失业外，市民的存款皆付之一炬，如果把全部存款都放在银行，且是同一个银行，则风险更大。现在国际金融系统联系越来越大，在开放系统下，任何一个国家出现问题都会影响到全球金融，就好像"美国打个喷嚏，全球可能就要感冒"的说法一样。

第二个层面，对实体经济的影响。金融危机的爆发会使实体经济进入低迷状态。金融为什么会影响实体呢？工人在工厂加工制造衣服、鞋子和帽子，和金融有什么关系？是的，看上去似乎有点不可思议，一个西方国家的人贷款买房的问题居然让一个在东方国家工厂里工作的工人失业了，似乎是不可能关联上的两件事，但它们就是切实联系在一起的。这个联系其实不复杂。制造的衣服鞋帽需要卖给西方人，当西方发生经济危机时，那边的工人失业，购买力低，银行倒闭或者资金紧缩，那边的企业也无法有贷款，企业也没能力继续购买我们的衣服帽子。工厂里成品卖不出去，无法接到订单，企业无法回收成本，工人工资难以为继，并且也不再需要工人干活，于是东方的工厂里工人也失业了。就从经济体内部讲，金融发生问题，企业融资势必就困难，并且有相当一部分企业本身会因在金融市场投资而失利，于是企业进行的生产就将萎缩，社会产出减少；大量工人失业，收入减少，购买力进一步下降，有效需求减弱，经济进一步萎靡；如果是全球性的问题，不仅国内需求减少，国际需求也逐渐减少，有效需求进一步降低，经济增长势必放缓，出现负增长也不是不可能，这时候的 GDP，很显然，增长会受到影响。

第三个层面，就是金融危机对金融以及实体经济的影响会逐渐渗透到对人身心的影响，也就是市场信心的问题。当金融低迷时，投资者对市场信心就小，如果持续低迷，则信心越来越弱。如果金融问题影响到投资者信心，则预期收益会减少，投资者宁愿观望也不愿投资，投资需求则减少，投资需求是有效需求的一部分，有效需求不足会造成经济发展失衡，影响产出增长。

任何一次金融危机，都对经济带来了不同程度的影响，并且都会造成经济增长停滞或者放缓。严重的金融危机还会引起金融秩序的变化，很可能需要重新建立金融秩序。

所以，金融出现问题了，不仅仅会是国家经济增长和产出变化的问题，和我们每个人都息息相关。金融危机一旦发生，每一个人的日子都将变得艰难。所以国家需要建立起完善的金融系统。而对个人虽无法控制大环境，但是在理财和投资方面也要注意避免将所有资产投资在一个方面，避免把鸡蛋放在同一个篮子里，否则，当发生危机时所有财产都会如水东流。

在现代社会里，金融盲无法生存

首先，我们一起来做一个关于金融素质的小测验。假设你要买台价值 1000 英镑的新电脑，打算贷款来买。你的选择如下：(a) 分期付款，每月支付 100 英镑，共偿还 12 个月；(b) 按 20% 的年利率贷款，也就是说一年后偿还 1200 英镑。这两种做法哪种更省钱，还是说应该选 (c)"二者一样"？

金融学教授、金融扫盲中心主任安娜玛利亚·卢萨尔迪称，93% 的美国人不能答对。她还补充说，金融盲现象在国际上也很普遍。即使比这还浅显的金融问题也会难住大多数人。金融，看似高深，实则并不全然属于机构或专家行为。金融，看似抽象，实则并不超然于日常生活之上，换以"理财"表述，恰与普通民众有着切实关联。正因如此，一年前,美国国会众议院以决议形式规定,把每年 4 月确定为"金融普及月",或可称作"金融扫盲月"。

目前，金融市场上形形色色的金融产品的复杂程度已大大提高，而消费者的"复杂程度"却没跟上。"知识没有跟上现实世界的发展，"卢萨尔迪说，"关键词是'脱盲'。如果你是文盲，你就没有办法在社会中生存，如今，金融盲也没有办法生存。"

华盛顿大学教授刘易斯·曼德尔发表的调查结果显示，金融教育对形式上的金融脱盲指标似乎没有任何影响——尽管令人困惑的是，它的确能够改善人们日后在生活中作出的金融决策。专家认为，美国次贷危机爆发的部分原因，在于个人作出非理性金融决定和采取非理性行动，金融扫盲或许有助于防范这类危机再次上演。

对金钱，"人人都想要它，却没有人懂得它"。财务和经济涉及收入，通俗表述即金钱。对金钱，普通美国人时下所持的普遍态度和认识，依照约翰·布赖恩特的描述，可以归结为："人人都想要它，却没有人懂得它。"为低收入者提供"动手能力，而非施舍"，无异于一场"银权运动"。布赖恩特说，在美国，"金钱是一项大禁忌，大家不会公开谈论它。这就是有人会以次级贷款形式举债的原因。"

次贷举债，一度让不少低收入阶层成员圆了住房梦，时下也让其中不少人面临无力支付高利率分期还款、房产可能遭放贷机构没收的前景。一些美国民众当初为购买住房而举借次贷时，按照布赖恩特的判断，并不了解分期还款额度会随着利率上升而增加，也不明白作为抵押物的房产在交易总额中所占比例相当低，因而需要承受超乎正常贷款项目的风险。

美联储发布一份调查报告，揭示一系列数据：

——全美国范围内，高中学生中，能对个人财务和经济问题提供正确答案者平均仅为 48.3%。

——同一批接受调查的样本中，认为从出生至就读大学18年间股票市场收益一般高于银行储蓄收益者仅为16.8%。

——依美国法律规定，如信用卡失窃、窃贼透支1000美元，信用卡持有者即使通报信用卡发行商，依然可能分担至多50美元损失，却有将近53%的调查对象不知。能完整、准确作答者仅为13%。

这项调查每两年举行一次，迄今为第六次，所获结果不如2006年。两年前的调查中，能对个人财务和经济问题提供正确答案者平均为52.4%。

次级住房抵押贷款危机恶劣影响波及整个美国和全球金融业，影响美国以至全球经济，看似需由政府"救市"和"埋单"，实际却最终将由纳税人，即普通民众付出代价。布赖恩特认为"排除（放贷机构）贪婪以及金融解释误导因素，"他告诉英国《经济学家》杂志记者，"这场危机的根源在于金融（知识）文盲，存在于广泛层面上。"正因如此，次贷危机之下，金融扫盲尤显必要。

美联储主席本·伯南克曾经在美国首都华盛顿联邦储备委员会大楼内发表讲话，提及向年轻一代普及金融知识的意义。"我们国家的年轻人作好金融知识准备，"伯南克说，"对（改善）他们自身的福利而言必不可少，而对（维护）我们大家的经济前景而言则至关重要。"他强调，"次级抵押贷款市场出现严重问题，提醒大家意识到，个人从年轻时就熟悉金融知识是何等重要……他们可以更好地作出抉择，纵然金融市场日益复杂，也会有能力驾驭自如。"

美国人的消费信贷债务截至2006年累计达到2.4万亿美元，其中信用卡债务为8250亿美元。更令人吃惊、也常被学者引为全球经济失衡原因之一的数据是：美国人储蓄所占收入的比例2006年为负1%，创下自上世纪30年代美国经济"大萧条"以来的储蓄率最低纪录。

财务管理技能必不可少，金融扫盲，并非次贷危机爆发之后提出的课题。美国国会众议院成员、民主党人鲁宾·伊诺霍萨2007年3月27日正式递交一项决议案，提议设立"金融普及月"。这项决议案当时获得119名众议员附议支持。2007年4月17日，众议院全体成员投票表决，以超过三分之二多数通过这项决议，把每年4月确定为"金融普及月"，以推动金融知识普及。决议文本写道："个人财务知识对确保个人管理现金、信贷和债务以及成为富有责任感的员工、一家之长、投资者、创业者、企业领导人和公民而言必不可少。"至于推广金融教育的针对性，它指出，"个人财务管理技能和终身习惯形成于儿童时代"。

经济的繁荣离不开金融的发展，而金融的发展则离不开人们对金融的消费。但目前，我国有诸多的"金融消费者"对金融这份"套餐"知之甚少或一无所知，搞不清自己拥有诸如"金融获知权""金融消费自由权""金融消费公平交易权""金融资产保密权"等权利，弄不懂自己在消费过程中应知、应会的金融法规常识。2001年6月，河南省某县金融系统在"金融宣传月"活动中，印发600份货币知识问卷，选择300名农民和300名城镇居民问卷调查，结果表明，对流通几十年的人民币符号、尺寸、防伪标志等简单知识基本掌握的城镇居民占25%，农民仅有10%；掌握货币形态等知识的城乡居民不足

5%。在同时进行的居民假币识别能力调查中，有15%的城乡居民略懂一些反假币知识，对反假币知识一无所知的城乡居民高达85%。

由于金融知识的不普及，近几年来犯罪分子利用假存单、假支票、假货币等形式大肆进行金融诈骗活动，金融案件频繁发生。2000年，我国因金融案件而导致的直接损失高达近10亿元，比1999年翻了一番多。而这一切无不缘于在"金融消费者"中存在的"金融盲区"。

历史上许多次的金融危机都源于民众的金融盲，使得最初是金融危机，然后变成经济危机，最后成为信任危机。实际上，经济危机是一种价值观念的危机。所以"金融扫盲"迫在眉睫。

金融飞下"神坛"，走入寻常百姓家

故事一：小麦大学毕业后进入企业工作，一年下来工作逐渐稳定，在自己日常开销之余还能存下一笔钱来。跟月光族和啃老族姑娘不同的是，她想学习投资理财，多赚些钱以便将来分担买房的负担，或者留作贴补家用也好。于是，她就学习一些投资理财的知识，从此接触金融市场。第一次跟着别人看股票市场大盘，花花绿绿的数字让小麦头晕目眩，但是最后账户的资金变动让小麦很惊奇，师傅选的那只股票当天就几乎要涨停，两万块的资本在涨势最好的两个小时内就涨了接近一千块！她感觉自己已经深深被金融市场吸引了。

故事二：大华在美国学习美术，给很多名人画过肖像画。学成归国，有学校邀请他做教授，待遇挺好，稳定舒适，于是他就去学校做了美术教授。几年下来，每天近乎重复的日子让大华逐渐失去了激情，他想要改变一下。正好家里有些积蓄，他又向亲朋好友借了点钱，于是开设了一个公司，正好可以好好利用他的专长。

公司开始运作以后，客户也很认可大华的作品，但是一个严重的问题是，业绩却始终上不去。因为大华虽然美术上是一把好手，但是却不懂经营和投资理财，因而公司业绩不见好转。起始几个月还能忍住，但一直持续半年都没有盈利，大华开始坐不住了，赚不了钱也没什么大问题，但是借亲朋好友的钱怎么交代呢，实在是太过意不去了。于是，他只好去请教一个好友。与大华正好不同的是这位好友具备丰富的经济学知识，对经营和投资理财具有非常深刻的研究。

在好友的点拨下，大华恍然大悟。原来，在公司一段时间没有盈利之后，大华就开始着急亏了借来的钱，于是让全公司上下都绷紧了神经，个个弄得紧张分分，业绩不但没有上升，反而使员工们处处出错，有好几个作品甚至出现很低级的错误，被客户骂，差点丢了客户。这种情绪化的管理非常不利于公司运营，企业所有者和管理者在任何时候首先都要控制住自己的情绪，不要给员工恐惧感，如果每天都让员工感觉公司马上就要倒闭，老板马上就要跑路了，那还有谁能安心定神地去做事，企业哪还有业绩可言呢？于是，大华决定放松一下神经，出去旅游一次。

旅游回来之后，他发现企业的业绩神奇地上升了！这是怎么回事呢，自己什么都没做业绩反而还上升了！大华的好友给他分析，公司的业绩就如同经济走势，有繁荣的时候，有低谷的时候，上下波动才正常，没有永远是一条直线的。就像一个人的画画水平，有时候画得很出色，但个别时候也会失手画错或者画得不够好。不管是一时画得不好，还是画得特别好，都应该像对待水平正常发挥时一样，平静地去接受他，告诉自己这些都是正常的，不能自乱阵脚，不可杞人忧天。

在接下来的日子里，除了大客户的设计作品大华会亲自设计以外，其他的事情都放手让下属员工去做，并且把他之前用来给员工灌输紧张思想的时间都用来学习经济和金融学的知识，逐渐去了解金融市场的发展和趋势以及经济形势，以作出更适合公司发展的策略。当公司有一定闲置资金的时候，他就拿来在金融市场上转一圈，因为对形势把握准确，所以投资还很少失误。这样，在几年的时间里公司经营规模逐渐扩大，在业内也小有名气了。

由此可见，无论是生活还是经营，都离不开金融学的力量。金融已经深入我们生活中的每个部分，并且对我们的生活影响很大。了解金融常识、运用金融学原理，才能帮助我们在金融时代里生活得更加美好、富足。

从实际出发，从日常生活中学金融学

金融是什么？金融是很高深的学问吗？金融学只有进行专业的学习才能掌握吗？非也非也。金融学无处不在，经济学无处不在，理财无处不在，它们就在我们的生活里。

对于普通民众来说，金融是什么？金融就是理财。至于很专业很高深的术语和专门研究，对普通民众的效益也许不那么大、也不是必要的，但是了解投资理财则对每个人都有好处。说一个简单理财的例子。

张大爷和老伴已经退休，住单位分发的福利房。两老的收入加起来每月也就1800元左右，当然，是退休金。如此算来，年收入充其量也就两万左右，但是目前两老却有很大一笔存款。这首先得益于两老有每月存钱的好习惯。但是近几年 CPI 一路上涨，在通胀率的作用下银行存款的收益很有限，甚至有时候还不如花掉。对此，张大爷想扩展理财思路。对于文化程度也不太高的老人家来说，国债是首选。另外，老人家最相信银行，别的都不信，因此其他的理财产品他也只是关注银行里卖的。在理财这个问题上张大爷从不偷懒，非常勤奋。有时候早上还不到5点就开始去银行排队，仅仅是为了能买到国债。在张大爷的坚持理财下，他几乎能保证投资收益能每年提高10%左右，年终还有意外红利。

一个退休的老工人都能学会理财，说明金融理财并不高深，我们每个人都能学会。当然，也有高深的金融投资，比如巴菲特——世界炒股奇才。巴老是世界上唯一一个仅仅依靠在股市投资而创造出震惊世界业绩的人。巴老说，投资是一项理性的工作，如果你不能理解这一点，最好别掺和。对于巴老来说，金融就不只是理财那么简单，而是投资，不仅仅是投资一个企业，还是投资一个行业，一个国家，甚至是投资世界。也正是如此，所以巴老是独特的唯一的，再没有其他人是他。其实，生活中处处都是金融学，处处都可以接触到金融理财。比如，很多人会接到保险业务员打来的电话，推销保险产品。不用多说，大多数人对此是厌恶的，他能在你上班的时候，开会的时候，上课的时候，锁而不舍地给你打电话，直到你接听为止。接听之后，他能让你没有接话的机会。尽管如此，不得不说，这也是金融理财的一个方面，甚至不失为一个好方法。新婚姻法出台以后，很多全职太太开始恐慌，丈夫的财富不再是和自己共同的财富了，万一婚姻发生意外怎么办？理财专家支招说，可以先给自己买一些保险，即使婚姻发生意外，这些保险还是自己的。另外，给家人都买上保险，多一份保障，也不失为好事。再比如，我们去银行里的时候，只要你留意，一定会发现有很多的业务和理财品种，有的是银行本身的，有的是驻银行办事的。除保险公司有人入驻之外，还有证券公司的员工。他们会介绍你开户，买卖股票证券，投资基金。即使进行简单的存款业务，你也会发现品种多得眼花缭乱。是要定期存款呢，还是活期存款呢，是零存整取呢，还是定期一年、三年、五年呢？哪一种收益最高呢？哪一种最适合自己呢？这些都需要平常留心去观察和研究。

投资的机遇抓住了，确实是财富增长的加速器。比如06、07年股市大好的时候，全民炒股全民获益，垃圾股照样赚钱。当然，这并不是常态。这种机会一过，股民的日子就没那么好过了。因此，投资理财，正如巴菲特所说，一定是个理性的东西，需要规划需要研究，如果你不了解，却想一脚踏进去，那无疑是自寻绝路。因此，做任何事情，都要基于了解和规划。

小顾和小费三年前相识并结婚，在父母资助首付的情况下在上海浦东购买了新房，目前有约70万元的房贷，典型的80后小房奴。两人年收入约18万，每月需缴纳3000元按揭，算下去约17年还清贷款。因买新房装修，存款用掉大部分，目前活期存款不多。这时候家里又有了小宝宝，这等于是有三座大山：上有老下有小，还有房贷没还了。于是，两人决定通过理财来早日告别房奴身份。

首先是节流。年轻人对品牌总有一定的追求，这个时候两个人开始控制。当然更重要的是，是和老人家合计之后，父母搬来同夫妻同住，这样白天小孩还可以由父母照看，保姆就不用请了。另外，父母住的老房子用来出租，又多了一笔收入。

预留好未来半年的开支之后，夫妻二人将剩余的资金都用来投资，购买理财产品了。首先拿一部分进行基金定投，约占3000元左右。其中有一定的股票基金，也有一定的债券型基金，按前者10%的年收益率后者5%的年收益率，每年收入都能稳定增长。另外，购买保险。夫妻二人拿出结余的6000元为孩子买了儿童医疗保险和儿童教育保险等，为孩子的教育扫清后顾之忧，提供稳定保障。

通过这样的规划，到十年后预期收入能达到70多万，基本上可以提早告别房奴生活了。

所以说，金融理财是个好玩意儿，生活中处处可以用到。投资理财做得好，能惠及买房投资、养育小孩以及所有的吃穿住用行。所以，多留心一些，学习理财来源于生活又惠及生活，能对生活经济压力如此大的我们有很大帮助。

第二章　金融如何改变了我们的生活

——为什么要学习金融学

我们的财富去哪里了——个人的"资产流失"

"新财富500富人榜"于2003年首度发布，作为中国本土第一份也是唯一的一份富人排名，是透视中国民营企业发展的最佳窗口。2009年已是第七度推出"新财富500富人榜"，经历了"中国经济最困难"的2008年，各项财富指标首次出现下降趋势。

2009年"新财富500富人榜"上榜富人的财富总额为16285.6亿元，较2008年的26027亿元大幅下降37.4%，蒸发9741.4亿元；上榜富人的人均财富由去年的52.1亿元下跌到32.6亿元。2009年的上榜门槛也由2008年的13.5亿元略微下降至13.4亿元。值得一提的是，如果以2008年上榜的500名富人（剔除14位目前财富状况不明者）2008～2009年的财富数额变动计算，其总财富更由2008年的25625.2亿元下降到2009年的13511.4亿元，缩水幅度达到47.3%。

超级富人的数量同样大大削减。2008年财富超过300亿元的富人有8位，而2009年首富沈文荣的财富也只有200亿元；2008年财富数额达到或超过200亿元的富人有26位，2009年只有1位；2008年身家达到或超过百亿元的为53位，2009年仅为17位；2008年有366位富人财富达到或超过20亿元，而2009年的数据是337位。这些统计数据显示，过去一年富人们经历了一场空前的财富蒸发过程。

有些人能够守得住自己的财富，有些人却失败了。《福布斯》杂志从1982年公布"福布斯400"富豪排行榜以来，到今天，只有50位富豪依然榜上有名，也就是说高达87%的富豪富不过一代，甚至像流星一样一闪而过。

就像网络泡沫的蒸发，他们的钱也是在不知不觉中被挥发掉了。想当初，他们的财产也是经过千辛万苦一点一点积累起来的，应该说他们很善于理财投资，但是为什么却最后坠落？《福布斯》杂志的调查显示，除因为投资失败带来的财产蒸发，多数失败者并没有在生活上时刻注意，他们的钱时刻被一些昂贵的奢侈品花去，交付巨额物业管理费用，转移财产被爱人或情人侵蚀了。

当大家在拼命攒钱的时候，你是否曾想过，自己辛辛苦苦积累下来的资产，正在被其他东西无声无息地侵蚀掉？这种你在拼命赚钱，但不断被扯后腿亏钱的感觉实在很不爽。一提到"资产流失"这几个字眼，人们首先想到的是国有资产的流失。其实，在生活中，一不小心，你的资产便会不知不觉地流失。想让个人财务正常运转，就从找出财务漏洞开始吧！个人因为财务漏洞导致的资产流失的主要集中在下面几个领域：

1. 储蓄流失增值机会

如果你每年的花销超过了资产的 7%，那么 20 年后，你花光所有钱的可能性高达 80%，原因很简单，就是"通货膨胀"。很多人经常有意无意地忽略"通货膨胀"的因素，其实"通货膨胀"是财产的强"腐蚀剂"。20 年后，由于"通货膨胀"的因素，人们手中的钱将贬值 20%，这还算是乐观的估计。

因此我们提倡"适度"储蓄，过度储蓄将可能使财产增值机遇流失。经济专家有观点认为，中国人的 9 万亿储蓄存款，假如相对于同期的国债之间 1% 左右的利息差（斟酌到存款的本钱税和国债的免税因素），那么中国人将会在每年流失掉 900 亿左右的资本增值的潜在获利机会。

对大多数居民来说，避免这类散失，最好的办法是将银行储蓄转为同期的各类债券。从目前来看，不仅有交易所市场还有银行柜台市场都能够便利地实现这类交易，而且流动性也很强。在国人的传统观念中认为应该尽力地辛劳工作，也理解节约节俭、储蓄和爱护财富，但咱们不应该只是"擅长"储蓄，还应当"善待"储蓄，合理的储蓄才能将财富发挥到增长的最大价值。

2. 股市缩水几千亿

中国股市十几年的发展成绩斐然，按较保守估计，中国股市的实际参与者至少应在 2500 万户左右，涉及近亿人群，这其中不乏数量庞大的新兴的中产阶级。但是从 2001 年下半年以来中国股市陷入了长达一年半的下跌和疲软状态，到目前为止根据这十几年来的相关统计，股市中共投入资金约为 23000 亿元，这些资金换成了股票的资金，因为股价下跌、缴纳各种税费等，如今的证券市场的流通市值只剩下了 13000 亿～14000 亿元。也就是说十几年来股市黑洞共吞噬了近万亿的资金，如果排除其他背景的资金损失，那么中国普通老百姓家庭的资产在股市上至少流失了数千亿元。

3. 过度和不当消费

消费的原因多种多样，很多时候你逛完商场时看到手里拎着的大包小包，回家一看却发现，有些东西其实不买也可以。这就是所谓的"过度"与"不当"的消费，它们也会让资产无形流失。所以，花钱买什么，一定要想清楚。

过度消费可以分解为"情绪化"消费或"冲动性"消费。例如，看到打折商品就兴奋不已，在商场里泡上半天，拎出一大包便宜的商品，看似得了便宜，实际上买了很多并不需要或者暂时不需要的东西，纯属额外开支。特别是在对大件消费品上，比如楼盘、汽车、高档家电的一时冲动，往往会造成"过度"消费。这样，不仅造成家庭财政的沉重负担，而且会导致家庭资产隐性流失。

不当消费是指为了"面子"而不是因为需求的消费。在消费上总喜欢跟别人较劲，人家能花的我也要花，不论有没有必要。

4. 理财观念薄弱

中国家庭的活期储蓄总是太多，这让银行或其他金融机构白吃了大把大把的息差，其实只要稍加运作就能有效地减少利息损失。对单个家庭来说，"不当"储蓄的损失可能十分细微，但由于基数的宏大，中国家庭因此而流失的资产就是个天文数字，且仅对单个家庭来说随着时间的流逝，其累计损失也是无比大的。资产流失很多时候都不显山露水，但只要稍一放松就可能造成大量资产的流失。所以，只有不断地强化理财意识才能成功积累财富。

不注意平日里的财富漏洞，即使你是富翁也不免要沦落到穷人的下场，何况作为平凡人的我们本来就没有多少财产，就更应该提防财富漏洞，将财产的流失防患于未然。

为什么钱也会嫌多——流动性过剩

流动性过剩通俗地讲就是钱太多了，乍一听，是件好事，钱多了还不好吗？俗话说，物极必反，金钱也是一个道理，虽然有钱是好事，但是太多了，也会带来危机。比如说现在市场上只有价值 10 元的商品，按道理国家只发 10 元的钞票就足够了，但是现在因为种种原因，市场上有 20 元的钞票，如果大家用这 20 元买了 10 元的东西，结果原本值 10 元的东西其价值就是 20 元了。

通常意义的"流动性"指整个宏观经济的流动性，即在经济体系中货币的投放量的多少。"流动性过剩"一词，是指市场上的钱太多，大大超过了长期资本的数量，至于多到多少才算"过剩"，似乎并无统一的定论。现在研究者对"流动性过剩"的识别，大多是从结果和原因来判断："流动性过剩"的结果是资产市场泡沫严重，具体说就是股价、房价虚高；"流动性过剩"的原因一般则归结为货币升值预期下的外汇涌入，为控制汇价导致央行大量投放货币，从而形成"流动性过剩"。

由于贫富差距的扩大，富人获得社会财富的比重将更上一层楼，而穷人则只能获得"做大的蛋糕的更小份额"，而富人的消费倾向很低（因为相对穷人，该买的都买了），让富人获得了更多蛋糕，他们却不会拿来消费。为了追求保值增值，他们只好将资金投向资本市场。根据上面的论述，这会使得投资增长速度大于消费，最终会形成全社会性的生产过剩，也就是我们所熟悉的经济萧条或者"经济危机"。提起 2007 年的全球性金融危机，大家应该都深有感触，而这场危机的源头，正是流动性过剩。

当前，流动性过剩已经成为全球经济的一个重要特征。流动性过剩可由多个原因单个或共同导致。总的来说包括了中央银行实行扩张性货币政策（一般手段包括调降准备金率和利率，回购国债以放入资金到市场），经济周期的变化，汇率制度的缺陷，热钱大量涌入等。这些因素皆可大大提高流动性，当过度时，便会引起流动性过剩。另一方面，流动性过剩也可理解为伴随通货膨胀或者源于通货膨胀，即部分引起通货膨胀的因素也可能引起流动性过剩。

目前，我国银行体系中存在的流动性过剩，这是国内外多种因素共同作用的结果。从内部因素来看，有经济结构不平衡、储蓄和投资倾向强于消费倾向等。储蓄投资缺口，造成了贸易顺差和外汇储备的急剧增长。按目前的外汇管理制度，我国的外汇收入必须结售给中国人民银行，而央行为收购外汇必须增加货币发行。与此相关的是，贸易顺差的大量增加，人民币升值预期加大，国外资本的流入显著增加。

2006 年末，我国外汇储备达到了 10663 亿美元，而央行为收购这些外汇储备就需要发行货币超过 8 万亿元，这是我国流动性过剩的主要内部原因。从外部因素来看，美国

"9·11"事件以后，全球各主要经济体一度普遍实行低利率政策，导致各主要货币的流动性空前增长，出现了全球流动性过剩。在全球经济失衡的诱导下，大量资金从美国流入以中国为代表的亚洲新兴经济体，这是造成目前我国流动性过剩的重要外部原因。

流动性过剩，已经成为经济金融体系稳健运行的隐患，是影响金融稳定的核心因素。经济过热、通货膨胀、股市波动，这些都与流动性过剩密切相关。

1. 经济过热

中国经济的持续增长，使得外商投资不断加大，再加上长期以来的贸易顺差，大量资金通过各种途径进入中国，客观上加剧了中国的流动性过剩。而这些多余的资金，必然要寻找投资出路，于是就出现了经济过热的现象。

所谓经济过热，是指经济的发展速度与资源供给不成比例。当经济的发展速度高于资源的承受能力时，就会出现原材料因供给不足而产生的物价上涨，可以理解为商业投资加大导致了商品生产增多，从而使得生产商品的资源供货短缺，并带来原料资源的物价上涨，也就是生产成本的提高，这样一来，成本的提高自然也就带来物价的全面上涨。同时，在一定时期内，如果社会的需求总量不变，长时间的生产过剩，商品卖不出，投资没有回报，就会产生经济危机。

2. 通货膨胀

20世纪80年代末，日本股票价格和不动产价格急剧上升，但物价指数却相当平稳，因而没有提高利率，紧缩银根。泡沫破裂后，日本陷入战后最严重的经济危机，资本市场的过度发展激活了处于冬眠状态的沉积货币，暂时退出流通的货币也重返流通领域去追逐商品，从而导致通货膨胀：所以，流动性过剩是通货膨胀的前兆，从流动性过剩到通货膨胀只有一步之遥。

流动性过剩不仅能够造成一国的经济危机，甚至能够引发全球金融危机，这一点，美国次贷危机就是一个很好的例子。

3. 股市波动

在股票市场，我们提到流动性就整个市场而言指参与交易资金相对于股票供给的多少，这里的资金包括场内资金（即已购买了股票的资金，也就是总流通市值）以及场外资金，就是还在股票账户里准备随时入场的资金。如果在股票供给不变的情况下，或交易资金增长速度快于股票供给增长速度的话，即便公司盈利不变，也会导致股价上涨，反之亦然，这是很简单的需求供给关系，但这种股价上涨是有限度的，受过多或过剩的资金追捧导致股价过度上涨而没有业绩支撑，终难持久，这种资金就是我们常说的热钱。

针对于股票投资的个股而言，流动性是指股票买卖活动的难易，也就是说投资者买了这只股票后是否容易卖出，我们常说这只股票流动性很差，就是指很难按理想价格卖出，所以流动性差的股票多是小盘股或高度控盘的股票，是不适合大资金运作的，即便买完之后股价涨上去了，但卖不掉，对于大资金风险更大，所以他们更愿意在流动性很好的大盘股里运作，那里交投活跃，大量买卖也不会引起股价明显变动。不过中小投资者就自由多了，由于资金量少，可以有很多选择。

货币实质上是中央银行代替社会发行的一部分人对另一部分人的负债。信用货币表明了一种债权债务关系，而流通纸币则实际上是一种特殊形式的债券。当存在流动性过剩时，货币与其他商品实现交易的速度大大加快了。这表明，持有货币的债权人希望尽快把货币与其他商品交换，实现自己的债权。由于所有的债权人都希望用货币换回其他商品，货币就出现了贬值的压力。货币流通速度越快，则货币贬值压力越大。这时，如果货币持有人手中的债券无法得到等值的偿还，就会发生抢购风潮，物价飞涨的现象，整个社会就会出现通货膨胀。

农副产品"疯涨"背后的甲流金融学

继"蒜你狠""豆你玩""姜一军""苹什么""糖高宗"之后，盐王爷终于来了。随着3·11日本本州岛海域地震，所谓的碘盐抢购影响，盐价开始飙升，流行语"盐王爷"出炉。

"今天你买盐了吗？""涨到5元一包了""货架空了？！"……在路上、在超市里时不时能听到关于诸如此类的买盐对话；而在网络上也诞生了诸如"盐如玉""盐王爷"的热词。2011年3月15日，因为日本核电站泄漏事故，有谣言称日本核辐射会污染海水导致以后生产的盐都无法食用，而且吃含碘的食用盐可防核辐射，因此引起一些市民疯狂抢购食盐。

无独有偶，从2009年起，大蒜批发价格从4月份的每公斤0.2元，到5月份的每公斤0.3元，到6月份的每公斤1元，到8月份的每公斤2.5元，再到12月份的每公斤4元，直至2010年年初的每公斤19元，一路猛涨。

以前去小饭馆吃顿饭，大蒜可以免费吃，东西不值钱，可现在最起码得要一块钱一个了，最贵时已经飙升到每公斤19元，于是有网友就送给了大蒜一个外号叫"蒜你狠"。同样表现不俗的还有"豆你玩"的绿豆等，它们带来的是新一轮的农产品涨价。平时"老实巴交"的农产品领域，为何一改往日的淳朴形象，同时走上了"疯涨"的路子？

这还得从2009年3月出现的甲流（甲型H1N1流感）疫情说起。那时，国内就盛传大蒜具有预防甲型流感的功效，甚至有媒体称美国专家也把大蒜列为九大消毒蔬菜之首。虽然其间有政府和专家出面解释：大蒜的抗甲流作用并没有临床证明，也没有科学依据。但是这期间，不单是中国，国际上也出现了"一蒜难求"的局面，从2009年多个国家开始加大大蒜进口力度，其中日本、韩国以及东南亚等国家，大量向中国采购大蒜，使得中国的大蒜出口量大幅增加。

究竟是什么原因造成了我们日常生活的必需品出现如此疯狂涨价的局面？

物价变动是指商品或劳务的价格不同于它们以前在同一市场上的价格。物价是商品或劳务在市场上的交换价格，有输入价格和输出价格两种。输入价格是为生产或销售目的而取得商品或劳务的价格。输出价格是作为产品销售的商品或劳务的价格。企业按某一输入价格购买一项商品，再按较高的输出价格售给客户，这种情况不能视为该项商品的价格发生了变动，只有同是输入价格或输出价格增高或降低，才算物价发生了变动。

从2007年以来物价就一直走高。日前，国家统计局发布的2011年2月份居民消费价格指数（CPI）同比上涨4.9%，涨幅与1月份持平，大大超过3%的警戒线。粮、肉、蛋、菜等产品上涨幅度较大，商品房价格居高不下，这些问题都直接与民生相关。通胀压力加大，物价普涨，不涨价的商品越来越少。消费者会紧盯这些价格低廉和平稳的生活必需品的价格波动，并随时采取抢购和囤积行动，这其中就包括食盐。这些客观原因的存在，使得本来并不值钱的农副产品，一夜之间，身价百倍，成为了精贵的东西，被百姓一路追捧。

物价变动的原因，一般说来有以下几个主要方面：一是劳动生产率的变化。某种商品生产率普遍提高，该种商品的价格就会下跌；反之，如果劳动生产率普遍降低，则价格就会相应上涨。二是技术革命。技术进步，一方面使有关产品中凝结的人类复杂劳动增多，从而导致其价值增加，价格上涨；另一方面，使原有产品的经济效能相对降低，价值受贬，价格下跌。三是货币价值的变动。货币所表现的价值是商品的相对价值，即商品价值量同时发生等方面等比例的变动，商品的价格不变。但如果二者任何一方的价值单独发生变动，都会引起价格的涨跌。如果货币价值不变而商品价值提高，或者商品价值不变而货币价值降低，商品价格就会上涨。反之，如果货币价值不变而商品价值降低，或者商品价值不变而货币价值提高，商品价格就会下跌。四是供求关系。在市场经济条件下，商品价格在很大程度上受供求情况的影响。当商品供不应求时，价格就会上涨；反之，当商品供过于求时，供给就会下跌。五是竞争和垄断。竞争引起资本在各生产部门之间的转移，促使商品的价格发生变动，通常为价格下跌。垄断引起商品价格的操纵，使物价发生变动，通常为价格上涨。

防止物价过度变动，保持物价平稳，已经成为稳定人心、稳定社会的第一要素。确保物价平稳，尤其避免物价暴涨，不仅是重大民生，而且是当今最大的政治。

中国古话说："他山之石，可以攻玉。"当前物价上涨是全球性现象，原因错综复杂。各国为稳定物价，都采取了一些积极有效的措施。日本一直是世界上零售物价最稳定的国家之一，其稳定物价的成功做法主要有以下几个方面：

1. 高度重视生活必需品供给的稳定

日本提出，确保市场上生活必需品的供给，对于物价总水平的稳定具有决定性的意义。以蔬菜为例，蔬菜等鲜活农产品的生产和供给状况极易受气候影响，价格波动的频度和幅度远大于其他生活必需品。因此，日本的各种经济组织，一方面指导蔬菜等农产品的生产和上市有计划地进行；另一方面，当出现菜价一定程度或大幅度上升时，"稳定蔬菜供给基金"等组织，根据市场的有效需要，不失时机地向市场增投蔬菜，扩大供应，保证需求，从而平抑菜价。

2. 政府紧握流通的批发环节，调控生产和市场，稳定物价

在日本，农产品批发业主要是经营粮食、蔬菜、果品的批发。农产品批发的主要组织形式是各类农产品批发市场。考虑到分散交易很难看准市场的动态和价格变动的走向，只有当众多的交易对象聚集在一起时，才能通过"供求竞争"形成合理的价格。因此，政府高度重视并充分利用批发市场的作用，促进流通，调节供求，稳定物价。为此，大藏省和东京都联合出资兴建农产品中央批发市场，以便于政府对东京整体市场进行有效监督和调控，并促进市场的繁荣，进而为稳定物价奠定坚实的基础。

3. 建立、健全有效的统计和信息系统，及时公开经济信息，引导消费，稳定物价

日本不仅把统计和信息系统作为制定政策的重要依据，而且把及时公开经济信息作为强化民众监督、防止"搭车涨价"和不正当竞争的手段加以运用，尽可能迅速地向国民提供有关商品供求、价格变动的正确信息，引导消费者保持合理的消费行为，防止因抢购、囤积等不正当的行为引起物价上涨。在经济企划厅物价局设置"物价热线电话"，

倾听消费者对物价的意见和建议，接受消费者的投诉，解答消费者的咨询等。可靠信息、有效传递，是稳定民心进而稳定物价不可或缺的环节。

为什么次贷危机的根源不是中国而是美国

受华尔街金融风暴拖累，全球经济陷入泥淖，不能自拔。美国前财长保尔森曾放出惊人之语，说中国等新兴市场国家的高储蓄率造成全球经济失衡，是导致金融危机的原因。美联储现任主席伯南克则干脆把美国房地产泡沫归咎于外国人尤其是中国人的高额储蓄。

2008 年 12 月 26 日，《纽约时报》发表了题为"美元的移动：美国人口袋空空如也的时候中国人口袋厚厚鼓起"的分析文章说，在过去 10 年里，中国利用规模庞大的对美贸易顺差向美国的安全资产投资。中方花费约 1 万亿美元购买美国财政部债券和美国政府提供担保的抵押（住宅担保贷款）证券。这使美国国内利息下降、消费扩大和住宅市场出现泡沫。

美联储主席本·伯南克曾表示："如果早点（通过人民币升值）改善国际资金流向的不均衡，就能大幅减轻金融危机的冲击。但是，仅仅依靠美国的力量是不可能实现的，只有通过国际合作才能实现。"

《纽约时报》报道说："美国现在才知道依靠从外国借来的资金无法支撑过分的消费生活，但即便如此也很难解决问题。为了解决金融危机并扶持经济，现在反而要从外国借更多的钱。"美国现在如同瘾君子一样，正如议员林赛·格雷厄姆说："谁都不想断这个药。"

自美国引发全球性经济危机后，美国认为是中国纵容了美国的高消费，美国国内舆论企图将制造经济危机的罪名嫁祸给中国。

美国经济研究专家社科院荣誉学部委员陈宝森先生认为，这种说法根本是美国在推卸自己的责任，没有任何道理。美国政府和人民的过度消费观念不是在和中国打交道之后开始的。他们这种消费理念的形成也不是一朝一夕能完成的，而是有着很长的历史。所有发生的问题，都是美国人自己造成的。而且，美国指责中国等发展中国家购买美国国债过多也是没有道理的，因为这都是双方的自愿行为，如果美国认为这样有损其利益可以不卖。美国《纽约时报》的文章完全可以看出其是在推卸责任，并在为自己找替罪羊。

孔子说过："见不贤而内自省也。"即使在美国国内学术界，也有观点认为美国的储蓄率持续下降，经常项目长期恶化，是美国自身的原因。在诸多原因中，被人们广泛诟病的就是长期的低利率造成的全社会超前消费的习惯，市场监管的缺失导致的金融衍生品的滥用等一系列问题。

自 20 世纪 90 年代走出经济衰退以来，美国一直以充分就业、价格稳定和长期保持低利率作为其货币政策的最终目标。很明显，低利率是美国多年前就开始奉行的政策，那时无论是中国还是其他新兴市场国家，都还没有多大的贸易顺差，也谈不上高额储蓄。因此，保尔森关于新兴市场国家造成低利率的说法刚好颠倒了因果。

被称为"世上最伟大央行行长"的美联储前主席艾伦·格林斯潘恐怕没有想到，在退休两年多之后，对他的"清算"之声来得如此凶猛。

美联储前任主席格林斯潘在国会就金融危机作证时，承认他过去抗拒对金融市场监管的做法，有部分的过错。格林斯潘在《华尔街日报》发表的文章中承认，他任职期间实施的低利率政策可能助长了美国房价泡沫。

1992～1995年，在美国经济一片向好的情形下，格林斯潘未雨绸缪，7次提高联邦利率，为经济适度降温。而1998年亚洲金融危机扩散到全球，格林斯潘又在10周内连续三次减息，创造了美国历史上最快的减息速度，稳定了经济。同样在2001年网络泡沫破灭、恐怖分子袭击美国后，格林斯潘在短短一年内将利率从6.5%降至1.75%，刺激经济增长。那些悲观论者曾经认为恐怖袭击后，美国经济不可避免地将出现负增长，但当年美国经济增长达到了3.5%。

格林斯潘当初奉行的低利率政策导致流动性过剩，正是当年颇有成效的宽松货币政策可能导致了房地产泡沫以及次贷危机的爆发。

应该承认，造成这场危机的原因里包括全球贸易和投资的不平衡，但因果关系必须搞清楚，是美元在美国监管层纵容下的过度投放，致使全球流动性过剩问题越来越严重，通货膨胀压力不断加大，才最终使得美元低利率政策难以为继。

当一个人陷入困境，如果他诚实本分，就必然会先从自身找原因；而如果他一贯自以为是，就会怨天尤人，把责任推到别人头上。

回头看看，当美国的房地产商、投资银行、保险公司等像传销一样玩弄五花八门的金融衍生品的时候，当华尔街的"精英"们把泡沫吹大从中捞取数千万美元乃至上亿美元年薪的时候，保尔森或者伯南克在哪里？号称全球最先进最健全的美国金融体系的监管者又在哪里？

追本溯源，美国的次贷危机还是美国自身造成的，美国不应该埋怨别人，而更多的应该责怪自己。

经济危机带来投资的良机——大环境决定小投资

2008年年初的时候，美国金融市场陷入恐慌，股市接连出现暴跌，美国联邦储备局连续六次降息，希望挽回投资市场的信心。但收效甚微，反而使美林、花旗银行等大型金融机构遭受了前所未有的损失，投资市场缺少内在的投资动力，只能被动地依赖美联储出台的救市措施，市场随时可能出现大盘探底的局面。小布什政府连夜召集经济学家紧急召开会议并决定向金融机构调拨1600亿美元，而此前的金融机构大多亏损严重，这些资金对经济的缓和作用并不太明显。可见，这次危机已经"病入膏肓"。

到了2008年9月，美国雷曼兄弟公司向美国政府申请破产保护，这个美国第四大投资银行的倒闭无疑给金融投资界带来不小的地震。与此同时，美国大型投资银行已经有三家破产，剩下的高盛和摩根斯坦利投行也面临着高风险。高盛公布了年度财务报表，报表上表明高盛在第二、三季度已经出现了亏损。由此可以看出，美国金融业百年一遇的灾难发生了。

危机的危害性在于它绝对不会按规定的方式出牌，因此危机可以随意地给投资者带来致命的打击，无论是你创办的企业或是你购买的股票，都可能在一夜之间灰飞烟灭。

巴菲特曾经说过："金融投资中处处都有机遇，市场情况良好的时候，会有投资机会，市场出现低迷的时候，同样也会有机遇，只不过此时的投资者由于过分害怕风险而忽视了这些机遇，从而使自己与投资收益擦肩而过。"

金融大鳄索罗斯曾经这样说道："虽然国际经济形势不容乐观，希腊债务危机又接踵而来，国际原油价格出现下跌，我所投资的伊朗石油项目也出现了亏损情况。这些虽然让我的投资受到了一些损失，但我及时调整了我的投资策略，下一步我会更加关注于发展中国家，我会把精力更多投入发展中国家的投资中。"

在日常生活中，积极的投资者首先是要提高自己认清金融大环境的能力，提高自己应对危机的能力，这就需要我们理性地审视自身存在哪些可能诱发危机出现的薄弱环节。关注社会政治经济环境，有助于科学的预测何时会出现危机。俗话说："知己知彼才能百战百胜。"对竞争对手的防范也是必不可少的。竞争对手有可能在哪些方面对自己造成无法规避的打击，这些都是我们需要详细搜集的应对危机的信息。只有在日常就建立起危机的预警机制，做好应急方案，锻炼抵抗危机的能力，提高应急处理的能力，才能在危机降临时，从容不迫，抓住危急中的有利点，化逆势为机遇。

金融危机如何影响百姓的消费信心

2008 年的金融危机给老百姓最实实在在的感受，一个是就业压力越来越大，另一个就是日常生活中钱似乎不够花了。2009 年 2 月零点研究咨询集团与搜狐新闻中心联合进行的 "2009 年两会热点话题：物价" 的电话调查结果显示：六成受访者认为当前物价上涨问题依然严重；消费信心受影响，四成受访者计划压缩 2009 年的消费，中等收入者压缩消费的弹性更大，压缩原则是减衣不缩食，服饰与娱乐行业可能会受到较大冲击。

老百姓对金融危机到来的感受，最明显的就是 "除了工资没涨，其他都在涨"。调查结果显示，整体上有超过 60% 的居民认为当前阶段国内物价问题还是很严重，即便在个人月收入 8000 元以上的高收入群体中这一比例也达到 40%。从 2008 年 5 月份以来，国内 CPI 一路走低，为什么仍有这么高比例受访者认为物价问题严重呢？研究人员认为，这与居民物价承受力以及消费信心在当前条件下均有所下降相关，由居民主观上对于物价问题更加敏感所致。那么居民的消费信心到底会产生什么样的影响，让我们来看看下面这个例子。

一个中国老太太和一个美国老太太进了天堂，中国老太太垂头丧气地说："唉，过了一辈子苦日子，刚攒够钱买了一套房，本来要享享清福啦，可是却来到了天堂。"美国老太太却喜滋滋地说："我是住了一辈子的好房子，还了一辈子的债，刚还完，这不，也来到了这里。"

但是，进入 2009 年，这个故事被金融危机改编了，让我们试着以现在的情况改一下两个老太太的故事：

中国老太太辛辛苦苦存了十几年钱，准备再辛苦十几年存够买房子的钱；美国老太太十几年前按揭买了房子，已经住了十几年了，再过十来年就能还清按揭贷款了。但是就在这个时候，金融危机来了！中国老太太不由得唉声叹气：我原来预计存够买房子的钱再上天堂，现在只存一半，就来"危机"了，要我如何是好？美国老太太也唉声叹气：我房子的钱只还了一半，却要面临房子被收回的危险，剩下的日子我要怎么办？

在金融危机之前，中国人是保守消费，美国人是超前消费。而金融危机之后，美国老太太青黄不接入不敷出了，中国老太太的消费信心好像也遭受到前所未有的打击。老人家还是不高兴，因为她更不敢花钱，因为她实在是缺乏信心。

1946 年，美国联邦储备局进行了一次居民家庭的资产负债调查，调查的初衷是搜集居民家庭的资产和负债资料。尽管当时是出于技术手段的需要首先询问消费者对经济形势、就业、物价、利率的看法，但是后来的实践证明，这种对消费者的看法和预期的调查是一种创新。后来人们将这种情绪称作消费者信心。经过实践的检验和不断发展，消费者信心指数逐渐被社会认可并接受，成为经济生活中的极受关注的一个重要指标。

如果未来的就业稳定，收入提高足以抵补物价上涨，这种乐观的信心可以促使消费者大胆消费甚至不惜借钱消费；反之，如果消费者认为未来充满了不确定性，为了预防意外对家庭的影响，就会降低目前的消费转而增加储蓄。消费者的信心在作出消费、储蓄决策时起着决定的作用。

消费者信心指数反映一国国民对本国经济发展状况的满意程度以及对未来经济走向的预期，预示了未来消费支出的变化，是政府判断国民对政府经济政策反应好坏的一个重要参数。

1997 年 12 月，中国国家统计局景气监测中心开始编制中国消费者信心指数。北京作为全国的首都，在广泛借鉴国内外经验的基础上，于 2002 年初，在省市一级率先建立了消费者信心指数调查制度。2002 年四季度，北京市统计局正式向社会发布"北京消费者信心指数"，并确定了今后按季度调查发布的制度。

在波及全球的金融危机影响下，牛年新春消费市场的涨跌走势愈加受到关注。外界预期 2009 年中国经济增幅将大为放缓，但在中国各大城市的消费市场，仍可以看到令人吃惊的购买力和西方难见的消费信心。

在春节期间，各地商家抓住商机，全面开展了营销促销活动，上海、北京、广州等城市的各大商圈在岁末营业至零点左右，虽然国内外游客减少，但本地消费强劲，主要商业街人潮涌动，节日气氛浓郁。

一边是寒冷的金融危机，一边是拥堵的消费人流，我们不禁疑惑，这是"最后的疯狂"么？从 2008 年下半年开始，美国金融危机向全球蔓延，中国也受到冲击。但是中国人的消费在春节期间并未受到大的影响，消费信心依然较强。有调查显示，80% 以上的居民在过年过节消费方面与上年相比持平或者稳中有升，有 19% 的居民年节消费比上年压缩。在春节黄金周（大年三十至正月初六），全国实现社会消费品零售总额 2900 亿元，同比增长 13.8%，这是一个令人惊叹的数字。

毫无疑问，尽管大家对金融危机的影响有清醒的判断，但是多年来中国经济快速发展，中国经济的基本面没有改变，大多数百姓对 2009 年经济发展还是有信心的，认为中国有能力应对暂时的压力。这股信心是我们走出金融危机影响的重要保证。

显然，对消费意愿下降不能坐视不管，因为消费信心从某种意义上来说也是公众对经济的信心。政府工作报告确定 2011 年 GDP 增长 8% 左右，而要实现这一目标，信心很关键。

早在 2000 年，我们就提出过以消费为主导来拉动经济，在国际金融危机发生之后，这一口号提得更响，消费这架"马车"也的确在中国经济走出金融危机阴霾的过程中起了重要作用，这得益于消费信心的持续走高。但现在消费意愿降到 12 年最低，这一现象提醒我们，需要好好给居民消费鼓鼓劲了，信心比什么都重要。

第三章　大家都在讲的 CPI 是什么

——每天学点金融学名词

这年头没有人讲中文了，都讲 CPI

有人曾经列举了 30 年前的 1 元钱与现在的 1 元钱之间的区别：

30 年前，1 元钱能做什么？

交一个孩子 0.6 个学期的学杂费（一个学期 1.6 元），治疗一次感冒发烧（含打针），买 20 个雪糕、7 斤大米、50 斤番茄、20 斤小白菜、20 个鸡蛋，到电影院看 5 次电影，乘 20 次公交车。

现在的某个不特定时间点，1 元能够做什么？

乘公交车 1 次（非空调车）、买 2 个鸡蛋，夏天买 0.5 斤小白菜、0.8 斤番茄、0.7 斤大米，看病挂号 1 次（最便宜的门诊），缴纳小孩学杂费的 1/800，看 0.05 次电影。

为什么会有如此巨大的差异？简单地说，是由于物价（CPI）上涨了，钱不值钱了，所以 1 块钱买的东西会越来越少了。

经济危机之后，普通居民对物价的感觉是更贵了，CPI 恐怕是大家谈论最多的经济词汇了。对于普通老百姓而言，大家对 CPI 的关注归根结底还是对日常生活所需品的价格变化，比如说猪肉的价格变化、面粉的价格变化、蔬菜的价格变化等的关注。那么 CPI 能如实地反映出老百姓最关心的日常生活费用的增长吗？

我们先来了解一下到底什么是 CPI。

CPI 是居民消费物价指数（ConsumerPriceIndex）的缩写。我国的 CPI 指数是按食品、烟酒及用品、衣着、家庭设备用品及服务、医疗保健及个人用品、交通和通信、娱乐教育文化用品及服务、居住这八大类来计算的。这八大类的权重总和加起来是 100。其中，食品占比重最大，包括：粮食、肉禽及其制品、蛋、水产品、鲜菜、鲜果。

在每一类消费品中选出一个代表品，比如，大多数人是吃米还是吃面，是穿皮鞋还是穿布鞋等。国家统计局选出一定数量的代表品，把这些代表品的物价按每一月、每一季、每一年折算成物价指数，定期向社会公布，就是我们所说的官方的 CPI 指数。

CPI 就是反映市场物价的一个最基本的术语。在中国现实的社会中，物价是和柴米油盐息息相关的，物价成为国家高度关注的问题。CPI 是反映与居民生活有关的产品及劳务价格统计出来的物价变动指标，通常作为衡量通货膨胀水平的重要指标。

物价指数计算的基本方法，是以计算期各种商品的价格乘以计算期各种商品的销售量，再除以基期各种商品的价格乘以基期各种商品的销售量。即：CPI=（一组固定商品按当期价格计算的价值）/（一组固定商品按基期价格计算的价值）× 100%。

CPI 是反映城乡居民消费水平和消费品价格变动情况的重要指标，也被作为观察通货膨胀水平的重要指标。如果 CPI 在过去的 12 个月中上升了 2.3%，那么就表示当下的生活成本比 12 个月前平均要高出 2.3%，这无疑是不被欢迎的。而当生活成本提高时，你的金钱价值也随之下降。如果 CPI 在 12 个月内上升了 2.3%，那么去年的 100 元纸币，今年只可以买到价值 97.7 元的商品或服务。所以，CPI 升幅过大，就表明货币贬值幅度过大，通货膨胀就成为经济不稳定的因素。因此，CPI 指数也是反映通货膨胀程度的有力指标。一般来说，当 CPI 增幅大于 3% 时，就已经引发了通货膨胀；而当 CPI 的增幅大于 5% 时，就已经是严重的通货膨胀了。一般在这种情况下，央行为了抑制通货膨胀，会有紧缩货币政策和财政政策的举措，但这种举措有可能造成经济前景不明朗。

编制物价指数的目的，是为国家分析物价变动对国民经济与人民生活的影响，从而制定有关物价宏观调控政策，加强物价管理提供依据。同时，也为企业作出相应的经济决策提供依据。物价上涨，有可能是由以下几种原因造成的：

1. 市场的波动

市场的格局发生了一些变化，导致某一种商品或者很多商品的价格上涨。

最明显的例子是石油价格上涨，比如，由于伊拉克打仗或者伊朗的形势紧张，导致市场参与者预期石油的供应可能会紧张，这会推动石油价格上涨。但是，这种上涨跟通货膨胀没有关系。

2. 价格的自由波动

这种涨跌恰恰就是市场机制在发挥作用。在计划经济条件下经常出现商品长期短缺，但在市场机制下，如果一种商品短缺，价格就会上涨。很快就会有很多企业去生产这些商品，短缺也就不存在了。因此，由于市场格局变化引起的物价上涨，实际上是市场启动了自己校正自己的一个过程，这个过程就可以驱动资源的重新配置。市场进行资源的有效配置，就是通过价格信号进行的。把这种物价上涨当作通货膨胀而对它进行调控，结果就是市场重新配置资源的机制被打断，只能扰乱市场秩序。

3. 通货膨胀型物价上涨

奥地利学派认为，通货膨胀是一种货币现象，通货膨胀就是由于货币供应量持续、过快地增长，导致物价上涨。在奥地利学派看来，通货膨胀型物价上涨不一定是物价的普遍上涨。在通货膨胀期内，不同行业、不同商品、不同服务的价格，会在不同的时间上以不同的幅度上涨。这样，每一类的商品、服务上涨持续的时间也不一样，最后累计上涨的幅度也不一样。物价上涨并不是同时发生物价的普遍上涨，而是呈现为一个波浪式的上涨过程。

这就如同向水中扔进一块石头，涟漪从中心向四周扩散，而且，可以说，最早上涨的那些价格就必然会一直领先于其他价格。因为，在特定时期，新增货币源源不断地流入这些行业。相反，越往后，价格上涨的幅度会越小，相关企业及其员工所能获得的收入增加就会越少。

相对来说，价格最晚上涨的，肯定是距离权力最远的企业和行业。而所有这些价格上涨会波及较为重要的最终消费品——食品。应当说，距离权力最远者，比如农民，也可能因为猪肉、粮食价格上涨而享受到一点好处，但在他们所生产的产品价格上涨之前，其他商品与服务价格早就涨上去了，而彼时，他们的收入却并无增加。更重要的是，一旦这些商品和服务价格上涨，通货膨胀就已经成熟，政府必然要采取强有力措施干预价格，于是，他们本来要得到的好处就流失了。总起来看，他们是通货膨胀的净损失者。

国家经济状况的晴雨表：GDP

小镇上，一个荒淫的富人死了。全镇的人都为他哀悼，当他的棺材被放进坟墓时，四处都是哭泣、哀叹声，就连教士和圣人死去时，人们都没有如此悲哀。第二天，镇上的另一个富人也死了，与前一个富人相反，他节俭禁欲，只吃干面包和萝卜。他一生对宗教都很虔诚，整天在豪华的研究室内学习法典，当他死后，除了他的家人外，没有人为他哀悼，葬礼冷冷清清。

一个陌生人对此迷惑不解，就问道："请向我解释一下这个镇上的人为什么尊敬一个荒淫的人，而忽略一个圣人。"镇上的居民回答说："昨天下葬的那个富人，虽然他是个色鬼和酒鬼，却是镇上最大的施舍者。他荒淫奢侈，整天挥霍自己的金钱，但是镇上的每一个人都从他那儿获益。他向一个人买酒，向另一个人买鸡，向第三个人要奶酪，小镇的 GDP 因为他不断增长。可死去的另一个富人又做了什么呢？他成天吃干面包和萝卜，没人能从他身上赚到一文钱，当然没有人会想念他的。"

那么什么是 GDP，它在我们的日常生活中起到了哪些作用呢？

GDP 即国内生产总值。通常对 GDP 的定义为：一定时期内（一个季度或一年），一个国家或地区的经济中所生产出的全部最终产品和提供劳务的市场价值的总值。GDP 是三个英文单词首字母的组合：gross，即毛的、总的；domestic，即国内的；product，即产值，翻译成汉语就是"国内生产总值"。GDP 是指一个国家在一年内，所生产的全部最终产品（包括劳务）的市场价格的总和。

在经济学中，GDP 常用来作为衡量该国或地区的经济发展综合水平通用的指标，这也是目前各个国家和地区常采用的衡量手段。GDP 是宏观经济中最受关注的经济统计数字，因为它被认为是衡量国民经济发展情况最重要的一个指标。

GDP 的计算方法通常有以下几种：

1. 生产法

生产法是从生产角度计算国内生产总值的一种方法。从国民经济各部门一定时期内生产和提供的产品和劳务的总价值中，扣除生产过程中投入的中间产品的价值，从而得到各部门的增加值，各部门增加值的总和就是国内生产总值。

计算公式为：总产出 – 中间投入＝增加值。

GDP＝各行业增加值之和。

也可以表示为 GDP ＝∑各产业部门的总产出 – ∑各产业部门的中间消耗。

2. 收入法

收入法是从生产过程中各生产要素创造收入的角度计算 GDP 的一种方法。即各常住单位的增加值等于劳动者报酬、固定资产折旧、生产税净额和营业盈余四项之和。这四项在投入产出中也称最初投入价值。各常住单位增加值的总和就是 GDP。计算公式为：

GDP ＝∑各产业部门劳动者报酬＋∑各产业部门固定资产折旧＋∑各产业部门生产税净额＋∑各产业部门营业利润。

3. 支出法

支出法是从最终使用的角度来计算 GDP 及其使用去向的一种方法。GDP 的最终使用包括货物和服务的最终消费、资本形成总额和净出口三部分。计算公式为：

GDP ＝最终消费＋资本形成总额＋净出口。

从生产角度，等于各部门（包括第一、第二和第三产业）增加值之和；从收入角度，等于固定资产折旧、劳动者报酬、生产税净额和营业盈余之和；从使用角度，等于总消费、总投资和净出口之和。

现今世界上，每个国家都非常关心经济增长。因为没有经济的适当增长，就没有国家的经济繁荣和人民生活水平的提高。例如，西方国家认为中国富强，就是因为它的 GDP 增长迅速，同其他世界大国相比，在经济总量、GDP 大小上，中国已经位居世界前二。

2011 年 2 月，日本内阁府公布 2010 年全年经济数据，按可比价格计算，2010 年日本名义 GDP 为 5.4742 万亿美元，比中国低 4000 多亿美元，排名世界第三。这也是 1968 年以来，日本经济首次退居世界第三。

2010 年日本实际 GDP 增长 3.9%，名义 GDP 增长 1.8%。其中第四季度日本实际国内生产总值环比下降 0.3%，这是日本经济五个季度来首次出现负增长。

日本内阁官房长官枝野幸男公开表示，对日本 GDP 被中国赶超表示欢迎。他还表示，人均 GDP 方面日本仍然是中国的 10 倍多，重要的是日本应当如何汲取其活力。为了将发展优势传给下一代，日本将继续推进经济增长战略。

GDP 是目前衡量国民财富总量无可替代的指标。中国在古代社会和农业社会一直位列全世界最发达的国家行列，自清代中后期以来才在工业革命浪潮中落后。上世纪初，中国 GDP 总量在世界排名最后二十位，现在终于上升到世界第二，说明中国国力的增强。

"中国仍然是一个发展中国家，人均 GDP 不但只有日本的十分之一，甚至不到世界平均水平的一半。而日本的发展，比如城乡之间、经济社会之间的发展比较平衡，而我们发展不平衡问题突出，差距很大。"北京大学国民经济核算研究中心研究员蔡志洲表示。

按照国际标准，中高等发达国家的人均 GDP 在 5000 美元至 1 万美元，而中国人均 GDP 才 4000 美元左右。刘霞辉表示，即便中国今后一直保持 8% 的增长速度，人均 GDP 要达到发达国家的高限标准——人均 GDP1.2 万美元以上，也需要 15 年到 20 年的时间。

GDP 对于任何一个国家来讲都是非常重要的，但是不能盲目崇拜 GDP 的增长。没有发展的增长和虚假无效的增长，短期行为的增长，不可持续的增长和结构失衡的增长都将破坏社会经济的和谐与发展。

体现国家的经济水平：GNP

1929 年，爆发了一次史无前例的世界性经济危机，对世界经济的破坏程度如同是投下了一颗原子弹。可是奇怪的是，当危机爆发之时，人们却浑然不知，当时的美国总统胡佛甚至认为经济形势正在转好。

我们没有理由嘲笑当时人们的无知，因为当时除了苏联统计机构有尚不完善的国民经济平衡表之外，有关国民经济的统计几乎是空白，所以人们当然不知道经济形势已经坏到什么地步。这次危害巨大的经济危机激发了人们对国民经济状况的了解的渴望。于是，美国参议院财经委员会委托西蒙库兹涅茨，建立一系列用来统计核算一国投入和产出的指标，由此发展出"国民收入账户"。这就是国民生产总值 GNP 的雏形。1933 年，当 1929 年～1932 年的国民收入统计资料公开时，人们才发现这次经济危机竟是这么可怕。

国民生产总值（简称 GNP），是指一个国家（地区）所有常驻机构单位在一定时期内（年或季）收入初次分配的最终成果。一个国家常驻机构单位从事生产活动所创造的增加值（国内生产总值）在初次分配过程中主要分配给这个国家的常驻机构单位，但也有一部分以劳动者报酬和财产收入等形式分配给该国的非常驻机构单位。同时，国外生产单位所创造的增加值也有一部分以劳动者报酬和财产收入等形式分配给该国的常驻机构单位，从而产生了国民生产总值概念。它等于国内生产总值加上来自国外的劳动报酬和财产收入减去支付给国外的劳动者报酬和财产收入的差。

随着外商注入中国市场，我国 GDP 增长率逐年上升。但外商投资（外国国民）在中国的产出计入中国的 GDP，却不是中国的 GNP。因此，外商投资大规模进入中国的必然结果是，中国的 GNP 将明显小于 GDP，GNP 的增长率也会低于 GDP。

中国的国民生产总值＜国内生产总值，资本输出国（如日本）的国民生产总值＞国内生产总值，如果长期存在这一现象，中国经济的前途和社会福利将受到长远深刻的影响；如果中国自己企业的竞争力没有随着中国经济的增长和经济规模的扩大而持续提高，而只是单纯地依靠比较成本优势，甚至只是向跨国公司提供我们的比较优势资源，那么，即使中国的制造业规模有很大的扩张，也将在更大程度上只是"世界工场"，而不是真正的"世界工厂"。

在发达国家，GDP 与 GNP 比较接近，因此常用 GDP 来衡量并没有什么问题。然而用 GDP 而不是 GNP 看中国国力，其中的巨大差异则会导致对中国国力与财富创造能力的严重高估。这也就是为什么世界银行用平价购买力一算，就与原来的差别那么大的原因。

国民生产总值与社会总产值、国民收入有所区别：一是核算范围不同，社会总产值和国民收入都只计算物质生产部门的劳动成果，而国民生产总值对物质生产部门和非物质生产部门的劳动成果都进行计算。二是价值构成不同，社会总产值计算社会产品的全部价值；国民生产总值计算在生产产品和提供劳务的过程中增加的价值，即增加值，不计算中间产品和中间劳务投入的价值，国民收入不计算中间产品价值，也不包括固定资产折旧价值，即只计算净产值。

国民生产总值反映了一个国家的经济水平，按可比价格计算的国民生产总值，可以计算不同时期、不同地区的经济发展速度（经济增长率）。

在现代金融生活中，只有正确评估国力，才能提高经济发展、开放效益和对外谈判的主动性。不论 GNP 或 GDP，都只是我们眼前能够看到的经济增长或变化，是近期能够切实感受的经济数值、经济水平，但要考虑到今后我们的下一代、甚至是子孙后代经济发展时，是不是应该计算"绿色 GNP"了呢？"绿色 GNP"即考虑经济发展的同时添加上资源的损耗和可再生资源的恢复。

经济发展的动力是我们的生活发展，生活最根本的则是我们身边的一草一木，是生命。如果有一天我们迎来了资源的全面枯竭，那将毫无疑问意味着经济发展的结束，甚至生活的衰竭、生命的完结。而"绿色 GNP"是摆在我们面前刻不容缓的问题。

国家经济的"体温计"：PPI

2007 年 PPI 统计数字显示：工业品出厂价格上涨 3.1%，其中生产资料价格上涨 3.2%，生活资料价格上涨 2.8%，原材料、燃料、动力购进价格上涨 4.4%，农产品生产价格上涨 18.5%。

这一年某地农民张某种了约 20 亩棉花，由于夏天的雨灾，收成比去年下降了 1/3。此前一年棉花价格的上涨让他笑逐颜开，但这一年棉价的下跌又让他有些失望。"今年的收成比去年减少了，化肥、人工等成本却比去年提高不少，如果价格再上不去，估计明年棉花的种植面积还会下降。"

在这个故事中 PPI 跑赢 CPI，说明生产者的成本增加速度明显超过了终端消费品的提价速度，这无疑会给企业经营带来巨大经营压力。虽然每月国家统计局都会发布 PPI，不过，对于大多数人来说，PPI 还是一个十分陌生的概念。PPI 到底是什么？代表了什么呢？

PPI 是生产者物价指数的英文缩写，它是站在生产者的角度来观察不同时期货物和服务商品价格水平变动的一种物价指数，反映了生产环节价格水平，也是制定有关经济政策和国民经济核算的重要依据。PPI 可以称得上是了解国家经济发展状况的"体温计"。通过 PPI 的变化，我们就能大体判断国家经济的运行状况，并可由此预判未来国家的宏观经济政策。

生产者物价指数是一个用来衡量制造商出厂价的平均变化的指数，它是统计部门收集和整理的若干个物价指数中的一个。如果生产物价指数比预期数值高，表明有通货膨胀的风险；如果生产物价指数比预期数值低，则表明有通货紧缩的风险。生产者物价指数主要的目的在衡量各种商品在不同的生产阶段的价格变化情形。

一般而言，商品的生产分为三个阶段：一是原始阶段：商品尚未做任何的加工；二是中间阶段：商品尚需作进一步的加工；三是完成阶段：商品至此不再做任何加工手续。PPI 是衡量工业企业产品出厂价格变动趋势和变动程度的指数，是反映某一时期生产领域价格变动情况的重要经济指标。

在我国，PPI 一般指统计局公布的工业品出厂价格指数。目前，我国 PPI 的调查产品有 4000 多种，包括各种生产资料和生活资料，涉及调查种类 186 个。其中，能源原材料价格在 PPI 构成中占较大比重。通常情况下，PPI 走高意味着企业出厂价格提高，因此会导致企业盈利增加；但如果下游价格传导不利或市场竞争激烈，走高的 PPI 则意味着众多竞争性领域的企业将面临越来越大的成本压力，从而影响企业盈利，整个经济运行的稳定性也将受到考验。

因此，PPI 可以用来对通货膨胀进行初期预测。理由很简单，企业成本上升时，企业通常会提高价格。一般而言，当生产者物价指数增幅很大而且持续加速上升时，该国央行相应的反应是采取加息对策阻止通货膨胀快速上涨，则该国货币升值的可能性增大；反之亦然。

美劳工部会在 25000 多家企业做调查，得出产品价格，根据行业不同和在经济中的比重、分配比例和权重、PPI 能够反映生产者获得原材料的价格波动等情况，推算预期CPI，从而估计通胀风险。总之，PPI 上升不是好事，如果生产者转移成本，终端消费品价格上扬，通胀上涨。如果不转移，企业利润下降，经济有下行风险。

在美国，生产者物价指数的资料搜集由美国劳工局负责，他们以问卷的方式向各大生产厂商搜集资料，搜集的基准月是每个月包含 13 日在内该星期的 2300 种商品的报价，再加权换算成百进位形态，为方便比较，基期定为 1967 年。真正的经济学家可以通过对PPI 的关注，从而正确判断物价的真正走势——这是由于食物及能源价格一向受到季节及供需的影响，波动剧烈。

对于老百姓来说，PPI 通常作为观察通货膨胀水平的重要指标。由于食品价格因季节变化加大，而能源价格也经常出现意外波动，为了能更清晰地反映出整体商品的价格变化情况，一般将食品和能源价格的变化剔除，从而形成"核心生产者物价指数"，进一步观察通货膨胀率变化趋势。

生活水平的衡量尺度：恩格尔系数

34 岁的章先生是一家企业的管理人员，从事经营工作，家庭年收入在 30 万元到 40万元之间。说起记账的初衷，章先生说，记账习惯与年龄无关，他五六年前就开始记账，是因为觉得只有把家庭生活经营好了，才能把自己的经营管理工作做得更好。"做家庭账本和做公司的账一样，我每个月都要把家里的收入、支出、存量做平，对支出记账还要进行分类。"

"以我们的家庭收入，在西安应该还算是比较富裕的家庭。"章先生说，他们一家三口，孩子上幼儿园，现在已经不喝奶粉了，比起那些小孩喝奶粉的家庭，他们减少了这项支出。孩子每月托费 1200 元，平均下来每月花在孩子身上的钱就是 2000 元左右。其余的支出，除了吃，大项支出就是养车、房贷。每天记账，可以及时了解家庭支出的合理性。他以记账情况得出的结论仍是：食物支出过大，生活质量有所下降。

过去，人们见面的第一句话通常是："吃了没？"由此可见食物对人们的重要性。消费支出是指一个家庭日常生活的全部支出，包括食品、衣着、家庭设备用品及服务、医疗保健、交通和通讯、娱乐教育文化服务、居住、杂项商品和服务八大类。消费支出反映了居民的物价消费水平，是很重要的宏观经济学变量，被作为宏观调控的依据之一。这里我们所讲的恩格尔系数就是食品支出总额占个人消费支出总额的比重。

恩格尔系数，是指居民家庭中食物支出占消费总支出的比重。德国统计学家恩格尔根据经验统计资料对消费结构的变动提出这一看法：一个家庭收入越少，家庭收入中或者家庭总支出中用来购买食物的支出所占的比例就越大，随着家庭收入的增加，家庭收入中或者家庭支出中用来购买食物的支出将会下降。恩格尔系数是用来衡量家庭富足程度的重要指标。

恩格尔定律主要表述的是食品支出占总消费支出的比例随收入变化而变化的一定趋势。恩格尔系数是国际上通用的衡量居民生活水平高低的一项重要指标，国际上常常用恩格尔系数来衡量一个国家和地区人民生活水平的状况。

吃是人类生存的第一需要，在收入水平较低时，其在消费支出中必然占有重要地位。随着收入的增加，在食物需求基本满足的情况下，消费的重心才会开始向穿、用等其他方面转移。因此，一个国家或家庭生活越贫困，恩格尔系数就越大；反之，生活越富裕，恩格尔系数就越小。

根据联合国粮农组织提出的标准,恩格尔系数在59%以上为贫困,50%～59%为温饱,40%～50%为小康，30%～40%为富裕，低于30%为最富裕。一般随居民家庭收入和生活水平的提高而下降。按此划分标准，20世纪90年代，恩格尔系数在20%以下的只有美国，达到16%；欧洲、日本、加拿大、一般在20%～30%之间，是富裕状态。东欧国家，一般在30%～40%之间，相对富裕，剩下的发展中国家，基本上分布在小康。

简单地说，一个家庭或国家的恩格尔系数越小，就说明这个家庭或国家经济越富裕。反之，如果这个家庭或国家的恩格尔系数越大，就说明这个家庭或国家的经济越困难。当然数据越精确，家庭或国家的经济情况反应也就越精确。

人民网网友曾提问：近些年来致力于农村恩格尔的系数是一直像预期那样的直线下降呢？还是有波动的？这些数据对我们来讲有没有意义？是否预示着我们已经进入相对富裕的行列，还是只是小康水平。

国家统计局新闻发言人回答，恩格尔系数是指居民的消费支出之中，食品支出占整个消费支出的比重。它所代表的含义，一般是用来反映消费水平生活质量变化的一个很重要的指标。恩格尔系数随着收入水平的提高、消费水平的提高，食品消费支出的比重会下降。改革开放30年来，我们国家的恩格尔系数，无论是农村还是城市，恩格尔系数都是往下走的。不排除个别年份，因为物价水平的变化，恩格尔系数稍微有一些波动，但总的趋势是往下的。从农村来讲，基本上在42%左右。从城市来讲，居民的恩格尔系数已经下降到40%以下，充分说明我们国家随着收入水平的提高，人们由总体小康向全面小康变化，已经摆脱了原来以吃、喝、穿这种生存意义的消费结构，正在进入以住和行消费为引导的消费升级的新阶段。

国家统计局的资料显示，改革开放以来，由于收入持续快速增长，我国居民家庭的恩格尔系数呈现下降趋势，与1978年的57.5%相比，2007年我国城镇居民家庭恩格尔系数为43.1%，这是居民消费结构改善的主要标志。这表明，我国人民以吃为标志的温饱型生活，正在向以享受和发展为标志的小康型生活转变。

随着经济的迅速发展，人们花在食物上的支出相对于以前已经多出不少，但是食物支出占整个家庭支出的比例已经呈现下降的趋势，花在住房、汽车、教育、娱乐等其他方面的支出占据越来越大的比重。这就是恩格尔系数在不断降低，但不排除在某一特殊时期会上升，如金融危机时期、通货膨胀时期，前面章先生的食品支出加大就是通货膨胀所造成的。

在使用恩格尔系数时应注意：一是恩格尔系数是一种长期趋势，时间越长趋势越明显，某一年份恩格尔系数波动是正常的；二是在进行国际比较时应注意可比口径，在中国城市，由于住房、医疗、交通等方面存在大量补贴，因此进行国际比较时应调整到相同口径；三是地区间消费习惯不同，恩格尔系数略有不同。

恩格尔定律是根据经验数据提出的，它是在假定其他一切变量都是常数的前提下才适用的，因此在考察食物支出在收入中所占比例的变动问题时，还应当考虑城市化程度、食品加工、饮食业和食物本身结构变化等因素都会影响家庭的食物支出增加。只有达到相当高的平均食物消费水平时，收入的进一步增加才不对食物支出产生重要的影响。

当然，恩格尔系数也并不是对每一个人或每一个家庭都完全适合。如自诩为美食家的人，以吃尽天下美食为己任，他花在食物上的消费比例肯定比其他消费多，但依此断定他贫困或富裕就有失偏颇。在适用恩格尔系数进行国际比较时，由于各国的价格体系、福利补贴等方面差异较大，所以，要注意个人消费支出的实际构成情况，注意到运用恩格尔系数反映消费水平和生活质量会产生误差。

财富收入是否公平，基尼系数是标准

基尼系数是意大利经济学家基尼于1912年提出的，定量测定收入分配差异程度，国际上用来综合考察居民内部收入分配差异状况的一个重要分析指标。

基尼系数的经济含义是：在全部居民收入中，用于进行不平均分配的那部分收入占总收入的百分比。基尼系数最大为"1"，最小等于"0"。前者表示居民之间的收入分配绝对不平均，即100%的收入被一个单位的人全部占有了；而后者则表示居民之间的收入分配绝对平均，即人与人之间收入完全平等，没有任何差异。但这两种情况只是在理论上的绝对化形式，在实际生活中一般不会出现。因此，基尼系数的实际数值只能介于0～1之间。

基尼系数按照联合国有关组织规定，低于0.2表示收入绝对平均；0.2～0.3表示比较平均；0.3～0.4表示相对合理；0.4～0.5表示收入差距较大；0.5以上表示收入差距悬殊。经济学家们通常用基尼指数来表现一个国家和地区的财富分配状况。这个指数在0和1之间，数值越低，表明财富在社会成员之间的分配越均匀；反之亦然。

通常把0.4作为收入分配差距的"警戒线"。将基尼系数0.4作为监控贫富差距的警戒线，应该说，是对许多国家实践经验的一种抽象与概括，具有一定的普遍意义。但是，各国、各地区的具体情况千差万别，居民的承受能力及社会价值观念都不尽相同，所以这种数量界限只能用作宏观调控的参照系，而不是教条和标准。

基尼系数由于给出了反映居民之间贫富差异程度的数量界线，可以较客观、直观地反映和监测居民之间的贫富差距，预报、预警和防止居民之间出现贫富两极分化，因此得到世界各国的广泛认同和普遍采用。

有很多人认为听到一个基尼系数，就了解了当地收入分配的一种实际状况。事情仿佛和天气预报差不多，听到最高最低温度多少，我们立刻就知道了气候的冷暖。

我们应该看到这样一个社会现象：富者很富，穷者很穷。用经济学术语来说，这就是收入分配中的"马太效应"。在国民收入分配领域，马太效应进一步显现出贫者越贫、富者越富的状态，这种情况对经济的协调发展和社会的和谐进步产生一定影响。一部分人已经先富起来了，这是中国的客观现实，大部分人虽然已经解决了温饱问题，收入有所提高，却还算不上富裕，也是中国的客观现实，居民收入差距不断地扩大，就是中国客观现实的反映。

2011 年《社会蓝皮书》指出，近年来社会收入差距一直在扩大，当前反映收入分配差距的总体基尼系数在 0.5 左右，大大超过了国际公认的 0.4 的警戒线水平。据称，1984 年，中国总体基尼系数大约仅为 0.26，在短短 20 多年时间内，中国已经由收入分配比较平等的国家进入收入分配最不平等的国家行列。

如何解决基尼系数过大所带来的执政危险？专家对基尼系数现状提出了应对措施：

1. 改变现行税制在调节收入分配方面的制度缺陷，完善税收调节体系，使税收调节分配的功能在居民收入、存量财产、投资收益等各个环节得到有效发挥。

2. 运用综合调控手段，加强对高收入阶层的税收调控。

（1）加快个人所得税改革，建立综合与分类相结合的税制模式。

（2）深化消费税制改革。充分发挥消费税商品课税再分配功能，对必需品适用低税率或免税，对奢侈品适用高税率。

（3）可考虑对储蓄存款利息课征的个人所得税采用累进税率，以及开征物业税、遗产税等税种。

3. 把"富民优先"作为经济发展新阶段以及解决基尼系数拉大问题的重大经济政策，对低收入者实施积极的税收扶持政策。

（1）完善支持农业发展的税收政策措施。农业的基础地位和弱质产业特性，要求政府在取消农业税之后，进一步在提高农业生产专业化和规模化水平、大力发展农业产业集群、健全现代农产品市场体系等方面给予政策支持，具体讲要对农业生产资料采取更加优惠的增值税税率，降低生产资料价格，减轻农民负担。

（2）加大对中小企业的扶持力度，使民营经济得到长足发展。我国中小企业在解决社会就业、维护社会稳定方面发挥的重要作用是显而易见的。

（3）加大对城镇下岗失业人员再就业的税收支持力度，推进就业和再就业。

（4）建议开征社会保障税。

4. 完善配套措施，加大对非常态高收入阶层收入的监管。

（1）加强对垄断收入的监管。

（2）积极推行存款实名制，并逐步创造条件实行金融资产实名制，限制非法收入。

（3）对黑色收入和腐败收入、灰色收入、钻各种政策空子所得的非常态收入要采取有效手段加以打击和取缔。

当然，在解决贫富悬殊、化解基尼系数"越警"方面，税收的作用毕竟是有限的，必须和政府其他宏观经济政策共同发挥作用，才能更好地解决我国收入分配差距扩大的问题，从而促进我国经济社会健康和谐发展。

金融投资的风向标：道·琼斯指数

对于金融世界，特别是投资股票的人们而言，道·琼斯指数和《华尔街日报》就是他们的圣经。当新世纪开始的时候，拜伦家庭的努力，使道·琼斯公司和道·琼斯指数跟上了时代发展的步伐，继续反映着美国经济，指导着投资者们的行动。美西战争的胜利和雄心勃勃的西奥多·罗斯福总统，使美国经济超越国界登上世界舞台。股票市场异常繁荣，道·琼斯指数记录了一个无可比拟的国内市场健康发展的重要时期。

道·琼斯指数是世界上历史最为悠久的股票指数，它的全称为股票价格平均指数。通常人们所说的道·琼斯指数有可能是指道·琼斯指数四组中的第一组道·琼斯工业平均指数。

整个20世纪20年代是道·琼斯指数的辉煌时期。到1928年，它已增加到30种股票。那些有钱的富人们一直把股票市场看作是他们的私人领域，但这时情况发生了变化，对于股市的狂热使人们想尽办法投身股市，于是他们得到一个新的极其危险的金融玩具，即定金交易。这种玩法十分刺激，人们花1美元便能买到价值10美元的股票，这使那些没有多少钱的人也参与了进来，电梯工、接线员、报童等所有人都跟金融巨头一样玩起了股票。他们为有这么多挣钱的机会而疯狂，却没有意识到市场涨得越高下跌的危险就越大。

股票价格指数就是用以反映整个股票市场上各种股票市场价格的总体水平及其变动情况的指标，简称为股票指数。它是由证券交易所或金融服务机构编制的表明股票行市变动的一种供参考的指示数字。由于股票价格起伏无常，投资者必然面临市场价格风险。对于具体某一种股票的价格变化，公开发布，作为市场价格变动的指标，投资者据此就可以检验自己的投资效果，并用以预测股票市场的动向。

道·琼斯股票指数是在1884年由道·琼斯公司的创始人查理斯·道开始编制的。其最初的道·琼斯股票价格平均指数是根据11种具有代表性的铁路公司的股票，采用算术平均法进行计算编制而成，发表在查理斯·道自己编辑出版的《每日通讯》上。

其计算公式为：股票价格平均数＝入选股票的价格之和／入选股票的数量。自1897年起，道·琼斯股票价格平均指数开始分成工业与运输业两大类，其中工业股票价格平均指数包括12种股票，运输业平均指数则包括20种股票，并且开始在道·琼斯公司出版的《华尔街日报》上公布。1928年后，道·琼斯股票价格平均指数就改用新的计算方法，即在计点的股票除权或除息时采用连接技术，以保证股票指数的连续，从而使股票指数得到了完善。在1929年，道·琼斯股票价格平均指数又增加了公用事业类股票，使其所包含的股票达到 56 种。

除了道·琼斯股票价格指数外，还有其他的价格指数：

标准·普尔股票价格指数在美国也很有影响，它是美国最大的证券研究机构即标准·普尔公司编制的股票价格指数。

纽约证券交易所股票价格指数。这是由纽约证券交易所编制的股票价格指数。它起自 1966 年 6 月，先是普通股股票价格指数，后来改为混合指数，包括在纽约证券交易所上市的 1500 家公司的 1570 种股票。

日经道·琼斯股价指数是由日本经济新闻社编制并公布的反映日本股票市场价格变动的股票价格平均数。该指数从 1950 年 9 月开始编制。

香港恒生指数是香港股票市场上历史最久、影响最大的股票价格指数，由香港恒生银行于 1969 年 11 月 24 日开始发表。恒生股票价格指数包括从香港 500 多家上市公司中挑选出来的 33 家有代表性且经济实力雄厚的大公司股票作为成分股。

道·琼斯指数的目的在于反映美国股票市场的总体走势，涵盖金融、科技、娱乐、零售等多个行业。道·琼斯工业平均指数目前由《华尔街日报》编辑部维护，其成份股的选择标准包括成份股公司持续发展，规模较大、声誉卓著，具有行业代表性，并且为大多数投资者所追捧。

目前，道·琼斯工业平均指数中的 30 种成份股是美国蓝筹股的代表。这个神秘的指数的细微变化，带给亿万人惊恐或狂喜，它已经不是一个普通的财务指标，而是世界金融文化的代号。

道·琼斯指数作为最有权威性的一种股票价格指数，被称为经济的晴雨表，有以下三方面原因：

第一，道·琼斯股票价格平均指数所选用的股票都有代表性，这些股票的发行公司都是本行业具有重要影响的著名公司，其股票行情为世界股票市场所瞩目，各国投资者都极为重视。为了保持这一特点，道·琼斯公司对其编制的股票价格平均指数所选用的股票经常予以调整，用具有活力的更有代表性的公司股票替代那些失去代表性的公司股票。自 1928 年以来，仅用于计算道·琼斯工业股票价格平均指数的 30 种工商业公司股票，已有 30 次更换，几乎每两年就要有一个新公司的股票代替老公司的股票。

第二，公布道·琼斯股票价格平均指数的新闻载体——《华尔街日报》是世界金融界最有影响力的报纸。该报每天详尽报道其每个小时计算的采样股票平均指数、百分比变动率、每种采样股票的成交数额等，并注意对股票分股后的股票价格平均指数进行校正。在纽约证券交易营业时间里，每隔半小时公布一次道·琼斯股票价格平均指数。

第三，这一股票价格平均指数自编制以来从未间断，可以用来比较不同时期的股票行情和经济发展情况，成为反映美国股市行情变化最敏感的股票价格平均指数之一，是观察市场动态和从事股票投资的主要参考。

股票总的面值相对而言是固定的。如果经济行情或者人们对股市的预期看涨，大量资金进入股市，股票的价格就上扬，股票便升值，指数也上升。如果经济行情或者人们对股市的预期看跌，那么大量的股票持有者就抛售手中股票，换取现金退出股市，于是股价下跌，指数下降，整个股市内的资金总量快速减少。所以不论是上学的小孩，还是不懂股票的年轻人，他们炒股没有像那些专家一样去看公司的财务报表，去看产品的创新，他们看的是股票指数。

中国金融的幸运和不幸：极速货币化

虽然中国 30 年来 CPI 平均不过 4.8%，表象上没有严重的通货膨胀，但各口径货币供应量的极速增长，仍然使货币当局巧妙地、不知不觉地取走了居民财富的大部分，这种进程就是所谓的"货币化"。

20 世纪 80 年代初，中国曾经流行过一个词汇，叫作"万元户"，这些当年先富裕起来的"万元户"，经过 30 年的中国金融洗礼，其财富的可能膨胀和缩水状况如何？我们分别选取 1981、1991、2001 和 2007 年这四个时点来考察，看看货币可能的变迁途径。

第一种：从居民家庭人均收入看，上述四个时点分别为：500 元、1700 元、6800 元和 13800 元。因此"万元财富"要跟得上人均货币收入增长，30 年前的一万，大体和现在的 27 万～28 万元相当。当然也有另外的货币收入变动口径，例如以城镇职工平均工资看，上述四个时点则分别为 780 元、2300 元、10800 元和 21200 元，这样算下来结果差不多。从业人员的货币工资，在过去的 30 年间，每 10 年增长约 3～4 倍，这实质上就意味着储蓄起来的 1 万元必然随之贬损。或者说，1981 年的 1 万元，大约相当于当时职工 13 年的工资，或者家庭人均 20 年的收入，按照目前工资或收入水平来推算，当年 1 万元应该大体相当于现在的 27 万～28 万元的水准。

第二种，从居民人均储蓄看，上述四个时点居民储蓄总额分别为：523 亿、9200 亿、7.4 万亿和 17.3 万亿，考虑人口变化之后的人均储蓄为 52 元、800 元、5900 元和 1.3 万元。这样算来，1981 年的"万元财富"相当于当时人均储蓄的 200 倍，折算到现在差不多是 255 万元。

从上面两种很粗糙的计算看，"万元财富"经不起时间的折磨而大幅度缩水，假定中国有类似美国一样的与通货膨胀指数挂钩的国债，那么以 1981 年为定基，四个时点的 CPI 指数分别为 100、199、390、440，也就是说，即便中国居民早在 30 年前就能够购买和 CPI 指数挂钩的国债，当年的 1 万元到现在也就仅仅 4.4 万元而已。假定当年的"万元户"采取五年定期储蓄不断滚动定存，即便考虑到保值贴补，当年存入银行的 1 万元今天充其量也难超过 10 万元。例子可能是粗糙的，但结论显而易见：过去 30 年，钱本身的确随着时间的推移非常"不值钱"了！近年来中国经济面临"过度货币化"的问题，而此问题是资产泡沫和通货膨胀等诸多宏观经济问题的症结所在。

截至 2011 年 6 月，中国 M2 总量达 78 万亿元，换算成美元约 12 万亿美元，超过同期日本 10 万亿美元和美国 9 万亿美元的规模，而与整个欧元区相当。从相对量来看，中国 2010 年 M2 和 GDP 的比率高达 1.8，亦高于日本 1.5、欧元区 0.9 和美国 0.6 的水平；实际上，在所有 G20 国家中，中国经济的"货币化"处于最高水平。

不经意间，中国已成为世界上最"有钱"的国家。当然，储蓄率、资本市场发展和货币国际化程度的差异意味着简单的国际比较并不能完全反映"货币化"程度。另外，全球金融危机后，货币总量指标的局限性被充分认识，信用（可贷资金）总量指标日益受到重视。但无论如何，关于中国经济"钱太多""钱越来越不值钱"的抱怨是难以否认的。"过度货币化"最直接、最主要的负面影响在于流动性泛滥对价格信号产生的扭曲作用。过量流动性会通过经济主体的资产配置行为影响资产市场导致资产泡沫，也会通过其生产和购买活动影响产品市场导致通货膨胀——这两方面影响在时序、程度等方面的复杂关系仍有待理论上的进一步探索。但很明显，资产市场的资金吸纳能力会对产品市场的价格状况有所影响。

中国极速的货币化进程虽然已经持续了30年，但很难想象它还能再持续30年。金融体系的过度银行化以及投资在经济增长中过于显赫的地位，都可能使技术创新迟缓、结构调整不畅、收入分配改革难以得到真正关注。更令人关注的是，地方政府、企业甚至居民都已经在三十多年的切身体会中，注意到了运用"长期金融负债"去对抗甚至去利用快速货币化，其基本理念无非就是今日之财不是财，明日之债不是债。

显然，"过度货币化"已成为当前中国经济中存在的根本问题；脱离这个问题制定宏观经济政策，就难免出现"头痛医头，脚痛医脚"的尴尬局面。解决问题须对症下药，标本兼治。"捉得病根，对症下药"的关键在于降低通过外汇占款进行的基础货币投放规模。标本兼治则要求：在金融体制方面，短期内力求通过对汇率形成和外汇管理机制的调整，打破"外汇流入—本币投放—对冲操作—信贷收紧"的怪圈；在实体经济领域，通过发展模式的重构和经济结构的调整，逐步解决国际收支严重不平衡的问题。

中国的货币政策必须在很大程度上重新回归，货币政策工具不应拘泥于所谓间接调控，而应该价格工具和数量工具并举、对内平衡和对外平衡兼顾，并关注资产价格和通货膨胀预期异常变动的可能风险。毫无疑问，在金融和实体经济两方面，现行体制都处在变革的临界点上。怎样在市场与国家之间寻求新的平衡，解决中国经济"过度货币化"的问题，制度创新是关键。

金融学里的不可能三角：三元悖论

1997年爆发了亚洲金融危机，泰国、印尼等东南亚国家在保持货币政策的独立性和资本流动自由的前提下，汇率剧烈波动，最后不得不以大幅贬值而告终。随后在国际货币基金组织开出的"治疗处方"中，以牺牲货币政策的独立性（即部分让渡货币政策的主权）为代价，获取了资本自由流动和汇率稳定的目标。

1999年，美国经济学家保罗·克鲁格曼在仔细研究亚洲金融危机过程及原因后，根据蒙代尔"不可能三角"画出了一个三角形，并称其为"永恒的三角形"，克鲁格曼还为此专门取了一个名字，即"三元悖论"。

三元悖论，也称三难选择，它是由美国经济学家保罗·克鲁格曼就开放经济下的政策选择问题所提出的。其含义是：如果一个国家想允许资本自由流动，又要求拥有独立的货币政策，那么就难以保持汇率稳定；如果要求汇率稳定和资本流动，就必须放弃独立的货币政策；如果要求拥有独立的货币政策和保持汇率稳定，就必须对资本流动进行限制。本国货币政策的独立性，汇率的稳定性，资本的完全流动性不能同时实现，最多只能同时满足两个目标，而放弃另外一个目标。

根据三元悖论，在资本自由流动、货币政策的有效性和汇率制度稳定三者之间只能进行以下三种选择：

第一种，保持本国货币政策的独立性和资本的完全流动性，必须牺牲汇率的稳定性，实行浮动汇率制。这是由于在资本完全流动条件下，频繁出入的国内外资金带来了国际收支状况的不稳定，如果本国的货币当局不进行干预，即保持货币政策的独立性，那么本币汇率必然会随着资金供求的变化而频繁波动。利用汇率自动调节机制将汇率调整到真实反映经济现实的水平，可以改善进出口收支，影响国际资本流动。虽然汇率调节机制本身有缺陷，但实行汇率浮动确实较好地解决了"三难选择"。但对于发生金融危机的国家来说，特别是发展中国家，信心危机的存在会大大削弱汇率调节机制的作用，甚至起到恶化危机的作用。当汇率调节机制不能奏效时，为了稳定局势，政府的最后选择是实行资本管制。

第二种，保持本国货币政策的独立性和汇率稳定，必须牺牲资本的完全流动性，实行资本管制。在金融危机的严重冲击下，在汇率贬值无效的情况下，唯一的选择是实行资本管制，实际上是政府以牺牲资本的完全流动性来维护汇率的稳定性和货币政策的独立性。大多数经济不发达的国家，比如中国，就是实行的这种政策组合。这一方面是由于这些国家需要相对稳定的汇率制度来维护对外经济的稳定，另一方面是由于他们的监管能力较弱，无法对自由流动的资本进行有效的管理。

第三种，维持资本的完全流动性和汇率的稳定性，必须放弃本国货币政策的独立性。根据蒙代尔·弗莱明模型，资本完全流动时，在固定汇率制度下，本国货币政策的任何变动都将被所引致的资本流动的变化而抵消其效果，本国货币政策丧失自主性。在这种情况下，本国或者参加货币联盟，或者更为严格地实行货币制度，基本上很难根据本国经济情况来实施独立的货币政策对经济进行调整，最多是在发生投机冲击时，短期内被动地调整本国利率以维护固定汇率。可见，为实现资本的完全流动与汇率的稳定，本国经济将会付出放弃货币政策自主权的巨大代价。

中国由于从计划经济转向市场经济的历史还比较短暂，国民经济抵御市场风险能力以及进行宏观调控的政策手段和法律体系还不健全，因而中国采取了上面所述的第二种模式，即保持货币政策的独立性和稳定汇率，而对资本的自由流动进行了限制。但随着人民币国际化呼声越来越高，资本的自由流动将会在不久的将来得以实现，届时中国将会从第二种模式转为第一种模式，即保持本国货币政策的独立性和资本的完全流动性，放弃固定汇率制，而实行浮动汇率制。

"不可能三角"理论从战后国际货币体系的发展中已经得到验证：在1945年至1973年的布雷顿森林体系中，各国"货币政策的独立性"和"汇率的稳定性"得到实现，但"资本流动"受到严格限制；而1973年以后，"货币政策独立性"和"资本自由流动"得以实现，但"汇率稳定"不复存在。"不可能三角"理论的妙处在于，它提供了一个一目了然地划分国际经济体系各形态的方法。

全球经济突围的秘道：低碳金融

世界金融危机的硝烟尚未散去，全球低碳经济革命之风又席卷而来。你低碳了吗？成为当今最时尚的问候语。从哥本哈根会议伊始到如今，我国各行各业的人们都在自己的领域积极响应号召，低碳环保的生活理念已经悄然走近大家的内心。

我们对于低碳经济的认识是这样的，它是一种正在兴起的经济形态和发展模式，包括了低碳产业、低碳技术、低碳城市、低碳生活等一系列新内容，也是人类文明进步的一个标志。低碳经济是要建设低碳社会、维护生态平衡，真正在气候变化的背景下实现可持续发展。发展低碳经济是一场涉及生产方式、生活方式、价值观念和人类命运的全球性革命。

文明人的生活一定不低碳，高收入的生活肯定比低收入的生活不低碳。最低碳的生活是原始人的生活，盖房子肯定不如不盖房子低碳，点蜡烛肯定不如不点蜡烛低碳。

世界银行报告指出，高收入国家过去占据着过高的二氧化碳的排放比例，现在还是这个样子。

联合国开发署的 2008 年报告也公正地指出，一些发达国家在 1990 年，以及《京都议定书》签署以后，还继续扩大他的排放量，从工业革命到 2004 年，每 10 吨二氧化碳中，有 7 吨是富国排放的，英国、美国人均排放量是 1100 吨，而中国是 66 吨，印度更少，是 23 吨。所以，发达国家是四位数，中国是两位数，由于共同的但有区别的责任原则，写在《联合国气候变化框架公约》和《京都议定书》里面是非常有道理的。

在全球化的视野下，能源问题已经成为国际政治、经济、环境保护等诸多领域的中心议题，甚至成为国际政治的重心。国家间围绕世界能源的控制权所进行的激烈争夺，各国维护自身利益所制定的能源安全战略，以及各国政府积极主导的替代能源开发，使能源问题日益成为国际社会的焦点；而油价波动、低碳经济、气候变化以及环境保护诸多问题，不仅是政府首脑、智库学者的案头工作议题，而且成为切切实实的民生问题。中国在能源领域的国际合作也在不断扩大，从最初的石油天然气为主，扩展到了煤炭、电力、风能、生物质燃料、核能、能源科技等各个方面；而伴随着能源问题的国际化，中国也从国际社会的幕后走到台前，承担的责任越来越重。

中国石油作为国有大型骨干企业，承担着履行政治、经济、社会三大责任，保障国家能源安全的重要使命，围绕着建设综合性国际能源公司这一战略目标，积极实施"资源"和"市场"两大战略，注重国内外资源和国内外市场的开拓，取得巨大成就。但是，能源问题不再是一个简单的经济问题，石油企业的海外发展往往伴随复杂的国际政治、经济、社会和环境因素。

低碳经济是可持续发展的大势所趋。它对于中国来说，是一次重大的考验，但同时我们也应该看到，低碳经济也给我国经济的发展带来了非常多的机遇。

例如，某宾馆的照明、空调、电梯等耗电的电费 5000 万。有一个节能公司跟宾馆签署了一个协议，包括照明时间多长，照明亮度多高，电梯每小时载客量多少，室内保持恒温、恒湿的温度和湿度多少等内容。据此，节能公司承包宾馆所有的用电，宾馆每年给节能公司支付 4200 万。宾馆现在用电费用是 5000 万，节能公司替宾馆一年节约 800 万。至于维持宾馆能耗的真实开支是多少，不关宾馆的事，替宾馆锁定财务风险。节能公司可能用一些节能技术，如，电梯本来是大电梯两部，改成四部小电梯，高低区域分开，低区域有低区域的电梯，高区域有高区域的电梯；采取更节能的灯源；本来有空调系统，可能改变建筑本身保温性能和建筑惰性，使得空调更节约了；空调除了中央空调大系统之外还有辅助空调系统，引入地缘热泵等。通过一系列的节能安排，节能公司为宾馆做了能源优化使用技术，到最后也达到了同样温度、湿度，电梯、照明也都提供了，实际能源开支只有 3500 万。通过这个项目节能公司自己既挣了利润，又为宾馆节约了 800 万。而在整个的交易活动当中，创新的发展模式，就成了节约成本创造利益的关键。

可以说创新是发展低碳经济的源泉。要发展低碳经济，就是发展高新技术产业，发展这方面有持续竞争力的产业，就是环境友好、资源节约型的。而且新产业的发展、低碳经济的发展，根本的动力是创新。

低碳经济属于创新型的经济，而创新型的经济又是以高新技术为依托的。这样的企业发展，是一个充满风险的过程。从初期发展一个技术到一个产业，一般要经过种子期、初创期、成熟期连续几个阶段，要经过惊险的跳跃，而且需要资金的支持。如果没有这样的资本市场的支持，高收益、高风险、高增长潜力的低碳项目就难以蓬勃发展。新的东西的发展，实践证明风险投资是比较好的方法，主要是这种机制的引入，就像硅谷那样可以鼓励创新、容忍失败、顺其自然使大量的低碳技术成功开发，并且使创业者的理想可以实现，使低碳的产业层出不穷。所以，只有把低碳经济与金融结合，才可以展翅翱翔，只有这样才能创新低碳技术。在全世界低碳金融盛行的当下，更好地树立全社会的低碳意识，把握机遇，发展低碳的产业，壮大低碳的经济。

第四章　为什么贫者越贫，富者越富

——每天学点金融学原理

货币也会排斥异己的——劣币驱逐良币

"劣币驱逐良币"是经济学中的一个著名定律，在两种实际价值不同而面额价值相同的通货同时流通的情况下，实际价值较高的通货（所谓良币）必然会被人们熔化、收藏或输出而退出流通领域；而实际价值较低的通货（所谓劣币）反而会充斥市场。这就是著名的格雷欣法则。在现实生活中，我们也经常会看到类似的现象。

假定男A，男B，美女C，从客观条件和个人禀赋来看，男A较有优势，男B稍逊。若从资源配置来看，A、C结合实属大快人心，然而现实并非如此简单。A男因自身禀赋或客观条件好，选择面比较广，"吊死在一棵树上"的机会成本过大。而B男则相反，可能是"一无所有"，索性"孤注一掷，拼命一搏"。这样B男在追求美女C的努力程度上显然会大于A男，而C女只能凭借对方的行为表现来评判其爱恋自己的程度。往往会被B男刻意粉饰的"海枯石烂，一心一意"的倾慕和忠诚而迷惑，被B男拖入婚姻的"围城"。于是，婚恋角逐画上了句号。

在铸币时代，当那些低于法定重量或者成色的铸币——"劣币"进入流通领域之后，人们就倾向于将那些足值货币——"良币"收藏起来。最后，良币将被驱逐，市场上流通的就只剩下劣币了。当事人的信息不对称是"劣币驱逐良币"现象存在的基础。因为如果交易双方对货币的成色或者真伪都十分了解，劣币持有者就很难将手中的劣币用出去，或者即使能够用出去也只能按照劣币的"实际"而非"法定"价值与对方进行交易。

18世纪20年代之后，由于某人不懈努力，白银终于变为非主流，黄金成为货币世界永恒的主题。某人，叫作艾萨克·牛顿，而且，与你认知的牛顿是同一个人。牛顿，是伟大的数学家、物理学家，是经典力学、微积分的奠基人。对物理和数学来说，牛顿是奠基人；对牛顿来说，物理和数学只是业余爱好。牛顿的本职工作，只是英国王室造币大臣。在这个职位上他一干就是三十多年，那是相当就就业。

牛顿当政之前，"造币大臣"只是一个闲职，没有任何实权。各家银行自己发行银行券，自行铸造铸币，日子过得那是相当滋润，关造币大臣何事。黄金为币，始于牛顿。

18世纪初，金银同为英国货币，但牛顿发现黄金越来越多，白银越来越少。因为，黄金在欧洲大陆购买力低于英国，白银的情况则恰恰相反。也就是说，在英国本土金贱银贵，在海外金贵银贱。

牛顿不但掏空了国库的白银家底，而且收购英国居民银器，就是为了增加白银铸币。费了九牛二虎之力才拿出约 700 万英镑白银，依然不能扭转金贱银贵的局面，新铸的银币也在流通中消失得无影无踪了。

牛顿很伤心，伤心之后就明白了：既然黄金在本土便宜，无论铸多少银币都会被人藏起来，即所谓"劣币驱逐良币"。

"劣币驱逐良币"现象最早是由英国的托马斯·格雷欣爵士发现并加以明确表述的。格雷欣是英国著名的金融家、慈善家，格雷欣学院的创建者，英国王室财政顾问和金融代理人。1559 年，他根据对当时英国货币流通状况的考察，上书英国女王伊丽莎白一世，建议收回成色不足的劣币，以防止成色高的良币外流，并重新铸造足值的货币，以维护英国女王的荣誉和英国商人的信誉。格雷欣在建议书中首次使用"劣币驱逐良币"的说法，指出由于劣币与良币按面额等值使用，因此人们往往把良币贮藏起来或运往外国使用。这样就出现市面上所流通的都是劣币，而良币被驱逐出流通领域的货币现象。

格雷欣法则是金属货币流通时期的一种货币现象。但随着时代变迁，金属货币被纸制货币所代替。第一代纸币是可兑换的信用货币，其主要的、完善的形式是银行发行的银行券。它是银行的债务凭证，承诺其持有人可随时向发行人兑换所规定的金属货币。所以，这一种纸币叫作可兑换纸币。第二代纸币是由银行券蜕化而成的不可兑换纸币，它通常由中央银行发行，强制通用，本身价值微乎其微，被认为是纯粹的货币符号。

英国经济学家马歇尔在其《货币、信用与商业》一书中写道："可兑换的纸币——即肯定可以随时兑换成金币（或其他本位硬币）的纸币——对全国物价水平的影响，几乎和面值相等的本位硬币一样。当然，哪怕对这种纸币十足地兑换成本位硬币的能力稍有怀疑，人们就会对它存有戒心；如果它不再十足兑现，则其价值就将跌到表面上它所代表的黄金（或白银）的数量以下。"显然，硬币是良币，可兑换纸币是劣币。在正常情况下，两者完全一样，但当纸币兑换成硬币发生困难时，其名义价值就会贬值，严重时就会发生挤兑。这时纸币就会被卖方拒收，流通困难，从而迫使其持有人不得不涌向发行银行要求兑换硬币。这种情况，实际上宣告格雷欣法则的失效，即已经不是作为劣币的纸币代替硬币，而是相反，人们将持有硬币以代替纸币。

在现实生活中，格雷欣法则实现要具备如下条件：劣币和良币同时都为法定货币；两种货币有一定法定比率；两种货币的总和必须超过社会所需的货币量。"劣币驱逐良币"的现象不仅在铸币流通时代存在，在纸币流通中也有。大家都会把肮脏、破损的纸币或者不方便存放的镍币尽快花出去，而留下整齐、干净的货币。这种现象在现实生活中也比比皆是。譬如说，平日乘公共汽车或地铁上下班，规矩排队者总是被挤得东倒西歪，几趟车也上不去，而不遵守秩序的人倒常常能够捷足先登，争得座位或抢得时间。最后遵守秩序排队上车的人越来越少，车辆一来，众人都争先恐后，搞得每次乘车如同打仗，苦不堪言。再比如，在有些大锅饭盛行的单位，无论水平高低、努力与否、业绩如何，所获得的待遇和奖励没什么差别，于是，年纪轻、能力强、水平高的就都另谋高就去了，剩下的则是老弱残兵、平庸之辈，敷衍了事。这也是"劣币驱逐良币"。再有，官场上的腐败现象如同瘟疫一样蔓延，不贪污受贿损公肥私只能吃苦受穷。而且，在众人皆贪的时候，独善其身者常常被视为异己分子，无处容身，被迫同流合污，否则就会被排挤出局。最后廉吏越来越少，越来越无法生存。这还是劣币驱逐良币原则在起作用。

什么让你一夜暴富，或一夜破产——财务杠杆率

曾经的次贷危机使整个发达国家的金融体系受到波及，除新世纪金融公司、美国的Countrywide、英国的诺森罗克银行、北岩银行因其业务主要集中在抵押贷款领域而遭受重创外，花旗集团、美林证券、瑞士银行等大型综合银行和投资银行也都未能幸免。

美林有稳定的经纪业务，花旗有大量的零售银行业务和全球化的分散投资，瑞士银行有低风险的财富管理业务，一贯享受着最高的信用评级，房地产抵押贷款只是他们利润来源的一小部分。但正是因为这个抵押贷款业务让这些金融寡头们遭受了沉重的打击。在20倍的高杠杆放大作用下，各大金融集团在次贷危机中的投资损失率竟然达到18%至66%，平均损失约30%。

很多投资银行在追求暴利的驱使下，采用20～30倍的杠杆操作。假设一个银行A自身资产为30亿，30倍杠杆就是900亿。也就是说，这个银行A以30亿资产为抵押去借900亿的资金用于投资，假如投资盈利5%，那么A就获得45亿的盈利，相对于A自身资产而言，这是150%的暴利。反过来，假如投资亏损5%，那么银行A赔光了自己的全部资产还欠15亿。

通过以上的案例可以看出，高杠杆率对投行的影响是双向的，它既能放大投行的盈利，也能放大投行的风险损失；其资产的小幅减值或业务的微小损失都有可能对羸弱的资本金造成严重冲击，令其陷入绝境。

所谓的杠杆率即一个公司资产负债表上的风险与资产之比率。杠杆率是一个衡量公司负债风险的指标，从侧面反映出公司的还款能力。一般来说，投行的杠杆率比较高，美林银行的杠杆率在2007年是28倍，摩根斯坦利的杠杆率在2007年为33倍。

财务杠杆之所以叫杠杆，有它省力的因素。物理杠杆通过增加动力臂长度，提高动力的作用，来节省所付出的力量；而财务杠杆则通过增加贷款数量来节约自有资金的支出，增加资金的流动性，进一步提高收益水平。这里需要符合一个基本的条件，就是贷款利率低于资金利润率，也就是说，用借来的钱赚得的钱要比借钱的利息高，否则贷得越多，赔偿的就会越多。

财务杠杆率等于营业利润与税前利润之比，反映的是由于存在负债，所产生的财务费用（利息）对企业利润的影响，在一定程度上反映企业负债的程度和企业偿债能力，财务杠杆率越高反映利息费用越高，导致ROE指标越低。

简单地讲就是把你的资金放大，这样的话你的资金成本就很小，同时你的风险和收益就放大了，因为盈亏的百分比不是依据原来的资金，而是根据放大后的资金来衡量的。也可以把财务杠杆简单看作是公司利用债务资产的程度，即公司负债与公司净资产的比值。可以确定的是，该比值越高，公司的杠杆比率就越大，说明公司的经营风险越高；比值越低，公司的杠杆比率就越低，公司的经营风险也就越低。

财务杠杆是用公司的资本金去启动更多的资金，在金融学中，经常用杠杆比例这一指标来表示。杠杆比例是总资产与净资产之比，这一比例越高，风险就越大。我们从一个简单的例子来看看高杠杆所带来的高收益与高风险。

以投资股票为例，假如某投资者有 1 万元可用于投资，欲购买 A 股票，当前价格 10 元，他可买 1000 股，在不计手续费的情况下，股价上涨至 15 元，他可获利 5000 元，股价下跌至 5 元，他将损失 5000 元。

又假如他可以按 1 ∶ 1 的比例融资（其杠杆是 2 倍），那么，他可购买 2000 股 A 股票。股价上涨至 15 元，他可获利 1 万元，股价下跌至 5 元，他将损失 1 万元。如此，收益和风险都扩大了两倍。

再假如他使用 4 倍的杠杆融到 4 万元，则其可以买 4000 股股票，如果股价同样从 10 元上涨至 15 元，他每股盈利 5 元，可以赚 2 万元，股票下跌至 5 元，他将损失 2 万元。其投资的收益与风险与初始投资相比，也放大了 4 倍。

在现实生活中很多人为了更多更快地获得资产性收益，利用财务杠杆开始压缩生活杠杆，通过炒股炒房获得资本，尝到甜头之后，往往抵押房地产炒股，甚至继续利用房地产抵押买来的股票做抵押再炒股炒房，杠杆比例持续上升。当资产价格上涨，这些杠杆带来正面效应，获得大量收益的时候，个人往往因为钱来得太容易而昏头，冲动买入大量奢侈品，刺激了生活杠杆。但是，如果资产价格下跌，这些杠杆作用的威力也是巨大的，你所有的资产均可能会化为泡影，成为负债累累的负翁。

因此，控制杠杆是分散业务风险的前提，在金融创新中要秉持"可以承受高风险，绝不承受高杠杆"的原则，当风险不可测时，控制杠杆比控制风险更重要。

随大流是明智还是愚蠢——博傻理论

在艺术品市场中，商品琳琅满目，很多人对艺术品一知半解，也完全不去管某件艺术品的真实价值，即使它一文不值，也愿意花高价买下。这是因为大部分人都在期望会有比自己更不在行的人，可能会凭借一时冲动，或者喜欢它的做工和外表，而再以更高的价格从自己手中买走。像其中所描述的一样，投资成功的关键就在于能否准确判断究竟有没有比自己更大的笨蛋出现。只要你不是最大的笨蛋，就仅仅是赚多赚少的问题。如果再也找不到愿意出更高价格的更大笨蛋从你手中买走这件艺术品的话，那么，很显然你就是最大的笨蛋了。

"博傻理论"所要揭示的就是投机行为背后的动机，关键是判断是否有比自己更大的笨蛋，只要自己不是最大的笨蛋，那么自己就一定是赢家，只是赢多赢少的问题。如果再没有一个愿意出更高价格的更大笨蛋来做你的"下家"，那么最终最大的笨蛋就是你。任何一个投机者对"最大的笨蛋"理论都深信不疑。

那什么是博傻？在股票和期货市场上，博傻是指在高价位买进股票，等行情上涨到有利可图时迅速卖出。这种操作策略通常被市场称为傻瓜赢傻瓜，所以只能在股市处于上升行情中适用。从理论上讲博傻也有其合理的一面，博傻策略是高价之上还有高价，低价之下还有低价，其游戏规则就像接力棒，只要不是接最后一棒都有利可图，做多者有利润可赚，做空者减少损失，只有接到最后一棒者倒霉。投机狂潮最有力的动机解释就是博傻理论。

1593 年，一位维也纳的植物学教授到荷兰的莱顿任教，他带去了在土耳其栽培的一种荷兰人此前没有见过的植物——郁金香。荷兰人对此非常痴迷，于是教授认为可以大赚一笔，但是他所出示的高价令人望而却步。不得不让人想到了其他秘密的举动。终于在一个深夜，教授带来的全部郁金香球茎都被一个窃贼收入囊中，并以比教授低很多的价格很快卖空。

郁金香就以这种方式出现在荷兰人的花园里。后来郁金香受到花叶病的侵蚀，病毒使花瓣生出一些反衬的彩色条纹或"火焰"。富有戏剧性的是带病的郁金香成了珍品，以致一个郁金香球茎越古怪价格越高。于是有人开始囤积病郁金香，又有更多的人出高价从囤积者那儿买入并以更高的价格卖出。1638 年，最大的笨蛋出现了，持续了五年之久的郁金香狂热悲惨落幕，球茎价格竟然跌到了一只洋葱头的售价。

经济学家凯恩斯认为，专业投资者不愿将精力用于估计内在价值，而宁愿分析投资大众将来如何作为，分析他们在乐观时期如何将自己的希望建成空中楼阁。成功的投资者会估计出什么样的投资形势最容易被大众建成空中楼阁，然后在大众之前先行买入股票，从而占得市场先机。

在如此这般疯狂的投资世界，每分钟都会诞生无数个傻瓜——他之所以出现就是要以高于你投资支付的价格购买你手上的投资品。只要有其他人可能愿意支付更高的价格，再高的价格也不算高。发生这样的情况，正是大众心理在发酵。

凯恩斯本身也是因为在投机行为中发现了"博傻理论"。

经济学家凯恩斯为了能够专注地从事学术研究，经常出外讲课以赚取课时费，但课时费的收入毕竟是有限的，在不满足的情况下，他在 1919 年 8 月，借了几千英镑去做远期外汇这种投机生意。仅仅 4 个月的时间，凯恩斯净赚 1 万多英镑，这相当于他讲课 10 年的收入。刚开始有惊无险，狂妄之余仍然任由自己的欲望膨胀，仅仅 3 个月之后，凯恩斯就把赚到的利润和借来的本金输了个精光。赌徒的心理是输掉的总是想尽办法赢回来，上帝总是眷顾幸运的人，结果 7 个月后，凯恩斯又涉足棉花期货交易，又大获成功。

此间凯恩斯把期货品种几乎做了个遍，而且还涉足股票。到 1937 年他因病而"金盆洗手"的时候，他已经积攒起一生享用不完的巨额财富。

与一般赌徒不同，作为经济学家的凯恩斯在这场投机的生意中，除了赚取可观的利润之外，最大也是最有益的收获是发现了"笨蛋理论"，也有人将其称为"博傻理论"。

对于博傻行为，可以分为两种：一种是感性博傻；一种是理性博傻。前者是在行动时不知道自己已经进入一场未知结果的博傻游戏，而后者是清楚地知道博傻及其相关的规则，只是相信一定会有更傻的投资者会介入，因此会拿些少量的资金来赌一把。

始于 1720 年的英国股票投机狂潮有这样一个插曲：一个无名氏创建了一家莫须有的公司。自始至终无人知道这是什么公司，但认购时近千名投资者争先恐后把大门挤倒。

没有多少人相信它真正获利丰厚，而是预期更大的笨蛋会出现，价格会上涨，自己要赚钱。饶有意味的是，牛顿参与了这场投机，并且不幸成了最大的笨蛋。他因此感叹："我能计算出天体运行，但人们的疯狂实在难以估计。"

理性博傻能够赚取利润的前提是，会有更多的傻子来跟风，这是对大众心理的判断，当投资者发现当前的价位已经偏高准备撤离时，市场的高点也真正到来了。所以"要博傻，不是最傻"这句话说起来简单做起来并不容易，没有人能准确地判断出会有多少更傻的人介入，一旦理性博傻者成为最大的傻瓜，那么为何当初会加入理性博傻的队伍中。所以参与博傻的前提是要对大众心理进行研究和分析，并控制好自己的心态。对于博傻现象，完全放弃也不一定是完全合理的理性，在自己可以完全掌控的状况下，适当保持一定的理性博傻，也不失是一种投资策略。

贫者越贫，富者越富——马太效应

《圣经》中有这样一个故事：一位富人将要远行去国外，临走之前，他将仆人们叫到一起并把财产委托给他们保管。主人根据每个人的才干，给了第一个仆人五个塔伦特（注：古罗马货币单位），第二个仆人两个塔伦特，第三个仆人一个塔伦特。拿到五个塔伦特的仆人把它用于经商，并且赚到了五个塔伦特；同样，拿到两个塔伦特的仆人也赚到了两个塔伦特；但拿到一个塔伦特的仆人却把主人的钱埋到了土里。过了很长一段时间，主人回来了。拿到五个塔伦特的仆人带着另外五个塔伦特来见主人，他对自己的主人说："主人，你交给我五个塔伦特，请看，我又赚了五个。""做得好！你是一个对很多事情充满自信的人，我会让你掌管更多的事情，现在就去享受你的土地吧。"同样，拿到两个塔伦特的仆人带着他另外两个塔伦特来了，他对主人说："主人，你交给我两个塔伦特，请看，我又赚了两个。"主人说："做得好！你是一个对一些事情充满自信的人，我会让你掌管很多事情，现在就去享受你的土地吧。"最后，拿到一个塔伦特的仆人来了，他说："主人，我知道你想成为一个强人，收获没有播种的土地。我很害怕，于是就把钱埋在了地下。看那里，埋着你的钱。"主人斥责他说："又懒又缺德的人，你既然知道我想收获没有播种的土地，那么你就应该把钱存在银行，等我回来后连本带利还给我。"说着转身对其他仆人说："夺下他的一个塔伦特，交给那个赚了五个塔伦特的人。""可是他已经拥有十个塔伦特了。""凡是有的，还要给他，使他富足；但凡没有的，连他所有的，也要夺去。"

这个故事出自《新约·马太福音》。20世纪60年代，知名社会学家罗伯特·莫顿首次将"贫者越贫，富者越富"的现象归纳为马太效应。

马太效应无处不在，无时不有。任何个体群体或地区，一旦在某一个方面如金钱、名誉、地位等获得成功和进步，就会产生一种积累优势，就会有更多的机会取得更大的成功和进步。如今，马太效应在经济领域的延伸意义就是贫者越贫，富者越富。

其实这一点很容易理解，因为在金钱方面也是如此：即使投资报答率相同，一个本钱比他人多十倍的人，收益也多十倍；股市里的大庄家可以兴风作浪而小额投资者往往血本无归；资本雄厚的企业可以纵情运用各种营销手腕推广自己的产品，小企业只能在夹缝中生活。

随着社会的发展，渐渐地马太效应适用的领域越来越广泛。经济学规律告诉我们，财富的增减有时候以几何的形式呈现。每一个有志于扩张财富的人，都应掌握财富增长的规律，去实现自己的计划。

对于投资者来说，储蓄和投资是积累财富的两大重要途径。从表面上看似乎是最没有风险的，而且可以获得稳定的利息，殊不知在低利率时代仅仅依靠储蓄不可能满足你积累财富的要求。因为通货膨胀一方面会使你手中的货币贬值，另一方面，投资会使以货币计量的资产增值，你持有了能够增值的资产，自然就不用担心资金购买力的侵蚀了。

不如我们先看个案例：

光成和青楠是同一个公司的职工，他们每月的收入都是 2000 元，光成刚开始每个月从工资中扣除 400 元存在银行做储蓄，经过 3 年，积累了近 15000 元。然后，他将其中的 5000 元分别存在银行和买了意外保险。再将剩下的 1 万元投资了股市。起初，股票上的投资有赔有赚，但经过 2 年多的时间，1 万元变成了 4 万元多，再加上后面两年再投入的资本所挣得的赢利以及留存在银行里的储蓄，他的个人资产差不多达到了 7、8 万。

而青楠则把钱全都存在了银行，五年下来扣除利息税，再加上通货膨胀，他的钱居然呈现了负增长。也就是说如果他和光成一样，每月存 400 元，那 5 年后，他的存款也不过是 25000 元，再扣除通货膨胀造成的损失（假定为 0.03%）7.5 元，则剩下 24992.5 元。

五年的时间，就让两个人相差将近 5 万元！一年就是 1 万，那么 40 年后呢？就是更大的数字了。而且，光成因为积蓄的增多，还会有更多的机会和财富进行投资，也就是能挣更多的钱。青楠则可能因为通货膨胀，积蓄变得更少。

案例正应了马太效应里的那句话，让贫者更贫，让富者更富。即便是再小的钱财，只要你认真累积，精心管理，也会有令人惊讶的效果，并让你有机会、有能力更加富有。

一些工薪族认为，每个月的工资不够用，即便省吃俭用也没剩下多少。即便理财，效果也不大，还有必要理财吗？

这种想法是错误的。只要理财，再少的钱都可能给你带来一份收益，而不理财则再多的钱也会有花光的时候。再者，理财中还有一种奇特的效应，叫作马太效应。只要你肯理财，时间久了，也就积累了更多的财富，有更多的机会收获成功。不要让你的财富陷入负增长的不健康循环中去，善理财者会更富有，而不懂得运作金钱赚钱的人会日益贫穷，这就好比马太福音中的那句经典之言：让贫者越贫，富者越富！

不可违背的"太太定律"——市场意志原理

投资基于信念。比如，同样的消息释放出来，听闻的投资者会有截然不同甚至相反的理解；不同的分析师也会根据不同的数据得出五花八门的结论；所有的交易单，有多少买方就必定有多少卖方。市场里的每一位交易者，其实都是在根据自己的"信念系统"进行交易。而所谓的"基本面研究"和"技术分析"，不过是辅助手段，或者说让自己的交易单下得更加符合自己的心理预期。

信念是认知、情感和意志的有机统一体，是人们在一定的认识基础上确立的对某种思想或事物坚信不疑并身体力行的心理态度和精神状态。对于市场信念各学派有着不同的见解。

奥地利学派的信念是：市场是自然的函数，任何人都不能对抗自然，而只能顺应自然。奥地利学派相信，个体与整体受同样的规则约束。如果说某种原则对个人有益，譬如节俭，那么对私有实体、国家也同样有益。经济学不存在任何的"集合悖论"，也不应人为地规划所谓的"宏观经济学"和"微观经济学"。

自然界有既定的自然规律，比如阴阳交替，潮涨潮落，那么人类本身也难逃自然规律而经历繁荣和衰败，经济活动是人所为，也无法摆脱自然的约束。奥地利学派认为，经济荣枯循环不可避免。任何国家都不可能无休止地维持增长，当乐观情绪蔓延，每个人都以为自己只需炒股投资，坐收渔利的时候，实际的储蓄逐渐被耗尽，财产的消亡必会来临。在衰退期，最好的方式就是顺其自然，不要与经济规律对抗。

经济学家凯恩斯学派的信念则完全相反，认为市场是"人类意志"的函数，是可以依靠人力改变的。他们否认个体与整体的同一性，主张用两套理论解释经济：研究国家用"宏观经济学"，研究个人行为和公司行为则用"微观经济学"。凯恩斯之所以如此"创新"，很可能是受到了当时物理学界变革的影响，那时牛顿的万有引力定律饱受质疑，而量子力学则方兴未艾。物理学家倾向于用量子力学解释微观的原子，而仍然沿用牛顿定律来解释宏观的天体。

然而经过时代的变迁，物理学家已经发现了这种人为界定"宏观"与"微观"的缺陷。天体是由原子所组成，国家是由个人所组成，一国的经济活动也是无数个人行为的结果。究竟哪一点才是宏观与微观的界线？

现代科学已经证实，宇宙的规律在于"分形"，即在不同尺度显现出同样的规律，彼此相似却不尽相同。自然界处处都是分形的例子。例如海岸线，无论是放大100倍还是缩小到1%，都是海岸线的形状，你无法区分出自己看到的究竟是哪个尺度的海岸线。类似的还有山脊、雪花，以及天体每个层级的公转无不显现出分形的特质。同样，在市场中，艾略特的波浪理论清晰地展示了各个浪级之间的关系。但是和自然界所有其他分形一样——相似但不尽然。你无法发现两条完全一样的海岸线，也无法看到两组完全一样的波浪形态。

遗憾的是，凯恩斯主义者永远也不认同人类经济活动遵循分形的规律。勤俭节约对个人和家庭是美德，但到了社会层级，就变成了坏事。

凯恩斯主义者还把人类意志独立在自然之外，相信依靠人的力量可以扭转经济走势。一旦经济低迷，就用放松货币的方式实施刺激，从而实现恒久增长，彻底消除起伏不定的经济周期。总而言之，就是"人定胜天"。他们相信，市场不必由"虚无缥缈"的自然规律左右，而完全可以依靠决策者的财政或货币政策来控制。

"相信自然"与"相信意志"，是两套水火不容的信念。信念的区别决定了思维的差异。例如，看涨黄金与看涨美元就是一个典型。前者在"自然阵营"，相信天然货币，相信滥发钞票定会诱发恶性通胀的自然规律；后者则处于"意志与强权阵营"，信任人造货币（还有"国债"），其逻辑是"美元是国际储备货币""强势美元最符合美国利益"。

信念的分歧会产生交易。有人可能会问：黄金从 200 美元上升到 1900 美元，为什么却总是有人愚蠢地卖出或做空？如果你认为市场是自然的函数，就应该顺应市场；若相信人的意志（或强权意志）可以改变市场，相信"人定胜天"，那么就会本能地选择与市场对抗。

自里根政府大力缩减政府职能，将很多原来由国家控制的工业放手推向市场以来，美国人一直陶醉在自由经济耀眼迷离的光环之中。20 世纪 60 年代总共只占到美国国民生产总值的 4% 的金融业和保险业在放开监管的宽松环境里追逐利益迅速膨胀，到 2006 年已经占到了国民生产总值的 8%。这个庞大体系内的游戏参与者以超过自身资金储备几十甚至几百倍的杠杆率相互借贷套利并转嫁风险，在没有裁判的情况下攫取似乎没有穷尽的利润。

但席卷全球的金融风暴让美国人从云端跌落下来。2009 年 2 月份 29 万处房产因房主无法还贷而收到强制拍卖通知，比去年同期再上升 30%。3 月份全美失业人口达到 1320 万，失业率再创新高达到 8.5%。摔得鼻青脸肿的人们，带着满身伤痛互相质问："这到底是为什么？"这正是自由市场信念过度的结果。

因此，用人的意志来左右市场，或许只会给信奉自然的信徒们一个无风险的交易机会而已。如果违背经济规律，风险将无处不在。

"债务"跟着"资产"走——资本收腰术

我们要理解债务和资产的关系，必须先领会下面这个等式：资产＝负债＋所有者权益。

简单地讲，资产是一家公司所拥有的可以计量的经济资源；负债是指公司的债务；而所有者权益（净资产）也就是公司资产减去负债的余额，它是公司股东真正享有的财产。资产、负债与所有者权益这三个概念中，最易理解的是负债，也就是欠了别人的钱（或者货物等有形资产、无形资产等）。所有者权益属于账面概念。负债可以通过各种凭证和票据、协议、合同等可查。但所有者权益不同，其数额是通过资产减去负债演示出来的。

所谓资产指企业拥有或控制的能以货币计量的经济资源，包括各种财产、债权和其他权利。资产按其流动性（即资产的变现能力和支付能力）划分为流动资产、固定资产、长期资产、无形资产、递延资产、生物资产和其他资产等。从本质上讲，资产是一种经济资源，通过使用这种资源，可以给企业带来经济利益。了解第一恒等式的平衡关系，可以透过资产负债表了解上市公司的任何一项涉及资产负债表的经营活动，投资者都要从多方面评估其表象和后果，这样才能准确把握经营活动的真正意义。

为了更加明确和凸显流动资产与流动负债的关系，反映上市公司的短期偿债能力，我们一般会使用流动比率：流动比率＝流动资产／流动负债。

通过经验及大量数据表明，一般而言，制造类上市公司合理的最佳流动比率是 2，最低也至少要大于 1。这是因为，在流动资产中，变现能力最差的存货约占流动资产的一半，其余流动性较大的各类流动资产至少要等于流动负债。只有这样，公司的短期偿债能力才会有保证。因此，流动比率越高说明公司的偿债能力也就越强。

但是，值得投资者注意的是有时候流动比率高，并不是一家优秀公司的标志。相反，流动比率接近1，往往是一家优秀公司的表现。

比如某家电连锁零售企业，该公司2008年第三季度报告显示，其流动资产与流动负债的比是1.28。从一般的角度看，这个比值已经很低了，似乎风险不小。但仔细研究其短期负债构成就会发现，真正的短期借款（银行短期贷款）只有2.18亿元，在流动负债总额159亿元中，所占比例很低，而流动负债中占大比例的是应付票据与应付账款，两者共计144亿元。

我们可以推测，应付票据与应付账款的形成，是由于先进了家电制造商的货去出售，但进货的钱还没有付给这些供货商。

这实际上意味着，这家企业在利用供货商的资金去经营自己的业务，而且这种借款不用付利息。综上所述，投资者在遇到上市公司流动比率较低时，不可一味地高估其短期偿债风险，而是要仔细研究其流动负债构成与流动资产构成，同时结合其所经营的业务进行分析。

一般来说，出于风险控制的考虑，银行给一些企业贷款，往往倾向于贷短不贷长，也就是希望提供短期贷款而不是长期贷款。因为长期贷款还款时间过长，风险随之增加。但是反过来，企业去银行贷款，一般会倾向于借长不借短。因为长期借款可以大幅降低上市公司短期内的还本付息压力。

长期借款与短期借款之比，体现了银行对公司盈利能力与偿债能力的信心，投资者可以根据银行对企业的偿债能力考量来作为评估企业价值的一个标准。

资产与负债的关系涉及一个比率就是资产负债率，它是指公司年末的负债总额同资产总额的比率。这个比率表示公司总资产中有多少是通过负债筹集的，该指标是评价公司负债水平的综合指标。同时也是一项衡量公司利用债权人资金进行经营活动能力的指标，也反映债权人发放贷款的安全程度。

它的计算公式为：资产负债率 = 负债总额 / 资产总额 × 100%。其中负债总额是指公司承担的各项负债的总和，包括流动负债和长期负债。资产总额是指公司拥有的各项资产的总和，包括流动资产和长期资产。这个比率对于债权人来说越低越好。因为公司的所有者（股东）一般只承担有限责任，而一旦公司破产清算时，资产变现所得很可能低于其账面价值。所以如果此指标过高，债权人可能遭受损失。当资产负债率大于100%，表明公司已经资不抵债，对于债权人来说风险非常大。

如何判断资产负债率是否合理？首先要看你站在谁的立场。资产负债率这个指标反映债权人所提供的负债占全部资本的比例，也被称为举债经营比率。

从债权人的立场看他们最关心的是贷给企业的款项的安全程度，也就是能否按期收回本金和利息。如果股东提供的资本与企业资本总额相比，只占较小的比例，则企业的风险将主要由债权人负担，这对债权人来讲是不利的。因此，他们希望债务比例越低越好，企业偿债有保证，则贷款给企业不会有太大的风险。

从股东的角度看由于企业通过举债筹措的资金与股东提供的资金在经营中发挥同样的作用，所以，股东所关心的是全部资本利润率是否超过借入款项的利率，即借入资本的代价。在企业所得的全部资本利润率超过因借款而支付的利息率时，股东所得到的利润就会加大。如果相反则对股东不利，因为借入资本的多余的利息要用股东所得的利润份额来弥补。因此，从股东的立场看，在全部资本利润率高于借款利息率时，负债比例越大越好，否则反之。

从经营者的立场看如果举债很大，超出债权人心理承受程度，企业就借不到钱。如果企业不举债，或负债比例很小，说明企业畏缩不前，对前途信心不足，利用债权人资本进行经营活动的能力很差。

因此，企业应当审时度势，全面考虑，在利用资产负债率制定借入资本决策时，必须充分估计预期的利润和增加的风险，在二者之间权衡利害得失，作出正确决策。

时空互换的金融隧道——风险收益率

我们进行投资的目的是获得收益，但是在有些情况下最后实际获得的收益可能低于预期收益，有些投资者甚至没有收益，这就是投资中会出现的风险。但是风险也并不仅仅是实现收益低于预期的收益。当实际收益高于预期收益时也是风险。比如卖出股票后，股票价格走势高于预期的价格，即使卖出股票的实现收益高于预期收益，表面上没有损失，但是卖出股票就等于失去了获利更多的机会。因此，对于卖方来说，实现的收益高于预期的收益也是一种风险。

正是在这个意义上，所谓的投资风险是指对未来投资收益的不确定性，在投资中可能会遭受收益损失甚至本金损失的风险。比如，股票可能会被套牢；债券可能不能按期还本付息，也可能本金也未收回；投资房地产并不符合预期，可能会下跌等都是投资风险。投资者需要根据自己的投资目标与风险偏好选择金融工具。美国经济学家詹姆斯·托宾说过："不要把你所有的鸡蛋都放在一个篮子里，但也不要放在太多的篮子里。"如果将财富投资到同一个地方，必然会引起相应的风险增加，一旦失误，一定会损失惨重；但要是投资太分散了，必然会减少利润空间，增加管理成本。因此，分散投资是有效地科学控制风险的方法，也是最普遍的投资方式。将投资在债券、股票、现金等各类投资工具之间进行适当的比例分配，一方面可以降低风险，同时还可以提高回报。

投资风险也预示着投资最终的实际收益与预期收益的偏离，或者说是证券收益的不确定性，包括预期收益变动的可能性和变动幅度的大小。这里的偏离既可能是高于预期收益，也可能是低于预期收益。

在证券投资中，收益和风险的基本关系是：收益与风险是相对应的，就是说风险大，证券收益率也高，而收益率低的投资往往风险也比较小，正所谓"高风险,高收益；低风险,低收益"。在股票市场上，如果预期一只股票的价格会涨得很高，通常股票的价格已经不低了，此时作出买入的决定，那么在股票价格下跌的情况下就会损失惨重。同样，在股票市场允许做空的时候，如果预期一只股票的价格会有很大的下跌空间，而股票的价格已经不高了，此时作出卖空的决定，那么在股票价格上涨的时候也会损失惨重。这时股票就具有高风险高收益的特征。

在理论上，风险与收益的关系可以用"预期收益率＝无风险利率＋风险补偿"来表示。无风险利率是指把资金投资于某一没有任何风险的投资对象而能得到的利息率，实际上并不存在无风险的利率。一段时间来我们把银行存款当作无风险的利率，现在银行经过商业化改造已成为一个企业或公司，已经不是以国家信用来担保，因此银行存款也是有风险的。相对而言，国家发行的债券尤其是短期的国库券，有国家信用和税收的担保，而且流动性好，风险很低，因此通常把它的利率作为无风险利率。

而相对应的风险收益率是指投资者因冒风险进行投资而要求的、超过资金时间价值的那部分额外的收益率。它的大小主要取决于两个因素：风险大小和风险价格。在风险市场上，风险价格的高低取决于投资者对风险的偏好程度。

既然要投资就要承担风险，要取得比较高的预期收益就要面临比较大的风险。就如股票投资和债券投资一样，股票投资的风险大于债券投资，股票价格上涨50%的情况并不少见，而债券价格却很难涨50%。所以债券投资的风险比较低，其投资收益也比较低。

在不同的环境和条件下，不同的投资行为的风险也不同，投资者会根据风险和收益的情况调整投资的方向。比如股票市场的风险比较大，投资者就会减少股票投资转向债券、基金等投资。如果把债券持有到期，那么此种情况下就没有价格风险，剩下的主要是信用风险。我们可以看下比尔·盖茨怎样用分散投资来规避风险。

比尔·盖茨仅用13年时间就积累了富可敌国的庞大资产。他是如何打理这份巨额资产的呢？

如同一般美国人一样，盖茨也在进行分散风险的投资。盖茨拥有股票和债券，并进行房地产的投资。同时还有对货币、期货商品和对公司的直接投资。据悉，盖茨把两个基金的绝大部分资金都投在了政府债券上。在他除股票以外的个人资产中，美国政府和各大公司的债券所占比例高达70%，而其余部分的50%直接贷给了私人公司、10%投到了其他股票上、5%则投在了商品和房地产上。他认为，"鸡蛋"放在一个"篮子"里，一旦"篮子"出现意外，所有的"鸡蛋"就都很难幸免于难。

为了使理财事务不致过多地牵制自己的精力，盖茨聘请了"金管家"。1994年，盖茨在微软股票之外的财产已超过4亿美元时，聘请了年仅33岁的劳森作为他的投资经理，并答应劳森说，如果微软股价一直上升的话，劳森就可以用更多的钱来进行其他投资。除了50亿美元的私人投资组合外，劳森还是盖茨捐资成立的两个基金的投资管理人，盖茨对这两个基金的捐赠是以将自己名下的微软股份过户给这两个基金的方式来进行的。

随着现代金融投资品种趋向丰富化和多元化，其中的技巧性和难度就越大。因此，投资者在进行投资时，要根据风险承受能力和风险承受态度即风险偏好等来评估自身可能承受的风险水平，再选择相应的投资工具。绝不能盲从随大流，应睁大眼睛看好每一个产品的利弊得失，权衡不同投资的风险收益。

致命错误——混淆实物与货币资产定价

上世纪60年代，以资产组合选择理论为基础，Sharpe（1964）提出了经典的资本资产定价模型，使人们可以定量地研究风险和收益的关系。而在现代金融学中，货币因素是最重要的宏观经济变量之一，一方面货币会影响消费者的消费，另一方面货币量影响企业的投资。因此，货币因素影响资产价格。从资产定价的角度考量货币因素影响资产价格的一个核心问题是货币因素是否被定价，即不同资产具有不同预期收益率的原因是否来源于他们受货币因素影响不同。

早在1929年，纽约股市的暴跌即已导致美国和全世界经济进入长期严重的萧条状态；日本20世纪80年代末资产价格极度膨胀引发的"泡沫经济"对其经济造成了长期不利影响；20世纪90年代以美国为代表的西方各国资产价格明显地偏离实体经济上涨的趋势更是引起了决策部门普遍担忧。同样的情形在20世纪80年代也在北欧国家（挪威、芬兰、瑞典）出现过。在挪威，银行贷款对GDP的比重从1984年的40%上升到1988年的68%，资产价格急剧上升，同时投资与消费需求也显著上升。但是石油价格的暴跌引起了自二战以后最深刻的银行危机和经济衰退。在芬兰，1987年扩张性的预算导致大规模的信用扩张，银行贷款对GDP的比重从1984年的55%上升到1990年的90%。住房价格在1987年和1988年共上升了68%。1989年中央银行为了抑制信用扩张，提高利率和储备，再加上1990年、1991年与俄罗斯贸易下降，经济环境恶化，资产价格暴跌，政府不得不对银行予以救助，GDP收缩了7%。在瑞典20世纪80年代后期持续的信用扩张导致了房地产繁荣。1991年由于大量的是基于过度膨胀的资产价值，因此，众多银行遇到了困难，政府不得不干预，经济陷入衰退。

在这种大量的历史案例背后，人们发现，随着金融市场尤其是资本市场的深化和广化，金融创新使得金融机构功能分化，货币与其他金融资产界限日益模糊，货币供应量与实际经济变量失去了稳定的联系，很多学者感觉到传统的货币政策理论需要寻找新的微观基础，正在酝酿着新的突破。

货币政策对实体经济和物价水平的影响有多种途径。根据传统的凯恩斯主义理论，这种影响主要是借助利率变量，影响消费和投资。但是，随着金融体系的不断变化，金融资产存量的增加，货币政策也可能通过对资产价格的影响，进而影响消费和投资，具体的途径如改变财富总量，改变借贷成本，以及各经济单位的资产负债状况等。金融体系已经和正在发生的变革对货币政策有着重要的影响，但同时也非常难以操作和预测。尤其是金融资产对实际经济活动的比重，可交易金融资产在总资产中的比重持续增加，这些资产对利率、经济增长等变量的预期反应更加敏感。

在中国，20世纪90年代以来金融市场的迅速发展以及居民资产结构中有价证券份额的持续增加，货币市场与资本市场的资金联系加强，货币供应量的统计划分面临新的挑战；而且，造成这种变化的基础力量（金融的国际联系、信息技术在金融领域的应用、金融创新和制度变革等）还在加强，已经并将继续对中央银行的货币政策提出同样的挑战。

过去 20 多年中，发达国家和大多数发展中国家较为成功地控制住了通货膨胀，经济学家都同意物价稳定是宏观经济稳定和持续增长的前提，但是这并不是经济增长的必然保证。随着金融结构的变化，金融资产存量的累积对货币政策提出的挑战，主要表现在以下几个方面：第一，资产价格的定价基础是什么？资产价格的变动是否应该、而且能够得到控制？第二，货币政策需要经由许多中间环节才能最终影响实体经济，在这一过程中，资产价格对消费和投资的影响如何？第三，货币政策最终目标是维持币值稳定，但是传统的衡量通货膨胀压力的指标所包含的判别经济总量的信息已逐步丧失，因此是否需要将资产价格的变化纳入通货膨胀指标？

要了解资产价格在货币政策制定中的意义需要对金融资产作简单的界定。由于金融创新产生了大量的新的金融资产，同时，原有资产的可交易性不断增加，目前存在着很多资产价格形式。例如证券化的债务与普通的银行贷款不同，已经具有了可观察的价格。不过，即使如此，还有大量的金融资产是不可交易的（例如个人债务），它们的市场价格与货币政策没有直接关系。换句话说，尽管金融资产的价格信息已经非常庞大，但是货币政策还是通过像银行贷款这样没有市场价格的金融资产而发挥作用。而可交易的资产价格变动是通过影响企业的担保品价值、金融中介机构的资产负债状况等，对经济中的信贷总量发挥影响。

资产价格对投资的影响主要有两个途径：第一，资产价格变化影响未来的 GDP 增长，从而影响当期的投资支出；第二，资产价格的变化影响企业的净值，从而影响外部资金的成本，通过"信贷渠道"影响投资。

在美国 20 世纪 90 年代中后期的经济扩张中，资产价格对投资的影响非常显著，Tobin-sq 从 1992 年到 1998 年上升了 75%，为战后的最高水平，其他国家，例如澳大利亚、英国、日本也是如此，而法国、德国这种关系则稍弱。

因此从理论上说，货币政策的最终目标是保持货币币值的稳定和整个金融体系的稳定，而资产价格的变化与金融体系的稳定关系密切。

不完美市场中的理性投资——有限套利

传统金融学是利用投资者是理性的模型来解释金融学市场现象的。它认为投资者是完全理性的，能够完全估计出股票的价格和价值，即使市场上存在着一些非理性的投资者，理性投资者也可以通过套利行为来纠正非理性投资者对证券价格所造成的长期影响。以下案例将对此进行说明：

假设 Ford 公司股票的基本价格是 20 美元 / 股，一些非理性投资者对 Ford 公司未来前景的预测过于悲观，因此他们将会出售此公司的股票，股票的价格被拉低至 15 美元 / 股，按照有效市场的假说来推断，理性投资者很快会意识到这是一个投资机会，而会在低价位大举买入，同时卖出"替代"股票和未来现金流量与 Ford 公司相似的股票来转化风险。那么，对于 Ford 的购买压力又会将公司的股票价格推回到基本价值。

在该案例中我们可以看出套利具有十分重要的作用。所谓套利是指在两个不同的市场中，以有利的价格同时买进和卖出同种或本质相同的证券的行为。从理论上讲，这样的套利既不需要投入资本也不会招致风险。

非理性投资者通常被称为噪音投资者，而理性投资者则被称为"套利者"。

行为金融学认为将投资者假定为完全理性是令人难以信服的。许多投资者经常依据噪音而非相关的信息作出买卖决策；而且人们并不只是偶然偏离理性，而是经常以同样方式偏离；由于受到证券没有完全的替代品、噪音投资者风险、时间、出资人等因素的限制，从表面上看近乎完美的套利，实际上作用相当有限；理性投资者的套利动机及其行为对纠正价格偏差的作用是极其有限的。可以看下金融学中最为著名的案例，充分说明了套利行为是有限的。

1907 年，皇家荷兰和壳牌运输同意按 60 : 40 的基率合并其股权，但二者仍然以分离的实体运营，如果套利是无限的，市场是有限的，那么股票价格应该等同于其基本的价值，皇家荷兰的股价应该是壳牌运输的 1.5 倍。

令人大吃一惊的是，事实并非如此，被专家发现二者的股权价值比严重偏离 1.5 的比率，其偏离程度甚至曾一度超过 35%。显然，如此之大的价格偏差是有限套利理论所无法解释的。

那么行为金融学的理论基础是如何构成的？其中"有限套利理论"构成了行为金融学的理论基础之一。此外，为了进行准确的预测，行为模型需要指出投资者非理性的表现形式，行为经济学家通常要求求助于心理学家所收集到的关于人们在进行预测时所带有的主观偏见和偏好或者人们如何利用预期来进行决策的广泛实验证据，因此心理预期构成了行为金融学的另一理论基础。

关于套利过程中可能涉及的风险和阻碍套利行为有很多，我们主要了解一下噪音投资者风险。在金融市场上，"噪音"有着特殊的意思。它是指虚假的或者失真的信号，是一种与投资价值无关的信息。这种信息可能是市场参与者主动制造的信息，也可以是市场参与者判断失误的信息。

不可否认，噪音在金融市场中很常见。有些市场参与者由于"妒忌"或者"红眼病"，故意捏造一些虚假信息，产生了噪音。也可能是有些公司公布了信息，投资者判断失误，把没有用的信息当作信号使用，这也是噪音。

噪音投资者就是不拥有内部信息却非理性的把噪音当成有效信息进行交易的人。

噪音投资者是普遍存在的，不论在发达还是市场不完善的金融市场，都是如此。在美国、英国、香港等成熟的股市存在着噪音投资者，在我国股市里面，噪音投资者更是大有人在。和美国纽约股市相对比，20 世纪 90 年代纽约交易所的年平均换手率在 20% ~ 50% 之间，而在 1998、1999、2000 年，我国沪深股市流通股的年平均换手率分别是 395%、388%、477%，噪音投资者太多导致了股票市场系统风险所占的比例太高，总风险增大。平均而言，沪深股市系统风险占总风险 39%。

在我国股市中存在着大量的噪音投资者。我国大多数股民不具备专业的投资知识，他们投资很大程度上是受到某种"消息"的影响，行为表现不成熟。他们的羊群效应行为非常明显，导致我国股市反应过度。我国股民没有正规的渠道获取内幕消息，预测和分析的能力有限，个体投资者尽管希望能够及时掌握市场的相关信息，但是由于实力弱小，一般只能够从市场价格的变化中进行信息的判断，而由此得到的信息相当大一部分是噪音。

行为金融学通过提出噪音投资者的概念，并将其引入金融市场中的套利行为，指出噪音投资者的行为并不是随机的可以被抵消的，而且噪音投资者的群体行为有可能使市场沿着自己的预测方向发展，从而产生了噪声投资者的风险。由于噪音投资者风险的存在，套利者对于市场的正确预测会由于噪音投资者的行为而无法得以实现，套利者也并不是成功者。

第五章　金融界那些叱咤风云的人

——每天学点金融学家

美国金融教父——汉密尔顿

亚历山大·汉密尔顿（1757 ~ 1804 年）是美国的开国元勋之一，宪法的起草人之一，财经专家，美国的第一任财政部长，因政党恶斗而丧失生命的知名政治人物。

汉密尔顿出生于英属西印度群岛，由于母亲的不合法婚姻，他成了一个私生子，被剥夺了继承私人遗产的权利。在他 13 岁的时候母亲去世，在亲戚朋友的帮助下，汉密尔顿在圣克罗伊岛做会计助手，很快显露出他的精明能干，也同时练就了商人的机警和野心。他从小就才智出众，阅读了很多不同语言的书籍，积累了商业和经济知识并可以清晰地阐述自己的观点，为以后的新生活奠定了基础。他的才华最终被一个牧师发现，资助其到北美深造，从此改变了他的命运。汉密尔顿敏捷的才智、清晰的思维和表达能力在学院得到了充分的施展。

在美国的开国元勋中，没有哪位的生与死比亚历山大·汉密尔顿更富戏剧色彩了。在为美国后来的财富和势力奠定基础方面，也没有哪位开国大员的功劳比得上汉密尔顿。

1776 年，美国独立战争爆发，汉密尔顿作为乔治·华盛顿的副官，利用他的政治思想和沟通技巧为战争的胜利立下了战功。革命结束后，他推动了费城制宪会议的召开，并为宪法的批准作出了很大贡献。他与麦迪逊、杰伊三人为争取新宪法批准在纽约报刊上共同以"普布利乌斯"为笔名发表的一系列论文，留下了一部政治学的经典——《联邦党人文集》。联邦政府成立后，汉密尔顿担任了美国政府的第一任财政部长，创建了美联储的前身——合众国第一银行；为推动美国经济的发展，他制定了一系列影响深远的政策，塑造了美国财政经济体制的框架，将美国引入一条新的经济发展道路，为美国日后成为世界一流强国奠定了坚实的基础。

切尔诺夫的结论极具说服力："如果说杰斐逊提供了美国政治论文的必要华丽诗篇，那么汉密尔顿就撰写了美国的治国散文。没有哪位开国元勋像汉密尔顿那样对美国未来的政治、军事和经济实力有如此的先见之明，也没有哪个人像他那样制定了如此恰如其分的体制使全国上下团结一心。"

汉密尔顿于 1789 年 9 月 11 日出任美国第一任财政部长，任职至 1795 年，当时美国在经济上也处于十分艰难的境地，贸易逆差巨大，政府债台高筑，财政极为困难。在其任财政部长期间，汉密尔顿分别向国会呈交了《关于公共信用的报告》《关于国家银行报告》《关于制造业的报告》，他通过向国会提交报告的形式，阐述了他的财政经济纲领。在报告中，他不仅提出了整顿财政的措施，还提出了加快工业化以推动美国由农业国向工业国转变的措施。因此，他的财政纲领实际上是一个旨在美国确立资本主义制度的纲领。汉密尔顿虽然没有受过财政金融方面的专门训练和实际的经历，但是凭借他之前读过相关的经济学著作，以及研究过亚当·斯密的经济学理论，并虚心向专业人士请教，上任财政部长后显示出他过人的胆量和才智。他不负华盛顿的重托，作出了一流的业绩，不但解决了联邦政府的财政困难，奠定了联邦政府的财政基础，也奠定了后来多届美国联邦政府经济发展的模式与基础。

首先，通过国债制度的建立，沉重的战争债务得到解决，濒危的公共信用又重新建立起来。

到1794年底，旧国债已经全部还清，同时发行了新的国债。美国在欧洲的信用也很快恢复，1791年2月，财政部驻阿姆斯特丹代办威廉·肖特报告，荷兰银行家表示愿意向美国提供上百万弗罗林的贷款，使美国信用出现了新的转机。

其次，建立起全国统一的关税制度和税收制度。合众银行的建立，进一步完善了信用制度。1790年12月，汉密尔顿提交增加消费税的报告，为联邦政府建立了一套完整的关税和税收制度，结束了过去各州不同的税收制度和以关税为武器的商业竞争局面，为商业发展创造了有利条件，更重要的是为联邦政府提供有保障的财政收入。第一银行的建立使政府有了稳定的资金来源，政府财政得到了好转。

再次，汉密尔顿财政政策的实施不仅使政府建立了一套完善的财政制度，而且以发行国债、股票为契机进行美国金融业的变革，揭开了美国金融史的新篇章。随着财政金融状况的改善，流通货币的增加，股份公司大量出现，进一步促进了证券市场的形成，纽约和费城逐渐成为证券交易中心。汉密尔顿吸取英国的经验，用短短几十余年的时间，使西欧和英国经过上百年才形成的财政金融制度在美国初步建立起来，不能不说是金融业的创举。这对美国的经济起了很大的促进作用，尤其是推动了商业和航海业的发展。

汉密尔顿所推行的政策和采取的手段，是建立在维护金融资产阶级、大商人和国家利益基础上的。他有意扶持商业和金融资产阶级，使他们从政策中获取利益。

汉密尔顿不仅是美国的第一任财政部长，他还是一位战场英雄、国会议员、纽约银行的创立者、制宪会议的成员、演说家、辩论家、律师、坚定的废奴主义者、外交理论家。对于汉密尔顿在美国历史上的贡献，切诺的评价可谓恰如其分，他说，"如果华盛顿是美国之父，麦迪逊是宪法之父，那么汉密尔顿便毫无疑问是美国政府之父。

虽然亚历山大·汉密尔顿也身为美国建国之父之一，却始终没能像别的人那样做上美国总统，而且在与其主要政治对手托马斯·杰斐逊的竞争中更似乎是输得惨不忍睹。

可孰能料到历史的戏剧性就在于此，在亚历山大·汉密尔顿过世之后，他的政治遗产，包括"工业建国之路"和建立一个强有力的中央政府等，却在此后的美国历史中起着越来越显著的作用，甚至一些影响了美国历史进程的总统，如林肯和西奥多·罗斯福，他们所施行的政策就是建立在汉密尔顿的遗产基础上的。

一位学者这样描述汉密尔顿一生的经历：亚历山大·汉密尔顿是美国历史上罗曼蒂

克式的人物。在我们诸多的政治人物当中，也许唯有他可以适合充当戏剧、悲情歌剧或者芭蕾舞剧的英雄角色。亚历山大·汉密尔顿从一个来自英属西印度群岛的私生子和无家可归的孤儿一跃成为乔治·华盛顿最信任的左膀右臂，但他后来卷入一桩性丑闻，在与副总统阿伦·伯尔的决斗中命丧黄泉。伴随着屈辱、忏悔和各种自我导致的剧变，亚历山大·汉密尔顿的一生富于多种戏剧化的因素。他的死也是其个性张扬的尤为特别的一幕。

金融投资大鳄——索罗斯

1930 年 8 月 12 日，在匈牙利首都布达佩斯城的一个犹太中产阶层家庭里，一个瘦弱的男孩出生了。这只是普通的一天，一个普通的孩子的到来。但是，几十年后，当美国《商业周刊》这样评价他，"任何一位投资家都没能取得如此出色的成就，彼得·林奇没有做到，沃伦·巴菲特也没有做到"，谁也无法忽视这个曾经普通得不能再普通的人了。

这个人就是乔治·索罗斯，一个极具争议性的人物。有人称他为"金融怪才""世纪金融强人""金钱魔术师""资本舵手""最伟大的慈善家"；有人称他为"金融大盗""股市鳄鱼""国际金融界的坏孩子""最疯狂的小偷""投机魔王""该死的货币赌徒"。

对索罗斯个人的称呼和评价也褒贬不一，但无论称呼他什么，最重要的是他极其善于利用资金，透过资金的力量创造利润，而且速度极其惊人。从白手起家到纵横世界金融市场的金融巨头，索罗斯腰缠雄厚资金，攻击各国金融体制漏洞，无往不至，横扫天下。

在华尔街，索罗斯和巴菲特被称为"最伟大的投资经理人"。深刻的哲学头脑、渊博的金融知识、丰富的投机经验，加上敏锐的投机嗅觉，这是索罗斯在金融大潮中成为成功者的重要原因。索罗斯基金管理公司的投资管理经理加里·葛雷斯坦言："索罗斯的天才在于，在其他任何人之前便看出了未来发展的整个趋势，他不必看到现实的变化与发展，在他的头脑中，事情发展的过程和结果早就形成了。"

作为索罗斯基金董事会的主席，他拥有的量子基金曾经是美国规模最大的基金。在近 30 年的投资历史中，量子基金称得上是全世界所有投资基金中业绩最好的。从最初创立双鹰基金，到后来成为量子基金的总裁；从以 25 万美元闯华尔街起家，到 1993 年以 11 亿美元的年收入成为美国历史上第一个年收入超过 10 亿美元的人，索罗斯通过他建立和管理的国际投资资金，积累了大量财富。他在 1969 年注入量子基金的 1 万美元在 1996 年底已增值至 3 亿美元，增长近 3 万倍。

然而，就是这样一位华尔街有史以来收入最高的超级基金经理人，却生活朴素，没有游艇、高级轿车和私人飞机，外出都搭普通民航飞机、坐出租车甚至搭巴士。他掌管着数十亿甚至上千亿的资金，在一日之内就能赚进 20 亿美元，却总是心平气和，处变不惊，保持着一贯的沉着冷静。

索罗斯不仅是功勋卓著的金融投资家，更是国际大师级别的金融理论家。索罗斯凭借着非凡的投资才华和智慧和在长期的投资过程中形成的独具一格的投资理论，使他能够叱咤金融市场并取得辉煌战绩。

索罗斯的独具一格的投资理论，即他始终坚信金融市场是没有理性、难以预测的。

他设法"在混沌中寻找秩序",创造出独特的投资理论,并试图以这种对经典经济学的突破和颠覆,为其行动寻找根据。

索罗斯将哲学与投资实践相结合,创造了"反射理论""枯荣相生理论"等一系列对全球投资界具有深远影响的投资理论。在这些理论的指导下,几十年来,投资市场变化万端,无数投资人在市场无情的折磨下黯然离去,许多投资机构也在不知不觉中烟消云散。索罗斯却在这险象环生的市场里取得了丰硕的投资战绩。他出色的投资才能和高超的投资技巧更是使无数投资者深受启发。

他纵横全球金融市场几十年,书写了由平民到具备全球影响力人物的传奇。几乎所有投资家都将索罗斯视为自己的榜样,仔细分析索罗斯的生平,特别是他的投资技巧和那些经典的投资案例,期望从中寻找到投资窍门,探索出投资成功的捷径。

他的投资经历为世界上所有投资者所惊叹,就像他摧毁英格兰银行、狙击墨西哥比索、掀起东南亚金融风暴……所有这一切都表现出了一个卓越的投资家非凡的战略眼光。

21世纪来临后,进入古稀之年的索罗斯在国际投机金融市场上逐渐失去了往日的风采。从2000年投资美国纳斯达克市场失败之后,索罗斯逐渐意识到是该果断退出的时候了,于是他果断地关闭了量子基金,将所有剩余的基金份额全部用于服务慈善事业,正式向世人宣布退出世界金融市场的历史舞台,从而给他长达三十余年的金融投资事业画上了一个圆满的句号。

谁在抄底华尔街——股神巴菲特

巴菲特,被世人尊称为"股神""投资大师""最负盛名的投资家""世界有史以来最成功的投资者"。他以微乎其微的100美元起家,发展成为目前拥有巨额资产的世界首富,是世界上唯一一个单靠投资发家而成为世界顶尖富豪的人。自1993年荣登世界首富后的十多年来,在《福布斯》一年一度的全球富豪榜上,巴菲特一直稳居前三名。2007年,巴菲特以520亿美元位居《福布斯》全球排行榜上第二位,仅次于首富比尔·盖茨的560亿美元。2008年,根据3月5日《福布斯》财富榜的最新报道,巴菲特的净资产增长了100亿,达到了620亿美元,位居全球首位;而比尔·盖茨的净资产增加了20亿,达580亿美元,位居全球第三。

1930年8月30日,沃伦·巴菲特出生于美国内布拉斯加州的奥马哈市,沃伦·巴菲特从小就极具投资意识,他钟情于股票和数字的程度远远超过了家族中的任何人。他满肚子都是挣钱的道儿,五岁时就在家中摆地摊兜售口香糖。稍大后他带领小伙伴到球场捡大款用过的高尔夫球,然后转手倒卖,生意颇为红火。上中学时,除利用课余时间做报童外,他还与伙伴合伙将弹子球游戏机出租给理发店老板,挣取外快。

巴菲特可以算得上是有史以来最伟大的投资家,他依靠股票、外汇市场的投资,成为世界上数一数二的富翁。他倡导的价值投资理论风靡世界。

价值投资并不复杂,巴菲特曾将其归结为三点:把股票看成许多微型的商业单元;把市场波动看作你的朋友而非敌人(利润有时候来自对朋友的愚忠);购买股票的价格应低于你所能承受的价位。"从短期来看，市场是一架投票计算器。但从长期看，它是一架称重器"——事实上，掌握这些理念并不困难，但很少有人能像巴菲特一样数十年如一日地坚持下去。巴菲特似乎从不试图通过股票赚钱，他购买股票的基础是：假设次日关闭股市或在五年之内不再重新开放。在价值投资理论看来，一旦看到市场波动而认为有利可图，投资就变成了投机，没有什么比赌博心态更影响投资。

这在很大程度上受益于他的老师，格雷厄姆交给他的学生巴菲特两个最重要的投资规则：

第一条规则：永远不要亏损；

第二条规则：永远不要忘记第一条。

格雷厄姆将自己的投资规则解释为："我大胆地将成功投资的秘密精炼成四个字的座右铭：安全边际。"巴菲特始终遵循导师的教诲，坚持"安全边际"原则。这正是巴菲特永不亏损的投资秘诀。

巴菲特经过多年的投资实践，始终相信"安全边际"是投资中最为重要的概念："在《聪明的投资人》一书中，本·格雷厄姆多次强调'安全边际'原则。我读过这本书已经四十二年了，至今我仍然认为'安全边际'的概念非常正确。许多投资者忽视了这个非常简单的投资理念，从而导致了他们从20世纪90年代以来遭受的重大损失。"

对于优秀企业的股票，巴菲特选择的是长期持有。

价值投资正是利用股市中价值与价格的背离，以低于价值的价格买入，以相当于或高于价值的价格卖出，从而获取超额利润。格雷厄姆认为价值投资的核心是价值与价格之间的差距，即"安全边际"。在证券的市场价格明显低于计算所得的内在价值时买进股票，最终必将产生超额回报。

"投资的秘密在于，在适当的时机挑选好的股票，只要他们的状况良好，就一直长期持有下去。如果不愿意持有一家股票十年，那就不要考虑持有它十分钟。"巴菲特之所以强调长期持有，他认为一方面股票价格只有经过较长时间才能回归其真实价值；另一方面，长期持有将通过复利的巨大作用使投资收益率的微小差异积累成巨大的财富；同时，长期持有还能大大地降低交易成本，减少资本利得税，使总体收益远远超过短期频繁交易的所得。

正如安迪·基尔帕特里克所说的，如果你在1956年把27美元交给巴菲特，它今天（2002年）就会变成2.7亿美元，而且还是税后收入。巴菲特就是这样一个神话般的传奇人物。

巴菲特无愧于股神的称号，他是第一位靠证券投资成为拥有几百亿美元资产的世界顶级富豪。伯克希尔·哈撒韦公司的股票在1964年的账面面值仅为每股19.46美元。在巴菲特接手之后，一度濒临破产的伯克希尔·哈撒韦公司不仅很快起死回生，而且已成长为资产达1350亿美元的"巨无霸"。如今，伯克希尔·哈撒韦公司旗下已拥有各类企业约50家，其中最主要的产业系是以财产保险为主的保险业务（包含直接与间接再保）。此外，伯克希尔·哈撒韦公司还生产从油漆、毛毯到冰激凌等一系列产品，该公司同时持有诸如沃尔玛和宝洁等许多大型企业的股票。而到1999年年底，每股交易价格达到了51000美元，1998年6月，其每股价格更达到创记录的80900美元。尤其难能可贵的是，伯克希尔已经是一家资产总额高达1300多亿美元的巨型企业。

商场犹如战场，成王败寇。从普通人成为富翁，是无数人的梦想；从平凡人成为世界富翁，更是无数人想所未想。通过投资实现发家为这个梦想提供了一条捷径。巴菲特因其仅仅通过投资成为世界富翁而受到世人的顶礼膜拜。他的投资方向可以称得上是世界金融市场的"风向标"；他的一举一动、一言一行，可以繁荣一个市场，亦可以衰退一个市场；他的投资理念和投资哲学被全世界广泛关注和研读，对世界金融领域的投资者产生了深远影响。在四十四年时间里——从艾森豪威尔时代到克林顿执政，再到乔治·布什掌权，无论股市行情牛气冲天还是疲软低迷，无论经济繁荣还是萧条，巴菲特在市场上的表现总是出奇地好。他的投资理念为自己创造了惊人的佳绩。

历史上最早的融资者——吉拉德

1750 年 5 月 20 日，吉拉德出生于法国港口城市波尔多。他的早年充满了苦涩和艰辛。父亲皮埃尔·吉拉德是个水手，一大家子人都靠他的微薄收入为生。身为长子，吉拉德从小就承担着照顾弟弟妹妹的责任。八岁时，因为一次偶然事故，吉拉德的右眼失明了。

1774 年 7 月，吉拉德第一次来到纽约。纽约商人托马斯·兰德尔看上了精力充沛的吉拉德，二人开始了一段收益丰厚的合作——纽约与新奥尔良之间的航运。这使他很快积累了一定的资本并获得一艘船的一半所有权。事业刚刚有所起色，他的梦想就被突如其来的战争打破，被迫前往人生地不熟的费城。

无论从哪个方面来看，这个法国小商贩的成功几率都是微乎其微。他的资金少，经营业务琐碎，几乎不会说英语；他矮胖、表情麻木、眉毛浓密，仅剩的一个左眼目光迟钝。而且他个性冷漠，举止矜持，邻居们都不喜欢他，甚至有点害怕他。没有人想到，多年后，这个陌生的小商贩竟然逐渐成为这片大陆上最富有的人。

从 1780 年到 1800 年的二十年，是吉拉德海上贸易的黄金期。拿破仑战争损害了欧洲的商业，给吉拉德提供了良机。尽管禁运、阻塞、海盗和扣押商船之类的事件仍时有发生，但是情况已大有改观。因为吉拉德的商船上挂着美利坚的国旗，处于国家的保护之下。

1795 年，吉拉德公司的商船"伏尔泰"号满载谷子从宾夕法尼亚出发，前往波尔多补充一些酒和水果，然后前往圣彼得堡换得亚麻和铁，再航行至阿姆斯特丹出售，得到铸币。接着又前往中国和印度，购买整整一船的瓷器、丝绸和茶，最后返回宾夕法尼亚，销售一空。

这是当时吉拉德的全球贸易的一个缩影。"伏尔泰""卢梭""孟德斯鸠""爱尔维修"等 18 艘以法国启蒙思想家命名的商船在大洋上航行。在远东、南美、加勒比海、波罗的海、地中海，到处可见它们的身影。

1791 年，美利坚第一银行成立，公众被允许购买部分股份。史蒂芬·吉拉德趁机进入金融领域，购买了大量股份。到 1811 年第一银行的 20 年营业有效期截止时，吉拉德已经成为该银行的最大股东。国会经过激烈辩论，最终没有与第一银行续约。吉拉德投入 120 万美元，购买了第一银行的所有股份和资产，成立吉拉德银行。至此，吉拉德毫无争议地已经成为这个国家最富有的人。

作为一个美国公民，他经过艰难的讨价还价，计划和坚持建立起自己的财富。他控制着以法国哲学家命名的拥有 18 艘船的舰队，运送小麦、鱼、面粉、木材、糖和咖啡。尽管时常会发生禁运、阻塞、海盗和扣押等，但没有对他产生太多伤害，因为吉拉德和码头上最丑恶的人有资金往来。他是一个不能容忍愚蠢的精明商人，他宣称工作"是我在世上唯一的快乐"。吉拉德这个独眼、苦难的法国人从不休息，相信"劳动就是生活、幸福及一切"。

在 19 世纪早期吉拉德就已经拥有了一个百万资产的航运帝国，用数百万开立了自己的私人银行。

随着他的"唯一的快乐"的高涨和国际声誉的鹊起，吉拉德和伦敦的巴林兄弟投资费城房地产、保险和美国第一银行时，获取了 100 万美元的利润。1811 年，政治骚动正在酝酿，第一银行的特许权被国会终止，这时吉拉德抽出他的海外资本，用过去投资于美国银行的 1/4——120 万美元创造了他非常有名的斯蒂芬·吉拉德银行。斯蒂芬·吉拉德没有银行业和金融业前辈的指示可遵照，他是一个开拓者。他具有早期美国的利己主义者的本质，他不仅能同海盗和政治家（两者有很多相似之处）平等地做生意，也能同银行家和商人平等地做生意。

当吉拉德的巨额资本可以不受限制地投资时，他选择组建了一个私人银行来补充海运公司的信用。"我的商业资本使我能够进行赊销，能够用手头的现金无须折扣开展海运生意。"他曾经这样告诉一位巴林兄弟。然而，不像其他通常与大商业机构往来的私人银行，吉拉德——以他的诚信闻名——将他的银行和生意小心翼翼地分开。

除了他独立而保守的银行操作以外，吉拉德被认为是他那个时代独特的象征。他与大口喝酒、偷盗货物的海盗进行斗争，在商业经济中变得富有；然后，在逐渐合作化、文明化的世界中担任着积极进取的商业银行家的角色。随着商业银行新时代的到来，老化的吉拉德不断抵制它的合作化本质，他预示即将产生的事物——全能的私人投资银行家。如果再活 75 年，富有而又有影响的吉拉德可能就会与强大的 J.P. 摩根相抗衡！

吉拉德是早期美国的公民品质和资本精神的代表。他征服了财富，也抵抗住了财富的进攻。在征服与抵抗之际，他当之无愧跻身"美国经济领域里的建国之父"行列，因为他不仅影响了美国的经济发展史，而且影响了美国人对财富的观念。

吉拉德只是一个商人，一个公民。他富可敌国，却勤俭节约，过着清苦的生活；他吝啬、苛刻，从不施舍，却在死后把巨额财富捐给慈善事业；他自称"启蒙时代的儿子"，笃信理性，认为"宗教在我心中没有任何位置"。韦伯以工作为灵魂，相信"劳动就是生活、幸福及一切"；他谨慎、自私，却在瘟疫突发，城市混乱之际挺身而出，冒着生命危险救治伤员，维持秩序。吉拉德正是靠这种资本主义精神建立了庞大的财富帝国，也凭着它抵抗住了财富的进攻，以节俭和捐赠诠释出一种真正健康的财富观。

按照《福布斯》杂志在 2006 年给出的数据，他去世留下的财富大约 600 万美元。当然，这不像人们认为的那么多。一生中在某个地方，他一定失去了一部分财富，而损失在任何地方都没有记录。1831 年的 600 万美元，在消费品价格调整后，不可思议地，只相当于现在的 8000 万美金。因此，在他最富有的时候，也不及现在"福布斯 400"中的任何一个人。在某种意义上，他的财富反映了早期的美国金融界贫穷的状况。

吉拉德以一张遗嘱完整地阐释了资本主义精神：它不仅仅是对财富的理性追求，也是对财富的理性应用。让人幸福和快乐的是对财富的追求，而不是无节制地享受财富。这种财富观是"吉拉德留给美国人的最宝贵的遗产，在美国人心中播下了一颗免疫堕落的种子"。

华尔街的老船长——范德比尔特

在 19 世纪末 20 世纪初的"镀金年代"，范德比尔特无疑是亿万富翁的代表之一。他是著名的航运、铁路、金融巨头，美国史上第三大富豪，身家远超过比尔·盖茨。他还是电脑游戏《铁路大亨》的原型人物。从 100 美元起家到成为亿万富豪，范德比尔特被誉为"华尔街船长"。

1794 年，范德比尔特出生于纽约斯坦顿岛上，他的父亲拥有一块农场，站在那儿可以俯视整个纽约湾。范德比尔特的父亲供养着一大家子人，但不是一个很有雄心的人。相比较而言，母亲对范德比尔特的影响更大。

在他只有 16 岁的时候，他就渴望开始自己的事业。一次，在里士满港口出售帆驳船的时候，他看到了机会。在蒸汽机出现以前，由荷兰人引进的这种帆驳船是纽约港主要的运输工具，平底双桅杆的帆驳船最长可达 18 米，宽 7 米，有足够的空间来装载货物。由于吃水浅，它们几乎可以在纽约水域上自由航行。范德比尔特向他的母亲借了 100 美元来购买帆驳船，这在 1810 年可不是一个小数目。母亲和他进行了一个很苛刻的交易，母亲告诉他，如果能够在他生日以前把那块未经开垦的 3.2 公顷土地清理干净，并且犁好种上作物，她就会给他钱。当时离他的生日只有 4 个星期了，但范德比尔特组织起一些邻居小孩及时地完成了这个任务，成功购买了帆驳船。

1812 年的战争确保了范德比尔特事业的成功。军队需要他们能够完全信任和依赖的供货商向保卫纽约港的要塞运送物资，虽然范德比尔特的报价与其他报价相比并不是最低的，但他们还是和他签了合同。但在大部分时间里，纽约的运输业务并不是靠合同来获得的，更准确地说，是看谁先抢到生意，然后设法保住它。

到 1817 年底，范德比尔特已经有了 9000 美元，同时还拥有数目可观的帆船运输队，但是他还是时刻关注着任何出现的变化和机会。他很快就在轮船中看到了他的未来。他卖了他的帆船，开始为托马斯·吉本斯工作，成为吉本斯一艘名为"斯托廷格"（Stoudinger）蒸汽船的船长。这艘蒸汽船由于船体很小，绰号"老鼠船"，航行于纽约、新不伦瑞克和新泽西三个港口之间。

在快到 70 岁的时候，范德比尔特已经成为美国当时最富有的 6 个人之一，就在这时，他决定放弃所钟爱的蒸汽船并开始涉足铁路事业。1863 年，当这位船长最初开始购买铁路股票时，他简直是被嘲笑着离开了华尔街。人们看到对铁路一无所知的年老的航运富豪完成了这件事——他正在把萧条的哈莱姆河与哈德孙河航线全部买下来！"让他们笑吧"，范德比尔特吼道——他从来不会斥责公众舆论。

当路面电车特许权被取消的时候，股票下跌了。随着股价的下跌，范德比尔特不停地买进，直到他认购了比实际存在的还多 27000 股的股份，他再次囤积了哈莱姆的股票。

老船长最终获得胜利的要诀是："绝不要买任何你不想买的东西，也不要卖你没有的！"

这次，股票涨到了 285 美元，卖空的人心惊胆战，但是船长不满意。他冷酷地喊道："涨到 1000 吧，这种智力游戏会经常发生的。"但是，由于整个股票市场的恐慌，以及受船长囤积股票的明显惊吓，这个老傻瓜在 285 美元的时候出手了。

范德比尔特两次围歼熊市投机商，给他和他的同伴带来了 300 万美元的巨额财富。这次金融战也被公认为金融操纵史上的杰作。《纽约先驱报》曾宣称："华尔街市场上从未看到过这么成功的股票坐庄。"

科尼利厄斯·范德比尔特在他那个时代，是世界上最富有的白手起家的人，这位美国资本家通过从事船运业和铁路建筑等，去世时积累了 1.05 亿美元的财富，据测算占当时 GDP 的比例为 1 ：87。他住在华盛顿区很舒服的繁华市中心里的相对一般的房子里，并将第五街留给他的子孙们。但是，他还是不能完全拒绝使自己名垂千古的诱惑。1896 年时，他为他的纽约和哈得孙河铁路公司在下曼哈顿建了一个新的货仓，他还为自己准备了巨大的纪念碑作为这个建筑物的组成部分。这只是他的一个自传而已，用 10 万磅铜来镂刻。这个建筑物的山墙，有 30 英尺高，150 英尺长，上面满是对自己的描述，用了高级的浮雕，说明了范德比尔特在船舶公司和铁路公司的工作经历。这些都位于他的船队队长的中央雕像的两侧，雕像整整高 12 英尺，重 4 吨。

这在 19 世纪的富豪中是一个特例。除了为自己树一个塑像之外，有钱人大部分将他们的名字与某个巨大的有用的事物联系在一起，这些事物为公众服务，也表现了它们的创造者们的虚荣心。单单纽约城就到处充斥着这样的东西：卡内基音乐厅、库珀联合学院、洛克菲勒大学、佩利公园和惠特尼博物馆、古根海姆博物馆等等，比比皆是。

他的名字说明一切——查尔斯·道

查尔斯·亨利·道（1851 ~ 1902 年），出生于康涅狄格州斯特林，是道·琼斯指数的发明者和道氏理论的奠基者，纽约道·琼斯金融新闻服务的创始人，《华尔街日报》的创始人和首位编辑。

由于两个非常重要的原因，查尔斯·道成为华尔街最重要的传奇人物之一——他创造了金融圣经《华尔街日报》，以及第一个市场气压计——道·琼斯指数。他也是技术分析之父。具有讽刺意味的是，在他的有生之年，他的成就却是不引人注意的。

1851 年 11 月 6 日，查尔斯·亨利·道出生在一个农场里。在他 6 岁时，父亲去世了。此后的很多年里，他一直在自家的农场里帮助母亲从事艰苦的劳动。大概十三四岁时，他离开了农场，后来还从事过 20 种不同的工作以赡养母亲。长期的艰苦生活磨炼了查尔斯·道的意志，使他变得成熟坚韧、谦虚谨慎，更难能可贵的是他始终怀有自己的理想，从未放弃过努力。在接受了不太充足的教育后，他在很有影响的马萨诸塞州报纸——《春田共和报》做了 6 年学徒。接着，他迁移到了一家罗德岛普罗维登斯报纸，在这里，他找到了金融写作方面的小窍门。

查尔斯·道在 31 岁时，为自己取了一个合适的名字，然后冒险到了纽约；1882 年，和他的伙伴、记者埃迪·琼斯创立了道·琼斯公司。华尔街认识到查尔斯·道这个安静的总是记下看到的所有事情的人，在用毫不夸张的语言发布着极为精确的信息。通过对股票收盘价的研究，查尔斯·道发现可以发明一个反映市场总体走势的晴雨表，即股票平均指数。1884年7月3日，他在《顾客晚报》上首次刊登了一项包含11种股票的指数，其中包括9家铁路公司和两家汽轮公司股票的平均价格，又被称作"铁路平均指数"。道·琼斯指数一经推出，就迅速被华尔街所接受。它使股票市场改变了以往的面貌，缓解了华尔街股票交易面对的迷茫困境，给人们带来一盏指路的明灯。

查尔斯·道活着的时候并没有展示"道氏理论"。1884年，当他最初开始编写股市平均指数时——甚至在《华尔街日报》存在前——除了一个用来度量股市的、包括了一切"指数"的指标之外，他并没有建立很多其他的理论。后来，他加入了自己的直觉判断。事实上，我们现在知道的"道氏理论"是在他去世20年后，由威廉·P.汉弥尔顿这样的市场技术分析师从他的《华尔街日报》中总结和提炼出来的。

查尔斯·道在1895年创立了股票市场平均指数——"道·琼斯工业指数"。该指数诞生时只包含11种股票，其中有九家是铁路公司。直到1897年，原始的股票指数才衍生为二：一个是工业股票价格指数，由12种股票组成；另一个是铁路股票价格指数。到1928年工业股指的股票覆盖面扩大到30种，1929年又添加了公用事业股票价格指数。查尔斯·道本人并未利用它们预测股票价格的走势。1902年过世以前，他虽然仅有五年的资料可供研究，但它的观点在范围与精确性上都有相当的成就。

道氏理论断言，股票会随市场的趋势同向变化以反映市场趋势和状况。股票的变化表现为三种趋势：主要趋势、中期趋势及短期趋势。主要趋势：持续一年或以上，大部分股票将随大市上升或下跌，幅度一般超过20%。中期趋势：与基本趋势完全相反的方向，持续期超过三星期，幅度为基本趋势的三分之一至三分之二。短期趋势：只反映股票价格的短期变化，持续时间不超过六天。牛市的特征表现为，主要趋势由三次主要的上升动力所组成，其中被两次下跌所打断，如：疲软期。在整个活动周期中，可能比预期的下跌得低，每次都比上次更低。在整个活动周期中，通常由几次中期趋势的下跌和恢复所构成。

查尔斯·道的全部作品都发表在《华尔街日报》上，只有在华尔街圣经的珍贵档案中仔细查找才能重新建立起他关于股市价格运动的理论。但是已故的S.A.纳尔逊在1902年末完成并出版了一本毫不伪装的书——《股票投机的基础知识》。这本书早已绝版，却可以在旧书商那里偶尔得以一见。他曾试图说服查尔斯·道来写这本书却没有成功，于是他把自己可以在《华尔街日报》中找到的查尔斯·道关于股票投机活动的所有论述都写了进去。

1902年12月查尔斯·道逝世，华尔街日报记者将其见解编成《投机初步》一书，从而使道氏理论正式定名。值得一提的是，这一理论的创始者——查尔斯·道，声称其理论并不是用于预测股市，甚至不是用于指导投资者，而是一种反映市场总体趋势的晴雨表。大多数人将道氏理论当作一种技术分析手段——这是非常遗憾的一种观点。其实，"道氏理论"的最伟大之处在于其宝贵的哲学思想，这是它全部的精髓。雷亚在所有相关著述中都强调，"道氏理论"在设计上是一种提升投机者或投资者知识的配备或工具，并不是可以脱离经济基本条件与市场现况的一种全方位的严格技术理论。根据定义，"道氏理论"是一种技术理论；换言之，它是根据价格模式的研究，推测未来价格行为的一种方法。

全美第一大银行家——贾尼尼

提起美洲银行，可能大家都知道。今天的老百姓早已习惯了和银行打交道，却很少有人想过，如果没有贾尼尼在银行业发起的革命，银行服务还只是少数富人享用的"奢侈品"。20世纪四五十年代，美洲银行一度是美国规模最大的商业银行，也是美国第一家为普通百姓提供金融服务的银行——它是具有传奇色彩的意大利裔银行家贾尼尼一手创立的。因为对银行业发展的突出贡献，人们称贾尼尼为"现代银行业之父"。

1870年5月16日，阿马迪·贾尼尼出生在美国加州的一个意大利移民家庭。开始的时候，家里经营旅馆，后来因为生意不是很好，便卖掉旅馆，买下40英亩土地，开始做起了小农场主。日子虽然很辛苦，但还过得下去。但是，天有不测风云，1878年的一天，同村的一个葡萄农，因为还不起向贾尼尼父亲借的1美元贷款，竟然开枪打死了他父亲。这件事情给年幼的贾尼尼留下了不可磨灭的心灵创伤，而他在成为银行家后坚决反对放高利贷，与此有着直接联系。

贾尼尼的母亲是个坚强的女子，她一人既要照料3个孩子，又要管理果园。这样生活了一段时间后，她嫁给好心的马车夫斯卡蒂那。两年后，他们将果园和房子卖掉，搬到圣诺耶镇上居住，直到贾尼尼12岁，他们才在旧金山买了房子，开了一家"斯卡蒂那商行"，经营水果和蔬菜批发，做起了中间商。

贾尼尼很能吃苦，待人热情，又有心计，很快成了商行的得力帮手。一天，他向继父建议："听说最近市场上柳橙和葡萄柚很好卖，我打听过，圣阿那的塔斯丁公司品质最好，我们买进来看看，怎么样？"斯卡蒂那将信将疑，就先买了一部分。事实正如贾尼尼所预料的那样，这两种商品十分畅销，日后原本在加州极为罕见的柳橙和葡萄柚也成了加州的特产，这不能不说是贾尼尼的功劳。

贾尼尼并没有满足现状，他还要进行改变，做更大的生意。为了减少中间环节，降低进货价格，他亲自跑到农家去收购果菜。在农作物未采收之前就与农民订立收购契约，这要付一部分定金，但蔬菜和水果的价格却要比码头上便宜得多。他这样做，不仅从贩运商手中夺过了利润，而且，比贩运商们买来的还便宜。农民也很乐意，因为得到了定金，农作物的销路也有了保证，又可以减少乃至避免气候突然变化造成的损失。这种做法是一个了不起的创举，年仅19岁的贾尼尼因此被人们视为经商的奇才、鬼才。

不仅如此，年仅19岁的贾尼尼还提出了"农民银行"的构想。因为，在经营这种契约买卖的过程中，贾尼尼深感农民的贫苦。尤其是那些来自意大利的移民，他们为了买农具和种子，经常不得不将农田作为担保，向高利贷者借钱，因为银行不肯贷款给贫苦的农民。由此，贾尼尼萌生了向这些农民提供贷款的念头，他的想法是不收利息，用贷款的形式取得下一季收获的买卖契约。实际上，这便是他最初的"农民银行"的构想雏形，而在以后的日子里，贾尼尼实现了这个构想。

经过几年奋斗，贾尼尼的事业已略有所成。1892年，他和银行家科涅尔的女儿结婚了。谁也没有想到这场婚姻，改变了贾尼尼的事业轨迹。1902年大量外国资本涌入旧金山，造成当地美资银行与外资银行对峙的局面。但所有这些银行，不是从事投机，就是目光盯着大企业，没有一家想到小本经营的贫苦农民。贾尼尼认为，只有把这些农民作为贷款对象，他未来的银行才能有立足之地。

于是，贾尼尼和朋友一共 10 个人，商定大家合股开办银行。股东只占 1/3 股份，其余 2/3 在普通民众中募股，这些人包括鱼贩、菜商老板和一些乡下农民。总的来说以意大利移民为主要对象，名称就叫意大利银行。他的想法的确有些离经叛道，最初大家都不理解，后来他们明白了，只有这样才能迅速地扩大银行在民众中的影响，开拓一片新的领域。这正是阿马迪·贾尼尼的超人见解。事实证明，正是由于他的这种经营思路，意大利银行得以从很低的起点上飞快地崛起，最终成为美国第一大银行。

1903 年至 1907 年，美国爆发了历史上最严重的经济危机。经济危机像瘟疫一样迅速传播开来，造成人心恐慌，储户纷纷提取存款，形成雪崩之势，一发不可收拾。加州的情况虽然没有其他地方严重，但因大气候影响，形势也岌岌可危。侥幸逃过这场危机的贾尼尼惊异地发现，旧金山只有一家银行没有受到影响，这就是加拿大银行。为此，他专门前去考察，发现了其中奥秘：原来加拿大银行在全国设有分行，分行形成一张网，从全国各地吸收存款汇集到总行。这样，银行就具有很大的机动支配能力。这和美国的金融体系大不一样。在美国，地方银行都把黄金集中到华尔街的大银行，华尔街一旦出现危机，各地银行也必然失去了保障。

贾尼尼恍然大悟：一定要有自己的分行网！随后，他开始了一次伟大的行动：逐步收购、兼并一些经营不善的地方银行。

1910 年，贾尼尼又收购了旧金山银行和旧金山机械银行，此后不久，又成功地收购了圣玛提欧银行。但这些都不是贾尼尼真正的目标，他的目标是洛杉矶。

1918 年，贾尼尼在加州的意大利银行分行已经发展到 24 家，成为全美最大的分行制银行。这就使贾尼尼在任何时候都可以力挽狂澜，平安渡过危机。贾尼尼以一种极不正统的经营方式，打破了美国传统的民主，并在法律禁止垄断的空际间，秘密地建成了遍布欧美的意大利银行分行网。他在晚年的时候，终被推上了"全美第一银行家"的宝座，成为改写美国金融历史的巨人之一。

1949 年 6 月，奋斗了一生的金融大王贾尼尼，终于走完了他人生的最后一站。此时，他的银行的总资产已达到 20 亿美元。与此形成鲜明对比的是他的全部遗产只有价值 43.9 万美元的私人住宅等不动产！因为他对金钱极为看淡，坚信敛聚财富会割断他和他所服务的普通大众的联系，这一点和他开办银行的平民化作风完全相同。在谢世的前一年，贾尼尼把他 50 万美元的存款全部捐献出来，用于医学研究和银行员工子弟的教育奖学金。他以他的实际行动，实现了他"不为自己，而为大众"的誓言。

书写摩根传奇——琼·施特劳斯

一个世纪前，摩根像巨人一样支配着整个金融世界。作为创建通用电气公司、美国钢铁公司以及地域广泛的铁路帝国的幕后策划人物，在几十年里，他都是美国民间的核心银行家。1913 年他去世的几个月后，联邦储备银行取代了他所创建的私人金融系统。

摩根早期的工作，是帮助父亲在欧洲为铁路建设募集资金。他很擅长自己的工作。

铁路在 19 世纪美国经济中的作用，就相当于信息技术在 20 世纪晚期在美国经济中的作用一样，它们改变了世界运转的方式。

19 世纪后期数十年的美国经济十分粗野狂躁，每隔 10 ～ 15 年就会发生一次市场崩溃。当时很多欧洲投资者出于恐慌、市场崩溃或对市场预期过高等原因而遭到损失，就像高科技泡沫、房地产泡沫那样。如果没有担保保证资金安全，这些受到损失的欧洲人是不愿意将资金投入到 3000 英里以外的美国市场的，而摩根家族提供了这种担保。欧洲投资者可能对伊利诺伊中央铁路、宾夕法尼亚铁路、纽约中央铁路一无所知，但他们知道摩根的名号就是一种担保，可以保证他们的资金不会损失，可以获得稳定的回报，并最终全额拿到投资资金。

1860 年，内战结束后，摩根和其他银行介入，帮助政府重新注册，调低了他们的还贷利息。

他与其他银行共同组成了一个银行组织——辛迪加，从政府手中购买证券，然后以微利出售给全世界的投资者。辛迪加囊括了当时美国国内大多数主要银行，以及一些外国银行，例如（法国）洛希尔银行和巴林兄弟银行。由于辛迪加涉及的银行如此之多，所以它们总能够将债券卖给投资人。通常情况下，在短暂的市场低迷之后，他们总能够成功地出售债券而不至于被套牢。

摩根在自己的职业生涯中组建了通用电气、万国收割机公司、美国钢铁公司，并建立了美国电话电报公司的现代雏形。大家以为他拥有这些公司，事实上并非如此，是他组建了这些公司，然后将其股票和公债卖给投资者，摩根自己并没有买过多少这些公司的股票。他在内战后为政府注资偿还债务，却并不拥有这些债务。他也不拥有他组建的，如一些人所说，进行现代化改造的铁路。摩根只是确保铁路运转正常，为这个国家建设铁路基础设施，后来又建立了电力行业，还将安德鲁·卡耐基创建的钢铁行业组合成一个巨大的钢铁集团。他建设了美国的铁路基础设施，电力产业和钢铁产业——继美国钢铁产业创始人安德鲁·卡内基之后，摩根把众多钢铁公司变成了一个巨大的统一体。

在摩根的职业轨迹上，他在华尔街建立了无人能及的威信。直至 1904 年，他是全世界最著名的银行家，一部分是因为那些大型交易，例如美国钢铁和通用，也与他为市场负责，并扮演着"个人中央银行"的角色密不可分。当时的政府是不可能做到这一点的。在摩根一生里，美国都没设立联邦储备委员会之类的机构。安德鲁·杰克逊总统在 1836 年解散了美国第二银行，这正好是摩根出生的前一年。而联邦储备委员会成立于 1913 年，这时摩根已经逝世 9 个多月了。在那段时间，美国是没有央行的。摩根试图扮演央行的角色，保证流入央行的资金可以转出、防止经济崩溃、防止公司破产、在资产流动性不足的危机时注入资金。所以，他自己承担了央行的责任。

1907 年，经济危机袭来时，没有国家储备，而财政部长只有立法权，个人影响力不够，是摩根与一群银行家周旋了整整两周才遏制住了恐慌。由于金融恐慌是从信托公司开始的，其中一家出现了问题，摩根召集了他的团队，为了拯救这家信托公司，他花费了 300 万美元。那天证券交易所要在下午 3 点之前关门，实施一天的官方人为停业。为此证券交易委员会主席亲自去找摩根，摩根说："绝对不行，你不能提前关门，否则恐慌会进一步扩大。"他给很多大银行行长打电话，把他们召集到自己的办公室里，要求他们在 10 分钟内凑齐 2000 万美元。他的要求得到了回应，2000 万美元被送到了证券交易所，这才减轻了恐慌。纽约股市差点破产，无法支付员工的薪水，他们为其筹措资金，并一直救助信托公司。两周后，恐慌基本消除了。

由于在 1907 年金融恐慌中摩根扮演了重要角色，他成了国民英雄。走在华尔街街头，人们会为他欢呼。全世界各国首脑都发来了贺电，各地的报纸杂志也对他表达了高度的敬意，也为一个人能有如此大的力量而感到惊异。但是很快，美国人为一个民主国家的私人银行家拥有如此大的权力而感到害怕。1907 年的经济危机催生了国家货币委员会，并最终导致了国家储备和相应法律的诞生，规定政府应如何应对经济危机以及如何在危机中调控市场。

1913 年，75 岁的皮尔庞特·摩根去世。他是当时世界上最具实力的银行家，他组建了庞大的铁路系统和"托拉斯"，掌管着由欧洲输往美国的大批资本，而且，在美国还没有中央银行的时候，他担当着美国资本市场的监管员的角色，总是在最后关头挺身而出。正是在这一过程中，美国从一个以农牧业为主的社会逐渐转变成为一个现代化的工业国家，他参加到有关美国治国理念的斗争中，而这种斗争从杰斐逊和汉密尔顿就已经开始了。

摩根在许多方面塑造着他那个世界，也塑造着我们这个世界。摩根一生的历史，让人们重新审视美国经济崛起中银行家所扮演的角色。在摩根去世以后，他还一直笼罩在神秘的面纱里，有人称赞他是工业化进程中的英雄，也有人诋毁他是贪婪的强盗大亨。这是一部很久以来就应属于摩根的传记：它权威翔实地描述了摩根其人，如果没有他那充满支配力量的意志，美国的金融和文化将与今天的情况截然不同。

三连任美联储主席——格林斯潘

艾伦·格林斯潘，美国犹太人，美国第十三任联邦储备委员会主席，在美国是一位传奇人物。许多人认为他是美国国家经济政策的权威和决定性人物，媒体业界把他看作"经济学家中的经济学家"和"大师"。

从外表上看，格林斯潘更像一位老学究。他永远穿着一套深色西服，永远戴着一副黑边眼镜，讲起话来永远慢条斯理，没有一丝感情色彩。但在美国金融界有这么一说：格林斯潘咳嗽一声，全世界都得下雨。因此，华尔街的投资者们花了很大力气研究格林斯潘的每次讲话，试图从他的遣词造句中捕捉到哪怕一点蛛丝马迹。

1966 年 7 月，格林斯潘发表《黄金和经济自由》一文，预言美国将爆发严重的通货膨胀。可当时如日中天的美国经济，完全没有听到这个无名之辈的声音。1974 年，他的预言灵验了，美国遇到了"二战"后最可怕的通货膨胀，经济陷入了全面困境。于是，尼克松总统连忙请其担任美国经济顾问委员会主席。由此，格林斯潘正式步入美国政经界高层。

在美联储的历史上，格林斯潘的出现之所以显得突兀，是因为美联储主席向来从内部产生，而格林斯潘以前从来没有在美联储任过职。美联储主席沃尔克退休后，里根总统便任命格林斯潘为继任者。

格林斯潘刚刚上任便遇到了 1987 年美国股市的"黑色星期一"，道·琼斯指数在开盘后 3 个小时内，狂跌 508.32 点，创下了史无前例的纪录，5000 多亿美元灰飞烟灭。《国际先驱论坛报》刊登了这样一幅漫画：一头公牛倒地而毙，手持利剑的斗牛士百思不得其解："正炒得起劲，怎么突然就死了呢？"权威金融杂志《福布斯》新近列出的全美400名大富豪，一下子就有38人出局；首富萨姆·华尔损失高达21亿美元；而百万富翁亚瑟·凯恩一夜之间背上了近千万美元的债务，绝望之中对准自己的脑袋扣动了扳机……许多投资者绝望自杀。

经过一整夜的思考，格林斯潘做了也许是他一生中最难忘的决定——命令联储在星期二交易开始前50分钟发表一个一句话的声明：

"作为这个国家的中央银行，联储遵从自己的责任，已经决定准备起到清偿力来源的作用，以支持经济和金融体系。"他当时开出的药方是放松银根，终止股市继续恶性发展，稳稳地拨正美国这艘大船的航向，在全国人民面前交上了一份漂亮的成绩单，令许多人对他刮目相看，从此就与美联储主席一职结下了不解之缘。

格林斯潘总是对美国经济过热保持着一种警觉，只要一出现过热的迹象，他就会采取措施把温度降下来。他指挥着美国的经济巨轮驶过了暗礁丛生的20世纪80年代，使美国在20世纪90年代经历了前所未有的经济繁荣。据统计，在全美400多位资深高级主管中，对格林斯潘的支持率是97%。不少美国人说，格林斯潘是影响力仅次于美国总统的"美国第二大有影响的人物"。这主要是因为他在美国银行系统中担任了重要角色，通过控制货币供应和银行信贷来控制美国经济，并且运用他的权力取得了不可思议的成就。从里根到布什，再到克林顿，无论华盛顿官场中如何风云迭起，人事震荡，格林斯潘始终"岿然不动"。

"当今世界的经济和金融通过种种方式正在发生着变革，而这些变革我们还并不完全理解。政策制定者并没有能力完全及时地预料到潜在的不利发展方向。因此在我看来，我们的经济应具有足够的适应性和弹性以应对不可预知的打击，这一点与经济发展的可行性同样重要。政策制定者需要更多地依靠市场的自主调节机制去替代政府官员对于外来的不准确的预期。"

——格林斯潘在国际货币大会上的讲话

格林斯潘是一位很有实战经验、同时又有理论素养的经济学家。格林斯潘在他的专著中所提出的"金融分解技术"是当代金融理论的基石。通俗地说：格林斯潘的金融分解技术包括两个方面，即"衍生金融工具"和现在中国也开始进行的"资产证券化"。格林斯潘认为，金融产品是一个大概念，只有进行分解，投资者才能享用，这需要把"金融创新"和"降低风险"结合起来，以吸引投资者入市。

伟大的经济学家极其少见，这种人必须具备几种人的天赋：数学家、历史学家、政治家和哲学家。艾伦·格林斯潘正是这些天赋的化身。他认为世界的本质是不可知的，只有通过不断的改变，改变途径，才有可能逐渐接近完善。

1994年开始，格林斯潘一次接一次地提高利率，被人视为"简直疯狂"；1998年的全球金融危机中格林斯潘沉着应战，三次削减利率，从而使美国免受金融危机的波及，并且最终遏制住那次危机蔓延的势头。这一次次的辉煌使他被媒体称为"金融之神"。格林斯潘坚持反通货膨胀主义，勇于突破经济理论的束缚。传统理论认为，失业率高于6%

将导致经济萎缩，低于5%将触发通货膨胀。而目前美国的失业率仅为4%，经济仍在稳定增长。传统理论的另一个论点是经济过热必将引发通货膨胀，但他注意到大规模的高科技投资在提高生产率的同时降低了生产成本，因此在推动新技术革命方面不遗余力。国际经济研究所所长伯格斯坦称这是格林斯潘"最了不起的历史性贡献"，他"不仅改变了金融政策，也改变了我们的经济和未来"，使得美国经济得以平安"软着陆"。

美国《幸福》杂志曾对上千名公司负责人进行调查，发现格林斯潘的支持率高达96%。他们认为，过去近30年里，没有一位联储主席像格林斯潘那么称职。金融市场时时刻刻都在猜测他的想法，而他时时刻刻都力图把市场调节到"某个正常的区间"。合理的市场必须由一半人坐轿、一半人抬轿，达到长期的均衡，究竟是抬轿还是坐轿，就取决于他们是否猜准了格林斯潘心中的那个区间。

对于那些1987年以后才接触西方经济学的大多数中国人来说，格林斯潘就是美联储，格林斯潘就是美元基准利率，格林斯潘就是世界经济的晴雨表。市场的需要造就了这个"格林斯潘时代"。美国哥伦比亚广播公司"市场观察"栏目的首席经济学家欧文·凯尔纳也说过："格林斯潘和投资者之间是一种既爱又恨的关系，格林斯潘就像一个受人信任的医生保管着一些散发着难闻气味的药品，但每个人都知道这些药对他们是有好处的。"

基础篇:
走近金融的世界

第六章　看透钱的本质，就了解了金融的真谛

——每天学点货币知识

货币的起源：谁人不识孔方兄

在太平洋某些岛屿和若干非洲民族中，以一种贝壳——"加马里"货币来购物，600个"加马里"可换一整匹棉花。再如美拉尼西亚群岛的居民普遍养狗，所以就以狗牙作货币，一颗狗牙大约可买100个椰子，而娶一位新娘，必须给她几百颗狗牙作礼金！

在太平洋加罗林群岛中的雅浦岛，这里的居民使用石头货币。这里每一枚货币叫作"一分"，但这样的一"分"，绝不可以携带在身上。因为它是一个"庞然大物"的圆形石头，中心还有一个圆窟。照当地人的规定，"分"的体积和直径越大，价值就越高。因此有的价值高的"分"的直径达到5米。这种货币是用石灰岩的矿物——文石刻成的，但雅浦岛上没有文石，当地人要远航到几百里外的帕拉乌岛把大石打下，装在木筏上运回。单是海上那惊险百出的航程，就要历时几个星期。

巨大的石头货币，有优点也有缺点，优点是不怕盗窃，不怕火烧水浸，经久耐磨，缺点是不易搬运，携带不得。所以用这种货币去购物时，必须要把货主带到石头货币旁边察看成色，然后讲价。

由于搬运艰难，人们卖掉货物换来的石头货币，只好打上印戳，让它留在原地，作为自己的一笔"不动产"。

为什么狗牙和石头也能成为货币？货币为什么能买到任何东西？要解开货币的有关疑问，就必须了解货币是怎么来的。

货币的前身就是普普通通的商品，它是在交换过程中逐渐演变成一般等价物的。货币是商品，但又不是普通商品，而是特殊商品。货币出现后，整个商品世界就分裂成为两极，一极是特殊商品——货币，另一极是所有的普通商品。普通商品以各种各样的使用价值的形式出现，而货币则以价值的体化物或尺度出现，普通商品只有通过与货币的比较，其价值才能得到体现，所有商品的价值只有通过与货币的比较之后，相互之间才可以比较。

货币是商品交换长期发展过程中分离出来的特殊商品，是商品交换发展的自然结果。原始社会后期，由于社会生产力的发展，在原始公社之间出现了最初的实物交换。随着生产力的进一步发展，商品交换逐渐变成经常的行为。但是，直接的物物交换中常会出现商品转让的困难，必然要求有一个一般等价物作为交换的媒介。

美国著名的金融学家米什金在其著作《货币金融学》中提到，任何履行货币功能的

物品必须是被普遍接受的——每个人都愿意用它来支付商品和服务。一种对任何人而言都具有价值的物品是最有可能成为货币的。于是，经过长期的自然淘汰，商品货币发展到后期，人们自然地选择金银等贵金属作为支付货币。在绝大多数社会里，作为货币使用的物品逐渐被金属所取代。使用金属货币的好处是它的制造需要人工，无法从自然界大量获取，同时还易储存。数量稀少的金、银和冶炼困难的铜逐渐成为主要的货币金属。

随着文明的发展，人们逐渐建立了更加复杂而先进的货币制度。人们开始铸造重量、成色统一的货币。这样，在使用货币的时候，既不需要称重量，也不需要测试成色，方便得多。货币上面通常印有国王或皇帝的头像、复杂的纹章和印玺图案，以免伪造。

中国最早的金属货币是商朝的铜贝。商代在我国历史上也称青铜器时代，当时相当发达的青铜冶炼业促进了生产的发展和交易活动的增加。于是，在当时最广泛流通的贝币由于来源的不稳定而使交易发生不便，人们便寻找更适宜的货币材料，自然而然集中到青铜上，青铜币应运而生。人们将其称为铜贝。随着冶炼技术的发达，铜不再是稀贵的金属，人们开始用更加难以获得的金和银作为铸造货币的金属材料。此后的相当长的一段时间内，金银都是被普遍使用的货币。16世纪，哥伦布发现"新大陆"，大量来自美洲的黄金和白银通过西班牙流入欧洲，金银货币更加得到了世界范围内的流通。

在金融学中，由贵金属或其他有价值的商品构成的货币统称为商品货币。在人类发展的很长一段时间之内，几乎在任何一个国家和社会中，商品货币都发挥了交易媒介的功能。但随着人类文明的发展，商品货币还是被淘汰了，原因在于金属货币太重了，使用不方便，并且流通困难，很难从一地运送到另一地。因此，纸币也就应运而生了。

中国北宋时期四川成都出现了一种"交子"，这就是世界上最早的纸币。北宋初年，成都一带商业十分发达，通货紧张，而当时铸造的铁钱却流通不畅。于是当地16家富户开始私下印制一种可以取代钱币、用楮树皮造的券，后来被称作"交子"。当地政府最初想取缔这种"新货币"，但是这种"新货币"在经济流通中作用却十分明显，于是决定改用官方印制。但是"交子"的诞生地却一直没人发现。

后据历史考证，"交子"最早在成都古佛寺内印制。《成都金融志》中说："北宋益州的'交子铺'实为四川历史上最早的货币金融机构，而益州的交子务则是最早由国家批准设立的纸币发行机构。""交子"的出现，便利了商业往来，弥补了现钱的不足，是我国货币史上的一大业绩。此外，"交子"作为我国乃至世界上发行最早的纸币，在印刷史、版画史上也占有重要的地位，对研究我国古代纸币印刷技术有着重要意义。

今天，我们已经不用金元宝或银锭、铜板买东西了，而是用一些"纸"。这些"纸"的价值几乎可以忽略不计，但是它却有神奇的力量，可以换来任何你想要的东西，甚至连黄金也可以交换，这似乎让人觉得不可思议。

在商品货币时代，金属货币使用久了，就会出现磨损，变得不足值。人们就意识到可以用其他的东西代替货币进行流通，于是就出现了纸币。纸币在货币金融学中最初的定义为发挥交易媒介功能的纸片。最初，纸币附有可以兑现金属货币的作用，但是最后演变为不兑现纸币。不兑现纸币是不能兑换成黄金或者白银的，但它却拥有同样的购买力，因为它的购买力源于政府的权威和信誉。只要政府宣布它为法定偿还货币，那么在支付债务时，人们都必须接受它，而不能再把它转化为金属货币后再支付。这样一来，纸币比金属货币轻得多，流通方便，加上不需要耗费昂贵的原材料，于是很快就被人们接受了。

事实上，接受纸币也是需要一些条件的。只有人们对货币发行当局有充分的信任，并且印刷技术发展到足以使伪造极为困难的高级阶段时，纸币方可被接受为交易媒介。

纸币出现的另一个深层次的原因是由此建立的法定货币体制彻底摆脱了黄金和白银对货币总量的制约，这使得当局对货币的控制更加有弹性，更加灵活。如果这样，政府可以无限制地增加货币供应来获得政府收益。当然，由此引发的通货膨胀问题逐渐被引导到经济学研究的重要课题上。凯恩斯对此曾说："用（通货膨胀）这个办法，政府可以秘密地和难以察觉地没收人民的财富，一百万人中也很难有一个人能够发现这种偷窃行为。"而这些都是建立在以不兑现纸币为基础的法定货币体制之上的。

其实严格来说，纸币并不是货币，因为货币是从商品中分离出来的、固定充当一般等价物的商品。纸币由于没有价值，不是商品，所以也就不是货币。在现代金融学中，纸币是指代替金属货币进行流通，由国家发行并强制使用的货币符号。今天我们使用的人民币或者美元等都是由国家信用作为保障强制流通的货币符号。而纸币本身没有和金属货币同样的内在价值，它本身的价值也比国家确定的货币价值小得多，它的意义在于它是一种货币价值的符号。因为它可以执行货币的部分功能：流通手段和支付手段，部分国家的纸币还可以执行世界货币职能（如美元、欧元、人民币等）。纸币的发行量由国家决定，但国家不能决定纸币的实际价值。

货币演进："以物易物"到纸币做"媒"

你知道我们交换用的货币是怎么演化过来的吗？关于货币的演化，让我们先来听听经济学家弗里德曼讲述的关于上一节中的雅浦群岛的故事吧。

太平洋加罗林群岛中有个雅浦群岛，岛上不出产金属，人们使用打制成圆形的石头作为交换媒介，岛民们把这种当货币使用的圆石叫作"费"。

刚开始时由于小岛上居民们的需求量不大，大家都以各自的出产互相交换所需物品，公平买卖。随着岛屿的扩大和人口的增加，商品流通规模随之增加。现有的"费"数量明显不够，岛上居民需要更多的"费"来衡量交易物品的价值。由于采集、打磨石头是一件很费工夫的事情，于是雅浦群岛出现了类似"铸币厂"的地方。

随着岛上商品经济的发展，"费"的使用已经极大地制约了商品流通。于是人们想出了一个办法，在岛上发行一种可以代表"费"的纸币。为了便于计算，纸币的面额一般为 100 费、50 费、20 费、10 费、5 费、2 费、1 费、0.5 费、0.2 费、0.1 费等。这样一来，商品流通效率提高，各地物产、贸易量增加，岛上居民收入提高，就业率也保持稳定增长。

这就是货币的形象产生过程。货币自诞生以来，经历了实物货币、金属货币、信用货币等数次转变。货币的"祖先"脱胎于一般的商品。某些一般的商品由于其特殊的性能，适合用作交易媒介，于是就摇身一变成了商品家族的新贵——货币。比如贝壳，今天的人们已经很难想象它曾经是叱咤风云的"钱"。除了贝壳，还有龟壳、布帛、可可豆、鲸鱼牙，甚至玉米等，都曾在不同地区的不同时代充当过货币。后来，取代实物货币的是金属，比如金、银、铜、铁等，它们都曾长时间扮演过货币的角色。在金属货币之后诞生了纸币，也就是所谓的信用货币。

货币的发展一共经历了如下几个阶段：

1. 物物交换

人类使用货币的历史产生于物物交换的时代。在原始社会，人们使用以物易物的方式，交换自己所需要的物资，比如一头羊换一把石斧。但是有时候受到用于交换的物资种类的限制，不得不寻找一种能够为交换双方都能接受的物品。这种物品就是最原始的货币。牲畜、盐、稀有的贝壳、珍稀鸟类羽毛、宝石、沙金、石头等不容易大量获取的物品都曾经作为货币使用过。

在人类早期历史上，"贝壳"因为其不易获得，充当了一般等价物的功能，"贝壳"因此成为最原始的货币之一。今天的汉字如"赚""赔""财"等，都有"贝"字旁，就是当初贝壳作为货币流通的印迹。

2. 金属货币

早期的金属货币是块状的，使用时需要先用试金石测试其成色，同时还要称量重量。随着人类文明的发展，逐渐建立了更加复杂而先进的货币制度。古希腊、罗马和波斯的人们铸造重量、成色统一的硬币。这样，在使用货币的时候，既不需要称重量，也不需要测试成色，无疑方便得多。这些硬币上面带有国王或皇帝的头像、复杂的纹章和印玺图案，以免伪造。

铜贝产生以后，是与贝币同时流通的，铜贝发展到春秋中期，又出现了新的货币形式，即包金铜贝，它是在普通铜币的外表包一层薄金，既华贵又耐磨。铜贝不仅是我国最早的金属货币，也是世界上最早的金属货币。

3. 金银

西方国家的主币为金币和银币，辅币以铜、铜合金制造。随着欧洲社会经济的发展，商品交易量逐渐增大，到15世纪时，经济发达的佛兰德斯和意大利北部各邦国出现了通货紧缩的恐慌。从16世纪开始，大量来自美洲的黄金和白银通过西班牙流入欧洲，挽救了欧洲的货币制度，并为其后欧洲的资本主义经济发展创造了起步的条件。

4. 纸币

随着经济的进一步发展，金属货币同样显示出使用上的不便。在大额交易中需要使用大量的金属货币，其重量和体积都令人感到烦恼。金属货币使用中还会出现磨损的问题，据不完全统计，自从人类使用黄金作为货币以来，已经有超过两万吨的黄金在铸币厂里、或者在人们的手中、钱袋中和衣物口袋中磨损掉。于是作为金属货币的象征符号的纸币出现了。世界上最早的纸币为宋朝年间于中国四川地区出现的"交子"。

目前世界上共有两百多种货币，流通于世界190多个独立国家和其他地区。作为各国货币主币的纸币，精美、多侧面地反映了该国历史文化的横断面，沟通了世界各国人民的经济交往。目前世界上比较重要的纸币包括美元、欧元、人民币、日元和英镑等。

随着信用制度的发展，我们对存款货币和电子货币也已经不感到陌生了，但新的货币形式还将不断出现。货币如同魔术师的神秘魔术，它神奇地吸引着人们的注意力，调动着人们的欲望，渗透到每一个角落，用一种看不见的强大力量牵引着人们的行为。我们要正确认识货币，更要正确使用货币。

货币本质：从贝壳到信用卡，什么才是货币

货币是我们在日常生活中经常接触到的东西。在一般人看来，所谓货币，无非就是可以拿来买东西的人民币、美元或英镑等。以上所说的货币，其实是指"钱"，即流通中的现金或通货。不过在金融学或经济学里，这样定义货币是不准确的，货币的范围要比这个大得多。在今天，支票、信用卡、银行卡都可以作为我们购物时的支付工具。实际上，在现代经济生活中，无论是商品、劳务还是金融产品的交易，用现金支付的只占极小的比重。

在日常生活中又有很多人将货币等同于财富。一个人很富有，我们会说他很有钱；一个人囊中羞涩、生活拮据时，我们会说他没什么钱。这里的钱就指财富，但财富的范围又要比货币宽泛得多。人们购买的股票、债券、基金等金融资产和拥有的住宅、轿车等都归为财富之类，但它们不属于货币的范畴。

那么，金融学到底是如何定义货币的呢？通常经济学家将被人们普遍接受的，可以充当交易媒介、价值尺度、价值贮藏、支付手段和安全流动的商品，都可以看作货币，其本质是一般等价物。它既可以是黄金白银这样的有形物品，也可以是一种被普遍接受的符号。只要它具有以上五个方面的功能，经济学家都称它为货币。

货币的本质是固定地充当一般等价物的商品，它能和所有的商品交换，充当商品交换的媒介。货币的发展是一个漫长的过程，由贝壳、金、银、铜等这些实物货币发展到纸币、银行券这些信用货币，现在市场上又出现了虚拟的电子货币，如我们日常生活中常用到的储值卡、信用卡、电子支票、电子钱包等。

在现代社会中，金钱可以说是无处不在，它早就渗透了人们衣、食、住、行的各个方面。一个人如果没有钱，那么他在社会上就寸步难行；如果有了钱，就可以得到物质享受。由于钱有这个作用，所以它就有了一种令人疯狂的魔力，被蒙上了一层神秘的面纱。但是钱并不完全等于货币。按照经济学理论的解释，任何一种能执行交换媒介、价值尺度、延期支付标准或完全流动的财富储藏手段等功能的商品，都可被看作是货币。有人不禁要质疑上述论断：人民币、美元、欧元才是货币，肥皂、洗衣粉之类的商品也能说是货币吗？在我们的生活中，肥皂、洗衣粉当然不能算是货币，这是为什么呢？

货币的本质至少包括以下几方面的内容：其一，货币是由国家或国家许可的机构发行的，是国家产生后的产物，在国家没有诞生前，货币也不可能产生。其二，货币的发行范围是在全国性的。其三，货币分配的对象是商品。

由货币的本质我们可以看出，货币具有以下本质特征：

（1）货币没有价值。它之所以能够交换到有价值的产品，是国家通过控制货币的发行数量并使普通民众无法伪造货币的方法来实现的。

（2）货币代表的是一种权力，即随时从社会商品总库存中兑现一定份额商品的权力。货币的效用是通过兑现到的商品的数量来决定的。

（3）货币不是商品。

无论马克思主义经济学还是西方经济学都把金银等贵重金属商品看作是货币的主要形式，这是不对的。

首先，金银只是在19世纪以后才作为主要货币而存在了一段时间，在这之前，主要的货币形式是贝壳、贱金属铸币和纸币，这样，在货币至少四五千年的发展历史中，金银作为主要货币形式的时间是极为短暂的。

其次，货币的本质只是一种分配商品的权力，所以，贝壳、铸币、纸、金银等都只是权力的载体，就像货币穿的衣服。货币本来没有价值，但因为国家经常会超出商品交易的需要而发行货币，给商人、地主、手工业主、农民等民间群体造成损失，民间就和国家发生了矛盾。经过长期的斗争，民间力量强迫国家给货币穿上有价值的衣服，比如一定量的铜、铁，这就是铸币的来源。

但是国家仍然不会严格按照铸币币材的价值来发行货币，而是经常贬值发行，这种情况是史不绝书的。为了保护自己的利益，民间公认把金银作为交换中介物，与货币并列流通，制约国家对货币的发行。金银是作为与货币并列的交换中介物而存在的，它的功能主要在于保值，通常会作为财富的贮藏手段而持有。除了一些大宗商品交易之外，社会上大部分的商品流通仍然是用货币来执行的。当历史进入资本主义社会后，国家侵犯民间利益的情况大为改善，纸币很快成为主要的货币形式，金银只是在国际贸易中才能充当交换中介物的重要角色。

（4）单位货币所能分配到的商品数量取决于两个因素，一是货币兑现总数量；二是商品总数量，两者之间是反比的关系。假如货币兑现总数量增加了一倍而商品总数量不变，则商品的平均价格就会增加一倍。假如货币兑现总数量不变而商品总数量减少了一倍，商品的平均价格也会增加一倍。但是，是不是说，假如货币兑现总数量不变而商品总数量增加一倍时，商品的平均价格会下降一倍呢？这种情况是很少发生的，因为当商品总数量超过相应的货币兑现总数量的时候，如果货币兑现总数量不增加，那么商品平均价格就会下降，这时候生产者为了保护自己的利益会减缓商品的供给以降低价格的下降幅度，降到一定程度后，商品的供给数量就会重新下降到与货币发行数量适应的程度。与此同时，因为国家对货币的供给相对充裕，一般也不会发生货币发行量不能满足商品交易需要的情况。反而是在通常情况下，国家总会超出商品交易的需要而过量发行货币。在封建社会，皇帝或国王过量发行货币可以用于满足自己穷奢极欲的消费需求和战争的需要。在现代社会里，国家为了弥补财政赤字，冲销银行死帐等，也会过量发行货币。

（5）人们从获得货币、保存货币到兑现货币，总会保持一个或短或长的时间。其能够实行的基础是人们对社会商品供给具有连续性的预期。货币所能兑现到的商品数量不是取决于货币获得时社会的商品供需状况，而是取决于兑现时社会商品供需状况。由于社会兑现货币总数量和商品供应总数量是经常变动的，所以单位货币所能兑现到的商品数量，也就是货币的价值也是经常变动的。

货币的发明是人类社会组织史上具有重要意义的里程碑。货币的发明，不但促进了产品交换、税收管理、产品分配的发展，更重要的是找到了一种在血缘关系和婚姻关系之外的新型社会生产组织形式，并直接导致了国家的诞生。

货币功能：货币为什么能买到世界上所有的商品

经济学家艾文只能做一件事：讲授经济学原理。物物交换的经济社会中，如果艾文想要获得食物，他就必须找到一个农场主，这个农场主必须既生产他所喜欢的食物，又想学习经济学。可以想象，这需要一定的运气和大量的时间。如果我们引入货币，情况又如何呢？艾文可以为学生讲课，收取货币报酬。然后艾文可以找到任何农场主，用他收到的钱购买他所需要的食物。这样需求的双重巧合问题就可以避免了。艾文可以节省大量的时间，用这些时间，他可以做他最擅长的事：教书。

从这个例子中可以看到，货币大大降低了花费在交换物品和劳务上的时间，提高了经济运行的效率。同时，它使人们可以专注于他们最擅长的事情，同样也可提高经济运行的效率。因此，货币就是买卖的桥梁，是商品流通的中介。在一手交钱，一手交货的买卖中，货币承担着交易媒介的功能。从远古时期的贝壳，到后来的金银铜，再到纸币，再到现在的电子货币，货币的每一次进步都使买卖变得更加便利。

想要了解货币具有哪些功能，我们需要从以下几个方面来认识货币。

1. 价值尺度

正如衡量长度的尺子本身有长度，称东西的砝码本身有重量一样，衡量商品价值的货币本身也是商品，具有价值；没有价值的东西，不能充当价值尺度。

在商品交换过程中，货币成为一般等价物，可以表现任何商品的价值，衡量一切商品的价值量。货币在执行价值尺度的职能时，并不需要有现实的货币，只需要观念上的货币。例如，1 辆自行车值 200 元人民币，只要贴上个标签就可以了。当人们在作这种价值估量的时候，只要在他的头脑中有多少钱的观念就行了。用来衡量商品价值的货币虽然只是观念上的货币，但是这种观念上的货币仍然要以实在的货币为基础。人们不能任意给商品定价，因为，在货币的价值同其他商品之间存在着客观的比例，这一比例的现实基础就是生产两者所耗费的社会必要劳动量。

商品的价值用一定数量的货币表现出来，就是商品的价格。价值是价格的基础，价格是价值的货币表现。货币作为价值尺度的职能，就是根据各种商品的价值大小，把它表现为各种各样的价格。例如，1 头牛价值 2 两黄金，在这里 2 两黄金就是 1 头牛的价格。

2. 交换媒介

在商品交换过程中，商品出卖者把商品转化为货币，然后再用货币去购买商品。在这里，货币发挥了交换媒介的作用，执行流通手段的职能。

在货币出现以前，商品交换是直接的物物交换。货币出现以后，它在商品交换关系中则起媒介作用。以货币为媒介的商品交换就是商品流通，它由商品变为货币（W—G）和由货币变为商品（G—W）两个过程组成。由于货币在商品流通中作为交换的媒介，它打破了直接物物交换和地方的限制，扩大了商品交换的品种、数量和地域范围，从而促进了商品交换和商品生产的发展。

由于货币充当流通手段的职能，使商品的买和卖打破了时间上的限制，一个商品所有者在出卖商品之后，不一定马上就买；也打破了买和卖空间上的限制，一个商品所有者在出卖商品以后，可以就地购买其他商品，也可以在别的地方购买任何其他商品。

3. 贮藏手段

货币退出流通领域充当独立的价值形式和社会财富的一般代表而储存起来的一种职能。

货币作为贮藏手段，是随着商品生产和商品流通的发展而不断发展的。在商品流通的初期，有些人就把多余的产品换成货币保存起来，贮藏金银被看成是富裕的表现，这是一种朴素的货币贮藏形式。随着商品生产的连续进行，商品生产者要不断地买进生产资料和生活资料，但他生产和出卖自己的商品要花费时间，并且能否卖掉也没有把握。这样，他为了能够不断地买进，就必须把前次出卖商品所得的货币贮藏起来，这是商品生产者的货币贮藏。随着商品流通的扩展，货币的权力日益增大，一切东西都可以用货币来买卖，货币交换扩展到一切领域。谁占有更多的货币，谁的权力就更大，贮藏货币的欲望也就变得更加强烈，这是一种社会权力的货币贮藏。货币作为贮藏手段，可以自发地调节货币流通量，起着蓄水池的作用。

4. 支付手段

货币作为独立的价值形式进行单方面运动（如清偿债务、缴纳税款、支付工资和租金等）时所执行的职能。

因为商品交易最初是用现金支付的。但是，由于各种商品的生产时间不同，有的长些，有的短些，有的还带有季节性。同时，各种商品销售时间也是不同的，有些商品就地销售，销售时间短，有些商品需要远销外地，销售时间长。商品的让渡同价格的实现在时间上分离开来，即出现赊购的现象。赊购以后到约定的日期清偿债务时，货币便执行支付手段的职能。货币作为支付手段，开始是由商品的赊购、预付引起的，后来才慢慢扩展到商品流通领域之外，在商品交换和信用事业发达的经济社会里，就日益成为普遍的交易方式。

在货币当作支付手段的条件下，买者和卖者的关系已经不是简单的买卖关系，而是一种债权债务关系。货币一方面可以减少流通中所需要的货币量，节省大量现金，促进商品流通的发展。另一方面，货币进一步扩大了商品经济的矛盾。在赊买赊卖的情况下，许多商品生产者之间都发生了债权债务关系，如果其中有人到期不能支付，就会引起一系列的连锁反应，使整个信用关系遭到破坏。

5. 世界货币

货币在世界市场上执行一般等价物的职能。由于国际贸易的发生和发展，货币流通超出一国的范围，在世界市场上发挥作用，于是货币便有了世界货币的职能。作为世界货币，必须是足值的金和银，而且必须脱去铸币的地域性外衣，以金块、银块的形状出现。原来在各国国内发挥作用的铸币以及纸币等在世界市场上都失去作用。

在国内流通中，一般只能由一种货币商品充当价值尺度。在国际上，由于有的国家用金作为价值尺度，有的国家用银作为价值尺度，所以在世界市场上金和银可以同时充当价值尺度的职能。后来，在世界市场上，金取得了支配地位，主要由金执行价值尺度的职能。

国际货币充当一般购买手段，一个国家直接以金、银向另一个国家购买商品。同时作为一般支付手段，国际货币用以平衡国际贸易的差额，如偿付国际债务、支付利息和其他非生产性支付等。国际货币还充当国际间财富转移的手段，货币作为社会财富的代表，可由一国转移到另一国，例如，支付战争赔款、输出货币资本或由于其他原因把金银转移到外国去。在当代，世界货币的主要职能是作为国际支付手段，用以平衡国际收支的差额。

货币制度：没有"规矩"难成方圆

没有规矩，不成方圆，货币也有货币的规矩——货币制度。货币制度是国家对货币的有关要素、货币流通的组织与管理等加以规定所形成的制度，完善的货币制度能够保证货币和货币流通的稳定，保障货币正常发挥各项职能。货币制度由国家以法律的形式规定下来。

1. 货币制度需要明确的几个问题

（1）规定货币材料。规定货币材料就是规定币材的性质，确定不同的货币材料就形成不同的货币制度。比如，货币是用贝壳还是铜铁，是用金银还是纸张，但是哪种物品可以作为货币材料不是国家随心所欲指定的，而是对已经形成的客观现实在法律上加以肯定。目前各国都实行不兑现的信用货币制度，对货币材料不再做明确规定。

（2）规定货币单位。货币单位是货币本身的计量单位，规定货币单位包括两方面：一是规定货币单位的名称，二是规定货币单位的值。比如，过去铜钱的单位是"文""贯"，金银的单位是"两""斤"，人民币的单位是"元"。在金属货币制度条件下，货币单位的值是每个货币单位包含的货币金属重量和成色；在信用货币尚未脱离金属货币制度条件下，货币单位的值是每个货币单位的含金量；在黄金非货币化后，确定货币单位的值表现为确定或维持本币的汇率。

（3）规定流通中货币的种类。规定流通中货币的种类主要指规定主币和辅币。主币是一国的基本通货和法定价格标准，辅币是主币的等分，是小面额货币，主要用于小额交易支付。金属货币制度下主币是用国家规定的货币材料按照国家规定的货币单位铸造的货币，辅币用贱金属并由国家垄断铸造；信用货币制度下，主币和辅币的发行权都集中于中央银行或政府指定机构。

（4）规定货币法定支付偿还能力。货币法定支付偿还能力分为无限法偿和有限法偿。无限法偿指不论用于何种支付，不论支付数额有多大，对方均不得拒绝接受；有限法偿即在一次支付中有法定支付限额的限制，若超过限额，对方可以拒绝接受。金属货币制度下，一般而言主币具有无限法偿能力，辅币则是有限法偿。

（5）规定货币铸造发行的流通程序。货币铸造发行的流通程序主要分为金属货币的自由铸造与限制铸造、信用货币的分散发行与集中垄断发行。自由铸造指公民有权用国家规定的货币材料，按照国家规定的货币单位在国家造币厂铸造铸币，一般而言主币可以自由铸造；限制铸造指只能由国家铸造，辅币为限制铸造。信用货币分散发行指各商业银行可以自主发行，早期信用货币是分散发行，目前各国信用货币的发行权都集中于中央银行或指定机构。

（6）规定货币发行准备制度。货币发行准备制度是为约束货币发行规模维护货币信用而制定的，要求货币发行者在发行货币时必须以某种金属或资产作为发行准备。在金属货币制度下，货币发行以法律规定的贵金属作为发行准备；在现代信用货币制度下，各国货币发行准备制度的内容比较复杂，一般包括现金准备和证券准备两大类。

2. 货币制度的演变

在漫漫历史长河中，随着货币的演变，货币制度也在不停地演变，先后存在过银本位制、金银复本位制、金本位制、纸币本位制。银本位制的本位货币是银；金本位制则以金为本位货币；金银复本位制的本位货币是金和银；纸币发行以这些金属货币为基础，可以自由兑换。后来随着经济社会的发展，金属货币本位制逐步退出了历史舞台，世界各地都确立了不兑现的信用货币制度，即纸币本位制。

（1）银本位制。是指以白银为本位货币的一种货币制度。在货币制度的演变过程中，银本位的历史要早于金本位。银本位制的运行原理类似于金本位制，主要不同点在于以白银作为本位币币材。银币具有无限法偿能力，其名义价值与实际含有的白银价值一致。银本位分为银两本位与银币本位。

（2）金本位制。是指以黄金作为本位货币的货币制度。其主要形式有金币本位制、金块本位制和金汇兑本位制。

①金币本位制。金币本位制是以黄金为货币金属的一种典型的金本位制。其主要特点有：金币可以自由铸造、自由熔化；流通中的辅币和价值符号（如银行券）可以自由兑换金币；黄金可以自由输出输入。在实行金本位制的国家之间，根据两国货币的黄金含量计算汇率，称为金平价。

②金块本位制。金块本位制是指由中央银行发行、以金块为准备的纸币流通的货币制度。它与金币本位制的区别在于：其一，金块本位制以纸币或银行券作为流通货币，不再铸造、流通金币，但规定纸币或银行券的含金量，纸币或银行券可以兑换为黄金；其二，规定政府集中黄金储备，允许居民当持有本位币的含金量达到一定数额后兑换金块。

③金汇兑本位制。金汇兑本位制是指以银行券为流通货币，通过外汇间接兑换黄金的货币制度。金汇兑本位制与金块本位制的相同处在于规定货币单位的含金量，国内流通银行券，没有铸币流通。但规定银行券可以换取外汇，不能兑换黄金。本国中央银行将黄金与外汇存于另一个实行金本位制的国家，允许以外汇间接兑换黄金，并规定本国货币与该国货币的法定比率，从而稳定本币币值。

（3）复本位制。复本位制指一国同时规定金和银为本位币。在复本位制下金与银都如在金本位制或银本位制下一样，可以自由买卖，自由铸造与熔化，自由输出输入。

复本位制从表面上看能够使本位货币金属有更充足的来源，使货币数量更好地满足商品生产与交换不断扩大的需要，但实际上却是一种具有内在不稳定性的货币制度。"劣币驱逐良币"的现象，即金银两种金属中市场价值高于官方确定比价的不断被人们收藏时，金银两者中的"贵"金属最终会退出流通，使复本位制无法实现。

（4）纸币本位制。纸币本位又称作信用本位制，由于从国家法律而论，纸币已经无须以金属货币作为发行准备。纸币制度的主要特征是在流通中执行货币职能的是纸币和银行存款，并且通过调节货币数量影响经济活动。

纸币制度自实行之日起就存在着不同的争论。主张恢复金本位的人认为只有使货币能兑换为金，才能从物质基础上限制政府的草率行为，促使政府谨慎行事。赞同纸币本位制的人则认为，在当今的经济社会中，货币供应量的变化对经济的影响十分广泛，政府通过改变货币供应量以实现预订的经济目标，已经成为经济政策的不可或缺的组成部分。

货币的时间价值：今日的 1 元未来价值多少

一个虔诚的教徒有一天遇见了上帝，就问："上帝啊，对你而言，一百年意味着什么？"上帝回答说："不过一瞬间而已。"教徒又问："那 100 万元呢？""不过 1 元钱而已。"于是教徒很高兴地说："上帝呀，请给我 100 万元钱吧！"上帝给了他一个让人绝望的回答："没问题，请等我一瞬间。"会心一笑后请认真思考一下，这个小幽默告诉了我们一个什么样的道理呢？请回答这样一个问题：相同的 1 元钱在今天和将来的价值是否相同？

很多人都会说是的，但经济学家说：不同。为什么？回答是，因为人们具有时间偏好——人们在消费时总是抱着赶早不赶晚的态度，认为现期消费产生的效用要大于对同样商品的未来消费产生的效用。因此，即使相同的 1 元钱在今天和未来都能买到相同的商品，其价值却不相同——因为相同的商品在今天和未来所产生的效用是不相同的。正是人们的时间偏好使货币具有了时间价值。这也正是上面那个小幽默的寓意所在：货币是具有时间价值的。今天的 1 元钱到明年可能就不是 1 元钱了，通常今天 1 元钱的价值要多于明天的 1 元钱。

本杰明·弗兰克说：钱生钱，并且所生之钱会生出更多的钱。这就是货币时间价值的本质。货币的时间价值这个概念认为，目前拥有的货币比未来收到的同样金额的货币具有更大的价值，因为目前拥有的货币可以进行投资，在目前到未来这段时间里获得复利。即使没有通货膨胀的影响，只要存在投资机会，货币的现值就一定大于它的未来价值。专家给出的定义：货币的时间价值就是指当前所持有的一定量货币比未来获得的等量货币具有更高的价值。如果从投资者角度分析，投资就是将目前的消费推迟到将来，把这 1 元钱用于投资而不是用于消费，投资是要求报酬的，这个报酬就是货币时间价值。当然也可以这样考虑，由于投资者消费时间向后推迟，货币的时间价值就可以理解为是对投资者牺牲当前消费的一种补偿。

投资可以获得收入、银行存款可以给储户带来利息，今天收到的 1 元钱比明天收到的 1 元钱更值钱。我们用一个简单的例子来说明。

如果您将现在的 100 元存入银行，存款利率假设为 5%，那么一年后将可得到 105 元。这 5 元就是货币的时间价值，或者说货币的时间价值是 5%。

假设一年后，我们继续把所得的 105 元按同样的利率存入银行，则又过一年后，您将获得 110.25 元。第二年的利息比第一年多出 0.25 元，这是由第一年 5 元利息创造的利息。这就是通常所说的复利计算或者利滚利。以此方式年复一年地存款，则当初的 100 元将会不断地增加，年限够长的话，到时可能是当初的几倍，几十倍。通过科学计算，如果将 100 元存入银行连续 50 年，假设每年利率维持在 5％，50 年后您将有 1146.74 元！

在现实生活中，货币的时间价值有两种计算方式：单利和复利。

单利是指在计算利息时，每一次都按照原先融资双方确认的本金计算利息，每次计算的利息并不转入下一次本金中。比如，A 借 B100 元，双方商定年利率为 5％，3 年归还，按单利计算，则 A3 年后应收的利息为 $3 \times 100 \times 5\% = 15$ 元。

在单利计算利息时，隐含着这样的假设：每次计算的利息并不自动转为本金，而是借款人代为保存或由贷款人取走，因而不产生利息。

复利是指每一次计算出利息后，即将利息重新加入本金，从而使下一次的利息计算在上一次的本利和的基础上进行，说白了也就是利滚利。上例中，如 A 与 B 商定双方按复利计算利息，那么 A3 年后应得的本利和计算如下：

第 1 年利息：$100 \times 5\% = 5$；

转为本金后，第 2 年利息（100+5）$\times 5\% = 5.25$；

转为本金后，第 3 年利息（105+5.25）$\times 5\% = 5.5125$；

加上本金，第 3 年的本利和为 105+5.25+5.5125=115.7625。

从上面的例子中，我们已经看到了复利带来的巨大利润。事实上对于财富来说，复利是最大的奇迹。假设您将 1 元钱投资到股票市场，每次收到的红利都进行再投资，如果每年投资能获得 15％ 的收益率，根据科学计算，1 元钱连续投资 100 年后的收益将近 120 万元！

无论是从公司还是从投资者的角度来说，财务决策的制定主要是依据不同投资选择的收益。例如，如果今天你手中有 1 万美元想投资，你必须决定怎样运用这笔钱来取得最大的收益。如果你用这笔钱投资，在 5 年后可以获得 1.5 万美元的收益，或者是在 8 年后可获得 2 万美元的回报，你将如何选择？为了回答这个问题，你必须决定这两项投资哪项给你带来的收益最大。

从另一方面来讲，早得到的 1 美元就比晚得到的 1 美元更有价值，这是因为 1 美元得到的越早，它就可以更快地进行投资获得收益。这意味着 5 年期投资比 8 年期投资更有价值吗？不一定，因为 8 年期的投资收益率通常高于 5 年期的投资。为了决定哪项投资更有价值，我们需要比较同一时点上两项投资的报酬率，也就是说，我们要比较所谓的等值货币。因此，我们可以通过重新估价来求得上面两项投资的现值和在未来不同时点的预期收益（5 年后的 1.5 万美元和 8 年后的 2 万美元）。

货币的时间价值的巨大效应正在于此，货币在经历了一定时间的投资和再投资后，会增加价值。换句话说，货币用于投资并经历一定时间后会增值，增值部分即为时间价值。今天的 1 元钱和一年后的 1 元钱的潜在经济价值是不相等的，前者要大于后者，因为现在的 1 元钱在一年之后，可以超过 1 元钱。如果把这 1 元钱用于投资，从社会的角度分析，投资会有一个收益，而这个收益就是时间的价值。

时间就是金钱。货币的时间价值对个人理财很重要的启示是：理财要尽早规划，尽早行动，这样才能让您的财富不断增值。

货币供应量的判断：M0、M1、M2

2009 年 11 月，中国人民银行最新公布的数据显示，我国货币供应量增长 2574％。广义货币供应量（M2）余额为 5946 万亿元，同比增长 29.74％，增幅比 10 月末高 0.23 个百分点。狭义货币供应量（MI）余额为 2125 万亿元，同比增长 3463％，增幅比 10 月末高 260 个百分点。M1 和 M2 "剪刀差"继续扩大。

生活中，大多数人都对 M0、M1、M2 一知半解。平常我们听报道 M1 大于 M2 时，国民经济会受到怎样的影响，而当 M2 大于 M1 时，股市又会受到什么样的影响，那么，M0、M1、M2 这三个神秘的数字各自代表的是什么呢？

M0、M1、M2 是货币供应量的范畴。人们一般根据流动性的大小，将货币供应量划分不同的层次加以测量、分析和调控。实践中，各国对 M0、M1、M2 的定义不尽相同，但都是根据流动性的大小来划分的，M0 的流动性最强，M1 次之，M2 的流动性最差。

在现代经济中，各个国家只有一个银行可以印钱，那就是中央银行。中央银行把印出来的钱贷给各商业银行，商业银行再把钱贷给企业或者个人收取利息。中央银行再从商业银行回笼货币，烧掉一部分现钞，又印一些新钞，维持心目中理想的现钞总数。大部分贷款是用票据或者电子形式大额走账的，并没有对应的现钞，总数会大大高于 M0 的数量，就是狭义货币 M1 和广义货币 M2。例如，支票、活期存款算 M1、M2 包括 M1，还多出了机构存款这样的大头。

下面我们详细解释一下：根据国家统计局的公开资料，我国以 M0、M1、M2 为框架体系。

M0＝流通中现金；

M1＝狭义货币供应量 M0＋非金融性公司的活期存款；

M2＝广义货币供应量 MI＋非金融性公司的定期存款＋储蓄存款＋其他存款。

生活中，M0 与消费密切相关，它的数值高证明老百姓手头宽裕、富足，衣食无忧的情况下这种可能性更高；M1 反映居民和企业资金松紧变化，是经济周期波动的先行指标；而 M2 流动性偏弱，但反映的是社会总需求的变化和未来通货膨胀的压力状况。通常所说的货币供应量主要指 M2。货币投放的渠道有两个，一是外汇占款投放，二是通过银行信贷投放。它们的投放增长越快，M2 的增速越大。

那么 M1、M2 与股市涨跌有什么关系呢？

货币供应与股市之间的实证关系表明，M1 增速与 M2 增速之差与上证指数呈现明显的正向关系，与上证指数走势的相关性最高，在两者增速之差达到高点时（2000 年、2007 年），上证指数到达阶段性高点，在增速之差到达低点时（1999 年、2005 年），指数也处于阶段低点。

具体来说有以下几点：

第一，在货币供应的各个层次中，狭义货币供应量 M1 是流通中的现金加上各单位在银行的活期存款；广义货币供应量 M2，是指 M1 加上各单位在银行的定期存款、居民在银行的储蓄存款、证券客户保证金。

第二，在一般情况下，M1 和 M2 增速应当保持平衡，也就是在收入增加、货币供应量扩大的环境下，企业的活期存款和定期存款是同步增加的，这也符合凯恩斯流动性偏好理论中对三大动机的解释。历史规律表明，每当 M1 大幅度上升，都推动了经济升温，或引发投资过热，或通货膨胀，或股市上涨。由此，我们可以看出，M1 增长超过 M2 增长速度是产生金融体系的流动性过剩的原因之一。

第三，如果 M1 增速大于 M2，意味着企业的活期存款增速大于定期存款增速，企业和居民交易活跃，微观主体盈利能力较强，经济景气度上升；如果 M1 增速小于 M2，表明企业和居民选择将资金以定期的形式存在银行，微观个体盈利能力下降，未来可选择的投资机会有限，多余的资金开始从实体经济中沉淀下来，经济运行回落。

通常，央行会根据这三个货币供应量的指标，来判断社会中流通的货币量是不是合适，进而调整货币政策，比如调整利率、调整准备金率等，以求达到经济平稳、物价稳定。

我们通常所说的货币供应量，主要是指 M2。货币投放渠道有两个：一是外汇占款投放；二是通过银行信贷投放。货币投放增长得越快，M2 的增长率也将越大。

宏观经济的运行状况一般可以通过 M1 和 M2 的增长率变化来揭示。在很长一段时间内，如果 M1 的增长率高于 M2 的增长率，则说明经济扩张较快，活期存款之外的其他类型资产收益较高。在这种情况下，会有更多的人把定期存款和储蓄存款提出进行投资或购买股票，大量的资金表现为可随时支付的形式，使得商品和劳务市场受到价格上涨的压力。影响 M1 数值的原因很多，例如股票市场火爆就会影响到 M1 的数值变化，很多人会将定期存款和部分资产变现投放到股市，促使 M1 加速上扬。

反之，如果在很长的一段时间内，M2 的增长率较 M1 的增长率高，则说明实体经济中有利可图的投资机会在减少，可以随时购买商品和劳务的活期存款大量转变为较高利息的定期存款，货币构成中流动性较强的部分转变为流动性较弱的部分，这无疑将影响到投资，继而影响经济的增长。

M1 和 M2 应协调增长，它们其中任何一个数值的极速上升都不利于国民经济的和谐发展，这就需要决策层制定相应政策来调整它们的增长率差。

纸币：货币的价值符号

约翰·劳是 18 世纪欧洲的一个金融家，以推行纸币而闻名。当时，欧洲各国货币还是采用金属本位，市场上不是金币就是银币，总之没有纸币。因为欧洲人民都觉得跟黄金白银相比，纸币太不可靠了。但是，约翰·劳先生说："不，纸币是一个国家繁荣的最好方法。"他的信念就是："要繁荣，发纸币。"

1715 年约翰·劳先生出现了，他说纸币可以带来繁荣，可以轻松地还清债务。奥尔良公爵立刻听从了他的建议，授权约翰·劳这个英国人组建法国历史上第一家银行，发行纸币。在开业初期，约翰·劳先生坚守承诺，他的任何银行发行的纸币都可以立刻兑换相当于面值的金币，老百姓因此相信他的纸币是有价值的，争相持有。可是，到了后来，法国政府顶不住增发纸币的诱惑，纸币泛滥成灾，终于在 1720 年的某一天，人们发现纸币的面值已经超过了全国金属硬币总和的 1 倍还多，于是纸币崩溃了，不得不全数被折价收回，重新流通金属硬币。无数人遭受巨大损失，法国为此差点爆发革命。

这位约翰·劳先生可算得上是货币史上的一位大名鼎鼎的人物。他发行纸币这个观念本身并没有错，那么，约翰·劳先生为什么会失败呢？约翰·劳后来的错误在于，他将创造货币等同于创造财富。然而，对于国家而言，重要的不是创造货币，而是创造财富。

纸币作为货币的价值符号，现在已经通行世界，如中国的人民币、美国的美元等都是一个国家的法定货币，由国家的中央银行统一发行、强制流通，以国家信用作保障，私人不能印制、发行货币。纸币本身没有金属货币那种内在价值，纸币本身的价值也比国家确定的货币价值要小得多，它只是一种货币价值的符号。

纸币本身不具有价值，虽然作为货币的一种，但其不能直接行使价值尺度职能。纸币是当今世界各国普遍使用的货币形式，而世界上最早出现的纸币，是中国北宋时期四川成都的"交子"。中国是世界上使用纸币最早的国家。

纸币诞生后，在很长的时间内只能充当金属货币（黄金或白银）的"附庸"，就像影子一样，不过是黄金的价值符号。国家以法律形式确定纸币的含金量，人们可以用纸币自由兑换黄金，这种货币制度也被称为金本位制。在很长的历史时期里，金本位制是人类社会的基本货币制度，但它存在着先天无法克服的缺陷。

困扰金本位制的就是纸币和黄金的比价和数量问题。当依据黄金发行纸币的时候，必须确定一个比价，而此后不论是黄金数量发生变化还是纸币数量发生变化，原先的比价都无法维持，金本位制也就无法稳定运行。这个问题在后来的布雷顿森林体系中仍然存在，并最终导致了布雷顿森林体系的崩溃。

金本位制最终崩溃并退出历史舞台表明，纸币再也不能直接兑换成黄金，也就是不能直接兑换回金属货币，纸币这个金属货币的"附庸"终于走上了舞台的中央，成为货币家族的主角。

在我国，人民币是中华人民共和国的法定货币，由政府授权中国人民银行发行。

1948 年 12 月 1 日，中国人民银行在华北解放区的石家庄成立，并在成立之日开始发行钞票，即第一套人民币。这套人民币共有 12 种面额，最大面额为 5 万元，最小为 1 元。票面上的"中国人民银行"六个字由时任华北人民政府主席并主持中共中央财经工作的董必武同志亲笔题写。由于当时中国正处于解放战争时期，人民解放军打到哪里人民币就发行到哪里，所以第一套人民币曾先后在石家庄、北平、上海、天津、西安、沈阳等十几个地方印制过，版面多达 62 种。

人民币的发行为中华人民共和国成立后统一国内市场货币、建立中国的货币制度奠定了基础。但是由于第一套人民币面额大、票面种类较多、印制粗糙、说明文字多为汉字一种等缺陷，也给管理和使用带来许多困难。1955 年 3 月 1 日，中国人民银行奉命发行第二套人民币，新发行的人民币面额较小，计价结算较为简单，且说明文字增加到汉、蒙、藏、维吾尔四种，便于在少数民族地区流通。同年 4 月 1 日，第一套人民币停止流通。

1962 年和 1987 年，中国人民银行又发行了第三、第四套人民币，除印制更加精美外，为扩大流通范围，票面上的说明文字又增加了壮文、汉语拼音和盲文。1999 年 10 月 1 日——

共和国五十岁生日的时候，中国人民银行首次推出了完全独立设计、印制的第五套人民币，与国际进一步接轨的人民币以崭新的面貌担负起新时期的重任。

电子货币："无脚走遍天下"

6月的某天，北京正值盛夏，一直热衷于网购的小岩在客厅里一边吃西瓜，一边在线浏览琳琅满目的商品。在澳大利亚的一个网站上，她看上了一款澳洲本地羊皮袄，通过"海外宝"的简单几步点击操作，便很快将它收入囊中。像小岩热衷的网购实际上就是网上金融服务的一种，它包括了人们的各种需要，网上消费、家庭银行、个人理财、网上投资交易、网上保险等。网上支付的电子交易需要安全认证、数据加密、交易确认等控制，为了确保信息安全。而这一切，都依赖于电子货币的产生和发展。

电子货币，是指用一定金额的现金或存款从发行者处兑换并获得代表相同金额的数据，通过使用某些电子化方法将该数据直接转移给支付对象，从而能够清偿债务。

电子货币的产生首先是因为电子商务的产生，因为电子商务最终还是需要支付结算，这就需要有电子支付。但电子货币本质上并没有改变货币的本质，只是在形式上发生了变化。电子货币的出现方便了人们外出购物和消费。现在电子货币通常在专用网络上传输，通过设在银行、商场等地的 ATM 机器进行处理，完成货币支付操作。电子支付手段大大减少了经济运行的成本。电子货币相对于纸币，具有以下几方面的特点：

第一，以电子计算机技术为依托，进行储存、支付和流通；第二，可广泛应用于生产、交换、分配和消费领域；第三，融储蓄、信贷和非现金结算等多种功能为一体；第四，电子货币具有使用简便、安全、迅速、可靠的特征；第五，现阶段电子货币的使用通常以银行卡（磁卡、智能卡）为媒体。

欧洲人早在个人计算机出现之前就意识到电子支付的好处。长期以来，欧洲人采取的都是直接转账的方式，由银行直接为消费者支付账单转移资金，尤其是芬兰和瑞典等互联网用户比例引领世界的国家，三分之二的交易都是通过电子方式完成的。芬兰和瑞典等国家网络银行客户的比例也超过了世界上其他的国家。

就现阶段而言，大多数电子货币是以既有的实体货币（现金或存款）为基础存在的具备"价值尺度"和"流通手段"的基本职能，还有"价值保存""储藏手段""支付手段""世界货币"等职能，且电子货币与实体货币之间能以 1：1 比率交换这一前提条件而成立的。

因为只有在高科技基础建设存在的情况下，电子货币才能以有效率和有效的方式在电子商务中被使用。有人认为，如果欲使电子货币成为未来"可流通"的货币，并且能够"使人信赖其安全性"的话，则此安全性技术自应受到政府管制，否则若无一定的监管标准，电子货币的信用何存？又如何能流通？但是，这里的问题是，政府监管的尺度应如何把握？政府的过分管制就会对技术的发展造成妨碍，这对于快速发展的电子商务是致命的，但是如果不加以管制，电子货币的信用就难以树立，因此把握政府管制的尺度是非常重要的。

最近几十年来，信息技术把我们带入了一个新的时代，货币家族又增添了一个新的成员——电子货币。电子货币无影无形，它依托金融电子化网络为基础，以商用电子化机具和各类交易卡为媒介，以电子计算机技术和通信技术为手段，以电子数据形式存储在银行的计算机系统中，并通过计算机网络系统以电子信息传递形式实现流通和支付功能的货币。银行卡就是我们常见的电子货币的载体之一。

由于电子货币使用十分方便，几乎所有的支付都可以用电子支付的方式完成，网上支付和银行卡支付已经成为目前我国电子支付的主流。在我国，全国性的商业银行目前都开通了网上银行业务，绝大多数经济发达地区的地方性商业银行也开通了网上银行服务，另外还有100多家非金融机构在从事网上支付业务。货币的每一次演变都让人惊奇。电子货币更是货币史上一次神奇的改变。近年来，随着 Internet 日商业化的发展，电子商务化的网上金融服务已经开始在世界范围内开展。

于是，人们提出一个构想：未来是否会进入一个无现金的社会？ 1975 年，《商业周刊》曾经预言："电子支付方式不久将改变货币的定义，并将在数年后颠覆货币本身。"但电子货币由于缺乏安全性和私密性，短时间内并不能导致纸币体系的消亡。

正如马克·吐温所说："对现金消亡的判断是夸大其词了。"作为转移支付手段，大多数电子货币不能脱离现金和存款，而只是用电子化方法传递、转移，以清偿债权债务实现结算。因此，现阶段电子货币的职能及其影响，实质是电子货币与现金和存款之间的关系。

虚拟货币：Q 币究竟是货币还是商品

1998 年，当奥斯卡最佳女配角伍皮·戈德堡成为 Flooz.com 的主要赞助人时，她希望 Flooz.com 能成为全新的网络虚拟货币供应商。这实在是超前而大胆的想法，那时可没有多少人相信网络货币能成为一种"流行"的应用，并成为真正能与金钱兑换的、有价值的东西。然而现在，这种超前的眼光正在得到证实。当初，Flooz.com 的梦想是取代信用卡，成为在线货币提供商，只要在 Flooz.com 上花钱购买一定数量的网络货币，就可以在加盟的零售店中购物，这种想法有点类似于商场提供的代金券。不过，由于当时的经济环境还远未超前到能够接受那样的新生事物，因而 Flooz.com 的命运当然摆脱不了最终在 2001 年互联网冰点时遭遇倒闭的厄运，但时钟的脚步在转向了 2005 年以后，情况发生了根本的变化：虚拟货币在全世界风行，一个崭新的网络虚拟货币时代已经到来！

互联网的繁荣催生了一个全新的词汇："网络虚拟货币"。在这个虚拟的全新的世界里，流通着腾讯 Q 币、网易泡币、新浪 U 币、魔兽币、天堂币、盛大专券、各种点卡……游戏玩家们可以用人民币换取五花八门的游戏币，再去购买虚拟世界所向披靡的武器，虚拟的货币交换着虚拟的财产。现在甚至有很多专门提供虚拟货币与人民币进行双向兑换的网站，使虚拟货币逐渐成为一种可以流通的等价交换单位。虚拟货币时代就这样到来了！

那么，这些所谓的网络虚拟货币到底指什么？都有哪些种类呢？

虚拟货币即非真实的货币。在虚拟与现实有联系的情况下，虚拟的货币有其现实价值。

说到虚拟货币，大家往往觉得那是一种不够"实在"的东西，但实际上，我们都曾或多或少地与它打过交道。比如说银行电子货币其实就是一种初级阶段的虚拟货币，但是它只具有虚拟货币的形式，如数字化、符号化，并不具有虚拟货币最重要的特质——个性化。

虚拟货币种类虽然繁多，但是就其本质而言也不外乎三个种类：

第一类是我们都熟悉的游戏币。最初，不同的游戏币只能用于相应的游戏，不能跨游戏使用，且数量难以控制。游戏玩家可用游戏币购买游戏道具以及各种装备，但不与现时流通的法定货币发生直接兑换关系。也就是说，在单机游戏时代，主角只能靠打倒敌人、进赌馆赢钱等方式积累货币，然后购买草药和装备，并在自己的游戏机里使用。那时，玩家之间没有"市场"。自从互联网建立起门户和社区，实现游戏联网以来，虚拟货币便有了"金融市场"，玩家之间可以交易游戏币。

第二种是门户网站或者即时通讯工具服务商发行的专用货币，这种虚拟货币可用于购买本网站内的服务。其中使用最广泛的当然要数腾讯公司的 Q 币，Q 币可用来购买会员资格、QQ 秀等增值服务。

第三种网络虚拟货币我们还不是很熟悉，这种虚拟货币对金融系统的冲击更大，似乎生来就为了攻占现实货币的地盘。最典型的例子是美国贝宝公司发行一种网络货币，这种货币可用于网上购物，消费者只要向公司提出申请，就可以将银行账户里的钱转成贝宝货币——老实说，这跟银行卡付款并没有太大区别，而且服务费还要低得多，更重要的是，一旦发生国际交易，交易者甚至不必考虑汇率。目前西方类似贝宝这样的公司还有几家，不过中国还没有出现这类公司。

这里我们要重点说的是影响最大的 Q 币。

一名淘宝资深卖家小 A 正在同时接待几位顾客，回答她们关于产品的问题。这位卖家不卖衣服不卖食品，卖的是 QQ 相关产品，从 QQ 币到 QQ 道具应有尽有。小 A 说自己做这个买卖已经有几年了，生意还不错。Q 币是最好卖的，购买者可以在腾讯网站用 Q 币为自己的虚拟形象购买服装和其他各种道具。以前每天卖几百元 Q 币，特别是前两年超女 Q 币投票时，每天甚至能卖上千元……

不知不觉之中，Q 币已经进入我们的网络生活，成为使用最广泛的一种虚拟货币。那么，它到底是打开财富之门的魔咒，还是潘多拉盒中的妖怪？

网络虚拟货币已经越来越多地引人关注，随着 QQ 的普及，Q 币的使用甚至早已超出了腾讯公司当初的预期。现在在网上，Q 币甚至可以用来购买其他游戏的点卡、虚拟物品，甚至一些影片、软件的下载服务等。而 Q 币是否会冲击人民币的争论也甚嚣尘上。腾讯 Q 币的特点是可以通过银行卡充值，与人民币的"汇率"是 1：1，不过官方渠道只允许单向流动，也就是说 Q 币不能兑换人民币。在腾讯公司的网络游戏里，Q 币可以兑换游戏币。举例来说，如果用户养了只 QQ 宠物，Q 币还可以兑成宠物使用的"元宝"。Q 币与其他专用虚拟货币一样，都存在线下的交易平台。由于官方渠道的单向性，Q 币在"黑市"上兑成人民币会贬值。

从表面看，网络虚拟货币似乎具有货币的某些特征，但并没有人把它们当作真正的货币来看待。货币的本质首先是流通的，其次才是一般等价物，而 Q 币等虚拟货币只是作为等价物的特殊商品而已。

首先，有交换功能不等于是货币，网络虚拟货币作为特殊商品或许可以无条件用人民币来交换，但它们本身却不可以无条件地交换人民币，说明它们与人民币的交换条件并非对等。

其次，货币具有保值功能，这是因为货币有贵重金属作为抵押。而 Q 币是一种没有贵重金属作为抵押的信用凭证，它只能用服务商的商誉作为抵押，因此作为货币是不可靠的。

没错，Q 币确实具有流动性，但却缺乏使用价值的保值性，因此作为投资对象是不利的。说的再直白一点，把 Q 币作为典当物，任何当铺都不会收的。

还有最重要的一点，货币不光具有价值，而且是价值尺度；而 Q 币只具有价值，并不能充当价值尺度。Q 币既不存在利率那样的资本价格水平尺度可以调节价值，也不存在存款准备金比率那种的通货价格水平尺度可以调节价值。

因此，目前 Q 币还无法成为统一的"网络流通货币"，即使 Q 币成为统一的虚拟货币，它本身也无法脱离网络，它要进入普通流通环节，唯一途径是先兑换成人民币。

铸币税：发行货币的好处

金币之类的足值货币，包含着价值上同硬币面值大致相当的金属。在金本位制下，黄金可以随意送到造币厂铸成金币，只需为这一特权支付少量铸币税。相比之下，辅币和纸币的成本则比它们的面值要小得多。通货的币面价值超出生产成本的部分也被称作铸币税，因为它在早先时候属于发行的封建货币。

一张 100 美元的钞票印刷成本也许只有一美元，但是却能购买 100 美元的商品，其中的 99 美元差价就是铸币税，是政府财政的重要来源。使用别国的货币，就是主动放弃了大量的财富。假设其他国家使用美国的货币，就必须忍受美国向它们征收铸币税。

铸币税的英文单词为 Seigniorage，是从法语 Seigneu（封建领主、君主、诸侯）演变而来的，又称铸币利差。《美国传统词典》进一步将其解释为通过铸造硬币所获得的收益或利润。其最初含义是指所使用的贵金属内含值与硬币面值之差。因此，铸币税并不是国家通过权力征收的一种税，而是铸造货币所得到的特殊收益。但随着货币历史的发展演变，纸币以及信用货币诞生后，铸币税的含义发生了巨大的改变。

在货币发展史上，铸币税的含义经历了一个逐步演变的过程。

在用贝壳（如中国殷商时的贝币）等实物当作货币的实物货币时代，铸币税并不存在。因为贝壳这类东西，不是人们可以任意制造的，它必须通过商品交换才能取得。金属货币时代早期，货币以等值的黄金或白银铸造，黄金或白银可以任意送到造币厂铸成金币，其本身的价值与它所代表的价值是相等的，铸币者得不到额外的差价收入，铸币税实际上就是铸币者向购买铸币的人收取的费用扣除铸造成本后的余额（利润），该利润归铸币者所有。这种情况下的铸币税无可厚非。

到了金属货币时代的中后期，货币铸造权已归属各国统治者所有。统治者逐渐发现，货币本身的实际价值即使低于它的面值，同样可以按照面值在市场上流通使用。于是，统治者为谋取造币的短期利润，开始降低货币的贵金属含量和成色，超值发行，即所谓的"硬币削边"。这时的铸币税实际上就演变成了货币面值大于其实际价值的差价收入。

这种差价越大，铸币税就越多。当然，铸币税不是无限的，因为货币的铸造数量要受到贵金属产量的限制。而且，当货币的面值较大地偏离其实际价值、货币的铸造数量过多时，还会造成货币贬值，从而迫使铸币者提高货币的实际价值。

现代信用货币制度下，由于金属货币受贵金属产量限制及信用扩张能力不足等影响，低成本的纸币取代了金属货币。而且，随着信用货币的出现，纸币也仅占货币总量的一部分。因此，铸币税的内涵发生了更大的变化。由于纸币的成本比它们的面值要小得多，货币的币面价值超出生产成本的部分也被称作铸币税。

世界各国政府已经把征收铸币税作为一项财政收入，当政府部门入不敷出时，通常可以通过两种方式来偿付赤字：一是向国内外个人、机构或政府借债；二是印制钞票。世界各国的经济发展历史表明：铸币税对一国经济来说是一把双刃剑。一方面，对铸币税进行合理的征收，可以增加政府的财政收入，提高经济活动中的有效需求，刺激经济增长，并能有效地克服因生产过剩而导致的通货紧缩；另一方面，对铸币税这一工具如果运用不当，超量征收，则会因货币的超量发行（滥发钞票）而引发严重的甚至是恶性的通货膨胀，进而危及国家的经济安全，这种情况通常发生在战争或社会动荡时期，这样的例子非常多。

19世纪，英镑作为主要国际流通货币，由于在金本位制的约束之下，英镑的发行是以黄金作为发行保证的，因此英国向世界各国攫取铸币税的现象并不明显。第二次世界大战以后，美元完全取代了英镑的国际货币地位，在1971年以前，由于美元在黄金的约束之下，美国向世界各国攫取铸币税的现象还可以控制在可以忍受的范围内。

布雷顿森林体系崩溃以后，美元摆脱了黄金的约束，但依靠美国强大的政治、经济和军事实力，美元仍然一直充当着主要国际货币的角色。在美国国会发国债和美联储印美元的美元发行机制下，美国政府向全世界输出"廉价美元"，从而引起世界范围内的通货膨胀。世界各国政府、企业和个人持有的美元国债和美元存款不可避免地要忍受财富缩水的痛苦。虽然各国政府纷纷要求美国政府保持"适度克制"，和恪守美国的"国家信用"，但由于缺乏更好的国际储备货币以及出让美元资产带来的汇率风险和财产损失，世界各国在被美元"劫持"后，一时之间骑虎难下，而只好继续忍受美国的"掠夺和剥削"。

在国际货币体系中，黄金仍然在国际储备中占有很大部分，截至2009年1月，约占总储备的三分之一。使用国际货币基金组织（IMF）建立的特别提款权或美元之间的信用资产来取代黄金，将会产生以铸币税形式出现的大量社会利益，其数量等于资产的机会成本减去为提供该信用资产所花成本的部分，包括向储备财产持有者支付的利息。正是这些巨额铸币税收益的存在，导致了金汇兑本位制的发展，在这种本位制下第二次世界大战前是英镑，战后是美元和其他货币在国际储备中取代了黄金。假如向美元的财产持有者支付低于市场利率的利息，铸币税将被发行者和持有者瓜分。铸币税作为政府通过垄断货币发行权而获得的收入，它是政府弥补财政支出的重要手段之一。许多经济学者都强调了铸币税在政府融资中的重要作用，政府除了依靠税收、国债和外债之外，更多地采用征收铸币税的手段来为政府融资。据测算，1960年～1973年期间，发达国家铸币税收入占政府总收入的6.11%，之后的1973年～1978年期间，铸币税收入占发达国家政府总收入的比重为 5.9%；另据测算，1971 年 ~ 1990 年期间，世界 90 个国家（不包括中国）铸币税占政府总收入的比重平均为 10.5%。可见，无论是在发达国家还是在发展中国家，铸币税收入已成为弥补政府支出的一个重要来源。

对铸币税进行合理地征收，可以提高经济中的有效需求，刺激经济增长，并能有效地克服因生产过剩而导致的通货紧缩，在这方面较为成功的有美国、二战后的德国和日本等国家。但从另一方面来看，如果对铸币税这一工具运用不当，则会因货币的超量发行而造成经济中需求过旺，引发严重的甚至是恶性的通货膨胀，进而危及国家的经济安全，在这方面较为典型的国家有 20 世纪 80 年代的玻利维亚和秘鲁等拉美国家。在社会需求不足的紧缩时期，铸币税可以有效地弥补财政赤字，增加内需，也可以用作中央银行扩张货币的一种工具。与已有的财政与货币政策不同的是，铸币税既不仅仅是一种财政政策工具，也不完全是一种货币政策工具，在紧缩时期征收铸币税，其本身就是一种货币政策与财政政策的有效组合过程。

货币需求：社会运转需要多少钱

假设你是一位正处于热恋中的小伙子，你很爱你的女朋友。有一天，你们一起逛商场时，你那位漂亮的女朋友看上了一套衣服。这套衣服实在是价格不菲，要花 3000 元！但为了取悦她，你还是决定为她买下这套衣服。可不巧的是，你已经把钱都买了债券和股票。这时，你就遇到了流动性短缺问题。为了不让你的女朋友失望，你有两种办法：第一，卖出部分债券或股票；第二，向亲朋好友借钱。在第一种情况下，卖出债券或股票要缴纳一定的佣金和印花税，如果你应了那句"情场得意、赌场失意"的话，卖出时的价格比买进时还要低，那么你就要遭受资本损失。在第二种情况下，如果借给你钱的那位朋友不讲义气，乘机宰你一把，要求 3% 的利息，你又要发生一笔支出了。虽然你的目的达到了，女朋友也很高兴，可是你心里难免会为遭受的非流动性成本而闷闷不乐。

在这样一次教训之后，你学精了，在与女朋友一起逛商场时，为了应付上述突发的货币支出，你决定随身带上 6000 元现金，足够她买一两套高档服装。但是这 6000 元在你的钱包里闲置了三个月后，你的女朋友才再次产生购买高档服装的欲望。如果存银行的年利率为 3%，在这三个月里你损失了 45 元利息，你又遭遇了机会成本。钱虽然不多，但也足够你们来回打车的钱。

看来在身上装的现金太少和太多都不好。现金少了，有非流动性成本；现金多了，则有持有货币的机会成本。保留多少现金在身边真是一项需要好好琢磨的经济问题，这就和货币需求有关。

货币需求指经济主体（如居民、企业和单位等）能够并愿意持有货币的行为。经济学意义上的需求指的是有效需求，不单纯是一种心理上的欲望，而是一种能力和愿望的统一体。人们之所以对货币有需求，是因为货币是最具方便性、灵活性、流动性的资产，持有货币能满足人们对商品的需求。由于不同国家在经济制度、金融发展水平、文化和社会背景以及所处经济发展阶段的不同，影响货币需求的因素也会有所差别。

著名的经济学家凯恩斯认为，人们之所以持有货币，不仅是为了完成当期交易，而且还用来预防意料之外的需求，这一认识使得凯恩斯超越了古典分析的框架。例如，你一直想买一套时髦的音响，在途经一家商店时，恰好发现你想要的商品正在减价 50% 出售。此时，如果你持有为预防诸如此类事件发生的货币，就可以立即购买，否则你就只能坐失良机。此外，当你遇到意想不到的支出，比如汽车大修理或住院，预防性货币则可以马上派上用场。

我们到底有多少钱呢？这个看似简单的问题其实并不是那么好回答的。

张大娘在菜市场门口拉住李大妈说："老李，你借我 20 元钱买些菜吧，我今天出门钱没带够。"这里张大娘口中的"钱"是指她身上的现金。

白领小杨给他的一个好哥们儿打电话："强子，借点钱给我当生活费吧，我连烟钱都没有了。"电话那边说："怎么又没钱了，上周不是刚发的工资吗？"小杨讪讪地说："我那钱都让股票给套牢了，取不出来呀！"这边小杨口中的"钱"指的是他可以随时支用的资金，包括现金和银行活期存款。

听说工商银行的微小企业贷款非常迅速和便利，还不用担保和抵押，做五金生意的老周赶紧让他老婆去工商银行办理小额贷款。老周老婆说："咱家不是还有些存款吗？为什么要去银行贷款啊？"老周解释说："现在五金行业有搞头，我打算再开一家分店，但是我们手头的钱不够扩大店面的。"这里，老周一家人口中的"钱"指的是他家的现金、活期存款和定期存款。

年轻人大鹏在公交车上挤得满头大汗，突然看见一个跟他差不多年纪的青年开着一辆宝马敞篷车从公交车旁飞驰而过。大鹏不服气地对一旁的朋友说："不就是'富二代'嘛，有什么了不起，仗着家里有钱就在街上嚣张，18 年后我儿子也是一个'富二代'呢。"这时大鹏口中的"钱"指的是现金、银行活期和定期存款以及个人固定资产。

六岁的小朋友豆豆马上就要上小学一年级了，正在聚精会神地听《新闻联播》，跟着播音员学习说标准的普通话，"国家统计局 21 日在国务院新闻办发布数据，2009 年中国国内生产总值为 335353 亿元，比上年增长 8.7%"。听到这里，豆豆兴奋地跳了起来，大声喊道："妈妈、妈妈，你快来看呀，我们国家有好多钱呢，30 多万亿元可以让我买好多好多的奥特曼、喜羊羊和灰太狼了吧！"豆豆不了解的是，电视里说的 30 多万亿元国内生产总值，也就是我们平常所说的 GDP，是指一个国家或地区在一定时期内（通常为一年）运用主产要素所生产出的全部最终产品和劳务的价值。

那么，我们到底有多少钱呢？要准确地回答这个问题，我们必须清楚货币的划分与归类。现阶段影响我国货币需求的因素主要如下：

1. 收入

近年来，随着人们收入水平的不断上升，以及经济货币程度的提高，货币在经济生活中的作用领域不断扩大，使得我国的货币需求不断增加。

这是因为在市场经济中，各微观经济主体的收入都是以货币形式获得的，其支出也都要以货币支付。可以这样理解，收入的提高，使得社会财富增多，支出也就会相应扩大，因此就需要更多的货币量来满足商品交易。所以，收入与货币需求量是同方向变动关系。

2. 利率

利率的高低决定人们持有货币机会成本的大小，利率越高，持币成本越大，此时人们会减少货币的持有量，而选择购买生息资产以期获得高额利息收益；相反，利率越低，持币成本越小，人们的货币持有量就会增加，而选择减少购买生息资产。

可见，利率的变动与货币需求量的变动是反方向的。例如，1988 年全国零售物价指数上升 18.5%，而当时一年的定期储蓄利率仅为 7.2%，实际利率为负的状况导致了人们大量提取存款，抢购商品，货币需求急剧上升。于是，政府很快采取物价指数保值的储蓄办法，随后实际利率上升，挤兑抢购的状况很快得到扭转，储蓄余额又开始上升，货币需求回落。

3. 价格

货币需求表示在一定价格水平上，人们从事经济活动所需要的货币量。在商品和劳务量既定的条件下，价格越高，用于商品和劳务交易的货币需求也必然增多。因此，价格和货币需求，尤其是交易性货币需求之间，是同方向变动关系。

现实生活中，由商品价值或供求关系引起的正常价格变动对货币需求的影响是相对稳定的，而由通货膨胀造成的非正常价格变动对货币需求的影响则极不稳定。新中国成立以后，我国几次通货膨胀期间都曾不同程度地出现了提款抢购、持币待购的行为，造成了这些时期货币需求超常增长。可见，价格因素对货币需求的影响很大。

4. 货币流通速度

货币流通速度是指一定时期内货币的转手次数。一定时期的货币总需求就是货币的总流量，而货币总流量为货币平均存量与速度的乘积。在用来交易的商品与劳务总量不变的情况下，货币流通速度的加快会减少现实的货币需求量。反之，货币流通速度的减慢则会增加现实的货币需求量。因此，货币流通速度与货币总需求呈反方向变动关系。

5. 其他因素

如民族特性、生活习惯、体制变化、对利润与价格的预期变化、财政收支引起的政府货币需求的变化、信用发展状况、金融服务技术与水平等，都会影响货币需求。

货币供给：社会运转究竟需要多少钱

在一个小小的海岛上面住着三个人，一个农民，一个铁匠，一个养牛人，岛上流通的货币为一种珍稀的海贝。现在假设每个人有 2 个海贝，以便购买别人的产品。假设第一年农民生产 3 份粮食，铁匠生产 3 份铁具，养牛人出栏 3 头牛。这样这个社会是经济平衡的：农民卖出 2 份粮食给铁匠和养牛人，留一份自己使用，铁匠、养牛人也是如此。那么这一年下来，农民自己享用了自己生产的一份粮食和一份铁具、一头牛，并且仍有 2 个海贝，铁匠、养牛人也是如此。这样货币流通次数也只是一次。第二年他们同时扩大生产，将产品数量增加到以前的 2 倍。但是生产成本也增加了，如农民以前只用一份铁具就可以完成 3 份粮食生产，但他得增加消耗 2 份铁具才能实现 6 份产量的目标，其余类推。因为他只有 2 个海贝，所以他不能同时购买 2 份铁具和 2 头牛，他需要 4 个海贝，那他能怎么办呢，第一种情况：他先各买一份，安排生产，等生产出来产品，卖出后再买第二份，安排下一步生产。铁匠、养牛人也是如此，这时货币的流通次数为 2 次。假使农业生产是春种秋收，不能按半季来算，那么这个农民要增加生产，他必须一下买到 2 份铁具和 2 头牛。于是有了第二种情况：他只能先借铁具和牛各一份，那么这就产生了货币需求。第 3 种情况：我们分别再给他们 3 个海贝，那么货币需求就平衡了。

这就涉及一个货币需求量的问题。那么，维持一个文明社会健康运转又需要多少货币呢？货币的供给与需求又与什么有关呢？

央行货币政策司司长戴根有曾经针对货币供应量是否偏紧的问题，打了一个形象的比喻：假如有四十份饭，四十个学生，如果分配均匀，刚刚好，每一个学生都能吃饱。这是一个不错的比喻——用吃饭来阐述社会资金供求关系。控制流通中的货币总量与总需求保持基本平衡正是戴根有所领导的部门职责所在。因此，如果满足了市场的需求，就意味着投放的货币总量达到了预期的目标。

货币数量论对以上问题作出了如下阐释：在其他条件不变的情况下，物价水平的高低和货币价值的大小由一国的货币数量所决定。货币数量增加，物价随之正比上涨，而货币价值则随之反比下降。反之则相反。也就是说，在货币数量变动与物价及货币价值变动之间存在着一种因果关系，假定其他因素不变，商品价格水平涨落与货币数量成正比，货币价值的高低与货币数量的多少成反比。随着经济学的发展，凯恩斯提出了一个著名的有效需求理论。他的观点很明确：货币的供给与货币的需求决定了利息率的高低，而利息率的高低同时支配着投资需求。利息越高人们持有货币在手中所付出的代价越大，利息越低人们持有的货币的数量越多。

货币供给的主要内容包括：货币层次的划分、货币创造过程、货币供给的决定因素等。在现代市场经济中，货币流通的范围和形式不断扩大，现金和活期存款普遍认为是货币，定期存款和某些可以随时转化为现金的信用工具（如公债、人寿保险单、信用卡）也被广泛认为具有货币性质。

一般认为，货币层次可以划分如下：M1= 现金 + 活期存款 + 旅行支票 + 其他支票存款；M2=M1+ 小额定期存款 + 储蓄存款 + 散户货币市场共同基金；M3=M2+ 其他金融资产。货币创造（供给）过程是指银行主体通过其货币经营活动而创造出货币的过程，它包括商业银行通过派生存款机制向流通供给货币的过程和中央银行通过调节基础货币量而影响货币供给的过程。

决定货币供给的因素包括中央银行增加货币发行、中央银行调节商业银行的可运用资金量、商业银行派生资金能力以及经济发展状况、企业和居民的货币需求状况等因素。货币供给还可划分为以货币单位来表示的名义货币供给和以流通中货币所能购买的商品和服务表示的实际货币供给两种形式。

通货供给通常包括三个步骤：

第一，由一国货币当局下属的印制部门（隶属于中央银行或隶属于财政部）印刷和铸造通货；

第二，商业银行因其业务经营活动而需要通货进行支付时，便按规定程序通知中央银行，由中央银行运出通货，并相应贷给商业银行账户；

第三，商业银行通过存款兑现方式对客户进行支付，将通货注入流通，供给到非银行部门手中。

作为人民币发行流通中的起始环节，担任国家法定货币生产设计、印刷的印钞厂、造币公司、钞券设计公司等企业因属于特种行业，在老百姓心目中一直戴着"神秘"的面纱。

随着 2010 年全国几大造币企业面向应届毕业生的集中招聘计划逐渐展开，造币厂的"神秘感"正在渐渐退去。作为全国高校中唯——家独立的印刷类本科高校，北京印刷学院相关专业的毕业生备受造币企业的青睐。"往年这些企业招聘计划很零散，每年就一两家，今年前后来了 5 家。"该校招生就业处赵老师表示。

2010 年 3 月以来，中国印钞造币总公司、钞券设计公司和国内 5 大造币厂等企业启动了近 5 年来规模最大、最集中的招聘计划，用人需求量超过 100 人。

印钞公司扩招与货币增发有一定的关系。2005 年底市场货币流通量是 2.4 万亿，至 2010 年 11 月底，市场货币流通量已达 4.23 万亿。将近五年的时间，市场货币流通量增长了近 80%。2001 年 ~ 2005 年，货币供应增速超过 GDP+CPI 增速的幅度是 5.4 个百分点，2003 年 ~ 2007 年超过幅度是 2.8 个百分点。

通货虽然由中央银行供给，但中央银行并不直接把通货送到非银行部门手中，而是以商业银行为中介，借助于存款兑现途径间接将通货送到非银行部门手中。由于通货供给在程序上是经由商业银行的客户兑现存款的途径实现的，因此通货的供给数量完全取决于非银行部门的通货持有意愿。非银行部门有权随时将所持存款兑现为通货，商业银行有义务随时满足非银行部门的存款兑现需求。如果非银行部门的通货持有意愿得不到满足，商业银行就会因其不能履行保证清偿的法定义务，而被迫停业或破产。

货币的流动偏好

面对全球经济下滑和国内经济增长放缓的趋势，政府希望通过扩张性的货币政策增强市场的流动性，降低企业融资成本，刺激出口、国内投资和消费，从而带动整个经济的增长。那么，中国会不会陷入"流动性陷阱"的泥潭呢？所谓"流动性陷阱"，是指当一段时间内即使利率降到很低水平，市场参与者对其变化也不敏感，对利率调整不再作出反应，导致货币政策失效。全球经济所表现出的对利率工具不敏感似乎又在重新证明货币具有流动性的这一论断。

货币流动性是由世界著名金融学家凯恩斯提出的，它反映了货币供应的一种基本状况。在宏观经济层面上，我们常把流动性直接理解为货币的信贷总量。居民和企业在商业银行的存款，乃至银行承兑汇票、短期国债、政策性金融债、货币市场基金等其他一些高流动性资产，都可以根据分析的需要而纳入不同的宏观流动性范畴。

约翰·梅纳德·凯恩斯在 1936 年出版的著名的《就业、利息和货币通论》一书中，摒弃了古典学派将货币流通速度视为常量的观点，提出了一种强调利率重要性的货币需求理论。他将他的货币需求理论称为流动性偏好理论。该理论提出了这样的问题：为什么人们会持有货币？凯恩斯假定货币需求的背后是三个动机：交易动机、预防动机和投机动机。凯恩斯强调货币需求的这一组成要素主要取决于人们的交易规模。他假定货币需求的交易部分与收入成比例。

预防动机：又称谨慎动机，是人们为了预防意外的支付而持有一部分货币的动机，即人们需要货币是为了应付不测之需。无论个人还是厂商，尽管对未来收入和支出总有一个大致估计，但这种预测不一定完全合乎实际，遇到不测之需是常事。为此，人们总需要持有一部分货币以防万一。

投机动机：假如凯恩斯的理论仅仅停留在交易动机和预防动机上，则收入将是决定货币需求的唯一重要因素，那么凯恩斯的研究也就不可能大大丰富古典理论的内容。但是，凯恩斯认为货币具有财富储藏的功能，他将持有货币的这一理由称为投机动机。因为他认为财富与收入密切相关。但是，凯恩斯更加仔细地分析了影响人们为储藏财富而持有货币数量的因素，尤其是利率。

凯恩斯在将持有货币余额的三种动机综合起来推导货币需求方程式的时候，对名义数量和实际数量进行了严格的区分。货币的价值应当用它能购买到的东西来衡量。例如，假设经济中所有的价格都上涨了一倍（物价水平上涨一倍），那么同样数量的名义货币所能购买到的商品数量，只相当于原来的一半。因此，凯恩斯推断人们要持有的是一定数量的实际货币余额（用实际值表示的货币数量）。他的三种持币动机表明，这一数额与实际收入以及利率有关。凯恩斯的货币需求方程式被称为流动性偏好函数，通过流动性偏好函数求解货币流通速度，我们就会发现，凯恩斯的货币需求理论意味着，货币流通速度并非常量，而是随着利率的变动而波动。

我们还发现，货币需求与利率负相关。换句话说，在收入水平既定的前提下，利率上升激励人们减少所持有的实际货币余额，货币的周转率（货币流通速度）必定上升。这一推理过程表明，因为利率波动剧烈，所以货币需求的流动性偏好理论表明货币流通速度的波动也很剧烈。

流动性偏好理论表明，利率上升将同时导致流通速度加快，所以利率的顺周期运动导致货币流通速度的变动也应是顺周期的。在经济衰退时期，货币流通速度下降或其增长速度下降。

凯恩斯货币需求模型的重要内涵在于，它认为货币流通速度并非常量，而与波动剧烈的利率正向相关。他的理论反对将货币流通速度视为常量的另一个理由是：人们对正常利率水平预期的变动将导致货币需求的变动，从而也导致货币流通速度发生变动。这样，凯恩斯的流动性偏好理论对古典数量论提出了质疑，后者认为名义收入主要是由货币数量的变动决定的。

假如人们对正常利率水平的认识发生了变化，那么将会对货币需求造成什么影响呢？例如，假设人们预期未来正常利率水平比现在高，货币需求会发生什么变化呢？因为预期未来利率升高，所以许多人都预期债券价格下跌，从而将遭受资本损失。这样，持有债券的预期回报率将下降，相对于债券来说，货币会更具有吸引力，结果货币需求增加，这意味着利率将上升，从而货币流通速度下降。人们对未来正常利率水平的预期发生变动，货币流通速度将随之变化，对未来正常利率水平的预期不稳定将导致货币流通速度的不稳定。这就是凯恩斯反对将货币流通速度视为常数的另一个理由。

货币流动性的影响：

第一，货币流动的传导机。金钱流动速度的提高会引起短期利率的下降，进而引起股票价格上涨。资金具有逐利性，当债券资产回报率下降时，资金会进入股票市场以获得高回报，直到大量资金涌入股票市场，促使股票价格上涨，回报率降低为止。

第二，货币流动过快会带来物价上涨。在物价保持稳定时，资产价格就会上涨。居民所拥有的财富增加了，剩余的钱将被用来购买商品；如果消费品价格保持稳定，那么财富会流向资产，资产价格水平就会上涨。在这种情况之下，投资的成本也就会增加，进而引起物价水平随之上涨。

由此可见，货币流动性对包括债券、股票和房地产价格等方面都具有重要的影响，不容忽视。

货币的流动不仅涉及个人的生活消费，也影响着企业、金融机构、股票市场乃至一个国家的兴衰。只有掌握了金钱流转的定律，才可以拥有开启财富大门的金钥匙。

货币乘数：货币流通速度的快与慢

统计数据显示，中国货币流通速度与一些国外发达国家相比较低。1993 年，美国名义 GDP 为 65530 美元，M1 余额 11284 美元，V1 是 5.81，而中国为 2.12，差两倍多；美国 1993 年的 V2 为中国的 1.5 倍多。中国货币流通速度 V2 与日本相当，略低于英国，与美国和新兴国家韩国差距较大。同时，发达国家如美国的货币流通速度的波动很小。1993 年~ 1999 年 V2 的方差仅为 0.0026，这也从一定程度上说明了美国的金融发展程度较高和经济的稳定性较强。

想要了解货币的流通速度，我们首先要了解一个概念——货币乘数。

货币乘数是指货币供给量对基础货币的倍数关系。在货币供给过程中，中央银行的初始货币提供量与社会货币最终形成量之间客观存在着数倍扩张（或收缩）的效果或反应，这就是所谓的乘数效应。

完整的货币（政策）乘数的计算公式是：k=（Rc+1）/（Rd+Re+Rc）。其中 Rd、Re、Rc 分别代表法定准备金率、超额准备金率和现金在存款中的比率。而货币（政策）乘数的基本计算公式是：货币供给 / 基础货币。货币供给等于通货（即流通中的现金）和活期存款的总和；而基础货币等于通货和准备金的总和。

货币乘数效应不仅是宏观经济学的一个概念，也是一种宏观经济控制手段。当政府投资或公共支出扩大、税收减少时，对国民收入有加倍扩大的作用，从而产生宏观经济的扩张效应；当政府投资或公共支出削减、税收增加时，对国民收入有加倍收缩的作用，从而产生宏观经济的紧缩效应。

我们知道各国货币流通速度有很大的不同，那么货币流通速度主要受什么因素影响呢？

首先我们了解一下什么是货币流通速度。货币流通速度是指单位货币在一定时期内的周转（或实现交换）次数。商品实现交换后，就会退出流通，进入生产或生活消费领域；而货币作为实现商品交换的媒介手段，是处在流通中不断地为实现商品交换服务。在一定时间内，多种商品交换活动不断出现，同一单位货币就可以为多次商品交换服务，从而实现多次周转。举个例子可能会更明了，在一定时间内，甲用 10 元向乙买苹果，乙用这 10 元向丙买橘子，丙又用它向丁买葡萄，这 10 元货币在一定时间内实现了 30 元的商品价值，其流通次数是 3 次。

各国的中央银行必须维持一定的经济增长速度，这个速度既不能太快也不能太慢。首先，我们并不知道准确的经济增长极限。其次，加速器和刹车器的效果都有滞后性，这意味着当我们启动它们时，两者都不会立竿见影。相反，我们不得不等待一段时间——可能是几个星期到几年，我们无法推测。所以，一个没有经验的司机可能狠狠地踩下油门，但车子并没有什么动静，他感到很迷惑（同时他还要忍受公众抱怨他开得太慢）。然而，9 个月之后，汽车失控了。第三，货币和财政政策独立地对经济产生影响，所以，就美国而言，当美联储按动刹车器时，美国国会和总统可能已经启动加速器。第四，可能有一系列不利的世界事件——这里有金融崩溃，那里有油价攀升等。

美联储在利率上的这种巨大权力来自于何处呢？毕竟，商业银行是私人实体，美联储不能要求花旗银行提高或降低它向消费者提供的汽车贷款或住房抵押贷款的利率。然而，这个过程是间接的。利率仅仅是资本的"租金率"，或"货币的价格"。美联储控制美国货币的供给，货币与公寓并没有区别：供给越多，租金越低。

货币流通速度与社会经济状况有一种定性关系：在经济扩张时期，货币流通速度往往会上升；在经济紧缩时期，货币流通速度倾向于下降。一般而言，货币流通速度的变动量是与收入和货币量的变动规模直接联系在一起的。以美国为例，与 1929 年～1933 年间货币流通速度的急剧下降相反的是，一战期间货币流通速度急剧上升，并伴随着货币存量和货币收入的迅速增加；而在经济平缓发展阶段，货币流通速度的变动也比较温和。

除此之外，货币流通速度还与消费习惯有关。热爱消费的民族或国家，货币流通速度应该比较快，这些国家容易产生通货膨胀现象。因为这样的国家对货币增加的敏感度比较大，一旦增加货币供应，乐于消费的国民，会使这些增加的货币产生很大的放大效应。

而热爱储蓄或节俭的民族构成的国家，货币流通速度一般比较慢，这些国家不容易产生通货膨胀现象。因为这样的国家对货币增加的敏感度比较小，对新增加货币的放大系数比较小，自然不容易产生通货膨胀现象。

国民自我感觉的财富拥有量（包括固定资产与金融资产以及现金）也会影响国民的消费行为。自我感觉的财富越多，一般越有利于增加国民的消费行为，因为国民自我感觉的财富越多，就会越及时地把自己手中的现金消费掉，货币的流通速度就会加快。

房子价格的上涨，虽然可以导致国民感觉的财富增多，但是，部分国民要购买房子，日常就必须少消费一些、多储蓄一些钱。房子价格上涨，在绝大部分国民都有房子时，会导致国民总体日常消费增多，导致货币流通速度增加。如果较大一部分国民没有自己的房子，就很难说了。

国民福利的增多，也有利于国民增加日常消费。国民福利的增多，等效于国民财富增多，日常消费增加一些也是正常的。国民福利减少了国民的某些后顾之忧，不需要过多地储蓄了，自然也有利于增加国民日常消费。

最后，存款准备金率也会影响货币总体的流通速度。较高的存款准备金率等效于把较多的货币囤积起来，不参与市场流通，减少了市场的货币供应，等效于减少了全部货币的流通速度。

但是从另一方面讲，部分国民会自己储存自己的货币，不进行消费，这些货币自然也难以流通。而银行的存在，可以使这些货币方便转借给愿意的消费者。就是考虑准备金的存在，银行的效果也是促进了社会的消费行为，促进了货币的流通速度，减少了社会需求的货币。

一句话，银行的存在，对社会消费会有促进作用，其促进作用大小与存款准备金比率大小成反向关系。如果存款准备金比率不大，银行的存在可以增加货币流通速度，减少社会对货币的需求量。

货币危机："钱"也能惹出大祸

发生在泰国的泰铢风波，它的严重性表现在两方面：国内一面，泰国经济将要在短期内面临一系列紧缩措施，加税、物价控制、收缩银根等手段都将启用，已降低的经济增长率还要进一步降低；国际一面，泰铢风波传至邻国马来西亚、印度尼西亚和菲律宾等地，这些国家皆出现股市汇价双跌的局势，且历时已过两月。比较六月底对美元汇率水平，九月初，泰铢跌逾36（落幅为33%），马来西亚林吉特至2.94（落幅为17%），菲律宾比索达31.70（落幅为20%），印度尼西亚盾过3000（落幅近24%）。一石击起千层浪，波及泰国内外经济的方方面面。1992年秋英镑与欧洲汇率机制的基准汇率受到投机性攻击时，相伴随的还有意大利里拉。在史称"黑色星期三"的当年9月15日，英镑与里拉双双退出了欧洲汇率机制。随后，仍留在欧洲汇率机制内的爱尔兰镑和法国法郎等都遭到攻击，汇率发生急剧波动。1994年底墨西哥比索大幅贬值时，南美的阿根廷、巴西及东南亚的菲律宾等国货币对美元汇率发生强烈波动，稍后，远在非洲之角的南非也出现了汇率动荡。

金融历史的发展，伴随着一次又一次的货币危机。货币危机的概念有狭义和广义之分。狭义的货币危机与特定的汇率制度（通常是固定货币危机汇率制）相对应，其含义是，实行固定汇率制的国家，在非常被动的情况下（如在经济基本面恶化的情况下，或者在遭遇强大的投机攻击情况下），对本国的汇率制度进行调整，转而实行浮动汇率制，而由市场决定的汇率水平远远高于原先所刻意维护的水平（即官方汇率），这种汇率变动的影响难以控制、难以容忍，这一现象就是货币危机。广义的货币危机泛指汇率的变动幅度超出了一国可承受的范围这一现象。

货币危机的爆发主要是由以下几个方面引起的：

1. 汇率政策不当

众多经济学家普遍认同这样一个结论：固定汇率制在国际资本大规模、快速流动的条件下是不可行的。固定汇率制名义上可以降低汇率波动的不确定性，但是自20世纪90

年代以来，货币危机常常发生在那些实行固定汇率的国家。正因如此，近年来越来越多的国家放弃了曾经实施的固定汇率制，比如巴西、哥伦比亚、韩国、俄罗斯、泰国和土耳其等。然而，这些国家大多由于金融危机的爆发而被迫放弃固定汇率，汇率的调整往往伴随着自信心的丧失、金融系统的恶化、经济增长的放慢以及政局的动荡。也有一些国家从固定汇率制成功转轨到浮动汇率制，如波兰、以色列、智利和新加坡等。

2. 银行系统脆弱

在大部分新兴市场国家，包括东欧国家，货币危机的一个可靠先兆是银行危机。资本不足而又没有受到严格监管的银行向国外大肆借取贷款，再贷给国内的问题项目，由于币种不相配（银行借的往往是美元，贷出去的通常是本币）和期限不相配（银行借的通常是短期资金，贷出的往往是历时数年的建设项目），因此累积的呆账、坏账越来越多。如东南亚金融危机爆发前5年～10年，马来西亚、印度尼西亚、菲律宾和泰国信贷市场的年增长率均在20%～30%之间，远远超过了工商业的增长速度，由此形成的经济泡沫越来越大，银行系统也就越发脆弱。

3. 外债负担沉重

泰国、阿根廷以及俄罗斯的货币危机，就与所欠外债规模巨大且结构不合理紧密相关。如俄罗斯从1991年～1997年起共吸入外资237.5亿美元，但在外资总额中，直接投资只占30%左右，短期资本投资约70%。在货币危机爆发前的1997年10月，外资已掌握了股市交易的60%～70%，国债交易的30%～40%。1998年7月中旬以后，最终使俄财政部发布"8.17联合声明"，宣布"停止1999年底前到期国债的交易和偿付"，债市的实际崩溃，直接引发卢布危机。

4. 财政赤字严重

在发生货币危机的国家中，或多或少都存在财政赤字问题，赤字越庞大，发生货币危机的可能性也就越大。财政危机直接引发债市崩溃，进而导致货币危机。

5. 政府信任危机

民众及投资者对政府的信任是货币稳定的前提，同时赢得民众及投资者的支持，是政府有效防范、应对金融危机的基础。墨西哥比索危机很大一部分归咎于其政治上的脆弱性，1994年总统候选人被暗杀和恰帕斯州的动乱，使社会经济处于动荡之中。新政府上台后在经济政策上的犹豫不决，使外国投资者认为墨西哥可能不会认真对待其政府开支与国际收支问题，这样信任危机引起金融危机；而1998年5月～6月间的俄罗斯金融危机的主要诱因也是国内"信任危机"。

6. 经济基础薄弱

强大的制造业、合理的产业结构是防止金融动荡的坚实基础。产业结构的严重缺陷是造成许多国家经济危机的原因之一。如阿根廷一直存在着严重的结构性问题，20世纪90年代虽实行了新自由主义改革，但产业结构调整滞后，农牧产品的出口占总出口的60%，而制造业出口只占10%左右。在国际市场初级产品价格走低及一些国家增加对阿根廷农产品壁垒之后，阿根廷丧失了竞争优势，出口受挫。

7. 危机跨国传播

由于贸易自由化、区域一体化，特别是资本跨国流动的便利化，一国发生货币风潮极易引起周边国家的金融市场发生动荡，这在新兴市场国家尤为明显。泰国之于东亚，俄罗斯之于东欧，墨西哥、巴西之于拉美等反复印证了这一"多米诺骨牌效应"。

随着市场经济的发展与全球化的加速，经济增长的停滞已不再是导致货币危机的主要原因。经济学家的大量研究表明：定值过高的汇率、经常项目巨额赤字、出口下降和经济活动放缓等都是发生货币危机的先兆。货币危机具有很强的传播性，在全球化时代，由于国民经济与国际经济的联系越来越密切，一国货币危机常常会波及别国，当代国际经济社会已经很少再看见一桩孤立的货币动荡事件。

货币幻觉：什么让你钱包变瘪的

中国老百姓生活中经常说一句话："算计不到就受穷。"这也是中国百姓朴素的"理财"观念。但有时候算计来算计去，钱反而越算越少，这是怎么回事呢？

国外的理财专家称人有时会陷入一种"过于算计"结果却为算计所误的理财盲区。比如小王和小李分别花 40 万元买了一套房子，后来又先后卖掉了，在小李卖房子时，当时有 25% 的贬值率——商品和服务平均降低 25%，所以小李卖得 30.8 万元，比买价低 23%。而小王卖房子时，物价上涨了 25%，结果房子卖了 49.2 万元，比买房价高 23%。大多数人都认为小王比小李做得好，但事实上，小李才是赚钱的一个，考虑通货膨胀因素，他所得钱的购买力增加了 2%。为什么大多数人都看不到这一点呢？因为大多数人的脑中都有"货币幻觉"的存在。

由这一个例证中，我们不难得知，"货币幻觉"实在是人们"不知货币真面目，只缘身在货币中"的典型表现。

常常我们会忽视那些明显已经被通货膨胀扭曲的信息，冲动地把心理价位抬高到实际价位之上，这就是货币幻觉。货币幻觉可能使潜在买家相信房价会一直上涨，从而认为房地产是不错的投资选择。美国耶鲁大学经济学教授罗伯特席勒认为，正是货币幻觉导致的错误逻辑催生了房地产泡沫，"人们大都只记得几年前买房时的房价，却常常忘记了其他商品的价格，错误地认为房价比其他物价涨幅更大，从而夸大房地产的投资潜力"。

"货币幻觉"一词是美国经济学家欧文·费雪（IrvingFisher）于 1928 年提出来的，是货币政策的通货膨胀效应。它是指人们只是对货币的名义价值作出反应，而忽视其实际购买力变化的一种心理错觉。他告诉人们，理财的时候不应该只把眼睛盯在哪种商品价格降或是升了，花的钱多了还是少了，而应把大脑用在研究"钱"的购买力、"钱"的潜在价值等方面，只有这样，才能真正做到精打细算，花多少钱办多少事。否则，在"货币幻觉"的影响下，"如意算盘"打到最后却发现自己其实是吃亏了。

几十年来，经济学家一直在争论货币幻觉是否真实存在，说得更通俗一点，即经济交易中是否存在非理性的影响。著名货币理论家米尔顿·弗里德曼假定，雇主和消费者都是理性的，他们支付工资或者购买商品时会考虑通货膨胀因素。换句话说，他们能准确判断一种商品的真实价值。

在通货膨胀起初发生时，个人无法了解通货膨胀或物价上涨的程度，只能凭借自己接触的本地区的少数商品的价格来判断。在这样的情况下，个人的物价信息就是不完全的，个人只能将主要注意力放在自己的货币收入上，这样就容易产生"货币幻觉"。比如，职场人士在与企业进行工资谈判时，就可能将企业允诺的名义工资上升幅度当作实际工资的上升幅度。而实际情况是，因为通货膨胀已经发生，实际工资并没有上升，也就是说实际你得到的购买力并没有上升，甚至还有所下降。这样，企业就通过货币幻觉获得了额外利润。

货币幻觉的影响是多层面的。

从企业的角度说，企业获得的额外利润实际上也是一种幻觉。公司在计算净利润时扣减的利息成本和折旧等都是以历史成本计量的，而收入却是包含了通胀的因素，它给人一种公司盈利加速的错觉，而投资者如果没有考虑上市公司的盈利可能受到通货膨胀的影响，那么便会受到刺激，加大对股票的投资。这样就造成投资趋热，推动通货膨胀的加剧。

所以宏观政策应该有意识地保持货币幻觉。一般来说，货币政策的作用有两方面：一是产出效应，二是价格效应。在货币供应量增长的同时，投资趋热，首先表现出的是生产资料价格最先上涨。如果一个扩张性货币政策最后是以通货膨胀来换取产出增长，我们就说这种政策有着暂时的"货币幻觉"。这么做的结果是比较严重的，因为货币幻觉一旦消失，就将爆发全面的通货膨胀。

那么货币幻觉什么时候会消失呢？一般认为，货币幻觉只是在通货膨胀的形成阶段比较严重，一旦通货膨胀普遍化和为大众普遍意识到以后，货币幻觉就会逐渐消失。

另外，货币幻觉在汇率上的影响也十分值得重视。这一点上要强调名义汇率与有效汇率的区别。如，虽然人民币对美元在升值，但对"一揽子货币"来说，美元对欧元、日元的大幅贬值，使人民币有效汇率其实是轻微贬值。国际货币基金组织的一项测算显示，去除通货膨胀因素的人民币实际有效汇率在 2006 年 7 月比去年同期贬值 1.6%，就是货币幻觉的最好反映。如此种种"货币幻觉"，可能会使国家的货币政策被扭曲，并降低货币政策对经济和社会福利所带来的利好程度。对于 2005 年以来的人民币升值，就有一种代表性观点认为，中国还存在大量的失业与过剩劳动，采取名义汇率升值的做法不仅不能减少贸易顺差，反而会使劳动者的利益普遍受损，因此有损国民福利。

总而言之，货币幻觉在通货膨胀形成时期是广泛存在的，并且影响人们作出错误的决定，因此，需要对此加以更加清醒的认识。

第七章　没有信用，金融市场就失去了基础

——每天学点信用知识

信用：富人赚钱的智慧

在以熊彼特为代表的"信用创造学派"的眼中，信用就是货币，货币就是信用；信用创造货币；信用形成资本。在财富的世界里，还有什么比信用更可宝贵的呢？富人之所以富有，就是因为他们真正理解了信用的价值所在。那么什么是信用呢？

一个名叫 J.P. 摩根的人曾经主宰着美国华尔街的金融帝国。而他的祖父，也就是美国亿万富翁摩根家族的创始人——老摩根，当年却是个一无所有的人。

1835 年，当时的老摩根还是个普普通通的公司职员，他没有想过发什么大财，只要能在稳定的收入之余得到一笔小小的外快就足以让他心满意足。

一个偶然的机会，老摩根注册成为一家名叫"伊特纳火灾"的小保险公司的股东，因为这家公司不用马上拿出现金，只需在股东名册上签上名字就可成为股东。这正符合当时摩根先生没有现金却想获得收益的情况。

然而在摩根成为这家保险公司的股东没多久，一家在"伊特纳火灾"保险公司投保的客户发生了火灾。按照规定，如果完全付清赔偿金，保险公司就会破产。股东们一个个惊慌失措，纷纷要求退股。

这个时候，老摩根斟酌再三，认为自己的信誉比金钱更重要，于是他便四处筹款并卖掉了自己的住房，低价收购了所有要求退股的股份，然后他将赔偿金如数付给了投保的客户。

一时间，"伊特纳火灾"保险公司声名大噪。

身无分文的老摩根成为保险公司的所有者，但是保险公司资金严重短缺濒临破产。无奈之中他打出广告：凡是再到"伊特纳火灾"保险公司投保的客户，理赔金一律加倍给付。

他没有料到的是，没多久，指名投保火险的客户蜂拥而至。原来在很多人的心目中，"伊特纳火灾"保险公司是最讲信誉的保险公司，这一点使它比许多有名的大保险公司更受欢迎。"伊特纳火灾"保险公司从此崛起。

结果，摩根不仅为公司赚取了利润，也赢得了信用资产。信用资产不仅让他自己终身受用，还让他的后代子孙受益。

在约瑟·摩根先生的孙子 J.P. 摩根主宰了美国华尔街金融帝国后，大女婿沙特利在

日记中记载了 J.P. 摩根生前最后一次为众议院银行货币委员会所做的证词，他的核心证词只有两个字："信用！"

从经济学的角度来看，《新帕格雷夫经济大辞典》中，对信用的解释是："提供信贷意味着把对某物（如一笔钱）的财产权给以让度，以交换在将来的某一特定时刻对另外的物品（如另外一部分钱）的所有权。"可见，信用是和资本、财产密切相关的。因此，若我们想在财富上有所作为，就不能不向富人们看齐，随时注意自己的信用。

信用不仅是个人获得财富的智慧，更是现代经济生活中的基石，无论个人还是现代经济社会，都在遵循着一个重要的法则——无信不立。

美国加州的威尔·杰克是百万富翁。起初他身无分文，直到外出工作，才有了一些积蓄。每个周末威尔会定期到银行存款，其中一位柜员注意到了他，觉得他天生聪慧，了解金钱的价值。后来威尔决定创业，从事棉花买卖，那位银行工作人员知道了，便给他贷了款。这是威尔第一次使用别人的钱，很快他便偿还清了银行的贷款，赢得了良好的声誉。一年半之后，他改为贩卖马和骡子，逐渐积累了一些财富。后来，有两个创业失败但很优秀的保险业务员找他，希望他能以个人信誉作担保，从银行贷款相助。威尔看到这两个人的确很优秀，现在只不过是一时之艰，于是决定帮助他们。威尔向加州银行贷款。银行非常愿意把钱贷给像威尔这样有诚信的人。由于威尔的贷款额度不受限制，所以他用贷出来的钱买下了那两位业务员创立的公司的全部股份。此后，在短短 10 年内，这家寿险公司，从原来只有 40 万的资本，通过基本客户群制度获利 4000 万。

由此可见，信用对金融生活中的生意往来和财富积累都有着非常关键的作用。分析信用对金融生活的影响，我们可以从积极作用和消极作用两个方面来看。

信用在经济中起到的积极作用主要表现在以下几个方面：

第一，现代信用可以促进社会资金的合理利用。通过借贷，资金可以流向投资收益更高的项目，获得一定的收益。

第二，现代信用可以优化社会资源配置。通过信用调剂，让资源及时转移到需要这些资源的地方，就可以使资源得到最大限度的运用。

第三，现代信用可以推动经济的增长。一方面通过信用动员闲置资金，将消费资金转化为生产资金，促进经济增长；另一方面，信用可以创造和扩大消费，通过消费的增长刺激生产扩大和产出增加，也能起到促进经济增长的作用。

同时，信用对经济的消极作用也不容忽视，它主要表现在信用风险和经济泡沫的出现。信用风险是指债务人无法按照承诺偿还债权人本息的风险。在现代社会，信用关系已经成为最普遍、最基本的经济关系，社会各个主体之间债权债务交错，形成了错综复杂的债权债务链条，这个链条上有一个环节断裂，就会引发连锁反应，对整个社会的信用联系造成很大的危害。经济泡沫是指某种资产或商品的价格大大地偏离其基本价值。经济泡沫的开始是资产或商品的价格暴涨。价格暴涨是供求不均衡的结果，即这些资产或商品的需求急剧膨胀，极大地超出了供给，而信用对膨胀的需求给予了现实的购买和支付能力的支撑，使经济泡沫的出现成为可能。

国家信用：最可信赖的信用形式

战国时，商鞅准备在秦国变法，唯恐老百姓不信，于是命人在都城的一个城门前，放了一根高三丈长的木柱，并到处张贴告示："谁能把城门前那根木柱搬走，官府就赏他五十金。"老百姓看到告示后议论纷纷。大家怀疑这是骗人的举动，但一个年轻力壮、膀大腰圆的小伙子说："让我试试看吧！我去把城门那木柱搬走，要是官府赏钱，就说明他们还讲信用，往后咱们就听他们的；如果不赏钱，就说明他们是愚弄百姓。他们往后说得再好，我们也不信他们那一套了。"说罢来到城门前把那根木柱搬走了。商鞅听到这一消息，马上命令赏给那人五十金。那位壮汉看到自己果真得到了五十金，不禁开怀大笑，一边炫耀那五十金，一边对围观的老百姓说："看来官府还是讲信用的啊！"这事一传十，十传百，不久就传遍了整个秦国。"移木立信"后，国家信用深深植根于社会，社会信用由此孕育发展，商鞅下令变法，秦国于是政行令通。

移木立信的故事我们都曾听说过，它其实就是国家信用的树立过程。那么，国家信用在金融市场中起到了什么样的作用呢？国债与国家信用又有什么样的关系呢？

国家信用既是国家为弥补收支不平衡、建设资金不足的一种筹集资金方式，同时也是实施财政政策、进行宏观调控的一种措施与手段。

国家信用是一种特殊资源，政府享有支配此种资源的特权，负责任的好政府绝不能滥用国家信用资源。政府利用国家信用负债获得的资金应该主要用于加快公共基础设施的建设，以及为保障经济社会顺利发展并促进社会公平的重要事项，以向社会公众提供更多的公共物品服务，并实现社会的和谐与安宁。

国家信用的财务基础是国家将来偿还债务的能力，这种偿债能力源于属于国家（全体人民）的财务资源。它的现金流来源于三个方面：国家的税收收入、政府有偿转让国有资产（包括土地）获得的收入以及国家发行货币的专享权力。

国家信用的基本形式是发行政府债券，包括发行国内公债、国库券、专项债券、财务投资或借款等。公债是一种长期负债，一般在 1 年以上甚至 10 年或 10 年以上，通常用于国家大型项目投资或较大规模的建设，在发行公债时并不注明具体用途和投资项目；国库券是一种短期负债，以 1 年以下居多，一般为 1 个月、3 个月、6 个月等；专项债券是一种指明用途的债券，如中国发行的国家重点建设债券等；财政透支或借款是在公债券、国库券、专项债券仍不能弥补财政赤字时，余下的赤字即向银行透支和借款。透支一般是临时性的，有的在年度内偿还。借款一般期限较长，一般隔年财政收入大于支出时（包括发行公债收入）才能偿还。有的国家（如中国）只将财政向银行透支和借款算为财政赤字，而发行国库券和专项债券则作为财政收入而不在赤字中标示。国家信用的产生是由于通过正常的税收等形式不足以满足国家的财政需要。国家信用应当由国家的法律予以保障。

在我国，20 世纪 50 年代初期曾发行过公债券，后来一度取消。1979 年经济改革以来，从 1982 年开始发行国库券，后又发行国家重点建设债券等国家信用工具，一方面筹集部分资金弥补财政赤字，另一方面主要是为了增加生产投资，加快国家重点建设。到20世纪90年代，国家信用已成为我国筹集社会主义建设资金的重要工具，债券、发行市场和流通市场也有了很大发展。

国家信用是以国家为主体进行的一种信用活动。国家按照信用原则以发行债券等方式，从国内外货币持有者手中借入货币资金。说白了，国家信用其实是一种国家负债。

随着资本主义的发展，国家信用甚至从国内发展到了国外，即一国政府以国家名义向另一国政府或私人企业、个人借债以及在国际金融市场上发行政府债券。它既成为弥补一国财政赤字的手段，也成为调节国际收支、调节对外贸易的有力杠杆。这种国家信用主要不是用于弥补经常性财政收支出现的赤字，而是聚集资金用于经济建设的手段。特别是对国外发行政府债券，一方面可以弥补国内建设资金的不足，另一方面也可以引进国外先进技术，扩大对外贸易，调节国际收支。

国家信用影响了金融市场发展的全过程。在资本的原始积累时期，国家信用是强有力的杠杆之一。在资本主义制度下，政府债券主要是通过资本主义大银行或在公开金融市场上发行的，银行不仅可以从中取得大量回扣，而且政府发行的各种债券还为银行的股份公司提供了大量虚拟资本和投机的重要对象。并且随着资本主义经济危机和财政危机的加深，通过国家信用取得的收入，已成为国家财政收入的重要来源，是弥补亏空的主要手段。在现代西方发达国家，国家信用已不单纯是取得财政收入的手段，而且已成为调节经济运行的重要经济杠杆。

国际信用：管用的《君子协定》

大家常会提到"君子协定"一词，但是大家可能不知道，"君子协定"最早其实是金融学上的一个概念，也称为"绅士协定"。它专门用于国际事务之间，意思是说这是一种相对购买方式，双方如果有一方无法履行购买义务，对方便不能对它进行有效制裁。

《君子协定》出台的具体背景是，经济合作与发展组织为了协调各成员国之间的出口信贷政策，开始处理出口信贷事务。《君子协定》虽然是一个正式协定，却没有强制力。不过，由于经济合作与发展组织的22个成员国几乎囊括了全球最发达的国家和地区，所以该协定在全球经济事务中具有极大的发言权。不仅如此，就连一些没有参加《君子协定》的国家和地区，在办理出口信贷时也往往自觉参照该规定行事，其效力可见一斑。

众所周知，商品进出口贸易需要得到金融支持，出口信贷能够在一定程度上提高本国产品的国际竞争力，促进商品出口。可是，随着市场竞争的加剧，每个国家尤其是发达国家都竞相给本国企业提供越来越优惠的出口信贷条件，这便大大激化了国际贸易争端，同时也大大增加了各国出口信贷的补贴支出。

正是在这种情况下，各国政府慢慢醒悟过来，渐渐意识到如果一味这样在出口信贷优惠条件方面攀比，大家都没好处，于是开始在这方面寻求协调和合作的可能性。国际信用是指一个国家的政府、银行及其他自然人或法人对别国的政府、银行及其他自然人或法人所提供的信用。随着国际经济联系的不断加强，国际信用在国际商务中的地位日益显赫。

国际信用具有经济性。国际商业信用不仅是一种信誉和荣誉，也是一种国际范围内不受限制的社会资源，是企业全球化发展的一种柔性资本，具有经济性。高认可的商业信用可以促使企业提供更好的产品和服务、获取经济规模、树立积极形象，从而可以提高客户合作意愿，强化客户忠诚度。

国际信用是一种竞争力。随着企业出口产品、服务、项目的增多，面对国外市场的竞争对手越来越多。国际信用作为柔性竞争力在争取国外生产订单、维系客户、获取市场资源、开拓市场等方面表现出高度的匹配性。所以，注重维护并不断提高国际信用，是进入国际市场的每一个企业必须重视的战略营销问题。

国际信用的种类：

1. 贸易信用

贸易信用是指以各种形式与对外贸易业务联系在一起的信用。贸易信用有商业信用和银行信用两种形式。

（1）商业信用发生于下列情况：

①预付款信用。进口商向外国出口商预付的货款，将来由出口商供货偿还。

②公司信用。进口商从外国出口商方面以商品形态获得的信用，然后定期清偿债务。

（2）银行信用可分为以下三种：

①银行对出口商提供的短期信用，如商品抵押贷款或商品凭证抵押贷款。

②由卖方（出口方）银行提供给出口商的中长期信贷，称为卖方信贷。这与大型成套设备及技术的出口密切相关。出口商（卖方）以分期付款和赊销的方式将主要机器或成套设备卖给进口商，然后根据协议由进口商分期偿付货款。由于出口商要在全部交货若干年后才能陆续收回全部货款，因此为保持企业正常经营，往往需向当地银行获取这种信贷。

③银行对进口商提供的信用。这主要包括以下三种：一是承兑信用。即当出口商提供商业信用给进口商时，出口商往往要求由银行承兑票据。二是票据贴现。如果出口商在汇票到期前需要现款，可以将已经进口商或其银行承兑的汇票拿到银行中去贴现。三是买方信贷。即卖方（出口方）银行提供给买方企业（进口方）或买方银行的中长期信贷。

2. 金融信用

金融信用没有预先规定的具体运用方向。金融信用包括偿还债务，进行证券投资等。金融信用有银行信用和债券形式的信用之分。

我国由于企业信用缺失每年造成的经济损失，不得不引起人们对企业信用的重视。企业的国际信用不足集中体现在以下几方面：

一是国际信用总体水平偏低。出口主体增多、出口机动性明显、市场无序竞争加强。

二是对知识产权重视不够。这也成为影响企业国际信用的重要因素。

三是信用工具的限制。随着现代通讯技术的发展，金融工具的增多，越来越多的机构和市场融资者发行大量的债券、股票、商业票据和其他证券，各种信用工具广泛应用。一些经营者自身的水平限制信用工具的使用，影响企业的经营效益和效率。

四是品牌缺失抑制信用提升。在当今市场竞争中，品牌已经成了企业综合竞争力在信用上的最聚焦的体现。我国企业长期以来过分依赖于成本竞争理念，忽视塑造知名品牌，品牌信用尚未较好地建立。良好的国际信用是企业无形的竞争资本，信用建设应成为企业发展战略之一。

国与国之间打交道和人与人之间交往一样，都需要讲信用，而《君子协定》就是国家交往的信用，从金融学上来说就是国际信用。所谓国际信用，是国与国之间发生的借贷行为。这种借贷行为既可以是通过赊销商品提供的国际商业信用，也可以是通过银行贷款提供的国际银行信用，还可以是政府之间相互提供的信用。因此，《君子协定》在各国提供出口信贷时虽然不具备法律效力，但由于各国信守诺言，实际上它比法律更管用。

银行信用：把钱放进银行最放心

生活中，不管是老人还是年轻人，当手中有了一部分闲置资金以后，首先想到的一定会是在银行存一笔钱。在回答为什么要把钱存进银行这个问题时，我想读者朋友们的答案一定是："银行安全啊！"可是银行究竟为什么安全呢？这就涉及我们今天的话题——银行信用。

1976 年，一位曾经在美国读过书的经济学家尤努斯，将 27 美元借给 42 名农村妇女用于生产，使他们摆脱了贫穷。随后，他逐步建立起了孟加拉国乡村银行——格莱泯银行。任何妇女，只要能够找到 4 个朋友，在必要的时候同意归还贷款，那么格莱泯银行就向其发放贷款。如果借款人违约，其他人在贷款还清之前就不能借款。这一做法非常成功，今天，格莱泯银行拥有超过 2500 个分支机构，超过 98% 的还款率超过世界上任何一家成功运作的银行。这家成功的银行已经向超过 750 万人提供贷款，其中 97% 是女性，65% 的借款人以此摆脱了贫穷线。目前，在亚洲、非洲、拉丁美洲，已经有 90 多家模仿该做法的银行。传统的经济理论无法支撑这种想法，尤努斯却为此打开了一扇新的大门。

我们从故事里的借贷中看到的就是银行信用。银行信用有什么特点呢？银行信用是由商业银行或其他金融机构授给企业或消费者个人的信用。在产品赊销过程中，银行等金融机构为买方提供融资支持，并帮助卖方扩大销售。商业银行等金融机构以货币方式授予企业信用，贷款和还贷方式的确定以企业信用水平为依据。商业银行对不符合其信用标准的企业会要求提供抵押、质押作为保证，或者由担保公司为这些企业作出担保。后一种情况实质上是担保公司向申请贷款的企业提供了信用，是信用的特殊形式。银行信用的概念说起来有点烦琐，其实，生活中我们每个人都曾经感受过银行信用，比如向银行贷款、申领信用卡等。

在社会信用体系中，银行信用是支柱和主体信用，是连接国家信用和企业信用、个人信用的桥梁，在整个社会信用体系的建设中具有先导和推动的作用。可以说，银行信用的正常化，是整个社会信用健全完善的重要标志，也是构筑强健金融体系的基石。银行信用是以存款等方式筹集货币资金，以贷款方式对国民经济各部门、各企业提供资金的一种信用中介形式，它对个人贷款的审批是非常严格的。

刘女士在北京东四环看中一套价值 400 万的房子，按照首付四成的比例，她需要拿出 160 万的首付款。虽说刘女士夫妇年收入不算低，但她表示最近股市比较好，不太想动用股市里的钱支付首付款，而是想通过抵押自己现有住房去支付首付款，然后再办理住房按揭贷款。也就是说，400 万元的房款全部通过银行贷款方式支付。

刘女士这一算盘打得不错。但她向建行、招行、北京银行等银行工作人员咨询了一圈下来，发现银行根本无法满足她的要求。所有银行均表示抵押贷款不能作为购买房子的首付款，也有银行直接告知，房屋抵押率最多只能做到 7 成左右，有的银行还表示利率上浮 10%。

招商银行的一位工作人员说，只要是用于购房、买车、装修、旅游等消费，均可以申请办理个人抵押贷款，但是必须出具贷款用途证明。例如，抵押贷款用于购房，客户需要提供购房合同、首付款收据等。为了降低经营风险和控制放贷规模，一些银行已经开始停办个人贷款业务，虽然有些银行仍然可以办理个人贷款，但对贷款的用途审查得更加严格。

银行对贷款部门或个人进行严格的审批，降低了银行收回贷款的风险，这样在一定程度上就能够保证储户存款的安全。试想，如果银行放松了对贷款的审批，人们不管是买房还是买车，只要向银行申请就能贷到款，但贷款人却没有能力去偿还银行的贷款，长期下去，银行所面临的将不仅是储户的存款不保，甚至还有可能倒闭，美国次贷危机不就是个很好的证明吗？

一般来说，银行信用具有以下特点：

第一，银行信用是以货币形态提供的。银行贷放出去的已不是在产业资本循环过程中的商品资本，而是从产业资本循环过程中分离出来的暂时闲置的货币资本，它克服了商业信用在数量规模上的局限性。

第二，银行信用的借贷双方是货币资本家和职能资本家。由于提供信用的形式是货币，这就克服了商业信用在使用方向上的局限性。

第三，在产业周期的各个阶段上，银行信用的动态与产业资本的动态往往不一致。

此外，商业银行都会进行信用评级，这是对银行内在的安全性、可靠性的判断，反映了对银行陷入困境而需要第三方（如银行所有者、企业集团、官方机构等）扶持的可能性的意见。商业银行财力级别定义为：

AAA 级银行拥有极强的财务实力。通常情况下，它们都是一些主要的大机构，营运价值很高且十分稳定，具有非常好的财务状况以及非常稳定的经营环境。

AA 级银行拥有很强的财务实力。通常情况下，它们是一些重要的大机构，营运价值较高且比较稳定，具有良好的财务状况以及较稳定的经营环境。

A 级银行拥有较强的财务实力。通常情况下，它们具有一定的营运价值且相对稳定。这些银行或者在稳定的经营环境中表现出较好的财务状况，或者在不稳定的经营环境中显示出可以接受的财务状况。

BBB 级银行的财务实力一般，它们常常受到以下一个或多个因素的限制：不稳固或正处于发展中的营运价值，较差的财务状况，或不稳定的经营环境。

BB 级银行财务实力很弱，周期性地需要或最终需要外界的帮助与支持。这类机构的营运价值不可靠，财务状况在一个或多个方面严重不足，经营环境极不稳定。

B 级银行是银行财务实力最弱的一个级别。这类银行缺乏必要的营运价值，财务状况很差，经营环境极不稳定，经常需要外界的扶持。

当然，为了维护银行信用，避免坏账，银行在发放贷款时通常都要求提供抵押物，就是根据借款客户的全部或者部分资产作为抵押品的放款。放款银行有权接管、占有抵押品，并且在进一步的延期、催收均无效时，有权拍卖抵押品，以此收益弥补银行的呆、坏账损失。

商业信用：企业之间信守的承诺

1596 年到 1598 年，一个有名的人叫巴伦支，他是荷兰的一个船长。他试图找到从北面到达亚洲的路线。他经过了三文雅，到达一个俄罗斯的岛屿，但是他们被冰封的海面困住了。

三文雅地处北极圈之内，巴伦支船长和 17 名荷兰水手在这里度过了 8 个月的漫长冬季。他们拆掉了船上的甲板做燃料，以便在零下 40 度的严寒中保持体温；他们靠打猎来取得勉强维持生存的衣服和食物。

在这样恶劣的险境中，84 人死去了。但荷兰商人却做了一件令人难以想象的事情，他们丝毫未动别人委托给他们的货物。而这些货物中就有可以挽救他们生命的衣物和药品。

冬去春来，幸存的商人终于把货物几乎完好无损地带回荷兰，送到委托人手中。他们用生命作代价，守望信念，创造了传之后世的经商法则。在当时，这样的做法也给荷兰商人带来显而易见的好处，那就是赢得了海运贸易的世界市场。

这是一则著名的商业信用的故事。那么请思考一下，商业信用的意义是什么呢？

商业信用是社会信用体系中最重要的一个组成部分，从本质上而言，商业信用是基于主观上的诚实和客观上对承诺的兑现而产生的商业信赖和好评。所谓主观上的诚实，是指在商业活动中，交易双方在主观心理上诚实善意，除了公平交易之理念外，没有其他欺诈意图和目的；所谓客观上对承诺的兑现，是指商业主体应当对自己在交易中向对方作出的有效的意思表示负责，应当使之实际兑现。

商业信用是指工商企业之间相互提供的，与商品交易直接相联系的信用形式：包括企业之间以赊销分期付款等形式提供的信用以及在商品交易的基础上以预付定金等形式提供的信用。我们通过一则小例子来看看商业信用在企业与企业之间的作用。

王老板的家具生意做得有声有色，同时他也是一个对自己要求非常严格的人，这种严格始终贯穿在他的生意中，主要体现在他对家具质量的要求上。很多商家选择王老板生产的家具的主要原因就是看中了其家具的质量。同时，王老板也是一个非常讲信用的人，他从不拖欠生产家具所用的原材料货款，总是先付款后提货。也正是王老板的这种严格和守信为他在业界树立了不错的口碑。

有一年，经济不景气，家具生意很不好做，很多家具生产厂家都倒闭了。但精明的王老板认为，只要现在能够继续生产，一段时间以后，家具市场肯定会好转，并且会比之前经济景气的时候还好。可是，问题出来了，想要继续生产，就必须有原料，但王老板手中目前没有那么多的流动资金。于是，王老板便找到材料供应商，要求先赊购一部分原料，等家具盈利后立即归还欠款。材料供应商听完后，立即答应了他的请求，原因是王老板是一个守信用的人，自己信得过他。

正是凭借着自己的信用，王老板的公司得以生存下去，这就是商业信用的力量。可以说，商业信用关系到我们日常商业生活的方方面面。商业信用是企业在正常的经营活动和商品交易中由于延期付款或预收账款所形成的企业常见的信贷关系。商业信用是在商品销售过程中，一个企业授予另一个企业的信用。如原材料生产厂商授予产品生产企业或产品生产企业授予产品批发商，产品批发商授予零售企业的信用。

从本质上而言，商业信用是主客观的统一，是商事主体在商业活动中主观意思和客观行为一致性的体现。商业信用在加强企业之间的经济联系、加速资金的循环与周转、促进社会再生产的顺利进行等方面都起着非常重要的作用。

1. 融通资金，促进生产发展

工商企业间所提供的商业信用，实质是生产经营企业向生产消费企业提供的一种便利而又快捷的融资服务，以低成本的方式缓解了生产消费企业对流动资金的需求，维持了企业连续不断的生产过程，从而促进了生产的发展。

2. 减少存货，增加销售收入

企业间提供的商业信用，既满足了一方生产经营的需要，也有利于对自身资产的充分利用，同时还减少了库存压力，降低了存货风险和仓储费用，加快了存货的流通速度和资金周转，提前确认了企业的销售收入，增加了企业的效益。

3. 促进销售，扩大市场份额

现代经济是以满足市场和用户需求而进行的生产与交换。市场除了有对商品（或劳务）数量、质量和价格方面的需求，还有对服务的需求，而提供商业信用正是满足市场需求的一项重要内容。工商企业通过提供商业信用，有利于缓解资金困难状况，维持生产循环，保持业务联系，从而使自身的产品拥有较高的市场占有比率。在经济活动中，保持商业信用一直被认为是企业间互利互惠的双赢之举。

4. 操作灵活，信用规模适度

商业信用的操作更为简单灵活，信用双方一般依购销合同约定条件，如延期付款、分期付款等，合同生效的同时信用随之产生。即使是商业承兑汇票，其手续也比银行承兑汇票或银行贷款简便。一般情况下，企业一方提供的信用规模和另一方的采购资金需求量是一致的，不会造成过度采购而引起的存货积压和浪费。

商业信用是企业之间的润滑剂，能够促进生产和产品的流通，是其他信用形式无法替代的。在银行信用迅速发展的当今社会，商业信用作为信用体系的基础仍然发挥着极其重要的作用。

古人说："人无信不立。"做人如此，做企业更要如此。商业信用是企业的灵魂，一个没有信用的企业连生存都很困难，更别提发展壮大了。商业信用对于卖方提供者来说，其作用表现在能够扩大商品经营规模、开拓商品市场、提高竞争力；对于买方提供者来说，其作用主要表现在能够稳定货源、稳定供需关系；对于卖方与买方接受者来说，其主要作用均表现为缓解资金短缺的困难。

民间信用：古老的高利贷

民间信用也称民间金融，泛指非金融机构的自然人、企业及其他经济主体之间以货币资金为标的价值让渡及本息还付。它是适应民间各经济主体之间为解决生产、经营、投资、生活等各方面的资金需求而应运而生的一种信用形式。

民间信用的主要存在形式有：直接货币借贷；通过中介人进行的货币借贷；以实物做抵押取得借款的"典当"等。民间信用的主要特点：信用的目的既为生产又为生活；期限较短，规模有限；自发性和分散性较强，风险性较大；利率较高。它是商业信用与银行信用的补充。其存在的基础是商品经济的发展和社会贫富不均，以及金融市场与其他信用形式不发达。

民间信用是一种古老的信用形式，主要是适应个人之间为解决生活或生产的临时需要而产生的。

莎士比亚的喜剧《威尼斯商人》描述了这样一个故事：商人夏洛克为人刻毒、贪婪，而安东尼奥则乐善好施，借钱从不收利息，坏了夏洛克不少生意，为此夏洛克怀恨在心。一次，安东尼奥为帮助好友，不得已向夏洛克借高利贷。夏洛克不收利息，但却同安东尼奥签了一个生死契约，如到期不能归还就从安东尼奥身上割一磅肉。后来安东尼奥不能如期偿还借款，双方诉讼至法院。夏洛克坚决要按照契约割肉，聪明的鲍西亚假扮律师，出庭为安东尼奥辩护，她准许安东尼奥割肉，但依照"契约"不能多一点，也不能少一点，否则就要夏洛克抵命，财产全部充公。夏洛克于是败诉。

在这个故事中，夏洛克就是一个典型的高利贷发放者，代表了社会的阴暗面。高利贷这种民间信用形式从古至今都一直存在，屡禁不绝。那么，高利贷产生的原因是什么呢？

所谓高利贷信用，就是以取得高额利息为特征的借贷活动。无论东方还是西方，高利贷在人类最古老的社会即已存在。在资本主义社会前经济生活中，高利贷甚至是占经济统治地位的信用形式。比如说在旧中国，借贷习惯按月计息，月息3分，即3%，这在现在看来，有点高得不可思议，但在当时已经是最"公道"的水平了。月息3%，即使不计复利，年息也达36%。比现在的银行利率水平高好几倍。但是，那时实际的月息通常大大高于3%。至于高到何种程度，很难说出上限。

那么高利贷是怎样界定的呢？经济史学者通常会按照如下方式定义高利贷：选定一个"我们觉得合适"的数字，比如20%的年利率，然后把利率超过了20%的任何借贷定义为高利贷。这样的定义从字面意思上看并没有错，因为超过20%的利率的确比较"高"。

高利贷产生于原始社会末期，在奴隶社会和封建社会，它是信用的基本形式。换句话说，在资本主义社会出现之前，在现代银行制度建立之前，民间放贷都是利息很高的。

在当时，由于私有制出现，贫富分化，人们开始采用还本付息的方式借贷。因当时剩余产品有限，可贷资财极少，借款者只有付出高额利息才能得到急需的商品和货币。这是高利贷产生的历史根源。

在我国，早在西周时期（公元前 1066～前 771 年），高利贷信用就已出现；到了春秋、战国、秦、汉时期，放款收息的事已较普遍；唐、宋以来又有发展；明代至清代，高利贷信用更加活跃；国民党政府时期的高利贷十分猖獗。高利贷信用就是在小生产者不断破产的基础上生存、发展的。我国历史上高利贷的利息率很高，年利率在 30%～40% 是比较低的，自汉代以来就有"倍称之息"的说法，有的时期高达 200%～300%。另外高利贷的形式也是多种多样的：

驴打滚：多在放高利贷者和农民之间进行。借贷期限一般为 1 个月，月息一般为 3 分～5 分，到期不还，利息翻番，并将利息计入下月本金。依此类推，本金逐月增加，利息逐月成倍增长，像驴打滚一样。

羊羔息：即借一还二。如年初借 100 元，年末还 200 元。

坐地抽一：借款期限 1 个月，利息 1 分，但借时须将本金扣除 1/10。到期按原本金计息。如借 10 元，实得 9 元，到期按 10 元还本付息。

由于高利贷有主体分散、个人价值取向、风险控制无力等特点，高利贷活动不可避免地会引发一定的经济和社会问题。一些利率奇高的非法高利贷，经常出现借款人的收入增长不足以支付贷款利息的情况。但在一些时候，由于地上金融在程序上的烦琐和复杂也给急需用钱的借贷人带来很多问题，而民间借贷却在这方面起到了无法替代的重大作用。因而，对于高利贷恐怕不仅要严堵，更要合理引导。

新中国成立以后的 30 年中，由于个人收入水平很低，无多余资金可供借贷，借入信贷也无力偿还。另外，个人无需进行生产经营投资，无大量借贷的必要。因此，民间信用规模范围很小，呈萎缩状态。1979 年改革开放以来，随着经济的发展，个人收入逐渐增多，除日常生活开支外，节余和积累逐渐增加，同时借贷偿还能力也有所增强，这就为民间信用的发展创造了基础条件。

随着个人和家庭生活水平的不断提高，个人和家庭生产经营的开展，生活开支和投资需要增加，个人之间的融资融物也有客观需要，于是民间信贷逐渐发展起来。民间借贷主要发生在农村，主要原因是：

第一，农民个人资金闲置和资金需求随着商品经济的发展迅速增长，这在客观上要求在农户之间或农村重点户、专业户和其他人员之间互相调剂资金余缺。

第二，国家银行信用和信用合作社信用不能完全满足个人对资金的需求。其一方面是由于国家银行和信用社的资金有限，以及经营方式、经营作风和经营能力等与农民对资金的需要不相适应；另一方面国家银行和信用合作社贷款有比较严格的限制，个人的资金需求许多与国家政策和贷款原则的要求不符。

我国民间信用规模究竟有多大，目前尚无确切的统计资料，事实上也无法进行确切的统计。有人估算民间信用中的资金借贷余额在 2011 中期应当有 3.8 万亿元，看来民间信用的总体是很庞大的。

民间信用是为解决经济主体的生产、经营、投资、生活等各方面的资金需求而产生的一种信用形式。但是，由于现阶段各种相关制度和法律法规不完善，客观上加大了民间融资行为的金融风险和金融欺诈的可能，因此民间信用的风险很大，在发生民间信用行为时一定要慎重。

个人信用：您的"经济身份证"

俗话说，好借好还，再借不难。眼看着房价飙升，一天上一个台阶，可手里资金不足，怎么办？贷款。周末，同事都开着私家车去郊游了，你也想买辆车享受一下美满人生，可现金不够，怎么办？还是贷款。

对很多中国人来说，个人信用还是一个新鲜的词汇。那么个人信用指什么呢？它会对我们的金融生活产生什么样的影响呢？

所谓个人消费信用是指个人以赊账方式向商业企业购买商品，包括金融机构向个人提供的消费信贷。个人消费信用的对象主要是耐用消费品，如房屋、汽车、家具、电器等，甚至包括教育、医疗及各种劳务。个人经营信用是企业信用的人格化和具体化，是企业信用关系在经营者个人身上的集中反映。

6月初，胡小姐好不容易看中一套满意的二手房，自己的存款外加亲友能够提供的借款刚好够首付，但她去银行申请贷款时，意外出现了，胡小姐因个人信用不良被银行拒贷。原因很简单：她读大学期间申请了一笔助学贷款，毕业后一直是父母亲帮着偿还贷款。但是因为疏忽大意有时没有及时还贷，致使她的个人信用报告出现了负面记录。胡小姐大呼郁闷，但也无计可施，好不容易看好的房子就这样失之交臂，而且她还不知道这个信用污点会不会给以后的生活带来负面影响……

个人信用可以算得上是你的另一种"身份证"，千万不要小看了个人信用。良好的信用记录是你的宝贵财富，可以在你申请信贷业务、求职、出国时带来便利。不过，如果由于种种原因，在你的信用报告中出现了一些负面的信息，例如，信用卡没有及时足额还款、贷款逾期偿还等，这些信息都会如实展示在个人信用报告上，当这些记录数量较多或金额较大时，可能在你申请信用卡或贷款时，金融机构会认为你的信用意识不强或还款习惯不好而拒绝给你贷款或降低贷款的额度。这就会给你带来很大的麻烦。

当你去银行申请贷款时，银行的工作人员就会在您的授权下查询你的信用记录。如果记录显示有借款未及时归还、有费用没有按时缴清，你申请新的贷款可能就会批不下来，毕竟赖账的人是不受欢迎的。如果信用记录良好，你就能够更顺利地获得贷款，甚至还能获得一些优患。

当然，对于银行来说，信用记录只是进行贷款审查与管理的重要参考，而不是唯一的依据，银行还会通过其他渠道对个人的信用状况进行全面调查和核实。个人征信系统里，就客观地记录着一个人过去的信用活动，它主要包括二类信息：第一类是基本信息，包括个人的姓名、证件号码、家庭住址、参加社会保险和公积金等信息；第二类是个人的信用活动信息，包括贷款、信用卡、担保、电信缴费、公共事业缴费等信息；第三类则是个人的公共信息，包括欠税、法院判决等信息。

发达国家个人信用有着精确的判断标准，并实行动态管理。以国外某些汽车金融公司汽车消费贷款为例，在贷款后管理上，以天约定，不是按月约定，还款日不还贷，就是违约，就形成不良信用记录；过几天不还，信用等级又要下调；在超过规定天数不还，银行就要采取法律手段并准备核销。

目前，我国银行对个人信用的判断标准还比较粗放，尚未达到精细化要求，如个人按揭贷款三个月内不还款仍视为正常贷款，实际上已严重影响了银行资金周转。很多本是不守信用的贷款，却没有反映出来。银行在维护自身不良贷款比率名声的同时，纵容了客户的失信行为，而自己也背上了经营管理不善的沉重包袱。

在我们国家，个人信用还处在刚刚起步的阶段，但在信用体系发达的国家，个人信用记录应用非常广泛，在贷款、租房、买保险甚至求职时都会用到。一份良好的信用记录会给个人带来许多实惠，他可以享受到更低的贷款利率——一笔切切实实的财富。

我国的个人信用体系发展情况如何呢？

目前，中国人民银行建设了两大征信系统，一是企业征信系统，为470多万户借款企业建立了信用档案，收录人民币信贷余额17万多亿元；还有一个是个人征信系统，当前，这个系统为5亿多人建立了信用档案，保存了5000多万人的信贷记录。这两个系统在为银行了解企业和个人的信用记录、贷款审查、防范信贷风险以及帮助企业和个人积累信用财富、获得更优惠的金融服务、获得更多的发展机会等方面将发挥越来越重要的作用。

而作为个人来说，我们就应努力建立和保持良好的信用记录。这里有三个要点：

首先，要尽早建立您的信用记录。可能有的人会说，为了免除信用污点，我干脆就不借款好了，这样不就一清二白了吗？这里要说明的是，不从银行借钱不等于就有好的信用，没有信用的历史记录，银行就难以判断个人信用状况。所以，建立信用记录的一个简单方法就是与银行发生借贷关系。

其次，要努力保持良好的信用记录。这就是说要重视信用，树立诚实守信观念，及时归还贷款及信用卡透支款项，按时缴纳各种费用，否则就会对个人信用造成影响。

最后，要多关心自己的信用记录。生活繁忙，金融交往也很频繁，由于一些无法避免的原因，你的信用报告中的信息可能会出现错误，因此我们一定要早发现。一旦发现自己的个人信用记录内容有错误，应尽快联系提供信用报告的机构，及时纠正错误信息，以免使自己受到不利的影响。

个人信用，已经成为我们的"第二身份证"——今后个人想申请贷款买房或是办理信用卡时，各家银行都会先查询申请人有没有"不良记录"，再决定是否办理。而在银行有信用污点的人，在全国各地都会遭到"封杀"，就算是办理一般金融业务也会"非常费力"。良好的信用记录，将为你带来更优惠的信贷条件或额度，而逾期还贷、恶意透支等不良的信用记录，则有可能在全国范围内使个人的各种有关金融、消费的行为受到制约。

信贷消费：是"时尚"还是"陷阱"

消费信贷是个人和家庭用于满足个人需求（房产抵押贷款例外）的信贷，与企业信贷相反。消费信贷是商业企业、银行或其他金融机构对消费者个人提供的信贷，主要用于消费者购买耐用消费品（如家具、家电、汽车等）、房屋和各种劳务。消费信用是指工商企业、银行和其他金融机构提供给消费者用于消费支出的信用，即消费者利用自己的信用进行超前消费。

随着生产力的发展，人民生活水平逐渐提高，市场消费总供给结构不断发生变化，价格昂贵耐用的消费品及住房建设等迅速发展。但对收入水平不够高的居民来说，购买耐用消费品如住房的价款，在短时间内难以备齐。于是，消费信用便成了解决这一问题的办法之一。

26岁的小张在北京一家投资管理公司工作。刚工作两年的她虽然只有5万元的存款，但她却毫不犹豫地买下了北京某房产公司开发的一套价值100万元的公寓。

小张乐观地说："这套房子的首付款要20万元，我自己的存款虽然不够，但父母会给我提供一些'财政援助'。剩下的，我会申请房屋按揭贷款。如果按照25年还本付息计算，每月还款大约在5000元。我现在每个月可以挣1万元，以后还会越来越好，所以还款不会出现问题。"

小张只是我国众多大胆"超前消费"年轻人中的一个。随着我国经济以接近十个百分点的持续快速增长，我国青年消费预期普遍提前，越来越多的年轻人敢于"花明天的钱享受今天的生活"。

那么，消费信贷的形式有哪些呢？

一是赊销。零售商向消费者提供的短期信贷，即用延期付款的方式销售商品。西方国家对此多采用信用卡的方式，定期结算清偿。

二是分期付款。消费者在购买高档消费品时，只支付一部分货款，然后按合同分期支付其余货款。如果消费者不能按时偿还所欠款项，其所购商品将被收回，并不再退回已付款项。

三是消费贷款。银行通过信用放款或抵押放款以及信用卡、支票保证卡等方式向消费者提供的贷款。

现阶段，贷款买房已成为我国一个重要的经济现象，房地产业已成为我国国民经济的一个新增长点，房地产业的发展有力地刺激了我国经济的发展，增强了经济发展的后劲，带动新的消费热点，扩大市场需求，使消费结构更加合理，反过来又促进生产的增长，使生产与消费处于良性循环之中。对于个人来讲，超前消费不仅可以帮助我们购买超出目前购买能力的消费品，改善生活状况，还可将挣钱还贷的压力转换成自己的动力。但同时超前消费也带来了一些弊端，如加大个人生活压力，引发社会问题等。

美国人的超前消费行为是出了名的，买房子贷款、上大学贷款、买汽车贷款、买台电脑贷款，甚至还有贷款结婚、贷款旅游、贷款办生日派对等。美国人到银行贷款就像是家常便饭。同时，由于销售商提供的分期付款服务，有人甚至买套餐具、被褥也分期付款。

超前消费的一种形式就是信用卡消费，相信对于信用卡年轻人并不陌生。在美国，有些人就是利用银行信用卡 30 天免息透支消费，然后用新贷还旧贷，结果背上一身卡债。这就是所谓的信用卡"灾"。在美国，贷款消费无处不在，没有使用过贷款消费的美国人几乎不存在。

现在，在很多银行申请信用卡的时候一般会免掉用户的第一年年费，开卡送礼也已经不是新鲜事了，从迪斯尼玩具到 SWATCH 手表，银行显得异常慷慨而且宽容。但是，银行在提供给你礼物的同时，也具备了收取以后每年信用卡年费及其他各项费用的权利。

第一年免年费并不意味着年年免费，一般情况下，一旦申请成功并拿了礼物，半年内是不能销卡的，稍加忽略就很容易跨越两个收费年度。而且需要提醒的是，信用卡一旦激活即使从来没用过，也要收取年费。如果持卡人到期没有缴纳年费，银行将会在持卡人账户内自动扣款，如果卡内没有余额，就算作透支消费。免息期一过，这笔钱就会按年利率"利滚利"计息。

因此，信贷消费应该遵循超前消费与量入为出，相当于攻与守、进与退的对立统一。鼓吹超前消费或者抵制超前消费都是有失偏颇的，物极必反，二者必先调和，否则后果不堪设想。

在具体消费时，应注意以下几点：

首先，避免盲目性消费。缺乏计划，随大流抢购市场热销而自己并不急需的商品，这种消费方式是不可取的。

其次，杜绝浪费性消费。浪费性消费通常表现在生活的细枝末节上，如食品多了变质，水龙头漏水，不随手关灯等。

再次，减少积压性消费。造成积压性消费的原因往往是抢购和赶时髦，购进大量家庭一时用不完或暂时用不了的东西，造成积压，使商品的使用价值逐渐减少甚至失去，也可能使自己丧失购买更急需或更合心意的商品的支付能力。

最后，抑制冲动性消费。冲动性消费往往源于享乐意识，看见某件喜爱的东西，明知价格偏高，亦毫不犹豫地买下，等日后在其他地方发现同样的东西价格要便宜得多，便后悔不迭。或者一时兴起，上饭店大吃一顿，去娱乐场所痛玩一场等，一个月的生活费在几小时内挥霍一空。这种冲动性消费对工薪阶层危害不小，应理智地予以控制。

这是一个消费时代，各种消费方式五花八门，每个人、每个家庭的消费观和消费目标千差万别，年轻的夫妻在走上家庭生活道路时，选择一种正确的消费方式非常重要，因为合理的消费可以为未来的发展打下良好的基础。

信用陷阱：警惕信用卡"被收费"

几块大大的背板醒目地写着优惠措施，一条长桌上摆满了抱枕、水杯等东西，穿着正装的工作人员热情地邀请你来了解情况……相信大多数人对这个信用卡促销场景都不陌生。

如今，几乎人人兜里都有一两张信用卡，利用好了，信用卡可以为你省钱、方便消费、帮你理财；利用不好，信用卡会让你陷入透支的恶性循环，成为"卡奴"，甚至给你的信用记录抹黑。

现代人对信用卡一点也不陌生，那么，信用卡背后到底藏着什么陷阱，使用时该注意什么呢？

信用卡顾名思义，就是记载你信用的卡片。你有良好的信用记录，银行才愿意核发信用卡供你使用，而消费状况和还款记录都是银行评估信用的重要参考。个人的消费状况和还款记录，是银行评估消费者信用等级的依据，若信用记录良好的话，未来向银行办理其他手续时，将会享有更好的待遇或者优惠条件。所以你的信用有多重要，你就应该把信用卡看得有多重要。

信用卡的出现，给很多人的消费生活带来了方便和乐趣，但是，当今社会上的"卡奴"与"房奴""车奴"同样流行。这不能埋怨信用卡，只能怪持卡人急功近利。我们必须清醒地认识到，信用卡只是一个工具，千万不要对"对账单"置之不理，每次都应准时还账。

1. 要妥善保管好银行卡

银行卡应与身份证件分开存放，因为如果银行卡连同身份证一起丢失的话，冒领人凭卡和身份证便可到银行办理查询密码、转账等业务，所以卡、证分开保管会更好地保证存款安全。另外，银行卡是依靠磁性来存储数据的，存放时要注意远离电视机、收音机等磁场以及避免高温辐射；随身携带时，应和手机、传呼等有磁物品分开放置，携带多张银行卡时应放入有间隔层的钱包，以免数据被损害，影响在机器上的使用。

2. 刷卡消费以后应保存好消费的账单

小张最近接到发信用卡的银行寄来的账单，有好几笔的消费都不是自己花的，惊疑之余，他打电话到银行去查询。银行要求查看当初的客户留存联，但他早就丢掉了，由于没有证据，他只好付款了事。

这样的例子时有耳闻，现在有些不法商人会模仿客户的笔迹，向发卡银行申请款项。在签完信用卡后，收银台通常会给客户一份留存联，但有些人当场就把它丢掉，不做记录也不留下来核对账目。其实这种做法相当危险，最好是有个本子记录信用卡的消费日期、地点及金额，买什么物品或用途等，另将留存联贴在记录簿上，每月对账单寄来后，核对无误才将留存联丢掉。有些款项的账单未到，要等下个月再核对，但一定要留存证据才不会付不该付的钱。此外，保存信用卡付费记录，还可令你在将来也能对曾买过的东西一目了然。

3. 信用卡储蓄提款多付费

大学生小王，看到很多人办理信用卡，他也就办了一张，想想以后家里也要向卡里打钱，这样他可以把钱打入信用卡，提款也方便，还免去了办理储蓄卡的麻烦。在使用了一段时间以后，他发现每次从信用卡里面取钱都会被扣取一定的费用，觉得很郁闷。

其实，不少银行规定，持卡人提取信用卡里面的溢存款也要收取手续费。银行的理由是，虽然信用卡溢存款是持卡人自己的钱，但是信用卡的功能是用来透支而不是储蓄，溢存款占用了银行的相关资源，因此需要付手续费。

与银行交流后，小王知道原来信用卡不是借记卡，储蓄提款都要收费，这样要花去一笔费用，得不偿失，于是他又重新办理了借记卡。

因此，持卡人最好不要将闲余的资金存入信用卡中，因为将信用卡当储蓄卡使用，不仅不会产生一分钱的利息，反而会给自己造成不必要的取现开支。

4.透支过度超限费不低

李女士先生出国旅行，需要大笔消费，在出国前，她听说信用卡在银行给出的固定透支额度之外，通常还能超额透支原来信用额度10%左右的金额，但是这部分金额是不享受免息政策的。于是她提高了自己的透支额度，结果还是刷爆了卡。银行向她收取了不低的超限费用。她很是郁闷，后来了解到，原来超限费价格也不菲。

针对这种情况，专家提醒大家，如果刷爆之后不及时还款，并且这笔费用采用复利算法，即"利滚利"累计，除此之外还有可能产生滞纳金和被收取罚息。持卡人不仅会付出更多的经济代价，严重的还有可能影响到个人信用记录。因此，持卡人如果临时需要进行大额消费的话，最好事先致电银行的信用卡中心，临时调高信用额度，这样可以避免产生高额的超限费用。

5.尽量不用信用卡取现

千万不要用信用卡取现金，除非是万不得已的情况。银行发信用卡，主要目的是让客户多消费，赚取更多佣金，如果客户用现金消费，银行就赚不到钱。所以，信用卡的通行惯例是，取现要缴纳高额手续费。有些银行的取现费用高达3%，如果取1000元，要缴纳30元的手续费。

即便是为了应急，取现后也一定要记得尽快还款。因为各家银行普遍规定，取现的资金从当天或者第二天就开始按每天万分之五的利率"利滚利"计息，不能享受消费的免息期待。这也是信用卡与借记卡的重要区别之一。

6.不要上了"异地刷卡全免费"的当

不少银行都发行了自己品牌的信用卡，并且提供了"异地外币刷卡，本地人民币还款"等多种异地、跨行的金融服务。然而，各家银行对于所提供的这种服务制定的收费标准不同。因此，无论是信用卡还是普通卡，持卡人打算在外地或者出国使用之前，一定要弄清楚自己享受的银行服务所需缴纳的手续费。异地刷卡会给持卡人带来一些额外的支出。

7.网上用卡要注意

除了在日常生活中注意用卡安全外，在网上用卡也要多留心。选择较知名、信誉好、已经运营了比较长的时间且与知名金融机构合作的网站，了解交易过程的资料是否有安全加密机制。向你熟悉的或知名的厂商购物，避免因不了解厂商，而被盗用银行卡卡号或其他个人资料。若用信用卡付款，可先向发卡银行查询是否提供盗用免责的保障。注意保留网上消费的记录，以备查询，一旦发现有不明的支出记录，应立即联络发卡银行。

8.警惕代还款公司骗取个人信息

白领小敏国庆期间，刷爆了信用卡，然而自己在信用卡最后还款日之前一时之间无法全额还清卡债，使用最低还款又要支付高额的利息。于是，就想到了使用信用卡代还款业务，来解决燃眉之急。她找到一家从事代还款业务的公司，只要付一定比例的手续费，公司就可以先帮持卡人在最后还款日之前将卡债还清，然后持卡人在这家公司的 POS 机上把这笔钱刷出来，还给信用卡业务公司。听了这个主意小敏决定试一试。不久后，小敏发现，自己的信用卡竟然又被大量透支。她立即报警。结果发现，这个代还款公司盗取了她的个人信息，盗取了她的款项。

针对这样的情况，专家表示，有很多这样的信用卡业务公司，以低廉的手续费吸引持卡人，实际上是假借信用卡代还款的名义，盗取持卡人的资料和信息。持卡人在委托信用卡公司进行代还款时，需要提供身份证、银行卡号等，一旦泄露了这些重要信息，不法分子就可以利用这些信息向银行申请新卡，然后进行刷卡消费或者套现，让持卡人蒙受经济损失。

信用卡可以说是让人欢喜让人忧。合理地使用信用卡确实可以为你的生活带来很大的便捷，但同时更需要警惕无节制的刷卡。因此，理性地控制冲动的刷卡行为才可以玩转信用卡，趋利避害，让信用卡更好地为我们服务。

信用经济：市场成熟与否的标尺

德国的旧历史学派经济学家布鲁诺·希尔布兰德最早提出了信用经济的概念。信用经济是从对货币银行学的研究发展起来的，它是货币经济的一种形式。在西方国家通常被笼统地称为货币经济。信用是商品和金融交易的一种交易方式，在这种方式下，交易者通过债权债务的建立来实现商品交换或货币转移。希尔布兰德根据交易方式的不同，把社会经济发展划分为三个阶段，即以以物易物交换方式为主的自然经济阶段、以货币作为交换媒介的货币经济阶段和以信用交易为主导的信用经济阶段。因此，信用经济是商品经济发展到一定阶段后所产生的一种经济现象。

信用经济中也存在着交易，而且当代世界信用交易量几十倍地大于商品交易量；信用资金供求决定着资金价格和利率；信用资金流通则决定着生产、分配、消费、储蓄、投资等生产和再生产的各个环节。随着信用货币的发行和金融事业的深入发展，信用经济已成为现代社会生活不可分割的部分。因此，现代市场经济本质上是信用经济的说法就由此而来。

在市场经济活动中，由于各部门、各企业生产不同商品的周期长短不一，资金周转情况也各不相同，客观上产生了商品赊购赊销以及资金借贷的要求。由于生产力的提高，商品日益丰富，住宅等不动产以及耐用消费品的销售，客观上也要求消费信用的出台。在这种条件下，信用关系便逐渐成为现代经济生活中一种最普遍的经济关系。这时，经济活动中的每一个部门、每一个环节都渗透着信用关系。在社会再生产过程中，任何企业都不可避免地要利用信用活动来保持生产连续进行或扩大生产。政府发行国库券、国债，向企业、个人或其他部门借款，也作为债权人向社会发放贷款，利用信用关系生产公共产品，调控经济活动。个人一方面通过银行存款或购买企业、政府债券成为债权人，另一方面也通过消费信贷、分期付款等方式获得信用而成为债务人。这些信用关系相互交织在一起，成为联结所有经济活动主体和一切经济环节的纽带。经济越发展，债权债务关系越紧密，信用越成为经济正常运转的必要条件，一旦遭到侵害，就易引发债务危机、信用危机和经济危机。从这个意义上说，现代市场经济实质上是信用经济。

信用是市场经济的产物，市场经济可以说是信用经济。信用的好坏是衡量、制约或促进社会经济发展的主要指标。

近年来，我国电子商务一直保持着强劲的发展势头。有关数据显示，2010 年中国电子商务市场交易额已达 4.5 万亿，同比增长 22%。同时，网络欺诈和诚信缺失已经成为我国电子商务繁荣发展的最大阻力。商务部数据显示，我国企业每年因信用缺失导致的直接和间接经济损失高达 6000 亿元。

数据显示，仅 2009 年，中国遭受网络欺诈的网民就多达 4500 万；在全国范围内，电子商务网站访问者中 89.2% 的人担心假冒网站，86.9% 的人表示如果无法获得该网站进一步的确认信息，将会选择退出交易。而来自中国反钓鱼网站联盟的最新统计显示，截至 2011 年 5 月底，联盟累计认定并处理了钓鱼网站 50118 个。其中，2011 年 5 月，联盟认定并处理钓鱼网站 3641 个，较 4 月（2635 个）环比增长 38%，较去年 5 月（1052 个）同比暴增 246%。

信用新问题随着经济的发展而日益彰显重要，传统主流经济学对此已有诸多的分析。"经济人"假设是传统经济学的基石，其核心内容是：人是"理性经济人"，"经济人"的目标是追求个人利益最大化。传统经济学的"经济人"假设揭示了市场利益原则,把道德、情感等因素排斥于经济动机分析之外，使"经济人"成为纯理性的人，忽视非理性因素在经济主体行为中的功能，"经济人"的一切行为都围绕着市场利益原则，并以此作为行为（包括信用行为）的动机。信用是商品货币交换关系的一个经济范畴，信用行为作为"经济人"的市场行为，其出发点是利益预期，利益成为信用行为的经济杠杆，"商人是否愿意使用信用，则取决于他对赢利的预期"。

在日常经济活动中，我们的交易各方，都在抱怨别人信誉差，希望有一个良好的信用环境，使得社会交往和经济交易活动能在一个有序、平安的氛围中进行，但对自己这一方是否会遵守约定、恪守信用，却并不严格要求，甚至自己在交易时就预留了不守信的伏笔。也就是说，在社会交往和经济交易活动中，人们均希望别人守信、社会诚信，而唯独自己可以不完全诚信。当大多数人都是这种思维时，整个社会信用状况差也就成为一种自然的普遍现象了。

信用具有多层次、多侧面的含义。经济学意义上的信用即借贷活动，是以偿还为条件的价值运动的特殊形式。在商品交换和货币流通存在的条件下，债权人以有条件让渡的形式贷出货币或赊销商品，债务人则按约定的日期偿还借款或偿付贷款，并支付利息。商业信用是信用发展史上最早的信用方式，人们通过所谓"赊账"，即债权债务关系的建立和消除实现商品的交换，商业信用在生产和流通的连接中起到了中介作用，加速了商品的生产和流通。随后信用超出了商品交易的范围，作为支付手段的货币本身也加入了交易的过程，产生了以货币为借贷对象的信用活动。

随着信用经济的发展，信用问题在金融活动当中也逐渐凸显出来。信用问题的产生源于信息不对称，通常状况下，信用是克服信息不对称的一个非正式的合约安排。从发生时间的角度来看，信息不对称可以分为事前的信息不对称和事后的信息不对称，前者容易存在逆向选择问题，而后者则容易存在道德风险问题。

市场交易中因信用问题而造成的无效成本已经占到了中国 GDP 的 10% ~ 20%，直接和间接经济损失每年高达 5855 亿元，相当于中国年财政收入的 37%，国民生产总值每年因此至少减少 2 个百分点。这说明中国因信用问题而产生的过高的交易费用已经严重阻碍了中国经济的发展，到了非解决不可的程度。

信用缺失实际上是一种威廉姆森意义上的机会主义行为，也就是欺诈性地追求自利。实际上，机会主义行为本身也会导致真实的或人为的信息不对称。从这个角度来说，信息不对称和机会主义行为是相互加强的。换言之，信用缺失很容易陷入制度经济学上有名的"锁入效应"，这一点不能不引起我们的注意，因为目前的中国在某种程度上确实存在着这种恶性循环。而这种恶性循环的本质则类似于阿尔钦意义上的由机会主义演发成的"套牢"问题。

信用问题的产生是由于非正式制度在机会主义面前不具有自我实施的性质，而这主要是因为代理方失信后没有有效地受到惩罚的威胁。眼前的利益蒙蔽了长远的利益，暂时的发展阻碍了长期的发展，这也可以算作个人理性与集体理性的冲突，"聪明反被聪明误"，属于斯密的"看不见的手"的悖论。

制度经济学表明，如果一种机制为了达到某种社会目标被设计出来却无法自我实施，那么就需要附加一种额外的实施机制，这样才能改变博弈形式，从而改变后果函数。之所以要附加这种额外的实施机制，无非是为了让失信者的外部性内部化，用通俗的话说就是，"一人做事一人当"。中国需要探索并建立与中国市场经济发展相适应的信用体系和信用制度，政府作为强制性制度变迁的主体在这方面作出一些努力可以说是正当其时。

信用风险：银行也不得不防的风险

理查德·比特纳在他的《贪婪、欺诈和无知：美国次贷危机真相》中描述了一个这样的故事：

约翰尼·卡特是南卡罗来纳州乡村的新好男人，他和妻子帕蒂想要实现一个小小的美国梦，他们看中一处面积 1800 平方英尺、刚刚竣工的新房。他们找了一个抵押经纪商申请贷款，这家经纪商过去一直为他们忙活融资贷款。后来，卡特夫妇得到了这笔贷款。但是仅仅 90 天后，他们就因为无法偿还贷款，而被迫失去了房子。而这时同样倒霉的还有贷款给他们的银行，银行不得不用他们的房子作为抵押。但房子却卖不出去。

事实上，像约翰尼·卡特这样的客户是不应该得到贷款的。我们来看一下他的信用记录：

借款人月度总收入是 2800 美元。在每月还贷之后，借款人这个月只剩下 700 美元。

而这些钱必须要支付他们的所有开销，吃的穿的，等等。

在结清房屋购买费用后，他们的账户里还余下 250 美元。他们没有积蓄，没有退休养老账户，他们靠每月的工资度日。除此之外，他们的信用记录还很差。在贷款被批准的时候，他们还拖欠着债务。信用报告的其余部分全是过去债务账户和注销账户的记录。这样的客户会成为次级贷款者。由于之前的房价很高，银行认为尽管贷款给了次级信用借款人，如果借款人无法偿还贷款，则可以利用抵押的房屋来还，拍卖或者出售后收回银行贷款。但是由于房价突然走低，借款人无力偿还时，银行把房屋出售，但却发现得到的资金不能弥补当时的贷款＋利息，甚至都无法弥补贷款额本身，大量这样的次级贷款无法收回，而作为抵押的房屋价格又持续走低，银行出现大面积亏损，美国由此爆发了"次贷危机"。

在美国，贷款是非常普遍的现象，从房子到汽车，从信用卡到电话账单，贷款无处不在。当地人很少全款买房，通常都是长时间贷款。可是我们也知道，在这里失业和再就业是很常见的现象。这些收入并不稳定甚至根本没有收入的人，他们怎么买房呢？因为信用等级达不到标准，他们就被定义为次级信用贷款者，简称次级贷款者。银行贷款给次级贷款者，要承担很高的信用风险。

信用风险是指交易对手未能履行约定契约中的义务而造成经济损失的风险，即受信人不能履行还本付息的责任而使受信人的预期收益与实际收益发生偏离的可能性，它是金融风险的主要类型。

信用风险具有客观性，也就是说它是不以人的意志为转移的。它还具有传染性，一个或少数信用主体经营困难或破产就会导致信用链条的中断和整个信用秩序的紊乱。不过，这种信用风险可以通过各种控制手段使其降至最低。信用风险还具有一个特点，那就是周期性，也就是说：信用扩张与收缩交替出现。

在过去的数年中，利用新的金融工具管理信用风险的信用衍生工具得到了迅速的发展，适当利用信用衍生工具可以减少投资者的信用风险。业内人士估计，信用衍生市场发展不过数年，在 1995 年全球就有了 200 亿美元的交易量。

银行业是整个经济的核心体系，银行危机具有传染性强、破坏性大等特点：一旦发生银行倒闭事件，如处理不好，就会引起连锁反应，甚至引发整个银行业的危机，而银行业的崩溃又好像多米诺骨牌一样，引发一系列社会经济危机：正是由于银行业的特殊地位，各国中央银行和金融监管当局都非常重视金融风险的控制和银行危机的防范。

2008 年年底，冰岛数家大银行在金融危机冲击下破产，不少英国和荷兰储户损失惨重，英国和荷兰政府不得不拿出大笔资金救助这些储户。但两国政府坚持要求，这笔损失应由冰岛政府赔偿。冰岛政府则抗议说，在经济重建的压力下，拿出这些赔偿款将是一个沉重的负担。经过多次磋商，英国、荷兰与冰岛三国政府达成协议，确定冰岛向两国赔偿 54 亿美元，冰岛议会随后通过了这个议案。偿还这笔债务意味着冰岛国家每人平添了 1.5 万美元的债务，尽管大部分的钱可通过出售银行资产来筹集。

这里引用这条旧新闻是想请大家思考一下：银行应该如何管理信用风险呢？

银行与货币信用密切相关，事实上，银行的信用与信贷在英文中是一个词。银行在一笔又一笔的存贷过程中，创造了大量的流动资金。银行加速货币的流动是通过交换媒介完成的，今天的很多交易并不涉及货币而是信用，但同时，银行承担了更多的信用风险，渐渐的，商业信用由银行来承担了。

信用风险是由借款人因各种原因未能及时、足额偿还债务或银行贷款而违约的可能性。发生违约时，债权人或银行必将因为未能得到预期的收益而承担财务上的损失。

具体说来，信用风险主要是由两方面的原因造成的：

一个方面是经济运行的周期性：在处于经济扩张期时，信用风险降低，因为较强的赢利能力使总体违约率降低。在处于经济紧缩期时，信用风险增加，因为赢利情况总体恶化，借款人因各种原因不能及时足额还款的可能性增加。

而另一方面指的就是对于公司经营有影响的特殊事件的发生：这种特殊事件的发生与经济运行周期无关，并且与公司经营有重要的影响。例如：产品的质量诉讼。用具体事例来说：当人们知道石棉对人类健康有影响的事实时，所发生的产品的责任诉讼使Johns-Manville公司，一个著名的在石棉行业中处于领头羊位置的公司破产并无法偿还其债务。

由于信用风险会对公司或个人的利益产生很大的影响，因此信用风险管理变成很重要的工作，较大的公司常有专门人员，针对各个交易对象的信用状况作评估来衡量可能的损益以及减低可能的损失。在这里有必要解释一下什么是"信用风险管理"。信用风险管理，指的是针对交易对手、借款人或债券发行人具有违约"可能性"所产生的风险进行管理。详细拆分此风险成分，可以区分成"违约几率""违约后可回收比率""本金"。它是目前金融业界的最大课题。除了针对"放款部位"进行信用风险管理外，也需要针对其投资的"交易对手"或"证券发行者"进行信用风险管理。

不良贷款：银行业的阿喀琉斯之踵

在经营业务的同时，商业银行也面临着很多风险。首先是信用风险。它就是商业银行无法按期收回贷款本息的风险，是商业银行最主要的风险。发放贷款是商业银行最传统的也是最主要的业务，但贷款有可能由于种种原因而收不回来，形成坏账。一旦坏账形成，商业银行只能用资本金或者累积的盈余来弥补。当坏账规模较大，导致商业银行的资本耗尽、资不抵债时，商业银行只能破产倒闭。1982年，意大利最大的私人银行阿姆博西诺银行，由于无法收回拉丁美洲的14亿美元贷款，导致银行资本严重亏空，最终这家拥有60亿美元存款的银行只好关门倒闭。

受美国次级住房抵押贷款危机影响，英国第五大抵押贷款银行——诺森罗克银行去年遭遇流动性短缺，向英国央行英格兰银行紧急求助。英国政府去年9月批准英格兰银行向诺森罗克银行贷款救急。然而，正是央行贷款救急，继而引发诺森罗克银行储户挤兑风潮，陷入危机。这是英国140年来首次出现挤兑风潮。

最终，英国政府不得不将诺森罗克银行收归国有，并通过英国政府对它进行重组的新方案。为此，英国政府向诺森罗克银行提供了200亿英镑贷款，但是这似乎仍不足以弥补诺森罗克银行以往 900 亿英镑的债务黑洞。但无论怎样，银行的最后一个担保人是政府，如果不是政府对联邦储蓄和贷款机构的担保，存款人早就发生了亏损。

不良贷款一直是困扰银行的大问题。那么，什么是不良贷款？不良贷款问题该怎样解决呢？

不良贷款，简而言之，就是出现违约的贷款。一般而言，借款人若拖延还本付息达三个月之久，贷款即会被视为不良贷款。银行在确定不良贷款已无法收回时，应从利润中予以注销。逾期贷款无法收回但尚未确定时，则应在账面上提列坏账损失准备。在评估银行贷款质量时，把贷款按风险基础分为正常、关注、次级、可疑和损失五类，其中后三类合称为不良贷款。

贷款五级分类也是目前国际上通行的比较科学的贷款划分办法，从每笔贷款偿还的可能性出发，把贷款划分为五个档次，评估贷款的质量和真实价值。贷款五级分类标准包括：

正常贷款：借款人一直能正常还本付息，银行对借款人最终偿还贷款有充分的把握，各方面情况正常，不存在任何影响贷款本息及时全额偿还的因素，没有任何理由怀疑贷款会遭受损失。

关注贷款：借款人偿还贷款本息没有问题。但潜在的问题如果发展下去将会影响贷款的偿还。

次级贷款：贷款的缺陷已经很明显，正常经营收入已不足以保证还款，需要通过出售、变卖资产或对外融资，乃至执行抵押担保来还款。

可疑贷款：已肯定贷款要发生一定的损失，只是因为存在借款人重组、兼并、合并、抵押物处理和诉讼未决等待定因素，损失金额还不能确定。

损失贷款：贷款全部或大部分已经无法收回，即使执行破产清算或抵押担保贷款仍然会全部或大部分损失。

五级分类只能防范不良贷款的发生，如果不良贷款已经存在又该如何处理呢？一般有两种方法：一种办法是"内部化解"，另一种办法是"体外输血"。

"内部化解"，商业银行可以用贷款损失准备金和自身积累的盈余核销坏账，也可以采取债权拍卖等方式处置不良贷款。"体内化解"不良贷款，关键是在严格控制不良贷款增长的同时，提高银行的盈利能力，逐步消化、降低不良贷款。

"体外输血"是依靠外部力量来化解不良贷款。"体外输血"是指把不良贷款从商业银行账面剥离，交由专业的资产管理公司集中处置。1999 年，我国成立了信达、华融、长城、东方四家金融资产管理公司，按照账面价值从四大国有商业银行剥离了 1.39 万亿元不良贷款。"体外输血"是指从外部为商业银行注入资金，用于化解不良贷款。2003 年，我国开始了新一轮农村信用社改革，并向农村信用社注入了 1650 亿元专项票据或再贷款，用于解决农村信用社的历史包袱。

每一家银行都有不良贷款，当不良贷款达到了一定的程度，它就成为一个随时可能发作的"毒瘤"，如果没有应对得当，很可能引发为一场严重的银行危机，把银行拖入破产的境地。

据中国人民银行银行监管司曾经的一篇文章透露，直到 2001 年，中国的四家国有银行才首次实现了不良贷款率净下降。在这之前的 7 年里，从 1994 年到 2000 年，我国四大国有银行的不良贷款年均增长 3.2 个百分点，1995 年四大行的不良贷款比例为 21.4%，以后逐年增加，2000 年末达到 29.2%。2001 年底，通过努力下降了 3.8 个百分点，不良贷款余额下降了 907 亿元，四大国有银行的不良贷款率降至 25.4%。相比之下，美国花旗银行的不良贷款率仅为 1.9%，汇丰银行为 3.5%，东京三菱为 8.8%。

在 1998 年~2000 年的三年里，虽然剥离了 1 万多亿元不良贷款，但四大行的不良贷款并没按预期幅度降低，而是一边剥离一边增加。1998 年，不良贷款实际上升了 4900 多亿元，1999 年上升了 5800 亿元，2000 年上升了 3700 亿元。三年间不良贷款增加了 1.44 万亿元，远远高于剥离掉的 1 万亿元。

不良贷款会给社会带来极大的危害。现在，越来越多的人也看到了不良资产的危害性。不良贷款率高，最大的危害就是影响银行对经济的支持能力。中国的银行近年来对贷款极其谨慎小心，就是因为不良贷款太多，影响了银行放款能力。另外，如果靠发行基础货币来解决不良贷款问题的话，就很容易会引发通货膨胀。如果对之掉以轻心，不良贷款的大量发生甚至还会诱发社会道德风险，如果加大处理不良贷款的力度又可能会引起企业连锁倒闭破产，增加财政风险和社会危机。而且，金融机构不良贷款率是评价金融机构信贷资产安全状况的重要指标之一。不良贷款率高，说明金融机构收回贷款的风险大；不良贷款率低，说明金融机构收回贷款的风险小。

由此可见，不良贷款的确是一种令人头疼的病，患上之后就要全力以赴地去治。那要如何治方能痊愈呢？

治疗不良贷款病不外乎有这么几种方法：首先是加强金融企业的业务监管，保证今后每一笔贷款的质量，防止新的不良贷款产生；其次是加大中国企业的体制改革、强化企业的经营和竞争机制；第三是适当采取扩张性货币政策，给一些能救活的企业输血，使之起死回生；最后一项措施是发行基础货币，冲淡不良贷款。后两种办法都是增加货币供给，通过适度通胀抵消不良贷款，从而活跃中国经济，使经济增加活力。

信用评级：金融界的"天气预报"

1997 年亚洲金融危机期间，美国总统克林顿的政治顾问卡维尔曾经公开宣称："过去我总以为，如果能转世的话，下一次我将选择做总统、教皇或棒球王。但是现在我觉得，下一辈子，我要操作债券。身在债券市场，你可以任意威吓他人。当然，如果能够像评级机构主管那样，对债券价格颐指气使，就更神气了。"1996 年，全球著名咨询公司麦肯锡出版一项长期研究成果《无疆界市场》，核心思想是"全球资本市场对主权国家政府的牵制越来越多，而主权国家对资本市场的控制力却日渐削弱。"该书宣告：谁掌控全球资本市场的定价权，谁就掌控了全球资金的流向，就掌控了主权国家的货币政策和金融政策，就掌控了主权国家兴衰成败的命脉。试问：当今世界，谁掌控着全球债券市场和资本市场的定价权呢？答案是：那就是以穆迪、标准普尔为代表的美国信用评级机构。

对于信用评级业国人了解得很少，信用评级业为什么这么威风？它到底在国家经济和金融服务体系中有什么特殊作用呢？

信用评级，又称资信评级，是一种社会中介服务为社会提供资信信息，或为单位自身提供决策参考。最初产生于20世纪初期的美国，1902年，穆迪公司的创始人约翰·穆迪开始对当时发行的铁路债券进行评级，后来延伸到各种金融产品及各种评估对象。由于信用评级的对象和要求有所不同，因而信用评级的内容和方法也有较大区别。

在现代社会，金融已与信用密不可分，随着我国市场经济体制的建立，为防范信用风险，维护正常的经济秩序，信用评级的重要性日趋明显，主要表现在：

1. 信用评级有助于企业防范商业风险，为现代企业制度的建设提供良好的条件

转化企业经营机制，建立现代企业制度的最终目标是使企业成为依法自主经营、自负盈亏、自我发展、自我约束的市场竞争主体。由于信用评级是对企业内在质量的全面检验和考核，而且，信用等级高的企业在经济交往中可以获得更多的信用政策，可以降低筹资成本，因此既有利于及时发现企业经营管理中的薄弱环节，也为企业改善经营管理提供了压力和动力。

2. 信用评级有利于资本市场的公平、公正、诚信

（1）相对于一般投资者：随着金融市场的发展，各类有价证券发行日益增多，广大投资者迫切需要了解发行主体的信息情况，以优化投资选择，实现投资安全性，取得可靠收益。

（2）可以作为资本市场管理部门审查决策的依据，保持资本市场的秩序稳定。因为信用等级是政府主管部门审批债券发行的前提条件，它可以使发行主体限制在偿债能力较强，信用程度较高的企业。

（3）信用评级也有利于企业低成本地筹集资金。企业迫切要求自己的经营状况得到合理的分析和恰当的评价，以利于银行和社会公众投资者按照自己的经营管理水平和信用状况给予资金支持，并通过不断改善经营管理，提高自己的资信级别，降低筹贷成本，最大限度地享受相应的权益。

3. 信用评级是商业银行确定贷款风险程度的依据和信贷资产风险管理的基础

企业作为经济活动的主体单位，与银行有着密切的信用往来关系，银行信贷是其生产发展的重要资金来源之一，其生产经营活动状况的好坏，行为的规范与否，直接关系到银行信贷资金使用好坏和效益高低。现阶段，随着国有银行向商业银行的转化，对信贷资产的安全性、效益性的要求日高，资信评级对银行信贷的积极作用也将日趋明显。

信用是社会经济发展的必然产物，是现代经济社会运行中必不可少的一环。维持和发展信用关系，是保护社会经济秩序的重要前提。信用评级甚至成了整个国际货币金融体系的命门和枢纽，如果没有良好的信用评级，那么任何政府、企业和金融机构都无法进入国际债券市场，信用评级是任何债券发行人进入国际债券市场和资本市场必备的通行证。如果信用评级达不到投资级别，那么债券发行人即使能够勉强发行债券，也将付出极高的代价（只能发行收益率极高的垃圾债券）。如果信用评级被长期维持在投资级别之下，那么债券发行人就可能永远无法跨入国际债券市场和资本市场大门。因此，当今世界，任何政府、企业和金融机构要想在主流国际金融市场有一席之地，就必须维持投资级别以上的信用评级。现在，信用评级的重要性日趋明显。

第八章 格林斯潘调节金融的"利器"

——每天学点利率知识

利息：利息是怎样产生的

利息是金融学中一个非常重要的概念，也许每一位读者对此都不陌生，但很难保证说就对银行利息究竟说明什么、究竟是怎样产生的会有一个正确认识。总体来看，利息是借款人付给贷款人的报酬；同时它还必须具备一个前提，那就是两者之间必须存在着借贷关系。

什么是利息呢？利息是资金所有者由于向国家借出资金而取得的报酬，它来自生产者使用该笔资金发挥营运职能而形成的利润的一部分。是指货币资金在向实体经济部门注入并回流时所带来的增值额，其计算公式是：利息 = 本金 × 利率 × 时间。

利息是剩余价值的特殊转化形式，它的最高水平是利润。利息作为资金的使用价格在市场经济运行中起着十分重要的作用，并影响着个人、企业和政府的行为活动。

现实生活中，贷款人把收取利息收入看作是理所当然的。在会计核算中，全球各国的会计制度都规定，借款所发生的利息支出首先要作为财务费用列入成本，只有在扣除这一部分后，剩下的部分才能作为经赢利润来看待。

刘先生在银行任职。多年来，在他的办公桌的玻璃台板下总压着一张储蓄存款利率表。凡穿西装的季节，在他西装衣袋里也总有一个票夹子，票夹子里藏着一张储蓄存款利率表。储蓄存款利率升了降，降了升，升了降，降了又降，对历年的利率变化难以记牢，所以刘先生就随处备有利率表，为的是与人方便、与己方便。

一次，一位中年妇女在储蓄柜台取款后迟迟没有离去，以为银行把她存款的利息算错了。刘先生把几次变化的利率一行一行抄给她，把利率计算的方法告诉她，她这才打消了心中的疑团。

还有一位熟人曾让刘先生帮她计算利息。说3年前向姐夫借了12000元钱，当时没有约定还款时间，也没有约定还款时加上多少利息，只想手头宽裕了，把借款和利息一次还清。刘先生就将随身带的利率表递上，并把利息计算的方法、保值贴补的时间段很明白地告诉她，由她根据自己的实际和承诺计算利息，末了她连声道谢。另外，刘先生家与亲戚家也有过几次借款关系，在还款时也是参照储蓄存款的利率还款的，双方都乐意接受，利率表起了中间人的作用。

在生活中，常常有民间借贷，有承诺的也好，无承诺的也好，还款时常要与同期的储蓄存款利息比一比。在炒股生涯中，常常要对自己的股票或资金算一算，自然而然要想到与同期的利率作比较。储蓄存款利率变了又变，涉及千家万户，千家万户要谈论储蓄存款利率。随身备有一张利率表，起到的作用还真的很大。但令人费解的是，利率为什么在不同的时期有不同的变化？这代表着什么？利率的高低又是由什么决定的？

现代经济中，利率作为资金的价格，不仅受到经济社会中许多因素的制约，而且，利率的变动对整个经济产生重大的影响。从形式上看，利息是因借款人在一定时期使用一定数量的他人货币所支付的代价。代价越大，说明利率越高。利率的高低，成为衡量一定数量的借贷资本在一定时期内获得利息多少的尺度。那么，是利率决定利息还是利息决定利率呢？

利息出现的原因主要有以下四点：一是延迟消费，当放款人把金钱借出，就等于延迟了对消费品的消费。根据时间偏好原则，消费者会偏好现时的商品多于未来的商品，因此在自由市场会出现正利率。二是预期的通胀，大部分经济会出现通货膨胀，代表一个数量的金钱，在未来可购买的商品会比现在较少。因此，借款人需向放款人补偿此段期间的损失。三是代替性投资，放款人有选择地把金钱放在其他投资上。由于机会成本，放款人把金钱借出，等于放弃了其他投资的可能回报。借款人需与其他投资竞争这笔资金。四是投资风险，借款人随时有破产、潜逃或欠债不还的风险，放款人需收取额外的金钱，以保证在出现这些情况后，仍可获得补偿。五是流动性偏好，人会偏好其资金或资源可随时供立即交易，而不是需要时间或金钱才可取回。利率亦是对此的一种补偿。

现实生活中，贷款人把收取利息收入看作是理所当然的。利息在国民生活中所发挥的重要作用主要表现为以下几个方面：

1. 影响企业行为的功能

利息作为企业的资金占用成本已直接影响企业经济效益水平的高低。企业为降低成本、增进效益，就要千方百计减少资金占压量，同时在筹资过程中对各种资金筹集方式进行成本比较。全社会的企业若将利息支出的节约作为一种普遍的行为模式，那么，经济成长的效率也肯定会提高。

2. 影响居民资产选择行为的功能

在我国居民实际收入水平不断提高、储蓄比率日益加大的条件下，出现了资产选择行为，金融工具的增多为居民的资产选择行为提供了客观基础，而利息收入则是居民资产选择行为的主要诱因。居民重视利息收入并自发地产生资产选择行为，无论对宏观经济调控还是对微观基础的重新构造都产生了不容忽视的影响。从我国目前的情况看，高储蓄率已成为我国经济的一大特征，这为经济高速增长提供了坚实的资金基础，而居民在利息收入诱因下作出的种种资产选择行为又为实现各项宏观调控作出了贡献。

3. 影响政府行为的功能

由于利息收入与全社会的赤字部门和盈余部门的经济利益息息相关，因此，政府也能将其作为重要的经济杠杆对经济运行实施调节。例如：中央银行若采取降低利率的措施，货币就会更多地流向资本市场；当提高利率时，货币就会从资本市场流出。如果政府采用信用手段筹集资金，可以用高于银行同期限存款利率来发行国债，将民间的货币资金吸收到手中，以用于各项财政支出。

利率：使用资本的应付代价

利率，就表现形式来说，是指定时期内利息额同借贷资本总额的比率。利率是单位货币在单位时间内的利息水平，表明利息的多少。

凯恩斯把利率看作是"使用货币的代价"。利率可以看作是因为暂时放弃货币的使用权而获得的报酬，是对放弃货币流通性的一种补偿，如果人们愿意推迟消费，则需要为人们这一行为提供额外的消费。从借款人的角度来看，利率是使用资本的单位成本，是借款人使用贷款人的货币资本而向贷款人支付的价格；从贷款人的角度来看，利率是贷款人借出货币资本所获得的报酬率。

当你去银行存钱，银行会按照存期划分的不同利率来给客户计算利息。利率的存在告诉我们，通过放弃价值1元的现期消费，能够得到多少未来消费。这正是现在与未来之间的相对价格。整体利率的多少，对于现值至关重要，必须了解现值才能了解远期的金融现值，而利率正是联系现值和终值的一座桥梁。

哪些因素会导致利率的变化？通常情况下，影响利率的因素大致有四种：

1. 货币政策

政府制定货币政策的目的就是促进经济稳定增长。控制货币供给和信贷规模，可以影响利率，进而调节经济增长。扩大货币供给，会导致利率下降；反之，则造成利率上升。

2. 财政政策

一个国家的财政政策对利率有较大的影响，通常而言，当财政支出大于财政收入时，政府会在公开市场上借贷，以此来弥补财政收入的不足，这将导致利率上升。而扩张性的经济政策，往往扩大对信贷的需求，投资的进一步加热又会导致利率下降。

3. 通货膨胀

通货膨胀是指在信用货币条件下，国家发行过多的货币，使过多的货币追求过少的商品，造成物价普遍上涨的一种现象。通货膨胀的成因比较复杂，因此，通货膨胀使得利率和货币供给之间的关系相对复杂。如果货币供给量的大幅增长不是通货膨胀引起的，那么利率不仅会下降，反而会上升，造成高利率的现象，以弥补货币贬值带来的损失。因此，利率水平随着通货膨胀率的上升而上升，随着通货膨胀率的下降而下降。

4. 企业需求和家庭需求

企业对于信贷的需求往往成为信贷利率变化的"晴雨表"，每当经济步入复苏和高涨之际，企业对信贷需求增加，利率水平开始上扬和高涨；而经济发展停滞时，企业对信贷的需求也随之减少，于是，利率水平转趋下跌。家庭对信贷的需求也影响到利率的变化，当需求增加时，利率上升；需求减弱时，利率便下跌。

经济学家一直在致力于寻找一套能够完全解释利率结构和变化的理论，可见利率对国民经济有着非常重要的作用。曾经有人写了这么一则场景故事：

1993年初的某一天，克林顿先生上台不久。克林顿就经济问题召见格林斯潘先生。

克林顿："老爷子，现在经济这么低迷，你看，下一步怎么办？"

格林斯潘："没什么，我只要挥舞一下手中的魔棒，那帮人就会推动市场。"老爷子像打哑谜一样应付这位上任不久的帅小伙子。

克林顿："真的？什么魔棒？哪些人？怎么推动市场？"总统先生显得非常着急。他从座位上站起来，手里拿着一支笔，在房间里走来走去。两眼一直望着格林斯潘。

格林斯潘："就是华尔街那帮金融大亨，我的老相识、老朋友们，他们都得听我的。"

"听你的，不听我的？"克林顿有点不服气。

"当然是听我的。不信，你瞧瞧！"格林斯潘用不容争辩的口气说。

"我对您手中的那根魔棒感兴趣，是什么东西？"

"利率。"

利率为什么具有如此魔力？因为利率是资金使用的价格，它的涨跌关系着居民、企业、政府各方的钱袋，能不让人紧张吗？

利率是经济学中一个重要的金融变量，几乎所有的金融现象、金融资产均与利率有着或多或少的联系。当前，世界各国频繁运用利率杠杆实施宏观调控，利率政策已成为各国中央银行调控货币供求，进而调控经济的主要手段，利率政策在中央银行货币政策中的地位越来越重要。合理的利率，对发挥社会信用和利率的经济杠杆作用有着重要的意义，而合理利率的计算方法是我们关心的问题。那么利率的水平是怎样确定的呢？换句话说，确定利率水平的依据是什么呢？

首先，是物价总水平。这是维护存款人利益的重要依据。利率高于同期价上涨率，就可以保证存款人的实际利息收益为正值；相反，如果利率低于物价上涨率，存款人的实际利息收益就会变成负值。因此，看利率水平的高低不仅要看名义利率的水平，更重要的是还要看是正利率还是负利率。

其次，是国有大中型企业的利息负担。长期以来，国有大中型企业生产发展的资金大部分依赖银行贷款，利率水平的变动对企业成本和利润有着直接的影响。因此，利率水平的确定必须考虑企业的承受能力。

第三，是国家财政和银行的利益。利率调整对财政收支的影响，主要是通过影响企业和银行上交财政税收的增加或减少而间接产生的。因此，在调整利率水平时，必须综合考虑国家财政的收支状况。银行是经营货币资金的特殊企业，存贷款利差是银行收入的主要来源，利率水平的确定还要保持合适的存贷款利差，以保证银行正常经营。

最后，是国家政策和社会资金供求状况。利率政策要服从国家经济政策的大方针，并体现不同时期国家政策的要求。与其他商品的价格一样，利率水平的确且也要考虑社会资金的供求状况，受资金供求规律的制约。

利率通常由国家的中央银行控制，在美国由联邦储备委员会管理。现在，所有国家都把利率作为宏观经济调控的重要工具之一。当经济过热、通货膨胀上升时，便提高利率、收紧信贷；当过热的经济和通货膨胀得到控制时，便会把利率适当地调低。因此，利率是重要的基本经济因素之一。

利息的种类：究竟有多少种利率

利息是金融学中一个非常重要的概念，也许读者们对此并不陌生，但很难保证会对银行利息究竟是怎样产生的、究竟说明什么等问题有一个正确认识。因为任何一种观念的形成，都有它的历史局限性。

按计算利率的期限单位可划分为：年利率、月利率与日利率；按利率的决定方式可划分为：官方利率、公定利率与市场利率；按借贷期内利率是否浮动可划分为：固定利率与浮动利率；按利率的地位可划分为：基准利率与一般利率；按信用行为的期限长短可划分为：长期利率和短期利率；按利率的真实水平可划分为：名义利率与实际利率；按借贷主体不同划分为：中央银行利率（包括再贴现、再贷款利率等）、商业银行利率（包括存款利率、贷款利率、贴现率等）、非银行利率（包括债券利率、企业利率、金融利率等）；按是否具备优惠性质可划分为：一般利率和优惠利率。利率的各种分类之间是相互交叉的。例如，3 年期的居民储蓄存款利率为 4.95%，这一利率既是年利率，又是固定利率、差别利率、长期利率与名义利率。各种利率之间以及内部都有相应的联系，彼此间保持相对结构，共同构成一个有机整体，从而形成一国的利率体系。

利率是单位货币在单位时间内的利息水平，通常用百分比表示，按年计算则称为年利率。其计算公式为：

利率 = 利息量 ÷ 本金 ×100%

根据本金与利息的计算时期不同，可为年利率、月利率和日利率三种。年利率按本金的百分之几表示，月利率按千分之几表示，日利率按万分之几表示。其中：

日利率（%∞）= 年利率（%）÷360

月利率（‰）= 年利率（%）÷12

利率是利息率的简称，指在一定时期内利息与本金的比率。利率有许多种分类方法，具体如下：

1. 根据计算方法不同，分为单利和复利

单利是指在借贷期限内，只在原来的本金上计算利息，对本金所产生的利息不再另外计算利息；复利是指在借贷期限内，除了在原来本金上计算利息外，还要把本金所产生的利息重新计入本金，重复计算利息，俗称"利滚利"。

与单利相比，复利更重视时间因素所起的作用，也更能反映信贷关系的本质，更好地体现信贷资金占用时间越长利息越多的原则。当然，复利的计算过程也要复杂得多。

2. 根据与通货膨胀的关系，分为名义利率和实际利率

名义利率是指没有剔除通货膨胀因素的利率，也就是借款合同或单据上标明的利率；实际利率是指已经剔除通货膨胀因素后的利率。

例如，如果一年期贷款利率为 5.5%，当年的通货膨胀率为 4.5%，那么该贷款的名义利率就是 5.5%，实际利率是 1%。

3. 根据确定方式不同，分为官定利率、公定利率和市场利率

官定利率是指由政府金融管理部门或者中央银行确定的利率；公定利率是指由金融

机构或银行业协会按照协商办法确定的利率。这种利率标准只适合于参加该协会的金融机构，对其他机构不具约束力，利率标准也通常介于官定利率和市场利率之间；市场利率是指根据市场资金借贷关系紧张程度所确定的利率。在我国，目前的利率标准基本上是官定利率。

4. 根据利率变化情况不同，分为固定利率和浮动利率

固定利率是指在整个借贷期限内利率是固定不变的，通常适用于借贷期限不长或者预期未来市场利率变化不大的情况下。

浮动利率是指在整个借贷期限内要随着市场行情变化定期进行调整的利率，通常适用于借贷期限较长或者预期未来市场利率变化较大的情况下。这时候的利息计算虽然不确定，而且比较复杂，但由于更切合实际，所以有助于降低双方的利率风险。

5. 根据国家政策意向不同，分为一般利率和优惠利率

一般利率是指在不享受任何优惠条件下的利率；优惠利率是指对某些部门、行业、个人所制定的利率优惠政策。

在西方国家，商业银行通常对那些资信最高、处于有利竞争地位的企业实行优惠利率；而在我国，通常是对某些重点行业和领域实行优惠利率，如个人商业性住房贷款就全都实行优惠利率。

6. 根据银行业务要求不同，分为存款利率和贷款利率

存款利率是指在金融机构存款所获得的利息与本金的比率；贷款利率是指从金融机构贷款所支付的利息与本金的比率。

无论从哪个角度来看，存款人取得存款利息、贷款人付出贷款利息只要在适度范围内就应该是合理且合法的。例如，银行发放贷款所取得的利息在扣除接受存款支付的利息后，就构成了银行利润的主要来源。可是也应当承认，如果这种利率水平太高，变成了"高利贷"，这就是法律所禁止的了。

如何计算名义利率与实际利率

假如银行储蓄利率是 5%，某人的存款在一年后就多了 5%，是说明他富了吗？这只是理想情况下的假设。如果当年通货膨胀率为 3%，那他只富了 2% 的部分；如果是 6%，那他一年前 100 元能买到的东西现在要 106 了，而存了一年的钱只有 105 元了，他反而买不起这东西了！

如果现在利率上升到 8%，你预期的通货膨胀率为 10%，情况会如何？虽然在 1 年末你的现金数量增加了 8%，但购买商品需要多付 10%，结果是，年末你能购买的商品少了 2%，也就是说，以不变价来计算，你损失了 2%。作为贷款人，在这种情况下，你显然不愿意发放贷款，因为按照不变为商品和劳务来衡量，你所赚取的是 -2% 的利率。与此相反，借款人更愿意借入资金，因为在该年末，按照不变的商品和劳务来衡量，他需要偿还的金额减少了 2%。也就是说，按不变价来计算，借款人多得了 2%。

所谓名义利率，是央行或其他提供资金借贷的机构所公布的未调整通货膨胀因素的利率，即利息（报酬）的货币额与本金的货币额的比率，也就是包括补偿通货膨胀（包

括通货紧缩）风险的利率。名义利率虽然是资金提供者或使用者现金收取或支付的利率，但人们应当将通货膨胀因素考虑进去。例如，张某在银行存入 100 元的一年期存款，一年到期时获得 5 元利息，利率则为 5%，这个利率就是名义利率。

名义利率并不是投资者能够获得的真实收益，还与货币的购买力有关。如果发生通货膨胀，投资者所得的货币购买力会贬值。因此，投资者所获得的真实收益必须剔除通货膨胀的影响，这就是实际利率。实际利率，指物价水平不变，从而货币购买力不变条件下的利息率。

实际利率越低，借款人借入资金的动力就越大，贷款人贷出资金的动力就越小。名义回报率与实际回报率也存在类似的区别。名义回报率没有考虑通货膨胀因素，是我们通常所说的没有任何定语的"回报率"。从名义回报率中剔除通货膨胀因素，就可以得到实际回报率，它表示投资某证券所能多购买的商品和劳务的数量。

名义利率与实际利率的区分十分重要，原因在于实际利率反映了真实的借款成本，是反映借款动力和贷款动力的良好的指示器。它还能很好地传达信用市场上发生的事件对于人们的影响程度。

名义利率与实际利率存在着下述关系：一是当计息周期为一年时，名义利率和实际利率相等，计息周期短于一年时，实际利率大于名义利率。二是名义利率不能是完全反映资金时间价值，实际利率才真实地反映了资金的时间价值。三是以 i 表示实际利率，r 表示名义利率，n 表示年计息次数，那么名义利率与实际利率之间的关系为 1+ 名义利率 =（1+ 实际利率）×（1+ 通货膨胀率），一般简化为名义利率 = 实际利率 + 通货膨胀率。四是名义利率越大，周期越短，实际利率与名义利率的差值就越大。

例如，如果银行一年期存款利率为 2%，而同期通胀率为 3%，则储户存入的资金实际购买力在贬值。因此，扣除通胀成分后的实际利率才更具有实际意义。仍以上例，实际利率为 2%-3%=-1%，也就是说，存在银行里是亏钱的。在中国经济快速增长及通胀压力难以消化的长期格局下，很容易出现实际利率为负的情况，即便央行不断加息，也难以消除。所以，名义利率可能越来越高，但理性的人士仍不会将主要资产以现金方式在银行储蓄，只有实际利率也为正时，资金才会从消费和投资逐步回流到储蓄。

当通货膨胀率预期上升时，利率也将上升。用公式表示，就是：实际利率 = 名义利率 – 通货膨胀率。把公式的左右两边交换一下，公式就变成：名义利率 = 实际利率 + 通货膨胀率。在某种经济制度下，实际利率往往是不变的，因为它代表的是你的实际购买力。

当通货膨胀率变化时，为了求得公式的平衡，名义利率——也就是公布在银行的利率表上的利率会随之而变化。名义利率的上升幅度和通货膨胀率完全相等，这个结论就称为费雪效应或者费雪假设。埃尔文·费雪认为，债券的名义利率等于实际利率与金融工具寿命期间预期的价格变动率之和。它表明名义利率（包括年通货膨胀溢价）能够足以补偿贷款人到期收到的货币所遭受的预期购买力损失。即贷款人要求的名义利率要足够高，使他们能够获得预期的实际利率，而要求的实际利率就是社会中实物资产的经营报酬加上给予借款人的风险补偿。费雪效应是一种一对一的影响关系，即如果预期通货膨胀率提高 1%，名义利率也将提高 1%。正是因为这个原因，当物价上涨时，人民银行就会制定出较高的利率水平，甚至还有保值贴补率；而物价下跌，人民银行就一而再，再而三的降息。费雪效应表明：物价水平上升时，利率一般有增高的倾向；物价水平下降时，利率一般有下降的倾向。

名义利率和实际利率通常不是同向变动的。（其他国家和地区的名义利率与实际利率也是如此）特别是美国名义利率较高的 20 世纪 70 年代，实际利率却非常低，甚至经常为负数。如果按照名义利率的标准来判断，你可能会认为由于借款成本较高，这一时期信用市场的银根很紧。然而，实际利率的估计值却表明你的判断是错误的。按照不变价衡量，借款成本非常低。直至最近，美国只报道名义利率，实际利率仍是无法观测的变量。

复利：银行存款如何跑过 CPI

根据计算方法不同，利息可以划分为单利和复利。单利是指在借贷期限内，只在原来的本金上计算利息；复利是指在借贷期限内，除了在原来本金上计算利息外，还要把本金所产生地利息重新计入本金，重复计算利息。爱因斯坦曾经这样感慨道："复利堪称是世界第八大奇迹，其威力甚至超过原子弹。"古印度的一个传说证实了爱因斯坦的这种感慨。

古印度的舍罕王准备奖励自己的宰相西萨班达依尔，此人发明了国际象棋。舍罕王问西萨班达依尔想要什么，西萨班达依尔拿出一个小小的国际象棋棋盘，然后对国王说："陛下，金银财宝我都不要，我只要麦子。您在这张棋盘的第 1 个小格里，放 1 粒麦子，在第 2 个小格里给 2 粒，第 3 个小格给 4 粒，以后每个小格都比前一小格多一倍。然后，您将摆满棋盘上所有 64 格的麦子，都赏给我就可以了！"

舍罕王看了看那个小棋盘，觉得这个要求实在太容易满足了，当场就命令了下来。

不过，当国王的奴隶们将麦子一格格开始放时，舍罕王才发现：就是把全印度甚至全世界的麦子都拿过来，也满足不了宰相的要求。

那么这个宰相要求的麦粒究竟有多少呢？有人曾计算过，按照这种方式填满整个棋盘大约需要 820 亿吨麦子。即使按照现在全球麦子的产量来计算，也需要 550 年才能满足西萨班达依尔的要求。

复利竟有如此神奇的力量，那么究竟什么是复利呢？

复利是指在每经过一个计息期后，都要将所生利息加入本金，以计算下期的利息。这样，在每一个计息期，上一个计息期的利息都将成为生息的本金，即以利生利。复利和高利贷的计算方法基本一致，它是将本金及其产生的利息一并计算，也就是人们常说的"利滚利"。

复利的计算是对本金及其产生的利息一并计算，也就是利上有利。复利计算的特点是：把上期末的本利和作为下一期的本金，在计算时每一期本金的数额是不同的。复利的计算公式是：$S=P(1+i)n$。

复利现值是指在计算复利的情况下，要达到未来某一特定的资金金额，现在必须投入的本金。所谓复利也称利上加利，是指一笔存款或者投资获得回报之后，再连本带利进行新一轮投资的方法。复利终值是指本金在约定的期限内获得利息后，将利息加入本金再计利息，逐期滚算到约定期末的本金之和。

例如：拿 10 万元进行投资的话，以每年 15% 的收益来计算，第二年的收益并入本金就是 11.5 万，然后将这 11.5 万作为本金再次投资，等到 15 年之后拥有的资产就是原来的八倍也就是 80 万，而且这笔投资还将继续以每 5 年翻一番的速度急速增长。

这其实是一个按照 100% 复利计算递增的事例。不过在现实中，理想中 100% 的复利增长是很难出现的，即使是股神巴菲特的伯克希尔哈撒韦公司，在 1993 年到 2007 年的这 15 年里年平均回报率也仅为 23.5%。不过，即使只有这样的复利增长，其结果也是惊人的。

还记得那个 24 美元买下曼哈顿岛的故事吗？这笔交易确实很划算，但如果我们换个角度来重新计算一下呢？如果当初的 24 美元没有用来买曼哈顿岛，而是用来投资呢？我们假设每年 8% 的投资收益，不考虑中间的各种战争、灾难、经济萧条因素，这 24 美元到 2004 年会是多少呢？说出来你或许会吓一跳：4307046634105.39 也就是 43 万亿多美元。这不但仍然能够购买曼哈顿，如果考虑到由于"911"事件后纽约房地产的贬值的话，买下整个纽约也是不在话下的。

金融领域有个著名的 72 法则：如果以 1% 的复利来计息，经过 72 年后，本金就会翻一番。根据这个法则，用 72 除以投资回报率，就能够轻易算出本金翻番所需要的时间。

比如，如果投资的平均年回报率为 10%，那么只要 7.2 年后，本金就可以翻一番。如果投资 10 万元，7.2 年就变成 20 万元，14.4 年后变成 40 万元，21.6 年之后变成 80 万元，28.8 年之后就可以达到 160 万元。每年 10% 的投资回报率，并非难事，由此可见复利的威力。

要想财富增值，首先必须进行投资。根据 72 法则，回报率越高，复利带来的效应收益越大。而银行的存款利息过低，所以储蓄并不是增值财富的根本选择。要想保持高的收益，让复利一展神奇的话，那就需要进行高回报率的投资。

从复利的增长趋势来看，时间越长，复利产生的效应也就越大。所以，如果希望得到较高的回报，就要充分利用这种效应。进行投资的时间越早，复利带来的收益越大。在条件允许的情况下，只要有了资金来源，就需要制订并开始执行投资理财的计划。

复利的原理告诉我们，只要保持稳定的常年收益率，就能够实现丰厚的利润。在进行投资的选择时，一定要注重那些有着持续稳定收益率的领域。一般情况下，年收益率在 15% 左右最为理想，这样的收益率既不高也不低，稳定易于实现。找到稳定收益率的领域后，只要坚持长期投资，复利会让财富迅速增值。

还要注意到，复利的收益是在连续计算的时候，才会有神奇的效应。这就要求我们在投资的时候，要防止亏损。如果一两年内，收益平平还不要紧，一旦出现严重亏损，就会前功尽弃，复利的神奇也会消失殆尽，一切又得从头开始。利用复利进行投资时，需要谨记的是：避免出现大的亏损，一切以"稳"为重。

华人世界的首富李嘉诚先生自 16 岁白手起家，到 73 岁时，57 年的时间里他的资产达到了 126 亿美元。对于普通人来说，这是一个天文数字，李嘉诚最终却做到了。李嘉诚的成功并不是一次两次的暴利，而在于他有着持久、稳定的收益。

让李嘉诚的财富不断增值的神奇工具就是复利。复利的神奇在于资本的稳步增长，要想利用复利使财富增值，就得注重资本的逐步积累。改掉随意花钱的习惯，这是普通人走向复利增值的第一步。

所以，我们要学会每天积累一些资金，现在花了 1 元钱，持续投资，将种子养成大树。所以说成功的关键就是端正态度，设立一个长期可行的方案持之以恒地去做，这样成功会离我们越来越近。

负利率：利息收入赶不上物价上涨

2008 年 11 月，日本 6 个月期的国库券的利率为负，即 −0.004%，投资者购买债券的价格高于其面值。这是很不寻常的事件——在过去的 50 年中，世界上没有任何一个其他国家出现过负利率。这种情况是如何发生的呢？

我们通常假定，利率总是为正。负利率意味着你购买债券所支付的金额低于你从这一债券所获取的收益（从贴现发行债券的到期收益中可以看出）。如果出现这样的情况，你肯定更愿意持有现金，这样未来的价值与今天是相等的。因此，负利率看上去是不可能的。

日本的情况证明这样的推理并不准确。日本经济疲软与负的通货膨胀率共同推动日本利率走低，但这两个因素并不能解释日本的负利率。答案在于，大投资者发现将这种 6 个月期国库券作为价值储藏手段比现金更为方便，因为这些国库券的面值比较大，并且可以以电子形式保存。出于这个原因，虽然这些国库券利率为负，一些投资者仍然愿意持有，即使从货币的角度讲，持有现金更为划算。显然，国库券的便利性使得它们的利率可以略低于零。例如一个 1000 块钱的东西一年后值 1065 块钱，但是 1000 块存在银行一年后负利率才 1038 块，还没有它升值快，存钱不赚反赔。

当物价指数（CPI）快速攀升，存银行的利率还赶不上通货膨胀率，导致银行存款利率实际为负，就成了负利率。用公式表示：负利率 = 银行利率 − 通货膨胀率（CPI 指数）。这种情形下，如果你只把钱存在银行里，会发现随着时间的推移，银行存款不但没有增加，购买力逐渐降低，看起来就好像在"缩水"一样。

假如你把钱存进银行里，过一段时间后，算上利息在内没有增值，反而贬值了，这就是负利率所引发的。负利率是指利率减去通货膨胀率后为负值。当你把钱存入银行，银行会给你一个利息回报，比如某年的一年期定期存款利率是 3%。而这一年整体物价水平涨了 10%，相当于货币贬值 10%。一边是银行给你的利息回报，一边是你存在银行的钱越来越不值钱了，那么这笔存款的实际收益是多少呢？用利率（明赚）减去通货膨胀率（暗亏），得到的这个数，就是你在银行存款的实际收益。

例如 2008 年的半年期定期存款利率是 3.78%（整存整取），而 2008 年上半年的 CPI 同比上涨了 7.9%。假设你在年初存入 10000 元的半年定期，存款到期后，你获得的利息额：（10000 × 3.78%）−（10000 × 3.78%）× 5% = 359.1 元（2008 年上半年征收 5% 的利息税）；而你的 10000 元贬值额 = 10000 × 7.9% = 790 元。790 − 359.1 = 430.9 元。也就是说，你的 10000 元存在银行里，表面上增加了 359.1 元，而实际上减少了 430.9 元。这样，你的银行存款的实际收益为 –430.9 元。

负利率的出现，意味着物价在上涨，而货币的购买能力却在下降。即货币在悄悄地贬值，存在银行里的钱也在悄悄地缩水。在负利率的条件下，相对于储蓄，居民更愿意把自己拥有的财产通过各种其他理财渠道进行保值和增值，例如购买股票、基金、外汇、黄金等。如果银行利率不能高过通货膨胀率那么就这意味着：存款者财富缩水，国家进入"负利率时代"。

虽然理论推断和现实感受都将"负利率"课题摆在了百姓面前，但有着强烈"储蓄情结"的中国老百姓仍在"坚守"储蓄阵地。银行储蓄一向被认为是最保险、最稳健的投资工具。但也必须看到，储蓄投资的最大弱势是：收益较之其他投资偏低，长期而言，储蓄的收益率难以战胜通货膨胀，也就是说，特殊时期通货膨胀会吃掉储蓄收益。因此，理财不能单纯依赖"积少成多"的储蓄途径。

负利率将会对人们的理财生活产生重大影响。以货币形式存在的财富如现金、银行存款、债券等，其实际价值将会降低，而以实物形式存在的财富如不动产、贵金属、珠宝、艺术品、股票等，将可能因为通货膨胀的因素而获得价格的快速上升。因此，我们必须积极地调整理财思路，通过行之有效的投资手段来抗击负利率。

面对负利率时代的来临，将钱放在银行里已不合时宜。对于普通居民来说，需要拓宽理财思路，选择最适合自己的理财计划，让"钱生钱"。抵御负利率的手段有很多：

首先，是进行投资，可以投资基金、股票、房产等，还可以购买黄金珠宝、收藏品。当然，我们必须以理性的头脑和积极的心态来进行投资，不要只看到收益，而忽视风险的存在。除了投资之外，还要开源节流，做好规划。其中首先就是精打细算。在物价不断上涨的今天，如何用好每一分收入显得尤为重要。每月收入多少、开支多少、节余多少等，都应该做到心中有数，并在此基础上分清哪些是必要的开支、哪些是次要的、哪些是无关紧要的或可以延迟开支的。只有在对自己当前的财务状况明白清楚的情况下，才能做到有的放矢。

其次，是广开财源，不要轻易盲目跳槽，在条件允许的情况下找一些兼职，与此同时也要不断地提升自我，增强职场与市场竞争力。

最后，就是要做好家庭的风险管理，更具体来说，就是将家庭的年收入进行财务分配，拿出其中的一部分来进行风险管理。而提及风险，就必然要提到保险，保险的保障功能可以使人自身和已有财产得到充分保护，当发生事故的家庭面临资入不敷出的窘境时，保险金的支付可以弥补缺口，从而降低意外收支失衡对家庭产生的冲击。从这一点来说该买的保险还是要买，不能因为省钱而有所忽视。

负利率时代的到来，对于普通老百姓尤其是热衷于储蓄的人来说是一个不得不接受的事实；而在积极理财、投资意识强的人的眼中，它却意味着赚钱时代的到来。我们只有通过科学合理的理财方式来进行个人的投资，才能以行之有效的投资手段来抵御负利率。抵御负利率的手段有很多，如减少储蓄，多消费，甚至以理性的头脑和积极的心态进行投资（如股票、房产等）。因为你的投资收益越大，抵御通货膨胀的能力也就越强。所以，负利率不可怕，可怕的是面对负利率却无动于衷！

利息税：储蓄也要收税

刚从银行出来的王先生有点郁闷："前些天，我哥哥打算买房，让我支援一下，这不，今天我就从银行取出了一个一年期 15 万元存款。然而最后到手的利息只有 3024 元，被扣掉的利息税就有 756 元，这是不是太夸张了？利息已经够低的了，怎么还要扣这么多利息税？炒股红利这些都不收税，储蓄为什么要收利息税？"

王先生的疑惑也是很多存款人的疑惑，为什么在低利率的时代还要征收利息税呢？这种利息税是不是应该取消呢？

什么是利息税呢？利息税实际是指个人所得税的"利息、股息、红利所得"税目，主要指对个人在中国境内储蓄人民币、外币而取得的利息所得征收的个人所得税。对储蓄存款利息所得征收、停征或减免个人所得税（利息税）对经济具有一定的调节功能。

新中国成立以来，利息税曾三度被免征，而每一次的变革都与经济形势密切相关。1950 年，我国颁布《利息所得税条例》，规定对存款利息征收所得税。但当时国家实施低工资制度，人们的收入差距也很小，因而在 1959 年停征了存款利息所得税。1980 年通过的《个人所得税法》和 1993 年修订的《个人所得税法》，再次把利息所得列为征税项目。但是，针对当时个人储蓄存款数额较小、物资供应比较紧张的情况，随后对储蓄利息所得又作出免税规定。

根据 1999 年 11 月 1 日起开始施行的《对储蓄存款利息所得征收个人所得税的实施办法》，不论什么时间存入的储蓄存款，在 1999 年 11 月 1 日以后支取的，1999 年 11 月 1 日起开始滋生的利息要按 20% 征收所得税。全国人大常委会在 2007 年 6 月 27 日审议了国务院关于提请审议全国人大常委会关于授权国务院可以对储蓄存款利息所得停征或者减征个人所得税的决定草案的议案，国务院决定自 2007 年 8 月 15 日起，将储蓄存款利息个人所得税的适用税率由现行的 20% 调减为 5%。而到了 2008 年 10 月 8 日，国家宣布次日开始取消利息税。

征收利息税是一种国际惯例，几乎所有西方发达国家都将储蓄存款利息所得作为个人所得税的应税项目，多数发展中国家也都对储蓄存款利息所得征税，只是征税的办法有所差异。

美国纳所得税，一般约 39%，没有专门的利息税，但无论是工资、存款利息、稿费还是炒股获利，美国纳税局都会把你的实际收入统计得清清楚楚，到时寄张账单给你，你的总收入在哪一档，你就按哪一档的税率纳税。

德国利息税为 30%，但主要针对高收入人群。如果个人存款利息单身者低于 6100 马克、已婚者低于 1.22 万马克，就可在存款时填写一张表格，由银行代为申请免征利息税。

日本利息税为 15%。

瑞士利息税为 35%，而且对在瑞士居住的外国人的银行存款也照征不误。

韩国存款利息被算作总收入的一部分，按总收入纳税，银行每 3 个月计付一次利息，同时代为扣税。

瑞典凡通过资本和固定资产获得的收入，都要缴纳资本所得税，税率为30%。资本所得包括存款利息、股息、债息及房租等收入。但政府为了鼓励消费，会为那些申请了消费贷款的人提供30%的贷款利息补贴。

菲律宾利息税为20%，在菲的外国人或机构（非赢利机构除外）也照此缴纳。

澳大利亚利息计入总收入，一并缴纳所得税。所得税按总收入分不同档次，税率由20%至47%不等。

当然，也有不征收利息税的国家，例如埃及、巴西、阿根廷及俄罗斯等。

而关于中国是否征收利息税，向来有所争论。取消利息税基于以下理由：

一是利息税主要来源于中低收入阶层，加重了这些弱势群体的经济负担。中低收入者与高收入者相比很难找到比银行存款回报率更高的投资渠道；征收利息税使中低收入者的相对税收高于高收入者。

二是自从1999年征收利息税以来，利息税的政策目标并没有很好地实现。恢复征收利息税以来，居民储蓄存款势头不但没有放慢，反而以每年万亿元以上的速度增长。

2008年，在央行下调存贷款利率的同时，国务院作出暂停征收利息税的决定。这两个政策一道出台，特别是自1999年11月1日开征以来便一直争议不断的利息税的暂停，对老百姓究竟有啥影响呢？

我们以2008年政策的出台为界点，免征利息税可以说对老百姓的影响很小。在存款利率和利息税调整前，一个人1万元的一年期定期存款，按照调整前4.14%的存款利率，扣除5%的利息税后，一年实际可以拿到393.3元的利息收入；在下调存款利率和暂时免征利息税后，一个人1万元一年期的定期存款按照目前3.87%的利率，拿到手里的利息收入有387元，反而比政策调整前少了6.3元钱。

免征存款利息税，部分弥补了降低利率给普通百姓带来的利息收入的损失，尽管这种补偿是象征性的，但重大财经政策背后的这种"补偿民生"的思维值得肯定。毕竟在现实中，将自己财产的很大一部分放在银行存着以使今后的生活有保障的还是普通百姓。他们多数人对投资理财并不擅长，市场上也无太多投资工具可以为他们服务，因此，他们最信赖的还是存款。

利率调整：四两拨千斤的格林斯潘"魔棒"

1987年10月19日，这一天对于华尔街的投资人来说是个难忘的"黑色的星期一"。这一天的道·琼斯指数在三个小时内暴跌了22.6%，六个半小时内股票市值缩水5000多亿美元。当天，38名富豪告别了《福布斯》富豪榜，当时的亿万富翁亚瑟·凯恩在家中饮弹自尽。第二天早上，刚任美联储主席两个月的格林斯潘下令降低联邦基金利率，随后，市场长期利率也随之下降。经过几个月的调整，华尔街的投资者们逐步获得了投资回报和信心，美国有惊无险地渡过了一场经济泡沫破裂的浩劫。格林斯潘由此挥舞着"利率"这根魔棒开始了他辉煌的传奇人生。

在此后的18年里，格林斯潘改变了美国货币政策的工具，使联邦基金利率成为连接市场和政策的指示器，利率工具在他的手中就像是一根"魔棒"，引导着美国经济乃至世界经济的走势。在格林斯潘时代，美国经济保持了长达十多年的新经济增长，创造了一个世纪传奇。

不少人认为，美国经济的长期增长归功于格林斯潘的利率政策。在当前我国社会经济领域里，能够撬动整个经济的杠杆倒有不少，其中运用得最多的要数存贷款利率。当我国被认为处于"通货膨胀"时期实行从紧货币政策时，有关方面频繁调高存贷款利率。以一年期定期存款利率为例，自2007年3月18日起，在不到9个月的时间里，连续6次上调，将此前的年利率2.52%，飙升至2007年12月20日的年利率4.14%，增幅为64.3%。曾几何时，风云突变，被认为处于"通货紧缩"时期实行宽松货币政策时，有关方面频繁调低存贷款利率。仍以一年期定期存款利率为例，自2008年9月16日起，在不到3个月的时间里，连续4次下调，将此前的年利率4.14%，猛砸至2008年12月23日的年利率2.25%，跌幅为45.7%，达到2006年8月19日以前的水平，或者说已经将利率降到了2002年的水平，离改革开放以来的最低点1.98%只差0.27个百分点。而且还有人说仍有下调空间，或者说有可能实行零利率。目的是十分明显的，这就是要运用利率杠杆去撬动整个社会经济。

真正控制货币乘数阀门的却是利率。对于贷款投资者而言，利率就是资金的使用成本，利率高到一定程度，说明资金的成本太高了，厂商就不愿意贷款投资了，生产受到一定的限制；当利率降低到一定程度，投资需求就会逐渐增加。相反，当利率向下降的时候，物价指数下降，说明经济已经开始变冷了。在资金市场里，利息率如同一个裁判，在各种投资项目面前树起一个标杆。凡是投资收益率高于利息率的项目就能成立，否则不然。这就为资源流向何处提供了调节机制。

利率对经济调控的重要作用主要表现在两个方面：一是究竟要达到什么目的？二是调整的依据何在？

从利率调整的目的来看，主要是解决以下几方面的问题：

1. 调节社会资金总供求关系

在其他条件不变的情况下，调高银行利率有助于吸引闲散资金存入银行，从而推迟社会消费品购买力的实现，减少社会总需求。与此同时，银行利率的提高也会增加企业贷款成本，抑制商品销售，减少企业盈利。

所以，当出现社会资金总需求大于总供给引发通货膨胀时，银行会采取提高利率来进行干预。调低银行利率的作用恰恰相反。

2. 优化社会产业结构

政府通过对需要扶持、优先发展的行业实行优惠利率政策，能够很好地从资金面来支持其发展；相反，对需要限制发展的行业或企业，则可以通过适当提高银行利率的方式来提高其投入成本。两者相结合，就能很好地调节社会资源，实现产业结构优化配置。

3. 调节货币供应量

当全社会的货币供应量超过需求量时会引发通货膨胀，导致物价上涨。所以，政府可以通过调整银行利率来调节货币供应量。这主要是通过提高利率来减少信贷规模、减少货币投放，来达到压缩通货膨胀、稳定物价的目的。

4. 促使企业提高经济效益

银行通过提高利率水平，会间接地迫使企业不断加强经济核算、努力降低利息负担，这在客观上提高了企业管理水平，促进了企业和全社会经济效益的提高。

如果企业认识不到这一点，或者根本做不到这一点，一旦整个企业的资金使用效益还够不上银行利息，或者贷款到期时无法正常归还贷款，就可能会被迫关门。

5. 调节居民储蓄

银行通过提高利率水平，可以吸引居民把闲余资金存入银行，减少社会货币总量，抑制通货膨胀。通过降低利率水平，可以驱使储蓄从银行转入消费领域，促进消费。

而在这个过程中，利率的调整就会对居民储蓄结构产生实质性影响，调节实物购买、股票投资比重。

6. 调节国际收支

银行通过调整利率水平，不但会在国内金融市场产生影响，而且还会在国际金融市场产生联动作用，调节国际收支。具体地说，如果国内利率水平高于国际水平，就会吸引国外资本向国内流动，从而导致国际收入大于国际支出。反之亦然。利率调整的目的，就是要保持国际收支基本平衡，至少是不能大起大落，否则是会影响国家金融安全的。

利率作为资本的价格，与普通商品一样，它的价格调整必定会受到货币供求状况影响。市场经济越成熟，资金供应状况对利率调整的影响作用就越大，利率调整对资金供应状况的调节作用也就越大。总的来看，当资金供应不足时利率水平会上升，当资金供大于求时利率水平会下降。一方面，资金供应状况会促使银行调整利率；另一方面，利率水平的调整也会改善资金供应状况，两者是相辅相成的。

在社会平均利润率一定的时候，利率的调整实际上就是把社会平均利润重新划分为利息、企业利润两部分，而这个比率应当尊重借贷资本供求双方的竞争性关系。因此，利率调整主要应尊重价值规律要求。如果像自然科学家那样研究出各种各样的调整模型来，即使有效，其中也会带有个人偏见的。

利率对资本价值的影响

如果你将 1000 美元存入银行账户，利率为 10%，那么你每年都可以取出 100 美元的利息，第 10 年末你的账户余额为 1000 美元。购买面值为 1000 美元、息票利率为 10% 的债券，每年息票利息为 100 美元，第 10 年末归还 1000 美元。如果债券价格等于其面值 1000 美元，它的到期收益率必然等于息票利率 10%。这一推理过程适用于任何息票债券，即如果息票债券按其面值购买，到期收益率与息票利率必然相等。

面值为 1000 美元、期限为 10 年、每年息票利息为 100 美元（10% 的息票利率）的债券，其现值计算方法如下：第 1 年年末支付的息票利息 100 美元的现值为 100/（1+i）美元，第 2 年年末 100 美元息票利息的现值为 100/（1+i）2 美元；依此类推，在到期日，为 100 美元息票利息的现值 100/（1+i）美元加上所偿付的 1000 美元面值的现值 1000/（1+i）10，令债券今天的价值（即债券的现价，以 P 表示）与债券所有偿付额的现值相等。

如果你想进行美元和欧元的外汇投资，那么美元和欧元的存款利率走势可以告诉我们，美元和欧元的价值经过一年后会如何变化。为了比较美元存款和欧元存款的收益率，我们需要知道的另一方面的信息是，在这一年中美元 / 欧元汇率的预期变动。为了知道美元和欧元哪一种货币的预期收益率高，你必须问自己：如果我用美元购买欧元存款，一年之后我能拿回多少美元？当你回答这一问题时，你会计算欧元存款的美元收益率，因为你会比较这笔欧元目前的美元价格和一年之后的美元价格。

如何进行这种计算？我们来看下面的例子：

假设今天的汇率是 1.10 美元 / 欧元，但你预计一年后汇率将变为 1.165 美元 / 欧元（可能因为你预期美国经济发展将出现不利情况），再假设美元利率为每年 10%，欧元利率为5%，这意味着 1 美元的存款一年后值 1.10 美元，而 1 欧元存款一年后值 1.05 欧元，哪一种存款的收益更高？

我们可以分五步求出答案：

第一步，用目前的美元 / 欧元汇率，计算出欧元存款（例如 1 欧元存款）的美元价格。如果今天的汇率是每欧元 1.10 美元，则 1 欧元存款的美元价格为 1.10 美元。

第二步，用欧元利率计算出如果现在买入 1 欧元存款一年后将获得的欧元数额。欧元存款的年利率为 5%，所以在年末，1 欧元存款将值 1.05 欧元。

第三步，用你所预期的一年后的汇率，计算出第二步中计算得出的欧元的美元价值。由于你预计在未来一年中，美元将对欧元贬值，所以 12 个月后的汇率将为 1.165 美元 / 欧元。于是，你的欧元存款一年后的预期美元价值是 1.165 美元 / 欧元 × 1.05 欧元 –1.223 美元。

第四步，已知今天的 1 欧元存款的美元价格为 1.10 美元，并预测到一年后的价值为 1.223 美元，就可以计算出欧元存款的预期美元收益率为（1.223–1.10）/1.10：0.11 或 11%。

第五步，因为美元存款的美元收益率（美元利率）仅为每年 10%，你预计以欧元存款形式持有你的财富更为有利。尽管事实上美元年利率要比欧元高 5%，欧元的预期升值给欧元持有者带来的未来资本收益会使得欧元存款成为高回报的资产。

下面我们来考察几个已知面值为 1000 美元、息票利率为 10%、期限为 10 年的债券，以求解到期收益率。如果债券的买入价格为 1000 美元，无论利用安装有该程序的袖珍计算器，还是在债券表中查找，我们可以找到到期收益率为 10%。如果价格为 900 美元，到期收益率就是 11.75%。

由此我们可以发现三个有趣的事实：

第一，如果息票债券的价格等于其面值，到期收益率就等于息票利率。第二，息票债券的价格与到期收益率是负向相关的。也就是说，当到期收益率上升时，债券价格下跌；反之，当到期收益率下降时，债券价格上升。第三，当债券价格低于其面值时，到期收益率要高于息票利率。

债券价格与到期收益率之间的负向相关关系显而易见。当到期收益率上升时，债券价格公式中所有的分母必然上升。于是，以到期收益率表示的利率的上升意味着债券价格的下跌。利率上升引起债券价格下跌还可以从另外一个角度解释，利率越高，未来的息票利息与最终偿付的款项所折现的价值就越少。因此，债券的价格必然更低。

我们发现，统一公债的到期收益率的计算十分简单（虽然它永远不会到期），例如，对于每年支付 100 美元、价格为 2000 美元的统一公债，很容易计算出它的到期收益率为 5%（100/2000）。贴现发行债券的到期收益率的计算类似于普通贷款，以 1 年期美国国库券这样的贴现发行债券为例，假定 1 年到期时偿付其面值 1000 美元。如果债券的现价为 900 美元，那么，利用公式使债券价格等于 1 年后收到的 1000 美元的现值。

换句话说，在通常情况下，投资者持有这些债券的收益为正。因此，贴现发行意味着债券的价格低于其面值。

利率调整对股市涨跌的影响

在金融学理论中，利率通常被看作宏观经济的"指挥棒"，而股票市场则是宏观经济的重要组成部分。所以从这一点上看，利率和股市之间必然会具有密不可分的关系。

2007 年 5 月 18 日晚上，中国人民银行宣布将金融机构一年期存款基准利率上调 0.27 个百分点，马上就引发第二天的股市波动。因为存款基准利率的上调会给外界传达出这样一个信息：政府要加强金融调控力度、防止经济增长从偏快转为增长过热，并希望给火爆的资本市场降降温。

不过需要指出的是，利率调整对股市走势的作用并不一定都会如此直接，两者之间的影响作用非常复杂。从历史上看，1996 年 5 月的利率下调对我国股市的冲击最大，随后接下来 5 次利率下调冲击作用就较弱。这表明降低利率对股市资金供给的影响作用不大。

有人甚至总结出这样的规律：利率上调从短期来看对股市的负面影响较大；从中期来看这种影响究竟如何就比较难判断；从长期（3 个月以上）来看则会转向于变成正面影响。

在股市发展的过程中，也有一些相对特殊的情形。当形势看好时，股票行情暴涨的时候，利率的调整对股价的控制作用就不会很大。同样，当股市处于暴跌的时候，即使出现利率下降的调整政策，也可能会使股价回升乏力。

比如，美国在 1978 年就曾出现过利率和股票价格同时上升的情形。当时出现这种异常现象主要有两个原因：一是许多金融机构对美国政府当时维持美元在世界上的地位和控制通货膨胀的能力没有信心；二是当时股票价格已经下降到极低点，远远偏离了股票的实际价格，从而使大量的外国资金流向了美国股市，引起了股票价格上涨。1981 年，香港也曾出现过同样的情形。当然，这种利率和股票价格同时上升和同时回落的现象至今为止也还是比较少见的。

对股票市场及股票价格产生影响的种种因素中最敏锐者莫过于金融因素。在金融因素中，利率水准的变动对股市行情的影响又最为直接和迅速。利率调整是短期内影响股市走势的重要因素，长期看也会对股价变动产生显著负相关关系，不过这两者之间的关系很复杂。

一般认为，金融因素是影响股票价格最敏感的因素，而在金融因素中，利率的调整对股市行情影响最直接、最迅速。有人用格兰杰因果检验方法研究发现，利率调整会在一个相当长的时期内影响股市走势；相反，利率调整政策的制定却不需要受股市走势影响。具体地说，利率政策对股市的长期走势表现为：股票价格与利率呈反比关系——提高利率，股票指数会下跌；降低利率，股票指数会上涨。

股票价格变动方向为什么会和利率调整呈反方向呢？原因是：

第一，利率的上升，会增加上市公司借款成本，提高贷款难度，这样就必然会挤占公司利润、压缩生产规模，导致未来股价下跌；反之亦然。

第二，利率上升时，投资者用来评估股票价格所用的折现率也会调高，股票内在价值会因此下降，导致股票价格相应下跌；反之亦然。

第三，利率上升时，一部分资金会从股市撤出转而购买债券或存入银行从而减少股市中的资金流通量，这种股市"失血"会导致股市下跌；反之亦然。

既然利率调整与股票价格变动之间存在着上述关系，那么，投资者就有必要密切关注利率调整的时间、方向和力度。如果可能，还要对利率调整作出预测，以便抢先一步进行股票买卖。

当然，影响股票价格的因素还有很多，本小节关注的不是股价每一天的变化，而是从全局出发，观察股价随着利率和通货量的变化如何波动。通过股票价格的波动曲线本身很难预测出股价每一天的变化，而其波动曲线也是复杂多样的，随时都有可能发生变化，无法用三言两语解释清楚，而且大家不可能一整天都坐在电脑显示屏前瞪大双眼观察股价的变化。等大家终于弄明白了股价的波动曲线时，投资机构早就用人工智能机器迅速完成交易了，我们怎么能赶上人工智能机器的速度呢！这些人工智能机器都是由那些数学、物理学等专业的研究人员制造的，而他们至今仍每天都在提高机器的运算能力。再加上我们每天面对铺天盖地的信息时处理能力也没有那么出色，所以，对我们来说，最佳的选择就是把握整体趋势，根据这个趋势稳健投资。

通货膨胀期间，信贷扩张规模等比放大，股票价格也呈等比上升趋势。一般泡沫形成时，不仅是机构投资者，连那些散户都在助长泡沫，可以说这是一个非常危险的时期。这个结论可以帮助我们判断经济的中长期利好形势，并决定抛出或买入的最佳时机。

从我国实际情况来看，投资者可以主要关注以下几方面：

一是贷款利率调整幅度。贷款资金是由存款来供应的，所以，从贷款利率的调整可以推测出存款利率也会出现相应调整。

二是市场景气动向。市场兴旺，物价上涨，利率一般会向上调整，因为只有这样才能吸引更多存款，减轻市场压力；反之，利率会向下调整。

三是资金市场的紧张程度和国际金融市场利率水平。道理很简单，在一个开放的市场体系中货币是没有国界的，必须从全球范围看问题。

从金融市场分析，利率下降时，股票的价格就上涨；利率上升时，股票的价格就会下跌。因此，利率的高低以及利率同股票市场的关系，也成为股票投资者据以买进和卖出股票的参考。鉴于利率与股价运动呈反向变化是一种一般情形，投资者就应该密切关注利率的升降，并对利率的走向进行必要的预测，以便抢在利率变动之前，就进行股票买卖。

利率与投资债券的关系

路透伦敦 6 月 13 日电：周三公布的调查显示，过去一个月投资者大幅调升对全球利率的预期，但并未减持股票，股票比重仍然居高不下。美林表示，6 月份对 201 位基金经理的调查结果显示，人们对股市被高估的感觉已升至 2004 年初以来的最高水准，但较之公债，股票显然仍是人们喜爱的资产。

目前金融市场普遍认为全球经济走势良好，通膨率及利率将上升，结果公债收益率（殖利率）不断攀升。上周末美林的调查期结束时，美国指标 10 年期公债 <US10YT=RR> 收益率为 5.1368%，较 5 月采样结束时高出近 49 个基点。美林称，58% 的受访基金经理目前认为，全球核心通膨明年将上升，该比例高于 5 月时的 53% 和 4 月时的 47%；对货币政策的预期改变较大，有 71% 的受访者认为长期利率将上升，5 月时持该观点的为 62%，4 月时为 60%。

随着收益率上升，投资者开始下调其对股票的估值。美林表示，根据受访者看法得出的"估值过高"指标自 5 月的 47 升至 52，目前为三年来最高。

对证券市场上的投资者来说，利率更是牵动着他们的每一根神经，因为利率的变化直接影响着证券价格。在一般情况下，利率和股票、债券的价格呈反向变化。利率下降，证券价格上涨，利率变化会影响股市涨落，利率上升，证券价格下跌。因此，利率的变化与股市的涨跌息息相关。

我们在进行债券交易时会发现，自己购买的债券将来所能获得的实际收益，并不一定与票面上规定的利息率相同，有时会大大超出票面规定的收益；有时又会低于票面规定，从而变成实际收益下降。而这也揭示出了债券和利息率之间的一种联动关系。换句话说，利息率与债券投资收益率是两个不同的概念，并不是说利息率越高债券收益率就越高。例如，如果某人拥有一张面值 1000 元的债券，它的票面年利率为 3.5%。如果你要以 900 元的价格买下它，你的当期收益率有多少？

在这里，首先要弄清两个概念。一个是年息票收入，另一个是当期收益率。年息票收入是指定期支付的债券（或其他票据）的利息，在这里就是 3.5%；当期收益率是指年息票收入与当前购买价格的比率。

一般来说，利率调整的方向与债券收益率变动方向一致，与债券价格变动的方向相反。也就是说，当市场利率上升时，持有固定利率债券的投资者会发现，这时候自己持有的债券收益率也同样提高了，不过这时候的债券价格相对来说却降低了。

这种变动方向，有可能促使投资者用原有价格迅速卖出手中持有的债券，从而造成该债券在市场上供大于求，直接引发债券价格下跌。这种供大于求局面，反过来又会使得该债券的收益率重新回升，向市场利率靠拢，慢慢扭转原来的局面。

举例来说，如果面值 1000 元的 1 年期债券，年利率为 3.5%，那么到期后它的本利和就是 $1000×（1+3.5\%）＝1035$（元）。毫无疑问，如果这时候的市场利率就是 33%，那么该债券的价格就是 1000 元，即 $1035÷（1+3.5\%）：1000$（元）。假如这时候的市场利率上升到了 5%，那么该债券的收益率也就相应提高了，变成了 1000×（1+5%）=1050（元）；与此同时，债券价格却相应降低到了 1035÷（1+5%）= 985.71（元）。相反，如果这时候的市场利率下跌到了 2.2%，该债券的收益率也会相应下跌到 1000×（1+2.2%）= 1022（元）；债券价格相应上涨到 1035÷（1+2.2%）= 1012.72（元）。

利率与债券收益率之间的关系，在不同期限的债券上表现各不相同。债券的到期时间越长，相对利率变动而言其价格变动越大。因此，即使两种债券的破产风险完全相同，到期时间较长的债券暴露在利率变动产生的价格风险下的几率也要更大一些。

因期间长短而造成不同利率价格风险的这种差别在逻辑上解释起来很简单。假定你买了一种 14 年期、每年产生 10% 或 100 美元的收益的债券，现在假设相似风险的债券利率上升至 12%，你在未来 14 年内每年仍将只获得 100 美元。而在另一方面，如果你买了 1 年期债券，你只会有 1 年较低的收入。在这年年末，你将得到 1000 美元，你可以将其再投资，从而在未来 13 年中每年获得 12% 或 120 美元的收益。因此，利率的价格风险反映了一个投资者进行某项给定投资的时间长度。

尽管 1 年期债券比 14 年期债券的利率价格风险更小。1 年期债券会使投资者处于更大的利率再投资风险之下。假定你买了一种票息利率为 10% 的 1 年期债券，然后相似风险的债券利率降至 8%。1 年后，当你拿到 1000 美元时，你只能以 8% 的利率进行再投资，所以你每年会损失利息 20 美元（100 美元 –80 美元）。如果你购买了 14 年的债券，即使在利率下降时你每年仍将获得 100 美元的利息。如果你将这些利息再投资的话，你将不得不面对比较低的收益率，但你仍比持有 1 年期的债券时的情况好得多。

根据利率判断债券走势的一条普遍规律是，由于债券到期时要按票面载明的利率进行兑现，所以，离债券到期日越近，该债券的投资风险就越小。换句话说，长期债券的利率风险要大于短期债券的利率风险，当债券即将到期时，就意味着这种风险也即将消失。

通过分析，我们可以得出一个结论，债券的市场价格与当期收益率呈反方向变化关系。当市场利率上升时，当期收益率低于市场利率的债券将会被抛售，从而引起债券的价格下降。这就是为什么债券的价格会随市场利率的上升而下降的原因。利率调整会促使债券收益率向同方向调整，而使债券价格向反方向调整。也就是说，利率上升后债券收益率会相应提高、债券价格则相应下跌。

金融因素极为敏感地影响着债券市场及债券价格。利率水准的变动又是金融因素中最直接和迅速地影响着债券行情的因素。因此，利率的高低以及利率同债券市场的关系，也成为债券投资者据以买进和卖出债券和判断债券走势的重要依据。

利率与存款准备金率的关系

这几年我国频繁调整存款准备金率，每当新闻报道中播出存款准备金率调整的消息后，总有人以为银行利率又调整了。虽然存款准备金率和利率之间有关联，但两者终究不是一回事。

1998 年～ 2002 年，稳健的货币政策。1997 年，我国经济开始出现国内需求不旺的情况，加上亚洲金融危机爆发的影响，我国逐渐形成通货紧缩的局面。基于此，我国从 1998 年起正式开始实施稳健的货币政策，存款准备金率两次下调。

2003 年～ 2007 年，稳中从紧的货币政策。从 2003 年开始，我国进入新一轮经济增长周期的上升期。在此期间，货币政策虽然名义上仍维持"稳健"的基调，但内涵已逐步表现出适度从紧的趋向。截至 2007 年年底一共加息 8 次，上调准备金率 14 次。

2006 年～ 2008 年 6 月期间，从紧的货币政策。为防止经济增长由偏快转为过热，防止价格由结构性上涨演变为明显的通货膨胀，2007 年年底的中央经济工作会议明确提出从 2008 年起货币政策由"稳健"改为"从紧"。至此，我国实施 10 年之久的"稳健"的货币政策正式被"从紧"的货币政策所取代。在此期间，存款准备金率上调了 18 次。

2008 年 9 月～ 2009 年 11 月，实行适度宽松的货币政策。2008 年 11 月 5 日召开的国务院常务会议提出，为抵御国际经济环境对我国的不利影响，必须采取灵活审慎的宏观经济政策，即要实行适度宽松的货币政策。这次也是中国 10 多年来货币政策中首次使用"宽松"的说法。适当宽松的货币政策旨在增加货币供给，在继续稳定价格总水平的同时，在促进经济增长方面发挥更加积极的作用。在此期间，4 次下调存款准备金率。

所谓存款准备金是指金融机构为保证客户提取存款和资金清算需要而准备的在中央银行的存款。存款准备金率是指金融机构必须将存款的一部分缴存在中央银行，存款准备金占金融机构存款总额的比例。由于存款准备金率由中央银行制定，各商业银行金融机构必须执行，所以存款准备金率也叫法定存款准备金率。法定存款准备金率越高，执行的紧缩政策力度越大。

存款准备金只发生在金融机构与中央银行之间，与存款人只具有间接关系。实行存款准备金制度的目的，是要限制金融机构贷款规模，同时保证客户提取存款、资金清算能够顺利实现。那么，存款准备金率和银行利率之间有什么关系呢？一般来说，存款准备金率提高了，表明中央银行发出了紧缩货币政策信号，这时候的银行利率也会有上升趋势。

随着金融制度的发展，存款准备金已经成为非常重要的货币政策工具，间接调整货币供应量。当中央银行降低存款准备金率时，金融机构可以用于发放贷款的资金增加了，整个社会的贷款总量和货币供应量也会相应增加；反之，整个社会的贷款总量和货币供应量就会相应减少。

当中央银行提高法定准备金率时，商业银行可提供放款及创造信用的能力随之下降。因为准备金率提高，货币乘数就变小，从而降低了整个商业银行体系创造信用、扩大信用规模的能力，其结果是社会的银根偏紧，货币供应量减少，利率提高，投资及社会支出都相应缩减；反之亦然。存款准备金率的提高，直接影响的是紧缩货币供应量，减少流动性，制约信贷规模扩大；利率的提高则直接导致使用信贷资金的成本提高，抑制投资规模。两者殊途同归，都旨在管理社会总需求。

我国是从 1984 年开始实行存款准备金制度的，当时是按照存款种类规定法定存款准备金率的，具体是：企业存款的准备金率是 20%，农村存款是 25%，储蓄存款是 40%。第二次调整法定存款准备金率是 1985 年，统一调整为 10%。

我国从 2006 年以来加快了存款准备金率调整步伐，究其原因在于，经济的快速增长带动了投资增速过快，需要通过提高存款准备金率的办法减缓货币性增长，保持国民经济健康发展。存款准备金包括法定存款准备金、超额存款准备金两种。法定存款准备金是指中央银行在法律赋予的权力范围内，强制要求各银行按照规定比率从所吸收的存款中提取一定金额，交存给中央银行。超额存款准备金是指银行全部现金准备中扣除法定准备金后的余额，可以是现金，也可以是其他流动性强的金融资产。

上述概念的相互关系是：

存款准备金 = 法定存款准备金 + 超额存款准备金；

法定存款准备金 = 法定存款准备金率 × 存款总额；

超额存款准备金 = 存款准备金－法定存款准备金。

在银行吸收的存款总额一定的情况下，法定存款准备金率越高，商业银行能够用于发放贷款的资金就越少，从而导致能够生存的派生存款就越少。

具体地说，当某家商业银行吸收一笔存款后，只要扣除一定比率作为法定存款准备金，其余的部分就可以作为贷款发放出去。如此这般，该银行经过反复的存、贷业务关系，会不断形成新的存款、新的法定存款准备金，从而使得派生存款的规模不断扩大，但不会无限扩大。因为存款准备金率的提高，会在客观上压缩这种派生存款规模。

所以，从理论上看，存款准备金率的高低，在调控信贷规模方面的作用显而易见。

中国人民银行为了保持货币政策的连续性和稳定性，实施适度宽松的货币政策，着力提高政策的针对性和灵活性，支持经济发展方式转变和经济结构调整，推动金融改革，加快金融创新，切实维护金融稳定，防范系统性金融风险，全面提升金融服务水平，完善人民银行系统自身建设，更好地履行中央银行职责。

利率风险：利率的变动带来哪些风险

巴塞尔委员会在 1997 年发布的《利率风险管理原则》中将利率风险定义为：利率变化使商业银行的实际收益与预期收益或实际成本与预期成本发生背离，使其实际收益低于预期收益，或实际成本高于预期成本，从而使商业银行遭受损失的可能性。当市场利率上升时，可能导致其价格下跌的风险。

利率风险是指市场利率变动的不确定性给商业银行造成损失的可能性。银行日常管理的重点之一就是怎样控制利率风险。利率风险的管理在很大程度上依赖于银行对自身的存款结构进行管理，以及运用一些新的金融工具来规避风险或设法从风险中受益。

风险管理是现代商业银行经营管理的核心内容之一。伴随着利率市场化进程的推进，利率风险也将成为我国商业银行面临的最重要的风险之一。一般将利率风险按照来源不同分为：重新定价风险、收益率曲线风险、基准风险和期权性风险。

重新定价风险：如果银行以短期存款作为长期固定利率贷款的融资来源，当利率上升时，贷款的利息收入是固定的，但存款的利息支出却会随着利率的上升而增加，从而使银行的未来收益减少和经济价值降低。

收益率曲线风险：重新定价的不对称性会使收益率曲线斜率、形态发生变化，即收益率曲线的非平行移动，对银行的收益或内在经济价值产生不利影响，从而形成收益率曲线风险。例如，若以五年期政府债券的空头头寸为 10 年期政府债券的多头头寸进行保值，当收益率曲线变陡的时候，虽然上述安排已经对收益率曲线的平行移动进行了保值，但该 10 年期债券多头头寸的经济价值还是会下降。

基准风险：一家银行可能用一年期存款作为一年期贷款的融资来源，贷款按照美国国库券利率每月重新定价一次，而存款则按照伦敦同业拆借市场利率每月重新定价一次。虽然用一年期的存款为来源发放一年期的贷款，由于利率敏感性负债与利率敏感性资产重新定价期限完全相同而不存在重新定价风险，但因为其基准利率的变化可能不完全相关，变化不同步，仍然会使该银行面临因基准利率的利差发生变化而带来的基准风险。

期权性风险：若利率变动对存款人或借款有利，存款人就可能选择重新安排存款，借款人可能选择重新安排贷款，从而对银行产生不利影响。如今，越来越多的期权品种因具有较高的杠杆效应，还会进一步增大期权头寸可能会对银行财务状况产生不利影响。

对于老百姓来说，也存在利率风险的问题。

对于一笔 25 年期贷款而言，年偿付额为 126 美元，到期收益率为 12%。不动产经纪人通常随身携带这样的袖珍计算器，从而可以立即告诉打算利用抵押贷款购房的买主每年（或每月）需要偿付的金额。更一般地，对于一笔固定支付贷款而言，每年固定的偿付额与到期前贷款年限都是已知的，只有到期收益率是未知的。

对很多追求稳定回报的投资者来说，大多会选择风险小、信用度高的理财产品。比如银行存款和有"金边债券"之称的国债。不少投资者认为，银行存款和国债绝对没有风险，利率事先已经确定，到期连本带息是少不了的。的确，至少从目前来看，银行和国家的信用是最高的，与之相关的金融产品风险也很小，但并不是说完全没有风险。比如央行加息，无论是银行存款还是国债，相关风险也会随之而产生，这里就是利率风险中的一种。

定期存款是普通老百姓再熟悉不过的理财方式，一次性存入，存入一定的期限（最短 3 个月，最长 5 年），到期按存入时公布的固定利率计息，一次性还本付息。想来这没有什么风险可言，但一旦遇到利率调高，因为定期存款是不分段计息的，不会按已经调高的利率来计算利息，那些存期较长的定期存款就只能按存入日相对较低的利率来计息，相比已调高的利率就显得划不来了。

此外，期限的长度也是影响利率风险的一个重要因素。越长的债券，其价格波动受利率影响的程度就越大。这一结论有助于解释债券市场上的一个重要事实：长期债券的价格和回报率的波动性比短期债券大。对于距离到期日还有 20 年以上的债券，每年价格与回报率的波动幅度在 -20% ~ 20% 之间的情况十分常见。我们现在可以发现，利率的变动导致长期债券的投资风险相当大。事实上，由于利率变动所引起的资产回报率的风险十分重要。控制利率风险是金融机构的经理和投资者经常需要关注的事情。

那么如何规避风险呢？平时应该尽量关注宏观经济政策的变化，如果货币政策向紧缩方向发展，存入的期限最好不要太长，1 年期比较适当；如果货币政策宽松的话则相反，从而规避利率下跌的风险；如果存入时间不长的话，可以到银行办理重新转存的业务。

而凭证式国债也是老百姓最喜欢的投资产品之一，其因免税和利率较高而受到追捧。

不少地方在发行时根本买不到，于是不少人购买国债时就选择长期的，也就是买 5 年期的，却不知一旦市场利率上升，国债的利率肯定也会水涨船高。

类似于银行定期存款，国债提前支取要收取千分之一的手续费，而且半年之内是没有利息的。扣除了这些因素后，如果划得来的话，可以提前支取转买新一期利率更高的国债。

而关注记账式国债的人比较少，但其确实是一种较好的投资，记账式国债收益可分为固定收益和做市价差收益（亏损）。固定利率是经投标确定的加权平均中标利率，一般会高于银行，其风险主要来自债券的价格，如果进入加息周期，债券的价格就会看跌，债券的全价可能会低于银行存款利率甚至亏损。

由于债券价格与市场利率成反比，利率降低，债券价格上升；利率上升，则债券价格下跌。因此，投资者在投资记账式国债的时候可以根据利率的变化和预期作出判断，若预计利率将上升，可卖出手中债券，待利率上升导致债券价格下跌时再买入债券，这时的债券实际收益率会高于票面利率。投资者一定要根据自己的实际情况合理地进行资产配置，在财务安全的前提下获得更高的收益。

一般来讲，当利率波动时，不同的存款人和投资者作出不同的行为选择。如果不考虑个别存款人的流动性需求，忽略高级别存款人的短期行为，当利率上升时，存款人和银行的长期均衡选择应该是（不提款，升级）。在进行金融产品的投资之前，投资者必须密切关注利率的走势，提高防范利率风险的能力。

利率市场化：把定权还给市场

从 20 世纪 70 ~ 80 年代开始，利率市场化就已经在全球初露端倪。有些国家"默许"银行等金融机构挣脱利率管制束缚，有些国家则干脆逐步放松甚至废除利率管制。

例如，在英国、德国、法国等欧洲国家，20 世纪 70 年代就已经完成了存贷款利率市场化进程。美国从 1980 年开始分阶段取消存款利率上限，并且在 1986 年 1 月取消了定期储蓄存款利率上限，完全实现了利率市场化。与此同时，加拿大、日本等国家也基本取消了贷款、存款利率限制。

如果媒体经常报道利率下调，物价就会上涨，市民的生活负担会因通货膨胀而加重。另一方面，基准利率如果上调，百姓偿还贷款利息又会变得艰难。所以说，"利率上调，百姓受损；利率下调，百姓依然受损"，而非常不幸的是这种矛盾现象的存在是不争的事实。

所谓利率市场化，是指利率的数量结构、期限结构、风险结构都由交易双方自主确定，中央银行只是通过调控基准利率来间接影响市场利率，从而实现调整货币政策的目标。

利率降低，储蓄的百姓和每月领取固定工资的百姓会蒙受损失；利率提高，贷款消费的百姓则会受损。银行也是相同的道理。利率降低，会比过去通货膨胀时所贷出债务的利率要低，银行的资本反而会缩水。如此说来，利率的变动对百姓、企业、银行等所有人来说，皆随着各自情况的不同或受益或受损。也就是说，谁会获益将取决于基准利率的升降。基准利率是投资规划中非常重要的一个参考指标，它带来的不仅是利息上的负担，更是说明市场有多少储蓄的最重要指标。

从全球范围来看，无论发达国家还是发展中国家，过去都曾经实行过非常严格的利率管制。利率管制虽然在不同历史阶段产生过一些积极作用，但随着时代的发展，尤其是在各种金融工具层出不穷的今天，利率管制越来越脱离市场需求，表现为不适应经济发展需要，甚至阻碍经济发展。银行利率经常会调整，目的是要更好地适应资本市场发展需求。那么，从长远来看，利率市场化是必然发展趋势，而不是以人们的意志为转移的。在中国，以中国人民银行对国家专业银行和其他金融机构规定的存贷款利率为基准利率。

中国人民银行 19 日晚间宣布，自 2010 年 10 月 20 日起上调金融机构人民币存贷款基准利率。其中，金融机构一年期存款基准利率上调 0.25 个百分点，由现行的 2.25% 提高到 2.50%；一年期贷款基准利率上调 0.25 个百分点，由现行的 5.31% 提高到 5.56%；除活期存款利率未调整外，其他各档次存贷款基准利率均相应调整。

20 日的加息是我国央行时隔 3 年后的首度加息。央行最近一次加息是在 2007 年 12 月，2007 年为应对流动性过剩和通胀压力，央行曾先后 6 次上调存贷款基准利率。2008 年 9 月起，为应对国际金融危机，央行又开启了降息空间，5 次下调贷款利率，4 次下调存款利率。因此，本次加息可以视为是对当前通胀压力的担忧。

什么是基准利率？你能解读一下这条新闻背后的意义吗？现在这条新闻里面涉及一个既陌生又熟悉的金融名词——基准利率。基准利率是人民银行公布的商业银行存款、贷款、贴现等业务的指导性利率。存款利率暂时不能上、下浮动，贷款利率可以在基准利率基础上下浮 10% 至上浮 70%。基准利率是金融市场上具有普遍参照作用的利率，其他利率水平或金融资产价格均可根据这一基准利率水平来确定。基准利率是利率市场化的重要前提之一，在利率市场化条件下，融资者衡量融资成本，投资者计算投资收益，客观上都要求有一个普遍公认的利率水平作参考。所以，基准利率也就成了利率市场化机制形成的核心。

一般来说，基准利率必须具备以下几个基本特征：第一，市场化。这是显而易见的，基准利率必须由市场供求关系决定，而且不仅反映实际市场供求状况，还要反映市场对未来的预期；第二，基础性。基准利率在利率体系、金融产品价格体系中处于基础性地位，它与其他金融市场的利率或金融资产的价格具有较强的关联性；第三，传递性。基准利率所反映的市场信号或者中央银行通过基准利率所发出的调控信号，能有效地传递到其他金融市场和金融产品价格上。

基准利率算得上是利率家族中的老大，对其他利率有决定性的影响，当它发生变动时，其他利率也会跟着变动。基准利率一般由中央银行调控。只要掌控基准利率，中央银行就能对其他利率施加影响，进而影响全国的资金流动。在我国，一年期存贷款利率是最重要的基准利率。媒体经常报道中国人民银行宣布加息或减息的决定，那个"息"一般就是指一年期存贷款利率。中央银行总是着眼于宏观经济，仔细权衡利率调整对方方面面的影响，谨慎地作出调整利率的决定。

　　过去，金融机构办理存贷款业务时执行的利率也是由中央银行制定的。现在利率逐步市场化了，金融机构在确定存贷款利率水平时有很大的灵活性。金融机构可以灵活设置贷款利率水平，条件是不低于中央银行发布的贷款基准利率的一定幅度，目前这个幅度是 90%；商业性个人住房贷款利率的下调幅度为不低于贷款基准利率的 85%。金融机构也可以灵活确定存款利率水平，条件是不高于中央银行制定的存款基准利率。理论上将上述利率管理方式称为贷款利率的下限管理和存款利率的上限管理。

　　基准利率水平的确定当然不可能是闭门造车，中国人民银行在确定基准利率水平时，主要考虑以下四个宏观经济因素：一是全社会资金的供求。资金可以被看作一种商品，利率则是资金的价格，可以被当作平衡资金供求的调节工具。二是企业利润水平。许多企业要向银行贷款，贷了款就得支付利息，利息支出是企业成本的一部分。如果贷款利率水平太高，企业成本增加，利润空间缩小。三是商业银行的利润水平。商业银行是资金的媒介，它的主要收益就是资金来源与资金运用两者的利息之差。中央银行的利率会直接影响商业银行的利润空间。四是物价水平。如果物价上涨过高，中央银行往往会提高利率，抑制通货膨胀；相反，如果物价太低，出现通货紧缩，中央银行就会考虑降低利率，帮助经济摆脱困境。

第九章　世界金融的构成与发展

——每天学点金融体系知识

国际金融体系：构成国际金融活动的总框架

国际金融体系是国际货币关系的集中反映，它构成了国际金融活动的总体框架。在市场经济体制下，各国之间的货币金融交往，都要受到国际金融体系的约束。金融体系包括金融市场、金融中介、金融服务企业以及其他用来执行居民户、企业和政府的金融决策的机构。有时候特定金融工具的市场拥有特定的地理位置，例如纽约证券交易所和大阪期权与期货交易所就是分别坐落于美国纽约和日本大阪的金融机构。然而，金融市场经常没有一个特定的场所，股票、债券及货币的柜台交易市场——或者场外交易市场的情形就是这样，它们本质上是连接证券经纪人及其客户的全球化计算机通信网络。

金融中介被定义为主要业务是提供金融服务和金融产品的企业。它们包括银行、投资公司和保险公司。其产品包括支票账户、商业贷款、抵押、共同基金以及一系列各种各样的保险合同。

就范围而言，当今的金融体系是全球化的。金融市场和金融中介通过一个巨型国际通信网络相连接，因此，支付转移和证券交易几乎可以 24 小时不间断地进行。举个例子：

如果一家基地位于德国的大型公司希望为一项重要的新项目融资，那么它将考虑一系列国际融资的可能性，包括发行股票并将其在纽约证券交易所或伦敦证券交易所出售，或是从一项日本退休基金那里借入资金。如果它选择从日本退休基金那里借入资金，这笔贷款可能会以欧元、日元甚至美元计价。

1. 国际金融体系的主要内容

（1）国际收支及其调节机制。即有效地帮助与促进国际收支出现严重失衡的国家通过各种措施进行调节，使其在国际范围能公平地承担国际收支调节的责任和义务。

（2）汇率制度的安排。由于汇率变动可直接地影响到各国之间经济利益的再分配，因此，形成一种较为稳定的、为各国共同遵守的国际间汇率安排，成为国际金融体系所要解决的核心问题。一国货币与其他货币之间的汇率如何决定与维持，一国货币能否成为自由兑换货币，是采取固定汇率制度，还是采取浮动汇率制度，或是采取其他汇率制度等等，都是国际金融体系的主要内容。

（3）国际储备资产的选择与确定。即采用什么货币作为国际间的支付货币；在一个特定时期中心储备货币如何确定，以维护整个储备体系的运行；世界各国的储备资产又如何选择，以满足各种经济交易的要求。

（4）国际间金融事务的协调与管理。各国实行的金融货币政策，会对相互交往的国家乃至整个世界经济产生影响。因此,如何协调各国与国际金融活动有关的金融货币政策,通过国际金融机构制定若干为各成员国所认同与遵守的规则、惯例和制度,也构成了国际金融体系的重要内容。国际金融体系自形成以来,经历了金本位制度、布雷顿森林体系和现行的浮动汇率制度。

2. 金融体系的重要作用

金融体系包括金融市场和金融机构。金融市场和人们常见的市场一样,在那里人们买卖各种产品,并讨价还价。金融市场可能是非正式的,例如社区的跳蚤市场;也可能是高度组织化和结构化的,比如伦敦或者苏黎世的黄金市场。金融市场和其他市场的唯一区别在于,在这个市场上,买卖的是股票、债券和期货合约等金融工具而不是锅碗瓢盆。最后,金融市场涉及的交易额可能很大,可能是风险巨大的投资交易。当然,一笔投资的回报可能让你赢得盆满钵满,也可能让你输得一贫如洗。由于金融市场具有较高的价格挥发性,比如股票市场,因此金融市场的消息很值钱。

金融机构也是金融体系的一部分,和金融市场一样,金融机构也能起到将资金从储蓄者转移到借款者的作用。然而,金融机构是通过销售金融债权获取资金并用这些资金购买公司、个人和政府的金融债权来为他们融资的。金融机构包括:商业银行、信用社、人寿保险公司以及信贷公司,它们有一个特殊的名字:金融中介机构。金融机构控制着整个世界的金融事务,为消费者和小企业提供各种服务。尽管金融机构不像金融市场那样受到媒体关注,但它却是比证券市场更重要的融资来源地。这一现象不仅在美国如此,在世界其他工业化国家亦是如此。

国际金融机构：为国际金融提供便利

第二次世界大战后建立了布雷顿森林国际货币体系,并相应地建立了几个全球性国际金融机构,作为实施这一国际货币体系的组织机构,它们也是目前最重要的全球性国际金融机构,即国际货币基金组织、简称世界银行的国际复兴开发银行、国际开发协会和国际金融公司。

适应世界经济发展的需要,先后曾出现各种进行国际金融业务的政府间国际金融机构,国际金融机构的发端可以追溯到1930年5月在瑞士巴塞尔成立的国际清算银行。它是由英国、法国、意大利、德国、比利时、日本的中央银行和代表美国银行界的摩根保证信托投资公司、纽约花旗银行和芝加哥花旗银行共同组成,其目的就是处理第一次世界大战后德国赔款的支付和解决德国国际清算问题。此后,其宗旨改为促进各国中央银行间的合作,为国际金融往来提供额外便利,以及接受委托或作为代理人办理国际清算业务等。该行建立时只有7个成员国,现已发展到45个成员国和地区。

从1957年到20世纪70年代,欧洲、亚洲、非洲、拉丁美洲、中东等地区的国家为发展本地区经济的需要,同时也是为抵制美国对国际金融事务的控制,通过互助合作方式,先后建立起区域性的国际金融机构。如泛美开发银行、亚洲开发银行、非洲开发银行和阿拉伯货币基金组织，等等。

国际金融机构是指从事国际金融管理和国际金融活动的超国家性质的组织机构，能够在重大的国际经济金融事件中协调各国的行动；提供短期资金缓解国际收支逆差稳定汇率；提供长期资金促进各国经济发展。按范围可分为全球性国际金融机构和区域性的国际金融机构。

国际金融机构在发展世界经济和区域经济方面发挥了积极作用。不过，这些机构的领导权大都被西方发达国家控制，发展中国家的呼声和建议往往得不到应有的重视和反映。

1. 国际开发协会

国际开发协会是专门对较穷的发展中国家发放条件优惠的长期贷款的金融机构。成立协会的建议是 1957 年提出的，正式成立于 1960 年 9 月。

国际开发协会的组织机构与世界银行相同。其资金来源主要有：（1）会员国认缴的股本；（2）工业发达国家会员国提供的补充资金；（3）世界银行从净收益中拨给协会的资金；（4）协会业务经营的净收益。

协会的贷款条件是：1972 年按人口平均国民生产总值不到 375 美元的发展中国家的政府或企业。贷款不收利息，只收 0.75％ 的手续费，贷款期限 50 年。至 1988 年财政年度，协会提供信贷资金总额为 508.91 亿美元。

近年来我国与国际开发协会的业务往来日益增多，至 1995 年 6 月末，我国共利用协会贷款 100.61 亿美元。

2. 国际金融公司

国际金融公司建立于 1956 年 7 月。申请加入国际金融公司的国家必须是世界银行的会员国。国际金融公司的组织机构和管理方式与世界银行相同。

国际金融公司的主要任务是对属于发展中国家的会员国中私人企业的新建、改建和扩建等提供资金，促进外国私人资本在发展中国家的投资，促进发展中国家资本市场的发展。其资金来源主要是会员国认缴的股本、借入资金和营业收入。

国际金融公司提供贷款的期限为 7 年 ~ 15 年，贷款利率接近于市场利率，但比市场利率低，贷款无须政府担保。

3. 亚洲开发银行

1966 年在东京成立，同年 12 月开始营业，行址设在菲律宾的首都马尼拉。成立初期有 34 个国家参加，1988 年增加到 47 个，其中亚太地区 32 个，西欧和北美 15 个。其管理机构由理事会、执行董事会和行长组成。

亚洲开发银行的宗旨是通过发放贷款和进行投资、技术援助，促进本地区的经济发展与合作。其主要业务是向亚太地区加盟银行的成员国和地区的政府及其所属机构、境内公私企业以及与发展本地区有关的国际性或地区性组织提供贷款。贷款分为普通贷款和特别基金贷款两种。前者贷款期为 12 年 ~ 25 年，利率随金融市场的变化调整；后者贷款期为 25 年 ~ 30 年，利率为 1％ ~ 3％，属长期低利优惠贷款。

亚洲开发银行的资金来源主要是加入银行的国家和地区认缴的股本、借款和发行债券以及某些国家的捐赠款和由营业收入所积累的资本。

我国在亚洲开发银行的合法席位于 1986 年恢复。1988 年末我国在亚行认缴股本 16.17 亿美元，为亚行第三大认股国。至 1996 年 12 月末，已获亚行贷款项目 59 个，总额达 63.8 亿美元；此外还接受亚行提供的无偿技术援助 237 项，金额 1.036 亿美元。

4. 非洲开发银行

非洲开发银行于 1963 年 9 月成立，1966 年 7 月开始营业，行址设在科特迪瓦的首都阿比让。我国于 1985 年 5 月加入非洲开发银行，成为正式成员国。

非洲开发银行的宗旨是：为成员国经济和社会发展服务，提供资金支持；协助非洲大陆制定发展的总体规划，协调各国的发展计划，以期达到非洲经济一体化的目标。其主要业务是向成员国提供普通贷款和特别贷款。特别贷款条件优惠，期限长，最长可达 50 年，贷款不计利息。非洲开发银行的资金主要是成员国认缴的股本，为解决贷款资金的需要，它还先后设立了几个合办机构：非洲开发基金、尼日利亚信托基金、非洲投资开发国际金融公司和非洲再保险公司。

国际金融中心：冒险者的天堂

国际金融中心就是指能够提供最便捷的国际融资服务、最有效的国际支付清算系统、最活跃的国际金融交易场所的城市。

金融市场齐全、服务业高度密集、对周边地区甚至全球具有辐射影响力是国际金融中心的基本特征。目前，公认的全球性国际金融中心是伦敦、纽约。除此之外，世界上还存在着许多区域性的国际金融中心，如欧洲的法兰克福、苏黎世、巴黎，亚洲的中国香港、上海、新加坡、日本东京等。

1. 法兰克福金融中心

法兰克福作为世界著名金融中心，全世界十大银行中有九家、五十大银行中有四十六家在此地立足，有五十多个国家的二百家外国银行在这里设立分行或办事处，其中包括中国银行。德国的三大商业银行，即德意志银行、德雷斯顿银行和商业银行的总部全都设在此地。此外还有三百四十多家银行，共三万三千多人在这里从事银行业。但最引人注目的还是法兰克福证券交易所，这是仅次于纽约和东京的交易所，有六千九百种各国证券和股票在这里上市和交易。交易所设在建于 1879 年的古典风格大楼，游客可在楼上观看交易活动。交易厅的一面墙壁上，是九十平方米大小的显示荧幕，由电脑控制，上边各大企业的股票价格清晰可见，是德国经济的晴雨表。最特别的自然是证券交易所门前空地的牛雕像和熊雕像，分别代表股市的牛市和熊市。

2. 苏黎世金融市场

苏黎世金融市场是另一个重要的国际金融市场，瑞士的苏黎世金融市场和伦敦金融市场、纽约金融市场构成世界著名的三大国际金融市场。瑞士原本是一个传统的债权国，其中央银行（瑞士国家银行）设在苏黎世，其作为国际金融中心具备许多有利的条件：瑞士从 1815 年起成为永久中立国，没有受到历次战争的破坏，瑞士法郎又长期保持自由兑换。因此，在国际局势紧张时期，瑞士成为别国游资的避难场所，黄金、外汇交易十分兴隆。它对资本输出没有什么限制；具备国际游资分配中心的作用；它保护私人财产，允许资本自由移动；瑞士的政治、经济稳定，有连续性；瑞士法郎是世界上比较稳定的货币之一；二战后欧洲经济的恢复和发展促进了苏黎世金融市场的发展。

3. 香港国际金融中心

香港国际金融中心，金融机构和市场紧密联系，政府的政策是维护和发展完善的法律架构、监管制度、基础设施及行政体制，为参与市场的人士提供公平的竞争环境，维持金融及货币体系稳定，使香港能有效地与其他主要金融中心竞争。香港地理环境优越，是连接北美洲与欧洲时差的桥梁，与亚洲和其他东南亚经济体系联系紧密，又与世界各地建立了良好的通讯网络，因此能够成为重要的国际金融中心。资金可以自由流入和流出本港，也是一项重要的因素。香港金融市场的特色是资金流动性高。市场根据有效、透明度而又符合国际标准的规例运作。香港的工作人口有一定教育水平，海外专业人士来港工作，也十分容易，进一步推动了金融市场的发展。

4. 新加坡国际金融中心

新加坡是一个面积很小的岛国，1965 年才取得独立。新加坡自然资源缺乏，国内市场狭小，这对一个国家的经济发展是不利因素。但新加坡也存在许多优势。首先，新加坡的地理位置优越，而且基础设施比较发达，使得它成为东南亚的重要贸易中心和港口，也为金融业的发展奠定了基础；其次，英语在新加坡广泛使用，而英语是国际金融业中通用的语言，这就为新加坡金融业的发展提供了有利条件。到 20 世纪 70 年代初，新加坡已经发展成为亚太地区金融业最发达的国家，成为亚洲美元市场的中心。通过新加坡的金融市场，地区外的资金得以被吸收到东南亚地区，为本地区的经济发展筹集了急需的资金。对新加坡自身而言，金融业的发展促进了经济发展，而经济发展又为金融的进一步深化提供了动力。

作为国际金融市场的枢纽，国际金融中心为世界经济的发展作出了巨大贡献。同时国际金融中心的发展也给当地经济带来显著的收益。全球性金融中心、地区性金融中心和大批离岸金融市场构成了全球性的金融网络，使各国的经济和金融活动紧密地联系在一起。24 小时不间断运行的外汇市场提供了货币交易的国际机制，而这种货币交易是跨国经济活动的重要基础。日益证券化的国际资本市场使发达国家的资本供给和发展中国家的投资机会得以连接，形成了资本有效配置的国际机制。在国际金融活动中，制度、政策和货币的障碍越来越小，有力地推动了经济全球化进程。

世界金融组织：谁在负责处理我们的钱

当代国际金融的一大特点是，国际金融组织相继出现，并且在全球化经济发展中起着越来越重要的作用。所以，我们简单了解一些全球性金融组织概况也是很有必要的。

关于全球性金融组织，可以主要关注以下几个：

1. 世界银行集团

之所以称之为集团，是指这不仅仅是一家银行，它实际上包括国际复兴开发银行、国际开发协会、国际金融公司、解决投资争端国际中心、多边投资担保机构等一系列组织。

成立世界银行集团的目的，最早是为了给西欧国家战后复兴提供资金援助，1948 年后转变为帮助发展中国家提高生产力、促进社会进步和经济发展、改善和提高人民生活。世界银行集团的主要业务机构有以下三个：

（1）国际复兴开发银行。

国际复兴开发银行简称世界银行，是与国际货币基金组织同时成立的另一个国际金融机构，也是联合国的一个专门机构。

国际复兴开发银行成立于 1945 年 12 月，1946 年 6 月 25 日正式开始营业。当时以美国为代表的许多国家认为，为了在第二次世界大战结束后能够尽快恢复受战争破坏的各国经济、开发发展中国家经济，有必要成立这样一个国际性金融组织，利用其自有资金和组织私人资本，为生产性项目提供贷款或投资。

所以，《国际复兴开发银行协定》规定，它的宗旨是：对生产性投资提供便利，协助成员国的经济复兴以及生产和资源开发；促进私人对外贷款和投资；鼓励国际投资，开发成员国的生产资源，促进国际贸易长期均衡发展，维持国际收支平衡；配合国际信贷，提供信贷保证。

（2）国际开发协会。

国际开发协会成立于 20 世纪 50 年代。当时的背景是亚洲、非洲、拉丁美洲地区的发展中国家经济十分落后，外债负担沉重，自有资金严重不足，迫切需要获得大量外来资金摆脱困境，发展经济。可与此同时，国际货币基金组织、国际复兴开发银行的贷款门槛高，贷款数量又有限，无法满足上述国家免息低息、数量庞大的贷款需求。

在这种情况下，1958 年美国提议建立一个能为上述国家提供优惠贷款的开发性国际金融机构。1960 年，世界银行集团正式成立国际开发协会并开始营业，总部设在美国首都华盛顿。

国际开发协会的宗旨是：向符合条件的低收入国家提供长期优惠贷款，帮助这些国家加速经济发展，提高劳动生产率，改善人民生活。国际开发协会与国际复兴开发银行虽然在法律地位、财务上相互独立，可是在组织机构上却是中国人熟悉的"两块牌子、一套人马"。

（3）国际金融公司。

《国际复兴开发银行协定》规定，世界银行的贷款对象只能是成员国政府，如果对私营企业贷款必须由政府出面担保；而且，世界银行只能经营贷款业务，不能参与股份投资，也不能为成员国私营企业提供其他有风险的贷款业务。这样一来，就在很大程度上限制了世界银行的业务范围，不利于发展中国家发展民族经济。

为了弥补这一缺陷，1956 年世界银行集团成立了国际金融公司，主要是为成员国的私营企业提供国际贷款。

国际金融公司的宗旨是：为发展中国家的私营企业提供没有政府机构担保的各种投资；促进外国私人资本在发展中国家的投资；促进发展中国家资本市场的发展。

2. 国际清算银行

国际清算银行是西方主要国家中央银行共同创办的国际金融机构，具体指美国的几家银行集团与英国、法国、德国、意大利、比利时、日本等国家的中央银行在 1930 年共同出资创办的，总部设在瑞士巴塞尔，享有国际法人资格以及外交特权和豁免权，并且不需要纳税。

成立国际清算银行，最早的目的是处理第一次世界大战后德国对协约国赔偿的支付以及处理同德国赔款的"杨格计划"的相关业务。后来则转变为促进各国中央银行之间的合作，为国际金融业务提供便利条件，作为国际清算的代理人或受托人。

说得更明确一点就是，最早美国是要利用这个机构来掌握德国的财政，并且把欧洲债务国偿还美国的债务问题置于美国监督之下。1944年布雷顿森林会议后，国际清算银行的使命实际上已经完成了，是应当解散的，但美国仍然把它保留了下来，并作为国际货币基金组织和世界银行的附属机构。国际清算银行不是政府之间的金融决策机构，它实际上相当于西方国家中央银行的银行。

中国于1984年与国际清算银行建立业务联系，办理外汇与黄金业务；派员参加国际清算银行股东大会，以观察员身份参加年会。国际清算银行从1985年起开始对中国提供贷款，并于1996年接纳中国、中国香港、巴西、印度、俄罗斯等加入该组织。

国际清算银行的服务对象是各国中央银行、国际组织（如国际海事组织、国际电信联盟、世界气象组织、世界卫生组织）等，不办理个人业务。目前，全球各国的外汇储备约有1/10存放在国际清算银行。这样做的好处是：外汇种类可以自由转换；免费储备黄金，并且可以用它作抵押取得85%的现汇贷款；可以随时提取，不需要说明任何理由。

世界银行：条件苛刻的世界贷款银行

世界银行集团是一家国际金融组织，总部设在美国首都华盛顿，但国际金融组织不仅仅是世界银行集团一家。除了世界银行集团外，还有国际货币基金组织、国际开发协会、国际金融公司、亚洲开发银行等。其中，国际开发协会、国际金融公司是世界银行集团的附属机构。平常所说的世界银行，一般是指世界银行集团下的国际复兴开发银行。

2009年12月6日，巴勒斯坦与世界银行和其他援助方签署了6400万美元的援助协议，以推进巴勒斯坦建国步伐。受金融危机的影响，非洲食品和燃油价格上涨，同时引发了货币贬值和证券价格的下跌。世界银行2009年公布，将向受金融危机影响的非洲国家提供770亿美元的援助，以帮助这些国家减轻由金融危机带来的负面影响。

中国是世界银行的创始国之一，1980年5月15日，中国在世界银行和所属国际开发协会及国际金融公司的合法席位得到恢复。1980年9月3日，该行理事会通过投票，同意将中国在该行的股份从原7500股增加到12000股。我国在世界银行有投票权。在世界银行的执行董事会中，我国单独派有一名董事。我国从1981年起开始向该行借款，此后，我国与世界银行的合作逐步展开、扩大。世界银行通过提供期限较长的项目贷款，推动了我国交通运输、行业改造、能源、农业等国家重点建设以及金融、文卫、环保等事业的发展。同时，还通过本身的培训机构，为我国培训了大批了解世界银行业务、熟悉专业知识的管理人才。

世界银行集团目前由国际复兴开发银行（即世界银行）、国际开发协会、国际金融公司、多边投资担保机构和解决投资争端国际中心五个成员机构组成。这五个机构分别侧重于不同的发展领域，但都运用其各自的比较优势，协力实现其共同的最终目标，即减轻贫困。

通过向国际金融市场借款、发行债券和收取贷款利息以及各成员国缴纳的股金三种渠道，世界银行获得资金来源。

在通过对生产事业的投资，协助成员国经济的复兴与建设，鼓励不发达国家对资源的开发方面，世界银行仍然发挥着不可小觑的作用。另外，世界银行通过担保或参加私人贷款及其他私人投资的方式，促进私人对外投资。规定当成员国不能在合理条件下获得私人资本时，可运用该行自有资本或筹集的资金来补充私人投资的不足，并与其他方面的国际贷款配合，鼓励国际投资，协助成员国提高生产能力，促进成员国国际贸易的平衡发展和国际收支状况的改善，对经济的复兴和发展起到了重要的作用。

总结来看，世界银行提供的贷款具有以下几点特征：

第一，贷款期限较长。按借款国人均国民生产总值，将借款国分为 4 组，每组期限不一。第一组为 15 年，第二组为 17 年，第三、四组为最贫穷的成员国，期限为 20 年。贷款宽限期 3 年 ~ 5 年。

第二，贷款利率参照资本市场利率而定，一般低于市场利率，现采用浮动利率计息，每半年调整一次。

第三，借款国要承担汇率变动的风险。

第四，贷款必须如期归还，不得拖欠或改变还款日期。

第五，贷款手续严密，从提出项目、选定、评定，到取得贷款，一般要用 1 年半到 2 年时间。

第六，贷款主要向成员国政府发放，且与特定的工程和项目相联系。

世界银行的工作经常受到非政府组织和学者的严厉批评，有时世界银行自己内部的审查也对其某些决定质疑。往往世界银行被指责为美国或西方国家施行有利于它们自己的经济政策的执行者，此外往往过快、不正确的、按错误的顺序引入的或在不适合的环境下进行的市场经济改革对发展中国家的经济反而造成破坏。世界银行的真正掌控者是世界银行巨头，他们最终的目的是追逐利润，现在的状况可以说是一个妥协的结果。

今天世界银行的主要帮助对象是发展中国家，帮助它们建设教育、农业和工业设施。它向成员国提供优惠贷款，同时世界银行向受贷国提出一定的要求，比如减少贪污或建立民主等。世界银行与国际货币基金组织和世界贸易组织一道，成为国际经济体制中最重要的三大支柱。

世界贸易的协调者：WTO

世界贸易组织（WTO）是一个独立于联合国的永久性国际组织。1995 年 1 月 1 日正式开始运作，负责管理世界经济和贸易秩序，总部设在瑞士日内瓦。世贸组织是具有法人地位的国际组织，在调解成员争端方面具有很高的权威性。它的前身是 1947 年订立的关税及贸易总协定。与关贸总协定相比，世贸组织涵盖货物贸易、服务贸易以及知识产权贸易，而关贸总协定只适用于商品货物贸易。世界贸易组织是多边贸易体制的法律基础和组织基础，是众多贸易协定的管理者，是各成员贸易立法的监督者，是就贸易进行谈判和解决争端的场所。是当代最重要的国际经济组织之一，其成员间的贸易额占世界贸易额的绝大多数，被称为"经济联合国"。

世贸组织成员分四类：发达成员、发展中成员、转轨经济体成员和最不发达成员。到2011年为止，世贸组织正式成员已经达到156个。

世界贸易组织主要有以下几方面的基本职能：管理和执行共同构成世贸组织的多边及诸边贸易协定；作为多边贸易谈判的讲坛；寻求解决贸易争端；世界贸易组织总部监督各成员国贸易政策，并与其他同制定全球经济政策有关的国际机构进行合作。世贸组织的目标是建立一个完整的、更具有活力的和永久性的多边贸易体制。与关贸总协定相比，世贸组织管辖的范围除传统的和乌拉圭回合确定的货物贸易外，还包括长期游离于关贸总协定外的知识产权、投资措施和非货物贸易（服务贸易）等领域。世贸组织具有法人地位，它在调解成员争端方面具有更高的权威性和有效性。

世界贸易组织的一个重要原则就是互惠原则。尽管在关贸总协定及世贸组织的协定、协议中没有十分明确地规定"互惠贸易原则"，但在实践中，只有平等互惠互利的减让安排才可能在成员间达成协议。世贸组织的互惠原则主要通过以下几种形式体现：

一是通过举行多边贸易谈判进行关税或非关税措施的削减，对等地向其他成员开放本国市场，以获得本国产品或服务进入其他成员市场的机会，即所谓"投之以桃""报之以李"。

二是当一国或地区申请加入世贸组织时，由于新成员可以享有所有老成员过去已达成的开放市场的优惠待遇，老成员就会一致地要求新成员必须按照世贸组织现行协定、协议的规定缴纳"入门费"——开放申请方商品或服务市场。

三是互惠贸易是多边贸易谈判及一成员贸易自由化过程中与其他成员实现经贸合作的主要工具。关贸总协定及世贸组织的历史充分说明，多边贸易自由化给某一成员带来的利益要远大于一个国家自身单方面实行贸易自由化的利益。因为一国单方面自主决定进行关税、非关税的货物贸易自由化及服务市场开放时，所获得的利益主要取决于其他贸易伙伴对这种自由化改革的反应，如果反应是良好的，即对等地也给予减让，则获得的利益就大；反之，则较小。相反，在世贸组织体制下，由于一成员的贸易自由化是在获得现有成员开放市场承诺范围内进行的，自然这种贸易自由化改革带来的实际利益有世贸组织机制作保障，而不像单边或双边贸易自由化利益那么不确定。因此，多边贸易自由化要优于单边贸易自由化，尤其像中国这样的发展中的大国。

因为世界贸易组织促进世界范围的贸易自由化和经济全球化，通过关税与贸易协定使全世界的关税水平大幅度下降，极大地促进了世界范围的贸易自由化。此外，世界贸易组织还在农业、纺织品贸易、安全保障措施、反倾销与反补贴、投资、服务贸易、知识产权以及运作机制等方面都作出有利于贸易发展的规定。这些协定和协议都将改善世贸自由化和全球经济一体化，使世界性的分工向广化与深化发展，为国际贸易的发展奠定稳定的基础，使对外贸易在各国经济发展中的作用更为重要。

世界贸易组织追求自由贸易，但不是纯粹的自由贸易组织，它倡导的是"开放、公平和无扭曲竞争"的贸易政策。世界贸易组织是"经济联合国"，它所制定的规则已成为当今重要的国际经贸惯例，如果一个国家被排斥在世界贸易组织之外，就难以在平等的条件下进行国际间产品和服务交流，而且还要受到歧视待遇。中国自 2001 年底加入世界贸易组织后，经济与贸易发展极为迅速。

世界贸易组织的所有成员方都可以取得稳定的最惠国待遇和自由贸易带来的优惠，自加入世贸组织以来，我国的出口连年上新台阶。当然，出口扩大了，可增加先进技术的进口，使我国在科技上更快跟上世界产业发展的潮流。

加入世界贸易组织后，带动了国民经济的快速发展，一定程度上解决了就业难的问题。同时，有利于提高人民生活水平，"入世"后关税降低了，中国老百姓可以同等的货币，购买优质产品。

此外，促进了我国对外服务贸易的发展。我国的服务贸易严重落后，只占世界服务贸易总量的 1%。我国的人口众多，资源有限，所以一定要发展服务贸易，包括银行、保险、运输、旅游等方面的引进和出口。

加入世界贸易组织，意味着中国可以参与制定国际经济贸易规则，这样可以提高中国在国际社会的地位，增加发言权。目前西方国家对中国产品反倾销调查现象很严重，中国可以利用世界贸易组织的争端解决机制，使这一问题公平合理地得到解决，提高中国产品在国际市场上的声望。

当然，加入世贸组织对我国的弱势产业也是一个严峻的挑战。随着市场的进一步扩大，关税的大幅度减让，外国产品、服务和投资有可能更多地进入中国市场，国内一些产品、企业和产业免不了面临更加激烈的竞争。

实践已经证明，世界贸易组织为中国提供了宽广的舞台。

自由贸易协议：FTA

目前，自由贸易协定在全世界范围内蓬勃发展。自由贸易协定将和世界贸易组织（WTO）一道，推动世界贸易走向完全自由化，并将对全球经济和政治进程产生深远影响。

自由贸易协定（英文：FreeTradeAgreement，简称 FTA）是为了绕开 WTO 多边协议的困难，同时也为了另外开辟途径推动贸易自由化，各国逐渐从实践中探索而出的，是独立关税主体之间以自愿结合的方式，就贸易自由化及其相关问题达成的协定。在 WTO 文件中，FTA 与优惠贸易协定（PTA）、关税同盟协定（CUA）一道，都纳入 RTA（RegionalTradeAgreement）的范围。就现实而论，因为很多 FTA 在协议内容上达成的可能也并不是完全自由贸易，因此 FTA、RTA 在概念上有混用倾向。有时 FTA、RTA 也指基于一定贸易协定的自由贸易区或准自由贸易区。

自由贸易协定是两国或多国间具有法律约束力的契约，目的在于促进经济一体化，其目标之一是消除贸易壁垒，允许产品与服务在国家间自由流动。这里所指的贸易壁垒可能是关税，也可能是繁杂的规则等等。

目前中国已经和智利、巴基斯坦、新西兰、新加坡、秘鲁签订了自由贸易协定。

2005 年 11 月 18 日中国和智利签署自由贸易协定。

2006 年 11 月 24 日中国和巴基斯坦签署自由贸易协定。

与新西兰的协定签署于 2008 年 4 月 7 日，是我国与发达国家签署的第一个自由贸易协定。

2008 年 10 月 23 日中国和新加坡签署自由贸易协定。

2008 年 11 月 19 日中国和秘鲁签署自由贸易协定。

依据自由贸易协定，来自协议伙伴国的货物可以获得进口税和关税减免优惠，无论在进口还是出口国，自由贸易协定都有助于简化海关手续。当协议国间存在不公平贸易惯例时，自由贸易协定还可以协助贸易商进行补救。国内的税务与费用，如增值税、消费税，都不受自由贸易协定的影响。而只有原产于自由贸易协定成员国的货物，才有资格从自由贸易协定中受益。

自由贸易协定及相关经济合作的兴起对世界经济与政治进程起到了至关重要的作用。

首先，FTA 通过降低交易成本和流通费用，通过贸易自由化和便利化，通过推动新自由贸易协定的产生，最终促进了国际贸易的发展。

关税是国际贸易进行中发生的一种特殊交易成本。区域贸易协定和自由贸易协定会使这种交易成本大幅降低，并使它在不长的时间内趋向于零。区域贸易协定和自由贸易协定还使贸易者与所选择的贸易伙伴之间的物理距离拉近，由此节约了运输费用。通过降低交易成本和流通费用，自由贸易协定能够大幅促进内部成员之间的贸易。这种促进作用在欧洲经济共同体（EEC）和北美自由贸易区（NAFTA）上都得到了体现。

欧洲经济共同体。1957 年 ~ 1968 年间，欧洲经济共同体的成员一直是法国、联邦德国、比利时、卢森堡、荷兰、意大利六国。1959 年 1 月，欧洲经济共同体首次实现降低内部关税。1968 年 7 月，共同体内部关税完全取消。在 1958 年 ~ 1968 年期间，欧洲经济共同体成员国间的内部贸易额增至原来的四倍，年均增长 17%，大大高于当时各成员国的国际贸易总量的增长率。

北美自由贸易区。北美自由贸易区形成历时较短。它于 1994 年初启动第一轮关税削减。有关研究表明，1994 年前 9 个月与 1993 年同期相比，美国与加拿大、墨西哥之间的贸易增长率大约是与非北美自由贸易区的国际贸易增长率的 2 倍。1980 年，北美货物和服务出口总额中区域内部出口占 34%，1996 和 2002 年分别上升至 49% 和 56%。

当然，成员间贸易可能会对成员与非成员间贸易发生替代效应并在短期内使成员国与非成员国之间的贸易有减少的倾向，人们一般称这种影响为贸易转移或贸易替代。然而，全球贸易总成本毕竟得到降低，由此全球贸易量整体上有望增加。不仅如此，这种贸易替代效应会促使贸易受替代关税主体也积极地与贸易伙伴尽快达成自由贸易协定，由此促使世界贸易总成本进一步降低。而且，如果受替代者应对积极，替代效应影响并不大。有关人士曾经针对 NAFTA 的建立在多大程度上影响了对美国的出口进行研究，结果表明，总体影响很小，受到较大影响的产品种类非常少。

其次，FTA 促进了国际投资，并且起到了优化世界产业结构和资源配置的效果。

RTA 和 FTA 对国际投资的促进和对产业组织的优化作用也是明显的：一是影响跨国公司外国直接投资（FDI）区位选择的一个重要因素是无关税市场规模的大小。与无 FTA 时由多个关税区组成的市场格局相对比，FTA 会使自由市场规模大为扩充，这无疑会促进某一 FTA 非成员国跨国公司对 FTA 成员的投资。二是 FTA 使得区域内企业在区域内的劳动力、自然资源、资本投向的地理选择决策再也不会受关税因素拖累。FTA 实施时，区域内企业会重新从成本最低化的目标出发，考虑通过再投资对劳动力、物质资本、自然资源的地理分布进行再选择。由此，FTA 实施会促使区域内 FDI 有所增长。三是 FTA 形成后，取消关税保护促使企业在产品市场、要素资源方面重新布局，提升了企业素质，改善了产业组织形态。以上促进作用在 EU 和 NAFTA 都得到了不同程度、不同方式的体现。

第三，FTA 是实现全世界产品贸易自由化、产品市场一体化、生产过程一体化的一个重要步骤。就亚洲圈与欧洲圈的联系而言，目前 ASEAN 与 EU 已经提议谈判建立自贸协议。

就亚洲圈与美洲圈而言，亚太经合组织（APEC）是推动亚美自由贸易区的良好架构机制。可以预见，世界几大自由贸易"山头"也被自由贸易"桥梁"连通起来后，世界自由贸易的最终实现也就为时不远了。世界贸易自由化意味着全球产品市场完全一体化。

最后，自由贸易协议也是实现全世界产品贸易自由化、产品市场一体化、生产过程一体化的一个重要步骤，并能够推动成员间经济合作关系在贸易自由化的基础上继续得到发展深化，由此可能对区域共同货币、世界共同货币的产生，对世界各国经济利益共同性的强化，乃至对世界政治以和平方式实现一体化的进程产生积极影响。

国际货币基金组织：IMF

国际货币基金组织是联合国的一个专门机构，是为了协调国际之间的货币政策、加强货币合作建立起来的国际金融机构，于 1945 年 12 月成立，自 1947 年 3 月开始办理业务，总部设在美国首都华盛顿。

根据《国际货币基金协定》规定，这是一个永久性国际货币机构，该组织宗旨通过一个常设机构来促进国际货币合作，为国际货币问题的磋商和协作提供方法；通过国际贸易的扩大和平衡发展，把促进和保持成员国的就业、生产资源的发展、实际收入的高水平作为经济政策的首要目标；稳定国际汇率，在成员国之间保持有秩序的汇价安排，避免竞争性的汇价贬值；协助成员国建立经常性交易的多边支付制度，消除妨碍世界贸易的外汇管制；在有适当保证的条件下，基金组织向成员国临时提供普通资金，使其有信心利用此机会纠正国际收支的失调，而不采取危害本国或国际繁荣的措施；按照以上目的，缩短成员国国际收支不平衡的时间，减轻不平衡的程度等。IMF 设有 16 个职能部门，负责经营业务活动。此外，IMF 还有 2 个永久性的海外业务机构，即欧洲办事处（设在巴黎）和日内瓦办事处。

中国是国际货币基金组织创始国之一。1980 年 4 月 17 日，该组织正式恢复中国大陆的代表权。中国在该组织中的份额为 80.901 亿特别提款权，占总份额的 3.72%。中国共拥有 81151 张选票，占总投票权的 3.66%。中国自 1980 年恢复在国际货币基金组织的席位后单独组成一个选区并派一名执行董事。1991 年，该组织在北京设立常驻代表处。2010 年中国的份额将由目前的 3.65% 升至 6.19%，超越德、法、英，位列美国和日本之后。不过，改革后拥有 17.67% 份额的美国依旧拥有"否决权"。

提到国际货币基金组织，就不能不提到特别提款权。特别提款权是国际货币基金组织创设的一种储备资产和记账单位，亦称"纸黄金"。它是基金组织分配给会员国的一种使用资金的权利。会员国在发生国际收支逆差时，可用它向基金组织指定的其他会员国换取外汇，以偿付国际收支逆差或偿还基金组织的贷款，还可与黄金、自由兑换货币一样充当国际储备。但由于其只是一种记账单位，不是真正货币，使用时必须先换成其他货币，不能直接用于贸易或非贸易的支付。因为它是国际货币基金组织原有的普通提款权以外的一种补充，所以称为特别提款权。

世界银行和国际货币基金组织长期以来一直致力于敦促发达国家采取切实有效的措施，消除金融危机，加强市场监管，防范信用风险，实施负责任的货币和汇率政策。美国次贷危机爆发以来，美元持续贬值，国际金融市场动荡，世界经济增长明显放缓，表现为主要经济体面临经济增长下滑与通胀加剧双重风险、大宗商品价格上涨、国际资本市场波动加剧以及贸易保护主义抬头。

世界银行和国际货币基金组织认真评估当前世界经济形势对发展问题造成的战略影响，对此世行行长佐利克提出"具有包容性和可持续的全球化"理念。包容性和可持续的理念不仅仅适用于发展中国家，更应适用于包括发达国家在内的当前国际经济体系。

国际货币基金组织敦促发达国家采取措施消除金融危机，同时支持发展中国家转变增长方式，保持经济稳定增长，防范金融风险。此外，世行和国际货币基金组织也在积极注意发达国家为应对危机所采取的措施对发展中国家的影响，帮助发展中国家妥善应对通胀压力，加强对国际资本流动的监控，维护市场稳定。

世界银行和国际货币基金组织联合发展委员会发表公报，粮价大幅攀升使许多发展中国家受到冲击，发达国家应向受冲击严重的国家提供紧急援助，世界银行则应提高对农业领域的关注。该委员会曾发表一项公报说，大宗商品价格攀升对各国影响不一，但在广大发展中国家，许多穷人因粮食和能源价格高涨"受创严重"。公报表示欢迎世行行长佐利克提出的"全球粮食政策新建议"，即近期提供紧急粮食援助，在中长期则促进发展中国家提高粮食生产能力。

粮食价格大幅上升对一些贫困国家、贫困人口带来了很大损害，甚至威胁到一些国家的粮食安全。对于那些受到粮食和能源价格暴涨负面影响的最不发达国家和脆弱国家，国际社会尤其是多边开发银行加大专项援助力度，努力维护贫困人口的基本粮食安全和能源安全。

公报同时指出，世行和国际货币基金组织应做好准备，以便对受粮食和能源价格冲击的有关国家及时提供政策指导和经济援助。

国际资本流动：为什么要到美国去炒股

美国已经多年是经常账户赤字了。经常账户赤字意味着外国居民持有的美元和其他美国资产债权的上升。如果外国投资者把美元卖掉换取本国货币，那么美元就会贬值。因此很多人认为，当美国经常项目赤字的时候，美元相对其他货币就会贬值。

经济学家分析显示，美国出现经常项目赤字的时候，美元并没有贬值。至2001年经济萧条为止，美国经常项目的赤字一直在增加，但美元也一直在升值。原因在于外国投资者不仅购买美国的制造业产品和服务，而且还购买美国的资本品。美国的利率很高而且通胀率很低的话，国外投资者就能预计到如果投资美国资本品就会有较高的回报率。因此，即使美国经常账户赤字，国外对长短期投资的需求却支持了美元的价值。

事实上，如果国外对美国投资需求足够大的话，那么当国外投资者购买美元为投资融资的时候，他们就抬高了美元的价值，从而导致美国的经常项目逆差变得更大。巨大的贸易赤字将大量的美元转移到了国外投资者手中，支持了他们在美国进行投资。在20世纪90年代末和21世纪初，外国投资者购买的美国股票和债券以及其他投资超过了美国投资者在海外进行的投资。因此简单来看，贸易赤字的确降低了美元价值。但是，在判断美元价值的时候我们也必须考虑到国家间投资（资本）的流动。

国际资本流动是当今世界经济联系的一个重要特征，也是影响国际贸易、金融发展的重要因素，其形成和发展是基于生产力的进一步提高和国际分工的深化。

国际资本流动，是指资本在国际间转移，或者说资本在不同国家或地区之间做单向、双向或多向流动。具体包括：贷款、援助、输出、输入、投资、增加债务、取得债权、利息收支、外汇买卖、证券发行与流通等。

国际资本流动，按其流动方向，可分为国际资本流入和国际资本流出。

资本流入，表现为本国对外国负债增加和本国在外国的资产减少，或者说外国在本国资产的增加和外国对本国负债的减少。

资本流出，表现为本国对外国负债减少和本国在外国的资产增加，或者说外国在本国的资产减少和外国对本国的负债增加。

对一个国家或地区来讲，总会存在资本流动，只不过流动的比例不同而已。一般来说，发达国家是主要资本流出国，发展中国家是主要资本流入国。在当今世界，国际资本又倾向于在发达国家之间对流。

国际资本的输出和输入，是国际资本流动的最主要的形式。因此，有时两者被看成是通用的。但严格来讲，它们仍然有所区别。

首先，国际资本输出和输入所涵盖的内容比国际资本流动狭小，它仅是国际资本流动的一个重要组成部分；而国际资本流动还包括诸如动用黄金、外汇等资产来弥补国际收支逆差等行为。其次，国际资本输出和输入的途径和目的比较单一，它一般是指与投资、借贷等活动密切相关的、以谋取利润为目的的一种资本转移；而国际资本流动则还包括一些非赢利性的资本转移。

国际资本流动与国际资金流动也有区别。一般来说，资金流动是一种不可逆转性的流动，即一次性的资金款项转移，其特点是资金流动呈单向性；资本流动则是一种可逆转性的流动，其特点是资本流动呈双向性。

引起国际资本流动的原因很多，有根本性的、一般性的、政治的、经济的，归结起来主要有以下几个方面：

1. 过剩资本的形成或国际收支大量顺差

过剩资本是指相对的过剩资本。随着资本主义生产方式的建立和资本主义劳动生产率和资本积累率的提高，资本积累迅速增长。在资本的特性和资本家唯利是图的本性的支配下，大量的过剩资本就被输往国外，早期的国际资本流动就由此而产生了。近20年来，国际经济关系发生了巨大变化，国际资本、金融、经济等一体化趋势有增无减，加之现代通信技术的发明与运用，资本流动方式的创新与多样化，使当今世界的国际资本流动频繁而快捷。总之，过剩资本的形成与国际收支大量顺差是早期也是现代国际资本流动的一个重要原因。

2. 利用外资策略的实施

无论是发达国家还是发展中国家，都会不同程度地通过不同的政策和方式来吸引外资，以达到一定的经济目的。尤其是发展中国家，往往通过开放市场、提供优惠税收、改善投资软硬环境等措施吸引外资的进入，从而增加或扩大国际资本的需求，引起或加剧国际资本流动。

3. 利润的驱动

利润的驱动是各种资本输出的共有动机。当投资者预期一国的资本收益率高于他国时，资本就会从他国流向该国；反之，资本就会从该国流向他国。

4. 汇率的变化

随着浮动汇率制度的普遍建立，一些国家的货币汇率经常波动。如果一个国家货币汇率持续上升，资本持有者则会产生兑换需求，从而导致国际资本流入；如果一个国家货币汇率不稳定或下降，资本持有者可能预期所持的资本实际价值将会降低，则会把手中的资本或货币资产转换成他国资产，从而导致资本向汇率稳定或升高的国家或地区流动。

5. 国际炒家的恶性投机

所谓恶性投机，主要有两种方式：第一，以经济利益为目的的恶性投机；第二，投机者不是以追求盈利为目的，而是基于某种政治理念或对某种社会制度的偏见，动用大量资金对某国货币进行刻意打压，由此阻碍、破坏该国经济的正常发展。无论哪种投机，都会导致资本的大规模外逃，并会导致该国经济的衰退。

随着科学技术的飞跃进步，生产力得到不断发展，一些工业发达的富裕的资本主义国家面临资本相对过剩和国内市场相对饱和的问题。这些国家的政府和企业遂把眼光转向海外，把资本输出到那些资本相对短缺、劳动力相对过剩的国家，使资本与当地便宜的劳动力结合，以获取较高的利润。同时，将资本输入有潜力的销售市场，既可以利用当地的资源和劳动力优势就地生产，节省各种运输费用、保险费用等，又可以逃避所在国对输入商品的各种限制，扩大销售。而对于资本输入国来说，国际资本流动为本国提供了新的资金来源，提高了投资能力，有利于资源的开发和使用，促进本国生产能力的提高，增加本国的就业机会。而且大量资本的流入常常伴随着先进技术和设备的流入，这对于缺乏资金和技术较落后的发展中国家尤为重要。

国际收支：撬动全球贸易的支点

自改革开放以来，我国保持了二十余年的贸易顺差，也就是说，我们通过把商品卖给外国人，赚到了很多外汇。然则，贸易顺差越多越好吗？这个问题的答案在普通人看来当然是肯定的。但为什么每当央行的官员们提及"双顺差"这个词语时，总会和"国际收支失衡"联系在一起呢？以下我们将做具体分析。

在国际交往中一般要进行货币收付，因此，过去常将一国在一定时期内同其他国家和地区进行经济、政治、文化等往来所发生的货币收支总和，称之为国际收支。在国际收支中通常是使用外汇，所以，国际收支实际上是指一定时期内外汇收支的总和。这是一种狭义的概念，它只反映一定时期内具有外汇收支的交易，而不包括那些没有外汇收支的交易，如易货贸易和无偿援助等。随着国际交往在规模和范围上的扩展，上述国际收支的含义已不能完全反映国际间交易的全貌，也不能满足分析的需要，因而许多国家转而采用拓宽了内涵的广义国际收支概念。

广义国际收支是指一国在一定时期内与其他国家和地区之间各种经济交易和往来的全部记录，而不问其是否具有外汇收支。目前国际货币基金组织即采用这一广义概念，它的定义是："国际收支是特定时期内的一种统计报表，它反映：（1）一国与他国之间的商品、服务和收益等交易行为；（2）该国所持有的货币黄金、特别提款权的变化，以及与他国债权、债务关系的变化；（3）凡不需偿还的单方转移项目和相应的科目，由于会计上必须用来平衡的尚未抵消的交易。"现在一般都采用这一概念。国际货币基金组织对国际收支的定义为：国际收支是一种统计报表，系统地记载了在一定时期内经济主体与世界其他地方的交易。这种经济交易包括：商品和劳务的买卖、物物交换、金融资产之间的交换、无偿的单向商品和劳务的转移，无偿的单向金融资产的转移。大部分交易在居民与非居民之间进行。

如果我们把国际收支平衡表比作一个家庭的话，可能会帮助我们理解其中的内容。如果一个家庭在商品和服务上的开销比它所得还要多的话，那么这个家庭的经常收支就是赤字。为解决这一问题，这个家庭有两种选择：一是借钱为赤字融资；二是出售家庭的一些金融资产，比如股票或债券。当美国经济在赤字上运行的时候就面临着同样的问题。美国经常项目赤字意味着美国居民购买的外国商品和服务比外国投资者购买的美国产品和服务要多，结果进口超过了出口。在这种情形下，美国有两种选择：一是向国外借钱；二是将国内的权益等金融资产或房地产卖给国外实体。这样，美国就会有大量的资本流入为经常账户融资。20 世纪 90 年代和 21 世纪初，美国经济都处在经常项目赤字之中，美国政府通过向海外借钱和出售国库券、股票以及房地产等为贸易赤字融资。

国际收支失衡是一国经常账户、金融与资本账户的余额出现问题，即对外经济出现了需要调整的情况。判断国际收支是否平衡，通常的做法是将国际收支平衡表记录的国际经济交易，按照交易主体和交易目的的不同划分为自主性交易和调节性交易。按交易主体和交易动机来识别国际收支是否平衡，为我们提供了一种思维方式和基本框架，它在理论上是正确的，但在实践中却存在着一定的技术性困难。实践中，对于国际收支是否平衡的观察，通常是在自主性交易和调节性交易对比的基本框架下，具体对国际收支的几个主要差额进行比较分析。

我国从 1994 年以来，除 1998 年受亚洲金融危机的影响，资本项目有逆差外，我国的国际收支一直保持国际收支顺差。国际收支的顺差促进了中国经济增长，增加了外汇储备，增强了综合国力，有利于维护国际信誉，提高了对外融资能力和引进外资能力；加强了我国抗击经济全球化风险的能力，有助于国家经济安全，有利于人民币汇率稳定和实施较为宽松的宏观调控政策。但同时，长期保持国际收支顺差造成的国际收支失衡弊端也显现了出来。

国际收支记录一国国际投资和贸易（进口—出口）往来，尽管看上去很复杂，但实际上它和一个家庭记录支出和收入的方式差不多，例如，一个家庭的赤字意味着家庭成员的消费多于所得。美国国际收支中的贸易赤字意味着我们花了太多的钱购买进口品，而从外国购买我们产品中得到的收入却很少。

当然对于美国的国际收支来说，所有的交易都是在两国居民之间展开的，记录交易的账户叫作国际收支平衡表。这些账户按照复式记账法来记账，因此借贷双方必须彼此抵消。这就是说，总的来看，借贷双方相等，账户处在平衡之中。如果不是的话，我们就需要误差和遗漏项来平衡国际流动。

美国的商品贸易赤字很大，这是外国货物进口超过本国货物出口所致。美国消费者喜欢外国产品的原因很多，比如说因为德国汽车的外观漂亮或质量较高，中国纺织品或东南亚电器比较便宜等。美国最近些年以来的经常账户赤字越来越大，而且还在增加。2005年经常账户赤字为7920亿美元。和一个家庭类似，美国贸易收支赤字说明美国购买国外产品超过了国外购买美国的产品。

国际收支失衡的主要原因有：周期性失衡、结构性失衡、收入性失衡及货币性失衡。持续的国际收支逆差造成的危害有目共睹，持续的巨额国际收支逆差，会耗费大量的国际储备，导致国内通货紧缩和生产下降；会削弱该国货币和国家信用的国际地位；如果逆差主要是由资本流出引起的，则会造成本国的资金短缺，利率上升，从而使该国消费和生产下降；如果逆差主要是由进口大于出口引起的，则会导致本国开工不足，失业增加，国民收入下降。

一国国际收支失衡，若不及时调整，会直接影响对外扩大交往的能力和信誉，也不利于国内经济的发展。如果出现国际收支大量逆差，由于外汇供应短缺，外币汇率上涨，本国货币汇率下跌，短期资本就要大量外流，从而进一步恶化国际收支状况，妨碍本国经济的发展。如果出现国际收支大量顺差，由于外汇供过于求，外币汇率下跌，本币汇率上升，其结果可能会抑制出口，并增加国内货币供应和通货膨胀的压力。因此，一个国家出现国际收支失衡，通常都要采取措施进行调整。

贸易差额：国际贸易中的顺差、逆差

从前有两座岛屿，名字分别叫作"勤俭岛""挥霍岛"。勤俭岛的居民人如岛名，很勤劳、节俭，每天努力工作以产出更多的食物。食物除了满足本岛居民的需要外，还能出口到挥霍岛。居民们节衣缩食，把储蓄下来的钱用于扩大再生产。与勤俭岛不同，挥霍岛上有些居民没有工作，却很喜欢消费。他们用本岛发行的债券作交换，从勤俭岛进口食物。债券、食物均以"挥霍岛币"计价。

随着手中债券的大量增加，勤俭岛居民开始少收债券，转为直接收取"挥霍岛币"，再大量购买挥霍岛土地。最终，他们似乎有望买下整个挥霍岛。然而，失业者不见得就比别人笨，挥霍岛人不甘心成为地主家的佃农，大量涌入印钞厂，开足马力地发行挥霍岛币。俗话说得好，物以稀为贵。货币发行量过大之后，挥霍岛币及其化身——债券都变得不值钱了，数量保持不变的土地因而变得很值钱。这给勤俭岛人带来了很大的麻烦，多年积蓄下来的挥霍岛币、债券一天天地贬值，本来想在挥霍岛买套别墅，现在却连一个车位也买不起了。

伤敌一千，自损八百，挥霍岛人的情况也不太妙。货币贬值之后，有些勤俭岛人拒收挥霍岛币、债券。从勤俭岛进口食物变得不太容易，轮到挥霍岛人节衣缩食了。这反过来又导致了勤俭岛上的食物销售困难，生产停滞，大量香喷喷、白生生的牛奶不得不被倒入河中。两败俱伤之后，二岛居民都开始反思了。勤俭岛人发觉，刺激消费、启动内需太重要了，既然食物生产过多，每个人就都得多吃一些，也别减肥、储蓄了。挥霍岛人也认识到，没什么不能没工作，有什么也不能有过多的债务。如此过了几年，勤俭岛人挥霍，挥霍岛人勤俭。然后角色互换，再来一次轮回……

故事中，勤俭岛在对外贸易中，处于明显的顺差地位。而与之相反，挥霍岛则处于逆差地位。贸易顺差是指在特定年度一国出口贸易总额大于进口贸易总额，又称"出超"，表示该国当年对外贸易处于有利地位。贸易逆差是指一国在特定年度内进口贸易总值大于出口总值，俗称"入超"，反映该国当年在对外贸易中处于不利地位。而贸易平衡是指一国在特定年度内外贸进、出口总额基本上趋于平衡。

"勤俭岛和挥霍岛"是美国投资大师巴菲特讲过的一则寓言故事，他以挥霍岛的贸易逆差来比喻美国的巨额贸易逆差，并指出它会给国家带来巨大危害——导致美国的净资产以惊人的速度向海外转移。

贸易差额是一国在一定时期内（如一年、半年、一季、一月）出口总值与进口总值之间的差额。当出口总值与进口总值相等时，称为"贸易平衡"。当出口总值大于进口总值时，出现贸易盈余，称"贸易顺差"或"出超"。当进口总值大于出口总值时，出现贸易赤字，称"贸易逆差"或"入超"。通常，贸易顺差以正数表示，贸易逆差以负数表示。一国的进出口贸易收支是其国际收支中经常项目的重要组成部分，是影响一个国家国际收支的重要因素。

影响一国贸易差额的因素有：本国商品和外国商品的价格；汇率；贸易协定；贸易壁垒；本国和外国的景气循环等。

贸易差额是衡量一个国家对外贸易收支状况的一个重要标志，从一般意义上讲，贸易顺差反映一个国家在对外贸易收支上处于有利地位，表明它在世界市场的商品竞争中处于优势；而逆差则反映一国在对外贸易收支上处于不利地位，表明它在世界市场上的商品竞争中处于劣势。那么对于一国而言，究竟是顺差好还是逆差好呢？这需要我们理性地加以分析。

国际收支逆差会导致本国外汇市场上外汇供给减少，需求增加，从而使得外汇的汇率上涨，本币的汇率下跌。如果该国政府采取措施干预，即抛售外币，买进本币，政府手中必须要有足够的外汇储备，而这又会进一步导致本币的贬值。政府的干预将直接引起本国货币供应量的减少，而货币供应量的减少又将引起国内利率水平的上升，导致经济下滑，失业增加。

国际收支顺差有利于促进经济增长，增加了外汇储备，增强综合国力；也有利于维护国际信誉，提高对外融资能力和引进外资能力；有利于经济总量平衡，加强一国抗击经济全球化风险的能力，有助于国家经济安全；有利于汇率稳定和实施较为宽松的宏观调控政策。

对我国来说，顺差也不是多多益善。

首先，越来越大的贸易顺差为我国带来越来越多的贸易争端，国际贸易摩擦增加。在加入 WTO 后，由于中国与美国贸易顺差比较大，使用反倾销最多的是美国，我国是被反倾销最多的，居 WTO 成员方第一位，并且我国被反倾销案例的数量在逐年增长。其次，贸易顺差虽然增加了外汇储备，但从资源效用最大化的角度看，是资源未被充分利用。国际收支顺差引起的大量外汇储备高达 4000 多亿美元，同时，国内居民储蓄高达 11 万亿人民币，两者相加约有 14 多万亿人民币。这 14 多万亿人民币没有形成有效投资，是经济社会中的闲置资金，与这些闲置资金相对应的是生产资料和人力资源的闲置，社会资源利用效率低下。第三，持续高额顺差导致人民币升值预期，进而又导致资本净流入增加，资本净流入增加又进一步导致了人民币升值的压力。第四，巨额的经常项目的顺差，会转化为货币大量投放的压力，成为通货膨胀率上升的重要因素。

相反，贸易逆差的结果也并非都是坏处。第一，适当逆差有利于缓解短期贸易纠纷，有助于贸易长期稳定增长。第二，逆差实际上等于投资购买生产性的设备，只要投资项目选择得当，既可补充国内一些短缺的原材料，还能很快提高生产能力、增加就业以及增加经济总量。第三、逆差能减少人民币升值的预期，减缓资本净流入的速度。第四，短期的贸易逆差有助于缓解我国通货膨胀的压力，加大我国货币政策的操作空间。

在对外贸易问题上，我们应当转变观念，放弃以出口创汇、追求顺差为目标的传统观念和做法，确立以国际收支平衡为目标的政策。一般来说，一国政府在对外贸易中应设法保持进出口基本平衡，略有结余，此举有利于国民经济健康发展。

因此，一国的对外贸易应追求长期的进出口基本平衡，而不是长期的贸易顺差。我国是一个发展中的大国，长期的贸易顺差也给我们带来了很多麻烦。

资本净流出：金融资源的流动

标准普尔公司的报告称，东亚地区净资本流出未来几年将继续，但长期内将放缓。标准普尔公司 5 月 29 日发布报告称，未来几年净资本将继续流出东亚地区进入发达经济体，然后又会开始回归。

标准普尔公司信用分析师 KimEngTan 表示，东亚地区由高储蓄率支撑的强大的经常账户盈余引发最近几年的净资本流出。但是预计该地区的经济和金融的深入重组，以及人口构成的变化，将在长期内减少这种流出。

该报告还指出，未来 3 年资本流出该地区的构成会改变。东亚地区的国家包括印度尼西亚、马来西亚、泰国、新加坡、越南、柬埔寨、菲律宾、中国、韩国和日本。虽然公共和私营部门资本流出在绝对值上都将增加，但企业直接投资和私人投资组合流出相比公共部门资金幅度将更显著。

　　净资本流出是指国内储蓄和国内投资之间的差额，也称为国外净投资。资本流出到国外有两种形式。一种形式，如海尔电器在洛杉矶开了一家分店，这是到国外直接投资的例子；另一种形式，如果一个中国人买了一家美国公司的股票，这就是国外有价证券投资的例子。在前面这种情况下，中国所有者主动管理投资；而在后面这种情况下，中国所有者起了较为消极的作用。在这两种情况下，中国居民都购买了位于另一国家的资产。因此，这两种购买增加了美国的资本净流出。

　　资本净流出可以是正的，也可以是负的。当它是正的，国内居民购买的外国资产多于外国人购买的国内资产，此时可以说资本流出国。当资本流出是负的时，国内居民购买的外国资产少于外国人购买的国内资产，此时可以说资本流入国。

　　当一国的资本净流出是负的时，该国有资本流入。

　　美国财政部最新公布：美国 4 月整体资本净流出 532 亿美元，3 月修正为净流入 250 亿美元。中国 4 月对美国公债持有量为 7635 亿美元，3 月为 7679 亿美元。4 月外资净买入美国公债 418.9 亿美元，3 月为 553 亿美元。

　　这就涉及资本净流出的概念。资本净流出指本国居民购买的外国资产减外国人购买的国内资产。其公式为：资本净流出＝本国居民购买的外国资产—外国人购买的国内资产。

　　如果一国长期出现巨额的贸易逆差，则会给国家带来巨大危害 – 导致该国的净资产以惊人的速度向海外转移。那么影响资本净流出的主要因素主要有哪些？

　　第一，国外资产得到的真实利率。
　　第二，国内资产得到的真实利率。
　　第三，持有国外资产可以察觉到的经济与政治风险。
　　第四，影响国外拥有国内资产的政府政策。

　　例如，一位中国投资者决定购买日本政府债券还是中国政府债券。在做决策之前，这位投资者要比较着两种债券提供的真实利率。债券的真实利率越高，也就越有吸引力。但是，在进行这种比较时，中国投资者还应该考虑到这些政府中的某一个会拖欠其债务的风险，以及日本政府对在日本的外国投资者所实行的任何一种限制，或未来可能实行的任何一种限制。

　　从微观角度来讲，资本净流出也指某个交易项目的流动资金减少量。资金净流出的计算公式：流入资金 – 流出资金，如果是正值表示资金净流入，负值则表示资金净流出。上涨时的成交额计为流入资金，下跌时的成交额计为流出资金。

　　资金流向在国际上是一个成熟的技术指标。其计算方法很简单，举例说明：在 9：50 这一分钟里，某一板块指数较前一分钟是上涨的，则将 9：50 这一分钟的成交额计作资金流入，反之则计作资金流出，若指数与前一分钟相比没有发生变化，则不计入。每分钟计算一次，每天加总统计一次，流入资金与流出资金的差额就是该板块当天的资金净流入。

这种计算方法的意义在于：指数处于上升状态时产生的成交额是推动指数上涨的力量，这部分成交额被定义为资金流入；指数下跌时的成交额是推动指数下跌的力量，这部分成交额被定义为资金流出；当天两者的差额即是当天两种力量相抵之后剩下的推动指数上升的净力，这就是该板块当天的资金净流入。资金流向测算的是推动指数涨跌的力量强弱，这反映了人们对该板块看空或看多的程度到底有多大。

资金流向能够帮助投资者透过指数涨跌的迷雾摸清楚其他人到底在干什么。指数上涨一个点，可能是由一千万资金推动的，也可能是由一个亿资金推动的，搞清楚这两种情况之间的区别，对投资者具有完全不同的指导意义。

世界贷款：条件苛刻的世界银行贷款

世界银行贷款是指通过财政部门转贷的国际复兴开发银行贷款、国际开发协会信贷、技术合作信贷和联合融资等。世界银行贷款必须按照《贷款（或信贷）协定》中规定的费用类别和比例进行提款报账。

世界银行贷款协定生效以后，在发生了符合世界银行规定的合格费用后，项目单位可以凭有关证明文件，按照世界银行和财政部门的有关规定，向世界银行提取贷款。

1. 世界银行贷款种类

（1）具体的投资贷款，即项目贷款。这是世界银行业务的主要组成部分，这类贷款占世界银行提供贷款的一半以上。通常用于发展中国家经济和社会发展的基础设施，以及大型生产性投资。世界银行在农业和农村发展、教育、能源、交通、城市发展和供水等方面的大部分贷款都属于这一类，并由世界银行工作人员负责评估和监督完成。

（2）部门贷款，又称行业贷款。包括部门投资贷款、金融中介贷款和部门调整贷款三种。这三种贷款的使用重点各有侧重：①部门投资贷款的使用，重点是改善部门政策和投资重点，以及增强借款国制定和执行投资计划的能力，如交通运输部门贷款、教育部门贷款、农业部门贷款等。在项目安排、资金使用等方面比较灵活，贷款金额较大、支付速度较快，一般用款周期为 3 年～5 年。②金融中介贷款的使用，重点是面向开发金融公司和农业信贷机构的贷款，使用前提是双方必须就转贷对象的选择标准、转贷利率和加强组织机构的具体措施达成协议。世界银行十分强调金融机构在为客户服务质量、转贷利率、机构建设等方面的竞争。③部门调整贷款的使用，重点是专门为支持某一具体部门进行全面政策和体制改革的贷款，但比结构调整贷款涉及的范围要窄。前提是当借款国总体经济管理和改革状况或经济规模不允许进行结构调整时，可选用这类贷款。与前两种贷款不同，部门调整贷款的主要目的是支持某一部门的政策改革，通常为特定部门的进口提供所需外汇，并预先确定受益人或按双方商定的标准选择受益人，一般用款周期为 1 年～4 年。

（3）结构调整贷款。结构调整贷款的目的，主要是促进发展中国家的经济调整，但要想得到这项贷款，必须满足世界银行的一系列相关规定。

例如，由于印度尼西亚经济改革步伐缓慢，世界银行认为该国无法利用这笔贷款去进行体制改革，所以 2001 年 4 月毫不犹豫地取消了协助该国解决贫困问题的 3 亿美元贷款。与此同时，国际货币基金组织也在 2000 年 12 月中止了原本提供给印度尼西亚的 4 亿美元贷款。

（4）技术援助贷款。这种方式贷款旨在支持借贷国有关制定和执行政策、参与经济发展战略规划的机构成为大型投资项目准备实施和管理的机构用于咨询服务、研究课题和人员培训。这类贷款占世行贷款的 3% 左右，一般用款周期为 2 年~5 年。

（5）应急性贷款。应急性贷款主要是针对会员国发生龙卷风、干旱、地震、水灾等突发事件并遭受巨大经济损失时提供的资金援助。正因这是一项贷款，所以它的目的并不是要救济会员国，而是要帮助会员国不至于因此影响经济的正常运转。

（6）联合贷款。联合贷款是指世界银行与借款国家以外的其他贷款机构，联合起来为世界银行的项目筹集资金或者提供贷款。这种贷款方式，既可以是世界银行与其他贷款机构分别承担同一个项目的一部分，也可以是世界银行介绍或动员其他贷款机构对该项目提供资金。

2. 世界银行的贷款条件

主要有贷款条件较严格的硬贷款和贷款条件优惠的软贷款。硬贷款的条件为：还款期限对我国是 20 年，含宽限期 5 年，承诺费为年率 0.75%，从贷款协定签订后第 60 天算起，按已承诺未拨付的贷款余额计收。利息按已支付未偿还的贷款余额计收，利率较国际资本市场低，贷款中约有 70% 是靠发行债券筹措的。软贷款的条件为：还款期限为 35 年，含宽限期 10 年，承诺费为年率 0.5%，征收办法与硬贷款相同；无息，但需征收 0.75% 的手续费，按已拨付未偿还的贷款余额计收。

3. 中国利用世界银行贷款的特点

（1）起步晚，发展速度快。

1981 年中国还只有 1 个世界银行贷款项目，贷款规模为 2 亿美元。发展到现在，世界银行在中国的贷款项目已经高达 230 多个，贷款总额 340 多亿美元；正在实施的项目有 110 多个，在所有借款国中名列第一。

（2）贷款结构趋于硬化。

中国在世界银行的贷款支持下，建设了几十个教育、卫生、扶贫项目，为国民经济发展作出了重要贡献。可是由于中国的人均国民生产总值已经超过 785 美元，已经不在属于"低收入国家"，而已经进入"下中等收入国家"行列，所以世界银行已经不能再为中国提供软贷款；而国际复兴开发银行硬贷款的利率又较高，这对中国继续从世界银行借贷形成了一定制约。

例如，世界银行规定，当一国人均国民收入达到 1676 美元~3465 美元时，硬贷款期限要从 20 年缩短为 17 年。为此，世界银行 2006 年要求中国政府答复人均国民收入究竟达到了多少美元。当年 8 月，中国官方确认人均国内收入达到 1740 美元。于是，世界银行从 2007 年财政年度（2006 年 7 月 1 日起）把给中国的贷款年限调整为 17 年。

（3）基础设施项目的贷款比重不断上升。

中国利用世界银行贷款从部门结构看，基础设施项目的贷款比重在不断上升，农业及社会发展项目所占比重有所下降，能源、交通和工业类项目正在成为贷款项目主体。

（4）项目准备和管理难度不断增加。

中国在世界银行贷款项目、贷款额度不断增加的同时，项目准备和项目管理难度也在不断增加。究其原因在于，一方面，项目内容和建设方案的设计越来越复杂，涉及的地区和部门越来越多，部门利益协调难度不断加大；另一方面，世界银行在政策变化和经济改革上的条件越来越苛刻，也在一定程度上增加了项目准备和管理难度。

离岸美元：美国人怎样争夺离岸银行业务

中央政府对开展人民币离岸中心作为人民币市场化的其中一步，是抱开放态度的。

2009 年 8 月，中国人民银行宣布新设汇率司，其中一项职能是根据人民币国际化进程，去研究和发展人民币离岸市场。由此可见，中央政府对开展人民币离岸中心作为人民币市场化的其中一步，是抱开放态度的。研究离岸金融中心是怎么发展下来的，可以先回顾伦敦和新加坡的离岸金融发展。

在国际金融市场上，货币离岸经营是一种普遍现象，可是对于普通读者来说，这个概念还比较陌生。其实，在国际贸易、世界货币大战中，货币离岸经营发挥着重要作用。这里我们主要来看看美国人是怎样争夺美元离岸市场的。

离岸经营的货币称之为离岸货币。相应地，没有离岸的传统货币经营就叫在岸货币。前者的金融市场称之为离岸金融中心、后者的金融市场称之为在岸金融中心。

所谓离岸货币，是指在国外存放并且进行交易、不受货币发行国金融法令管制的货币。需要指出的是，这仅仅是指银行存款，不包括现金。

所谓离岸金融市场，是指所在国银行向该国的非居民提供存款、贷款、发行债券、票据融资等金融服务形成的市场。这里特别注意"非居民"这个词，由于离岸金融市场的服务对象是非居民，所以它可以不受所在国家金融法规的管辖和外汇管制约束。

英国离岸金融中心的发展，可追溯至上世纪 50 年代，二次大战后各国恢复经济建设的一段时期。布雷顿森林协定于 1946 年签订后，美元成为国际货币，用作国际贸易支付及清算，各国货币则与美元挂钩，以固定汇价兑换。于是把美元转为存巴黎及伦敦等欧洲地区，促使欧洲离岸金融的发展。

同期，美国政府为加强货币政策的控制，调整借贷市场的结构，对金融机构订立较为苛刻的监管方案。例如限制银行借贷的利息、以存款准备金控制银行的借贷能力，以及管制银行所提供的金融服务等。这些方法令美国银行的美元借贷业务受到限制，促使金融机构向海外发展，在欧洲各地开设分行，提供美元借贷服务，亦因此开创了欧洲美元市场。所谓欧洲美元市场，即非在美国本土的美元借贷业务，而利率计算方面，在不同的欧洲美元市场会采用不同的利率指标，而最为常见的有伦敦银行同业拆息，即是在伦敦美元市场，银行之间借贷美元的息率。在英国美元借贷交易不受美国联储局监管之余，亦不受英伦银行对借贷的监管，因为美元的波动对英国本土经济不会构成重大影响。

再者，英国更放宽对离岸金融的监管，例如对银行要求较低的存款准备金、提供优惠的税率等, 以鼓励外资银行设立分行, 加速伦敦离岸金融的发展。美国为减少美元外流, 曾设立利息平衡税, 向本地居民购买欧洲美元债券所得的利息抽税, 但却弄巧成拙, 反而推动美国银行将美元汇离美国, 在外国发展欧洲美元借贷。

伦敦能在众多欧洲大城市中脱颖而出, 成为全球最大的欧洲美元市场之一, 是有其得天独厚条件的。除了伦敦本身有完善的金融制度外, 跟其他欧洲城市不同, 许多不同种类的金融服务都集中在伦敦这个区域, 包括保险、商品交易、期货市场及债券市场等, 令美元可用在不同的金融产品上。其次, 伦敦的法定语言是英语, 与美国及其他英语使用国家沟通更为有效方便。

第三, 伦敦所在的时区正好处于日本及美国之间, 跟许多中东国家时间接近, 除了可以延续 24 小时欧洲美元借贷外, 也方便中东国家参与欧洲美元借贷活动。

20 世纪 60 年代, 随着欧洲国家经济复兴, 欧洲又在欧洲美元的基础上扩展出了欧洲英镑、欧洲马克、欧洲法郎等离岸金融市场, 统称为欧洲货币市场。随后, 进一步扩展到亚洲、拉丁美洲、中东等地, 形成一个个离岸金融中心。

离岸金融市场的发展, 并没有完全如美国人所愿。虽然它为美国的跨国银行提供了重要国际舞台, 但客观上削弱了美国对银行国际业务的监督和管理, 削弱了美国金融市场的国际地位。并且, 由于欧洲美元和美国国内的美元之间转换非常方便, 所以欧洲美元市场的动荡也直接影响到了美国国内的金融市场。更不用说, 随着欧洲美元市场规模的不断扩大, 国际游资一次次猛烈冲击美国金融市场, 美国终于感到有些胆战心惊了, 所以迫切希望对离岸银行和离岸美元市场进行整顿和加强管理。

那么, 怎么才能实现这个目标呢? 在 1974 年 10 国集团中央银行倡议达成的巴塞尔协议上, 美国和其他 30 个国家同意对其离岸银行履行最后贷款人的职责, 并且于 1980 年决定, 各国领土内的商业银行总行, 要把它在全球范围内的账户合并起来计算资本充足率, 以便各国能够统一监管离岸和在岸业务, 减少欧洲美元市场的不稳定性。

在此基础上, 美国政府集中注意力, 开始动脑筋如何在自己的监管范围内进一步吸引离岸银行业务, 以便于更好地争夺这一巨大市场。为此, 它推出了 IBF 资产负债账户, 创建了美国境内的 "离岸" 美元市场。

其实, 早在 20 世纪六七十年代, 美国金融界就发现, 在美国境外离岸金融中心从事国际金融业务更有利可图。究其原因在于, 这些地方的税收低、管制少, 并且具有各种各样的优惠条件, 调动资金也非常便利。所以, 美国的跨国银行开始纷纷到伦敦、巴黎、法兰克福、新加坡、香港、巴哈马、巴拿马等离岸金融市场开设分支机构。

可是这样一来, 却引发了美国资金的大量外流, 直接动摇了纽约的国际金融中心地位, 美国国内每年至少要减少 40 亿美元的税收收入。为了解决这个问题, 美国政府在 1979 年建议其他国家政府也通过各自中央银行对欧洲美元存款实行法定准备金制度, 并且把部分欧洲美元集中到各自的中央银行去, 目的就是减少欧洲美元规模, 从而减少欧洲美元对美国美元的一次次冲击。

在此基础上美国还不放心, 又提出要建立一个全球性国际金融机构, 通过公开市场活动来干预欧洲美元市场等一系列建议。

最终, 美国的这些建议并没有变成现实。究其原因在于: 首先, 上述建议必须得到各国相互配合与合作才能实施，而每个国家都会考虑自身利益，对上述建议不置可否，所以没法统一行动；其次，欧洲美元市场规模已经非常庞大，要进行有效管理十分困难；最后，欧洲美元业务的既得利益者以种种方式抗拒合作，阻挠这种市场监管。

正是在这种长期扯皮背景下，美国联邦储备委员会于 1981 年 12 月 3 日批准建立 IBF 资产负债账户，在美国本土从事"离岸"美元业务，用来吸引离岸美元回归本土，并且同时加强对离岸美元的业务管理，用中国话来说，这也算是曲径通幽吧。

第十章　雾里看花的金融市场

——每天学点金融市场知识

金融市场：走进财富的游乐场

曾经有一个非常贫穷的皮匠，他所拥有的皮革只够做一双靴子。一天半夜里，当他熟睡后，两个好心的小精灵替他做了一双漂亮的靴子。皮匠醒来看到新靴子后很高兴，而当他把靴子出售后，惊奇地发现所赚到的钱足够用来购买制作两双靴子所需要的皮革。第二天夜里，两个小精灵又替他做了两双靴子。以后的事大家很容易就可以猜到了：皮匠可以用来出售的靴子越来越多，出售靴子换来的钱可以买到的皮革也越来越多，然后他发了财。

我们可以为这个故事构想一个新的结局：如果两个小精灵继续它们惊人的生产速度，那么，到了第四十天，它们制造出来的靴子将会多到地球上所有的男人、女人和孩子平均每人可以拥有 200 双。从这个角度出发，我们应该庆幸那两个小精灵没有存在于现实当中，否则它们生产靴子的行为将破坏市场的平衡，扰乱货币流通，并最终会耗尽地球的资源。

在皮匠的故事中，他所面临的问题既不是人们不想买他的靴子，也不是靴子的价格过低，而是他需要更多的资本去购买更多的皮革，从而生产出更多的靴子。换句话来讲，这就叫作"钱生钱"。所有的生意都离不开资本，离不开市场。而在"钱生钱"的过程中，金融市场是必不可少的，它正逐渐成为我们生活中重要的组成部分。对金融市场这个名词或许大家已经非常熟悉，可是这并不代表你真正了解金融市场。

金融市场是指资金供应者和资金需求者双方通过信用工具进行交易而融通资金的市场，广而言之，是实现货币借贷和资金融通、办理各种票据和有价证券交易活动的市场。金融市场是交易金融资产并确定金融资产价格的一种机制。金融市场又称为资金市场，包括货币市场和资本市场，是资金融通市场。所谓资金融通，是指在经济运行过程中，资金供求双方运用各种金融工具调节资金盈余的活动，是所有金融交易活动的总称。在金融市场上交易的是各种金融工具，如股票、债券、储蓄存单等。

金融市场上资金的运动具有一定规律性，由于资金余缺调剂的需要，资金总是从多余的地区和部门流向短缺的地区和部门。金融市场的资金运动起因于社会资金的供求关系，最基本的金融工具和货币资金的形成，是由银行取得（购入）企业借据而向企业发放贷款而形成的。银行及其他金融机构作为中间人，既代表了贷者的集中，又代表了借者的集中，对存款者是债务人，对借款者是债权人。因而，它所进行的融资是间接融资。当银行创造出大量派生存款之后，为其他信用工具的创造和流通建立了前提。当各种金融工具涌现，多种投融资形式的形成，金融工具的流通轨迹就变得错综复杂，它可以像货币一样多次媒介货币资金运动，资金的交易不只是一次就完成，金融市场已形成了一个相对独立的市场。

在市场经济条件下，各种市场在资源配置中发挥着基础性作用，这些市场共同组成一个完整、统一且相互联系的有机体系。金融市场是统一市场体系的一个重要部分，属于要素市场。它与消费品市场、生产资料市场、劳动力市场、技术市场、信息市场、房地产市场、旅游服务市场等各类市场相互联系、相互依存，共同形成统一市场的有机整体。在整个市场体系中，金融市场是最基本的组成部分之一，是联系其他市场的纽带，对一国经济的发展具有多方面功能。主要体现在以下几个方面：

1. 资金"蓄水池"

金融市场在把分散资金汇聚起来重新投入社会再生产、调剂国民经济各部门及各部门内部资金、提高利用率方面功不可没。

2. 经济发展的"润滑剂"

金融市场有利于促进地区间的资金协作，有利于开展资金融通方面的竞争，提高资金使用效益。目前，我国银行对个人信用的判断标准还比较粗放，尚未达到精细化要求。

3. 资源优化配置和分散风险

金融市场优化资源配置、分散金融风险，主要是通过调整利率、调整各种证券组合方式以及市场竞争来实现的。

企业经济效益好、有发展前途，才能贷到款、按时归还贷款；善于利用各种证券组合方式以及对冲交易、套期保值交易等手段，才能更好地提高资金安全性和盈利性，规避和分散风险。

4. 调节宏观经济

金融市场对宏观经济具有直接调节作用。通过银行放贷前的仔细审查，最终只有符合市场需要、效益高的投资对象才能获得资金支持。大家都这样做，整个宏观经济面就会得到改善。

金融市场也会为政府对宏观经济的管理起到间接调节作用，这主要反映在政府相关部门通过收集、分析金融市场信息作为决策依据上。

5. 国民经济的"晴雨表"

金融市场是公认的国民经济信号系统，主要表现在：股票、债券、基金市场的每天交易行情变化，能够为投资者判断投资机会提供信息；金融交易会直接、间接地反映货币供应量的变动情况；金融市场上每天有大量专业人员从事信息情报研究分析，及时了解上市公司发展动态；金融市场发达的通讯网络和信息传播渠道，能够把全球金融市场融为一体，及时了解世界经济发展变化行情。

货币市场：一手交钱，另外一只手也交钱

一个商业公司有暂时过剩的现金。这家公司可以把这些钱安全地投入货币市场1天～30天，或者如果需要可以投入更长的时间，赚取市场利率，而不是让资金闲置在一个无息活期存款账户里。另一种情况是，如果一家银行在联邦账户上暂时缺少储量，它可以到货币市场上购买另一机构的联邦基金，来增加联邦储备账户隔夜数额，满足其临时储备需要。这里的关键想法是，参与者在这些市场调节其流动性——他们借出闲置资金或借用短期贷款。

货币市场是一个市场的汇集，每个交易都使用明显不同的金融工具。货币市场没有正式的组织，如纽约证券交易所针对产权投资市场。货币市场的活动中心是经销商和经纪人，他们擅长一种或多种货币市场工具。经销商根据自己的情况购买证券，当一笔交易发生时，出售他们的库存证券，交易都是通过电话完成的，尤其是在二级市场上。由于那里金融公司集中，市场集中在纽约市曼哈顿区，主要参与者使用电子方式联系遍及美国、欧洲和亚洲的主要金融中心。

货币市场也有别于其他金融市场，因为它们是批发市场，参与大型的交易。尽管一些较小的交易也可能发生，多数是100万美元或更多。由于非个人的、竞争的性质，货币市场交易是所谓的公开市场交易，没有确定的客户关系。比如说，一家银行从一些经纪人那里寻找投标来交易联邦基金，以最高价出售并以最低价买进。但是，不是所有的货币市场交易都像联邦基金市场一样开放。例如，即使银行没有以当前的利率积极地寻找资金，货币市场的银行通常给经销商"融资"，这些经销商是银行的好顾客，因为他们出售他们的可转让存单。因此，在货币市场上，我们找到了一些"赠送"，不是这么多形式的价格优惠，而是以通融资金的形式。

1. 货币市场活动的目的

主要是保持资金流动性，以便能随时随地获得现实的货币用于正常周转。换句话说，它一方面要能满足对资金使用的短期需求，另一方面也要为短期闲置资金寻找出路。

2. 货币市场的几个基本特征

（1）期限较短。货币市场期限最长为1年，最短为1天、半天，以3～6个月者居多。

（2）流动性强。货币市场的流动性主要是指金融工具的变现能力。

（3）短期融资。货币市场交易的目的是短期资金周转的供求需要，一般的去向是弥补流动资金临时不足。

3. 货币市场的功能

主要包括：媒介短期资金融通，促进资金流动，对社会资源进行再分配；联络银行和其他金融机构，协调资金的供需；显示资金形式，有助于进行宏观调控。让我们详细地研究，为什么货币市场工具具有这些特点。

首先，如果你有资金可以暂时投资，你只想购买最高信用等级企业的金融债券，并且尽量减少任何违约对本金的损失。因此，货币市场工具由最高等级的经济机构发行（即最低的违约风险）。

其次，你不想持有长期证券，因为如果发生利率变化，他们与短期证券相比有更大的价格波动（利率风险）。此外，如果利率变化不显著，到期期限与短期证券相差的时间不是很远，这时可以按票面价值兑换。

再次，如果到期之前出现意外，急需资金，短期投资一定很适合市场销售。因此，许多货币市场工具有很活跃的二级市场。为了高度的市场可售性，货币市场工具必须有标准化的特点（没有惊喜）。此外，发行人必须是市场众所周知的而且有良好的信誉。最后，交易费用必须要低。因此，货币市场工具一般都以大面值批发出售——通常以 100 万美元到 1000 万美元为单位。比如说，交易 100 万美元至 1000 万美元的费用是 50 美分至 1 美元。

4. 个别货币市场工具和这些市场的特点

关于货币市场，可以从市场结构出发来重点关注以下几个方面：

（1）同业拆借市场。同业拆借市场也叫同业拆放市场，主要是为金融机构之间相互进行短期资金融通提供方便。参与同业拆借市场的除了商业银行、非银行金融机构外，还有经纪人。

同业拆借主要是为了弥补短期资金不足、票据清算差额以及解决其他临时性资金短缺的需要。所以，其拆借期限很短，短则一两天，长则一两个星期，一般不会超过一个月。

正是由于这个特点，所以同业拆借资金的利率是按照日利率来计算的，利息占本金的比率称为"拆息率"，而且每天甚至每时每刻都会发生调整。

（2）货币回购市场。货币回购主要通过回购协议来融通短期资金。这种回购协议，是指出售方在出售证券时与购买方签订的协议，约定在一定期限后按照原定价格或约定价格购回出售的证券，从而取得临时周转资金。这种货币回购业务实际上是把证券作为抵押品取得抵押贷款。

（3）商业票据市场。商业票据分为本票和汇票两种。所谓本票，是指债务人向债权人发出的支付承诺书，债务人承诺在约定期限内支付款项给债权人；所谓汇票，是指债权人向债务人发出的支付命令，要求债务人在约定期限内支付款项给持票人或其他人。而商业票据市场上的主要业务，则是对上述还没有到期的商业票据，如商业本票、商业承兑汇票、银行承兑汇票等进行承兑和贴现。

货币市场的存在使得工商企业、银行和政府可以从中借取短缺资金，也可将它们暂时多余的、闲置的资金投放在市场中作为短期投资，生息获利，从而促进资金合理流动，解决短期性资金融通问题。各家银行和金融机构的资金，通过货币市场交易，从分散到集中，从集中到分散，从而使整个金融体系的融资活动有机地联系起来。

货币市场在一定时期的资金供求及其流动情况，是反映该时期金融市场银根松紧的指示器，它在很大程度上是金融当局进一步贯彻其货币政策、宏观调控货币供应量的帮手。

资本市场：货币市场的金融工具

假设某企业购买一个预期经济寿命为 15 年的厂房。因为短期利率往往低于长期利率，乍看起来，短期融资似乎更划算。但是，如果利率像 20 世纪 80 年代初期那样急剧上升，该企业不得不为短期债务再融资，从而发现其借款成本不断飙升。在最糟糕的情况下，企业会发现它已经没有足够的现金流来支撑债务而被迫破产。同样，如果市场状况像 2001 年衰退时那样动荡，债务发行方会发觉自己无力为短期债务再融资；如果找不到其他贷款人，破产的厄运会再次降临。

在为资本支出而发行债务的时候，企业经常会把资产的预期寿命和债务的期限结合起来就不足为奇了。资本市场可以把长期资金的借款方和供应方汇集在一起，还允许那些持有以前发行的证券的人在二级资本市场上交易这些证券以获得现金。

1. 资本市场概念

资本市场，亦称"长期金融市场""长期资金市场"，是指期限在 1 年以上的各种资金借贷和证券交易的场所。资本市场上的交易对象是 1 年以上的长期证券。因为在长期金融活动中，涉及资金期限长、风险大，具有长期较稳定收入，类似于资本投入，故称之为资本市场。狭义的资本市场就是指股票和债券市场；广义的资本市场，在此基础上还包括银行里的长期存贷款市场（如中长期存款、设备贷款、长期抵押贷款、房产按揭贷款等）。如果没有特别说明，一般情况下我们总是从狭义概念出发来理解资本市场。

2. 资本市场功能

资本市场就是指股票和债券市场。资本市场有哪些功能呢？在高度发达的市场经济条件下，资本市场的功能可以按照其发展逻辑而界定为资金融通、产权中介和资源配置三个方面。

（1）融资功能。本来意义上的资本市场即是纯粹资金融通意义上的市场，它与货币市场相对称，是长期资金融通关系的总和。因此，资金融通是资本市场的本源职能。

（2）配置功能资本市场的配置功能是指资本市场通过对资金流向的引导而对资源配置发挥导向性作用。资本市场由于存在强大的评价、选择和监督机制，而投资主体作为理性经纪人，始终具有明确的逐利动机，从而促使资金流向高效益部门，表现出资源优化配置的功能。

（3）产权功能。资本市场的产权功能是指其对市场主体的产权约束和充当产权交易中介方面所发挥的功能。产权功能是资本市场的派生功能，它通过对企业经营机制的改造、为企业提供资金融通、传递产权交易信息和提供产权中介服务而在企业产权重组的过程中发挥着重要的作用。

上述三个方面共同构成资本市场完整的功能体系。如果缺少一个环节，资本市场就是不完整的，甚至是扭曲的。资本市场的功能不是人为赋予的，而是资本市场本身的属性之一。从理论上认清资本市场的功能，对于我们正确对待资本市场发展中的问题、有效利用资本市场具有重要的理论与实践意义。

全国证券交易自动报价系统于 1990 年 12 月 5 日开始运行，系统中心设在北京，连接国内证券交易比较活跃的大中城市，为会员公司提供有价证券买卖价格信息和结算。1992 年 7 月 1 日开始法人股流通转让试点。

1993 年 4 月 28 日开始运行的全国电子交易系统，是中国证券交易系统有限公司开发设计的，系统中心也设在北京，主要为证券市场提供证券集中交易及报价、清算、交割、登记、托管、咨询等服务。

3. 资本市场需要关注的几个问题

对于资本市场，还可以主要关注以下几个方面：

（1）证券和有价证券。

证券是一种法律凭证，用来证明持有人有权按照上面所记载的内容获得相应权益。有价证券，是指这种证券代表的是某种特定财产，并且对这部分特定财产拥有所有权或债权。

有价证券包括商品证券、货币证券、资本证券。最常见的商品证券是提货单、运货单证；货币证券主要是指商业证券和银行证券，如商业汇票、商业本票、银行汇票、银行本票；资本证券主要指与金融投资有关的证券，如股票、债券、基金、期货、期权、互换协议等。

（2）证券发行市场。证券发行市场就是大家通常所说的一级市场、初级市场。许多股票投资者喜欢在新股发行时打新股，这种"打新股"就是在一级证券市场上购买第一手股票。

①发行证券时，按照证券发行对象的不同，可以分为私募发行和公募发行两大类。

私募发行也叫不公开发行，它的发行对象是特定投资者。正因如此，私募发行的手续比较简单，筹备时间也比较短。

公募发行也叫公开发行，它的发行对象是不特定的投资者，社会影响大，所以发行手续比较烦琐、筹备时间较长、条条框框非常严格。例如，发行者必须向证券管理机关递交申请书和相关材料，并获得批准；某些财务指标和信用等级必须达到要求；必须如实向投资者提供相关资料等等。

②发行证券时，按照证券发行方式的不同，可以分为直接发行和间接发行两种。

直接发行就是指通过承销机构，由发行人自己向投资者发行。它的优点是可以节约成本；缺点是必须由发行者自己承担发行风险，其前提条件是发行者要熟悉发行手续、精通发行技术，否则很多工作将无法开展下去。

间接发行也叫委托发行，是指通过承销机构，如投资银行、证券公司等中介金融机构代理发行证券。它的优点是可以节省发行者大量的时间和精力，减少发行风险，并且可以借助于中介机构的力量提高自身知名度；缺点是需要投入费用，提高发行成本。

间接发行更受证券发行人青睐，因而这也是目前最普遍的证券发行方式。确定发行价格是证券发行中的一个重要环节。发行价格过高，发行数量就会减少甚至发不出去，无法筹集到所需资金，证券承销商也会蒙受损失；发行价格过低，虽然证券发行工作比较顺利甚至会火暴起来，可是发行公司却会遭受损失。

4. 资本市场特点

资本市场主要有以下几方面的特点：

（1）融资期限长。资本市场的融资期限至少在 1 年以上，也可以长达几十年，甚至无到期日。

（2）流动性相对较差。在资本市场上筹集到的资金多用于解决中长期融资需求，所以流动性和变现性相对较弱。

（3）风险大而收益较高。由于融资期限较长，发生重大变故的可能性也大，市场价格容易波动，投资者需承受较大风险。同时，作为对风险的报酬，其收益也较高。

股票市场：狼和羊组成的金融生态

股票的交易都是通过股票市场来实现的。股票市场是股票发行和流通的场所，也可以说是指对已发行的股票进行买卖和转让的场所。一般地，股票市场可以分为一、二级。一级市场也称为股票发行市场，二级市场也称为股票交易市场。股票是一种有价证券。有价证券除股票外，还包括国家债券、公司债券、不动产抵押债券等等。国家债券出现较早，是最先投入交易的有价债券。随着商品经济的发展，后来才逐渐出现股票等有价债券。因此，股票交易只是有价债券交易的一个组成部分，股票市场也只是多种有价债券市场中的一种。目前，很少有单一的股票市场，股票市场不过是证券市场中专营股票的地方。

股票是社会化大生产的产物，至今已有将近400年的历史。很少有人知道，中国最早的股票市场是由精明的日商于1919年在上海日领事馆注册的，而蒋介石竟然是中国最早的股民之一。

1919年，日商在上海租界三马路开办了"取引所"（即交易所）。蒋介石、虞洽卿便以抵制取引所为借口，电请北京政府迅速批准成立上海证券物品交易所。

这时的北京政权为直系军阀所控制，曹锟、吴佩孚等人不愿日本人以任何方式介入中国事务。于是，中国以股票为龙头的第一家综合交易所被批准成立了。

1920年2月1日，上海证券物品交易所宣告成立，理事长为虞洽卿，常务理事为郭外峰、闻兰亭、赵林士、盛丕华、沈润挹、周佩箴等六人，理事十七人，监察人为周骏彦等。交易物品有七种，为有价证券、棉花、棉纱、布匹、金银、粮食油类、皮毛。1929年10月3日《交易所法》颁布以后，它便依法将物品中的棉纱交易并入纱布交易所；证券部分于1933年夏秋间并入证券交易所，黄金及物品交易并入金业交易所。

一般交易所的买卖是由经纪人经手代办的。经纪人在交易所中缴足相当的保证金，在市场代理客商买卖货物，以取得相应的佣金。拥有资金实力的蒋介石、陈果夫、戴季陶等人便成了上海证券物品交易所的首批经纪人。但因为财力有限，他们不是上海证券物品交易所的股东，而只是他们所服务的"恒泰号"的股东。而恒泰号只是上海证券物品交易所的经纪机构之一。

恒泰号的营业范围是代客买卖各种证券及棉纱，资本总额银币35000元，每股1000元，分为35股。股东包括蒋介石在内，共有十七人，但为避嫌，在合同中却多不用真名，蒋介石就用的是"蒋伟记"的代号。

蒋介石是中国首批经纪人，这个消息对很多在股市中混迹的人来说，恐怕都足够爆炸的。但据此看来，确有其事。当时的大宗证券交易，只有蒋介石这样的四大财团才有实力入市一搏，精明的老蒋当然不会错过这个机会。事实上，在蒋介石当经纪人的时候，上证所的主要业务还是棉花等大宗期货商品。当时还未真正形成股票市场。

而股票市场是已经发行的股票按时价进行转让、买卖和流通的市场，包括交易市场和流通市场两部分。股票流通市场包含了股票流通的一切活动。股票流通市场的存在和发展为股票发行者创造了有利的筹资环境，投资者可以根据自己的投资计划和市场变动情况，随时买卖股票。由于解除了投资者的后顾之忧，它们可以放心地参加股票发行市场的认购活动，有利于公司筹措长期资金，股票流通的顺畅也为股票发行起了积极的推动作用。对于投资者来说，通过股票流通市场的活动，可以使长期投资短期化，在股票和现金之间随时转换，增强了股票的流动性和安全性。股票流通市场上的价格是反映经济动向的晴雨表，它能灵敏地反映出资金供求状况、市场供求，行业前景和政治形势的变化，是进行经济预测和分析的重要指标。对于企业来说，股权的转移和股票行市的涨落是其经营状况的指示器，还能为企业及时提供大量信息，有助于它们的经营决策和改善经营管理。可见，股票流通市场具有重要的作用。

转让股票进行买卖的方法和形式称为交易方式，它是股票流通交易的基本环节。现代股票流通市场的买卖交易方式种类繁多，从不同的角度可以分为以下三类：

其一，议价买卖和竞价买卖。从买卖双方决定价格的不同，分为议价买卖和竞价买卖。议价买卖就是买方和卖方一对一地面谈，通过讨价还价达成买卖交易。它是场外交易中常用的方式。一般在股票上不了市，交易量少，需要保密或为了节省佣金等情况下采用；竞价买卖是指买卖双方都是由若干人组成的群体，双方公开进行双向竞争的交易，即交易不仅在买卖双方之间有出价和要价的竞争，而且在买者群体和卖者群体内部也存在着激烈的竞争，最后在买方出价最高者和卖方要价最低者之间成交。在这种双方竞争中，买方可以自由地选择卖方，卖方也可以自由地选择买方，使交易比较公平，产生的价格也比较合理。竞价买卖是证券交易所中买卖股票的主要方式。

其二，直接交易和间接交易。按达成交易的方式不同，分为直接交易和间接交易。直接交易是买卖双方直接洽谈，股票也由买卖双方自行清算交割，在整个交易过程中不涉及任何中介的交易方式。场外交易绝大部分是直接交易；间接交易是买卖双方不直接见面和联系，而是委托中介人进行股票买卖的交易方式。证券交易所中的经纪人制度，就是典型的间接交易。

其三，现货交易和期货交易。按交割期限不同，分为现货交易和期货交易。现货交易是指股票买卖成交以后，马上办理交割清算手续，当场钱货两清；期货交易则是股票成交后按合同中规定的价格、数量，过若干时期再进行交割清算的交易方式。

有人说，如果把股市比喻成一个草原，普通股民是羊，那些企图捕食羊的利益团体是狼，政府就是牧羊人。但千万不要以为牧羊人就只保护羊，实际上，牧羊人也得保护狼，因为狼假如不够，羊没有天敌，就会繁衍得太多，而太多羊则会毁灭草原的植被，进而毁灭整个草原。政府说到底，他既不保护羊也不保护狼，而是保护整个草原的生态平衡。因为牧羊人并不以保护羊为第一目标，他只在整个草原可能出现毁灭倾向时才会真正焦急。这样的比喻似乎比较清晰地揭示了股市运作的道理。

真实的股市在每一个股民的眼中都是不一样的。表面上看，股市就永远像庙会那样人山人海，热闹非凡；而实际上，置身其中，就会发现股市就如一个百鸟园一般充满不同的声音，而你却不知谁说的才是真的。真假难辨，是股民心中对股市一致的印象。

证券市场：风云变幻的"大舞台"

在普通老百姓的眼里，证券市场似乎总是那么虚幻、不可捉摸。一谈到证券市场，人们就会立刻想到那些一夜间变成百万富翁，又一夜间沦为乞丐的传奇故事。在中国，人们首先想到的是股票市场，因为股票市场和老百姓接触最多。像大多数国家的股票市场一样，中国的股票市场也凝聚了"股民"们太多的情感，它有时让人激动兴奋、为之着魔，有时又让人绝望沮丧、失魂落魄。证券市场是现代金融市场体系的重要组成部分，主要包括股票市场、债券市场以及金融衍生品市场等。在现代市场经济中，证券市场发挥的作用越来越大。

证券市场是证券发行和交易的场所。从广义上讲，证券市场是指一切以证券为对象的交易关系的总和。从经济学的角度，可以将证券市场定义为：通过自由竞争的方式，根据供需关系来决定有价证券价格的一种交易机制。在发达的市场经济中，证券市场是完整的市场体系的重要组成部分，它不仅反映和调节货币资金的运动，而且对整个经济的运行具有重要影响。

从经济学的角度来看，证券市场具有以下三个显著特征：第一，证券市场是价值直接交换的场所。有价证券是价值的直接代表，其本质上只是价值的一种直接表现形式。虽然证券交易的对象是各种各样的有价证券，但由于它们是价值的直接表现形式，所以证券市场本质上是价值的直接交换场所；第二，证券市场是财产权利直接交换的场所。证券市场上的交易对象是作为经济权益凭证的股票、债券、投资基金券等有价证券，它们本身仅是一定量财产权利的代表，所以，代表着对一定数额财产的所有权或债权以及相关的收益权。证券市场实际上是财产权利的直接交换场所；第三，证券市场是风险直接交换的场所。有价证券既是一定收益权利的代表，同时也是一定风险的代表。有价证券的交换在转让出一定收益权的同时，也把该有价证券所特有的风险转让出去。所以，从风险的角度分析，证券市场也是风险的直接交换场所。

证券的产生已有很久的历史，但证券的出现并不标志着证券市场同时产生，只有当证券的发行与转让公开通过市场的时候，证券市场才随之出现。因此，证券市场的形成必须具备一定的社会条件和经济基础。股份公司的产生和信用制度的深化，是证券市场形成的基础。

证券市场是商品经济和社会化大生产发展的必然产物。随着生产力的进一步发展和商品经济的日益社会化，资本主义从自由竞争阶段过渡到垄断阶段，依靠原有的银行借贷资本已不能满足巨额资金增长的需要。为满足社会化大生产对资本扩张的需求，客观上需要有一种新的筹集资金的手段，以适应经济进一步发展的需要。在这种情况下，证券与证券市场就应运而生了。

证券市场是市场经济发展到一定阶段的产物，是为解决资本供求矛盾和流动而产生的市场。因此，证券市场有几个最基本的功能：

其一，融通资金。融通资金是证券市场的首要功能，这一功能的另一作用是为资金的供给者提供投资对象。一般来说，企业融资有两种渠道：一是间接融资，即通过银行贷款而获得资金；二是直接融资，即发行各种有价证券使社会闲散资金汇集成为长期资本。前者提供的贷款期限较短，适合解决企业流动资金不足的问题，而长期贷款数量有限，条件苛刻，对企业不利。后者却弥补了前者的不足，使社会化大生产和企业大规模经营成为可能。

其二，资本定价。证券市场的第二个基本功能就是为资本决定价格。证券是资本的存在形式，所以，证券的价格实际上是证券所代表的资本的价格。证券的价格是证券市场上证券供求双方共同作用的结果。证券市场的运行形成了证券需求者竞争和证券供给者竞争的关系，这种竞争的结果是：能产生高投资回报的资本，市场的需求就大，其相应的证券价格就高；反之，证券的价格就低。因此，证券市场是资本的合理定价机制。

其三，资本配置。证券投资者对证券的收益十分敏感，而证券收益率在很大程度上取决于企业的经济效益。从长期来看，经济效益高的企业的证券拥有较多的投资者，这种证券在市场上买卖也很活跃。相反，经济效益差的企业的证券投资者越来越少，市场上的交易也不旺盛。所以，社会上部分资金会自动地流向经济效益好的企业，远离效益差的企业。这样，证券市场就引导资本流向能产生高报酬的企业或行业，从而使资本产生尽可能高的效率，进而实现资源的合理配置。

其四，分散风险。证券市场不仅为投资者和融资者提供了丰富的投融资渠道，而且还具有分散风险的功能。对于上市公司来说，通过证券市场融资可以将经营风险部分地转移和分散给投资者，公司的股东越多，单个股东承担的风险就越小。另外企业还可以通过购买一定的证券，保持资产的流动性和提高盈利水平，减少对银行信贷资金的依赖，提高企业对宏观经济波动的抗风险能力。对于投资者来说，可以通过买卖证券和建立证券投资组合来转移和分散资产风险。投资者往往把资产分散投资于不同的对象，证券作为流动性、收益性都相对较好的资产形式，可以有效地满足投资者的需要，而且投资者还可以选择不同性质、不同期限、不同风险和收益的证券构建证券组合，分散证券投资的风险。

基金市场：让投资专家打理你的财富

通俗地说，基金就是通过汇集众多投资者的资金，交给银行托管，由专业的基金管理公司负责投资于股票和债券等证券，以实现保值、增值目的的一种投资工具。基金增值部分，也就是基金投资的收益，归持有基金的投资者所有，专业的托管、管理机构收取一定比例的管理费用。基金以"基金单位"作为单位，在基金初次发行时，将其基金总额划分为若干等额的整数份，每一份就是一个基金单位。

为了进一步理解基金的概念，我们可以做一个比喻：

假设你有一笔钱想投资债券、股票等进行增值，但自己既没有那么多精力，也没有足够的专业知识，钱也不是很多，于是想到与其他几个人合伙出资，雇一个投资高手，操作大家合出的资产进行投资增值。但在这里面，如果每个投资人都与投资高手随时交涉，那将十分麻烦，于是就推举其中一个最懂行的人牵头办理这件事，并定期从大伙合出的资产中抽取提成作为付给投资高手的劳务费报酬。当然，牵头人出力张罗大大小小的事，包括挨家跑腿，随时与投资高手沟通，定期向大伙公布投资盈亏情况等，不可白忙，提成中也包括他的劳务费。

上面这种运作方式就叫作合伙投资。如果这种合伙投资的活动经过国家证券行业管理部门（中国证券监督管理委员会）的审批，允许这项活动的牵头操作人向社会公开募集吸收投资者加入合伙出资，这就是发行公募基金，也就是大家现在常见的基金。

基金包含资金和组织的两方面含义。从资金上讲，基金是用于特定目的并独立核算的资金。其中，既包括各国共有的养老保险基金、退休基金、救济基金、教育奖励基金等，也包括中国特有的财政专项基金、职工集体福利基金、能源交通重点建设基金、预算调节基金等。从组织上讲，基金是为特定目标而专门管理和运作资金的机构或组织。这种基金组织，可以是非法人机构（如财政专项基金、高校中的教育奖励基金、保险基金等），可以是事业性法人机构（如中国的宋庆龄儿童基金会、孙冶方经济学奖励基金会、茅盾文学奖励基金会，美国的福特基金会、富布赖特基金会等），也可以是公司性法人机构。

基金有广义和狭义之分。从广义上说，基金是机构投资者的统称，包括信托投资基金、单位信托基金、公积金、保险基金、退休基金、各种基金会的基金。在现有的证券市场上的基金，包括封闭式基金和开放式基金，具有收益性功能和增值潜能的特点；从会计角度透析，基金是一个狭义的概念，意指具有特定目的和用途的资金。因为政府和事业单位的出资者不要求投资回报和投资收回，但要求按法律规定或出资者的意愿把资金用在指定的用途上，而形成了基金。

基金将众多投资者的资金集中起来，委托基金管理人进行共同投资，表现出一种集合理财的特点。通过汇集众多投资者的资金，积少成多，有利于发挥资金的规模优势，降低投资成本。基金与股票、债券、定期存款、外汇等投资工具一样也为投资者提供了一种投资渠道。它具有以下特点：

其一，集合理财，专业管理。基金将众多投资者的资金集中起来，由基金管理人进行投资管理和运作。基金管理人一般拥有大量的专业投资研究人员和强大的信息网络，能够更好地对证券市场进行全方位的动态跟踪与分析。将资金交给基金管理人管理，使中小投资者也能享受到专业化的投资管理服务。

其二，组合投资，分散风险。为降低投资风险，中国《证券投资基金法》规定，基金必须以组合投资的方式进行基金的投资运作，从而使"组合投资、分散风险"成为基金的一大特色。"组合投资、分散风险"的科学性已为现代投资学所证明，中小投资者由于资金量小，一般无法通过购买不同的股票分散投资风险。基金通常会购买几十种甚至上百种股票，投资者购买基金就相当于用很少的资金购买了一篮子股票，某些股票下跌造成的损失可以用其他股票上涨的盈利来弥补。因此可以充分享受到组合投资、分散风险的好处。

其三，利益共享，风险共担。基金投资者是基金的所有者。基金投资人共担风险，共享收益。基金投资收益在扣除由基金承担的费用后的盈余全部归基金投资者所有，并根据各投资者所持有的基金份额比例进行分配。为基金提供服务的基金托管人、基金管理人只能按规定收取一定的托管费、管理费，并不参与基金收益的分配。

其四，严格监管，信息透明。为切实保护投资者的利益，增强投资者对基金投资的信心，中国证监会对基金业实行比较严格的监管，对各种有损投资者利益的行为进行严厉的打击，并强制基金进行较为充分的信息披露。在这种情况下，严格监管与信息透明也就成为基金的一个显著特点。

其五，独立托管，保障安全。基金管理人负责基金的投资操作，本身并不经手基金财产的保管。基金财产的保管由独立于基金管理人的基金托管人负责。这种相互制约、相互监督的制衡机制对投资者的利益提供了重要的保护。

基金管理公司就是这种合伙投资的牵头操作人，为公司法人，其资格必须经过中国证监会审批。一方面，基金公司与其他基金投资者一样也是合伙出资人之一；另一方面，基金公司负责牵头操作，每年要从大家合伙出的资产中按一定的比例提取劳务费，并定期公布基金的资产和收益情况。当然，基金公司的这些活动必须经过证监会批准。

为了保证投资者的资产安全，不被基金公司擅自挪用，中国证监会规定，基金的资产不能放在基金公司手里，基金公司和基金经理只负责交易操作，不能碰钱，记账管钱的事要找一个擅长此事信用又高的角色负责，这个角色当然非银行莫属。于是这些出资就放在银行，建立一个专门账户，由银行管账记账，称为基金托管。当然银行的劳务费也得从这些资产中按比例抽取按年支付。所以，基金资产的风险主要来自于投资高手的操作失误，而因基金资产被擅自挪用造成投资者资金损失的可能性很小。从法律角度说，即使基金管理公司倒闭甚至托管银行出事了，向它们追债的人也无权挪走基金专户的资产，因此基金资产的安全是很有保障的。

上市公司：股市大厦的基石

据报道，2011年11月1日最新上市公司重组动态：天马股份（002122）重组未通过；咸阳偏转（000697）重组获有条件通过；深天马A（000050）重组两度遭证监会否决，拟购入资产连年亏损；华润锦华（000810）重组方案曝光：套现与关联交易双重质疑；*ST马龙（600792）资产重组完成，今起摘帽更名"云煤能源"；ST黄海（600579）预留资金应对重组，凯威化工有心激活。

另据当日解禁股提示：康恩贝（600572）：定向增发限售股，解禁股东6家，持股占总股本比例均低于3%，属于"小非"，所持限售股全部解禁，合计占流通A股比例为10.77%，占总股本比例为7.90%。该股的套现压力一般。

上市公司是指所发行的股票经过国务院或者国务院授权的证券管理部门批准在证券交易所上市交易的股份有限公司。所谓非上市公司是指其股票没有上市和没有在证券交易所交易的股份有限公司。上市公司是股份有限公司的一种，这种公司到证券交易所上市交易，除了必须经过批准外，还必须符合一定的条件。

其一，上市公司是股份有限公司。股份有限公司可为非上市公司，但上市公司必须是股份有限公司。

其二，上市公司要经过政府主管部门的批准。按照《公司法》的规定，股份有限公司要上市必须经过国务院或者国务院授权的证券管理部门批准，未经批准，不得上市。

其三，上市公司发行的股票在证券交易所交易。发行的股票不在证券交易所交易的不是上市股票。

上市公司同时具有股份有限公司的一般特点，如股东承担有限责任、所有权和经营权。股东通过选举董事会和投票参与公司决策等。

与一般公司相比，上市公司最大的特点在于可利用证券市场进行筹资，广泛地吸收社会上的闲散资金，从而迅速扩大企业规模，增强产品的竞争力和市场占有率。因此，股份有限公司发展到一定规模后，往往将公司股票在交易所公开上市作为企业发展的重要战略步骤。从国际经验来看，世界知名的大企业几乎全是上市公司。例如，美国500家大公司中有95%是上市公司。

实际上，上市公司是把公司的资产分成了若干分，在股票交易市场进行交易，大家都可以买这种公司的股票从而成为该公司的股东，上市是公司融资的一种重要渠道；非上市公司的股份则不能在股票交易市场交易。上市公司需要定期向公众披露公司的资产、交易、年报等相关信息。但在获利能力方面，并不能绝对地说谁好谁差，上市并不代表获利能力多强，不上市也不代表没有获利能力。当然，获利能力强的公司上市的话，会更容易受到追捧。

上市公司是股市的基石，股票产生于上市公司。如果没有上市公司，也就没有股市，如果上市公司倒塌，股市也将不复存在。

2007年下半年，石油行业个股出现大幅下跌，其他权重股票也普遍表现疲软。中国石油天然气股份有限公司2007年11月5日正式在上交所上市交易，中国石油A股以48.62元开盘，比发行价上涨了191%，这个价格也超出了大部分机构的预测。随后，中石油股价展开震荡，最终以43.96元报收，涨幅163.23%，总成交699.9亿元，成为A股第一大市值股票，在上证指数中所占权重接近四分之一。加上H股市值，其总市值接近10075亿美元，超过了埃克森美孚公司的4877亿美元，成为全球市值最大的上市公司。据说，有700亿巨资爆炒中石油，使之成为全球最大上市公司。

中石油公司A股之所以开盘走势就好，很大程度上是因为中石油公司拥有雄厚的发展实力和稳定的政策支持。在每一只股票背后，都有一家上市公司作为基石。上市公司也因为发行股票得到长期的融资。但好景不长，不久中石油就开始了一路狂跌到16元，让人叹为观止。在全球市值最大的上市公司的宝座上还没坐热，就下来了。相比之下，美国通用电气公司（GE）就是股票市场上成功的典范。借助股票市场，美国通用电气公司实现了长久的繁荣，经久不衰。通用电气公司是自1896年道·琼斯指数创立以来唯一至今仍保留在指数样本中的公司，经过了100多年的发展，通用电气的辉煌仍在继续。截至2004年，通用电气仍是全球市值最大的上市公司。2005年末，通用电气的销售收入居全球500强企业的第9位。

股票市场的目标在于优化资本配置，把有限的资金提供给效率高、潜力大的优秀公司，帮助它们增加投入，实现更好的发展。上市公司的优良又会促进股票市场的繁荣和稳定。上市公司是股票市场的基石。如果基石不稳，人们很难看到一个繁荣稳定的股市。否则，那也是一时呈现出的假象。如果上市公司管理不善，业绩滑坡，投资它的股票就得不到好的回报，即使暂时维持高的价位，最终也会因为缺少支撑造成"泡沫"破灭，给投资者带来惨重的损失。如果整个经济并不景气，上市企业的业绩并不好，而股市却持续繁荣的话，那往往预示着一场股灾可能接踵而至。

外汇市场：大而无形的金融市场

在外汇市场上，有这样两位投资者。

留美博士老秦：1998 年回国后一直在汇市中摸爬滚打，经验丰富、心态平和，最近几年在汇市上一直保持着大幅赢利。

商人小齐：早年做生意也算得上是暴发户，悟性高、上手快，在汇市上屡试不爽之后，如今已是"弃商从汇"，踏踏实实地当起了职业炒民。

"货币是一种资产，投资是一种时尚"。就这样，小齐和老秦，相遇在京城的汇市大厅。宽敞的银行外汇交易大厅中，老秦正昂头观看报价大屏幕上不断闪动的外汇牌价，突然肩膀被人拍了一下。"老秦，好久不见呀！"回头一看，小齐满面笑容地站在身后。"是啊！最近老是见不到你，在忙什么呀？""这不，'十一'前去了趟东南亚旅游，上周五回来当天就赶上美国公布的非农业就业人口数据低于预期，弄得非美货币全线上涨。"小齐边说边坐了下来，"我在 1.2330 进的欧元，还不错，1.2400 跑了。这不，周二欧元又跌下来了，所以过来跟你聊聊。""噢！"老秦扶了扶鼻梁上的眼镜说，"周二欧元下跌主要是前期获利盘高位回吐，加上欧元区数据不好。不过现在正好接近了前期上升通道的下沿 1.2300，短线应该有一定支撑吧。"说着话，小齐忽然想起一件事情，他说："时间差不多了，我回去接孩子了。"老秦这才想起自己也还有事要办。周围的人听到他俩的谈话，都微微一笑，因为大家都有类似的经历，因谈外汇而忘了正事。看来，外汇交易真的已成时尚了！

外汇市场是指由银行和非银行、金融机构、自营商、大型跨国企业参与的，通过中介机构或电讯系统联结的，以各种货币为买卖对象的交易市场。它可以是有形市场，如外汇交易所；也可以是无形市场，如通过电讯系统交易的银行间外汇交易。据国际清算银行最新统计显示，国际外汇市场每日平均交易额约为 1.5 万亿美元。

外汇是以外币表示的用于国际结算的支付凭证。外汇的概念有广义和狭义之分。

广义的外汇指的是一国拥有的一切以外币表示的资产。国际货币基金组织对此的定义是："外汇是货币行政当局（中央银行、货币管理机构、外汇平准基金及财政部）以银行存款、长短期政府证券等形式保有的在国际收支逆差时可以使用的债权。"我国于 1997 年修正颁布的《中华人民共和国外汇管理条例》规定："外汇，是指下列以外币表示的可以用作国际清偿的支付手段和资产：国外货币，包括铸币、钞票等；外币支付凭证，包括票据、银行存款凭证、邮政储蓄凭证等；外币有价证券，包括政府公债、国库券、公司债券、股票、息票等；特别提款权、欧洲货币单位；其他外汇资产。"

狭义的外汇指的是以外国货币表示的，为各国普遍接受的，可用于国际间债权债务结算的各种支付手段。它必须具备三个特点：可支付性（必须以外国货币表示的资产）、可获得性（必须是在国外能够得到补偿的债权）和可兑换性（必须是可以自由兑换为其他支付手段的外币资产）。

国际上因贸易、投资、旅游等经济往来，总不免产生货币收支关系。但各国货币制度不同，要想在国外支付，必须先以本国货币购买外币；另一方面，从国外收到外币支付凭证也必须兑换成本国货币才能在国内流通。这样就发生了本国货币与外国货币的兑换问题。两国货币的比价称汇价或汇率。西方国家中央银行为执行外汇政策，影响外汇汇率，经常买卖外汇。所有买卖外汇的商业银行、专营外汇业务的银行、外汇经纪人、进出口商，以及其他外汇供求者都经营各种现汇交易及期汇交易。这一切外汇业务组成一国的外汇市场。

以前，一般人对外汇市场的了解仅是一个外币的概念，然而历经几个时期的演进，它已较能为一般人了解，而且已应用外汇交易为理财工具。

外汇买卖的市场被称为外汇市场，虽然它也被称为市场，但它却不像商品市场甚至其他金融市场那样有具体交易场所，外汇市场主要通过电脑网络进行外汇买卖交易活动。

中国人民银行于 1994 年 4 月成立了中国外汇交易中心暨全国银行间同业拆借中心，1996 年 1 月启用人民币信用拆借系统，随后又推出了交易系统，2002 年 6 月又开办了外币拆借中介业务，已初步实现了"多种技术手段、多种交易方式、满足不同层次市场需要"的目标。

贸易往来的频繁及国际投资的增加，使各国之经济形成密不可分的关系，全球的经常性经济报告如通货膨胀率、失业率及一些不可预期的消息如天灾或政局的不安定等等，皆为影响币值的因素。币值的变动，也影响了这个货币在国际间的供给与需求。而美元的波动持续抗衡世界上其他的货币。国际性贸易及汇率变动的结果，造就了全球最大的交易市场——外汇市场，一个具高效率性、公平性及流通性的一流世界级市场。

外汇交易市场是个现金银行间市场或交易商间市场，它并非传统印象中的实体市场，没有实体的场所供交易进行，交易通过电话及经由计算机终端机在世界各地进行，直接的银行间市场是以具外汇清算交易资格的交易商为主，他们的交易构成总体外汇交易中的大额交易，这些交易创造了外汇市场的交易巨额，也使外汇市场成为最具流通性的市场。

世界上大部分国家都有自己的货币：美国的美元；欧洲货币联盟的欧元；巴西的瑞亚尔；印度的卢比；等等。国家间的贸易涉及不同货币之间的兑换。例如，如果美国企业购买外国商品、劳务或者金融资产，需要将美元（通常是以美元计价的银行存款）兑换成外国货币（以外国货币计价的银行存款）。货币和以特定货币计价的银行存款的交易在外汇市场中进行。外汇市场中的交易决定了货币兑换的比率，进而决定购买外国商品和金融资产的成本。

抵押贷款市场：渴望借钱给你的贷款人

按揭贷款就是购房者以所购住房做抵押并由其所购买住房的房地产企业提供阶段性担保的个人住房贷款业务。在我国经济持续快速的发展中，商品房消费作为拉动经济全面发展的引擎之一，极大地刺激了国民经济的增长。由于在商品房消费中存在着资金大、成本高、周期长、群体多等诸多融资特点，因而，为银行按揭提供了巨大的发展空间。

"按揭"一词首先是由我国香港传至中国大陆的，它是英语中"mortgage"的广东话谐音。近代意义上的按揭，在英美法中主要是指房地产等的不动产抵押。最早起源于18世纪英国人创办的建筑社团和1831年英国移民在美国宾夕法尼亚州建立的牛津节俭会。

一般来讲，房地产企业与银行存在楼盘按揭贷款协议，通常情况都是银行为符合条件的楼盘购买人提供按揭贷款，在土地证、房产证及按揭贷款的抵押权证办理出来之前开发商为购房人在银行的按揭的贷款提供担保。

商品房按揭贷款的类型，主要分两种：一是期房按揭贷款，二是现房按揭贷款。期房按揭贷款，即预售按揭，是指在商品房建设期间，购房人、开发商和银行之间约定，开发商与购房人签订商品房预售合同，由购房人向开发商预付一定比例的房款，其余房款则由购房人向银行申请贷款，购房人将其预购的房屋抵押给银行并获取购房贷款，同时开发商或其他企业作为贷款担保人，保证银行为第一受偿权人；现房按揭是指在商品房建成之后，购房人与开发商签订商品房买卖合同并支付部分现金，不足部分向银行申请贷款并将所购房产的有关权证提交银行作为贷款担保的购房方式。

具体流程如下：开发商与银行签订合作协议，购房者与房地产公司签订购房协议，购房者向协议银行提出贷款申请，购房者按贷款银行要求提供贷款资料并签订有关法律文书，银行审批购房者贷款申请，购房者办理还贷手续，按月还款。

办理按揭贷款既有优点又有缺点。

办按揭的三大优点：

其一，花明天的钱圆今天的梦。按揭就是贷款，也就是向银行借钱，不必马上花费很多钱就可以买到自己的商品，所以按揭购买的第一个优点就是钱少也能买到自己想要的商品。

其二，银行替你把关，办借款是向银行借钱，所以项目的优劣银行自然关心，银行除了审查你本身外，还会审查项目商，为你把关，自然保险性高。

其三，把有限的资金用于多项投资。从投资角度说，办按揭者可以把资金分开投资，这样资金使用灵活。

办按揭的缺点：

其一，背负债务。首先是心理压力大，因为中国人的传统习惯不允许寅吃卯粮，讲究节省，所以贷款对于保守型的人不合适。而且事实上，贷款人确实负担着沉重的债务，无论对任何人来说都是不轻松的。

其二，不易迅速变现。因为是以商品本身抵押贷款，所以商品再出售困难，不利于贷款者退市。

不过由于商品房消费随着国家政策的一步步放宽，国内需求呈现了迅猛发展的势头。伴随商品房消费需求的一路高歌，按揭自20世纪90年代末以来在我国从开始在沿海经济发达地区开展起来，进而向广大内陆地区推进，逐步变成了我国房地产业融资发展的一条重要渠道。

抵押贷款市场的存在是为了帮助私人、企业和其他经济单位提高住宅或其他财产的购买力。作为个人，抵押贷款市场是这本教科书所讨论的市场当中，少数几个你可以像发行者一样参与的市场之一。除非你自己很富有，否则你很有可能在抵押贷款市场借钱来购买一幢房子。幸运的是，当你决定购买一幢房子的时候（如果你还没有买的话），你将会发现贷款人渴望将钱借给你。当你学习这一章时，抵押贷款市场和抵押支持证券市场已经发展到几乎无界限地为借款人提供贷款。

购房人要面对的一个最重要的经济决定是选择最适合他们需要的抵押贷款类型。对于许多借款人来说，传统的 30 年期限、等额支付、固定利率抵押贷款也许很适合，但是可能不适合其他人。传统的固定利率抵押贷款很适合那些借款人，他们计划在一座房子里居住很多年并且宁愿稳定地每月支付固定的还款。这种类型的抵押贷款往往受到某些借款人的青睐，他们有稳定可靠收入但想要支付较少的首付款。其他类型的抵押贷款适合那些只期望居住几年，或者愿意接受一些利率风险而采用可调利率抵押贷款的房屋购买人。

抵押贷款市场同其他资本市场相比具有许多独特的性质。

第一，抵押贷款通常通过抵押不动产（土地或建筑物）作为抵押品。如果借款人违约，贷款人能够"取消回赎权"，并且对抵押品行使物主权。

第二，抵押贷款的发行人（借款人）通常规模比较小，相对来说对金融实体不是很了解。因而，通过充分调查借款人的财务状况，只有抵押贷款的贷款人受益。相反，公司有价证券经常被数千人持有。因而，一家重要企业财务状况的任何变化都会被广泛报道。简而言之，有动机监控通用汽车财务状况的人比监控约翰和休·琼斯财务状况的人多得多。

第三，根据借款人的需要，抵押贷款有不同的数额和期限。因为缺少统一的标准，私人抵押贷款不适合在二级市场上销售。

第四，政府的政策为抵押贷款市场提供了高度的管制和强有力的支撑。政府参与其他资本市场运作制定了比抵押贷款市场多得多的限制。

第五，因为统一的标准和资本市场债务工具的类型以及这些工具发行人的信息通常是广泛使用的，二级资本市场的股票和债券是高度发达并且工作是非常有效的。最近，即使在抵押贷款的二级市场，交易工具有所增加，特别是投保抵押贷款，已公开发行并售出的证券的价值相对于资本市场中的情况要小得多。

期货市场：在盛宴与豪赌之间徘徊

2009 年，在全球经济、金融形势的风云变幻中，中国期货市场却保持了持续稳步健康发展的态势，期货市场服务国民经济发展和企业管理风险的作用不断显现，对经济的贡献率大大提升。截至 12 月 15 日，CRB 指数（全球商品指数）从 233.92 点上涨至 273.94 点，涨幅仅为 17.1%，并且运行中上下波动不已。而同期，我国期货市场则别有洞天，据文华商品指数显示，我国大宗商品综合指数从 2010 年开市的 117.62 点升至 166.98 点，上涨幅度竟然达到 41.96%！虽然 CRB 指数涵盖面更为宽泛，但是也可从中看出我国期货市场保持着稳健运行的单边上扬趋势。

期货市场被认为是一种较高级的市场组织形式，是市场经济发展到一定阶段的必然产物。期货市场是交易双方达成协议或成交后，不立即交割，而是在未来的一定时间内进行交割的场所。

广义上的期货市场包括期货交易所、结算所或结算公司、经纪公司和期货交易员；狭义上的期货市场仅指期货交易所。期货交易所是买卖期货合约的场所，是期货市场的核心。比较成熟的期货市场在一定程度上相当于一种完全竞争的市场，是经济学中最理想的市场形式。所以期货市场被认为是一种较高级的市场组织形式，是市场经济发展到一定阶段的必然产物。

期货市场是一个复杂的演进系统，复杂性超乎想象。期货市场能让你在一夜之间暴富，也同样能让你一夜之间一贫如洗，甚至负债累累。因此，期货市场以其高收益、高风险，对许多人产生了强大的诱惑力，这就是期货的魅力所在。本节我们将进一步走进期货市场，了解期货的奥秘。

在我们正式进入期货市场之前，还要了解一些期货常识，这样才能更好地在期货市场上搏击。

1. 金融期货合约及其特征

金融期货交易是通过金融期货合约来进行的。所谓金融期货合约，是指双方同意在约定的将来某个时间，按照约定的条件买卖一定标准数量的某种金融工具。这种约定的条件主要包括约定的价格、交割地点、交割方式。在这里，约定的价格就是期货价格。

期货交易的主要特点是：必须在期货交易所内进行；双方不直接接触，而是通过交易所清算部门或清算公司结算；买卖双方可以在交割日之前采取对冲交易结束其期货头寸（平仓），这样就不必进行最后的实物交割了；期货合约的合约规模、交割日期、交割地点等都实行标准化；期货交易每天进行结算，而不是到期一次性结算。

2. 保证金制度

期货交易制度最大的特征是保证金制度。交易者只要按照期货合约价格的一定比率缴纳少量资金作担保，就可以参与期货合约买卖了，这和远期合约有很大不同。正是因为保证金这种"四两拨千斤"的作用，才使得期货交易的成本很低、盈利很高，当然其投资风险也很大。

在我国，期货交易所每天都要对每一笔交易进行清算。如果保证金不足，就必须在规定时间内追加，或者对所持期货合约进行平仓处理，直到符合保证金的规定为止。否则，就要对期货合约进行强制平仓。

3. 期货价格的决定

期货交易中有一个非常重要的概念叫"基差"。所谓基差，是指在某一特定地点，某种商品的现货价格与期货合约的价格差。如果没有特别说明，一般是指这种商品最近的价格减去期货价格。

基差的大小主要与该商品的持仓成本有关，除此以外还和市场供求有很大关系。而持仓成本主要包括仓储费、保险费、利息等费用。不同合约之间的价格差异称为合约差价。正常的合约差价反映了市场供求关系变化，主要包括仓储费、资金利息、增值税三部分，计算方法与持仓成本的计算方法相同。

如果标的没有系统性风险，那么期货价格就是预期未来的现货价格；如果系统性风险小于零，那么期货价格将会大于现货价格。在大多数情况下，系统性风险总是大于零的，这时候的期货价格就要扣除这部分风险，所以会小于现货价格。

4. 利率期货

顾名思义，利率期货的标的物是利率。通俗地说，就是赌将来的利率是上涨还是下跌。利率期货主要有两种：一是以长期国债为标的物的长期利率期货，二是以两个月内短期存款利率为标的物的短期利率期货。

利率期货价格是与实际利率呈反方向变动的——利率越高，利率期货价格就越低；利率越低，利率期货价格就越高。

利率期货主要集中在美国芝加哥期货交易所和芝加哥商品交易所，而且它的交割方法很特殊，主要是现金交割或现券交割。

5. 股指期货

与利率期货相类似，股指期货的标的物是股票指数。具体地说，就是双方针对某一股票价格指数（通常有美国的标准·普尔 500 综合指数、纽约证券交易所股票价格综合指数、日本日经指数、香港恒生指数等），约定在未来的某一个特定时间，以特定价格进行股票价格指数交割结算。

股指期货交易的最大特点是采用现金而不是实物（股票）结算，而且必须在期货交易所内进行。究其原因在于，股票价格指数本身只是一个"数字"，找不到对应的具体实物，又怎么去进行实物交割呢？

6. 期货交易套期保值

期货交易套期保值，是指为了避免商品未来的价格波动对自己造成不利影响，双方从"均等、相对"的原则出发，对具有一定风险的现货交易进行保值，明确将这部分商品的数量、期限、价格进行对冲操作（在现货市场上买进这种商品、在期货市场上卖出同类商品，或者相反）。

套期保值一般以对冲为主、实物交割为辅，能否从中获利以及获利多少，关键在于对冲时机的选择。

7. 期货交易套利

期货交易套利分为跨期套利、跨品套利、跨市套利等方式。跨期套利的"期"是指期限。跨期套利是指用同一种商品在不同交割月份合约之间的价差进行交易。它的最大特点是，期货商品相同、买进或卖出时间相同，交割月份不同、两个期货合约价格不同；跨品套利的"品"是指商品。跨品套利是指在两种具有高度替代、或者具有相同因素影响的商品之间进行期货交易。如小麦和玉米、铜和铝就具有这种高度关联性；跨市套利的"市"是指地域。跨市套利是指在不同期货交易所之间买进或卖出相同交割月份的期货合约，以此来获利。

保险市场：给未来拉上一根"安全绳"

保险，对大家来说并不陌生，随着社会经济的不断发展，保险已经进入千家万户，和人们日常生活的联系越来越紧密。保险是以契约形式确立双方经济关系，以缴纳保险费建立起来的保险基金，对保险合同规定范围内的灾害事故所造成的损失，进行经济补偿或给付的一种经济形式。

保险市场是市场的一种形式，是保险商品交换关系的总和或是保险商品供给与需求关系的总和。它既可以指固定的交易场所如保险交易所，也可以是所有实现保险商品让渡的交换关系的总和。

在保险市场上，交易的对象是保险人为消费者所面临的风险提供的各种保险保障。保险市场的构成要素如下：首先是为保险交易活动提供各类保险商品的卖方或供给方；其次是实现交易活动的各类保险商品的买方或需求方；再次就是具体的交易对象——各类保险商品。后来，保险中介方也渐渐成为构成保险市场不可或缺的因素之一。

保险市场的类型有很多种分法：

其一，根据保险标的的不同，保险可以分为财产保险、人身保险与责任保险。财产保险又可分为海上保险、火险、运输险、工程险等；人身保险又可分为人寿险、健康险、意外伤害险等；责任保险又可分为雇主责任险、职业责任险、产品责任险等。

财产保险是以物或其他财产利益为标的的保险。广义的财产保险包括有形财产保险和无形财产保险；人身保险是以人的生命、身体或健康作为保险标的的保险；责任保险是以被保险人的民事损害赔偿作为保险标的的保险。

其二，按保险业务承保的程序不同，可分为原保险市场和再保险市场。①原保险市场：亦称直接业务市场，是保险人与投保人之间通过订立保险合同而直接建立保险关系的市场。②再保险市场：亦称分保市场，是原保险人将已经承保的直接业务通过再保险合同转分给再保险人的方式形成保险关系的市场。

其三，按照保险业务性质不同，可分为人身保险市场和财产保险市场。①人身保险市场：是专门为社会公民提供各种人身保险商品的市场。②财产保险市场：是从事各种财产保险商品交易的市场。

其四，按保险业务活动的空间不同可分为国内保险市场和国际保险市场。①国内保险市场：是专门为本国境内提供各种保险商品的市场，按经营区域范围又可分为全国性保险市场和区域性保险市场。②国际保险市场：是国内保险人经营国外保险业务的保险市场。

其五，按保险市场的竞争程度不同，可分为垄断型保险市场、自由竞争型保险市场、垄断竞争型保险市场。①垄断型保险市场：是由一家或几家保险人独占市场份额的保险市场，包括完全垄断和寡头垄断型保险市场。②自由竞争型保险市场：是保险市场上存在数量众多的保险人、保险商品交易完全自由、价值规律和市场供求规律充分发挥作用的保险市场。③垄断竞争型保险市场：是大小保险公司在自由竞争中并存，少数大公司在保险市场中分别具有某种业务的局部垄断地位的保险市场。

保险市场机制是指将市场机制一般引用于保险经济活动中所形成的价值规律、供求规律及竞争规律之间相互制约、相互作用的关系。

第一，价值规律在保险市场上的作用。价值规律对于保险费率的自发调节只能限于凝结在费率中的附加费率部分的社会必要劳动时间，对于保险商品的价值形成方面具有一定的局限性，只能通过要求保险企业改进经营技术，提高服务效率，来降低附加费率成本。

第二，供求规律在保险市场上的作用。保险市场上保险费率的形成，一方面取决于风险发生的频率，另一方面取决于保险商品的供求情况。保险市场的保险费率不是完全由市场的供求情况决定，相反，要由专门的精算技术予以确立。

第三，竞争规律在保险市场上的作用。在保险市场上，由于交易的对象与风险直接相关联，使得保险商品的费率的形成并不完全取决于供求力量的对比。相反，风险发生的频率即保额损失率等才是决定费率的主要因素，供求仅仅是费率形成的一个次要因素。因此，一般商品市场价格竞争机制，在保险市场上必然受到某种程度的限制。

我国国内财产保险业务自 1980 年恢复以来，保费收入从 1980 年的 4.6 亿元增加到 2007 年的 1997.7 亿元，年增长 25.3%。我国财产保险市场的基本特征为：财产保险公司数量明显增加，开始形成垄断竞争型格局。随着《保险法》的实施，保险公司 1996 年开始分业经营，中保集团分为中保集团财产保险有限公司、人寿保险有限公司、再保险有限公司。1999 年 3 月中保集团解散，原中保集团财产保险有限公司改为中国人民保险公司。至 2001 年底，财产保险公司发展到 22 家，其中，中资财产保险公司 12 家，外资、中外合资财产保险公司 10 家；至 2003 年底，财产保险公司发展到 27 家，其中，中资财产保险公司 10 家，外资、中外合资财产保险公司 15 家；到 2006 年底，财产保险公司发展到 42 家，其中，中资财产保险公司 27 家，外资、合资财产保险公司 15 家。我国多主体的财产保险市场格局虽然已基本形成，但仍然属于寡头垄断型市场，现在开始向垄断竞争型转换。

改革开放以来，我国一方面允许外国保险公司进入中国保险市场；另一方面鼓励国内保险公司在国外经营保险业务。尤其自 2001 年入世和 2004 年全面开放以来，外资保险公司和市场份额均有明显增加，到 2007 年底，42 家财产保险公司中，外资保险公司为 15 家。外资财产公司财产保费收入占财产保险市场份额的比重，由 2000 年的 0.2% 上升到 2007 年的 1.16%。尤其是 2004 年保险市场全面对外开放以来，不仅在我国的外国财产保险公司进一步增加，在经营业务的区域和险种上进一步扩大，我国保险市场将逐步与国际保险市场接轨。

我国保险市场得到了快速的发展，但依然存在一些需要完善的地方，主要表现在：有效供给不足，有效需求不足，处于低水平均衡状态；国民保险意识相对较淡薄；保险法规尚需进一步完善；保险偿付能力监管和保险公司体制均有待完善。

黄金市场：黄金天然是货币

1968 年黄金总库解散，美国及其他西方国家不再按官价供应黄金，听任市场金价自由波动；1971 年 8 月 15 日美国宣布不再对外国官方持有的美元按官价兑换黄金。从此，世界上的黄金市场就只有自由市场了。世界上约有 40 多个城市有黄金市场。在不允许私人进行黄金交易的某些国家，存在着非法黄金市场（黑市）。黑市金价一般较高，因而也伴有走私活动。各国合法的黄金自由市场一般都由受权经营黄金业务的几家银行组成银行团办理。黄金买卖大部分是现货交易，20 世纪 70 年代以后黄金期货交易发展迅速。但期货交易的实物交割一般只占交易额的 2% 左右。黄金市场上交易最多的是金条、金砖和金币。

黄金市场，是集中进行黄金买卖的交易场所。黄金交易与证券交易一样，都有一个固定的交易场所，世界各地的黄金市场就是由存在于各地的黄金交易所构成。黄金交易所一般都是在各个国际金融中心，是国际金融市场的重要组成部分。

在黄金市场上买卖的黄金形式多种多样，主要有各种成色和重量的金条、金币、金丝和金叶等，其中最重要的是金条。大金条量重价高，是专业金商和中央银行买卖的对象，小金条量轻价低，是私人和企业买卖、收藏的对象。金价按纯金的重量计算，即以金条的重量乘以金条的成色。黄金市场是集中进行黄金买卖和金币兑换的市场，是专门经营黄金买卖的金融市场。进行黄金交易的有世界各国的公司、银行和私人以及各国官方机构。黄金交易的去向主要是工业用金、私人贮藏、官方储备、投机商牟利等。

全球黄金市场主要分布在欧、亚、北美三个区域。欧洲以伦敦、苏黎世黄金市场为代表；亚洲主要以香港为代表；北美主要以纽约、芝加哥和加拿大的温尼伯为代表。全球各大金市的交易时间，以伦敦时间为准，形成伦敦、纽约（芝加哥）、香港连续不断的黄金交易。

美国黄金市场由纽约商品交易所（NYMEX）、芝加哥国际商品交易所（IMM）、底特律、旧金山和水牛城共五家交易所构成。美国黄金市场以黄金期货交易为主，目前纽约黄金市场已成为世界上交易量最大和最活跃的期金市场。伦敦是世界上最大的黄金市场，市场黄金的供应者主要是南非。狭义地说，伦敦黄金市场主要指伦敦金银市场协会（LBMA），该市场不是以交易所形式存在，而是指OTC市场（银行的外汇市场交易主体以双边授信为基础，通过自己双边沟通价格，双边精算进行的，即期外交易）。其运作方式是通过无形方式——会员的业务网络来完成的。瑞士不仅是世界上新增黄金的最大中转站，也是世界上最大的私人黄金的存储与借贷中心。苏黎世黄金市场在国际黄金市场上的地位仅次于伦敦。日本黄金交易所成立于1981年4月（1984年与东京橡胶交易所等合并为东京工业品交易所），1982年开设期货。2004年，黄金期权获准上市，日本的黄金期货市场更加活跃。中国黄金市场改革起始于1993年，2001年4月，中国人民银行行长戴相龙宣布取消黄金"统购统配"的计划管理体制，2002年10月上海黄金交易所开业，标志着中国黄金业开始走向市场化。

国际黄金市场的参与者，可分为国际金商、银行、对冲基金等金融机构、各种法人机构、私人投资者以及在黄金期货交易中有很大作用的经纪公司。

国际金商。最典型的就是伦敦黄金市场上的五大金行，其自身就是一个黄金交易商，由于其与世界上各大金矿和黄金商有广泛的联系，而且其下属的各个公司又与许多商店和黄金顾客联系，因此，五大金商会根据自身掌握的情况，不断报出黄金的买价和卖价。当然，金商要负责金价波动的风险。

银行。又可以分为两类，一种是仅仅为客户代行买卖和结算，本身并不参加黄金买卖，以苏黎世的三大银行为代表，它们充当生产者和投资者之间的经纪人，在市场上起到中介作用。也有一些做自营业务的，如在新加坡黄金交易所（UOB）里，就有多家自营商会员是银行的。

对冲基金。近年来，国际对冲基金尤其是美国的对冲基金活跃在国际金融市场的各个角落。在黄金市场上，几乎每次大的下跌都与基金公司借入短期黄金在即期黄金市场抛售和在纽约商品交易所黄金期货交易所构筑大量的建仓有关。一些规模庞大的对冲基金利用与各国政治、工商和金融界千丝万缕的联系往往较先捕捉到经济基本面的变化，利用管理的庞大资金进行买空和卖空，从而加速黄金市场价格的变化而从中渔利。

各种法人机构和个人投资者。这里既包括专门出售黄金的公司，如各大金矿、黄金生产商、黄金制品商（如各种工业企业）、首饰行以及私人购金收藏者等，也包括专门从事黄金买卖的投资公司、个人投资者等。从对市场风险的喜好程度分，又可以分为避险者和冒险者：前者希望黄金保值而回避风险，希望将市场价格波动的风险降低到最低程度，如黄金生产商、黄金消费者等；后者则希望从价格涨跌中获得利益，因此愿意承担市场风险，如各种对冲基金等投资公司。

经纪公司。是专门从事代理非交易所会员进行黄金交易，并收取佣金的经纪组织。有的交易所把经纪公司称为经纪行。在纽约、芝加哥、香港等黄金市场里，有很多经纪公司，它们本身并不拥有黄金，只是派出场内代表在交易厅里为客户代理黄金买卖，收取客户的佣金。

黄金同市场上其他货币及商品一样都存在着市场风险。通常与货币相比，黄金的波动率较低，然而这些年来随着投机行为的增加，黄金的波动变大了。作为投资对象，黄金与其他投资对象相比有着不同的属性。一直以来投资者对这个市场都抱有极大的兴趣，这导致其市场流通性高于其他市场的市场流动性。高流通性意味着，当您想卖出时不愁找不到买家，同时在您想买入的时候不愁找不到卖主。

在黄金市场上人们可以投资买卖金币和金条、珠宝、期货和期权、交易所买卖基金、甚至黄金证。与众多其他物品交易相比，黄金交易不但快而且价差低。在外汇市场上，黄金可以说是相对美元的避险投资。美元升值，金价下跌；美元贬值，则金价上涨。明白了这一点，投资者就能把黄金交易作为一种手段来平衡其在美元买卖中的盈亏。市场条件在不断变化，然而黄金一直保持着它的购买力。因此，一些投资者买入黄金来平衡通货膨胀和货币价值变化造成的影响。在外汇交易中，投资者买卖黄金大多出于投机目的而不是为了长期的投资。在外汇市场，交易者可在买入黄金几小时后卖出，凭借黄金价格的小幅波动获利。

第十一章 谁在负责处理我们的钱

——每天学点金融机构知识

银行：金融界当之无愧的"大哥"

中世纪的时候，世界上只有两种人有钱，一种是贵族，另一种是主教。所以，银行是不必要的，因为根本没有商业活动。

到了 17 世纪，一些平民通过经商致富，成了有钱的商人。他们为了安全，都把钱存放在国王的铸币厂里。那个时候还没有纸币，所谓存钱就是指存放黄金。因为那时实行"自由铸币"制度，任何人都可以把金块拿到铸币厂里，铸造成金币，所以铸币厂允许顾客存放黄金。

但是这些商人没意识到，铸币厂是属于国王的，如果国王想动用铸币厂里的黄金，那是无法阻止的。1638 年，英国国王查理一世同苏格兰贵族爆发了战争，为了筹措军费，他就征用了铸币厂里平民的黄金，美其名曰贷款给国王。虽然，黄金后来还给了原来的主人，但是商人们感到，铸币厂不安全。于是，他们把钱存到了金匠那里。金匠为存钱的人开立了凭证，以后拿着这张凭证，就可以取出黄金。

后来商人们就发现，需要用钱的时候，其实不需要取出黄金，只要把黄金凭证交给对方就可以了。再后来，金匠突然发现，原来自己开立的凭证，具有流通的功能！于是，他们开始开立"假凭证"。他们惊奇地发现，只要所有客户不是同一天来取黄金，"假凭证"就等同于"真凭证"，同样是可以作为货币使用的！

这就是现代银行中"准备金"的起源，也是"货币创造"的起源。这时正是 17 世纪 60 年代末，现代银行就是从那个时候起诞生的。所以，世界上最早的银行都是私人银行，最早的银行券都是由金匠们发行的，他们和政府没有直接的关系。

现代银行中的纸币竟然是这样发展而来的，恐怕人们都想象不到。从上面这段资料，大家就可以看出，银行起源于古代的货币经营业。而货币经营业主要从事与货币有关的业务，包括金属货币的鉴定和兑换、货币的保管和汇兑业务。当货币经营者手中大量货币聚集时就为发展贷款业务提供了前提。随着贷款业务的发展，保管业务也逐步改变成存款业务。当货币活动与信用活动结合时，货币经营业便开始向现代银行转变。1694 年，英国英格兰银行的建立，标志着西方现代银行制度的建立。

银行一词，源于意大利 Banca，其原意是长凳、椅子，是最早的市场上货币兑换商的营业用具。英语转化为 Bank，意为存钱的柜子。在我国有"银行"之称，则与我国经济发展的历史相关。在我国历史上，白银一直是主要的货币材料之一。"银"往往代表的就是货币，而"行"则是对大商业机构的称谓，所以把办理与银钱有关的大金融机构称为银行。

在我国，明朝中叶就形成了具有银行性质的钱庄，到清代又出现了票号。第一次使用银行名称的国内银行是"中国通商银行"，成立于1897年5月27日；最早的国家银行是1905年创办的"户部银行"，后称"大清银行"；1911年辛亥革命后，大清银行改组为"中国银行"，一直沿用至今。

在我国，银行有多种分类方法，一般大而化之的分类方法是把银行按如下方法分类：

一类是中国人民银行，它是中央银行，在所有银行当中起管理作用。

一类是政策性银行，如农业发展银行、国家开发银行、进出口银行，一般办理政策性业务，不以盈利为目的。

第三类是商业银行，又可分为全国性国有商业银行，如工行、农行、中行、建行；全国性股份制商业银行，如招商银行、华夏银行、民生银行；区域性商业银行，如广东发展银行；地方性商业银行，如武汉市商业银行，才上市的南京银行。不过，随着银行业务范围的扩大，这三种银行的区别正在缩小。

最后一类是外资银行。外资银行有很多，比较著名的有花旗银行、汇丰银行等等。在现在，外资银行一般都设在一线城市，它的业务与国内银行有很大不同，现在已逐步放开它的业务范围。

值得注意的是，银行是经营货币的企业，它的存在方便了社会资金的筹措与融通，它是金融机构里面非常重要的一员。商业银行的职能是由它的性质所决定的，主要有五个基本职能：

其一，信用中介职能。信用中介是商业银行最基本、最能反映其经营活动特征的职能。这一职能的实质，是通过银行的负债业务，把社会上的各种闲散货币集中到银行里来，再通过资产业务，把它投向经济各部门；商业银行是作为货币资本的贷出者与借入者的中介人或代表，来实现资本的融通、并从吸收资金的成本与发放贷款利息收入、投资收益的差额中，获取利益收入，形成银行利润。商业银行通过信用中介的职能实现资本盈余和短缺之间的融通，并不改变货币资本的所有权，改变的只是货币资本的使用权。

其二，支付中介职能。银行除了作为信用中介，融通货币资本以外，还执行着货币经营业的职能。通过存款在账户上的转移，代理客户支付，在存款的基础上，为客户兑付现款等，成为工商企业、团体和个人的货币保管者、出纳者和支付代理人。

其三，信用创造功能。商业银行在信用中介职能和支付中介职能的基础上，产生了信用创造职能。以通过自己的信贷活动创造和收缩活期存款，而活期存款是构成贷款供给量的主要部分。因此，商业银行就可以把自己的负债作为货币来流通，具有了信用创造功能。

其四，金融服务职能。随着经济的发展，工商企业的业务经营环境日益复杂化，许多原来属于企业自身的货币业务转交给银行代为办理，如发放工资、代理支付其他费用等。个人消费也由原来的单纯钱物交易，发展为转账结算。现代化的社会生活，从多方面给商业银行提出了金融服务的要求。

其五，调节经济职能。调节经济是指银行通过其信用中介活动，调剂社会各部门的资金短缺，同时在央行货币政策和其他国家宏观政策的指引下，实现经济结构、消费比例投资、产业结构等方面的调整。此外，商业银行通过其在国际市场上的融资活动还可以调节本国的国际收支状况。

政策性银行：肩负特殊的使命

第二次世界大战后的德国民生凋敝、百废待兴，人民亟待重建家园。为了筹集巨额重建资金，1948 年，德国政府出资 10 亿马克组建德国复兴开发银行（KFW）。德国复兴开发银行成立以后，立即通过发行中长期债券筹措巨额款项，为德国人民在废墟上重建家园提供了大量资金。德国复兴开发银行为战后德国的复兴立下了汗马功劳，它也因此与美丽的莱茵河一样闻名遐迩。

那么，政策性银行与商业银行有何不同呢？政策性银行的职能是什么呢？政策性银行又将走向何方呢？

说起政策性银行，可能很多人都会感到陌生。政策性银行就是指那些由政府创立、参股或保证的，不以赢利为目的，专门为贯彻、配合政府社会经济政策或意图，在特定的业务领域内，直接或间接地从事政策性融资活动，充当政府发展经济、促进社会进步、进行宏观经济管理工具的金融机构。我国的三大政策性银行分别是中国进出口银行、国家开发银行、中国农业发展银行。

在经济发展过程中，常常存在一些商业银行从盈利角度考虑不愿意融资的领域或者其资金实力难以达到的领域。这些领域通常包括那些对国民经济发展、社会稳定具有重要意义，且投资规模大、周期长、经济效益见效慢、资金回收时间长的项目，如农业开发项目、重要基础设施建设项目等。为了扶持这些项目，政府往往实行各种鼓励措施，各国通常采用的办法是设立政策性银行，专门对这些项目融资。这样做，不仅是从财务角度考虑，而且有利于集中资金，支持重大项目的建设。

政策性银行的产生和发展是国家干预、协调经济的产物。政策性银行与商业银行和其他非银行金融机构相比，有共性的一面，如要对贷款进行严格审查，贷款要还本付息、周转使用等。但作为政策性金融机构，也有其特征：一是政策性银行的资本金多由政府财政拨付；二是政策性银行经营时主要考虑国家的整体利益、社会效益，不以盈利为目标，但政策性银行的资金并不是财政资金，政策性银行也必须考虑盈亏，坚持银行管理的基本原则，力争保本微利；三是政策性银行有其特定的资金来源，主要依靠发行金融债券或向中央银行举债，一般不面向公众吸收存款；四是政策性银行有特定的业务领域，不与商业银行竞争。

政策性银行的职能，主要表现在它的特殊职能上。它的特殊职能包括：

1. 补充性职能（亦称弥补性职能）

通过前述政策性银行存在根据和运行机制的分析可以看到，政策性银行的融资对象，一般限制在那些社会需要发展，而商业性金融机构又不愿意提供融资的那些事业上。对于那些能够获得商业性资金支持的事业，政策性银行就没有必要把有限的资金投入进去。

因此，政策性银行具有在融资对象上为商业性融资拾遗补缺的功能。需要注意的是，需要政策性银行提供资金支持的具体事业范围不是不变的，而是随着社会、经济、技术等的发展在不断变化的。同时，其具体范围和内容还与具体国情等有关。

2. 倡导性职能

所谓倡导性职能，即提倡引导的职能。政策性银行的倡导性职能主要是通过以下途径发挥的：

（1）政策性银行通过自身的融资行为，给商业性金融机构指示了国家经济政策的导向和支持重心，从而消除商业性金融机构对前景模糊的疑虑，带动商业性资金参与。

（2）政策性银行通过提供利息补贴，弥补投资利润低而无法保证市场利息收入的不足，从而使商业性资金参与。

（3）政策性银行通过向商业性融资提供利息和本金的偿还担保，促成商业性资金参与。

（4）政策性银行通过为商业性金融机构提供再融资的方式，促使商业性资金的参与等等，通过这些方式，诱使和引导商业性资金参与特殊事业融资。

3. 经济调控职能（亦称选择性职能）

政策性银行的经济调控职能，是倡导性职能的必然结果。正是因为前两项职能，国家通过政策性银行业务可以实现区域经济、产业、行业、产品结构、生产力布局、固定资产投资规模和结构等合理化，实现经济的协调发展。

4. 特殊领域的金融服务职能

政策性银行以其服务对象的特殊性，决定了其所熟悉和擅长的领域的特别性。它在其服务的领域积累了丰富的实践经验和专业技能，聚集了一大批精通业务的业务技术人员，从而在这些特殊的领域方面，从投资论证到投资步骤、投资管理、投资风险防范等等方面，政策性银行可以为经济发展在这些领域提供专业化的有效服务。

而这些方面恰恰是商业银行所不熟悉或不擅长的业务领域，有效弥补商业性金融机构在这些领域所提供服务的不足。

资产管理公司自身在实际运营中必须积极地把握如何将业务创新与制度创新相结合，将企业的发展模式与持续经营能力联系在一块儿考虑。金融资产管理公司只有在实际工作中探索，形成符合自身发展的运营模式与经营风格，才能真正在市场化的竞争中取得一席之地。

当今世界上许多国家都建立有政策性银行，其种类较为全面，并构成较为完整的政策性银行体系，如日本著名的"二行九库"体系，包括日本输出入银行、日本开发银行、日本国民金融公库、住宅金融公库、农林渔业金融公库、中小企业金融公库、北海道东北开发公库、公营企业金融公库、环境卫生金融公库、冲绳振兴开发金融公库、中小企业信用保险公库；韩国设有韩国开发银行、韩国进出口银行、韩国中小企业银行、韩国住宅银行等政策性银行；法国设有法国农业信贷银行、法国对外贸易银行、法国土地信贷银行、法国国家信贷银行、中小企业设备信贷银行等政策性银行；美国设有美国进出口银行、联邦住房信贷银行体系等政策性银行。这些政策性银行在各国社会经济生活中发挥着独特而重要的作用，构成各国金融体系两翼中的一部分。

保险公司：无形保险有形保障

我们的生命总是免不了要受到各种伤害的威胁，所以，我们必须采用一种对付人身危险的方法，即对发生人身危险的人及其家庭在经济上给予一定的物质帮助，人寿保险就是以人的生命为保险标的，以生、死为保险事故的一种人身保险。

财产保险是指投保人根据合同约定，向保险人交付保险费，保险人按保险合同的约定对所承保的财产及其有关利益因自然灾害或意外事故造成的损失承担赔偿责任的保险。它包括财产保险、农业保险、责任保险、保证保险、信用保险等以财产或利益为保险标的的各种保险。

人身意外伤害保险，是以人的身体为标的，以意外伤害而致身故或残疾为给付条件的保险。它是指被保险人由于意外原因造成身体伤害或导致残废、死亡时，保险人按照约定承担给付保险金责任的人身保险合同。保险人的给付，通常包括丧失工作能力给付，丧失手足或失明的给付，因伤致死给付，以及医疗费用给付。意外伤害保险必须要满足两点要求：一是，伤害必须是人体的伤害；再者，伤害必须是意外事故所致。

保险业是大家经常接触的，那对于保险业的相关知识，大家了解多少呢？

保险公司是指经营保险业的经济组织，包括直接保险公司和再保险公司。保险关系中的保险人，享有收取保险费、建立保险费基金的权利。同时，当保险事故发生时，有义务赔偿被保险人的经济损失。在解读保险公司之前，先明确一下保险公司的定义。什么是保险公司呢？就是销售保险合约、提供风险保障的公司。保险公司分为两大类型——人寿保险公司、财产保险公司。平常人们最常接触的三种保险是人寿保险、财产保险、意外伤害保险。

保险公司属于资金融通的渠道，所以也是金融的一种。它是以契约的形式确立双方的经济关系。从本质上讲，保险体现的是一种经济关系，这主要表现在保险人和被保险人的商品交换关系以及两者之间的收入再分配关系。从经济角度来看，保险是一种损失分摊方法，以多数单位和个人缴纳保费建立保险基金，使少数成员的损失由全体被保险人分担。

保险是最古老的风险管理方法之一。保险和约中，被保险人支付一个固定金额（保费）给保险人，前者获得保证；在指定时期内，后者对特定事件或事件所造成的任何损失给予一定补偿。

大家日常所接触的保险公司就是经营保险业务的经济组织。具体说来，它是指经中国保险监督管理机构批准设立，并依法登记注册的商业保险公司。保险公司是采用公司组织形式的保险人，经营保险业务。

"我想问一下，保险公司收取投保人那些保金，可每当发生事故时，保险公司要赔给投保人十几倍甚至几十倍的赔金。据我所知，每个企业都是以盈利为目的的，那么我想问一下保险公司这样怎能赚钱呀？究竟它是怎么运营的？"

很多人都存在这样的疑问，那保险公司究竟是怎样实现盈利的呢？

其实保险还是以投资为主的，每年收的保费相对于保险公司投资收益来说是很小的一部分。保险公司有 9 大投资渠道，"国十条"出来后，投资渠道更多，保险公司的收益更大，所以买分红保险的客户分得的利益会更多。

具体说来，保险公司的盈利就是通过"三差益"来实现的，即：死差益——指实际死亡人数比预定死亡人数少时产生的利益；费差益——指实际所用的营业费用比依预定营业费用率所计算之营业费用少时所产生的利益；利差益——指保险资金投资运用收益率高于有效保险合同的平均预定利率而产生的利益。

分别举例来说明吧。先说第一种死差。比如现在是 100 个得癌症的要死 90 个，于是保险公司就按照这样的概率来定保费。客户在交了钱后，如果患癌症死亡就可以获得赔偿。假设保险公司就是按照收多少赔多少的方式收取的保费，那么按理说这 100 个人死到 90 个的时候，保险公司收的钱就该都花出去了才对。但是，偏偏在这个时候，癌症已经不是绝症了，本来应该死 90 个，但实际只死了 20 个，那么之前收的那笔钱就有了相对的结余，这就是"死差益"了。当然这个也可能是负的，比如死了 99 个，那保险公司就变成了"死差损"了。这种情况在一年内出现变化不明显，但是放在 20 年或者更长的时间中，就可能有可以确定的利润了，因为医疗水平只会越来越高，很多疾病都是会被慢慢攻克。相同的疾病随着时间的推移存活比例只会是越来越高。

第二种就是"费差"。本来预计为了维持这部分保费的运作，保险公司需要向每个客户收取一定的费用，但是在收取后，管理水平提高了，保险公司不需要那么多人、那么多钱来管理就可以达到更好的管理效果，那么就可能出现费用方面的结余。

第三种是"利差"。保险公司承诺在交钱的 20 年后将返还你双倍的钱，但当到了 20 年后，保险公司用你的钱赚了 400% 的收益，那么除了给你 2 倍之外，剩下的就成了保险公司的收益了。

这样解说是为了让论述更浅显易懂，让大家读起来也容易明白。其实，在实际操作中，会通过会计年度的结算方法，一般每年都会在账面上体现一定的盈利或者亏损，并不是等到钱都还给客户后统一结算，相信有点现代财务知识的人都应该懂了。

至于有人说保险公司是骗钱，这个理论不具有说服力，这笔钱在个人手中更多的可能性就是明明准备养老的，但是被子女拿去花了；明明准备看病的，可能一次不明智的投资就亏出去了。其实只要你没有存进去就不取出来的决心，所谓的养老钱、看病钱，根本不可能到了你需要的时候你才取出来用，所以先有保险规划是十分必要的选择。至于纯几率收益，那可能是指财产类吧，例如车险，比如去年车祸损失有 50 亿，（这个只是随意打个比方，数据没有有效性），那么今年保险公司就可能需要收 80 亿的保费了，免得发生更多就赔不起。这样的收费看起来可能就只有盈利，但这种利润保险存在，其实很多行业都存在，例如石油、电信、移动等。

金融中介：供求之间的桥梁

2008 年 3 月美国第五大投资银行贝尔斯登因濒临破产而被摩根大通收购近半年之后，华尔街再次爆出令人吃惊的消息：美国第三大投资银行美林证券被美国银行以近 440 亿美元收购，美国第四大投资银行雷曼兄弟因为收购谈判"流产"而破产。华尔街五大投行仅剩高盛集团和摩根斯坦利公司。美国联邦储备局星期日深夜宣布，批准美国金融危机发生后至今幸存的最后两大投资银行高盛和摩根斯坦利"变身"，转为银行控股公司。这个消息也意味着，独立投资银行在华尔街叱咤风云超过20年的黄金时代已宣告结束，美国金融机构正面临上世纪30年代经济大萧条以来最大规模和最彻底的重组。

金融中介机构指一个对资金供给者吸收资金，再将资金对资金需求者融通的媒介机构。通常我们所知道的商业银行、信用社和保险公司等都可以归为金融中介机构。

金融中介机构对资金供给者吸收资金，再将资金对资金需求者融通。它的功能主要有信用创造、清算支付、资源配置、信息提供和风险管理等几个方面。

金融中介机构可以分为三类：存款机构（银行）、契约性储蓄机构与投资中介机构。

1. 存款机构

存款机构是从个人和机构手中吸收存款和发放贷款的金融中介机构。货币银行学的研究往往特别关注这类金融机构，因为它们是货币供给的一个重要环节——货币创造过程的参与者。这些机构包括商业银行以及被称为储蓄机构的储蓄和贷款协会、互助储蓄银行和信用社。

2. 契约性储蓄机构

例如保险公司和养老基金，是在契约的基础上定期取得资金的金融中介机构。由于它们能够相当准确地预测未来年度里向受益人支付的金额，因此它们不必像存款机构那样担心资金减少。于是，相对于存款机构而言，资产的流动性对于它们并不那么重要，它们一般将资金主要投资于公司债券、股票和抵押贷款等长期证券方面。

3. 投资中介机构

这类金融中介机构包括财务公司、共同基金与货币市场共同基金。财务公司通过销售商业票据（一种短期债务工具）、发行股票或债券的形式筹集资金。它们将资金贷放给那些需要购买家具、汽车或是修缮住房的消费者以及小型企业。一些财务公司是母公司为了销售其商品而建立的。例如，福特汽车信贷公司就是向购买福特汽车的消费者提供贷款的。

金融中介实现了资金流、资源、信息三者之间的高效整合。金融中介扩大了资本的流通范围，拓展了信息沟通，减少了投资的盲目性，实现了调节供需失衡的作用。金融中介使资源配置效率化。金融中介在构造和活化金融市场的同时，进而活化整个社会经济，使整个社会的资源配置真正进入了效率化时代。金融中介发展推动了企业组织的合理发展。金融中介的活动，把对企业经营者的监督机制从单一银行体系扩展到了社会的方方面面，使企业的经营机制获得了极大改善，提高了企业应对市场变化的能力。

在进行投资和融资的过程当中，难免会存在风险，限制性契约就是人们用来缓解道德风险的一种方式。但是，尽管限制性契约有助于缓解道德风险问题，但并不意味着能完全杜绝它的发生。制定一份能排除所有有风险的活动的契约几乎是不可能的。另外，借款者可能会十分聪明，他们能发现使得限制性契约无法生效的漏洞。

从20世纪50年代，尤其是70年代以来，金融机构的发展出现了大规模全方位的金融创新，同时，随着跨国公司国际投资的发展，金融中介机构也逐步向海外扩张。在这些条件的促进下，金融中介机构的发展也出现了许多新的变化。这主要表现在：金融机构在业务上不断创新，而且发展方向也趋于综合化。兼并重组成为现代金融机构整合的有效手段，这促使了大规模跨国界的金融中介机构的不断涌现，从而加速了金融机构在组织形式上的不断创新。与此同时，金融机构的经营管理也在频繁创新，但是，金融机构的风险性变得更大、技术含量要求也越来越高。

为了达成中介的功能，金融中介机构通常发行各种次级证券，例如定期存单、保险单等，以换取资金，而因为各种金融中介机构所发行的次级证券会存在很大差异，因此，经济学家便将这些差异作为对金融中介机构分类的依据。一般而言，发行货币性次级证券如存折、存单等的金融中介机构称为存款货币机构，而这些由存款货币机构发行的次级证券不但占存款货币机构负债的大部分，一般而言，也是属于货币供给的一部分；至于非存款货币机构所发行的次级证券如保险单等，则占非存款货币机构负债的一大部分，而且这些次级证券也不属于货币供给的一部分。

根据定义来看，我们可以了解到金融中介机构其实就是金融产品的设计者和交易者。如我们所知，金融中介机构，特别是银行，只要它们主要提供私人贷款，就有能力避免搭便车问题。私人贷款是不交易的，所以没有人能搭中介机构监督和执行限制性契约的便车。于是，提供私人贷款的中介机构获得了监督和执行契约的收益，它们的工作减少了潜藏于债务合约中的道德风险问题。道德风险概念为我们提供了进一步的解释，说明金融中介机构在沟通资金从储蓄者向借款者流动的过程中发挥的作用比可流通的证券更大。

导致逆向选择和道德风险问题现象的出现，主要是由金融市场当中信息的不对称引发的，这极大地影响了市场的有效运作。解决这些问题的办法主要包括：由私人生产并销售信息、政府加强管理以增加金融市场的信息，在债务合约中规定抵押品和增加借款者的净值以及进行监管和运用限制性契约，等等。经过分析，我们不难发现：在股票、债券等可流通的证券上存在着搭便车问题，表明了金融中介机构，尤其是银行在企业融资活动中应发挥比证券市场更大的作用。

投资银行："为他人作嫁衣裳"

2008 年是华尔街的多事之秋。2008 年 9 月 15 日至 21 日是华尔街历史上最黑暗的一周。雷曼兄弟申请破产保护、美林被美洲银行收购、摩根斯坦利与高盛宣布转为银行控股公司。再加上 2008 年 3 月被摩根大通收购的贝尔斯登，曾经风光无限的华尔街五大投行集体消失。对于熟悉美国金融体系的专业人士来说，如此巨变可谓"天翻地覆"！那么，投资银行在整个金融生态链中处于什么地位？投资银行业的前景又如何呢？

投资银行家是这样一群人：他们的鞋是白色的，"血"是蓝色的，戒指是祖母绿的，皮鞋是意大利定制的；他们每周去圣公会教堂做礼拜，坐在第一排；除了手工制作的深色西装和燕尾服，从不穿别的衣服……他们是金融领域内的贵族，就如同投资银行在金融界的地位一样。

投资银行是主要从事证券发行、承销、交易、企业重组、兼并与收购、投资分析、风险投资、项目融资等业务的非银行金融机构，是资本市场上的主要金融中介。在中国，投资银行的主要代表有中国国际金融有限公司、中信证券、投资银行在线等。

投资银行其实是一个美国词汇，在其他的国家和地区，投资银行有着不同的称谓：在英国被称为"商人银行"，在其他国家和地区则被称为"证券公司"。需要指出的是，虽然都被称为"银行"，商业银行与投资银行其实是两种不同的金融机构。在传统的金融学教科书里，"银行"是经营间接融资业务的，通过储户存款与企业贷款之间的利息差赚取利润；而投资银行却是经营直接融资业务的，一般来说，它既不接受存款也不发放贷款，而是为企业提供发行股票、债券或重组、清算业务，从中抽取佣金。

投资银行是与商业银行相对应的一个概念，是现代金融业适应现代经济发展形成的一个新兴行业。它区别于其他相关行业的显著特点是：其一，它属于金融服务业，这是区别一般性咨询、中介服务业的标志；其二，它主要服务于资本市场，这是区别商业银行的标志；其三，它是智力密集型行业，这是区别其他专业性金融服务机构的标志。

现代意义上的投资银行产生于欧美，主要是由18、19世纪众多销售政府债券和贴现企业票据的金融机构演变而来的。伴随着贸易范围和金额的扩大，客观上要求融资信用，于是一些信誉卓越的大商人便利用其积累的大量财富成为商人银行家，专门从事融资和票据承兑贴现业务，这是投资银行产生的根本原因。证券业与证券交易的飞速发展是投资银行业迅速发展的催化剂，为其提供了广阔的发展天地。投资银行则作为证券承销商和证券经纪人逐步奠定了其在证券市场中的核心地位。

资本主义经济的飞速发展给交通、能源等基础设施造成了巨大的压力，为了缓解这一矛盾，19世纪欧美掀起了基础设施建设的高潮，这一过程中巨大的资金需求使得投资银行在筹资和融资过程中得到了迅猛的发展。而股份制的出现和发展，不仅带来了西方经济体制中一场深刻的革命，也使投资银行作为企业和社会公众之间资金中介的作用得以确立。

让很多投资人感到好奇的是，投资银行是怎样来的呢？在美国，投资银行往往有两个来源：一是由商业银行分解而来，其中典型的例子就是摩根斯坦利；二是由证券经纪人发展而来，典型的例子如美林证券。

追溯起来，美国投资银行与商业银行的分离最早发生在1929年的大股灾之后，当时联邦政府认为投资银行业务有较高的风险，禁止商业银行利用储户的资金参加投行业务，结果一大批综合性银行被迫分解为商业银行和投资银行，其中最典型的例子就是摩根银行分解为从事投资银行业务的摩根斯坦利以及从事商业银行业务的JP.摩根。不过这种情况并没有发生在欧洲，欧洲各国政府一直没有这样的限制，投资银行业务一般都是由商业银行来完成的，如德意志银行、荷兰银行、瑞士银行、瑞士信贷银行等等。有趣的是这样做在欧洲不但没有引起金融危机，反而在一定程度上加强了融资效率，降低了金融系统的风险。

近二十年来，在国际经济全球化和市场竞争日益激烈的趋势下，投资银行业完全跳开了传统证券承销和证券经纪狭窄的业务框架，跻身于金融业务的国际化、多样化、专业化和集中化之中，努力开拓各种市场空间。这些变化不断改变着投资银行和投资银行业，对世界经济和金融体系产生了深远的影响，并已形成鲜明而强大的发展趋势。

由于投资银行业的发展日新月异，对投资银行的界定也显得十分困难。投资银行是美国和欧洲大陆的称谓，英国称之为商人银行，在日本则指证券公司。国际上对投资银行的定义主要有四种：第一种：任何经营华尔街金融业务的金融机构都可以称为投资银行。第二种：只有经营一部分或全部资本市场业务的金融机构才是投资银行。第三种：把从事证券承销和企业并购的金融机构称为投资银行。第四种：仅把在一级市场上承销证券和二级市场交易证券的金融机构称为投资银行。

投资银行以其强大的盈利能力而为世人所瞩目。以最常见的股票发行业务为例，投资银行一般要抽取 7% 的佣金，也就是说，如果客户发行价值 100 亿美元的股票，投资银行就要吃掉 7 亿美元。

在公司并购业务中，投资银行同样大赚特赚。19 世纪 80 年代以来，美国至少经历了四次公司并购浪潮，这就为投资银行提供了相当可观的收入来源。近年来欧美动辄发生价值几百亿甚至几千亿美元的超级兼并案，如美国在线兼并时代华纳、沃达丰兼并曼内斯曼、惠普兼并康柏等，背后都有投资银行的推波助澜。因为兼并业务的技术含量很高，利润又很丰厚，一般被认为是投资银行的核心业务，从事这一业务的银行家是整个金融领域最炙手可热的人物。

信托投资公司：受人之托代人理财的机构

1979 年 10 月，以中国国际信托投资公司的成立为标志，揭开了新中国金融信托业发展的序幕。而在经历了推倒重来、整改和起死回生的洗礼后，信托投资公司已经成为我国金融体系中不可或缺的重要力量。但是在我国，信托投资公司的业务范围主要限于信托、投资和其他代理业务，少数确属需要的经中国人民银行批准可以兼营租赁、证券业务和发行一年以上的专项信托受益债券，用于进行有特定对象的贷款和投资，但不准办理银行存款业务。此外，信托投资公司市场准入条件还非常严格，比如信托投资公司的注册资本不得低于人民币 3 亿元，并且其设立、变更、终止的审批程序都必须按照金融主管部门的规定执行。

信托投资公司都有哪些种类？它们的发展现状又如何呢？

信托投资公司是这样一种金融机构：它以受托人的身份代人理财；它的主要业务：经营资金和财产委托、代理资产保管、金融租赁、经济咨询、证券发行以及投资等。信托投资公司与银行信贷、保险并称为现代金融业的三大支柱。

我国信托投资公司主要是根据国务院关于进一步清理整顿金融性公司的要求建立。信托业务一律采取委托人和受托人签订信托契约的方式进行，信托投资公司受委托管理和运用信托资金、财产，只能收取手续费，费率由中国人民银行会同有关部门制定。

信托投资公司与其他金融机构无论是在其营业范围、经营手段、功能作用等各个方面都有着诸多的联系，同时也存在明显的差异。从我国信托业产生和发展的历程来看，信托投资公司与商业银行有着密切的联系和渊源。在很多西方国家由于实行混业经营的金融体制，其信托业务大都涵盖在银行业之中，同时又严格区分。在此以商业银行为例，与信托投资公司加以比较，其主要区别体现在以下方面：

其一，经济关系不同。信托体现的是委托人、受托人、受益人之间多边的信用关系；银行业务则多属于与存款人或贷款人之间发生的双边信用关系。

其二，基本职能不同。信托的基本职能是财产事务管理职能，侧重于理财；银行业务的基本职能是融通资金。

其三，业务范围不同。信托业务是集"融资"与"融物"于一体，除信托存贷款外，还有许多其他业务，范围较广；银行业务则是以吸收存款和发放贷款为主，主要是融通资金，范围较小。

其四，融资方式不同。信托机构作为受托人代替委托人充当直接筹资和融资的主体，起直接融资作用；银行则是信用中介，把社会闲置资金或暂时不用的资金集中起来，转交给贷款人，起间接融资的作用。

其五，承担风险不同。信托一般按委托人的意图经营管理信托财产，在受托人无过失的情况下，一般由委托人承担；银行则是根据国家金融政策、制度办理业务，自主经营，因而银行承担整个存贷资金运营风险。

其六，收益获取方式不同。信托收益是按实绩原则获得，即信托财产的损益根据受托人经营的实际结果来计算；银行的收益则是按银行规定的利率计算利息，按提供的服务手续费来确定的。

其七，收益对象不同。信托的经营收益归信托受益人所有；银行的经营收益归银行本身所有。

其八，意旨的主体不同。信托业务意旨的主体是委托人，在整个信托业务中，委托人占主动地位，受托人受委托人意旨的制约；银行业务的意旨主体是银行自身，银行自主发放贷款，不受存款人和借款人制约。

当我们说起信托投资公司的时候，就不得不提到它的四个类型，或者说四个阶段：

第一种是起步期信托投资公司。顾名思义，起步期信托投资公司就是指信托业务刚刚起步，业务经验积累不足，资产规模较小，信托产品品种不多的信托投资公司。这类信托投资公司刚刚起家，业务上还是以模仿为主。它们的信托产品多为集合资金信托，投资领域也多集中在股东和原来固定客户方向。这类公司需要在模仿中逐渐积累业务经验，挖掘自身优势，培养核心竞争力，形成在某一行业、某一领域的业务优势。

第二种是成长期信托投资公司。从这里开始就算是转入正轨了，这个时期的信托投资公司经过一段时间的发展，积累了一定的经营经验，有一定客户基础。拥有中等的资产规模，业务模式不断成熟，逐渐形成具有竞争力的优势业务领域。成长期的信托投资公司一般积极探索信托业务创新，能够根据自身优势寻找优质项目资源，设计盈利能力显著的信托产品，而且这类信托投资公司一般注重市场形象，在市场中频频亮相，具有很强的发展前景。信托业务品种不仅限于集合资金信托，尝试涉足其他相关熟悉领域的投资等业务。

第三种是成熟期信托投资公司。成熟期的信托投资公司业务经验丰富，资产规模雄厚，经营效益好，并在某一行业或领域形成自己的优势产品，有自己的核心盈利模式，具有很强的竞争实力。成熟期信托投资公司能为客户提供富有特色的金融产品和服务，具有稳定而忠诚的客户群。这是一种非常理想的状态，但还是要在业务领域继续创新探索，或者支援筹备公司上市，或者寻求与国际著名金融机构的战略合作，谋求更大发展。

第四种是高峰期信托公司。高峰期信托投资公司是指在信托市场中占据主导地位，被公认为市场领袖，占有极大的市场份额，业务领域全面，资金实力和业务能力均很突出。它们在市场上从多个方面表现出资产规模最大、经营品种最多、信托产品创新迅速以及业务范围广泛等特点。

信托投资公司的终极目标就是让信托产品覆盖面广，业务门类齐全，把信托投资公司办成一个大型的金融超市。同时整合自身资源，扩大自身实力，使信托投资公司真正成为全能银行。目前我国的信托投资公司还需要扩大自身影响力，要有全球化的国际营销视野，这样才能发展得又快又好！

证券交易所：让证券持续不断地流通

我国很早就出现过证券交易所。上海最初的证券交易，经纪人大都另营他业，证券买卖只是副业，还没有达到专业化的程度。当时并没有巍峨的大厦和完善的设备，人们就在熙熙攘攘的茶馆里喝茶议价，进行交易。

辛亥革命后，证券市场发展很快。1934年，上海证券交易所建成八层大楼，内部布置富丽堂皇。开幕那天，政府要员、社会名流与实业界巨子纷纷前来捧场道贺，盛况空前。在证券大楼底层，中间排列着九只交易柜。两旁的走廊里，装有许多部电话，直通各家证券号，证券行情就靠它传播出去。每只交易柜，兼做三四种不同的股票。当你打算买进或卖出股票的时候，自己不能直接进场，必须委托经纪人代为买卖，经纪人即在该种股票指定的交易柜上伸手叫价，买进手掌向内，卖出手掌向外。如另一经纪人觉得合意亦伸手表示，双方合意就拍板成交。每一笔买卖，无论成交数额大小，场务员都立即将成交价格照录于行市板上。同时，各证券号的电话员，立即利用对讲电话，通知各自的证券号，股票的行情就是这样形成的。

对于证券交易所大家都不陌生，但是说起证券交易所的业务、种类、功能，你又能说出来多少呢？

证券公司是从事证券经营业务的有限责任公司或者股份有限公司。它是非银行金融机构的一种，是从事证券经营业务的法定组织形式，是专门从事有价证券买卖的法人企业。

证券公司可分为证券经营公司和证券登记公司两大类。具体从证券经营公司的功能分，又可分为证券经纪商、证券自营商和证券承销商。证券经纪商，即证券经纪公司，是代理买卖证券的证券机构，接受投资人委托、代为买卖证券，并收取一定手续费，即佣金，如江海证券经纪公司；证券自营商，即综合型证券公司，除了证券经纪公司的权限外，还可以自行买卖证券的证券机构，它们资金雄厚，可直接进入交易所为自己买卖股票。如国泰君安证券；证券承销商，以包销或代销形式帮助发行人发售证券的机构。实际上，许多证券公司是兼营这3种业务的。按照各国现行的做法，证券交易所的会员公司均可在交易市场进行自营买卖，但专门以自营买卖为主的证券公司为数极少。

证券公司的业务有：一是证券承销业务。证券承销是证券公司代理证券发行人发行证券的行为。证券承销的方式分代销和包销两种。证券代销是指证券公司代发行人发售证券，在承销期结束时，将未售出的证券全部退还给发行人的承销方式。证券包销是指证券公司将发行人的证券按照协议全部购入或者在承销期结束时，将售后剩余证券全部自行购入的承销方式；二是证券经纪业务。证券经纪是证券公司接受投资者委托，代理其买卖证券的行为。

公司制证券交易所是以赢利为目的，提供交易场所和服务人员，以便利证券商的交易与交割的证券交易所。从股票交易实践中可以看出，这种证券交易需要收取发行公司的上市费与证券成交的佣金，其主要收入来自买卖成交额的一定比例。而且，经营这种交易所的人员不能参与证券买卖，从而在一定程度上可以保证交易的公平。

证券交易所的竞争非常激烈，事实上它的合并与整合在20世纪始终没有停止过。证券市场发展历史悠久的国家大都有许多家证券交易所：英国成立了20多家证券交易所、美国超过100家、意大利10多家、法国7家、澳大利亚6家，后来有些交易所在竞争中退出或被合并。证券交易所合并的原因很多，有的是由于新技术的应用，打破了证券交易的地域限制，使证券交易所过剩而合并；有的是由于证券交易所在同行业的激烈竞争处于劣势而被兼并；有的是因为股市泡沫破灭，交易所业务规模缩减而合并。例如，19世纪末20世纪初电报技术的广泛应用，打破了交易所的地域限制，使美国证券交易所大量过剩而被合并；日本交易所一度因为战争而被迫关闭；香港20世纪70年代为了加强监管、防范金融风险，将原有4家证券交易所合并为1家。在20世纪70年代前各国的证券交易所都减少到一个相对合理的水平。

证券交易所到底对证券交易起到了什么样的作用呢？

证券交易所是规则的监察者。公平的交易规则才能达成公平的交易结果。交易规则主要包括上市退市规则、报价竞价规则、信息披露规则以及交割结算规则等，而证券交易所就要负起规范市场的责任。

证券交易所还要维护交易秩序。任何交易规则都不可能十分完善，并且交易规则也不一定能得到有效执行。因此，交易所的一大功能便是监管各种违反公平原则及交易规则的行为，使交易公平有序地进行。

此外，证券交易所还必须提供交易信息。证券交易依靠的是信息，包括上市公司的信息和证券交易信息。交易所对上市公司信息的提供负有督促和适当审查的责任，对交易行情负有即时公布的义务。

值得一提的是，证券交易所往往存在这样或那样的问题、弊端，也会给金融秩序带来负面影响。

比如扰乱金融价格。由于证券交易所中很大一部分交易仅是转卖和买回，因此，在证券交易所中，证券买卖周转量很大，但是，实际交割并不大。而且，由于这类交易其实并非代表真实金融资产的买卖，其供求形式在很大程度上不能反映实际情况，有可能在一定程度上扰乱金融价格，从事不正当交易。从事不正当交易主要包括从事相配交易、虚抛交易和搭伙交易，操纵价格。一旦目的达成后，搭伙者即告解散。

还有内幕人士操纵股市的情况发生。由于各公司的管理大权均掌握在大股东手中，所以这些人有可能通过散布公司的盈利、发放红利及扩展计划、收购、合并等消息操纵公司股票的价格或者直接利用内幕消息牟利，如在公司宣布有利于公司股票价格上升的消息之前先暗中买入，等宣布时高价抛出；若公司将宣布不利消息，则在宣布之前暗中抛出，宣布之后再以低价买入。

更甚者还有股票经纪商和交易所工作人员作弊。侵占交易佣金、虚报市价、擅自进行买卖从而以客户的资金为自己谋利或者虚报客户违约情况从而赚取交易赔偿金。交易所工作人员的作弊方式可能有：自身在暗中非法进行股票买卖、同时与股票经纪商串通作弊或同股票经纪商秘密地共同从事股票交易。

以上情况都是客观存在的，但是随着股市发展，市场规范的逐步完善，这种情况相信也会越来越少。

典当行：财富应急的最后一招

典当是古老的金融业之一，堪称现代金融业的鼻祖。中国的典当业萌芽于东西两汉，肇始于南朝佛寺长生库，入俗于唐五代市井，立行于南北宋朝，兴盛于明清，衰落于清末民初，取缔于20世纪50年代，而复兴于当代改革开放，经历了1600多年的历史沉浮。

典当的本质是一种以物换钱的融资方式。只要顾客在约定时间内还本并支付一定的综合服务费（包括当物的保管费、保险费、利息等），就可赎回当物。典当行亦称典当公司或当铺，是主要以财物作为质押进行有偿有期借贷融资的非银行金融机构。典当公司的发展为中小企业提供了快捷、便利的融资手段，促进了生产的发展，繁荣了金融业，同时还在增加财政收入和调节经济等方面发挥了重要的作用。

"以物换钱"是典当的本质特征和运作模式。当户把自己具有一定价值的财产交付典当机构实际占有作为债权担保，从而换取一定数额的资金使用。当期届满，典当公司通常有两条赢利渠道：一是当户赎当，收取当金利息和其他费用赢利；二是当户死当，处分当物用于弥补损失并赢利。

典当行作为一种既有金融性质又有商业性质的、独特的社会经济机构，融资服务功能是显而易见的。融资服务功能是典当行最主要的，也是首要的社会功能，表现为典当行进行的货币交易功能。此外典当行还发挥着当物保管功能和商品交易功能。典当行还有其他一些功能，诸如提供对当物的鉴定、评估、作价等服务功能。

典当行在本质上是具有商业性的金融组织。作为商品经济的产物，它必然要参与商品交换并为其服务，从而赚取利润，维持自身生存。典当行的商业性首先表现为，它在产生初期主要担负着筹措资金的任务。

自南北朝（420～589年）以来出现的寺库，虽然是人类最早的信用中介，但颇受封建商品经济发展水平的制约，故实际上还是尚未独立的、完全依附于寺院的一个经济部门或者说是寺院经济多种经营方式中的一种。

典当行的商业性还表现为，它在一定条件下直接从事市场活动。典当行随着社会经济的发展而兴起，但在不同国家的不同历史时期，典当行的存在必须具备一定的条件。这些条件包括客观条件和主观条件、一般条件和个别条件等。随着封建社会商品经济的发展，典当行的财力日趋加强，特别是在其成为独立的金融机构之后，典当行便开始兼营商业或其他副业，从而在借贷生息之外，开辟另一条增值其自身资本的新途径。

如果以融资方式而论，典当行与银行差异十分明显。

其一，典当行放贷不以信用为条件，不审核当户的信用程度，只注重当户所持典当标的的合法性及价值如何；而银行放贷往往以信用为条件，审核客户的信用程度，包括资产信用和道德信用，如规定资质条件、以存定贷等。

其二，典当行既接受动产质押也接受权利质押，充分满足个人以物换钱的融资需求；而银行通常只接受权利质押，无法满足个人以物换钱的融资需求。

其三，典当行发放贷款不限制用途，悉听当户自便；而银行发放贷款往往限制用途，如住房贷款、汽车贷款、助学贷款、旅游贷款等指定用途贷款。

其四，在时间上，典当行发放贷款程序简单，方便快捷，最适用应急性或救急性的融资要求；而银行发放贷款程序复杂，不适用应急性或救急性的融资需求。

其五，在空间上，典当行发放贷款的地域性限制不强，当户凭有效证件可以异地融资；而银行发放贷款有较强的地域性限制，客户异地融资障碍较多，往往难以实现。

典当行在历代经济发展中都起到了重要的作用。

第一，典当行是货币流通的重要渠道。典当行出现以后，在原有的货币流通渠道之外，又形成了一个新的货币流通渠道，即以典当行为中心，完成货币投放和回笼的渠道。当年最早的典当行——寺院质库的运作，就深刻地反映了这种情形。

第二，典当行是商业募资的有效途径。典当行在本质上是具有商业性的金融组织。

第三，典当行是国家财政的补充来源。典当行成为国家财源的另一个标志是缴纳当税。

第四，典当行是调节经济的辅助部门。古代典当行是特殊形式的信用机构，故常受到统治阶级的倚重。封建国家有时还把它作为调节社会经济发展、推行某种经济政策的辅助部门加以利用。现在，典当行的这种地位逐渐下降。

由于世界各国和地区的政策法律不同，典当行既能生存又能发展的情况有之；而典当行生存易、发展难的情况亦有之；甚至典当行面临生存和发展两难的情况也并不鲜见。

如美国《得克萨斯州典当法》规定：新开设典当行所在地区必须满足"每县25万人口以上"的硬性条件，且"每家典当行之间的距离必须保持在2英里以上"。这就是说，典当行在人口多的地区可以依法生存和发展，而却不能前往人口少的地区布点开业及发展。相比之下，目前国家经贸委新颁施行的《典当行管理办法》，则在入市门槛、股权结构、负债经营、业务范围、分支机构、死当处理等诸多方面，为我国典当行提供了空前巨大的发展空间，它必将进一步释放典当行的能量，从而引导典当业为我国市场经济的不断繁荣作出新的贡献。

企业集团财务公司：企业的银行，银行的企业

财务公司出现的时间比较晚，是20世纪初兴起的，但是发展速度却很快。在美国，很多知名企业都涉足金融业，有自己的金融财务公司，比较著名的是美国通用电器金融。作为美国最大的金融财务公司，其目前的业务涉及消费者服务、设备管理、中间市场融

资、特殊融资、特种保险等五大门类，2001年年底资产总值3760亿美元、利润52亿美元，如果参加银行资产排名的话，可以排到美国银行业的第二位。

全球500强企业中2/3以上均有自己的财务公司。GE、通用、福特、摩托罗拉、爱立信、西门子、英特尔等都是通过财务公司实现了产融结合与共同发展，他们设立的财务公司业务广泛，涉及集团内部资金管理、消费信贷、买方信贷、设备融资租赁、保险、证券发行及投资等，并且盈利能力都很强，成为集团业务的重要组成部分。

财务公司又称金融公司，与银行不同，它是专门为企业技术改造、新产品开发及产品销售提供金融服务，以中长期金融业务为主的金融机构。各国的名称不同，业务内容也有差异。但多数是商业银行的附属机构，主要吸收存款。说白了，财务公司就像是企业集团的资金蓄水池，把各个成员企业的资金存在一起，用在最需要和回报最高的地方，从而提高整个集团的投资回报。

企业集团财务公司作为非银行金融机构，身份特殊，对企业来说是金融机构，对银行来说是企业。企业集团财务公司起源于西方，世界上最早的财务公司是1716年在法国创办的，后来英、美等国相继成立财务公司。由于各国的金融制度不同，各国的财务公司性质也不相同。国外的财务公司并不限于企业集团，他们以为集团服务为重点，但又不限于在集团内融资。

在国外，财务公司一般不能吸收存款，只能承做贷款，业务品种主要是集团产品的销售融资，但也可不限于本集团的产品。财务公司主要通过在货币市场上发行商业票据和在资本市场上发行债券来筹资，也从银行借款，但比重较小。如美国财务公司的资金来源除自有资金外，主要是依靠发行商业本票和长期债券来融资。因此财务公司是大量举债的公司，它们运用负债管理以创造信用。在英国，财务公司也叫金融公司或贷款公司，主要向工商企业和消费者提供分期付款和其他银行信用。在我国，企业集团财务公司（除中外合资的财务公司外）都是依托大型企业集团而成立的，主要为企业集团成员单位的技术改造、新产品开发和产品销售提供服务。

一般来说，财务公司的模式主要有美国模式和英国模式两种。

美国模式的财务公司是以搞活商品流通、促进商品销售为特色的非银行金融机构。它依附于制造厂商，是一些大型耐用消费品制造商为了推销其产品而设立的受控子公司。这类财务公司主要是为零售商提供融资服务的，主要分布在美国、加拿大和德国。目前，美国财务公司产业的总资产规模超过8000亿美元。财务公司在流通领域的金融服务几乎涉及从汽车、家电、住房到各种工业设备的所有商品，对促进商品流通起到了非常重要的作用。

英国模式财务公司基本上都依附于商业银行，其组建的目的在于规避政府对商业银行的监管。因为政府明文规定，商业银行不得从事证券投资业务，而财务公司不属于银行，所以不受此限制。这种类型的财务公司主要分布在英国、日本和中国香港。

企业集团财务公司属于非银行金融机构。作为财务公司的窗口——营业部，职能具有相应的特色。营业部处在最前沿，不仅是客户与银行的连接点，也是公司利润核算的来源点，所有的业务都要通过营业结算才能实现。因此，如何制定有效的营业结算支付流程、控制营业结算支付风险是财务公司稳健经营的根本，也是财务公司源源不断创造利润的保障。因为财务公司的经营大多以企业集团为主，因此在运营方面有以下特点：

首先，财务公司业务范围广泛。财务公司是企业集团内部的金融机构，其经营范围只限于企业集团内部，主要是为企业集团内的成员企业提供金融服务。财务公司的业务包括存款、贷款、结算、担保和代理等一般银行业务，还可以经人民银行批准，开展证券、信托投资等业务。

其次，财务公司对企业集团的依附非常强。财务公司的资金来源主要有两个方面：一是由集团公司和集团公司成员投入的资本金。二是集团公司成员企业在财务公司的存款。财务公司的资金主要用于为本集团公司成员企业提供资金支持，少量用于与本集团公司主导产业无关的证券投资方面。由于财务公司的资金来源和运用都限于集团公司内部，因而财务公司对集团公司的依附性强，其发展状况与其所在集团公司的发展状况相关。

最后，财务公司不但要接受企业集团的监管，同时还要接受人民银行的监管。财务公司是企业集团内部的金融机构，其股东大都是集团公司成员企业，因而其经营活动必然受到集团公司的监督。同时，财务公司所从事的是金融业务，其经营活动必须接受人民银行监管。

从 1987 年我国第一家企业集团财务公司成立至今，经过多年的发展，企业集团财务公司已具有一定的规模，在促进我国大型企业发展方面发挥了应有的作用。

共同基金：资金界里的大管家

马修·P. 芬克，1991 年 ~ 2004 年间任投资公司协会（美国共同基金业行业组织）主席，在《幕内心声：美国共同基金风云》一书中说，他的大部分个人金融资产都以共同基金的形式存在。芬克在该协会工作 43 年，对行业巨细靡详。这在美国并非个案。能将自己的资产托付给这个行业，很好检验一个市场究竟是否透明、是否为多数群体所信赖。

令人感到不安的是，国内不止一名基金经理说"我还没想到把钱交给哪位同行打理会放心"。如果这个行业的管理者都不信任所处的行业，还能指望他有救？但大可不必为此太悲观。从 20 世纪 40 年代到现在，每个阶段都有呼声认为美国共同基金"将会消失"。事实是，此后这个行业一直在壮大，美国共同基金的成功是毋庸置疑的。

美国共同基金的历史，是影响 2/3 美国中等收入家庭和改变美国金融体系的伟大故事。

时至今日，美国共同基金业规模超过约 11 万亿美元，拥有 9000 多万基金投资者。它的投资者数量与中国内地相当，但规模是后者的 30 倍。

共同基金其实就是一类投资公司，是通过向个人销售份额筹集资金，并投资于股票或债券的金融中介机构。共同基金投资的金融资产包括股票、长期债券、短期债券工具等。这些机构筹集资金并通过分散投资来降低风险，同时也利用规模经济降低证券分析、管理投资组合及买卖证券的成本。

在金融市场中最新的储蓄工具之一是货币市场共同基金，它包括短期、低风险的证券，通常让投资者用开支票的方式提取投资资金。从 20 世纪 70 年代中期起，货币市场基金出现了前所未有的增长，1975 年货币市场基金总值不到 1000 万美元，但到 2005 年总值超过 1.9 万亿美元，其他共同基金保持稍缓的增长态势。2005 年年初，共同基金投资公司以 8 万亿美元的资产成为美国第二大金融机构，而商业银行以更多的资产（8.4 万亿美元）位居第一。今天，投资公司提供大约 8046 种个人投资基金。根据跟踪共同基金业绩的投资公司研究所的研究，超过 8000 万个人投资者拥有 90% 的共同基金。

据华尔街日报报道，阿里巴巴集团控股有限公司的新闻发言人 10 月 24 日表示，阿里巴巴集团旗下的阿里巴巴云计算公司与云峰基金共同启动了人民币 10 亿元（合 1.57 亿美元）的云基金，以投资为阿里巴巴手机操作系统研发应用软件的云计算创新企业与开发者。

该发言人表示，云基金将重点针对阿里巴巴手机软件开发商，但也会涵盖其他的云计算创新企业。云计算指的是用户可以通过远程服务器进行程序访问，而无需将其下载到自己的电子设备上。云峰基金的创始人中包括阿里巴巴集团主席马云。

投资公司持有的资产与债务组合相当明显——资产主要包括股票、债券和其他类似的金融工具，主要债务是投资者（储蓄者）的持股，投资公司利用这些资金购买金融资产。共同基金实际持有的投资组合随着经济和金融市场条件而变化。1970 年在货币市场基金出现以前，几乎 95% 的共同基金是股票基金，剩下的 5% 是债券基金；1980 年美国经济进入衰退期，共同基金的组合是 33% 的股票基金、10% 的债券基金及 57% 的货币市场基金；1990 年共同基金的组合变为 23% 的股票基金、30% 的债券基金及 47% 的货币市场基金。通常当经济表现好、股市上涨时，共同基金倾向于大量投资于股票；当经济停滞、股市走势不明朗或出现下滑的趋势时，共同基金倾向于投资短期流动性资产（货币市场工具）。

共同基金的种类有上百种，以满足不同种类的储蓄者的目的。例如，偏好获得眼前收入的投资者可以投资收益型基金，这类基金主要投资于每年产生稳定收入的金融工具，包括支付固定利息的债券和支付股利的股票（即优先股）；而愿意承担高风险获取高收益的投资者可以投资增长型基金，这类共同基金包括每年没有或很少获得收益但具有高增长潜力，使得未来价值大幅提升（即资本利得）的投资。

共同基金具有以下几个优点：

首先，共同基金可以帮助投资者分散投资风险。共同基金的资产较一般投资人来得庞大，故足以将资金分散于不同的股票、甚至不同的投资工具中，以达到真正的风险分散，而不致因一支错误的选股，而产生重大的亏损；其次，共同基金具有专业化的操作管理。共同基金公司聘有专业基金经理人及研究团队从事市场研究，对于国内、外的总体、个体投资环境，及个别公司状况都有深入了解。而且，只要花少许的基金管理费就可享受到专家的服务，可以说是小额投资人的最佳福音；第三，降低交易的成本。由于共同基金购买的股票或债券的规模很大，因此可以享受较低的交易成本。因为共同基金以管理账户的名义将这些成本以管理费的形式扣除，于是，单个投资者也可以享受成本节约的好处。共同基金的另外一个好处是，它们的资金规模非常庞大，足以购买高度多样化的证券组合，从而可以降低单个投资者的风险。

共同基金因为其专业化管理、多元化投资、充分的流动性、丰富的信息提供、广泛的品种选择、高度的便捷性和相对低成本等综合优势，正成为一般投资者参与证券市场、积累财富和实现长期财务目标的最主要工具。正因为如此，在过去几年全球共同基金取得了持续发展，管理的资产总规模从 2000 年的 11.9 万亿美元增长至 2004 的 16.2 万亿美元，年均增长 8%；基金数目从 2000 年的 5.2 万只增加至 2004 年的 5.6 万只，年均净增 960 只。总体上看，共同基金对于资本形成、经济发展和社会福利提高的作用日益增强。但是，随着各国金融体制的变革、监管规则的调整和市场竞争的加剧，全球共同基金发展面临越来越多的挑战。

信用合作组织：老百姓的金融好帮手

20 世纪，欧美经济进入大萧条时期，位于加拿大西部的萨斯喀彻温草原地区种植业遭到严重挫折，大量的农场主破产，商业凋零，放债人也急着收回借款。到 1937 年，2/3 的农村人口需要靠接受救济维持生计。当时，资金短缺成为农村人口维持生计和发展农业的致命瓶颈。在这种情况下，人们迫切需要有新的途径获取信用，发展信用合作组织的设想就提出来了。

1934 年，政府动议召开了关于成立了一个合作贸易组织（Cooperativ Trrading Organizations，CTO）的会议。之后，进行了一项长达两年的研究。1936 年，研究报告提交给了合作贸易组织会议。接着，成立了一个由合作社领导者和政府官员组成的委员会。1937 年，魁北克省出台了《信用团体法案》。

经过 70 年的发展，萨斯喀彻温信用联盟已经发展到很大规模。目前，由 11 个信用团体组成的信用联盟在 58 个社区有 57 万名成员，资产达到 90 亿加元。信用联盟在自身获得持续发展的同时，为农村经济的发展作出了重大贡献。信用团体主要在农村社区吸收储蓄，也非常强调将社区的金融资源为社区需要服务。目前，信用联盟在 332 个营业点提供完全金融服务，在 58 个社区提供单项金融服务。

可见，信用联盟是农村社区的主要贷款服务提供者，对农村经济的发展具有举足轻重的作用。信用合作组织是群众性的合作制金融组织，是对我国银行体系的必要补充和完善，对我国城乡集体企业、个体工商业户和居民个人之间的资金融通起到了很好的作用。

信用合作组织的特点：

合作制与股份制是两种不同的产权组织形式。

一是入股方式不同。股份公司一般自上而下控股，下级为上级所拥有；合作制则自下而上参股，上一级机构由下一级机构入股组成，并被下一级机构所拥有，基层社员是最终所有者。

二是经营目标不同。股份制企业以利润最大化为目标，股东入股的目的是寻求利润分红；合作组织的主要经营目标是为社员服务。

三是管理方式不同。股份制实行"一股一票"，大股控权；合作制实行"一人一票"，社员不论入股多少，具有同等权力。

四是分配方式不同。股份制企业利润主要用于分红，积累要量化到每一股份；合作组织盈利主要用作积累，积累归社员集体所有。

信用合作组织，一般可分为农村信用合作社和城市信用合作社两大类。这两类合作社，因为社员的职业、经济与社会环境不同，所以合作社的构成、业务范围都有很大差别。另外，在美国、加拿大等国，还盛行一种以储蓄为目的，同时也对社员融通消费资金的储蓄信用合作社，称为储蓄合作社，也可以算得上是信用合作社的一类。

农村信用合作社：一般是以农民为社员，以农村为业务区域，并且是以融通农业所需资金为主的信用合作社。

城市信用合作社：以城市为其业务区域的信用合作组织。

储蓄信用合作社：是以储蓄为目的，为服务于在同一工厂、学校、机关的工作人员而专门设立的信用合作组织。

信用合作社的成立一般基于社员的需要，其组织的机关分为三种：一是社员大会，属于权力机关；二是理事会，属于执行机关；三是监事会，属监察机关。信用合作社联合社是基于使每个信用社的规模能充分发扬合作精神为标准，以联合组织的范围，能充分发挥经济效用为原则而设立。

最早的信用合作社是由德国人海尔曼·舒尔茨－德里奇于 1849 年建立的。世界信用合作事业已走过了一百多年的发展历程，目前已成为世界金融大家庭中的重要成员。在信用合作事业比较发达的国家里，信用合作社已经发展成合作银行体系。我国的城市和农村信用合作社是群众性合作制金融组织，是对国家银行体系的必要补充和完善。它的本质特征是：由社员入股组成，实行民主管理，主要为社员提供信用服务。

我国的信用合作组织从萌芽、发展，直到现在的巅峰时期，也经过了几十年的积累。随着国家金融体制改革，1996 年，中国农村信用社在蓬勃发展茁壮成长的基础上，与中国农业银行脱离隶属关系自成体系，至此中国农村信用社形成了中国信合系统，经营管理基本与商业银行接轨，步入信用合作事业的巅峰时期。

农村信用社具有组织上的群众性、管理上的民主性、经营上的灵活性的特点。新时期的中国农村信用合作社，坚持执行国家的金融方针、政策和法规，积极筹集融通农村资金，支持社会经济稳定发展，在社会主义现代化建设中发挥了重要作用。

完善法制、防范风险、改善金融生态，政府的支持与监管必不可少。信用合作社是一类特殊的合作社，运转得好，能给农村的发展提供非常大的帮助；运转失败，也会给农村带来很大损失，甚至影响社会稳定。因此，政府对信用合作社的支持与监管是非常重视的。

欧美国家一直都非常重视信用体系的建立。加拿大政府也是如此。在加拿大，作为借款人，如果失去信用，以后很难获得贷款。这将对其产生长期的影响。总体来看，加拿大的金融生态条件是非常好的。更为重要的一点是，萨斯喀彻温的信用团体有着特殊的金融生态。政府为支持合作社和协会的发展，出台了一条专门的政策。如果合作社或者协会成员不能偿还贷款，政府将负责偿还 25%。由于合作社和协会成员是信用团体的主要客户，因此，对信用团体来说，贷款风险被大大降低了。

第十二章 金融体系的"神经中枢"

——每天学点中央银行知识

中央银行：货币的发行者

清代有没有中央银行呢？1897 年 5 月 27 日成立的中国通商银行，清政府授予发行纸币特权。1904 年 3 月 14 日清政府开始计议设立大清户部银行，1905 年 8 月在北京成立户部银行，制定章程 32 条，授予户部银行铸造货币、代理国库、发行纸币之特权。这是中国最早的中央银行，发行的纸币实为银两兑换券。1908 年户部银行改名大清银行，发行的纸币同户部银行相差无几。清末钱庄、银钱店、官银局都发行纸币，有银两票、银元票、钱票等三种。都以当时银价定值，缴纳钱粮赋税均可通用，谁家发行由谁家负责兑现。既未规定发行限额，也未建立发行准备制度。1909 年 6 月清政府颁布《兑换纸币则例》19 条，明确规定纸币发行权属于清政府，一切发行兑换事务统归大清银行办理，所有官商钱行号，一概不准擅自发行纸币。

所以我们可以看到中央银行的一个特征：货币发行垄断权。那么中央银行是怎样发行货币，怎样维持币值稳定的，人民币的发行程序又是怎样的呢？

钞票是大家再熟悉不过的东西，但您是否知道它们的来历？随意拿几张人民币，您会发现它们上面都印着"中国人民银行"的字样。世界上的其他许多地方也是如此：欧元钞票上印着"欧洲中央银行"，日元钞票上印着"日本银行"。钞票由中央银行独家印制和发行，这在许多国家都是如此。为什么会这样呢？

其实并不是一开始就由中央银行垄断发行货币的权力的。距今 300 多年前，中央银行才出现。在此之前，流通中的钞票是由一些商业银行发行的，我们称之为银行券。这是一种信用货币，如果发钞银行倒闭了，它发行的钞票差不多就变成一张张废纸，买不来任何东西。在 19 世纪的美国，有 1600 多家银行竞相发行钞票，一时间竟有 3 万多种钞票进入市场流通。这些钞票良莠不齐，很多钞票根本无法兑现，既不便于流通，也在无形中劫掠了平民百姓的财富。混乱的货币秩序让很多国家吃过苦头，反反复复的教训使人们意识到，需要有一家银行垄断货币的发行。于是，许多国家纷纷通过立法将发行货币的特权集中到本国的一家银行，中央银行由此逐渐演变形成。

早期许多国家成立中央银行的初衷是利用它来为政府筹钱，帮政府理财，中央银行一开始就与政府建立了密切的联系。正是有政府信用作支撑，加之自身有发行货币的垄断性特权，中央银行的实力和信誉远远超过同时代的其他银行。当有银行发生资金周转困难或濒临倒闭时，中央银行会拿出钱来帮助银行，它也由此开始承担起"最后贷款人"的角色。此后，中央银行发现，等到银行出事后再去救助，太过于被动，在平时就应该主动监督管理银行，使之稳健经营。这样，中央银行又具有了监管其他银行的权利，随后又逐渐利用手中的工具调控国家的经济。至此，现代意义的中央银行便演变形成一个由政府组建的机构，负责控制国家货币供给、信贷条件，监管金融体系，特别是商业银行和其他储蓄机构。

中央银行是一国最高的货币金融管理机构，在各国金融体系中居于主导地位。中央银行的主要业务有：货币发行、集中存款准备金、贷款、再贴现、证券、黄金占款和外汇占款、为商业银行和其他金融机构办理资金的划拨清算和资金转移的业务等。现代中央银行的鼻祖是英格兰银行，它使中央银行成为一种普遍的制度，是从 1920 年开始的。布鲁塞尔国际经济会议决定，凡未成立中央银行的国家，应尽快成立，以稳定国际金融，消除混乱局面。

有权利当然也就有义务，中央银行的义务就是代政府管钱，并且保持币值的稳定。一个国家的公民持有本国的货币，他会要求手中的钱能够买到足值的东西。保证货币足值和币值稳定的任务，就落到中央银行的头上。

中央银行发行一国货币，币值的稳定与否是一国经济是否健康的一个重要指标。如果一国货币在升值的话，就说明该国的经济好了。如果大家都认可你都来要你的货币的时候，你的货币就会升值；如果大家都不相信你，都去抛出你的货币，当然你的货币就要贬值。所以货币标志着一个国家的经济实力，它是一种信心的象征，人们愿意要这种货币是因为它的足值和稳定。如果市场上的货币太多，物价自然就会上涨。

非洲国家津巴布韦在罗伯特·穆加贝当总统的这几年中，中央银行不断地印刷钞票，政府的收入中超过 50% 来自发行钞票的铸币收入。结果是物价暴涨——物价每小时就涨一倍。

据此间媒体《先驱报》17 日报道，津巴布韦中央银行从 18 日开始发行一套新的货币，最大面值为 1000 万津元，最小面值为 100 万津元，成为当今世界上面值最大的货币。这是从去年 12 月津巴布韦储备银行推出面值 75 万津元、50 万津元和 25 万津元的货币以来，第二次发行巨额面值的钞票。储备银行行长戈诺说，发行新币主要是为了解决津巴布韦目前市面现金短缺的问题。按照津巴布韦目前的官方汇率，1 美元可兑换 3 万津元。自去年 10 月以来，津巴布韦出现现金短缺现象，人们在银行门口和自动取款机前排成长队，等候取钱，但往往排一天队也取不到钱。据官方公布的统计数字，去年 10 月津巴布韦的通胀率接近 8000%。

那么，如何防范中央银行滥发纸币呢？各国的货币发行制度因国情不同而内容各异，最核心的是设置发行准备金原则的区别。发行准备金一般分为两种。一种是现金准备，包括有十足货币价值的金银条块、金银币和可直接用于对国外进行货币清算的外汇结存。另一种是保证准备（又称信用担保），即以政府债券、财政短期库券、短期商业票据及其他有高度变现能力的资产作为发行担保。从历史上看，货币发行准备金制度有过五种基本类型：

十足现金准备制又称单纯准备制，即发行的兑换券、银行券要有十足的现金准备，发行的纸质货币面值要同金银等现金的价值等值，实际上这种纸质货币只是金属货币的直接代用品，只是为了便于流通。这种制度仅在金属货币时代适用。

部分准备制又称部分信用发行制、发行额直接限定制、最高保证准备制。部分准备制最先在英国出现，其要点是由国家规定银行券信用发行的最高限额，超过部分须有百分之百的现金准备，随着发行权的集中，这种限额可以在一定限度内增加。

发行额间接限制制包括：证券托存制，即以国家有价证券作为发行保证，在这种制度下，国家公债是银行券发行的保证，如 1863 年美国的《国民银行条例》；伸缩限制制，即国家规定信用发行限额，经政府批准的超额发行须缴纳一定的发行税，1875 年德国曾采用此制。

比例准备制，即规定纸币发行额须有一定比例的现金准备，如 1913 年美国的《联邦储备法》。

最高限额发行制又称法定最高限额发行制，即以法律规定或调整银行券发行的最高限额，实际发行额和现金准备比率由中央银行掌握。法国自 1870 年起采用这一制度。

中央银行通过以上发行准备金制度的实行，就可以在最大程度上保证无法滥发纸币，进而维持币值的稳定。

联邦储备体系：美联储的诞生

美国国会通过《联邦储备条例》，美联储成立。该条例赋予美联储很高的独立性，规定美联储直接对国会负责。禁止美联储向财政透支或直接购买政府债券；美联储完全不依赖于财政拨款，能够拒绝审计总署的审计。此外，所有联邦储备体系理事会成员任期 14 年，不仅任期超过总统，而且还存在与所提名总统交错任职的情况，从而避免了总统直接操纵的可能。因此，美联储是世界上公认的独立性较高的中央银行。

在美国，联邦储备体系（简称美联储）承担着中央银行的职能，对美国乃至全球经济有着重要的影响力。那么美联储到底是怎样一个机构呢？20 世纪初的时候，美国还没有中央银行，那时美国的商业银行经常出现支付危机。因为银行把钱都贷出去了，当储户来取钱的时候，它们没钱支付。一家银行如果没有钱的话，风声一旦传出，其他银行的门前就会排起长队，大家都去提款。因为所有的人都害怕明天取不出钱来了，如果大家都去取，钱就真的取不出来了，这就是挤兑。说起中央银行，并不是说自从有了从事存贷款业务的商业银行那天起就同时有了中央银行。中央银行的出现有一个过程，也是有原因的。

1907 年，美国经济出现了一些问题，大公司一个接一个倒闭。西奥多·罗斯福总统命人赶快去请金融巨头摩根，让他出面请求银行家们合作。摩根立刻把所有的银行家请到自己的私人图书馆里，让他们商量该怎么办。然后他出去，把门锁上，自己到另一间房子里，坐在桌前悠闲地玩纸牌，等待着谈话的结果。这些银行家们一整夜都在那儿谈，究竟怎样才能解救这场危机。大家知道，当企业要倒闭时，银行是不愿借钱给企业的。

越没有钱，企业倒闭得就越快。如果银行见死不救的话，经济就会呈现连锁反应，整个经济就会崩溃，他们自身也会遭殃。于是这些银行家们争来争去，有人说出 500 万元，有人说 1000 万元。最后快到天亮的时候，摩根推门进去说："这是合约，这是笔，大家签字吧！"他拿出早已让别人起草好的合约，让银行家们签字。这些筋疲力尽的银行家们拿起笔在合约上签了字，同意出 2500 万美元去解救这场危机。几天后，美国经济就恢复了。

故事中，摩根一个人充当了中央银行的角色，美国的经济是在没有央行的情况下运行的。

缺少了央行，就无法动用适当的货币政策调节经济，并且，没有了最后的贷款人，金融系统也更容易出问题。试想一下，如果世界各国缺少了央行，到了 1907 年，蔓延的危机把美国的金融系统推向了崩溃的边缘。好在当时的金融巨头摩根及时出手，凭借一人之力，扮演了央行的角色，挽救了整个系统。

现在有一种观点：美国的中央银行美联储其实是一家私人的银行。这确实是一个惊人的内幕，一家私人机构拥有货币发行权，这对金融市场乃至全球金融市场意味着什么？美联储与华尔街巨头之间是怎样的关系？有没有什么幕后不为人知的秘密？

经过次贷危机，美联储的曝光率越来越高，谈论它的人也越来越多，而关于美联储是一家私人机构的说法也甚嚣尘上。人们说：美联储，被认为是与市场实现了完美互动，并被奉为中央银行的"标杆"。然而在这光鲜的背后，美联储在本质上却是一家私有的机构。

不管怎么说，这样的事实是无法否认的：美联储是股份公司，而拥有股份的并不是美国政府，政府只是拥有美联储理事的提名和任命权。而因此引起的种种问题也让人难以回答：其一，我们知道货币发行权属于一国央行所有，而美国宪法明确规定国会拥有货币发行权，那么现在改由私有的美联储来执行货币发行权，是否在本质上符合美国宪法？这个问题的争论曾经导致第一、二合众国被关闭，这意味着这种讨论不是没有价值。

其二，在美元本位之下，美联储不仅是美国的央行，甚至还是全世界的央行，但没有任何国际机构对美联储的行为进行监管，私有本质对美联储在全球金融市场上发挥作用是否起到了很大的影响。由此我们需要进一步来分析中央银行与政府之间的关系：

一是中央银行应对政府保持一定的独立性。中央银行的独立性表现在制定政策方面，除了有权制定货币政策外，它可以从证券资产中，或者至少从其对银行的贷款中，获得客观的、独立的收入来源，不必受制于国会控制的拨款。

二是中央银行对政府的独立性是相对的。各国中央银行应力求与政府（特别是财政部）保持密切合作，因为国家的经济政策（包括财政政策）和货币政策是不可分割的。美联储结构的法律也是由国会颁布的，并且可以随时调整。因此，美联储仍然要受到国会影响，过分的强调独立性，容易与政府关系不协调。

纽约大学经济学家 Nourie1Roubini 指出，央行和政府之间的界越来越模糊，通货膨胀虽然是政府最不能抗拒的事情，但央行失去独立性以及和政府之间的清晰界限对国民经济来说，将更加危险。一方面，如果美联储受制于更多政治压力，就会被财政部当作密布巨额预算赤字的工具，会导致经济中出现严重的通货膨胀倾向，因此独立的美联储更能够有力地抵制来自财政部的压力。另一方面，政治家缺乏解决复杂经济事务的才能，如此重要的货币政策不应该交由政治家来解决。事实上，独立的央行体系可能推行政治上不受欢迎但符合公共利益的政策。因此，近年来，加强中央银行的独立性已成为全球的一种共识和趋势。

理清美联储到底是国有还是私有的问题并非无关紧要，毕竟现在我们正处于国际金融体系的调整期，明确美联储的私有性质，明确美国货币发行的本质将有助于我们认清国际金融市场的本质，以及国际金融体系的前进方向。

当代中央银行体制：世界趋势与中国选择

中央银行制度已经成为人类社会的基本经济制度之一。但在其演变发展过程的不同时期以及同一时期的不同国家，中央银行体制却存在明显的差异。从历史的角度来看，中央银行体制的总体变化趋势反映了其制度变迁的规律性；从国别的角度来看，中央银行体制的差异则反映了各国的经济、政治和文化特色，也是各国基本经济制度差异的一个重要方面。

很多西方国家的中央银行法都明确赋予中央银行以法定职责，或赋予中央银行在制定或执行货币政策方面享有相当的独立性。如西德联邦银行法中规定，"德意志联邦银行为了完成本身使命，必须支持政府的一般经济政策，在执行本法授予的权势，不受政府指示的干涉。"联邦银行的权力是非常广泛的。再贴现，准备金政策，公开市场政策等方面，联邦银行都可以独立的作出决定；日本银行法中，曾多次提到日本银行要受主管大臣（只大藏大臣）的监督。并规定，"主管大臣认为日本银行在完成任务上有特殊必要时，可以命令日本银行办理必要业务或变更条款或其他必要事项。"这些规定与前述日本银行的隶属关系是一致的。在独立性方面，日本银行小于德意志联邦银行。

央行独立性的发展趋势是趋于归政府所有。目前很多西方国家的中央银行资本归国家所有，其中主要是英国、法国（以上两国的中央银行都是在第二次世界大战后收归国有的）、联邦德国、加拿大、澳大利亚、荷兰、挪威、印度等国。有些国家中央银行的股本是公私合有的，如日本、比利时、奥地利、墨西哥和土耳其等国。另外一些国家的中央银行虽然归政府管辖，但资本仍归个人所有，如美国和意大利等国。凡允许私人持有中央银行股份的，一般都对私人股权规定一些限制。例如日本银行的私人持股者只领取一定的红利，不享有其他的权利。意大利只允许某些银行和机关持有意大利银行的股票，美国联邦储备银行的股票只能有会员银行持有。中央银行资本逐渐趋于国有化或对私人股份加以严格的限制主要是出于以下的考虑，即中央银行主要是为国家政策服务的，不能允许私人利益在中央银行中占有任何特殊的地位。

从世界范围来看，目前主要有四种央行独立性模式。

第一，美国模式，直接对国会负责，较强的独立性。美国 1913 年《联邦储备法》建立的联邦储备系统行使制定货币政策和实施金融监管的双重职能。美联储（FED）实际拥有不受国会约束的自由裁量权，成为立法、司法、行政之外的"第四部门"；第二，英国模式，名义上隶属财政部，相对独立性。尽管法律上英格兰银行隶属于财政部，但实践中财政部一般尊重英格兰银行的决定，英格兰银行也主动寻求财政部支持而相互配合。1997年英格兰银行事实上的独立地位向第一种模式转化；第三，日本模式，隶属财政部，独立性较小。大藏大臣对日本银行享有业务指令权、监督命令权、官员任命权以及具体业务操作监督权，但是1998年4月日本国会通过了修正《日本银行法》以法律形式确认中央银行的独立地位，实现向第一种模式转化；第四，中国模式，隶属于政府，与财政部并列。《中华人民共和国人民银行法》规定："中国人民银行是中央银行，中国人民银行在国务院领导下，制定和实施货币政策，对金融业实施监督管理。"

当代世界范围的中央银行体制变革集中表现为三大趋势：更强的独立性、更高的透明度以及金融监管职能从中央银行分离。这些趋势的形成首先得到了理论上的支持。增强中央银行的独立性主要基于"时间不一致性"理论、政治性经济周期理论的发展完善；金融监管职能从中央银行分离主要依据利益冲突说、道德风险说、成本—效率说等理论。然而上述理论存在许多争议，批评和质疑的观点也相当尖锐。因此，还必须从历史发展的轨迹当中寻找其形成的现实基础。

世界上对于央行独立性的争论从来没有停止过，一方面支持独立性的人们认为：支持美联储独立性的最强有力的理由是，如果中央银行受制于更多的政治压力，就会导致货币政策出现通货膨胀倾向。根据很多观察家的观点，民主社会的政治家受赢得下次选举的目标驱动，通常是短视的。如果将此作为主要目标，这些人就不可能重视物价稳定等长期目标，而是寻求短期内解决高失业率或高利率等问题的方案，这些方案在长期来看会导致不利的后果。将美联储置于总统的控制之下（使其受到财政部更大的影响）被认为是相当危险的。因为美联储会被财政部当作弥补巨额预算赤字的工具，要求其购买更多的国债。财政部要求美联储帮助解除困境的压力可能会导致经济中出现更严重的通货膨胀倾向。

支持中央银行独立性的另外一个理由是，事实已经反复证明，政治家缺乏解决复杂经济事务（如削减预算赤字或改革银行体系）的才能，而货币政策又如此重要，当然不能交给政治家。

另一方面，央行独立性的反对者认为：由一批不对任何人负责的精英分子控制货币政策（它几乎影响到经济社会中的每个人）是不民主的。公众认为总统和国会应当对国家的经济福利负责，但他们却对决定经济健康运行至关重要的某个政府机构缺乏控制。另外，为了保持政策连续性、促进经济稳定增长，货币政策需要和财政政策（对政府支出和税收的管理）相互协调，只有将货币政策交由管理财政政策的政治家控制，才能防止这两种政策背道而驰。

但是，从历史发展的角度来看，维护中央银行独立性是当今世界的一大趋势，《中国人民银行法》以法律形式明确规定了中国人民银行的法律地位，即"中国人民银行是中华人民共和国的中央银行""中国人民银行在国务院领导下，制定和实施货币政策，对金融业实施监督管理"。这些规定确立了其具有相对独立性。

世界各国中央银行体制纷纷进行改革和调整的时期，也正是中国经济对外开放不断扩大与加深的时期，因此世界趋势对中国的影响相当明显，这种影响往往通过制度移植得以实现。中国人民银行自1984年专门履行中央银行职能以来，其独立性、透明度不断改进，金融监管职能也已基本分离出去。然而作为一个新兴的转轨国家，追随世界潮流的同时也带来了一些问题，突出表现为实际独立性增强的同时未能相应提高透明度与责任性，这种条件下的监管职能分离又为金融稳定留下隐患。

当前中国人民银行体制需要解决的突出问题集中在下述三个方面：其一是货币政策决策体制，应适当借鉴发达国家经验，建立一整套包括决策中枢、决策咨询和决策信息在内的货币政策决策系统，其中最为关键的是完善我国的货币政策委员会制度；其二是组织管理体制，特别是分支机构的改革要适应独立性、透明度的要求，金融监管职能分离以后，大区分行的功能定位应转向金融稳定和货币政策调查研究；其三是与金融监管机构的协调机制，在充分、全面地认识国际上中央银行体制与金融监管体制发展共性特征的基础上，可以看出中国人民银行分离监管职能并非金融体系结构变化的要求，而主要是出于利益冲突的考虑以及对此前分支机构超前改革的适当调整。有鉴于此，建立一个由国务院牵头、以中国人民银行为主导的金融稳定委员会，可能是一条切实可行的正确途径，而现有的三家金融监管部门未来整合为单一的综合性监管机构，将是必然的选择。

央行的独立性：微妙的轻重

1963 年 6 月 4 日，美国总统肯尼迪签署了一份鲜为人知的 1110 号总统令，着令美国财政部"以财政部所拥有的任何形式的白银，包括银锭、银币和标准白银美元银币作为支撑，发行白银券"，并立刻进入流通。

如果这个计划得以实施，那么将使美国政府逐渐摆脱当时必须从"美联储"借钱，并支付高昂利息的窘迫境地。"白银券"的流通将逐渐降低美联储发行的"美元"的流通度，很可能最终迫使美联储银行破产。美联储作为私有的中央银行，它的背后是国际财团的强大支撑。肯尼迪此举无疑为自己带来了危险。1963 年 11 月 22 日，肯尼迪总统在德克萨斯州的达拉斯市遇刺身亡。分析人士从许多迹象中得出，这份关系到美联储货币发行权的总统 1110 号令很可能就是为肯尼迪带来杀身之祸的直接原因。

货币发行权是央行最基本的权力。保住央行的货币发行权，也是为了保住央行的独立性以及在经济中的地位。如果失去货币发行权，美联储将失去中央银行的地位，也意味着失去影响、控制美国经济的权力。美联储作为一个私有的中央银行，自有历史以来就与美国政府保持着距离，这使得它的独立性得到了极大地发挥。美联储对于美国经济的作用是不言而喻的，也正因如此，美国历史上从来不缺少捍卫美联储的斗士。

1996 年，美国民主党参议员萨巴尼斯曾经提出一个"馊主意"，遭到经济学家一致唾骂。他提出应该剥夺地区联邦储备银行总裁在联邦公开委员会中的投票权。民主党另一众议员冈萨雷斯则补充提出，地区联邦储备银行总裁由总统任命并由参议院确认。这两个建议受到经济学家一致抨击。当时，被认为有可能接替格林斯潘美联储主席的著名经济学家马丁·费尔德斯坦对此著文疾呼"不要踩在美联储的头上"。

为什么"不要踩在美联储的头上"？因为全地球的人都知道，美国经济的成功在很大程度上得益于美联储的货币政策。货币政策的正确又依赖于美联储决策的独立性。美联储的七位高层主席由总统任命并经参议院确认，美联储的货币政策决策者为联邦公开市场委员会，其成员包括美联储7位理事和12个地区联邦储备银行的总裁。这些总裁中有五位有投票权，除纽约联邦储备银行总裁总有投票权外，其他总裁轮流享有投票权，地区联邦储备银行总裁由这些银行的理事会选出，不对政府负责，这些总裁来自美联储的雇员，许多人支持稳健的货币政策目标。这种人事任命和决策制度是美联储和货币政策独立性的制度保证。而这两位议员的提议正是要削弱美联储的独立性，理所当然地引起了费尔德斯坦的愤怒和经济学家一致反对。

美联储的独立性保证了在作出货币政策决策时可以摆脱来自政府或议会的政治压力。作为政治家的总统和议员，其行为目标是连选连任，这就要迎合选民的意见，选民往往是目光短浅的，只看眼前的经济繁荣，而很少想到这种繁荣在未来引起的通胀压力。因此，他们通常都喜欢能刺激经济的低利率政策，而不喜欢提高利率。就总统而言，大选前的经济繁荣、失业率低对他连选连任是有利的。因此，在大选前会选择刺激经济的政策，当选后又会实行紧缩，以遏制通胀。这就是说，当包括货币政策在内的经济政策为政治服务时，政策本身有可能成为经济不稳定的根源之一。

随着历史的发展，美联储作为中央银行的地位日趋稳固，它越来越倾向于扮演调节经济稳定的角色。在美联储独立性保卫战中，人们看到了保持央行独立性的重要性。中央银行独立性是指中央银行履行自身职责时法律赋予或实际拥有的权力、决策与行动的自主程度。

中央银行是一国金融体系的核心，不论是某家大商业银行逐步发展演变成为中央银行，比如英国，还是政府出面直接组建成立中央银行，比如美联储，都具有"发行的银行""银行的银行""政府的银行"三个特性。各个国家的中央银行的产生是为了解决商业银行所不能解决的问题。中央银行独立性，一般就是指中央银行在履行制定与实施货币职能时的自主性。费雪把中央银行独立性划分为目标的独立性与手段的独立性两个方面。

央行的独立性意味着货币政策不受其他政府部门的影响、指挥或控制。从广义上看，央行的独立性包含两层含义：一是中央银行目标的独立性，即央行可以自行决定货币政策的最终目标；二是央行政策工具的独立性，即央行可以自行运用货币政策工具。

央行独立性的程度即依赖于一系列可观察的因素，如法律差异，又依赖于某些不可观察的因素，如其他政府部门的非正式的安排等。

因此，要保证央行政策的独立性，需要做到以下几点：

其一，前提是央行对货币政策具有最终决策权。

其二，货币政策委员会成员具有较长的任期，而且重新任命的机会有限，这是央行顺利实施操作独立性的有效保证。

其三，将央行排除在政府工作分配之外，可以确保货币政策操作的独立性。

其四，确保央行不直接参与国债成交。

提倡央行政策的独立性目的是要使央行从短期、短视的政治压力下解放出来。独立性有助于提高央行实现价格稳定的可靠性及其他好处。

从美国银行体系看央行的稳定性

美国联邦体系通过监督、调节、审查、存款保险以及向陷入困境的银行贷款等手段维持其稳定性。50多年以来，这些防范措施防止了银行系统恐慌。当今这个世界上，所有的银行系统实际上都是受到管制的。

1913年根据一项国会法案，联邦储备是美国的中央银行。尽管从技术上讲它归作为其成员的商业银行所有，但是实际上联储是一家政府机构。它的委员会设在华盛顿，听取参议院的建议并由其批准，由美国总统任命。委员会有效地控制构成整个系统的12家银行的政策。我们看上去有12家中央银行，但是这只是从表面看到的现象，这是过去那个年代遗留下来的痕迹。那时，美国大多数地区充斥着平民论式的猜疑，这些猜疑来自东部人、华尔街大亨和身着燕尾服与条纹长裤的人们。通过将银行分布全国，减轻了这些猜疑。但是联储实际上是单独的一家银行（有分行），至少在20世纪30年代国会修改立法之后是这样。12家地区银行中，任何一家的权力都绝大部分取决于其通过政策所发挥的影响力的大小，这些政策是由其执行官和研究人员制定的。

由于其制定银行法定存款准备金制度的权力（国会制定的范围限制内）和扩大或缩小美元储备量的权力，联储控制着商业银行系统的放贷活动，从而控制着货币的制造过程，这是大家都知道的。联储还决定什么可以算作法定存款准备金。从20世纪60年代起，法定存款准备金包括银行的金库现金和商业银行自己在本地区联邦储备银行的存款。

在美国，最基本的规范，也是对于货币制造最根本的约束，是法定存款准备金制度。银行的储蓄负债数量不得超过其一定倍数的存款准备金数量。存款准备金制度是用百分比的形式表现出来的，被称为法定存款准备金比率，这是银行业的重要游戏规则。法定存款准备金比率是指银行必须在金库现金中或在地区联邦储备银行储蓄中持有的全部准备金的比例。

例如，25%的法定存款准备金比率意味着拥有总计1亿美元支票存款的银行必须在金库中持有2500万美元，其余的7500万美元作为银行的超额准备金，是银行用来进行获利性投资的，一般采用贷款的形式进行。不要忘了商业银行是要获取利润的。它们计划以低利率借进（例如，在它们支付你的储蓄账户的时候），以高利率借出，之间的差额就代表了潜在的利润，当然是在银行的其他开支都被刨除之后。

现在的法定存款准备金比率平均约为7%～8%。这就意味着，一个拥有总计1亿美元储备的普通商业银行可能在金库中有800万美元，而且联邦储备允许其将其余的9200万美元投资到可以获得（合理）利润的活动当中，银行金库里的美元无法赚取利息。因此，从个体银行家的角度看，法定存款准备金对他们来说像是某种税金：提高法定存款准备金比率意味着银行的超额准备金减少了，这会减弱它们提供贷款的能力，给它们带来更高的成本，并且降低它们潜在的盈利能力。

银行无法随意地发放贷款。首先，银行必须找到愿意来银行借钱的人，同时银行也愿意出借，而且这些人还要有能力让银行相信他们会按照约定还款。其次，每家银行必须在其准备金限制范围内运作。这种限制是政府当局实施的，用来控制银行放贷，从而控制其钱币制造过程。每家银行都必须依照法律规定持有准备金。银行只有在拥有超额准备金，也就是说准备金的数量大于法律规定其必须持有的最小量时，才能借出新的贷款，制造货币。联储有权增加或减少银行系统的准备金数量，或者增加或减少银行必须持有的准备金在其总存款负债中的比例。银行法定存款准备金的作用是限制流通中货币数量的增长，这似乎和通常概念上的储备基金没什么关系，储备基金是可以在紧急情况下使用的。如今法定存款准备金实际上已经不再履行大量储备的功能了。当今，法定存款准备金制度主要是法律施加的一种限制，用于限制商业银行系统扩大货币存量的能力。

如果人们突然间由于某种原因失去了对一家银行的信任，想要把存款都以现金形式取出来，这家银行会无法兑现所有提款，银行不得不破产，让所有顾客的存款化为乌有。如果发生了这样的情况，这种信任的丧失会波及其他银行，击垮银行系统中的大部分银行。

从 20 世纪 30 年代以来，美国实际上没有出现过这样的金融恐慌。但是其原因与银行准备金水平无关。在听到银行财务危机的传言时，银行的顾客不再冲去银行提取存款，因为现在联邦储蓄保险公司为他们的存款上了保险。不论出于何种原因，如果银行破产，其储户可以在几天之内从联邦政府的保险系统中获得赔偿。

1933 年联邦储蓄保险公司成立之时对银行为存款投保收取的保险金额度太低，如果银行关门，联邦储蓄保险公司为了赔付储户的存款，自己也会破产。但是联邦储蓄保险公司的存在终止了银行挤兑的现象；而没有了挤兑行为，银行破产现象也不再像原来那么多了。由此，联邦储蓄保险公司收取的保险金也被证明是足够多的了。联邦储蓄保险公司制度可能是 20 世纪 30 年代制定的最稳定的一项货币改革措施。

美联储清楚地知道，不论银行持有多少数量的准备金，它都有责任为银行系统提供现金。因此，通过从联储调取现金，现在的银行可以满足任何对现金的需求，不管需求有多大。如果银行快要用完全部的准备金，联邦储备会借给银行准备金，将借款银行资产中的部分"欠条"作为担保。只要银行对准备金有合理需求，银行就能享受这种借款特权，这让整个银行和货币系统在应对不断变化的环境时更加灵活，面对危机和暂时的混乱状况时也有更强的抵御能力。20 世纪 30 年代以来，美联储通过改善联邦储备的程序，获得了广大储户的充分的信任。

金融稳定：央行的神圣职责

世界银行的研究表明，自 20 世纪 70 年代以来，共有 93 个国家先后爆发 117 起系统性银行危机，还有 45 个国家发生了 51 起局部性银行危机。促进金融稳定日益成为各国中央银行的核心职能。而我国在加入世界贸易组织以后，金融体系面临巨大的挑战和新的风险，维护金融稳定已经成为促进经济增长的关键因素，是国民经济健康稳定发展和社会长治久安的保障。

金融是现代经济的核心，金融市场一旦出现动荡，整个经济和社会都会大受影响。在历史上，股灾、银行倒闭、金融危机屡见不鲜，而金融危机的后果往往是经济发展停滞和社会动荡。历史的惨痛教训，值得人们深思。

金融稳定是指一种状态，即一个国家的整个金融体系不出现大的波动，金融作为资金媒介的功能得以有效发挥，金融业本身也能保持稳定、有序、协调发展，但并不是说任何金融机构都不会倒闭。"金融稳定"一词，目前在我国的理论、实务界尚无严格的定义。西方国家的学者对此也无统一、准确的理解和概括，较多地是从"金融不稳定""金融脆弱"等方面来展开对金融稳定及其重要性的分析。

金融稳定是一个具有丰富内涵、动态的概念，它反映的是一种金融运行的状态，体现了资源配置不断优化的要求，服务于金融发展的根本目标。具体而言，金融稳定具有以下内涵：

1. 金融稳定具有全局性

中央银行应立足于维护整个宏观金融体系的稳定，在密切关注银行业运行态势的同时，将证券、保险等领域的动态及风险纳入视野，重视关键性金融机构及市场的运营状况，注意监测和防范金融风险的跨市场、跨机构乃至跨国境的传递，及时采取有力措施处置可能酿成全局性、系统性风险的不良金融机构，保持金融系统的整体稳定。

2. 金融稳定具有动态性

金融稳定是一个动态、不断发展的概念，其标准和内涵随着经济金融的发展而发生相应地改变，并非是一成不变而固化的金融运行状态。健康的金融机构、稳定的金融市场、充分的监管框架和高效的支付清算体系的内部及其相互之间会进行策略、结构和机制等方面的调整及其互动博弈，形成一种调节和控制系统性金融风险的整体的流动性制度架构，以适应不断发展变化的金融形势。

3. 金融稳定具有效益性

金融稳定不是静止的、欠缺福利改进的运行状态，而是增进效益下的稳定。一国金融体系的稳定，要着眼于促进储蓄向投资转化效率的提升，改进和完善资源在全社会范围内的优化配置。建立在效率不断提升、资源优化配置和抵御风险能力增强等基础上的金融稳定，有助于构建具有可持续性、较强竞争力和良好经济效益的金融体系。

4. 金融稳定具有综合性

金融稳定作为金融运行的一种状态，需要采取不同的政策措施及方式（包括货币政策和金融监管的手段等）作用或影响金融机构、市场和实体经济才能实现，从而在客观上要求对金融稳定实施的手段或政策工具兼具综合性的整体考量。

中央银行承担着维护金融稳定的重要职责，为了实现这一目标，中央银行建立了一套完备的制度。维护金融乃至社会稳定，最重要的是防患于未然。中央银行也正是这么做的，它平时就在密切注视着金融市场的运行，尽早发现隐患，尽可能地采取有效措施迅速消除隐患。而当危机真正来临时，中央银行也能够及时伸出援手，帮助陷入危机的金融机构渡过难关，阻止事态扩大，稳定市场信心。

人们渴望幸福安定的生活。虽说好日子各有各的过法，但从经济角度说，有些标准还是共同的，比如说，有一份稳定的收入，最好还能有健全的社会保障，口袋里的钞票不要贬值，钱可以放心地存入银行。要享受这样的生活，就需要中央银行努力维持币值的稳定，就需要金融体系正常运转，为人们提供便捷的金融服务。

币值稳定是金融稳定的基础，所以中央银行义不容辞地承担起了维护金融稳定的职责。为了履行好这一职责，中央银行建立起一整套完整的制度体系，科学合理地操控着手中的各种政策工具。例如，中央银行能够利用货币政策工具中的"三大法宝"来控制社会流通中的货币数量，从而有效保障币值的稳定。它还能够利用利率政策和汇率政策，调节资金，使其有序流动，防止大规模资金异常出入。当出现强烈冲击时，中央银行还能维持支付清算体系的正常运转，保证资金的正常流动。正是凭借如此强大的力量，中央银行才能够有效履行职责，使金融体系承受住各种冲击。

值得注意的是，金融稳定指的是一个国家的整个金融体系不出现大的波动，并不是说任何金融机构都不会倒闭。金融机构常常同时面临许多种类的风险，其中的某个环节出现问题，都有可能使一家金融机构遭受"灭顶之灾"。防范和控制风险，需要各方共同努力，而中央银行要做的，是尽可能地控制整个金融体系面临的系统性风险。当然，要确保金融体系时时刻刻都在安全运转是非常困难的，但中央银行确实在为这一目标而竭尽全力。当您在享受安定生活的同时，应当理解中央银行所作出的努力！

央行应该以零通货膨胀作为目标吗

中央银行的目标说到底只有一个，就是维护社会的稳定。如果通货膨胀率太高了，就把它降下来。世界上很多国家都执行通货膨胀目标制，也就是，国家的中央银行直接以通货膨胀为目标并对外公布该目标的货币政策制度。在通货膨胀目标制下，传统的货币政策体系发生了重大变化，在政策工具与最终目标之间不再设立中间目标，货币政策的决策依据主要依靠定期对通货膨胀的预测。政府或中央银行根据预测提前确定本国未来一段时期内的中长期通货膨胀目标，中央银行在公众的监督下运用相应的货币政策工具使通货膨胀的实际值和预测目标相吻合。

这就使得经济界引发了中央银行的通货膨胀目标应该设定为多少才是正确的论战。有些经济学家认为，中央银行应该以零通货膨胀作为目标。这些经济学家认为，即使是温和的通货膨胀，通货膨胀的成本也会相当大。他们所说的通货膨胀的成本主要是指：与减少货币持有量相关的皮鞋成本；与频繁地调整价格相关的菜单成本；相对价格变动性提高；由于税规非指数化引起的税收负担不合意的变动；改变计价单位引起的混乱与不方便；与用美元表示债务相关的财富任意再分配。正如短期菲利普斯曲线所表明的，降低通货膨胀通常要有一个高失业和低产量的时期。但这种反通货膨胀所引起衰退仅仅是暂时的，一旦人们明白了，决策者的目标是零通货膨胀，通货膨胀预期就会下降，这会改善菲利普斯曲线的短期权衡取舍。由于预期的调整，长期中通货膨胀与失业之间没有权衡取舍。

大家都不喜欢通货膨胀。当通胀太厉害时，就会超越社会、政治而成为一个国家的主要问题。所以，中央银行应该以零通货膨胀为目标。

那么零通胀是好是坏？那要计算它的成本。一些经济学家认为温和的通胀成本不大，无关紧要，而另一些经济学家则恰好相反，认为成本大。短期靠菲利普斯曲线表明，降低通胀一般都会有一个高失业和低产量的时期，会引起社会的倒退。经济金融统计学的研究结果告诉我们，10% 左右的低通胀有助于拉动消费，进而刺激经济增长，提高就业率。而零通胀，稍有不慎有可能带来通缩，那样会适得其反，导致经济萎缩。经济萎缩的后果是失业率上升，市场竞争力降低。所以央行的目标是低通胀或者叫有节制（控制）的通胀，而不应该以零通货膨胀为目标。

如果可以像一些经济学家认为的那样不付代价而降低通货膨胀，这样做当然是合意的。但这在实践中很难实现。当各个经济降低其通货膨胀率时，它们几乎总要经历一个高失业和低产量的时期。相信中央银行可以很快获得信任而使反通货膨胀无痛苦，这种想法也是危险的。

在衰退期间，所有行业的企业都大幅度减少它们对新工厂和设备的支出，使投资成为 GDP 中变动最大的一个部分。即使在衰退过去以后，资本存量的减少也使生产率、收入和生活水平下降到应该达到的水平之下。此外，当工人在衰退中成为失业者时，他们失去了有价值的工作技能。即使在经济复苏之后，他们作为工人的价值也减少了。

当经济进入衰退时，所有的收入并不是同比例地减少。相反，总收入的减少集中在那些失去工作的人身上。那些易受伤害的工人往往是技术和经验最少的工人。因此，减少通货膨胀的大部分代价要由那些承担能力最差的人来承担。

虽然经济学家列出了通货膨胀的一些成本，但对这些成本是不是很大，专业人士并没有一致看法。皮鞋成本、菜单成本和经济学家确认的其他成本看来并不大，至少对温和的通货膨胀率是如此。公众确实不喜欢通货膨胀，但公众也会被误导相信通货膨胀错觉——一种认为通货膨胀降低了生活水平的观点。经济学家知道，生活水平取决于生产率，而不取决于货币政策。由于名义收入膨胀与物价膨胀总是同时发生的，所以，降低通货膨胀并不会使实际收入增加更快。

此外，决策者可以实际上并不降低通货膨胀而减少许多通货膨胀的成本。他们可以通过重新制定税法以考虑到通货膨胀的影响来消除与非指数化税制相关的问题。他们还可以像克林顿政府在 1997 年所做的那样，通过发行指数化债券来减少由未预期到的通货膨胀所引起的债权人与债务人之间任意的财富再分配。这种做法会使政府债务持有人避开通货膨胀。此外，可以通过确定一个例子来鼓励私人债务人和债权人签订根据通货膨胀指数化的合约。

经济学家艾伦·布林德曾任美联储副主席，他在《冷静的头脑，仁慈的心》这本书中有力地表明，决策者不应该作出这种选择："达到美国和其他工业化国家所经历的低而温和的通货膨胀的代价看来也应该是非常适当的——像社会得了感冒，而不是患了癌症……作为理性人，我们并不会为了治愈感冒而自愿做大手术。但是，作为一个集体，我们却用经济上的大手术（高失业）来治疗感冒这样的通货膨胀。"布林德的结论是，学会在温和通货膨胀之下生活会更好一些。

中国现行的货币政策最终目标是"保持货币币值的稳定，并以此促进经济增长"。但这只是原则性的规定，而没有数量化的指标，因而对其职责的履行难以进行准确的评判。为了使中央银行的职责更加明晰，需要确定中长期通货膨胀目标值或目标区。

所谓通货膨胀目标区间是指在特定时期特定经济体中，客观存在的能够保持国民经济持续、稳定、健康增长的通货膨胀率的上下限。保持物价稳定并不是说必须使通货膨胀率为零，而是说只要通货膨胀率在一个合适的范围波动，就不会对宏观经济稳定运行造成负面影响。实行通货膨胀目标制国家的货币当局必定要将在未来一段时间所要达到的目标通货膨胀率向外界公布，换句话说就是必须确定和公布合理通货膨胀目标区间。当通货膨胀率位于此区间中是可接受的，或者说可容忍的。

"威猛强大"的存款准备金率

中国人民银行决定从 2007 年 2 月 25 日起，上调存款类金融机构人民币存款准备金率 0.5 个百分点。中国人民银行承诺将继续执行稳健的货币政策，加强银行体系流动性管理，引导货币信贷合理增长，促进国民经济又好又快发展。这一点也在 2008 年中得到了切实的体现。

从 2006 年开始，央行综合运用多种货币政策工具大力回收银行体系多余流动资金已经取得了一定成效。其中，存款准备金率不断上调，很大程度上回笼了过剩的流动资金，大大巩固了宏观调控成效。2006 年央行共上调了 3 次存款准备金率：7 月 5 日上调存款类金融机构人民币存款准备金率 0.5 个百分点。8 月 15 日上调存款类金融机构存款准备金率 0.5 个百分点。11 月 15 日上调存款类金融机构存款准备金率 0.5 个百分点。

此后，随着 2007 年投资继续过热，流动性过剩延续，通货膨胀加重的经济变化，央行加大上调存款准备金的力度。2007 年央行共 10 次上调准备金！而在 2008 年，央行也一共 4 次上调了存款准备金率，分别在 1 月 16 日、3 月 18 日、4 月 16 日、5 月 12 日宣布上调存款准备金率 0.5 个百分点，2008 年底存款类金融机构人民币存款准备金率达到 17.5% 的历史新高！

如此强大的货币政策取得了明显的成效，2008 年底，国内通货膨胀得到了明显的遏制，物价回归到合理的水平。

存款准备金率为何具有如此大的成效？

大家都知道，银行起源于板凳。起初只是为顾客兑换货币，后来增加新业务，替有钱人保管金银，别人把金银存放在他的保险柜，它给人开张收据，并收取一定的保管费。天长日久，有聪明人看出其中门道，虽然每天都有人存，有人取，但他们的保险柜里，总有些金银处于闲置状态，很少有保险柜被提空的情况。于是兑换商玩起"借鸡下蛋"的把戏，别人每存一笔钱，他们只在手中保留一部分，剩下的则悉数贷出去。被兑换商保留在手里的那部分金银，就是后来的存款准备金。

存款准备金确切的含义是指金融机构为保证客户提取存款和资金清算需要而准备的在中央银行的存款，中央银行要求的存款准备金占其存款总额的比例就是存款准备金率。准备金本来是为了保证支付的，但它却带来了一个意想不到的"副产品"，就是赋予了商业银行创造货币的职能，可以影响金融机构的信贷扩张能力，从而间接调控货币供应量。现已成为中央银行货币政策的重要工具，是传统的三大货币政策工具之一。

在我们讨论银行挤兑时，我们说联邦储备银行会设定一个最低准备金率，目前对于可开支票账户为 10%。如果在两个星期内银行平均的法定准备金率无法达到要求，将会面临处罚。

当银行似乎无法达到联邦储备银行的准备金要求时它会怎样应对？一般它们会向其

他银行去借多余的准备金。银行之间相互借贷是在联邦基金市场中进行的。这是一个金融市场，在其间准备金达不到要求的银行可以从那些持有超额准备金的银行处借到准备金，一般是隔夜拆借。

银行可以从联邦储备银行那里借准备金。为了防止银行转向联邦储备银行借准备金，联邦储备银行向银行提供贷款时收取一定的利率，称为贴现率。现阶段，贴现率被设定在比联邦基金利率高 1% 的水平上。

联邦基金利率，在联邦基金市场中决定的利率，在现代货币政策中扮演着一个关键角色。如果联邦储备银行缩小联邦基金利率和贴现率之间的差距，银行将增加贷款，因为准备金不足的成本降低了，货币供给将增加。如果联邦储备银行扩大联邦基金利率和贴现率之间的差距，银行贷款将减少，货币供给也将减少。在实践中，美国联邦储备银行既不使用法定准备金率也不使用贴现率作为主动影响货币供给的工具。

如果银行选择这么做，联邦储备银行可以改变法定准备金率或贴现率，或者双管齐下。任何一个手段的变化都会影响货币供给。如果联邦储备银行降低法定准备金要求，银行就可以把更大比例的存款贷出，导致贷款增加，通过乘数增加货币供给。如果联邦储备银行提高法定准备金要求，银行将被迫削减贷款数额，最终导致联邦基金利率下跌。如果美联储降低法定准备金率，会导致联邦基金利率下跌。

中央银行调整存款准备金率，会对国家金融生活产生多方面的重要的影响。

其一，对银行的影响。存款准备金率上调，会减少银行信贷资金，贷款利润会减少，这对于目前仍然以存贷利差为主要利润来源的银行的业绩有一定影响；但这也会催促银行向利润高的新业务拓展，如零售业务、国际业务、中间业务等，从而加强银行的稳定性和盈利性。

其二，对企业的影响。银行信贷规模收紧，企业融资环境吃紧，资金紧张，银行会更加慎重地选择贷款对象，更倾向于规模大、盈利能力强、风险小的大企业，这会给另外一部分非常依赖于银行贷款的大企业和很多中小企业的融资能力造成一定的影响。

其三，对股市的影响。每次调整存款准备金，都会对股票市场产生明显的冲击：首先是心理层面的影响，向投资者发出货币政策调整的信息；其次是股市资金来源的影响，对我国资金推动型股市而言立竿见影。历次存款准备金率上调股市跌多涨少。

其四，对基金的影响。存款准备金上调对基金没什么影响，基金基本上是随股市、债市的行情走的。

其五，对期货的影响。如果存款准备金上调，则资金流入期货市场，从而引发短期的剧烈波动。存款准备金率上调对金融期货影响较大，而对商品期货影响较小。

其六，对存款的影响。如果存款准备金上调，银行会加大力度推陈出新吸引存款，但对于老百姓存款而言，没什么影响。

央行存款准备金率上调和存款利率上调之间没有必然的联系。无论是加息，还是上调存款准备金率，其用意都是抑制银行信贷资金过快增长。上调存款准备金率，能直接冻结商业银行资金，强化流动性管理。主要是为了加强流动性管理，抑制货币信贷总量过快增长。同时，上调存款准备金率也体现了"区别对待"的调控原则。同加息相比，上调存款准备金率是直接针对商业银行实施的货币政策工具，不似加息"一刀切"式直接影响企业财务和百姓生活。

"雪中送炭"的再贴现政策

2001年9月11日，在恐怖分子撞毁了纽约世界贸易中心的几个小时之后，联邦储备委员会还是立即宣布向美国各地的银行运送现金，以保证银行的支付，即贴现政策。为了保证整个美国的银行系统和金融机构的正常运行，恐怖袭击后的第二天，美联储已经向美国银行系统补充了382亿5000万美元的特别临时储备资金。在美国，没有一个城市发生挤提存款事件，没有一家银行因为支付危机而倒闭，甚至也没有一家银行出现支付困难。无疑，央行再贴现政策的雪中送炭给市场送去了信心和温暖。

中央银行的另一个"法宝"就是再贴现政策。再贴现是中央银行通过买进商业银行持有的已贴现但尚未到期的商业汇票，向商业银行提供融资支持的行为。商业汇票是购货单位为购买销货单位的产品，不及时进行货款支付，而在法律许可的范围之内签发的、在约定期限内予以偿还的债务凭据。在一般情况下，为保证购货方到期确能偿还债务，这种债务凭据须经购货方的开户银行予以承兑，即由其开户银行承诺，若票据到期但该客户因故无力偿还该债务，则由该银行出资予以代偿。

如果您持有还没到期的票据，但又急着用钱，就可以把票据转让给商业银行获得现款，代价是贴付一定利息，这就叫贴现。可商业银行也有周转不开的时候，它也可以把手中未到期的票据暂时"卖"给中央银行，这就叫再贴现。商业银行也得向中央银行支付一定利息，这个利率就叫再贴现率。再贴现最初也不是一种货币政策工具，它原本是用来帮助商业银行周转资金的。商业银行虽然经营的就是"钱"，但它们也有"手头紧"的时候，为了帮助"手头紧"的银行渡过难关，中央银行就为它们开设了再贴现的窗口，为它们提供资金援助。

再贴现作为西方中央银行传统的三大货币政策工具（公开市场业务、再贴现、存款准备金）之一，被不少国家广泛运用，特别是第二次世界大战之后，再贴现在日本、德国、韩国等国的经济重建中被成功运用。再贴现能够如此受到重视和运用，主要是它不仅具有影响商业银行信用扩张，并借以调控货币供应总量的作用，而且还具有可以按照国家产业政策的要求，有选择地对不同种类的票据进行融资，促进经济结构调整的作用。

早在美联储创建之际，变动贴现率就成为货币政策的首要工具，美联储向成员银行发放贷款的行为最初被称为再贴现，因为银行最初向工商企业发放的贷款是以贴现（贴现额少于贷款面值）的方式进行的，而美联储会对这些贷款再次进行贴现。渐渐地，再贴现变成中央银行的一大"法宝"。当中央银行降低再贴现率的时候，商业银行发现从中央银行再贴现借钱比较划算，就会更多地申请再贴现。这样一来，中央银行的基础货币投放增加了，货币供应量自然也会增加。而且，再贴现利率的降低也会最终带动其他利率水平的下降，起到刺激投资和增长的作用。反过来，中央银行也可以提高再贴现率，实现相反的意图。

再贴现这个"法宝"不但能调控货币总量，还能调整结构。比如，中央银行规定哪些票据可以被再贴现，哪些机构可以申请再贴现，这样分门别类、区别对待，使得政策效果更加精确。

再贴现政策分为两类：

一类是长期的再贴现政策，这又包括两种：一是"抑制政策"，即中央银行较长期地采取再贴现率高于市场利率的政策，提高再贴现成本，从而抑制资金需求，收缩银根，减少市场的货币供应量；二是"扶持政策"，即中央银行较长期地采取再贴现率低于市场利率的政策，以放宽贴现条件，降低再贴现成本，从而刺激资金需求，放松银根，增加市场的货币供应量。

另一类是短期的再贴现政策，即中央银行根据市场的资金供求状况，随时制定高于或低于市场利率的再贴现率，以影响商业银行借入资金的成本和超额准备金，影响市场利率，从而调节市场的资金供求。

再贴现政策具有以下三方面作用：

其一，能影响商业银行的资金成本和超额准备金，从而影响商业银行的融资决策，使其改变放款和投资活动。

其二，能产生告示效果，通常能表明中央银行的政策意向，从而影响到商业银行及社会公众的预期。

其三，能决定何种票据具有再贴现资格，从而影响商业银行的资金投向。

当然，再贴现政策效果能否很好地发挥，还要看货币市场的弹性。一般说来，有些国家商业银行主要靠中央银行融通资金，再贴现政策在货币市场的弹性较大，效果也就较大，相反有些国家商业银行靠中央银行融通资金数量较小，再贴现政策在货币市场上的弹性较小，效果也就较小。虽然这样，再贴现率的调整，对货币市场仍有较广泛的影响。

尽管再贴现政策有上述一些作用，但也存在着某些局限性：

其一，从控制货币供应量来看，再贴现政策并不是一个理想的控制工具。首先，中央银行处于被动地位。商业银行是否愿意到中央银行申请贴现，或者贴现多少，决定于商业银行，如果商业银行可以通过其他途径筹措资金，而不依赖于再贴现，则中央银行就不能有效地控制货币供应量。其次，增加对中央银行的压力。如商业银行依赖于中央银行再贴现，这就增加了对中央银行的压力，从而削弱控制货币供应量的能力。再次，再贴现率高低有一定限度，而在经济繁荣或经济萧条时期，再贴现率无论高低，都无法限制或阻止商业银行向中央银行再贴现或借款，这也使中央银行难以有效地控制货币供应量。

其二，从对利率的影响看，调整再贴现利率，通常不能改变利率的结构，只能影响利率水平。即使影响利率水平，也必须具备两个假定条件：一是中央银行能随时准备按其规定的再贴现率自由地提供贷款，以此来调整对商业银行的放款量；二是商业银行为了尽可能地增加利润，愿意从中央银行借款。当市场利率高于再贴利率，而利差足以弥补承担的风险和放款管理费用时，商业银行就向中央银行借款然后再放出去；当市场利率高于再贴现率的利差，不足以弥补上述费用时，商业银行就从市场上收回放款，并偿还其向中央银行的借款，也只有在这样的条件下，中央银行的再贴现率才能支配市场利率。然而，实际情况往往并非完全如此。

其三，就其弹性而言，再贴现政策是缺乏弹性的，一方面，再贴现率的随时调整，通常会引起市场利率的经常性波动，这会使企业或商业银行无所适从；另一方面，再贴现率不随时调整，又不宜于中央银行灵活地调节市场货币供应量，因此，再贴现政策的弹性是很小的。

上述缺点决定了再贴现政策并不是完美的货币政策工具。

灵活的公开市场业务

2008 年初，中国股市楼市等相继出现投资过热的情况，物价水平高企。央行 2 月上旬开始首次公开市场操作，净回笼资金 2960 亿元，之后公开市场操作的力度依然不减。二月下旬，人民银行又在公开市场业务操作中发行了 600 亿元 1 年期央票，比此前一周减少 150 亿元，但仍维持在 2008 年以来以来的高位水平，发行利率也继续持平。同时，央行还进行了两期正回购操作，分别为 28 天期限和 91 天期限正回购操作，合计交易量 350 亿元，这样 1 天时间内央行就回笼了 950 亿元的流动性。

由于接下来的股票市场又将迎来一只大盘股——中铁建发行，而当时央行的公开市场操作仍保持较高的紧缩力度，表明了央行大力度回笼流动性资金的决心，使得市场信心增强。公开市场维持净回笼态势成为定局。

公开市场业务是指中央银行通过买进或卖出有价证券，吞吐基础货币，调节货币供应量的活动。与一般金融机构所从事的证券买卖不同，中央银行买卖证券的目的不是盈利，而是调节货币供应量。根据经济形势的发展，当中央银行认为需要收缩银根时，便卖出证券，相应地收回一部分基础货币，减少金融机构可用资金的数量；相反，当中央银行认为需要放松银根时，便买进证券，扩大基础货币供应，直接增加金融机构可用资金的数量。

公开市场操作（公开市场业务）是中央银行调节市场流动性的主要货币政策工具，通过中央银行与指定交易商进行有价证券和外汇交易，实现货币政策调控目标。

中国中央银行的公开市场操作包括人民币操作和外汇操作两部分。外汇公开市场操作 1994 年 3 月启动，人民币公开市场操作 1998 年 5 月 26 日恢复交易，规模逐步扩大。1999 年以来，公开市场操作已成为中国人民银行货币政策日常操作的重要工具，对于调控货币供应量、调节商业银行流动性水平、引导货币市场利率走势发挥了积极的作用。

灵活的公开市场操作发挥的作用十分强大。中国人民银行从 1998 年开始建立公开市场业务一级交易商制度，选择了一批能够承担大额债券交易的商业银行作为公开市场业务的交易对象，目前公开市场业务一级交易商共包括 40 家商业银行。这些交易商可以运用国债、政策性金融债券等作为交易工具与中国人民银行开展公开市场业务。

当金融市场上资金缺乏时，中央银行就通过公开市场业务买进有价证券，向社会投入一笔基础货币。这些基础货币如果是流入社会大众手中，则会直接地增加社会的货币供应量；如果是流入商业银行，则会引起信用的扩张和货币供应量的多倍增加。相反，当金融市场上游资泛滥、货币过多时，中央银行就可以通过公开市场业务卖出有价证券，无论这些证券是由商业银行购买，还是由其他部门购买，总会有相应数量的基础货币流回，引起信用规模的收缩和货币供应量的减少。中央银行就是通过公开市场上的证券买卖活动，以达到扩张或收缩信用、调节货币供应量的目的。

同时，公开市场操作也是中央银行的一项主要业务。中央银行买进或卖出有价证券或外汇意味着进行基础货币的吞吐，可以达到增加或减少货币供应量的目的。2000年，我国中央银行就通过公开市场业务操作累计投放基础货币4470亿元，回笼基础货币5292亿元。

20世纪20年代初期，发生了一件特别重要的事情：美联储无意间发现了公开市场操作。美联储创建之初，其收入全部来源于向成员银行发放贴现贷款的利息。1920年～1921年经济萧条时期之后，贴现贷款的规模急剧萎缩，美联储经济拮据。为了解决这个问题，它购买了一些证券。在这个过程中，美联储注意到，银行体系的准备金增加，银行贷款和存款出现多倍扩张。这个现象对现在的我们来说是显而易见的，但对于当时的美联储，却是一个重大发现。一个新的政策工具就此诞生，到20年代末期，它已经成为美联储军火库中最重要的武器了。

公开市场操作有两种类型：旨在改变准备金和基础货币规模的能动性公开市场操作；旨在抵消影响准备金和基础货币的其他因素变动的防御性公开市场操作。美联储实施公开市场操作的对象是美国国债和政府机构债券，尤其是美国国库券。美联储大部分公开市场操作是针对国债进行的，因为国债市场最具流动性，且交易规模最大。这一市场有能力吸收美联储庞大的交易量，而不会引起可能导致市场混乱的价格过度波动。

与其他货币政策工具相比，公开市场操作有以下几个优点：

其一，公开市场操作是美联储主动进行的。美联储能够完全控制交易的规模。而贴现贷款操作就不能实现这种控制，美联储虽然可以通过变动贴现率鼓励或限制银行申请贴现贷款，但不能直接控制贴现贷款的规模。

其二，公开市场操作灵活且精确，它可用于各种规模。无论需要变动多小的准备金或基础货币，公开市场操作都可以通过少量购买或出售证券来实现。相反，如果准备金和基础货币要发生很大的变动，公开市场操作工具也足够强大，能够通过大规模购买或者出售证券实现目标。

其三，公开市场操作很容易对冲。如果在实施公开市场操作中出现错误，美联储可以立即对冲。如果美联储认为联邦基金利率过低是因为公开市场购买规模太大，美联储可以立刻进行公开市场出售，以进行修正。

其四，公开市场操作可以立即执行，不存在管理时滞。当美联储决定变动基础货币或准备金时，可以立即向证券交易商发布指令，交易就可以立即进行。

我国自恢复公开市场业务以来，制定了相关的债券交易资金清算制度和操作规则，正在逐步朝拓展交易工具、实现交易对象的扩大化、交易期限品种的丰富化等方向发展，并且在不断尝试不同的交易方式。作为央行货币政策的先行风向标，公开市场操作传递出央行对货币市场利率的调控意图。调节商业银行的准备金，并影响其信用扩张的能力和信用紧缩的规模，为政府债券买卖提供了一个有组织的方便场所。配合积极财政政策的实施，支持国债发行，通过影响利率来控制汇率和国际黄金流动。

金融危机中的最后贷款人

当发生银行危机时，银行之间也会互相寻求贷款以应付挤兑风潮。但是，银行的准备全都是有限的，当山穷水尽之时，谁才是最后的贷款人呢？

2008 年 10 月，随着西方各国纷纷陷入金融危机，法国总统萨科奇呼吁中印等国参加一次有关重建世界金融体系的"紧急全球峰会"，以共同应对目前全球金融危机，世界银行行长佐利克随后也提出相似建议。在美欧金融危机愈演愈烈的情况下，越来越多的西方政治家将中国视为全球金融稳定的关键力量，因为中国金融健康并持有巨额外汇储备，成为这场危机"国际最后贷款人"的最佳人选，也被赋予决定未来金融秩序的能力。

而美国国会公布的 7000 亿美元救市计划根本无法增强市场信心，在解决流动性方面作用有限，从而无法制止实体经济的衰退。这意味着未来信用违约会越发严重，将进一步打击规模空前的衍生品市场，直至美国金融系统崩溃，陷入债务危机。因此，在危机进程中做"国际最后贷款人"形同"危机最后陪葬人"，必祸及自身。

通常，在某一国国内发生银行危机时，中央银行可以为其他商业银行提供再贷款以满足商业银行短期的资金需要，以防范银行系统内的危机，看上去，就像是商业银行背后的贷款人。因而，"最后贷款人"这一概念原是人们习惯上对中央银行的这一行为的描述。

"最后贷款人"被认为是危机时刻中央银行应尽的融通责任，它应满足对高能货币的需求，以防止由恐慌引起的货币存量的收缩。当一些商业银行有清偿能力但暂时流动性不足时，中央银行可以通过贴现窗口或公开市场购买两种方式向这些银行发放紧急贷款，条件是他们有良好的抵押品并缴纳惩罚性利率。最后贷款人若宣布将对流动性暂不足商业银行进行融通，就可以在一定程度缓和公众对现金短缺的恐惧，这足以制止恐慌而不必采取行动。

最后贷款人这一理念最先是由沃尔特·白芝浩提倡的。

沃尔特·白芝浩 1826 年出身于一个银行世家，母亲来自从事银行业的斯塔基家族，父亲是斯塔基银行总部的经理人。1848 年，22 岁的白芝浩毕业于伦敦大学，获硕士学位；此后他又专修了三年的法律，获得律师资格，但是并没有执律师业，而进入了他父亲的银行业。1858 年他与曾任英国财政大臣且是后来闻名世界的《经济学家》杂志创办人的詹姆斯·威尔逊的长女结婚；两年后，威尔逊去世，他接管了《经济学家》，担任第三任主编直到 1877 年辞世。

沃尔特·白芝浩虽并不是拥有经济学学位的经济学家，但博学多才，个人禀赋加上诸多方面的家族智识渊源，使得白芝浩成了真正让《经济学家》家喻户晓的关键先生。他在诸多领域都有建树，他是影响至今的法学家、金融学家。

在 1873 年出版的《伦巴德街》一书中，白芝浩详细阐述了他关于央行最终贷款人的观点：在有良好的抵押物的基础上，英格兰银行应该随时准备以高利率向商业银行提供无限量的贷款。实际上，早在 1866 年 9 月白芝浩就在报纸上公开这一观点。这一论点最终对中央银行职能的演进产生了重大影响。但是当时，英格兰银行一位董事将其言论称为"是本世纪以来货币和银行领域中所冒出的最恶劣的教条"。

中央银行以金融机构为贷款对象是由中央银行特殊的职能和地位所决定的。与以企业和居民为主要贷款对象的金融机构不同的是，金融机构是社会信用中介，而中央银行是银行的银行、国家的银行、发行的银行，是社会信用的"总闸门"和最终贷款者，具有及时调节金融机构流动性、防范和化解金融风险的特殊使命。因此，在贷款对象上，中央银行贷款与金融机构贷款是有本质区别的。但是，中央银行贷款与金融机构贷款的共同点是，借款人都需要按规定的时限和利率及时归还贷款本息。中央银行贷款的增加或减少，会引起基础货币的增加或减少。中央银行贷款是基础货币的重要投放渠道之一，是中央银行调控基础货币的重要手段之一。

中央银行对商业银行的贷款，从货币流通的角度看，是投放了基础货币，直接影响社会货币流通量和信贷总规模。当中央银行增加对商业银行或其他金融机构的贷款时，商业银行在中央银行的存款或现金库存就会相应增加。商业银行以这些资金作为来源扩大向社会的放款，根据派生存款的原理，最终使社会货币流通量扩大。反之，当中央银行减少其对商业银行的贷款时，就会使得商业银行的资金来源相应减少，从而迫使商业银行收缩信贷规模，减少对社会的货币供应，最终减少社会货币流通量。无论是发达国家还是发展中国家，中央银行对商业银行的贷款作为中央银行实行宏观控制的重要手段之一，都是非常有效的。

商业银行在头寸不足，有临时性的资金需要时，除在同业拆借市场上拆借资金外，也要向中央银行申请贷款，申请贷款的商业银行在国内也具有一定的声誉和经营业绩。

因为"最后贷款人"的角色并不好把握。中央银行不应降低成本甚至无成本地向商业银行降息。2008 年金融危机爆发后，世界主要央行致力于向银行体系注入流动性资金，实际上是不计成本地向商业银行提供定量贷款，这样的最后贷款人角色并不符合白芝浩的原意。中央银行在金融市场出现动荡时袖手旁观需要承担巨大的外部压力，也要抵制力挽狂澜的内在诱惑。中央银行的任务是防止经济增长由不景气转变成经济衰退，最后贷款人角色并不是要求央行充当"老好人"，谁没有钱了，就要把钱送去。白芝浩曾经强调高利率和抵押物就是附加一种惩罚性融资条件，同时借此分辨出银行资产的好坏，而不能够满足贷款条件的，央行有理由将其拒之门外。因此，扮演"最后贷款人"的角色，还需要谨慎把握好力度，否则对提升经济状况并不能起到应有的效果。

巴黎银行为何股价暴跌

2008 年 11 月 3 日，就在法国兴业银行传出该行第三季度净利润锐减八成多的不利消息后，法国另一家大型银行——法国巴黎银行（BNPParibasSA）5 日发表的第三季度报告亦显示，该行 2008 年前九个月经营状况不容乐观，根据该行发布的相关数据，该行第三季净利润下降 55.6%，其净收益由去年同期的 20.3 亿欧元降至今年的 9.01 亿欧元。

该行新闻发言人对本报记者表示，金融海啸对该行的不利影响在第三季度中表现尤为直接，并承认该行业绩下滑主要是恶化的危机和弥补相关风险带动成本上升。不过，他同样表示该行对投资者仍有强烈的吸引力。

法国巴黎银行是目前按市值计算最大的法国上市银行，总市值约为 530 亿欧元。其第三季度利润锐减主要源于金融海啸的剧烈影响以及该行不良资产准备金的增加。根据该行数据，今年前三季度巴黎银行的净利润总额为 43.87 亿欧元，比去年同期大幅减少35.6%。

根据彭博社的报道，巴黎银行自 9 月雷曼破产以来，与雷曼相关的资产管理和投资银行业务单位损失达 5.12 亿欧元；而金融海啸中巴黎银行损失已达 17 亿欧元的资产。

法国巴黎银行在全球 85 个国家和地区拥有 700 多个办事处，20.5 万名雇员中 2.8 万名从事国际银行业务，为 100 家国际大型企业中的 80 多家提供服务。2000 年 5 月，法国两家主要商业银行正式合并，合并后的名称为法国巴黎银行。根据净收入排名，位居法国第一，根据股东权益排名，位居欧洲第四大银行。其资本市值在欧元区银行中排名第二，到 1999 年底，法国巴黎银行的资产总额达 6990 亿欧元，盈利达 15 亿欧元。职员人数超过 77000 人，其中 28000 人在海外工作。

集团业务遍及全球逾 85 个国家，于企业及投资银行、资产管理及服务以及零售，法国巴黎银行三方面均占有重要位置。法国巴黎银行拥有庞大的国际网络，覆盖包括七个主要金融中心。法国巴黎银行具有真正的金融创新能力并且在新技术及销售渠道方面经验丰富。通过不断开发扩展商业及金融业务品种，法国巴黎银行已经成为一间真正的国际银行，并且在公司银行、资本市场、国际私人银行及资产管理等业务方面成绩卓越。在法国，其向公司及私人客户提供服务方面的优势无可比拟，尤其是在资产管理、消费信贷、租赁及房地产等业务领域。

法国巴黎银行遵从的一贯原则是不断提高盈利性及给股东创造价值，使银行不断壮大并且成为一间欧洲领导银行。法国巴黎银行所拥有的超过 200 亿欧元的股本，使之能够抓住由于实行单一货币所带来的以及在欧洲金融服务市场上所产生的任何机遇。

起始于 2007 年夏季的美国次级房屋贷款危机，升级为"海啸"的金融危机，在最近短短几个月内开始向全球迅速蔓延，全球股市损失了近一半的市值，20 万亿美元市值已被蒸发。欧洲和法国的金融和银行业首当其冲，多家大型金融机构陷入财务危机，具体表现为全球股市持续跌宕起伏。法国的股市指数 CAC40 也从高峰时的 6000 点，下降到3000 点左右，损失了近一半的市值，下降幅度甚至要明显地高于全球第一大股市华尔街的股市下跌幅度。其中多家法国大型银行的股价缩水了一半至 90% 不等，只得寻求来自外界公共市场甚至是政府渠道的巨额注资。法国国内的两家汽车制造企业的股价平均缩水 80% 左右。这种股票价值的过渡蒸发表明金融危机仍在发展，市场信心短期难以恢复。

法国巴黎银行股价在 13 日大幅下挫，截至北京时间 13 日 18 时，巴黎银行股价下跌1.74 欧元为 32.42 欧元，跌幅为 5.1%。分析人士指出，市场担心巴黎银行并购富通集团部分资产的计划可能搁浅，因而做空该银行股票。在过去 3 个月，巴黎银行股票丧失了一半的价值。巴黎银行 12 日表示，将继续执行并购富通比利时和卢森堡的银行资产以及比利时的保险业务的计划，整个交易全额约为 145 亿欧元。此次交易可能受到阻挠，目前富通投资者正采取法律手段，要求就出售资产一事进行咨询。比利时一家法院对该交易进行了两个月的冻结，富通股东目前还有机会在两次股东大会上对此投票表决。巴黎银行被认为是少数几家能相对安全渡过信贷危机的银行之一。但雷曼兄弟的倒闭和麦道夫丑闻冲击了巴黎银行，导致 2008 年前 11 个月，巴黎银行企业和投行部门税前损失 7.1 亿欧元。

欧洲银行"病发"引爆全球市场黑色星期一，亚太股市重挫逾 4%；国际油价跌破 90 美元；中国期市全线跌停；道指昨日盘中跌破万点大关，刚刚经历了美股"9·29"暴跌的全球股市本周首个交易日再遭迎头痛击。由于诸多迹象显示，欧洲银行业继美国之后开始集中爆发危机，加上美国上周通过的救市案未能阻止美股的连续下跌势头，亚太股市昨日普遍下跌逾 4%，欧洲股市盘中暴挫逾 8%，美股 6 日低开低走，道指在开盘半小时后跌破 10000 点，跌幅逾 5%。

目前金融危机从金融领域开始，发展到金融危机与经济危机并发的新阶段，因此法国国内的实体经济也正逐步受到危机的影响。法国经济各个主要行业面对萎靡不振的欧洲和本国零售市场和出于对消化堆积如山的商品库存的考虑，纷纷推出各种减价促销措施。除了银行业以外，法国经济受到金融危机影响程度最大的几个行业分别为汽车制造业、钢铁业、化工行业、房地产和建筑业、房屋出租业、旅游和酒店业、玩具零售业以及电讯、收费电视和报纸订购业等。

欧洲中央银行：管理超国家货币的中央银行

德国《周日画报》援引欧洲央行（ECB）行长特里谢（Jean-ClaudeTrichet）的话称，未来 10 年欧元区通胀都会"非常低"，当前预估为 1.8% 左右。

特里谢接受采访时说："预计未来 10 年，通胀率大都可能停留在非常低的水平，当前的预估为 1.8% 左右。这意味着欧元区物价稳定。这也是引以为豪的事情，因为我们达到了外界对我们的期望。"

欧洲央行将控制通胀水平视为政策目标的重中之重，部分批评者认为欧洲中央银行所定下的目标并不合理，欧洲央行以利率机制来控制通胀率，但却不为失业率及货币汇率设定调控政策，这使得部分人感到这样的经济政策并不平衡，有可能导致各项经济及民生的问题。

欧洲中央银行（European Central Bank——ECB），简称欧洲央行，是根据 1992 年《马斯特里赫特约》的规定于 1998 年 7 月 1 日正式成立的，是为了适应欧元发行流通而设立的金融机构，同时也是欧洲经济一体化的产物。独立性是它的一个显著特点，它不接受欧盟领导机构的指令，不受各国政府的监督。

经济与货币联盟是欧共体建立的最终目标之一，从欧共体建立开始，成员国就在货币政策的事务上开展合作，当时有关欧共体的条约，并没有将经济与货币联盟具体化，更无从进行授权，而央行行长委员会只是一个咨询性质的组织。

欧洲中央银行是世界上第一个管理超国家货币的中央银行。它是唯一有资格允许在欧盟内部发行欧元的机构，欧洲中央银行 1999 年 1 月 1 日欧元正式启动后，11 个欧元国政府将失去制定货币政策的权力，而必须实行欧洲中央银行制定的货币政策。

欧洲中央银行的组织机构主要包括执行董事会、欧洲央行委员会和扩大委员会。执行董事会由行长、副行长和 4 名董事组成，负责欧洲央行的日常工作；由执行董事会和 12 个欧元国的央行行长共同组成的欧洲央行委员会，是负责确定货币政策和保持欧元区内货币稳定的决定性机构；欧洲央行扩大委员会由央行行长、副行长及欧盟所有 15 国的央行行长组成，其任务是保持欧盟中欧元国家与非欧元国家接触。欧洲央行委员会的决策采取简单多数表决制，每个委员只有一票。货币政策的权力虽然集中了，但是具体执行仍由各欧元国央行负责。各欧元国央行仍保留自己的外汇储备。

欧洲中央银行具有法人资格，可在各成员国以独立的法人资格处理其动产和不动产，并参与有关的法律事务活动。欧洲中央银行的决策机构是管理委员会和执行委员会，管理委员会由欧洲中央银行会所有成员和参加欧元区的成员国中央银行行长组成。管理委员会实行一人一票制，一般实行简单多数，当表决时赞成和反对票数相等时，管理委员会主席（由欧银行长担任）可投出决定的一票，管理委员会每年至少开会 10 次。

欧洲央行的职能是"维护货币的稳定"，管理主导利率、货币的储备和发行以及制定欧洲货币政策；其职责和结构以德国联邦银行为模式，独立于欧盟机构和各国政府之外。欧盟东扩到 27 国后，现行的一国一票制将使欧洲中央银行行长理事会变得十分庞大，难以进行迅速有效的决策，为此，欧洲中央银行将采用"三速"投票模式，按照成员国的经济总量和人口分配投票权，5 大国德国、法国、英国、意大利和西班牙为 4 票，也就是说，每年有一国没有投票权；14 个中等国家如比利时、奥地利、瑞典、芬兰、波兰等共 8 票，即 14 国中每年 8 个国家有投票权；8 个小国如塞浦路斯、爱沙尼亚、立陶宛、卢森堡等为 3 票，即每年 3 个国家有投票权。执行董事会的 6 名成员有永久投票权。

欧洲央行只拥有 500 亿欧元的储备金，资本认购的数量依据各成员国的 GDP 和人口分别占欧盟的比例为基础来确定。各成员国缴纳资本的数量不得超过其份额，欧元区的成员国都已全部认缴，英国、丹麦、瑞典、希腊则都只缴纳了其份额的 5%。各成员国认购的份额 5 年调整一次，份额调整后的下一年生效。显然在组织结构上类似美国联邦储备体系，欧盟成员国央行类似美联储中的 12 家联邦储备银行。两者都属二元的中央银行体制，地方级机构和中央两级分别行使权力，两级中央银行具有相对的独立性。成员国中央银行行长的任期最短为 5 年；执行委员会的成员任期最短为 8 年，不得连任；只有在不能履行职责或严重渎职时才可免除其职务；欧洲法院对职务的任免争议有管辖权。

操作篇：

打理金融生活

第十三章　怎样让钱生钱，存银行还是投资

——每天学点个人理财知识

存款储蓄：最传统的理财方式

投资理财计划中，一个最重要的环节是储蓄。储蓄这个"积谷防饥"的概念在中国人眼中并不陌生，但在西方国家则不同。以西方国家为例，上一代的人仍知道储蓄的重要，但现在的人只懂得消费，已经忘记了储蓄，美国的人均储蓄率是负数。意思是美国人不单没有储蓄，反倒先使未来钱，利用信用卡大量消费，到月底发工资时才缴付信用卡账单，有些更已欠下信用卡贷款，每个月不是缴费，而是偿还债务。

储蓄是一种习惯，是一种积少成多的"游戏"。每个月开始之前先把预定的金额存起来，这对日常生活没有很大的影响；相反，把钱放在口袋里，最后都是花掉，连花到哪里也忘记了。

很多人错误地认为，只要好好投资，储蓄与否并不重要。实际上，合理储蓄在投资中是很重要的。储蓄是投资之本，尤其是对于一个月薪族来说更是如此。如果一个人下个月的薪水还没有领到，这个月的薪水就已经花光，或是到处向人借钱，那这个人就不具备资格自己经营事业。要想成功投资，就必须学会合理的储蓄。

很多人不喜欢储蓄，认为投资可以赚到很多的钱，所以不需要储蓄；有的人认为应该享受当下，而且认为储蓄很难，要受到限制；有的人会认为储蓄的利息没有通货膨胀的速度快，储蓄不合适。然而，事实并不是这样。

首先，不能只通过收入致富，而是要借储蓄致富。有些人往往错误地希望"等我收入够多，一切便能改善"。事实上，我们的生活品质是和收入同步提高的。你赚得愈多，需要也愈多，花费也相应地愈多。不储蓄的人，即使收入很高，也很难拥有一笔属于自己的财富。

其次，储蓄就是付钱给自己。有一些人会付钱给别人，却不会付钱给自己。买了面包，会付钱给面包店老板；贷款时，利息缴给银行，却很难会付钱给自己。赚钱是为了今天的生存，储蓄却是为了明天的生活和创业。

我们可以将每个月收入的10%拨到另一个账户上，把这笔钱当作自己的投资资金，然后利用这10%达到致富的目标，利用90%来支付其他费用。也许，你会认为自己每月收入的10%是一个很小的数目，可当你持之以恒地坚持一段时间之后，你将会有意想不到的收获。也正是这些很小的数目成了很多成功人士的投资之源泉。

晓白工作已经有 5 年的时间，从一名普通的职员，慢慢做到公司的中层，薪水也一直稳中有升，月薪已有近万元，比上虽然不足，比下仍有余地。可是昔日的同窗，收入未必高过自己，可在家庭资产方面已经把自己甩在了后面。

随着晓白的年龄逐步向 30 岁迈进，可还一直没有成家。父母再也坐不住了，老两口一下子拿出了 20 万元积蓄，并且让晓白也拿出自己的积蓄，付了买房首付，早为结婚做打算。可是让晓白开不了口的是，自己所有的银行账户加起来，储蓄也没能超过六位数。

其实，晓白自己也觉得非常困惑。父母是普通职工，收入并不高，现在也早就退休在家。可是他们不仅把家中管理得井井有条，还存下了不少的积蓄。可是自己呢？虽说收入不算少，用钱不算多，可是工作几年下来，竟然与"月光族""白领族"没有什么两样。不仅是买房拿不出钱来供首付，前两年周边的朋友投资股票、基金也赚了不少钱，纷纷动员晓白和他们一起投资。晓白表面上装作不以为然，其实让他难以开口的是，自己根本就没有储蓄，又拿什么去投资？

晓白出现这种情况的原因就是缺乏合理的储蓄规划。虽说储蓄是个老话题，然而在年轻人中间这却始终是个普遍的问题。很多像晓白这样的人，收入看上去不少，足够应对平时生活中的需要，可是他们就是难以建立起财富的初次积累。原因就在于，他们在日常生活中没有合理的储蓄规划。

随着时代的发展，今天的社会与从前发生了很大的变化，现实中许多人没有看到储蓄的任何好处，因为现实中利息低、通货膨胀等因素确实都实实在在地存在着。从另一个角度来看，选择合理的储蓄方式，能够让优秀的投资者们成为千万富翁，优秀的投资者们可以轻而易举地在银行存折中多出 20% 或更多的金钱，通货膨胀甚至还会帮助他们。储蓄并不是件一无是处的事情，相反它还会给你带来很多好处。下面我们就来详细地剖析优秀的投资者们一定要储蓄的理由：

1. 持续的储蓄让你积累更多的投资基金

许多优秀的投资者都有一个错误的观点，他们认为投资会使自己自然而然地变得越来越富有。然而事实上，这是不可能实现的！也许优秀的投资者们并不认同我们的观点，也许他们会问：为什么投资不一定使自己变得富有呢？因为优秀的投资者的投资越多，风险也越大。也有的优秀的投资者会这么说："我同意储蓄，但我的方法是每年储蓄一次，把全年需要储蓄的金额一次放到银行里不就行了！"我们不得不说，这种想法也是很难实现的。

2. 储蓄是善待自己的最好方法

说到善待自己，许多优秀的投资者也许都会觉得他们正在这么做，他们会每天吃最好的食物、把自己打扮得美丽动人、享受艺术与娱乐带来的休闲乐趣，但这一切在我们看来不过是表面的浮夸罢了。优秀的投资者们都忽视了一点：他们正在持续地付钱给别人，可从来没有付给过自己。买了最好的食物，他们会付钱给厨师或食品店老板；打扮自己，他们会付钱给美容院和理发师；享受艺术与娱乐带来的乐趣，他们会付钱给电影院和酒吧……

但是优秀的投资者们什么时候付钱给过自己？在你们的生活中，自己的地位应该不亚于厨师、理发师和电影院老板吧！

优秀的投资者们应该付钱给自己，而这正是通过储蓄来实现的。每个月将收入的固定一部分（可能是10%或者15%）存入自己的账户，这样一来，优秀的投资者们就可以利用这笔钱达到致富的目标。这样做以后，优秀的投资者们将会发现：是用收入的全部还是90%或85%来支付生活所需的费用，而后者让优秀的投资者们还拥有了10%或15%的储蓄。

3. 积累原始资本

储蓄还能够帮助优秀的投资者进行原始资本的积累。优秀的投资者们可以用固定的一部分收入来进行这种资本的投入。假设这部分资本金的固定额度是家庭总收入的10%，那么优秀的投资者们应该如何累计这部分资本呢？首先优秀的投资者需要开设一个存储账户，每个月初，将收入的10%存入这个账户；要把持注自己，任何时候都不要轻易动用这个账户里的钱；找到适当的机会，用这个账户里的钱进行投资；当这个账户里的金额越来越多时，优秀的投资者们将得到更多的投资机会和安全感。

债券投资：储蓄的近亲

债券作为一种重要的融资手段和金融工具，以其风险小、信用好等优势赢得了很多投资者的青睐。债券是一种有价证券，是社会各类经济主体为筹措资金而向债券投资者出具的，并且承诺按一定利率定期支付利息和到期偿还本金的债权债务凭证。由于债券的利息通常是事先确定的，所以，债券又被称为固定利息证券。

债券相较于其他的投资产品，是一种较为保守的投资方式，但是其安全性的确吸引了不少人的目光。尤其对于那些年龄较大、缺乏投资经验、追求稳健的投资者来说，债券就是他们心目中较为理想的投资对象。

美国微软公司董事长比尔·盖茨向大众透露了他的投资理念，他认为，把宝押在一个地方可能会带来巨大的收入，但也会带来同样巨大的亏损。对待股市，他就是持着这样的看法。在股市上投资时，为了能分散甚至是规避这些风险他经常采用的方法就是利用债券市场。

一般，盖茨会在买卖股票的同时，也在将自己建立的"小瀑布"的投资公司控制的资产投入债券市场，特别是购买国库券。当股价下跌时，由于资金从股市流入债券市场，故而债券价格往往表现为稳定上升，这时就可以部分抵消股价下跌所遭受的损失。

从投资效果看，盖茨这样的组合投资已取得相当好的成绩，他的财富几乎总是以较快的速度增长。而在概括投资战略时，盖茨说："你应该有一个均衡的投资组合。投资者，哪怕是再大的超级富豪，都不应当把全部资本压在涨得已经很高的科技股上。"

有人戏称债券是理财的天堂，认为在众多的金融产品中，债券独受宠爱，是投资者眼中较为理想的投资对象，尤其是对那些厌恶风险的投资者来说，债券简直是最好的选择。

对于投资来说，每种投资项目都有其优势，你如果不熟悉地掌握其特点，就不可能对其加以利用，扬长避短。那么，债券到底有什么优点？

其一，较高的安全性。债券一般是由相关的机构直接向社会发行的，与企业和政府相关机构挂钩，但与它们的业绩没有联系，收益比较稳定。一般政府的债券有绝对的安全性，而对于企业的债券，只要它不违约，就能够保证投资者的利益。

其二，较好的流动性。投资者可以直接进入市场进行交易，买卖自由，变现性颇高，且不会在转让时在价值上出现很大损失。

其三，扩张信用的能力强。由于国债安全性高，投资者用其到银行质押贷款，其信用度远高于股票等高风险性金融资产。投资者可通过此方式，不断扩张信用，从事更大的投资。

其四，收益性略高。对投资者来说，债券属于"比上不足，比下有余"的类型。它的收益高于银行存款，但低于股票投资。可是它又比股票投资稳定，所以，很适合略趋保守的投资者。

正是因为以上这些优点，人们才愿意选择债券作为自己的投资项目。一般情况下，即使经济环境有所变化，债券的收入也大都会很稳定，不会受到太大的影响，投资者大可放心。

基于上述种种优势，许多投资者都把目光聚集到它身上，并且公认其为个人投资理财的首选。

众所周知，在做任何事的时候，你若能在事前了解其原则，抓住其规律，就必能在行动时事半功倍。同理，在决定投资债券之前，投资者须先清楚一下债券投资的原则，这样就能在投资时取得更好的效果。

债券投资的基本原则主要有三个：安全性原则、流动性原则、收益性原则，经常被人称为债券投资原则之"三足鼎立"。这三个原则是债券投资中必须要遵守的内容，是最基本的原则。

第一足：安全性原则

说债券是安全的投资方式，也只是相对而言。比起股票、基金等，它的确安全很多。但实际上，除了国债，其他债券也都是有风险的。因为债券根据发行的主体不同，可主要分为企业债券、国债、金融债券三类。国债暂且不论，仅从企业债券看，如果企业运营的安全性降低或因经营不善而倒闭，就会有违约的危险。因此，本着安全第一的原则，你最好在投资债券的时候，利用组合理论，分别投资多种债券，以分散风险。

第二足：流动性原则

流动性原则是指收回债券本金的速度快慢。债券的流动性越强，就越能以较快的速度转化成货币，也就越减少在这个过程中的无形损失。反之，则可能影响甚至大大削弱资产的价值。一般而言，债券的期限越长，流动性越差，由于外界各种因素的变化，容易造成无形损失，相对也就不适合投资，而期限越短则相反。债券根据不同的类型，流通性不同。一般政府发行的债券流通性较高，在市场上交易方便。而企业发行的债券则根据具体企业的情况而有所不同，比较之下，大企业的债券流动性更好些。

第三足：收益性原则

任何一个投资者进行投资的目的都是获取利润，债券也不例外。因此，投资者都非常关心债券的收益率。而仅从收益上来说，短期收益率要受市场即期利率、资金供求的影响，而长期收益率要受未来经济的增长状况、通货膨胀因素等不确定性因素的影响，所以收益也可能会有所波动。

在众多债券中，国债因其是依靠政府的财政，有充分的安全保障，所以没什么风险；而企业发行的债券则存在是否能按时偿付本息的风险。不过，大多数情况下，企业发行的债券收益比国债要高，如果投资者选择的企业是大企业，就会略有保障。

以上便是投资债券的原则。对于刚开始进行投资的投资者，在选择债券的时候，应当在考虑自身整体资产与负债的状况的基础上，遵守投资原则的要求，只有这样才可能避免血本无归，空忙一场。

保险：以小博大的保险理财

说起保险，经常会有人说："好好的，买什么保险！即使生病了，我不每月都有工资吗？几年下来存的钱也够应付'飞来横祸'了，所以我根本用不着买保险！"

事实是这样吗？是的，你工作了五年，努力攒下了50万元，可是你能保证这50万元能够支付你或者家人的突发疾病？你能保证这50万元能够让你应对事业上的进退维谷？……退一万步来讲，即使利用这50万元能够应对一切难料之事，然而，当这50万元花完之后，你还拿什么来养活自己和家人，保证生活品质的一如既往？

实际上，世界上只有一种人是可以不用买保险的，就是一生之中永远有体力、有精力赚钱，同时不生病、不失业的人。当然，还得家里人都不生病，房子不会遭水、遭贼，不开车，或是车不会被剐蹭、被盗抢，等等。

你是这一种人吗？如果不是，那就赶紧加入保险投资的大军中来吧！

如果我们把理财的过程看成是建造财富金字塔的过程，那么买保险就是为金字塔筑底的关键一步。很多人在提起理财的时候往往想到的是投资、炒股，其实这些都是金字塔顶端的部分，如果你没有合理的保险做后盾，那么一旦自身出了问题，比如失业，比如大病，我们的财富金字塔就会轰然倒塌。没有保险，一人得病，全家致贫。如果能够未雨绸缪，一年花上千八百块钱，真到有意外的时候可能就有一份十几万、几十万的保单来解困，何乐而不为呢？

如今买保险也像进超市一样，品种五花八门，有的似乎还看不懂。你买保险了吗？随着人们保险意识的提升，这句问候语逐渐流行，保险已经不仅仅是一个消费品，品种更加多元化，集投资与保障于一体。不同的人对于保险的观念与需求是大不相同的。

1. 60多岁的人群：增强买保险的意识

人生步入了老年，风险承受能力开始逐步降低。在这个阶段里，购买保险是非常必要的，它可以为老年的生活降低风险的侵袭。因此在这个阶段里，增强买保险的意识尤为重要。

李老伯和刘阿姨是国企退休职工，现在住在工作单位分的职工家属楼，如今他们二人都已经退休了，每个月工资总共也有五六千元，子女都已经成家立业，而且生活上没有什么经济压力。二老决定跟儿子一起住，于是将老城区那套房出租，另外买了一套新房，与儿子住隔壁。李老伯说自己既享受公费医疗，又有退休金，现在和老伴每个人一个月退休金有两三千元，并且夫妻俩身体都很硬朗，他们觉得每年花上千元的钱来购买保险完全没有必要。还不如把钱花在平时，吃得好一点，保养身体比什么都重要。

不过，相比城市退休老人来说，农村老人就更加不会有买保险的意识，住在花都区某农村的王阿姨说，自己一辈子在家务农，儿女在外地工作，近几年才有了农村社保。王阿姨说，以前什么保障都没有，大家不也都安度晚年了嘛？况且，本来经济就不宽裕，又怎么舍得花钱买保险？花钱来买保险哪里有养儿防老靠得住？

2.30 岁 ~ 40 岁：没保险自己也要买保险

上世纪 60 ~ 70 年代出生的人正是当前社会的中流砥柱。赵先生是 70 年代生人，经营了一家医疗机械制药厂，生意在国内生意做得十分红火。早在 5 年前，赵先生不仅为自己和太太购买了寿险和重大疾病险，还为自己 4 岁的儿子买了一份教育金保险。

赵先生说，自己做生意的不同于在企事业单位工作的，没有社保，只能自己买保险，再说做生意风险大，也不敢打包票说工厂能一直维持下去，一旦将来有什么意外，有份保险还是踏实一些，即便将来退休了，也有个保障。

除了做生意的人之外，就是单位福利待遇较好，社保齐全的情况下，一些人也开始未雨绸缪。有位事业单位的职员说："医疗费用太高，一旦生了大病，社保可能不够，所以我额外买了重大疾病保险。"

3.20 几岁的 80 后：各类费用高，主动买保险

"80 后"们刚刚步入社会不久，或正处于事业起步阶段，因此经济条件普遍不算宽裕。"尽管我们大学毕业，但工资也只有 5000 元，这在北京属于中等水平。"小黄每年花 1000 元为自己购买了健康保险。

80 后普遍受到了科学的理财观念的影响，并且一般受到了比较好的教育，因此对于投资保险来说，观念还是比较跟得上时代发展的。他们认为，小的投入可以为自己增添一份保障，保险是非常必要的。

如果你和家人的健康能够得到很好的保障，你们的财产能够得到充分的保护，生活也就轻松很多了。保险，就是这样一个理财工具，它为你的生活提供更多安全，带来更大改变。

外汇投资：投资外国的货币

对于外汇，许多人都觉得比较陌生，认为那是要出国的人才需要了解的东西。其实，这完全是一种误解。外汇作为一种投资工具，正在改变我们的生活。近年来，随着经济的进一步发展，投资外汇成了广大投资者创富的有效途径。

李老先生退休后拿出了家里的 2 万美元，投资到外汇市场，每天骑车跑银行，成了"专业"汇民。问他投资的情况，他说："有赚有赔，总体算下来赢利，比银行存款强多了。"

投资外汇，根据其间差价来获得利润，已经成为国际上投资者的新宠，它造就了多位亿万富翁。由于它的外围环境比较公正、透明，而且交易量很大，颇受大家的信赖。毕竟，若投资股市，一只股票的背后只是一个公司，而投资外汇，一种货币的背后却是一个国家，况且在外汇市场上，政府的干预有限。所以，目前，手中持有外币的人越来越多了。

外汇的外围环境比较公正、透明，那么，外汇有什么特点？

其一，目标特殊。它投资的是一个国家的经济，而股票投资的是一家公司的经营情况。

其二，地域、时间特殊。它属于全球性的买卖，涉及整个世界的金融，不会被任何人士、银行或国家操纵。而从交易时间上，是 24 小时，东西方世界可不间断进行。你可以在任何时候，任何地点交易。而股市一般都是白天交易。因此，也可以说它的灵活度高。

其三，交易。一般股票投资只有涨的时候才能赚钱，而外汇投资，既可以买涨，也可以买跌。这样，赚钱的机会就比股票多一倍。只要选对交易方向，就没问题。

其四，起点低，成本少。想要投资外汇，500 美元就可以开个户。而其交易费用也比较低廉，大大缩减了成本支出。

其五，无套牢的风险。外汇市场极为灵活，在 24 小时内，投资者可任意选择出场，不会发生无法出场而被套牢的风险。

因为它的如上特点，外汇市场逐渐发达起来，吸引了不少人参与，使得它已成为一种重要的投资工具。在它之中的投资者既有少数高手从几千、几万元起家，累积了数千万乃至数亿元的财富，亦有小赚大赔的人，而无论怎样都无法避免它成为最热门的投资工具。

当然，市场上各种外汇投资产品的收益和风险高低不同，产品期限、结构和门槛也各自相异。投资者应该清醒地看到外汇投资往往伴随着一定的汇率及利率风险，所以必须讲究投资策略，在投资前最好掌握相关的外汇知识，制订一个简单的投资计划，做到有的放矢，避免因盲目投资造成不必要的损失。

赵小姐研究生毕业以后，省吃俭用攒了一些钱，并全部用来投资外汇，可不幸的是汇率一降再降，收益微乎其微。失望之余，她深感成为一个富裕的人比登天还难。可是，她并没有灰心，于是在下次发了丰厚的年终奖时，她又全都买了外汇。原本一开始，小挣了一笔，谁想到，好事不久，汇率又跌了下来。

但世上没有后悔药卖，痛定思痛，经过反思，赵小姐决定再买，长期持有不动摇。经过对相关外汇知识的认真学习和谨慎的选择，赵小姐认购了新的外汇。可是不幸的是，股市动荡，整个经济都受到影响，汇率也受到影响，跌了不少。但这次赵小姐咬着牙没有赎回。苍天不负有心人，赵小姐终于等到了赢利的时候。年底，股市转牛，整个经济都在复苏，汇率也一样，上涨了几个点，赵小姐尝到了甜头，获利颇丰。

由此可见，个人外汇投资并非轻而易举的事。你要想通过买卖外汇来赚取差价，必须做足各方面的功课，包括获取最真实、最具体、最能表现外汇汇率现状及其走势的资料，评估自己的风险承受能力，确定投资方案，准备相应的投资资金和保证金，了解外汇的投资程序，了解国家相关的金融政策，等等。只有先准备好"战衣""战袍"和"武器"，才能保证自己在外汇投资的战场上无往不胜。

在具体投资实践中，投资者应注意以下几点：

其一，了解个人的投资需求及风险承受能力。不同的外汇投资人有不同的投资需求及风险承受能力。比如，一些人资本雄厚，他的外汇主要用于投资升值，风险承受能力较强；另一些人资本较少，因此他虽然也进行外汇投资，但厌恶风险，将保本作为投资底线；也有部分人持有外汇，可能在未来有诸如留学、境外旅游、境外考试等其他用途，不但风险承受能力有限，连投资期限也有一定限制。因此，作为投资人只有充分了解自己的投资需求和风险承受能力，才能够选择适合自己的外汇投资产品。

其二，投资人应根据个人实际制订符合自己的投资策略。投资人在明确了个人的投资需求后，就可依据自己的投资预期目标来制订投资策略。投资升值需求强烈、风险承受能力强的投资人，可将部分资金用于外汇买卖或投资于风险较大、投资回报率较高的外汇投资产品，并配合一些保本型投资以控制风险；而那些风险承受能力较差或是以保值为主要目的的投资人，则可将大部分资金投资于一些保本型的投资产品。

通常，投资人可进行适当的分散投资，分别投资不同类型的投资产品或是不同的币种，从而有效地分散投资风险。各种投资产品或外汇币种的比重则可根据自己的偏好来决定。但是，资金薄弱的投资人是很难进行分散投资的，在这种情况下，选择一种最佳的投资产品就显得尤为重要。

其三，投资人要充分了解投资产品的结构。投资人要做到赢利，就需要在最合适的时机，选择最合适的投资产品。因此，投资人不仅应该对国际金融市场有一个基本的认识，还应对各种投资产品的结构特性有一个全面的了解。比如，当投资人预测到某一货币将持续走强，那么就可以通过外汇宝买入该货币，也可以投资与该货币汇率挂钩的投资产品以提高存款收益；在利率缓步上扬的市场中，投资人可以考虑投资收益递增型或是利率区间型投资产品；而在利率稳定或逐步下降的市场环境下，与投资利率反向挂钩型产品则可以为投资人带来较高的投资收益。

外汇市场的投资，作为投资者需要经常关注一些各国的经济走势以及各国最新推出的经济政策，这些都对投资者进行科学合理的外汇投资大有帮助。

期货：创造价值的"买空卖空"

最初的期货交易是从现货远期交易发展而来的，最初的现货远期交易是双方口头承诺在某一时间交收一定数量的商品，后来随着交易范围的扩大，口头承诺逐渐被买卖契约代替。这种契约行为日益复杂化，需要有中间人担保，以便监督买卖双方按期交货和付款，于是便出现了1571年伦敦开设的世界第一家商品远期合同交易所——皇家交易所。

为了适应商品经济的不断发展，1848年，82位商人发起组织了芝加哥期货交易所（CBOT），目的是改进运输与储存条件，为会员提供信息；1851年芝加哥期货交易所引进远期合同；1865年芝加哥谷物交易所推出了一种被称为"期货合约"的标准化协议，取代原先沿用的远期合同。使用这种标准化合约，允许合约转手买卖，并逐步完善了保证金制度，于是一种专门买卖标准化合约的期货市场形成了，期货成为投资者的一种投资理财工具。1882年交易所允许以对冲方式免除履约责任，增加了期货交易的流动性。

1. 期货与现货的区别

在小麦每吨2000元时，估计麦价要下跌，于是投资者在期货市场上与买家签订了一份合约，约定在半年内，可以随时卖给买家10吨标准小麦，价格是每吨2000元。五个月后，果然小麦价格跌到 1600 元每吨，投资者估计跌的差不多了，马上以 1600 元的价格买了 10 吨小麦，转手按照契约上以 2000 元的价格卖给买家，转眼就赚了 4000 元，原先缴纳的保证金也返还了，投资者就这样获利平仓了。

这其实是卖开仓，就是说投资者的手上并没有小麦，但因为期货可以实行做空机制，可以先与买家签订买卖合约。而买家为什么要与投资者签订合约呢？因为他对小麦看涨。事实证明，投资者的判断是准确的，否则如果在半年内小麦价格没有下跌，反而涨到 2400 元，那么在合约到期前，投资者必须被迫高价购买 10 吨小麦然后以契约价卖给买家，这样就亏损了，而买家就会赚 4000 元。

期货与现货相对。期货是现在进行买卖，但是在将来进行交收或交割的标的物，这个标的物可以是某种商品，例如黄金、原油、农产品，也可以是金融工具，还可以是金融指标。交收期货的日子可以是一星期之后，一个月之后，三个月之后，甚至一年之后。买卖期货的合同或者协议叫作期货合约。买卖期货的场所叫作期货市场。投资者可以对期货进行投资或投机。对期货的不恰当投机行为，例如无货沽空，可以导致金融市场的动荡。

期货投资，通俗点说就是利用今天的钱，买卖明天的货。期货是期货合约的简称，是由期货交易所统一制定的一种供投资者买卖的投资工具。

现在所说的期货一般指期货合约，就是指由期货交易所统一制定的、规定在将来某一特定的时间和地点交割一定数量标的物的标准化合约。期货合约规定了在未来一个特定的时间和地点，参与该合约交易的人要交割一定数量的标的物。所谓标的物，是期货合约交易的基础资产，是交割的依据或对象。

2. 期货的特点

期货交易是一种特殊的交易方式，它有不同于其他交易的鲜明特点：

（1）期货交易买卖的是期货合约。期货买卖的对象并不是铜那样的实物或者股票价格指数那样的金融指标，是和这些东西有关的合约，一份合约代表了买卖双方所承担的履行合约的权利和义务。合约对标的物（也就是大豆、股票价格指数等）的相关属性和时间地点等问题提前进行了详细的规定，买卖合约的双方都要遵守这个规定。买卖双方对合约报出价格，买方买的是合约，卖方卖的也是合约。

（2）合约标准化。同一家交易所对标的物相同的合约都作出同样的规定。例如，在上海期货交易所上市交易的铜期货合约，每张合约的内容都是一样的，交易品种都是阴极铜，交易单位都是 5 吨，交割品级都要符合国标 GB/T467-1997 标准，其他的有关规定包括报价单位、最小变动价位、每日价格最大波动限制、交易时间、最后交易日、最低交易保证金、交易手续费等，这些规定对每份铜期货合约来说都是相同的。

（3）在期货交易所交易。大部分的期货都在期货交易所上市。期货交易所不仅有严密的组织结构和章程，还有特定的交易场所和相对制度化的交易、结算、交割流程。因此，期货交易往往被称为场内交易。我国国内的期货产品都是在期货交易所交易的。

（4）双向交易。我们既可以先买一张期货合约，在合约到期之前卖出平仓（或者到期时接受卖方交割），也可以先卖一张合约，在合约到期之前买进平仓（或者到期时交出实物或者通过现金进行交割）。就算手头没有一张合约，依然可以先卖出。这种可以先买也可以先卖的交易被称为双向交易。

（5）保证金交易。进行期货买卖的时候，不需要支付全部金额，只要交出一个比例（通常为5%～10%）的金额作为履约的担保就行了，这个一定比例的金额就是保证金。

（6）到期交割。期货合约是有到期日的，合约到期需要进行交割履行义务，了结合约。商品期货到期交割的是商品，合约的卖方要把铜或者大豆这样的标的物运到指定的交易仓库，被买方拉走，这被称为实物交割，商品期货都是实物交割。股指期货的标的物是一篮子股票，实物交割在操作上存在困难，因而采用现金交割。在股指期货合约到期时，依照对应的股指期货的价格，也即合约规定的交割结算价，计算出盈亏，交易者通过交易账户的资金划转完成交割。

投机者根据自己对期货价格走势的判断，作出买进或卖出的决定，以获取价差为最终目的。其收益直接来源于价差。如果这种判断与市场价格走势相同，则投机者平仓出局后可获取投机利润；如果判断与价格走势相反，则投机者平仓出局后承担投机损失。投机者主动承担风险，他的出现促进了市场的流动性，保障了价格发现功能的实现。

对市场而言，投机者的出现缓解了市场价格可能产生的过大波动。投机者提供套期保值者所需要的风险资金。投机者的参与，使相关市场或商品的价格变化步调趋于一致，增加了市场交易量，从而增加了市场流动性，便于套期保值者对冲其合约，自由进出市场。期货的产生使投资者找到了一个相对有效的规避市场价格风险的渠道，有助于稳定国民经济，也有助于市场经济体系的建立与完善！

期权：只有权利，没有义务

目前世界上最大的期权交易所是芝加哥期权交易所；欧洲最大期权交易所是欧洲期货与期权交易所，它的前身为德意志期货交易所与瑞士期权与金融期货交易所；亚洲方面，韩国的期权市场发展迅速，并且其交易规模巨大，目前是全球期权发展最好的国家，中国香港地区以及中国台湾地区都有期权交易所。

期权又称为选择权，是在期货的基础上产生的一种衍生性金融工具。从其本质上讲，期权实质上是在金融领域中将权利和义务分开进行定价，使得权利的受让人在规定时间内对于是否进行交易，行使其权利，而义务方必须履行。在期权的交易时，购买期权的一方称作买方，而出售期权的一方则叫作卖方；买方即是权利的受让人，而卖方则是必须履行买方行使权利的义务人。

假设标的物是铜期货。甲公司向乙公司买铜。可是，甲公司的资金有限，需要去银行贷款。甲公司估计大概需5个月的时间才能拿到贷款，担心在这段时间内，铜价格会涨。所以，甲公司与乙公司商定，甲公司付2000元/吨给乙公司，乙公司同意甲公司有权在5个月之内任何时间，以商定的30000元/吨的价格购买铜。第一种情况：5个月后，铜价涨到40000元/吨，甲公司就按商定30000元/吨的价钱买下，再以40000元/吨的价钱在市场卖出，扣除本金30000元/吨和权力金2000元/吨，甲公司从中获得的差额收益就是 8000 元 / 吨。

第二种情况：在 3 个月后，铜价格跌到 20000 元 / 吨，甲公司就可以放弃铜的认购权力，而转向市场直接以 20000/ 吨的价格买入铜，甲公司损失的金额仅限于已经付给乙公司的 2000 元 / 吨的权力金。

这就是期权，这就是期权市场的优势，它给从业者提供了一个非常灵活的避险工具。买进一定敲定价格的看涨期权，在支付一笔很少权利金后，便可享有买入相关期货的权利。一旦价格果真上涨，便履行看涨期权，以低价获得期货多头，然后按上涨的价格水平高价卖出相关期货合约，获得差价利润，在弥补支付的权利金后还有盈利。如果价格不但没有上涨，反而下跌，则可放弃或低价转让看涨期权，其最大损失为权利金。

期权是在期货的基础上产生的一种金融工具。这种金融衍生工具的最大魅力在于，可以使期权的买方将风险锁定在一定的范围之内。

期权主要可分为买方期权和卖方期权，前者也称为看涨期权或认购期权，后者也称为看空期权或认沽期权。具体分为四种：买入买权；卖出买权；买入卖权；卖出卖权。期权交易事实上是这种权利的交易。买方有执行的权利也有不执行的权利，完全可以灵活选择。期权分场外期权和场内期权，场外期权交易一般由交易双方共同达成。

看涨期权的买方之所以买入看涨期权，是因为通过对相关期货市场价格变动的分析，认定相关期货市场价格较大幅度上涨的可能性很大，所以，他买入看涨期权，支付一定数额的权利金。一旦市场价格果真大幅度上涨，那么，他将会因低价买进期货而获取较大的利润，大于他买入期权所付的权利金数额，最终获利；他也可以在市场以更高的权利金价格卖出该期权合约，从而对冲获利。如果看涨期权买方对相关期货市场价格变动趋势判断不准确，一方面，如果市场价格只有小幅度上涨，买方可履约或对冲，获取一点利润，弥补权利金支出的损失；另一方面，如果市场价格下跌，买方则不履约，其最大损失是支付的权利金数额。

在对期权价格的影响因素进行定性分析的基础上，通过期权风险指标，在假定其他影响因素不变的情况下，可以量化单一因素对期权价格的动态影响。期权市场是由于风险管理的需要，随着时间的推移慢慢产生的。期权市场的风险管理是重中之重。当相关标的期权市场出现较大波动的时候，一些下单活动往往变得十分活跃，比如说频繁地取消订单、更改订单和重新下单。在这种紧张的环境中，难免会出现投资者在交易时因为无意识地犯一些愚蠢的小错误却酿成了大损失的情况。对此，也有独特的措施来避免这类错误的发生：

其一，在履约结算方面，规定在开始第一笔交易之前，交易者必须首先缴纳一定数额的保证金。之后，在每次下单之前，计算机系统将自动对其保证金进行计算并检查该会员账户是否持有足够的保证金数额。采用的是将期货和期权持仓合并计算的保证金系统。初始保证金为 15%，维持保证金为 10%。这些风险防范措施可以保证期货市场更加健康地发展。

其二，对每单最大交易量做了限制，现行规定是投资者在期货交易中每单交易量不能超过 1000 张期货合约，在期权交易中每单不能超过 5000 张期权合约。

其三，为防止有人对市场进行恶意操纵，随时监视会员的持仓情况。会员的期货净持仓不能超过 5000 手，但其中不包括套利和经查属实的对冲仓位。

其四，限制了下一交易日的权利金价格的波动范围，即：期权权利金的波动幅度不能超过该期权的理论价格加 / 减 KOSP1200 指数当日收盘的 15%。

其五，对于期权权利金的变动情况进行限制。比如当市场价格波幅超过 5% 时，系统就暂停交易 1 分钟或者更长的时间。

期权交易中，买卖双方的权利义务不同，使买卖双方面临着不同的风险状况。对于期权交易者来说，买方与卖方均面临着权利金不利变化的风险。这点与期货相同，即在权利金的范围内，如果买的低而卖的高，平仓就能获利。相反则亏损。与期货不同的是，期权多头的风险底线已经确定和支付，其风险控制在权利金范围内。期权空头持仓的风险则存在与期货部位相同的不确定性。由于期权卖方收到的权利金能够为其提供相应的担保，从而在价格发生不利变动时，能够抵消期权卖方的部分损失。

虽然期权买方的风险有限，但其亏损的比例却有可能是 100%，有限的亏损加起来就变成了较大的亏损。期权卖方可以收到权利金，一旦价格发生较大的不利变化或者波动率大幅升高，尽管期货的价格不可能跌至零，也不可能无限上涨，但从资金管理的角度来讲，对于许多交易者来说，此时的损失已相当于"无限"了。因此，在进行期权投资之前，投资者一定要全面客观地认识期权交易的风险。

投资者们更关心的是中国期权市场的发展状况，国际期货市场现在热闹非常，今天油价高涨，明天铜价大跌，而这一切似乎也多多少少跟中国有些关系。而中国的经济发展也越来越受到国外的重视，国外的越来越多的金融领域希望对中国的经济有所反映。现在，我国已具备推出商品期权交易的条件，业界和投资者也迫切希望商品期权的上市。目前我国的期货市场已经日渐成熟，相信一旦引入期权，广阔而又活跃的中国市场一定会发展得更快更好！

基金：安全而又稳定的投资

在物价持续涨而不落的大背景下，越来越多的人开始关注投资基金，把自己积攒多年的存款拿出来交给基金专家打理。这种投资方式比股票投资稳定得多。

在所有的投资项目中，利润与风险都是成正比的：炒股获利最多，但风险最大；储蓄获利较少，但风险也最小。如果把股票与储蓄的优势集中在一起，采取"取长补短"的形式，就形成基金的优势了。

说起基金市场，它在我国存在的年头虽然不长，但是已经有了巨大的发展。基金是指通过发售基金份额，将众多投资人的资金集中起来，形成独立财产，由基金托管人托管，基金管理人管理，是一种实行组合投资、专业管理、利益共享、风险共担的集合投资方式。通俗地说，就是将投资大众的闲散资金交由专家管理，由他们凭专业知识进行专业理财。如果赚钱则剔出相关的费用后，按份额将赢利以不低于 90% 的比例对投资人进行分配，而且依目前的法律必须用现金分配；如果亏损，投资人按份额承担损失。

基金的出现标志了金融业的成熟。它由于自身的优势，越来越引起广大投资人的关注。

现在，许多投资人因为高风险而不欣赏股票，又因低收益而不喜欢储蓄。基金刚好能够综合前两者的优势，于是很快国内就掀起了一阵购买基金的热潮。

陈先生是个有名的车迷，很早以前就有买车的想法。从动了念头的那天开始，他便学开车、拿驾照、逛车市、看车展。总之，只要是和车有关系的，他都会关注。

原本，这是件家人都大力支持的事情，可是家里经费紧张，就一而再再而三的往后推，总也买不成。这买车的事就成了陈先生心上的一块病。

直到去年，事情才有了转机，当时股市开始走牛，他有很多朋友都靠基金赚了钱。他想：买车为什么不试试投资基金？于是他立刻行动起来。

他发现当时南方高增的行情非常看好，立刻就投入了两万。果然，不长时间，他的钱就到了五万元，见到收获颇丰，他立即又买了几只当时比较好的基金，如中邮核心、嘉实300等。在过了不到三年的时间里，就基本凑足了买车的钱。随后，陈先生就拿着钱，兴高采烈地跑到车展会上选购了一台心仪已久的车。他逢人便说："这回咱也是有车族啦！"

投资基金使陈先生成为有车族，实现了他的财富梦想。当我们的资产略有剩余时，为求安全保障，将自己积攒多年的银行存款拿出来交给基金专家打理，不失为一种良好的投资理财方式。与股票、债券、定期存款、外汇等理财工具一样，投资基金也为投资者提供了一种投资渠道。那么，与其他的投资工具相比，投资基金具有哪些好处呢？

具体来说，投资基金的好处体现在几大方面：

其一，稳定的投资回报。举个例子，在1965年到2005年的41年的时间里，"股神"巴菲特管理的基金资产年平均增长率为21.5%。当然，对于很多熟悉股市的投资人而言，一年21.5%的收益率可能并不是高不可攀。但问题的关键是，在长达41年的周期里能够持续取得21.5%的投资回报，按照复利计算，如果最初有1万元的投资，在持续41年获取21.5%的回报之后，拥有的财富总额将达到2935.13万元。

其二，基金具有专业理财的强大优势。有统计数据显示，在过去的十几年时间里，个人投资人赚钱的比例占有不到10%，而90%以上的散户投资都是亏损的。正是在这种背景下，基金的专业理财优势逐步得到市场的认可。将募集的资金以信托方式交给专业机构进行投资运作，既是证券投资基金的一个重要特点，也是它的一个重要功能。

其三，基金具有组合投资与风险分散的优势。根据投资专家的经验，要在投资中做到起码的分散风险，通常要持有10支左右的股票。然而，中小投资人通常没有时间和财力去投资10支以上的股票。如果投资人把所有资金都投资于一家公司的股票，一旦这家公司破产，投资人便可能尽失其所有。而证券投资基金通过汇集众多中小投资人的小额资金，形成雄厚的资金实力，可以同时把投资人的资金分散投资于各种股票，使某些股票跌价造成的损失可以用其他股票涨价的赢利来弥补，分散了投资风险。

其四，在生活质量的提升和财富的增长之间形成良性循环。在海外，往往越富裕的群体投资基金的比例越高，而且持有期限越长，甚至是一些商场高手或颇具投资手段的大企业领导人也持有大量的基金资产。在他们看来，自己并不是没有自己管理财富的能力。但相比之下，他们更愿意享受专业分工的好处，把财富交给基金公司这样的专业机构管理虽然要支付一定的费用，但却可以取得一定程度超越市场平均水平的回报。

实践中，基金投资已经日渐成为很多人的首要理财方式。如果你没有足够时间打理你的现金资产；你没有充分的金融投资知识；你没有大量精力关注股票，而你又期望得到长期稳定收益……就投资基金吧！投资基金会让你从小风险中收获大回报。

"没有不想当将军的兵"，这句话套用到证券市场上就是没有不想当'基精'的基民。刚刚成为基民的你，看到老基民在那里随心投资，心里肯定十分着急，怎样才能快速成为"基精"？你若真有这个想法，尽量缩短适应期，就必须抓紧时间做好下列事情：

第一，了解基金基础知识。从进行第一笔交易开始，你就务必要将基金的相关基础知识以及其交易规则等问题弄清楚，以求尽快熟练于心。尤其是要知道如下重要内容：基金的概念、基金操作过程中涉及的各个主体、基金的种类、各种种类的特点和投资基金需要注意的风险。

第二，根据自己的投资目标挑选好的基金。如前面所强调的，自己的投资目标是你挑选好基金的指向标。你先为自己的投资作出一个目标区域，在将不同类型的基金与之对比、权衡之后，留下几种符合自己条件的基金。然后，再在这几种内挑选收益率靠前或者公司的基金评价比较靠前的基金。

第三，委托优秀的基金管理公司。你可以根据基金评价，按照上面的排名，选择出较优秀的基金公司。因为它能给你带来好的收益，并且可以为你提供更多更全面的服务。且优秀的基金公司相对而言资金更雄厚，可以雇用更优秀的人才，进而进一步提高公司的经营业绩。

第四，挑选基金经理。基金在运作过程中，考验的是基金经理的投资水平。基金运作得越好，说明基金经理的技术越高超。因此，投资者在选择基金时绝不能忽视对基金经理的挑选。基金经理过去的经营业绩、人品，是否真正能从你的角度着想，都是考验的重点。

除了这些，你最好再了解一下市场的情况、基金发展的历史以及对基金管理公司相关内容的学习。了解这些背景知识将为你的基金投资打下良好的基础。

想要变成"基精"，并没有一夕可成的办法。你需要更多的实践和体验，所以快行动起来吧！

股票投资：选择一只成长股

股票是成就财富梦想的一种有效的致富渠道，更是一种让人心跳加速的理财方式。也许你昨天不名一文，今天却一夜暴富；也许你昨天身价百万，今天却一贫如洗。这就是股票的魅力，它的变现性强，投机性大，风险也最大。

然而，纵然股票有如此大的风险，还是获得了很多投资人的青睐。尤其是随着我国经济的稳步发展，投资股票的人越来越多，股票投资已成为普通百姓的最佳投资渠道之一。

投资实践中，为什么越来越多的人对股票投资青睐有加呢？

股票投资同其他投资项目比起来有很多优势：

其一，股票作为金融性资产，是金融投资领域中获利性最高的投资品种之一。追求高额利润是投资的基本法则，没有高利润就谈不上资本扩张，获利性是投资最根本的性质。人们进行投资，最主要的目的是获利。获利越高，人们投资的积极性就越大；获利越少，人们投资的积极性就越小。如果某一种投资项目根本无利可图，人们即使让资金闲置，也不会将资金投入其中。当然这里所说的获利性是一种潜在的获利性，是一种对未来形势的估计。投资人是否真能获利，取决于投资人对投资市场和投资品种未来价格走势的预测水平和操作能力。

其二，股票投资的可操作性极强。在金融性投资中，股市的可操作性最强，不仅手续简便，而时间要求不高，专职投资人可以一直守在证券交易营业部，非专职股民则比较灵活，一个电话即可了解股市行情，进行买进卖出，有条件的投资人还可以直接在家里或在办公室的网上获知行情。而且投资于股票几乎没有本钱的限制，有几千元就可以进入股市。在时间上完全由投资人个人说了算，投资人可以一直持有自己看好的股票，不管持有多长时间都可以，炒股经验一旦学到手便可以终生受益。

无数实践证明，炒股票光凭运气可能获得于一时，但不可能获得于长久，更不可能获得于最后。面对险象环生的股市，投资者不仅要有勇气、耐心和基本知识，而且要有投资的技巧和策略。以下就介绍几种股票投资的策略，希望对你的股票交易有所帮助。

第一，顺势投资。顺势投资是灵活的跟"风"、反"零股交易"的投资股票技巧，即当股市走势良好时，宜做多头交易，反之做空头交易。但顺势投资需要注意的一点是：时刻注意股价上升或下降是否已达顶峰或低谷，如果确信真的已达此点，那么做法就应与"顺势"的做法相反，这样投资人便可以出其不意而获先见之"利"。投资人在采用顺势投资法时应注意两点：一是否真涨或真跌；二是否已到转折点。

第二，"拔档子"。采用"拔档子"的投资方式是多头降低成本、保存实力的操作方法之一。也就是投资人在股价上涨时先卖出自己持有的股票，等价位有所下降后再补回来的一种投机技巧。"拔档子"的好处在于可以在短时间内挣得差价，使投资人的资金实现一个小小的积累。

"拔档子"的目的有两个：一是行情看涨卖出、回落后补进；二是行情看跌卖出、再跌后买进。前者是多头推进股价上升时转为空头，希望股价下降再做多头；后者是被套的多头或败阵的多头趁股价尚未太低抛出，待再降后买回。

第三，保本投资。保本投资主要用于经济下滑、通货膨胀、行情不明时。保本即投资人不想亏掉最后可获得的利益。这个"本"比投资人的预期报酬要低得多，但最重要的是没有"伤"到最根本的资金。

第四，摊平投资与上档加码。摊平投资就是投资人买进某只股票后发现该股票在持续下跌，那么，在降到一定程度后再买进一批，这样总平均买价就比第一次购买时的买价低。上档加码指在买进股票后，股价上升了，可再加码买进一些，以使股数增加，从而增加利润。

上档加码与摊平投资的一个共同特点是：不把资金一次投入，而是将资金分批投入，稳扎稳打。摊平投资一般有以下几种方法：

一是逐次平均买进摊平。即投资人将资金平均分为几份，一般至少是三份，第一次买进股票只用总资金的1/3。若行情上涨，投资人可以获利；若行情下跌了，第二次再买，仍是只用资金的 1/3，如果行情升到第一次的水平，便可获利。若第二次买后仍下跌，第三次再买，用去最后的 1/3 资金。一般说来，第三次买进后股价很可能要升起来，因而投资人应耐心等待股价回升。

二是加倍买进摊平。即投资人第一次买进后行情下降，则第二次加倍买进，若第二次买进后行情仍旧下跌，则第三次再加倍买进。因为股价不可能总是下跌，所以加倍再买一次到两次后，通常情况下股票价格会上升的，这样投资人即可获得收益。

第五，"反气势"投资。在股市中，首先应确认大势环境无特别事件影响时，可采用"反气势"的操作法，即当人气正旺、舆论一致看好时果断出售；反之果断买进，且越涨越卖，越跌越买。

"反气势"方法在运用时必须结合基本条件。例如，当股市长期低迷、刚开始放量高涨时，你只能追涨；而长期高涨，则开始放量下跌时，你只能杀跌。否则，运用"反气势"不仅不赢利，反而会增加亏损。

信托产品：高门槛伴随高回报

信托产品是一种为投资者提供了低风险、稳定收入回报的金融产品。信托品种在产品设计上非常多样，各自都会有不同的特点。各个信托品种在风险和收益潜力方面可能会有很大的区别。

面对出现的信托这种新型投资方式和众多的信托品种，投资者应该根据自己的情况选择合适的投资品种。目前，市场上的信托产品，绝大部分是资金信托产品。

投资者应该如何选择信托理财产品。

一要选择信誉好的信托公司。投资者要认真考量信托公司的诚信度、资金实力、资产状况、历史业绩和人员素质等各方面因素，从而决定某信托公司发行的信托产品是否值得购买。

二要预估信托产品的盈利前景。目前市场上的信托产品大多已在事先确定了信托资金的投向，因此投资者可以透过信托资金所投资项目的行业、现金流的稳定程度、未来一定时期的市场状况等因素对项目的成功率加以预测，进而预估信托产品的盈利前景。

三要考察信托项目担保方的实力。如果融资方因经营出现问题而到期不能"还款付息"，预设的担保措施能否有效地补偿信托"本息"就成为决定投资者损失大小的关键。因此，在选择信托理财产品的时候，不仅应选择融资方实力雄厚的产品，而且应考察信托项目担保方的实力。一般而言，银行等金融机构担保的信托理财产品虽然收益相对会低一些，但其安全系数却较高。

四要了解信托资金的投资方向。这将直接影响到收益人信托的收益。对资金信托产品（计划）的选择，应选择现金流量、管理成本相对稳定的项目资产进行投资或借贷，诸如商业楼宇、重大建设工程、连锁商店、宾馆、游乐场或旅游项目以及具有一定规模的住宅小区等一些不易贬值的项目资产，而不应选择投资股市或证券的信托产品。因为我国已将证券投资信托归入《基金法》范畴，投资者如需委托人投资证券的。可以投资共同基金，在同等风险条件下，共同基金公司比信托投资公司更为专业；也不应选择投资受托人的关系人的公司股权或其项目资产，这是信托法律所禁止的。

投资者对于信托公司推出的具有明确资金投向的信托投资品种，可以进行具体分析。但是也有一些信托公司发行了一些泛指类信托品种，没有明确告知具体的项目名称、最终资金使用人、资金运用方式等必要信息，只是笼统介绍资金大概的投向领域、范围。因此，不能确定这些产品的风险在何处及其大小，也看不到具体的风险控制手段，投资者获得的信息残缺不全，无法进行独立判断。对这类产品，投资者需要谨慎对待。

五要根据个人的风险承受能力。信托与其他金融理财产品一样，都具有风险。但风险总是和收益成正比的。由于当前资金信托产品的风险界于银行存款和股票投资之间，且收益比较可观。但投资者也应该看到，信托公司在办理资金信托时，是不得承诺资金不受损失，也不得承诺信托资金的最低收益。同时，由于信托公司可以采取出租、出售、投资、贷款等形式进行产业、证券投资或创业投资，不同的投资方式和投资用途的差异性很大，其风险也无法一概而论。所以，投资者在面对多种多样的资金信托产品时，应保持清醒的头脑，根据个人风险承受能力，分析具体产品的特点，有选择地进行投资。

六要考虑信托产品的期限。资金信托产品期限至少在一年以上。一般而言，期限越长，不确定因素越多，如政策的改变、市场因素的变化，都会对信托投资项目的收益产生影响。另外，与市场上其他投资品种相比，资金信托产品的流动性比较差，这也是投资者必须考虑的。因此，在选择信托计划时，应该结合该产品的投资领域和投资期限，并尽量选择投资期短或流动性好的信托产品。

另外，投资者在选购信托理财产品时，还应注意一些细节问题。例如：仔细阅读信托合同，了解自己的权利、义务和责任，并对自己可能要承担的风险有一个全面的把握。信托理财产品绝大多数不可提前赎回或支取资金，购买后只能持有到期。如果投资者遇到急事需要用钱而急于提前支取，可以协议转让信托受益权，但需要付出一定的手续费，因此应尽量以短期内不会动用的闲散资金投资购买信托理财产品。目前，信托法规对信托公司的义务和责任作出了严格的规定，监管部门也要求信托公司向投资者申明风险并及时披露信托产品的重要信息，不少信托公司已定期向受益人披露信托财产的净值、财务信息等，广大投资者应充分行使自己的权利并在最大程度上保障自己的投资权益。

信托投资作为一种新兴的投资品种，受到很多投资者的关注。想要在信托投资市场中获得收益，需要投资者对信托投资加深了解，通过认真地分析和全面地掌握，才能有助于投资者在信托投资中获得可观的投资回报。

现代对冲基金：风险对冲已徒有虚名

世界出名的"金融天才"乔治·索罗斯，从1969年建立"量子基金"至今，创下了令人难以置信的业绩，以平均每年35%的综合成长率令华尔街同行望尘莫及。他好像具有一种超能的力量左右着世界金融市场。在他的投资生涯中，曾有一次经典的对冲基金投资案例。

1979年始，还没有统一货币的欧洲经济共同体统一了各国的货币兑换率，组成欧洲货币汇率连保体系。该体系规定各国货币在不偏离欧共体"中央汇率"的25%范围内允许上下浮动。如果某一成员国货币汇率超出此范围，其他各国中央银行将采取行动出面干预。然而，欧共体成员国的经济发展不平衡，财政政策根本无法统一，各国货币受到本国利率和通货膨胀率的影响各不相同，因此某些时候，连保体系强迫各国中央银行作出违背他们意愿的行动，如在外汇交易强烈波动时，那些中央银行不得不买进疲软的货币，卖出坚挺的货币，以保持外汇市场稳定。

1989年，东西德统一后，德国经济强劲增长，德国马克坚挺，而1992年的英国处于经济不景气时期，英镑相对疲软。为了支持英镑，英国银行利率持续高升，但这样必然伤害了英国的利益，于是英国希望德国降低马克的利率以缓解英镑的压力，可是由于德国经济过热，德国希望以高利率政策来为经济降温。由于德国拒绝配合，英国在货币市场中持续下挫，尽管英、德两国联手抛售马克购进英镑，但仍无济于事。1992年9月，德国中央银行行长在《华尔街日报》上发表了一篇文章，文章中提到，欧洲货币体制的不稳定只有通过货币贬值才能解决。

索罗斯预感到，德国人准备撤退了，马克不再支持英镑，于是他旗下的量子基金以5%的保证金方式大笔借贷英镑，购买马克。索罗斯的策略是：当英镑汇率未跌之前用英镑买马克，当英镑汇率暴跌后卖出一部分马克即可还掉当初借贷的英镑，剩下的就是净赚。在此次行动中，索罗斯的量子基金卖空了相当于70亿美元的英镑，买进了相当于60亿美元的马克，在一个多月时间内净赚15亿美元，而欧洲各国中央银行共计损伤了60亿美元！

这一经典的案例成为金融界研究对冲基金的必读案例。索罗斯无比清楚地告诉了人们他的基金是如何进行风险对冲的。由此"对冲基金"的概念在人们脑中的印象也更加深刻。

对冲基金（也称避险基金或套利基金）意为"风险对冲过的基金"，起源于20世纪50年代初的美国。当时的操作宗旨在于利用期货、期权等金融衍生产品以及对相关联的不同股票进行实买空卖、风险对冲的操作技巧，在一定程度上可规避和化解投资风险。虽然对冲基金在20世纪50年代已经出现，但是，它在接下来的30年间并未引起人们的太多关注，直到上世纪80年代，随着金融自由化的发展，对冲基金才有了更广阔的投资机会，从此进入了快速发展的阶段。20世纪90年代，世界通货膨胀的威胁逐渐减少，同时金融工具日趋成熟和多样化，对冲基金进入了蓬勃发展的阶段。据英国《金融时报》报道，截至2005年10月22日，全球对冲基金总资产额已经达到1.1万亿美元。

对冲基金相对于其他投资方式，主要有以下几个特点：

其一，投资手段极为复杂。结构日趋复杂、花样不断翻新的各类金融衍生产品如期货、期权、掉期等都成为对冲基金的操作工具。这些衍生产品因低成本、高风险、高回报的特性，成为现代对冲基金进行投机行为的得力工具。对冲基金将这些金融工具配以复杂的组合设置，根据市场预测，在市场出现短期内中场波动时操作，在市场恢复正常状态时获取巨额差价。

其二，投资效应的高杠杆性。典型的对冲基金往往利用银行信用，以极高的杠杆借贷在其原始基金量的基础上几倍甚至几十倍地扩大投资资金，从而达到最大程度地获取回报的目的。对冲基金的证券资产的高流动性，使得对冲基金可以利用基金资产方便地进行抵押贷款。比如一个资本金只有1亿美元的对冲基金，可以通过反复抵押其证券资产，贷出高达几十亿美元的资金。这种杠杆效应使得一笔交易在进行扣除贷款利息后，净利润远远大于仅使用1亿美元的资本金运作可能带来的收益。但与此同时，亦面临超额损失的巨大风险。

其三，筹资方式的私募性。对冲基金的组织结构一般是合伙人制。基金投资者以资金入伙，提供大部分资金但不参与投资活动；基金管理者以资金和技能入伙，负责基金的投资决策。由于对冲基金在操作上要求高度的隐蔽性和灵活性，因而在美国对冲基金的合伙人一般控制在100人以下，而每个合伙人的出资额在100万美元以上。由于对冲基金多为私募性质，从而规避了美国法律对公募基金信息披露的严格要求。由于对冲基金的高风险性和复杂的投资机理，许多西方国家都禁止其向公众公开招募资金，以保护普通投资者的利益。为了避开美国的高税收和美国证券交易委员会的监管，在美国市场上进行操作的对冲基金一般在巴哈马和百慕大等一些税收低、管制松散的地区进行离岸注册，并仅限于向美国境外的投资者募集资金。

其四，操作的隐蔽性和灵活性。对冲基金与面向普通投资者的证券投资基金不但在基金投资者、资金募集方式、信息披露要求和受监管程度上存在很大差别。在投资活动的公平性和灵活性方面也存在很多差别。证券投资基金一般都有较明确的资产组合定义，即在投资工具的选择和比例上有确定的方案，如平衡型基金指在基金组合中股票和债券大体各半；增长型基金指侧重于高增长性股票的投资。同时，共同基金不得利用信贷资金进行投资，而对冲基金则完全没有这些方面的限制和界定，可利用一切可操作的金融工具和组合，最大限度地使用信贷资金，以谋取高于市场平均利润的超额回报。由于操作上的高度隐蔽性和灵活性以及杠杆融资效应，对冲基金在现代国际金融市场的投机活动中担当了重要角色。

经过几十年的演变，对冲基金已失去其初始的风险对冲的内涵。对冲基金已经成为一种新的投资模式的代名词。即基于最新的投资理论和极其复杂的金融市场操作技巧，充分利用各种金融衍生产品的杠杆效用，承担高风险、追求高收益的投资模式。

金融衍生产品：证券市场的发展新趋势

近30年来，金融衍生工具在迅猛发展的同时，也因不断出现巨额亏损事件引起了人们的广泛关注。

巴林银行由于尼克利森衍生品交易亏损10多亿美元，导致具有233年历史的老牌银行一夜之间倾覆；万国证券国债期货违规交易亏损10多亿人民币，被称为"建国以来最严重的金融丑闻"；住友商社在有色金属期货交易内亏损28亿美元；美国橙县政府因参与金融衍生市场交易亏损17亿美元而宣告破产。1997年，国际投机者运用金融衍生工具冲击泰铢引发了东南亚金融危机。2007年，美国的次级房屋信贷经过贷款机构及华尔街用财务工程方法加以估算、组合、包装，就以票据或证券产品形式，在抵押二级市场上出卖，用高息吸引其他金融机构和对冲基金购买，最终酿成了次贷危机，进而引发全球金融危机。

这些事件引发了对金融衍生品功过是非的纷争。有人认为，金融衍生工具的出现是金融领域的一场灾难，是全球金融灾难的罪魁祸首。那么，我们就有必要认识金融衍生工具。

金融衍生工具又称"金融衍生产品"，是指其价值依赖于基础资产价值变动的合约。这种合约可以是标准化的，也可以是非标准化的。标准化合约是指其标的物（基础资产）的交易价格、交易时间、资产特征、交易方式等都是事先标准化的，因此此类合约大多在交易所上市交易，如期货。非标准化合约是指以上各项由交易的双方自行约定，因此具有很强的灵活性，比如远期协议。

金融衍生产品是建立在基础产品或基础变量之上，价格随基础金融产品的价格（或数值）变动的派生金融产品。因此，不仅包括现货金融产品（如债券、股票、银行定期存款单等等），也包括金融衍生工具。作为金融衍生工具基础的变量则包括利率、汇率、各类价格指数甚至天气（温度）指数等。

金融衍生产品具有以下几个特点：

其一，零和博弈。即合约交易的双方（在标准化合约中由于可以交易是不确定的）盈亏完全负相关，并且净损益为零，因此称"零和"。

其二，跨期性。金融衍生工具是交易双方通过对利率、汇率、股价等因素变动的趋势的预测，约定在未来某一时间按一定的条件进行交易或选择是否交易的合约。无论是哪一种金融衍生工具，都会影响交易者在未来一段时间内或未来某时间上的现金流，跨期交易的特点十分突出。这就要求交易的双方对利率、汇率、股价等价格因素的未来变动趋势作出判断，而判断的准确与否直接决定了交易者的交易盈亏。

其三，联动性。这里指金融衍生工具的价值与基础产品或基础变量紧密联系，规则变动。通常，金融衍生工具与基础变量相联系的支付特征由衍生工具合约所规定，其联动关系既可以是简单的线性关系，也可以表达为非线性函数或者分段函数。

其四，不确定性或高风险性。金融衍生工具的交易后果取决于交易者对基础工具未来价格的预测和判断的准确程度。基础工具价格的变幻莫测决定了金融衍生工具交易盈亏的不稳定性，这是金融衍生工具具有高风险的重要诱因。

其五，高杠杆性。衍生产品的交易采用保证金制度。即交易所需的最低资金只需满足基础资产价值的某个百分比。保证金可以分为初始保证金、维持保证金，并且在交易所交易时采取盯市制度，如果交易过程中的保证金比例低于维持保证金比例，那么将收到追加保证金通知。如果投资者没有及时追加保证金，其将被强行平仓。可见，衍生品交易具有高风险高收益的特点。

根据产品形态，金融衍生产品可以分为远期、期货、期权和掉期四大类。

远期合约和期货合约都是交易双方约定在未来某一特定时间、以某一特定价格、买卖某一特定数量和质量资产的交易形式。期货合约是期货交易所制定的标准化合约，对合约到期日及其买卖的资产的种类、数量、质量作出了统一规定。远期合约是根据买卖双方的特殊需求由买卖双方自行签订的合约。因此，期货交易流动性较高，远期交易流动性较低。

掉期合约是一种交易双方签订的在未来某一时期相互交换某种资产的合约。更为准确地说，掉期合约是当事人之间签订的在未来某一期间内相互交换他们认为具有相等经济价值的现金流的合约。较为常见的是利率掉期合约和货币掉期合约。掉期合约中规定的交换货币是同种货币，则为利率掉期；是异种货币，则为货币掉期。

期权交易是买卖权利的交易。期权合约规定了在某一特定时间、以某一特定价格买卖某一特定种类、数量、质量原生资产的权利。期权合同有在交易所上市的标准化合同，也有在柜台交易的非标准化合同。

据统计，在金融衍生产品的持仓量中，按交易形态分类，远期交易的持仓量最大，占整体持仓量的42%，以下依次是掉期（27%）、期货（18%）和期权（13%）。1989年到1995年的6年间，金融衍生产品市场规模扩大了5.7倍。各种交易形态和各种交易对象之间的差距并不大，整体上呈高速扩大的趋势。

近30年来，衍生品市场的快速崛起成为市场经济史中最引人注目的事件之一。过去，通常把市场区分为商品（劳务）市场和金融市场，进而根据金融市场工具的期限特征把金融市场分为货币市场和资本市场。衍生品的普及改变了整个市场结构：它们连接起传统的商品市场和金融市场，并深刻地改变了金融市场与商品市场的截然划分；衍生品的期限可以从几天扩展至数十年，已经很难将其简单地归入货币市场或是资本市场；其杠杆交易特征撬动了巨大的交易量，它们无穷的派生能力使所有的现货交易都相形见绌；衍生工具最令人着迷的地方还在于其强大的构造特性，不但可以用衍生工具合成新的衍生品，还可以复制出几乎所有的基础产品。它们所具有的这种不可思议的能力已经改变了"基础产品决定衍生工具"的传统思维模式，使基础产品与衍生品之间的关系成为不折不扣的"鸡与蛋孰先孰后"的不解之谜。

黄金投资：用黄金挽救缩水的钱包

欧先生是从2007年底开始炒"纸黄金"的。2008年年初，他追高入市，结果被深套。但他遇到了一个好时机，2008年4、5月开始，黄金行情走出了一波大行情，2008年累积涨幅已经达到了40%左右。得益于金价的大涨，欧先生不仅解了套，而且还小有赢利。

2009年，欧先生打算转战兴业银行推出的实物黄金业务。"即使不想炒了，也可以提取实物，不会贬值啊。"欧先生乐观地表示。

黄金，一个足以令人耳热心跳的名字！因其稀少、特殊和珍贵，自古以来被视为五金之首，有"金属之王"的称号，享有其他金属无法比拟的盛誉。在投资市场上，黄金的地位也非常高，投资者们仍十分喜欢购买黄金。因为黄金不仅由于其本身的稀缺性而有较高的商业价值，而且还有着重大的美学价值。正因如此，与其他投资方式相比，投资黄金突显其避险保值功能。因此，投资黄金成为一种稳健而快捷的投资方式。

1. 黄金投资基本无风险

黄金投资是使财产保值增值的方式之一。黄金的保值增值功能主要体现在它的世界货币地位、抵抗通货膨胀及政治动荡等方面。黄金可以说是一种没有地域及语言限制的国际公认货币。也许有人对美元或港币会感到陌生，但几乎没有人不认识黄金。世界各国都将黄金列为本国最重要的货币之一。

黄金代表着最真实的价值——购买力。即使是最坚挺的货币也会因通货膨胀而贬值，但黄金却具有永恒的价值。因此，几乎所有的投资人都将黄金作为投资对象之一，借以抵抗通货膨胀。黄金之所以能够抵抗通货膨胀，主要是因为它具有高度的流通性，全球的黄金交易每天 24 小时进行，黄金是最具流通能力的资产。除此之外，黄金还有另一个受人青睐的特性：黄金在市场上自由交易时，其价格可与其他财物资产的价格背道而驰。事实证明，黄金的价格与其他投资工具的价格是背道而驰的，与纸币的价值也是背道而驰的。

黄金不仅是抵抗通货膨胀的保值工具，而且还可对抗政治局势的不稳定。历史上许多国家在发生革命或政变之后，通常会对货币的价值重新评估，但不管发生了多么严重的经济危机或政治动荡，黄金的价值是不会降低的，通常还会升高。

2. 黄金不会折旧

无论何种投资，主要目的不外乎是使已拥有的财产保值或增值，即使不能增值，最基本的也应维持在原有价值水平上。如果财产价值逐渐减少的话，就完全违背了投资的目的。最符合这种标准的莫过于黄金了。

3. 黄金是通行无阻的投资工具

只要是纯度在 99.5% 以上，或有世界级信誉的银行或黄金运营商的公认标志与文字的黄金，都能在世界各地的黄金市场进行交易。

4. 黄金是投资组合中不可缺少的工具

几乎所有的投资理论都强调黄金投资的重要性，认为在投资组合中除拥有股票及债券等外还必须拥有黄金。特别是在动荡不安的年代，众多的投资人都认为只有黄金才是最安全的资产。由于害怕其他财物资产会因通货膨胀等而贬值，人们都一致把黄金作为投资组合中不可缺少的部分。

5. 黄金也是一种艺术品

目前我国黄金市场上的金条、金砖都已经工艺化、艺术化了，金条、金砖的外部构图，都可以说是精美绝伦的。

目前市场上的黄金品种主要有：黄金的实物交易、纸黄金交易、黄金现货保证金交易、黄金期货这四种。那么究竟哪种适合自己，还要看个人的风险偏好及对黄金市场的了解程度。具体介绍如下。

（1）黄金的实物交易

顾名思义，是以实物交割为定义的交易模式，包括金条、金币，投资人以当天金价购买金条，付款后，金条归投资人所有，由投资人自行保管；金价上涨后，投资人携带金条，到指定的收购中心卖出。

优点：黄金是身份的象征，古老传统的思想让国人对黄金有着特殊的喜好，广受个人藏金者青睐。

缺点：这种投资方式主要是大的金商或国家央行采用，作为自己的生产原料或当作国家的外汇储备。交易起来比较麻烦，存在着"易买难卖"的特性。

（2）纸黄金交易

什么叫纸黄金？简单一点来说，就相当于古代的银票！投资者在银行按当天的黄金价格购买黄金，但银行不给投资者实金，只是给投资者一张合约，投资者想卖出时，再到银行用合约兑换现金。

优点：投资较小，一般银行最低为 10 克起交易，交易单位为 1 整克，交易比较方便，省去了黄金的运输、保管、检验、鉴定等步骤。

缺点：纸黄金只可买涨，也就是说只能低买高卖，当黄金价格处于下跌状态时，投资者只能观望。投资的佣金比较高，时间比较短。

（3）黄金现货保证金交易

通俗地说，打个比方，一个 100 块钱的石头，你只要用 1 块钱的保证金就能够使用它进行交易，这样如果你有 100 块钱，就能拥有 100 个 100 块钱的石头，如果每个石头价格上涨 1 块，变成 101 块，你把它们卖出去，这样你就净赚 100 块钱了。保证金交易，就是利用这种杠杆原理，把资金放大，可以充分利用有限资金来以小博大。

（4）期货黄金

现货黄金交易基本上是既期交易，在成交后既交割或者在数天内交割。期货黄金交易主要目的为套期保值，是现货交易的补充，成交后不立即交易，而由交易双方先签定合同，交付押金，在预定的日期再进行交割。主要优点在于以少量的资金就可以掌握大量的期货，并事先转嫁和约的价格，具有杠杆作用。黄金期货风险较大，对专业知识和大势判断的能力要求较高，投资者要在入市前做足功课，不要贸然进入。

收藏品投资：艺术与理财的完美结合

俗话说："盛世玩古物，乱世收黄金。"当金融危机逐渐远离，经济稳步发展的时候，人们将越来越多的目光投到资产保值、升值上。收藏品的种类有很多，最初人们热衷于古玩、名家字画，现在一些新奇特的艺术品也都被列入了收藏品的范围。

如今，随着人们文化素质的不断提高，古玩、名人字画之类的收藏品也越来越受到大众的重视。民间收藏现在已经成为收藏界的主力军。据介绍，目前全国已有民间收藏品交易市场和拍卖行 200 余家，人们从事收藏，除了它们自身珍贵的艺术、历史意义之外，它们的经济价值也越来越高。

收藏品主要有如下几个大类：

书画、古籍善本、瓷器、陶器、玉器、赌石、奇石、家具、印纽、金石、各种材质的雕刻艺术品、古今钱币、邮品单证、各种刺绣、茶品、琴棋、古今兵器、车辆等，还有火花、民间剪纸、皮影等民俗。如果嗜好动物也算一种收藏行为的话，有些人也喜欢收藏名贵的品种，比如古人有圈养良驹骏马的习惯。

某些收藏品的时空分为：高古、远古、明清、近代、现代，也有收藏横跨整个人类社会活动的时空的藏品。

总之收藏是一种涉及范围很广的人类社会活动和兴趣爱好。随着民间收藏的日益兴盛，收藏品种类越来越多，从过去的古玩工艺品、名人字画收藏已经发展到现在火花、票证、奇石、连环画等，连神舟飞船的一些实物都被爱好者收藏。

据最新资料显示，目前我国收藏品的种类达 7400 多种，老式家具、瓷器、字画、毛泽东像章、文革票证、打火机、邮票、纪念币、拴马桩都成为新的收藏热点，在一些拍卖会上经常有藏品被拍出惊人高价，一些有实力的企业和个人也纷纷投入这一前景看好的行业，这些企业和个人收藏的数量之多、品种之全、品位之高令人瞠目，由收藏品众多而举办的民间博物馆也越来越多。而且，民间收藏有利于发掘、整理历史和文化资料。

对于许多收藏投资者来说，把握收藏投资的基本方向，使自己在浩瀚无边的艺术海洋中不会迷失方向，这是最重要的问题。有一些老一辈收藏者收藏效果不好，花大代价买入一大堆文化垃圾。其实，很多时候，其收藏不利的原因不在于财力不够，也不在于心态不端，热衷于暴富神话，更根本的原因是没有处理好收藏投资的基本原则问题。

收藏投资的基本原则简要概括为九字箴言：真、善、美、稀、奇、古、怪、精、准。其奥妙在于收藏的实践活动中能灵活运用，举一反三，融会贯通，要求对每一藏品都得用九字原则在九个方面或者更多方面上进行全方位评估。九字箴言合理内涵是：

1. "真"即藏品必须是真品

这是收藏的前提条件，任何伪或劣藏品均无收藏意义，存真去伪永远是收藏的主旋律。在兴趣和嗜好的引导下，潜心研究有关资料，经常参加拍卖会，游览展览馆，来往于古玩商店和旧货市场之间。有机会也不妨"深入"到穷乡僻壤和收藏者的家中，多看，多听，少买，在实践中积累经验，不断提高鉴别收藏真品的水平，此外要大量地阅读古玩或艺术品图录，以学者的严谨态度认真研究，寻找同类规律或同时代风格等，这种严谨的态度是收藏成功与否的保证。藏家如有电视剧描写的人物：唐代狄仁杰断案的精明，宋代提刑官宋慈的逻辑严谨，分析透彻一般灵便，在收藏领域不成功也难。

2. "善"即藏品的器形

存在的形式在藏家的位置及心理的地位。比如帝王的印玺，名人的印章，官窑瓷品的创新精品，文房用品，宋元字画，玉雕神品，青铜重器，皇家或名人注录的藏品，等等；对收藏品要树立长期投资的意识，这样的收藏品投资是一种长期投资，只有长期持有，就能获利丰厚。

3. "美"即藏品的艺术性表现出来使人愉悦的反映

文物是文化之物，也是文化的载体，艺术性是评判文物价值最重要的准绳。人们不会忘记秦兵马俑的雄伟，汉马踏飞雁铜奔马的洒脱以及姿态的优美，宋代书画的线条描绘的繁华，人物的动感传神以及宋代字体的独特字迹的稳重和狂草的不拘一格，宋代官瓷的宁静致远，小中见大，等等，好的艺术精品会摄人魂魄，让人神交，产生共鸣。

4. "稀"是指稀有

稀，对藏品的主观评测来讲，指稀有，也是存世量的小。稀有性要求以存量小来凸显藏品的存在价值，比如玉的数量因受资源限制数量远远少于瓷器，唐宋元时期的字画因年代久远不易保存，数量往往珍稀，近现代字画存世量大，其价值往往不尽如人意（商业欺诈，恶意炒作除外），等等。

5. "奇"是指具有特点

"奇"是指艺术性中的个体特征，有特点并且符合人们的审美情趣，越会吸引艺术市场细分化的艺术观众群体。有些古玩存世量不多，但往往是不足为"奇"，因而，影响力不足。

6．"古"和"怪"是指年代越古越好

"古"是时空的概念，也只有艺术性强的古代艺术品，才会有沧海桑田的感受，才会有数量珍稀，制作难度大的联想。"怪"与"奇"相似，怪更侧重于代表性，表现形式的张扬和个性的特别，如三星堆铜器的艺术表现的独特。

7．"精"而"准"，是指选择收藏品要少而精，且量财力而行

收藏品种类繁多、范围广，应根据个人兴趣和爱好，选择其中的两三样作为投资的对象。这样，才能集中精力，仔细研究相关的投资知识，逐步变为行家里手。同时，选择收藏品还要考虑自身的支付能力。如果是新手，不妨选择一种长期会稳定升值的收藏品来投资或从小件精品入手。

投资收藏品，不仅是一种获取收益的手段，同时更是一门艺术，对投资者的眼光有着更高的要求。因此，掌握投资收藏品的方法，更多地学习收藏品的知识对投资者来说显得更加重要。

专家提醒：并非所有的金银收藏品都值得拥有，因此消费者在选择投资产品时要注意谨慎选择购买有价值的收藏品进行投资。

房产投资：不应忽略的投资宝地

如今，也许没有什么东西能比房子更能搅动大家的心了，不少人因之一夜暴富。据《福布斯》公布的数据，1996 年全球十大富豪中，一半人的财富都是以房地产为标的。许多世界一流的大企业，在经营各类不同产业的同时，也都把经营房地产业作为重要的利润来源，并且从中获取巨额利润。其实，房地产投资的巨大优势，很早就被许多颇具眼光的人认识到了。他们之中的许多人正是通过房地产脱贫致富，进而把房地产投资作为一种手段进而富甲一方的。

房地产投资为什么令那么多人着迷，它究竟有什么特点呢？现在就让我们细细地盘点一下，看看其中的奥妙。房地产投资一个最显著的特点就是：可以用别人的钱来赚钱。

几乎所有的人，在今天要购买房屋时，都会向银行或金融机构贷款，越是有钱的人越是如此。在房地产投资中，你可以靠借钱买房，也就是举债，人们称之为投资房地产的"债务杠杆"。

银行之所以乐意贷款给你，主要是因为房地产投资的安全性和可靠性。除房地产外，你要投资其他类型的项目，可能就不会有这么好的运气轻而易举地借到钱了，通常，对于那些回报不太有保障的项目，银行多采取审慎的态度。

接下来的问题就是付贷款和利息了，很多投资人通过租房就能把这一问题轻松解决，因为投资人的债务都是由房客来承担的。从房地产投资的一般性资金流向来看，投资人在贷款购买房地产后，都是通过把所属房产出租来获得收益，然后再把租金收入还付给银行以支付贷款利息和本金。

此外，因为房地产是一项有关人们基本生存的资产，因此各国对房地产方面的融资总是予以最大的宽容，不但贷款的期限长，而且利率也较之于其他消费贷款低很多。如

果在房地产投资中，合理且最大化地利用房地产贷款这一优势，那就等于把房地产变成你的银行，它为你的房地产投资和其他方面的消费贷款提供数额可观的资金，但是只支付很低的利息。

房地产投资的另外一个显著的特点就是它具备很大的增值潜力。随着经济的发展和城市化进程的加快，在城市地区，大量有效的土地被一天天增多的人所占据，土地资源越来越少，其价值由此变得越来越高。

以日本和美国的土地价值比较，美国在地理上比日本大25倍，但从20世纪90年代的统计看，日本物业的价值相当于全美物业总值的5倍。理论上说，日本可以卖掉东京，而买下全美国；卖掉皇宫，就可以买下整个加州。从1955年至1990年，日本房地产的价值增长了75倍，物业的总价值为10万亿美元，相当于当时世界总财富的20%之多，也是当时全球股市总市值的两倍。日本这种土地的巨大价值，是极度稀缺的土地之于它所拥有的巨大生产能力而言的。

与现在城市房地产需求不断增加相联系的是，房地产投资的周期长，获利的空间就大，赢利时间也就长。一般情况下，一个房子的寿命在100年左右，最短也在60年以上。从借钱买房的角度来看，投资房地产不但得到了物业的产权，而且可以赢得至少40年以上的获利时间。房地产增值潜力表现的另一方面是，它能够有效地抵消通货膨胀带来的负面影响。在通货膨胀发生时，房地产和其他有形资产的建设成本不断上升，房地产价格的上涨也比其他一般商品价格上涨的幅度更大，而像钞票这样的非实质资产却因此不断贬值。在这个意义上，许多人都把房地产作为抗通货膨胀、增值、保值的手段。

在房产投资中主要有以下几种投资的方法：

1. 投资好地段的房产

房地产界有一句几乎是亘古不变的名言就是：第一是地段，第二是地段，第三还是地段。作为房地结合物的房地产，其房子部分在一定时期内，建造成本是相对固定的，因而一般不会引起房地产价格的大幅度波动；而作为不可再生资源的土地，其价格却是不断上升的，房地产价格的上升也多半是由于地价的上升造成的。在一个城市中，好的地段是十分有限的，因而更具有升值潜力。所以在好的地段投资房产，虽然购入价格可能相对较高，但由于其比别处有更强的升值潜力，因而也必将能获得可观的回报。

2. 投资期房

期房一般指尚未竣工验收的房产，在香港期房也被称作"楼花"。因为开发商出售期房，可以作为一种融资手段，提前收回现金，有利于资金流动，减少风险，所以在制定价格时往往给予一个比较优惠的折扣。一般折扣的幅度为10%，有的达到20%甚至更高。同时，投资期房有可能最先买到朝向、楼层等比较好的房子。但期房的投资风险较高，需要投资者对开发商的实力以及楼盘的前景有一个正确的判断。

3. 投资"尾房"

是指楼盘销售到收尾阶段，剩余的少量楼层、朝向、户型等不十分理想的房子。一般项目到收尾时，开发商投入的资本已经收回，为了不影响其下一步继续开发，开发商一般都会以低于平常的价格处理这些尾房，以便尽早回收资金，更有效地盘活资产。投资尾房有点像证券市场上投资垃圾股，投资者以低于平常的价格买入，再在适当时机以平常的价格售出来赚取差价。尾房比较适合砍价能力强的投资者投资。

4. 投资二手房

现在国家的各种政策（限购、包括银行给予贷款的额度）的出台，二手房基本已经失去了升值的空间，以后的一线城市的二手房价格只会跌不会涨，国家现在重点发展的对象是中小型城市，所以我们何不把握好这个机会去投资那些二线城市的新楼盘呢？而且现在的新楼盘基本上都是开发商给予包租，等到二线城市的经济发展起来的时候你的本钱已经回来了，你的房子也涨价了。

5. 投资商铺

目前的一些新建小区中，附近都建有沿街的商铺或是大型的商场店铺。一般这些店铺的面积不大，在 30 ~ 50 平方米左右，比较适合搞个体经营。由于在小区内搞经营有相对固定的客户群，因而投资这样的店铺风险较小，无论是自己经营还是租赁经营都会产生较好的收益。

近年来，房产投资成为一种流行的一种投资方式。房屋不仅可以用来居住，还可以作为一种家庭财产保值增值的理财工具，如果你有数额较大的闲置资金，将其投资在房产上是一个不错的选择。总的来说，在房产投资中，投资人应秉持房产投资的原则。但除此之外，投资人自身也要加强巩固房产投资的相关知识，缔造良好的投资心态。

第十四章　资金管理是企业经济管理的命脉

——每天学点公司理财知识

公司金融：为什么要了解公司金融

所谓金融，简单地讲就是资金的融通，再简单点儿讲就是研究钱与钱之间的关系。金融是货币流通和信用活动以及与之相联系的经济活动的总称。

企业是金融市场的一个重要组成部分，因此，对企业来说，了解公司金融显得至关重要。公司金融是考察公司如何有效地利用各种融资渠道，获得最低成本的资金来源，并形成合适的资本结构，研究如何有效地配置公司金融资源以实现公司的经营目标。它会涉及现代公司制度中的一些诸如委托——代理结构的财务安排、企业制度和性质等深层次的问题。

随着市场竞争越来越激烈，企业面临的生存环境也变得越来越复杂，对于企业现金流的管理水平要求越来越高，只有合理控制营运风险，提升企业整体资金利用效率，才能不断加快企业自身的发展。

在经济学中，企业是指追求"利润最大化"的经济组织，即企业经营的目标是实现"利润最大化"，那么企业理财的目标是否也是"利润最大化"呢？公司理财的目标不仅是要达到利润最大化，还要做到收入最大化、管理目标的实现、社会福利的获得以及股东财富最大化。目前我国的企业现状是：有些企业虽然账面盈利颇丰，却因为现金流量不充沛而倒闭；有些企业虽然长期处于亏损当中，却能够依赖着自身拥有的现金流得以长期生存。所以，对于企业的持续性发展经营来说，靠的不是高利润，而是良好的资金管理。

假如你想出售你的房子，你是否希望获得可能的最高价格？

你是否认为想买你房子的人希望支付尽可能低的价格？

假如你想投资一笔钱，你是否愿意再下一年成为原来的三倍？但是你是否愿意冒失去你所有钱的风险？

如果我欠你 100 美元，你是愿意今天收回呢，还是半年以后？

以上这些问题都属于公司金融的范畴，相信掌握好公司金融，它一定能够很好地帮助你解决这些问题。在认识公司金融的同时，我们也必须认识一下公司金融的原则，它主要有以下几点：

第一，风险与收益相权衡的原则。对额外的风险需要有额外的收益进行补偿。

第二，货币的时间价值原则。合理利用公司的每一分钱，要认识到今天的一元钱价值要高于未来的一元钱。

第三，价值的衡量要考虑的是现金而不是利润。现金流是企业所收到的并可以用于再投资的现金；而按权责发生制核算的会计利润是赚得收益而不是手头可用的现金。

第四，增量现金流量原则。在确定现金流量时，只有增量现金流与项目的决策相关，它是作为一项结果发生的现金流量与没有该项决策时原现金流的差。

第五，在竞争市场上没有利润特别高的项目。寻找有利可图的投资机会的第一个要素是理解它们在竞争市场上是如何存在的；其次，公司要着眼于创造并利用竞争市场上的不完善之处，而不是去考察那些看起来利润很大的新兴市场和行业。

第六，资本市场效率原则。市场是灵敏的，价格是合理的。在资本市场上频繁交易的金融资产的市场价格反映了所有可获得的信息，而且面对"新"信息能完全迅速地作出调整。

第七，代理问题。代理问题的产生源自所有权和经营权的分离，尽管公司的目标是使股东财富最大化，但在现实中，代理问题会阻碍这一目标的实现，人们往往花费很多时间来监督管理者的行为，并试图使他们的利益与股东的利益相一致。

第八，纳税影响业务决策。股价过程中相关的现金流应该是税后的增量现金流。评价新项目时必须考虑所得税，投资收益要在税后的基础上衡量。否则，公司就不能正确地把握项目的增量现金流。

第九，风险分为不同的类别。人们常说"不要把所有的鸡蛋放到一个篮子里"。分散化是好的事件与不好的事件相互抵消，从而在不影响预期收益的情况下降低整体的不确定性。当我们观察所有的项目和资产时，会发现有一些风险可以通过分散化消除，有一些则不能。

第十，道德行为就是要做正确的事情，而在金融业中处处存在着道德困惑。

正因如此，当中国的金融市场化进程为部分企业提供了发展机遇时，我们应该发挥各自的竞争优势，管理好公司金融。

公司金融是围绕资金运动展开的，资金运动是企业生产经营主要过程和主要方面的综合体现，具有很强的综合性。掌握了资金运动，犹如牵住了企业生产经营的"牛鼻子"，做到"牵一发而动全身"。

任何一个企业都和每一个人是一样的，没有随随便便成功的，除了员工的拼命工作，产品质量的安全可靠，企业管理的合理有效，还有一个很重要的因素，那就是了解公司金融。如果你打算自己创业，那么你就要考虑，摆在你面前的几个项目，该如何作出最优的选择以获得最大的利润？外部的金融资源该如何利用？是否应该开展企业并购……了解公司金融就是要培养你解决这些问题的思路和方法，帮助你的企业获得更大的成功。

事实上，公司金融的理论非常丰富，绝不是一两千字就能够很好的诠释的，因此，在接下来的论述中，我们将会从多个方面来和大家一同认识公司金融，希望大家在以后的实践过程中，能够合理运用公司金融，以帮助企业更快更好地发展。

资金管理：聪明的人能够更好地解决问题

假如将一个正常经营的企业交给你接管，相信短期内你一定也会管理得有条不紊。可是，如果让你自己创业，管理一个新企业，这就要难很多了，因为创立一家新企业，远比管理一家现成的企业困难得多。因此，那些成功的企业家不但是经营管理的能手，同时更是融资的能手。

资本管理是指将现有财富，即资金、资产等不具生命的物质，转换成生产所需的资本，也就是以人为本，使知识、才能、理想、及策略融合而成的有机体，透过管理来因应社会环境的需要，以创造源源不绝的长期价值。因此，资本管理不但是返璞归真，更在格局及眼界上加以提升，为人类经济、社会、环境各方面，有形及无形财富的创造，奠定长久的基础。

中小企业银行贷款难的问题一直是社会普遍关心的经济问题之一。某服装公司是服装加工出口型企业，规模属小型（其品牌开发和竞争能力相对有限），主导产品为混纺针织服装，外销市场主要为欧洲地区。

一直以来，纺织业是我国在国际市场竞争力强的产业之一，但也是与欧美国家发生贸易摩擦最大的行业。借款人从事商贸业务18年，开展服装生产经营3年，与国外客户建立较为良好稳定的合作关系，购销渠道畅通。

借款人新成立企业3年，便能在较短时间内、较大幅度地扩大产品的销售和实现企业的盈利，可见借款人的个人行业资源积累已成为企业发展的重要支撑和保证。同时，借款人购入生产设备和对自行研制纺织机械的投入，以及陆续对企业投入个人资金（列入其他应付款项），这在一定程度上反映了借款人立足该行业发展并积极发展该企业的信心和能力。

成功的融资案例揭示着融资双方共同努力以及良好沟通的结果，他们在具体的经济活动中进行有效融资申请和保证高效率的审批和风险评估。

在企业发展中，贯穿全过程的是资金，缺乏资金企业将丧失最基本的生存权利，更谈不上企业发展和获利。因此，推行以资金管理为核心的财务管理工作更有利于实现企业管理目标。资金是企业经济活动的第一推动力，也是一个持续推动力。对企业的经营和发展来说，能否获得稳定的资金、能否筹集到生产过程中所需要的足够的资金，都是至关重要的。而民营企业在发展中遇到的最大障碍就是融资困境，大约80%的被调查民营企业认为融资难是一般的或主要的制约因素。

聪明的人总是能够很好地解决问题，而愚昧的人总是被问题解决。智慧的作用就是解决现实中的矛盾，但是如果需要智慧真正地发挥作用，必须要具备一些基本的条件，也就是说，智慧的真正作用是如何正确地利用有限的条件、资源以及如何更好地利用有限的条件重新组合成某种竞争优势，这种组合就是再创造。这种再创造是需要一系列有关的基本条件作基础，而并非如何无中生有或凭空设想。

在竞争日益激烈的今天，资金是企业生存发展的物质基础，也是企业生产经营的血液和命脉，更是企业管理的主题。很好的管理资金是取得胜利的根本，这不是个别言辞的吹嘘，也不是一两个聪明的脑袋就能够实现的，而是由市场规律的本质所决定的。不过，聪明的脑袋的确可以将资金或资源的利用率降到最低或者是最合理的程度，也可以想到很多融资的办法，但是并不意味在竞争中可以空手套白狼。即使有这种可能，那也是在某些特殊环境下、特殊的条件下的偶然事件。如果只是坐等这种机遇的降临，那么无异是在期望着"天上掉馅饼"的事情发生。

北京建工四建工程建设有限公司是国内一家大型的建筑企业，下设水电设备安装、装饰、市政、钢结构、房地产开发、物业管理等多个专业公司和 15 个土建施工项目经理部，组织机构庞杂，管理方式较为粗放，致使公司总部资金管理能力较弱，企业核算难度较大。

认识到这一问题后，企业采取了一系列措施来改善企业状况。公司通过 NC 系统客户化对会计科目、客商档案、项目档案等基础数据的管控以及系统参数配置，确保了公司制定的统一的会计核算制度、政策在下属单位的贯彻执行；财务数据集中管理，将全公司财务数据共享、方便查询与实时监控下属单位财务情况；通过 NC 系统的协同凭证功能，解决内部对账难以及及三角债问题；通过资金计划系统，加强了资金管理，公司及时掌握各单位及全公司未来一段时间的资金流入流出情况，统筹安排资金；并通过资金结算平台，统一办理对内及对外支付业务，实时掌控各项资金支付情况。通过内部信贷及资金计息，强化下属单位加强日常资金管理，提高资金使用效率；快速准确的编制公司报表及报表分析。

自 2007 年 11 月四建公司财务信息化项目启动以来，现已建立公司统一的财务管理系统平台，实现了对下属单位财务状况进行实时监控管理。建立统一的报表管理系统，满足了公司及下属单位各项报表的要求，进行及时、准确的汇总合并。建立资金管理系统，满足公司集中的资金管理要求，掌控下属单位资金的流入和流出情况。与用友的合作已经基本取得达到了预期的公司财务集中管理目标。公司的财务信息化进程已经进入了新的阶段。

资金管理是企业管控的重中之重，企业管理以财务管理为核心，而财务管理则以资金管理为核心。有了充足的资金，企业才有做事情的底气，才能够真正地做到干什么都可以得心应手，而资金不足就会让企业在机会面前畏首畏尾，不但束缚了管理者的思维方式，还会极大地破坏管理者的投资心态，想做的事情不敢做，可以想的事情却又不敢想。在竞争过程中，很多的成功都必须依靠充足的资金来实现，如果因资金不足，退而求其次，则很可能会变主动为被动，从而丧失了大好的获胜机会。

此外，资金不足还可能导致部分企业领导者偏激的投资心态，不是之前的畏首畏尾，便是倾向于孤注一掷，不能顾全大局，做不到全面地思考问题，以至于盲目乐观、自信，甚至一厢情愿地幻想着事情不会那么糟糕，最终走向惨败。

社会主义市场经济不断发展的今天，强化企业资金管理，对加强内部管理、提高经济效益、贯彻落实企业战略方针以及实现企业经营目标任务都具有重大的战略意义。抓住资金管理，一切问题就迎刃而解。

资金配备：让资金问题绊倒的企业数不胜数

资金是企业进行生产、经营等一系列经济活动中最基本的要素，资金管理贯穿于企业整个生产经营的始末，具有举足轻重的作用，资金管理是财务管理的集中表现，只有抓住资金管理这个中心，采取行之有效的管理和控制措施，疏通资金流转环节，才能提高企业经济效益。因此，加强资金的管理及控制具有十分重要的意义。

"现金为王"一直以来都被视为企业资金管理的中心理念。传统意义上的现金管理主要涉及企业资金的流入流出。广义上的现金管理，其所涉及的范围就要广得多，通常包括企业账户及交易管理、流动性管理、投资管理、融资管理和风险管理等。

经过几代人努力而编织出"中国羊毛衫名镇"神话的东莞大朗镇，几乎家家户户都与毛织业有关系。以大朗为中心、涵盖周边地区的整个毛织产业集群内，有近万家毛织行业企业，仅大朗就有3000多家（其中规模以上100多家）。整个产业集群市场年销售额超过12亿件，在大朗集散的就有8亿件。

大朗的毛衣60%出口到意大利、美国等80多个国家和地区，吸引了POLO、袋鼠、金利来等10多个世界顶级品牌和鄂尔多斯、杉杉等20多个国内名牌在大朗设厂生产。

大朗业已成为国际毛织产品的研发生产、流通集散、价格发现、质量认证、时尚展示、信息发布中心之一，成为重要的毛织产品外贸采购基地。

但随着劳动力成本的上涨、原料价格上升，许多大厂生存艰难，靠大厂订单生存的中小毛织厂更是频频倒闭，有企业因为资金短缺，开张两个月就不得不关门。

达尔文说："能够生存下来的不是最强壮的物种，而是那些最能适应变化的物种。"在竞争激烈的商场上，企业要想获得最后的胜利，除了要提高适应能力和竞争能力，也要锻炼企业资金配备的能力，实时适应这种危机四伏的恶劣环境，才能生存与发展下去。对于企业来说，资金是生存的最终源泉，巧妇难为无米之炊，只有加强资金配备的能力，才能够帮助企业更快更好地发展。

众所周知，在企业经营中需要钱的地方比比皆是，可以说每个部门每天都在不停地消耗资金，尤其是投入的前期，任何一个部门缺少了资金都会导致效率下降，甚至出现经营危机。如果此时企业只有产出而没有收入，那么相信用不了多久，管理者就会尝到资金危机带来的苦果。

近年来，国内的企业却接二连三的爆发财务危机，有关珠三角企业的负面新闻也不绝于耳，南方高科、熊猫音响、东洋空调等等也纷纷倒闭或衰退。直到今天，企业倒闭的消息仍是不时传出，此起彼落。有人惊呼：中国企业的"寿命"如此短暂！

福州的一家房地产商在去年年底开发一个楼盘中资金链断裂，全高18层的楼已经盖到12层，并且拿到了预售许可证，当时报给房管局和物价局的价格是8300元／平米，在市场上出售的打折价格为7800元／平米。要建设剩下的6层楼，开发商面临巨大的资金压力。当时找到杨少锋的北京联达四方房地产经纪公司，报出了6200元／平米的代理价格。

"这个楼盘一平米的价格只卖 5500 元，如果按照开发商的地价和成本来算的话，加上税收和管理成本，成本大概在 5800 元 / 平米，给我们的条件是 6200 的底价，这等于开发商并没有赚取多少利润。如此低价格的转让条件是我们一次性支付给开发商 3000 万，也就是将近 20% 的预付款。如果不是因为他的资金链紧张得快断了，那他会痛苦地作出这样的决定吗？这个时候，开发商考虑的不是赚钱，而是怎么在短时间回流，不会导致破产。"杨少锋对《中国经济周刊》说。

所以，一个管理者或创业者不但要有经营管理能力、决策规划能力，还必须知道如何解决资金问题，因为只有资金充足，你的宏伟蓝图才有可能变成现实。如果你没有足够的资金，所有的投入就很可能会打水漂。比如做饭，本来做一锅饭两捆柴就够了，而你只用了一捆柴或者更少的柴，那么不但做不好饭，连先前的所有投入都白费了。

著名的滑铁卢之战，拿破仑之所以败北，其中很重要的一个原因就是在交战双方精疲力尽的时候，敌方来了一支生力军而己方的援军因情报未能及时送达而没有赶来增援！

第二次世界大战中的苏德会战也是如此，在双方僵持阶段，德军已无援兵，而苏联从远东调集的几十个师的援军，正是这批后备力量的出现才使得战局扭转。

为了加强资金管理，提高资金使用效益，企业应注重以下几个方面：

一是加强现金流量分析预测。严把现金流出关，保证支付能力和偿债能力。有的企业树立了"钱流到哪里，管理就紧跟到哪里"的观念，将现金流量管理贯穿于企业管理的各个环节，高度重视企业的支付风险和资产流动性风险；严把现金流量的出入关口，对经营活动、投资活动和筹资活动产生的现金流量进行严格管理。

二是建立健全结算中心制度。建立结算中心制度，杜绝多头开户和资金账外循环，保证资金管理的集中统一。下属单位除保留日常必备的费用账户外，统一在结算中心开设结算账户，充分发挥结算中心汇集内部资金的"蓄水池"作用，并使下属单位资金的出入处于集团的严密监管之下，减少银行风险，营造新型的银企关系。

三是推行全面预算管理，严格控制事前、事中资金支出，减少支出的随意性，保证资金的有序流动。建立预算编制、审批、监督的全面预算控制系统。预算范围由过去单一的经营资金计划扩大到生产经营、基建、投资等全面资金预算，由主业的资金预算扩大到包括多种经营、二级核算单位在内的全方位资金预算。计算机网络技术的广泛运用，也为资金的全面预算和及时结算提供了可能，从而使资金的集中管理成为可能。

产业模式：资金是经济发展的第一推动力

随着市场经济的进一步发展，我国经济环境发生了根本性变化，企业经济增长方式由粗放型逐步转向集约型，如何提高经济效益已成为企业的一项迫在眉睫的任务。在企业的财务活动中，资金始终是一项值得高度重视的、高流动性的资产，因此资金管理是企业财务管理的核心内容。

对企业而言，面对不同的社会经济环境，其主导经营手段、发展战略也会有所不同。对于那些已经具有相当规模的企业而言，即使处于不同的发展阶段，资金早已经成为企业竞争的利器和创造利润的源泉。

中国的修船行业，在产业结构上，由中远、中船总南公司和北公司、中海等几家国企集团构成行业"四大"，其余则有多达 700 多家的中小修船厂，它们共同组成中国修船业"散、乱、差、弱"的总体格局。综合分析，中国修船的深层症结是产业结构问题。任何试图承接世界产业转移机会、做强做大这一产业的业者，首先必须致力于产业结构的改良，而后才可指望经营盈利上的好转。结论就这样出来了：产业整合是这个行业志存高远者的首选战略！

截至 2005 年初，中远修船产业的发展态势发生了根本性的变化。目前，中远船务工程集团已经由最初的三家修船厂通过并购重组发展成 13 家子公司，中远船务工程集团是我国最大的修船企业集团，被誉为中国修船业的"航母"。

总结原因，中远投资（新加坡）有限公司在国内拥有的修船厂由 3 家增至 13 家，由资本强势带来产业强势，中远船务工程集团初步确立在国内市场领袖地位，全面的产业整合才刚刚拉开序幕，在世界修船产业转移过程中，一个强势民族船务工业正在悄然崛起。

如果一个企业没有资金，或者是资金不足，那么再好的计划、再好的项目，都是空想，再好的投资活动都有可能半途而废。因为充足的资金是企业经营活动顺利进行的重要保障之一，起着根本性的作用。企业的启动和发展必须靠足够的资金来解决，而不是项目。企业之所以在运转，完全是因为资金在不停地流动。

没有融资能力的计划者，与其说是思想家，倒不如说是空想家、幻想家。因为任何性质的投资都是用金钱来落实自己的计划，没有资金一切都是痴人说梦。这就是为什么在现实当中那些拥有优秀项目或发展方案的管理者或创业者到最后仍然两手空空的主要原因之一。

充足的资金是企业竞争的最大的优势，它不但代表企业实力的雄厚，还代表企业随时有可能完成一个大的动作。何况现实中，企业的竞争在很多同等情况下往往是资金实力决定胜负，而不是管理能力决定胜负，更有甚者，有时候这种情况会直接演变到看哪一方的资金充足而不是哪一方的管理更好，事实难道不是这样吗？

珠海恒通置业是以国有法人股为主的股份公司，主营业务为房地产、航运、高科技、商贸、文化、旅游，公司发展迅速，实力雄厚，意欲在上海选择较大的投资项目。棱光实业是由国营上海石英玻璃厂改制而成的上市公司，它的最大控股股东为上海建材集团，主业为半导体用多晶硅而非建材产品，受整个行业不景气的影响，主营业务利润甚微，经营艰难，其国家股为 1879.9 万股，占总股本的 55.62%，上市流通股数为 1100 万股，占总股本的 32.55%，属沪市中小盘三线股。

1994 年 4 月 28 日，三家公司协商达成协议，由恒通以每股 4.3 元的价格受让棱光国有股 1200 万股，成为棱光实业的第一大股东，占棱光总股本的 35.5%。该项协议收购使恒通获得一条低成本进行资本市场的有效通道，若要在二级市场完成，恒通至少需要花费约 2 亿元资金，而通过协议受让国有股的方式，只花了四分之一的资金。

收购完成后，恒通将通过棱光重点发展电子式电能表，有利于扩大生产规模、提高市场占有率，为其未来的发展打下了良好的基础。建材集团获得 5000 多万元资金进行资本运营，取得了巨大的效益。恒通与建材集团作为棱光的两大股东，发挥各自的优势和影响力，有利于改善棱光的公司素质、投资结构、产品结构。因此，这种善意收购对于各方均有利。

恒通之所以能够整合成功，是因为他们有很好的战略意识，合理运用控股式兼并，而不是整体式购买，这种兼并使被兼并企业作为经济实体仍然存在，具有法人资格。兼并企业作为被兼并企业的新股东，对被兼并企业的原有债务不负连带责任，其风险仅以控股出资的股金为限。

恒通产业整合取得的成功，简单地说，就是以资本运作为纽带，通过企业控股制兼并、整合企业，增强其核心竞争力；同时，在全球范围内积极寻求战略合作，提高产品的市场占有率和市场份额，增加市场资金流动，最终达到超常规发展的目的。

在产业整合过程中，我们要特别注重资金充裕性，宁可走得慢一些，也要扎实一点。德隆公司的主要问题就在这里，它每年都有超过5亿元人民币以上的资金缺口需要用银行贷款弥补。当然，除此以外，民营企业在宏观政策面上把握不够的天然局限性，也是一个重要原因。

产业整合在结构上要能取长补短，尤其是在投资节奏的长中短期方面达到平衡。如果长期投资比重过高，就必定会影响资产流动性。因此，充足的资金是企业竞争最大的优势。在现实社会的竞争中，假设企业与企业之间其他情况基本相同，资金实力往往决定了竞争胜负。作为企业的领导层，我们必须要认识到，资金是经济发展的第一推动力。

融资计划书：如何做好融资计划

融资是指为支付超过现金的购货款而采取的货币交易手段，或为取得资产而集资所采取的货币手段。通常是指货币资金的持有者和需求者之间，直接或间接地进行资金融通的活动。

而如何才能成功融资，商务计划书是企业经营者必须做好的一步。一般情况下，投资方在了解融资方时，往往都是通过商务计划书开始对企业进行一步步深入了解的。

颜先生的公司需要获得一大笔投资，企业的规模扩张才能完成。为此，他让公司相关的人作出了一份商务计划书。为了保证让投资者看得明白，他还特意叮嘱做计划书的人一定要做得精练一点。这份简练的计划书作出来之后只有三五页，颜先生看了很高兴，一些主要的内容都有了，细节省去了，看上去一目了然。颜先生想，这下子一定有戏。计划书递给投资方两天之后，对方打来电话，对颜先生说："你的项目很好，但是我还有些事情不明白，麻烦你给我写个说明补充一下吧。"颜先生赶紧写了个补充性质的说明书递过去。三天之后，对方又打来电话说，计划书里有一个地方的账目没算清楚，要颜先生再给算一下，颜先生就专程派人跑过去给算了一下。过了半个月之后，对方又打电话给颜先生说实在弄不明白他们公司的财务净现值到底是怎么算出来的，需要颜先生处理一下。就这样，来来回回四五次之后，对方终于没有耐性了，就干脆拒绝了颜先生的融资请求。

从颜先生的经历中可以看出，一份好的融资计划书非常重要，而一份好的融资计划书的要求是什么呢？

融资时，写融资计划书的主要目的就是吸引投资人。融资计划书的详略要根据企业的具体情况而定，既不能过于烦琐，也不能过于简单。如果企业面临非常激烈的市场竞争和复杂的商业环境，那么融资计划书就要详细一点；如果企业的业务单一，但管理队伍很精干，那么融资计划书就可以简洁一点。不论详尽与否，融资计划书都一定要做到重点突出，根据企业的长期发展目标来合理安排，千万不能主次不分。

做完一份融资计划书后，我们也要懂得如何来对它进行修改。我们都知道，融资计划书是围绕企业面临的商机，对影响企业发展的条件作出的合理、充分的分析和说明，而商机不是固定不变的，只有符合一定的条件才能成立，所以企业在制订融资计划书时要随时调整融资计划书的内容和实施情况，以便更好地顺应变动的市场条件，而不是不切实际地幻想让市场条件适合自己的计划。

后来，公司又找到一家投资公司。颜先生吸取了上次的教训之后，就让人认真地另做了一份详细的计划书。在这份计划书里，涉及本企业融资的所有信息都事无巨细地写进去了。看着这份融资计划书，颜先生以为这次应该不会有上次的那种麻烦了，没想到这次过了很久，他也没有得到对方的回应。最后颜先生实在耐不住了，就打电话过去问，才知道原来他的计划书实在是太厚了，被对方给放到一大堆计划书的最后面去了。

这就说明颜先生并不懂得如何修改。之前的一份融资计划书，过于简练，以至于连必要的数据分析等都没有，给投资者带来了太多的不方便，最后放弃了融资的计划。而经过修改以后，却洋洋洒洒地写出厚厚一本来，从一开始就被投资者放在所有融资计划书的最后。

融资计划书，其实是一份说服投资者的证明书，对它的撰写，一般分为以下五个步骤：

第一，融资项目的论证。主要是指项目的可行性和项目的收益率。

第二，融资途径的选择。作为融资人，应该选择成本低，融资快的融资方式。比如说发行股票、证券、向银行贷款、接受入伙者的投资。如果你的项目和现行的产业政策相符，可以请求政府财政支持。

第三，融资的分配。所融资金应该专款专用，以保证项目实施的连续性。

第四，融资的归还。项目的实施总有个期限的限制，一旦项目的实施开始回收本金，就应该开始把所融的资金进行合理的偿还。

第五，融资利润的分配。

在这几个步骤的操作中，还有一些注意事项需要我们留意：

一是适当地阐述产品的功能。很多投资者每天要看许多份融资计划书，太过具体冗长的"产品介绍"很难调动起他们的兴趣。我们要知道，写融资计划书的目的是阐述一个切实可行的良好商机而不是无谓地闲聊，其阅读者往往是投资方，因此一定要避免与主题无关的一些内容，开门见山地切入主题，用真实、简洁的语言描述所要表述内容的中心思想和投资者所可能关心的一些问题。然而有些企业经营者并不能抓住投资者的这种心理，常常担心因为投资方不了解自己的产品而影响到融资的成功，就在融资计划书中把产品写得非常具体。事实上，投资者更关心的是企业的产品能够帮助用户解决什么问题，所以，在融资计划书里，可以适当地说明产品，详细介绍产品能为用户解决什么问题。

二是做好财务预测。它是融资计划书的重要内容。财务预测是企业经营者对企业的未来发展情况的预期，也是对企业进行合理估值以吸引投资者的基础。

三是透彻描述竞争对手的情况。一个成长中的企业往往会面临不同的竞争对手，透彻地了解竞争对手的情况有助于企业及时采取应对措施，并坚持正确的发展路线，而这也是决定融资成败的一个重要因素。但总有一些企业在融资的时候会回避对竞争对手的情况的分析，更不愿意承认竞争对手的竞争优势。其实，如果让投资者看到企业对行业内竞争对手的透彻分析，他们会非常相信企业对同行业的理解力和对企业前景的正确把握。

四是要有明确而正确的融资目标。有些企业在融资的时候不是按照企业的发展需求来进行融资的，而是来者不拒，上不封顶；有些企业则是看到其他企业的融资情况就进行"攀比"。其实，企业融资额只有既能满足企业对资金的需求，又能将企业因为融资面临的风险降到最低，企业融资才是合理的，融资成本也会更低，也更能促进企业的发展。所以在写计划书的时候一定要对此有一个明确的认识。

啄食顺序原则：资金结构安排大有讲究

20世纪八九十年代，一个创业者只要有聪明的头脑和微薄的资金就可以很好地创业，并且在1～3年内就可以收回成本，转向获利。而那些拥有雄厚资金，却不是聪明的人，甚至靠着胡乱的使用资金也同样可以创造丰厚的利润。但是在目前这个完全经济化的社会中，仅仅靠白手起家或小本经营来谋求较大的发展，这样的机会将会越来越少。在现代社会中，只有将能力、技术、知识核算成贡献价值参股到企业中或创业股份，合理的资金结构才能够促进企业更好更快地发展。

在一些发展中国家，支持小资金创业是提高人民平均收入、提高社会就业率、推动社会经济发展的重要力量，很多成熟的大型企业都是由小本创业发展起来的。小资金创业是一个国家整个社会经济发展的春天。然而，过度地采取强制性管制措施、政策手段对小资金创业的发展极为不利，既抑制了小资金创业者的创造成果，也抑制了社会经济的健康发展，这种将许多未来的大企业扼杀在襁褓之中的做法令人痛惜。

金融学上有一个啄食顺序原则，它是基于非对称信息情况下对公司新项目融资决策的研究，讲的就是资金结构的安排艺术。

啄食顺序原则是20世纪60年代初美国哈佛大学教授戈顿·唐纳森最早发现的。他在对企业如何建立资本结构进行的一项广泛调查后，发现企业在安排资本结构时会按照以下次序来进行：

第一，企业内部产生的资金，如留存收益、折旧基金等。

第二，如果有剩余留存收益，会用于购买证券或偿还债务；如果没有足够的剩余留存收益来支持不可取消的投资项目，会出售部分有价证券。

第三，如果需要外部筹资，会首先选择发行债券，然后才是发行股票。

第四，企业留存收益加上折旧，如果能适应资本性支出，那么就会根据未来的投资机会和预期未来现金流，来确定目标股利的发放率。

第五，企业一般会保持现金股利的刚性，尤其是不愿意削减股利让股东感到不满意。

这表明，企业筹资一般都会遵循先内源融资，后银行贷款，然后发行债券，最后才是发行股票这样一种融资顺序，这就是戈顿·唐纳森教授所称的筹资"啄食顺序"。

资金结构安排是资金管理一项重要又容易忽视的内容。《中国证券报》的相关数据统计显示：1997年我国上市公司累计筹资958.86亿元，其中的股权筹资额就占72.5％，1998年、1999年这个比例分别为72.6％和72.3％，而这两年债权融资额的比例则分别为17.8％和24.9％。截至2003年年底，上海证券交易所有19家企业债券和13家可转换债券，市价总值为218.64亿元；深交所有9只公司债券和10只可转换债券，市值206.39亿元，占全年证券总市值的1％。研究结果显示：约3/4的企业偏好股权融资，在债务融资中偏好短期债务融资。对比国内外上市公司在这方面的差异，能够更清楚地看出我国企业中存在的问题，我国企业现在的融资顺序偏好与啄食顺序原则不同。

中国企业融资的啄食顺序是：外源融资、内源融资、直接融资、间接融资、股票融资、债券融资。即在内源融资和外源融资中首选外源融资；在外源融资中的直接融资和间接融资中首选直接融资；在直接融资中的债券融资和股票融资中首选股票融资。中国企业融资的啄食顺序正好与西方国家企业的融资啄食顺序相反：内源融资比例低，而外源融资比例高，在外源融资中，股权融资比例高，债券融资比例低。

银行信贷：如何让银行成为你的后台

商业银行通过各种渠道和手段取得资金后，除了一小部分用于存款准备金外，其余资金都要用于贷款和投资，以便能从中获取利润。放款业务和投资业务，是银行资金运用的两大主要内容。

银行以一定的利率将资金贷发给资金需要者，并约定期限归还的一种经济行为，就是银行贷款。银行贷款历史悠久，是企业融资渠道的重要形式之一。

1990年秋，美国华盛顿银行副总裁迈·哈丁审阅了瑞德胡克阿尔啤酒酿造公司的一项新的贷款申请。银行于1987年第一次和瑞德胡克发展业务关系，那时银行为其融通了两笔资金，一笔为$750000的定期贷款；另一笔为$100000的信用额度。该公司一直和银行保持良好的信誉关系，能够达到或超过财务计划目标，而且能及时归还贷款。

瑞德胡克有给人以深刻印象的经营记录。创建于1981年的该公司自从1984年以来销售以年平均53％的比率增长，在1989年达到了$2700000。在太平洋西北部不断增长与竞争越来越激烈的微酿酒市场中，它的阿尔淡色啤酒和彼特黑色啤酒占有50％的市场份额。

为了满足预计增长的产品需求，瑞德胡克计划在加利福尼亚北部的海湾地区建一新酿酒厂。另外其还想引入拉哥淡啤酒品牌，这需要再在华盛顿西部波各圣德地区建立一较大的啤酒厂。为了给经营扩展融通资金，瑞德胡克正在寻求$5000000股权投资，股东为有兴趣进入北美市场且资金雄厚的一欧洲酿酒厂。同时，美国华盛顿银行已答应为其提供$6500000的新贷款。

企业的发展不能完全依赖于自身，合理地使用银行信贷，可以让银行成为企业的坚实支柱。但是银行信贷的发放不是随随便便就能通过的，关于银行贷款，可以主要关注以下几方面：

1. 银行贷款的特点

（1）向银行贷款只需要取得银行同意就可以，不必经过国家金融管理机关、证券管理机关等部门批准，手续比较简单，资金到位快。

（2）如果微观环境发生变化，还可以和银行协商变更有关条款。由于它面对的对象只有一个而不像债券那样分散，所以协商比较灵活。

（3）只需要和银行进行协商就行，不需要制作大量的文件，也不需要进行广告推广，所以融资成本低，贷款利率也要低于债券融资利率。

（4）贷款利息可以进入成本核算，企业能够从中取得节税效应。

（5）任何企业都可能把银行贷款作为长期资金来源，而不像发行股票、债券那样必须是股份制企业才行。

2. 银行贷款的种类

（1）按贷款期限不同可以分为短期贷款、中期贷款、长期贷款。

短期贷款的期限在1年以内，包括1年；中期贷款的期限在1年以上、5年以下，不含1年但包括5年；长期贷款的期限在5年以上，但不包括5年。

按贷款期限划分银行贷款，目的主要是监控贷款的流动性和资金周转情况，使得长、中、短期贷款保持一个适当比例；同时，也有利于按照贷款期限长短安排贷款顺序。

从发展趋势看，目前商业银行发放的中长期贷款比重在增加。这固然有助于银行获得较多、稳定的利息收入，但也增加了贷款风险。

（2）按担保条件不同分为信用贷款、担保贷款、票据贴现。

信用贷款是完全凭客户的信用，不需要任何担保和抵押就可以取得贷款；担保贷款需要有一定的财产和信用做担保；票据贴现是指客户把自己还没有到期的商业票据来换取银行的现金或活期存款。

银行发放信用贷款的风险较大，所以这样的贷款利率一般较高。担保贷款包括抵押贷款、质押贷款、保证贷款，要按照《担保法》规定的方式办理。票据贴现需要预先扣除利息，票据到期后再和银行结算。

（3）按贷款用途不同分为工业贷款、商业贷款、农业贷款、科技贷款、消费贷款或者流动资金贷款、固定资金贷款。

按照贷款用途划分，目的主要是帮助银行安排贷款结构，降低贷款风险。

（4）按贷款风险大小不同分为正常贷款、关注贷款、次级贷款、可疑贷款、损失贷款。

如果没有足够理由怀疑不能按时还贷，那就是正常贷款；如果有可能对按时还贷造成影响，那就是关注贷款；如果还款能力出现明显问题，有可能造成一定损失，那就是次级贷款；如果明确无法足额偿还贷款本息，即使担保也会造成较大损失，那就是可疑贷款；如果在采取所有措施包括法律程序后，仍然无法收回本息，至多只能收回少量本息，那就是损失贷款。

3.办理银行贷款的一般程序

（1）建立信贷关系。无论企业还是个人，要想办理银行贷款，首先必须和该银行建立信贷关系。只有具有信贷关系，你才能向银行申请贷款。

企业对银行申请建立信贷关系，需要提交"建立信贷关系申请书"一式两份，等待银行信贷员的调查。调查内容包括：企业经营的合法性、独立性、是否属于国家产业政策发展序列、经营效益如何、资金使用是否合理合法。如果是新扩建企业还要看是否具备足够的自筹资金。

信贷员调查后会写出书面报告，逐级审查批准。如果审查通过，双方接下来就会继续签订"建立信贷关系契约"了。

（2）提出贷款申请。企业向银行提出贷款申请，必须从生产经营中流动资金的合理需要量出发，向银行申请流动资金贷款额度，填写"借款申请书"。银行会根据国家产业政策、信贷政策等规定，结合上级银行批准的信贷规模计划和贷款资金来源，对贷款申请进行审查。

（3）贷款审查。贷款审查的内容主要有：直接用途，看是否是"合理进货需要支付货款、承付应付票据、经银行批准的预付货款、按规定用途使用的专项贷款"中的某一项；企业近期经营状况，主要看物资购进、耗费、库存、产品的生产、供应、销售，流动资金占用水平、结构，企业信誉，企业经济效益；企业有没有挖潜计划、流动资金周转加速计划、流动资金补充计划，以及其执行情况；企业发展前景如何，主要考察整个行业的发展前景以及企业发展方向、产品结构、寿命周期、新产品开发能力，主要领导工作能力、经营决策水平、开拓创新能力等；企业负债能力，主要看可用自有流动资金占全部流动资金的比例、企业流动资产负债率两项指标。

（4）签订贷款合同。贷款合同中要载明资金用途、到期还本付息数额。贷款利息由国家规定，双方一般不能随意商定。主要内容包括：贷款种类、用途、金额、利率、期限、还款资金来源及还款方式、保证条款、违约责任等。

（5）发放贷款。贷款申请经审查批准后，下一步就是银行发放贷款了。主要过程是银行经办人员填制放款放出通知单，由信贷员、科（股）长、行长（主任）签发，然后送银行会计部门，将贷款划入贷款企业账户。

我国从 2002 年 1 月 1 日开始实行这种分类，目的是帮助银行及时意识到贷款风险，把损失降低到最小限度。在此以前，长期实行的是"一逾两呆"（正常、预期、呆滞、呆账）的分类方法和监督评估制度。

资金是企业发展的源泉，而银行信贷又是资金的一个重要来源。认识到企业信贷对于企业的重要性、懂得如何利用银行信贷，也就是为企业的发展找到了富裕的后台。有了它，企业在发展的道路上，每一步都走得坚定而且姿态骄傲！

票据贴现：没到期的银行票据也能派上用场

信誉卓越的吉列刀片公司要买 100 万美元的钢材，它只拿出 20 万现金，同时交给自来钢铁厂一张纸片，上写："这是价值 80 万美元的吉列刀片公司钞票，半年后可以向吉列公司贴现。"一个月后，钢铁厂在购买 80 万元的设备时付出了这张"钞票"："拿好了，这是大名鼎鼎的吉列公司的钞票，到期即可兑换哦。"……就这样陆续转手 5 次，5 笔买卖全部成交。

3 个月后，拥有这张"钞票"的建筑公司急需现金，一家金融公司说："给我这张钞票，我付给你 80 万元现金。"在扣除月贴现利息后，金融公司付账。又是 3 个月后，它们向吉列公司领取了 80 万元现金。

结果是因为有了这张票据，3 个月内多了 5 次买卖，虚拟资金增加了 5 次流动。

所谓票据贴现，就是指对还没有到期的银行票据（国库券、短期债券、银行承兑汇票、其他经过承兑的票据等，下同）进行贴现，以便能获得短期资金融通。对于银行来说，就是收购你手中还没有到期的票据。

通俗地说，就是当你急需用钱时，可以把自己持有的还没到期的银行票据转让给银行（包括商业银行、承兑公司、结算公司等）。经过银行审查同意后，银行会扣除从当天起至到期日期间的利息（称之为贴现利息或折扣），然后让你提前拿到现金派上用场。当该票据到期后，银行再根据这张票据向付款人收取款项。

票据贴现对持票人来说，最大的好处是"死钱活用"——原来的银行票据还没到期，所以不能变成现金，而现在通过票据贴现方式，就可以提前拿到现金用于资金周转了。而对于银行来说，买进你这张银行票据就构成了一种授信业务。如果银行买入这样的票据数量太多，自己也发生了资金周转困难怎么办？这时候它可以进一步把这些银行票据向中央银行申请贴现。

其实，票据贴现就是一种变相的"快速贷款"。用金融业术语来说，在这个过程中，银行票据持有人在票据到期日前向银行贴付一定的利息，获得现金所做的票据转让，称为"贴现"（企业向银行贴现就属于这种类型）；银行把已经贴现的票据向另外一家银行办理贴现业务，称为"转贴现"；银行把已经贴现的票据向中央银行办理贴现业务，称为"再贴现"。票据贴现的贴现期限都比较短，一般不会超过 6 个月，而且可以办理贴现的票据也仅仅限于已经承兑的并且尚未到期的商业汇票。

一个产品无论经过几个产业部门和多少次交易，通过票据贴现和再贴现，都能把它们连接成一条有序的支付链，用票据形式强化债权债务双方的经济责任。一方面远期的支付手段变成现实的支付手段，使供货方出现的资金短缺能及时得到有序地补充；另一方面，由于贴现和再贴现是按照货款回收的时间确定期限，因此保证了贴现和再贴现资金的及时回收。中央银行和商业银行只要发放一笔资金，就可以解决整个再生产过程循环周转所需要的资金，可以避免企业多头占用银行贷款，建立起良好的商业信用和银行信用。

票据贴现融资方式的好处有很多，首先是银行不按照企业的资产规模来放款，而是依据市场情况（销售合同）来贷款。企业收到票据至票据到期兑现之日，往往是少则几十天，多则 300 天，资金在这段时间处于闲置状态。企业如果能充分利用票据贴现融资，远比申请贷款手续简便，而且融资成本很低。

其次是利率低。据了解，企业票据融资利率一度低至 1.5% ~ 1.6% 附近，而 2009 年

12 月 23 日起三个月期定期存款利率就达到 1.71%，一年期定期存款利率是 2.25%，票据贴现利率的倒挂给企业带来了套利机会。

再次，票据贴现可以防止货款拖欠。银行通过票面记载的用途来约束债务人的付款责任，避免延付、拒付，规范了企业之间的购销行为。

最后，开展票据结算也提高了企业的资信度。企业签发的银行承兑汇票到期后银行必须保证支付，企业可以借助银行的信誉，一方面证明自己的资信得到了银行的认可；另一方面通过银行对企业的监督，特别是财务资金的监督、审查，提高了企业的经营管理水平。

但是，票据贴现还是存在着很多问题。

从企业方面看，一些企业按规定并不符合申办银行承兑汇票的条件，但为达到利用票据办理融资的目的，不惜以欺骗手段提供假财会报表、假商业合同、假税收报告、假市场调查，以此提高信用等级，套取办理票据的信用。很多银行就是被这样的企业拖得疲惫不堪的。如此看来，票据逾期的风险绝对不能低估。

从银行方面看，有的急功近利，对无力支付到期票据款项的企业，继续签发银行承兑汇票，由企业用贴现资金归还到期银行承兑汇票；有的随意放大银行信用，超规定限额签发银行承兑汇票。同时，个别银行存在账外经营银行承兑汇票业务问题，有的在办理贴现业务时，只注重汇票本身的真实性，却放松对企业提交的增值税发票、商品交易合同的审查，导致为无真实贸易背景的银行承兑汇票办理了贴现。还有些贴现资金用于非生产经营领域，甚至流入股市，严重扰乱了正常的生产经营和票据市场秩序。

因此，我们在全面认识票据贴现的概念之后，也应该认识到票据贴现的重要作用。学会合理合法地应用票据贴现，是企业长远发展的一个必备条件。

公益信托：每年颁发的诺贝尔奖金从何而来

在西方国家，有越来越多的捐赠人选择公益信托来达成慈善意愿，传统的慈善基金会模式比例越来越小。公益信托是信托业务的一种类型。所谓信托，是指委托人把财产权委托给受托人，由受托人按照委托人的意愿，为受益人的利益或特定目的进行管理的行为。的确，像诺贝尔奖基金这样一种公益信托方式，对发展我国的公益信托具有很好的借鉴作用。

诺贝尔（1833～1896 年）是瑞典著名化学家。他一生致力于炸药的研究，因为发明硝化甘油炸药等，被称为"炸药大王"。他不仅从事理论研究，而且还进行工业实践，一生共获得发明专利 355 项，在欧美等 20 个国家设立了 100 家左右的公司和工厂，积累了巨额财富。

1896 年 12 月 10 日，诺贝尔在意大利逝世。在逝世前的一年，他就立下遗嘱，要求把自己遗产中的大部分约 920 万美元作为基金，把这笔基金每年所获得的利息分成 5 份，分别用于设立物理、化学、生理与医药、文学、和平 5 种奖金，授予世界各国在这些领域对人类作出重大贡献的人（1968 年，瑞典中央银行在建行 300 周年之际，又提供资金增设了诺贝尔经济奖；1990 年，诺贝尔的一位重侄孙克劳斯·诺贝尔，又捐资增设了诺贝尔地球奖。此外，日本科学技术基金、日本 INAMOR1 基金、瑞士的巴尔赞基金会也都向诺贝尔奖基金捐赠过巨额资金）。

根据诺贝尔的遗嘱，瑞典政府于 1900 年 6 月批准设立诺贝尔基金，瑞典议会通过了《颁发诺贝尔奖金章程》，并且于诺贝尔逝世 5 年后的 1901 年 12 月 10 日第一次颁发了诺贝尔奖。

从此以后，除非遇到战争等不可抗拒因素，每年的 12 月 10 日都会分别在瑞典首都斯德哥尔摩、挪威首都奥斯陆举行隆重的颁奖仪式。

在这里，每年用于颁发诺贝尔奖的奖金就是通过公益信托运作的。

总体来看，信托业务一共分为五大类，分别是资金信托、不动产信托、公益信托、管理破产企业的信托、处理债务信托。

其中的公益信托也叫慈善信托，是指出于公共利益目的，让全社会公众或一定范围内的社会公众受益而设立的信托，具体包括救济贫困、救助灾民、扶助残疾人、发展教育、科技、文化、艺术、体育、医疗卫生事业，发展环境保护事业、维护生态平衡以及发展其他社会公益事业而设立的信托。

每年颁发的诺贝尔奖奖金数额，由基金会的收入多少和通货膨胀这两个因素来确定。例如，诺贝尔奖奖金数额从最初的 3 万多美元增长到 20 世纪 60 年代的 7.5 万美元，20 世纪 80 年代增加到 22 万美元。2008 年的诺贝尔奖虽然和上年度一样是 1000 万瑞典克朗，但由于受金融海啸影响，汇率发生变化，折合成美元后已经从上年的 150 万美元贬值到 130 万美元。

在诺贝尔基金会成立之初，为了保证每年能够按期发放诺贝尔奖奖金，基金会章程规定，根据诺贝尔个人的初衷，基金会的投资范围只能局限于"安全的证券"。

所谓"安全的证券"，是指"国债与贷款"，具体地说是指有固定的财产作抵押、有中央政府或地方政府作担保、能够支付固定利息的国债和贷款。

由于每年都要发放奖金，并且基金会运作本身也需要支出费用，所以到 1953 年时该基金会的资产只剩下了 300 多万美元。面对这种尴尬局面，美国政府从 1953 年起决定免征该基金会在美国所有投资活动的税收。

诺贝尔基金会受此鼓舞，决定修改基金会章程，也从 1953 年起增加投资管理和提高资金运作能力，投资活动开始从保守转向积极。瑞典政府也允许基金会独立投资了，投资项目也改为以股票和房地产投资为主。

由于运作良好，2008 年该基金会的总资产已经升值到 5.1 亿多美元，在过去的 55 年间增长了 170 倍。基金会总资产中大约有 72% 投资在股票上，其中大部分投资的是美国股市。众所周知，2008 年美国标准普尔 500 指数暴跌了 38%（历史上最大的跌幅是 1931 年的 47.1%），要不然，该基金会的总资产更会非常惊人。

《中华人民共和国信托法》（简称《信托法》）第六章公益信托第六十条明确规定为下列公共利益目的之一而设立的信托，属于公益信托。

（1）救济贫困。

（2）救助灾民。

（3）扶助残疾人。

（4）发展教育、科技、文化、艺术、体育事业。

（5）发展医疗卫生事业。

（6）发展环境保护事业，维护生态环境。

（7）发展其他社会公益事业。

目前，我国每年有6000万名灾民需要救济，有2200万名城市低收入人口享受低保，还有5700万名农村绝对贫困人口和低收入人口、8200万名残疾人、1.04亿65岁以上的老年人需要各种形式的救助。虽然我国的各种慈善基金会多达1300多个，资产总额高达300亿元，年募集资金也有200亿元，但由于相互之间没有专业分工，公示和监督机制建立较晚，善款使用随意性大，慈善机构的公信力和效率正在受到质疑。

2008年5月12日，我国四川省汶川等地发生严重地震灾害，造成了巨大人员伤亡和财产损失，社会各界纷纷慷慨解囊，踊跃向灾区捐款捐物，国内外捐款超过500亿元人民币，创造了同类捐款的历史纪录。

随着灾区重建工作的正式展开，如何真实、有效地使用这些善款，在长达3年以上的重建过程中更好、更有效、更持久地发挥这些善款的作用，引起了国内外的广泛关注。

2008年6月2日，中国银行业监督管理委员会发布的《关于鼓励信托公司开展公益信托业务支持灾后重建工作的通知》中明确指出："为帮助和支持灾区重建工作，中国银监会鼓励信托公司依法开展以救济贫困、救助灾民、扶助残疾人、发展医疗卫生、环境保护，以及教育、科技、文化、艺术、体育事业等为目的的公益信托业务。

对于公益信托而言，最关键的还是信任。如果没有这种信任，就不可能将财产权委托给它们。这种财产权包括物权、债权、知识产权以及其他所有除了身份权、名誉权、姓名权以外的无形财产权利。通过公益信托理财是一门值得继续探究的学问。通过对公益信托的进一步理解，对企业的发展一定能够有不少的帮助。

金融新秩序：全球都把"宝"压在中国

所谓金融海啸，就是一个国家或几个国家与地区的全部或大部分金融指标（如：短期利率、货币资产、证券、房地产、土地（价格）、商业破产数和金融机构倒闭数）的急剧、短暂和超周期的恶化。

2008年，一场百年未遇的金融海啸从美国华尔街迅速袭击了全球。它和之前的金融海啸有着相同的特征，那就是人们基于经济未来将更加悲观的预期，整个区域内货币币值出现幅度较大的贬值，经济总量与经济规模出现较大的损失，经济增长受到打击。往往伴随着企业大量倒闭，失业率提高，社会普遍的经济萧条，甚至有些时候伴随着社会动荡或国家政治层面的动荡。

受金融海啸影响，2009年的全球金融形势十分复杂，国际环境的混乱和不稳定因素日益增多，经济、政治、社会各方面问题浮出水面。国际货币基金组织等机构纷纷调低世界经济、国际贸易增长预期，试图挽救这场危机。

这一场金融危机暴露了现行国际金融体系的内在缺陷，并在全球范围内引起了对既往国际金融秩序建立理念、方式和有效性的深刻反思。作为世界上最重要的经济体之一，中国的每一步举措都受到全世界的关注，如何制定国际金融体系新规则，如何建立更为平衡的全球金融治理体系，这些都是各国政府都应该关注的问题。

2009 年 4 月，全球 400 多位金融专家、学者、政界高官会聚一堂举行"第五届中国金融（专家）年会"，专题研讨"危机下的中国金融新秩序"等热点话题，就可以看作是为建立中国金融新秩序破的题。

对于企业来说，资金管理是经济管理的命脉，同样的，国家也是如此。在这危急关头，把如此重任落在中国肩上主要是因为，中国金融的强劲流动性以及庞大的对外债权，使得中国金融业在危机中保持了良好态势。

例如，2008 年中国国内生产总值（GDP）达到人民币 300670 亿元，比上年增长 9.0%，其中第四季度比上年同期增长 6.8%，这样的成就不能不令全球瞩目。与此相应的是，2008 年中国金融运行状态的表现依然相当不错，银行信贷资产得到改善，防风险能力持续增强，本外币各项贷款同比增长 17.95%，不良贷款继续保持"双降"态势、风险抵补能力有了进一步增强。

在这次金融危机中，中国国际地位的凸显不是没有道理的，全世界的注意力都集中到了中国这片广袤的土地上。在全球金融新秩序的建立和完善过程中，中国充当了"稳定器"的角色。

我们都应该理性地认识到，建立国际金融新秩序包括国际货币新格局并不是一句空话，它需要在各经济体之间的各种摩擦和不合作中找到一个均衡点，才能够主导未来国际金融新秩序、国际货币新格局的方向。

在重建全球金融新秩序之前，我们也必须认识到建立和完善中国的金融新秩序的重要性。因为，中国金融的稳定和实体经济的发展，将直接决定中国对外投资能否保值增值。而且，未来全球金融的稳定性，对中国来说，同样比过去任何时候都重要。在这场博弈中，中国不一定要成为其中的主导者，但必然会以一个正在崛起中的大国的身份，展现自己的责任心和基本领导素质。

1.9 万亿美元的外汇储备就充分体现了中国对外投资的巨大规模。因此，中国在这次金融新秩序的重建过程中起到了举足轻重的作用，缺少了中国这个最大的新兴市场国家的配合和努力，西方发达国家很难有效地应对这次金融海啸。并且，相信在未来相当长的时期里，中国必然会成为全球最大的投资国。

然而在建立金融新秩序的漫漫长途中，人民币国际化将成为一个巨大的推动力。

最近中央支持上海"两个中心"建设的文件提出"到 2020 年，基本建成与我国经济实力以及人民币国际地位相适应的国际金融中心"。不难看出，上述政策表述中已经暗含了人民币资本项目可兑换乃至人民币国际化的时间表。当务之急是将时间表进一步细化以及对各个时点、各个路径阶段的利弊进行充分的论证。

十多年来，我国国民生产总值始终保持快速增长的态势，外汇储备也大幅度增加。

2009 年年初，我国外汇储备已经突破 1.95 万亿美元大关，居全球首位。与此同时，我国也有着良好的政治、经济基础，政治的稳定、国际地位和政治影响力不断提升，这些都为人民币走向国际化提供了坚实的后盾。

一国货币能否成为世界货币，与其汇率是否基本稳定、是否具备良好的国际信用、是否具备充足的国际清偿能力有着非常大的关系。而从 1994 年我国实行外汇管理体制改革以来，人民币汇率基本稳定并且稳中有升，正在逐步实现自由兑换，这为人民币国际化创造了良好条件。

在世界经济放缓、国际金融市场持续动荡背景下，中国金融机构累积的风险也会不断增加，未来国内银行业的持续盈利能力还有待考验，因为所有这些都不是一国能够完全调控的。当前，人民币国际化进程已进入初级阶段——人民币区域化、跨境计价结算试点期、货币互换、发行人民币债……伴随着金融海啸带来的巨大影响，人民币国际化航船悄然扬帆，逐步向更广阔的领域驶去。与人民币国际化共同展现的，必将是一个新的国际金融秩序。

虽然建立金融新秩序是大势所趋，但是却也不会一帆风顺的。在金融新秩序的建立过程中，我们还面临着不少的问题。例如，我国的经济实力还不够强，我国对外直接投资的规模还很小；中国作为社会主义国家屹立于世界之林，改革开放的 30 年中，经济发展迅速，这样难免会引起许多国家的警惕和忧虑，从而也会在一定程度上延缓金融新秩序的建立。

理性决定收益：长期投资项目选择

巴菲特曾经说过："所有的人都要认识到，所谓'长期投资者'简直就是一个啰嗦的说法，只有长期投资者才可以称为投资者，那些持股时间连几个月都达不到的人，最终不可能成为获胜者。"

其实，长期投资仅仅是一种方法，是投资方式的一种。通过长期、稳定的收益，帮助投资者实现资产增值目的，进而实现真正的投资目标，它是在投资者无法准确地预测市场的情况下，能够采用且有可能获得较为确定的预期收益的投资方式。

美国加利福尼亚大学的金融学教授布拉德·巴伯与特伦斯·奥丁考察了一家券商所提供的 66000 名客户的交易记录后发现，从 1991 年到 1996 年，这些客户共完成了 190 万次交易。

在不考虑交易成本的情况下，他们的收益要比市场的平均收益高出半个百分点，但是如果加上相关的佣金（以市场上最低的佣金来计算）以及各种费用后，其中买卖最频繁的两成交易者（教授们给出的定义是：每月股票周转率为 20%）的年收益率，就从超出市场平均水平大幅回落到低于市场平均水平的 6.4 个百分点。而最有耐心的投资者（即每月股票周转率低于 0.2%，换句话说，就是至少比最频繁的交易者懒上 100 倍）的收益却比市场高出约 1 个百分点。

更让人深思的是，这一组投资者是唯一一组在 5 年时间里，年平均收益超过市场指数的投资者！但如果不考虑交易费用，最懒的投资者与最勤快的投资者的收益几乎相同。

但是最懒的交易者，将名义收入中的绝大部分收益装进了自己的腰包，而最勤快的交易者却把其中的三分之一贡献给了券商以及政府。

事实上，在投资的过程中，长期投资的理念是没有变化的，发生变化的是投资者自己的情绪。正是因为情绪的变化，我们看待事物的态度与方式才会有所不同。而对投资者来说，最可怕的事情莫过于因为心理因素的影响而作出非理性的投资决策。

面对一个 100 万元、1000 万元甚至更大金额的决定或判断时，我们该如何抉择？你敢太过随意吗？显然是不会的。在这个时候，我们需要比较风险与收益、成本与收益，进而作出最佳的决定，获取最佳的经济利益。而如何比较风险与收益、成本与收益？这就需要运用公司金融的知识，它为我们提供了至少三种方法：净现值法、回收期法、内部收益率法。

净现值（用 NPV 表示）是指特定投资项目现金流入的现值与现金流出的现值之间的差额。决策原则是：若该项目的净现值大于 0，则该投资项目可行；而如果净现值为负，则显然是不可取的。净现值法是考虑了投资项目要求的最低报酬率（资本成本）的一种方法。净现值为负并不一定意味着该项目的利润为负，该项目的利润也可能大于 0，只是该项目的收益率没有超过投资人要求的最低收益率。从这个角度来说，当一个投资项目的净现值为负值时，我们说它是不值得投资的。下面将举一个简单的例子以帮助大家理解这极为重要的净现值法：

净现值 = 未来报酬总现值 – 建设投资总额 $NPV = \sum It / (1R) - \sum Ot / (1R)$

公式中：NPV= 净现值；It= 第 t 年的现金流入量；Ot= 第 t 年的现金流出量；R= 折现率；n= 投资项目的寿命周期

项目投资与收益情况	收益
期初投资	−100
第 1 年收益	28
第 2 年收益	31
第 3 年收益	37
第 4 年收益	55
净现值（NPV）	￥16.44
内部收益率（IRR）	17%

以 10% 作为资本成本；

NPV=16.44 大于 0，可以投资；

IRR=17.0% 大于 10%，可以投资；

NPV 计算每一年期末现金，故期初的投入应单独列出来相加；

IRR 的定义是 NPV 值等于零时的折现率，将 IRR 值带入 NPV 公式中，则净现值 =NPV（30.0%，B3：B7）+B2=0，从这种替代计算中，我们更可以进一步理解 NPV 与 IRR 的定义。

而它的缺点就是忽视了时间价值，而且没有考虑回收期以后的收益。因此，目前评价投资方案优劣时，只把它作为一种辅助方法使用。

回收期是指投资引起的现金流入累计到与投资相等所需要的时间。它代表收回投资所需要的年限。回收年限越短，方案越有利。回收期法简单，并且容易被决策人所理解。

在原始投资一次支出、每年现金净流量相等时：回收期＝原始投资额／每年现金净流入量（NCF）。

如果现金流入量每年不等或原始投资是分几年投入的，则可使用下式成立的 n 为回收期：$\sum I(K) = \sum O(K)(K=1, n)$。

内部收益率，就是资金流入现值总额与资金流出现值总额相等、净现值等于零时的折现率。如果不使用电子计算机，内部收益率要用若干个折现率进行试算，直至找到净现值等于零或接近于零的那个折现率。它是一项投资可望达到的报酬率，是能使投资项目净现值等于零时的折现率。而内部收益率的计算步骤为：（1）在计算净现值的基础上，如果净现值是正值，就要采用这个净现值计内部收益率算中更高的折现率来测算，直到测算的净现值正值近于零；（2）再继续提高折现率，直到测算出一个净现值为负值。如果负值过大，就降低折现率后再测算到接近于零的负值；（3）根据接近于零的相邻正负两个净现值的折现率，用线性插值法求得内部收益率。

所以，用内部收益率法来选择投资项目的话，就应该选择内部收益率大于市场贴现率的投资项目。

说到贴现率，有必要给大家再说一下选择贴现率的原则是什么？那就是要选择与该投资项目要求的最低报酬率匹配的贴现率。例如，某投资项目要求的最低报酬率为 10%，那么我们贴现该项目的未来现金流时就应该使用 10% 的贴现率。某项投资项目要求的最低报酬率也被称为该项目的资本成本，可以通过计算加权资本成本的方法得到，并且作为贴现率对该项目的未来的现金流进行贴现。

企业合并：如何改变高失败率的命运

企业并购自从 19 世纪在美国出现以来，已经历了五次并购浪潮，从"合并同类项"到"多项式相加"，再到"杠杆效应"，发展可谓是突飞猛进。近年来，伴随着全球经济一体化和信息化的趋势，企业并购浪潮更是风起云涌，呈现出范围大、数量大、力度强、巨额化、跨国化等系列全新特点。

企业合并，是指将两个或者两个以上单独的企业合并形成一个报告主体的交易或事项。企业合并分为同一控制下的企业合并和非同一控制下的企业合并。一个在并购过程中常被忽视的问题是整合时的整体规划。整合问题是最难解决的问题，尤其在资金、技术环境、市场变化非常剧烈的时代，整合就更加不容易了。

上周，美国时代华纳公司正式宣布分拆 AOL，两者不再是一家人了。

这真是悲惨的结局。9 年前合并的时候，AOL 的市值还高达 1640 亿美元，如今只剩下了 20 多亿，整整缩水了 98%！这桩当年被称为"世纪交易""史上最伟大的创举"的企业合并案，竟然是如此下场！

从叱咤风云的"巨无霸",蜕变为无足轻重的"小虾米",AOL 只用了 9 年时间。我们看惯了互联网的造富神话,但是何尝想到,互联网消灭财富的速度竟也堪称光速。在这个网络高速发展的年代,"网络巨人"AOL 为何会沦落至此?

但是,没有人料到,从宣布合并的那一刻起,AOL 就开始走下坡路了,市场的领跑者变成了落伍者,因为它犯了一个不可原谅的愚蠢错误——忽视了宽带业务!AOL 起家的法宝是拨号上网,最高网速一般不超过每秒 10KB,这意味着打开一个 100KB 大小的普通网页,用户需要等待 10 秒以上,而下载一个 5MB 的 MP3 文件耗时超过 10 分钟,所以这种上网又称"窄带上网"。AOL 本身是新技术的受益者,却对用户渴望高速上网的需求视而不见,对新兴的宽带技术无动于衷,顽固地坚守拨号上网阵地,这真是不可思议的事情啊,它最终遭到市场的惩罚。

——载 2009 年 12 月 15 日《21 世纪经济报道》

企业的规模扩大能够增强企业抵御市场风险的能力,企业合并以后,可充分整合并利用两个企业现有的共同资源,以达到更具势力和扩张力。

然而,是否真能实现大幅度的竞争力提升和销售额的增长,得以市场来最终衡量和监督,同时,还要看企业高层对此次收购的重视是否是长期的。除了对当时的成功收购仪式的举行的重视,还要将这一合并的资源有效运用,企业文化的统一更新,企业管理结构的优化调整,从而才能实现"硬件与软件"优化的结果,达到真正竞争力的提升和销售额的增长。

企业合并过程可以分为:合并选择、合并执行与合并后整合三个阶段。任何一个环节出现问题,都会给整个并购战略带来灾难性后果。

首先,目标明确,确立自己的企业合并战略。在合并过程中有一个明确可实行的目标,是合并战略实施成功的关键。此时,管理者要注意不要掉入自己织造的并购陷阱中。一些管理者天真地认为,花钱买回的资产一定是可以创造更大利润,且买得越多,回报越大。而事实远非如此。

其次,要防止整合过程中出现了管理系统的崩溃。这类系统性问题,是实施并购管理者的梦魇。每一个人都期望并购后出现累加或合成效应,但如果没有正确的认识和积极准备,并购后整合通常都会成为并购成功的最大障碍。

对公司合并整合而言,通常要考虑财务、战略和文化、运营与管理等几方面要素。首先是财务整合,在专业机构的参与下,对并购资产进行清查,对并购前的预设标准进行修正,并回馈给管理层与投资方真实信息,以便于作出进一步的决策。其次是战略与文化的整合,这是统一新老公司发展方向与各层级思想的工作,也是后续整合工作的基础。

眼看道指从 14000 点跌到 8000 点,仅从财务角度看,国外资产价格的确比过去便宜很多,"很多欧洲企业也快到了撑不住的地步"。同时在政策上,海外对中国企业并购不像过去那么排斥,"利润下滑和金融危机令越来越多陷入困境的公司和国家转向现金充沛的中国,以图拯救"。在这种背景下,无怪乎众多中国企业对于海外抄底跃跃欲试。

然而,事情并非如此美好,通过分析中国企业海外并购存在的人力成本"盲区",如通用、福特的员工退休福利赤字远远超过其市值，在合并过程中我们很容易陷入企业合并的最大陷阱——人力和文化的整合。正如英国《经济学家》一个尖刻的比喻所言，"企业合并要比好莱坞明星结合的失败率更高"。

长期在相对封闭的环境下成长、运作的中国企业在并购方面或许还要历经一些痛苦的失败。早年，TCL收购法国汤姆逊，明基收购西门子手机，这在当时战略层面都曾被认为是可行的收购，最终都败在了"人"之上。包括联想收购IBM，这一蛇吞象的壮举，目前也还处在艰难的文化整合之中。

中国企业不得不面对的一个基本事实是，全球60% ~ 70%的合并案例是失败的。虽然中国企业大多数并购事件才刚刚发生，或者整合期间低调潜行，一时半会儿还无法算出中国企业海外并购的成败几率。但相对于经验丰富的欧美日企业，长期在相对封闭的环境下成长、运作的中国企业在并购方面可能要有一些很痛苦的失败过程，才能真正学到很有用的知识。有没有能力整合好，这是每个准备出手收购的中国企业必须考虑的问题。

融资诊断与评估：如何确定融资合理性

所谓融资诊断与评估，就是指企业在充分调查研究企业的优劣势、所面临的机会和风险的基础上，进行系统地分析和诊断，判断出企业对资金的需求情况，并评估出企业融资的必要性和可行性，然后企业就可以根据自身所面临的内外部状况和财务状况测算出合理的需要筹集的资金量以及必需的融资成本。

为什么要进行融资需求诊断与评估呢？

不进行诊断与评估，企业融资的合理性无法确定，就有可能犯方向性错误，就可能会带来融资风险，所谓"头疼医头，脚疼医脚"。

不进行诊断与评估，不了解企业内部的资源来源和资金占用的内部结构，就无法确定合理的资金需要量和合理的资金需求时间。

不进行诊断与评估，不掌握企业拥有的内部和外部资源，就不可能选择和设计合适的融资工具，无法在融资的成本、风险两者之间做到平衡。

不进行诊断与评估，就不可能选择合适的融资渠道，就有可能浪费企业的资源。

不进行诊断与评估，就不能了解企业是否具备融资的基础，就不利于做好融资的各项准备性工作。

不进行诊断与评估，就无法确定融资需求，量化融资工作的目标，以便有针对性地选择融资工具和资金渠道。融资诊断和评估需要对下列内容进行判断和评估：可能影响企业融资的发展战略；融资的必要性；融资实现的可行性；融资需求的评估与量化，科学合理的融资诊断与评估对企业融资的成败有着极其重要的意义。

其一，合理的融资诊断与评估可以很好地印证企业融资的合理性，为企业融资指明方向，避免所谓的"头疼医头，脚疼医脚"的融资风险。

其二，有助于企业经营者透彻地了解企业的资金来源和资金使用的内部结构，从而确定出科学合理的资金需求量和有利于企业发展的资金需求时间。

其三，有助于使企业对自身所拥有的内外部资源有一个清醒的认识，为"知己知彼，百战不殆"打好基础，从而设计出符合企业的实际要求的融资工具和渠道，尽可能地在融资成本和融资风险之间找到一个平衡点。

其四，有助于企业打好融资基础，为融资做好各项准备性工作。

其五，有助于企业在已经掌握的资料的基础上，运用一系列科学的方法对融资目标进行量化，为融资的具体工作提供直接的参考和指引作用。

企业要做好融资诊断与评估，就要注意以下几个步骤：

第一，收集好相关的书面资料，做好与有关部门和负责人的访谈工作，必要的时候还要进行现场考察。

第二，对已经收集到的资料和数据进行归纳、分析，提取出有利的数据，并形成报告。

第三，组建由企业内外部专家组成的专家组，对上述数据和报告进行修正和补充，并形成最终的融资诊断和评估报告。

第十五章　企业缺钱怎么办，成为资本运作高手

——每天学点企业融资知识

融资技巧：如何摆脱融资之"难"

近年来，融资难已经成为广受关注的问题。您是否觉得融资对您来说仍毫无关系？如果说您觉得自己根本不需要融资，那您又是否遇到过缺钱急用、需要周转急的时候？

其实对"融资"最浅显地解释，就是找钱用。随着经济的发展，利用自己和社会已有的金融资源为自己办事，解决我们所面对的一时之需，已经成为社会规律。无论个人还是企业，在需要用钱或者资金周转时，就要进行融资了。无论是自己的企业面临资金周转问题，还是准备创业却缺少起步资金，您都需要学会如何融资。

在商场中，无论哪类企业，在初始资本金注入以后，后期的资金投入都是相对巨大的。当企业创立以后，马上就会需要有足够的资金来应对支出和业务费用。除非公司股东实力雄厚，否则长时间的生产运营，肯定会需要不少的资金，特别是高新技术类项目，会非常耗费资金。其次，即使产品生产出来了，完成生产和销售也需要很多的现金投入。对于商业服务类企业，且不说服务平台和网络的建设需要一定的先期固定投资，吸引客户、提供服务、完成业务等等都需要后续现金投入。特别是在初创阶段，对市场营销的投入将会有非常大的现金消耗。而对于科技型企业来说，大多数企业创始人都不具备雄厚的资金资源，因此向外寻求资金的注入，特别是机构投资人大额资金的注入，是非常关键和必要的。

一次演讲，成就融资百万：

从小在苏北农村长大的王丹玲从小家境困难，在亲戚的周济下，王丹玲勉勉强强读到高二，就再也无力读下去了。辍学后的王丹玲随表姐外出打工，他们先后在皮鞋厂当过工人，倒卖过大白菜，而正是这次本该赔本的卖白菜的经历启发了王丹玲，也成了她生意的开始。

由于贫穷，王丹玲对经济有着特殊的敏感，她一直在自学经济学方面的课程，读了许多财富方面的书籍。她的知识积累这次派上了用场。在暂时租借的一家学校的礼堂演讲那天，前来听讲的人爆满整个礼堂。王丹玲激动异常，她讲得声情并茂，台下不时爆发热烈的掌声。

演讲结束后，王丹玲向所有听讲者发了自己的名片，希望能够寻找到合作者。第二天，就有几位有投资意向的人给她打来电话，约她详谈。几经筛选，王丹玲最终选择了一位

在市场上倒卖鸡蛋的暴发户。

几个月后，王丹玲有着自己独特创意的"亮脸"公司营业了。

企业既然有融资的需求和必要，融资的时机就成了非常关键的问题。因为，如果融资早了，可能不会有非常显著的效果；而如果融资晚了，资金链随时有断裂的危险，对公司正常的经营会有严重的威胁。在公司不同发展阶段，企业的估值水平也是随时变化的，所以，企业应该选择在能体现最大价值的状态下进行融资。

在确定融资的必要和选定时机后，企业还需要选择融资的方式。目前，通常的融资渠道有股权融资、金融租赁、银行贷款以及风险投资等等。面对变化的经济形势和行业状态，企业在不同的发展阶段，对资金有着不同的诉求。因为企业融资不是简单的需要多少钱的问题，成功的企业都是懂得在何时用何种方式达到何种目的"聪明"企业。

妙计擦鞋收拢巨额投资：

"亮脸"公司开业后蒸蒸日上，王丹玲自是喜上眉梢，"倒蛋大王"更是心花怒放。但是，时隔不久，王丹玲就觉得市场需要如此巨大，而自己的"道场"又实在太小了。她敏锐地意识到必须乘大好时机，扩大规模，走规模经营的道路。

王丹玲把自己的想法告诉"倒蛋大王"，"倒蛋大王"却颇感为难，因为他又玩股票又炒房子，摊子铺得太大，实在无力再出资，他让王丹玲再等等，等手上资金充裕了再作打算，不急在一时。

王丹玲心想："等面包被别人拿光了，你就只能捡一些面包屑吃了。做生意有时候也必须与时间赛跑，与时间赛跑就是与财富赛跑，谁跑得快，谁掘得的金子就越多。"

就在王丹玲一筹莫展的时候，韩国一家公司的中国市场部经理杨经理来南京考察市场，王丹玲闻风而动，决定前往游说。

杨经理是一位久经沙场的老生意人，即使王丹玲侃侃而谈，杨经理仍不为所动。王丹玲有些心灰意冷。临走的时候，王丹玲执意要为杨经理擦一次皮鞋，并笑着说："我在皮鞋厂打过工，跟一位老师傅学了一手擦鞋的手艺。我招进来的每一位员工，我都会为他们擦一次鞋。"

杨经理还是不解："可我不是你们公司的员工。"

王丹玲说："对待合作伙伴和可以成为合作伙伴的朋友，我都会为他擦一次鞋，只一次。生意归生意，朋友归朋友，要想真正在一起合伙捡金子，首先要成为真诚的朋友。为朋友擦一次鞋，就算是一片诚意和见面礼了，没什么丢颜面的？"

其实，王丹玲当时也只是死马当活马医，一时突发奇想，想出擦鞋这一令她自己也有些哭笑不得的一招。没想到这次临场发挥，拉近了她与杨经理的距离。

半个月以后，杨经理陪同公司总部的老总登门"拜访"，王丹玲喜出望外，向这位老总捧出了自己的计划书。

时隔不久，杨经理带来好消息，韩国总部认为王丹玲是一位有能力有潜力并且值得信赖的合作伙伴，决定投资1500万元。

现在，王丹玲的亮脸公司正在呈遍地开花之势奋力发展。昔日的农家女早已脱胎换骨，成了远近闻名的"金凤凰"。

融资除了能解决资金问题外，还有一个功能就是引进战略投资人，优化企业的股权结构和治理结构。对于大部分企业来说，机构投资人能够带给企业的不仅会是强大的资金资源，更会在公司治理、行业整合、业务拓展等方面有全方位的支持。

在正常情况下，一个人有个好主意，大家都可以来投资，结果就是大家都可以发一笔财。但是如果"各人自扫门前雪，不问他人瓦上霜"的思想太过于浓厚的话，富裕的很可能只是一小部分人。在融资过程中，企业要放开，要懂得融资，个人也要放开，要敢于投资。而这里面存在一个很大的问题，那就是信任。可以说，信任也是融资中的一个制胜技巧，因为如果大家对张三和李四这个人都信不过，那无论他开的是餐馆还是物流公司，他的想法多么新颖，也不会有人敢向他们的公司投资。

制定融资策略：找钱之前必修课

金融市场就是一片广阔的大海，它不可能始终风平浪静，它总是变化莫测，暗潮汹涌。但是它最大的优势就在于，可以实现资金需求者与资金供给者的直接交流、沟通、交易，也就是金融学上所说的直接融资；而如果资金需求者与资金供给者是通过银行类金融机构来间接发生联系的话，那就又叫作间接融资。

在进入金融市场前，你就必须认清一个事实，那就是：投资有风险，入市需谨慎。这句看似简单的话却有着无穷的含义，如果你不愿意承担风险，却还幻想着能够得到高收益，那你就可能是守着乌托邦的幸福，只能无功而返。

在进行融资之前，我们必须要了解融资，根据企业自身的特点，制定自己的融资策略，帮助企业早日融资成功，促进企业发展。

1. 无形资产资本化策略

企业进行资本运营，不仅要重视有形资产，而且要善于对企业的无形资产进行价值化、资本化运作。一般来说，名牌优势企业利用无形资产进行资本化运作的主要方式是，以名牌为龙头发展企业集团，依靠一批名牌产品和企业集团的规模联动，达到对市场覆盖之目标。

2. 特许经营中小企业融资策略

现代特许经营的意义已超越这一特殊投资方式本身，并对人们经济和文化生活产生重大的影响。特许经营实际上是在常见的资本纽带之外又加上一条契约纽带。特许人和受许人保持各自的独立性，经过特许合作共同获利。特许人可以以较少的投资获得较大的市场，受许人则可以低成本地参与分享他人的投资，尤其是无形资产带来的利益。

3. 交钥匙工程策略

交钥匙工程是指，跨国公司为东道国建造工厂或其他工程项目，当设计与建造完成并初步运转后，将该工厂或工程项目的所有权和管理权的"钥匙"，依照合同完整地"交"给对方，由对方开始经营。

交钥匙工程是在发达国家的跨国公司向发展中国家投资受阻后发展起来的一种非股

权投资方式。另外，当它们拥有某种市场所需的尖端技术，希望能快速地大面积覆盖市场，所能使用的资本等要素又不足时，也会考虑采用交钥匙工程方式。

4. 回购式契约策略

国际间回购式契约经营，实质上是技术授权、国外投资、委托加工，以及目前仍颇为流行的补偿贸易的综合体，也被称为"补偿投资额"或"对等投资"。

这种经济合作方式，一般说来是发达国家的跨国公司向发展中国家的企业输出整厂设备或有专利权的制造技术，跨国公司得到该企业投产后所生产的适当比例的产品，作为付款方式。投资者也可以从生产中获得多种利益，如：机器、设备、零部件以及其他产品的提供等。

5.BOT 中小企业融资策略

BOT（建设—运营—移交）是一种比较新的契约型直接投资方式。BOT 中的移交，是 BOT 投资方式与其他投资方式相区别的关键所在。契约式或契约加股权式的合营，指投资方大都在经营期满以前，通过固定资产折旧及分利方式收回投资，契约中规定，合营期满，该企业全部财产无条件归东道国所有，不另行清算。而在股权合资经营的 BOT 方式中，经营期满后，原有企业有条件地移交给东道国，条件如何，由参与各方在合资前期谈判中商定。独资经营的移交也采用这种有条件的移交。

6. 项目中小企业融资策略

项目中小企业融资是为某一特定工程项目而发放的一种国际中长期贷款，项目贷款的主要担保是该工程项目预期的经济收益和其他参与人对工程修建不能营运、收益不足以及还债等风险所承担的义务，而不是主办单位的财力与信誉。

项目中小企业融资主要有两种类型：一是无追索权项目中小企业融资，贷款人的风险很大，一般较少采用；二是目前国际上普遍采用的有追索权的项目中小企业融资，即贷款人除依赖项目收益作为偿债来源，并可在项目单位的资产上设定担保物权外，还要求与项目完工有利害关系的第三方当事人提供各种担保。

7.DEG 中小企业融资策略

德国投资与开发有限公司（DEG）是一家直属于德国联邦政府的金融机构，其主要目标是为亚洲、非洲和拉丁美洲的发展中国家及中、东欧的体制转型国家的私营经济的发展提供帮助。DEG 的投资项目必须是可盈利的，符合环保的要求，属于非政治敏感性行业，并能为该国的发展产生积极的影响。

8. 申请世界银行 IFC 无担保抵押中小企业融资策略

世界银行国际金融公司（IFC），采用商业银行的国际惯例进行操作，投资于有稳定经济回报的具体项目。现在主要通过三种方式开展工作，即向企业提供项目中小企业融资、帮助发展中国家的企业在国际金融市场上筹集资金及向企业和政府提供咨询和技术援助。IFC 通过有限追索权项目中小企业融资的方式，帮助项目融通资金。IFC 通过与外国投资者直接进行项目合作、协助进行项目设计及帮助筹资来促进外国在华投资。

9. 中小企业融资租赁策略

中小企业融资租赁是指：出租人根据承租人的请求及提供的规格，与第三方（供货商）订立一项供货合同，出租人按照承租人在与其利益有关的范围内所同意的条款，取得工厂、资本货物或其他设备（以下简称设备），并且出租人与承租人订立一项租赁合同，以承租人支付租金为条件授予承租人使用设备的权利。

10. 成立财务公司策略

根据我国的现行金融政策法规，有实力的企业可以组建财务公司，企业集团财务公司作为非银行金融机构的一种，可以发起成立商业银行和有关证券投资基金，产业投资基金。申请设立财务公司，申请人必须是具备一系列具体条件的企业集团。

财务公司可以经营：吸收成员单位的本、外币存款，经批准发行财务公司债券，对成员单位发放本、外币贷款，对成员单位产品的购买者提供买方信贷等，中国人民银行根据财务公司具体条件，决定和批准的业务。

11. 产业投资基金策略

投资基金是现在市场经济中一种重要的中小企业融资方式，最早产生于英国，发展于美国。目前，全球基金市场总值达 3 万亿美元，与全球商品贸易总额相当。进入 20 世纪 90 年代以来，利用境外投资基金已成为我国利用外资的一种新的有效手段。

投资基金的流通方式主要有两种：一种是由基金本身随时赎回（封闭型基金）；另一种是在二级市场上竞价转让（开放型基金）。

12. 重组改造不良资产商业银行策略

银行在我国可以算是特殊的政策性资源，企业完全可以抓住机会以银行资产重组的形式控股、兼并、收购地方性商业银行。银行资产重组，根据组织方式和重组模式的不同，可分为政府强制重组、银行自主重组；重组的措施可以是资产形态置换和现金购买。总之是力求控股银行，对控股银行进行股份制再改造，申请上市和开设国内外分行，筹措巨额资金以支持业内企业的发展，形成实质上的产业银行。

13. 行业资产重组策略

资产重组是通过收购、兼并、注资控股、合资、债权转移、联合经营等多种方式，对同行业及关联行业实现优势企业经营规模的低成本快速扩张，并迅速扩大生产能力和市场营销网络。

14. 资产证券化中小企业融资策略

资产证券化是传统中小企业融资方法以外的最新现代化中小企业融资工具，能在有效地保护国家对国有企业和基础设施所有权利益和保持企业稳定的基础上，解决国有大中型企业在管理体制改革中面临的资金需求和所有制形式之间的矛盾。

15. 员工持股策略

目前我国股份公司发行新股，为了反映职工以往的经营成果，可以向职工发行职工股。该公司职工股的数额不能超过发行社会公众股额度（A 股）的 10%，且人均不得超过 5000 股；这部分公司职工股从新股上市之日起，期满半年后可上市流通。在公司上报申请公开发行股票材料时，必须报送经当地劳动部门核准的职工人数和职工预约认购股份的清单，中国证券监督管理委员会将进行核查，以后企业公开发行股票时有可能不再安排公司职工股份额。

融资成本：融资不能病急乱投医

融资是一种技术，更是一种艺术。对于融资企业而言，最重要的两件事：第一，是要认清自己，明确自己的定位；第二，就是结合自己的定位，找到合适的金融工具或者金融工具的组合。而在融资之前，企业不得不考虑一个重要的因素，那就是融资成本。

2011 年，多家银行公布了赴香港发行人民币债的计划，累计赴港发债的规模达到800 亿左右。赴港发行人民币债券是指境内金融机构依法在香港特别行政区内发行的、以人民币计价的、期限在 1 年以上按约定还本付息的有价证券。

从近几年赴港发债的几家银行来看，数量并不大，频率也不高；截至目前，境内银行累计在香港发行人民币债券，总融资额为 460 亿元人民币。

业内人士认为，"低成本发行的环境是多家银行选择赴港发债的重要原因"。根据北京银行发布的公告称，根据以往发行情况，在港发行人民币债券的利率较同期境内金融债券的利率低平均约 65bps。其中 2008 年 8 月进出口银行发行的香港人民币债券和境内金融债券的发行利差更是达到了 130bps，融资成本优势明显。

融资成本是资金所有权与资金使用权分离的产物，其实质是资金使用者支付给资金所有者的报酬。由于企业融资是一种市场交易行为，有交易就会有交易费用，资金使用者为了能够获得资金使用权，就必须支付相关的费用。如委托金融机构代理发行股票、债券而支付的注册费和代理费，向银行借款支付的手续费等等。企业融资成本实际上包括两部分：即融资费用和资金使用费。融资费用是企业在资金筹资过程中发生的各种费用；资金使用费是指企业因使用资金而向其提供者支付的报酬，如股票融资向股东支付股息、红利，发行债券和借款支付的利息，借用资产支付的租金等等。

2011 年上半年，上海中小企业利润增长趋缓，部分企业利润持平或下滑，甚至面临亏损停产。国家统计局上海调查总队发布对部分区县中小企业当前经营状况的调查报告。调查显示，奉贤区半数以上的受访企业利润总额同比下降或亏损；青浦区受访的 29 家企业中，有 18 家企业表示盈利空间受一定程度挤压。

大部分企业反映，今年央行三次加息，银行资金管制力度加大，进一步推高了中小企业融资成本和贷款难度。青浦区有部分企业表示今年融资成本明显上升。闵行区也有一些企业表示从银行贷款比较困难。浦东新区张江高科技园区的企业反映，目前银行贷款利率上升，企业贷款成本已达贷款额的 11% 以上，即使部分企业有贴息项目（贴息 2%）也要 9% 以上。

在融资成本的构成中，除了财务成本外，企业融资还存在着机会成本或称隐性成本。此外，另一个重要的因素是企业外在环境的变化和内在业务发展的状况都会影响企业融资的成本。

融资成本不仅对中小企业至关重要，它也是上市公司进行再融资方式选择时考虑的重要方面，公司的融资偏好在很大程度上取决于债券融资和银行贷款、股权融资成本的对比。下面我们就来看一看不同融资成本是如何计算的。

在公司资本成本的计量方面，从 20 世纪 90 年代以来，西方公司财务研究基本上认可了资本资产定价模型（CAPM）在确定经过风险调整之后的所有者权益成本中的主流地位。在借鉴相关研究的基础上，顾银宽等（2004）建立了中国上市公司的债务融资成本、股权融资成本和融资总成本的计量模型或公式。

1. 融资资本的计算

融资资本包括债务融资资本和股权融资资本，DK 代表债务融资资本，EK 代表股权融资资本，则分别有：

DK=SD1+SD2+LD

其中：SD1 代表短期借款，SD2 代表一年内到期的长期借款，LD 代表长期负债合计。

EK=EK1+EK2+EK3+EK4+EK5+ER1+ER2

其中：EK1 代表股东权益合计，EK2 代表少数股东权益，EK3 代表坏账准备，EK4 代表存货跌价准备，EK5 代表累计税后营业外支出，ER1 代表累计税后营业外收入，ER2 代表累计税后补贴收入。

2. 债务融资成本的计算

对上市公司来说，债务融资应该是一种通过银行或其他金融机构进行的长期债券融资，而股权融资则更应属长期融资。根据大多数上市公司募集资金所投资项目的承诺完成期限为 3 年左右，因此可以将债务融资和股权融资的评估期限定为 3 年。以 DC 代表债务融资成本，则 DC 可直接按照 3 年 ~ 5 年中长期银行贷款基准利率计算。

3. 股权融资成本的计算

股权融资成本 Ec 必须根据资本资产定价模型（CAPM）来计算。CAPM 模型就是：

ri=rf+β i（rm · rf）

其中：ri 为股票 i 的收益率，rf 为无风险资产的收益率，rm 为市场组合的收益率，β i 代表股票 i 收益率相对于股市大盘的收益率。

4. 融资总成本的计算

上市公司的总成本是债务融资与股权融资成本的加权平均，既有：

C=DC*（DK/V）*（1–T）+EC*（EK/V）

其中 C 代表融资总成本，T 代表所得税率，V 代表上市公司总价值，并且有：

V=E+Ds+DL

其中，E 代表上市公司股票总市值，Ds 代表上市公司短期债务账面价值，DL 代表上市公司长期债务账面价值。

通常情况下，企业所处行业的景气程度提高，同行业领头企业的成功融资，或者同行业上市企业的优异表现等等，都会对提升企业的价值有着或多或少的作用。而企业内部业务的发展、技术的突破、产品的试制成功等等也都可以实质性提升企业的价值。融资对企业来讲是生存的基础，也是持续发展的基础，但融资确实也给企业带来风险。企业能否获得稳定的资金来源、及时足额筹集到生产要素组合所需要的资金，对经营和发展都是至关重要的。因此企业方应该审时度势，未雨绸缪，更好地帮助企业发展。

债券融资：拿别人的钱为自己办事

债券融资，又叫债务融资，是指企业通过借钱的方式进行融资，债权融资所获得的资金，企业首先要承担资金的利息，另外在借款到期后要向债权人偿还资金的本金。债权融资的特点决定了其用途主要是解决企业营运资金短缺的问题，而不是用于资本项下的开支。

债券是企业直接向社会筹措资金时，向投资者发行、承诺按既定利率支付利息并按约定条件偿还本金的具有法律效力的债权债务凭证。

债券发行人就是债务人，投资者为债权人，二者之间是一种债务债权关系。企业通过发行公司债券达到融资目的，这是直接融资的一种有效形式。发行债券所融得的资金期限较长，资金使用自由，购买债券的投资者无权干涉企业的经营决策，现有股东对公司的所有权不变，债券的利息还可以在税前支付，并计入成本，具有"税盾"的优势。因此，发行债券是许多企业愿意选择的融资方式。

某房地产开发企业，项目总投资 1 亿元，自有资金 3000 万元，银行未偿还贷款 5000 万元，以企业名下物业（评估值 1 亿元）作抵押。尚需要借款 1 亿元，勇于偿还银行到期贷款并完成项目建设工程（因为银行借款未还，且已经展期，因此，不能从银行再贷款，只能寻求其他融资渠道）。最后，这家房地产开发企业从一个金融公司融资，金融公司先偿还了 5000 万元银行借款，同时物业重新作抵押登记，再借出 5000 万元为其完成项目后期施工。

目前，我国债券市场规模偏小，品种单一，有待于进一步完善。

债券融资具有一定的风险性，企业要规避风险，就必须寻求一个有利于债券发行的时机。

企业确定债券发行的时机需要考虑企业负债水平、融资预期收益以及国家的宏观经济环境等因素。

国际对企业资产负债率的考察标准为最高不超过 50%，因为企业负债一旦超过了这一界线，就容易发生财务危机。因此，企业应选择在负债率较低的时机发行债券，并进行融资收益预期，如果预测收益前景乐观，发行债券融资就是企业的最优方案；反之，企业就没有必要发行债券了。债权融资，相对股权融资面对的风险较简单，主要有担保风险和财务风险。作为债权融资主要渠道的银行贷款一般有三种方式：信用贷款、抵押贷款和担保贷款，为了减少风险，担保贷款是银行最常采用的形式。

企业应根据自己的经营状况、资金状况及所具备的条件，决定本企业的举债结构，并随时间及企业经营状况的变化随时调整这一举债结构。

大冶有色金属集团控股有限公司（下称公司）于 2010 年经国家发改委批准发行 7 亿元、8 年期的公司债，简称"10 大冶有色债"。在 2009 年国家有色金属行业振兴规划出台的背景下，公司作为中国五大铜原料基地之一，通过发行公司债券募集资金，将资金主要投入国家产业政策鼓励的铜冶炼节能减排改造和矿山深部开采等关系公司发展后劲的项目上，有利于公司贯彻执行国家产业政策，及时筹措资金满足公司重点项目建设需求。

要了解债券融资方式，我们先来看看债券融资的特点：

其一，发行债券的期限长短不限，由债务人自行确定。

其二，购买企业债券的投资者不得过问企业生产经营决策。这意味着企业所有权不受任何影响，不像股票那样分散股东对公司的控制权，它有利于保持企业的控制权。

其三，债券利息也是固定的，企业可从税前利润支付。当企业举债经营所获得的投资报酬率高于债券利率时，举债越多，对企业越有利。

由于公司企业信誉一般要比商业银行信誉低，因此，与银行贷款相比，发行债券融资成本较高，发行债券融资的风险性较大，到期还本付息会对企业构成较重的财务负担。一旦违约，企业就有遭遇倒闭破产的可能。但是企业发行债券融资也能够在一定程度上弥补股票融资和向银行借贷的不足。

然而，公司债券不是能够随随便便发行的，企业必须符合一定的条件才能够发行。企业要发行债券融资，必须有良好的生产经营状况，有连续三年的盈利记录，而不能因为生产经营发生亏损才想起发行债券融资。

债券的发行并非多多益善，受资金的限制，债券的发行是有数量限制的，企业需计算成本，融集资金如果不用就意味着浪费。

企业发行债券必须有担保，这是发行的重要条件之一。企业用自己的固定资产作抵押，或者让一家有一定资金实力的公司作为第三方保证担保。对于投资者而言，担保可以增加投资安全性，减少投资风险，使债券更具吸引力。当然，并不是说具有担保的债券就一定安全，只是相较于无担保债券风险要小一些。

企业如何选择发行价格，这不是由企业管理层单方面决定的，而是要根据市场情况来决定。债券发行价格主要有平价发行、溢价发行、折价发行三种。一般而言，公司根据自身的情况来选择贷款的种类，对于资金量需求大的、市场利率趋高、债市发达的企业来说，适合发行中、长期债券；反之，则应以短期债券为主。在偿还时，偿还期限越长，公司需支付的利息就越多。因此，公司应从资金需要的各个阶段、未来市场利率的趋势、证券市场流通程度等各方面因素进行综合分析，确定债券偿还期限。

债券融资因为自身的特点，使得企业在使用这笔通过发行债券融到的资金时，仍有一些限制，例如，不得用于弥补生产经营亏损和非生产性支出，不得用于炒作股票、房地产以及进行高风险的期货交易等与企业生产经营无关的风险性投资。

目前，中小企业普遍反映融资难，债券融资作为融资的一种金融工具和渠道，现行发行债券的法律法规和政策的夹击下仍面临着不利的局面，中小企业只有深入研究掌握债券发行的知识，才能充分利用这一自主便捷的融资工具为自身服务。

股权融资：上市公司以权力换资金

股权融资一直是企业融资的主要方式之一，也是证券公司投资银行业务最重要的收入来源之一。

股权融资是指企业的股东愿意让出部分企业所有权，通过企业增资的方式引进新的股东的融资方式。股权融资所获得的资金，企业无须还本付息，但新股东将与老股东同样分享企业的赢利与增长。

投资银行的股权融资业务主要是帮助融资方公开或非公开发行股票筹集资金，并为其提供发行前的股份制改造以及证券产品设计、定价、寻找投资者、路演及承销等方面的服务。

股权融资按融资的渠道来划分，主要有两大类，公开市场发售和私募发售。所谓公开市场发售就是通过股票市场向公众投资者发行企业的股票来募集资金，包括我们常说的企业的上市、上市企业的增发和配股，都是利用公开市场进行股权融资的具体形式。所谓私募发售，是指企业自行寻找特定的投资人，吸引其通过投资人入股企业的融资方式。因为绝大多数股票市场对于申请发行股票的企业都有一定的条件要求，例如，我国对公司上市除了要求连续 3 年赢利之外，还要企业有 5000 万的资产规模。因此，对大多数中小企业来说，较难达到上市发行股票的门槛。私募成为民营中小企业进行股权融资的主要方式。

某民营企业是由国企改制而成的，改制后有超过两年完整的经营记录，发展也比较顺利。2004 年该企业的净利润超过人民币 2000 万元，2005 年净利润超过 3000 万元。2005 年净资产约 7500 万元人民币。企业产品销售市场稳定，其中 60% 的产品出口国外。后来该企业为了提升生产能力，降低生产成本，从而增强盈利能力，计划购入约 5000 万元生产设备，并确定引进策略投资者以股权投资方式解决购买设备所需资金。

这家企业联系了一个大型金融公司，经过一轮接洽，最终确定操作性最可行的香港某投资机构，投资者先后对企业进行了多次实地考察，并进行市场等多方面的分析后，最终签订了投资意向书。随后投资者对该公司进行投资前的尽职调查，包括财务方面及法律方面的尽职调查，这方面的工作，投资者聘请了境外的会计师及律师来完成。由于该公司前期进行了充分的准备，尽职调查工作进展顺利，结果满意。在专业机构调查报告结果正确的基础上，投资者很快决定了对该公司的股权投资，以 5000 万元港币投资占该公司约 30% 的股权。在投资完成后，该公司正在为下一步申请直接上市作准备。

这是一次完整的股权融资过程，这样的案例并不少见，股权融资已经成为很多企业的融资选择。如果没有股权融资，四川长虹集团不可能发展成为中国的彩电大王；如果没有股权融资，青岛海尔也不可能成为海内外享有盛誉的特大型、多元化、国际化企业集团。这就是股权融资的神奇之处，从全国投资者手中汇集大量资金，扶植企业更好更快地发展。

然而，在股权融资的过程中，也有很多企业管理者，因为忙于融入资本，就没有过多地考虑企业的控股权，结果最后被人扫地出门。例如，点击科技的王志东在创办点击科技前，曾创办新浪网，由于在中小企业融资过程中，股权释放过快，导致由创始人变成小股东，最后在与投资方意见不合时，又被投资方一脚踢出了新浪网，给王志东的心灵造成了很大的伤害。之后中国企业网创始人张冀光又是另一个例子，1998 年，张冀光创办中国企业网，1999 年 9 月被当时中国数码收购 80% 的股份。中小企业融资后，张冀光担任总经理，对方另派一人担任董事长。结果，张冀光后来还是不得不离开了自己一手创办的中国企业网。但是，在争夺创业控制权方面，也有一个非常成功的例子，那就是当当网的李国庆及其团队，利用奇妙的战术，达成了自己绝对控股当当网 51% 的心愿。

当当网成立于 1999 年年底，在国内互联网公司大多还处于泡沫破灭，大赔其钱，投资者看不到胜利希望的时候，李国庆及其团队异常团结，大家同进同退，取得了最后胜利。

2003 年 6 月，当公司全面赢利已经成为现实的时候，李国庆向当当网的三大原始股东 IDG（美国数据集团）、卢森堡剑桥、日本软银提出要股东奖励创业股份的要求，希望将增值部分的 50% 分给管理团队作为奖励，但是这一计划遭到了三大原始股东的强烈反对，认为李国庆要价太高。李国庆当即采取了一个措施，马上宣布将另起炉灶，做一个与当当网竞争的公司，并随即将这一消息广泛传播，让对方觉得"此事已定，没有商量"。

2003 年 10 月 28 日，所有当当网的员工、IDG 投资及中国国内一些企业高层都收到了一封题为《我的感谢以及任期》的电子邮件。由于当当网系由李国庆与其创业团队一手做起来的，三大原始股东一直并未插手经营，对网上书店不熟悉，李国庆突然宣布辞职，三大原始股东来不及安排人接班，也没有时间来学习。首先在意志上打击和动摇了对手。其次，当时正有美国的老虎基金也看好当当网的前景，准备加入。老虎基金也不希望李国庆带领团队离开当当另起炉灶，与当当展开竞争。李国庆就是利用了这一有利形势，推动老虎基金出面与当当网的三大原始股东谈判，最后达成协议，由老虎科技基金出面，向三大原始股东购买一部分当当网的股份，转而赠给李国庆及其管理团队。

2003 年 12 月 31 日，协议正式签署，三方各自获利，李国庆以当当网的核心竞争力（团队）为筹码，并通过巧妙地运作，终于赢得了这场与资本方的博弈，实现了其"视王志东为榜样却坚决不愿成为王志东第二"的誓言。

1602 年，第一个股票交易所在阿姆斯特丹建立。之后，无数的公司经过投资银行这个"接生婆"登陆证交所，成为公众持股的上市公司。截止 2009 年，纽约证交所上市公司达到 4000 余家，纳斯达克交易所上市公司约 5000 家，伦敦证交所上市公司约 3200 家，我国上海交易所和深圳交易所上市公司近 1900 家。这些公司在各个行业内都处于领军地位，它们都是以权力换资金，而投资银行在这些公司的上市过程中起到了关键性的作用。合理运用股权融资，可以帮助企业取得良好的发展，但是如果忽略了企业的控股权，后果也将不可估量。

金融租赁：借鸡下蛋，卖蛋买鸡

曾经看过这样一首称赞金融租赁的诗：

租赁业务万花筒，法规定义各不同。
概念混淆捆手脚，吃透概念显神通。
知识密集有挑战，实践经验炼真功。
现代租赁大发展，经济腾飞攀高峰。

租赁并不是一个新兴行业，它是一个较为古老的行业。金融租赁是指由出租人根据承租人的请求，按双方的事先合同约定，向承租人指定的出卖人购买承租人指定的固定资产。在出租人拥有该固定资产所有权的前提下，以承租人支付所有租金为条件，将一个时期的该固定资产的占有、使用和收益权让渡给承租人。

150年前的伦敦东部地区，煤矿已经采用租赁的方式从制造商处获得烧煤的机车，当时人们普遍采用的方式是签订以星期为单位的租赁，并将其展期至数年。实际上，这已经初步具备了现代融资租赁的雏形。

但是，真正现代意义上的融资租赁产生于美国。在大西洋彼岸的美国，租赁业务从19世纪中后期开始也有很大的进步，1877年美国贝尔电话公司向企业和个人出租电话机。电话租赁业务得到普及；19世纪末，美国联合制鞋公司向制鞋商出租制鞋机等。

第二次世界大战以后，世界经济开始复苏，由于国际竞争加剧，制造商降低成本的要求非常迫切。而当时的美国经济也面临着从战时的军工生产向民用工业转变。但是美国政府的金融紧缩政策，使大多数企业很难筹措到资金。在这种情况下，出现一种不依靠自有资金和借款即可引进设备的机制也就变得顺理成章了。

1952年，美国加利福尼亚州一家小型食品加工厂的经理亨利·斯克费尔德，因没有资金更新陈旧的带小型升降机的卡车，便考虑以每月125美元的代价租用卡车，并和经纪人达成了协议。

据此，亨利·斯克费尔德产生了建立租赁公司的设想，并向一家商会的负责人提出了建议。正好该商会当时正准备引进价值50万美元的新设备，但又不想为此一次性支付全部购买款项。于是，双方动员了一些支持者，共同努力提出了租赁方案，并成功地从美国银行获得了约50万美元的贷款，作为出租给该商会设备的购入资金。

由于此次交易非常成功，1952年，亨利·斯克费尔德创建了美国租赁公司，其主营业务是根据顾客的需要从其他制造商处购进设备，再租赁给顾客。这样，既解决了顾客尽早利用机器设备的问题，也解决了顾客资金不足，难以一次性付款的难题。亨利的公司被公认为是世界上第一家现代意义的融资租赁公司。

金融租赁实质是依附于传统租赁上的金融交易，是一种特殊的金融工具。一般分为三类，分别是直接融资租赁、经营租赁和出售回租。在金融租赁过程中，由于租赁物件的所有权只是出租人为了控制承租人偿还租金的风险而采取的一种形式所有权，在合同结束时仍需要转移给承租人，因此租赁物件的购买由承租人选择，维修保养也由承租人负责，出租人只提供金融服务。

租金计算原则是：出租人以租赁物件的购买价格为基础，按承租人占用出租人资金的时间为计算依据，根据双方商定的利率计算租金。

在整个过程中，金融租赁的完成需要几个关键要素，它们分别为：承租方主体、出租方主体、期限、租赁标的。而随着市场的发展和需求的多样性，金融租赁的表现形式已经丰富多样，出现了许多新式的租赁服务，比如回租、委托租赁、转租赁、合成租赁、风险租赁等，但总起来讲不外乎两种基本的模式，一种是出租方将标的物购买后移交承租方使用；另一种则是将购买标的物的资金以类似于委托贷款的方式交给承租方，由租赁方购买既定的标的物。而通过金融租赁实现融资的基本特征在于承租方的最终的目的是取得标的物的所有权。

因此，金融租赁的期限一般也是有限制的，通常会接近标的物的使用寿命。在相对成熟的金融租赁市场中，这个期限一般界定为设备使用寿命的75%，而从租金的总额度上来看，也会接近标的物的购买价格，通常界定为购买价格的90%，或者双方约定在期满后承租人某种方式获取标的物的所有权。

2004年4月初，在沪上金融租赁公司新世纪金融租赁有限责任公司的成功运作下，全国首个房地产"售后回租＋保理"融资项目正式签约——沪上一家大型房地产公司将其拥有的海南一家著名大酒店出售给金融租赁公司，并签订了5年的"售后回租"合同；金融租赁公司又与一家股份制商业银行签订"国内保理业务"合同，将房地产售后回租形成的租金应收款卖给银行，房地产公司一次性完成融资金额高达6亿元。

金融租赁在融资过程中的重要作用，正体现了这样几个特征：第一，可以获得全额融资；第二，可以节省资本性投入；第三，无须额外的抵押和担保品；第四，可以降低企业的现金流量的压力：第五，可以起到一定的避税作用；第六，从某种意义上来说，可以用作长期的贷款的一个替代品。

融资租赁将金融与产业更有效地结合起来，在金融日益产业化和产业日益金融化的今天，融资租赁不应该仅仅是一种可有可无的修饰和点缀，而应该承担更大的责任。金融租赁适用的范围也非常广，对于企业来说，从厂房、设备、运输工具，甚至软件、信息系统都可以适用，无论是大型的国有企业、医院，还是中小型的企业，都可以采用金融租赁的方式。

目前全球近1/3的投资是通过金融租赁的方式完成的。在美国，固定资产投资额度的31.1%由租赁的方式实现，加拿大的比例是20.2%，英国为15.3%。下面就让我们来看一看金融租赁对于企业发展到底具有哪些好处：

其一，经营租赁融资，可以实现表外融资，保持合理负债。收入支出匹配，均衡企业利税。租赁融资不是"高利贷"，是企业均衡税负，持续发展的新型融资机制。

其二，多种渠道融资，改善财务结构。减少支付压力，改善现金流量。

其三，设备租赁管理，集中扣税资源，减少机会成本，追求服务便利。

其四，资产变现筹资，企业滚动发展实现税前还贷，避免资产损失。

员工持股制：让员工做企业的主人

ESOP（Employee Stock Ownership Plans，简称ESOP），又称公司职工持股计划，是指由企业内部员工出资认购本企业部分股权，委托一个专门机构（如职工持股会、信托基金会等）以社团法人身份托管运作，集中管理，并参与董事会管理，按股份分享红利的一种新型股权安排方式。

ESOP是一种由企业员工拥有本企业产权的股份制形式，包括两种方式：非杠杆型ESOP和杠杆型ESOP。非杠杆型ESOP指实行员工持股计划的过程中，不依赖于外部资金的支持，主要采取股票奖金或者是股票奖金与购买基金相结合的方法予以解决。杠杆型 ESOP（LESOP），通常由公司出面以 LESOP 所要购买的股票作为抵押，向商业银行或其他金融机构融资，所得款项用于购买股票，只有在 LESOP 定期利用公司的捐赠偿还本金和利息时才能逐步、按比例将这部分股票划入员工的私人账户。

改革开放以后，随着我国经济体制的改革，我国也有一部分企业开始学习欧美地区关于成熟员工持股（ESOP）的经验，将部分股权转让给内部企业员工。员工持股不仅仅是将企业财富分配给企业员工，也是将员工的命运与企业的市场竞争力捆绑在一起。我们都知道，工资和奖金是激励员工的一项最基本手段。通过员工持股的形式来增加企业的凝聚力，让员工做企业的主人，以达到企业发展的最佳效果。

上海浦东大众出租汽车股份有限公司是全国出租汽车行业的第一家股份制企业，是由上海大众出租汽车公司（后改制为股份有限公司）、上海煤气销售有限公司、交通银行上海浦东分行等单位共同发起，公开募集股本组建的，公司于 1991 年 12 月 24 日成立，于 1993 年 3 月 4 日正式挂牌在上海证券交易所上市。

上海浦东大众出租汽车股份有限公司的总股本为 25896.78 万股，其中有流通股 11509 万股，占总股本的 44.44%。总资产 7.1 亿元，没有对外负债。年营业收入 1.9 亿元，年总利润为 1.09 亿元（1997 年的财务数据）。公司目前拥有出租汽车 1000 多辆，是浦东新区客运行业的骨干企业之一。公司主营业务有汽车客运、汽车配件销售、房地产开发、商务咨询等。下属企业有上海浦东大众出租汽车配件公司、上海浦东房地产发展有限公司、上海浦东大众公共交通有限责任公司、上海久企贸易交通有限责任公司、上海久企贸易实业公司、上海发发出租汽车公司、上海浦东大众长途客运公司、上海浦东大众快餐公司。

1997 年 9 月 18 日，上海浦东大众出租汽车股份有限公司职工持股会暨首次会员大会召开，标志着浦东大众职工持股的正式运作。

职工持股会会员 2800 余人，持有上海大众企业管理有限公司 90% 的股份，股份总额为 6800 万股，每股 1 元。而上海大众企业管理有限公司通过股权转让方式受让浦东大众法人股 2600 万股，每股受让价格为 4.3 元，持有浦东大众总股本 20.08% 股权，成为浦东大众的最大股东，拥有了浦东大众的管理权。因此，浦东大众职工持股会直接持有上海大众企业管理有限公司 90% 的股权，间接持有浦东大众 20.08% 的股权。持股会通过上海大众企业管理有限公司对浦东大众具有间接影响。

在浦东大众，股东大会是最高权力机构。但由于上海大众企业管理有限公司掌握了企业的控制权，而职工持股会又是上海大众企业管理有限公司的最高权力机构，因此职工持股会相当于浦东大众的第二个法人治理机构。职工持股会的代表要进入董事会、监事会，参与决策、决算和监督，以从根本上改变决策者不负经济责任的状况。

上海浦东大众出租汽车股份有限公司之所以建立职工持股会，也是有自己的考虑的。让劳动者成为有产者，确立职工的主人翁地位，使企业与员工真正成为利益的共同体，减少企业与员工之间的利益矛盾，强化了企业内部的监督机制，改变企业的治理结构。

在我国竞争激烈的严峻形势下，中小企业面临着生存困难的问题。大型企业的低价排挤，使得中小企业往往坚持不了多久就面临倒闭的绝境。但是如果通过内部融资，以入股的形式进行融资，这样，公司流动资金自然就会增加，无形中增加了公司设备的投入，厂房也扩大了。

唐村实业有限责任公司的前身是唐村煤矿，始建于 1958 年，是兖州矿业（集团）有限责任公司建矿最早和第一家进入衰老期的矿井，1991 年经政府批准注销了生产能力。同所有的资源型企业一样，在结束了鼎盛期后，矿区陷入了困境，企业连续 6 年严重亏损，人心思走，以煤矿生产维系的小社会难以为继。为摆脱困境，寻找衰老矿区重新振兴的新路子，1993 年，集团公司把唐村矿列为"内部特区"试点，并于 1997 年按照建立现代企业制度的要求，进行资产重组，通过吸收社会法人股、职工持股，建立唐村实业有限责任公司。经过五年多的转机改制和产业调整，使矿区初步摆脱困境，基本解决了企业生存自立问题，形成以非煤产业为主导的经济实体，生产经营呈现出良好的发展势头。唐村实业公司以唐村矿改制时的经营性资产，经评估后作为注册资本，集团公司控股 56%，其余的 44% 产权出售变现，其中社会法人股以现金购买 14% 股本，唐村矿内部职工通过职工持股会购买 30% 股本。公司设立股东会、执行董事、经理层和监事会。股东会由出资人按出资比例推举股东代表组成，公司不设董事会。

在职工持股的运作方面，一般情况下，职工股是由职工直接出资获得的。职工持股会章程规定，职工所持有的股份，没有特殊情况，一不能转让、二不能抛售，一直到退休。会员出资认购的股票，可以在公司职工间转让。职工和会员离开企业，如调离、被公司辞退、除名、或死亡，其所持股票必须全部由持股会收购。员工持股制在中国企业中的实践证明，效果的确是卓有成效的。

贸易融资：中小企业的解困之道

广州市一家经营家具的 A 公司，2002 年开始接美国 B 公司的皮具业务。近日，A 公司又接到 B 公司一批价值 125 多万美元的订单，约定结算方式为信用证。但受金融危机影响，A 公司赊账进行原料采购的模式受到严重冲击，原料迟迟无法到货，公司急需贷款，却又苦于缺少有效抵押物，陷入了手握订单却为资金周转发愁的窘境。

经审核，银行同意给 A 公司发放信用证金额 80% 的打包贷款授信额度。收到美方开立的 125 万美元即期付款信用证后，A 公司凭正本信用证向银行提出打包贷款申请。

生产结束后，A 公司向银行交单，单证相符，银行向开证行寄单索汇。银行收到该笔信用证项下的出口货款 125 万美元，在归还银行打包贷款本息 100.7468 万美元人民币后，余额入 A 公司结算账户。

这是一个典型的贸易融资的案例。过去，因为银行对于传统流动资金贷款的具体交易环节关注不足，并且缺乏监督手段，加上企业配合意愿不强，致使银行贷款业务风险过高。我国银行业在生产流通领域的惨重损失，让银行投入巨额资金进行改革，而在改革过程中，另一个基于具体债项交易的融资产品兴起，它就是贸易融资。

所谓贸易融资，是指银行对进口商或出口商提供的与进出口贸易结算相关的短期融资或信用便利。在交易过程中，贸易融资改变了传统流动资金贷款的风险管理方式，而是将过度倚重企业自身资信水平转变为对资金、物流、信息流的控制从而来为企业融资。

贸易融资业务产品功能丰富、准入标准较低、授信方式灵活多样、对传统担保依赖度弱，适合不同企业的多种融资需求和附加金融服务，具有广阔的市场发展前景。

目前，随着我国经济增长方式的转变和"制造大国"地位的确立，必将带动贸易市场的快速增长。这必然会导致面临资金流动性相对过剩的压力，而金融同业竞争加剧，迫使国内银行需要寻找新的信贷市场。在金融这片广袤的市场中，贸易融资已成为我国银行业一项方兴未艾的战略性业务，受到极大的追捧。

在商品交易中，贸易融资具有一些自身的特点。银行运用结构性短期融资工具，基于商品交易（如原油、金属、谷物等）中的存货、预付款、应收账款等资产的融资。贸易融资中的借款人，除了商品销售收入可作为还款来源外，没有其他生产经营活动，在资产负债表上没有实质的资产，没有独立的还款能力。贸易融资保理商提供无追索权的贸易融资，手续方便，简单易行，基本上解决了出口商信用销售和在途占用的短期资金问题。

上海某纺织品进出口企业 A 公司年营业额超过 5 亿元，常年向欧美出口毛纺织产品。金融危机后，纺织业受到冲击，从前通常采用的赊销交易方式风险加大，且进口商的资金亦不宽松，其国内融资成本过高。经商议，双方达成以开立远期信用证的方式进行付款。该做法虽在某种程度上避免了 A 公司收不到货款的风险，但从组织货物出口到拿到货款仍需较长一段时间，这让 A 公司的流动资金出现了短缺。另外，A 公司担心较长的付款时间会承担一定的汇率风险。

银行分析认为，A 公司出口一向较为频繁，且该公司履约记录良好。结合具体情况，设计融资方案如下：在押汇总额度内，为 A 公司提供 50% 的出口押汇和 50% 的银行承兑汇票，借以降低客户的融资成本。A 公司按美国某银行开立的金额为 200 万美元、期限为提单后 90 天付款的远期信用证出运货物后，公司将全套单据提交给某商业银行浦东 B 分行，申请办理出口押汇业务。而后，B 银行将单据寄往美国开证行，对方向我国银行开来承兑电，承诺到期付汇。于是 B 银行答应放款，并与 A 公司协商以人民币押汇，以免除客户的汇率风险。融资金额扣除自贴现日至预计收汇日间利息及有关银行费用后，总计 1400 万元人民币，提供 700 万元人民币贷款，700 万元银行承兑汇票额度支付给出口商。待进口信用证到期，B 银行将汇票提交开证行托收，按期收到信用证项下款项，除归还银行押汇融资外，余款均划入 A 公司账户。

资金链的稳定对于企业进行贸易融资而言至关重要。从上面两个案例中，我们可以发现，在实行贸易融资的过程中，各种金融机构推出的贸易融资产品是多种多样的。因此，企业需要根据自己的实际需要，选择适合资金的金融产品。下面简单给大家介绍一下几种不同的贸易融资工具：

1. 信用证融资

信用证融资是出口商可以考虑的融资方式之一。通过信用证向银行申请专项贷款，从而实现融资。通常情况下，当出口商资金紧缺、短期内又无法争取到预付货款时，信用证融资则可以帮助出口商顺利开展业务、把握贸易机会、缓解企业流动资金压力。但这种方式必须倚靠信用证结算方式进行，未采用信用证结算方式的订单则无法申请。

2. 订单融资

订单融资是指企业凭借技术成熟、生产能力有保障的良好的买方产品订单，提供有效的担保后，由银行提供专项贷款，供企业购买材料组织生产，企业在收到货款后应立即偿还贷款的业务。在订单融资中，只要企业手里有订单即可向金融机构申请贷款，方便快捷，但是前提是要能够提供担保。

3. 供应链融资

供应链融资是银行基于供应链中的核心企业，针对其供应商的采购行为和经销商的销售行为开展的融资服务。核心企业的优质信誉能够使银行在一定程度上降低信贷风险系数。核心企业通过银行的帮助，能够做到信息流、物流、资金流的充分整合；供应商和经销商则可以解决融资难的问题。供应链融资比较适合中小企业。但是金融机构对整个供应链的考察是非常严格的，需要一定的时间。于企业的审查较为复杂，由于要考察，所以需要一定时间。

4. 买方信贷

买方信贷是指金融机构向境外借款人发放的中长期信贷，用于进口商（业主）即期支付中国出口商（承包商）商务合同款，促进中国产品、技术和服务的出口。此类信贷贷款期限较长，利率也较为优惠。但不足之处就在于无论是借款人还是出口商，都需要具备中国政府授权机构认定的资格，这是比较难的。

5. 信用保险融资

信用保险贸易融资是指销售商在投保信用保险并将赔款权益转让给银行后，银行向其提供贸易融资，在发生保险责任范围内的损失时，信用保险机构根据《赔款转让协议》的规定，将按照保险单规定理赔后应付给销售商的赔款直接全额支付给融资银行的业务。这是一种信用授信方式，出口商一般无需提供担保，并能够灵活选择融资币种，利于企业避免汇率风险。这项融资方式的前提则是企业必须先投保出口信用保险。

贸易融资是贸易和融资行为的结合体，它将担保与贸易联系在一起，并得到政府有关部门的支持，对促进贸易行为的有效开展起到了一定的作用。而且，贸易融资的融资渠道较为稳定，能有效地解决以贸易为中心的经营资金需求。各大中小企业应该多多了解贸易融资，并能够做到充分利用贸易融资，以促进企业朝更好的方面发展。

VC 和 PE：风险投资与私募股权投资

PE 和 VC 是近年来常常遇到的两个英文缩写，他们分别是 Private Equity 和 Venture Capital 的缩写，即私募股权投资和风险投资。

PE 和 VC 都是通过私募形式对非上市企业进行的权益性投资，然后通过上市、并购或管理层回购等方式，出售持股，从而获利。不同的是风险投资是私募股权投资的前期形式。

2010 年 7 月 8 日，国内顶级 VC 机构鼎晖投资宣布，注资入股蓝海电视传媒。鼎晖投资注资入股蓝海，受其承诺投资额超过千万美元，这是鼎晖首次投资对外传播媒体。

在投资规模大、投资回收周期较长的传媒行业，面对已经十分成熟的西方传媒市场，蓝海却能在短短几年内站稳脚跟。目前，蓝海有线频道已在美国多个主要城市落脚，包括纽约、洛杉矶、华盛、波士顿等。

蓝海电视传媒的董事，也是主导这轮投资的鼎晖投资合伙人王树，不得不提的是，他还是腾讯最早的风险投资人。

作为风险投资立足海外的民营商业媒体公司，蓝海电视在国内尚属首例，但是媒体产业是个"烧钱"的买卖，相对于成本投入，蓝海电视目前的广告收入、付费电视节目收入微乎其微，更好的盈利模式仍在摸索之中，此次堪称为"史无前例"的投资能否让蓝海电视走得更远，成为实现中国文化的"扬帆出海"，仍有待于时间的检验。

风险投资一方面被认为是企业的孵化器，但另一方面又被称为企业的隐形杀手。这其中的利害关系可见一斑。风险投资如果在市场上发现了一个发展前景比较好的种子企业，那么风险投资就会盯上这个企业。

风险投资具有以下几个特征：

首先，投资的目的是追求超额回报，而不是获得企业所有权，所以风险投资人绝大部分会在得到丰厚利润和显赫功绩后从风险企业退出。

其次，投资对象多为处于创业期的中小型企业，且大部分为高新技术企业。

最后，风险投资人积极参与到被投资企业的经营管理中，以提供增值服务，风险投资人会尽最大的努力来满足被投资企业各个发展阶段的融资需求。

风险投资人的大量资金支持，会给企业提供能够超速发展的后备动力；风险投资对于企业的股权结构、财务结构和人事结构来说，可以使公司发展更加透明化和健康化；风险投资的加入，也就等于带来了一股新势力，带来了新的客户、新的管理方式以及新的分析问题的角度。这些新的机遇，不仅促进了企业自身的发展，也在帮助企业朝着现代化的公众公司迈出坚实的脚步。

私募基金起源于美国。1976 年，华尔街著名投资银行贝尔斯登的三名投资银行家合伙成立了一家投资公司，专门从事并购业务，这是最早的私募股权投资公司。起初，全球已有数千家私募股权投资公司，黑石、KKR、凯雷、贝恩、阿波罗、德州太平洋、高盛、美林等机构是其中的佼佼者。

众多的私募股权投资公司在经过了 20 世纪 90 年代的高峰发展时期和 2000 年之后的发展受挫期之后，目前重新进入上升期。据英国调查机构 2007 年 2 月统计，世界共有950 只私募股票投资基金，直接控制了 4400 亿美元。

私募股权投资是指投资于非上市股权，或者上市公司非公开交易股权的一种投资方式。私募基金是与"公募"相对应的。公募基金即我们生活中常见到的开放式或封闭式基金。面对大众公开募集资金,国内的入门起点一般是 1000 元或 10000 元等；而私募属于"富人"基金，入门的起点都比较高，国内的起点一般为 50 万元、100 万元，甚至更高，基金持有人一般不超过 200 人。大型的私募往往通过信托公司募集，一般投资者很难加入其中。

国内私募股权投资基金经过 30 年的发展，成为仅次于银行贷款和 IPO 的重要融资手段。国外私募股权投资有以下几个特点：

首先，私募基金通过非公开方式募集资金，他的销售和赎回都是基金管理人通过私下与管理者协商进行的。很少存在公开市场的操作，一般不需要披露交易细节。

其次，在募集对象上，私募基金的对象只是少数特定的投资者，私募基金圈子虽小门槛却不低。

最后，在投资对象上，一般投资于非上市公司，很少投资于上市公司。流动性差，不存在现成的市场提供非上市公司的股权出让方与购买方直接达成协议。

私募资金的主要运作方式主要有两种：

第一种是承诺保底，基金将保底资金交给出资人，相应地设定底线，如果跌破底线，自动终止操作，保底资金不退回。

第二种，接收账号（即客户只要把账号给私募基金即可），如果跌破约定亏损比例（一般为 10% ～ 30%），客户可自动终止约定，对于约定盈利部分或约定盈利达到百分比（一般为 10%）以上部分按照约定的比例进行分成，此种都是针对熟悉的客户，还有就是大型企业单位。

PE 与 VC 虽然都是对上市前企业的投资，但是两者在投资阶段、投资规模、投资理念和投资特点等方面有很大的不同。现在很多传统上的 VC 机构现在也介入 PE 业务，而许多传统上被认为专做 PE 业务的机构也参与 VC 项目。但区分 PE 和 VC 的简单方式是，VC 为对企业前期的投资，而 PE 则是投资后期。比如，著名的 PE 机构如凯雷，也涉及 VC 业务。2006 ～ 2007 年，中国 VC 走出一条不同于美国的道路，表现为对于传统行业的投资和投资阶段的后移，VC 投资越来越 PE 化了。

企业发展的需要要求企业领导人从整体出发，综合考虑 VC 和 PE 的利弊，合理利用 VC 和 PE，因为 VC 和 PE 用得好，就可以为企业发展披荆斩棘，开山造路，用得不好也极有可能伤及自身，遗祸数载！

政策性基金融资：政府的天使投资

政策性金融是指在国家支持下，以国家信用为基础，运用各种特殊的融资手段，包括各种基金、资金、附加和专项收费，严格按照国家法规限定的业务范围、经营对象，以优惠性存贷利率，直接或间接为贯彻、配合国家特定的经济和社会发展政策而进行的一种特殊性资金融通行为。主要以低利率甚至无息贷款的形式，针对性强，发挥金融作用强。政策性融资适用于具有行业或产业优势，技术含量高，有自主知识产权或符合国家产业政策的项目，通常要求企业运行良好，且达到一定的规模，企业基础管理完善等。

目前我国政策性金融机构主要有国家开发银行和中国进出口银行，其所开展的融资通常具有金额大、期限较长、利率优惠、体现国家政策导向的特点。此外，为促进我国对外承包工程的发展，国家财政出资专项设立了"对外承包工程保函风险专项资金"，用于支持企业开展境外工程承包业务。政策性银行或其他银行对项目提供了一定的金融支持，具有成本低，风险小的优点，但也存在适用面窄，时间较长，环节众多，手续繁杂，有一定的规模限制等问题。

我们既要认识到民营经济和中小企业在我国经济结构中的重要性，也要了解中小企业融资难的现状。其实，仔细想想，中小企业融资难也不是没有原因的。作为商业性定位的银行和金融机构，在选择贷款对象时，当然也会首先考虑如何降低成本，减少风险，然而面对大企业大项目和中小企业的小项目时，显而易见，每一个具体支持项目办理时的固定成本可能差不多，但是大企业大项目做成一个，融资的规模几亿甚至十几亿，而小企业呢，少则几十万，最多几百万也就很可观了。这样比较来看，十几个甚至几十个小企业做成的业务量也才只能比得上一个大企业的业务量，但是实际成本的付出却要高出十几倍甚至几十倍。这样看来，选择什么样的企业？已经无须质疑了。

随着国家不断清理规范政府性基金，基金种类也在不断减少。目前共有 43 项，其中向社会征收的基金 31 项，包括铁路建设基金、民航基础设施建设基金、港口建设费、国家重大水利工程建设基金等，其他收入来源的基金 12 项，包括土地出让收入、彩票公益金等。

政府的政策性融资，分为财政部门直接管理的融资项目和政策性银行管理的融资项目。这种政策性融资不以赢利为目的，利率较低，还款期可长可短，比较适合用以弥补经济不发达地区市场投资的不足。政府通过政策性融资，提高财政投资效果；通过回收投资，可以扩大政府的理投资能力。在此方面应学习世界银行管理融资项目的经验和方法，建立起高效的政府投融资机制。对基础设施及项目建设，由政府或社会公益机构承担投资主体；垄断性基础产业的投资，要建立法人投资实体，在拥有一定比例资本金的前提下，向金融机构和资本市场融资，广泛吸引各种社会资金。

2010 年全国政府性基金收入达 3.578 万亿元。从收入归属看，中央基金收入占比为 8.9%，地方为 91.1%。从收入份额看，基金收入中最大的一块是土地出让收入。2010 年全国土地出让收入高达 2.9 万亿元，约占基金收入的 82%。

我国民营经济发展为国民经济增长作出了举世瞩目的重要贡献。从总体上来看，民营经济对我国国民经济增长的贡献率已达七成，但是，在政府控制的国有银行中民营经济实际获得的新增贷款所占份额却不足三成。这种状况是信贷资源配置扭曲的一个最直接的证明。如果从全面落实科学发展观的需要出发，真正鼓励和支持民营经济发展，那么，政府的公共政策目标中就应该包含如何消除信贷资源配置扭曲的内容，因为信贷资源配置的扭曲也是影响民营经济发展的一种体制性障碍。体制性问题的解决将极大地促进我国民营经济的发展和社会生产力水平的提高，这也许正是政府解决企业融资问题的意义所在。我们需要发展政策性金融来发挥雪中送炭的作用。

政府在解决企业融资问题上的作用应该包括以下几个方面：

第一，市场导向作用。市场导向是政府以经济手段对金融机构的信贷投向进行宏观间接调控的一种比较温和的方式。

第二，有限支持作用。有限支持是指以政府掌握的资金资源作为杠杆，通过一定数量的政府资金来吸引金融机构的配套资金，从而发挥政府资金的杠杆效应，促进金融机构对中小企业的贷款投放。比如，政府中小企业发展基金可以进一步充实和扩大，对中小企业用于购置新技术和新设备的贷款项目由政府提供 1/4 资金，承贷银行提供 3/4 配套贷款。

第三，抓小扶弱作用。企业融资上最需要政府支持的是它的弱小阶段，就像小孩需要保姆关照一样。为了促进民营经济发展，政府需要调整其"抓大放小"政策，转变为抓小扶弱。从促进公平竞争的需要出发，对大企业实行垄断抑制（反垄断）政策，而不是像过去那样一味地"抓"。

第四，公平协调作用。在市场经济中，政府被认为是能够给市场带来公平的一种力量。在企业融资问题上也是这样。如果完全由市场来选择，那就有可能会发生弱肉强食的现象。在这种情况下，民营中小企业就可能会面临一个极端恶劣的生存环境。政策性融资方式的介入，让大中小企业都能分得一杯羹。

第五，营造环境作用。在企业融资问题上，最重要的环境就是信用环境。政府只有站在公平的位置上才能够营造出市场经济正常运行所需要的信用环境。在我国《中小企业促进法》中，从法律上规定了"县级以上人民政府和有关部门应当推进和组织建立中小企业信用担保体系，推动对中小企业的信用担保，为中小企业融资创造条件"。

第六，体制创新作用。企业融资问题上的体制创新不是简单地把原来的国有金融体制拿过来，而是要跳出这样一种体制，从社会资金能够最方便、最安全、最快捷地实现融通目的的需要出发，设计新的融资体制。政府在这样一种体制创新中所能发挥的作用就是放松金融管制，让市场在资源配置和风险承担中扮演真正的主角。

总之，在民营企业已经成为市场经济主力军，而信贷融资又是企业融资主要来源的现实条件下，政府在解决企业融资问题上所能够发挥的作用就表现在能否消除由于体制障碍所导致的信贷资源配置扭曲以及能够在多大程度上消除这种扭曲现象。

外资银行：中小企业就是未来

有外资银行宣称"1元钱也能开户"，以显示其不设任何客户门槛。如果真拿1元钱去开户，够交账户管理费的吗？

外资银行是指在本国境内由外国独资创办的银行。其经营范围根据各国银行法律和管理制度的不同而有所不同。有的国家为稳定本国货币，对外资银行的经营范围加以限制；也有些国家对外资银行的业务管理与本国银行一视同仁。它主要凭借其对国际金融市场的了解和广泛的国际网点等有利条件，为在其他国家的本国企业和跨国公司提供贷款，支持其向外扩张和直接投资。外资银行有的是由一个国家的银行创办的，也有的是由几个国家的银行共同投资创办的。

1993年，经中国人民银行批准，蒙特利尔银行成立了广州代表处，并于1995年11月升格为分行。分行正式开业以来，尽管金融业务许可证允许经营的业务有12项，但该行却采取了集中精力和资源、有选择地开展业务的策略。如今，很多中国企业甚至是中小企业在该行通过贸易融资的方式解决了很多资金上的难题。

外资银行对我国国内企业的发展是十分有利的，蒙特利尔银行重点推出的"无追索权远期信用证贴现业务"，和国内很多银行推出的信用证融资业务相比，"无追索权"就显得独树一帜。这一业务仅以信用证为依据，无须公司提供任何额外资料。追索权远期信用证贴现业务资金周转快，也不需占用公司的银行额度，降低外汇风险，收汇时间缩短，可以马上结汇，并申请退税；最重要的是该业务成本低廉，可利用远期优惠来提高出口单价，转移贴现成本，给海外买方提供更长期的付款期限，提高出口竞争力。

渣打银行是一家总部在伦敦的英国银行。它的业务遍及许多国家，尤其是在亚洲和非洲，在英国的客户却非常少，2004年其利润的30%来自于香港地区。渣打银行的母公司渣打集团有限公司则于伦敦证券交易所及香港交易所上市，亦是伦敦金融时报100指数成份股之一。据悉，中小企业理财是渣打银行的重要业务之一，渣打银行设有专门为中国中小企业服务的团队，拥有超过100名的员工，不但设有产品研发部门，而且针对中国中小企业的特定需求与状况设计产品。同时，渣打银行还设有专门的客户经理团队、信贷审批团队，力图将自身的中小企业理财经验以及对本土市场的理解有效结合，为中小企业提供量身定做的融资产品。游浩荣还透露，渣打银行在上海和深圳成功推出中小企业"无抵押小额贷款"业务后，使得两地中小企业可以在没有任何抵押的情况下有机会获得最高50万元、最长两年期限的贷款。目前，渣打银行正致力于把这项成功业务推广至北京和天津。

渣打银行中国中小企业理财珠三角区总监游浩荣说："渣打银行将随着中国中小企业的阶段性成长，不断向它们提供流动资金贷款、贸易融资、信用证、现金管理等国际领先的全套金融服务。"

有人曾经估计过，在中国超过400万家的中小企业中，却只有2%的企业能得到正式的贷款支持。世界银行调查得知，中国的中小企业贷款情况劣于其他东亚国家。中国的中小企业只有12%的资金来自贷款，低于马来西亚（21%）和印度尼西亚（24%）。

这么多年发展下来，虽然政府一再强调提高对中小企业融资的支持力度，但进展始终不是很明显。在解决中小企业融资难的问题上，外资银行可以说发挥了重要的作用。

业内人士认为，在火爆的融资市场，中小企业的融资势头发展越来越迅速，中小企业的融资需求为中资和外资银行的博弈提供了一个良好的平台。在中外资银行的夹缝中，中小企业正可以利用这样一个良好的契机，谋得自身的发展。

对于今天的中小企业来说，当然不能片面地看待外资银行的帮助，但它至少能说明，在中国这片遍地黄金的土地上，成功的中小企业，除了自身的管理能力和运营水平外，强大而又便捷的资金支持更为重要。在变化剧烈的市场中，企业发展的每个机会稍纵即逝。外资银行在中国市场上的良好发展，近年来，相当一部分人都对外资银行较为信任，也取得了一定的成效。

2008年的金融海啸中，我国中小企业损失惨重，这两年随着我国经济的稳定发展，又开始慢慢复苏，在中小企业漫长的发展道路中，未来路在何方仍需要每一位企业领导者来探讨。毋庸置疑，外资银行对中小企业的帮助作用是巨大的，抓住每一个融资的机会，尽量避免每一个融资的风险，做到真正的长远发展，长线投资。

企业兼并：完成扩张最快捷的方式

在20世纪90年代初期，网民的计算机上同时使用着两种浏览器：一种是微软的Explore，另一种则是美国网景公司的Netscape。微软凭借强有力的竞争措施逐渐在浏览器市场上占据了优势地位，网景处于相对的弱势地位。

1998年，美国在线（AOL）以42亿美元的价格收购了Netscape。当时，Netscape在微软所提供的免费浏览器面前已经显得非常渺小，但美国在线却对其前景颇为看好。在他们看来，依靠美国在线的雄厚财力和技术优势，可以使得Netscape重新焕发活力，成为与微软竞争的对手。然而，无情的事实证明这是一项失败的兼并。首先，该次合并在一开始就受到很多人的质疑，认为两个公司在程序设计上，技术差异太大，难以兼容；其次，美国在线急于求成，于2000年直接跳过Netscape5，推出基于一项新技术——Mozi11a0.6原始码的Netscape6。但是，由于Mozi11a0.6一时并不稳定，结果Netscape6进一步失去了自己原有的用户。这两大失误使得美国在线不得不于2008年3月1日起，停止开发网景浏览器，作为一款曾经改变互联网、有着辉煌历史的浏览器，Netscape彻底退出了历史舞台。

企业兼并在当今已经屡见不鲜。当优势企业兼并了劣势企业，后者的资源便可以向前者集中，这样一来就会提高资源的利用率、优化产业结构，进而显著提高企业规模、经济效益和市场竞争力。

企业兼并是指两个或两个以上的企业根据契约关系进行合并，以实现生产要素的优化组合。企业兼并不同于行政性的企业合并，它是具有法人资格的经济组织，通过以现金方式购买被兼并企业或以承担被兼并企业的全部债权债务等为前提，取得被兼并企业全部产权，剥夺被兼并企业的法人资格。企业兼并的核心问题是要确定产权价格，这是转移被兼并企业产权的法律依据。

对于一个国家而言，企业兼并有利于其调整产业结构，在宏观上提高资源的利用效率。对兼并的研究，一直是经济学家的重点课题。不过，在此需要指出，人们提起兼并的时候，往往会把这样几个词混淆："兼并""合并"与"收购"。

它们的共同点在于：这三种行为都是企业产权的有偿转让，即都是企业的买卖，都是企业为了谋求发展而采取的外部扩张措施。但具体来说，合并是指两家以上的公司归并为一个公司。兼并是指把其他企业并入本企业里，被兼并的企业将失去法人资格或改变法人实体。收购在操作程序上与合并相比要相对简单，只要收购到目标公司一定比例的股权，进行董事会、监事会改组就可以达到目的。因此，一般情况下，可以这样认为：收购是兼并中的一种形式，即控股式兼并，而兼并又包含在广义的合并概念中，它是合并中的一种形式，即吸收合并。

企业兼并的主要形式有：

购买兼并，即兼并方通过对被兼并方所有债权债务的清理和清产核资，协商作价，支付产权转让费，取得被兼并方的产权。

接收兼并，这种兼并方式是以兼并方承担被兼并方的所有债权、债务、人员安排以及退休人员的工资等为代价，全面接收被兼并企业，取得对被兼并方资产的产权。

控股兼并，即两个或两个以上的企业在共同的生产经营过程中，某一企业以其在股份比例上的优势，吸收其他企业的股份份额形成事实上的控制关系，从而达到兼并的目的。

行政合并，即通过国家行政干预将经营不善、亏损严重的企业，划归为本系统内或行政地域管辖内最有经营优势的企业，不过这种兼并形式不具备严格法律意义上的企业兼并。

企业兼并，是企业经营管理体制改革的重大进展，对促进企业加强经营管理，提高经济效益，有效配置社会资源具有重要意义。当今世界上，任何一个发达国家在其经济发展过程中，都经历过多次企业兼并的浪潮。以美国为例，在历史上就曾发生过5次大规模企业兼并。其中发生于19世纪末20世纪初的第一次兼并浪潮便充分发挥了优化资源配置，在微观上和宏观上"双管齐下"的巨大威力，不仅使得企业走上了腾飞之路，更是基本塑造了美国现代工业的结构雏形。

当今世界航空制造业排行第一的美国波音公司有过多次兼并其他企业的案例，其中最著名的就是兼并美国麦道公司。在1996年，"麦道"在航空制造业排行世界第三，仅次于"波音"和欧洲的"空中客车"。该年"波音"以130亿美元的巨资兼并"麦道"，使得世界航空制造业由原来"波音""麦道"和"空中客车"三家共同垄断的局面，变为"波音"和"空中客车"两家之间的超级竞争。新的波音公司在资源、研究与开发等方面的实力急剧膨胀，其资产总额达500多亿美元，员工总数达20万人，成为世界上最大的民用和军用飞机制造企业。这对于"空中客车"来说构成了极为严重的威胁，以至于两家公司发生了激烈的争执。在经过艰苦的协商、谈判后，波音公司最终被迫放弃了已经和美国几十家航空公司签订的垄断性供货合同，以换取欧洲人对这一超级兼并的认可。但是不管怎样，前无古人的空中"巨无霸"由此诞生，并对世界航空业产生了巨大影响。

由于兼并涉及两家以上企业的合组，其操作将是一个非常复杂的系统工程。成功的企业兼并要符合这样几个基本原则："合法""合理""可操作性强""产业导向正确"以及"产品具有竞争能力"。同时，企业兼并还要处理好"沟通"环节，包括企业之间技术的沟通，以及人与人的交流。只有这样，才能使企业兼并发挥它的优势，否则将会适得其反，在未能达到兼并目的的同时反受其害。有统计表明，全球一半以上的企业兼并行为都没有达到预期的目标——从表面上看，企业规模是增加了，但却没有创造出经济效益，更有甚者，因为兼并使得企业失去了市场竞争力。

产业经营是做"加法"，企业兼并是做"乘法"。很多企业家看到了"乘法"的高速成长，却忽视其隐藏的巨大风险，现实中有太多在产业界长袖善舞的企业家最后在资本运营中折戟沉沙。

典当融资：救急的"第二银行"

典当业是人类最古老的行业之一，可以说是现代金融业的鼻祖，萌芽于两汉时期，至今已有1600多年的历史。为什么它至今还能够留存呢？那是因为典当融资非常便利。

典当是指当户将其动产、财产权利作为当物质押或者将其房地产作为当物抵押给典当行，交付一定比例费用，取得当金并在约定期限内支付当金利息、偿还当金、赎回典当物的行为。典当行是指依照《中华人民共和国公司法》和《典当行管理办法》设立的专门从事典当活动的企业法人。在中国近代银行业诞生之前，典当是民间主要的融资渠道，在调剂余缺、促进流通、稳定社会等方面占据相当重要的地位。现在典当行是以实物占有权转移形式为非国有中、小企业和个人提供临时性质押贷款的特殊金融企业。

有一个工厂因为生产不景气，一些设备被迫停产，眼看着工厂就要倒闭了，正在这个紧要关头，以前的合作伙伴为他介绍了一笔生意。如果这笔生意能够谈成，这个工厂就能够起死回生，所以，厂里的领导们都全力以赴去准备生意的谈判。好不容易生意谈成了，资金又出了问题，没有资金不能成交。工厂向银行提出了贷款申请，但是被驳回来了，理由是工厂的经营不景气，没有经济效益，没有担保人。贷款不成，总不能坐等工厂倒闭啊，所以，工厂领导就拿工厂里的一些闲置的设备去当地的典当商行去融资，最终解决了工厂的燃眉之急。

如果没有这个典当行，这个工厂肯定是坐等倒闭的。由此可见，典当融资可以为我们提供非常大的便利。

典当虽然起源久远，但是因为它的灵活方便，简单快捷，为了应付小额融资、周转资金，现代的人们，不管是个人还是企业，都会选择典当融资而非银行抵押贷款。那么，你对典当融资又知道多少呢？

1. 典当融资不是所有的东西都可以典当的

按照规定，只要来源合法、产权明确，可以依法流通的有价值物品或财产权利，而且必须是典当人有权处置、能保存并可以转让的生产生活资料都可以典当。但不同典当行具体开展的业务有不同，对典当物的要求也会有所不同。一般来讲，房产、股票、企业债券、大额存单、车辆、金银饰品、珠宝钻石、电子产品、钟表、照相机、批量物资等都可以典当。个人金银饰品必须带有本人身份证明，其他物品还需具有发票。企业性质的应提交经营执照，当事人的产权证明。与古时候的当铺不同的是，现代典当行一般不收旧衣服，像猫、狗、猪、牛、羊之类的活物也是不能够典当的。

2. 典当融资的业务不同，办理的手续也是不同的

（1）总体来说，典当融资业务办理手续的基本流程为可简单归纳为交当、收当和存当三个板块，具体操作程序如下：

①申请典当融资人出示自己的有效证件和自己的用于典当的物品。

②典当商行审核申请，并对当物进行鉴定。

③双方约定评估价格、当金数额和典当期限并确认法定息费标准。

④双方共同清点当物，并且封存，交由典当商行进行保管。

⑤典当商行向申请典当融资人出具当票发放当金。

以上是所有的典当融资业务都需要的手续办理程序。

（2）不同典当业务需要提供的证件和办理的手续是不一样的：

①民品典当：民品就是指金银、珠宝、钻石、电子产品、钟表、照相机等。办理民品典当需要提供本人身份证原件，民品的发票。进行民品典当的时候可以适当提高当价。

②房产典当：办理房产典当需要提供本人身份证、本人户口本、本人的房屋所有权证、土地使用证等。典当商行需要到现场察看房产，然后进行评估。

③股票典当：办理股票典当需要提供本人身份证、深沪股东账户卡。而且需要办理签约监控。

④车辆典当：办理车辆典当需要提供本人身份证、汽车的有关证件。

⑤物资典当：办理物资典当需要提供本人身份证以及相关的财产证明。

3. 典当融资不是你想当多久就当多久的

根据典当行管理办法有关规定，典当时间最短为 5 天，不足 5 天按 5 天计算，最长期限为 6 个月。典当到期后，5 天内，客户可以选择赎当，也可以根据自己需要选择续当，最好及时赎当。期满后赎当实在有困难的还可以续当，但是，续当的时间越长，所要支付的综合手续费就越多，所以，当期不宜过长。如果预期不赎当或续当而成为绝当之后，如果你的当物估价金额不足 3 万元的，典当行就可以自行变卖或折价处理，损益自负；如果你的当物估价金额是在 3 万元以上的，就可以按《中华人民共和国担保法》有关规定处理，也可以双方事先约定绝当后由典当行委托拍卖行公开拍卖。拍卖收入在扣除拍卖费用及当金本息后，剩余部分应当退还当户，不足部分向当户追索。

4. 典当融资不等于出卖东西

典当融资主要是以动产、不动产、权利质（抵）押为基础的短期贷款，它不是把东西卖给典当商行，当金并不等于所当物品的价格。当金一般为物品二次流通价的 50% ～ 80%，二次流通价不是商品原来的售价，它低于实物价值。其实，当金少，当户并不吃亏。因为相对应的还款也少，当户的压力也就小很多。

5. 典当融资并不是要得越多越好

典当融资的收费标准由国家统一规定，每个月需要支付一定的综合手续费，借得越多，交得也就越多，所以，典当融资并不是要得越多越好。典当费用包括典当当金利息和综合费用两部分。当金利率按中国人民银行公布的银行机构同档次法定贷款利率及浮动范围执行；综合费用包括各种服务及管理费用。综合费用遵照国家的政策和金融法规制定，在支付当金时一次性扣收。对于借贷者——尤其是高额借贷者来说，这也是一笔可观的费用。所以，不要以为自己的东西值钱而漫天要价。

由于典当融资不像银行贷款那样麻烦，它只需要你提供有价值的东西，像房子、汽车之类的都可以，交付一定比例的费用就可以取得当金。它的借款手续非常简捷，而且不用像银行那样必须是大额而且时间很长，它可以是小额、短期的。所以当你急需用钱而又借贷无门的时候，典当行是你最佳的选择。不管是在生活当中，还是在工作领域，典当融资都是最便利的选择。总的来说，典当不仅是一种理财的工具，更是一种致富的捷径——你有急事等钱用可以去典当，你有东西要变现也可以去典当。如果你炒股、炒房、炒基金已经炒烦了、炒累了、炒怕了，不妨换个玩法涉足典当。

天使基金：创业者的"婴儿奶粉"

天使基金又叫天使投资，通常是那些自由投资者或非正式风险投资机构对原创项目或小型初创企业进行的一次性的前期投资。因为它的作用主要是对萌生中的中小企业提供"种子资金"，是面目最慈祥的风险资金，帮助它们脱离苦海、摆脱死亡的危险，因而取得"天使"这样崇高的名称。天使基金在美国最为发达。

天使投资是风险投资的一种，但天使投资与其他风险投资相比，有着很大的差别：天使投资是一种来自民间资本的非组织化的创业投资形式，并非专业风险投资人；天使投资的门槛较低，而其他风险投资一般对那些已作出一定成绩的企业兴趣更大。

而天使投资者指的是企业的第一批投资人，他们在公司产品和业务成熟之前投入资金。天使投资往往只有区区几十万美元，数量很少，但因为其门槛比较低，所以只要企业有发展潜力，就一样能够获得资金，并依靠天使投资顺利发展壮大。

一般来说，天使基金更青睐具有高成长性的科技型项目，其收益率普遍在50倍以上，超过万倍的回报也不少见。需要重点提示的是，某些天使基金花的是自己的存款，而并非来自机构和他人。从这个意义而言，他们是资本市场里腰缠万贯的慈善家。

1999年7月，吴峻回国创立英斯克公司，定位于无线互联网数据应用技术平台开发商及内容服务提供商。1999年9月，掌上灵通作为英斯克（中国）的一个商务部门成立，着力于为中国移动电话用户提供无线增值服务。2000年初，英斯克发布其旗舰产品iDAP。公司要推广产品、扩大规模、占据市场，因此引入外部资金的需求被提上日程。同年10月，经过一系列谈判，英斯克的第一轮融资正式结束，对英斯克的估值超过2000万美元。

宏技术投资、IconMediaLab和个人投资者共向英斯克投入约650万美元，换得英斯克22%股份。融资完成的同时，英斯克的盈利前景也豁然开朗。2000年12月，中国移动启动"移动梦网"，掌上灵通入选为第一批合作伙伴。2001年4月，掌上灵通与英斯克分离，成为独立运营的公司——掌上灵通咨询有限公司。

2004年3月4日，掌上灵通在纳斯达克成功上市，成为首家完成IPO的中国专业SP（服务提供商）。凭借2003年的优异业绩，掌上灵通募集资金约8470万美元。从2000万美元到3亿多美元，掌上灵通IPO前后的身价涨了近20倍。宏在掌上灵通分拆时划过去的数十万美元投资已经增值超过40倍。

在美国，那些自己创业成功的企业家，相当多的人都愿意成为天使投资者，帮助那些有潜力的创业者走向成功。陈友忠表示，如果以后有机会，而且不跟工作冲突，他也会乐于成为天使投资人。"天使投资人最大的乐趣，就是慧眼识英雄，也就是有从沙蚌里挑珍珠的能力。一旦成功，就是人财两得，名利双收，会有百倍千倍的回报"。

在我国，由于产业结构的调整，社会经济的发展，企业改革的深化，越来越多的人将要加入创业的行列中来，但这些创业者在发展过程中，几乎无一例外地都会遇到资金缺乏的问题。因此，企业融资成为最主要、也是最简单的渠道之一。

在我国，天使投资还是一个全新的概念，但它绝对不是一种全新的经济行为。改革开放以来，一个相对较富有、具有一定风险承受能力的人群已经形成，许多具有经济头脑又具有经济实力的个人，有意无意间已经从事了天使投资的事业。

天使投资者投入的不仅仅是资金，还有他的人际关系和管理经验。一般情况下，天使投资者都是有一二十年的相关产业经验的人，拥有丰富的人脉和良好的资金基础。他们通常会给被投资企业提供众多的管理建议，帮助企业招聘高层管理人员和介绍客户，甚至介入企业的一些运营活动。

2003 年 3 月，盛大网络与软银亚洲签订战略融资 4000 万美元的协议。当时盛大与其代理的《传奇》源代码提供商韩国 Actoz 公司分道扬镳。处于困境中的盛大对于这 4000 万美元的用途非常明确：开发自主的角色扮演类游戏。

正是由于有了这笔启动资金，2003 年 7 月，盛大网络自主研发的第一款网络游戏《传奇世界》才得以问世，盛大网络才得以再次创造传奇。而软银亚洲信息基础投资基金（软银亚洲）也因此被国内权威创投评估机构清科公司评为 2003 年度外资创业投资机构 20 强的第三名，成为 2003 年中国市场最为风光的创投基金之一。

盛大网络于去年 6 月在纳斯达克上市后，从 11 美元的发行价起步，最高曾探到 45.40 美元。以这个价格测算，软银亚洲持有的 1350 万股美国存托股票（ADS）对应身价高达 6 亿美元。这已是初始投资的 15 倍。

盛大网络是个典型的成功案例，还有许多企业也获得了成功，如亚信、UT 斯达康、分众传媒等。它们在投资阶段和投资策略等，对关心中国 IT 创业企业的投资人来说，有一定借鉴意义。

天使投资拓展了中小企业的融资渠道，加快了科技成果的转化，为初创企业的生存打下了坚实的基础，也为新项目的迅速启动与发展赢得了空间和时间。在业内有丰富经验的"天使"们还为初创企业提供成功的经验和有益的指导，在这个过程中赢得创业者的信任与尊重。

不过，我们在与天使投资者签订投资协议的时候还需要注意以下几点：

一是执行补偿。假如资金用尽，创始人是否需要和投资者共同承担风险？

二是董事会。天使投资者会参与企业的决策，创业者要考虑这一点对企业的影响。

三是剩余财产分配优先权。天使投资者经常要求在创业者和其他股东到收益前收回自己的投资，还会加上一笔可观的回报。这是创立者必须要考虑的问题。

企业托管：攀上高枝做融资

托管是指出资者或其代表在所有权不变的条件下，以契约形式在一定时期内将企业的法人财产权部分或全部让渡给另一家法人或自然人经营。企业托管是一种新兴的融资渠道，虽然在我国出现的时间并不长，但这种非主流的融资方式已逐渐被大家所认同。与兼并、收购的融资方式相比，企业托管更显得稳重和理性，也更符合我国企业发展而采取的现状。我国沈阳地区就出现了很多民营、外资等非国有经济实体托管经营基础较好但有资金、管理、技术、产品等方面的自身难以解决的困难的国有企业。

企业托管实质上是一种企业所有权与经营权分离，通过市场对企业的各种生产要素进行优化组合，提高企业的资本运营效益的企业改造重要方式。同时由于托管能够有效回避企业破产、购并中的某些敏感性问题和操作难点，因此在我国托管兴起的初期，其目的是对一些无论是股份制改革，还是兼并、破产都不适用的亏损的中小型国有企业采取的一种特殊办法，一度在全国许多地方进行试点。同时作为资本经营和企业资产市场化运营方式的一种延伸，在我国逐渐为上市公司所采用，并且得到了迅速的发展。

在实践中，根据企业托管的目的不同，可以概括为两种情况：企业经营托管与企业重组托管。企业经营托管是指企业经营管理权的全面托管，而不是企业财产权的托管。企业重组托管则是指对企业经营权和财产处置权的全面托管，也称企业处置托管或企业改制托管。目前，国务院国资委也正在探索大型中央企业实施企业重组托管的路子，目的在于探索调整国家经济布局和产业结构的方法。

德国托管局成立于两德统一之前，它是依照有限责任公司的组织形式设立的。托管局具有双重身份，一方面作为政府设立的机构，隶属于联邦政府，其业务工作受到联邦财政部、经济部的监督，9人执行委员会的控制和审计局的审计；另一方面，作为企业法人，又相对独立于联邦政府，拥有财政预算额度内的国际资本市场的融资能力。

20世纪90年代初，伴随着东西德统一进程，前东德的经济体制逐步向社会市场经济体制转轨，前东德的国有企业无论是从资产质量、组织形式，还是从动作机制与管理方式方面都面临着重大调整。如何在向社会市场经济体制转轨的过程中对前东德国有企业进行调整，这是东西德统一进程中首先应该解决的重大疑难问题。以托管经营的形式对前东德原国有企业进行重组与改造，这是德国托管局成功的尝试和实践，也为企业托管经营理论学说的创立和形成提供了科学的理论依据和实践经验，是企业托管经营发展史上的一个里程碑。

德国托管局重组国有企业分三步，第一步是将8000家大型工业联合体和国有企业，分解成12000多家中型或小型企业；随之将其改组为有限责任公司和股份有限公司，新公司的产权由托管局独家持有；同时建立大中型国有企业数据库。第二步是评估企业价值。第三步是在综合分析的基础上将国有企业分成三大类分别重组。将基本条件较好的企业立即出售；对条件较差，但有发展前途的企业由托管局通过委托或租赁承包等形式限期整顿；对第三类企业，即没有可能恢复竞争能力或造成严重污染的企业采取停业和关闭的办法。

截止到1994年底，在12000多家前东德工业企业中，托管局已出售的企业约6500家；有1588家企业归还给原业主；并对3718家企业实行了清算，此外，托管局还出售了25000家商业、服务业企业以及46845处房地产。对于一些民营化过程中未能出售、且出于政治原因不能关闭的企业，托管局设立5家国有风险基金公司和投资公司，即中期转型控股公司，对未能私有化的企业实行控股经营。

德国托管局以其独特的动作方式，完成了前东德国有企业重组的历史任务，与我国目前的国有企业资产重组相比，尽管目标不同，却面临着许多相同的背景特征，如国有企业债务、人员负担重，银行不良债权高等等。德国托管局的许多成功做法，对于我国经济体制转轨时期国有企业的重组有重大借鉴意义。特别是以托管经营的形式来实现对国有企业资产重组更值得我们借鉴并吸收使用。

企业在进行托管经营时一定要注意其必要的程序：有托管经营意愿的企业要充分重视相关的国家产业发展方向、受托企业具有的优势及自身的局限性和发展前景，并据此来寻找受托企业；受托企业确定后，双方要各自拟就托管报告提交给国有资产管理部门和企业主管部门，然后由各级国有资产管理部门负责审核批准，以确定其合法性；托管双方要在托管经营前按照国家有关规定对对方进行全面的清产核资，以便界定产权，评估资产，并由国有资产管理部门在审核后出具资信证明；托管经营合同签订之后，托管企业要保护好企业的各种档案和设备资料，稳定局面，等待接管，而受托企业就要在最短的时间里制订出接管和改造方案，并做好必要的人力、财力和物力的安排。

1994 年，香港韵利发展集团总裁刘恩嘉先生在黑龙江组建"中现"企业咨询管理有限公司，以法人身份在肇东人造毛皮有限责任公司进行旨在实现企业经营力商品化的"中现"模式试点，实行承担风险式的委托经营。"中现"模式的最大特点是，变国家对企业的投资关系为借贷关系，国家从企业的投资者转变成债权人，按借贷条件收取本息。待借贷关系消失，国有企业非国有化即已实现。

随着国家经济体制改革的深入和现代企业制度的建立以及职业经理人制度的完善，企业托管也将不断增加新的内涵，尤其是对于一些经营状况尚可或投资额较大的企业，适时引进国际知名企业实施部分或整体托管，是企业寻求发展的途径之一。企业托管一方面有助于盘活存量资本，另一方面，通过企业托管，可以转换企业的经营机制，扩大企业的自主经营权，提高企业的管理水平；可以扩大融资渠道，缓解企业资金紧张的矛盾；实现企业的规模生产和资产的有效流动与重组。

大量的实践充分表明，无论是对实现低成本扩张的颇有实力的企业来说，还是对为了搞活企业而进行托管的企业来说，托管经营都是企业为谋求发展的既积极又稳妥的一种融资方式。

融资外包：企业的生物链融资

最近几年，融资成为企业、金融机构、政府和媒体等各个方面的重点话题，融资过程本身的复杂性决定了其对专业性和资源性的要求，因此企业通过与专业的投融资机构的合作成为企业的一个理性的选择。而所谓融资外包，就是企业将自己的融资业务外包给一家专业的融资服务操作公司。从一个整体和系统性的高度，协同企业把握整个融资规划、融资方案和执行，实现了专业性和资源性的有效结合，从而使得企业可以有效地整合融资供应链。

融资外包是一种创新型的融资方式，企业通过融资外包，可以获得专业融资公司的服务，从而对企业自身的融资条件形成一个客观的认识；在短时间内完成融资，避免在没有实质效果的融资行为上浪费时间和金钱；可以在专业公司的指引下根据企业或项目当时所处的阶段与相应的融资机构完成对接；可以由此获得短期、中期、长期的融资规划，而不至于病急乱投医。一般情况下，运用融资外包这种方式，企业可以达到事半功倍的效果。

崔先生在卖了几年组装电脑之后，手中有了一定的资金，他就想扩大自己的生意，组建起一个生产视频硬件的工厂。但崔先生手中的资金根本不够成立这样一家工厂，再说他虽然有卖组装电脑的经验，却没有办实业的经验，所以融资难是他发展事业的第一个难关。后来，他灵机一动，便与融资外包服务商达成了协议，由对方替自己进行融资。这样，崔先生的工厂不仅经营了起来，而且生意做得红红火火。

对比于传统意义上的融资中介，尽管工作内容有类似的地方，融资外包服务商比融资中介在职能上有进一步的提高，对专业性和规范化运作的要求也更高一些，融资外包服务商不仅仅要协助融资，更要协助企业做好资金运作方面的战略规划和风险管理，强调合适的融资规模，而不是规模越大越好。因此，国内各种各样的融资中介，真正能够称得上是融资外包服务商的却非常少。

"融资外包"运用"评估——规划——推介"模型，为中国企业提供了一套全程融资解决方案。ZS 教育集团融资的成功正充分证明了这一点。

珠三角的经济腾飞带动了当地民办教育的发展，有很多正行进在这条路上的民办教育机构、企业却并不顺利。这家 ZS 教育集团已有十年的历史，发展至今，旗下四所私立学校的学生已超过 8000 人，总资产约 3 个亿，已形成良好的社会声誉和广泛影响。集团借势想进一步扩建校舍，实现规模化办学。然而这位看上去比实际年龄苍老的教育企业家，为了筹集资金，绞尽脑汁。虽然该教育管理公司拥有土地、校舍等固定资产，却受教育法的限制，校产不能用于抵押贷款，收费权的质押也不为银行和担保公司要求的反担保措施所接受。经过分析发现，《民办教育促进法》的出台为民办教育的蓬勃发展拉开了序幕，国家政策的大力支持无疑是个契机。ZS 教育集团在其核心管理团队的带领下，打造出自身的核心竞争力和区域品牌。近几年的财务状况显示，该集团拥有稳定的现金流，资产负债率和速动率都表现出良好的盈利能力。

融勤国际根据对企业的诊断分析和融资规划的专业操作，结合丰富的渠道资源，为其选定了欧洲某投资机构 BM 投资集团，该投资机构长期以来始终关注中国教育产业并拥有成功投资中国教育业的经验，对教育业相较其他行业投资回报期较长但收益稳定的特点表示认可和接受。对于投资方而言，该项目最大的吸引力在于 ZS 教育集团良好的盈利能力和偿债能力，以及团队管理层优良的素质和卓越的教学理念，使 ZS 多年来保持着良好的声誉和品牌效应，生源状况始终呈现稳定并上升的趋势。基于各方面系统及审慎的评估及调查，融勤国际最终促成该教育集团与 BM 投资签订了 5000 万人民币的投资意向书，ZS 教育集团成功地跨出了资本运作的第一步。

由于融资外包的特点是集合优势资源，寻求高效低成本的资金，其收费也是基于不成功不收费的原则。尽管融资外包有灵活的特点，但现在依然不被中国企业广泛采用。

原因大体有两方面：一、外包服务商不专业不规范；二、企业自身对规范融资要求不高。

河北某生产制造企业利用融勤国际为其量身定做的中外银行的互保，成功地从国内商业银行取得了 1.2 亿元人民币贷款。继而，该企业通过与境外投资机构合作，取得了境外银行 2000 万美元的备用信用证用于境内银行抵押贷款，从而解决了企业购进国外先进生产设备，扩大企业生产制造能力所需资金的问题。

企业选择融资外包最关键的是选择一家能为企业带来实际帮助的外包服务商，而市场上融资外包服务商的资历、信誉等都不高，甚至还有一些不能做到规范和守法经营。

事实上，市面上的服务商大都还是中介的概念，为了利益，随意向客户承诺，并且不断采用违规手法，唆使客户篡改资料，向银行隐瞒客户真实情况，造成银行放贷风险并将企业卷入泥潭。

整合融资供应链将是企业、专业金融机构、政府、媒体等多方主体长期关注和推动的焦点。对于企业而言，对于企业融资而言，我们不能超越时代的特征和空间，但是我们要把这个有限的空间充分利用，达到可能的极限。

无形资产融资："以权谋资"的合法融资

在过去的企业融资中，企业常常会用有形的抵押物，比如设备、厂房、汽车、房子等资产来向银行申请抵押贷款。近年来，人们逐渐认识到，专利、商标和计算机软件著作权等无形资产也是公司、企业的重要资产，充分利用上述无形资产的价值，为企业的融资行为提供担保，已成为破解中小企业融资难问题的有效路径之一。

2002 年，某高科技民营企业以价值人民币 6472 万元的非专利技术全额出资（占公司注册资本的比例 99.57%）在北京市海淀区中关村注册成立，引起了社会的广泛关注。

该项非专利技术的名称为"供水系统节能优化技术"，该技术由姚先生等利用业余时间研制，该技术主要用于厂矿企业、市政（污水、自来水）、水利、大型建筑等部门的泵站、水厂、供排水车间、循环水车间等水泵系统的量化节能设计、量化节能分析、量化节能控制和节能改造，具有广阔的市场前景。该技术经科技情报查新表明：目前国内外尚无同类技术。

为了尽快把该技术成果推向市场，姚先生拟自己注册成立一家私人公司，为此，聘请了北京某家资产评估公司对此项技术作了专项评估，评估价值为人民币 6472 万元，公司注册的评估、验资等资料经北京市工商行政管理局审查批准，姚先生的公司于 2003 年 1 月 22 日在北京市海淀区中关村注册成立，公司注册资本 6500 万元，其中非专利技术出资 6472 万元，占注册资本的 99.57%。

姚先生的这家公司以价值人民币 6472 万元的非专利技术全额进入注册资本，占公司注册资本的比例 99.57%，是北京市海淀区中关村有史以来的第二家，表明高新技术等无形资产正日益得到社会的重视。

因此，那些无形资产所占比重比较大的高科技企业在融资的时候，应该合理地关注无形资产也是不错的融资方式。

在进行融资之前，我们必须知道，用于质押的无形资产应该具备两个要件：一是该标的为所有权之外的财产权，具有财产属性是无形资产用于质押的首要条件；二是该无形资产具有可转让性。一般情况下，无形资产只有符合这两个条件，才能够充当担保标的。

无形资产作为质押标的除应具备财产属性和可让与性外，还必须是依法取得、合法有效且在法定保护期内的条件，否则该权益不受法律保护。中国《担保法》中明确规定可出质的无形资产仅有专利和商标专用权，显然种类太少，范围太窄。实际上，企业的品牌、依法可转让的特许权、植物新品种、计算机软件及集成电路设计权等，同样符合无形资产质押的条件。

2011年7月19日，位于浙江宁波市鄞州区横溪镇的宁波南螺建通紧固件有限公司以其拥有的市知名商标"JT"成功进行商标专用权质押，获得鄞州银行396万元的贷款授信，这是自浙江省出台商标专用权质押政策后，全区首个利用商标无形资产成功融资的案例。

鄞州区拥有众多深受消费者喜爱的著名品牌，随着政策环境的改善及相关配套措施的出台，无形资产必将为企业融资、商标品牌建设带来益处，在助推中小企业跨越发展中发挥关键作用。

2011年1月，鄞州区金融办、区工商分局联合下发通知，推出了商标专用权质押贷款管理试行办法，为企业开辟了一条全新的融资渠道。

南螺建通紧固件有限公司得知消息后，随即与横溪工商所品牌工作指导站表明了商标专用权质押贷款意向。经过评估，"JT"商标价值1981万元，在此基础上，指导站主动与鄞州银行协调联系，达成了396万元的贷款意向，并协助办理了相关手续，这为企业通过无形资产融资推动进一步发展探索出了一条新路。

以往企业向银行贷款，都需要固定资产抵押，还需要企业之间互相担保，但如今"南螺建通"凭着自己的无形资产就顺利从银行贷款，"这不仅可以减少互保带来的经营风险，还证明了企业的品牌就是真金白银。"公司总经理孙浩儿说。

随着经济发展和中国无形资产质押制度的不断完善，会有更多的无形资产用于质押。例如，某高新技术企业曾经投资100万元获得了两项国家专利，却因为资金限制而无法将专利技术转化为现实生产力。后来，当地政府出台了专利权质押贷款管理办法。该企业得知这一消息后就用这两项国家专利作质押去申请贷款，并获得800万元的贷款。随后，该企业进入了顺利发展期。

随着科技进步和知识经济的发展，新型无形资产不断涌现，特性更趋多样化。目前，经济学家确认的无形资产总数已超过30种，美国会计制度确认的有24种之多。由于无形资产的特殊性，我们应该从防范法律风险的角度而言，应该从以下两个方面来考虑：

第一，选择合适的质押标的物。具体来说，银行应主要选择成熟的专利技术及知名或驰名商标等权利作为质押权的标的。而由于研发阶段的专利技术风险较高，一般不应给予信贷支持，除非有些研发阶段的专利技术具有较高的价值，对未来的变现能力可以预期，在对其潜在风险进行充分评估后，才可以予以贷款。

第二，进行知识产权评估、作价。科学评估质押知识产权的价值，对于银行来说非常重要，这直接决定了质押率、授信额度以及银行风险的大小。因此，银行要选择负责任、经验丰富的社会中介机构，将知识产权的专业判断交给中介机构，以解决知识产权放贷中的专业问题，最终合理确定质押率，核定授信额度。知识产权的价值评估，有必要遵循谨慎的原则，仅根据拟质押物的现实应用进行测算，对于未来潜在的可能应用，暂不计入其价值。此外，银行还应注意拟定质押知识产权的可转移性、变现性、地域性等因素对价值评估的影响。

第十六章　调节宏观经济"看不见的手"

——每天学点金融调控与政策知识

金融调控：当亚当斯密遇见凯恩斯

几个世纪以来，围绕着政府与市场间的界限问题，很多经济学家和政治家、企业家都争议不断，甚至到了今天，自由派和保守派都还在为政府是否应在教育、医疗、扶贫等方面进行干预而进行讨论。实际上，政府逐渐侵占了市场的地盘，为什么呢？

"冬去春花次第开，莺飞燕舞各徘徊。疾风骤雨旦夕至，高唱低吟有去来。"这首古诗说的是自然界自有其生杀消长、生生不息的规律，市场经济也同样有其运作的规律。但同时，市场经济在运作中也会出现种种问题，比如资源配置不协调等等矛盾，这就需要政府发挥宏观调控的作用。在宏观调控中，金融调控是必不可少的一环。

金融调控是指国家综合运用经济、法律和行政手段，调节金融市场，保证金融体系稳定运行，实现物价稳定和国际收支平衡。金融调控是宏观经济调控的重要组成部分。在现代经济生活中，金融调控职能主要由中央银行来履行。中央银行通过货币政策调控货币总量及其结构，通过保持货币供求总量和结构的平衡来促进社会总需求与总供给的均衡。1993～1999年，我国执行的是适度从紧的货币政策，1999～2007年我国执行的是稳健的货币政策，从2008年起，我国开始执行从紧的货币政策。从紧货币政策是为防止经济增长过热和通货膨胀所采取的宏观调控政策，其内涵包括两方面：一是人民银行通过货币政策工具减少货币供应量，控制信贷规模过快增长；二是严格限制对高耗能、高污染和产能过剩行业中落后企业贷款投放，加大对"三农"、中小企业、节能环保和自主创新等薄弱环节的支持。

在现代市场经济的发展中，市场是"看不见的手"，而政府的引导被称为"看得见的手"。为了克服"市场失灵"和"政府失灵"，人们普遍寄希望于"两只手"的配合运用，以实现在社会主义市场经济条件下的政府职能的转变。可见宏观调控在经济活动中的作用。

宏观调控亦称国家干预，就是国家运用计划、法规、政策等手段，对经济运行状态和经济关系进行干预和调整，把微观经济活动纳入国民经济宏观发展轨道，及时纠正经济运行中的偏离宏观目标的倾向，以保证国民经济的持续、快速、协调、健康发展。而在多种调控手段中，金融调控往往是最为关键的环节。

通常，中国的金融调控手段主要从以下五方面入手：一是央行将着力于正确处理内需和外需的关系，进一步扩大国内需求，适当降低经济增长对外需、投资的依赖，加强财政、货币、贸易、产业、投资的宏观政策的相互协调配合，扩大消费内需，降低储蓄率，增加进口，开放市场来推动经济结构调整，促进国际收支趋于平衡。

二是改善货币政策传导机制和环境，增强货币政策的有效性，促进金融市场的发育和完善，催化金融企业和国有企业改革，进一步转换政府经营管理，完善间接调控机制，维护和促进金融体系稳健运行。

三是积极稳妥地推进利率市场化改革，建立健全由市场供求决定的、央行通过运用货币政策工具调控的利率形成机制，有效利用和顺应市场预期，增强货币政策透明度和可信度。

四是加强货币政策与其他经济政策间的协调配合，加强货币政策与金融监管的协调配合，根据各自分工，着眼于金融市场体系建设的长期发展，努力促进金融业全面协调可持续发展，加强货币政策与产业政策的协调，以国民经济发展规划为指导，引导金融机构认真贯彻落实国家产业政策的要求，进一步优化信贷结构，改进金融服务。

五是进一步提高金融资金，主动、大力拓展债券市场，鼓励债券产品创新，推动机构投资者发展，加大对交易主体和中介组织的培育，加快债券市场基础制度的建设，进一步推进金融市场协调发展。

金融调控是宏观调控的重要组成部分，它与战略引导、财税调控一起构成宏观调控的主要手段，互相联系，互相配合，共同的目标是促进经济增长，增加就业，稳定物价，保持国际收支平衡。相对而言，金融调控侧重于国民经济的总量和近期目标，但是为宏观经济内在的规律所决定，其作用也必然影响到长远目标。

金融学家"看不见的大手"理论已经深入人心，只是，人们对它的理解还要更深一层。在市场经济的发展中，市场是"看不见的手"，而政府的调控被称为"看得见的手"。"看不见的手"促进大多数国家的市场发展，"看得见的手"为市场搭建法律和管理框架，两者完美结合，才会让市场更完善，经济发展更迅速，缺了任何一个，都会像小儿麻痹患者一样，走路不稳，容易摔倒。因此，为了克服"市场失灵"和"政府失灵"，人们希望"两只手"配合运用，实现在社会主义市场经济条件下的政府职能的重要转变。

宏观调控：看得见的物价，看不见的手

英国经济学家凯恩斯在其著名的《就业、信息和货币通论》一书中记述了这样一则寓言：

乌托邦国处于一片混乱之中，整个社会的经济处于完全瘫痪的境地，工厂倒闭，工人失业，人们无家可归，饿殍遍野，人们束手无策。这个时候，政府采用了一个经济学家的建议，雇用200人挖了一个很大很大的大坑。这200人开始购买200把铁锹，于是，生产铁锹的企业、生产钢铁的企业、生产锹把的企业相继开工了，接下来工人开始上班、吃饭、穿衣……于是，交通部门、食品企业、服装企业也相继开工了，大坑终于挖好了；然后，政府又雇用200人把这个大坑再填埋上，这样又需要200把铁锹……萧条的市场就这样一点点复苏了，启动起来了。经济恢复之后，政府通过税收，偿还了挖坑时发行的债券，一切又恢复如常了，人们在灿烂的阳光下过着幸福的生活……

这则寓言说明了一个深刻的道理：国家的经济陷入危机的时候，国家要担当起自己

的责任，应该采用宏观调控的办法干预经济生活，使经济走上正常的轨道。

在斯密那只"看不见的手"的指引下，英国的经济首先呈现出高速的发展，然后美国、欧洲的经济都获得了空前的发展。但是到了 1929 年，形势急转直下，世界范围内爆发了一场空前的经济危机。这个时候人们才发现，斯密的那只"看不见的手"失灵了，这就是人们常说的"市场失灵"。与此同时，在经济生活中，人们意外地发现了另外一只手，发现有一只让人们"看得见的手"在挥舞，它开始频繁地进入人们的经济生活，这只"看得见的手"指什么呢？其实这只"看得见的手"就是指"国家对经济生活的干预"。对市场的失灵，政府并不是无所作为的，不能坐而视之，而应该通过适当干预，刺激市场、启动市场，解决社会存在的经济问题。就像寓言中那样，在整个社会经济不好的时候，国家积极地进入了角色，开始干预经济生活，稳定社会的经济。

这只"看得见的手"曾一度使整个资本主义经济从危机的泥沼中走出来，并使资本主义社会的经济在世界范围内蓬勃发展。那么，国家是通过什么办法来调控整个社会的经济的呢？

国家主要是通过财政政策和货币政策在宏观上对经济进行调控的。财政政策主要依靠消费、投资、出口这三辆马车；货币有汇率的变动、利息率的变动、货币发行量的变动、发行国债等，都会对一国的经济走势起到宏观调控的作用。

也就是从凯恩斯那个时候开始，各国分析和预测经济问题的视角发生了彻底的转变。过去人们重视微观经济问题，也就是个人、家庭、企业对社会经济的影响；而现在人们更看重宏观经济的问题了。一个经济学家这样比喻：比如在剧场里看戏，当一两个人站起来的时候，这相当于微观经济，我们自己说了算；当全场的人都站起来的时候，这就是宏观经济了，这个时候每一个个人都无法左右全场的局面，他只能想办法去适应这个局面。

在亚当·斯密发现"看不见的手"之后，市场规律指导资本主义经济繁荣了有 150 多年；凯恩斯倡导的宏观调控，又让资本主义经济蓬勃发展了近 50 年。然而，事实证明，宏观调控并不是万能的。

例如，20 世纪 80 年代的日本，由于国际贸易顺差较大，在美国等的压力下于 1985 年签署了《广场协议》，此后，日元开始迅速升值，兑美元汇率从 1985 年 9 月的 240：1 一直上升至 1988 年的 120：1，整整升值了一倍。由于担心出口下滑、经济减速，日本采取了扩张性政策，放松银根，利率从 5% 降到 2.5%、货币供应增幅是名义 GDP 增速的 2 倍，出现了流动性过剩，资金大量涌入股票和房地产市场，形成了市场泡沫。

1985～1990 年，日本的土地资产总值增长了 24 倍，达到 15 万亿美元，相当于同期 GDP 的 5 倍，比美国土地总值多 4 倍。同期日经指数从 12000 点上升到 39000 点，股票总价值增加了 47 倍，市盈率 1989 年达到 70.6 倍（但日本股票收益率仅 0.4%～0.7%，只有同期欧美企业的 1/6 左右）。1986～1989 年，日本国民资产总额增加了 2330 万亿日元，其中 60% 以上为地价、股价上涨所带来的增值收益。

等到经济泡沫破灭后，股价从 1989 年最高时的 39000 点下跌到 1992 年的 14000 点，2004 年达到最低的 7600 点，跌幅高达 80%；房价跌幅也高达 70%。股票和地价造成的资产损失相当于 GDP 的 90%，达 5 ~ 6 万亿美元。虽然此后政府采取了刺激经济的措施，不断降低利率，但又陷入"流动性陷阱"，零利率政策不起作用；加之扩大内需政策缺乏连续性，致使经济陷入十多年的大萧条，出现了银行坏账、设备、人员三大过剩，日本经济长期处于滞涨状态。

同样，在当前世界金融危机的威胁下，虽然各国的经济刺激方案纷纷出台，但并没有取得预期的效果，宏观调控显得越来越力不从心。

这是因为以信息技术为基础的全球化经济打破了传统工业社会中的主权经济、主权社会和主权政治的统一性，正成为当今世界发展中的基本矛盾。主权经济、主权社会和主权政治的重合缺失增加了主权国家宏观经济调控和社会管理的难度。

也就是说，全世界的经济依然成为全球互相依赖的基础，但是各个国家依然是主权国家。进一步说，在国际经济中，关税、出口配额、汇率、统计口径、生产要素等是一个主权国家可以控制和管理的，但又不完全取决于一个国家的选择。在这样的情况下，主权国家的经济社会政策会造成出乎政策制定者们预料的结果，有时甚至会造成相反的效果。这犹如在传统的工业社会中，企业是市场的主体，不同企业之间进行竞争和博弈，采取各自的策略，有时会造成市场不公平竞争，最后不得不由政府出面进行宏观调控，保持经济的稳定增长和社会秩序。在经济全球化下，全球市场的失灵会造成不公平竞争和主权国家宏观调控政策的失灵。

财政调控：国家履行经济职能的基础

财政，也称国家财政、政府财政或公共财政，是指以国家为主体，通过政府税收、预算等收支活动，用于履行政府职能和满足社会公共需要的经济活动。

财政在整个国民经济运行中具有重要地位。因为全社会的最终需求有不同性质的两类：一类是食品、衣物等个人消费品以及企业生产经营所需要的生产资料，通称"私人物品或服务"；另一类是行政管理、国家安全、环保等"公共物品或服务"。由于私人物品或服务的获得具有排他性和竞争性，其交易活动要求双方利益边界清楚，并通过市场实现；而公共物品或服务的需要和消费是公共的和集合的，市场对这些物品的提供是失效的，只能由政府并通过财政的物质支撑加以满足。

市场经济条件下，财政发挥着市场不可替代的关键作用。其主要作用：一是为国家履行其职能提供经济基础，并为国家通过直接配置公共资源来间接引导全社会资源的市场配置创造前提条件。二是财政政策与货币政策、收入政策、产业政策一起构成国家宏观调控的重要政策手段。三是财政具有再分配功能，是国家调节收入分配的重要工具。

财政调控的手段主要有：国家预算、税收、财政支出和国债等。

国家预算。国家预算是国家为实现其职能需要、有计划地筹集资金，使用由国家集中掌握的财政资金的重要政策工具，是国家的基本财政收支计划。国家预算包括中央预算和政府预算。中央预算是我国财政政策的主要工具，它对经济总量、经济结构和各经济层面都发挥着调节作用。其调节功能主要在年度财政收支规模、收支差额和收支结构中预先制定，并通过预算执行中的收支追加追减，以及收支结构变化等实现。

税收。税收是国家为实现其职能需要，凭借其政治权力，按照预定标准，无偿地取得的一种强制性的财政收入，也是国家进行宏观调控的工具之一。其调节作用的实现形式主要是确定税率、分配税负以及税收优惠和惩罚。

税收对经济的调节作用主要有：一是影响社会总供求。这种影响因税种不同而不同。流转税的征税效应侧重于总供给，提高流转税率可以限制供给；反之会增加供给。所得税的征税效应侧重于总需求。政府可以根据税收的自动稳定器作用，制定相机抉择的增减税措施，减缓经济波动。二是通过调整税率影响产业结构，限制或促进某些产业发展。三是通过征收累进所得税和社会保险税等有效调节收入分配，维护社会稳定，实现社会公平。

财政支出。财政支出是政府为履行其职能，将由其集中掌握的社会资源（或资金）按照一定的政治经济原则，分配、运用于满足社会公共需要各种用途的过程和耗费资金的总和，是宏观经济调控工具之一。

国债。国债是中央政府通过中央财政，按照信用原则，以债务人身份在国内外发行债券或向外国政府和银行借款所形成的债务。债券或借款要还本付息。国债以国家信誉为担保，比其他信用形式可靠和稳定，因而又称其为"金边债券"。国债政策是国家根据宏观经济发展要求，通过制定相关政策对国债发行、流通等过程实施有效管理，实现对宏观经济有效调控的目的。国债产生的主要动因是弥补财政赤字。但随着社会经济的不断发展，信用制度的日臻完善，国债政策已经成为一项较为成熟的财政政策工具，在平衡财政收支、调节经济运行和影响货币政策等方面发挥着日益重要的作用。

中央银行通过买卖国债的公开市场业务操作，吞吐基础货币，调节货币供应量，为货币政策服务，国债又成为连接财政和货币两大政策手段的桥梁。

财政的基本功能主要有以下几个方面：

一是资源配置功能。通过财政再分配，将国民总收入的一部分集中起来，形成财政收入；通过财政支出活动，引导社会资金流向，为社会公共需要提供资金保障。二是收入分配功能。通过税收、转移支付、补贴等财政手段调整社会成员间、地区间的收入分配格局，实现社会公平的目标。三是稳定经济功能。通过实施财政政策，对宏观经济运行进行调节，促使总供求基本平衡，调整优化经济结构，实现社会经济的可持续发展。

我国社会主义市场经济体制下的财政职能，除具有上述财政的一般基本功能外，还具有社会主义基本制度内在要求的特殊性，即监督管理功能。通过对宏观和微观经济运行、对国有资产保值增值等营运、对财政管理工作自身等方面的监督管理，保证国家政令统一，提高财政支出效率，维护国家和人民的根本利益。

我国财政调控的范围很广，既有总量调控，又有结构调整；既包括对财政收入的组织，又包括对财政支出的规范。随着改革的逐步深化，财政调控方式也日臻完善。计划经济体制的高度集中、统收统支的直接调控模式已经打破，直接调控、间接调控和法律规范相结合的调节格局基本形成，国民经济运行逐步走向规范化、法制化和市场化与必要的行政管理相结合的稳步发展轨道。

一方面，通过财政收支实现国家预算对供求总量的影响。财政收入一般反映财政参与国民收入分配过程的活动；财政支出是通过改变政府支出规模和方向，实现财政的资源配置、收入分配和稳定经济功能，体现政府宏观调控的意图。预算对经济调节的具体形态主要有三种，即赤字预算、盈余预算和平衡预算，分别反映财政政策的扩张性、紧缩性和中性政策取向。为了实现财政平衡或节余，政府主要采取偏紧的政策选择，即增加收入或减少政府公共工程等支出。因此，盈余政策可以对总需求膨胀起到有效抑制作用。平衡预算在总供求相适应时可以维持总需求的稳定增长。财政出现赤字时主要通过发行国债方式弥补，但为应对经济紧缩趋势，政府主要通过扩大预算赤字、直接增加政府支出方式，带动经济增长，实现供求平衡。因此，赤字预算政策在有效需求不足时作用明显。

另一方面，通过实施财政结构政策实现国家预算对经济结构调整的影响。在财政收支差额既定情况下，调整财政收支结构（主要是财政支出结构），调节宏观经济运行。一是通过降低（或提高）短线产品（长线或高利产品）的税率，引导社会资金投向"瓶颈"产业、缓解结构失衡；二是在供需结构失衡时，通过增加（或减少）财政投资，扩大（或抑制）社会有效供给（或需求），实现产业或产品结构调整的目的。

个人所得税：收入分配的调节器

埃及总统穆巴拉克，只知道穷人没有饭吃会造反，所以大饼便宜得很，保证人人能够吃饱肚皮。埃及有一种肚皮舞，跳得很美，它告诉你，肚皮吃饱了。但穆巴拉克不懂得贫富差距太大，人们吃饱了也还是要造反。最后，现代埃及法老穆巴拉克只好选择逊位，并且献出自家几亿美元资产，以求破财免灾。

从经济学角度来说，不管人均 GDP 是高是低，只要贫富差距扩大化，就会引发社会革命。我国改革开放以来，分配体制改革不断深化，市场机制在国民收入初次分配中日益发挥基础性调节作用。但随着经济的不断发展，呈现出扩大的趋势，我国居民的收入差距在不断拉大，各国通过基尼系数来衡量财富分配是否平均，而我国的基尼系数已经超过了国际警戒线。过大的收入分配差距会导致一些矛盾，与建设社会主义和谐社会显得很不协调。

个人所得税是调整征税机关与自然人（居民、非居民人）之间在个人所得税的征纳与管理过程中所发生的社会关系的法律规范的总称。自 1798 年在英国创立至今，已有 200 多年历史。很多国家都把它作为调节收入差距的重要税种。我国法律规定：凡在中国境内有住所，或者无住所而在中国境内居住满一年的个人，从中国境内和境外取得所得的，以及在中国境内无住所又不居住或者无住所而在境内居住不满一年的个人，从中国境内取得所得的，均为个人所得税的纳税人。

新税改以前，我国个人所得税存在较多问题。我国的个人所得税制度采用分类课征的方式，这种税制不利于调节高收入，缓解个人收入差距悬殊矛盾。在公平性上存在缺陷，容易造成不同项目、不同纳税人之间的税负不公平。两种超额累进税率的施行，税率级别划分过多，税率计算烦琐，程序复杂，而且在一定程度上造成了税负不公，与国际上减少税率档次的趋势不相吻合的，不利于征收与管理。全国使用统一的费用扣除标准，不能有效调节收入差距。我国不同地区的人均收入水平有一定差距，居民收入差距导致消费支出水平的不同。基于财税一般原理，税收起征点的定位在很大程度上体现着该种税收的功能指向,而"个税"起征点设计未能体现其基本功能。中国是一个发展中的大国,生产力发展水平与社会保障条件与发达国家相比存在很大差距,在收入分配差距不断拉大的背景下,"个税"功能指向理当定位于"富人税"。而且,税收征管不到位。缺乏记录个人取得收入的制度、纳税人编码制度、财富实名制等相关配套制度;税源控制不力,代扣代缴不到位。企业对不固定发放的其他形式的奖金、实物等不扣缴税款,导致代扣代缴难以全面落实到位;基础性配套制度不健全,影响了税收检查工作的开展;违反税法的行为惩罚力度不够。

2011 年 6 月 30 日,十一届全国人大常委会通过了修改个人所得税法的决定,将个税起征点提高到 3500 元,将超额累进税率中第 1 级由 5% 降低到 3%。修改后的个税法于 2011 年 9 月 1 日起施行。

税收作为国民收入再分配的重要手段,在调节社会成员收入差距方面有一定作用。开征个人收入所得税,实行累进税率(包括其他财产税、遗产税等等),目的就是调节并缩小贫富差距、缓和阶级矛盾,维持社会的长治久安。

1. 加大了高收入者的征收力度

个人所得税是我国目前所得税种中最能体现调节收入分配差距的税种。在降低低收入者税收负担的同时,争取最大限度地发挥利用个人所得税调整收入差距扩大的作用,加大对高收入者的调节力度。在征管方面研究新措施、引进新手段,是个人所得税征管的关键。

本次修订的个人所得税法,提出了对富人进行重点征管的内容。《中华人民共和国个人所得税法实施条例》中提出了加强对高收入者的税收征管,将以前的单项申报改为双项申报,即将原来由纳税人所在单位代为扣缴个人所得税,改为高收入者的工作单位和其本人都要向税务机关进行申报,否则视为违法。条例规定,扣缴义务人都必须办理全员全额扣缴申报,这就形成了对高收入者双重申报、交叉稽核的监管制度,有利于强化对高收入者的税收征管,堵塞税收征管漏洞。实施条例中,高收入者也有了明确的定义:"年收入超过 12 万元以上的个人"。

2. 缩小收入差距、降低基尼系数

我国区域经济发展水平不平衡,各地居民收入、生活水平存在一定差距,全国统一工薪所得费用扣除标准,有利于促进地区间的公平。如果对高收入地区实行高费用扣除标准,低收入地区实行低费用扣除标准,反而将加剧地区间的不平衡,这将与个税本来的调节意义背道而驰。目前,各地实行统一的纳税标准,对收入较低的西部地区将产生很大益处,西部相当部分中低收入阶层将不必缴纳个人所得税,该地区纳税人的税收负担将会减轻,有利于鼓励消费、促进落后地区经济的发展。

个人所得税在所有税种里最能调节收入分配差距,对收入进行二次平衡。富人和穷人是财富分配链中的两端,要缩小贫富差距,就是要从富人那里分割一定的财富,用来补贴穷人。而在我国近十多年来个人收入分配差距不断加大,基尼系数达到 0.45。按照国际惯例,基尼系数达到或者超过 0.4,说明贫富差距过大。贫富差距凸显与个人所得税制度失效是因果相生的。统计数字显示,工薪阶层是目前中国个人所得税的主要纳税群体。

2004 年个人所得税收入中 65% 来源于工薪阶层，违背了大家公认的"二八定律"。而中国的富人约占总人口的 20%。占收入或消费总额的 50%，但是，这 20% 的富人，对个人所得税的贡献，竟然只有 10%。这充分说明，个税不但没有实现从富人到穷人的"调节"，相反，这种财富的二次分配还处于一种"倒流"状态中。长期"倒流"下，只能是富人越富，穷人越穷，社会贫富差距仍将继续加大。有人称，中国富人的税收负担在世界上是最轻的。只有通过政府的税收强制手段才是完成"调节"的最有效方式。

中国公众缩小贫富差距、实现"共同富裕"的期待，很大程度上寄托在个税制度的归位中。税收制度对广大中等收入群体有重要的导向作用，作用原理是"限高,促中,提低"。加大对高收入者的征收力度，对降低基尼系数有明显的作用。

利率政策："四两拨千斤"的政策

利率政策作为货币政策的重要组成部分，也是货币政策实施的主要手段之一。央行根据货币政策实施的需要，适时地运用利率工具，对利率水平和利率结构进行调整，进而影响社会资金供求状况，实现货币政策的既定目标。利率上调有助于吸收存款，抑制流动性，抑制投资热度，控制通货膨胀，稳定物价水平；利率下调有助于刺激贷款需求，刺激投资，拉动经济增长。利率这个经济杠杆使用起来要考虑它的利弊，在什么时间、用什么幅度调整都是讲究艺术的。

以日本 10 年漫长的经济衰退时期的零利率政策为例：

20 世纪 90 年代初，泡沫经济崩溃后，大量借款不能偿还，给银行机构造成大量不良资产，日本经济陷入长期萧条。中小企业因资金周转不开大量倒闭，殃及中小银行金融机构跟着破产，为了刺激经济复苏，日本政府扩大公共事业投资，年年增发国债，导致中央政府和地方政府负债累累，财政濒临崩溃的边缘，国家几乎无法运用财政杠杆调节经济。为了防止景气进一步恶化，刺激经济需求，日本银行于 1999 年 2 月开始实施零利率政策。2000 年 8 月，日本经济出现了短暂的复苏，日本银行一度解除了零利率政策。2001 年，日本经济又重新跌入低谷。2001 年 3 月，日本银行开始将金融调节的主要目标从调节短期利率转向"融资量目标"，同时再次恢复实际上的零利率政策。2006 年 7 月 14 日，日本央行解除实施了 5 年 4 个月的零利率政策，将短期利率从零调高至 0.25%。零利率的解除，也标志着日本经济开始明显复苏。

在经济跌入低谷时，低利率利率政策的实施减轻了企业的债务负担，为市场提供了充足的资金，但其负面影响也是不容忽视的。例如，由于市场利率的下降引起存款利率的下降，使储蓄者蒙受一定损失，直接影响到个人消费的提高；另外，由于短期资金唾手可得，助长了某些金融机构的惰性。在低利率政策下，金融机构不用说实行证券化、开发衍生金融产品，就是连传统的存贷业务利润空间都很小，特别是保险行业经营已出现困难。因此，过低的利率使金融机构丧失了扩展业务与进取开拓的内在动力。更为严重的是，低利率甚至零利率政策意味着日本利用金融手段刺激经济的余地也越来越小。

不同国家的利率标准也不尽相同。中国央行领导人曾用"橘子是不能跟苹果相比"

的形象比喻来说明各个国家利率手段的内涵和定价机制不同。受金融危机的影响，2009年西方很多国家和过去10年中的日本一样，开始实行零利率政策。西方各国对于中国实行零利率政策的呼声很高。这是为什么呢？

因为利率对本国汇率和对他国汇率都有重要的影响。利率是货币供求关系的产物，增加货币投放量，市场上货币增多，供大于求，导致利率下降；反之减少货币投放量，市场上流通的货币减少，供不应求，利率提高。以中国和美国为例，如果中国增加货币投放量，利率降低，而假设美国利率不变，在外汇市场上导致人民币对美元贬值；反之如果美国降息，而中国利率不变，将导致美元对人民币贬值。因此，一国的利率政策不仅会影响到本国人民的利益和经济发展，还会通过汇率作用于他国的经济。

2007年初以来，中国人民银行先后五次上调人民币存贷款基准利率。其中，一年期存款基准利率累计上调1.35个百分点，一年期贷款基准利率累计上调1.17个百分点。2007年底，央行发表报告认为，利率政策的累积效应逐步显现：一是融资成本适度上升，有利于合理调控货币信贷投放，抑制过度投资；二是连续多次加息，有利于引导居民资金流向，稳定社会通胀预期。在物价水平走高的情况下，中央银行提高存款收益水平并努力使实际利率为正，有利于保护存款人的利益。居民储蓄问卷调查显示，居民储蓄意愿下降速度已明显放缓，在当前的物价和利率水平下，认为"更多储蓄"最合算的居民占比，第一、二、三季度降幅分别为5.6、4和0.9个百分点，幅度明显减小。第三季度，储蓄存款余额下降趋势在一定程度上得以缓解。在五次上调人民币存贷款基准利率的过程中，中国人民银行适度缩小金融机构存贷款利差，一年期存贷款基准利率利差在各次利率调整后分别为3.60%、3.51%、3.51%、3.42%、3.42%，利差从年初的3.60%逐步缩小为3.42%，累计缩小0.18个百分点。

央行表示，利率政策的累积效应逐步显现。

近年来，中国人民银行加强了对利率工具的运用。央行采用的利率工具主要有：一是调整中央银行基准利率，包括：再贷款利率，指中国人民银行向金融机构发放再贷款所采用的利率；再贴现利率，指金融机构将所持有的已贴现票据向中国人民银行办理再贴现所采用的利率；存款准备金利率，指中国人民银行对金融机构交存的法定存款准备金支付的利率；超额存款准备金利率，指中央银行对金融机构交存的准备金中超过法定存款准备金水平的部分支付的利率。二是调整金融机构法定存贷款利率。三是制定金融机构存贷款利率的浮动范围。四是制定相关政策对各类利率结构和档次进行调整等。

从目前来看，我国利率调整逐年频繁，利率调控方式更为灵活，调控机制日趋完善。随着利率市场化改革的逐步推进，作为货币政策主要手段之一的利率政策将逐步从对利率的直接调控向间接调控转化。利率作为重要的经济杠杆，在国家宏观调控体系中将发挥更加重要的作用。改革开放以来，中国人民银行加强了对利率手段的运用，通过调整利率水平与结构，改革利率管理体制，使利率逐渐成为一个重要杠杆。1993年5月和7月，中国人民银行针对当时经济过热、市场物价上涨幅度持续攀高，两次提高了存、贷款利率，1995年1月和7月又两次提高了贷款利率，这些调整有效控制了通货膨胀和固定资产投资规模。1996年5月和8月，1997年10月和1998年3月，针对我国宏观经济调控已取得显著成效，市场物价明显回落的情况，央行又适时四次下调存、贷款利率，在保护存款人利益的基础上，对减轻企业、特别是国有大中型企业的利息负担，促进国民经济的平稳发展产生了积极影响。

货币政策：扩张好还是紧缩好

由人民出版社出版的《朱镕基答记者问》一书正式面世，即受到海内外读者的热捧，其中收录了前国务院总理朱镕基兼任央行行长时期的几篇专访。朱镕基和他在央行行长短短两年经历，也再次成为媒体关注的焦点。

1993 年 7 月 2 日，全国人大八届二次会议作出决定，时年 65 岁的朱镕基被任命为中国人民银行行长。在任命前的当年 3 月，朱镕基在八届一次会议上刚被任命为国务院副总理。

当年 6 月，中央采取严格控制货币发行等十六条措施，诣在抑制日益严重的通货膨胀。此时由副总理兼任央行行长。

1993 年 8 月到 10 月间，面对由于经济发展过热引起的通货膨胀问题，刚刚履新中国人民银行行长不久的朱镕基，先后主持召开了 8 次会议，集中讨论了宏观调控措施实施的程度及货币投放量控制的程度。

会上，朱镕基以中国人民银行行长身份，命令属下的行长们在 40 天内收回计划外的全部贷款和拆借资金。"逾期收不回来，就要公布姓名，仍然收不回来，就要严惩不贷。"

截至当年 7 月底，拆借的资金收回来 332 亿元，还增加了 405 亿元的储蓄。以此为储备，银行又可以发行几百亿元去收购夏粮，国库券又有人买了，财政部不再找银行借钱发工资了，股市也止跌企稳了，"宏观调控初见成效"。

"通过这种办法和我们的努力，我们基本上成功实现了经济增长的缓慢减速，没有发生经济增长率的急剧下跌，也没有发生大规模的价格波动。"在《朱镕基答记者问》一书中如此评价上任初的货币政策。

货币政策是指政府或中央银行为影响经济活动所采取的措施，尤指控制货币供给以及调控利率的各项措施，用以达到特定或维持政策目标——比如，抑制通胀、实现完全就业或经济增长。直接地或间接地通过公开市场操作和设置银行最低准备金（最低储备金）。

货币政策通过政府对国家的货币、信贷及银行体制的管理来实施。一国政府拥有多种政策工具可用来实现其宏观经济目标。货币政策工具是指中央银行为调控货币政策中介目标而采取的政策手段。根据央行定义，货币政策工具库主要包括公开市场业务、存款准备金、再贷款或贴现以及利率政策和汇率政策等。从学术角度，它大体可以分为数量工具和价格工具。价格工具集中体现在利率或汇率水平的调整上。数量工具则更加丰富，如公开市场业务的央行票据、准备金率调整等，它聚焦于货币供应量的调整。

货币政策工具主要包括：一是由政府支出和税收所组成的财政政策。财政政策的主要用途是通过影响国民储蓄以及对工作和储蓄的激励，从而影响长期经济增长。二是货币政策由中央银行执行，它影响货币供给。通过中央银行调节货币供应量，影响利息率及经济中的信贷供应程度来间接影响总需求，以达到总需求与总供给趋于理想的均衡的一系列措施。

货币政策可以分为扩张性的和紧缩性的两种：

扩张性的货币政策是通过提高货币供应增长速度来刺激总需求，在这种政策下，取得信贷更为容易，利息率会降低。因此，当总需求与经济的生产能力相比很低时，使用扩张性的货币政策最合适。

紧缩性的货币政策是通过削减货币供应的增长率来降低总需求水平，在这种政策下，取得信贷较为困难，利息率也随之提高。因此，在通货膨胀较严重时，采用紧缩性的货币政策较合适。

2011 年 3 月 18 日早，日本央行行长白川方明在七国集团同意联手干预日元后表示，日本仍将保持超宽松的货币政策。"日本央行将会推行强有力的宽松货币政策，并继续提供充足的流动性，以保持市场稳定。"央行当天的声明表示。3 月 18 日早，七国集团财长决定联手干预日元汇率，随后日本央行又向金融系统注资 3 万亿日元（合 370 亿美元）。此前经新闻报道，日本政府可能发行超过 10 万亿日元（约合 1268 亿美元）的紧急债券，而日本央行会全部买下这些债券。

地震、海啸和核危机给日本经济造成的损失超过 20 万亿日元。他还表示，重建需要的预算肯定会超过 1995 年阪神大地震后 3.3 万亿的重建费用。日本央行继续向金融系统注入资金，数量超过银行能够消化的数额，以保持较低市场利率。而回顾过去，2001 年至 2006 年间，在通货紧缩的长期困扰下，日本中央银行曾将政策利率降至零并定量购买中长期国债的政策就是一种典型方式。这些政策的最终意图是通过扩大中央银行自身的资产负债表，进一步增加货币供给，降低中长期市场利率，避免通货紧缩预期加剧，以促进信贷市场恢复，防止经济持续恶化。

量化宽松有利于抑制通货紧缩预期的恶化，但对降低市场利率及促进信贷市场恢复的作用并不明显，并且或将给后期全球经济发展带来一定风险。中国国际经济研究会副会长张其佐认为："毫无疑问，主要央行量化宽松货币政策的开启，将带来全球通胀的风险。"实施量化宽松的货币政策，将形成日元走软、商品价格上涨的局面。

在通货膨胀较严重时，采用消极的货币政策较合适。货币政策调节的对象是货币供应量，即全社会总的购买力，具体表现形式为：流通中的现金和个人、企事业单位在银行的存款。流通中的现金与消费物价水平变动密切相关，是最活跃的货币，一直是中央银行关注和调节的重要目标。

财政赤字：影响国家经济的债务

中新网 6 月 9 日电新加坡《联合早报》9 日刊文说，美国财政赤字堆积如山，一直靠借债度日。但是，借债的额度是有法律上限的。这个债务极限在 5 月 16 日已经达到。国会如果不授权提高债务的上限，使政府继续借钱的话，联邦政府将破产。破产意味着什么？意味着美国政府将无法支付其承诺的许多义务。

财政赤字是财政支出大于财政收入而形成的差额，由于会计核算中用红字处理，所以称为财政赤字。它反映着一国政府的收支状况。财政赤字是财政收支未能实现平衡的一种表现，是一种世界性的财政现象。财政赤字即预算赤字，指一国政府在每一财政年度开始之初，在编制预算时在收支安排上就有的赤字。若实际执行结果收入大于支出，为财政盈余。

理论上说，财政收支平衡是财政的最佳情况，在现实中就是财政收支相抵或略有节余。但是，在现实中，国家经常需要大量的财富解决大批的问题，会出现入不敷出的局面。这是现在财政赤字不可避免的一个原因。不过，这也反映出财政赤字的一定作用，即在一定限度内，可以刺激经济增长。当居民消费不足的情况下，政府通常的做法就是加大政府投资，以拉动经济的增长，但是这绝不是长久之计。了解会计常识的人知道，赤字的出现有两种情况：一是有意安排，被称为"赤字财政"或"赤字预算"，它属于财政政策的一种；另一种情况，即预算并没有设计赤字，但执行到最后却出现了赤字，也就是"财政赤字"或"预算赤字"。

一国之所以会出现财政赤字，有许多原因。有的是为了刺激经济发展而降低税率或增加政府支出，有的则因为政府管理不当，引起大量的逃税或过分浪费。当一个国家财政赤字累积过高时，就好像一间公司背负的债务过多一样，对国家的长期经济发展而言，并不是一件好事，对于该国货币亦属长期的利空，且日后为了要解决财政赤字只有靠减少政府支出或增加税收这两项措施，对于经济或社会的稳定都有不良的影响。一国财政赤字若加大，该国货币会下跌，反之，若财政赤字缩小，表示该国经济良好，该国货币会上扬。

赤字财政政策是在经济运行低谷期使用的一项短期政策。在短期内，经济若处于非充分就业状态，社会的闲散资源并未充分利用时，财政赤字可扩大总需求，带动相关产业的发展，刺激经济回升。在当前世界经济增长乏力的条件下，中国经济能够保持平稳增长态势，扩张性赤字财政政策功不可没。从这个角度说，财政赤字是国家宏观调控的手段，它能有效动员社会资源，积累庞大的社会资本，支持经济体制改革，促进经济的持续增长。实际上财政赤字是国家为经济发展、社会稳定等目标，依靠国家坚实和稳定的国家信用调整和干预经济，是国家在经济调控中发挥作用的一个表现。

财政赤字的大小对于判断财政政策的方向和力度是至关重要的。财政政策是重要的宏观经济政策之一，而财政赤字则是衡量财政政策状况的重要指标。因此，正确衡量财政赤字对于制定财政政策具有十分重要的意义。非常遗憾的是，对于如何正确衡量财政赤字，经济学家并没有达成共识。一些经济学家认为，目前通常意义上的财政赤字并不是财政政策状况的一个好指标。这就是说，他们认为按照目前公认的方法衡量的财政赤字既不能准确地衡量财政政策对目前经济的影响，又不能准确地衡量给后代纳税人造成的负担。

以美国为例，美国财政部日前公布的数据显示，在截至 6 月 30 日的 2008～2009 财政年度的前 9 个月，美国联邦财政赤字首次超过 1 万亿美元。据奥巴马政府预计，联邦财政赤字到今年年底将达 1.84 万亿美元，约占美国国内生产总值的 13%，为 1945 年以来的最高水平。

目前看，巨额财政赤字问题会对美国政府的经济刺激措施产生不利影响。《华尔街日报》14日发表文章认为，公共债务和失业率攀升正在对奥巴马政府产生"政治影响"。财赤问题已经成为在野的共和党攻击政府的一大话题。美国国会少数党（共和党）领袖约翰·博纳说："1万亿美元财赤清楚地表明我们国家的财政状况已经岌岌可危，而政府却仍在不停借钱开销，让我们的子孙后代背负重债。"

由于财赤不断突破"红线"，奥巴马政府正在力推的医疗制度改革面临巨大阻力。尽管奥巴马称医疗改革在长期内会降低财赤水平，但这项改革在未来10年内却会使美国政府多支出1万亿美元。

如果财赤问题不尽早得到解决，美国经济很难实现可持续发展。美国联邦政府原总审计长戴维·沃克认为，美国面临的最大挑战是政府在财政方面不负责任。研究美国公共债务问题的华盛顿智库布鲁金斯学会经济学家威廉·盖尔担忧，财赤危机一旦到来，对美国经济乃至世界经济的影响将不可估量。

赤字财政政策并不是包治百病的良药。从长期来看，巨额的财政赤字有可能造成通货膨胀加剧、货币贬值，并对国家的主权信用产生不良影响。刺激投资，就是扩大生产能力。实行扩张性政策，有可能是用进一步加深未来的生产过剩的办法来暂时减轻当前的生产过剩。因此，长期扩张积累的后果必然会导致更猛烈的经济危机的爆发。

因此，一国在采取赤字财政政策的时候必须审时度势，十分谨慎，要在促进经济发展的同时，为将来的政策调整留下空间和余地。

货币与财政决策如何实现经济平稳

2011年2月24日，越南政府总理阮晋勇签署第11号决议，批准实施抑制通货膨胀、稳定宏观经济和保障社会民生的七项措施并就各部委负责的相关工作进行具体分工。决议的主要内容如下：

一、实施从紧、慎重的货币政策

二、实施紧缩财政政策，减少公共投资，减少财政赤字

三、促进生产经营，鼓励出口，抑制逆差，节约能源

四、调整电力和燃油价格要与扶助贫困家庭结合起来

五、加强保障社会民生

六、加强通讯和宣传工作

七、组织实施

我们都知道，总需求与总供给的变动会引起生产和就业的短期波动。国家利用货币与财政政策等宏观调控的手段，可以通过移动总需求，从而影响这些波动达到调控经济的作用。那么，货币与财政是如何决策的？它们又是怎样实现经济平稳运行的呢？

如果任由市场自己发展，政府对之放任不管，经济就倾向于发生波动。例如，当家庭和企业变得悲观时，它们削减支出，而这就减少了物品与劳务的总需求。总需求减少则使物品与劳务的生产减少。企业解雇工人，失业率上升，导致实际GDP和其他收入衡

量指标下降。失业上升和收入减少又加强了原来引起经济下降的悲观主义。

这种衰退对社会无益——它代表资源的绝对浪费。工人成为失业者是因为总需求不足而不能工作。这些工厂的老板在衰退期间让设备闲置就不能生产有价值的物品与劳务，并销售这些物品与劳务以得到利润。

没有什么理由使社会受到经济周期高涨与低落的折磨。宏观经济理论的发展表明了决策者如何减少经济波动的严重程度。通过"逆经济变动的风向行事"，货币与财政政策可以稳定总需求，从而稳定生产和就业。当总需求不足以确保充分就业时，决策者应该刺激政府支出、减税并扩大货币供给。当总需求过大，有引起更高通货膨胀的危险时，决策者应该削减政府支出、增税并减少货币供给。这些政策行为通过引起一个更稳定的经济，并有利于每一个人而使宏观经济理论得到最好的运用。

稳定一直是发展的基础。在国际金融危机爆发和蔓延期间，人民币汇率保持基本稳定对世界经济复苏作出了重要贡献。

人民币汇率形成机制改革是从 2005 年 7 月份开始的，到现在人民币的币值对美元升值 21%，实际有效汇率升值 16%。这里特别强调指出，2008 年 7 月到 2009 年 2 月，也就是世界经济极为困难的时期，人民币并没有贬值，而实际有效汇率升值 14.5%。在这期间，2009 年，我们的外贸出口下降了 16%，但是进口只降低了 11%，顺差减少了 1020 亿美元。

人民币汇率在国际金融危机蔓延中基本稳定，对世界经济复苏起了促进作用。这些都得益于中国积极的货币和财政政策。

当然，并不是要求国家要牢牢控制经济活动的发展，让经济活动按着自己的指挥棒来走，这是不现实的。大多数经济学家反对货币和财政政策大棒突然的变动，因为这种变动很可能会引起总需求的波动。而且，当发生大的变动时，货币与财政决策者要认识到这种变动，并以其他行动作出反应。

同时我们也应当认识到，在利用货币与财政政策来稳定经济的过程中，并不是一蹴而就的，它需要有一个相当长的时滞。货币政策通过改变利率而影响总需求，利率影响支出，特别是住房与企业投资。但许多家庭和企业提前确定他们的支出计划。因此，利率变动改变物品与劳务总需求需要时间。许多研究表明，在作出货币政策变动的 6 个月之内，这种变动对总需求的影响很小。

而为了作出一种财政政策变动，提案必须通过人大各委员会，由人大代表等政府机构通过，并由总理签署。提出、通过和实施一项重要的财政政策变动需要好几年的时间。由于这些长时间的时滞，那些想稳定经济的决策者就要提前知道在他们的行动发生作用时可能存在的经济状况。

有些人认为，经济预测是极不准确的，这部分是因为宏观经济学是极为原始的科学，部分是因为引起经济波动的冲击在本质上是无法预期的。因此，当决策者改变货币或财政政策时，他们不得不依靠对未来经济状况所做的学理式的猜测。

在一种政策开始实施到它发生作用之间的这段时间内，经济状况很容易发生变动。由于这个原因，决策者可能无形中扩大了而不是缩小了经济波动的程度。甚至有些经济学家声称，历史上许多重大的经济波动，包括 20 世纪 30 年代的大萧条，都可以归因于不稳定的政策行为。

其实他们这是一种不科学的说法，经济活动的发展是有一定的规律可循的，货币与财政决策者并没有凌越于这些经济规律而凭空制定决策。制定这些决策并不能"脚痛医脚""头痛医头"，而是要找出"病根"一下子根除。当然，在找出"病根"的过程中需要消耗一点时间，但这并不会耽误治疗病人的病情，反而能够做到"药到病除"，减少病人的痛苦。如果按照那些人的说法，医生若不能确定病人的病因，就要什么都不做，让患者自行恢复。他们说缺乏可靠了解的干涉只会增大使事情恶化的风险。

但是如果因为面对未知就止步不前，中国也不会有现在的中国，世界也不会拥有现在的世界。"探月"将永远只是人类的梦想。

货币政策的扩张与紧缩

在我国货币政策与经济发展的关系中，谁是决定性因素？人们在这一问题的认识上，往往是错误的。许多人认为，是货币政策决定经济发展。

例如，1990 年我国的经济增长率为 3.8％、1991 年 9.2％、1992 年 14.2％、1993 年 13.5％、1994 年 12.6％、1995 年 10.2％、1996 年 9.7％、1997 年 8.8％、1998 年 7.8％、1999 年 7.1％、2000 年 8％、2001 年 7.3％、2002 年 8％。

为什么我国的经济增长率在 1990 年只有 3.8％，而到了 1992 年就猛增为 14.2％？这主要是货币政策放松引发的。1993 年后，我国的经济增长率为什么出现连续 7 年的滑坡，到 1999 年，滑至 7.1％？这主要是货币政策收紧引起的。

我国在 1990 年后，货币政策的逐步放松，是当时经济增长缓慢造成的；1993 年后货币政策的收紧，是当时的经济过热造成的。

亚洲金融危机之后，我国出现了以需求不足为特征的经济低迷，为扩大需求，从 1998 年开始我国实行了以扩张性财政政策为主导的宏观经济政策，成效显著。但由于积极的财政政策以不断加剧的财政赤字为代价，在扩大需求的同时，也积累了财政风险。从各国的经济发展的实践经验看，长期实施财政赤字政策有可能导致通货膨胀，甚至出现通货膨胀和经济停滞增长的双重后果。如果赤字政策要逐渐淡出，积极财政政策后的货币政策就不可能是以紧缩为基本特征的。因为，无论是在微观层面还是在宏观层面上，民间投资需求和消费需求增长不旺，仍然是我国经济发展面临的主要问题。保护投资者和消费者信心，扩大有效需求，维持经济持续稳定的增长，是市场经济国家的政府职能之一。货币政策长期目标是在政策放松的大前提下，适时适度调节货币政策的力度和速度，使经济出现一个比较长的扩张上升阶段。

运用货币政策所采取的主要措施包括七个方面：第一，控制货币发行。这项措施的作用是，钞票可以整齐划一，防止币制混乱；中央银行可以掌握资金来源，作为控制商业银行信贷活动的基础；中央银行可以利用货币发行权调节和控制货币供应量。第二，控制和调节对政府的贷款。为了防止政府滥用贷款助长通货膨胀，资本主义国家一般都规定以短期贷款为限，当税款或债款收入时就要还清。第三，推行公开市场业务。中央银行通过它的公开市场业务，起到调节货币供应量，扩大或紧缩银行信贷，进而起到调节经济的作用。第四，改变存款准备金率。中央银行通过调整准备金率，据以控制商业银行贷款、影响商业银行的信贷活动。第五，调整再贴现率。再贴现率是商业银行和中央银行之间的贴现行为。调整再贴现率，可以控制和调节信贷规模，影响货币供应量。第六，选择性信用管制。它是对特定的对象分别进行专项管理，包括：证券交易信用管理、消费信用管理、不动产信用管理。第七，直接信用管制。它是中央银行采取对商业银行的信贷活动直接进行干预和控制的措施，以控制和引导商业银行的信贷活动。

中央银行为以货币政策工具为手段来对货币政策目标进行调控。货币政策是涉及经济全局的宏观政策，与财政政策、投资政策、分配政策和外资政策等关系十分密切，必须实施综合配套措施才能保持币值稳定。

在全球金融危机爆发之后，清华经济学家李稻葵主张政府应该实行宽松的货币政策与刺激性的财政政策，但考虑到通胀形势也比较严峻，如果 CPI 超过 3%，再考虑到未来的通胀预期，货币政策通过加息来进行调整。

在美国货币政策调节历史上，曾出现过关于货币政策执行方式的争论。货币主义学派代表人物米尔顿·弗里德曼从 20 世纪 50 年代至 70 年代一直鼓吹的"单一规则"，主张货币当局盯住货币供给量，将每年的货币供给增长率固化在 4% 的水准上。这种政策主张曾经被时任美联储主席的保罗·沃尔克于 1979 年 10 月宣布采用。但到了 1982 年，由于形势所迫，沃尔克又宣布放弃了所谓"单一规则"的货币政策执行方式。

全世界的中央银行没有一家采用固定货币供给增长率的调节方式。近 20 年来出现的所谓"泰勒规则""通货膨胀锚"，理论根据都是以物价、市场利率为优先考虑因素采取扩张与紧缩。

可以说，经济发展是客观的，货币政策是主观的，客观决定主观，每一项货币政策的出台，都是由当时的客观经济状况决定的。这一点十分值得注意，出台货币政策必须要符合客观实际，避免主观行事。从目前宏观调控的现状来看，我国政府开始注重宏观调控的适时适度及长远效应。因此，只要继续保持一种谨慎的态度，运用各种具体政策手段对经济发展进行适时适度的微调，货币政策放松可能带来的负面作用是可以降低的，从而使经济出现一个比较长的扩张上升阶段。

政府决策：固定规则还是灵活决策

原则上，财政政策和货币政策可以起到稳定经济的作用。许多经济学家认为，各国应该在实践上采取措施熨平商业周期的波峰和波谷。另外一些经济学家则表示怀疑，我们是否有能力预测周期，并在合适的时机根据适当的理由采取正确的措施。他们得出结论说：不能相信政府能制定出正确的经济政策，政府自由干预的权限应受到严格限制。那么，货币政策应该按规则还是相机抉择？

货币政策按规则就是要中央银行服从于政策规则。例如，假设国会通过法律，要求美联储遵照每年正好增加 3% 的货币供给。（为什么是 3%？因为实际 GDP 平均每年增长 3%；又因为货币需求随实际 GDP 而增加时，3% 的货币供给增长大体上是引起长期物价稳定所必要的比率）这种法律将消除美联储本身的无能与权力滥用，而且这也将杜绝政治性经济周期。此外，政府也不再有时间不一致性。人们现在会信任美联储低通货膨胀的宣言，因为法律要求美联储实行低通货膨胀的货币政策。在预期通货膨胀低时，经济将面临较为有利的通货膨胀与失业之间的短期权衡取舍。

货币政策的另一些规则也是可能的。一种较为积极的规则允许根据经济状况的反馈来改变货币政策。例如，较为积极的规则可以规定失业率每高于自然率1%，美联储可以提高货币增长1%。无论规则的正确形式是什么，让美联储服从于某种规则可以通过限制无能、权力滥用和实施货币政策中的时间不一致性而得到好处。

例如，财政政策方面的保守主义者担心，国会增加支出并削减税收比相反的政策更容易执行。在衰退时期很容易增加预算赤字，而在繁荣时期却很难反其道而行之，即根据反周期财政政策的要求削减赤字。因此，保守主义者几次力图限制国会批准设立新基金或扩大赤字的能力。

这些人认为，货币政策运用中的相机抉择有两个问题。第一是没有限制无能及权力的滥用。当政府派警察到一个社区去维护当地秩序时，它对警察如何进行工作给予严格的指示。因为警察有很大的权力，让他们随心所欲地行使权力是危险的。但是，当政府赋予中央银行领导人维护经济秩序的权威时，它并没有给他们以指导，而是允许货币决策者不受约束地相机抉择。

相机抉择货币政策第二个、也更微妙的问题是，它所引起的通货膨胀会高于合意的水平。中央银行领导者知道通货膨胀和失业之间没有长期的权衡取舍，通常宣布他们的目标是零通货膨胀，但他们很少实现物价稳定，为什么呢？也许是因为公众已经形成了通货膨胀预期，决策者面临通货膨胀与失业之间的短期权衡取舍，他们只好放弃他们关于物价稳定的宣言，以实现较低的失业。这种宣言（决策者说他们要做什么）和行动（决策者实际上主要做了什么）之间的不一致性称为政策的时间不一致性。由于决策者经常出现这种时间不一致性，当中央银行领导人宣布他们打算降低通货膨胀率时，人们往往表示怀疑。结果，人们预期的通货膨胀总要高于货币决策者宣布他们所要实现的水平。更高的通货膨胀预期又使短期菲利普斯曲线向上移动，这就使通货膨胀与失业之间的短期权衡取舍比没有这种情况时更不利。

虽然相机抉择的货币政策可能有一些缺点，但它也有一个重要的优点：灵活性。美联储不得不面对许多情况，而且并不是所有情况都可以预见到。例如在上个世纪30年代，大规模的银行破产就是美联储始料未及的。

此外，所谓的相机抉择问题主要是假想的。例如，政治性经济周期的实际重要性很不明显。在某些情况下，情况看来正好相反。例如，1979年吉米·卡特总统任命保罗·沃尔克为联邦储备的领导人。然而，在那一年10月，沃尔克转向紧缩性货币政策，沃尔克的决策可预期的结果是衰退，而且这种预期的衰退结果是卡特支持率的减少。沃尔克并没有用货币政策去帮助任命他的美国总统，使卡特在1980年11月的大选中被罗纳德·里根击败。

与此同时，货币主义保守派则试图通过货币增长规则或产出目标规则来制约中央银行的权限。例如，货币主义者不主张联邦储备系统根据经济情况增加或减少货币供给——

即美联储所采取的逆风向政策，而是主张美联储按照一个稳定的比率增加货币供给。这将有利于消除金融市场的不确定性，并提高中央银行作为反通货膨胀斗士的信誉。

政府仅当国民经济躯体出了大病时才出来力挽狂澜，那不能算执政能力强。只有密切关注国民经济一切变化，保持国民经济健康、稳定、可持续发展，才算得上强势政府。所以，货币政策应该相机抉择也具有一定的道理。

在最一般的水平上，关于"固定规则与相机抉择"的争论可以归结为：灵活决策的优势是否会被由自由决策带来的不确定性和滥用权力的潜在可能性所抵消并超越。一些认为经济具有内在的不稳定性和复杂性，并且政府一般可以作出明智的决策的人，乐于给政策制定者广泛的相机抉择权力，使其能够积极地采取措施稳定经济。另一些人则认为政府是经济中最不稳定的因素，政策制定者易于判断失误或贪污受贿，他们主张应当约束财政和货币当局的权限。

当经济太冷的时候，政府"踩油门"

国务院新出积极的财政政策和适度宽松的货币政策，两年投资达 4 万亿元。从稳健到积极，从适度从紧到适度宽松，政策层面的变化来自：从微观层面，看到了民工返乡潮的报道，看到了沿海企业一些倒闭的消息；广东一些企业陷入困境，今年的招聘会不再热火；在武汉，消息是高校应对就业寒流，形势是自主就业以来最严峻的一年。大批民工的返乡潮在说明经济的发展出了一定的问题。如果说经济过热很危险，经济过冷也许更危险，因为过热蕴藏危险，而过冷本身就是危险。

1996 年底我国经济实现了"软着陆"。通货膨胀率降到了 6.1%，经济增长率达到 9.7%。意料之外，1997 年东南亚发生金融危机，1998 年我国又发生了百年未遇的洪水，使我国经济急转直下，经济出现了过冷的现象，陷入谷底。物价向下，利率向下，失业增多，所有指标都向下。这说明经济太冷了，这时候总供给远远大于总需求，所有东西都卖不出去了。什么东西都过剩，都卖不出去，只能是谁卖得便宜谁卖。

如果经济形势大好，一切顺顺利利，这一点就不太令人注意，经济形势差一点，民工返乡成潮，人们会更直接地看到企业生存是多么重要的问题。在经济不景气的形势下，企业就需要重新定位。经济过冷，企业生存环境到底怎样，这可能要由企业主来说。

在过冷的经济形势下，企业负担重，营商成本高，会带来大量的公司裁员。就业是民生之本。企业倒掉，就业艰难，很多人无业可乐，就会闷闷不乐。正当劳动之年，无业稳心，难免流来走去，心神不安。在这种情况下，政府开始踩油门，财政上通过发国债来增加政府的债务收入；然后用发债所得去投资，主要是用于基建项目和一些重大企业的技术改造，从而带动相关行业的投资需求和消费需求。比如水泥、钢材，机械行业，建筑行业，运输行业等等，不仅这些基建行业本身解决大量就业问题，相关行业的就业也相应增加。从历史来看，萧条时期政府采取积极的财政政策可以在很大程度上刺激经济的发展。

20 世纪 30 年代美国出现大萧条从而引发西方世界经济危机后，人们对政府无为而治的思想越来越怀疑。于是，美国罗斯福政府率先实施干预经济的政策，史称"新政"，主要包括整顿银行体系、对农产品进行限产和补贴、大规模兴建公共工程，等等。罗斯福"新政"帮助美国的资本主义制度度过了 1929～1933 年的空前大灾难，美国的资本主义制度得救了，世界资本主义体系也缓过气来了。这就使得"新政"能够在美国历史和世界历史中获得一席之地，这就为现如今奥巴马政府大力干预经济提供了一个模板。

经济学告诉我们，国民收入的提高需要"三驾马车"来拉动：消费、投资和出口。因此，对于整个国家而言，刺激消费是促进经济增长增加国民收入的重要一环。

在一个由家庭、厂商和政府组成的三部门封闭经济的条件下，单个人或家庭节制消费、增加储蓄会增加个人财富，对个人或家庭是件好事。但如果人人节约、家家节俭则会减少国民收入，引起经济萧条，对整个国民经济来说却是坏事；相反个人或家庭增加消费、减少储蓄会减少个人财富，对个人是件坏事，但如果人人都积极消费则会增加国民收入，使经济繁荣，对整个国民经济来说却是好事。所以，当市场经济太冷的时候，就需要政府踩踩油门，推动经济的发展。

我们常常用人体造血功能和医院输血功能来形象地比喻市场和政府的作用：人体本是一架性能优良的机器，凭借着自身器官的各种功能相互协调支持着人体的健康发展，各个器官的造血功能尤为重要，它们满足人体其他器官的用血需求，一般而言，人体不需要外界干预就可以很好地维持健康成长。但假如人体受到外界的伤害，比如受到刀伤或枪伤，此时人体的血液会突然大量流失，如果外界不予干预的话，人体就会因为失血过多而昏厥甚至死亡，所以此时需要医院出手相救，手段就是输血。市场自动调节就好像人体自动调节，而政府干预则犹如医院对人体进行救助一样。经济危机来临时，经济会突然大量"失血"，表现形式就是股市崩溃，人们手中的财富大量缩水，企业的资金流断裂，而资金流对于企业来说就相当于人体的血液，所以此时政府就要出面干预，起到"输血机"的作用。

在经济萧条时期，政府便会采取相对宽松的货币政策来促进经济的恢复与发展。中央银行打开货币供给的水龙头，一次次降低利率，使我国利率由原来的 10% 以上，降到 1% 左右，鼓励人们花钱、投资。利率非常低，这是告诉大家，借钱可以去投资；借钱可以去买房等等。当人们都觉得借钱合适的时候，这些钱就重新流入到经济领域中来，当人们愿意投资、愿意消费、愿意生产、觉得有钱可赚的时候，这个经济就从谷底回升了，经济就会由冷变暖。

为抵制衰退，政府应当找出一种方法，在不减少私人支出的前提下增加它自身的支出。通过在衰退时期进行借贷，并且将借来的钱用于支出，政府可以在不减少私人部门购买的前提下，增加它对产品和服务的支出。

但说起来容易，而要真正实施的话就没那么简单。它涉及三个问题：首先，政府何时出手；其次，政府如何出手；最后，政府何时收手。与向人体输血是一个道理：何时输血，输多少，何时停止输血这三个问题肯定是医生要慎重考虑的。但和人体输血不同的是，向经济"输血"过程更加复杂，因为很多反映经济健康的指标并不能很快显示给政府领导人。所以，当经济太冷的时候，政府是需要踩踩油门，但还是需要政府部门谨慎考虑，适时加油，避免过度。

2008 年 11 月 5 日中央经济工作会议提出，宏观调控任务正式改为"保增长，扩内需"。为了达到这一目的，政府不断刺激消费。2009 年政府强力推动"家电下乡""以旧换新"等政策，有力促进了居民消费。我们相信随着中国出口步伐的放缓，随着中国经济结构的调整，带动中国经济增长的"三驾马车"中只有消费可以指望得上，所以如何增加居民收入从而刺激居民消费是摆在政府面前的一个重要课题。

当经济太热的时候，政府"踩刹车"

1992 年，我国经济热在多个经济领域中出现：开发区热、房地产热、股票热等。当时有 2000 多个县里出现 5000 多个开发区的现象。房地产热的时候，在北海市，陆地被炒光了，人们就造出一个岛来在海上炒，北海市竟然有人头脑发热地说："未来全世界前 10 大城市中就有北海一个！"当时，海南的房地产更是炒得热浪翻滚，人们统计了一下，就是再造一个海口市、再造一个三亚市的人口，也买不完这么多的房地产。1993 年的经济通货膨胀率达 21.7%，银行贷款、股市泡沫、金融风险等多个方面都出现了问题。

如果我们把一国的宏观经济比作一辆汽车，当经济太冷的时候政府要"踩油门"，要不停地踩油门，不断往流通领域里投钱，给政策，把经济拉起来，让大家去花钱，去消费。当经济太热的时候政府要"踩刹车"。

经济过热指市场供给发展的速度与市场需求发展速度不成比例。表现为总需求大于总供给，价格上升，商品供不应求，导致通货膨胀率的不断攀升，而且利率也在不断提高。资本因为虚假需求导致的供给增加是市场经济过热的根本原因。当资本增长速度超过市场实际所需要的周期量后，在一定周期阶段内就出现相应的市场资源短缺与一定资源的过剩同时出现的矛盾现象。在一定时期会表现经济高速发展与物价指数的双高现象。依据经济学的定义看，实际增长率超过了潜在增长率叫经济过热，它的基本特征表现为经济要素总需求超过总供给，由此引发物价指数的全面持续上涨。

任何一个国家在它的一定生产阶段，它只能想这个阶段的事情。中国不可能和美国今天的生活相比。因为，美国在 20 世纪初的生活水平还不如我们现在。由于经济没有发展到一定阶段，一个国家没有这么多的资源，它有一个可能性的生产边界。当一国经济的发展超过了这种可能性边界的时候，经济就不可能继续向前发展了，这时必须刹车了。如果不刹车，供给不足，需求太旺，就会产生通货膨胀。没有这么多东西，大家都去抢，只能导致价格上升，通货膨胀来临。因为国家没有这么多的石油，没有这么多的钢铁，没有这么多的路，没有这么多的钱，更没有这么多的外汇。一个国家在这个阶段只能做这一阶段能做的事，也许过若干年之后这件事会变得非常简单了。随着我们经济的发展，增长速度的提高，人们财富的增多，人均收入水平的提高，最终是能够达到的。但是，现在速度太快了不行，过热的经济需要政府的宏观调控，可以保证经济在健康良好的速度下稳步发展。

1923 年，凯恩斯出版了《货币改革论》，讨论的是第一次世界大战后欧洲的经济改革。在书中，他批评了他的许多同事讨论问题时只是集中讨论事情在长期——就像我们已经分析过的长期宏观经济均衡——会怎样变化，而忽略了沿途可能发生的痛苦和灾难。他说："长期对当前事务会产生错误的导向。在长期我们都死了。如果经济学家们在有暴风雨的季节只是告诉我们风暴终究会过去大海也会恢复平静，那么经济学家们就对自己赋予了太容易和毫无用处的任务。"

经济学家们通常对凯恩斯名言所作的解释是：他提出政府不要等待经济来自我校正。

经济运行在长期中确实会自我校正，并且最终会回到潜在产出水平上。但是大多数经济学家们相信，这种自我校正过程要花费几年甚至十几年或更长时间。

在经济经历总需求曲线移动的灾难时，政府应该使用财政政策和货币政策推动其回到潜在产出水平上。对于采取主动稳定经济运行的政策来说这是合理的做法，政府政策可以缓解衰退的严重性并阻止经济的过度扩张。这也就有力证明了这一观点，当经济过热的时候，政府应该出面、踩踩刹车。那么我们应该如何判断，经济已经过热了，需要政府刹车了呢？从我国来看，目前的经济增长过快有以下几种表现：

其一，固定资产投资增长过快。上半年，全社会固定资产投资同比增长29.8%，增速比去年同期快4.4个百分点。需要注意的是，目前新开工项目过多；东、中、西部地区投资增长都在高位运行，投资结构不合理的状况仍比较突出；一些地方违法、违规建设现象比较严重。

其二，货币信贷投放过多。一是货币供应量持续快速增长，6月当月增幅虽略有回落，但仍处于偏高水平。6月末，M2余额超过32万亿元，同比增长18.4%，比上年末高近1个百分点。二是新增贷款过多，贷款结构不尽合理，尤其是中长期贷款增长持续明显偏快。上半年，新增贷款已完成年初计划的86%，中长期贷款同比多增3742亿元。贷款的大量增加为投资过快增长提供了支撑，加大了银行机构潜在的金融风险。

其三，外贸顺差持续扩大，外汇储备大量增加。尽管今年出口增速回落，进口增速加快，但外贸顺差过大的问题还在发展。上半年，贸易顺差达614亿美元，同比增长55%。由此导致贸易摩擦增多，国际收支不平衡进一步扩大。由于经常账户和资本账户"双顺差"，外汇储备持续大量增加。今年上半年，我国外汇储备比年初增加了1222亿美元，外汇储备余额已达9411亿美元。

今年上半年，我国GDP增长了10.9%，经济出现了增长偏快的迹象。这种快速增长是在国民经济连续几年高位运行基础上的增长，如果把握得不好，我国经济可能会出现大起大落，遭受重大损失。因此，做好今后一个时期的宏观调控工作意义重大，任务艰巨。

那么，政府应该怎样踩刹车呢？政府调控宏观经济有三大政策：一是财政政策，二是货币政策，三是对外经济政策。

财政政策，主要表现为财政的收入与支出。财政的收入主要来自于税收，政府通过收税的多少来调控经济；财政的支出分成两大块：一块用于经常性支出，一块用于建设性支出，财政支出的多少也是政府调控经济的手段。

货币政策，主要表现为中央银行的作用。这个政策很重要，在走向市场经济的过程中，你会看到，货币政策在经济生活中的作用越来越大，也越来越重要。比如，现在全世界都在看着美国中央银行宣布的利率的高与低，通过调整本国的利率来调控经济的冷与热。

对外经济政策，主要表现为汇率和关税的作用。我国加入世界贸易组织以后，我们更努力加大出口、吸引外商到中国来投资。2002 年，我国是吸引外资最多的国家，超过了美国，有 500 多亿美元的外资流进了中国。外资直接投资到中国，说明他们看好了中国未来的经济。

在面对过热的经济的时候，政府可以综合使用这三大政策：通过提高利率，逐渐把货币供给的水龙头拧紧，把钱从流通领域中抽走，让大家都别花钱，政府也别花钱；通过财政政策，采取增加个人的税收，减少人们的消费，增加企业的税收，减少企业的利润，政府限制集团购买力，控制公款消费，停建楼堂馆所，采取了一系列措施压缩总需求。经济就会慢慢地冷下来，逐步回归到平稳健康的发展模式上去。但同时也应注意，政府只能慢慢地踩，并没有急刹车，才使得我国经济从高空缓缓地降到地面。

宏观调控政策是如何影响总需求的

当出现经济衰退时，政府经常使用的应对措施是增加开支，或削减税收，或两者得兼。政府经常会通过减少支出或者增加税收来应对通货膨胀。当决策者改变货币供给或税收水平时，它就通过影响企业或家庭的支出决策而使总需求曲线移动。与此相比，当政府改变其物品与劳动的购买时，它就直接使总需求曲线移动。

总需求曲线表示在任何一种物价水平时物品与劳务的总需求量。它由于三个原因而向右下方倾斜：

一是财富效应。较低的物价水平提高了家庭持有的货币的实际价值，而更多的实际财富刺激了消费支出；

二是利率效应。当人们努力把他们的超额货币持有量贷出去时，较低的物价水平降低了利率，而较低的利率刺激了投资支出；

三是汇率效应。当较低的物价水平降低了利率时，投资者把他们的部分资金转移到国外，引起国内通货相对于外国通货的贬值。这种贬值使国内物品与国外物品相比变得便宜，从而刺激了净出口。

货币持有量只是家庭财富的一小部分，所以在这些效应中，财富效应是最弱的。此外，由于出口和进口在美国 GDP 中只占一个微不足道的比例，汇率效应对美国经济也不重要。对美国经济来说，总需求曲线向右下方倾斜的最重要原因是利率效应。

由于货币供给量由美联储的政策所固定，所以它不取决于其他经济变量。特别是，它不取决于利率。一旦美联储作出了决策，无论现行的利率是多少，货币供给量都是相同的。我们用一条垂直的供给曲线代表固定的货币供给。

如果利率高于均衡水平，人们想持有的货币量就小于美联储创造的货币量，而且，这种超额货币供给会给利率一种向下的压力。相反，如果利率低于均衡水平，人们想要持有的货币量就大于美联储创造的货币量，而且，这种超额货币需求会给利率一种上升的压力。因此，货币市场上供求的力量使利率趋向于均衡利率。在均衡利率时，人们乐于持有美联储所创造的货币量。

相反，利率低于均衡水平，人们想要持有的货币量大于美联储所供给的货币量。因此，人们想通过减少他们持有的债券和其他有利息的资产来增加货币持有量。随着人们减少自己持有的债券量，债券发行者发现，为了吸引购买者，他们不得不提供较高的利率。这样，利率就会上升并趋向于均衡水平。

使总需求曲线移动的一个重要变量是货币政策。我们把货币政策作为美联储的政策工具。当美联储在公开市场活动中购买政府债券时，它增加了货币供给并扩大了总需求。当美联储在公开市场活动中出卖政府债券时，它减少了货币供给并减少了总需求。可见政府可以通过宏观调控的手段，来影响总需求的变化，从而调控国家的经济运行。

假设美国国防部向主要飞机制造商波音公司订购了 200 亿美元的新战斗机。这笔订货就增加了对波音公司生产的产品的需求，这种增加又使该公司雇佣更多工人并增加生产。由于波音公司是经济的一部分，对波音公司飞机需求的增加就意味着，在每一种物价水平时物品与劳务的总需求增加了。结果总需求曲线向右移动。

一方面，政府购买本身是总需求的重要组成部分之一，所以政府购买最终产品和劳务会对总需求曲线产生直接的影响。因此，政府增加购买会推动总需求曲线右移，而如果减少购买则会发生左移。历史上发生的政府购买增加影响总需求的最为典型的事例是美国政府在第二次世界大战期间的战时购买。因为战争，美国联邦政府的购买增加了400%，这种购买的增加通常认为对结束大萧条功不可没。在 20 世纪 90 年代，日本在面对经济萧条的情况下，为了增加总需求采取了大规模增加公共投资——如由政府出面来修路、建桥和修建水坝的做法。

另一方面，政府的转移支付对总需求的影响则是间接地发挥作用：通过改变人们的可支配收入来改变消费支出。当政府向波音公司购买 200 亿美元物品时，这种购买会有反应。政府需求增大的直接影响是增加了波音公司的就业和利润。随着工人收入的增多，企业所有者的利润增多，他们对这种收入增加的反应是增加对消费品的支出。结果，政府对波音公司的购买还增加了经济中许多其他企业产品的需求。由于政府支出的每美元可以增加的物品与劳务的总需求大于 1 美元，所以说政府购买对总需求有一种乘数效应。

这种产生于消费支出反应的乘数效应由于投资对更高水平需求的反应而得到了加强。例如，波音公司对飞机需求量增多的反应是决定购买更多设备或再建立一个工厂。在这种情况下，较高的政府需求刺激了较高的投资品需求。这种来自于投资需求的正的反馈有时被称为投资加速数。

同样，作为管理总需求的宏观调控工具，货币政策与财政政策明显不同的是，货币政策对总需求的影响需要经过漫长的传导周期，尤其是在中国这样金融市场欠发达的地方，传导链条会更加漫长。这种特点要求政策制定者在时机选择上打出提前量，以避免政策周期与经济周期发生重叠，增加经济波动。

宏观经济学的核心理论观点之一是：政府可以对总需求产生非常重要的影响，在某些时候，这种影响可以改善经济绩效。政府影响总需求曲线的两种主要方式是财政政策和货币政策。它们的变动会引起产量和物价的短期波动。决策者想预料这种影响，而且，也许还想相应地调整其他政策。财政政策是政府为了稳定经济而运用政府支出（政府购买最终产品和劳务和政府转移支付）或者税收等手段。

当你在报纸上读到"美联储把联邦基金利率从 6% 降为 5% 时，你就应该知道，这种情况的发生只是由于美联储的证券交易商正在做的事使这种情况出现。为了降低联邦基金利率，美联储的债券交易商购买政府债券，而这种购买增加了货币供给并降低了均衡利率。同样，当 POMC 提高联邦基金利率目标时，债券交易商出卖政府债券，而这种出售减少了货币供给并提高了均衡利率。

近年来联邦储备通过设定联邦基金利率（银行相互之间对短期贷款收取的利率）目标来运用政策。在联邦公开市场委员会的会议上，这个目标每 6 周评价设定一次。联邦公开市场委员会选择设定联邦基金利率（而不是像过去那样确定货币供给）作为目标部分是因为很难准确地衡量货币供给。

当一国中央银行增加货币流通数量的时候，人们持有较多的货币，他们也愿意放出贷款；结果将导致在任一给定总价格水平上利率下降，由此导致投资支出和消费支出增加。也就是说，货币数量的增加将导致总需求曲线右移。减少货币数量的结果与此相反：人们持有的货币数量较之以前减少，所以人们的借款增多而放出贷款减少。这引起利率升高，导致投资支出和消费支出减少，推动总需求曲线左移。

宏观经济政策的局限性

近年来，我国经济一直保持比较高的增长，因此，尽管 2007 年经济发展中出现了一些问题，不少人认为只要对宏观调控政策进行调整，经济发展就会重返康庄大道。目前经济繁花似锦的背后长期矛盾愈加突出，如果不尽快进行制度性的建设而只是就短期问题进行宏观政策调整，可能作用有限。

2007 年，中国经济继续延续近年高速增长的势头，宏观调控关注的"三过"问题也一如继往，同时，新的形势下又出现了一些新的情况，比如，资产价格上涨加快、CPI 有逐步走高趋势、股票市场波动加剧等。由此，宏观经济政策动态不仅成为经济学家关注的热点，同时也成为普通大众街头巷尾热议和关心的焦点话题。针对当前中国经济发展中出现的问题，不少学者给出了不同的调控药方。无疑，这些短期性的宏观调控政策对校正扭曲的增长（发展）曲线会产生一定的功效,但是否能够真正如预期般那样成效显著，过去的经验告诉我们，宏观经济的政策，存在局限性。

西方经济学理论指出，为确保经济稳定发展，政府要审时度势，主动采取一些财政措施，具体说就是，当认为社会需求非常低迷，即经济出现衰退的时候，政府应该通过削减税收、降低税率、增加支出或双管齐下以刺激总需求，换言之此时政府应该实施扩张性的财政政策。反之，当认为社会需求非常旺盛，即经济出现过热，通货膨胀比较明显的时候，政府应该通过增加税收、削减开支以抑制总需求，换言之此时政府应该实施紧缩性的财政政策。这种交替使用的财政政策被称为斟酌使用的财政政策，也被称为补偿性财政政策。

货币政策就是指一个国家的中央银行运用货币政策工具来控制货币供给量，再通过货币供给量来调节利率进而影响消费与投资和整个宏观经济活动以达到一定经济目标的行为。

法定准备金率是中央银行控制货币供给量的有力工具。由于法定准备金率变动与市场上货币供给量的变动成反比例关系，因此，中央银行可以针对经济的繁荣与衰退以及银根的松紧状况调整法定准备金率。例如，在经济处于需求不足和经济衰退的情况下，如果中央银行认为需要增加货币供给量，就可以降低法定准备金率，使所有的存款机构存款只要求保留较少的准备金，在货币创造乘数的作用下，整个货币市场上的货币供给量会成倍地增加。降低法定准备金率，实际上是增加了银行的可贷款数量。从理论上讲，变动法定准备金率是中央银行调整货币供给量的一种最简单的手段。然而，即使法定准备金率的一个很微小的变化，都会对金融市场和信贷状况产生强烈的影响。因此，法定准备金率这一政策手段很少使用，一般几年才会改变一次。但实际生活中，我国政府却经常使用这一工具来调控经济，比如 2008 年就调整了 9 次，2010 年截至 8 月份也调整了两次。

似乎非常明显，政府应该积极地运用财政政策——当经济存在衰退缺口的时候应该采用扩张性财政政策，当经济存在通货膨胀缺口的时候应该采用紧缩性财政政策。但是许多经济学者也警告说，极端地采用积极主动的稳定政策并不可取，他们认为政府试图努力来稳定经济——既可以借助财政政策，也可以借助货币政策——结果可能会使经济更不稳定。财政政策和货币政策在刺激经济的时候具有一定的局限性。

当经济发展过程当中出现了问题，就要寻求解决问题的方法与手段。目前看，大家把目光主要集中在宏观调控政策的变化上，一系列的"药方"也是如此。"冷敷"固然有利于"体温"的降低，但若不解决发热的"病灶"，经济持续稳定发展的难题就难以真正得以化解，因为宏观调控在一定程度上存在着局限性。

首先，货币政策对化解流动性过剩问题存在一定的局限性。我国银行体系流动性由金融机构在中央银行的超额存款准备金和金融机构持有的库存现金构成，是金融机构创造货币的基础。造成流动性过剩的基本原因有两个：一是银行放款约束性不够，贷款发放过多；二是人民币升值预期被反复炒作，大量国际热钱涌入国内。除了放贷过多以及热钱涌入的原因外，外汇储备的快速增长以及现行的外汇管理制度，也是造成目前流动性过剩的一个重要原因。由于人民币没有实行自由兑换，所有的外资对华投资和巨额贸易顺差形成的外汇收入，包括通过非正规渠道进入中国的热钱，都需要由央行拿出人民币来收购。为此，央行每年都要"配套"增发大量的基础货币，其实质是在制造更多的流动性。研究表明，目前我国的外汇占款已占到总货币发行量的 70%。更严重的是，只要汇率政策不变，出口和顺差继续增长，央行每年就不得不继续拿出更多的钱来收购外汇，使得流动性越来越泛滥。

其次，目前体制下，投资冲动难以抑制。控制投资过热一直是近年来我国宏观调控的重中之重。2006 年，针对经济运行中出现的投资增长过快、新开工项目规模过大等问题，国家采取一系列措施，加强和改善了固定资产投资调控。在各项宏观调控政策措施的综合作用下，固定资产投资和新开工项目过快增长的势头得到遏制，2006 年全社会固定资产投资同比增长 24%，增幅比上年下降 2 个百分点，其中，城镇投资增长 24.5%，增幅同比下降 2.7 个百分点。但进入 2007 年以来，固定资产投资增幅又出现逐步走高之势。

投资增幅之所以出现反弹，其实原因很简单：一是利益诱惑，二是政府推动。

可以说，如果高投资的体制性根源不发生根本性转变，企业短期投资回报率居高不下的话，投资增速出现反复也就难以避免。

一些经济学家认为，政府应该避免积极地利用货币和财政政策来努力稳定经济。这些政策工具应该确定为实现长期目标，例如，迅速的经济增长和低通货膨胀，而且，应该让经济靠自己的力量去克服短期波动。虽然这些经济学家也承认，货币与财政政策在理论上可以稳定经济，但他们怀疑其在实际中的可行性。

反对积极的货币与财政政策的主要论点是，这些政策对经济的影响有相当长的时滞。正如我们所说明的，货币政策通过改变利率，利率又通过影响投资支出而发挥作用。但是，许多企业提前作出投资计划。因此大多数经济学家认为，货币政策变动对产量和就业发挥相当大作用至少需要6个月。而且，一旦这些影响发生，就会持续几年。稳定政策的批评者认为，由于这种时滞，美联储不应该努力对经济进行微调。美联储通常对变动的经济状况反应太晚，因此，结果还是引起了经济波动，而不是抑制了经济波动。这些批评者支持消极的货币政策，例如，低而稳定的货币供给增长。

货币与财政政策中的这些时滞之所以成为一个问题，部分是因为经济预测极不准确。如果预测者可以提前一年正确地预期到经济状况，那么，货币和财政决策者就可以提前作出决策。在这种情况下，决策者尽管面临着时滞，也可以稳定经济。但是，衰退和萧条实际上是在没有任何预兆的情况下来临的。最好的决策者任何时候也只能在衰退和萧条发生时对经济变动作出反应。这样就更显示出财政政策和货币政策在刺激经济的时候具有一定的局限性。

宏观调控，是针对市场的缺陷而言的，是第二次的调解。但是，市场经济下的宏观调控毕竟是第二次的，是市场第一次调解之后的"修正"，不应当太"积极"，太"主动"，而且频频的宏观调控也会影响人们稳定的理性预期，助长短期行为。因此，把目光和精力更多地放在长期制度建设上，才是保证经济长期稳定发展的根本保证。

第十七章　汇率上升，对我们的生活有影响吗

——每天学点国际贸易知识

汇率：天下也有免费的"午餐"

故事发生在美国和墨西哥边界的小镇上。有一个单身汉在墨西哥一边的小镇上，他付了 1 比索买了一杯啤酒，啤酒的价格是 0.1 比索，找回 0.9 比索。转而他来到美国一边的小镇上，发现美元和比索的汇率是 1 美元：0.9 比索。他把剩下的 0.9 比索换了 1 美元，用 0.1 美元买了一杯啤酒，找回 0.9 美元。回到墨西哥的小镇上，他发现比索和美元的汇率是 1 比索：0.9 美元。于是，他把 0.9 美元换成 1 比索，又买啤酒喝。这样他在两个小镇上喝来喝去，总还是有 1 美元或 1 比索。换言之，他一直在喝免费啤酒，这可真是个快乐的单身汉。

这个快乐的单身汉为什么能喝到免费的啤酒呢？这跟汇率有关系，在美国，美元与比索的汇率是 1：0.9，但在墨西哥，美元和比索的汇率约为 1：1.1。那么，什么才是汇率呢？

汇率亦称"外汇行市或汇价"，是一国货币兑换另一国货币的比率，是以一种货币表示另一种货币的价格。由于世界各国货币的名称不同，币值不一，所以一国货币对其他国家的货币要规定一个兑换率，即汇率。从短期来看，一国的汇率由对该国货币兑换外币的需求和供给所决定。外国人购买本国商品、在本国投资以及利用本国货币进行投机会影响本国货币的需求。本国居民想购买外国产品、向外国投资以及外汇投机影响本国货币供给。在长期中，影响汇率的主要因素有：相对价格水平、关税和限额、对本国商品相对于外国商品的偏好以及生产率。

各国货币之所以可以进行对比，能够形成相互之间的比价关系，原因在于它们都代表着一定的价值量，这是汇率的决定基础。

例如，一件价值 100 元人民币的商品，如果人民币对美元的汇率为 0.1502，则这件商品在美国的价格就是 15.02 美元。如果人民币对美元汇率降到 0.1429，也就是说美元升值，人民币贬值，用更少的美元可买此商品，这件商品在美国的价格就是 14.29 美元，所以该商品在美国市场上的价格会变低。商品的价格降低，竞争力就变高，便宜好卖。反之，如果人民币对美元汇率升到 0.1667，也就是说美元贬值，人民币升值，则这件商品在美国市场上的价格就是 16.67 美元，此商品的美元价格变贵，买的就少了。

简要地说，就是用一个单位的一种货币兑换等值的另一种货币。

在纸币制度下，各国发行纸币作为金属货币的代表，并且参照过去的做法，以法令规定纸币的含金量，称为金平价，金平价的对比是两国汇率的决定基础。但是纸币不能兑换成黄金，因此，纸币的法定含金量往往形同虚设。所以在实行官方汇率的国家，由国家货币当局规定汇率，一切外汇交易都必须按照这一汇率进行。在实行市场汇率的国家，汇率随外汇市场上货币的供求关系变化而变化。

随着经济全球化的发展，世界各国之间的经济往来越来越紧密，汇率作为各国之间联系的重要桥梁，发挥着重要作用。

汇率与进出口。一般来说，本币汇率下降，即本币对外的币值贬低，能起到促进出口、抑制进口的作用；若本币汇率上升，即本币对外的比值上升，则有利于进口，不利于出口。汇率是国际贸易中最重要的调节杠杆。因为一个国家生产的商品都是按本国货币来计算成本的，要拿到国际市场上竞争，其商品成本一定会与汇率相关。汇率的高低也就直接影响该商品在国际市场上的成本和价格，直接影响商品的国际竞争力。

汇率与物价。从进口消费品和原材料来看，汇率的下降要引起进口商品在国内的价格上涨。至于它对物价总指数影响的程度则取决于进口商品和原材料在国民生产总值中所占的比重。反之，本币升值，其他条件不变，进口品的价格有可能降低，从而可以起抑制物价总水平的作用。

汇率与资本流出入。短期资本流动常常受到汇率的较大影响。当存在本币对外贬值的趋势下，本国投资者和外国投资者就不愿意持有以本币计值的各种金融资产，并会将其转兑成外汇，发生资本外流现象。同时，由于纷纷转兑外汇，加剧外汇供求紧张，会促使本币汇率进一步下跌。反之，当存在本币对外升值的趋势下，本国投资者和外国投资者就力求持有以本币计值的各种金融资产，并引发资本内流。同时，由于外汇纷纷转兑本币，外汇供过于求，会促使本币汇率进一步上升。

汇率是两种不同货币之间的比价，因此汇率多少，必须先要确定用哪个国家的货币作为标准。由于确定的标准不同，于是便产生了几种不同的外汇汇率标价方法。

第一，直接标价法。

直接标价法，又叫应付标价法，是以一定单位（1、100、1000、10000）的外国货币为标准来计算应付出多少单位本国货币。就相当于计算购买一定单位外币所应付多少本币，所以又叫应付标价法。在国际外汇市场上，包括中国在内的世界上绝大多数国家目前都采用直接标价法。如日元兑美元汇率为 119.05 即 1 美元兑 119.05 日元。

在直接标价法下，若一定单位的外币折合的本币数额多于前期，则说明外币币值上升或本币币值下跌，叫作外汇汇率上升；反之，如果要用比原来较少的本币即能兑换到同一数额的外币，这说明外币币值下跌或本币币值上升，叫作外汇汇率下跌，即外币的价值与汇率的涨跌成正比。

第二，间接标价法。

间接标价法又称应收标价法。它是以一定单位（如 1 个单位）的本国货币为标准，来计算应收若干单位的外汇货币。在国际外汇市场上，欧元、英镑、澳元等均为间接标价法。如欧元兑美元汇率为 0.9705，即 1 欧元兑 0.9705 美元。在间接标价法中，本国货币的数额保持不变，外国货币的数额随着本国货币币值的变化而变化。如果一定数额的本币能兑换的外币数额比前期少，这表明外币币值上升，本币币值下降，即外汇汇率下跌；反之，如果一定数额的本币能兑换的外币数额比前期多，则说明外币币值下降，本币币值上升，即外汇汇率上升，这说明外汇的价值和汇率的升跌成反比。因此，间接标价法与直接标价法相反。

由于直接标价法和间接标价法所表示的汇率涨跌的含义正好相反，所以在引用某种货币的汇率和说明其汇率高低涨跌时，必须明确采用哪种标价方法，以免混淆。

世界上没有完美无缺的事物，对于任何一个国家来说，汇率都是一把"双刃剑"。汇率变动究竟会带来怎样的好处与坏处，要视一个国家的具体情况而定。

汇率指标：不同国家的适用程度不同

汇率作为国家间配置资源的重要工具，其水平的决定与作用机制非常复杂，同时汇率作为交易国家货币兑换的标准，发挥着在国家间配置资源的重要作用。为了解释与汇率相关的复杂经济现象，经济学理论提出了一系列汇率指标。在目前经济研究中，通过给出的汇率指标的统计来界定得到的相关汇率的数据。

1994年墨西哥货币贬值之前，汇率指标使墨西哥将通货膨胀率从1988年的100%以上降到了1994年的10%以下。在工业化国家，汇率指标的最大成本，是无法实施独立的货币政策以对付国内事务。如果中央银行可以认真负责地实施独立的国内货币政策，通过比较1992年后法国和英国的经历，可以发现，这实在是一个很大的成本。不过，要么由于中央银行缺少独立性，要么由于对中央银行的政治压力导致通货膨胀型的货币政策，不是所有的工业化国家都能够成功实施自己的货币政策。在这样的情况下，放弃对国内货币政策的独立控制权，可能不是很大的损失，而让货币政策由核心国的更有效运作的中央银行来决定，所带来的收益可能是相当大的。

意大利就是典型的案例。在所有的欧洲国家中，意大利公众是最赞成欧洲货币联盟的，这并非偶然。意大利货币政策的历史记录并不好，意大利公众意识到，让货币政策由更负责任的外人来控制，其收益会远远大于失去采用货币政策解决国内事务的能力所带来的成本。

工业化国家会发现以汇率为指标非常有用的第二个原因是，它促进了本国经济和邻国经济的融合。这可由一些国家如奥地利和荷兰长期将汇率钉住德国马克，以及先于欧洲货币联盟的汇率钉住的例子所证实。

除非在以下两种情况下，以汇率为指标可能不是工业化国家控制整体经济的最好的货币政策策略，即一是国内货币和政治机构不能作出良好的货币政策决策；二是存在其他重大的和货币政策无关的汇率指标利益。

以汇率为指标有以下几个优点：

其一，国际贸易商品的国外价格是由世界市场决定的，而这些商品的国内价格由汇率指标得以固定。汇率指标的名义锚将国际贸易商品的通货膨胀率和核心国相挂钩，从而有助于控制通货膨胀。例如，2002 年之前，阿根廷比索对美元的汇率恰好是 1∶1，因此国际贸易中 5 美元 / 蒲式耳小麦的价格就被确定为 5 阿根廷比索。如果汇率指标是可信的（也就是预计能够固定住），那么汇率指标的另一个好处就是，将通货膨胀预期和核心国的通货膨胀率固定在一起。

其二，汇率指标为货币政策的实施提供了自动规则，从而缓解了时间一致性问题。当本国货币有贬值趋势时，汇率指标会促使推行紧缩的货币政策；当本国货币有升值的趋势时，汇率指标会促使推行宽松的货币政策。因此，就不大可能选择自由放任的一致性的货币政策。

其三，汇率指标具有简单和明晰的优点，使得公众容易理解。"稳定的货币"是货币政策易于理解的追求目标。过去，这一点在法国非常重要，建立"法郎堡垒"（坚挺的法郎）的要求经常被用来支持紧缩的货币政策。

尽管汇率指标有内在的优点，但针对这个策略还是有一些严厉的指责。问题在于，追求汇率指标的国家，由于资本的流动，钉住国不能再实施独立的货币政策，丧失了利用货币政策应付国内突发事件的能力。而且，汇率指标意味着核心国遭受的突发冲击会被直接传递到钉住国，因为核心国利率的变动会导致钉住国利率的相应变动。

汇率指标引起的第二个问题是，钉住国向冲击它们货币的投机者敞开了大门。实际上，德国统一的一个后果就是 1992 年 9 月的外汇危机。德国统一后的紧缩性货币政策意味着 ERM 国家会遭受需求的负面冲击，这种冲击会导致经济增长下滑和失业率提高。对这些国家的政府来说，在这样的情况下维持汇率相对于德国马克固定不变，当然是可行的，但是，投机者开始琢磨，这些国家钉住汇率的承诺是否会削弱？投机者断定，这些国家要抵挡对其货币的冲击，必须保持相当高的利率，由此所引起的失业率上升是这些国家政府难以容忍的。

在新兴市场国家，汇率指标也是迅速降低通货膨胀率的有效手段。许多新兴市场国家的政治和货币机构特别薄弱，因而这些国家遭受了持续的恶性通货膨胀，对于这些国家，以汇率为指标可能是打破通货膨胀心理、稳定经济的唯一途径。另一方面，新兴市场国家对外汇市场信号效应的需求可能更为强烈，因为中央银行的资产负债表和行为不像工业化国家那样透明。以汇率为指标可能使得人们更难判断中央银行的政策举动，1997 年 7 月货币危机之前的泰国就是如此。汇率指标是最后的稳定政策，公众不能监控中央银行以及政治家对中央银行施加的压力，使货币政策很容易变得过于扩张。然而，如果新兴市场国家以汇率为指标的制度没有一直保持透明，这些制度更有可能崩溃，通常导致灾难性的金融危机。

法国和英国通过将它们货币的价值钉住德国马克，成功地使用了汇率指标来降低通货膨胀率。1987 年，当法国首次将汇率钉住德国马克，它的通货膨胀率是 3%，高于德国通货膨胀率 2 个百分点。到 1992 年，它的通货膨胀率降到 2%，该水平可以被认为是与物价稳定相一致的，甚至低于德国的通货膨胀率。到 1996 年，法国和德国的通货膨胀率十分相近，达到略低于 2% 的水平。类似地，英国在 1990 年钉住德国马克之后，到 1992 年被迫退出汇率机制之时，已经将通货膨胀率从 10% 降到 3%。工业化国家已经成功地利用汇率指标控制了通货膨胀。

钉住汇率的货币政策策略由来已久。它的形式可以是，将本国货币的价值固定于黄金等商品，即前面所介绍的金本位制度的关键特征。近年来，固定汇率制度已经发展为，将本国货币的价值同美国、德国等通货膨胀率较低的大国货币固定在一起。另一种方式是采用爬行指标或钉住指标，即允许货币以稳定的速率贬值，以使钉住国的通货膨胀率能够高于核心国的通货膨胀率。

经济规模小和经济实力较弱的发展中国家倾向于选择钉住汇率制，这主要是由于它们承受外汇风险的能力较差。目前的固定汇率制主要表现为钉住汇率制。这种钉住不同于布雷顿森林体系下钉住美元的做法，因为那时美元是与黄金挂钩的，而美元的金平价又是固定的。而布雷顿森林体系瓦解后，一些国家所钉住的货币本身的汇率却是浮动的。因此目前的固定汇率制本质上应该是浮动汇率制。

"巨无霸"指数——货币的实际购买力

1986 年 9 月，英国著名的杂志《经济学人》推出了有趣的"巨无霸指数"，将世界各国麦当劳里的巨无霸汉堡包价格，根据当时汇率折合成美元，再对比美国麦当劳里的售价，来测量两种货币在理论上的合理汇率。巨无霸指数是一个非正式的经济指数，用以测量两种货币的汇率理论上是否合理，从而得出这种货币被"高估"或"低估"的结论。在一些西方经济学家眼中，麦当劳的巨无霸已经成为评估一种货币真实价值的指数，这个指数风靡全球。

两国的巨无霸的购买力平价汇率的计算法，是以一个国家的巨无霸以当地货币的价格，除以另一个国家的巨无霸以当地货币的价格。该商数用来跟实际的汇率比较，要是商数比汇率为低，就表示第一国货币的汇价被低估了；相反，要是商数比汇率为高，则第一国货币的汇价被高估了。

举例而言，假设一个巨无霸在美国的价格是 4 美元，而在英国是 3 英镑，那么经济学家认为美元与英镑的购买力平价汇率就是 3 英镑等于 4 美元。而如果在美国一个麦当劳巨无霸的价格是 2.54 美元，在英国是 1.99 英镑、在欧元区是 2.54 欧元，而在中国只要9.9 元的话，那么经济学家由此推断，人民币是世界上币值被低估最多的货币。巨无霸指数是一个非正式的经济指数，用以测量两种货币的汇率理论上是否合理。这种测量方法假定购买力平价理论成立。

有关汇率决定的最著名的一个理论就是购买力平价理论。购买力平价理论最早是由20 世纪初瑞典经济学家古斯塔夫·卡塞尔提出的。该理论指出，在对外贸易平衡的情况下，两国之间的汇率将会趋向于靠拢购买力平价。一般来讲，这个指标要根据相对于经济的重要性考察许多货物才能得出。简单地说，购买力平价是国家间综合价格之比，即两种或多种货币在不同国家购买相同数量和质量的商品和服务时的价格比率，用来衡量对比国之间价格水平的差异。

例如，购买相同数量和质量的一篮子商品，在中国用了 80 元人民币，在美国用了

20 美元，对于这篮子商品来说，人民币对美元的购买力平价是 4：1，也就是说，在这些商品上，4 元人民币购买力相当于 1 美元。如果当一国物价水平相对于另一国上升，其货币应当贬值（另一国货币应当升值）。假定相对于美国钢材的价格（仍然为 100 美元），日本钢材的日元价格上升了 10%（1.1 万日元）。如果日本的物价水平相对于美国上涨了 10%，美元必须升值 10%。

这一理论在长期实践中得到了证实。从 1973 年至 2002 年底，英国物价水平相对于美国上涨了 99%，按照购买力平价理论，美元应当相对于英镑升值，实际情况正是如此，尽管美元只升值了 73%，小于购买力平价理论计算的结果。

例如，如果有代表性的一组货物在美国值 2 美元，在法国值 10 法郎，汇率就应该是 1 美元等于 5 法郎。因此，购买力平价理论认为：一个平衡的汇率是使所比较的两种通货在各自国内购买力相等的汇率，偏离于使国内购买力相等的汇率是不可能长期存在的。如果一件货物在美国所值的美元价格相当于法国所值的法郎价格的 1/5，而汇率却是 1 美元等于 1 法郎，那么，每个持有法郎的人就会把法郎换成同数的美元，而能够在美国购买 5 倍的货物。但市场上对美元的需求会使汇率上涨，一直达到 1 美元等于 5 法郎为止，也就是达到它的货币购买力的比率与各国货币所表示价格水平的比率相等为止。

购买力平价理论认为，人们对外国货币的需求是由于用它可以购买外国的商品和劳务，外国人需要其本国货币也是因为用它可以购买其国内的商品和劳务。因此，本国货币与外国货币相交换，就等于本国与外国购买力的交换。所以，用本国货币表示的外国货币的价格也就是汇率，决定于两种货币的购买力比率。由于购买力实际上是一般物价水平的倒数，因此两国之间的货币汇率可由两国物价水平之比表示。这就是购买力平价说。从表现形式上来看，购买力平价说有两种定义，即绝对购买力平价和相对购买力平价。

购买力平价决定了汇率的长期趋势。不考虑短期内影响汇率波动的各种短期因素，从长期来看，汇率的走势与购买力平价的趋势基本上是一致的。因此，购买力平价为长期汇率走势的预测提供了一个较好的方法。

购买力平价的大前提为两种货币的汇率会自然调整至一水平，使一篮子货物在该两种货币的售价相同（一价定律）。在巨无霸指数，该一"篮子"货品就是一个在麦当劳连锁快餐店里售卖的巨无霸汉堡包。选择巨无霸的原因是，巨无霸在多个国家均有供应，而它在各地的制作规格相同，由当地麦当劳的经销商负责为材料议价。这些因素使该指数能有意义地比较各国货币。

现行的货币汇率对购买力平价于比较各国人民的生活水平将会产生误导。例如，如果墨西哥比索相对于美元贬值一半，那么以美元为单位的国内生产总值也将减半。可是，这并不表明墨西哥人变穷了。如果以比索为单位的收入和价格水平保持不变，而且进口货物在对墨西哥人的生活水平并不重要（因为这样进口货物的价格将会翻倍），那么货币贬值并不会带来墨西哥人的生活质量的恶化。如果采用购买力平价就可以避免这个问题。

一价定律：购买力平价之上的模型

假定美国钢材的价格为每吨 100 美元，与其同质的日本钢材的价为每吨 1 万日元。按照一价定律，日元和美元的汇率应当是 100 日元 / 美元（0.01 美元 / 日元），这样每吨美国钢材在日本的价格为 1 万日元（等于日本钢材的价格），而每吨日本钢材在美国的价格为 100 美元（等于美国钢材的价格）。如果汇率为 200 日元 / 美元，每吨日本钢材在美国的价格为 50 美元，是美国钢材价格的一半；而每吨美国钢材在日本的价格为 2 万日元，是日本钢材的两倍。由于美国钢材在这两个国家都比日本钢材价格高，并且与日本钢材同质，美国钢材的需求就会减少为零。假定美国钢材的美元价格不变，只有当汇率下跌到 100 日元 / 美元的水平上，由此产生的美国钢材超额供给才会消除，此时，美国钢材和日本钢材在这两个国家的价格都是相固定的。这就是金融学当中著名的一价定律。

一价定律即绝对购买力平价理论，它是由货币学派的代表人物弗里德曼提出的。一价定律可简单表述为：当贸易开放且交易费用为零时，同样的货物无论在何地销售，其价格都相同。这揭示了国内商品价格和汇率之间的一个基本联系。一价定律认为在没有运输费用和官方贸易壁垒的自由竞争市场上，一件相同商品在不同国家出售，如果以同一种货币计价，其价格应是相等的。按照一价定律的理论，任何一种商品在各国间的价值是一致的。（通过汇率折算之后的标价是一致的）若在各国间存在价格差异，则会发生商品国际贸易，直到价差被消除，贸易停止，这时达到商品市场的均衡状态。

1934 年，英国经济学家格里高利首先提出了均衡汇率的概念。他说，实际上存在着三种汇率：第一，事实上的汇率，即市场上流行的汇率；第二，真实的均衡汇率，是根据购买力平价，再估计到国际收支方面的各项因素及和通货膨胀无关的其他各种因素而得出的汇率；第三，购买力平价，是按各国一般物价水平的对比而计算出来的汇率。格里高利认为，真实的均衡汇率只是极近似购买力平价，而不等于购买力平价。至于事实上的汇率，则既不同于真实的均衡汇率，又有别于购买力平价。

购买力平价理论是基于两国所有商品同质与运输成本和贸易壁垒很低的假定，得出汇率完全由物价水平的相对变化所决定的结论。并非所有商品和服务（其价格被包括在一国的物价水平当中）都可以跨境交易。住宅、土地以及餐饮、理发和高尔夫等服务都是不能进行交易的商品，因此，即使这些商品的价格上涨，导致该国相对于其他国家物价水平上升，也不会影响汇率。

我们的分析表明，有四个因素在长期影响汇率：相对物价水平、关税和配额、对国内和外国商品的偏好以及生产能力。任何增加国内商品相对于外国商品需求的因素都可能导致国内货币升值，因为即使当国内货币价值升高时，国内商品也能继续销售。同理，任何增加国外商品相对于国内商品需求的因素都可能导致国内货币贬值，因为只有当国内货币价值降低时，国内商品才会继续销售。

相对物价水平按照购买力平价理论，美国商品价格上升（假定外国商品价格不变），对美国商品的需求会减少，美元趋于贬值，使美国商品得以继续销售。相反，如果日本商品价格上升，美国商品的相对价格下跌，对美国商品的需求会增加，美元趋向升值，因为即使美元价值上升，美国商品也会继续销售良好。长期来看，一国物价水平的上升会导致其货币贬值，而一国相对物价水平的下跌会导致其货币升值。

自由贸易壁垒会影响汇率。假定美国提高关税，或者给予日本钢材以较少的配额，这些贸易壁垒增加了对美国钢材的需求，美元趋于升值，因为即使美元价值升高，美国钢材也会保持良好的销售态势，增加贸易壁垒导致该国货币长期内升值。

如果日本人偏好美国商品，譬如说佛罗里达州的柑橘和美国电影，对美国商品需求（出口）的增加导致美元升值，因为即使美元价值升高，美国商品的销售也会非常好。同样，如果相对于美国汽车而言，美国人更偏好日本汽车，对日本商品需求（进口）的增加导致美元的贬值。对一国出口的需求增加导致其货币长期内升值；相反，对进口的需求增加会导致该国货币贬值。

如果一国的生产能力相对于其他国家提高，该国的企业就能降低本国商品相对于外国商品的价格，并仍能赚取利润。于是，国内商品需求增加，国内货币趋于升值。然而，如果一国生产能力的提高滞后于其他国家，其商品的相对价格就会升高，其货币趋于贬值。从长期来看，一国相对于其他国家生产能力提高，其货币就会升值。

由此我们可以得出这样一个重要结论，即一价定律成立的前提条件有四个：一是对比国家都实行了同等程度的货币自由兑换，货币、商品、劳务和资本流通是完全自由的；二是信息是完全的；三是交易成本为零；四是关税为零。

同自由市场上其他任何商品或资产的价格相同，供给和需求共同决定了汇率。为了简化对自由市场上外汇决定的分析，我们将其分为两个步骤。首先，我们考察长期汇率是如何决定的；之后，我们利用长期汇率决定的知识来理解短期汇率决定机制。

一价定律在金融中的作用是，在评价成本和收益以计算净现值时，可以用任何一个竞争市场的价格来确定它们的现金价值，而不用考虑所有可能的市场价格。

汇率制度：固定汇率好还是浮动汇率好

自 2005 年 7 月 21 日起，我国开始实行以市场供求为基础、参考一篮子货币进行调节、有管理的浮动汇率制度。人民币汇率不再钉住单一美元，形成更富弹性的人民币汇率机制。

2005 年 7 月 21 日，美元对人民币交易价格调整为 1 美元兑 8.11 元人民币，作为次日银行间外汇市场上外汇指定银行之间交易的中间价，外汇指定银行可自此时起调整对客户的挂牌汇价。此后，每日银行间外汇市场美元对人民币的交易价仍在人民银行公布的美元交易中间价上下千分之三的幅度内浮动，非美元货币对人民币的交易价在人民银行公布的该货币交易中间价上下一定幅度内浮动。

中国人民银行将根据市场发育状况和经济金融形势，适时调整汇率浮动区间。同时，中国人民银行负责根据国内外经济金融形势，以市场供求为基础，参考篮子货币汇率变动，对人民币汇率进行管理和调节，维护人民币汇率的正常浮动，保持人民币汇率在合理、均衡水平上的基本稳定，促进国际收支基本平衡，维护宏观经济和金融市场的稳定。至此，人民币汇率改革首次破冰，引发市场活跃。

人民币为什么要放弃固定汇率制度而改为浮动的汇率制度？为什么这一改革道路进行得颇为艰难？

固定汇率是将一国货币与另一国家货币的兑换比率基本固定的汇率，固定汇率并非汇率完全固定不动，而是围绕一个相对固定的平价的上下限范围波动，该范围最高点叫"上限"，最低点叫"下限"。当汇价涨或跌到上限或下限时，政府的中央银行要采取措施，使汇率维持不变。在19世纪初到20世纪30年代的金本位制时期、第二次世界大战后到20世纪70年代初以美元为中心的国际货币体系，都实行固定汇率制。

固定汇率的优点有以下两点：一是有利于经济稳定发展；二是有利于国际贸易、国际信贷和国际投资的经济主体进行成本利润的核算，避免了汇率波动风险。

缺点包括以下三点：

一是汇率基本不能发挥调节国际收支的经济杠杆作用。二是为维护固定汇率制将破坏内部经济平衡。比如一国国际收支逆差时，本币汇率将下跌，成为软币，为不使本币贬值，就需要采取紧缩性货币政策或财政政策，但这种会使国内经济增长受到抑制、失业增加。三是引起国际汇率制度的动荡和混乱。东南亚货币金融危机就是一例。

浮动汇率是固定汇率的对称。根据市场供求关系而自由涨跌，货币当局不进行干涉的汇率。在浮动汇率下，金平价已失去实际意义，官方汇率也只起某种参考作用。就浮动形式而言，如果政府对汇率波动不加干预，完全听任供求关系决定汇率，称为自由浮动或清洁浮动。但是，各国政府为了维持汇率的稳定，或出于某种政治及经济目的，要使汇率上升或下降，都或多或少地对汇率的波动采取干预措施。这种浮动汇率在国际上通称为管理浮动或肮脏浮动。1973年固定汇率制瓦解后，西方国家普遍实行浮动汇率制。

浮动汇率制度的主要长处是防止国际游资冲击，避免爆发货币危机；有利于促进国际贸易的增长和生产的发展；有利于促进资本流动等等。缺点是经常导致外汇市场波动，不利于长期国际贸易和国际投资的进行；不利于金融市场的稳定；基金组织对汇率的监督难以奏效，国际收支不平衡状况依然得不到解决；对发展中国家更为不利。

浮动汇率制度形式多样化，包括自由浮动、管理浮动、钉住浮动、单一浮动、联合浮动等。在浮动汇率制度下，汇率并不是纯粹的自由浮动，政府在必要的时候会对汇率进行或明或暗的干预。由于汇率的变化是由市场的供求状况决定的，因此浮动汇率比固定汇率波动要频繁，而且波幅大。特别提款权的一篮子汇价成为汇率制度的组成部分。有管理的浮动汇率制是指一国货币当局按照本国经济利益的需要，不时地干预外汇市场，以使本国货币汇率升降朝着有利于本国的方向发展的汇率制度。在有管理的浮动汇率制下，汇率在货币当局确定的区间内波动。区间内浮动有助于消除短期因素的影响，当区间内的汇率波动仍无法消除短期因素对汇率的影响时，中央银行再进行外汇市场干预以消除短期因素的影响。

在现行的国际货币制度下，大部分国家实行的都是有管理的浮动汇率制度。有管理的浮动汇率是以外汇市场供求为基础的，是浮动的，不是固定的。它与自由浮动汇率的区别在于它受到宏观调控的管理，即货币当局根据外汇市场形成的价格来公布汇率，允许其在规定的浮动幅度内上下浮动。一旦汇率浮动超过规定的幅度，货币当局就会进入市场买卖外汇，维持汇率的合理和相对稳定。

2005 年以来，中国开始了一篮子货币的浮动汇率制度，自此以后人民币汇率问题一直是国内外舆论关注的热点。2006 年人民币加速了升值的速度，随着 2007、2008 两年经济的快速发展，人民币在一路"高升"之后渐趋于平稳。这让央行大大松了一口气。对央行来说，保持人民币汇率内外均衡一直是央行政策中的重点。但什么样的汇率水平才是均衡的？这一问题值得探讨。

在 1944 年，经济学家努克斯给均衡汇率下了一个更为简洁的定义，即"均衡汇率是这样一种汇率，它在一定时期内，使国际收支维持均衡，而不引起国际储备净额的变动"。1945 年，他又进一步对均衡汇率的概念进行修正：均衡汇率是在三年左右的时间内，维持一国国际收支均衡状态而不致造成大量失业或求助于贸易管制时的汇率。自此以后，凯恩斯主义者们就以就业作为判断汇率是否均衡的标准。

均衡汇率理论实际上并不是关于解释汇率决定和汇率变动的理论，而是从一个国家的国内经济状况、国际收支的变动等诸方面来考虑汇率水平是否合理，判断汇率是高估还是低估，并决定汇率水平是否应当变动。因此，均衡汇率理论实际上是一种政策性工具。它未能回答汇率的决定政策问题，却在汇率理论和汇率政策之间架起了桥梁，因而也具有非常重要的意义。但是，均衡汇率理论的一些基本内容是建立在诸如"其他一切都不变化"的前提上，而这个条件在现实中是几乎不存在的，这个缺陷限制了均衡汇率理论作为一种政策工具的"可操作性"，因而降低了它的实际应用意义。

固定汇率制度和浮动汇率制度是两种不同的汇率制度，某个国家在某个经济周期，结合本国的经济结构，固定汇率制度可能优于浮动汇率制度，而另一个阶段，另一种经济结构下，浮动汇率制度又有可能优于固定汇率制度。所以，权衡固定汇率制度好还是浮动汇率制度好，一定要结合本国的具体国情和经济发展状况，才能作出客观理性的分析。

外汇交易：两种货币之间是怎样交易的

自从外汇市场诞生以来，外汇市场的汇率波幅越来越大。1985 年 9 月，1 美元兑换 220 日元，而 1986 年 5 月，1 美元只能兑换 160 日元，在 8 个月里，日元升值了 27%。近几年，外汇市场的波幅就更大了，1992 年 9 月 8 日，1 英镑兑换 2.0100 美元，11 月 10 日，1 英镑兑换 1.5080 美元，在短短大约两个月里，英镑兑美元的汇价就下跌了 5000 多点，贬值 25%。不仅如此，目前，外汇市场每天的汇率波幅也不断加大，一日涨跌 2% 至 3% 已是司空见惯。1992 年 9 月 16 日，英镑兑美元从 1.8755 跌至 1.7850，英镑日下挫 5%。正因为外汇市场波动频繁且波幅巨大，给投资者创造了更多的机会，吸引了越来越多的投资者加入这一行列。

外汇交易就是一国货币与另一国货币进行交换。与其他金融市场不同，外汇市场没有具体地点，也没有中央交易所，而是以电子交易的方式进行。"外汇交易"是同时买入一对货币组合中的一种货币而卖出另外一种货币，即以货币对形式交易，例如欧元 / 美元（EUR/USD）或美元 / 日元（USD/JPY）。

外汇交易中大约每日的交易周转的 5% 是由于公司和政府部门在国外买入或销售他们的产品和服务，或者必须将他们在国外赚取的利润转换成本国货币；而另外 95% 的交易是为了赚取盈利或者投机。对于投机者来说，最好的交易机会总是交易那些最通常交易的（并且因此是流动量最大的）货币，叫作"主要货币"。今天，大约每日交易的85%是这些主要货币，它包括美元、日元、欧元、英镑、瑞士法郎、加拿大元和澳大利亚元。这是一个即时的24小时交易市场，外汇交易每天从悉尼开始，并且随着地球的转动，全球每个金融中心的营业日将依次开始，首先是东京，然后是伦敦和纽约。不像其他的金融市场一样，外汇交易投资者可以对无论是白天或者晚上发生的经济、社会和政治事件而导致的外汇波动而随时反应。外汇交易市场是一个超柜台（OTC）或"银行内部"交易市场，因为事实上外汇交易是交易双方通过电话或者一个电子交易网络而达成的，外汇交易不像股票和期货交易市场那样，不是集中在某一个交易所里进行的。

从交易的本质和实现的类型来看，外汇买卖可分为以下两大类：一是为满足客户真实的贸易、资本交易需求进行的基础外汇交易；二是在基础外汇交易之上，为规避和防范汇率风险或出于外汇投资、投机需求进行的外汇衍生工具交易。属于第一类的基础外汇交易的主要是即期外汇交易，而外汇衍生工具交易则包括远期外汇交易，以及外汇择期交易、掉期交易、互换交易等。

外汇交易主要可分为现钞、现货外汇交易、合约现货外汇交易、外汇期货交易、外汇期权交易、远期外汇交易、掉期交易等。

1. 现钞交易

现钞交易是旅游者以及由于其他各种目的需要外汇现钞者之间进行的买卖，包括现金、外汇旅行支票等。

2. 现货外汇交易

现货外汇交易是大银行之间，以及大银行代理大客户的交易，买卖约定成交后，最迟在两个营业日之内完成资金收付交割。下面主要介绍国内银行面向个人推出的、适于大众投资者参与的个人外汇交易。个人外汇交易，又称外汇宝，是指个人委托银行，参照国际外汇市场实时汇率，把一种外币买卖成另一种外币的交易行为。由于投资者必须持有足额的要卖出外币，才能进行交易，较国际上流行的外汇保证金交易缺少保证金交易的卖空机制和融资杠杆机制，因此也被称为实盘交易。国内的投资者，凭手中的外汇，到工、农、中、建、交、招等六家银行办理开户手续，存入资金，即可透过互联网、电话或柜台方式进行外汇买卖。

3. 合约现货外汇交易（按金交易）

合约现货外汇交易，又称外汇保证金交易、按金交易、虚盘交易，指投资者和专业从事外汇买卖的金融公司（银行、交易商或经纪商），签订委托买卖外汇的合同，缴付一定比率（一般不超过10%）的交易保证金，便可按一定融资倍数买卖10万、几十万甚至上百万美元的外汇。

以合约形式买卖外汇，投资额一般不高于合约金额的5%，而得到的利润或付出的亏损却是按整个合约的金额计算的。外汇合约的金额是根据外币的种类来确定的，具体来说，每一个合约的金额分别是12500000日元、62500英镑、125000欧元、125000瑞士法郎，每张合约的价值约为10万美元。每种货币的每个合约的金额是不能根据投资者的要求改变的。投资者可以根据自己定金或保证金的多少，买卖几个或几十个合约。一般情况下，投资者利用1千美元的保证金就可以买卖一个合约，当外币上升或下降，投资者的盈利与亏损是按合约的金额即10万美元来计算的。

这种合约形式的买卖只是对某种外汇的某个价格作出书面或口头的承诺，然后等待价格上升或下跌时，再做买卖的结算，从变化的价差中获取利润，当然也承担了亏损的风险。外汇投资以合约的形式出现，主要的优点在于节省投资金额。由于这种投资所需的资金可多可少，所以，近年来吸引了许多投资者的参与。

4.外汇期货交易

外汇期货交易是指在约定的日期，按照已经确定的汇率，用美元买卖一定数量的另一种货币。期货市场至少要包括两个部分：一是交易市场，另一个是清算中心。期货的买方或卖方在交易所成交后，清算中心就成为其交易对方，直至期货合同实际交割为止。

期货外汇和合约外汇交易既有一定的联系，也有一定的区别。合约现货外汇的买卖是通过银行或外汇交易公司来进行的，外汇期货的买卖是在专门的期货市场进行的。外汇期货的交易数量和合约现货外汇交易是完全一样的。外汇期货买卖最少是一个合同，每一个合同的金额，不同的货币有不同的规定，如一个英镑的合同也为62500英镑、日元为1250000日元，欧元为125000欧元。外汇期货买卖与合约现货买卖有共同点亦有不同点。

目前，全世界的期货市场主要有：芝加哥期货交易所、纽约商品交易所、悉尼期货交易所、新加坡期货交易所、伦敦期货交易所。

影响汇率变动的依据是什么

一国外汇供求的变动要受到许多因素的制约。这些因素既有经济的，也有非经济的，而各个因素之间又是相互联系，相互制约，甚至相互抵消的关系。因此，汇率变动的原因极其错综复杂。影响汇率变动的原因是多方面的，总的来说，一国经济实力的变化与宏观经济政策的选择，是决定汇率长期发展趋势的根本原因。除此以外，下列因素也影响汇率变动：

1.一国的国际收支状况

国际收支状况是决定汇率趋势的主导因素。国际收支是一国对外经济活动中的各种收支的总和。一般情况下，国际收支逆差将引起本币贬值，外币升值，即外汇汇率上升。国际收支顺差则引起外汇汇率下降。国际收支变动决定汇率的中长期走势。

例如，自20世纪80年代中后期开始，美元在国际经济市场上长期处于下降的状况，而日元"恰恰"相反，一直不断升值。究其原因就是美国长期以来出现国际收支逆差，而日本持续出现巨额顺差。仅以国际收支经常项目的贸易部分来看，当一国进口增加而产生逆差时，该国对外国货币产生额外的需求，这时，在外汇市场就会引起外汇升值，本币贬值，反之，当一国的经常项目出现顺差时，就会引起外国对该国货币需求的增加与外汇供给的增长，本币汇率就会上升。

2. 一国的国民收入

国民收入的变动引起汇率是升还是降，要取决于国民收入变动的原因。如果国民收入是因增加商品供给而提高的，则在一个较长时间内该国货币的购买力得以加强，外汇汇率就会下降。如果国民收入因扩大政府开支或扩大总需求而提高，在供给不变的情况下，超额的需求必然要通过扩大进口来满足，这就使外汇需求增加，外汇汇率就会上升。

3. 通货膨胀率的高低

通货膨胀率的高低是影响汇率变化的基础。如果一国的货币发行过多，流通中的货币量超过了商品流通过程中的实际需求，就会造成通货膨胀。通货膨胀使一国的货币在国内购买力下降，使货币对内贬值，在其他条件不变的情况下，货币对内贬值，必然引起对外贬值。因为汇率是两国币值的对比，发行货币过多的国家，其单位货币所代表的价值量减少，因此该国货币在折算成外国货币时，就要付出比原来多的该国货币。

4. 货币供给是决定货币价值、货币购买力的首要因素

如果本国货币供给减少，则本币由于稀少而更有价值。通常货币供给减少与银根紧缩、信贷紧缩相伴而行，从而造成总需求、产量和就业下降，商品价格下降，本币价值提高，外汇汇率将相应地下跌。如果货币供给增加，超额货币则以通货膨胀的形式表现出来，本国商品价格上涨，购买力下降，这会促进相对低廉的外国商品大量进口，外汇汇率上升。

5. 一国的财政收支状况对国际收支有很大影响

财政赤字扩大，将增加总需求，常常导致国际收支逆差及通货膨胀加剧，结果本币购买力下降，外汇需求增加，进而推动汇率上涨。如果财政赤字扩大时，在货币政策方面辅之以严格控制货币量、提高利率的举措，反而会吸引外资流入，使本币升值，外汇汇率将下降。

6. 利率差异即利率高低，会影响一国金融资产的吸引力

一国利率的上升，会使该国的金融资产对本国和外国的投资者来说更有吸引力，从而导致资本内流，汇率升值。当然不能不考虑一国利率与别国利率的相对差异，如果一国利率上升，但别国也同幅度上升，则汇率一般不会受到影响；如果一国利率虽有上升，但别国利率上升更快，则该国利率相对来说反而下降了，其汇率也会趋于下跌。利率因素对汇率的影响是短期的。一国仅靠高利率来维持汇率强盛，其效果是有限的，因为这很容易引起汇率的高估，而汇率高估一旦被市场投资者（投机者）所认识，很可能产生更严重的本国货币贬值风潮。

例如，20世纪80年代初期，里根入主白宫以后，为了缓和通货膨胀，促进经济复苏，采取了紧缩性的货币政策，大幅度提高利率，其结果使美元在20世纪80年代上半期持续上扬，但是1985年，伴随美国经济的不景气，美元高估的现象已经相当严重，从而引发了1985年秋天美元开始大幅度贬值的浪潮。

7. 各国汇率政策和对市场的干预

在浮动汇率制下，各国中央银行都尽力协调各国间的货币政策和汇率政策，力图通过影响外汇市场中的供求关系来达到支持本国货币稳定的目的。中央银行影响外汇市场的主要手段是：调整本国的货币政策，通过利率变动影响汇率；直接干预外汇市场；对

资本流动实行外汇管制。

8.投机活动与市场心理预期

自1973年主要资本主义国家实行浮动汇率制以来，外汇市场的投机活动越演越烈，投机者往往拥有雄厚的实力，可以在外汇市场上推波助澜，使汇率的变动远远偏离其均衡水平。

另外，外汇市场的参与者和研究者，包括经济学家、金融专家和技术分析员、资金交易员等，他们对市场的判断及对市场交易人员心理的影响，交易者自身对市场走势的预测，都是影响汇率短期波动的重要因素。当市场预计某种货币趋跌时，交易者会大量抛售该货币，造成该货币汇率下浮的事实；反之，当人们预计某种货币趋于坚挺时，又会大量买进该种货币，使其汇率上扬。公众预期的投机性和分散性的特点，加剧了汇率的短期波动。

9.政治与突发因素

政治与突发因素对外汇市场的影响是直接和迅速的，这些因素包括政局的稳定性、政策的连续性，政府的外交政策以及战争、经济制裁和自然灾害等。另外，西方国家大选也会对外汇市场产生影响。政治与突发事件因其突发性及临时性，使市场难以预测，故容易对市场造成冲击。

总之，影响汇率的因素是多种多样的，这些因素的关系是错综复杂的，有时这些因素同时起作用，有时个别因素起作用，有时这些因素甚至起互相抵消的作用，有时这个因素起主要作用，另一个因素起次要作用。但是从长时间来看，汇率的变动主要受国际收支的状况和通货膨胀所制约，因而国际收支的状况和通货膨胀是决定汇率变化的基本因素，利率因素和汇率政策只能起从属作用，即助长或削弱基本因素所起的作用。一国的财政货币政策对汇率的变动起着决定性作用。政治与突发事件、投机活动只是在其他因素所决定的汇价基本趋势基础上起推波助澜的作用。

汇率的影响：汇率变动对经济发展有什么影响

汇率作为一种重要的经济杠杆，不仅会直接影响国内外商品的相对比价，从而影响国际收支平衡；而且还会对国民收入、物价水平等宏观经济变量产生重要影响。

各种货币汇率每天都在变动，但人们对于汇率为什么要这样变来变去不一定十分清楚，有人甚至认为是政府强行使汇率在变动。然而，汇率并不是一国政府能够左右或者完全左右得了的，它所涉及的影响因素众多，可谓牵一发而动全身。

2009年以来，外币利率持续在低位"徘徊"，收益能力也远不如投资者们预期的那么强，因此在近半年时间里，外币理财产品对投资者的吸引力已经变得越来越小。统计显示，近期外币理财产品发行下降明显，市场占比持续下落。然而业内专家表示，澳元等商品货币与美元、日元之间的利差仍有吸引力。在投资外币理财产品时，投资者应加强对汇率变化的关注。

汇率变动是指货币对外价值的上下波动，包括货币贬值和货币升值。货币贬值是指一国货币对外价值的下降，或称该国货币汇率下跌。汇率下跌的程度用货币贬值幅度来表示。货币升值是指一国货币对外价值的上升，或称该国货币汇率上涨。汇率上涨的程度用货币升值幅度来表示。

因为汇率会影响国内外商品的相对价格，因而相当重要。对于美国人而言，法国商品的美元价格取决于两个因素：法国商品的欧元价格和欧元与美元的汇率。

假定美国品酒家决定购买 1 瓶好的法国红酒来充实其酒库。如果这瓶酒在法国的价格为 10000 欧元，欧元与美元的汇率为 1 : 1.08，品酒家购买这瓶酒的成本是 10800 美元：10000 欧元 × 1.08 美元 / 欧元。现在，假定品酒家在 3 个月后才购买，那时欧元升值为 1.20 美元。如果该酒的国内价格仍然为 10000 欧元，美元成本就会从 10800 美元上升到 12000 美元。

相反，如果欧元贬值，就会降低了法国商品在美国的价格，但提高了美国商品在法国的价格。如果 1 欧元价值下跌到 0.90 美元，品酒师购买法国红酒只需花费 9000 美元，而非 10800 美元。

综上所述，我们可以得到下面的结论：如果一国货币升值（相对于其他货币价值上升），该国商品在国外就变得更加昂贵，假定两国国内价格保持不变，而外国商品在该国就会更加便宜；相反，如果一国货币贬值，其商品在海外就变得便宜，而外国商品在该国就变得昂贵。

货币升值会加大国内制造商在海外销售商品的难度，增加本国市场上来自外国商品的竞争，因为这些商品相对而言更加便宜了。1980 ~ 1985 年初，美元的升值损害了美国产业的竞争力。例如，美国钢铁业受损，原因是不仅更加昂贵的美国钢材在海外的销售锐减，而且相对便宜的外国钢材在美国的销售增加。虽然美元的升值损害了一些国内企业的利益，但消费者却从中受益，因为外国商品的价格降低了。美元的升值降低了日本录音机和照相机的价格，减少了去欧洲度假的费用。

如果外国存款利率上升，假定其他所有因素不变，这些存款的预期回报率必然上升。因此，对于给定的汇率水平，欧元汇率的上升导致欧元存款预期回报率上升，结果是美元发生贬值。

在最初的均衡汇率水平上，欧元存款预期回报率的增加是由于汇率的上升，人们希望购买欧元和卖出美元，因此美元的价值就会下跌。我们经过分析可以得到以下结论：外国存款利率的上升，导致国内货币贬值。相反，如果欧元的价值下跌，欧元存款的预期回报率减少，汇率上升，可以导致国内货币升值。

汇率的变动很大程度上影响着预期收益率的走势，因此当实行固定汇率制的国家突然决定改变本币的外币价值的时候，汇率的变动就会引发一系列的波动。

关于汇率变动究竟会对我国经济产生哪些影响，可以主要关注以下几方面。

1. 汇率变动对商品进出口的影响

一般来说，人民币贬值会推动外汇汇率走高。这时候，如果我国国内物价保持不变，国人对我国商品、劳务的购买力就会增强，这有助于扩大我国商品对外出口。与此同时，由于人民币贬值，商品出口后以外币表示的价格就降低了，从而提高了出口商品的竞争力，这也是有助于扩大商品出口的；反过来说，以人民币表示的进口商品的价格会有所提高，从而影响到进口商品在我国的销售，起到抑制进口的作用。

从整体上看，人民币汇率贬值有利于扩大出口，抑制进口。不过需要指出的是，这个过程中存在着时滞现象。也就是说，可能要过一段时间才能看到这种效果。

货币政策的时滞现象在金融学上很常见，所以在制定相关政策时，必须考虑从制定政策到获取主要效果或全部效果的时间差。

2. 汇率变动对国际资本移动的影响

人民币汇率如果上升，表明人民币的购买力增强了，这会有助于国内资本的对外投资。最典型的是，20世纪80～90年代日元大幅度升值后，日本的汽车、家用电器、办公机械、机床行业等都拼命向外扩张。

人民币汇率如果发生贬值，这时候就要分两种情况来看待了：如果人们普遍认为这种贬值还没到位，那么国内资本就会向国外转移，以避免发生更大的贬值损失；如果人们普遍认为这种贬值已经到位，那么就会促使原来因为汇率过高而转移到国外的资本回流。当然，除此以外也会吸引一部分外资进入中国，因为这时候的外资购买力增强了。

3. 汇率变动对外汇储备的影响

我国的外汇储备主要是美元，如果美元汇率下跌，我国的外汇储备也会相应受损；相反，如果美元汇率上升，我国外汇储备的实际价值也会随之增加。相应的，人民币汇率发生变动，也会通过资本流动和进出口贸易额的增加减少，直接影响人民币外汇储备的增加减少。

总体来看，人民币汇率保持稳定，有助于外国投资者稳定地获得利息和红利收入，有助于吸引国外资本投入中国，促进我国的外汇储备增加；相反，人民币汇率不稳定则会引起资本外流及外汇储备的减少。

4. 汇率变动对物价的影响

人民币汇率如果发生贬值，那么进口商品、进口原材料、进口半成品的价格都会相应上涨，本国工资水平也会得到提高，从而导致国内商品生产成本提高，物价也就相应上涨了。除此之外，还会因此带动贸易收支改善的乘数效应，引发需求拉动型物价上涨。

5. 汇率变动对国际经济影响

这主要取决于某个国家的货币在国际经济贸易中的地位。

如果是主要工业国的汇率发生贬值，则会不利于其他工业国和发展中国家的贸易收支，很可能会引发贸易摩擦和汇率大战，甚至直接引发国际金融市场动荡，影响这些国家乃至全球的经济景气指数。相反，如果是一些弱小国家的汇率发生变动，这种影响程度就要小得多。

在现实生活中各国政府，往往通过币值下调，来达到政府克服本国失业的目的。例如，如果政府增加支出和预算赤字在政治上不受欢迎，或者立法过程太慢，那么政府就会倾向于选择贬值作为扩张总需求的最方便的途径。同时，币值下调可以改善经常项目的收支情况，这是政府十分需要的。另外，币值下调可以影响中央银行的外汇储备：如果中央银行的外汇储备不足，那么可以运用突然的、一次性的贬值增加其储备。

汇率政策：决定一国经济的兴衰

汇率和国内的物价水平也有密切的关联。对中国经济来说，浮动汇率会减缓外汇储备的增长速度，避免外汇储备更大的贬值，提高政府财政方面的长期健康水平；会允许中国货币政策独立于外国经济形势，完全根据国内情况而制定，缓解国内商业周期的负面影响；会减少资产价格上升导致通胀的风险。汇率对经济造成的影响还远非这么直观和简单。这一点同样可以通过网上广为流传的一个浅显的故事来表达。

据说有一个外星人来到地球上，发现一种果子很好吃，他说："我要吃这种果子。"地球人告诉他："好，但要先确定你到哪里去买，到中国去买，1元人民币1个，到欧洲去买，1欧元1个。"

外星人说："那我用1欧元买一个好了。"

地球人说："慢！其实你不用花钱就可以，你先从中国借一个果子，到欧洲去换1欧元，拿1欧元到中国去，就可以换10个果子，拿一个果子还给中国人，你就白得了9个果子，你再拿9个果子再去换9欧元，再到中国去换90个果子，再拿这90个果子去换90欧元，再到中国去换900个果子……这样下去中国的果子都被你拿走了！"外星人惊讶道："还有这样的好事！那中国人为什么不把果子运到欧洲去卖钱？"

"因为中国政府需要出口外汇，所以规定10元人民币＝1欧元，就是规定了10个中国的果子＝欧洲一个果子呀，就算把中国的果子拿去卖也赚不了钱啊。"

"难怪中国的外汇储备世界第一呀！那中国要这么多的外汇，要做什么用啊？

"暂时来说这么多的外汇实际上还没有派上用处呢！因为如果中国把这个钱花在外国，就起到只能买一个果子的作用，就是说本来手里有10个果子，一交换就变成只有1个果子，再交换一次就变成0.1个果子，再交换一次就变成0.01个果子……那这样越交换就越穷了。现在中国把它换成人民币，所以我们现在人民币越来越多，才会引起通货膨胀啊。"

汇率对经济的影响是深远的。实际上，世界各国政府都极大关注汇率状况。在与国外正式进行贸易后，所有国家每天都在进行汇率战争，这并非凭空虚构。从历史上看，汇率战争中获胜的国家分享了经济繁荣，而失利的国家则要忍受严重的经济苦难。一个国家在本国货币的对外价值，即以汇率为对象进行的战争中获胜与否，左右着一个国家的经济命运。当然，经济的兴衰不是完全由汇率决定的，许多经济变量共同作用于国家经济，决定其兴或亡、增长或衰落。

一部分经济学者探讨了国民性的重要性问题。他们列举了经济增长国家的国民性，如对环境变化的适应力、资源分配的转换能力、创意性和发明能力、活跃性、反应力和灵活性、恢复力等。同时列举了衰落或停滞国家的国民性，如对变化的抗拒、逃避危险、懒惰、麻木、被动、懈怠、麻痹状态等。不过，也很难区分这些是增长或衰落的原因还是结果。不，被视为结果更符合现实。新近新兴工业国中，特别是东南亚国家更加如实地证明了这一点。过去东南亚各国的国民虽然被错误地评价为具有懒惰等国民性，但经济跃进后，他们变得勤劳和具有挑战性，不逊色于任何民族。随着经济的增长，国民性也发生了根本性的转变。

为了成功引领汇率政策，应正确地推断增长潜力和国际竞争力。如果对增长潜力和国际竞争力估值偏低或估值偏高，汇率政策只能失败，因为汇率政策在正确推定增长潜力和国际竞争力时才能成功。如果增长潜力和国际竞争力的增长率较许可范围记录得高，经济就会马上力竭。相反，如果增长潜力和国际竞争力的增长率较许可范围记录得低，增长潜力和国际竞争力就会恶化。打个易于理解的比喻，如果马拉松选手赛跑的速度超过了自身的能力（体力），就会很快精疲力竭，无法赛跑了。同样，如果赛跑的速度低于自身的能力，选手的实力就会逐渐降低，因为马拉松运动员的实力要在试图跑得最快的过程中才能提高。汇率政策与此没有太大的不同。

首先，如果实施的汇率政策以记录的增长率超出了增长潜力和国际竞争力为前提，则物价会出现严重的不稳定，导致物价上涨的恶性循环，随之，国际收支严重恶化，外汇储备枯竭，进而爆发外汇危机。这种情况在发展中国家时常发生，也偶发于发达国家。实际上，美国在 20 世纪 60 年代实施了扩大财政支出以提高增长率的政策，但进入 20 世纪 70 年代物价不稳定问题才真正暴露出来，加之石油危机的来袭，美国深受严重的滞胀危机之苦。虽然国际收支迅速恶化，但由于美元是国际基础货币，所以没有遭遇外汇储备枯竭的危机。

不过，英国的情况完全不同。它与美国一样在 20 世纪 60 年代为止扩大了财政支出，维持了经济的良好态势，不过记录的增长率较潜在增长率高，因而出现了物价不稳定和国际收支的恶化。英国不仅深受滞胀的煎熬，还遭遇了外汇危机，最终不得不于 1976 年末接受了国际货币基金组织的救济贷款。

潜在增长率是指以不引发物价不稳定和国际收支恶化为前提的最高增长率，因此，不发生物价不稳定和国际收支恶化时所达到的最高增长率可以视为潜在增长率。特别是在开放进口的情况下，国际收支不恶化期间记录的最高增长率可以推定为潜在增长率。换言之，实现国际收支均衡时记录的最高增长率就是国际竞争力，因为物价不稳定，进口会首先急剧上升。

经济的兴衰并非单纯是由某一个变量决定的。"汇率政策"决定了国家经济的兴衰也很难被视为一般理论。尽管如此，汇率浮动对国家经济的兴衰具有十分重要的作用这一事实是被历史证明过的了。

经济学的经济增长理论认为，劳动、资本、技术、资源等生产要素的增加能够促进经济增长。不过，这一理论也有其根本的局限性。因为当其他生产要素保持了一定的水平，而只有生产要素中的一个或几个要素增加了，经济本应增长，但却反而衰落的情况比比皆是。

举例而言，中国清朝末期，劳动和资本的积累增加了，科学技术或资源也未退步，但经济困难却日渐深化。这些事实表明，生产要素可以作为说明经济增长的重要变量，但在寻找经济衰落的原因时却毫无助益。打个比方，这与身高、体重等体格超出常人的人并不都能成为优秀的田径运动员或足球运动员是一样的道理。劳动、资本、技术和资源等经济条件也是如此。

经济学者们对经济衰落的具体原因列举如下：投资率和储蓄率的减少；生产率低下；经济结构从实物产业移向金融产业；在国际竞争中失败；经济关注点从生产移向消费和财产方面等等。不过，很难区分这些是经济衰落的原因还是结果。举例来说，尽管 20 世纪 90 年代美国的投资率和储蓄率较日本或欧洲的其他国家相对低些，而且美国的储蓄率较以往减少了，但经济增长率反而更高了。美国不仅在海外市场竞争中失利，在国内竞争中也败给了其他国家，从实物产业向金融产业的结构变化很快，国民关注点从生产向消费或财产方面转移得也很迅速，可是美国却在 20 世纪 90 年代到 21 世纪初实现了长期的经济繁荣。

仔细察看世界历史中反复上演的经济兴衰过程，特定的经济变量不是在一个时代都同时出现的，同时出现的现象并不多，汇率政策的成功和失败与其他因素共同决定了经济的命运。

汇率政策的成功和失败对国家经济的兴衰产生着更普遍、更强有力的影响，对于汇率政策的制定和实施，各个国家需要极为慎重和谨慎。

外汇投资的收益、风险和流动性

前些年，各大中外资行相继推出外汇理财产品。随后，浦发、光大、广发、深发、民生、东亚、荷银等新一轮产品扎堆上市。固定收益型产品收益率持续攀升，浮动收益型产品日趋复杂多样。理财专家提醒，莫把收益率当作唯一尺码，风险和流动性亦不可忽视。

美元基准利率已升至 4.75%，外汇固定收益型产品的收益率水涨船高。浦发推出的"汇理财"外汇结构型理财产品，6 月期、1 年期美元产品的年收益率分别为 4.75%、4.80%；农行"汇利丰"6 月期产品年收益率为 4.60%；"中信理财宝"新推的三款外汇理财产品，美元半年期和一年期的年收益率分别为 4.72% 和 4.80%；光大新一期阳光理财 A 计划，美元一年期固定收益产品年收益率最高为 4.95%。

值得注意的是，保本浮动收益产品不断创新，产品设计也日趋复杂多样。投资标的物从国债、金融债券到货币基金、信托计划等；挂钩指数则从利率、汇率到股票、石油、黄金和水资源类等。

面对高收益诱惑，光大一位理财师提醒，美元仍有加息空间，外币理财应以短期为主，切莫只看收益率，而不考虑资金的流动性和机会成本，以及可能承担的利率风险和汇率风险。

外汇风险是指某种资产的实际收益率通常不能预测，而且可能会与储蓄者购买时的预期大相径庭。如果储蓄者进行债券投资，实际收益率为 10%，这是由债券投资的美元价值预期增长率（20%）减去美元价格预期增长率（10%）而得到的。但是，如果预期失误——债券的美元价值保持不变，而不是上升 20%，那么储蓄者最终将获得负的 10% 的实际收益率。这种不确定性，即资产处于高度不稳定状态下就被称为外汇风险。如果某种资产实现的收益率变动很大时，这种资产即使具有较高的收益率，可能也不会对储蓄者产生吸引力。当由于公司遭受重大损失导致违约的可能性增大时，公司债券的违约风险提高，预期回报率下降。

因此，储蓄者在决定持有哪一种资产时，要考虑资产的风险、流动性以及预期实际收益率。同样，对外汇资产的需求，不仅取决于收益，也取决于风险和流动性。例如，即使欧元存款的预期美元收益比美元存款更高，如果欧元存款的收益变化无常的话，人们可能也不愿意持有欧元存款。

近期，人民币对美元汇率中间价屡创新高，2007 年 1 月 24 日人民币对美元汇率中间价达 7.7735。人民币的不断升值，使手中握有外汇的人急于寻找出路；各商业银行则推出了名目繁多的外汇理财产品，令人眼花缭乱。外汇理财产品中的确有很多不错的产品。然而，有一些理财产品却充满了风险，甚至是陷阱。外汇市场中的风险主要有以下几个方面：

1. 不可不防范的流动性风险

流动性风险是指不能对理财产品进行提前获取现金而带来的损失。外汇理财产品的设计都有时间限定，短则 3 个月、半年，长则 3 年、5 年不等。由于投资者在理财前没有考虑周全或突然急需用钱，不得不中断理财，往往造成较大的损失。如某商业银行推出的理财产品，合约上写明，该理财产品年收益率为 3.65%，期限两年。如果投资者履行合约，两年期满可以得到如上收益；如投资者违约，未到期提前支取，没有投资收益，还需向银行缴纳 2% 的违约金。过了 1 年，一位投资者因儿子结婚，看中了房子首付钱不够，只得向银行提出"提前中断理财"，并支付违约金 2%。

有的银行在设计外汇理财产品时，把流动性风险完全推给投资者，投资者承担了风险，却往往得不到任何收益。当国际金融市场剧烈波动，投资有风险时，就会提前终止该理财产品，避免承担损失。届时投资者即使不愿意提前中断，也必须被动接受。对于这种"单方面可终止"的格式理财合约，投资者在参加时，一定要慎之又慎。

2. 保本承诺难以抵抗汇率带来的风险

2005 年 7 月 21 日央行公布执行新的汇率政策并将人民币升值 2% 之后，对原先购买外汇理财产品的投资者来说就蒙受不同程度的损失，且理财产品期限越长，可能遭受到的损失也越大。

在外汇理财中往往容易被忽视的是汇率变动的风险。有些投资者由于工作忙，没时间关注汇率变化的趋势，受到了损失。有的银行推出"保本"外汇理财产品，承诺 100% 保本。"保本承诺"始终是让人心动的一个条件，毕竟投资者的第一种心态是保证资金的安全，在这个基础上再寻求资金的增值。然而恰恰是这个意在保护资金安全的"保本承诺"，成了资金不安全的最大隐患。即使投资者完全按照合约条款届时取回了本金，由于汇率的变动，此"本金"已不同于那"本金"，即使资本金的数量还稍有增加，币值与面值之间已发生了很大的背离。这时，投资者不仅损失了外汇储蓄利息，如果是用人民币换美元购买长期与利率挂钩的外汇理财产品，还要承担人民币升值和外币贬值带来的损失，因为汇率变化带来的损失往往比得到的利息收益要大得多。

3. "漂亮数字"表演的障眼法

为了吸引投资者的眼球，有的理财产品玩起了数字游戏，打着"高收益"的幌子，在漂亮数字背后设下陷阱。如某商业银行推出的理财产品收益率为 13.5%，经仔细了解，才知道这 13.5% 是 3 年的总收益。还有"累计收益率"也是个非常迷惑人的词。有的理财产品上写着：本理财产品挂钩港股，无论升跌，皆可获利，累计收益率为6%。粗一看，有6%的收益，不低了。但累计收益率是"把多个收益段的收益相加"。比如，年收益率为6%，当然不错；但如果是2年的累计收益，就显得低了。

所以，累计收益对投资者来说只是一个相对概念，只有明确了产品的期限，才能真正计算出产品给投资者带来的真实回报。投资者在购买银行理财产品时，一定要仔细阅读条款，看清楚产品收益的计算方式，然后将其折合成年收益率，这样才能对不同理财产品进行比较。

对于外汇市场风险的重要性，经济学家们没有达成共识，甚至对"外汇风险"的定义，仍然存在着争议。为了避免卷入过分复杂的讨论之中，我们假设，无论以何种货币形式存款，所有存款的实际收益的风险都是一样的。换言之，我们假定风险差异不影响对外汇资产的需求。然而，我们在决定持有何种货币时，一些市场参与者可能会受到流动性因素的影响。大多数这类参与者是进行国际贸易的公司和个人。

对此，理财专家指出，高收益必然有高风险。内地客户一般青睐保本产品，保本必然以收益率的降低为代价。在选择一些挂钩石油、黄金等波动较大的产品时，一定要看清收益率区间、观察期、参与率等如何设置，在何种条件下才能得到最高回报率。一般而言，此类产品要达到最高收益率的条件都比较严苛，对客户来说，务必要警惕"收益率陷阱"。

货币局：造成阿根廷困境的汇率制度

受1997年亚洲金融危机及1999年巴西金融动荡的外部冲击的影响，阿根廷经济再次步入衰退，1999～2000年财政赤字明显增加，到2001年，阿根廷的外债已达1400亿美元。

2001年上半年，由于经济恶化、税收减少和债务缠身等多种原因，阿根廷政府实际上已无力偿还债务和支付政府工作人员的工资，不得已在7月11日推出了"零财政赤字计划"，即大幅度紧缩开支，削减工资和养老金，减少地方政府财政支出及扩大税源。计划一出笼就遭到反对党、工会及企业家组织的强烈反对，证券市场发生空前规模的动荡，主要股票指数和公共债券价格暴跌，国家风险指数猛升至1700点以上，资金大量外流，国际储备和银行储蓄严重下降，金融危机爆发。

2001年8月，阿根廷金融危机进一步加深，资本市场几近崩溃。8月21日，国际货币基金组织向阿根廷应急追加80亿美元贷款，金融市场暂时趋于稳定，但作为交换条件，阿根廷承诺将严格执行"零财政赤字计划"。此后，金融市场一直动荡不安，市场普遍预期比索将贬值，人们排起长队挤兑银行存款。当10月底政府计划与债权银行谈判重新安排1280亿美元巨额债务的消息传出后，金融市场再次出现剧烈动荡。11月主要股指梅尔瓦指数下挫至200点左右；国家风险指数大幅飙升，很快突破4000点大关；政府发行的债券价格一路下滑；外资纷纷抽逃。据报道，仅11月30日1天，全国就有7亿美元流往境外。由于阿根廷的预算赤字没有达到以前确定的目标，国际货币基金组织11月拒绝向阿根廷提供13亿美元的贷款。

至今，阿根廷的财政困境仍在延续，难以想象，其国的财政负担已经到了何种窘迫的境地。这一切，似乎都是这该死的"货币局制度"惹的祸。

货币局制度是指在法律中明确规定本国货币与某一外国货币可兑换货币保持固定的交换率，并且对本国货币的发行作特殊限制以保证履行这一法定义务的汇率制度。货币局制度通常要求在货币发行必须以一定的（通常是100%）外国货币作为准备金，并且要求在货币流通中始终满足这一准备金的要求。这一制度中的货币当局被称为货币局，而不是中央银行。

"货币局制度"有两个重要的特征：

其一，本国的货币钉住一种强势货币，与之建立固定汇率联系，这种强势货币被称为锚货币；

其二，本国的通货发行，以外汇储备——特别是锚货币的货币储备——为发行保证，保证本币与外币随时可以按固定汇率兑换。

建立这种货币制度的国家，一般不具有独立建立自己货币制度的政治经济实力。如果一国或地区的经济规模较小，开放程度较高，进出口集中在某一些商品或某一国家，货币局制度是一种选择。

实施货币局制度，也就意味着失去了独立实行货币政策的主动权。但阿根廷为什么采用货币局制度？这在于货币局制度也有其自身的优势。因为相对稳定的汇率有助于稳定投资者的信心，保持国际贸易的稳定发展。另外，一些通胀严重的国家和地区则通过实行货币局制度来控制居高不下的恶性通胀，稳定币值，恢复经济。但与中央银行制度相比，货币局制度有其自身的不足。一是政府不能控制货币发行量和利率，利率由基准货币发行国制定，货币总量取决于收支平衡及银行体系中的货币乘数。因此，在制定货币信贷政策方面，货币局制度的自由度要比中央银行制度小得多。二是政府不能利用汇率来调整外来因素对本国经济的影响（如进口价格的上涨、资本流通的转移等），而只能调整国内的一些实际经济变量（如工资、商品价格等），从而造成经济的波动。三是正统的货币局制度不会像传统的中央银行制度那样，通过向政府和商业银行借款发放货币，充当"最后贷款人"的角色。

货币局制作为一种极其严格的货币发行制度，使阿根廷摆脱了多年来恶性通胀的困扰。同时，它又是一种极端的固定汇率制度，从而为阿根廷货币建立起国际信誉，鼓励了国际投资与国际贸易的发展。由于上述特点，它被梅内姆政府用作推行新自由主义结构改革的重要手段，也就是说，货币局制度在阿根廷更多地被用来稳定金融市场信心和争取国际融资，以便继续推动私有化和放松管制的结构改革。然而，结构改革造成了生产与消费脱节、中小企业消失、失业工人增加、社会福利下降等内部失衡问题；在国际上又遭到金融危机的冲击，出口下降。当内外失衡的冲击同时出现时，货币局制度缺乏应对冲击的灵活调整的货币政策与汇率政策，由此造成阿根廷丧失了经济自我恢复的能力，结果只能借债度日。

由此提出了一个重要问题：究竟货币局制度应为结构改革的失败负责，还是结构改革"葬送"了货币局制度？如果说货币局制度应为结构改革失败负责，那就突出了货币局制度的缺陷；而如果说结构改革应为货币局制度的崩溃负责，那就等于说阿根廷经济改革的根本方向是错误的。但无论如何，阿根廷货币局制度的崩溃带给人们的启示是深刻的。

对发展中国家来说，保持货币政策的独立性与汇率的稳定性是至关重要的。前者可使发展中国家具有更灵活的宏观调控手段，后者则保证贸易与投资的稳定。在当前国际投机资本流动性极高的环境下，对资本流动实行管制是十分必要的。上述货币制度组合有利于发展中国家推行结构改革。长期以来，国际货币基金组织及美国等西方发达国家一直在向发展中国家施加压力，迫使其取消资本管制和开放资本项目。新自由主义也宣称取消管制和允许资本自由流动有利于吸引外资，加快经济增长。但事实是，发展中国家因而更容易遭受国际资本投机的攻击，进而发生金融危机。墨西哥金融危机、亚洲金融危机和阿根廷金融危机就是例证。因此，发展中国家在开放资本项目问题上应慎之又慎，避免落入"华盛顿共识"的圈套。

流动性陷阱：汇率难以逃离的怪圈

二战后以美元为中心的固定汇率制度，国际货币基金各成员国货币兑美元的官定比价就是平价，各成员国货币汇率只能在平价上下1%波动，由中央银行出面干预。固定汇率制有利于经济稳定，有利于国际贸易主体进行成本利润的核算，避免了汇率波动风险，对西方国家的对外经济扩张与资本输出起到了促进作用。但是，在外汇市场动荡时期，固定汇率制度也容易招来国际游资的冲击，引发国际外汇制度的动荡与混乱。

当今，面对全球经济下滑和国内经济增长放缓的趋势，全球经济所表现出的对利率工具不敏感似乎又在重新证明资本具有流动性的这一论断。

流动性陷阱是凯恩斯提出的一种假说。根据凯恩斯的理论，人们对货币的需求由交易需求和投机需求组成。在流动性陷阱下，人们在低利率水平时仍愿意选择储蓄，而不愿投资和消费。此时，仅靠增加货币供应量就无法影响利率。如果当利率为零时，即便中央银行增加多少货币供应量，利率也不能降为负数，由此就必然出现流动性陷阱。另一方面，当利率为零时，货币和债券利率都为零时，由于持有货币比持有债券更便于交易，人们不愿意持有任何债券。在这种情况下，即便增加多少货币数量，也不能把人们手中的货币转换为债券，从而也就无法将债券的利率降低到零利率以下。因此，靠增加货币供应量不再能影响利率或收入，货币政策就处于对经济不起作用状态。

流动性陷阱在金融层面的第一个表现就是金融市场的代表性利率不断下降，并且已经达到一个极低的水平。流动性陷阱在金融层面的第二个表现就是全部金融机构的存款以加速度的方式在增长，这推动了广义货币供应量的快速上升。

在市场经济条件下，人们一般是从利率下调刺激经济增长的效果来认识流动性陷阱的。按照货币—经济增长（包括负增）原理，一个国家的中央银行可以通过增加货币供应量来改变利率。当货币供应量增加时（假定货币需求不变），资金的价格即利率就必然会下降，而利率下降可以刺激出口、国内投资和消费，由此带动整个经济的增长。如果利率已经降到最低水平，此时中央银行靠增加货币供应量再降低利率，人们也不会增加投资和消费，那么单靠货币政策就达不到刺激经济的目的，国民总支出水平已不再受利率下调的影响。当靠增加货币供应量不再能影响利率或收入的时候，货币政策就处于对经济不起作用状态，即陷入了"流动性陷阱"。

当银行存差过大时，银行为减轻存款利息负担，会降低居民和企业在银行存款的利息率，进一步取消存款利息，甚至对存款收费。在银行不是通过贷款，而是直接通过存款来获益的情况下，就相当于存款者通过银行来窖藏现金，这与租用银行保险箱类似。这时，银行成了吸收资金的"黑洞"，真正的流动性陷阱就出现了。

面对日益频繁的国际资本流动，汇率改革需要充分考虑国家大经济环境的稳定、经济的持久增长和就业的影响。在我国融入世界经济一体化程度的不断加深的进程中，从长远来看，放松对资本流动的控制和放松对外汇的管制是必经之路。从世界范围来看，主要世界贸易伙伴国大部分都采用了灵活的汇率制度，因此采用有管理的浮动汇率制是科学的必然选择。

为了固定汇率，中央银行必须愿意在外汇市场上以固定汇率同私人部门兑换货币。例如为了将日元/美元的汇率固定在120日元兑1美元的水平上，日本银行必须愿意按照1美元～120日元的汇率，用它的美元储备兑换日元而无论市场需求有多大。日本银行还必须愿意对市场上为了换得日元而出售的任何美元资产按此固定汇率购入。如果日本银行不通过市场干预来降低对日元的超额供给或超额需求，那么汇率就必然会变动直到重新平衡。只有当中央银行的金融操作能确保资产市场保持平衡从而汇率固定于某一水平时，中央银行才能成功地维持稳定的汇率。

流动性陷阱的存在，意味着运用货币手段来解决经济萧条问题可能是无效的。对此，货币主义代表人物M.弗里德曼则持某种折中态度。一方面，他否定有流动性陷阱存在；另一方面，他又认为市场利率不可能无限降低，因为人们需要以货币来替代其他金融资产的普遍愿望会使利率的下降有一个最低的限度。同时，尽快培育海外人民币回流的资本市场，要让海外持有者不但感到持有人民币稳定放心，还要让他们有投资增值的渠道，做到储备放心，投资顺心。

人民币升值，谁动了我们的奶酪

1997年是个多事之秋，东南亚各国相继爆发了严重的金融危机，泰国货币泰铢承受不住贬值的压力，一夜间一泻千里。此后，东南亚各国的货币包括日元竞相贬值，一时间，东南亚的经济金融形势风雨飘摇。各国对人民币的前景也十分悲观。而中国政府郑重宣布：人民币不贬值。中国的承诺增强了东南亚和世界各国的信心。中国为战胜金融危机作出了贡献。但是2002年后，美、日等国却不断地要求人民币升值，那么人们不禁要问：人民币汇率升值到底意味着什么呢？

最通俗的说法就是中国人的钱值钱了，比如在国际市场（只有在国际市场上才能体现出人民币购买力增强了）上原来一元人民币只能买到单位商品，人民币升值后就能买到更多单位的商品了，人民币升值或贬值是由汇率直观反映出来的。人民币升值用最通俗的话讲就是人民币的购买力增强，换句话说就是你以前用一美元能换8.27元人民币，现在只能换6.62元人民币。

汇率对一个国家的重要性自不待言，而人民币升值对中国的影响也是多方面的。升值将对不同行业产生影响：一方面，因人民币升值所导致的资本成本和收入的提升将在长期内改变我国的经济结构，重新赋予行业不同的成长速度，并使不同行业的企业业绩出现分化。

另一方面，人民币升值在短期内改变行业内企业的资产、负债、收入、成本等账面价值，通过外汇折算差异影响其经营业绩。人民币升值将对进口比重高、外债规模大，或拥有高流动性或巨额人民币资产的行业是长期利好；而对出口行业、外币资产高或产品国际定价的行业冲击较大。人民币小幅升值，还有助于中国经济增长方式的转变。推进人民币汇率形成机制改革，是缓解对外贸易不平衡、扩大内需以及提升企业国际竞争力、提高对外开放水平的需要，有利于充分利用"两个市场"，提高对外开放的水平。

人民币升值对我们的生活消费也将产生一定影响。比如人民币的升值意味着人民币的国际价值上升，对于人民币储蓄居民来说增加了储蓄收入。而对于外币储蓄居民来说就表示储蓄减少。因而对百姓来说就会抛外币买人民币保值。而对于出国留学的家庭来说，人民币升值使居民能够兑得更多外币，有利于促进出国留学。

人民币升值对旅游业来说也是一种促进。人民币升值对我国国内旅游业来说有着双重影响。对于国内居民，由于相对收入增加旅游成本下降，促进了旅游业的发展；对于吸引国外旅客来说就存在压力。由于外币的相对贬值，增加了旅游成本，抑制了旅游经济发展。

人民币的升值使国内汽车生产的进口部件或整车的成本下降，价格下降，加上居民生活水平上升，将会带来汽车消费增长；在房地产方面，购买原材料更便宜，推动房地产业发展，拉动购房消费，同时也可能导致泡沫经济的出现。

短期内要顶住升值的压力，要把人民币国际化放在国家战略的第一位，不要因小失大，无论美国的政府出面也好，还是国会施压也好，相关学者的说教也好，我们要保持理性，认清主线，让叫嚣者成为我们免费的宣传员。

现期内，要保持国家经济政策平稳和经济发展的平稳，审慎选择政策工具，同时保持高度警惕，耐心与相关经济体沟通，"广场协议"产生的前提是日美产品的高度雷同，而现阶段中美贸易是严格意义的互补贸易，是双赢的活动。一方面，这些低端产品，即使美国不从中国进口，也会从其他新兴经济体进口；另一方面，即使中国的净出口有所下降，中国的经济也会保持高增长，2009年中国经济总量的构成来源就能说明问题。

我们知道汇率是一种货币相对于另一种货币的价格，它的重要性就在于它影响着国内生产的商品在国外销售的价格和本国购买商品的成本。

汇率的表示方法有直接标价法和间接标价法。例如2006年4月20日直接标价法下人民币兑美元的汇率是8.0126元／美元，意思是说这一天1美元可以换8.0126元人民币。2006年4月间接标价法下人民币对美元的汇率是0.124803美元／元，意思是说这一天1元人民币值0.124803美元。我国的外汇报价采用的都是直接标价法，也就是1元外币值多少元人民币的标价方法。

在直接标价法下，如果汇率数值增加，意味着1单位的外币值更多的本国货币（本币）了，称为本币贬值，或外币升值。相反则是本币升值或外币贬值。2005年7月20日人民币兑美元的汇率是 1 ∶ 8.2765，7 月 21 日调整为 1 ∶ 8.1100，说明人民币升值了，美元贬值了。

那么人民币升值意味着什么呢？

人民币升值可以抑制通货膨胀。在升值条件下，国内的产品价格并没有受到影响，而进口产品因为汇率下降而价格下降，最终将带动整个社会的价格下降，进而达到紧缩通货的目的。在通货膨胀期间，本币升值无疑是避免恶性通货膨胀的有力武器。

人民币升值还可以消化过剩的外汇储备。对于我们这样的发展中国家，适当的外汇储备是必需的，大量增加的外汇储备则是一种资源闲置，无疑是极大的浪费。通过升值提高人民币在国际市场的购买力，无疑是消化过剩外汇储备的重要途径，不仅有利于吸收海外资源，而且能缓解国内资源瓶颈。

最后，人民币升值可以减少贸易摩擦。中国积累的巨额贸易顺差，经常会受到美、欧、日国内政治和利益集团的抨击，贸易纠纷呈现越来越多之势，中国近年来及今后频繁遇到的反倾销诉讼和其他贸易争端均和这一背景有关，而且越来越集中于人民币汇率定价过低之上，致使人民币升值与否成为减少贸易摩擦的关键。

有利就有弊，那么人民币升值的弊端有哪些呢？

其一，国家的外汇储备随着升值幅度多少，相应损失。

其二，国家的出口产品会因为人民币升值受到一定的影响，就是出口因为人民币升值，相对于外国进口商来讲是成本增加，出口的数量有所减少。可因为中国商品的劳动力成本很低，20% ~ 30%的人民币升值，不会很大地影响中国商品的竞争力。可以说因升值而减少的出口额（还不一定）会由因升值而回收的外汇额填补，我国的外贸情况不会有很大的改变。

其三，会一定程度地影响我国的劳务输出，很小程度地影响外国投资（同样的投资会因为人民币升值而增加投资成本）。

外汇干预：为什么外汇不能"自由"

1985 年 9 月工业五国对外汇市场的干预则是一场成功的速决战。里根上台后，美元就开始一路走强，到 1985 年 2 月 25 日达到最高点，对马克的汇率高达 1 美元兑 3.4794 马克。经过春季和夏季的调整后，美元在该年 9 月又开始上涨。美国、英国、法国、德国和日本等五国的财政部部长与中央银行行长在纽约广场饭店开会讨论外汇干预问题。9 月 22 日星期天，五国发表声明。声明说，五国财长和中央银行行长一致同意，"非美元货币对美元的汇价应该进一步走强"。他们"在有必要时将进一步合作，进行干预"。第二天早上，外汇市场美元便立刻大跌，对马克的汇率从 2.7352 跌到 2.6524 马克，跌幅达 3%以上。美元从此一路下跌，以至到 1986 年年底，日本和德国的中央银行又被迫采取支持美元的干预措施，收效甚微，美元的跌势到 1987 年年初美元中央银行也参加市场干预时才止住。1985 年 9 月的干预是否有效，外汇市场存在着争论。有人认为，美元在干预前已经开始走低，即使中央银行不干预，它也会在 9 月份反弹后继续走低。但更多的意见认为，这次干预还是有效的。

所谓干预外汇市场，是指货币当局在外汇市场上的任何外汇买卖，以影响本国货币的汇率。其途径可以是用外汇储备、中央银行之间调拨或官方借贷等。一般而言，成功的外汇干预需要满足以下条件：其一是短期金融市场动荡，引起的汇率剧烈波动，而这种短期冲击不具有持续性；其二是汇率长期大幅度偏离均衡水平，这在现实经济中可反映为长期的全球范围贸易失衡；其三是由于外汇市场日均交易量大，因此成功的外汇干预往往需要各国央行协调一致，共同干预。在以上条件下，市场干预行为往往会伴随汇率的趋势性逆转，并通过影响其他市场参与者预期，加速汇率向均衡水平收敛。反之如果外汇市场干预仅被市场参与者理解为增加"噪音"，则短期效果有限，最终干预行动也只是螳臂当车。

在中央银行干预外汇市场的手段上，可以分为不改变现有货币政策的干预和改变现有货币政策的干预。所谓不改变政策的干预是指中央银行认为外汇价格的剧烈波动或偏离长期均衡是一种短期现象，希望在不改变现有货币供应量的条件下，改变现有的外汇价格。换言之，一般认为利率变化是汇率变化的关键，而中央银行试图不改变国内的利率而改变本国货币的汇率。

这里要重点说一下改变政策的干预。所谓改变政策的外汇市场干预实际上是中央银行货币政策的一种转变，它是指中央银行直接在外汇市场买卖外汇，而听任国内货币供应量和利率朝有利于达到干预目标的方向变化。例如，如果马克在外汇市场上不断贬值，德国中央银行为了支持马克的汇价，它可在市场上抛外汇买马克，由于马克流通减少，德国货币供应下降，利率呈上升趋势，人们就愿意在外汇市场多保留马克，使马克的汇价上升。这种干预方式一般来说非常有效，代价是国内既定的货币政策会受到影响，是中央银行看到本国货币的汇率长期偏离均衡价格时才愿意采取的。

中央银行对外汇市场的干预在金融生活中并不少见，尽管这种手法也存在一些问题。那么，中央银行的干预手法有哪些呢？

中央银行干预外汇市场的定义是：货币当局在外汇市场上进行外汇买卖，并用以影响本国货币的汇率，其途径可以是用外汇储备、中央银行之间调拨，或官方借贷等。中央银行在进行这种干预时的常规手段有两种，当然这两种手段是并行不悖的：

第一，中央银行在外汇市场上买进或卖出外汇时，同时在国内债券市场上卖出或买进债券，从而使汇率变而利率不变化。例如，外汇市场上美元对日元的汇价大幅度下跌，日本中央银行想采取支持美元抛出日元，美元成为它的储备货币，而市场上日元流量增加，使日本货币供应量上升，而利率呈下降趋势。为了抵消外汇买卖对国内利率的影响，日本中央银行可在国内债券市场上抛债券，使市场上的日元流通量减少，利率下降的趋势因此而抵消。需要指出的是，国内债券和国际债券的相互替代性越差，中央银行不改变政策的干预就越有效果，否则就没有效果。

第二，中央银行在外汇市场上通过查询汇率变化情况、发表声明等，影响汇率的变化，达到干预的效果，它被称为干预外汇市场的"信号反应"。中央银行这样做是希望外汇市场能得到这样的信号：中央银行的货币政策将要发生变化，或者说预期中的汇率将有变化等。一般来说，外汇市场在初次接受这些信号后总会作出反应。但是，如果中央银行经常靠"信号效应"来干预市场，而这些信号又不全是真的，就会在市场上起到反面的效果。

那么，我们怎么判断中央银行的干预是否有效呢？看中央银行干预的次数多少和所用的金额大小是没有意义的，从中央银行干预外汇的历史至少可以得出以下两个结论：

如果外汇市场异常剧烈的波动是由信息效益差、突发事件、人为投机等因素引起的，而由于这些因素对外汇市场的扭曲经常是短期的，那么，中央银行的干预会十分有效，或者说，中央银行的直接干预至少可能使这种短期的扭曲提前结束。

如果一国货币的汇率长期偏高偏低是由该国的宏观经济水平、利率和政府货币政策决定的，那么，中央银行的干预从长期来看是无效的。而中央银行之所以坚持进行干预，主要是能够达到以下两个目的：首先，中央银行的干预可缓和本国货币在外汇市场上的跌势或升势。这样可避免外汇市场的剧烈波动对国内宏观经济发展的过分冲击；其次，中央银行的干预在短期内常会有明显的效果，其原因是外汇市场需要一定的时间来消化这种突然出现的政府干预。这给予中央银行一定的时间来重新考虑其货币政策或外汇政策，从而作出适当的调整。

解读金融的历史

第十八章　世界财富是如何转移的

——了解金融中心演变要学的金融学

白银与黄金时代——中国衰落，欧洲崛起

中国历来处在强大的专制主义中央集权的统治之下，官僚体系相当完善，社会具有一种强大内聚力。而且这种状况在中国两千多年的发展中保证了中国社会的稳定。经济学家肯尼迪估计，乾隆十五年（1750 年）时中国的工业产值是法国的 8.2 倍，是英国的 17.3 倍。一直到第二次鸦片战争，英国的工业产值才刚刚赶上中国，而法国才是中国的 40%。1820 年时，中国的 GDP 占世界 GDP 的 32.4%，欧洲占 26.6%，中国经济在当时世界经济中所占的地位，远远超过今日美国在世界经济中的地位。可见，19 世纪鸦片战争之前，中国是世界上最富裕的国家，中国的经济实力在当时的全球化经济体系中，占据着绝对的领导地位。有学者指出，当时中国拥有全世界白银总量的一半以上。

但当封建制度走向衰落时，中国并没有抓住自发萌芽的资本主义新的生产关系的机遇。面对衰落的事实，中国并没有甘于堕落，它也像有着同样境况的日本一样，走上了改革之路。但是日本通过明治维新、钢铁、煤炭、水泥、金属、机械、造船和纺织等重要产业开始逐渐兴起，政治经济都取得了较大的发展。然而，大清政府在与日本类似的复兴之路上，虽然付出了努力，却并未寻得自强之道。

大量数据显示，中国在世界经济中地位的下降，是从鸦片战争后开始的。鸦片战争后半个世纪里，中国 GDP 占世界 GDP 的份额，从绝对领先的 1/3，急速下降到 1/50。

我们在审视鸦片战争这个中国衰落的转折点时，必须要学会辩证地看问题。根本在于当时的中国经济缺乏独立性，尤其是金融主权的独立性。中国在旧的世界经济体系中占据绝对优势后的保守，不愿轻易改变。在工业技术上，中国政府秉持着"造不如买，买不如租"的懒汉思想，使得大量学成回国的留学生得不到重用。鸦片战争之后，英、法、德、美各国金融资本大举进入中国，尤其以汇丰银行为代表的英资银行将中国传统而古老的钱庄、票号打得溃不成军。从镇压太平天国以来，为筹措军费，清廷就开始向西方金融家大举借款。其中最为典型的便是 19 世纪 70 年代左宗棠在西北的平叛筹款。清军先后借款 6 次，借款总额高达 1595 万两白银，占军费总额的 15%。其中 4 次是向外国金融家借钱，总额为 1075 万两白银。外国金融家从这次借款中赚取了 100% 的暴利。此外，创办企业、修建铁路，哪一项都需要举借外债。仅就汇丰银行来说，从 1881 年到 1895 年，就借给清廷 2022 万两白银。通过国债，欧美列强特别是英国逐步渗透入中国金融主权。

正如伏尔泰所言："商人发现东方，只晓得追求财富，而哲学家则发现精神的世界。"

当时西方的学者大部分都是汉学家，都有中国专著，最起码也对中国非常了解，即使是当时标新立异的学者，也要从对中国的批判中树立自己的学术合法性及社会影响力。当中国正沉浸在"天朝大国"喜悦与骄傲时，欧洲正在经历着一场巨大的变革。以1453年土耳其攻陷君士坦丁堡作为标志，欧洲告别中世纪。经历了文艺复兴、宗教改革、启蒙运动为期300多年的思想冲刷。这300多年的变化，恩格斯称之为一次"人类从来没有经历过的最伟大的、进步的变革"，是一个"需要巨人而且产生了巨人"的时代。

文艺复兴之所以具有开辟新时代的意义，是因为它体现了一种富于创造力的"时代精神"。它具有一种把中古时期远远甩在后面的前进冲击力。"……在它的光辉形象面前，中世纪的幽灵消逝了，意大利出现了前所未有的艺术繁荣，这种艺术繁荣好像是古典的再现，以后就再也不曾达到了。"这对近代欧洲的贡献无疑是伟大的，它为近代欧洲的前途发展指明了新方向。从17世纪晚期开始，到18世纪达到高潮，一直延续到19世纪，启蒙运动极大地促进了欧洲精神面貌的变化，它是近代欧洲全面崛起的推动力，为欧洲的崛起提供了强大的智力支持。

除了思想上的支持，欧洲各国经济、军事实力的发展也在为其崛起之路保驾护航。欧洲武器的不断发展确保了欧洲政治的多元化，武装远航商船使西方的海军大国最终取得了控制海洋商路和所有易受海军攻击的社会的有利地位，这意味着欧洲的世界地位大大提高了一步。

经济发展的必然结果就是贸易的扩大，两次工业革命，使得欧洲生产技术逐渐领先于世界其他地区，原来范围内的贸易已不能满足经济发展的需要，因此自然而然地扩大起来。造船技术和武器技术的提高也促使欧洲各国逐渐走上了海外殖民的道路。曾经欧洲人民向往和憧憬的富庶之邦——中国自然就成为了欧洲各国贸易扩张的首选之地。欧洲称雄于世界的时代也随之到来。

总的来说，近代中国的衰落是历史的必然，面对历史的变革，当时的清政府不能及时地改变思想，调整政策，以最好的状态来迎接来自国际上的挑战。而欧洲的崛起也不是偶然，它是政治、经济、科技综合作用的结果，这就预示着欧洲在一段时期内主宰全球是历史的必然。历史就像是大国和地区兴衰更替的链条，一环扣一环，有始无终，兴亡无常。因此，研究近代中国衰落和欧洲崛起的历史原因及经验教训，对于今天正在向现代化转型的中国发展是有益的。

黄金成就的霸权——葡萄牙和西班牙

15世纪,欧洲最早的两个民族国家葡萄牙和西班牙,在国家力量支持下进行航海冒险:在恩里克王子的指挥下，葡萄牙一代代航海家们开辟了从大西洋往南绕过好望角到达印度的航线；在伊莎贝尔女王的资助下，1492年哥伦布代表西班牙抵达了美洲。

当麦哲伦完成人类第一次环球航行后，原先割裂的世界终于由地理大发现连接成一个完整的世界，世界性大国也就此诞生。葡萄牙和西班牙在相互竞争中瓜分世界，依靠新航线和殖民掠夺建立起势力遍布全球的殖民帝国，并在16世纪上半叶达到鼎盛时期，成为第一代世界大国。

　　对黄金的追求是新航线发现的动因之一。因此，在发现了美洲后，葡萄牙和西班牙的殖民者首要的任务就是掠夺黄金。当时的黄金白银，犹如一个出落得亭亭玉立的少女，吸引着众人的眼球。为了掠夺黄金白银，葡萄牙和西班牙加强了对殖民地的控制，进一步鼓励国内的冒险家发现新大陆，以便不断扩大自己国内黄金的供给，尤其是西班牙。葡萄牙和西班牙作为新航路的开辟者，自然不会放过掠夺金银的大好机会。特别是西班牙，对新大陆的掠夺可谓是登峰造极，掠夺了大量的金银回国，西班牙也因此成为当时的欧洲霸主。

　　葡萄牙将掠夺回国的大量黄金白银用于国内一些大地主、大贵族的奢侈生活，这也是它为什么拥有大量黄金之后而不能称霸欧洲的重要原因之一。从史料上来看，葡萄牙和西班牙从它们各自所属的殖民地掠夺的黄金白银数量是极其惊人的。

　　1422 年葡萄牙首次从境外输入黄金，即用小麦、金属、布匹、床单、珊瑚串珠和白银在非洲换取黄金。此后，葡萄牙从非洲进口的黄金便具有掠夺性质。1500 ~ 1520 年，非洲平均每年流失黄金 700 公斤，其中大部分落入葡萄牙人手中。整个 16 世纪，葡萄牙从非洲掠夺黄金达到 270 吨以上。经过多年的扩张，葡萄牙国王统治了三个海外帝国：西非的黑人奴隶和黄金帝国；印度洋的香料帝国；南大西洋的巴西黑人奴隶和蔗糖帝国。在当时世界各国之中，没有一个国家，在海外殖民扩张中获得如此巨大的收益，葡萄牙殖民大帝国达到了黄金时代。

　　西班牙是继葡萄牙之后的又一殖民帝国，西班牙本身就是新航线开拓者，因此在海外扩张上有着得天独厚的优势，加上王室政府的支持，西班牙很快就建立了一个繁荣昌盛的殖民大帝国。

　　哥伦布航海之后，西班牙很早就扎根于加勒比海的西印度群岛。1520 年，西班牙征服了墨西哥，1530 年，征服了秘鲁。其间，他们掠夺了大量的金银运回了西班牙。对因货币不足而束手束脚的欧洲经济来说，从美洲掠夺来的金银如同生命之水般重要。西班牙的经济地位自然上升，经济霸权的确立也成为可能。

　　西班牙也是继葡萄牙之后少数几个从殖民地掠夺大量黄金的国家之一，西班牙人掠夺黄金的手法与葡萄牙人有所不同，葡萄牙人当初掠夺黄金还需通过表面上合法的贸易来进行，而西班牙则抛弃了这层"合法的外衣"，采取了公然掠夺的方法：西班牙人占领殖民地之后，起先是公然抢劫印第安人的金银饰品和寺庙中的金银饰物，然后再将这些贵重金属融化制成一小块一小块的黄金，以便利于运送；随着殖民统治的不断深入，西班牙人又开始以开发矿藏的形式从殖民地掠夺黄金。哥伦布是当时殖民者当中的一个典型。1495 年，他所率领的船队刚到达海地，就开始了公然的掠夺：命令当地 14 岁以上的成年男女每人每月必须缴纳一定量的金砂，酋长所应缴纳金砂的数量当然远高于普通民众。表面上看起来，哥伦布是为了满足自己的私欲而公然掠夺黄金，但其实早在他起航之前，便受到西班牙国王的"特别照顾"，国王命令他务必重视搜集黄金、白银、珠宝和香料等贵重物品，有了国王做靠山，哥伦布当然敢这样公然抢夺。为了进一步加强西班牙人对殖民地黄金的掠夺，一方面，大量的西班牙人在黄金的刺激之下，申请移民殖民地；另一方面，西班牙国王鼓励国内民众在殖民地开采金矿，但是必须将所取得黄金的 2/3 上缴国库。在这种政策的刺激之下，大量的西班牙国民涌入非洲、美洲等殖民地，之后便世代繁殖，在殖民地定居下来。今天很多非洲、美洲人的祖先之所以是西班牙人，就是这个原因。

黄金的大量涌入，刺激了西班牙国内经济的发展，使得它从当时一个名不见经传的小国，一跃而成为欧洲的霸主。为了从美洲顺利将掠取的黄金运送入国内，西班牙配备了专门的运送黄金的船队。到了 16 世纪末期，西班牙凭借超强的国力，控制了当时世界黄金开采量的 85%，在 1521 ~ 1544 年这短短的十几年间，西班牙人每年从美洲运回国内的黄金和白银总量多达近 4 万公斤。在占领拉丁美洲的近 3 个世纪中，西班牙通过掠夺的方法从拉美掠夺了近百万公斤的黄金和上亿公斤的白银，这对当时一般的国家来说简直就是一个天文数字，难怪当时有人说西班牙人几乎每一个国民都富可敌国。

因此说，西班牙之所以能成为当时欧洲的霸主，很大部分与它从新大陆所掠夺的黄金有关。因为西班牙将大量的黄金掠夺回国后，将其中的一小部分用于发展国内的军事和扩大再生产，这为它的强大奠定了坚实的基础。

据统计，在入侵拉丁美洲的 300 年中，这两个国家共运走黄金 250 万公斤，白银 1 亿公斤，可谓是数量惊人。作为最贵重的交换工具，黄金在人们心目中有着至高无上的地位，成了西欧社会各阶层都渴望得到的新的"上帝"，成为该时期社会财富和权力的主要象征。黄金成为衡量一切价值的标准，谁占有了黄金，谁就等于拥有了一切。

第一个世界经济霸主——荷兰

地处西北欧、面积只相当于两个半北京的小国荷兰，在海潮出没的湿地和湖泊上，以捕捞鲱鱼起家从事转口贸易。他们设计了造价更为低廉的船只，依靠有利的地理位置和良好的商业信誉，逐渐从中间商变成远洋航行的斗士。日渐富有的荷兰市民从贵族手里买下了城市的自治权，并建立起一个充分保障商人权利的联省共和国。他们成立了世界上最早的联合股份公司——东印度公司，垄断了当时全球贸易的一半；他们建起了世界上第一个股票交易所，资本市场就此诞生；他们率先创办现代银行，发明了沿用至今的信用体系。

金融业成了 18 世纪荷兰最具活力的部门。与国外有密切联系的阿姆斯特丹银行家，18 世纪时把"自己的某些商业利益让给汉堡、伦敦，乃至巴黎"，自己则"形成一个对外封闭的放债人集团"，把 17 世纪积累下来的资本向外输出。正如威尼斯或热那亚一样，这些食利者退出商业活动，坐享特权，不过依然控制着西欧经济生活的上层活动。

荷兰商人资本大量地投入到国内金融领域，而且有增无减。18 世纪 50 年代荷兰放债集团平均每年把 1500 万盾投入到国内各种债券中，1780 ~ 1795 年，他们仅向国内公债一项的投入每年平均就达 3700 万盾。由于荷兰的剩余资本存量实在太大，而国内又缺少资金需求，导致了官方利息与民间利息在逐年下降：1640 年荷兰官方利率降至 5%，1672 年降至 3.75%；民间利息在 17 世纪 20 年代为 5%，1723 年后降至 42.5%，这就逼迫荷兰人将投资的目光投向了国外。再加上荷兰资本拥有者对这一时期国外金融机构信任度增加，于是荷兰商人资本更多地是向国外流去。下面是 1782 年荷兰资本投放情况，根据荷兰省督旺代尔·斯皮格尔估计，投放资本共 10 亿弗罗林，投资项目（单位为百万弗罗林）：外国贷款 335，其中英国 280，法国 25，其他国家 30，殖民地贷款 140，国内贷款（借给各省、各公司和造船工厂）425……据估计，荷兰公民还持有 5000 万盾的金银珠宝，只有在一个截获一艘西班牙运宝船就可以取得 1200 万盾纯利润的时代，才有可能在短期内积累如此巨大的财富。

到 17 世纪中叶，荷兰的全球商业霸权已经牢固地建立起来。此时，东印度公司已经拥有 1.5 万个分支机构，贸易额占到全世界总贸易额的一半，悬挂着荷兰三色旗的 1 万多艘商船游弋在世界的五大洋之上。

在东亚，它们占据了中国的台湾，垄断着日本的对外贸易；

在东南亚，它们把印度尼西亚变成了自己的殖民地；

在非洲，它们从葡萄牙手中夺取了新航线的要塞——好望角；

在大洋洲，它们用荷兰一个省的名字命名了一个国家——新泽兰（后被英国人改成英文"新西兰"）；

在南美洲，它们占领了巴西；

在北美大陆的哈得逊河河口，东印度公司建造了新阿姆斯特丹城。今天，这座城市的名字叫作纽约。

随着荷兰经济的不断发展壮大，金融业逐渐成为荷兰最具活力的行业。尤其是在荷兰建成阿姆斯特丹银行之后，国内上到皇帝贵族下到普通商人，纷纷加入借贷者的行列。随着荷兰国内银行业的进一步发展，这些银行家们将眼光逐渐投向了世界，不再甘心做国内的"借贷者"。他们有偿地将自己手中的某些商业利益让给世界上诸如汉堡、伦敦以及巴黎等大城市的商人，然后从这些大商人手中收取一定量的利息，通过这种方式，阿姆斯特丹的银行家们形成了一个固定的放债人集团，将上个世纪积累下来的剩余资本疯狂对外输出，自己则退出商业活动，坐享其他商人的利润。

18 世纪前期，荷兰疯狂将剩余资本输入国外的行为给它带来了丰厚的回报：荷兰放债集团投资者每年通过借贷从国外所获取的利息收入便可达 1500 万盾，随着经济的不断发展，到了 18 世纪后期，这些投资者每年从国外所获取的利息收入高达 30007 万盾。在 1750 ~ 1773 年这短短的二十几年之内，阿姆斯特丹这一地区的银行家们每年从国外投资中便能坐享利息额高达 8000 万盾。从荷兰经济发展的轨迹当中我们可以看出，那种传统的依靠商品资本来刺激经济发展的模式在荷兰再也难以寻其踪迹，取而代之的是一种货币资本，这在当时的世界上是唯一的一个依靠货币资本来刺激国内经济发展的国度。通过不断的资本对外输出，荷兰完成了从一个传统的商业资本主义国家到金融资本主义国家的过渡。从此，世界上出现了第一个金融大帝国。

荷兰从西班牙手中承接了经济的霸权。不过，荷兰的经济条件在确保经济霸权方面有着诸多不利。这个国家没有巨商或金融机构，国际贸易大部分依赖安特卫普（比利时的港口）。而且荷兰的领土几乎都处于低地带。从建于三角洲沼泽地带的这个国家身上很难寻到将来成长为强国的可能性。荷兰人很勤勉，但大部分精力消耗在了与自然的斗争中。

不仅如此，荷兰真正开始涉足世界市场时，就面对着与西班牙和葡萄牙等强国角逐的局面。西班牙和葡萄牙不仅在航线知识方面，在造船技术和国家援助方面都优于荷兰。同时，西班牙和葡萄牙在远洋航海和贸易的相关基础设施上也具备充分的条件，甚至连行政组织也很高效。此外，西班牙和葡萄牙先占据了世界贸易的主要据点，还被誉为世界超级大国。最为重要的是，荷兰与邻近的竞争国家相比，国土狭小，人口稀少。

凭借一系列现代金融和商业制度的创立，17世纪成为荷兰的世纪。由于国土面积等天然因素，17世纪末，荷兰逐渐失去左右世界的霸权。但直到今天，荷兰人的生活依然富足，荷兰人开创的商业规则依然在影响世界。

现代中央银行的鼻祖——英格兰银行

英格兰银行是英国的中央银行，它负责召开货币政策委员会，对国家的货币政策负责。

而英格兰银行最初的任务是充当英格兰政府的银行，这个任务至今仍然有效。英格兰银行大楼位于伦敦市的 Threadneed1e（针线）大街，因为历史悠久，它又被人称为"针线大街上的老妇人"。

英国的中央银行作为世界上最早形成的中央银行，为各国中央银行体制的鼻祖。1694年根据英王特许成立，股本120万镑，向社会募集。成立之初即取得不超过资本总额的钞票发行权，主要目的是为政府垫款，到1833年英格兰银行取得钞票无限法偿的资格。1844年，英国国会通过《银行特许条例》（即《比尔条例》），规定英格兰银行分为发行部与银行部。发行部负责以1400万镑的证券及营业上不必要的金属贮藏的总和发行等额的银行券，其他已取得发行权的银行的发行定额也规定下来。

英格兰银行享有在英格兰、威尔士发钞的特权，苏格兰和北爱尔兰由一般商业银行发钞，但以英格兰发行的钞票作准备；作为银行的最后贷款人，保管商业银行的存款准备金，并作为票据的结算银行，对英国的商业银行及其他金融机构进行监管；作为政府的银行，代理国库，稳定英镑币值及代表政府参加一切国际性财政金融机构。因此，英格兰银行具有典型的中央银行的"发行的银行、银行的银行、政府的银行"的特点。

建立英格兰银行的背景，主要是政府需要钱。商人有一些富余的钱，所以他们想把这个钱贷款给政府。然后，他们希望国家建立银行。这个银行就是英格兰银行，享有一定的特权，这就是一种交易。

英国政府用公债向英格兰银行借钱，而英格兰银行用自己发行的货币（英镑）购买英国国债；这个国债是未来税收的凭证，英格兰银行持有国债就意味获得以后政府的税收。英国政府如果要买回流通在外的国债，必须用金币或英格兰银行认同的等值货币（货币能兑换黄金）买回。英格兰银行发行的货币（即英镑）的前身是银行券，这些银行券其实就是储户存放在金匠那里保管的金币的收据。由于携带大量金币非常不便，大家就开始用金币的收据进行交易，然后再从金匠那里兑换相应的金币。时间久了，人们觉得没必要总是到金匠那里存取金币，后来这些收据逐渐成了货币，所谓的金本位制就是以黄金为本位币的货币制度。在金本位制下，或每单位的货币价值等同于若干重量的黄金（即货币含金量）。因为英格兰银行发行的银行券的流通范围和接受程度都是比较广的，该银行的银行券就被默认为国家货币。所以，英格兰银行购买国债可以用它的银行券，到以后就是称谓英镑的流通货币。可以认为用国家货币能兑换政府公债，前提是可以兑换成黄金的货币或者等价物；用公债只可以到政府那儿领取利息，不可以兑换成黄金或者货币，因为该公债是政府的"永久债务"。

英格兰银行逐渐垄断了全国的货币发行权，至 1928 年成为英国唯一的发行银行。与此同时，英格兰银行凭其日益提高的地位承担商业银行间债权债务关系的划拨冲销、票据交换的最后清偿等业务，在经济繁荣之时接受商业银行的票据再贴现，而在经济危机的打击中则充当商业银行的"最后贷款人"，由此而取得了商业银行的信任，并最终确立了"银行的银行"的地位。随着伦敦成为世界金融中心，因应实际需要，英格兰银行形成了有伸缩性的再贴现政策和公开市场活动等调节措施，成为近代中央银行理论和业务的样板及基础。

1933 年 7 月英格兰银行设立"外汇平准账户"代理国库。1946 年之后，英格兰银行被收归国有，仍为中央银行，并隶属财政部，掌握国库、贴现公司、银行及其余的私人客户的账户，承担政府债务的管理工作，其主要任务仍然是按政府要求决定国家金融政策。英格兰银行总行设于伦敦，职能机构分政策和市场、金融结构和监督、业务和服务三个部分，设 15 个局（部）。同时英格兰银行还在伯明翰、布里斯托、利兹、利物浦、曼彻斯特、南安普顿、纽卡斯尔及伦敦法院区设有 8 个分行。

全球经济动力之都——伦敦金融城

在伦敦著名的圣保罗大教堂东侧，有一块被称为"一平方英里"的地方。这里楼群密布，街道狭窄，虽不像纽约曼哈顿那样高楼密集，但稳健、厚重的建筑风格和室内豪华、大气的装饰却有过之而无不及。这里聚集着数以百计的银行及其他金融机构，被看作是华尔街在伦敦的翻版。这就是金融城。

公元前后，罗马人在奥古斯都·屋大维的带领下，逐渐建立起一个以罗马为中心的横跨欧、亚、非的庞大罗马帝国。公元 43 年，罗马人首次踏上英伦三岛，随后开始在泰晤士河畔修筑城墙，建立一个取名为伦迪尼乌姆的聚居点，这就是英国首都伦敦最早的雏形。经过 1000 多年的发展，到 16 世纪的时候，伦敦已成为欧洲最大的都市之一。虽然 1665 年的瘟疫和 1666 年的大火给伦敦带来了毁灭性的灾难，但是大火之后的伦敦城很快就在恢复的同时发展壮大起来。目前，伦敦已经成为世界首要的金融中心。

与华尔街齐名的世界三大金融中心之一的"全球经济动力之都"——伦敦金融城，它的面积虽然只有一平方英里，但它为英国贡献了超过 2% 的国民生产总值，伦敦人都习惯称之为"那一平方英里"。

伦敦金融城在历史上一直都是英国政治的钱箱，曾给予英国国王、贵族、教会很多援助，也大体上决定了英国的内政和外交政策。当权者为了拉拢这里的钱商富贾们，就赋予了他们特殊的地位和权力，并让其保留一块专有领地。金融城虽然只是伦敦市 33 个行政区中最小的一个，但金融城却有自己的市长、法庭以及 700 名警察。据说，连英国女王想进城，也必须先征得市长的同意。世界各国元首、政府首脑访问伦敦时大都要到这里做客。

金融城最初只是商人们聚在一起喝咖啡、谈生意的地方。渐渐地，货物运输和保险业在这里发展起来，使之成为英国经济活动的中心。从 18 世纪初开始，金融城逐渐成为英国乃至全球金融市场的中心，并被称为世界的银行，在各类金融服务方面的经验博大精深。

金融城里名流云集，熙熙攘攘，投资银行、保险公司、律师楼和会计事务所等金融机构的各路英豪纷至沓来，最多时城里的人口达35万。但到了晚上或周末，各公司关门打烊后，城里就立刻冷清下来，因为这里仅有7000常住人口。英格兰银行、伦敦证券交易所和劳埃德保险市场（又名劳合社）是伦敦金融城的重中之重。

劳埃德是世界最早和最大的保险交易市场，它的作用有点类似证券交易所，旗下聚集了71家保险财团的762家保险公司和2000名个人保险业者。据史料记载，1688年，爱德华·劳埃德在一家咖啡馆里，以自己的姓氏命名，成立了一个保险行。当时，这个咖啡馆是船主和商人聚会的地方。从事海外贸易的船主，希望有人为他们的船只和财物保险；富商们则愿意通过承担保险来赌一下财运。于是，劳埃德保险行诞生了。它成了一个由许多自负盈亏的个人保险商和投资者结合成的"劳合社"。300多年过去了，劳埃德虽然已经成为世界上最大的保险交易市场，但它仍然保留着古老的交易手段。交易大厅被隔成了许多洽谈保险业务的"鸽子笼"似的房间，投保人和保险商在里面进行面对面谈判，双方达成协议后签个字，一笔保险额高达百万美元的生意就完成了，而劳埃德的信誉就是交易安全的保证。

劳埃德虽然只能占到整个保险市场1%的份额，但它仍然拥有全世界大约25%的海洋保险，而且它还是世界主要的再保险中心，因此伦敦城的保险市场仍是国际保险行业的一号种子选手。然而，尽管目前伦敦城内的各类金融市场仍然颇具实力，可是它已经无法找回帝国时代的荣耀了。它在世界金融界的地位已先后被纽约和东京超过，而成为世界金融的第三极。在欧洲它还是第一位的金融中心，但是随着欧洲一体化进程的推进，整个欧洲货币实行一体化，欧共体有可能会将法兰克福选为欧洲银行的所在地。如果真是这样的话，伦敦城的地位将受到更大的威胁，这个黄金铸就的"心脏"将蒙上一层阴影。

伦敦金融城的外汇交易额、黄金交易额、国际贷放总额、外国证券交易额、海事与航空保险业务额以及基金管理总量均居世界第一，名列世界500强的企业有375家都在金融城设了分公司或办事处，有超过480家的外国银行在这里开业经营，全球20家顶尖保险公司也都在这里有自己的公司。每天的外汇交易额达10000多亿美元，是华尔街的2倍，约占全球总交易量的32%。此外，金融城还管理着全球4万多亿美元的金融资产。由此可见，金融城被誉为"全球经济动力之都"，实不为过。伦敦作为国际金融中心的全部概念，几乎都是在金融城得以演绎和体现的。

现代世界经济中，金融的地位极为重要，金融业是否发达是区分发达国家与发展中国家的显著标志。金融业的不断发展能为一个国家的经济从以制造业为主的工业时代迈向以服务业为主的后工业时代创造必要条件。伦敦金融城被世界金融界巨头奉为"全球的力量中心"。了解伦敦金融城的运作与特色对于我国从粗放型商品经济转变为以金融等服务业为重要支柱的集约型现代化经济将会大有裨益。

伦敦金融城曾经无比辉煌，现在也依然闪烁着耀眼的光芒，它为英国的经济作出了巨大的贡献。20世纪80年代里，它每年使英国纯收入税利20亿英镑以上，即使在经济衰退的20世纪90年代初期，失业率居高不下时，伦敦城为无数人创造了就业机会。1995年，伦敦城内从事金融业、商业的人员有 70 万，比法兰克福的总人口还要多。但是伦敦城的功与过却是英国人长期争论的问题。

一次大战结束后，由于伦敦城将精力过多地投放到海外的投资中，从而使英国的工业得不到发展所急需的大量资金，这样，美国和德国不仅在钢铁等传统工业上超过了英国，而且在高科技领域也领先于英国。1925 年，首相邱吉尔为了保持英镑的地位和维持伦敦城在国际金融上的重要性，采取了严苛的财政预算和紧缩货币政策，结果他的目的暂时达到了，但英国的工业却为此付出了巨大的代价。即经过一个短暂的战后高涨期之后，国内需求持续下降，几个主要产业：造船、纺织、钢铁和煤炭都严重地收缩了。然而，即使是这样，还是没能挡住英镑挤兑的命运。

高估的法郎使国家陷入经济泥潭——法国

1924 年 9 月至 1926 年 7 月间，政局的不稳定使国内外对法国的信任度更为降低。1925 年初 1 英镑对 90 法郎的汇率，到了 1926 年 4 月中旬已冲至 145 法郎，5 月中旬再次上升至 175 法郎。在不满一年的时间里，法郎的价值下跌了近 50%。因汇率骤增和经济的不稳定，当时的白里安内阁垮台，其后登台的赫里欧内阁仅 4 天也倒台了。白里安内阁垮台的 1926 年 7 月 1 日汇率重新攀至 220 法郎，赫里欧内阁倒台的 7 月 21 日更高至 243 法郎。不过一年半时间，90 法郎对 1 英镑的汇率几乎攀升了 2.5 倍多。随着物价突然上涨等因素，经济更为不安定，政权再次交替。

德国经济经历了历史上前所未有的过度通货膨胀，处于十分严重的经济困境之中，如此一来，法国便很难获得战争赔偿金，自然深受财政逆差之苦。随之，国内外对法国经济的信任度大减，法郎的价值也持续下跌。法国需要偿还从美国和英国借入的 70 亿美元债务。更何况战争债务大部分为短期状态，债权人对自己的资产短期内可以折现。法郎的价值迅速下跌后，不管是流入法国的外债还是国内资本，都为了规避汇兑损失而大量外流。法国陷入严重的信贷不畅之中，经济困难逐渐加深。经济困难的加深，使国民对政权的信赖跌至谷底。

赫里欧内阁之后上台的是普恩加来内阁。兼任财务长官的普恩加来的首要工作就是实施减税。这一措施却赢得了资产阶级的信任，流往国外的法国资本又流回了法国，汇率自然下降。7 月 21 日冲至 243 法郎的汇率回落至 7 月 25 日的 199 法郎和 7 月 26 日的 190 法郎。法郎的升值使流出国外的逃避资金更多地流回法国，形成了良性循环，法郎的价值更为走高。10 月末，法郎的汇率水平再次开始下降。

汇率的回落使法国的国内产业必须直面价格竞争力的恶化。产业界，特别是汽车产业为了阻止汇率下降，开展了激烈的院外活动，劳动界也予以强烈抗议。经济专家们警告，如果法郎价值升得过高，会诱发如英国一样的通货紧缩，国内产业就会处于全盘崩溃的局面。最终，普恩加来内阁将汇率稳定在了 120 法郎上。经常收支呈现出大规模的顺差记录，对汇率下落的期待逐渐增大。对利差的期待使法国资本，甚至国外资本都开始向法国流动。其间流往国外的法国资本在 1925 年到 1926 年初间大部分重返法国。由此，法郎的价值更加攀升。

法郎价值上升之时，英国英镑的价值却在下降。法兰西银行的外汇储备蒙受了汇兑损失，于是开始将持有的英镑换成黄金。法兰西银行和英格兰银行在这一问题上出现了严重对立。英格兰银行为了抑制法兰西银行的外汇投机，要求宣告法郎的价值稳定。可是法兰西银行认为，为了阻止英国的资本流出，应提高利率。法国认为国外资本的流入会有助于国内经济的活化，希望法郎价值更为上扬。

与英国的经济困顿相比，法国因法郎估值相对较低，促进了出口，贸易收支呈现大规模的顺差记录，外汇储备也逐渐积累起来。因此，法国的国内经济与其他国家相比势头良好，连财政收支也记录为顺差。在此国力基础上，法国才能在全世界经济大萧条的重创下相对较好地支撑下来。

世界大萧条蔓延的 20 世纪 20 年代末，法国的经济与 1913 年或 1924 年相比都呈良好状态，而且持续时间更长。外汇储备的骤增令法国不能不担心通货膨胀和随之而来的物价不稳。因此，法国将外汇储备预存在伦敦金融市场，不仅如此，还大规模地购入英镑期货。结果，法兰西银行持有的以现货和期货的外汇总额表示的他国债权总额到 1928 年 5 月时达到了 14.5 亿美元，一个月以后法郎较之稍低一些。由此，法兰西银行在债权市场中具有非常强的影响力。当时法兰西银行和英格兰银行围绕着谁来主导欧洲弱小货币的安定政策这类并不重要的问题争执不下。围绕着政治霸权的这种认识终于引来了法国严重的经济困难，后来又招致被德国占领的悲剧。

首先，外汇资金的海外预存意味着国内所得的海外转移，国内所得的海外转移意味着内需的不振。即使出口状态持续良好时，国内经济也会相对萎靡。不仅如此，法郎的低评价不会无限期地持续下去。出口状态持续良好，外汇储备不断增多，法郎的价值受到了更为沉重的打击。重要的是，价格上处于严重的不利境地。

法郎的估值过高就是如此严重。实际上，1931 年中期法郎对英镑的价值曾发生了猛然上窜近 40% 的事态。此后法郎的高评价持续了 5 年多，一直到 1936 年末。因此，国际收支不断恶化，外汇储备也逐渐减少。为了使法郎的价值正常化，阻止外汇储备的枯竭，法国理应放弃金本位制，但却步了英国失败的后尘。法国降低了国内物价，并实施了旨在使国际收支好转的通货紧缩政策。

当法国的经济状况积重难返时，德国已经走上了重新武装之路，对此，法国束手无策。即使在经济严重困顿之初的 1930 年，法国的军费支出也较德国高出 3 倍多。希特勒掌权后的 1933 年，法国和德国较接近。可是从法国政权交替频仍的 1935 年开始，德国的军费支出开始超过法国。战争爆发之前的 1938 年，德国的军费支出比法国高出了 8 倍以上。1937 年，德国的军费支出与 1930 年相比增加了 20 倍以上，法国的军费支出反而较前一年减少了。可见，法国在 20 世纪 30 年代一直处于严重的经济困难之中。所有的原因都源于法国汇率政策的失败。

星条旗飘扬——美国经济的崛起

荷兰为了摆脱西班牙的统治，通过独立战争踏上了执掌经济霸权之路。英国也是在军事和经济力量相对较弱时通过海盗活动，军事和经济力量相对强大时通过战争或海上封锁，将该意志融入赶超当时的先进国家荷兰和西班牙的实践中去的。从英国手中承继了霸权的美国也毫无例外地经历了类似的路径。

先接触先进文化的国家会率先迎来经济崛起的机遇，这是很自然的事情。掌握经济霸权的意大利城市国家如此，葡萄牙、西班牙、荷兰和英国也是如此。不过，并不是说抓住了机遇就都会大获成功。这里还需要成功的意志。这种意志要靠赶超先进国家的不懈努力予以强化。

曾是英国殖民地的美国不仅承继了科学和经济强国——英国的文化财产，而且承继了先进的政治、经济制度。这是美国的幸运。抓住幸运时机的关键在于美国成为英国棉织品产业的原料供应地。美国产的原棉虽然在英国棉织品产业称霸世界方面发挥了重要的作用，但美国却因向英国出口原棉而积累了国家财富。

不过，美国毕竟是英国的殖民地，这种从属关系对美国的经济繁荣有着局限性，而且美国的棉花生产是建立在奴隶制基础上的，不言自明，它的局限性不久就会显露出来。从希腊和罗马时代以来的历史经验来看，奴隶制生产明显落后于自耕农的生产力。美国若想分享经济繁荣，就应从英国的殖民地和奴隶制生产的拘圄中解脱出来。事实上，美国通过独立战争和南北战争实现了这两种意愿，特别是独立战争成了美国工业划时代发展的转折期。

即使在独立战争时，美国无论在经济还是军事上都无法与英国相匹敌。为了削弱英国的霸权地位，法国积极援助美国。在此情况下，英国很难使殖民地美国屈服。最终，美国争取到了民族独立，并获得了飞跃式发展。独立战争时，英国封锁了美国海岸。因此，美国所需的各种工业制品只能靠自己生产。这种困境反而为美国提供了经济飞跃的平台，美国的经济发展较欧洲的其他国家都相对迅速。因此，大量的欧洲人纷纷移民到美国。由于移民的持续增加，美国的其他产业也获得了发展。

拿破仑战争结束后，美国增长最快的领域就是铁路。铁路事业是需要大规模投资的，而铁路建设的企业没有巨额资本，最初只能依靠外部资本。这为美国金融产业的发展创造了划时代的契机。因为铁路事业的收益率高，股票和公司债券人气高涨，使资本的筹措比较容易。铁路事业需要的大规模资本由纽约筹集。

在拥有广阔的国土、丰富的资源、肥沃的原野和经济崛起必需的政治、经济制度的完备等所有有利条件后，又有充足的劳动力作支撑，美国可以向世界经济霸权飞奔而去了。美国在1870年已经占据了世界制造业生产的23%，到第一次世界大战爆发前的1913年达到了32%，到世界经济大萧条之前的1928年则占世界制造业生产的近40%。与此同时，国际竞争力和增长潜力较美国落后的英国逐渐衰落了下去。

在1918年至1939年期间，英国金本位制度统治着世界经济，尽管这一时期由于战争的爆发，大量资金的支出使得大量纸币出现，但是由于纸币并不具有货币价值，其价值与其数量呈反比，也就是发行货币越多，其币值就越低。一国政府通常都有印制大量纸币以支付政府开支或者支持经济建设的冲动。纸币与通胀之间的联系成了其天然的脆弱性。

在这一时期，由于美国与英国的实力相当，美元和英镑成为一定意义的世界货币。

在世界贸易中，美元和英镑都能作为结算货币，这是世界各国对于美国和英国经济实力的肯定，世界各国都认为美国和英国的经济实力足以支撑其本国货币的信用。

1939 年后，随着英国在二战市场上的节节败退，美国通过战争大发战争财，这一下一上之间，美国经济实力开始明显超过英国。1945 年二战结束，美国的经济实力达到高峰，英国等国都面临着重建的问题。为了解决重建的资金问题，各国都把目光投向了富裕的美国。美国建立布雷顿森林体系，美元直接与黄金挂钩，各国货币则与美元挂钩，并可以按照 35 美元一盎司的官价与美国兑换黄金。美国坚持以金本位为基础，在此基础上，建立新的国际汇率和贸易体系。美国通过马歇尔计划援助欧洲等国的重建，向各国发放大量美元纸币，而各国则通过美元购买美国商品进行国家重建，这就形成了一个资金运动循环。据统计，该计划于 1947 年 7 月正式启动并整整持续了 4 个财政年度。在这段时期内，西欧各国总共接受了美国包括金融、技术、设备等各种形式的援助合计 130 亿美元。如果考虑通货膨胀因素，那么这笔援助相当于 2006 年的 1300 亿美元。

另一方面，美元开始成为各国之间交易的通用货币。这样，一个覆盖全球的美元资金循环就出现了。这个资金的循环使得美元流进了各个国家，各个国家都开始习惯使用美元进行国际贸易。美国的经济崛起，与美元成为世界货币是密不可分的。从历史来看，美国经济强大，各方面综合国力的提升无形当中提升了国家信用度，其发行的美元货币为世界所采用。同时，世界贸易的发展需要一种统一的世界货币。世界贸易发展、美国经济崛起、马歇尔计划的实施，都推动着美元向世界范围内流通，影响和改变着世界各国贸易习惯，美元最终成为世界货币以后，美元的世界经济霸主地位形成。

东京金融中心的崛起——日本的发迹史

据资料记载，从 1970 ～ 1985 年这十五年间，由亚太地区各国与亚洲开发银行公开筹集的外债，其金额占到东京金融市场交易额的 25%；从 1971 ～ 1984 年这十三年间，亚太地区各国在东京债券市场举债次数多达三十余起，占到东京债券市场举债总额的 30%。通过这种方式，亚太地区的国家获得了自身经济发展所需的资金，迅速突破了经济发展的瓶颈性障碍，东京金融市场的发达为亚太地区经济的崛起创造了便利的条件。

日本的复苏是与当时的国际环境、机遇分不开的。战后，美国为了达至遏制苏联的目的，在亚洲大力扶持日本；而朝鲜战争的爆发则为日本经济的发展提供了外在的动力，有利的国际政治经济环境对日本经济的恢复很有利。

战后日本的经济起飞是在美国外交、政治、经济、军事的保护和鼓励下起步的。

首先，日本投降后，美国以同盟国名义派兵占领日本本土，成了日本的统治者。到 1947 年随着东西方冷战加剧和中国革命的逐步胜利，美国迫切需要日本成为自己争霸世界的伙伴，于是美国就由最初的制裁日本转为扶植日本恢复经济。

战后初期日本借助美国扶植"反共堡垒"的远东战略，在军事上依附美国的同时，抵制美国重新武装日本的战略意图。1960 ～ 1980 年日本在美日军事同盟体制的保护下"免费乘坐安全车"，军费负担一直小于国民生产总值的 1%，专心致力于经济建设。美国在资金和经济政策等领域全面扶植日本，为日本迅速壮大创造了极其重要的条件。

1951 ~ 1961 年日本企业接受了美国直接和间接的（如美国控制下的世界银行贷款）低息美元贷款资金 11.43 亿美元，占外部资金总额的 92%。

其次，朝鲜战争的爆发，对于亟待扩大商品市场、增加生产能力、走上高速增长之路的日本经济来说，无异于雪中送炭。朝鲜战争和越南战争的巨大物资需求，增强了日本的经济实力。对此，就连日本人自己也不否认。日本经济学界一致认为，如果 20 世纪 50 年代初不发生那场朝鲜战争，日本就绝不可能在 20 世纪 60 年代末成为"经济大国"，战争至少使日本赢得了 10 年的时间。日本经济企划厅在总结这段历史时也中肯地指出："由于朝鲜战争，日本才找到了活路，从这个意义上说，朝鲜战争是日本起死回生的灵丹妙药。"

随着日本经济实力的不断增强，东京在世界金融领域所起的作用越来越大。逐渐发展成为一个继纽约和伦敦之后的国际上第三大金融城市。与世界上其他金融中心一样，东京之所以能够成为国际性的金融中心，除了本身具备雄厚的金融实力之外，还与政府的经济发展战略息息相关。到了 20 世纪 70 年代，经历过几十年的发展之后，日本东京已经在股市、基金管理和外汇交易等方面对亚洲和世界的经济发展起着重要的调节作用，这表明东京已经发展成为亚洲地区乃至世界上最为重要的金融中心之一。那么，日本东京是如何发展起来的呢？

东京的发展，具有一定的偶然性，也有一种必然性。说是一种偶然性，是因为当时客观的发展形势变得有利于东京地区经济的发展；说是一种必然性，是因为凭借着东京优越的地理位置，在日本经济迅速腾飞的过程中，东京注定会扮演着重要的角色，甚至会对日本经济发挥着主导性的影响。

从 20 世纪 50 年代开始，日本政府对经济作出了一定程度的调整，这种调整首先表现在将一些直接生产部门和管理部门分离，大量的总公司在这一时期涌向东京，使得这个原本以工业为主导的城市变为以管理为中心的城市。

目前，东京聚集了世界上绝大多数的银行，是世界上最大的银行业聚集地之一。尽管东京地区仅有 70 余家银行，但是其银行存款却达到了将近 5 万亿美元，居世界首位。除此以外，东京外汇市场也十分发达，据资料记载，仅 2004 年一年时间之内，东京外汇市场成交额便占到近两千亿美元，占全球外汇市场份额的 8%，仅次于纽约和伦敦。不仅银行和外汇市场十分发达，东京地区的证券交易所也十分发达，东京证券交易所是世界上第二大市值股票交易所。发达的银行业和股票、证券等交易市场为东京谋求作为国际最大的金融中心奠定了坚实的基础，东京金融市场对国际经济的发展所起的影响也与日俱增。

欧洲金融中心的竞合大戏

如果有人问：欧洲的金融中心是哪个城市？相信很多人第一个想到的就是伦敦，也有人会说是欧洲中央银行的所在地法兰克福，或者认为是巴黎或苏黎世的人一定也不在少数……当然这些城市都具有各自的优势，并且在欧洲乃至世界上都具有一定的地位。

伦敦是世界上最大的欧洲美元市场、世界上最大的国际保险中心、世界第二大证券交易中心。其一天的石油收入成交额都可达到 500 多亿美元，占全世界美元成交额的 1/3 以上。共拥有 800 多家保险公司，其中 170 多家是外国保险公司的分支机构。证券交易市场 24 小时全天候运营。

巴黎是法国最大的城市，是法国的政治、经济、文化、教育、交通中心，也是世界上人口最多的大都市之一。世界上 100 家最大企业中已有 1/5 在这里设立了办事处，法国最大企业的办事机构多数也设在这里。

法兰克福是德国的商贸金融中心及制造业的中心，也是重要的国际金融城市。1992 年 10 月 29 日在布鲁塞尔召开的欧盟高峰会议上，12 个欧盟国家决定未来的欧洲中央银行设在法兰克福。随着欧洲一体化进程的发展，法兰克福已成为整个欧洲经济的象征，成为名副其实的欧洲金融首都和世界上的重要金融中心之一。

苏黎世是瑞士最大的城市，也是瑞士的经济、金融及商业中心和全欧洲最富裕的城市。苏黎世地处从法国到东欧、从德国到意大利的商路要冲，是水陆空交通枢纽。苏黎世不仅是瑞士最大的金融中心，而且是重要的国际金融中心和黄金市场之一。这里集中了 350 余家银行及银行分支机构，其中外国银行近 70 家。瑞士证券交易所是世界上目前唯一的具有全自动交易和清算系统的交易所，其成交额在欧洲交易所中居前列，最高峰时有 70% 的证券交易在此进行。

在欧洲几百年的发展过程中，欧洲各金融中心基本形成了各具特色、多层次的分工格局：伦敦、巴黎、法兰克福和卢森堡是欧洲国际银行业的中心；伦敦是欧洲最大的证券交易中心以及外汇交易、金融衍生交易中心，并在资产管理方面占据主要地位；巴黎和法兰克福分别是公司债券和欧元政府债券发行和交易的中心。然而，随着世界金融格局的变化，国际金融中心的发展状况对所属国的影响，直接引发了欧洲各金融中心之间的竞争。欧元启动后，欧洲金融中心的竞争也越发激烈，基本上呈现出"竞争中合作，合作中求发展"的态势。

就拿伦敦和巴黎来说，这两个欧洲巨擘般的城市，它们虽然不是敌人，但也不是亲密的朋友，无论是过去还是现在，它们始终是竞争的对手。从海上霸权的竞争，到对东方对非洲殖民地的竞争，再到对欧洲话语权的争夺……正是他们之间政治的、工业的、经济的、城市规划的、文化的竞争与合作，才成就了今天的伦敦和巴黎。英国尽管参与了欧洲一体化，却是一直"和而不同"，英镑与欧元的距离，正预示着英国与欧洲大陆的距离——似近又远、似离又即。

但是，欧洲金融中心的竞争不是胡乱的竞争，它们是一种政府主导下的竞争。如果政府过多地介入建设和规划的过程中，那么各金融中心的竞争就将趋于白热化。各国政府和金融管理当局推出一系列的倾斜型的政策：放宽对不同金融机构所从事业务的限制；放宽对外资金融机构的准备金要求；取消或降低证券交易税；采用更加符合国际化要求的会计标准……

各金融中心也不断提升基础设施的技术水平，不断地推出创新型金融服务和金融工具，最终凭借金融交易成本和收益的比较来决定谁胜谁负。

而各金融中心的合作也是存在的，除了加强欧盟金融监管框架内的合作外，各国还达成了一系列协议和行动计划，以加快金融一体化进程。20 世纪 90 年代以前，除德国为全能银行制度外，英法等国大多实行分业经营制度。1989 年 12 月颁布的《欧共体第二号银行指令》允许成员国银行可以从 1993 年 1 月开始在全欧盟范围内自由设立分支机构和提供由母国批准了的全面金融服务，欧盟各国加速混业并购。还有实现银行信息共享、建立欧盟统一的信息交换系统的协议的签订，也为实现税制协调奠定了基础。

不仅如此，在金融市场的整合过程中，各金融中心结成泛欧证券市场联盟。1998 年 11 月，伦敦、巴黎、法兰克福、布鲁塞尔、阿姆斯特丹等欧洲 8 个主要交易所就组建泛欧证券交易所达成共识，标志着欧洲证券市场的一体化取得重大进展。2000 年 3 月 18 日，阿姆斯特丹交易所、布鲁塞尔交易所和巴黎交易所签署访议，决定把这三家交易所合并成名为"欧洲的未来"的交易所。2000 年 5 月 3 日，伦敦证券交易所和法兰克福证券交易所正式宣布合并，组建新的"国际交易所"，欧洲金融中心的竞合进入了高潮。

竞争中合作，合作中求发展，这不是今天才需要言明的道理。在欧洲大陆的几百年的历史发展中，他们始终遵循着这样的规律。虽然各金融中心需要巩固自己的金融中心地位，各金融中心间必然存在竞争，但是，为了更好地融入欧元区，应对主要来自美国的区外竞争和占领金融业务新领域，竞争就必须以合作为前提。欧洲是一个整体，近年来，各国纷纷谋求欧洲一体化的建设，面对强大的美国，面对日益崛起的亚洲，欧洲要想谋得国际地位的稳固，就只有团结合作，共谋发展。

亚太金融中心群的崛起

2004 年的《今日美国》上发表的一篇报道中详细描绘了中国经济对于美国两个默默无闻的小镇所产生的影响。埃弗莱茨是明尼苏达州一家濒临破产的铁矿附近的一个小镇，中国收购了这家破产的铁矿，从而挽救了许多面临失业的工人的命运，拯救了这个小镇。而阿拉巴马州的培恩堡曾以"世界制袜中心"闻名全球，全镇曾拥有 95 家制袜厂。3 年前中国生产的袜子仅占美国市场的 1%，而今天它们却充斥美国各大商场，致使培恩堡的制袜厂纷纷倒闭。专家表示，如果不采取措施，中国制袜业将在两年之内占领美国 75% 的市场。

纽约、伦敦、东京、法兰克福乃至苏黎世，这些都是世人皆知的金融中心，它们经历着跌宕起伏的金融事件的历练，世界上流传着叱咤风云的金融大亨的传说，它们见证了金融史的成长。二战以后，美国作为世界经济的霸主，纽约无疑成为全球的金融中心。位于华尔街的纽约交易所让无数的投资者向往憧憬。但是随着世界经济的发展，特别是亚太地区经济的崛起，世界金融版图有了新的变化，以香港、新加坡、上海为代表的亚太金融中心成为世界金融版图的新身影。

布雷顿森林体系解体以后，美国的金融霸主地位开始不断地受到挑战。20 世纪 80 年代中期，日本的海外资产首次超过美国，开始取代美国成为全球债权中心。随着日元的大幅升值，加速了日本资本的向外输出，从而使得日本的国际金融地位更加突出和重要。继日本之后，东亚其他国家和地区也迅速发展，努力为成为新金融中心的目标而大步向前。

中国的香港是世界重要的金融中心之一。它具有高度自由化和国际化的金融管理体制，有发达的金融业和金融市场，其中 1994 年香港的银行资产占 GDP 的 195%，股票市场资本量占 GDP 的 205%。目前，香港已经成为全球最重要的国际金融中心之一，是全球第十二大、亚洲第三大国际银行中心（以对外资产计），在 2006 年 12 月底对外资产为 5440 亿美元（4.18 万亿港元），全球排名由 2005 年的第 8 位跃升至第 6 位，超过加拿大的多伦多交易所和德国的法兰克福交易所；2006 年 IPO 融资额高达 429.4 亿美元，仅次于伦敦交易所的 562.9 亿美元，高于纽约交易所的 371.3 亿美元；是亚洲重要的资产管理中心，2005 年底香港资产管理市场的规模管理资产市值达 5700 亿美元，列亚洲第二；保险市场发展程度达到世界先进水平，市场渗透率升至世界第 9 位，人均保险支出列世界第 15 位；是继英国伦敦和美国芝加哥之后的全球第三大黄金交易中心。同时，近年来香港已成为亚洲最活跃的金融衍生产品交易中心之一，香港是世界第一大金融衍生权证市场。在金融基础设施方面，香港拥有国际水平、亚洲区内最先进的多币种支付、结算及托管系统，提供了一个安全、稳妥的环境进行各类金融交易。

新加坡是世界上最大的外汇交易中心。1994 年新加坡的银行资产占 GDP 的 186%，股票市场资本总量占 GDP 的 217%。1998 年以来，新加坡开始着力打造财富管理中心。在政府的大力推动下，新加坡的金融业有了飞速的发展，现有各类金融机构 600 家，其中，投资银行 53 家，保险公司 32 家，保险中介公司 60 家，基金管理公司 95 家，证券行 1 家，期货公司 32 家，财务顾问 53 家。在面积仅为 690 多平方公里的土地上，汇集了如此众多的金融机构，其密集度和多样化足以覆盖经济发展对金融的巨大需求。经过二十多年的努力，新加坡的亚洲美元市场获得了很大的发展，市场规模发展到近 3000 亿美元，参与其中的金融机构达到 188 家，其中国外机构达 121 家，世界上规模最大的 50 家银行有 40 家在新加坡设有分行或子公司；在亚洲美元市场的带动下，新加坡的外汇市场也成长为全球第四大市场，平均每日外汇交易额为 1010 亿美元，新加坡成为亚太地区重要的国际金融中心。

上海作为中国最重要的经济城市，GDP 在 2007 年已经达到 12000 亿元，折合美元超过 1600 亿美元，占整个中国 GDP 的 6% 以上，以上海为中心的"长三角"地区正发展成为世界第六大都市圈。2005 年 6 月，国务院批准浦东进行综合配套改革试点，把推动金融市场发展和金融创新作为重要内容，为上海金融市场发展和金融创新提供了体制机制保证。2005 年 8 月，人行上海总部成立，这是中央加快推进上海国际金融中心建设的重要举措，是上海国际金融中心建设的一项重要标志，不仅进一步强化了上海国际金融中心建设作为国家战略的地位，而且人行上海总部作为上海国际金融中心建设的推进主体，将为上海国际金融中心建设注入新的活力。

除上述国家和城市外，中国的台北、韩国的首尔、泰国的曼谷等也正在向国际化的金融中心的目标挺进。这些地区的发展趋势，正向我们展示了东亚地区将要成为世界新的金融中心的未来前景。

有学者认为，历史上东亚地区发生的事件虽然对世界近现代历史发展产生了深远的影响，但这些影响更多是地区性的，真正对世界产生带有全球性的影响或根本性的历史变革则是亚太的崛起。亚太金融中心群的崛起对整个世界经济、政治、军事、文化等诸多方面均产生不可估量的重大影响。

2011 年四月的《博鳌亚洲论坛新兴经济体发展 2011 年度报告》中也表示，2008 年全球金融危机，不仅是美国战后最严重的经济危机，也是全球经济的一次巨大冲击。但是亚洲新兴国家在整个危机处理过程中发挥了重大的作用。可以说，自金融危机爆发以来，新兴经济体在国际事务中的地位得到了空前加强。它们积极参与到应对经济危机、全球治理、气候变化、恐怖主义等一系列重要的国际协调工作中，推动了全球经济向着更加公平公正的可持续发展方向前进。

第十九章　金融主导大国的兴衰史

——了解金融秩序变迁要学的金融学

世界货币的变迁，风水轮流转

随着世界一体化进程的加快和世界各国经济实力的变动，世界政治经济格局也随之发生了巨大的变化。随着传统的殖民主义国家英国的衰落，世界霸主的桂冠落到了后期的资本主义国家——美国手中，世界货币体系也随之发生了翻天覆地的变化。

货币是主权国家的象征，在当今时代，一个主权国家一般都发行了自己的货币，并通过法律赋予该货币在本国范围内流通使用的法定地位。在一国之内，货币主要履行价值尺度、支付手段和储藏手段的职能。当一国货币跨出国家的界线，在其他国家或地区履行货币职能时，该国货币就演变成世界货币，"成为全球统一的支付手段、购买手段和一般财富的绝对社会化身"。

世界货币是实现国际经济贸易联系的工具，它促进了国际经济联系的扩大与发展，从而也促进了资本主义的发展。随着资本主义世界市场的发展，世界各地区在经济上逐渐联结起来。

世界货币应具有一定的基本职能，这些基本职能可以概括为：其一，在国际经济交易中充当贸易货币（结算货币）和计价货币；其二，如果某种货币已经成为国际交易中的重要和主要贸易的计价货币，则它很可能成为其他国家或地区货币当局官方储备的重要资产（储备货币）；其三，当一种货币同时具有了上述职能之后，它就有可能成为选择非自由浮动汇率制度的外国货币当局干预外汇市场时的名义锚（锚货币）。

从英镑到美元的转换，由伦敦到纽约的变迁，金融作为当今世界上最热的词汇之一，诉说着两百年来的世界经济中心的轮回。当今世界的金融格局怎么样？哪些因素促成了世界金融格局的变化呢？

19世纪，金、银都曾是世界货币。以后，随着金本位制的普遍建立，黄金遂取得了主导地位。在金本位制下，黄金既在国民经济中发挥国内货币的作用，也在国际关系中发挥世界货币的作用。国际收支的差额用黄金来抵补，构成国际储备货币的也只有黄金。黄金可以自由输出输入，而且一个国家的货币可以按固定比价自由与黄金兑换。

由于黄金充当了世界货币，就产生了货币的兑换与汇率以及黄金的国际流通问题。货币兑换成了国际贸易中的必要因素。为了在对外贸易中进行支付，就要将本币与外币相兑换，或用各种货币共同充当世界货币的黄金相交换。由于货币作为世界货币时失去其地方性，都归结为一定的黄金量，因而一国的货币可以用另一国的货币来表现。

当金本位制崩溃，黄金非货币化后，人类进入了信用货币时代。19 世纪 70 年代，英国一直拥有世界最大的工业生产能力，是全球最大的贸易国和金融资产的供给者。英国国内银行及海外银行十分发达，形成了巨大的国际贸易结算网络，伦敦成了当时世界上最大的国际金融中心。

在近一个世纪的时期内，英镑充当了最重要的国际货币角色：全球贸易中最大的一部分由英镑进行结算，外国资产中绝大部分以英镑计值，最大部分的官方储备是以英镑持有的。英镑在国际货币体系中占据着统治地位，实际上等同于黄金。

英国作为一个贸易国家和资本来源地的地位持续下降，英镑开始衰落。1914 年一战爆发，英国废除了金本位制，1925 年又得以恢复，但高估的英镑损害了英国的出口。随后由于受到世界性经济大萧条的严重打击，英国于 1931 被迫放弃金本位制，英镑演化成不能兑现的纸币。随着美国经济实力的壮大，美元逐渐取代了英镑的世界货币地位。

美国自 1776 年独立到建立统一的国内货币体系，花了大约一个世纪。美国货币体系逐渐统一的背景是美国国内市场的统一。大约在 1870 年以后，美国国民收入和生产率就已经超过西欧，到 1913 年美国已经形成统一的国内市场，并相当于英国、法国和德国的总和。但是，尽管美国经济已经赶上并超过了英国，但在二战之前，美元却始终没有取代英镑的地位。

第一次世界大战对美元作为国际货币的崛起发挥了关键作用。战争爆发之后，外国官方机构持有的流动性美元资产大幅度增加，美国国际贷款者地位的形成，各国的外汇管制和欧洲脱离了战前的黄金平价，都促成了美元"作为国际货币的崛起"。从 1914 年到 1973 年，美元是唯一以固定价格兑换黄金的货币。20 世纪 20 年代，它在国际贸易和金融中的使用日益扩大。第二次世界大战使美元上升到了支配地位。

二战以后，美国凭借其经济和军事优势，通过建立以美元为中心的布雷顿森林体系，确立了美元在国际货币金融领域里的霸权地位。《国际货币基金协定》规定美元与黄金挂钩，其他货币与美元挂钩。尽管黄金是布雷顿森林体系建立的官方储备资产，但美元是战后货币体制真正的储备资产，从而使美元取得了"世界货币"的特殊地位。国际货币基金组织的其他成员国将美元等同为黄金，在它们的外汇储备中，大量地保存美元。战后的一段时期，由于各国都需要美国的商品而缺乏美元来支付，美元成为当时世界上独一无二的"硬货币"，致使一段时间内在世界上出现了所谓的"美元荒"。

20 世纪 70 年代初，美元停止兑换黄金，实行浮动汇率，各主要西方货币相继脱离美元，不再同美元保持固定比价，随之美元的国际地位也有所下降。从 1995 年美元连续大幅贬值，其国际主要货币的作用已极大削弱，美元及美元圈的波动，加速了国际金融市场区域化的进程，促使各国货币汇价重组。2005 年美元结算占全球贸易结算的比重为 65% 左右，美元交易量占全球外汇交易总量的 50% 左右；美元仍然是重要的价值储藏手段，2005 年美元在全球外汇储备中的份额达 76% ~ 78%；美元被作为部分国家货币的"名义锚"。

世界货币的变迁先是黄金，后是英镑，现在则是美元，这些变化的背后则暗喻着各国实力变化。进入 20 世纪 80 年代以后，随着欧洲货币一体化进程的加快，德国内部货币的统一，日元的国际影响力的提高，美元的国际地位的绝对优势正在受到挑战。目前，世界货币正朝着多极化的方向迈进。

英镑霸权的辉煌与衰落

从北京往西大约 8000 公里，就是欧亚大陆的西部终端，从这里划过一道海峡，有一个岛国，国名是大不列颠及北爱尔兰联合王国，我们通常叫它英国。这个面积只有 24 万平方公里的国家，在近代历史上占有非常特殊的地位。在 18 世纪和 19 世纪，它曾经是世界经济发展的领头羊，是第一个迈入现代社会的国家。同时，在世界的货币战争史上，英国也曾占据至关重要的地位。由英格兰银行独家发行的代表英国国家权利的英镑，替代黄金在全球通用。从此，人类史上第一只主权性质的国际储备货币诞生。

在特定的历史条件下，为什么英镑会异军突起？是什么原因撑起当时英镑的霸权地位，又有哪些因素让英镑逐渐退出霸权货币的历史舞台？国内一些知名专家，回顾了首个称霸世界的货币——英镑的兴衰。

黄金作为国内市场上流通的货币，最先采用的是英国，但是最先废除的也是英国。19 世纪中期，英国率先完成了工业革命，国内经济得到了突飞猛进的发展，控制了世界上大部分的商品生产和贸易往来。直到 19 世纪 70 年代，英国一直拥有世界最大的工业生产能力，是全球最大的贸易国和金融资产的供给者。由于英国国内剩余资本过剩，一些投资者纷纷将手中的剩余资本投资于伦敦金融市场，再加上英国国内银行业十分发达，因此这些导致了伦敦取代荷兰的阿姆斯特丹，成为当时世界上最大的金融中心。

伦敦成为金融中心之后，原来金融市场赖以存在的基础——金本位制度不再适应日益变化的市场发展形势，于是英国政府采取了一种新的流通于全国的货币——英镑。英镑从一确立之时起，便注定会承担着世界货币的功能，因为此时英国已经成为资本主义世界的头号强国，控制了世界上绝大部分的国际贸易。这样，全球贸易中绝大部分都由英镑来进行结算，外国资产中的绝大部分也以英镑来计值。实际上，此时的英镑，就相当于金本位制度取消之前的黄金，在国际货币体系中占据着统治地位。

随着强大的竞争者——美国的出现，德国在 19 世纪后期统一后也获得了令人瞩目的经济发展，英国可谓是腹背受敌。尤其是随着德国追逐欧洲霸权以来，英国在牵制过程中矛盾升级，最终导致世界大战的爆发。第一次世界大战的爆发使英国背负了巨大的经济负担。

第一次世界大战一结束，英国便为了恢复金本位制于 1918 年 1 月成立了"康利夫委员会，这个委员会全体一致确定将立足于战前平价回归金本位制。1920 年英国的金融产业比较健全，开始实施紧缩政策，结果导致经济下滑，这是为回归金本位而付出的不可避免的费用。信赖金本位制回归的效果，即英镑恢复作为基础货币的地位时体现的经济效果，就要欣然接受这种牺牲。

1920 年末不过 3.4 美元的 1 英镑到 1923 年春升至 4.7 美元。英镑的价值上升对出口打击沉重。英国政府为了实现金本位制的回归，大力实施了紧缩政策，直接导致英国国内景气的迅速下降，人均收入从 1921 年 1 月到 1922 年 12 月间下降了 38%，生活费降低了 50%，失业率上升了 15%。

1924 年 2 月劳动党政府接受了康利夫委员会关于英镑货币升值的提案，如此一来，资本的国外流出中断，英镑价值也恢复了稳定。此时，世界景气正在恢复，英国的国内景气也在上升，失业率开始减少。最终，金本位制的回归条件似乎已经形成。

可是，他们根本没有预想到物价下跌会引发多么具有破坏性的恶性循环。物价下跌问题比预想的更为严重。价格下跌的压力使经济萎缩。价格下跌和景气萎缩引发了恶性循环。英国经济就步入了这种恶性循环的过程中。

这一年，强烈主张金本位制回归的温斯顿·丘吉尔担任财政部长官。随之，各国对英镑的货币升值产生了期待，英镑价值自然地开始上升。因之投机之风猖獗，英镑猛增至 4.795 美元。英镑恢复到战前平价的金本位制表明英国要重寻世界金融中心的地位。

英国为了重拾世界金融中心的声望，当务之急就是恢复对英镑的国际性信赖。为此，要让人相信英镑价值的稳定性。英国政府坚信，只有这样，其他国家的资本才会涌入进来，英国才会恢复世界金融中心的地位。可结果却是极其否定的。正如前面提及的那样，为了恢复战前的评价，要降低物价和工资，为此，需大力实行高利率政策等紧缩政策，结果会带来通货紧缩的巨大痛苦。

与其他任何国家相比，英国所受的经济打击都是十分严重的，更何况英国产业与欧洲其他任何国家相比，其出口比重都要高。制造业的 45% 依存于国外销售，所以英国经济才在其他国家的经济变化面前表现得敏感而脆弱。

战争结束后，各国为了保护国内产业纷纷课以重税。不仅如此，英国与日本和美国为首的其他国家的竞争也日渐激烈。因为种种因素，英国经济不断恶化。

20 世纪 20 年代中期世界经济大致开始恢复，20 世纪 20 年代后期景气良好。可是英国并没有一同分享到经济的好景况，而是直至 20 世纪 20 年代始终没有摆脱经济停滞状态。

为了维持金本位制，到 1931 年 8 月为止，英国还从法国和美国借入准备金。随着黄金等外汇储备日渐减少，英国政府也认识到了无法再继续维持金本位制的事实。这时，英国已经到了黄金储备即将枯竭之际，最终只能放弃金本位制。

不过，阴差阳错，一放弃金本位制，英镑的价值随之大跌，出口产业的竞争力复活，为了维持金本位制而实行的紧缩政策的脚镣也因之解除了。从 1932 年开始，货币政策向膨胀转化。

但金本位制的放弃和随之而来的货币贬值产生的影响更大。维持金本位制就要保持高利率政策；放弃了金本位制，利率随之下降，就会对景气扩大产生积极的影响。

从这些事实我们可以很容易地看出，英国试图夺回世界金融产业的霸权，以及为此以汇率下降（货币升值）为前提、执着于金本位制的所作所为，产生了多么严重的后遗症和副作用。

总之，第一次世界大战之后，英国实施的汇率政策遭到惨败。这令英国经济在 20 世纪 20 年代始终处于举步维艰的境地，只能以放弃金本位制而告终。

英镑作为世界性流通货币在持续了近一个半世纪之后便发生了动摇。充盈的国库和黄金储备、稳定的金融市场再也得不到满足，英国的霸主地位摇摇欲坠，以英镑为中心的世界货币体系也最终崩溃。

20 世纪 50 年代，随着美国经济的进一步发展和英国经济的进一步衰落，以美元为中心的世界货币体系正式确立起来。美元在世界货币体系中霸主地位的确立，正式宣告英镑持续将近一个半世纪的霸主地位退出历史舞台。从此，美元的时代正式来临。

一战期间再次被英国废除的金本位制度

传说 15 世纪中叶，秘鲁利马附近的一个奴隶制国家——印加帝国有着大量的黄金。印加帝国内的所有神庙和宫殿，都镶有大量的黄金，很多的普通家庭都收藏着黄金，女人也大都佩戴有黄金饰品。

好景不长，印加帝国璀璨的黄金终于引来了侵略者。公元 1525 年，为了把印加帝国的巨量黄金占为己有，西班牙殖民者弗朗西斯科·皮萨罗，率领殖民军入侵印加帝国。用了七年的时间，皮萨罗的军队终于攻占了印加帝国，并且挟持了印加帝国的国王阿塔瓦尔帕。皮萨罗要求国王交出 40 万公斤黄金，否则就杀了他。阿塔瓦尔帕被迫答应了皮萨罗的要求，下令国民缴纳黄金。谁知心狠手毒的皮萨罗在收到巨量的黄金后还是把国王阿塔瓦尔帕杀害了。

之后，皮萨罗就攻进了印加帝国的首都库斯科。他以为这下可以把印加人历来聚敛的黄金全部弄到手了。但这次情况却没有那么乐观。皮萨罗率军占领库斯科之后，到处搜寻黄金。他们费了九牛二虎之力，只在库斯科城近郊的一个洞穴里，发现了一些黄金器皿和一些金子做成的螃蟹、蛇、鸟等珍贵的物品，但是就是没有找到传说中巨量的黄金。后来据说，印加人把黄金藏起来了，于是皮萨罗派了大量的人去搜寻，还是没找到。直到 1911 年，还有一些考古学家前去寻宝，却都一无所获。

对黄金的寻找一直是人类前进的动力之一。哥伦布发现新大陆起初也是为了寻找黄金。

黄金，只不过是一种金属，除了装饰之外，没有什么其他重要的用途，可它为什么具有这样强大的魔力呢？这都是因为它代表着货币，于是变成了财富的代表。

由于黄金长期扮演着货币的角色，后来产生了以黄金为本位币的货币制度，即金本位制度。在金本位制下，或每单位的货币价值等同于若干重量的黄金（即货币含金量）；当不同国家使用金本位时，国家之间的汇率由它们各自货币的含金量之比——铸币平价来决定。金本位制于 19 世纪中期开始盛行。

英国最早实行金本位制，国家规定纸币与黄金的固定比价，纸币可以自由兑换黄金。1821 年英国首先以法律的形式在本国确立了金本位制。英国此时的繁荣和强大鼓励了其他国家效仿，在此后的半个多世纪里，世界各主要工业国相继采用了金本位制，于是黄金成了统一的世界货币。国际货币体系也走入了它的第一个阶段——国际金本位时代。

在历史上，曾有过三种形式的金本位制：金币本位制、金块本位制、金汇兑本位制。其中金币本位制是最典型的形式，就狭义来说，金本位制即指该种货币制度。金币本位制亦称为古典的或纯粹的金本位制，盛行于 1880 ~ 1914 年间。自由铸造、自由兑换及黄金自由输出是该货币制度的三大特点。在这种制度下，假如英镑贬值低于 5 美元的平价，那么将会刺激黄金从英国流到美国，这样的转移将会增加美国的货币供给，而减少英国的货币供给，那么英镑会升值，回到 5 美元的平价水平。因此，金本位制下，汇率有自动调节的力量，而不能体现出两国货币购买力的差别。只要各国遵循金本位制度的规则，维持货币发行的黄金准备以及货币可自由兑换成黄金，汇率就会保持固定不变。因此，金本位制度决定了一个国家不能控制它的货币政策，因为它的货币供给是由国家之间的黄金流动决定的。虽然正如格林斯潘指出的那样，金本位牢牢地遏制了通货膨胀的泛滥势头。但金本位制度本身的局限性，也决定了它必然随着历史的发展而被淘汰。

典型的国际金本位制主要有以下优点：一是各国货币对内和对外价值稳定；二是黄金自由发挥世界货币的职能，促进了各国商品生产的发展和国际贸易的扩展，促进了资本主义信用事业的发展，也促进了资本输出；三是自动调节国际收支。简言之，促进了资本主义上升阶段世界经济的繁荣和发展。国际金本位制的主要缺点是：一是货币供应受到黄金数量的限制，不能适应经济增长的需要；二是当一国出现国际收支赤字时，往往可能由于黄金输出，货币紧缩，而引起生产停滞和工人失业。

金币本位制是一种稳定的货币制度，对资本主义经济发展和国际贸易的发展起到了积极的促进作用。金本位制下，汇率固定，消除了汇率波动的不确定性，有利于世界贸易的进行；各国央行有固定的黄金价格，从而货币实际价值稳定；没有一个国家拥有特权地位。但是同时，金本位制限制了货币政策应付国内均衡目标的能力，只有货币与黄金挂钩才能保证价格稳定；黄金生产不能持续满足需求，央行无法增加其国际储备；给黄金出口国很大的经济压力。不久，随着各国纷纷发行不兑现的纸币，禁止黄金自由输出，金本位制随之告终。而后，美元渐渐崛起，布雷顿森林体系时代开始到来。

金本位制崩溃，国际货币秩序混乱的开端

在历史上，自从英国于1816年率先实行金本位制以后，到1914年第一次世界大战以前，主要资本主义国家都实行了金本位制，而且是典型的金本位制——金币本位制。1914年第一次世界大战爆发后，各国为了筹集庞大的军费，纷纷发行不兑现的纸币，禁止黄金自由输出，金本位制随之告终。

第一次世界大战以后，在1924～1928年，资本主义世界曾出现了一个相对稳定的时期，主要资本主义国家的生产都先后恢复到大战前的水平，并有所发展，各国企图恢复金本位制。但是，由于金铸币流通的基础已经遭到削弱，不可能恢复典型的金本位制。当时除美国以外，其他大多数国家只能实行没有金币流通的金本位制，这就是金块本位制和金汇兑本位制。

1929～1933年，资本主义国家发生了有史以来最严重的经济危机，并引起了深刻的货币信用危机。货币信用危机从美国的证券市场价格猛跌开始，并迅速扩展到欧洲各国。奥地利、德国和英国都发生了银行挤兑风潮，大批银行因之破产倒闭。1931年7月，德国政府宣布停止偿付外债，实行严格的外汇管制，禁止黄金交易和黄金输出，这标志着德国的金汇兑本位制从此结束。欧洲大陆国家的银行大批倒闭，使各国在短短两个月内就从伦敦提走了将近半数的存款，英国的黄金大量外流，在这种情况下，1931年9月，英国不得不宣布英镑贬值，并被迫最终放弃了金本位制。一些以英镑为基础实行金汇兑本位制的国家，如印度、埃及、马来亚等，也随之放弃了金汇兑本位制。其后，爱尔兰、挪威、瑞典、丹麦、芬兰、加拿大等国实行的各种金本位制都被放弃。

1933 年春，严重的货币信用危机刮回美国，挤兑使银行大批破产。联邦储备银行的黄金储备一个月内减少了 20％。美国政府被迫于 3 月 6 日宣布停止银行券兑现，4 月 19 日又完全禁止银行和私人贮存黄金和输出黄金，5 月政府将美元贬值 41％，并授权联邦储备银行可以用国家债券担保发行通货。这样，美国实行金本位制的历史也到此结束。最后放弃金本位制的是法国、瑞士、意大利、荷兰、比利时等一些欧洲国家。它们直到 1936 年 8～9 月才先后宣布放弃金本位制。至此，金本位制终于成为资本主义货币制度的历史陈迹。

第二次世界大战后，建立了以美元为中心的国际货币体系，这实际上是一种金汇兑本位制，美国国内不流通金币，但允许其他国家政府以美元向其兑换黄金，美元是其他国家的主要储备资产。但其后受美元危机的影响，该制度也逐渐开始动摇，至 1971 年 8 月美国政府停止美元兑换黄金，并先后两次将美元贬值后，这个残缺不全的金汇兑本位制也崩溃了。

金本位制通行了约 100 年，其崩溃的主要原因有：第一，黄金生产量的增长幅度远远低于商品生产增长的幅度，黄金不能满足日益扩大的商品流通需要，这就极大地削弱了金铸币流通的基础。第二，黄金存量在各国的分配不平衡。1913 年末，美、英、德、法、俄五国占有世界黄金存量的三分之二。黄金存量大部分为少数强国所掌握，必然导致金币的自由铸造和自由流通受到破坏，削弱其他国家金币流通的基础。第三，第一次世界大战爆发，黄金被参战国集中用于购买军火，并停止自由输出和银行券兑现，从而最终导致金本位制的崩溃。

金本位制崩溃后，资本主义国家普遍实行了纸币流通的货币制度，各国货币虽然仍规定有含金量，但纸币并不能要求兑现。纸币流通制度的实施，为各国政府过度发行纸币、实行通货膨胀政策打开了方便之门。从此，资本主义国家的货币制度已不再具有相对稳定性。通货膨胀、汇率剧烈波动，使货币金融领域日益陷于动荡和混乱之中。

金本位制度的崩溃，对国际金融乃至世界经济产生了巨大的影响：一方面，为各国普遍货币贬值、推行通货膨胀政策打开了方便之门。这是因为废除金本位制后，各国为了弥补财政赤字或扩军备战，会滥发不兑换的纸币，加速经常性的通货膨胀，不仅使各国货币流通和信用制度遭到破坏，而且加剧了各国出口贸易的萎缩及国际收支的恶化。另一方面，导致汇价的剧烈波动，冲击着世界汇率制度。在金本位制度下，各国货币的对内价值和对外价值大体上是一致的，货币之间的比价比较稳定，汇率制度也有较为坚实的基础。但各国流通纸币后，汇率的决定过程变得复杂了，国际收支状况和通货膨胀引起的供求变化，对汇率起着决定性的作用，从而影响了汇率制度，影响了国际货币金融关系。

布雷顿森林体系——美国霸权的建立

美元霸权是美国构建超级大国的一块基石，国际关系学专家罗伯特·吉尔平将其与核武器的作用并列起来："美国霸权的基础，是美元在国际货币体系中的作用和它的核威慑力量扩大到包括了各个盟国……美国基本上是利用美元的国际地位，解决全球霸权的经济负担。"

英镑作为曾经的世界货币随着英帝国的没落而走下神坛,美元则在美国国力大增的背景下开始崛起。二战后,布雷顿森林体系为美元霸权地位的确立提供了制度保障。

从美国于1900年正式通过金本位法案起,美元开始登上国际舞台,同英镑争夺世界金融霸权,至20世纪50年代后期最终取代英镑霸主地位而独霸天下,时跨近60年。从1900年至1914年即至第一次世界大战开始,美元在国际货币舞台上开始崛起。尽管在这一时期,美国的国民生产总值已超过英国,是世界第一经济大国,但美元未能撼动英镑的世界货币霸主地位。

从1914年至1945年即至第二次世界大战结束,美元逐渐超过英镑的信誉和影响,以《布雷顿森林协定》为标志,美元压倒英镑,初步取得世界货币金融霸主地位。从20世纪40年代中期即第二次世界大战结束至50年代后期。这是美元进一步挤压英镑,最终确立世界货币金融霸主地位的时期。

两次世界大战重创了英国经济,也动摇和摧毁了英镑的霸权地位。美国本土远离战场,经济未遭破坏,而且发了战争横财。到第二次世界大战结束时,美国工业制成品占世界的一半,对外贸易占世界的1/3以上,黄金储备约占资本主义的3/4,并成为世界最大的债权国,从而为美元霸权的建立奠定了坚实的基础。美国以强大的经济实力作后盾,不断打击英镑,抬升美元的国际货币作用,终于在二战结束前夕,建立了以美元为中心的布雷顿森林体系。

布雷顿森林体系以黄金为基础,以美元作为最主要的国际储备货币。美元直接与黄金挂钩,各国货币则与美元挂钩,并可按35美元一盎司的官价向美国兑换黄金。在布雷顿森林体系下,美元可以兑换黄金和各国实行可调节的钉住汇率制,是构成这一货币体系的两大支柱,国际货币基金组织则是维持这一体系正常运转的中心机构,它有监督国际汇率、提供国际信贷、协调国际货币关系三大职能。

同时根据《布雷顿森林协定》的有关规定,以黄金一美元为基础的固定汇率制度最终确立。这种固定汇率制度就是实行所谓的"双挂钩"制度,即美元与黄金挂钩、各国货币与美元挂钩的汇率机制。第一,在美元与黄金挂钩的基础上,各成员国的货币则与美元挂钩,以美元的含金量作为各国规定货币平价的标准;各国货币对美元的汇率,按照各国货币的含金量确定,或者不规定含金量而只规定对美元的比价,从而间接与黄金挂钩;第二,各国政府有责任维护本国货币汇率的稳定,其对美元汇率波动的范围不得超过货币平价的 $\pm 1\%$,并且有义务在必要的时候对汇率的波动进行干预;第三,只有当国际收支发生"根本性不平衡"的情况下,才允许货币升值或者贬值;货币平价的任何变动都需要经过基金组织的批准。但是在实际的操作中,在平价10%以内的变动可以自行决定;如果在10%~20%之间则需要基金组织的同意,并在72小时内作出决定;如果变动的幅度更大,则没有时间的限制。

通过上述规定,我们可以看出:布雷顿森林体系确立了美元在国际货币体系中的领导地位,从而行使世界货币的职能,成为世界最主要的清算货币和储备货币,而各个成员国的货币则都依附于美元。各国中央银行均持有美元储备,彼此以美元划账结算。各国货币虽然不能兑换黄金，但可以通过兑换美元间接地与黄金挂钩。这样，就形成了一种以美元为核心，美元等同于黄金，各国货币钉住美元的新型国际货币体系。

布雷顿森林体系的形成，暂时结束了战前货币金融领域里的混乱局面，维持了战后世界货币体系的正常运转。固定汇率制是布雷顿森林体系的支柱之一，但它不同于金本位下汇率的相对稳定。1929～1933年的资本主义世界经济危机，引起了货币制度危机，导致金本位制崩溃，国际货币金融关系呈现出一片混乱局面。而以美元为中心的布雷顿森林体系的建立，使国际货币金融关系又有了统一的标准和基础，混乱局面暂时得以稳定。

布雷顿森林体系的形成，在相对稳定的情况下扩大了世界贸易。美国通过赠与、信贷、购买外国商品和劳务等形式，向世界散发了大量美元，客观上起到扩大世界购买力的作用。同时，固定汇率制在很大程度上消除了由于汇率波动而引起的动荡，在一定程度上稳定了主要国家的货币汇率，有利于国际贸易的发展。同时也为国际间融资创造了良好环境，有助于金融业和国际金融市场发展，也为跨国公司的生产国际化创造了良好的条件。

布雷顿森林体系形成后，基金组织和世界银行的活动对世界经济的恢复和发展起了一定的积极作用。一方面，基金组织提供的短期贷款暂时缓和了战后许多国家的收支危机，也促进了支付办法上的稳步自由化，基金组织的贷款业务迅速增加，重点也由欧洲转至亚、非、拉第三世界。另一方面，世界银行提供和组织的长期贷款和投资不同程度地解决了会员国战后恢复和发展经济的资金需要。此外，基金组织和世界银行为世界经济的恢复与发展提供了技术援助，为建立国际经济货币的研究资料及交换资料情报等方面的进步作出了重要贡献。

布雷顿森林体系"巨人"的倒塌

布雷顿森林体系的建立，在战后相当一段时间给国际贸易带来空前发展和全球经济越来越相互依存的时代。布雷顿森林体系虽然推动了世界贸易的增长，却存在着严重的缺陷，并最终导致了布雷顿森林体系的倒塌。

1944年，第二次世界大战的第二战场刚刚开辟，欧洲战场一片硝烟弥漫。当全世界关注的目光都集聚在这里的时候，来自44个盟约国国家的730多位代表却齐聚在冷清的美国新罕纳尔布什州风景优美的布雷顿森林郡的华盛顿山度假宾馆，在此吵得不可开交。50年后，当时的一个工作人员回忆说："从7月1日到19日，从会议室里不时传来各种语言的陈词、质问和争辩。这伙人每天两眼一睁，吵到熄灯，到激烈处通宵不寐。"

这里究竟发生了什么事，他们在讨论什么？

这些整天争吵不休的人看似聒噪，其实却都大有来头。他们很多都是当时《纽约时报》《泰晤士报》《金融时报》上经常采访的对象，其中著名的有美国财政部长摩根索、美联储的主席艾考斯、参议员托比、经济学家怀特等人。

说这一座小小的华盛顿度假宾馆此时大腕云集一点也不为过。但是，这些人里最大的腕，却是一位英国人。当时，人们绝不会想到，此人的肖像不仅将出现在那些最著名的杂志封面上，他的名字还将出现在此后的60年中的任何一版的宏观经济学和货币金融学教科书上。他就是对现代政府经济政策影响最大的经济学家，可能也是有史以来对现实经济影响力最重要的经济学家约翰·梅纳德·凯恩斯。此时,凯恩斯已经身患重病,但他依然"冷酷无情地驱使自己和别人工作",而他当时的主要对手——美国财政部经济学家哈里·怀特也紧张戒备,每天只睡五个小时。

这一次聚集了世界大腕,足足开了20天的会议,终于争吵出一个结果,那就是著名的布雷顿森林体系——世界上第一个全球性的金融货币体制协议,就是在此时诞生的。

1914 ~ 1918年的第一次世界大战在相当程度上摧毁了世界贸易。1929年的世界经济大萧条使得金本位制度彻底破产。两次世界大战之间的20年中,国际货币体系分裂成几个相互竞争的货币集团,各国货币竞相贬值,动荡不定,因为每一经济集团都想以牺牲他人利益为代价,解决自身的国际收支和就业问题,呈现出一种无政府无组织的状态。20世纪30年代世界经济危机和二次大战后,各国的经济政治实力发生了重大变化,美国登上了资本主义世界盟主地位,美元的国际地位因其国际黄金储备的巨大实力而空前稳固。这就使建立一个以美元为支柱的有利于美国对外经济扩张的国际货币体系成为可能。

1944年,盟国取得第二次世界大战的胜利已成定局,它们在美国新罕布什尔州的布雷顿森林召开会议,商讨战后的世界贸易格局,建立一个新的国际货币体系,以促进战后的世界贸易和经济繁荣。

布雷顿森林体系的一个重要特征是,美国被确立为储备货币国。这与美国经济实力的雄厚是分不开的,但也正因如此,给布雷顿森林体系的瓦解埋下了倒塌的基础。随着历史的发展,布雷顿森林体系的弊端逐渐暴露。

1971年7月第七次美元危机爆发,尼克松政府于8月15日宣布实行"新经济政策",停止履行外国政府或中央银行可用美元向美国兑换黄金的义务。这意味着美元与黄金脱钩,支撑国际货币制度的两大支柱有一根已倒塌。1973年3月,西欧又出现抛售美元,抢购黄金和马克的风潮。3月16日,欧洲共同市场9国在巴黎举行会议并达成协议,联邦德国、法国等国家对美元实行"联合浮动",彼此之间实行固定汇率。

至此,战后支撑国际货币制度的另一支柱,即固定汇率制度也完全垮台。这宣告了布雷顿森林制度的最终解体。

以美元为中心的国际货币制度崩溃的根本原因,是这个制度本身存在着不可解脱的矛盾。在这种制度下,美元作为国际支付手段与国际储备手段,发挥着世界货币的职能。

一方面,美元作为国际支付手段与国际储备手段,要求美元币值稳定,才会在国际支付中被其他国家所普遍接受。而美元币值稳定,不仅要求美国有足够的黄金储备,而且要求美国的国际收支必须保持顺差,从而使黄金不断流入美国而增加其黄金储备。否则,人们在国际支付中就不愿接受美元。另一方面,全世界要获得充足的外汇储备,又要求美国的国际收支保持大量逆差,否则全世界就会面临外汇储备短缺、国际流通渠道出现国际支付手段短缺。但随着美国逆差的增大,美元的黄金保证又会不断减少,美元又将不断贬值。第二次世界大战后从美元短缺到美元泛滥,是这种矛盾发展的必然结果。

随着全球经济一体化的进程,过去美元一统天下的局面不复存在。世界正在向多极化发展,国际货币体系将向各国汇率自由浮动、国际储备多元化、金融自由化、国际化的趋势发展。单一的货币制度越来越难以满足经济飞速发展的需要,这就是布雷顿森林体系倒塌的根本原因。

日本经济为什么会停滞 20 年

20 世纪 80 年代，日本国内金融市场达到空前繁荣的状态，增长率都远远高出美国。这种繁荣的状态使上到经济研究专家，下到平民百姓都有充分的理由相信，日本的金融市场将会持续繁荣下去，日本经济将会继续保持着这种高速度的增长趋势。

但是当时英国《经济学家》杂志社驻东京支局局长比尔·艾默并不这样认为，他预言：“日本经济在经历过一段时间的疯狂增长之后必将会再次走向沉没。”

20 世纪 90 年代以后，日本的增长率比美国要低很多，即使是日本的增长率高出的 2007 年，差距也仅为 0.1%。同时，日本的人均国民收入在 20 世纪 80 年代中期就超过美国，之后差距逐渐拉大，1995 年较美国多出了 1.5 倍。之后，差距逐渐缩小，到 1998 年达到了相似的水平。2001 年开始，日本被美国赶超，2007 年还不及美国的 70%。日本经济遭受了严重的打击。

从 1991 年开始，日本经济真正出现了下降。1990 年 5.2% 的增长率下降到了 1991 年的 3.3%、1992 年的 1.0% 和 1993 年的 0.2%，经济停滞得更为严重。之后，经济暂时有所回升，但 1997 年又转入下降。1998 年和 1999 年都纪录为负增长。因其反作用，2000 年的增长率为近 3%，但 2001 年又降至 0.5% 多，从 2003 年开始经济有所回升，到 2007 年为止每年的增长率在 2% 上下，这与 20 世纪 90 年代相比表现良好，但还不尽如人意。尤其是从 2008 年开始经济骤降，直到如今。日本经济从 1991 年经济下降开始后的近 20 年漫漫岁月中一直为经济不振折磨着。

这究竟是如何发生的呢？曾一度被世人掀起追捧之风的日本经济何以彻底没落了呢？究竟是什么带来了这一悲惨的结局呢？

首先，普遍分析认为，20 世纪 80 年代末掀起了股票和房地产投资的疯狂泡沫；1990 年，泡沫开始破裂。这是毋庸置疑的事实。

日经股价指数从 20 世纪 80 年代初的 6000 点猛增至 1989 年的近 39000 点。仅 1987 年至 1989 年末的 2 年间就上涨了两倍以上，股票价格迅猛攀升，之后房地产价格也快速上升，这又引发了股票的上升势头。

股票市场上市的企业多数为在东京市中心和地方主要城市拥有巨额土地的房地产公司。房地产价格的上升势头和金融规定的放宽引发了建筑热。银行拥有巨额房地产和股票，房地产和股票价值的增长带来了银行股价的上涨。20 世纪 80 年代期间，房地产价格上涨了 9 倍。处于巅峰时的日本房地产价值达到了美国房地产价值的 2 倍。房地产价值占 GDP 的比重是美国的 4 倍。地价的骤增带来了企业持有的土地评价差益的上升。这提高了企业的股价，企业以股价上涨为后盾发行可兑换公司债券或附认股权债券等，很易筹集到费用低廉的资金，之后企业又将其再次投资于土地或股票，这些行为又助推了股价或地价。价高就购入，购入后又涨价，这一形式极大脱离了资产价格的实际状况，呈螺旋式无限上升态，这就是所谓的泡沫膨胀。

日本经济产生了典型的泡沫现象。泡沫破裂的现如今，日本银行中没有任何一个排入了世界十大银行之列，前20位中才勉强有一所银行入围。随着1985年《广场协议》的出台，日元汇率从1985年初的1美元兑换240日元降至年末的200日元上下，日元价值骤增。如此一来，遭受打击的是日本的出口企业。由于许多日本企业依赖出口，日元的升值和美元的弱势使企业自感不划算，出口紧急刹车，整个日本如同捅了马蜂窝般骚动起来。日本经济空洞化的忧虑之音也是在这一时期出现的。担心经济下降的日本政府和日本银行在1986年1月、3月、4月、11月以及1987年2月接连降低至2.5%的法定利率。尽管现在难以置信，但2.5%在当时是历史上最低利率水平。

日本的超低利率政策既是日本国内应对日元升值的处方，同时对美协助政策的意味很浓。即使到了1987年，美元的弱势倾向仍未停止，于是1月出台了维护美元汇率稳定的《卢浮宫协议》。因此，日本维持超低利率，支撑美元行势。不过，就结果而言，当时超低利率维持的时间过长是泡沫产生的重要原因。因日元升值日本经济疲软的严重状态仅发生在1986年一年，而1987年春经济已经呈恢复势头，在那种状态下仍持续金融的过度宽松引发了泡沫……

虽然看到了恢复的征兆，但企业的投资意愿还很弱，从银行融资转而向国内投资的企业并不多。于是银行没有了存款利用之处，处于困境之中，资金就流向了股票或土地。同时，整个20世纪80年代日本政府一直放宽金融统制。20世纪80年代后期，为了限制日元价值的上升，日本银行经过广泛努力，获得了货币和信用供给的急速增加，日本银行大规模地买入美元，这也成为股票市场和房地产市场泡沫的财源。

受股票和房地产经济的影响，20世纪80年代后期，日本出现了战后最高的经济热。房地产投资者的收益率约为年率30%。企业在获知房地产投资收益率较钢铁、汽车或电视制造的收益率高出很多后，纷纷利用银行贷款，成为巨额房地产投资者。房地产价格的增速较租金要快几倍。可是到了某个阶段，纯租金收入到了无法负担房地产借款利息的地步。大企业、中小企业以及许多国民在沉醉于经济繁荣的美梦之余，都卷入了投机热潮中。泡沫到1989年膨胀至顶点，到了1990年瞬间破裂。一路攀高的土地神话、股票神话轰然倒塌，日本经济遭受重创，并且直到现在还留有后遗症。

20世纪80年代后期，不仅是股票市场，连房地产市场都刮起了投机之风，引发了泡沫经济，泡沫一破裂，资产效应就逆运转起来，使经济骤降。整个金融市场一夜之间沦为乞丐的股民随处可见。日本股票市场彻底崩盘，也标志着日本持续十几年的"泡沫经济破灭"。

"华盛顿共识"与全球化降临

从20世纪90年代起，"金融自由化"，即放松资本管制，成为欧、美、日等发达国家的主潮流。开始是大的跨国公司用转移定价等方法规避资本流动管制，后来，大的银行机构也开始仿效跨国公司的结构形式，提供跨国银行服务。随着跨国投资以及国际贸易的增长，国际银行业务促进了国际资本市场的一体化。随着金融产品的发展创新、新市场的出现，欧洲货币市场、欧洲债券市场、二级资产市场、掉期市场、期货市场、期权市场源源不断提供出新的金融产品，同时金融交易工具也迅速发展，现金管理账户、可变利率贷款、杠杆收购等金融操作层出不穷。

金融自由化最早是一种美国现象，在美国自由化浪潮的推动下，欧洲、日本、加拿大、澳大利亚等西方发达国家也纷纷放松了资本管制，在信息通信技术的支持下，这些西方国家在20世纪90年代之后已经逐渐形成了一个统一的国际资本市场，金融全球化把这些发达国家紧紧地捆绑在了一起。

金融自由化成为西方国家经济学界和政界的一种共识，认为放松资本管制可以促进经济增长。发达国家自己放松资本管制后，很快也要求发展中国家放松资本管制。尤其是在美国的督促下，国际货币基金组织、世界银行等国际经济组织开始把金融自由化当作一剂良药开给发展中国家。

金融自由化和全球化给新兴工业化国家带来了高速经济增长，但同时带来了金融风险。大规模资本涌入这些国家，使这些国家内部许多产业部门逐步膨胀起来，有的产业甚至出现了金融泡沫，外资涌入也使这些国家的货币面临升值压力，这些国家又没有足够力度的冲销政策对冲国内新多出来的货币供给，从而导致国内许多产业部门流动性愈加过剩。本币升值使这些国家经常账户赤字状况更加恶化，再加上这些国家内部银行制度较差，许多企业过度借贷，做的许多投资也不太理想，同时这些国家又坚持固定钉住汇率制度，因此国际资本市场上的投机资本就开始兴风作浪。

在金融自由化冲击下，新兴工业化国家本身的弱点得到放大，国际投机力量使这些金融弱点迅速膨胀，引发了一系列金融危机。1994年爆发墨西哥金融危机，1997年爆发亚洲金融危机，亚洲金融危机很快向世界其他地区传播，经过俄罗斯传到巴西和其他拉美国家。这些危机和20世纪80年代的主权债务危机有很大不同，它们起源于国际资本市场，完全是金融自由化和全球化的产物。

在这一背景下，1990年由美国国际经济研究所出面，在华盛顿召开了一个讨论80年代中后期以来拉美经济调整和改革的研讨会。会上，美国国际经济研究所原所长约翰·威廉姆逊说，与会者在拉美国家已经采用和将要采用的十个政策工具方面，在一定程度上达成了共识。由于国际机构的总部和美国财政部都在华盛顿，加之会议在华盛顿召开，因此这一共识被称作"华盛顿共识"。"华盛顿共识"提出的主要目的是帮助解决20世纪80年代拉美地区国家的债务危机。"华盛顿共识"的10项宏观经济政策内容包括：

一是加强政府财政纪律，削减政府预算赤字。

二是政府从那些国有企业退出来，把公共开支转向提供那些产生经济效益又可改善收入分配的公共产品，比如基础医疗、基础教育、基础设施建设，等等。

三是实行利率市场化和自由化。

四是采用竞争性的浮动汇率制度。

五是实行贸易自由化。

六是放松对外国直接投资的管制，让外国资本进入本国。

七是改革政府税收制度，激发企业活力，降低名义税率，扩大税收基础。

八是实行企业、行业私有化，提高企业效率。

九是放松资本管制，取消资本进出口限制。

十是保护私有产权，建立国内产权安全环境。

从本质上说，"华盛顿共识"是一种以自由贸易、财经纪律和国有企业私有化为基础的新自由主义经济发展模式。其实质是主张政府的角色最小化，快速地私有化和自由化。

"华盛顿共识"虽然成为全球主流的发展理念，但仍不免遭遇其他思想的挑战。近年来，更加有力地对于"华盛顿共识"的挑战是以美国经济学家斯蒂格利茨为代表的一批西方学者提出的"后华盛顿共识"。"后华盛顿共识"认为发展不仅是经济增长，而且是社会的全面改造。因此，"后华盛顿共识"不仅关注增长，还关注贫困、收入分配、环境可持续性等问题，它还从信息不对称出发，指出市场力量不能自动实现资源的最优配置，承认政府在促进发展中的积极作用，批评国际货币基金组织在亚洲金融危机前后倡导的私有化、资本账户开放和经济紧缩政策。然而，这些对于"华盛顿共识"的挑战还都远远不够。

欧元崛起，欧洲可以因此获益吗

欧元的诞生标志着欧洲自罗马帝国灭亡以后又一次实现货币统一，其间经历了漫长的 19 个世纪。但两者的本质区别在于罗马帝国是用武力征服异邦，强行实施单一货币。而今天的欧洲联盟则以和平的渐进手段逐步迈向统一，各成员国主动、自愿地让渡自己的部分主权，包括货币主权，欧元的问世便是这一进程的必然结果。

第二次世界大战后，遭受重创的欧洲各国开始怀念古罗马时代的辉煌，人们普遍认为，只有统一而强大的欧洲才能持久的幸福和安宁，而分裂的欧洲始终存在着不安全的隐患和危机，于是他们设想了一个沿着经济、法律、政治、军事的途径，循序渐进的欧洲统一全过程。这一切都要从经济统一开始，事实上，欧洲人早就开始着手了。

1957 年，法国、联邦德国、意大利、荷兰、比利时、卢森堡六国在签署《罗马条约》的时候，提出了"建立经济和货币同盟"的设想，希望建立一个统一的欧洲货币，以提高各成员国之间经济合作的水平和效率。

1967 年，欧共体成立后，建立单一欧洲货币的设想被提上了议事日程。

1978 年，欧共体 9 国同意建立旨在稳定汇率的"欧洲货币体系"。

1979 年 3 月，欧洲货币体系开始生效。欧洲货币单位"埃居"成为欧洲记账单位。

1991 年 12 月，欧共体首脑会议通过了《马斯特里赫特条约》（简称《马约》）。条约计划从 1999 年起实行统一货币，从此，欧共体变成了欧盟，欧元取代了埃居。

1993 年 1 月 1 日，欧洲统一大市场正式全面实施，12 个成员国之间取消内部边界，实现商品、资本、人员和劳务的全部或部分自由流通。

1994 年 1 月 1 日，经货联盟进入第二阶段。欧洲货币局正式成立并运作。

1995 年 12 月 15 日，欧洲理事会马德里会议确定单一货币名称为"欧元"。

1996 年 4 月 2 日，欧洲货币局公布欧元的设计方案。

1998 年 5 月 1 日，欧盟布鲁塞尔首脑特别会议确认比利时、法国、德国、意大利、西班牙、荷兰、卢森堡、葡萄牙、奥地利、芬兰和爱尔兰共 11 国为欧元创始国。

2002 年 1 月，欧元纸币和硬币正式进入欧元区 12 国流通市场。

经过了十余年的准备，12 个欧洲国家走到了一起，他们将放弃本国的原有货币，使用欧盟的统一货币——欧元。在 2002 年年初的几天里，近 3 亿人民将他们手中的原有货币替换成欧元。这次替换将涉及 140 亿欧元纸币和 500 亿欧元硬币，其运作规模空前绝后。欧元的大规模更替，标志着欧洲经济一体化进程向纵深发展，欧元的正式流通将影响着美元在各地外汇市场里的走势。

欧元符的官方构造形式，指定应该用黄色打印在蓝色背景上欧元的国际三字母代码（ISO4217 标准）为 EUR。其符号为特别设计的欧元符，由民意调查从十个设计方案中选出两个，最终提交欧洲委员会选出最终设计。最终胜出者为由四名专家组成的小组所设计的。欧洲委员会宣称这一符号是"代表欧洲文明的希腊字母 epsilon E，代表欧洲的 E，与代表欧元稳定性的横划的平行线的组合"。

欧元由欧洲中央银行和各欧元区国家的中央银行组成的欧洲中央银行系统负责管理。总部坐落于德国法兰克福的欧洲中央银行有独立制定货币政策的权力，欧元区国家的中央银行参与欧元纸币和欧元硬币的印刷、铸造与发行，并负责欧元区支付系统的运作。

欧元的诞生，为区域合作提供了新的思路，使得现有的区域经济整合方式向前又迈进了一大步。随着货币联盟的推进，经济的整合必然要求政治的联合，这种超越国界和民族的新型组合方式，对于各国、各集团无疑具有很大的吸引力，从而鼓励更多的国家和集团选择"货币联盟"道路。

从长远来看，欧元的诞生为国际经济一体化绘出了新的蓝图。欧元的诞生对于国际经济和政治，特别是对国际货币体系，有着长远而深刻的影响。它使国际货币体系开始向多元方向发展。虽然二战后建立起来的"黄金—美元本位制"早已不复存在，但美元在国际货币体系中的主导地位及其影响力却一直存在，国际贸易计价、世界外汇储备以及国际金融交易中，美元分别占 48%、61% 和 83.6%。但是在近几年来的国际交往中，由于稳定的汇率，欧元开始冲击美元国际结算货币的地位。有学者评论说，"尽管美元仍然起着世界货币的作用，但欧元作为上升的货币目前及今后将发挥越来越重要的作用，开始对美元在国际金融中的地位形成挑战"。

首先，在国际贸易结算方面，欧元现在已经成为主要的国际计价货币之一，开始动摇美元在国际贸易中的霸主地位。很自然地，欧盟区内部国家肯定使用欧元进行统一的结算，这样做的好处主要就是：降低进出口商的交易成本；消除了与外汇风险管理有关的费用；提高了他们的国际竞争力。向外扩展，就是中东欧国家了，这些国家可以说与欧盟有着千丝万缕的联系，欧元启用之前这些国家的货币大多同德国马克建立了联系汇率。欧元取代德国马克后，改用欧元也是情理之中的事情。

随着中东欧国家不断地加入欧盟，欧元成为欧洲统一的结算货币单位也不是遥远的梦想。随着欧元的投入使用，这一部分的贸易将由原先的以美元、法郎或马克结算逐步转换成用欧元计价。

其次，随着欧元国际结算货币地位的加强，世界各国对其的需求量也开始增加，并且由于其良好的信誉，也成为各国的储备货币以应对日渐贬值的美元。如此一来，欧元又开始在国际外汇储备方面向美国发起了进攻，欧元成为美元的强有力对手。这在很大程度上限制了美元肆意掠夺别国财富的行为，因为以往全世界都需要美元计价、储备和支付，美国可以直接用美元在国际金融市场上任意借贷而不必担心任何汇率风险。一旦发现外债太多，美国可以毫无顾虑地自行将美元贬值，将负债转嫁给别国。欧元问世后，美国的这种霸道做法将不再灵验，长期的巨额外债和国际收支严重失衡会使市场和消费者对美元失去信心，转而吸纳保险系数更高的欧元。

第三，欧洲人可以在欧元区的任何国家直接使用欧元购物消费，使用欧元，不仅简化了手续、节省了时间、加快了商品与资金流通的速度，而且减少了与美元的兑换和佣金损失，使欧盟企业降低了成本，提高了竞争实力。

经济竞争日益全球化、地区化、集团化的大趋势中，统一货币是最有力的武器之一。事实证明，欧元作为单一货币正式使用对解决欧盟浮动汇率机制下各自为政的多国货币币值"软硬"不一、汇率的变动等状况都起到了有效的作用，防止了欧盟内部金融秩序的混乱。欧元的产生可以减少内部矛盾，降低金融风险和降低流通成本。

根据欧洲学者预测，在全球未来的外汇储备结构中，欧元和美元将会平分秋色，各占40%，其余为日元、瑞士法郎等。

货币同盟：区域团结时代的到来

1973年布雷顿森林体系崩溃，其源于一纸总统命令。这一纸总统命令导致美元与黄金挂钩的历史终结，导致美元贬值10%成为事实。美元的贬值意味着各国手中持有的美元贬值，各国对美国的债权减少，美国债务降低，各国财富在无形中向美国转移。1997年亚洲金融危机，国际金融大鳄狙击泰铢、攻击港币，横扫亚洲各国，带走了大量财富。

美国通过联通全球的金融市场，利用美元贬值的手段，在全世界为其过失买单的同时，完成财富的转移。国际的财富转移需要具备什么条件以及这种财富转移是如何实现的呢？

分析金融危机的形成，可以发现一些规律。首先各国炒家会对国际市场进行分析，通过分析各国的经济状况，挖掘一国国内利率以及汇率等方面是否存在套利的机会。在发现有机可乘时，炒家会锁定目标国并开始进行布局。

所谓的布局就是建仓，通过多个账户进行长期建仓以避免被目标国提前发现。索罗斯在对英国、泰国、香港展开金融攻击时，所建的一般是空头仓位，并同时在货币市场、期货市场等多个市场运作。惯用的手法是从境外携带大量资金进入目标国并进行兑换，或在目标国大量借贷以筹集资金在期货市场或股票市场建仓。

当时机成熟时，国际炒家通常会通过抛售目标国货币并购买美元等稳定货币来攻击目标国家的外汇市场，由于目标国往往缺乏外汇储备或者外汇储备很少，目标国在不足以维持稳定汇率的时候只能选择本国货币自由浮动，这样的结果往往促使市场抛售本国货币，本国货币出现加速贬值。本币的贬值使得国际炒家通过原来的建仓赚取大笔利润，同时以美元等稳定货币在国际市场上购买目标国货币以归还借款，赚取目标国货币贬值带来的利润。

次贷危机发生后，最早暴露出问题的国家分别是冰岛、巴基斯坦、韩国、乌克兰、匈牙利。匈牙利由于有欧盟为后盾，得到了最及时的救援，而其他四国则由于孤身作战，处于极其艰难和危险的境地，尤其冰岛和巴基斯坦，几乎沦落到国家"破产"的地步。

当冰岛在次贷危机发生后表达出强烈的加入欧盟的意愿时，这其实发出了一个明确的信号：次贷危机给相关国家带来的恐惧感，正在加快区域经济合作与货币同盟的形成。

近年来，频繁发生的金融危机正在给许多国家带来越来越强烈的不安全感。在美元本位制下，风险都落在非关键货币的国家身上。关键货币国家存在一个机制，可以向其他国家和地区转嫁危机，而非关键货币国家想摆脱危机也摆脱不了。在这种情况下，组建货币同盟便会成为越来越多的国家的诉求。

在货币同盟之内，交易成本被降到最低，每个成员国都深深受益，收益远远高出成员国自身由于丧失汇率调控工具而带来的成本。国际贸易中通常存在着换汇成本，一旦实行货币同盟，这种成本就不复存在。据欧盟委员会估计，由于实行单一货币而节约的换汇成本，占到欧盟 1990 年国民生产总值的 0.4%。另外，共同货币使得价格的比较变得容易，使得价格的透明度大大提高，价格歧视与暴利变得非常困难，这有利于促进贸易的开放度和金融的一体化，相应的，金融风险也会大大降低。

货币同盟的建立有利于抑制通货膨胀，确保社会的稳定和经济的可持续发展。在全球化时代，通货膨胀是彼此影响的，单独一个国家难以真正抑制住通货膨胀，即使它自己不制造通货膨胀也难以躲开输入型通货膨胀的困扰。并且，由于缺乏协调和配合，一个国家抑制或化解通货膨胀的努力往往会被另一个国家相反的政策抵消。

同时货币同盟有利于消除投机。在浮动汇率制度下，由于各国缺乏协调，争相贬值货币的现象时常发生，给人们带来了某种货币升值或贬值的预期机会，这必然引来投机。因此，外汇市场买卖和资本流动经常被投机资金搅动，导致汇率围绕均衡值大幅度波动。而货币同盟一旦形成，单一货币取代了多国货币，或者多国货币相互之间的汇率被永久性固定，就会使得寄生于多国货币的投机土壤不复存在。这有利于减少乃至消除区域内的投机性资本流动，同样也有利于增强抵御金融危机的能力。

风险分担机制可以增强抗御金融风险的能力。在建立货币同盟后，原来由不同货币计值的存款、债券、股票等金融产品，由一种货币来计值，消除了过去因货币不同所造成的汇率成本，使得金融市场更好地融为一体。

通过降低外汇储备可以在一定程度上抵制美元的强权掠夺。持有外汇储备不仅面临汇率风险，也面临着非常高的机会成本。而货币同盟形成后，减少了对美元国际储备的依赖，原来用于干预汇率的国际储备需要量也会减少，这可以大大降低成员国的平均国际储备，从而降低风险，提高外汇的收益率。

对于那些未参与货币甚至经济合作的国家而言，不仅不能抱团迎接挑战，还有一个更大的弊端，那就是在外部环境发生恶化迹象时，争相实行本币贬值的政策，使得这些孤军作战的国家因囚徒困境而自相残杀，加大金融风险。

据统计，在 1997 年 7 月至 1998 年 1 月的半年时间内，东南亚绝大多数国家和地区的货币贬值幅度高达 30% ~ 50%，贬值幅度最大的印度尼西亚，贬值幅度高达 70% 以上。

日元在东南亚金融危机以前即处于贬值轨道中，金融危机爆发后，贬值更快，1998 年与 1995 年相比，日元累积贬值 50% 以上。日本通过日元的大幅贬值，提高其出口来提振经济。但日元的贬值引发了更严重的后果：一方面，给亚洲其他国家的货币带来沉重的贬值压力；另一方面，引发与其他国家之间特别是与美国之间的贸易战。因此，日本政府放任日元贬值的做法，被亚洲各国批评是以邻为壑，成为导致东南亚各国股市汇市连连下挫、东南亚金融市场加剧动荡的重要原因。

东南亚金融危机爆发的一个很重要的原因是相关国家没有能够协调行动，及时采取适当的对策来化解危机，而是互相残杀。在金融危机之下，如何抵制金融大国通过货币政策转嫁危机，转移世界各国的经济财富来消减本国内的经济衰退？世界各国只有依靠货币同盟这样的组织，才能协调行动，共同抵御金融危机，抗击美元霸权。

货币同盟的时代是欧洲人感情上最团结的时候之一，此前这样的情况发生在文艺复兴时期建立在共同信仰的基础上的团结，此后就是今天的欧盟。这些措施在客观上也为欧洲带来了繁荣，这也对亚洲区域经济的建设提供了宝贵经验。

由于亚洲缺乏区域性制度建设和国家间政策共识，货币同盟的共同利益和长远利益在亚洲国家难以被认识和实现，亚洲国家仍维持在货币林立的"囚徒困境"中。因此，实质性的区域制度建设对亚洲国家走向货币合作非常重要。目前可考虑从一个如欧洲煤钢联营的具体的可操作性强的合作点入手，另外，建立"亚洲支付同盟"也应首先提上日程，既可以减少区域内对美元的依赖，又可以向窄幅波动和货币同盟迈开坚实的第一步。

第二十章　那些搅动世界的人们

——了解国际金融巨头要学的金融学

金融寡头之首——洛克菲勒财团

洛克菲勒家族到底多有钱？1975 年，尼尔森·洛克菲勒在得克萨斯州购买了 1.8 万英亩土地，仅仅是作为"室外活动场地"。在他的另一处山庄，随时待命的各类家政工人，包括清洁工、保安、厨师和园丁等超过 500 人；位于哈伯的一所度假庄园备仆 45 人；尼尔森一所私宅雇仆人 15 人。不完全的统计中洛家仆人已超过 2500 人。洛家人人爱旅行，行踪随意不定，因此所有庄园场所都保持在随时可以使用的完美状态，预备任一位主人兴之所至大驾光临。而洛克菲勒财团经营的投资资产就更多了：股票类有价值 8500 万美元的加利福尼亚标准公司，7200 万美元的 IBM，另外超过 1000 万美元的公司股票计有大通曼哈顿银行、美孚石油、通用电气、得克萨斯仪器、明尼苏达矿业制造等。

洛克菲勒财团声名显赫，一度成为财富的象征，那么洛克菲勒家族是怎样发迹的呢？

洛克菲勒财团是美国十大财团之一，创始人约翰·洛克菲勒以石油起家。1863 年在克利夫兰开办炼油厂，1870 年以该厂为基础，扩大组成俄亥俄标准（原译美孚）石油公司，很快垄断了美国的石油工业，并以其获得的巨额利润，投资于金融业和制造业，经济实力发展迅猛。资产总额在 1935 年仅 66 亿美元，至 1960 年增至 826 亿美元，25 年中增长了 11.5 倍。其后又继续获得巨大发展，1974 年资产总额增达 3305 亿美元，超过了摩根财团，跃居美国十大财团的首位。美国最大的石油公司有 16 家，其中有 8 家属于洛克菲勒财团。

约翰·戴·洛克菲勒是美国的第一个亿万富翁。他创造了美国历史上声名狼藉但同时也是最强大的公司——标准石油公司。标准石油公司曾经代表了美国的石油工业，而洛克菲勒则在美国工业中扮演了统治者的角色。他的名字同义于财富。他的家族以及家族历代所领导的财团在美国工业、商业、金融业以及政治领域都牢牢地站稳了脚跟。

在世界上的诸多财团中，洛克菲勒财团无疑是最具有实力的一个，位列金融寡头之首。该财团是以洛克菲勒家族的石油垄断为基础，通过不断控制金融机构，把势力范围伸向国民经济各部门的美国最大的垄断集团。

洛克菲勒财团是以银行资本控制工业资本的典型。它拥有一个庞大的金融网，以大通曼哈顿银行为核心，下有纽约化学银行、都会人寿保险公司以及公平人寿保险公司等百余家金融机构。通过这些金融机构，直接或间接控制了许多工矿企业，在冶金、化学、橡胶、汽车、食品、航空运输、电讯事业等各个经济部门以及军火工业中占有重要地位。

在它控制下的军火公司有：麦克唐纳·道格拉斯公司、马丁·马里埃塔公司、斯佩里·兰德公司和威斯汀豪斯电气公司等。洛克菲勒财团还单独或与其他财团共同控制着联合航空公司、泛美航空公司、美国航空公司、环球航空公司和东方航空公司5家美国最大的航空公司。

1973年能源危机以后，石油输出国组织国家同美国垄断资本展开了针锋相对的斗争，给洛克菲勒财团以沉重打击。该财团采取各种措施挽回这种不利的局面。首先参与美国国内石油的开发，争取国内沿海地区近海油田的租赁权，1976年获得阿拉斯加和大西洋沿岸中部的石油租赁地130万英亩，又与英荷壳牌石油公司共同开发英国北海油田。它还渗入能源工业的其他有关部门。此外，还大力向石油化学工业发展。洛克菲勒财团不但在经济领域里占统治地位，在政府中也安插了一大批代理人，左右着美国政府的内政外交政策。它还通过洛克菲勒基金会、洛克菲勒兄弟基金会等组织，向教育、科学、卫生以至艺术和社会生活各方面渗透，以扩大其影响。

20世纪50年代，美苏冷战正式展开。两国为了击败对方，拉开了近半个世纪的军备竞赛。为避免从冷战转变为热战后自己处于劣势，石油这一战略性物资的重要性就日益凸现，并成为美苏在中东地区剑拔弩张的根本原因。这一时期，美国跨国公司也获得了迅猛发展，尤以石油集团的扩张最显著。美国从艾森豪威尔政府开始，石油财团的代理人就占据了许多重要的政府要位。如果某个财团的代理人在政府中有着明显的优势，那么政府的政策必然要为这个垄断集团的利益服务。从洛克菲勒财团身上我们就可以清楚地知道政府与这些财团之间的密切关系。

洛克菲勒家族的势力还左右着美国的政治，如曾任国务卿的杜勒斯、腊斯克都曾担任过洛克菲勒基金会的董事长；基辛格出任国务卿之前，曾担任纳尔逊·洛克菲勒的外交政策私人顾问；纳尔逊则于1974～1977年担任美国副总统。该家族通过活跃于政治舞台长期左右美国的内政和外交政策。

从洛克菲勒成为美国第一个亿万富翁到现在已经过去了一个多世纪，今天的洛克菲勒家族仍在续写着辉煌的历史。他们没有整天躲在房间里计划如何守住自己的财富，而是积极地参与文化、卫生与慈善事业，怀着富有的负罪感将大量的资金用来建立各种基金，投资大学、医院，让整个社会分享他们的财富。在今天的美国，要完全躲避这个家族的影响几乎是不可能的。毫不夸张地说，洛克菲勒家族在过去150年的发展史就是整个美国历史的一个精确的缩影，并且已经成为美国国家精神的杰出代表。

如今，如果你漫步在纽约的街头，随处可以体味到洛克菲勒家族过往的辉煌：摩根大通银行、洛克菲勒中心、洛克菲勒基金会、现代艺术博物馆，在科学领域位居世界前列的洛克菲勒大学。甚至连青霉素能够普及成通用药品也同洛克菲勒家族大有渊源。老洛克菲勒的遗产依然支配着世界石油产业，他本人也堪称西方石油工业的人格化象征。

洛克菲勒财团在艾森豪威尔政府到肯尼迪政府期间不仅安插代理人直接参与政府权力机构，还利用自己所控制的一些民间智囊组织，为白宫的内外政策出谋划策，积极扩大影响。其中最著名的是洛克菲勒基金会和对外关系协会。1958年前后，洛克菲勒财团抛出了有关美国的政治、军事、外交和经济等方面的三个报告。这些报告都体现了洛克菲勒财团的旨意，左右着华盛顿内外政策的决定。洛克菲勒石油财团是对外投资的主要获益者。

历史上最富有的美国人究竟是谁？世界著名财经杂志福布斯最近给出了答案。福布斯排行榜所引用的个人资产总额均为上榜富豪巅峰期的数据。为了更准确地反映出他们对于美国经济的影响，福布斯对照当时的美国国内生产值，将所有人的个人资产转化为2006年的美元。因此，如果约翰·洛克菲勒今天仍然健在，他的个人资产将达到盖茨的数倍。

事实上，洛克菲勒家族的产业和影响力今天依然完好地保存着。因为虽然标准石油公司最终解体，但是洛克菲勒创建的石油帝国依然完好地经营着，其继承公司——埃克森、美孚、雪佛龙，连同起家于德州的德士古、海湾，英国石油公司和英荷皇家壳牌石油公司并称"石油七姐妹"，成为世界上最大的七家跨国石油公司。1999年埃克森同美孚合并，2001年雪佛龙同德士古合并，而海湾则在上世纪八九十年代将资产售予了雪佛龙和英国石油公司。今天，埃克森—美孚、雪佛龙、英国石油、壳牌和法国的道达尔成为世界最大的五家石油公司。

超越对手——高盛集团

高盛公司成立于1869年，在19世纪90年代到第一次世界大战期间，投资银行业务开始形成，但与商业银行没有区分。高盛公司在此阶段最初从事商业票据交易，创业时只有一个办公人员和一个兼职记账员。创始人马可斯·戈德门每天沿街打折收购商人们的本票，然后在某个约定日期里由原出售本票的商人按票面全额支付现金，其中差额便是马可斯的收入。股票包销业务使高盛成为真正的投资银行，公司从濒临倒闭到迅速膨胀。后来高盛增加贷款、外汇兑换及新兴的股票包销业务，规模虽小，却是已具雏形。而股票包销业务使高盛变成了真正的投资银行。

在1929年，高盛公司还是一个很保守的家族企业，当时公司领袖威迪奥·凯琴斯想把高盛公司由单一的票据业务发展成一个全面的投资银行。他做的第一步就是引入股票业务，成立了高盛股票交易公司，在他狂热的推动下，高盛以每日成立一家信托投资公司的速度，进入并迅速扩张类似今天互助基金的业务，股票发行量短期膨胀1亿美元。公司一度发展得非常快，股票由每股几美元，快速涨到100多美元，最后涨到了200多美元。

高盛集团是一家集投资银行、证券交易和投资管理等业务为一体的国际著名金融机构。它在中国香港、伦敦、法兰克福及东京等地设有地区总部，在全球20多个国家和地区拥有近50个分公司或办事处，2万多名员工。目前公司总资产已达3000多亿美元。高盛集团拥有遍布全球的发达的分支网络。

高盛曾经是华尔街最后一家私人合伙制投资银行。1999年5月最终成功走上了上市之路，成为全球市值最大的投资银行之一。长期以来，高盛一直保持着全球投行市场的领导地位，在全球投资银行业中占有举足轻重的重要地位。

在国际著名《财富》杂志排名的前500家大企业中有300多家是该公司的长期客户。这些公司包括微软、思科、朗讯科技、IBM、戴尔、惠普、甲骨文、摩托罗拉、西门子、雅虎等各领域的世界顶尖企业。

2006 年，"次贷危机"首先开始在美国市场上显现。2007 年 8 月，危机开始席卷美国、欧盟、日本等世界主要金融市场，给世界金融市场带来了沉重灾难。据美国银行的报告称，"次贷危机"带来的损失超过了 1994 年的墨西哥经济危机、1997 年的亚洲金融危机、2001 年的"9·11"恐怖袭击和阿根廷债务危机。

在这次波及全球的"次贷危机"中遭受损失最严重、最直接的当属金融业。享誉全球的世界顶级大投资银行、商业银行和证券机构于 2007 年第三季度开始纷纷连续公布巨额亏损，引起了全球性的恐慌。美国、日本、欧洲诸国的中央银行纷纷联手挽救市场，美联储也不断向市场注入血液，救市政策接连不断。但是市场并没有预期那么乐观，房市更加萧条，抵押贷款公司接连破产，大金融机构连报亏损，全球股市和房市大幅下跌，世界经济产生了剧烈波动。

华尔街知名投资银行——美林公司是此次危机中损失十分惨重的一家。自 2007 年第三季度以来，美林累计报告与"次贷危机"相关的资产减记已超过 300 亿美元，而其持有的价值数十亿美元的债权抵押证券也在急剧缩水。第四季度，美林公司更是出现了创纪录的 99.1 亿美元的巨额亏损。2008 年的第一季度和第二季度，美林又分别作出了 15 亿美元和 35 亿美元的资产减记，并且两个季度均宣告亏损。至此，美林已经连续四个季度出现亏损。这是该公司 94 年历史中最长时间的亏损记录。

在全球次贷风暴下，瑞士银行、摩根斯坦利、贝尔斯登、雷曼兄弟公司等世界级金融巨头均未能幸免，有的甚至比美林和花旗更为严重。1929 年大萧条中顽强生存下来的贝尔斯登直接因"次贷危机"被摩根大通以极低价格收购，成为在此次危机中垮掉的首家大型银行。

就在华尔街众多金融机构一片狼藉、叫苦连天的时候，高盛却笑逐颜开，独领风骚。2007 年 7 月信贷市场急转直下时，高盛的许多次级债产品已经出手，但美林、花旗、瑞银和贝尔斯登等券商却在大笔吃进。在布兰克芬的领导下，高盛通过逆向投资手法，沽空次贷市场，最终获利高达 40 亿美元。高盛的业绩几乎是"全面开花"。在资产管理方面，其管理的资产全年增加了 1920 亿美元，达到 8680 亿美元；高盛的股价在 2007 年也实现了 5% 的增长幅度。而相比之下，摩根斯坦利、美林、花旗、贝尔斯登等华尔街其他金融巨头的股价则至少下跌了 20%。

高盛之所以在"次贷危机"中有如此成功的表现，主要得益于公司的管理文化。高盛是华尔街金融巨头中最后一个上市的合伙制公司。上市后公司内部依然保持着合伙制时代的优良传统和作风。合伙制被誉为是最好的风险控制机制之一。这一制度下公司内部会对共同利益进行高度的互相监督，从而使公司的运作风险大大降低。

与高盛形成鲜明对比的是那些大银行。他们的风险管理常常沦为纯粹的合规行为。在这样的文化中，操作风险和内部风险就会大大上升。在高盛集团的科学管理模式下，多数机构董事长和首席执行官的职位没有分离，而董事会的主要成员是非执行董事，他们往往缺乏风险方面的专业知识。高盛董事长和首席执行官分离的双重领导体制则使权利得到了有效制衡，促进相互监督，大大降低了公司的运作风险，最终是高盛在这场"次贷危机"的血雨腥风中大获全胜。

高盛的发展历史可以说就是美国投资银行乃至全球投资银行的发展史。在长期的风雨历练中高盛披荆斩棘，不断壮大，在美国直至全球的资源配置、资金融通、企业扩张等方面发挥了无法比拟的作用。每一次经济格局变动，每一回产业结构升级，每一波企业并购浪潮，幕后往往都有高盛精英们的导演和推动。

战略设计高手——花旗集团

蜚声于全球的花旗集团堪称是国际金融界的成功标本。这一华尔街金融巨头不仅以其从不枯竭的金融创新引领银行业潮流，用其不可一世的经营业绩令同行甘拜下风，而且其呼风唤雨的世界影响力更是令其他国际金融机构望其项背。目前，花旗已经成为美国，乃至整个世界的经济晴雨表。

而在对信息极为敏感的股票市场上，花旗已经成为美国金融板块的领头羊，任何关于花旗的信息都可能牵动整个美国金融板块的神经，进而对整个世界的股市走向产生难以估量的连带影响。

花旗银行总部位于美国纽约派克大道 399 号的花旗银行，是华盛顿街最古老的商业银行之一。1812 年，华盛顿政府的第一任财政总监塞缪尔·奥斯古德上校与纽约的一些商人合伙创办了纽约城市银行——今日花旗集团的前身。当时，该银行还是一家在纽约州注册的银行，主要从事一些与拉丁美洲贸易有关的金融业务。1865 年 1 月，纽约城市银行取得了国民银行营业执照，名称也相应改为"纽约国民城市银行"。1955 年 3 月，纽约国民城市银行与"第一国民银行"合并，组建成"纽约第一国民城市银行"，1962 年又将名称改为"第一国民城市银行"，1974 年，持股公司的名称改为"花旗公司"，"第一国民城市银行"也相应地改成了"花旗银行"。1998 年 4 月花旗公司与旅行者集团合并为花旗集团，沿用至今。

全世界，无论是金融从业者，还是其他经济工作人员，甚至就连普通的市井百姓，对花旗银行也都不陌生。花旗银行以其悠久的历史、遍布全球的分支网络、周到全面的服务、震撼世界的影响力而享誉全球。目前花旗银行业务已经遍布世界各地，除了本土美国以外，还覆盖到了拉丁美洲、亚太、欧洲、中东和非洲。花旗是全球公认的国际化程度最高、规模最大的银行，多年来一直稳坐世界银行业的头把交椅。

纵观花旗银行的发展历史，在近两个世纪的沧桑岁月里，它经历了多次战争、多次危机和恐慌。它有过一帆风顺，也遭遇过灭顶之灾，是少有的自 19 世纪初以来能够生存下来的金融机构之一。

花旗目前已经成为当今世界资产规模最大、利润最高、全球连锁性最强、业务门类最齐全的金融服务集团。1998 年花旗银行与旅行者集团合并，运用增发新股、定向股权置换等方式进行了大规模的股权运作与扩张。

花旗集团被公认为全球最成功的金融服务集团之一。这不仅要归因于它在全球金融企业排名中的位次，更由于它是全世界国际化程度最高的金融服务连锁机构。客户在任何一个花旗集团的营业点都可得到储蓄、信贷、证券、保险、信托、基金、财务咨询、资产管理等全能式的金融服务。客户关系服务网络是花旗不可估量的一项资源。桑迪·威尔就曾骄傲地说过："这个网络是我们拥有的唯一具有真正竞争力的优势。不管你到世界哪一个地方，你都可以找到一家花旗的机构为你服务。"

目前，花旗银行在全球六大洲的 106 个国家拥有 4000 多个分支机构，27.5 万名员工，2 亿多个客户账户，经营着 129 种货币。花旗银行每个员工经营管理的资产为 460 万美元，整个银行每天的净利润接近 5000 万美元，人均 178 美元。

花旗在很多国家都有超过百年的经营历史。作为"世界上最大的赚钱机器"，花旗对全球金融业的影响甚至要超过世界上大多数国家的政府。自 1812 年成立以来，花旗银行以多种形式、以不同的程度参与了美国历史上几乎所有的重大事件。从另一个更宽广的范围来看，在世界上所发生的所有重大事件中，几乎没有哪一件不对花旗银行的一些客户产生重大影响，在成立了近两个世纪后的今天，作为世界金融巨无霸，它的一举一动更是对世界经济、政治的稳定和发展产生着深刻的影响。

花旗最引以为自豪的就是它遍布全球的扩张史。曾有人这样评价花旗："凡是有钱可赚的地方，花旗集团都去了；凡是能够赚的钱，它也都赚了。"

海外市场是花旗银行最重要的业务领域，也是它能够获取成功的一个重要因素。花旗银行的海外分支网络完善而庞大，没有任何一家美国银行能够与之相媲美。它在海外的利润占整个集团利润的 50% 以上，其海外机构的资产与员工则分别占整个集团的 56.1% 和 45.6%。

花旗在欧洲的扩张最为迅速，在英国伦敦、法国巴黎、德国法兰克福、意大利米兰以及欧共体总部布鲁塞尔均设有分行。截止到 1967 年，花旗银行的分支机构已经遍布全欧洲，在每个主要欧洲国家都设立了分行，有的还不止一个。通过这些分支机构，花旗成功地将欧洲纳入了自己的帝国版图之内。

在欧洲之外的其他地方，花旗银行的海外分支机构也在迅速扩张中。在亚洲市场上，20 世纪 60 年代，花旗银行分别在新加坡、印度孟买、中国台湾、中国香港和阿联酋的迪拜开设了分行。在美国"后院"拉丁美洲，花旗银行的分支机构更为密集。花旗通过设立多家分行进一步扩大了它在这些市场上的势力范围和影响力。

花旗银行通过大量兼并当地的银行或非银行金融机构来扩大自己的实力。在阿根廷和洪都拉斯，花旗通过收购当地银行来创建自己的分支机构；在澳大利亚、中国香港和英国，花旗收购的是消费者金融公司；而在加拿大、巴西、委内瑞拉、菲律宾群岛、利比里亚和巴哈马群岛，花旗银行收购的则是其他非银行类金融机构。通过近似疯狂的大规模海外扩张，花旗银行建立起了庞大的海外分支网络，成为无与匹敌的全球化金融集团。

20 世纪 80 年代，花旗公司先后兼并了 Diner～sC1ub、加州忠诚储蓄银行、芝加哥第一联邦银行、迈阿密比斯肯联邦银行、华盛顿的国民永久储蓄银行等金融机构。同时，花旗的跨国业务也有了新的进展，其海外分支机构扩展到了芬兰、新西兰等国。1994 年，花旗银行俄罗斯分行正式营业，花旗由此成功地将俄罗斯市场纳入自己的帝国版图。1995 年，花旗银行于 45 年后再次来到中国，并于同年在越南和南非设立了自己的分支机构。

英国《银行家》杂志对世界前 1000 家银行 2002 年各项指标排名中，花旗集团的盈利总额占 1000 家银行总盈利 2524 亿美元中的 61%。2003 年花旗集团一级资本已达 669 亿美元、总资产 12640 亿美元、利润 1785 亿美元，比上年又分别增长了 134%、152% 和 168%。在过去的十年里，花旗集团的股票价格、盈利能力和收入年增长率均超过了两位数，而且盈利增长高于收入增长。更令同行所佩服的是，在经历了 1998 年亚洲金融危机、2001 年阿根廷金融危机和 "911 恐怖袭击" 等一系列重大事件后，这 1000 家大银行的总体盈利水平下挫了 297%，而花旗集团却仍达到了 45% 的增长率。由此充分显示了花旗金融体系非凡的抗风险能力。

《华尔街日报》曾对花旗做过这样段描述："当你走进花旗银行总部时，你会不自觉地意识到你已经处于世界权力的顶峰了。它就像一艘全速前进的航空母舰，周围的每一个地方都在颤抖。"

华尔街的拯救者——摩根斯坦利

1837 年 4 月 17 日，是一个永远值得历史铭记的日子，在美国康涅狄格州哈特福的一个富有的商人家庭，诞生了一个后来影响整个美国金融界的传奇人物——约翰·皮尔庞特·摩根。摩根从一出世之时起，便注定会在社会中度过充实而又富裕的一生。因为他父母双方的家族都属于上流社会，在由父母双方这个大家族所组成的大家庭当中，还有不少人是美国政界呼风唤雨的人物。摩根的祖父约瑟夫·摩根是艾德纳保险公司的创始人之一，父亲基诺斯·斯宾塞·摩根也是当地一位有名的富商。尽管摩根的祖父拥有雄厚的资金，摩根的父亲完全可以借助这种巨大的优势登上事业的巅峰，但是他父亲并没有对祖父产生过多地依赖，而是决定脱离约瑟夫·摩根的庇佑，自立门户。刚开始，基诺斯·斯宾塞·摩根所从事的是干菜批发生意，但是这种生意很难有很大的发展潜力。后来，一个偶然的机遇使得当时著名的银行家皮鲍相中了他，于是两人合伙开了一家专门经营美国国债、州债、股票及国外汇兑等金融业务的皮鲍狄公司。从这家公司开始营业之时起，便受到众多投资者的追捧，于是大量的英国闲散资金被投放到了当时极度缺乏资金的美国。基诺斯·斯宾塞·摩根也一举成名，成为一个在英美地区享有盛誉的银行家。

摩根财团形成于 19 世纪末 20 世纪初，是统治美国经济的大垄断资本财团之一，其创始人是 J.P. 摩根。1871 年，J.P. 摩根在其父 I.S. 摩根的资金支持下，与人合伙创办了德雷克塞尔—摩根公司，从事投资与信贷等银行业务。1895 年，德雷克塞尔—摩根公司改名为 J.P. 摩根公司，并以该公司为大本营，向金融业和其他产业部门（如钢铁、铁路以及公用事业等）扩张势力，逐步形成了垄断财团。1912 年，摩根财团控制了 13 家金融机构，合计资产总额达 30.4 亿美元，其中摩根公司的实力最为雄厚，被美国华尔街的金融家们称为 "银行的银行"。

在第一次世界大战中，摩根财团大发横财。战后更是以其雄厚的金融资本，渗透到了国民经济各个部门。20 世纪 30 年代，摩根财团所控制的大银行、大企业的资产总额占当时美国八大财团的 50% 以上。

伴随着全球资本市场的兴盛，美国《格拉斯—斯迪格尔法案》所带来的压力与日俱增。

无奈之下，摩根财团于1935年春天作出了一项重大决定，将摩根银行拆分成两部分：一部分为J.P.摩根（即摩根大通银行），继续从事传统的商业银行业务；另一部分则被分离出来，成立一家完全独立的投资银行，这就是摩根斯坦利。

有人说，"摩根斯坦利继承了华尔街大佬——摩根财团的大部分贵族血统，代表了金融巨头主导全球金融市场的光荣历史。作为华尔街大佬的继承者，摩根财团所创造的金融神话不可能再次重现，今天它仍然在充满霸气地向着未来前进……

摩根体系的势力发展十分迅速，财团规模急剧扩大，到1910年的时候，美国的钢铁事业已基本上为摩根财团所垄断。在铁路方面的六大系统中，有四个较大规模的系统都在摩根控制之下。摩根财团的另一投资热点是公用事业。经过多年不停的兼并和收购，摩根财团已经完全掌控了美国电话电报公司和西方电话电报公司，然后又通过通用电气公司，控制了全国最重要地区的公用事业，如费城的快速交通运输公司、新泽西公共服务公司、尼亚加拉瀑布电力公司等等。

到1912年时，摩根财团控制的大公司包括13家金融机构，14家工矿企业、19家铁路公司和7家公用事业单位，资产总额高达127亿美元。

1913年，就其领导的整个摩根财团来说，他们控制的总资产占当时国民生产总值的比例已经接近三分之一，远远超过了洛克菲勒财团。至此，摩根财团终于成为美国最大的垄断者。

美国发生的两次危险的制度失灵——1893～1895年的黄金恐慌和1907年的股市恐慌。黄金恐慌是由国外对美国经济实力的错误认识导致的。在1893年华尔街崩溃之后，他们开始大量抛售以黄金为基础的铁路债券，导致美国黄金储备大量外流。随着美国黄金储备急速下降到1亿美元这一底线——这是美国官方承诺的恢复硬币支付所需的最低安全储备，各种投机性的债券抛售也开始了。

到了1895年，美国财政部已经因无法满足公众对黄金需求而处于崩溃的边缘。虽然政府在过去几年里向公众提供了黄金债券，但收效欠佳。由于受到国会的牵制，新连任的克利夫兰总统在防止黄金支付中断上已无计可施。

如果黄金支付中断发生，则不仅会导致美国在世界金融市场上的信用骤降，而且会使世界各国股票市场遭遇毁灭性打击。当时，美国政府的黄金储备已不足1000万美元，只能满足财政部纽约分部当天的支票的支取业务。在这种情况下，美国财政部最终不得不请求摩根财团提供帮助。

实际上，拯救方案的核心就是承诺维持美元对英镑的汇率，这就要求无论美元在何时出现剧烈波动，摩根都必须进入外汇市场去购进美元或者卖出英镑以维持美元汇率的稳定。这其实就是中央银行的一个典型功能。虽然经历了一些压力，但摩根率领的财团还是成功地解救了这场危机。同时，这次行动也使摩根大发横财。摩根公司伙同华尔街其他银行把政府发行的一批又一批债券抢购一空，然后高价上市出售，转手之间即可获取暴利。

黄金危机的解决让人们看到了处于权力顶峰的摩根的力量，同样，1907年华尔街发生崩盘危机时，人们再次大开眼界：已经71岁的摩根凭借自己对金融业炉火纯青的操作和控制，几乎以一己之力挽救了这场崩盘式的危机。

1907 年秋天，纽约华尔街金融市场上终于爆发了一场大风暴。很多卷入这一事件的银行和信托公司都出现了危机，公司高层们被迫辞职。这场危机的传播速度之快、破坏力之强超过了人们的预期，许多信托公司已接近破产。人们开始纷纷从信托公司提出存款，挤兑潮随之出现，危机全面爆发了。

纽约市的不少银行也发生了挤兑，而且恐慌还蔓延到了股票交易所。金融机构回收贷款使股票市场的现金回流受阻，企业贷款的利率一度达到了 100%，股票交易所已面临关闭的困境。

事实上，摩根银行在这场风波中并没有多大危险，因为它的银行没有超额负债。但是，这场危机毕竟是国家危机的蔓延，恐慌会导致证券市场的崩盘。进一步说，如果美国银行体系崩溃，摩根财团最终也逃脱不了厄运。因此，摩根准备全力以赴去解决这场危机。

摩根召集那些信托公司、经纪公司以及清算银行的高层管理人员，帮助他们筹集运转所需的大量资金，借以有效支持已经非常脆弱的信用体系，恢复市场信心。在这一过程中，摩根以专制手段联合纽约银行家携手拯救华尔街的事迹不仅赢得了美国人民的敬佩和爱戴，也赢得了整个欧洲的尊敬。1907 年 11 月 6 日，在摩根的多方努力下，华尔街股市终于开始上扬，并呈现了良好的发展趋势。

第一财阀——三菱集团

三菱集团已经有 100 多年的历史，特别是在明治维新以后，三菱集团才开始步入了真正意义上的发展。根据明治政府的增产兴业政策，三菱集团收购了政府管辖的碳业、造船业，进一步扩大了经营范围。

财阀，是日本战前金融资本集团的通称。主要是指日本 19 至 20 世纪的四大企业集团：三菱商社、三井商社、住友商社及安田商社。在日本，由于金融资本集团是和浓厚的封建家族关系联系在一起的，因而人们习惯于把日本的金融资本集团称为财阀。

20 世纪初，随着生产和资本集中的进一步加强，日本形成了以家族为中心的三井、三菱、住友、安田四大财阀。它们以家族资本控制的总公司为核心，通过家族总公司—直系公司—准直系公司的持股关系，控制着各经济部门的直系企业和旁系企业，组成庞大的康采恩。它们往往左手控制着资本主义中最重要的资本，右手控制生产工具，势力非常庞大，通常经营政府特许的行业。

典型的财阀具有几个特质：第一，一定是紧密的家族企业，企业内主要的资源都掌握在少数人身上，而且彼此拥有血缘关系。第二，企业经营的范围广泛，员工众多，而且占国民生产总值相当大的比重。第三，财阀旗下通常都有金融业，方便企业调动资金、非法借贷。第四，企业集团内的交叉持股严重，公司的经营权经过多次交叉持股后，增加了财阀内的紧密度，方便相互借贷，而且财务透明度减少。不过集团内如果有企业经营不善，也经常互相牵连。第五，财阀通常与政府关系良好，经常获准经营政府特许的行业，例如石化重工等，而财阀也会透过政治献金、参选等方式，直接或间接介入政治。

在当今日本的六大财阀中，三菱集团以雄厚的实力位居魁首。它不仅拥有百年以上的悠久历史，而且还拥有众多令人眼花缭乱的企业群。三菱集团企业数量之多，以至于若想详细划分三菱集团的企业成员，可以说是一件相当困难的事。

1996 年 4 月 1 日，日本东京银行与三菱银行正式合并，组成了全世界最大的银行——东京三菱银行。2001 年，东京三菱银行又与三菱信托银行合并，进一步增强了自身的金融实力。在日本的六大垄断财团（三菱、三井、住友、安田、芙蓉、第一劝业）中，三菱的综合实力雄踞榜首，而且保留了"三菱军需省"的地位。它的重工、银行和商业集团在日本都是属于第一流的。

目前，三菱重工业务涵盖机械、船舶、航空航天、原子能、电力、交通等领域，至 2004 年 4 月 1 日，注册资本金 2656 亿日元，员工人数 34306 人。拥有 9 家海外事务所或代表处，9 家分公司，6 个研究所，9 个事业所。年订货额 21592 亿日元（2003 年 4 月 1 日～2004 年 3 月 31 日），年销售额 19401 亿日元（统计日期同前）。其中，以部门销售额占总销售额比例计算，船舶·海洋部门占 8%，核能部门占 23%，机械和钢结构部门占 20%，航空·宇宙部门占 17%，车辆、机床等产业部门占 29%，其他产业占 3%。

被三菱集团所控制的与三菱有密切关系的企业更是数不胜数，说三菱"富可敌国"，是毫不过分的。三菱集团的第一个显著特征是企业与国家紧密结合。现代资本主义经济中，国家和企业之间具有相当密切的关系，美国、英国、法国、德国等各个国家无不如此，但日本最为突出，最为典型。

20 世纪 60 年代到 70 年代，三菱集团又增添了几十家重要的新型企业，生产业务遍布各个行业。1993 年，三菱集团的总营业额达到 70 万亿日元，占整个国民生产总值的五分之一，其经济实力在日本排名第一，在世界上也是声名显赫的大企业集团，三菱标志已经家喻户晓。

经初步估计，三菱财团在经济支配能力上约占整个日本的 30% 左右。2004 年 8 月，三菱东京集团与日本联合金融控股集团宣布合并，总资产超过 180 万亿日元（约合 1.7 万亿美元），一举超过了全球第一的美国花旗集团与日本第一的瑞穗集团，成为日本和全球金融业的新霸主。三菱东京金融集团是在以三菱银行、三菱信托银行等为核心，不断联合与兼并同业机构的基础上建立和发展起来的。20 世纪 70 年代贸易自由化和资本自由化在日本基本完成后，三菱集团加快了对海外的扩张步伐，在原子能工业、海洋开发、宇宙开发等科学技术上和美国结合得更加紧密。例如三菱集团已经通过合办企业的方式和美国的洛克菲勒财团、芝加哥财团、梅隆财团、摩根财团、加利福尼亚财团等相互勾结，共同参与对世界经济的控制和垄断。至于三菱集团向世界各地的渗透，则更加广泛，其员工以及在海外投资的子公司已经遍布世界各地，三菱的产品和服务也已经渗透到了世界的每个角落。

至今，三菱集团在本质上仍然是日本的第一大财阀，它已经成为日本近代经济发展历史的一个缩影。

庞大的金融帝国——汇丰集团

金融全球化的结果之一，是赢者通吃的现实从一国之内拓展到了全球。原来再有能力的金融财团也只能控制一个或几个地区的市场。可是，今天少数几家跨国金融品牌通吃全球，一夜之间却能跨越五大洲融资到数百亿美元资本，将金融产品销售到世界各个角落，对处于后来者的中国金融机构而言，这种全球新格局显然是个挑战。

汇丰 1865 年出生在香港和上海，尽管主要由英国人拥有并经营，但土生土长于中国，头一个世纪的发展也主要立足于中国。到今天，已经是真正引领全球的标杆金融品牌。它靠的是什么商业模式？什么金融理念？又是如何应对风云莫测的各国政治和经济环境，摸准人类发展的长久趋势？

汇丰集团总部设于伦敦的汇丰集团，是全球规模最大的银行及金融机构之一。汇丰集团在欧洲、亚太地区、美洲、中东及非洲 76 个国家和地区拥有约 9500 间附属机构。汇丰在伦敦、香港、纽约、巴黎及百慕大等证券交易所上市，全球股东约有 200000，分布于 100 个国家和地区，雇有 232000 名员工。汇丰银行在全球拥有超过 1 亿 1 千万的顾客。

从 1865 年汇丰银行开始在香港和上海营业，到最终发展成为中国最大的外资银行；从当初 500 港元起家，到 2006 年拥有超过 15000 亿美元的巨额资产；从最初每年纯利润不到 50 万港元，到 2006 年纯利润超过 150 亿美元；从一开始租借别人的楼房经营，到目前在全球 77 个国家和地区建立起庞大的日不落金融帝国，汇丰集团走过了 140 多年不平凡的发展道路。

汇丰银行通过以先进科技链接国际网络，以及快速发展的电子商务能力，提供广泛的银行及金融服务：个人金融服务；工商业务；企业银行、投资银行及资本市场；私人银行以及其他业务。2008 年度全球企业 500 强第 20 位，收入 1465 亿美元，净利润 191.33 亿美元。

要想称雄世界，就必须逐鹿美国，这是很多金融财团们的战略思想。于是，汇丰再次将目光投向了北美大陆。

1999 年 5 月 10 日，汇丰宣布了一条令美国金融界震惊的消息：汇丰将以 103 亿美元的巨额款项，收购美国利宝集团。这是当时汇丰历史上规模最大的一次收购，也是外资收购美国金融机构的最大一宗交易。这次强强联合的收购活动将使汇丰和利宝的银行业务相互补充，使汇丰在美国市场上增加 200 万名客户，从而极大巩固了汇丰在美国金融体系中的地位。

同一年，汇丰在美国挂牌上市。从此，汇丰股票可以在香港、伦敦和纽约三地几乎24 小时不间断地交易。2002 年 8 月，汇丰高层在集团业绩发布会上又透露了一个令世界金融界震惊的消息，汇丰已经将收购目光瞄向了美国最大的消费融资公司——美国家庭消费信贷公司。

创立于 1878 年的美国家庭消费信贷公司是美国最大的消费融资机构，在美国四十多个州拥有 1300 多家分、支行，5000 多万名客户，管理资产总值约 8080 亿港元，业务遍及消费信贷、信用卡、汽车贷款、信贷保险、物业按揭等方面，在美国消费信贷、信用卡及信贷保险等领域占有领先地位。

美国经济占全球生产总值的三分之一，而消费开支则几乎占美国生产总值的 70%。因此，从经济角度来看，美国消费市场是汇丰的必争之地。而若能成功收购美国家庭消费信贷公司，汇丰便可以在北美建立起一个更为强大的金融网络。

2003 年 3 月，汇丰最终成功地收购了美国家庭消费信贷公司，以 148 亿美元买入美国家庭消费信贷公司，通过发行新股融资支付。根据收购协议，每股美国家庭消费信贷公司股份可换取 2.675 股汇丰股份。收购并不涉及现金，而它的市盈率只有 5 至 6 倍。无论从哪方面讲，这次收购对汇丰控股来说都是有百利而无一害。

在亚洲金融风暴之后，汇丰控股就一直注目于新兴市场，物色收购目标。1999 年，庞约翰已经先后在亚洲的韩国、南美的阿根廷以及欧洲的马耳他收购金融机构。2000 年，汇丰曾成功地收购了美国大通银行巴拿马分行，并且将以前所持有的埃及英国银行 40% 的股权增至 90%（埃及英国银行后改名为埃及汇丰银行），使汇丰在新兴市场的据点进一步得到加强。

2000 年 5 月 12 日，汇丰银行宣布，正式成立"汇丰驻中国总代表处"，统筹内地业务发展和实施对分支机构的管理。汇丰的中国业务总部从香港迁至上海浦东。此时的汇丰，除了斥资 3300 万美元购下"汇丰大厦"4.8 万平方米楼面及冠名权之外，还斥巨资在北京、大连、广州、天津、厦门等地建立了分支机构。截止到 2007 年 4 月，汇丰已在中国大陆主要城市开设了 17 家分行、49 家支行，拥有近 5000 名员工。同时，汇丰还与四大国有商业银行签署了合作协议，通过中国银行（2000 家分行）、中国建设银行（7700 家分行）、中国工商银行（8800 家分行）和中国农业银行（8000 家分行）遍布全国的分行网络，可以在全国范围内提供广泛的金融服务。

仅 2005 年上半年，汇丰就从交通银行获得了 7 亿元的利润。同时在交通银行 19.9% 的持股比例并不是汇丰的增持上限。双方在协议中还约定，如果监管环境发生变化，汇丰可以在 2008 年之后将持股比例扩大一倍。

然而这一切，对于汇丰来说都只是开始。未来的时间里，汇丰在中国的投资还将延伸到各种非银行金融机构，包括中国极具发展潜力的证券市场：控股平安保险，平稳地增持交行股权、择机控股证券公司、基金管理公司和信托投资公司，最后完成在中国设立金融控股集团的布局，这就是汇丰的"大中国"战略。

全球金融界的幕后推手——罗斯柴尔德家族

罗斯柴尔德家族是欧洲乃至世界久负盛名的金融家族。19 世纪初，出身德国的罗斯柴尔德家族，先在法兰克福、伦敦、巴黎和维也纳建立了自己的银行产业链，而后伴随着支援威灵顿的军队资金、淘金、开发苏伊士运河、资助铁路、开发石油等，家族不断兴盛，并影响了整个欧洲乃至世界历史的发展。

在 19 世纪的欧洲，罗斯柴尔德几乎成了金钱和财富的代名词。这个家族建立的金融帝国影响了整个欧洲，乃至整个世界历史的发展。

罗斯柴尔德家族是世界久负盛名的金融家族之一。它发迹于 19 世纪初：其创始人是梅耶·罗斯柴尔德。他和他的五个儿子即"罗氏五虎"先后在法兰克福、伦敦、巴黎、维也纳、那不勒斯等欧洲著名城市开设银行，建立了当时世界上最大的金融王国。在19世纪的欧洲，罗斯柴尔德几乎成了金钱和财富的代名词。

罗斯柴尔德家族是19世纪欧洲最富有、最神秘的家族。当时德国诗人海涅就说："金钱是我们时代的上帝，而罗斯柴尔德则是上帝的导师。"第一代罗斯柴尔德开始创业的时候，他只不过是法兰克福的一个普通犹太商人，仅仅用了不足100年的时间，罗斯柴尔德家族控制了整个欧洲的金融命脉。

据估计，1850年左右，罗斯柴尔德家族总共积累了相当于60亿美元的财富。鼎盛时期，势力范围遍布欧美，所控制的财富甚至占了当时世界总财富的一半，达到50万亿美元，相当于目前美国全年GDP的四倍，世界主要经济体的国债由他们发行，每天黄金交易的开盘价由他们来确定。欧洲大部分国家的政府几乎都曾向他们家族贷款，到了20世纪初的时候，世界的主要黄金市场也由他们家族所控制，罗斯柴尔德家族总共累积了相当于60亿美元的财富。

罗斯柴尔德家族成功地建立起一个足以影响整个欧洲乃至整个世界历史发展的金融帝国！每当战争，他们便向各国政府提供军事贷款，战后又为战败国提供赔款。他们在各国开办银行，从事证券、股票交易和保险业务，投资工商业、铁路和通讯业，后又发展到钢铁、煤炭、石油等行业，其影响渗透到欧美及殖民地经济生活的各个角落。

为家族打下江山的梅耶·罗斯柴尔德膝下五个儿子无一不继承了父亲的事业，他们各奔东西，在欧洲的五个心脏地区建立家族银行。长子阿姆谢尔来到法兰克福守住家族事业的源头，并充当兄弟们之间的联系人；詹姆斯和内森分别进入了巴黎和伦敦市场；四子萨洛蒙去了维也纳，打通了当地的政治人脉和市场缺口；卡尔在波旁王朝的帮助下几乎控制了意大利的经济命脉。

对于欧洲来说，罗斯柴尔德家族已经不再仅仅是一个资本财团，它已经与各国的兴衰紧密联系在了一起，是欧洲金融市场呼风唤雨和左右政局的最大力量。欧洲之前历次战争中，几乎都能够看到罗斯柴尔德家族势力活跃的身影。1854年，他们为英国在克里米亚同俄国的战争提供了1600万英镑的贷款；1871年，他们又拿出了1亿英镑为法国向普鲁士支付普法战争的赔款；他们还控制了整个欧洲的铁路，所有法国给俄国贷款，都是由该家族提供的；美国内战期间，罗斯柴尔德家族成为联邦财政的主要财源之一。他们在战争中大发横财，并借机控制了许多国家的货币和债券的发行权。

时至今日，罗斯柴尔德家族在储蓄信贷、投资银行、企业并购等领域依然占据着重要位置。其第四代掌门人居伊·罗斯柴尔德，是世界著名的银行家。他的经历与家族的命运一起跌宕起伏，一直是西方金融圈内人士所热议的话题。

现在罗斯柴尔德银行集团的业务主要是并购重组，就是帮助大企业收购兼并其他的企业，或者对其资产结构进行重组。罗斯柴尔德的并购重组业务主要在欧洲，在2006年世界并购排行榜上可以排到第13位。而罗斯柴尔德银行集团一年的营业额不到100亿美元，利润不到30亿美元，估计其资本总额不会超过300亿美元，不到欧美大银行的一个零头。罗斯柴尔德在亚洲有一个办公室——香港，不过，这个办公室的正式名字叫作"荷兰银行—罗斯柴尔德"，因为它在亚洲的业务处于荷兰银行的控股之下，自己的发言权不大，甚至某些人事权，都是由荷兰银行主管的。

但如果你据此认为怀疑罗斯柴尔德家族已经沦为明日黄花了，那你就错了。在金融海啸来袭时，正因为保守稳健的投资风格，罗斯柴尔德家族却毫发无伤，在金融新时代再度书写传奇。无论是固定资产还是投资，罗斯柴尔德家族都没有受到任何损失。而正当国际投行们疲于应付金融海啸"后遗症"之时，罗斯柴尔德却协助吉利完成了对沃尔沃的收购。这也是中国最大一宗海外汽车业收购案。事实上，根据汤森路透数据，除了吉利收购沃尔沃的交易，罗斯柴尔德在过去 12 个月中共承接了总价值高达 892.5 亿美元的汽车业并购交易，远超其他银行。

当今的世界首富是谁？根据美国《福布斯》杂志发布的消息，2006 年度世界首富是美国微软公司的创始人比尔·盖茨，但这并不正确。正确的答案应该是：欧洲的罗斯柴尔德家族。比尔·盖茨的身价是 500 亿美元，而罗斯柴尔德家族的身家到底有多少？西方的财政专家多会选择一个英文单词来回答你：ineffable，即"无法估计"。

野心庞大的投资家——拉扎德银行

拉扎德投资银行是华尔街最神秘的投行，有 150 多年的历史，在很长时间内都是一家家族企业，也是近几十年来最好的国际投资银行之一。拉扎德最负盛名之处就是它的天才银行家，依靠天才银行家最好的交易构想来成就自己的历史。次贷危机中，在高盛、雷曼兄弟、美林、贝尔斯登等举步维艰时，拉扎德几乎毫发未损。

拉扎德投资银行一直是庞大野心的代名词，它精于智取，绝不用金融资本硬拼，在经受千锤百炼后，建立了一个独立而隐秘的王国。简而言之，它的战略就是汇集精英的智慧为顾客服务。

作为近几十年来最好的国际投资银行之一，拉扎德的故事是投资银行家的传奇。拉扎德银行是华尔街最神秘的投行，它有着谜一般的历史。

在 20 世纪初，拉扎德投资银行在全球三大金融中心均建立了当地机构，这在众多银行中是独一无二的。拉扎德银行本土化的主要方式与长子继承类似——母公司将子公司列入合伙人的位置。拉扎德投资银行的各家机构都采取了这种方式。当拉扎德的竞争对手们纷纷上市，并将业务扩展到贷款、承销及其他服务领域时，拉扎德银行选择保持专注和神秘，专注于向 CEO 们低声耳语别处听不到也不足为外人道的锦囊妙计。它的秘密武器不是繁多的业务产品线或坚实的资产负债表，而是其判断力、私密性及精妙的策略。谨慎、隐秘和诡计是拉扎德投资银行的秘密武器。

即使和高盛、摩根斯坦利、美林等华尔街著名投行相比，拉扎德投资银行也显得非常与众不同，它毫不掩饰自己在同行面前的自豪感和优越感。在过去的 157 年里，拉扎德投资银行一直都业绩超群。它不同于其他华尔街投行之处在于，它建立起了一个独立而隐秘的王国。简而言之，它的战略就是汇集"大佬"的智慧为客户服务。这些大佬都是经验过人、世界顶级的投资银行家。他们绝不冒险下注，只需要提供最具原始力量（即竞争性）的理念即可。理念越上乘，达到目标所需的眼光和技巧越独到，那么拉扎德投资银行这个备受尊敬和信赖的顾问就能赚取越多的利润，而拉扎德投资银行的大佬们也就能从公司分得更大一杯羹，赚个盆满钵满。对于那些跻身华尔街最顶端的少数几个幸运儿，他们（要注意，一直都是他们，而不是她们）总被描述成雄心勃勃、绝顶聪明的人物，但同时又被说成是心狠手辣、毫无道德感可言的家伙。拉扎德投资银行有着谜一般的历史，这种隐秘性使得拉扎德投资银行的传统智慧在外人眼中成了难解的疑团。毫无疑问，那些载入拉扎德投资银行发展史册的大佬们都累积了巨额财富。

华尔街投资银行每年运作数万亿资金，从中获取数百亿的酬金，而且这些投资银行的高管们每年能拿到数千万美元。但即使与那些最强大的公司相比，拉扎德投资银行也显得如此与众不同。一个多世纪以来，那些在公司工作的神秘"大佬"们不仅为公司积累了令人难以想象的巨额财富和社会名望，还带来了巨大的权势。但是到了20世纪80年代，他们过于膨胀的自我开始拖累公司，拉扎德的大佬们开始毁灭这家他们艰苦建立起来的企业。

拉扎德投资银行聘用行业里最聪明及最富经验的银行家，以最好的交易构想而非资本撬动商界。拉扎德凭借一贯的"伟人"哲学，使得它从不将自己的竞争力建筑于可规模化的业务上。拉扎德所钟爱的资产，是那些天才银行家在大脑中勾勒出的奇思妙想。依靠着一群天才银行家，拉扎德以一系列大交易铺垫了自己的历史。其中包括私募历史上最重要的交易：KKR以294亿美元收购纳贝斯科；制药业大亨辉瑞先后以610亿和900亿美元收购法玛西亚公司和沃纳·兰伯特公司；2004年摩根大通以590亿美元收购美一银行。

以"价值投资"创造最大价值——老虎基金公司

由朱利安·罗伯逊创立于1980年的老虎基金是举世闻名的对冲基金。在对冲基金业里，老虎基金创造了极少有人能与之匹敌的业绩。

在此之前，罗伯逊曾作为股票经纪和基金经理在kidder Peabody&Co工作近20年，之后，他又在Webster Management担任基金部主管。老虎基金与全球第一支对冲基金——"琼斯对冲基金"是否有渊源关系，难以查证，但1983年琼斯的女婿接管"琼斯对冲基金"，把大部分资产交给罗伯逊管理却有记载。

老虎基金在对冲基金业里，创造了极少有人能与之匹敌的业绩。1993年，老虎基金管理公司旗下的对冲基金攻击英镑、里拉成功，并在此次行动中获得巨大的收益。老虎基金从此名声鹊起，被众多投资者所追捧，老虎基金的资本此后迅速膨胀，最终成为美国最为显赫的对冲基金。

20世纪90年代中期后，老虎基金管理公司的业绩节节攀升，1996年基金单位回报为50%，1997年为72%。在股市、汇市投资中同时取得的不菲业绩，使公司的最高赢利（扣除管理费）达到32%。到1998年，其资产由创建时的800万美元迅速膨胀到220亿美元，并以年均盈利25%的业绩，列全球排名第二。在1998年的夏天，其总资产达到230亿美元的高峰，一度成为美国最大的对冲基金。

1998年8月全盛时期，管理的资产多达220亿美元，比索罗斯量子基金还高出一大截，是当时规模最大的对冲基金，罗伯逊因此被人们推为华尔街最具影响力的人物。但是，

1998 年 8 月之后，老虎管理的投资四处碰壁，资产价值一落千丈。经历一系列的投资失误后，老虎管理的资产暴跌，只剩下 60 多亿美元。从 1998 年第四季开始，投资者在长期资本管理事件的阴影下，陆续赎回在对冲基金的投资，老虎管理是面对大量赎回的主要对冲基金之一，总额高达近 77 亿美元之多。

老虎管理的衰落，有迹可循。首先在 1998 年秋，由于俄罗斯卢布贬值使其损失 6 亿美元，比起其他对冲基金如 LTCM，它的损失不大，尤其老虎基金此时正处于全盛时期，几亿美元损失，影响有限。其次，从事日元投机交易，即借入低息日元购入美元资产，以图在搅乱亚洲金融市场动荡中获利，但事与愿违，人算不如天算，日元在 1998 年第四季突然转强，打乱了对冲基金在日元投资的部署，此后，投资者开始赎回资金，使其元气大伤。在之后几年中，老虎基金日趋衰落，并于 21 世纪初清盘。

业内人士分析，老虎基金的失败基于这样几个方面的原因：

其一，老虎基金一直奉行"价值投资"法，也就是依上市公司的获利能力推算其合理价位，再逢低进场买进高档抛售，这使它错过了搭上高科技快车的机会，并流失了相当一批优秀的、具有独到眼光和潜质的操盘手。

其二，老虎基金本身规模太大，大量投资者的加入，造成老虎基金"船大难掉头"的情况，随着股市投资生态近年来发生重大改变，称雄一时的老虎基金再也无法点石成金。纵横江湖几十年，传统的管理方式似乎失灵了，许多投资者又纷纷找上门要求赎回资金，迫于无奈，几度辉煌的老虎基金不得不宣布清盘，从而加速了其走向破产的进程。

虽然老虎公司行将倒闭，但 2000 年已经 67 岁的罗伯逊并不服输。他在接受记者采访时表示："我不会投降，我也不会停止投资。"他依然认为他的投资战略是正确的，并且认为目前的技术、因特网和电信股狂潮总有一天会崩溃。而对冲基金分析家巴里·科尔文评论说："有一句格言说，不要与市场对抗，朱利安这么做了，结果他输了。"老虎基金倒闭后对 65 亿美元的资产进行清盘，其中 80% 归还投资者，朱利安·罗伯逊个人留下 15 亿美元继续投资。

投资是一门遗憾的艺术，有优胜就有劣汰，有收益就有风险。如果你认为对冲基金是一个只赚不赔的金融利器，那就大错特错了。对冲基金对多种金融杠杆的运用，决定了它的高风险性。管理者的一个决策失误，就可能造成巨额基金的迅速崩溃。即便是索罗斯和罗伯逊这样的高手，也没能逃脱清盘的命运。

配置最优资金的超级金算牌——先锋基金公司

先锋基金是美国第二大基金管理公司，资产管理规模达 8840 亿美元，先锋集团成立于 1975 年，其前身威灵顿基金则早在 1929 年就诞生了。

先锋基金拥有 2000 多万投资者，其中 20% 的客户拥有 80% 的资产。先锋基金市场销售部主管 Shellie Unger 说："我们管理的资产中，有 4000 亿美元是个人资产，我们卖产品靠的是口碑，而非营销技巧。投资者都以进入先锋基金俱乐部为荣。"

先锋集团成立于 1975 年，总部位于宾夕法尼亚州的福吉谷，其前身是 1929 年诞生的威灵顿基金。目前拥有 150 支国内市场基金和众多海外市场基金。截至 2008 年 12 月 31 日，基金管理的资产总额近 1 万亿美元。

先锋基金是美国三大基金公司之一，资产管理规模达 8840 亿美元，创新、服务与低投资成本是其壮大的根本，其中有许多经验值得国内的基金业人士学习。

先锋基金目前有三类产品，其中债券基金、指数基金管理费用低廉。先锋公司的投资理念是长期投资，包括主动型基金也坚持低费率原则。平均而言，先锋基金管理费为 0.25%，今年则仅为 0.23%，中介公司可在此基础上加一个费率出售给投资者，从交易收费变成管理收费。目前先锋基金公司中委托外部管理基金占 31%，聘用 25 家基金管理机构和每名基金管理人都单独商谈费率，委托他们管理 2637 亿美元资产。先锋基金聘请的管理人只做投资，其他账户管理、信息披露、销售等环节由公司整体负责。小规模的主动型基金管理费为总资产的 0.6%，其中 0.45% 给管理人，0.15% 给公司，其他基金管理公司管理费一般是 1.5%。

先锋基金 CEOJackBrennan 先生认为公司的成功之道首先在于质优价廉的服务和熊市中的英雄角色。先锋基金控制成本的方法是：规模经济、改进技术、雇员奖励机制、保持客户忠诚度。先锋基金的成功之道，除了质优价廉的服务，最重要的是它扮演的熊市中的英雄角色——牛市时先锋基金并不热门，熊市才显出抗风险能力。先锋公司在热门基金流行时，反而将之关闭，不让新投资者进来，以避免追涨杀跌；熊市时开发新客户。这就是其安全、平稳的风格。

先锋基金不断壮大的根本，在于持续的创新、细致的服务与低廉的投资成本。全面争取不同的客户并为他们量身定做服务产品，是先锋基金一贯的做法。先锋基金在控制客户投资成本、帮助客户定制合理的低成本投资计划上有着广泛的声誉。

此外，先锋基金一直保持低成本运作，但认为员工的薪水不是成本。先锋对待投资人才的方式是：非常尊重他，如果其业绩 3 ~ 4 年效益不好，公司会与他一起找原因，提高效率。

Jack Brennan 称："我们的个人大客户在公司平均投资长达 20 年，而行业平均数只有 5 年。机构投资者如退休计划基金一旦加入先锋，就不再选择离开。另外，先锋基金的客户在熊市时，保留率提高了 40%。"

Jack Brennan 强调：先锋基金一直保持低成本运作，我们的费用减少已至极限，每年下降 3 亿美元。目前，其他成本低的基金公司运营成本仍是先锋基金的 2 倍。我们信奉"好的雇员—好的薪水—好的效率"这一理念。另外，我们追求投资者的长期利益，并在人才配置、技术支持等方面坚持这一原则。先锋基金只聘用有长期眼光的人，只追逐短期利益而非长期职业生涯的人，先锋基金的公司文化不会接纳。先锋对待员工的方式也是成就其骄人业绩的一个重要因素。先锋给予员工一定的挑战，分给其有趣、有意义的工作；先锋基金有不少员工已是公司 25 年的合作伙伴。例如，有位基金经理在公司已度过 20 年岁月，有段时间投资者对业绩不满而要炒掉他，但 20 年来他创造了 180 亿美元价值，若按短期眼光，他应该被炒，但长期来看，他的投资成功了。总之，我们认为尊重投资者利益首先是尊重人才，构建一个稳定的利益共同体。

先锋基金创始人 John Bogle 先生认为：基金是管理别人资产的行业，但一些基金越来越追逐自身利益而忘了投资者利益，这在科技股泡沫时表现得特别明显。先锋基金则一直为投资者谋利，没有追赶什么浪潮，反而在市场上占稳了脚跟。

先锋基金公司中的单个基金与国内普通的基金产品相差无几，而先锋基金公司超越国内基金公司之处就在于拥有极强的服务意识。

先锋基金每个年度都要与美国证监会直接沟通，亦向公司董事会、管理层报告。公司董事会有 8 位独立董事、一个 CEO 董事，重大事情由董事会定。公司管理层由董事会聘任，如发现 CEO 及其他高管违规，董事会可决定立即调查。

第二十一章　影响世界经济的金融事件

——了解世界经济兴衰要学的金融学

黑色星期二——1929 年美国股灾

1929 年 10 月 29 日，股指从之前的 363 最高点骤然下跌了平均 40 个百分点，成千上万的美国人眼睁睁地看着他们一生的积蓄在几天内烟消云散。在这个被称作"黑色星期二"的日子里，纽约证券交易所里所有的人都陷入了抛售股票的旋涡之中，这是美国证券史上最黑暗的一天，是美国历史上影响最大、危害最深的经济事件，影响波及西方国家乃至整个世界。因此，1929 年 10 月 29 日这一天被视为大萧条时期开启的标志性事件，由于正值星期二，所以那一天被称为"黑色星期二"。此后，美国和全球进入了长达 10 年的经济大萧条时期。

很难说清股市繁荣是从什么时候开始的。那个年代普通股价格上涨是有其合理原因的：公司收益良好，并且趋于增加；前景看好；20 世纪 20 年代初，股价偏低，收益增加。1928 年初，繁荣的性质发生了变化：人们为了逃避现实而变得想入非非，无节制的投机行为大量涌现。如同在所有的投机时期一样，人们不是努力去认清事实，而是寻找理由编织自己的梦幻世界。

危机已经悄悄降临，人们却没有注意到。1926 年秋，在投机狂潮中被炒得离谱的佛罗里达房地产泡沫首先被刺破了。然而，这丝毫没有给华尔街的疯狂带来多少警醒。从 1928 年开始，股市的上涨进入最后的疯狂。事实上，在 20 世纪 20 年代，美国的许多产业仍然没有从一战后的萧条中恢复过来，股市的过热已经与现实经济的状况完全脱节了。

11 月 16 日，胡佛以绝对优势当选总统后的第一天，股市出现了暴涨行情，指数一直不断刷高，股市又进入了新一轮的狂热。《纽约时报》工业股平均价格指数在一个交易日里净涨了 4.5 点，这在当时被认为是不寻常的涨幅，正是总统大选的余热激发了这股热情。11 月 20 日是另一个不寻常的日子，当天股市成交 650.323 万股，略小于第 16 大日成交量，但一直被认为股市的表现其实要疯狂得多。现在大牛市有了一个新口号，那就是"再繁华四年"。

12 月的股市就没那么好了。12 月初，股市出现了再一次严重下挫，而且比 6 月的跌幅更大。12 月 7 日，这个可怕的日子，疲惫迟缓的行情显示器报出了无线电公司股票跌 72 点的消息。当全面萧条似乎就要开始的时候，股市又恢复了平稳。几周紊乱的价格之后，股价再一次上扬。1928 年全年，《纽约时报》工业股 6 月股市却出现了第一次衰退，一股来自西部的"龙卷风"全力席卷了整个华尔街，前三个星期的跌幅几乎达到了 3 月份的全部涨幅。6 月 12 日这天损失尤为惨重，具有里程碑意义。纽约的一家最保守的报纸开始列数当天发生的事件，并且报道说"华尔街的牛市昨日崩溃，爆炸声响彻世界各国"。行情显示器报价已经比实际交易价格慢了近 2 个小时。在 5 月曾突破 200 点记录的美国无线电公司股价下跌了 23.5 点。

股市下跌的消息惊动了总统胡佛，他赶紧向新闻界发布讲话说："美国商业基础良好，生产和分配并未失去以往的平衡。"有关的政府财政官员也出面力挺股市。但此时人们的神经已经异常脆弱，股市在经过昙花一现的上扬后，就开始了噩梦般的暴跌。

跳楼的不仅是股指，在这场股灾中，数以千计的人跳楼自杀。欧文·费雪这位大经济学家几天之中损失了几百万美元，顷刻间倾家荡产，从此负债累累，直到 1947 年在穷困潦倒中去世。

1929 年股崩发生之后，公众的财产如同被洗劫了一般，迷茫和悲哀最终转化成了怀疑与愤怒，他们将矛头指向了曾经鼓励他们把资金投向股市的银行家们。随后，美国参议院即对股市进行了调查，发现有严重的操纵、欺诈和内幕交易行为。1932 年银行倒闭风潮，又暴露出金融界的诸多问题。多年来，西方经济学家对 1929 年大危机爆发的原因提出了许多不同的观点，但是，正如美国经济学家莱维·巴特拉所指出的那样：事实上，发生这场大危机的原因至今仍然困扰着专家们。

从危机开始的时候，人们对危机爆发的原因的猜测就没有停止过。人们在股市面前表现出的疯狂是一个重要原因，除了这个之外，还存在以下两个方面的原因：

第一个原因是内幕交易。按照现在的定义，内幕交易是指内幕人员和以不正当手段获取内幕信息的其他人员违反法律、法规的规定，泄露内幕信息，根据内幕信息买卖证券或者向他人提出买卖证券建议的行为。内幕交易行为人违反了证券市场"公开、公平、公正"的原则，侵犯了投资公众的平等知情权和财产权益。

在这次金融危机中，就存在着内幕交易的行为。其中有两个著名的内幕人士，一个是大通银行的总裁阿尔伯特·威金，另一个是花旗银行的总裁查理斯·米切尔。

第二个方面的原因是基本经济的问题。人们在分析股市行情的时候，经常会用到一个词：基本面。这个词就是基本经济的意思。股市作为经济的晴雨表，总体上受制于基本经济的表现。通常，基本经济形势好的时候，股市会上涨，基本经济形势不好的时候，股市会下跌。

美国股市的危机，进而引发的经济危机，除了人们本身的狂热之外，在股市的制度建设和基本经济层面存在的问题，同样起了推波助澜的作用。经济危机的爆发，摧毁了美国人的财富梦想，但是也让他们认识到经济存在的诸多问题，美国开始了变革的道路。

在痛定思痛、总结教训的基础上，从 1933 年开始，罗斯福政府对证券监管体制进行了根本性的改革。建立了一套行之有效的以法律为基础的监管构架，重树了广大投资者对股市的信心，保证了证券市场此后数十年的平稳发展，并为世界上许多国家所仿效。这样，以 1929 年大股灾为契机，一个现代化的、科学的和有效监管的金融体系在美国宣告诞生。经历了大混乱与大崩溃之后，美国股市终于开始迈向理性、公正和透明。此后，经过罗斯福新政和二次大战对经济的刺激，美国股市逐渐恢复元气，到 1954 年终于回到了股灾前的水平。

上世纪 20 年代的美国，既是全民投资发热时代，也是资本市场内幕交易泛滥的时代；既是让人无奈的垄断时代，也是令人欣慰的经济大发展时代。由于这一时代烙刻在各种历史记载中，使我们得以详尽了解 20 年代疯狂繁荣之后的长期萧条，看到萧条时期罗斯福新政以及经济结构的急剧转变。

正所谓福兮祸之所依，祸兮福之所伏。1929 年的股崩粉碎了美国人的发财梦，却也让他们看到繁荣之下的美国社会隐藏的许多问题；经过灾后重建，美国社会发生了天翻地覆的变化，并最终取代了英国，成为国际经济中的霸主。

引发二战的根本原因——经济萧条

经济大衰退是于 1929 年在美国发生的。当时，美国大部分的股票价格暴跌，股票市场崩溃，很多人在一夜间丧失全部资产，引起了全国的经济大恐慌。大量工厂、银行因此倒闭，全国陷入经济困境。

1929 年 10 月 29 日是美国历史上最黑暗的一天。"黑色星期二"是股票市场崩盘的日子，"经济大萧条"也正式开始。失业率攀升到最高点，1933 年，有四分之一的劳工失业。

1929 年的经济大危机引发了各国严重的政治危机，为摆脱经济危机打起了贸易壁垒战，严重依赖美国的德国与严重依赖外国市场的日本，都无法通过自身内部经济政策的调整来摆脱危机，只能借助原有的军国主义与专制主义传统，建立法西斯专政进行疯狂对外扩张，欧、亚战争策源地形成。

1931 年日本发动九一八事变、1935 ～ 1936 年意大利侵略埃塞俄比亚、1936 ～ 1939 年德、意武装干涉西班牙、德国吞并奥地利、慕尼黑协定的签订和德国占领捷克斯洛伐克、1939 年 9 月初德国突袭波兰。

美国于 1941 年加入第二次世界大战后，经济大萧条也随之退出。美国与英国、法国和苏联等同盟国共同对抗德国、意大利与日本。这场战争死亡的人数不断增加。在德国于 1945 年 5 月投降之后，欧洲区的战火也随之熄灭。在美国于广岛与长崎投下原子弹，日本也随即在 1945 年 9 月投降。

经济大衰退导致极权主义在德国、日本兴起，而且带给美、英、法等西方国家严重的失业及社会不稳定等问题，致使它们没有能力联合起来阻止极权国家的侵略行动。而罗斯福新政在一定程度上减缓了经济危机对美国经济的严重破坏，促进了社会生产力的恢复。由于经济的恢复，使社会矛盾相对缓和，从而遏制了美国的法西斯势力。

在经济危机的大背景之下，贸易摩擦逐步转化成军事对抗，最终导致第二次世界大战爆发。1929 ～ 1933 年的世界经济危机，是两次大战间由和平向战争过渡的重要历史时期。在长达 4 年的危机中，面对经济危机，各国不以世界经济的整体安全为首要目标，而是从狭隘的国家利益出发，采取了损人利己、以图自保的经济政策。

在经济危机中，国家间对市场的争夺，使各国分裂对立程度加深，出现了以某国为核心的集团化对抗。在金融领域，英、美、日等国纷纷宣布本国放弃"金本位"，在贸易战中通过降价用"廉价"商品对别国进行"倾销"。彼此金融联系密切的国家，也如法炮制地组成诸如英镑、美元集团、日元集团等相互对立、封闭的货币集团。类似做法，扩大了经济冲突，最终导致国家集团对抗局面的形成。

世界经济危机对德国打击沉重。危机高峰时的 1932 年一年中，德国工业产量比 1929 年下降将近一半。危机期间，德国失业者用废旧物品搭成住房，而统治阶级实行征收新税、削减工资、削减救济金和养老金等政策，力图把危机转嫁到劳动人民的肩上，致使社会矛盾激化。

在经济危机袭击下，法西斯党的影响迅速增长，最终使希特勒上台成为可能，并将德国带向一条战争不归路。1936 年 3 月，希特勒政府废除《洛迦诺公约》。至此，二战的欧洲战争策源地在德国形成。

危机加快日本侵略步伐，在"大萧条"前的 1927 年，日本就爆发了金融危机。银行与企业的破产导致日本政局动荡，促使军国主义头目田中义一内阁上台。1929 年美国空前的"大萧条"迅速波及日本，外出逃荒、倒毙路旁、全家自杀、卖儿卖女的事件层出不穷。面对经济危机与社会矛盾，日本财阀越来越感到有必要建立"强力政权"，致使以陆军为主力的法西斯势力乘机抬头，利用英美经济危机、中国内乱，加大了入侵中国的步伐。1936 年 8 月，日本决定了"向南部海洋发展"的"国策大纲"；1936 年 11 月，日本同纳粹德国缔结《日德防共协定》。至此，亚洲战争策源地形成。

历史已经证明，巨大经济危机可改变许多国家的面貌，当年的经济危机导致德日法西斯的上台，直接结果就是二战的巨大灾难。

在全球性经济危机推动下酿就的战争——二战成为人类发展史上的最惨痛经历。如今，金融危机在世界各国蔓延，世界大战有可能再次爆发吗？

针对美国兰德公司向美国国防部提出的"7000 亿美元救市效果很可能不如拿 7000 亿美元发动一场战争"的评估报告以及网民热议"美国发动战争转嫁经济危机"的讨论，经济危机的确是爆发二战的重要根源之一，但经济危机的后果不必然就是战争。

从目前看，尽管全球面临经济危机的威胁，但全球一体化下强有力的国际组织、国家紧密协调与国际呼吁合作的"救市"基调，都使集团性对抗与战争思潮没有存在的土壤与根基。但同时，由于经济与政治密不可分，经济危机可能直接导致各国政局不稳，由经济危机引发的局部冲突不可忽视。

"经济危机引发战争"的确是过去的一种研究视角与看法，如帝国主义体系下不可调和的国家矛盾往往是通过侵略或战争最后解决。但是，经济萧条带来的巨大打击仍然不容忽视。我们应该以史为鉴，吸取上世纪的经验和教训，这样才能在经济萧条到来的时候，发挥出政府更强有力的作用！

外债依赖症——拉美债务危机

1982 年 8 月 12 日，墨西哥因外汇储备已下降至危险线以下，无法偿还到期的公共外债本息（268.3 亿美元），不得不宣布无限期关闭全部汇兑市场，暂停偿付外债，并把国内金融机构中的外汇存款一律转换为本国货币。墨西哥的私人财团也趁机纷纷宣布推迟还债。继墨西哥之后，巴西、委内瑞拉、阿根廷、秘鲁和智利等国也相继发生还债困难，纷纷宣布终止或推迟偿还外债。到 1986 年底，拉美发展中国家债务总额飙升到 10350 亿美元，且债务高度集中，短期贷款和浮动利率贷款比重过大，巴西、阿根廷等拉美国家外债负担最为沉重。近 40 个发展中国家要求重新安排债务。

20 世纪 90 年代之前，金融危机通常表现为某种单一形式。比如，20 世纪 60 年代的英镑危机为单纯的货币危机，20 世纪 80 年代的美国储贷协会危机为典型的银行危机。但自 20 世纪 90 年代以来，货币危机、银行危机以及债务危机同时或相继爆发，成为经济危机的一个典型特征。

拉美债务危机的成因源于 20 世纪 70 年代油价暴涨带来的过剩流动性和流入发展中经济体的石油出口国储蓄。在低利率资金的诱惑下，阿根廷、巴西、墨西哥和秘鲁等拉美国家借入了大量以硬通货计价的债务。然而，随着利率上升、资本流向逆转、发展中国家货币面临贬值压力，拉美的负债率上升到不可持续的水平。

作为发展中经济体的代表，拉美地区虽有辉煌，但更多的是债务负担甚至危机。拉美的债务就像一座活火山，虽然在经济正常发展时显得很平静，但一旦世界或本国经济甚至非经济因素稍有动荡，就很可能引爆。不幸的是，由于整个世界经济不景气，而拉美地区又处于还债的高峰期，这座火山真的就从墨西哥开始爆发了，很快蔓延到整个拉美。这场危机史称为 20 世纪 80 年代拉美经济发展中"失去的十年"。

回顾拉美债务危机的过程，我们发现尽管各国谨遵国际货币基金组织的指导，可仍无法依靠自己的力量走出困境，最后只得通过减免债务解决。这是由于从 19 世纪初开始，美国就通过各种方式榨干了拉美各国的自然资源，并迫使其消费美国的产品，从而使各国患上"债务依赖症"。最终美国通过政策的转换，将吸血的针管成功地插入了拉美的心脏。偿付外债利息，这在国际金融界引起了巨大的震动。随后，巴西、阿根廷等国也相继发生类似的清偿危机，一些小国也程度不同地卷入这场危机中。

拉美债务危机的发展，大致可分为三个阶段：以还债为重点和紧缩调整阶段；以恢复经济增长为重点的"贝克计划"阶段；以减免债务为重点的"布雷迪计划"阶段。拉美债务危机，持续时间特别长，涉及范围特别广，它严重地削弱了发展中国家的经济，破坏了这些国家政局的稳定，并进一步冲击着国际金融秩序的基础，因而这场危机决不像西方国家所说的那样只是少数债务国经济结构不合理、经济管理不善、资金流通不畅的问题，也就是说这场危机不仅仅是一个经济问题，而更大程度上是一个政治问题。

一种处理拉丁美洲债务问题的方法是拒绝债务重组。这种方法认为，解决债务问题的关键就在于为严厉财政调整提供所需的时间，而美国支持下的 IMF 将提供所需资金。1985 年，贝克计划阐述了这一做法，推行私营部门参与自愿性银行贷款重组，延长财政调整时期。其结果是大量债务负担影响了投资，导致了日益增多的资本外逃和增长疲软，债务比例不断上升。这就是众所周知的拉丁美洲"停滞的 10 年"。

以美国为首的西方发达资本主义国家把债务危机仅仅看成是经济问题，认为只要通过适当的经济手段就可以解决问题。而实际上，"贝克计划"与"布雷迪计划"的不同只是形式和侧重点的不同，本质上并没有区别。因此债务危机的解失绝对不是一朝一夕的事情，必须由南北国家一起坐下来通过政治手段予以解决。

直到 20 世纪 90 年代，债务重组的参与方才认识到，失去偿债能力的国家需要真正的债务减免，即减少债务名义价值。这就是布雷迪计划，不可转换且无力偿还的银行贷款通过一定折扣变为可转换布雷迪债券，直到 2003 年拉美才走出债务危机的阴影。

对现代化建设的急于求成，使拉美国家政府在 20 世纪一直采取赤字财政政策，加之 20 世纪 70 年代以来宽松的国际货币环境和拉美国家过度的超前消费，使其患上了"债务依赖症"。在经济发展向好时，大量的私人资本涌入，助长了经济繁荣，但同时又埋下了更多的债务危机的"火种"。一旦经济形势稍有逆转，外资就会迅速撤离，从而导致股市暴跌，货币贬值，而这更加重了经济的困难。在这时，拉美就需要满足国际货币基金组织那些不切实际的痛苦的改革过程，以得到大量的救济资金，从而使自己暂时摆脱危机的困扰。这样，在背上了更沉重的债务负担后，下一个"恶性循环"又开始了。

因此，要彻底解决拉美国家的危机，必须摆脱目前严重依赖外部资金的局面，以戒掉可怕的债务"吸毒"之瘾。而其中的关键就是要建立一条适合自己国家特点的发展道路，形成自我发展、自我循环的国内经济体制。

只有认清这一经济问题的国际政治背景，才能采取切实有效的措施来解决债务危机。换句话说，只有改变旧的国际政治经济秩序，才能从根本上消除债务危机产生的根源，才能维持国际政治秩序和经济秩序的和平与稳定。

世纪豪赌——英镑阻击战

1992 年 9 月，乔治·索罗斯赢得了他有生以来最大的一次赌注——在 1992 年 9 月 16 日短短一夜时间里，他赚了 9.58 亿美元！有人说这是人类金融史上最大的一笔赌注，这次豪赌的成功使索罗斯得到了"世界上最伟大的投资家"的称号。

1990 年，英国加入西欧国家创立的新货币机制——欧洲汇率体系（ERM）。《马斯特里赫特条约》签署之后，英镑对马克的汇率是 1 ：2.95，英镑明显被高估了。虽然当时都知道以英国的经济实力是无法支撑如此高的汇率水平的，投机者也都知道英镑存在贬值的危险。但是他们都不敢轻举妄动，因为英镑背后不仅仅是英格兰银行，而是整个欧洲汇率体系成员国。不幸的是，索罗斯不是一般的投机者。

索罗斯敏锐地意识到，英国犯了一个致命错误，欧洲货币汇率机制已无法继续维持。因为欧洲汇率体系存在无法调和的矛盾：由于各国的经济实力以及各自的国家利益的差异，它们的货币政策很难保持协调一致，构成欧洲汇率机制的链条某一环节一旦松动，整个汇率机制就面临崩溃的危险。德国面对国内不断严重的通货膨胀问题不会顾及别国的感受，会采取提高利率的措施来平稳国内经济，这将会为本来就被高估的英镑带来致命打击。英国想指望德国出力来维持自己的汇率水平无疑是一厢情愿的空想。

索罗斯瞄准了这一点，决定把宝压在德国人绝不让步和坚持原则的个性上，他相信处于东德重建阶段经济已严重过热的德国，不会冒着加重本国通货膨胀的危险而降低马克利率去帮助英国。

历史好像就是按照他的设想发展的。在《马斯特里赫特条约》签订后不到一年时间，几个欧洲国家已很难协调行动。1992 年西欧遭受了金融危机，包括英国在内的许多国家经济出现衰退。英国企图降低其利率，然而德国因国内通货膨胀问题不愿意降低利率，他们深惧通货膨胀会再次出现在德国，他们至今对 20 世纪 20 年代的经济危机记忆犹新，正是那场通货膨胀导致德国的经济走向崩溃。如果德国不降低利率，其他欧洲国家也不会降低。通过"宫廷政变"上台的梅杰首相并没有足够的魄力和能力来解决这一复杂的经济问题，1992 年夏季过后，英国政府只是表示要坚持在这次风暴中求得生存，不让英镑贬值，不脱离汇兑机制。

索罗斯认为，英国经济不可能继续保持汇兑机制，英国政府唯一可行的解决办法就是降低利率，但这将削弱英镑，并迫使英国退出货币汇率机制。同时，在伦敦金融领域内，投机商们正在投机英镑，在最初的几个月里他们已开始占据了相当大的市场份额。

英国政府最不愿看到的情景出现了，1992 年 7 月，德国国内利率不降反升，贴现率升为 8.75％，如此高的利息率立即引起外汇市场出现抛售其他货币而抢购马克的风暴。这一行动再一次把英镑推向了贬值的风口浪尖之上。蛰伏了三年的索罗斯也觉得时机已经成熟，可以实践他理论的最高境界了，他建立了 100 亿美元的仓位卖空英镑，于是一场个人与一国央行之间的世纪豪赌拉开了序幕。

1992 年 9 月 10 日下午一开盘，索罗斯率先攻城，大量抛售英镑买入马克和美元，并把外汇期货市场的空单一扫而光。他的操作手法非常复杂，简单说来就是：从银行借贷大量英镑，拿到外汇市场上去卖掉，换成德国马克和美元，巨大的卖出压力将迫使英镑贬值。如果计划成功，就可以用比卖出的时候便宜得多的价格再买回英镑，还给银行。"高价卖出，低价买进"之间的差额就是索罗斯的利润。

如果只是索罗斯一个人与英国较量，英国政府也许还有一丝希望，但索罗斯"不是一个人在战斗"，他抛售英镑的行为，迅速吸引了大量的跟风卖盘——全世界的外汇投机者都开始一拥而上疯狂卖出英镑。汹涌的卖空单把英镑汇率一直往下打压。由于德国抛弃英国的消息已经传开，空单的买者寥寥无几，所以大部分游资看到在外汇期货已经没多少利润就转到外汇市场，他们疯狂地抛售英镑买入美元等强势货币。英国政府面对攻城者的猛烈攻势只能硬着头皮防守，不断地买入英镑。收盘时，在英国政府的干预下英镑对马克的汇率稳定在 1：2.88 的水平上，比当天最高点下跌了 1.7 个点。但是所有的人都知道，这只是第一轮进攻，更强烈的攻势还在后面，而英国政府明知道这是个陷阱却不得不往里面跳，不然会造成英镑汇率的崩溃，这是他们无法承受的。

9 月 11 日，外汇期货市场上英镑对美元只有空盘；而在外汇市场上，更多的机构和资金参与到英镑的狙击中，他们不断地卖出英镑，买入美元和马克，英镑一时间成为众矢之的。

在英国政府的苦苦支撑下，英镑对马克汇率跌了 5 个点。经过几轮的防守，英国政府的护盘资金也消耗殆尽，伦敦如何抵挡国际投机商们潮水般的进攻？英镑的末日眼看就要到来。不出世人所料，9 月 15 日一开盘，英国政府已无力再救市，英镑再也支持不住，开始崩溃。

英国退出欧洲货币体系可以说是欧洲统一货币进程中遭遇到的最大挫折，英国受到的打击最大，索罗斯赚到的钱等于从每个英国人手中拿走了 12.5 英镑。至今，英格兰银行也无法原谅索罗斯对其的阻击行为。但是在一般英国公众眼里，索罗斯却是一位伟大的英雄，英国公众以传统的英国方式说，"保佑他，如果他从我们愚蠢的政府手中获得 10 亿美元，他就是一个亿万富翁了"，就连《经济学家》杂志也将其称为"打垮了英格兰银行的人"。

英镑危机可以说是欧洲一体化进程中的一个不大不小的插曲，由于体制运行中出现的机制及政治因素，使得本来运行良好的汇率机制出现了裂缝，于是被国际游资大炒了一把。

研究英镑危机不得不涉及整个欧洲一体。客观地讲，索罗斯确实是金融投资领域的一个天才，他的一言一行确实能起到左右市场的作用。1993 年《商业周刊》将其称为"可以改变市场的人"一点都不为过。而一名电视台记者的描述则更加形象：索罗斯投资于黄金，所以大家都认为应该投资黄金，于是黄金价格上涨；索罗斯写文章质疑德国马克的价值，于是马克汇价下跌；索罗斯投资于伦敦的房地产，那里原本低迷的房产价格在一夜之间得以扭转。索罗斯的一举一动，足以影响资本市场的变动。

索罗斯的赌博出了名，《福布斯》杂志对此作了报道。伦敦的《每日电讯》在 10 月双面头版以巨大的黑体大标题作了报道，标题是："由于英镑暴跌，我获利 10 亿美金"。

世界最大的金融丑闻——住友期铜事件

早在 16 世纪时，住友家族因在四国岛上开创并经营一座铜矿而日益发展壮大，成为日本官方指定的供铜商，主要服务于当时日本一些极具实力的名门望族，其中包括在 1603 ~ 1868 年间统治日本长达 200 多年的德川幕府。当时，该家族的掌门人自豪地宣称，住友商社是全球最大的铜出口商。

19 世纪中叶，日本市场逐步对西方开放，住友商社也更为广泛地在冶钢及炼钢等领域发展起来。到 20 世纪初，住友家族已经迅速发展成为日本第三大金融财阀。

20 世纪 30 年代及第二次世界大战期间，一些颇具政治影响力的垄断集团成为日本军国主义的主要追随者，住友财团也不例外。在此期间，住友财团的家族集中化更加明显，该财团的大部分产业都集中到了住友家族手中。到 1937 年，住友家族的第 16 代传人已经掌握了财团股本总额的 90% 之多。

发生在上世纪 90 年代末的"住友期铜事件"被称为是世界上最大的金融丑闻。其实该事件并不复杂，可以简单地总结为"住友交易员滨中泰男企图操纵期铜价格，而最终被阻击"这么简单的一句话。

但是，这个事件的背后还是有很多需要我们思考的东西：作为叱咤期铜市场 20 余载的交易员为什么会犯下如此大的错误，难道他不懂得期货市场规避风险的方法吗？伦敦金属期货交易所——世界上影响力最大的金属期货交易所，它的管理体制为什么一直被人们所诟病，它在这件事中又扮演了一个什么样的角色呢？有人评论说，伦敦金属期货交易所是"金融大鳄"聚集的"沼泽地"，那么这些"大鳄"们在这个零和博弈的市场上是通过何种手法来获取超额利润的呢？期货是一个以小博大的投资方式，在变幻莫测的市场面前，前人在不断的操作过程中也是总结了一系列的经验，这些经验真的有用吗？

1996 年 6 月 14 日，住友商社宣布：该公司有色金属交易部首席交易员滨中泰男从事的国际期铜交易，造成了至少 18 亿美元的巨额损失。此举当时被称为"前无古人"的世界最大的金融丑闻，成为期货市场的典型案例。那么滨中泰男是何许人也？他的操作手法又是怎样的呢？

1970 年，滨中泰男加盟住友商社，自此以后他在国际铜市上连续征战了 20 年。在这 20 年中，通过其自己的努力逐渐得到圈内人士的认可。

滨中泰男所带领的住友商社有色金属交易部曾控制着全球铜交易量的 5% 之多。在"控制现货的就是（期货）庄家"的期货市场，这一战绩足以使得他能够在交易中要风得风，要雨得雨。"锤子"是从滨中泰男的英译名称 yasuohamanaka 演绎而来的，因为滨中泰男在英语中的读音与"锤子"十分类似，主要是因为它正反映了滨中泰男在交易中所具有的锤子一般坚硬的性格。这种性格促使其取得重大的成功，但或许也正是这种性格把他推向万劫不复的深渊。

此次事件全面爆发于 1996 年 6 月，但整个事件却持续了近 10 年。早在 1991 年，住友商社首席交易员滨中泰男在伦敦金属期货交易所铜市场上就有伪造交易记录、操纵市场价格的迹象，但是由于伦敦金属期货交易所的特殊性，这些行为并没有得到及时的处理。直到 1994 年和 1995 年，由于控制了许多交割仓库的库存，导致伦敦金属期货交易所铜价从最初的 1600 美元 / 吨单边上扬，最高达到 3082 美元 / 吨的高位。到 1995 年下半年，随着铜产量的大幅增加，越来越多的卖空者加入抛售者的行列，其中不乏一些国际知名的金融大鳄，使得伦敦铜价从高点一度跌至 1995 年 5 月份的 2720 美元 / 吨左右。但是，自信的滨中泰男继续投入几十亿多头头寸，利用他驾轻就熟的逼空手法开始操纵铜价，又将铜价在七八月份拉升至 3000 美元以上。

人算不如天算。1995 年 10 ~ 11 月，有人开始意识到期铜各月合约之间价差的不合理状态，美国商品期货交易委员会开始对住友商社在美国国债和铜期货市场的异常交易情况进行调查，在美国的通报与压力下，伦敦金属交易所也开始了调查。

虽然经过滨中泰男的最后挣扎，使得铜价在 1996 年 5 月份维持在 2700 美元以上。但是，随着调查的深入，市场有关滨中泰男将被迫辞职的谣言四处流传，被滨中泰男一度逼到悬崖边的金融大鳄们终于发动了强有力的反击，伦敦铜价从 5 月份 2720 美元 / 吨高位一路狂泄至 6 月份 1700 美元 / 吨左右。短短一个多月，跌幅超过 1000 多美元。事件发生后，按照当时的价格计算，住友商社的亏损额约在 19 亿美元左右，但是，接踵而来的恐慌性抛盘打击，更使住友商社的多头头寸亏损扩大至 40 亿美元。

滨中泰男于 1998 年被东京法院以欺诈罪与伪造罪判处入狱 8 年，成为历史上受罚最重的个人交易员。整个事件并没有因为滨中泰男的锒铛入狱而终结，在随后的处理过程中住友商社起诉了瑞银和大通曼哈顿银行，称它们为该公司前首席铜交易员滨中泰男未经授权的交易提供融资。住友商社当时在诉讼中称，大通曼哈顿银行和瑞银通过安排贷款帮助滨中泰男隐藏亏损，因而他得以操纵市场。最终，2006 年，在晚于大通曼哈顿银行赔偿 1.25 亿美元 4 年之后，瑞银赔偿 8700 万美元，与住友达成庭外和解。至此，这场沸沸扬扬持续了 10 年的丑闻事件终于"尘埃落定"。

发生在国际金融市场上的一场场闹剧并没有因为该事件的结束而落幕，而是呈现出"你方唱罢我登场"的热闹场面，"前无古人"并不代表着"后无来者"，在这之后又出现了"株冶锌事件""铝价操纵案"以及我国的"刘其兵事件"等影响较大的期货操纵案。

通过分析这些案例可以发现一些共同点：第一，这些案件的发生都与温和的监管方式及松散的规则，以及市场的不透明及监督无力是分不开的；第二，案件中频频出现大金融机构的身影，这些所谓的"金融大鳄"利用其雄厚的资金实力和熟练的操作手法一次又一次地把那些妄图操纵市场的"英雄"们挑下马；第三，所有事件中都有"不守规矩"的所谓"英雄人物"存在，人性贪婪和自负的一面在这里表现得淋漓尽致。

期货交易以其"以小博大"的特点引来很多投资和投机者，但是，要想在这个市场生存下去却需要对其进行深入的研究，做到"知己知彼，百战不殆"。

双头鹰的梦魇——俄罗斯金融危机

1998 年 8 月 17 日，俄罗斯联邦政府宣布卢布贬值，并推迟所有外债偿还期，不仅导致大量投资俄罗斯政府国债的投机资本损失惨重，而且致使国际商业银行的大量金融债权难以收回，引发俄罗斯债务危机。俄罗斯从 1997 年 10 月到 1998 年 8 月经历了由三次金融大风波构成的金融危机。其特点是，金融大波动的间隔越来越短，规模越来越大，程度越来越深，最终导致两届政府的垮台，甚至波及全球，产生全球效应。这是很值得深思的一个问题。

俄罗斯严重的财政、债务危机突然暴露在世人面前，引起投资者的心理恐慌。其实，俄自 1992 年以来一直存在财政赤字，由于政府采取发行国债、举借外债、拖延支付等所谓"软赤字"办法加以弥补，再加上偿付债息不包括在预算支出内，因此公布的财政赤字不高（除 1994 年赤字占 GDP10.7% 外，其余年份均在 3% ~ 4.6% 之间），民众不甚了解其实际严重程度（实际在 8% ~ 10% 之间），1998 年大笔债务陆续到期，拖欠需要偿还，新政府要承担偿债任务，责任重大，才公布了财政债务危机的严重情况。

可以说俄罗斯金融危机与其他金融危机的表现大体相同，都是债市、股市和汇市连环波动，相互影响，致使金融市场瘫痪，金融资产大幅缩水，货币迅速贬值。但是，值得注意的是俄罗斯金融危机不是长期经济过热的结果，而是过冷的结果。比如，东南亚国家基本都是在经济高速增长、长期经济过热的情况下，被国际投机资本操纵而发生金融危机的。而俄罗斯则在经济连年下降、投资锐减的条件下爆发金融危机，这是值得我们深思的地方。

俄罗斯经济经过 1992 ~ 1996 年连续 5 年负增长后，1997 年出现稳定迹象，1997 年 GDP 增长在改革以来首次出现正数(0.4%)。正当人们乐观地认为俄的经济形势开始好转，准备迎接 1998 年"经济回升年"的时候，这一增长势头很快消失，出现了比较严重的经济危机，政府不得不把这一年改为"严重危机年"。自 1997 年 10 月以来，俄罗斯发生了三次较大的金融危机：1997 年 10 ~ 11 月、1998 年 5 月和 1998 年 7 ~ 8 月，而且一次比一次严重。尤其是 1998 年 8 月发生的危机，给俄金融市场造成巨大动荡，使俄经济处于崩溃边缘，并迅速波及欧美一些国家，引起世界的关注。

1998 年 5 月 27 日，俄罗斯金融市场出现"黑色星期三"。这一天美元与卢布的汇率飙升至 1 美元兑 6.2010 ～ 6.2030 卢布，超过了俄央行"浮动走廊"的上限 6.1880 卢布 / 美元。国债收益率暴涨 60% ～ 80%，股票指数暴跌 10.5%。因卢布跌幅太大，俄股市和外汇市场采用跌停板机制，在莫斯科外汇兑换处或是限量兑换美元，或是停止兑换业务。为防止金融市场崩溃，俄中央银行不得不将再贴现率从 50% 提高到 150%。同时俄政府也采取了加强税收等增收节支措施，致使卢布兑美元汇率止跌回升。

从 1998 年 7 月下旬到 8 月 13 日，反映 100 种股票价格的"俄罗斯交易系统——国际文传电讯"综合指数下跌 55%，跌破该交易系统 3 年前开业的起点。从 8 月 17 日 ～ 9 月 4 日，俄罗斯的股市、债市和汇市基本上陷于停盘交易状态，银行已无力应付居民提款兑美元，整个金融体系和经济运行几乎陷入瘫痪。政府在 8 月 17 日宣布外债延期偿付 90 天，并重组部分内债，将短期债务重组为长期债务。这实际上宣布了卢布贬值以及政府对内外债务丧失清偿力。这导致股市、汇市、债市一片阴霾，由此带来俄罗斯的企业和银行倒闭、物价飞涨、经济衰退。

俄罗斯从 1997 年 10 月到 1998 年 8 月经历的三次金融大风波的根本原因是长期推行货币主义政策，导致生产萎缩、经济虚弱、财政拮据，一直靠出卖资源、举借内外债支撑。但具体诱因则有所不同。第一次大波动主要是外来的，由东亚金融危机波及之故；第二、三次则主要是俄政府的政策失误，引起对政府的不信任所致，国际金融炒家染指俄金融市场也是产生全球效应的一个重要原因。

面对上述不断发生的金融市场动荡，俄罗斯政府当时采取的对策主要有以下三条：

其一，保卢布，办法是提高利率。央行将贴现率由 5 月 19 日的 30% 不断上调至 5 月 27 日的 150%。短短 8 天，提高了 4 倍。6 月 4 日起曾降至 60%，但不久又上调至 110%。同时抛售美元干预汇率，外汇储备由年初的 200 亿美元减少到 150 亿美元。

其二，以货抵债，俄罗斯首先用这种方式成功解决了对捷克的债务。俄罗斯对捷克的债务绝大部分是前苏联时期遗留下来的，共计 36 亿美元，至 2002 年初还有 11 亿美元尚未还清。自 1994 年起，俄罗斯主要用商品偿还债务利息，2002 年开始偿还债务本金。同年 2 月，俄罗斯与捷克签署了俄罗斯用商品偿还捷克债务的初步协定，俄罗斯用价值 2.1 亿美元的商品偿还所欠捷克的部分债务。用以还债的商品主要是用于核检测的专门设备、核燃料、冶金产品、电力、零部件及军用器材。

其三，债务互换。2000 年 2 月 14 日，经过长达 18 个月的谈判，俄罗斯政府终于与伦敦俱乐部的国际商业银行们达成债务重新结构化协议。该协议是债务重组和债务互换的混合体。协议规定，西方国际商业银行将免去从前苏联以来的俄罗斯政府所累计欠下的 320 亿美元债务中的 36.5%，余下的债务将进行两次转换，一是将承债主体由部分国有的 VneshekonomBank 转换为俄联邦政府，二是将债务本身转换成 30 年期的欧元债券，并有 7 年的宽限期。

俄罗斯的金融危机早已过去了，但是国际金融市场始终都不安定，这场危机的教训，值得我们借鉴。经济改革和发展需要一个稳定的政治局面，政治稳定是发展经济的前提。一个稳定的政治形势和一个稳定的政府，才能制定稳定的政治和经济政策。人们在稳定的政治和经济政策下，才可以安心从事商业活动，创造社会财富。反观俄罗斯的情况，我们看到的是整个政治形势非常混乱。从苏联解体后，俄罗斯的政治就处于一片混乱中。外国投资者对政府很不信任，导致资金大量外逃，金融形势恶化。另一方面，每个国家都要实行适合本国国情的发展制度，在他国取得成功的经验在本国不一定成功，照搬他国的经验必然会导致失败。根据本国的实际情况逐步建立对外开放的政策，完善本国经济结构，减少对外资的依赖，增强对金融危机的预见性是维持本国经济长久、持续、健康稳定发展的必要条件。

美国史上最大的破产案——安然神话的破灭

一直以来，安然身上都笼罩着一层层的金色光环：作为世界最大的能源交易商，安然在 2000 年的总收入高达 1010 亿美元，名列《财富》杂志"美国 500 强"的第七名；掌控着美国 20% 的电能和天然气交易，是华尔街竞相追捧的宠儿；安然股票是所有的证券评级机构都强力推荐的绩优股，股价高达 70 多美元并且仍然呈上升之势；直到破产前，公司营运业务覆盖全球 40 个国家和地区，共有雇员 2.1 万人，资产额高达 620 亿美元。安然一直鼓吹自己是"全球领先企业"，业务包括能源批发与零售、宽带、能源运输以及金融交易。

安然曾经被认为是美国创富神话的巅峰之作。在它的辉煌时期，它的每一个动作都会成为华尔街追捧的对象，好像有一种魔力，它可以把传统行业改造成流动性强的创新性行业。

是什么力量把这个大厦推倒的呢？与布什总统及白宫有着千丝万缕关系的 CEO 肯尼斯·雷是怎样的一个人？为什么安然申请破产后，斯基林仍坚持安然的失败是由于卖空者和媒体制造的挤兑风潮？难道说安然真的是被法斯托的财务诡计搞垮的？有人说，安然的破产不仅代表着一家公司的灭亡，而且还是一个时代的终结，动摇了美国金融市场的信用，那么这个神话是怎样一步一步破灭的。

2001 年初，一个投资商经过对安然盈利模式的分析，披露了一个惊人的结论：尽管安然的业务表面上很辉煌，但其实根本无法盈利。这个投资商通过以下两个方面来论证自己的结论：虽然安然的业务看起来很辉煌，但实际上赚不到什么钱，也没有人能够说清安然是怎么赚钱的。据他分析，安然的盈利率在 2000 年为 5%，到了 2001 年初就降到 2% 以下，对于投资者来说，投资回报率仅有 7% 左右。另一方面，他还注意到作为安然首席执行官的斯基林一边宣称该公司股票将会涨至 126 美元，一边在抛售自己手中的股票，而按照美国法律规定，公司董事会成员如果没有离开董事会，就不能抛出手中持有的公司股票。在这之后，对安然神话的质疑之声开始逐渐多起来，呈现出一种"墙倒众人推"的态势。这个处于巅峰时期的华尔街新宠开始成为人们质疑的焦点，它的一个个耀眼的金色光环也开始一层层地褪去。

一直以来，安然公司都以防范竞争对手的名义拒绝公开公司的任何收入或细节利润，但是其所提供的财务报表又凌乱不堪，就连一些专门热衷于财务分析的专业人士都无法弄清楚财务报表上这些数据的来源，对于一家如此大型的公司，竟然连财务报表都如此混乱，不能不令人产生怀疑。继此次质疑之后，波士顿一家证券公司经过认真调查研究，发表了一份专门针对安然公司的分析报告，该分析报告指出，1996 年，安然公司的利润率为 21%，但是到了 2000 年，该公司的利润率便下降至 16%，2001 年更是下降到了只有 1.5% 的水平。最后，该分析报告向公众提出了一个结论性的意见：建议投资者将手中持有的安然股票抛售。安然公司的股票价格已经从 3 月份的 80 美元每股跌至 42 美元每股，上任不久的首席执行官杰夫·斯基林意识到事态的严重性，突然宣布辞职，这使得原本已成众矢之的的安然公司雪上加霜。不久，美国证券交易委员会终于对安然展开了全面的调查。继此次调查之后，安然公司的股票价格一路暴跌。同年，安然公司正式拍卖几项资产及其在资产中的控股权，最终，这个经历了二十年辉煌时期的安然公司彻底覆灭，退出了世界 500 强企业的舞台。

作为美国史上最大的破产案，安然事件连同美国 9.11 事件、世界通信公司会计造假案和安达信解体，被美国证监会前主席哈维·皮特称为美国金融证券市场遭遇的"四大危机"，可见安然事件对美国经济的影响之大。

首先，安然的财务危机严重影响了美国乃至全球资本市场。自安然事件发生以后，美国投资者信心受到严重影响，华尔街股市一再下跌，不断创造股市新低。据估计，自安然事件发生后的半年多时间，投资者在美国股市的投资资产缩水了 2.5 万亿美元，相当于美国 GDP 的四分之一。安然的财务危机给汇市、债市、期市、金市带来很大影响。美元持续贬值，美元、日元、欧元三大货币在各国外汇储备中的比例发生很大变化。在期货市场上，金属交易特别是与安然有关的金属交易剧烈波动，债市亦动荡不安，黄金价格则一路上扬。

其次，影响大公司的诚信度。一批有影响的企业舞弊案相继暴露出来，IBM、思科、施乐、摩根大通银行等大企业也传出存在财务违规行为。

第三，安然的破产使美国重新审视自己的监管体制。安然神话破灭动摇了美国证券市场诚信度，使投资者对上市公司信息披露真实性、财务报表可靠性、证券分析师推荐有效性以及评级机构结论可信度产生了置疑。安然事件已经尘埃落定，但是它给我们留下的思考还远未结束。已知深陷安然丑闻的原全球最大的会计师事务所安达信最终也难逃破产厄运，从而引发了整个会计师行业的信任危机。

安然事件发生后，美国社会对企业制度作了反思，意识到公司治理问题是导致公司舞弊的根本原因。以下制度安排存在的缺陷，才是导致安然事件等发生的深层次原因所在。一方面，股票期权制激励了造假动机。股票期权使一些公司的管理者在几年内成为亿万富翁，也鼓励一些人不顾一切地炒作股市，把公司变成个人的"摇钱树"。一些公司的管理者运用包括财务造假在内的各种方法，制造"题材"，创造利润，抬高股价，忽视公司的长远发展，损害了投资者的利益；另一方面，公司独立董事形同虚设。为了防止公司高级管理层利用股权分散滥用"代理人"职权，侵犯中小股东利益，美国十分注重独立董事制度。但安然公司的独立董事却形同虚设，根本没有履行应尽的职责。同时，审计委员会未发挥应有的作用。虽然，美国纽约证券交易所早在 1978 年就要求所有上市公司都要设立由独立董事组成的审计委员会，负责监督外部审计师的审计质量。但是，安然事件充分暴露出美国公司的审计委员会没有发挥应有的作用。上述种种问题表明，美国企业的内部控制也不是完美无缺的，特别是公司高管部门及高管人员有疏于舞弊控制责任的问题。

金融飓风的发源地——美国次贷危机

2007 年初，大西洋彼岸刮起了一场"金融飓风"，以美国著名的住房抵押贷款公司为代表的贷款机构、以美林为代表的投资银行，以及以花旗为代表的金融超市等成为这场"金融飓风"的直接风眼，同时，大大小小的对冲基金、海外投资者等都遭受了飓风的波及。众多金融机构暴露出的巨额亏损消息，一时成为美国社会的热点新闻。美国大多数人认为这只是美国金融的一次小感冒，直到 2007 年下半年，有关金融危机的报道和评论逐渐平息下来，人们似乎又恢复了平静的生活，人们已经暂时忘记了次贷事件。

美国次贷危机发端于 2006 年，在 2007 年夏季全面爆发，进入 2008 年之后愈演愈烈。美国次级抵押贷款市场违约率的进一步上升，造成基于次级抵押贷款资产的证券化产品的市场价值严重缩水。而由于上述证券化产品在全球金融市场上流通，从而造成持有该产品的全球机构投资者出现了巨额账面亏损。次贷危机目前已经成为国际上的一个热点问题。

美国到底发生了什么？危机怎么来得如此急促？接下来还会发生什么？伴随着经济下滑、工作岗位减少、收入降低等一系列的连环事件，人们切实感受到一场新的危机已经来到身边。要了解这场危机的来龙去脉，必须首先了解什么是"次贷危机"。

次贷即"次级按揭贷款"。"次"的意思是：与"高""优"相对应的，形容较差的一方，在"次贷危机"一词中指的是信用低，还债能力低。次级抵押贷款是一个高风险、高收益的行业，指一些贷款机构向信用程度较差和收入不高的借款人提供的贷款。与传统意义上的标准抵押贷款的区别在于，次级抵押贷款对贷款者信用记录和还款能力要求不高，贷款利率相应地比一般抵押贷款高很多。那些因信用记录不好或偿还能力较弱而被银行拒绝提供优质抵押贷款的人，会申请次级抵押贷款购买住房。在房价不断走高时，次级抵押贷款生意兴隆。即使贷款人现金流并不足以偿还贷款，他们也可以通过房产增值获得再贷款来填补缺口。但当房价持平或下跌时，就会出现资金缺口而形成坏账。次级按揭贷款是国外住房按揭的一种类型，贷给没多少收入或个人信用记录较低的人。

在美国，大多数人崇尚提前消费，在住房方面更是如此，"贷款买房"的制度就是一种非常好的金融制度。一般它要求贷款者支付至少 20% 的首付款，表示贷款者的责任心；其次，贷款的总数不能超过贷款者年收入的 4 倍，也就是说年收入 10 万元的家庭，银行顶多借给你 40 万元买房子。这是最基本的金融产品，这个产品使很多原来买不起房子的年轻夫妻可以拥有一处自己的房子，实现了他们的"美国梦"，同时激活了相关的经济。在无限制的"贷款买房"制度下，银行与贷款者的责任与风险都非常清楚：贷款者知道如果付不出每个月的贷款就有可能失去房产和 20% 的首付款；银行知道如果呆账达到一定程度就会被政府关闭，取消营业资格。在责任与风险的平衡下，社会活动平稳运转。

但是问题是，并不是每个美国人都能有资格申请贷款买房。这时候，美国人利用自己的聪明智慧创新出了"次级债"。美国抵押贷款市场的"次级"及"优惠级"是以借款人的信用条件作为划分界限的。根据信用的高低，放贷机构对借款人区别对待，从而形成了两个层次的市场。信用低的人申请不到优惠级，只能在次级市场寻求贷款。两个层次市场的服务对象均为贷款购房者，但次级市场的贷款利率通常比优惠级贷款高2% ~ 3%。次级抵押贷款由于给那些受到歧视或者不符合抵押贷款市场标准的借款者提供贷款，所以在少数族裔高度集中和经济不发达的地区很受欢迎。从这一点来看，应该说美国次级抵押贷款的出发点是好的，在最初的 10 年里，这种金融产品的适度发放也取得了显著的效果。1994 ~ 2006 年，美国的房屋拥有率从 64% 上升 69%，超过 900 万的家庭在这期间拥有了自己的房屋，这很大部分应归功于次级房贷。

1980 年，美国国会为鼓励房贷机构向低收入家庭发放抵押贷款，通过了《存款机构放松管制和货币控制法》。该法取消了抵押贷款利率的传统上限，允许房贷机构以高利率、高费率向低收入者放贷，以补偿房贷机构的放贷风险。在利用次级房贷获得房屋的人群里，有一半以上是少数族裔，其中大部分是低收入者，信用纪录也较差。因此，次级抵押贷款具有高风险性。相比普通抵押贷款 6% ~ 8% 的利率，次级房贷的利率有可能高达10% ~ 12%，这样一来，钱少、信用差的贷款者承担高利率，高利率的放贷者承担高风险，前者有房住，后者赚大钱。

那么，"次贷危机"是如何引发的呢？通俗点来说，"次贷"就是为那些本来没有资格申请住房贷款的人创造一个市场，使这些信用不足的人或者贷款记录不良的人也可以来贷款。这些次级贷款需要通过中介机构来申请，中介机构本来应该把住第一关。但是，中介机构为争取更多的业务，他们开始违规、造假，提供假的数据和假的收入证明。银行看到过去的信用记录很好，于是就向这些申请人贷款。

就这样，连收入证明都拿不出来的人也可以贷款，通过中介机构的包装欺骗银行，银行再把债券卖给房地美和房利美，房地美和房利美在不知情的情况下将其分割成面值更小的债券卖给全世界，包括 AIG 等公司。终于有一天，这些次级债的借款人开始还不起利息了，银行拿不到利息，就不能向房地美和房利美兑现，房地美和房利美拿不到钱就无法给社会大众，于是引发了一连串的经济崩溃。正是如此，一场原本只涉及单一地区、单一金融产品的危机演变成了一场波及全球的金融风暴。

美国从来都是金融衍生产品的缔造者，对金融创新的执着源于对金钱的热爱，环环相扣的资产证券化使财富值呈几何增长。然而随着红极一时的美国次级抵押贷款市场爆出空前的危机，美国的金融机构最终难逃厄运，被自己一手养大的这条毒蛇所反噬。这场由金融创新引发的危机使得购房者、金融机构、布什政府都受到了重创，美国得了流感，全世界都跟着打喷嚏。

金融衍生品的牺牲品——巴林银行倒闭

巴林银行创建于 1763 年，创始人是弗朗西斯·巴林爵士，由于经营灵活变通、富于创新，巴林银行很快就在国际金融领域获得了巨大的成功。

1762 年，弗朗西斯·巴林爵士在伦敦创建了巴林银行，它是世界首家"商业银行"，既为客户提供资金和投资建议，自己也开展贸易活动。其业务范围相当广泛，无论是到刚果提炼金矿，从澳大利亚贩卖羊毛，还是开凿巴拿马运河，巴林银行都可以为之提供贷款。但巴林银行有别于普通的商业银行，它不开发普通客户存款业务，而主要为英国的达官显贵服务，因此它被赋予了"贵族银行"的称号。

1803 年，独立不久的美利坚合众国从法国人手中购买南部的路易斯安那，所有资金就出自巴林银行。尽管当时巴林银行有一个强劲的竞争对手——罗斯柴尔德银行，但巴林银行还是各国政府、各大公司和许多客户的首选银行。1886 年，巴林银行发行"吉尼士"股票，购买者手持申请表如潮水一样涌进银行，后来不得不动用皇家警察来维持秩序，很多人排上几个小时的队后，才能买到少量的"吉尼士"股票。据说，等到第二天抛出时，这些股票的价格已经涨了一倍。

20 世纪初，巴林银行荣幸地获得了一个特殊客户：英国王室。自此以后，英国国王（包括后来的伊丽莎白二世女王）一直是它最尊崇的客户。巴林银行除了为贵族和王室管理钱财外，还曾为英国政府代理军费收支和债券包销，在它最鼎盛时期，其规模可以与整个英国银行体系相匹敌。由于巴林银行的卓越贡献，巴林家族先后获得了五个世袭的爵位，这在英国银行史上是绝无仅有的，从而奠定了巴林银行在伦敦金融城的显赫地位，并被誉为世界金融市场上的金字塔。

巴林银行的业务专长是企业融资和投资管理。作为一家老牌的商业银行，它在业务拓展和内部管控方面一直都表现得很稳健。20 世纪 80 年代以后，巴林银行开始大力开拓海外业务，先后在中国、印度、巴基斯坦、南非等新兴市场国家建立了办事处。截至1993 年底，巴林银行的全部资产总额为 59 亿英镑，1994 年税前利润高达 1.5 亿美元，其核心资本在全球 1000 家大银行中排名第 489 位。然而这家拥有 233 年历史、在全球范围内掌控 270 多亿英镑资产的老牌商业银行，竟然在不到两年（1993 年 7 月到 1995 年 2 月）的时间内，被一个名叫尼克·里森的毛头小子在金融衍生品交易中毁于一旦。

1995 年 1 月份，巴林公司期货经理尼克·里森看好日本股市，未经授权在东京和大坂等地买了大量期货合同，指望在日经指数上升时赚取大额利润。谁知天有不测风云，日本坂神地震打击了日本股市的回升势头，股价持续下跌，致使巴林银行亏损 6 亿英镑，这远远超出了该行的资本总额（3.5 亿英镑）。

在英国中央银行及有关方面的协助下，在日经指数期货反弹 300 多点情况下，巴林银行所有未平仓期货合约分别在新加坡国际金融期货交易所、东京及大阪交易所全部平掉。至此，巴林银行由于金融衍生工具投资失败造成的亏损高达 9.16 亿英镑，约合 14 亿多美元。

1995 年 2 月 26 日，英国中央银行英格兰银行宣布：巴林银行不得继续从事交易活动并将申请资产清理。10 天后，这家拥有 233 年历史的银行以 1 英镑的象征性价格被荷兰国际集团收购，接管其全部资产与负债，使其恢复运作，并将其更名为"巴林银行有限公司"。巴林银行 233 年的历史终于画上了句号，令英国人骄傲两个世纪的巴林银行改易新主，这座曾经辉煌的金融大厦就这样倒塌了。

从理论上讲，金融衍生产品并不会增加市场风险，若能恰当地运用，比如利用它套期保值，可为投资者提供一个有效的降低风险的对冲方法。但在其具有积极作用的同时，也有其致命的危险，即在特定的交易过程中，投资者纯粹以买卖图利为目的，垫付少量的保证金炒买炒卖大额合约来获得丰厚的利润，而往往无视交易潜在的风险，如果控制不当，那么这种投机行为就会招致不可估量的损失。新加坡巴林公司的里森，正是对衍生产品操作无度才毁灭了巴林集团。里森在整个交易过程中一味盼望赚钱，在已遭受重大亏损时仍孤注一掷，增加购买量，对于交易中潜在的风险熟视无睹，结果使巴林银行成为衍生金融产品的牺牲品。

轰动一时的金融事件——中航油（新加坡）巨亏

中航油"炒油"上演了让人心惊肉跳的"滑铁卢"，"滑铁卢"之后，中航油（新加坡）公司会走向何方呢？

据报道，中航油集团为了挽回损失，正在对新加坡中航油进行重组。当前，已有一家外资企业表明了参与中航油重组的浓厚兴趣，因而，中航油（新加坡）公司有可能成为一个外方参股的企业。新加坡高等法院正式作出判决，中航油（新加坡）向新加坡高院申请的关于将债务重组计划的提交期限延长 6 周的申请获批准，这意味着中航油已暂时避免进入破产清算。同日，中国航油（新加坡）股份有限公司（中航油）10 日晚发布公告说，新加坡高等法院允许该公司在 6 个月内，即在 2005 年 6 月 10 日前，召开债权人会议。

公告还说，债权人将在会议期间研究中航油提交的重组计划，决定是否需要对该计划进行修改，并最终通过该计划。至此，中航油（新加坡）公司的重组航道已经被划清。

中航油（新加坡）有限公司（简称新加坡公司）成立于 1993 年 5 月，由中国航油总公司（2002 年重组后成为中航油集团）、中国对外贸易运输总公司、新加坡海皇轮船有限公司三方共同投资成立。该公司成立的本意是借助中航油集团在国内垄断航油的专营权，直接在国际上采购进口的航空用油，以降低采购价格。

由于当时中航油集团内部有一个强势的采购部门，新加坡公司在成立初期，一直都没有拿到航油的海外采购权。从 1993 年到 1995 年，新加坡公司只是为中航油集团油料从事船运代理业务，虽然承运了进口航油 35 万吨，但几年下来还是累计亏损了 100 多万元人民币。因此，其他两家股东对此深表不满。1995 年，中航油集团收购了其他两家合作伙伴的股权，新加坡公司成为其海外全资子公司。但是，成为全资子公司后，新加坡公司仍然没有拿到航油的海外采购权，业务发展陷入了停滞状态。

1997 年，36 岁的陈久霖来到新加坡，出任中航油（新加坡）公司总经理。在陈久霖的带领下，新加坡公司的经营状况开始有了明显的改善，在与集团的"博弈"中，逐渐获得了越来越多的采购权，也使集团尝到了甜头——由于新加坡公司的杰出贡献，中航油集团的进口油的成本得以降低，由此获得的利润也相应大幅增加。

2001 年，中航油（新加坡）公司开始向外扩张，相继收购了上海浦东国际机场航空油料有限责任公司 33% 的股权，以及西班牙最大的石油储运企业 CLH 公司 5% 的股权，从而由一家纯粹的石油贸易企业转型为实业工程与贸易兼营的多元化能源投资公司。

2001 年 12 月 6 日，新加坡公司在新加坡证券交易所成功上市。此后，该公司因出色的经营业绩而获得多项荣誉，曾连续两次被评为新加坡"最具透明度"的上市公司，公司发展过程也被作为企业经营的成功案例收入新加坡国立大学的 MBA 课程。2003 年，总部设在瑞士的世界经济论坛评选出了 40 位 45 岁以下的"亚洲经济新领袖"，陈久霖名列其中。由于在新加坡的成功，陈久霖还被提升为中航油集团的副总裁。

据媒体报道，新加坡公司净资产从 1997 年的 22 万美元，迅速增加到 2003 年的 1.67 亿美元。短短 6 年间，该公司的净资产增幅高达 760 倍，创造了"国有资产疯狂增值"的辉煌业绩，因而被视为中国企业进军海外市场的"过河尖兵"而受到普遍褒奖。

在重重光环的笼罩下，陈久霖的自信心开始膨胀，这为他后来的败绩埋下了伏笔。在陈久霖看来，航空燃油"专属进口权"带来的高额利润已经不足挂齿，他雄心勃勃地准备在新加坡期货市场中进行石油衍生品交易，这是一种暴利同风险并存的投机业务。从事石油衍生品期权交易，从而由套期保值转向了期权投机，这是新加坡公司走向深渊的开始。新加坡公司的期权交易开始转为卖空策略。到 2003 年底时，该公司持有的空头仓位达到 200 万桶。随着 2004 年石油价格一路上涨，中航油持有的空仓账面亏损开始扩大。为求收复失地，陈不但没有控制风险，反而继续增持空仓。至 2004 年 6 月，公司因期权交易导致的账面亏损已扩大至 3500 美元。

同时，受伊拉克危机、俄罗斯尤科斯石油公司风波等国际事件的影响，国际油价一直涨势如潮。以 2004 年 9 月份新加坡公司同一家投行的石油衍生品协议为准则，在这份协议中，中航油与该公司约定：石油 10 月份的平均价格不会超过每桶 37 美元。实际上，在期权合同生效期间，每桶油价平均上升至 61.25 美元，中航油因而每桶损失了 24.25 美元。

2004 年 10 月 10 日，新加坡公司首次向母公司就石油衍生品交易和潜在亏损作了书面汇报。中航油集团本该立即对此违规操作加以制止，强令其择机斩仓。但恰恰相反，集团领导竟不顾国内监管部门有关风险控制的规定，决定对此疯狂的赌徒行为施行救助。

10 月 20 日，中航油集团通过德意志银行以折价 14% 的方式出售了新加坡公司 15% 的股权，并将这笔钱迅速转做新加坡公司的救命贷款。但是，卖股所得的 1.08 亿美元仍不足以支付保证金。债权人开始迫使新加坡公司结清交易，中航油的损失从 10 月 26 日的 1.32 亿美元，迅速飙升到 11 月 25 日的 3.9 亿美元，并在尚未结束的交易中还将承受 1.6 亿美元的亏损，两项共计 5.5 亿美元。11 月 26 日新加坡公司股票被交易所停牌，当时的股价为 0.965 新元，公司市值 5.7 亿美元，与亏损额大致相当。

2004 年 11 月 30 日，新加坡公司终止了所有原油期货交易。12 月 1 日，正式向新加坡法庭申请破产保护令。中航油（新加坡）公司的破产保护令生效后，相继收到了包括高盛集团、巴克莱银行、标准银行和三井物产等 7 家债权人的偿付要求，债务总额超过 2.475 亿美元。其中，总部位于伦敦的标准银行发表声明说，如果新加坡公司不在 2004 年 12 月 9 日之前还清该银行 1440 万美元的贷款，将把新加坡公司告上法庭。

经过一年的艰苦谈判，2005 年 12 月 5 日，中航油（新加坡）公司公布了重组方案：中航油集团与英国 BP 石油公司和新加坡淡马锡公司签署协议，共同向新加坡公司注资 1.3 亿美元。由于重组成功，新加坡公司避免了破产清算的命运，并于 2006 年 3 月 29 日重新挂牌上市。

作为中航油（新加坡）公司巨亏事件的主要责任人陈久霖，被新加坡法庭以财务欺诈和内幕交易等多项罪名判刑 4 年零 3 个月，并处罚金 33.5 万新币，其余相关责任人也受到相应惩处。2007 年 2 月 7 日，中国国资委宣布，中航油集团总经理对中航油（新加坡）公司巨亏事件负有不可推卸的领导责任，因而被责令辞职。至此，轰动一时的中航油（新加坡）巨亏事件终于落下了帷幕。

第二十二章　公司兼并背后的资本力量

——了解金融与产业博弈要学的金融学

早期的美国铁路大兼并

1889 年 2 月，J.P. 摩根在麦迪逊大街 219 号——他的寓所中宴请了美、英、法等国投资银行的代表，以及全美国主要铁路的所有人。这是一次银行界与铁路界的群英会，摩根是这次会议的主席。

《纽约时报》针对这次会议作了如下报道："据称，这次秘密会议是因为去年生效的《州际通商法》而召开的紧急会议。但事实却不然，其实这是投资金融家商议促成铁路企业联合的阴谋会议。纽约方面的投资银行家在这次会议中获得胜利，而四大铁路及芝加哥至路易斯安那以西新兴铁路的所有人却惨遭失败。此后，自我毁灭的削价竞争将全面停止，而投资银行家将完全成为那些面临倒闭关门却仍然互不相让的铁路企业的主人。"

这次会议在美国的商业发展史上占有一席之地，美国的历史学家将这次会议称为"历史性的摩根会议"，它是美国的铁路业实现"摩根化"的标志。从此以后，美国的各家铁路的经营模式都成为"摩根化"模式，也就是所谓的"美国经营摩根化"。

到 1900 年，摩根控制了 17.3 万公里的铁路，他的竞争对手哈里曼只控制了 3.2 万公里，另一个竞争对手顾尔德只有 2.8 万公里，摩根占有绝对的优势，成为当之无愧的铁路大王。

在摩根高价收购的整个策略中，当时很多人认为风险太大，很可能会步科克的后尘，陷入破产境地。但事实证明摩根的策略是对的。

首先，摩根的大量投资，是针对促进铁路发展这一目的，他并非为了投机。所以摩根并没有把投资本身能带来多少短期利益作为投资多少的标准，而是以投资多少才能促使这些铁路恢复正常运行为根据。

其次，由于树立了产业的收益才是未来银行界财源的真正后盾的观念，摩根并不想单靠这一次投资短期获利，他可以把一部分利益送与卖方，所以他才开出了打败所有竞争对手的高价。摩根认为这次投资的巨大利益是在购买之后才能获得的，因此他立刻派手下干将史宾塞与柯士达对铁路业进行整顿，加强管理，从铁路的运营中得到投资补偿。

最后，最重要的原因是，摩根始终认为，"谁掌握未来经济的支柱，谁才是未来金融界的真正霸主"，为此他努力一搏。

在摩根看来，铁路、钢铁和石油是当时美国的未来支柱产业，于是他把第一个目标就设定在铁路业。而之前科克的失败，让摩根看到旧的华尔街投资模式的弊端。那时的华尔街投资模式，与其说是投资于产业部门，不如说是投机于产业部门。他们的投资并非意在促进产业部门的发展，而是希望利用强大的宣传媒介扩大影响，达到尽可能多的发行巨额股票的目的，以便从中获利。这种只注重短期利益的投机冒险行为必然会使长期利益受到损害，最终使金融业自身的发展难以为继。

在整个铁路兼并的过程中，大量资金的注入使得铁路业的整合对于金融资本的依赖表现得相当突出。同其他行业一样，要想拯救破产的铁路公司，扩大自己的势力，首要的因素是有充足的资金。虽然摩根本人实力雄厚，但是，这次需要的资金量巨大，摩根需要寻找帮手，美国的金融中心——华尔街的兴趣也开始转向铁路投机。银行家为铁路融资这种模式成为美国铁路业发展历史上的重要特点。

1901 年 5 月 4 日，希尔给摩根发去一封电报，表明一个由银行家和铁路运营商组成的联盟正密谋在公开市场上购买太平洋铁路公司 50% 以上的股票。摩根随即作出决定："立即购买 15 万股北太平洋公司的普通股！"

1901 年 5 月 6 日，大批摩根－希尔集团的经纪人涌入伦敦和纽约的各个股票交易所，购买所有能买到的北太平洋股票。

1901 年的 5 月 7 日到 8 日，其他股票开始暴跌，那些北太平洋股票的短期投机商们抛售了所有股票以获取资金回补，然而，到了第二天，5 月 9 日——股票史上的"蓝色星期四"，北太平洋股票价格居然跳到近似荒谬的程度，每股 1000 美元！纽约的股票投机商们冷静下来，终于认识到：他们已经被牢牢地逼近了死胡同，他们放空的 10 万多股北太平洋股票，再也买不回来了。

摩根在业界的优势地位和倨傲态度使其在华尔街同行中颇受非议，甚至遭到嫉恨，以花旗银行为首的各大财团之所以给哈里曼撑腰，除了获利的因素外，还希望能借此打压摩根的嚣张气焰。希尔日后总结说，在针对摩根的突然袭击中，参与暗算的人中更多的是银行家，而不是铁路运营商。

总的来说，通过太平洋铁路的股票保卫战，摩根财团进一步巩固了自己在美国铁路业中的地位。1910 年，美国铁路又合并为 6 大系统，其中 4 个较大规模的系统在摩根财团的控制和影响范围之内。

资本家之所以热衷于兼并，主要是为了实现自己的垄断地位。垄断的好处就在于它能使企业在低风险的状态下获得巨额利润。而在兼并过程中，金融家手中大量资本将起到决定性的作用。而且，随着金融工具的不断创新和金融业自身的快速发展，这种资本力量的强大作用将以更加震撼的方式彰显出来。因此，金融家有能力帮助并控制产业资本以形成更大的垄断力量。反之，产业资本的不断发展壮大又构成金融资本的主要来源。

在 J.P. 摩根的推动下，全美的铁路公司实现了前所未有的大兼并，运输成本降低，恶性竞争也迅速减少，整个铁路的运营效率获得极大的提高。摩根的经营思想与管理方式成为华尔街纷纷效仿的模式，其影响力至今尚存。摩根的经营模式逐渐成了美国铁路的标准经营模式，金融资本家直接介入企业的经营管理，帮助企业制定经营策略、发展规划，应对企业的财务危机。金融资本和产业资本紧密地结合在一起，创造出了更高的生产效率和资本利润，改变了美国的商业模式。这次摩根对铁路的大整合，标志着美国经济由重视开发的初创阶段，进入了重视经营管理的现代阶段。这一历史性的大并购，使得曾因经济危机一下子跌至谷底的铁路运费再度被提高。摩根的成功介入消除了铁路各企业之间的竞争，纽约、芝加哥等地的运费涨了 20 倍。

标准石油的兼并之路

洛克菲勒有句名言："当红色蔷薇花含苞待放的时候，只有剪除周围的别枝繁叶，才可以在日后一枝独秀，绽放出妩媚的花朵。"这就是他有名的"蔷薇花开"战略。正是在此战略的指导下，洛克菲勒带领着他的标准石油开始了消除异己的兼并之旅。

1870 年 1 月，标准石油公司创立，它是洛克菲勒创立的第一个股份公司。标准石油公司创立之后，洛克菲勒开始了他的兼并之路。1871 年，标准石油公司通过和铁路部门的合作，控制运输价格，使许多炼油商纷纷崩溃，他一边把这些公司收编到自己的旗下，一边进一步控制全美国的零售商，使自己成为一个初级的垄断者。到 1877 年，标准石油公司已经扫平了产油区、费城和匹兹堡的所有竞争对手，只是在纽约还有零零落落的几家独立经营的炼油商在负隅顽抗。在美国绝大多数产油区，到处飘扬着标准石油公司的旗帜。1878 年 4 月，佛拉格勒在写给友人的信里就特别提到，在美国炼油业 3600 万桶的年产量中，标准石油公司就占到了 3300 万桶。到了 1888 年，全国生产出来的石油，有95% 是由标准石油公司提炼的。至此，标准石油公司已按洛克菲勒的计划，进展到了一个"唯我独尊"的阶段——不管炼油商或产油商余党如何强烈抗议，甚至借助立法机构采取行动，都无法阻挡它"侵略"的步伐。

随着兼并和垄断的不断发展，洛克菲勒开始思考怎样才能让这些被吞并的公司合法受制于标准石油公司，在一个年轻律师的帮助下，他建立了以标准石油公司为核心的更高更有效的垄断组织形式——托拉斯。托拉斯是一种彻底的中央集权制，增设一个炼油厂或废除一个炼油厂均在他们的掌握之中，在这里他们拥有至高无上的权力，而标准石油公司便是这个权力机构的权力中心，洛克菲勒便是这个中心的帝王。洛克菲勒谋划了十年的垄断蓝图终于随着他的托拉斯而实现了。

托拉斯的建立，更方便了标准石油的兼并，已经掌控了石油下游产业的洛克菲勒开始进入石油产业的上游开采领域，最终完成了整个石油链条的整合，建立了石油业横向和纵向一体化的结合体，洛克菲勒勾画了多年的垄断蓝图，终于随着他的托拉斯而实现了。这种高级垄断形式，给美国商界带来了一股猛烈的雄风。如果说洛克菲勒当年历尽艰辛、呕心沥血地营造他的托拉斯帝国，是为了满足他对垄断利润的追求的话，那么，出乎意料的结果则是，他创造的托拉斯垄断形式，竟从此改变了美国的发展史和资本主义世界发展史，其意义和影响远远大于其带来的经济效益。在美孚托拉斯的带领下，托拉斯进入美国的各行各业中，南方的棉花托拉斯、中西部的畜牧托拉斯、威士忌托拉斯等纷纷出现。它们对美国经济产生了巨大的影响，美国历史上独特的垄断时代就此拉开了序幕。

在标准石油公司的兼并过程中，银行发挥了巨大的作用。特别是在石油行业出现危机的时候，只有得到银行支持公司才能躲过危机，并壮大自己的势力。洛克菲勒认为，只靠企业自身的积累，是不可能满足对资金的需求的。只有拥有属于自己的银行，才可能有充足的资金，有专业的金融人才，这些是在企业扩张中不可或缺的。洛克菲勒在自己的扩张中，一直和银行业保持了良好的关系，也得到了银行的大力支持，但是他还没有专属于自己的银行。向其他银行借贷，难免会泄露自己的商业秘密，而且他担心自己的公司会被银行控制，因此，他迫切地想找到一个自己的银行。

在很多重要时刻，都是金融资本的注入帮他实现了垄断，这使洛克菲勒更加深刻地意识到银行的重要性，工业集团单纯依靠内部资本是很难实现大规模资本合并的，垄断帝国要想获得更大的发展，必须得到金融资本的支持。

当时著名的投资银行家除摩根外还有两位，一位是第一国家银行的总裁贝克，他已经和摩根形成了坚定的同盟；另一位是詹姆斯·史蒂尔曼，他和洛克菲勒兄弟有密切的关系。在相处的过程中，洛克菲勒兄弟发现史蒂尔曼在投资银行方面有着突出的才能，于是决定扶持其成为一名有影响力的银行家，为标准石油公司未来的发展奠定金融基础。

史蒂尔曼利用标准石油公司的资金购买了花旗银行的股票，因此成了花旗的高级管理人员。1891年，史蒂尔曼成为花旗银行的总裁。为了进一步加强双方的关系，洛克菲勒财团通过家族婚姻达到了对花旗银行实际控制的目的，从此，洛克菲勒家族控制了花旗银行，使得财团的发展有了坚实的后盾。

在金融资本的支持下，洛克菲勒财团得到了更为迅速的发展，它不仅是美国的石油工业霸主，还成为世界最大的石油垄断财团，在七家国际石油垄断组织中，洛克菲勒财团的资产和原油生产量占七家公司总额的一半以上。

纵观洛克菲勒的整个疯狂兼并过程，我们不难发现，洛克菲勒的成功在于他能非常巧妙地将金融资本与产业资本结合起来，许多银行拥有标准石油的股份，一直与洛克菲勒保持良好的合作关系。洛克菲勒利用金融资本的强大力量，为他的工业帝国的建立扫平了障碍。庞大的托拉斯的建立过程，表面上看是标准石油公司在上演一幕幕漂亮的兼并战，但实际上，是幕后的金融资本在发挥它摧枯拉朽的巨大能量。

家喻户晓的卡内基钢铁并购案

在一次演讲中，卡内基选定的接班人——查尔斯·施瓦布，提到了一种新的有关企业合并的理论，不同于传统的横向合并，他设想了一种纵向的企业合并。在这种合并中，上游产品生产商和下游产品生产商联合起来，成立新的公司，这个公司可以从购买原材料开始，在公司内部直接生产出最终的产品，并不需要和外部企业合作，这样可以大大提高生产效率。

摩根也仔细聆听了施瓦布的这次演讲，施瓦布关于企业应纵向发展的想法与他不谋而合。这时的摩根已经垄断了美国的铁路行业，而且，他一直都有进一步的扩张计划，钢铁是建设铁路的重要原料，摩根一直打算自己建设钢铁厂，无奈卡内基在钢铁业的势力太过强大，他没有实力和卡内基竞争。作为金融霸主，他有足够的实力收购卡内基的钢铁厂，而施瓦布的这次演讲似乎透着一种暗示，又让摩根看到了与卡内基钢铁公司合并的希望。

1901 年 4 月 1 日，仅仅在施瓦布演讲后的第八个星期，卡内基钢铁公司正式被摩根兼并，组建成美国钢铁公司。交易完成的速度充分显示了摩根财团对巨额资本的控制能力，美国钢铁公司的创建是那个时代一起无与伦比的大交易。1899 年共进行了 1200 次并购，总额为 22.63 亿美元，平均每起并购不到 200 万美元。1901 年也是一个并购丰收之年，除了该并购案，另外还发生了 422 起并购，其总金额为 20.53 亿美元。刨去美国钢铁公司的交易金额，可以看出其他交易都显得微不足道。因此从任何角度来看，这次钢铁业并购都是一座历史的丰碑——有史以来最大的一笔交易。

随着卡内基的出局，摩根的新帝国浮出了水面，美国钢铁公司已成为世界最大的企业，首家资本市值突破 10 亿美元的公司，超过了标准石油公司而成为世界第一。美国钢铁公司的第一份年报成为美国企业财务史上的一座里程碑，因为以前的公司年报从没有报告过数十亿美元的数字。该公司的长期资产达 13.25 亿美元，流动资产为 2.148 亿美元，总债务为 15.64 亿美元，其中 10.18 亿美元是股票资产（股东权益），优先股和普通股几乎各占一半。优先股的持有者达 25000 人，而普通股的持有人为 17000 人。第一年的营运净收益为 1.08 亿美元，其中 5600 万美元用于红利派发。整个公司共雇用了 168000 人。其下属企业包括 170 家子公司，其中不仅有炼钢厂和铁矿，而且其名下还有 100 多艘轮船，人们当时称它为"大钢厂"。

另外，摩根财团还在这次巨额交易中赚取了丰厚的承销费用，作为华尔街金融霸主的摩根绝不会让自己主导的大并购交易落入其他投资银行之手，由摩根组织的辛迪加在这笔交易中获得了巨额的承销费用，总额高达惊人的 5000 万美元，这是前所未有的，很多人认为，摩根是在借机敛财。按照当时的工资水平，5000 万美元可以雇佣 20000 名农工，干一年的农活了。摩根财团在其中具有双重身份，是它创造和组织了此次交易，同时它又在其中充当承销者。

虽然承销业务在当时的华尔街十分普遍，但是摩根的此次交易具有非同寻常的意义。

首先，他使承销业务进入一个超大型交易的新天地，并因此而赚取了巨额的承销费用。

其次，摩根财团在此次交易中并不是像通常投资银行所作的那样，单纯以顾问、中介的身份出现，它更重要的身份是并购者，是交易的参与方。也就是说，摩根财团在其中具有双重身份，它创造和组织了此次交易，同时它又在其中充当承销者。人们认为，摩根又为华尔街的银行开辟了一块利润丰厚的新领地——创造和组织并购。

美国钢铁公司成立后，原材料问题很快就摆到了摩根的面前。洛克菲勒的梅瑟比矿山在明尼苏达的五大湖畔，是全美最大的铁矿山，藏量 5000 万吨，可以满足全美 60% 的需求。矿石的质量优良，居美国之冠。

摩根找洛克菲勒商谈购买矿山一事，洛克菲勒早已料到摩根会有此举，但狡猾的洛克菲勒并没有立刻给以答复，而是声称将这桩交易交给他的儿子处理，一边摸摸摩根的底。摩根只好又与小洛克菲勒继续谈判，经过双方的一番较量之后，洛克菲勒终于确定了出售条件，他开出了 7500 万美元的天价，并要求必须以美国钢铁公司的股票支付。摩根并没有还价，交易就此成功。因为摩根相信，洛克菲勒虽然在他的钢铁垄断帝国中插了一脚，但他仍然拥有绝对的控股权，他的地位绝不会被动摇。最后，洛克菲勒以 7500 万美元的天价出售，交易成功。

洛克菲勒矿山的购买使美国钢铁公司的垄断地位进一步得到了巩固。就这样，摩根凭借其强大的金融实力，实现了对钢铁产业的"摩根化"，这对整个美国未来的经济发展都具有重大意义。

20 世纪初的美国经济延续了 19 世纪后期的走势，以铁路和钢铁工业为代表的大规模基础设施建设仍然是其产业发展的主要动力，而且仍处于扩展阶段。这种建设需要大量的资金，而美国当时的本土储蓄却无力提供这些资金。因此，欧洲，特别是当时的主要资金周转必须仰赖银行家，尤其是经济萧条期。这一切，使资金融入者——华尔街，即纽约的投资银行家，相对于企业乃至美国政府，处于一种强势地位。

摩根收购卡内基钢铁公司之后的几年，美国钢铁公司在摩根的带领下继续收购，一举吞并了 700 多家相关的钢铁企业。公司鼎盛时期，董事会控制了全美五分之三的钢铁生产，可以决定近 17 万钢铁工人的命运。

这次交易不仅为摩根的垄断梦想的实现铺平了道路，而且还给他的财团带来了丰厚的利润，摩根借此进入了美国钢铁业——一个未来的支柱产业，垄断了美国的钢铁业，和他的铁路公司一起，控制着美国的经济。他可以从美国钢铁业今后的发展中获得最大的收益。通过整合钢铁和铁路，摩根可以降低内部成本，提高效益，也可以说是增加了收入。

反垄断法与垄断势力的较量

曾经的美国国务卿威廉·施沃德认为，"镀金时代"的政治已经把政府变成了一个股份公司。谁在公司里的股份最多，谁就拥有绝对的权力。显然，股份最多的不会是普通民众，而是金融垄断寡头们。可以说，在"镀金时代"的美国政府其实已经成为金融寡头们攫取垄断利润的得力助手。

美洲糖业加工公司通过股票置换的方式收购了费城 4 家加工厂，从而控制了美国 98% 的精糖生产。联邦政府的起诉书指控上述企业收购合同构成了设置行业限制性合并，并指控被告的此种缔约行为构成具有限制州际和国际贸易性质的兼并与合谋行为，违反了 1890 年国会通过的《谢尔曼法》第二条。控方要求撤销股票转让协议、将股票退还给出让方，并要求禁止今后进一步履行上述各项协议，禁止进一步违反上述法律。巡回法院在听取了各方的陈述意见并考察了各方提供的证据资料之后，拒绝支持控方的诉求，并撤销了指控。控方遂上诉至巡回上诉法院乃至联邦最高法院。首席大法官富勒代表 8 名大法官表述了联邦最高法院的多数意见，巡回上诉法院认为该判决无误，并维持原判。

从美国内战刚一结束到 20 世纪初的这一时期成为美国的"镀金时代"。在那个年代，像约翰·D.洛克菲勒、安德鲁·卡内基以及 J.P.摩根的工业和金融巨子们率先将拥有巨大权力和影响力的企业带进了美国商界。他们的企业通过大规模的并购控制了美国的重要资源和支柱产业，又通过金融资本与产业资本的紧密结合，将垄断的势力推向了极致。

他们控制着美国的经济、政治、文化及社会的许多方面，形成了强大的权力中心。

"镀金时代"的另一个重要特征就是贫者越贫、富者越富。当洛克菲勒和摩根成为美国第一批亿万富翁的时候，绝大多数美国人，包括数以百万计的贫困移民和产业工人们为了养家糊口每天必须工作长达 12 个小时。对于大多数美国人来说，这是一个遭受剥削和压榨的时代，在都市里，贫民窟的规模不断扩大，新的垄断集权在蔓延，而政治的腐败则让整整一代美国人失去了对民主的希望。

当时，资本主义国家的社会矛盾不断加剧，而垄断寡头们仍贪婪地扩大着他们的势力范围，企图控制更多的产业部门，按照这样的发展趋势，美国的社会财富最终将集中在像 J.P.摩根、洛克菲勒这样的极少数人的手中，贫富差距达到极点，社会矛盾也将激化。

托拉斯这一独特的垄断形式的出现，演绎了大鱼吃小鱼的故事，独立的中小企业沦为巨子、寡头的美味佳肴。诞生于自由竞争之中的垄断侵害了自由竞争本身。弱小的群体寄希望于政府的保护，美国最高法院再次走上了前台。它在北方证券公司诉美国一案中的判决，多少遏制垄断蔓延的势头。

1906 年 11 月，老罗斯福当局起诉了标准石油公司。他们控告标准石油的罪名有很多：如用削价为武器，消灭掉无数的石油业者，然后他们再大幅度地提高价格，牟取垄断暴利；在竞争中制造出假的竞争公司，然后再用这些假的制造公司摧毁真正的竞争公司；为一些听他们话的公司提供回扣，以打击那些不听话的公司，从而达到控制的目的；在顾客心中制造恐惧，让顾客害怕竞争者的产品等等。

作为回应，标准石油雇用了大批的最优秀的律师，与政府当局展开了律师战。在这个过程中 400 多个证人出庭作过证，法庭甚至作了 1.5 万张纸的记录。诉讼持续了两年之后，1909 年，法官们得出了一致的意见：这些搞石油生意的人都是有罪的。

此结果一出，标准石油立即提出上诉，要求重审。就这样，诉讼程序又延长了漫长的两年，1911 年 5 月，复审法庭的判决也下来了。判决认为标准石油已经触犯了反垄断法，它必须在六个月之内自行解体。

至此，《谢尔曼法》终于得到了实施，后来，美国国会还通过了新的反托拉斯法，建立了专门的反垄断机构——联邦贸易委员会和司法部的反托拉斯局。像政府的权力会导致腐败一样，工商界的权力也会导致腐败——垄断，政府有责任限制垄断，以维护自由竞争的市场秩序。终于，美国人确立起了一种信念。

资本主义到今天还依然存在，美国也没有发生大规模的无产阶级革命，原因就在于社会矛盾在 20 世纪初期以后逐渐得到了缓和。老罗斯福总统与金融寡头们的一系列反垄断的斗争，不仅使许多财团进一步扩大垄断范围的梦想破灭了，而且还对各产业的垄断企业进行了拆分。这很大程度上阻碍了垄断寡头的疯狂扩张和贫富差距的进一步扩大。

1911 年 7 月，标准石油的领导层决定，将标准石油分为 38 块，每一块是一个独立的公司。至此，辉煌一时的"镀金时代"结束了，各大财团也不得不结束它们"明目张胆"的吞并和收购行为，转而采用更温和、隐蔽的方式聚敛财富。

在标准石油公司的拆分过程中，新泽西标准石油的那块分得最大，几乎占了原标准石油公司的 50%，后来改名为埃克森公司，仍然在世界石油公司中名列第一；其次是纽约标准石油公司，分得原标准石油的 9%，改名为莫比尔公司；再其次是加州标准石油公司改名为雪佛龙公司。这三家公司后来均成为垄断国际石油的"石油七姐妹"成员。

标准石油公司的拆分并没有互相竞争，反而因为公司分开后，权力下放，促进了这些分公司的快速成长。许多家标准石油子公司的股票成为华尔街最热门的股票。短短几个月，这些标准石油子公司的股票价格平均上涨了一倍多，最高的居然上涨了七倍。

在喧嚣的"镀金时代"，公司帝国的崛起削弱了民主体制的基础。然而由于很难与商界划清界限，因此改革者和"新政"的倡导者们仅仅部分恢复了民主体制的正常运作，消除了某些令人发指的腐败行径，而且重新缔造了一个不再任由商界摆布的民主党。正是因为反垄断与新政的实施，才使金融垄断寡头对社会的控制在达到其极限之前得到控制，资本主义社会也才没有像列宁所预言的那样，在社会矛盾的不断激化下灭亡。但资本巨鳄们并没有放弃他们控制社会、垄断商业、聚集巨额财富的追求，只不过换了一种更隐蔽、更温柔的途径和方法。因此，公司兼并仍然在他们的控制下不断发生。

迅速扩张的大宇集团

1982 年，大宇实业创业 15 周年之时，已经成为韩国的第三财阀，与现代、三星并驾齐驱。当年大宇已经拥有 24 个企业，对外出口业绩连续 4 年保持韩国第一。

1983 年大宇的销售额为 46614 亿韩元，对韩国的出口贡献率达到 1.9%。与此同时，大宇的总资本也达到了 41159 亿韩元，资产规模在现代、三星之后列第三位，资本金达到了 4921 亿韩元，自有资本总计 8009 亿韩元，三年纯利 745 亿韩元。

1984 年 6 月 18 日，在瑞典首都斯德哥尔摩召开的第 28 届国际商会定期大会上，瑞典国王卡尔十六世古斯塔夫亲手把国际企业家金质奖牌佩戴金宇中的胸前。这个奖项每三年才评选一次，每次只有一人才能获此殊荣。金宇中获奖后，世界各国的报纸杂志竞相报道他的事迹，介绍了大宇集团，将它称为韩国"经济飞跃的缩影"。这充分证明大宇从此开辟了韩国企业国际化的新时代。

大宇集团董事长金宇中以一生的精力，创造了大宇集团的辉煌业绩。大宇公司跻身世界 500 强企业，成为涉足机械、汽车、造船、化学、家电、电子、贸易、金融等各行业的大财阀企业，成为遍布亚洲、欧洲、非洲、美洲的世界性跨国公司。1997 年美国《幸福》杂志公布的全球 500 强企业排名，大宇集团排名第 18 位，销售额为 715 亿美元，资产总额为 448 亿美元。

纵观大宇的整个发展历程，金宇中之所以能让大宇企业实现如此快速的发展和超大规模的兼并，最主要的是金宇中在金融业拥有大量的股份，为企业的兼并提供了有利的资金支持。

当时，大宇集团主要有两种筹资渠道：一是由银行介入的间接融资，二是由证券市场筹集的直接融资。尽管由证券市场筹集的资金逐年增加，但其比例一直小于银行贷款。因此，银行贷款对于大宇实业来说，如同肌体的血液一样重要。银行贷款有保证，企业就有活力，否则企业的运转就会中断。

1973 年 9 月，大宇实业买下了东洋证券的部分股份，开始投身于证券业。东洋证券创建于 1970 年 9 月，当时拥有资本 5000 万韩元，后发展到 1.5 亿韩元，在釜山设有办事处。根据韩国《证券交易法》规定的七种经营活动，它只能从事有价证券业务。由于经营困难，东洋证券濒临倒闭。

1976 年 4 月，大宇实业又买下了忠北银行的 65% 的股份，成为忠北银行的最大股东。不久，通过投标，大宇又买下了第一银行的 10% 的股份，成为第一银行的大股东。

1976 年 7 月，大宇和英国金融会社合作，经营韩国综合金融。综合金融会社业务范围很广，除办理短期金融、外汇支付、设备资金的融通、有价证券的发行等国内各种金融业务外，还能筹措国外资本。而大宇公司对外资的依赖程度很大，因此，综合会社对于大宇来说作用十分显著，这也是金宇中千方百计地争取和英国金融会社合作的原因。

1979 年末，韩国当局实行了强制紧缩的金融政策，一些没有参与金融业的企业集团都出现了资金周转困难，就连现代、三星这样的超大型企业也不能幸免。大宇集团由于拥有自己的短期融资金融公司，同时又是几个大银行的股东，平安地渡过了资金难关。尝到了甜头的大宇集团决定进一步发展金融业。

1980 年 9 月，金宇中向美洲银行提出成立合资银行——韩美合作银行的建议。美洲银行是世界上的大银行，当时拥有 116 亿美元的资本，存款总额达 864 亿美元，贷款总额 625 亿美元，在美国就有 1200 家分行，在海外设有分行 120 多家，1967 年在韩国汉城（今首尔）成立了汉城银行，1977 年又成立了釜山分行。如果能和这种大银行合作，对大宇在金融业的发展有其重大的推动作用。为此，经过多方努力，同年 10 月，美洲银行方面同意成立韩美合作银行。

1983 年，东洋证券又兼并了证券界的霸主——三宝证券，从而成为韩国最大的证券会社。

1983 年 3 月 16 日，韩美合作银行在汉城正式成立，最初出资 300 亿韩元，合资的比例是 50 ∶ 50。

大宇在短短的十几年内，依托其控制下的证券公司和银行筹集资本大范围地兼并企业，它的触角涉及了旅游业、造船业、炼油业、汽车制造业、旅游业和电子家电公司等。大宇实业这一不分业别、不分规模的蚕食鲸吞，也曾受到韩国工商界的强烈谴责。因为被大宇吃掉的中小企业，都是在韩国经济中具有特殊性的企业。

大宇在不到 20 年的时间里，成功地使其经济实力渗透到金融部门，使工业资本和银行资本融为一体，形成了具有银行、短期融资会社、证券会社、保险会社等各种金融会社的大型企业集团。大宇集团在金融部门所占的股份是：第一银行 16.7%，忠北银行 41.4%，汉城食品银行 2.5%，韩美合作银行 9%，东洋短期融资会社 24%，韩国综合社金融会社 8%，东洋证券会社 36.7%，大韩教育保险 24%。

大宇集团在金融界取得如此辉煌的成绩，与金宇中本人非常重视发挥金融的作用分不开。大宇集团的资金管理相当出色，而财务结构又特别科学，因此，韩国财界和金融界把金宇中称为"金融界的鬼才"。

正是因为掌握了金融业的大量股份，大宇集团在进行兼并的时候比其他集团拥有更多更稳定的资本支持，金宇中也赢得了"接收财阀"和"经营天才"的称号。这正是金宇中取得成功的关键所在。

1999 年 11 月，由于东南亚金融危机以及本身的国度负债，大宇集团宣告破产。我们说，大宇集团成立后发展如此之快，兼并力度如此之大，很大程度上得益于韩国政府的支持以及其所掌握的强大的金融力量。但最后大宇集团的迅速倒闭最重要的原因也正是来自于金宇中对资本力量的滥用。在韩国政府提出"五大企业集团进行自律结构调整"方针后，其他集团使大宇错误地估计了形势，贻误了结构调整的时机。因此，可以说大宇集团"成于资本，毁于资本"，这为现今企业发展过程中对资本力量的正确运用敲响了警钟。

财团控制下的通用汽车公司

因为市民银行的贷款支持，杜兰特成功地控制了别克公司，之后，杜兰特首先以 375 万美元的代价将自己控制的别克汽车并入"通用"。在以后的两年里，狂热和野心促使杜兰特发疯似地猛干，打了一系列漂亮的兼并战，先后吞并了奥斯摩比、奥克兰、凯迪拉克等大汽车公司和 5 个较小的汽车公司，3 个卡车制造公司，10 个汽车零部件公司，还有一个汽车销售公司——加拿大麦克拉夫林汽车公司。

1916 年 10 月 13 日，杜兰特在特拉华州成立了通用汽车有限公司，并以新通用公司的股票调换原通用公司的股票，取得了后者的全部股权。1917 年 8 月 1 日，新"通用"完全取代了老"通用"，原通用公司解散。通用汽车由原来的"控股公司"改为"事业单位"。以前，作为子公司而独立经营的别克公司等，逐步作为各个"事业部"并入通用汽车公司。其目的是完全、直接地控制各子公司的全部财产和各种权利，以便把整个公司的一切活动有机地衔接起来。

第一次世界大战以后，军需用品急剧萎缩，美国出现经济恐慌。在这场危机面前，杜兰特感觉回天乏力，1920 年辞去了通用汽车总裁职务。正在通用汽车急需资金支持的时候，摩根财团和杜邦财团联手接管了通用汽车。此时杜邦财团在通用的股份已由最初的 23% 上升到了 37%。

从此，杜邦财团开始了对通用汽车长达半个世纪的控股经历。通用汽车不仅为杜邦财团带来了巨额的股利收益，还成为杜邦产品的主要购买方之一。因此，杜邦集团千方百计地维护着这种控股关系。直到 1957 年，美国最高法院认定：杜邦公司对通用汽车公司股票的控制及由此产生的它对通用汽车公司购买竞争厂家的人造革和汽车喷漆的限制权力，将会造成这一市场的垄断化趋势。因此，1962 年，芝加哥联邦地区法院要求杜邦公司撤出其在通用汽车的全部股份。于是，美国最大的化学公司与最大的汽车公司之间持续了半个世纪之久的联营关系最终结束了。尽管如此，杜邦家族成员仍以个人股东的名义在通用汽车持有大量股份，据估计，在 20 世纪 70 年代初占到该公司已发行股票的 17.25%，因此杜邦家族仍保持其对通用汽车的强大的影响力。

面对 20 世纪 30 年代的这场危机，斯隆在杜邦的支持下，历经 5 年对通用公司进行了重组。这场改革使通用汽车从"少年时代"过渡到"成年时代"。通用汽车成为美国，乃至全世界最大的汽车制造业公司。

在摩根财团和杜邦财团的支持下，这一时期的通用公司还在向国外扩展。1925 年，它以 257.33 万美元购买了伏克斯豪尔公司，开始在英国制造汽车。1926 年在澳大利亚成立了通用汽车澳大利亚分公司，开始在该国建设装配厂和部署经销机构。1929 年通用汽车又以 333.62 万美元取得了德国亚当·奥佩公司的所有权。1932 年收买了澳大利亚的霍尔登汽车公司，并把它与原来的澳大利亚分公司合并为通用—霍尔登汽车公司。在第二次世界大战期间，通用汽车又因迅速由民用改为军用而发了大财。当时，美国 1/4 左右的坦克、装甲车、飞机，1/2 左右的子弹和步枪，2/3 的重型载重汽车都是通用汽车公司生产的。

1984 年底，通用公司以 25.5 亿美元兼并了电子数据系统公司（EDS），依托 EDS 的高新技术，通用汽车的电脑化发展得很快，不仅用电脑控制自动化生产线，而且避免了大量的文卷和报表，使公司的决策迅速准确。

不仅如此，通用汽车公司还和日本最大的电子计算机公司——富士通合作建立了通用汽车公司（GMF），专门为汽车制造商和其他工业部门研制机器人。1984 年，GMF 已经成为美国工业机器人制造行业最大的企业。

但是，对于通用汽车来说，最重要的一次对高科技企业的兼并，则是在华尔街投资银行摩根斯坦利牵头下对休斯飞机公司的兼并。

休斯飞机公司是美国卫星工业最大的组织，它一直为美国国防部研究各种导弹、卫星及其他高精尖的精密电子仪器。1985 年，由于财政和税务方面的问题，掌握休斯飞机公司的霍华德·休斯医学协会决定将其拍卖，拍卖牵头人正是摩根斯坦利投资银行。

摩根家族一直掌握着通用汽车公司的大量股票，其实际控制下的摩根斯坦利投资银行想方设法地帮助通用汽车公司获得休斯飞机公司的所有权，最终通用汽车公司以 50 亿美元的代价买下了该公司。

在罗杰的带领下，通用汽车先于其他企业意识到高新技术对现代工业尤其是汽车制造业的深刻影响。更可贵的是，通用汽车没有停留在评估观望阶段，而是大刀阔斧，大步向前。至少在高新技术的应用与经营方面，它把其他国内外同行远远甩在了后面。

通过对电子数据系统公司和休斯飞机公司的兼并，使得公司的核心经营业务得到加强。GMF 向通用汽车公司提供了使其未来的工厂实现自动化的优势，并使其自身成为美国最大的机器人制造商。EDS 将使公司彻底实现管理现代化和计算机化，并使通用汽车公司在计算机软件方面成为市场的领先者。休斯飞机公司将提供世界汽车制造商所需要的卫星和系统工程，使通用公司立足于美国最大的电子行业巨头之林和国防工程承包商之列。

通用汽车公司在摩根财团和杜邦财团的支持下，继续着其扩大经营规模的兼并之路。在它以后的发展历程中，兼并活动在一直不停地进行，而在每次兼并的背后都有强大的金融财阀的支持，应该说没有这些金融财阀的支持，就没有通用汽车的今天。

从杜兰特成为全美最大马车生产商，到控制别克汽车公司，再到他在通用汽车的大起大落的过程中，弗林特银行、摩根财团、杜邦财团等大财团起到了至关重要的作用。通用汽车的兼并之路离不开资本的支持。

垃圾债券主导美国第四次兼并浪潮

1985 年 4 月 4 日，三角工业公司与国民制罐公司正式达成协议，以每股 42 美元的价格买下了这家公司。这次对国民制罐公司的兼并共耗资 4.65 亿美元。其中三角工业公司仅拿出 7000 万美元作股本，又通过出售优先股得到了 3000 万美元（由德雷塞尔公司承销），而其余资金全部来自债务融资，共计 3.65 亿美元，由德雷塞尔公司通过发行垃圾债券筹集。在这桩交易完成之后，德雷塞尔公司又通过垃圾债券筹资 2 亿美元，用以清偿国民制罐公司的银行债务。这样一来，兼并国民制罐公司所带来的全部债务达到 5.65 亿美元。

这次兼并的融资比例之高实在令人咋舌。这次兼并之所以引人注目，也是因为双方的实力相差太大，作为收购方的三角工业公司是一家了无生气的生产自动售货机、电线和电缆的老企业，它在 1984 年的总收入才 2.91 亿美元，而作为被兼并方的国民制罐公司的总收入为 19 亿美元。这是一起典型的"小鱼吃大鱼"的案例，显然有更强的力量在背后支持着三角工业公司。

米尔肯是垃圾债券的推广者，他是德雷赛尔公司的王牌，为公司带来大量的利润，在公司具有重要地位，他才是这场并购的幕后策划者。

三角工业公司的净资产只有 5000 万美元，兼并后的公司也只有 1 亿美元股本，却要背负 5.65 亿美元的债务，因此，这次兼并确实是名副其实的高融资兼并。这让人不得不佩服米尔肯高超的融资技巧。然而，佩尔兹指出，就连三角公司作为股本投入其中的那 7000 万美元，也并不是三角工业公司的自有资金，仍然属于公司早些时期发行垃圾债券筹资而形成的债务。原来，他们为了此次并购专门成立了一个子公司，叫作三角兼并公司，三角工业公司将这 7000 万美元投入子公司中，这样此公司的债务就成功转化为彼公司的资本，实质上是玩了一种财务游戏。因此，这次兼并的融资比例比表面上看上去还要高得多。

国民制罐公司发展一直很顺利，1985 年创下了经营纪录，其利润额达到 1.62 亿美元（从 4 月 17 日到 12 月初），而前一年的利润仅为 68775 美元。利润的大幅增长使三角公司的股票涨了三倍，成了纽约证券交易所第三大热门股票。

米尔肯和佩尔兹的商业奇迹并不是来源于自身的过人才华和辛勤劳动，而是来源于米尔肯这位金融魔术师短期内创造出来的巨额债务。1977 年到 1987 年的 10 年间，米尔肯共筹集到了 930 亿美元，德雷塞尔公司在垃圾债券市场上的份额也增长到了 2000 亿美元，这为米尔肯赢得了"垃圾债券大王"的称号。

1974 年，美国掀起了新一轮的兼并浪潮，国际尼科尔公司通过大量收购 ESB 公司的股票控制了它。这次并购在美国乃至世界兼并史上都具有重要意义，因为它在华尔街最杰出的投资银行之一摩根斯坦利的策划下完成，开了恶意兼并的先河。从此以后，各家投资银行纷纷效仿，它们改变了以往彬彬有礼的行为方式，在并购中发挥更多的主动权，使恶意兼并大行其道。同时，投资银行又在高盛的带领下推出了"反恶意并购"的服务。这样，恶意兼并就变成了投资银行间的较量，谁的实力强大，能融到更多资金，谁就能帮助其客户完成并购或反并购的目标。

就这样，融资能力成了兼并能否成功的最关键的因素，而作为发行垃圾债券先驱的米尔肯，产生了将威力巨大的融资工具垃圾债券与并购业务相结合的想法，并付诸实施。这样，就使得德雷塞尔公司也成为这次兼并浪潮的幕后操纵者之一。

德雷塞尔公司在发展中的最大问题是，它没有《财富》500强中所列的拥有数十亿资产的公司做客户以便进行大规模兼并。米尔肯号称德雷塞尔公司可以筹集数十亿美元的资金随时动用，并为这些资金起了一个名字叫"空气基金"，他宣传说德雷塞尔公司的"空气基金"可以为各行业的恶意兼并提供大量资金，任何可行的接管方案都会在德雷塞尔公司的考虑范围内。随着米尔肯的"空气基金"的市场影响力逐步增大，他的客户也越来越多。在兼并之前，德雷塞尔公司公布了一份保证书，保证书中说德雷塞尔公司有充分的把握筹集到它的客户进行兼并接管所需要的资金。这封保证书威力无比，在高利益的诱惑下，股东自然愿意卖掉股份，作为股东权益代言人的公司董事会设法拒绝出高价的收购者的要求。而公司的管理层，即使采取了反并购的措施，往往也很难招架住米尔肯的巨额资本的攻势。而德雷塞尔公司不仅公布了保证书，还向它的客户筹集资金，从他们手中得到"承诺书"，在承诺书中每位买主都承诺将购买相应数量的垃圾债券。正是有了巨额资金的支持，德雷塞尔公司逐渐成为恶意兼并企业的首选融资对象，并一步步地把自己塑造成了一个有信誉的专搞恶意兼并的接管专家。

从1977年开始，米尔肯就开始发行垃圾债券。他在这方面积累了很多宝贵的经验，因此，用发行垃圾债券的方式进行高融资比例的兼并是米尔肯最擅长的事。

而且，米尔肯深知，对他们这一行而言资本资源有多么重要。因此，多年来，他一直十分注重培植资金的客户群，培养了一批忠实的客户，他们随时准备购买米尔肯发行的债券，为他提供充足的资金，这使米尔肯的高融资兼并进行得非常顺利。这也是米尔肯成功的关键因素。1982年年底，德雷塞尔公司的兼并人员就挣了600万美元的手续费，1983年这一数字则达到了1000万美元。正是在米尔肯的带领下，德雷塞尔公司开始在兼并的道路上越走越好。

但是，米尔肯的恶意兼并却触动了很多人的利益。从20世纪80年代后期起，就不断有人状告米尔肯违法经营。法庭于1990年确认米尔肯有6项罪名，这些罪名都是没有先例的：掩盖股票头寸，帮助委托人逃脱，隐藏会计记录，但均与内部交易操纵股价以及受贿无关。

20世纪80年代以后，美国高利风险债券信誉江河日下，垃圾债券市场危机四伏，不仅发行上出现资金周转困难，无力支付到期的高额利息和赎回债券，过去为发行垃圾债券的公司提供担保的商业银行也纷纷撤回担保，造成投资者一片恐慌。1989年12月13日，德雷赛尔终因负债累累，无力偿还到期债务，被迫申请破产保护。

而米尔肯最终被判处10年监禁，赔偿和罚款11亿美元，并禁止他再从事证券业，但他的理论未被金融界抛弃。垃圾债券作为一种能量巨大的融资工具已被广泛接受，成为中小企业筹措资金的重要途径，也是收购企业的重要手段。

花旗银行与旅行者集团的合并

1998 年 4 月 6 日，华尔街冒出了一条爆炸性新闻，花旗银行和旅行者集团宣布合并。合并方式为花旗股东每 3 股花旗股票换新公司 2.5 股，旅行者集团的股东为 1 股旅行者股票换新公司 1 股。合并后的公司称为花旗集团，资产总额达 7000 亿美元，年营业收入为 500 亿美元，业务将遍及全球 100 多个国家，客户数量达到 1 亿。花旗公司和旅行者集团合并的消息在世界金融界引起了巨大的震动。

欧洲、日本对此极为不安，欧洲舆论呼吁欧洲金融界尽快采取类似的兼并行动以防止美国金融界独霸全球；日本认为，花旗集团的出现使日本中小银行面临更为严峻的生存压力，同时也将冲击亚洲金融界。毫无疑问，新的花旗集团将改变世界金融业的格局。

事实上，在业界的名气和规模都小得多的旅行者集团吞掉了当时早已是世界金融业霸主，并且称霸多年的花旗银行。这是一起世界金融业兼并史上非常典型的"小鱼吃大鱼"的成功案例。

旅行者集团的老板桑迪——威尔总是擅长做这种以小博大的买卖。他做的第一单买卖是在 1970 年，收购了一家比他自己的公司大 100 倍，并且拥有 100 年发展历史的、在业界名声显赫的证券经纪公司海登——斯通公司，然后一路收购，在华尔街奠定了自己的地位和名声。1986 年，威尔先生又买下了一家叫作商业信贷的小型消费贷款银行。通过这次合并，旅行者公司宣告成立，主营业务为保险和经纪中介。1997 年，旅行者公司还兼并了索罗门兄弟投资银行。旅行者集团在专注于保险业务开发的同时，也特别注意向利润丰厚的投资银行业进军。比较早的时候就收购了美国著名的投资银行史密斯——巴雷公司，并通过它把其业务范围扩大到投资银行、商业信贷、融资服务等领域。1997 年，旅行者集团又以 90 亿美元的代价兼并了美国第五大投资银行，即所罗门兄弟公司，新组建成所罗门美邦公司，使其一跃成为美国的第二大投资银行。

然而花旗银行与旅行者集团的对等合并，在华尔街甚至全球引起轰动，原因不仅仅是因为这在当时是有史以来最大的并购案，涉及 700 亿美元的股票交易，合并后花旗集团的总资产接近 7000 亿美元，成为世界上规模最大的金融服务公司。而更令人震惊的原因是合并双方的地位十分悬殊，在业界享有盛名、世界上最赚钱的银行——花旗银行却同意与比自己小得多的旅行者集团对等合并，实在令人费解。

花旗银行作为美国及全球最大的银行，同其他的大银行一样，已经成为全美各行业垄断寡头的利益集结点，它成功地将各大财团的资本力量汇集在了一起，使它们在相互支持、相互利用、相互制约的同时，又拥有相同的根本利益。社会各界都很看好这次合并，在宣布合并的当天，花旗银行的股票每股狂升 33.9 美元，以每股 176.8 美元收市。1998 年 9 月 23 日，联邦储备委员会的理事会以 5：0 的全票通过了花旗集团的合并案，10 月 8 日，联储正式批准新花旗银行集团的成立。

1933 年通过的《格拉斯—斯蒂格尔法》，依照该法律，不允许一家公司同时经营证券业务和银行业务。但是，20 世纪 60 年代以来，美国金融业及其面临的内外环境已经发生了很大的变化，工商业以发行债券、股票等方式从资本市场筹集资金的规模明显增长，资本市场迅速发展，资本商品也日新月异，交易商、经纪人、咨询机构等不断增加，保险业与投资基金相继进入这个市场，资本市场在美国金融业中的地位日益上升；由于银行储蓄利率长期低于市场利率，而证券市场则为经营者和投资者提供了巨额回报，共同基金的兴起吸收了越来越多的家庭储蓄资金，甚至证券公司也开办了现金管理账户为客户管理存款，这使商业银行的负债业务萎缩；技术进步提高了金融交易的效率，降低了成本，更加复杂的衍生工具可以使用电脑来进行。这些变化使得金融业的竞争越来越激烈。美国的商业银行开始有意识地避开分业经营的制度框架，银行控股公司也就应运而生，成为绕过监管，从事包销证券、代理保险、房地产经纪管理咨询的有效途径。但是，《格拉斯—斯蒂格尔法》仍然是美国商业银行发展的壁垒。这成了这次合并的一个主要障碍。

美国金融业已经发展到了需要出现一个全能的金融集团的阶段。花旗合并旅行者，符合行业的要求、人们的预期和国家的利益。花旗与旅行者的合并为废除这部法律提供了契机，双方已经达成了合并协议，法律的修改迫在眉睫。

当时人们觉得废除这部法律已是大势所趋，在宣布合并的当天，两家公司的股票就开始上涨。半年后，美联储全票通过了这次合并，新花旗集团正式成立。美国司法部在美联储批准之后的 30 天内，没有提起诉讼，说明美国政府默许了这次合并。

1999 年 11 月，美国国会通过了《金融服务现代化法案》，克林顿总统随后签署了这项法案，成为美国金融业经营和管理的一项基本法律。《金融服务现代化法案》对美国 20世纪 60 年代以来的有关金融监管、金融业务的法律规范进行了突破性的修改，标志着现代金融法律理念发展到放松金融管制，以法律制度促进金融业的跨业经营和竞争。意味着 20 世纪影响全球各国金融业的分业经营制度框架的终结，标志着美国乃至全球金融业真正进入金融自由化和混业经营的新时代。

依据这个法案，限制投资银行和商业银行合并的规定取消了，美国金融业进入了混业经营的时代。花旗和旅行者集团的合并已经没有了法律障碍，合并圆满完成。

花旗银行合并案的顺利通过，虽然在很大程度上是由于美国金融业发展的客观需要推动了法律的改变，但同时也很清楚地从侧面反映出，花旗所代表的财团在美国社会，尤其是美国政界、立法界的巨大的影响力，正式凭借这些超级资本家的支持，花旗银行不但得到了飞速的发展，成为美国举足轻重的金融机构，还成为资本聚集的权力中心，逐渐对社会经济拥有了相当强的控制能力。这又再一次印证了美国政府在很大程度上是代表了垄断财团的利益，而是不民众。

钢铁业的新世纪并购

2006 年 1 月 27 日，国际钢铁界传出爆炸性新闻：在对钢铁公司进行兼并之后，2005年刚刚夺得排名第一的米塔尔钢铁公司再次"狮子大开口"，只是这一次的猎物直指退居第二的阿赛洛钢铁集团公司。

尽管米塔尔素来以大手笔收购著称，但此举仍让圈内人士震惊。这是一起国际钢铁业并购金额最大收购案，超过了米塔尔 2004 年以 158 亿美元买下美国国际钢铁集团一案。若此兼并得以顺利进行，米塔尔将控制全球约 10% 的钢铁业，比实力最相近的对手——日本新日铁高出两倍多，其钢产量相当于日本所有钢铁公司的产量总和。

回顾钢铁业的发展史，在 20 世纪下半叶的大多数时间里，尤其是在八九十年代，随着电子、信息、互联网、生物等新领域、新技术的不断出现，钢铁业这样的传统重工业已属夕阳产业、明日黄花。但随着新世纪的来临，全球钢铁价格呈现飞涨的走势，原本的夕阳产业如今枯木逢春，出现了新的生机。

米塔尔兼并阿赛洛的理由颇为充分：由于钢铁产品在军事上和战略上的重要性，各国纷纷发展自己的钢铁产业，以免受制于人。这就造成了全球钢铁公司过多过散，只有米塔尔公司是迄今唯一真正可以称得上是跨国企业的钢铁公司。两大公司的合并是全球钢铁行业整合的关键所在，将降低钢铁价格的波动性。从 2000 年开始，世界范围内的钢铁产量已经上升了 30%，但钢铁的价格却上涨了数倍。在全球市场日渐整合的环境下，建构一个雄霸全球的钢铁企业并不是过分之举。

阿赛洛公司虽然是几年前才刚刚成立的，但它本身却有着很强的政治背景，是由法国、西班牙和卢森堡三家最大的钢铁公司于 2001 年合并而成的，被认为是欧洲各国行业内团结协作的典范，代表着欧洲的传统文化价值和经济利益。来自欧洲的各种资本力量错综复杂地经营着和影响着这个公司。因此，在面对米塔尔的并购时，其反响可想而知。足见这次并购案对欧洲传统资本造成的影响之大。兼并案遭到了来自卢森堡、法国、比利时和西班牙等国监管当局的明确反对。

而印度本国一直将米塔尔视为本国的骄傲，在米塔尔提出收购阿赛洛要约后，印度国内普遍支持米塔尔，国内反对新种族歧视的声音一浪高过一浪，米塔尔也向外界表明：资本是不分国界的，资本不应该受到歧视。

这次并购案引发的层层波澜让人看到，无论是在政治领域还是经济领域，经济爱国主义情绪在相当长一段时期内都将无法淡化，资本还没有展现它的本来面目。欧洲的抵触情绪让人感到旧有资本对新兴资本的反抗，虽然许多既有资本力量已经减弱，但对于最后的利益争夺仍然不愿放弃。但结果似乎让欧洲人终于明白了，这场并购案终究是发生在两个欧洲公司之间，最后的决策最终应该交由公司股东作出；他们也终于认识到，传统的经济保护主义思想已不合时宜，而应遵从市场逻辑和资本的运作规律。只是人们无论从心理上，还是从政策上，都还有一个艰难的调适过程。

经过四个多月的口舌之战，世界第一大钢铁生产商米塔尔钢铁公司终于获得相关金融部门批准，向其最大竞争者阿赛洛钢铁公司的股东公开了价值超过 232 亿美元的收购要约。一旦此项并购交易达成，将打造出占世界钢铁市场 11% 份额的"超级钢铁航母"。根据米塔尔公布的收购计划，阿赛洛股东可以每 5 股阿赛洛股份兑换 4 股米塔尔钢铁股份外加 35.25 欧元，要约中现金支付的最大比例将达 25%。米塔尔也暗示，可以提供更优越的收购方案。

米塔尔说："对于全球化整合的钢铁行业资本控制而言，显然这是一个非常关键的举措。"这一轰动全球的国际钢铁集团并购案，正集中体现出米塔尔渴望在 21 世纪成为钢铁国王的野心，它不仅控制着整个王国，而且实现整个行业资本运作模式的转型。随着这项交易尘埃落定，米塔尔钢铁公司加固了全球最大的钢铁企业的地位，登上了事业的顶峰。

米塔尔的收购模式，简单来说，就是以资本为纽带，强行收购目标公司。这种方法，原始简单，但是有效。他把被收购钢铁厂的优势资源和自己强大的资本运用能力结合起来，利用自己全球化的网络，提高生产经营效率。

对于米塔尔钢铁来说，这不是一般意义上的兼并。尽管阿赛洛的名字仍会出现在新公司的名称中，但阿赛洛很快将成为米塔尔钢铁的全资子公司，"米塔尔钢铁"在扩大后继续存在；而且，在米塔尔钢铁中，米塔尔家族将是占有43%以上股份的绝对优势的第一大股东，其他股东最大持股量不会超过5%；名义上原阿赛洛股东仍持有米塔尔钢铁超过半数的股权，但其中大多数股东都应该是只追求短期套利的散户投资者。

阿赛洛并购战堪称是资本运作的一次经典案例。在并购和反并购中各利益相关者的表现，当事人的战略谋划能力和运作能力，各种错综复杂的利益关系的组合和冲突，在今后很长时间内都会是后人研究的典型案例。

米塔尔的这次并购战标志着世界钢铁业的新纪元已经开始。今后，钢铁行业的成员必须要用与从前不同的新战略思维、战略行动来应付复杂的竞争新环境。争夺阿赛洛的控制权的这场旷日持久的战役显出了全球钢铁业已重获显要地位，重新获得投资人的青睐。

全球钢铁企业已经历了一场兼并大战，虽然米塔尔钢铁公司获胜了，但实际上钢铁企业的兼并仅仅是一个开端。全球最大的五家钢铁企业占据全球市场大约五分之一的份额，眼下仍然具有更大规模兼并的空间和理由。兼并游戏远远没有结束，还处在开局阶段。今后也许会涌现出另外的钢铁业巨头——规模更大、更具实力、具有能在该行业取得新成功的足够财力物力的大型钢铁企业。

对于消费者、原材料供应商、钢铁生产企业和投资者来说，兼并的前景喜忧参半。由于兼并，钢材价格可能会上升，消费者将支付更多的钱，对原材料的需求将增加，到2015年，在需求的推动之下，全球对于铁矿石、炼焦煤等原材料的需求估计将增加40%，提供这些原材料的厂商会有利可图。一些大型钢材生产商将投入更多资金进行研发。随着技术、生产和制作流程的发展，人们将拥有质量更高更好的产品，可用于集装箱、建筑、汽车等行业。从兼并过程中脱颖而出的企业将是一些效率更高、更具有定价权的企业。金融市场将看到一个更加稳定、更具投资价值的产业。

面对国际上一系列的并购活动，我国一定要未雨绸缪、防患未然，否则我国钢铁企业就有可能被国外资本肢解。我国应加快国内企业间的重组、并购，支持国内钢铁企业向集团化方向发展，通过强强联合、兼并重组、互相持股等方式进行战略重组。我们有理由相信，有国家决策层的支持和帮助，必将大大加快国内钢铁业的产业整合速度。

《华尔街日报》易主

2007年3月底，在与道·琼斯公司首席执行官赞尼诺共进早餐时，新闻集团董事长默多克表达了收购道·琼斯集团的意愿，由此拉开收购的序幕；4月17日，道·琼斯董事会正式收到书面收购协议；5 月 1 日，道·琼斯首次就该收购协议发布声明，当天道·琼斯的股价大幅上涨超过 50%。

从商业角度讲，对一家每股股价为 36 美元的公司，提出每股 60 美元的收购报价，可谓诚意十足，而且收购之后的战略也相当完备：借助《华尔街日报》，确立正在筹备中的福克斯商业频道的权威性，同时，通过新闻集团的国际化、网络化平台，将这份高端报纸变成更加国际化、更具互动性的商业信息网。

默多克是这世界上为数不多的精于依靠媒体赚钱的人。在过去的 50 多年里，他从澳大利亚阿德莱德的一份报纸开始，通过收购诸多的媒体创建了一个收入达 253 亿美元、盈利 23 亿美元的世界级媒体帝国——新闻集团，是当今世界上规模最大、国际化程度最高的综合性传媒公司之一。集团经营的核心业务涵盖报纸、杂志、书籍出版，电影、电视节目的制作和发行，无线电视、卫星电视和有线电视广播以及数字媒体的开发与管理。

报纸、电视、广播已经成为影响我们生活的传播媒介，是现代文明不可缺少的重要组成部分。它们对于公众的影响力，远远超过我们的想象，而今天全球最大的传媒帝国就是默多克领导的新闻集团。这个澳大利亚人站在传媒帝国的权力中心，把自己的资本延伸到了全球，至今他还在不断进取，用自己制造的舆论影响着人们的思想。他麾下的100 多家报纸，永远信奉流行主义的功利价值观和左右逢源、灵活多变的政治价值观。这致使新闻集团在澳、英、美不断获得政策倾斜，为其资本顺利占领市场铺平道路。

目前，新闻集团拥有世界各地的 109 家日报、双周刊和 15 家周报，这些报刊和周刊遍及全球每一个时区，每周总计约有六千万份的发行量。《太阳报》《泰晤士报》等 40%的英国报纸就由默多克控股，澳大利亚的三分之二的报纸都由其控制。它还拥有英国的天空电视台、美国的福克斯电视网、香港的亚洲卫视，计划建立一个全天候的新闻电视网，与 CNN 一决高低。其卫星电视市场包括了美国、英国、南美、中亚、印度和东南亚等。毫无疑问，新闻集团的成就是建立在默多克的交易能力之上的。

收购成功意味着默多克得到了美国最出色的新闻报纸之一，有力扩充了他的全球势力范围，现在新闻集团旗下拥有福克斯广播网、福克斯新闻频道、二十一世纪福克斯电影和电视台、MySpace、英国和澳大利亚的报纸以及很多卫星电视广播公司。

对新闻集团这个拥有多家报纸、电视台和好莱坞制片厂的传媒巨头来说，如此大笔的资本操作一定具有非同凡响的战略意义。默多克曾经说过："道·琼斯是一家伟大的公司，是全世界最伟大的媒体集团之一，在金融信息和商业报刊中是龙头老大。在和新闻集团的结合之后，《华尔街日报》和其他道·琼斯经营的媒体将在新闻集团的注资下更加具有竞争力。我们将通过印刷品、广播电视和数码平台将这些无价的信息传递到全世界。"

在美国，《华尔街日报》是发行量仅次于《今日美国》的第二大报纸。默多克此前也公开表示，希望筹备中的福克斯商业频道能够使用《华尔街日报》的品牌，如果想了解收购案的长远目标，就应该把注意力放在亚太地区。在未来五年内，亚太地区传媒业的增长速度将领先全球。在经济呈现强劲增长的背景下，专家们预计，该地区传媒和娱乐市场的开支将会增至 4700 亿美元。未来几年的时间里，很多传媒巨头会进军亚太市场。

收购道·琼斯集团和《华尔街日报》是新闻集团的亚洲乃至全球战略的一部分。与道·琼斯"随嫁"新闻集团的还包括创办 30 年的《亚洲华尔街日报》，其在亚洲拥有 15 家分支机构，9 家印刷厂和超过 200 名的道·琼斯通讯社驻亚洲记者。此外，默多克还将拥有 2002 年启动的《华尔街日报》中文网站。《亚洲华尔街日报》的订阅用户约为 8 万户，预计读者约为 37 万人。

传统媒体在信息化迅速发展的今天面临着艰巨的选择，要么被资本并购，要么提高自身价码，减少被并购的机会。从新闻集团并购道·琼斯中，中国传媒在未来的发展中应该注意以下三点：

第一，资本运作，特别是并购重组是传媒企业快速发展的重要方法。这次新闻集团与道·琼斯的合并又是一次大手笔的并购重组，不仅是这一个案例，可以说，整个欧美国家的传媒发展史就是一部传媒并购重组的历史，并购重组是传媒企业发展的主要手段之一。中国传媒企业仍然停留在企业的经营阶段，资本运作很少介入。因为中国传媒上市公司相当少，现在中国传媒公司很少能分享到其中的好处和喜悦，资本运作将是中国传媒企业接下来的必修课程。

第二，内容资源和传播平台的整合在未来变得越来越重要。新闻集团拥有电视、报刊、出版、网络等多种传播渠道，但它的内容资源大都是大众新闻类。这次新闻集团的一大目的是要把道·琼斯集团的财经媒体资源整合到自己的传播平台上，增加传播信息的含金量。在中国，前段时间 Google 和新浪的合作其实也是内容资源（新浪）和传播平台（Google）一次大整合。但从总体而言，国内的这类整合还相当少见，中国媒体未来的重要挑战是如何在内容和传播平台上进行大的整合——把一种内容资源同在多个渠道传播或把多种内容在多个渠道上传播。

第三，传媒集团化是大趋势。从全球范围来看，随着新媒体的竞争加剧，中小媒体公司的生存将会越来越艰难，道·琼斯也不能例外。强强联合、集团化应该是趋势所在。反观中国的传媒行业，中国的传统媒体基本上是处于地方或行政分割状况，集团化程度相当低。这样不仅不利于中国传统媒体的发展，而且还把发展和整合机会拱手让给了一些新媒体。

海湾石油公司收购案

从 1979 年到 1985 年，海湾石油公司放弃国外业务，几乎完全撤出了西欧和北欧的上下游业务，退缩回美国的战略大转移。20 世纪 80 年代以来，它在美国国内的石油储量正在迅速下降，海湾石油公司连遭挫折，仅仅在 1978 年至 1982 年期间就下降了 40%。由于决策者的一系列错误决策，使得海湾石油公司收支严重失衡，债台高筑，陷入了困境，从而映入了并购者的眼帘。

1983 年 8 月，梅萨石油公司开始通过分散在全国的秘密数字密码账户，把海湾石油公司的股票积聚起来。同年 10 月，梅萨石油公司组成了一个海湾石油公司投资者集团，向它提供合伙人和必要的金融手段，以便进行收买。1983 年 9 月，皮肯斯公开宣布拥有海湾石油公司的大量股票。10 月晚些时候，梅萨石油公司对外宣称，它的目标是促使海湾石油公司把其在美国的石油和天然气储量转让给一个由股东直接拥有的信托组织，付给他们以现金，消除股息上的双重征税。1983 年 11 月，梅萨公开宣布，已经掌握海湾石油公司 13.1% 的股份。

来自美国得克萨斯州的石油大王皮肯斯早在 20 世纪 80 年代就因一系列恶意收购案名振华尔街。逐渐地，梅萨石油公司让许多公司老板闻风丧胆。布恩·皮肯斯凭借其敏锐的嗅觉和收购能力使梅萨石油规避了很多风险，并迅速壮大起来，成为金融界不可小觑的力量。当握有海湾公司 13.1% 股份的皮肯斯要求进入海湾公司的董事会时，却遭到了拒绝。

皮肯斯认为整个石油工业结构都应该进行重组，并且他决定让自己作为重组的"催化剂"，就拿海湾公司开刀。之后不久，他成立了一个海湾投资集团（GIG），控股 11%。作为海湾石油最大的股东，GIG 要求公司用部分国产石油和燃气资产成立一个特权信托。这种特权信托最早由梅萨公司建立，后来许多石油公司纷纷效仿。一般而言，设有特权信托的公司股价比没有设立信托的公司股价高。据媒体报道，皮肯斯仅在特权信托计划上就获利 2.19 亿美元。但是，海湾石油公司管理层再次拒绝了建立特权信托的要求。

在很长的一段时间内，石油公司之间有一种不成文的规矩，即厌恶彼此间作出不怀好意的开价。但是随着业界石油公司间的收购表明，这条规则早已不再适用。大石油公司拥有巨大的资本，彼此角逐。资本此时成为进攻的利器。但海湾石油公司董事们不满皮肯斯提出的用低档而风险高的债券的出资行为，并表示宁可并入大石油公司，也不能让皮尔肯的阴谋得逞。

1984 年 1 月，大西洋富田石油公司董事长罗伯特·安德森表示，愿意以 62 美元一股的价格购买海湾石油公司。随着这个信息的公开，海湾石油公司被别人买下只是时间早晚的问题了。之后，皮肯斯提出自己的投标开价为 65 美元一股，超过大西洋富田石油公司。不仅如此，加利福尼亚标准石油公司对海湾石油公司也垂涎已久。因此，从 2 月 29 日到 3 月 3 日这一周共得出三种估价。

1984 年 3 月 5 日，海湾石油公司董事会在匹兹堡总公司开会，谈判桌上有三个购买申请方案可供考虑选择。海湾石油公司董事会开了八个小时的会，讨论了这三个出家，大西洋富田石油公司的出价最低，很快就被抛弃，科尔伯格－克拉维斯－罗伯兹公司的出家从理论上来说最高，但由于其中一小半是证券支付，因此风险较高。加利福尼亚标准石油公司出价 80 美元一股，总金额 132 亿美元，全部付现款。海湾石油公司董事会决定采取谨慎的方针，接收加利福尼亚标准石油公司提出的全部用现款支付的出价。这就是海湾石油公司的结局。

海湾石油公司全部并入加利福尼亚标准石油公司。乔治·凯勒永远不会有任何理由对在最后时刻填写每股 80 美元的出价一事感到遗憾。加利福尼业标准石油公司对海湾石油公司的估价并不过高。5 年后，凯勒说："那次买进是一次好交易，我们能够得到大量资产，否则，它们永远得不到利用。"凯勒认为，在 20 世纪 70 年代两次石油冲击之后的狂热气氛下，任何一家大石油公司都会发生这种情况。不过，海湾石油公司付出的代价最高。

这个震惊整个华尔街的海湾石油公司收购案，是皮肯斯作为并购高手最为典型的个案，也是他收购生涯中最具挑战的案例。就皮肯斯而言，由于皮肯斯的努力，海湾石油公司的股票价格在几个月内从 41 美元一股上涨到 80 美元一股。按市场价格计算的公司资本总额从 68 亿美元上升到 132 亿美元，使海湾石油公司的股东们获利 64 亿美元。皮肯斯说："要是梅萨石油公司和海湾投资者集团不出场投标的话，这 64 亿美元永远不会出现。"他的利益已经得到维护：无论皮肯斯谋求迅速获利或者确实希望成为一家国际大石油公司的总裁，他的海湾投资者集团已获利 7.6 亿美元，其中约 5 亿美元归梅萨石油公司：这正是梅萨石油公司在 1983 年夏天渴望搞到的钱数。正如皮肯斯所说的，梅萨石油公司需要钱，亟需用钱。

在这次兼并中，海湾石油的 40 万股东共获利 64 亿美元，其中包括 GIG 所得的 7.6 亿美元，梅萨石油公司董事会在阿马里洛开会，以感激的心情投票通过奖给皮肯斯总值 1860 万美元的延期付息债券，以酬谢他收买海湾公司的一套做法，使梅萨石油公司赚了 5 亿美元。皮肯斯成了那一年美国收入最高的公司经理。

奔驰与克莱斯勒的合与分

前后不到 4 个月时间，一个巨型的合并就完成了。戴姆勒—奔驰公司和克莱斯勒汽车公司合并成功，新公司称为戴姆勒—克莱斯勒汽车公司，对外显示这是一次强强联合。合并通过股票互换的方式进行。通过对双方上市资本、股价盈利比以及各自盈利状况的评估，戴姆勒—奔驰公司的股东占有新公司 57% 的股份，克莱斯勒公司的股东则占有其余的公司股份。奔驰公司和克莱斯勒公司都是当今世界举足轻重的汽车巨人，奔驰公司是德国最大的工业集团，总部设在德国南部的斯图加特，兼并前销售额达到 1240 亿马克，拥有员工 30 万人。克莱斯勒公司是美国仅次于通用汽车和福特的第三大汽车制造商，总部设在底特律，兼并前销售额为 1060 亿马克，拥有雇员 12.8 万人，该公司是多元化企业，除了汽车之外，还生产和营销汽车配件、电子产品等。两家公司合并所牵动的市场资本高达 920 亿美元。合并之后，戴姆勒—克莱斯勒汽车公司的实力迅速上升，令世界各大汽车巨头望而生畏，给世界汽车行业带来不小的冲击。以市场资本额排序，戴姆勒—克莱斯勒汽车公司仅排在丰田之后，位列榜单第二。

统计数据显示，1996 年全球各汽车公司的生产能力是 6800 万辆，实际产量是 5000 万辆，相当于总生产能力的 73.5%。2000 年，全球汽车生产能力是 8000 万辆，而总需求只有大约 6000 万辆。在这种情况下，各汽车公司在全球汽车市场上竞争的剧烈程度可想而知。当今欧美汽车市场已趋于饱和，生产能力过剩，寻求新的市场是当务之急。竞争最直接体现在全球范围内的市场争夺上。跨国兼并就是开拓异地市场的一个有效途径。而奔驰兼并克莱斯勒就是在一个经济部门的跨越两个发达地区的特大型兼并，是突破单枪匹马、独来独往的传统兼并的一次创举，把全球化垄断大大向前推动了一步，显示了欧洲在世界经济舞台上的地位，意义极其深远。

不论从财务上还是从技术上来看，单独一个公司要研究、开发用户需要的知识含量高的技术和车型很困难，因此大型汽车公司采取两种方式来解决这个问题。一种是战略联盟方式，即以缔约方式而不是变更产权的方式实现开发技术和开拓市场的战略目标。另一种就是涉及产权变动的兼并方式。采取兼并方式可以在产品品种上优势互补，这也是汽车公司在激烈竞争中要向多品种多系列方向发展的需要。

以行业或产品为中心，垄断企业为增强国际竞争力突破国界进行兼并活动是全球化垄断的一个新形式，是当前全球化垄断的一个重要特征。以欧洲为中心的全球范围内的汽车工业的大兼并，是争夺世界经济垄断地位，加速战略的又一轮新的兼并高潮，其影响将远远超过欧洲汽车工业本身。这次世界汽车工业联合、兼并过程中，德国戴姆勒—奔驰公司与美国克莱斯勒汽车制造公司合并组成戴姆勒—克莱斯勒股份公司不仅是世界汽车工业有史以来最大的一次兼并，而且也是世界工业史上规模最大的一次企业合并，是世界汽车工业联合、兼并新潮中最为典型的案例。

但实际上，这个预期通过强强联合打造世界第一大汽车公司的梦想从未实现。并购后的克莱斯勒连年亏损，让戴姆勒—奔驰公司不堪重负，仅2006年一年时间克莱斯勒公司就亏损11亿欧元（合14亿美元），低迷的业绩冲销了梅赛德斯24亿欧元的营业利润及商业卡车的强劲表现。同时，仅仅几年时间，戴姆勒—克莱斯勒的股票市值就损失了330多亿美元，戴姆勒—克莱斯勒首席执行官施伦普不得不宣布提前结束任期，黯然退出。9年后，危机终于爆发，2007年5月14日14时，戴姆勒—克莱斯勒股份公司在德国斯图加特宣布，纽约私人股权投资公司——Cerberus资本管理公司的分支机构将出资74亿美元，获得未来新公司克莱斯勒控股有限责任公司80.1%的股权。

戴姆勒—奔驰公司和克莱斯勒汽车公司之间的这场以383.3亿美元的价格开始的兼并案，早已成为世界工业史上最大的兼并案。而现在它却作为最失败的兼并案例出现在各大商学院的案例教科书上。

《华尔街日报》分析认为，由私人资本运营公司接管克莱斯勒对美国汽车业将是一个具有分水岭意义的事件。它将至少为世界汽车工业带来以下四个变化：

第一个变化，全球化改变世界汽车工业格局，地区汽车企业不能单独在本国或地区生存，要么通过控股兼并等方法转变为全球汽车制造商，成为生存发展的必由之路，要么墨守成规、闭门造车，死路一条。

第二个变化，全球汽车产业分工模式的重构，是原来整车和零部件垂直一体化结构被零部件企业专业化面向客户所取代。原来零部件企业区域化变为国际化，劳动密集型零部件企业向低成本地区转移等等。

第三个变化，全球化导致汽车产业专业分工国际化和全球采购，模糊了汽车产品的国家特征。

第四个变化，有限制产业资本与金融资本的结合而产生的——改变原来汽车企业同业并购重组的模式，独立的金融资本开始融入产业资本。

在世界汽车工业的全球化兼并重组愈演愈烈的今天，随着我国改革开放步伐的加快，进口汽车的增加，合资企业的迅速繁衍，我国的民族汽车工业在与国际汽车工业的巨商进行着较量。加入世贸组织也增加了我国民族汽车工业的危机感。为了减弱由此带来的巨大冲击，为抗衡国外大型跨国公司，我们要加快调整现有的组织结构，积极推进集约型的"大公司、大集团"战略，从技术、资本、市场等方面在国内率先实行强强联合。各企业集团可以按照自主自愿的原则，通过合并、兼并、无偿划转等形式，实现资本与资本、技术与资本、营销与资本的联合，组建大型企业集团。各企业集团之间，应该对产品、技术力量、营销网络以及生产、研究设施等重新进行优化组合，按照规模化、自主化、全球化的产业要求，集中力量发展优势领域，从整车、零部件生产及其技术合作出发，全面参与汽车工业的全球化重组，提高我国汽车工业的竞争力。面对挑战，我国汽车工业应该积极融入世界经济的大潮中去，在全球范围内合理配置各种资源，共享技术财富，通过引进国外资金和技术，加大产品开发力度，从而形成自己特有的产品优势。

中国作为世界汽车市场的一个重要组成部分，在汽车工业全球化、一体化的进程中是不可缺少的角色，我们要敢于面对并积极参与国际市场的竞争。尽快建立自主的汽车技术开发体系，摆脱对国外技术和资金的依赖，直接走上自主发展的道路。在国家的政策引导和资金支持下，开展相关的研究开发工作，力争在这些重点领域取得根本性的突破，带动全行业的技术进步和产品升级。

沃达丰对曼内斯曼的世纪大收购

1999 年 11 月 14 日，全球最大的移动电话公司英国的沃达丰宣布，将以完全换股的方式收购德国老牌电信和工业集团——曼内斯曼。前者开出的条件是以 43.7 股沃达丰的股票换 1 股曼内斯曼的股票，相当于以每股 203 欧元的价格全面收购曼内斯曼。但是这个提议得到的是曼内斯曼公司管理层的断然拒绝。

11 月 19 日，沃达丰又宣布将曼内斯曼的股票估价提高为每股 240 欧元，也就是用 53.7 股沃达丰的股票来购买 1 股曼内斯曼的股票，总额为 790 亿英镑，分别约合 2425 亿马克、1285 亿美元、1470 亿欧元，而同日，曼内斯曼股票的收市价仅为每股 193.10 欧元。这次敌意收购行动除涉及巨额款项外，若收购成功，沃达丰将会合并欧洲三大移动电话公司中的两家。1999 年 11 月 29 日，曼内斯曼公司正式照会沃达丰公司，拒绝其收购建议。

终于，在 2000 年 2 月 3 日晚，英国沃达丰总裁根特和德国曼内斯曼公司总裁埃塞尔联合宣布，他们已经达成两个公司合并的协议，涉及金额近 4000 亿德国马克，确切地说是 1694 亿美元，相当于 1760 亿欧元。曼内斯曼公司将占有新公司 49.5％的股份。这样，双方结束了长达 3 个半月的讨价还价，于新世纪伊始，完成了当时涉及金额最大的公司合并，比在大约一个月前惊动世界的美国在线公司与时代华纳公司的合并还多了大约 890 亿德国马克。这个协议虽然尚需双方董事会的批准，但是，根特和埃塞尔都表示协议的批准不会有什么问题。

新的公司将成为世界最大的手机制造商之一,拥有 4200 万用户,营业范围遍及全世界,但主要在英德法意和美国及加拿大等国家,而且不仅涉足手机行业,还经营有线通信和互联网业务,成为一个巨大的信息产业集团。现任沃达丰总裁的根特将担任新公司的总裁,曼内斯曼公司总裁埃塞尔任副总裁,并主管曼内斯曼公司的工作 5 个月,然后进入董事会,不再负责具体管理工作。而且双方都表示，这场颇具戏剧性的谈判是一场"双赢"交易。

英国沃达丰对德国曼内斯曼的这次恶意并购引起了欧洲社会乃至全世界的广泛关注。由于双方都是本国举足轻重的大型企业，因此，双方政府都不遗余力地为本国的财团争取最大的利益。虽然碍于市场规则的制约，政府并不能直接介入这场争斗，但双方的最高政治首脑都出面给本国企业制造有力的舆论氛围，可见这次兼并的影响之大。

这次并购还吸引了全球顶尖的投资银行的介入，摩根斯坦利和高盛分别组织了实力强大的财团入场竞技。摩根斯坦利为此次曼内斯曼的反收购行动出谋划策，而高盛却恰恰担任了此次收购方沃达丰的军师。它们通过拉拢股东、影响政府等各种手段进行竞争。

摩根斯坦利原本是 J.P. 摩根的投资部门。1933 年，美国大萧条期间，国会通过《格拉斯—斯蒂格尔法》，禁止银行同时提供商业银行与投资银行服务。于是摩根斯坦利不得不从 J.P. 摩根中分离出来，作为一家独立的投资银行于 1935 年 9 月 5 日在纽约成立。目前，摩根斯坦利以其优秀的金融咨询服务和市场执行实力享誉全球。作为一家在纽约证交所上市的全球金融服务公司，它是全球证券、投资管理和信用卡市场的佼佼者。公司在全球 28 个国家设有超过 600 个办事处，员工总数 5 万多人。摩根斯坦利汇聚人才、创意和资本，旨在协助客户实现其财务目标。

高盛集团成立于 1869 年，是全世界历史最悠久及规模最大的投资银行之一，总部设在纽约，并在东京、伦敦和香港设有分部，在 23 个国家和地区拥有 41 个办事处。其所有运作都建立于紧密一体的全球基础上，由优秀的专家为客户提供服务。主要向全球提供广泛的投资、咨询和金融服务，拥有大量的多行业客户，包括私营公司、金融企业、政府机构以及个人。

20 世纪 70 年代，资本市场兴起了恶意收购的浪潮，恶意收购的出现使投资行业彻底打破了传统的格局，催发了新的行业秩序。而高盛却独具慧眼，率先打出"反收购顾问"的旗帜，帮助那些遭受恶意收购的公司狙击恶意收购者。它所创新的反收购方法，如请"白衣骑士"、抬高收购价格或采取反托拉斯诉讼等，目前已成为投资银行界的普遍做法。恶意并购的出现，一时间使美国各公司的首席执行官恐惧到了极点，就这样高盛一下子成了遭受恶意收购者的天使。

随着收购战役的不断升级，双方顾问团的力量也在不断加强。一方面，高盛与沃达丰的阵营中加入了著名的投资银行 Warburg Dillon Read 以及 Donaldson Lufkin&Tenrettey。而另一方也不甘示弱，摩根斯坦利邀请到的则是华尔街的航母美林证券和 J.P. 摩根，以及德意志银行，与它共同保卫曼内斯曼的独立。毫无疑问，收购大战的最后必将演变成几大财团之争，谁的财力雄厚，谁争取了最多的股东，谁将是这场战役的最后赢家。最终，实力更雄厚的沃达丰和高盛组成的财团取得了这场世纪并购的胜利。

到此为止，沃达丰对曼内斯曼的收购案画上了圆满的句号，曼内斯曼成为德国首家被外国投资者恶意收购成功的企业。支持此次并购行动的市场评论家们认为，尽管此次并购意图遭到了曼内斯曼的顽强抵抗，但它仍然成为攻克德国经济体系堡垒的一发举足轻重的炮弹。近年来，国有不少大公司（如戴姆勒、宝马、德意志银行等）不断进行海外并购，然而德国工业界对外来者仍然戒备森严，在此之前，尚无一家外国公司可以以敌意收购的方式成功收购德国的企业。因此，从某种意义上说，沃达丰对曼内斯曼的收购具有打破德国工业壁垒的重大意义，有利于欧洲经济一体化的构想变为现实。

然而，虽然交易结束了，但影响并没有消除。2011年1月21日，德国杜塞尔多夫州法院开庭审理被称为德国当代最轰动的经济案。该案涉及四年前英国沃达丰公司并购德国曼内斯曼公司时支付的总额为5600万欧元的补偿费。曼内斯曼案于2006年结束了，该案件让德国公众对企业管理问题更加敏感，人们开始要求企业管理层决策要公开和透明，董事会监理委员会成员应该对得起自己的高薪，起到真正的监督董事会行为的作用。

网络新贵活力门挑战日本传统势力

活力门公司是日本三大网络媒体公司之一，成立于1996年4月。它在日本国内业绩上升十分迅速，在创业仅4年后的2000年就在东京证交所创业板成功上市。成立不过8年时间，其年销售额就突破300亿日元，属于网络新贵。该公司的创始人、董事长兼总裁堀江贵文，当时年仅32岁。

2005年2月8日，日本全国的媒体头版头条几乎同时刊登了一个惊人的消息：活力门公司在股票市场中，通过场外交易方式，已经获得了日本广播公司35%的股票，一举成为该公司最大的股东。这个突如其来的消息，震撼了日本政界、经济界以及民间社会。日本放送公司（也称日本广播公司，简称NBS）是富士产经集团的核心企业，也是日本富士电视台的母公司。富士产经集团是日本最大的传媒托拉斯之一，年销售额达50亿美元。

"活力门"在此次并购当中，打了几次擦边球，频频钻日本法规的空子，主要表现在以下两点：

第一，政府为了防止本国传媒被外资所控制，保护本国传媒产业的良好发展，在《放松法》中明确规定外资拥有日本广播公司的股份不能超过20%，但法律并没有规定外资控股企业向广播公司的比例。

第二，根据日本金管局当时的规定，如果任何一个投资者持有一家上市公司的股份超过5%，就必须在5天内对持股信息尽心披露。然而，活力门在首次公开其持有日本放送的股票数时，其控股比例已经高达35%。但是它并没有造成违规，因为上述金管局的规定对有些投资者可以例外。活力门没有采取通常的股票公开收购的途径，而是通过东京证券交易所的离场交易系统。

活力门的这些做法，连东京最高法院也不得不承认，并没有违反日本的法律，只是不符合日本的社会道义。由于活力门事件，日本《新公司法》被临时决定延期一年公布，因为该法将允许所有外国资本通过其在日本的全资子公司利用股票交换和股票担保的形式对日本的企业进行购并，这一点至少从理论上为外国资本按照国际惯例在日本市场上追求资本价值最大化开辟了道路，但也增加了日本企业被国际投机基金作为吞食对象的危险性。

在这次并购中活力门的主要收购资金是由美国著名的投资银行雷曼兄弟公司提供的。雷曼兄弟证券投资公司通过承接活力门公司发行的附带"新股预约权"的可转换企业债券，为活力门公司套购日本广播公司的股票提供总额达800亿日元的资金。这使得当时年度销售额不过 300 亿日元的活力门公司以这笔来自美国公司的足够资金开始向市值 2053 亿日元的日本广播公司发难，在日本引起轩然大波。

日本虽然早已步入发达国家行列，但其资本市场的开放程度与西方国家相比还是相差很远。另外其企业文化和社会氛围也相对保守，社会等级制度森严，长期处于"和为贵"和"忍为上"的传统思想统治之下，政界和财界都是现有秩序和既得利益的捍卫者。活力门的这次行动，触动了日本传统势力的利益，动摇了它们的统治基础，因此，遭到它们强烈的反对。

2005 年 3 月 24 日，日本放送公司与软银公司下属的投资公司（以下简称软库）达成协议，将日本放送公司所持的富士电视台股份从 2005 年 4 月 1 日起租借给软库，租期 5 年，软库在这期间内将对富士电视台履行一切股东权利和义务。也就是说，软库成为富士电视台的最大股东，日本放送公司不再持有富士电视台的股份，排除了日本放送公司对富士电视台的表决权。这样一来，日本放送对于活力门来说就彻底变成了"鸡肋"。最终，活力门放弃了对控股权的争夺，与日本放送和富士电视台达成协议。

活力门的这次并购虽然最终没有成功，却起到了促进日本社会觉醒的作用。日本走上资本主义道路是通过"维新"，而不是彻底的资产阶级革命，因此，与欧美资本主义国家相比，它具有更多的封建特性。另外，二战后日本对财阀的改造不彻底，以旧财阀为主体的资本在经济重建和发展中起到了很重要的作用，再加上日本社会传统的封闭和保守的本性，使得真正的资本主义化一直没得到贯彻。长期以来，日本的资本主义其实主要是恣意横行的法人资本主义，一般的小股东根本没有什么发言权，大型企业和金融机构等互相拥有对方的大部分股份，以保证对企业的长期控制，彼此形成强大的利益联盟和稳固的权益垄断，传统的大家族式的公司只顾大企业和大银行的利益，这就在整体上强化了日本社会在经济上的排外性和守旧性。

活力门公司的此次行动，提醒日本社会开始思考企业到底是属于谁的。在欧美等发达资本主义社会里，股东是作为一个至高无上的权力群体而存在的，只要拥有公司的股份就可以参与公司的经营管理，如果掌握控股权，则可以拥有决定公司发展方向、制定重大决策、替换公司经理人等重要权力。而在日本，股东的地位却低得多，特别具广大的中小股东的权益更是难以得到保障。在日本，企业奉行的是"社员第一主义"和"雇佣至上主义"。在欧美国家，企业获得的利润理所当然地要分配给股东，这是股东最基本的权益；而在日本，企业的利润则主要以奖金等方式分配给了企业的员工。而这个以封闭性为前提建立的日本式资本主义体系，正是日本政府通过《公司法》等一系列法规要竭尽全力去保护的。在经营国际化和资本全球化的时代，日本一直利用政府这个屏障保护着国内市场以及日本企业，使它们在本土不会真正受到强大的外国资本的威胁。然而迫于国际社会的压力，《新公司法》最终还是要出台的，届时股东权益将受到法律的保护。这次的活力门事件，也提醒企业要重视股东的权力，哪怕是中小股东也拥有投票表决权，毕竟在法律上他们才是企业的所有者。

因此，双方的这次碰撞可以看成是西方资本力量对日本传统势力的一次冲击。虽然这次恶意并购最终也没有成功，而且活力门的总裁和相关收购方的重要人物均被政府以各种名义予以逮捕。但是，他们的这次挑战行为还是动摇了日本传统势力的根基，相信会对日本的社会经济产生深远的影响。

吉列收购沃尔沃，兼并是福还是祸

吉利集团 8 月 2 日宣布完成对福特汽车旗下沃尔沃轿车（下称沃尔沃）的收购，称整个收购涉资 13 亿美元现金，这与今年 3 月 28 日吉利集团与福特汽车签署协议时宣称的 18 亿美元收购价格有较大出入。吉利集团解释称，此最终交易价格是根据收购协议针对养老金义务和运营资本等因素作出调整的结果。

吉利集团今日同时公布了沃尔沃新的管理层和董事会成员名单。其中，52 岁的前大众汽车北美区 CEO 斯蒂芬·雅克布将于 8 月 16 日起担任沃尔沃总裁兼 CEO；沃尔沃原副 CFO 汉斯·奥斯卡森将担任沃尔沃代理 CFO。原沃尔沃 CEO 及 CFO 回福特欧洲任职。

在沃尔沃轿车十名董事会成员中，有两人来自吉利集团，分别为吉利集团董事长李书福及吉利集团副总裁沈晖。沈晖在加入吉利集团之前，曾任菲亚特中国区 CEO。

此外，沃尔沃董事会成员还包括法国洛希尔银行高级顾问汉斯奥洛夫·奥尔森、德国 MAN 集团前 CEO 汉肯·塞缪尔森、麦格纳集团高级副总裁赫伯特·德梅尔博士等五人，另外还有三名沃尔沃工会成员进入董事会。

吉利集团表示，沃尔沃将会保留其瑞典总部以及在瑞典和比利时的生产基地，在董事会授权下，管理层将拥有执行商业计划的自主权。李书福在一份声明中也表示，将会继续巩固和加强沃尔沃在欧美市场的传统地位，积极开拓包括中国在内的新兴国家市场。

吉利收购沃尔沃是国内汽车企业首次完全收购一家具有近百年历史的全球性著名汽车品牌，并首次实现了一家中国企业对一家外国企业的全股权收购、全品牌收购和全体系收购。

吉利收购沃尔沃并非一蹴而就。早在 2002 年，李书福就动了收购沃尔沃的念头，对其研究已有 8 年多。在李书福看来，吉利对沃尔沃及汽车行业的理解，以及对于福特的理解等，都是福特选择吉利作为沃尔沃新东家非常重要的元素。

李书福有一个比喻，他说吉利收购沃尔沃，就像是一位农村小伙子爱上了一位电影明星。"并不是有钱就能买到全球三大名车之一的沃尔沃，反过来讲，也并不是说钱不多就买不到。"李书福认为，中国在采购与研发方面所蕴含的成本优势，必将增强未来沃尔沃轿车的全球竞争力。

企业兼并在当今已经屡见不鲜。

TCL 从一个做磁带的小厂一跃成为风靡一时的全球彩电龙头，领地也逐步扩大，由地区到全国，从国内到海外。李东生曾经大呼"现在是该甩开膀子到海外去大干一场的时候了！"困难重重的 TCL 并购汤姆逊由此开始。

2003 年 11 月 4 日，李东生和法国汤姆逊公司行政总裁达哈利正式签订协议，重组双方的彩电和 DVD 业务，组建全球最大的彩电供应企业——TCL 汤姆逊电子公司，即 TTE。在这个即将诞生的合资公司中，TCL 占 67% 的股份，绝对控股。这是我国企业第一次兼并世界 500 强企业的主营业务。

根据当时的计划，TTE 将年销彩电 1800 万台，成为全球最大的彩电供应商。这意味着中国企业首次有实力重构主流产业的世界版图。

谈起汤姆逊，不得不提曾经环绕在他头上的光环，"彩电鼻祖——拥有 3.4 万项彩电技术专利"。李东生也被这些光环所吸引。他在各种场合不断表达出对此次收购的看好："这带给我们的优势就是获取核心技术和国外的销售网络，再加上 TCL 成熟的管理团队、低廉的人力成本以及巨大的国内市场，这将是一个双赢的收购。""如果吞下汤姆逊的彩电业务，TCL 将有机会成为彩电领域的全球第一。这对我的诱惑很大。"

然而，事与愿违。因为收购汤姆逊彩电业务，2005 和 2006 年 TCL 受累连续亏损两年，戴上了 ★ST 的帽子，2007 年才实现扭亏。

由于欧洲业务持续亏损，TTE 欧洲公司 2007 年 4 月申请破产清算。接踵而来的是一纸诉状。2010 年末，TTE 欧洲公司清算官将 TCL 告上法庭，就 TCL 多媒体等非法侵占或转移该公司客户及无理取得雇员保存计划等提出索赔诉讼。

国际著名投行摩根斯坦利和 BCG 顾问公司分别为 TCL 出具了风险评估报告，风险报告中指出，全球企业重组整合的失败率高达 60%，绝非小概率事件。

"若 CRT 技术继续盛行，法国政府怎么会同意 TCL 收购汤姆逊彩电业务？显而易见，TCL 接过来一个别人想要甩掉的包袱。"帕勒咨询机构首席顾问罗清启这样认为。

TCL 兼并带来了亏损、诉讼等等风险，并购并非是 1+1=2 的事情，当下很多中国企业为了出击欧洲市场收购西方的没落企业或者是中国企业为了利用中国消费者崇洋媚外的心态收购欧洲企业品牌，如皮尔·卡丹。无数的案例证明这不一定是可取的，随着越来越多走出去的机会，企业兼并，特别是对外兼并，一定要慎行。

第二十三章　金融圣地的荣耀、贪婪与毁灭

——了解华尔街往事要学的金融学

谁人不识华尔街——由一面墙而得名的华尔街

海蒂·格林被人们称为华尔街女巫，号称美国最有钱的女人。1865 年左右，她从父亲那里继承了一笔遗产，她就来到了华尔街开始投资，她的巨额财富都是从华尔街靠投资股市挣来的，她是一个勤勉的投资者，但她对金钱的酷爱近乎病态，为了不引起税务人员的注意，她总是穿着肮脏、零乱的衣服，海蒂·格林正是华尔街历史上典型的格朗台式的守财奴。1916 年她死时留下的财产足足一亿美元，换算成今天的财富价值相当于 230 亿美元，足以列世界富豪榜前十名。

海蒂·格林曾经说过，投资其实没有什么难的，就是低买高卖，只要你认真地去选择股票，认真地去研究上市公司的财务报表。随着华尔街的发展，和海蒂·格林一类的人就演变成为美国的信贷投资银行和信贷基金经理，他们变成了真正的专业人士。他们在寻求自己利益的同时，市场上实现了优胜劣汰，客观上推动了社会资源的配置，推动了经济的发展。

如果你曾经身处过华尔街，感受过那里的气息，那么你可能会发现，在这里，每天早晨 7 点到晚上 12 点，每个金融机构的办公楼里，灯光都不会熄灭，电脑也不会关闭。在所有人都已安然入睡的时候，外汇交易员正在全神贯注地进行着某个遥远市场的大宗交易；在所有人还没有起床的时候，分析师们却正端着浓浓的咖啡，在去往例行晨会的途中；在每一个该与家人欢度的周末里，投资银行家们可能正坐在三万英尺高的飞机上，奔赴某一个新兴国家。对他们来说，这不仅仅是工作，更是一种生活，是每一个身处华尔街的人都该有的精神风貌。不止一个人曾经大呼——"我对这一切都上了瘾！"

然而，就是这个一些人为之着魔，而另一些人又嗤之以鼻的华尔街，它不过就是一面墙的名字。它位于纽约市曼哈顿区南部，从百老汇路延伸到东河，全长不过三分之一英里，宽仅 11 米，英文名叫 Wall Street。如果你不了解华尔街的历史，那么它只是 17 世纪荷兰人为了保护自己的财富而在新阿姆斯特丹的北面修建的一道城市围墙，是一条既狭窄又短的街道，从百老汇到东河也不过仅有 7 个街段。

虽然这面围墙早已经被拆除，但是"华尔街"的名字却被保留了下来。当年荷兰殖民者为保护自己的财富而筑起这片土墙时，可能从未想过它会有今日的辉煌。在全长仅三分之一英里的弯曲街道上，两旁耸立着摩天大楼，集聚着美国大垄断组织和金融机构。

纽约证券交易所、咖啡、棉花等商品交易所以及摩根、洛克菲勒、杜邦等大财团开设的银行、保险、铁路、航运、采矿、制造业等公司的总管理处都集中在这里。因此，华尔街已成为美国垄断资本的代名词。

从起初的一道墙，到现在的"美国的金融中心"，这是华尔街的历史，也恰恰是整个纽约的历史，华尔街墙的建立与消失，都在着力塑造着纽约这座城市的性格。

1783年美国独立战争胜利后，北美13个殖民地摆脱了英国的统治，建立起自己的国家——美利坚合众国。经过100多年的发展，到1900年，新兴的美国取代了英国，成为世界上最强大的经济体。纽约取代了伦敦，成为全球新的金融中心。华尔街的银行家们也超越了伦敦的罗斯柴尔德家族，建立起新的金融帝国。

现在的华尔街有两处标志性的景观，一个就是在与百老汇的交界处，抬头就可以看到著名的三位一体教堂，早在华尔街还是一堵破烂不堪的城墙的时候，它就已经是这附近的标志性建筑，始终屹立在这里，见证华尔街的起起落落。而另一个就是华尔街的铜牛雕像，身长近5米，重达6300公斤。它一直是美国资本主义最为重要的象征之一。1987年纽约股市崩盘，这给美国人带来的是一场巨大的沉痛。由此，意大利艺术家狄摩迪卡有了创作的灵感，他不惜卖掉了家乡西西里祖传农场的一部分，共筹得资金36万美元，终于在1989年的一个午夜，在纽约证券交易所外竖起了这座举世闻名的铜牛塑像，宣称它是"美国人力量与勇气"的象征。

发生在纽约的这一切绝非偶然，偶然中孕育着必然，其他的城市都以各自的历史或者文化，以及其他活动而闻名，但纽约却以贸易而著称。纽约的发展，来自荷兰移民带来的股份制公司、股票交易所和货币汇兑银行，来自英国移民从伦敦带来的国债、跨国银行和中央银行。这些现代金融的种子在这片充满商机的肥沃土地上生根发芽，以其旺盛的生命力，最终将纽约塑造成了一座资本之城。

华尔街是一个人才汇集的中心，精英人才的不断涌入，在加重竞争残酷性的同时，也在不断激发着华尔街的活力和创新意识。让工作更富有效率，获得更多财富一直是华尔街追求的目标。

虽然，地理上的华尔街非常小，而在真正的意义上，华尔街是美国的资本市场乃至金融服务业的代名词。毫无疑问，现在当我们说起华尔街，是指这个真正意义上的华尔街，它早已远远超越了这条小街，也超越了纽约市最繁华的市区——包括华尔街在内的纽约金融服务区，而发展成为一条遍布美国全国的金融服务网络。在世界经济一体化的今天，华尔街已经跨越了国界，扩展到全球的各个角落。所以，真正意义上的华尔街，不仅包括每天在华尔街上忙忙碌碌的几十万人，也包括远在佛罗里达的基金经理、加州"硅谷"的风险投资家或美国投资银行在伦敦的交易员，等等。事实上，作为美国金融服务业的总称，华尔街实际上已经代表了一个自成体系的金融帝国。

对于世界上的大多数人来说，无论相隔多远，人们在精神上仍属于同一条街道——在这条街道上，所罗门兄弟曾经提着篮子向证券经纪人推销债券，摩根曾经召开拯救美国金融危机的秘密会议，年轻的文伯格曾经战战兢兢地敲响高盛公司的大门，米尔肯曾经向整个世界散发他的垃圾债券……这些人物已经成为过去，在华尔街几百年的历史中，又会有新一批银行家、分析师、交易员、经纪人或基金经理等等进入这条大街，随时制造最新的金融神话。这就是华尔街。

今天赚的给我，明天赔的归你——华尔街的五大投资银行

在不同的国家和地区，投资银行有着不同的称谓：在美国被称为"投资银行"、在英国被称为"商人银行"，在其他国家和地区则被称为"证券公司"。

在资本市场中，一般情况可以通过两种方式筹集资金：间接融资与直接融资。在间接融资中，资金需求方以商业银行为中介向资金供给方筹集资金；而在直接融资中，资金需求方则是在投资银行的协助下向资金供给方筹集资金。商业银行的主要业务是"存、贷、汇"，或者说是"表内业务"，其主要收入是利息差；而投资银行的主要业务是证券承销、证券交易与金融咨询，或者说是"表外业务"，其主要收入则是收费。

投资银行是金融史上重要的创新，尤其是美国投资银行业发展迅猛，极大地促进了美国资本市场的发展壮大，并对美国企业国际化提供了强大支持。美国能够产出如此众多有影响力的跨国公司，与华尔街投资银行密不可分。

投资银行以其强大的赢利能力而为世人所瞩目，以公司并购业务为例，19世纪80年代以来，美国至少经历了4次公司并购浪潮。在最近的一次浪潮中，公司并购的标的额动辄数以十亿美元、百亿美元计，有的甚至超过千亿美元。这就为投资银行提供了相当可观的收入来源。

随着资本市场的发展，投行大鳄们不再固守经纪、承销、财务顾问的佣金赚辛苦钱，而是将主要利润来源从挣佣金转成赚差价。他们坚信，市场已经不再为不承担风险的人埋单。对投资银行而言，不承担足够的风险就是最大的风险。金融衍生产品正迎合了这一需求。投行大鳄们不会想到，最终自己会倒在他们所发明的金融创新工具，即不断衍生、再衍生的投资品上面。

随着高级、新型金融工具的使用，华尔街爆炸似的膨胀。这些独立投行不惜血本地加大投入高风险高收益的交易和投资业务，以求快赚多发，杠杆比例（承担的风险与股本之比）达到了滥用地步。美林的杠杆率从2003年的15倍飙升至2007年的28倍。摩根斯坦利的杠杆率攀升至33倍，高盛也达到28倍。而2008年初贝尔斯登33倍和雷曼兄弟32倍的杠杆率让人咂舌。

1. 贝尔斯登公司

贝尔斯登公司成立于1923年，总部位于纽约。它是美国华尔街第五大投资银行，是一家全球领先的金融服务公司，曾为全世界的政府、企业、机构和个人提供过优质服务。公司主要业务涵盖机构股票和债券、固定收益、投资银行业务、全球清算服务、资产管理以及个人银行服务。除美国本土外，在伦敦、东京、柏林、米兰、新加坡、北京等地均设有分支机构，全球员工逾万人。在其存在的85年里创造了连续83年赢利的纪录。以经纪业务为主的贝尔斯登是华尔街的内勤，从事各家银行间的交易和结算。

在2007年次贷危机爆发之初，贝尔斯登旗下的两只基金成为华尔街金融机构中首批遭到冲击而被迫清盘的基金。曾有人预言次贷危机会导致华尔街的金融机构破产，现在看来这并非耸人听闻。有分析人士认为，贝尔斯登事件是美国次贷危机的必然结果，暴

露出美国经济现阶段的弊端，次贷危机很有可能会继续蔓延。几乎没有人怀疑，贝尔斯登的悲剧将会继续上演。果然，2008 年 3 月 16 日，美国第五大投资银行贝尔斯登被摩根大通收购。

2. 雷曼兄弟公司

雷曼兄弟成长史可以说是美国近代金融史的一部缩影，其破产一定是美国金融史上一个极具指标意义的事件。不管雷曼兄弟将来会怎样，但它过去是辉煌的，这是一家值得同行尊重的、伟大的公司。

雷曼兄弟公司成立迄今 158 年，历经了美国内战、两次世界大战、经济大萧条、"9·11"袭击和一次收购，一直屹立不倒，曾被纽约大学金融教授罗伊·史密斯形容为"有 19 条命的猫"。

但是 2008 年 9 月 16 日，雷曼兄弟公司还是被迫正式申请破产保护，尽管公司总裁拒绝司法破产，并推出一系列"振兴拯救计划"，但大势已去，雷曼股票一日内重挫94%，其在法国、英国等地的分支机构纷纷被政府监督，在日本的子公司干脆被勒令破产。这一次"有 19 条命的不死猫"也难逃魂魄消散的命运了。2008 年 9 月 15 日，美国第四大投资银行雷曼兄弟向美国破产法院申请破产保护。

3. 美林证券

美林证券是世界领先的财务管理和顾问公司之一，创立于 1914 年 1 月 7 日。美林通过提供一系列的金融服务来满足个人以及机构投资客户的需要，是全球规模最大的财富管理公司之一，在全球有超过 700 个办公室及 15700 名财务顾问，旗下所管理的客户资产总值达 1.7 万亿美元。

但是，在金融危机的冲刷下，它始终没有逃过一劫。2008 年 9 月 15 日，在美国纽约，美林证券首席执行官约翰·赛恩与美国银行首席执行官肯尼斯·刘易斯在新闻发布会上握手。美国第三大证券公司美林证券被美国银行宣布以每股约 29 美元、合计约 500 亿美元的价格收购。

4. 高盛和摩根斯坦利

美国联邦储备委员会于 2011 年 9 月 21 日晚宣布，批准美国金融危机发生后至今幸存的最后两大投资银行高盛和摩根斯坦利提出的转为银行控股公司的请求。至此，华尔街五大投资银行格局被彻底打破，美国金融机构正面临 20 世纪 30 年代经济大萧条以来最大规模的重组。

高盛和摩根斯坦利作出寻求美联储批准转变身份的决定，反映出当前美国金融危机中的又一个剧烈的变化。转变身份后，高盛和摩根斯坦利不仅能够设立商业银行分支机构吸收存款，还可以与其他商业银行一样永久享受从美联储获得紧急贷款的权利。成为银行控股公司将有助于高盛和摩根斯坦利两家公司组织自己的资产，它们也会在被收购、合并，或是收购有受保险存款的中小型公司中处于更有利地位。

独立投行不仅要面对同业之间自相残杀，还要面对商业银行的侵入。在利益和竞争面前，独立投行们要么成为一把"斧头"，要么就会成为一块任人宰割的"华尔街的肉"，这就是被斯特兰奇称为"疯狂的金钱"或被勒特韦克称为"涡轮资本主义"的华尔街游戏新规。

至此，美国纽约五大投行全部走入历史记录之中。随着五大投行的相继倒闭、出售或是改制，现代华尔街引以为傲和赖以立足的独立投行业务模式已走到尽头，也标志着自 20 世纪 30 年代美国立法将投行从传统银行业务分离以来，华尔街一个时代宣告落幕，将迎来一场金融体系结构的根本性变革，包括金融机构运行模式、金融市场激励机制和金融机构监管。

镀金时代，资本无眠——华尔街的资本流动

纽约坐落于美国东海岸，是美国最大的城市，下辖 5 个区，拥有 1800 万人口。曼哈顿区是纽约的市中心，纽约的主要商业、贸易、金融、保险公司大都分布在这个面积不足 60 平方公里的岛屿上。

在华尔街，一直流传着这样一个故事：老师问学生，是谁创造了世界？学生答：上帝在公元前 2004 年创造了世界，但是在公元 1901 年，世界又被摩根先生重组了一回。

1901 年 3 月，已经 65 岁的钢铁大王卡耐基通过助手得知，摩根曾经向他透露想购买卡耐基的公司，价钱由卡耐基决定。

经过 24 小时的思考，第二天卡耐基在一张纸条上写下了他想要的价钱：4.8 亿美元。

很快这张纸条到了摩根手里，摩根看了一眼这个价格，说：我接受。

据说，摩根买下卡耐基的一部分股权，递给他支票的时候跟他说：恭喜你，卡耐基先生，你现在是世界上最富有的人了。

很快，就在短短 12 周内，摩根就收购了很多其他各式公司，将美国钢铁公司以 14 亿美元的价格资本化。在当时来说，即使美国政府每年的花费也只有 5 亿美元，所以，那是一笔巨大的资金。

全世界最大的城市之一，这是对现在的纽约最简单直白的定义，在超过 850 万的市区人口中，有 1/3 是外来移民。不同肤色、不同语言、不同国籍的人们会相聚在这里，却为了同一个理想，那就是获得更多的财富。

经过 300 多年的发展，纽约从一个小渔村成为一个国际大都会；华尔街也由一条泥泞的小路成为资本通衢。如今的纽约，拥有全球最大的证券交易所，如今的华尔街，也控制了全球 40% 的金融资产。这条只有几百米的街道正是美国资本市场和经济实力的象征，它影响和牵动着全球资本市场和全球经济。

19 世纪，华尔街先后出现了摩根的金融帝国、约翰·洛克菲勒的石油托拉斯和卡耐基的钢铁城市。华尔街在创造了财富神化的同时，悬殊的贫富差距也将当时美国社会矛盾推向了极致，这就是美国历史上的镀金时代。

纽合组织执行总裁凯西·王尔德这样说过："纽约是美国联系世界的纽带，代表美国通往世界的门户。我们的企业在很大程度上是通过华尔街的金融服务业将美国带到了全球，它们也吸引了大批国外企业到美国来投资。华尔街和银行业的纳税几乎相当于我们这个城市的总税收。"

继摩根之后，美国掀起了一个并购狂潮。每年有 3000 家中小公司消失，大公司控制

了美国大部分市场。1910 年，美国托拉斯组织达到 800 家。当时有 72 家大公司分别控制了各自市场份额的 40%，有 42 家大公司甚至控制了市场的 70%。托拉斯成为美国经济的统治力量，掌握国家的经济命脉，而幕后操手就是华尔街。

以土地为代表的自然资源为主导的生产方式向以资本为主导的生产方式的转变，是第一次产业革命带来的巨大改变。从某种意义上来说，金融已经成为整个经济的主导，资本的地位也越来越凸显出来。

在整个金融的资本运转过程中，华尔街已经超越了它的地理概念，将金融之网撒向全球，世界的任何一个角落都有可能成为华尔街的金融机构，成为华尔街人，它完全成了一种精神归属。依靠美国强大经济实力而崛起的华尔街，已经不单单是在驾驭美国经济的兴衰。作为世界金融中心，华尔街这张资本之网已经辐射到了全球所有的商业领域，与全球经济紧密编制在了一起。现在，来自全球的 7000 多家公司选择在华尔街上市交易，这其中包括了 490 多家世界 500 强企业。

在过去的 123 年中，时间向我们证实了，一个品牌的成长，需要你用心的经营，那么它绝对有可能为你创造始终一致的金融效益，在股市中也就会有很好的表现，华尔街为很多人创造了很多机会。华尔街，它改变了很多人的命运，不分时代、不分背景。在通往理想和欲望的道路上，华尔街以其神奇的魔力，一次又一次在有序和无序的循环中不断地重新建构着整个经济，既标刻着繁华，也遭遇着危机。

在华尔街，很多公司通过融资服务得到了创业或者企业发展所需要的资金。因为它，太多人的梦想得以实现。在这里，资本无眠，每天有很多人忙忙碌碌、跑来跑去，不管是在高盛、摩根大通，还是大大小小的华尔街公司，因为他们的忙碌，每年赚到的钱少则几十亿，高达几百亿美元。

如何让进入华尔街的资金更加有效地投资到上市公司的股票或者各类债券，以及其他金融产品上？这就需要有一道桥梁，即投资银行。在华尔街上的那些投资银行，经过岁月的洗礼，在一次又一次的胜利和挫折中积累了非常好的信用。因此，很多有钱人、投资者，他们愿意把几百万、几千万，甚至几亿美元的钱，都委托给华尔街这些投资银行。2008 年以前，华尔街的投资银行只有十余家，它们被称为"华尔街的巨人"。这其中包括了高盛、美林、摩根斯坦利、摩根大通、雷曼兄弟等这些耳熟能详的名字。

华尔街依靠其筹集资金和分担风险的能力，在不断吸引着美国本土之外的公司。目前在华尔街上市的国外公司有 1000 多家，这其中包括了 2009 年位列 500 强之首的荷兰壳牌公司。

如今，每年从境外进入美国的资金将近 1 万亿美元，其中很大一部分进入了华尔街。华尔街的资金不仅来源于全球各地的养老基金、大学基金等各类基金。同时，华尔街也在吸纳着包括美国本土在内的世界各国银行、保险等金融机构的资金。这个以华尔街为中心的庞大的资金网已经将全球无数金融投资机构网罗其中，而且网络末端已经触及到了无数家庭和个人的经济利益。

但是，正是由于投资银行和投资者对财富的狂热追求，最终导致了 2008 年华尔街金融风暴。处于风暴中心的投资银行遭到重创，这个链接华尔街资金与上市公司的桥梁在自身出现断裂的同时，也破坏了华尔街在全球布下的金融之网，华尔街金融风暴迅速演变成了席卷全球的金融危机。华尔街差不多每二十年就会面临一次危机，当这一代人已经遗忘了上一次暴跌的教训时，另一次危机又悄然来临。金融危机之后，纽约人又开始加快世贸中心的重建，这也是一种信心的建立，他们在整装待发，继续迎接下一次胜利的到来。

马克·吐温曾经这样描绘这个时代：表面繁荣，掩盖着腐败的风气、道德的沦丧及其他潜在的危机。在很多人看来这是一个"黄金时代"，但只不过是个内里虚空、矛盾重重的"镀金时代"。

美国"栽了一个大跟斗"——华尔街惊天变局

2008 年 9 月 15 ~ 20 日，短短的 6 天，无疑是震撼世界的一周。近 200 年来逐渐形成的华尔街金融版图，正遭遇"地毯式"的剧变。破产和另类并购是本周华尔街的关键词。有着 158 年辉煌历史的雷曼兄弟公司轰然倒下，美林集团易主美国银行，摩根斯坦利也寻求合并，保险巨头美国国际集团（AIG）终获政府援手，美国最大储蓄银行——华盛顿互惠银行也在为避免破产苦寻买主……还有更多"涉雷""涉贷"的坏消息在路上。曾经春风得意，制造着财富繁荣和资本神话的华尔街金融机构，如今又向全球输出着恐慌。

格林斯潘称，"这是百年一遇的危机"。或许这将是全球经济史上最严重的一场危机，但当人类克服危机，实现由感性认识到理性认识的飞跃时，这或许也将成为人类重新认识现代经济，尤其是现代金融体系的最重要枢纽。

2008 年，贝尔斯登倒塌、雷曼兄弟垮台、美林卖身、AIG 告急……这一切都预示着美国的金融危机似乎真的来了。从雷曼破产到美国政府出台巨额救市方案，在短短五个交易日内，华尔街可谓经历了大悲大喜。

在次贷危机之初，受影响的公司只限于那些直接涉足建屋及次级贷款业务的公司，如北岩银行、美国国家金融服务公司等。2008 年 7 月 11 日，全美最大的受押公司瓦解。印地麦克银行的资产在他们被紧缩信贷下的压力压垮后被联邦人员查封，由于房屋价格的不断下滑以及房屋回赎权丧失率的上升。当天，金融市场急剧下跌，由于投资者想知道政府是否将试图救助抵押放贷者房利美和房地美。2008 年 9 月 7 日，已是晚夏时节，虽然联邦政府接管了房利美和房地美，但危机仍然继续加剧。

然后，危机开始影响到那些与房地产无关的普通信贷，而且进而影响到那些与抵押贷款没有直接关系的大型金融机构。在这些机构拥有的资产里，大多都是从那些与房屋按揭关联的收益所取得的。对于这些以信用贷款为主要标的的证券，或称信用衍生性商品，原本是用来确保这些金融机构免于倒闭的风险。然而由于次级房屋信贷危机的发生，使得受到这些信用衍生性商品冲击的成员增加了，包括雷曼兄弟、美国国际集团、美林证券和 HBOS。而其他的公司开始面临了压力，包括美国最大的存款及借贷公司华盛顿互惠银行，并影响到大型投资银行摩根斯坦利和高盛证券。

这是一个类似多米诺骨牌效应的危机传导。我们不妨来回顾一下次贷危机是如何烧到华尔街投资银行的：

第一波：引发放贷机构收回房产；

第二波：所有非政府债券资信下降；

第三波：通过杠杆放大百倍对冲基金；

第四波：日元、瑞郎等套利交易砍仓；

第五波：美国及其他国家消费者信心受挫；

第六波：套息交易恐慌性结利；

第七波：金融机构、投资银行纷纷落马……

从金融损失的情况来看，这次的情况堪比1929年大萧条。当年，面对当时美国最严重的危机，时任美国总统的罗斯福说过："我们最大的恐惧就是恐惧本身。"而这次金融危机的复杂性与传播速度可谓前所未有。这无疑让人们对金融市场失去了信心，信心的缺失又回复给投资银行，造成了毁灭性打击。

有专家指出，次贷危机不是传统意义上的经济危机，而是一次资产价格泡沫破灭的危机。所谓资产价格泡沫，就是资产的价值与价格离得太远。这里有一个常识的判断，泡沫是非常脆弱的，泡沫的破灭几乎是不费吹灰之力的。事实上，华尔街金融巨头贝尔斯登、雷曼兄弟、美林证券，已经在虚拟经济的泡沫中灰飞烟灭。

这次美国华尔街爆发的次贷危机的泡沫，包含很多内容，从信用泡沫—产品泡沫—资金泡沫—价格泡沫—市值泡沫，形成一条长长的泡沫链。

抵押贷款是一个信用产品，信用产品应该贷给有信用的人。但是，次级贷款把一个信用产品贷给了一些低信用，甚至没有信用的群体。眼花缭乱的产品泡沫以及伴随的价格泡沫，创造了一个巨大的市值泡沫，超过美国4.3万亿美元的国债市值两倍。

一旦泡沫破灭，瞬息之间，数万亿美元甚至数十万亿美元的虚拟财富消失，化为乌有，引发全球金融危机。次贷危机从新世纪抵押贷款公司的关闭开始次贷违约，沿着次贷产品的证券化产品、结构化产品、保险互换产品、债券保险、债券市场、信用卡证券化产品、消费信贷证券化产品直至债券保险公司，都深陷危机。贝尔斯登倒闭，把危机的严重程度提高到红色警报，几乎所有金融公司都陷入了次贷危机的旋涡。

受次贷影响，英国北岩银行发生了百年不遇的挤兑行为，最后英国政府对其实施了国家收购。因为直接持有大量次贷衍生产品，欧洲成为重灾区。虽然欧洲央行的大规模注资，使欧洲所有金融机构有了喘息的机会，但是因次贷危机的延伸影响，本来滞后美国一年的欧洲经济已经开始面对衰退，日本经济也重返了负增长之途。

全球经济危机一触即发，几乎华尔街以及全球金融市场没有什么东西可以买，证券投资资本大规模撤出华尔街和其他国际金融市场，进入商品市场，以前所未有的速度迅速推高了石油、粮食价格，全球通货膨胀急剧恶化，超过70个发展中国家通胀超过两位数，美国的通胀已达5.6%，欧洲的通胀大大超过警戒线，使美联储和欧洲央行都面临经济放缓与通胀的双重困境。

在美国政府一系列政策的刺激下，19日开盘，三大股指即大幅攀升了3%以上。美国证券监管委员会当天清晨发布了一份紧急命令，暂时禁止对799家金融机构的股票做空。高盛和摩根斯坦利的涨幅均超过了20%。经过一周前所未有的动刀，华尔街市场迎来了短暂的整修。政府的大量援助，让这一周的大起大落很快成为历史，穿梭在华尔街的那些财富追求者们，又要开始新一轮的资本追逐。

主流经济学家们普遍同意，如果资金流动性危机不解除，那么全球性衰退将终成定局。2009 年 4 月 13 日，经济学权威克鲁曼在演讲中说道，如果各国政府目前的做法依然不变，甚至认为金融海啸已经近尾声，那么很快史上最惨烈的大萧条即将来袭，因为不管股市反弹与否、数据降幅缩小与否、银行业状况好坏，整体世界经济下坠中并且工作数量持续下坠是不可扭转的既定事实。

狩猎华尔街——谁在抄底华尔街

华尔街不仅是纽约，也是整个美国的经济引擎，而对于整个世界经济来说，华尔街就像是一个润滑剂。正是由它的这种重要地位，世界各国都想进军华尔街。而它又是一个隐形炸弹，美国几百年的历史中，发生了几次经济危机，而人们总是会将这样的金融泡沫归咎于它。

2008 年 9 月 15 ~ 20 日，走过 300 年伟大历程的华尔街，经历了极为震撼的一周。对于世界各国来说，这正是一个千载难逢的大好机会。历经金融风暴的冲刷，华尔街遍体鳞伤，那些曾经显赫一时、所向披靡的巨头，从雷曼到高盛，均在顷刻之间沦为猎物。

然而，瞄准华尔街的，不仅有巴菲特这些幸存的美国本土金融资本，更有来自日本、新加坡、中东、欧洲的狩猎者，大家都开始张弓搭箭，准备进攻。

2008 年 9 月 20 日，美国纽约法院经过长达 8 小时的听证后宣布，雷曼可以将其投资银行业务和贸易投资业务出售给巴克莱银行。随后，旗下的各大洲业务也成了各国金融集团的美食。9 月 22 日，日本最大的证券集团野村控股，夺得了雷曼兄弟亚洲区的整体业务。同一天，日本金融业又出手了，日本最大的金融集团——三菱日联金融集团宣布将出资收购美国第二大券商摩根斯坦利 20% 的普通股，从而成为摩根斯坦利的最大股东。

9 月 23 日，野村控股集团正式宣布将接手雷曼欧洲业务，至此，野村集团在 24 小时内已接连与雷曼兄弟公司达成包括收购亚洲太平洋地区和欧洲及中东地区业务的两项协议。

9 月 23 日，美国投资家沃伦·巴菲特领导的伯克希尔·哈撒韦公司宣布，将以 50 亿美元购买高盛集团优先股。并且，他们还获得了今后五年内任意时间购买 50 亿美元高盛普通股的认购权等等。

9 月 25 日晚，美国联邦存款保险公司宣布，美国第三大银行——摩根大通公司以 19 亿美元收购了陷入困境的美国最大的存贷款机构——华盛顿互惠银行。

事实上，对华尔街的狩猎从 2007 年次贷危机发生之初就开始了。2007 年 12 月，阿联酋主权财富基金阿布扎比投资局向花旗注资 75 亿美元，收购其 4.9% 的股权。继阿联酋阿布扎比投资局买下花旗高达 75 亿美元的股份之后，新加坡政府投资公司等 7 家投资机构联手向花旗注资了 145 亿美元。2007 年 12 月 19 日，中国国家投资公司宣布向摩根斯坦利注资 50 亿美元，中投公司将购买摩根斯坦利发行的 2010 年 8 月期后须转为普通股的可转换股权单位，股权单位全部转换后，中投公司将持有摩根斯坦利不超过 9.9% 的股份。2008 年 1 月，科威特投资局也向花旗集团和美林分别投资 30 亿美元和 20 亿美元等等。

一时间，华尔街著名投行几乎半数为新兴国家的投资者所有。但是，更为凶猛的猎手还没有出现，在这场危机降临之际，却突然神秘失踪了，在公开的媒体上，几乎再也找不到它们的踪影，这一度让整个西方世界颤栗不已。它们就是从中东的阿布扎比到俄罗斯的主权财富基金。这些来自石油美元和贸易顺差的主权财富基金，曾像逛超市般疯狂买入西方国家的各类资产，将西方资本市场搅得严重不安。根据美国财政部的估计，主权财富基金总额在 1.5 万亿 ~ 2.5 万亿美元之间，它们不但规模庞大，而且发展速度惊人。

2007 年还对华尔街充满浓厚兴趣的基金，在华尔街最需要的时候选择了沉默。不禁让人们产生疑问：到底是因为来不及反应，还是另有企图呢？

然而，来自华尔街的猜测却认为，这次金融危机，可能就和这些突然沉默的主权财富基金有关，甚至有人怀疑，做空华尔街的主力，多半就来自这些行事诡秘的"吞金巨兽"。

在这次金融危机的冲击下，可以说，日本金融公司在亚洲市场成为最大的赢家。先是野村证券，后是三菱日联，一夜间，大半个华尔街出现了日本投资者的身影。日本公司在经历了国内经济低潮的洗礼后，正逐步成为华尔街"改头换面"的救助者，并在跨国境的业界重组中扮演者重要角色。

日本最大的券商野村证券 CEO 渡边健一毫不掩饰地说，这次美国金融危机是"一辈子才有一次的黄金机会"。

日本人这一连串"组合拳"，让人想起了 20 世纪 80 年代的情景。那时日本商人涌入经济停滞不前的美国，采购美国公司股份。而 20 多年后的华尔街仿佛是历史重演。当时，美国经济停滞不前，手头宽裕的日本企业如潮水般涌入美国，在纽约收购美国的地标性建筑，在好莱坞将美国知名的电影公司揽入怀中，此外在金融、钢铁、石油及纺织等领域也有颇多斩获。美国人一时惊呼：整个美国都要被日本买走了！

对于中国这样正在崛起的新兴大国，我们必须要认识到，我国金融业的发展最缺乏的不是资金，也不是市场，而是人才，特别是具有国际视野和经历的中高端管理和实务人才。

在世界各国纷纷狩猎华尔街的时候，我们也必须认识到此次金融风暴无疑是一个绝好机遇。据报道，随着雷曼兄弟、美林和 AIG 等机构相继陷入绝境，华尔街已有近 4 万名金融从业人员面临下岗，其中相当一部分是华人金融高管；而在伦敦金融城，同样有数以万计的金融从业人员正失去工作。因此，中国应当抓住机会，走在其他亚洲国家的前面，积极招揽高端人才，而不是与日本去比拼抄底金融资产。

从一条默默无闻的泥泞小街到左右世界的金融帝国，华尔街走过了 300 多年的伟大历程。这 300 年来，美国经济的发展，就仿佛是建造了一幢金融体系的高楼，但是这栋漂亮的大楼因为美国联邦体系的"见死不救"而出现了严重的问题。面对这样的问题，当务之急是救火，让火势不要蔓延。华尔街具有 300 年的历史，在最近的 200 年中，差不多 20 年华尔街就会经历一次金融危机，因此，我们可以断定，这一次救火华尔街的成功概率也是非常高的，但是这样的援助必须是要能够大刀阔斧地改革它。

现在，危机已经基本过去，华尔街又在慢慢遗忘这一番"围攻"的伤痛，并重新开始新的财富之旅。

赌场里面人人都是投机客——华尔街的罪与罚

华尔街，不仅是国际金融中心的象征，更是世界财富的聚集地。这里有全世界最大的金融机构，有最富活力的创新产品。它已经不仅仅是一个简单的地理位置，它的金融触角早已伸向世界各个角落，进入人们的生活之中。然而，2008 年的次贷危机让"活跃"过度的华尔街品尝到了苦涩，华尔街，变身为一场金融灾害的"风暴眼"。

早在 2003 年，有"当代最成功投资者"之称的沃伦·巴菲特就曾经警告过，华尔街的种种高风险金融衍生品已经成为金融领域的"大规模杀伤性武器"，但是没人引以为戒。

直到美国时间 9 月 21 日，高盛和摩根斯坦利获得了银行牌照，这标志着由独立投行主导的华尔街已经轰然倒塌。次贷危机，让华尔街的五大投行，两家倒闭，一家被银行收购，而另两家则获得了商业银行牌照。以高杠杆率获得高回报的华尔街投行尝到了急速陷入泥沼的苦果。

雷曼兄弟公司是 2006 年美国次贷证券产品的最大认购方，占有 11% 的市场份额。2007 年，华尔街不少机构因为投资次贷产品不当而蒙受损失，但雷曼兄弟仍然盈利 41 亿美元；2008 年以来，公司对外公布的获利情况一直良好。为了维持获利成长，雷曼兄弟巨额借贷，其债务总额相当于其资产的 35 倍，这一比例大大超出其同行。这意味着，在繁荣的牛市，雷曼兄弟公司只需坐等收钱，只要举债所进行的投资获得 1% 的利润，企业自身就能获得 35% 的利润。反之，其承受的风险也开始日益增加。当熊市来临，公司的投资利润只需下降 1 到 2 个百分点，就会遭遇生存危机。

在美国，卖空的历史几乎和纽约市场一样久远。原始意义上的"卖空"，即投资者从券商或大股东处借的股票，在市场上抛出，然后在一定的时间内从二级市场买回，从抛和购的差价中获利的一种方法。但到了近几年，美国证交会允许了一些更大胆的措施：净卖空。即不需要介入股票的卖空，并放弃"提价交易规则"，使得投资者在股价下挫时可以连续做空。

出现了溃败征兆的雷曼兄弟在这两点的影响下，快速被对冲基金完成致命一击。股价从 20 美元到 2 美分，对冲基金用来不到两个月时间，信心丧失造成了更多的投资人抛出持有的债券，雷曼兄弟在售卖无望之余只能宣布申请破产。

之后，如果不是美国证交会的暂时禁令，可能还会有更多的金融机构遭受类似的待遇。正是因为美国证交会禁止做空 799 只金融股的宣布，使得风雨飘摇中的金融机构股价暂时稳定。

在危机爆发前，次级按揭贷款在美国市场中就早已出现，华尔街打着金融创新的旗号，推出各种高风险的金融产品，不断扩张市场，使得一些与次级抵押贷款相关的住宅抵押贷款债券（MBS）、抵押担保债券（CMO）、担保债务凭证（CDO）等衍生品一直受到市场的追捧。但其实人们对这些金融衍生工具并不了解，没有人知道它们到底是什么样的情况？基础性的资产在哪？它们的风险又在哪？

一些信用程度较低、收入水平不高的民众，通过次级按揭贷款获得房屋抵押贷款，与之相对应的，申请贷款者要支付相对较高的利率。然而次级抵押贷款的申请者们，他们也许失业，也许从事低收入工作，也许曾经有不良信用记录，虽然他们支付了超过正常水平的利率，但向这种信用程度并不好的客户提供稳定现金流的风险是很大的。

可是，在高利润的诱惑下，房贷公司还是一再松懈贷款标准，从而给楼市埋下巨大的隐患，最终酝酿成席卷全美的次贷风波。这一危机的背后，不仅只有次抵押贷款，还有五花八门的金融衍生品：付息按揭贷款、只付息抵押贷款（每期只付利息，本金最后一次性还清）、无收入核查贷款（贷款者申请时无须出任何收入证明材料）等，它们被通称为"无证明贷款"，或者干脆俗称为"说谎者的贷款"。

在普通的美国人看来，投资楼市似乎是零风险高利润的最佳选择，几乎所有人相信这样的投资方式，同样的，几乎所有人都不曾为还不起房贷而担忧，因为他们都相信分析师所说的"房价增值"，即使还不起贷款，手中的房子也会越来越值钱。因此，当房市泡沫破灭时，房屋贬值，购房者无法将手中的房子以高价出售，也无力还贷。

次贷危机的爆发，也和格林斯潘时代美联储所采取的货币政策有着密切的关系，它让这场资本游戏彻底演变为一场豪赌。中国社科院金融研究所金融市场研究室主任曹红辉指出，2001 年后，美联储实行低利率政策，同时美国房价强劲上升，次贷规模迅速扩大，从 2003 年的 4000 亿美元增至 2005 年的 14000 亿美元，加上房地产非理性繁荣和 MBS、CDO 等证券投资热情高涨。这既造成了繁荣，也孕育了危机。

无论是次贷还是其他金融衍生品，并不是金融危机的症结点，也不是金融危机的源头。因此，我们不禁要问：究竟是谁导演了这场金融海啸，究竟应该谁来对目前的状况负责？

很大一部分人认为，华尔街的银行家并不是唯一的有罪者。美国政府对金融家的纵容和放松管制，对资本流动的毫无限制，让金融家逐渐成为美国经济最大的力量。无论金融家制造出什么产品，政府都有责任来监控产品的质量和金融家的行为。可是，在美国，次贷发放，不要首付、不要任何收入证明，对这些明显不合理的行为，政府并没有起到监管的作用。

我们都清楚，这场灾难并没有唯一的有罪者，正如曾任 IMF 首席经济学家，现为哈佛大学教授的罗格弗说所说："费解的金融品、迟钝的监管者、神经质的投资者，这就是21 世纪第一场金融危机所包含的全部内容。"

复旦大学经济学院院长孙立坚教授分析认为，这场危机背后存在"四大元凶"。除了过度消费的投资者、腰包鼓鼓的金融从业者、睁只眼闭只眼的监管者这三点和罗格弗较为相似外，他还提出了第四个元凶——百依百顺的亚洲国家。

孙立坚教授说："其实要说到责任，如果亚洲国家把自己国家金融市场搞好，把内需带动起来，没有那么多出口，无法为美国提供那么多流动性，那么美国无限制的金融创新又从何说起呢？"他认为，正是亚洲国家的传统经济增长模式，给了美国实施宽松的货币政策且输送流动性的无限动机，让其有足够的流动性来放大杠杆交易，从而造成了世界经济的严重失衡。

新自由主义死了——国有化风暴横扫欧美

里根总统曾经说过："政府不是个解决问题的办法，政府本身就是问题。"但是，在现代人的眼里，市场才是个真的问题，而政府恰恰是其解决之道。2008 年，金融危机席卷而来，它不仅是金融财富的损失，也是对金融体系的破坏，是市场体系中最为市场化、最令新自由主义者骄傲和在全球推销的华尔街主义的破灭。

所谓新自由主义，是指英国现代资产阶级政治思想的主要派别。主张在新的历史时期维护资产阶级个人自由，调解社会矛盾，维护资本主义制度。因而成为一种经济自由主义的复苏形式，自从1970年代以来在国际的经济政策上扮演着越来越重要的角色。

新自由主义主张市场是完全自由的竞争，这实质上是以脱离经济基础和上层建筑而制造的"理想市场"作为理论前提的；倡导个人主义，认为每个人在经济活动中首先是利己的，其次才是利他的动机和行为；提倡自由放任的市场经济，认为自由选择是经济和政治活动最基本的原则，人们应当自由地拥有私人财产，自由地交易、消费和自由地就业；崇拜"看不见的手"的力量，认为市场的自动调节是最优越和最完善的机制，通过市场进行自由竞争，是实现资源最佳配置和实现充分就业的唯一途径；反对国家干预经济，认为由国家来计划经济、调节分配，破坏了经济自由，扼杀了"经济人"的积极性，只有让市场自行其是才会产生最好的结果；主张私有化，认为私有化是保证市场机制得以充分发挥作用的基础，私人企业是最有效率的企业，要求对现有公共资源进行私有化改革。

约翰·梅纳德·凯恩斯认为，"萨伊定律"并不成立，供给不能自动创造需求，资本主义经济也不能自动地达到均衡。所以，为了解决有效需求不足的问题，凯恩斯主张放弃经济自由主义，代之以国家干预的方针和政策。国家干预的最直接的表现，就是实现赤字财政政策，增加政府支出，以公共投资的增量来弥补私人投资的不足。增加公共投资和公共消费支出，实现扩张性的财政政策，这是国家干预经济的有效方法。由此而产生的财政赤字不仅无害，而且有助于把经济运行中的"漏出"或"呆滞"的财富重新用于生产和消费，从而可以实现供求关系的平衡，促进经济增长。

20世纪30年代的大萧条无疑是美国历史上规模最大的一次危机。当时罗斯福在关键时刻走马上任，短短百日内针对各行业推出改革、复兴和救济三措施，成功化解了此次危机。罗斯福用他独有的人格魅力，在人民面前树立了政府的信用。市场和政府的关系，从"大萧条"开始被重新定义。但是，经过20世纪70年代两次石油危机后，凯恩斯主义开始被怀疑、被抛弃，投资者的眼光又开始投向新自由主义。典型的是，欧洲国家对大批国企企业的私有化改革。

2008年华尔街金融危机的爆发，标志着美国资本主义发展将面临决定性的转折点。危机爆发后，一直高举自由市场和私有企业大旗的美国政府又开始向历史回归，再次依靠政府的信用，一股国有化潮流又调头重来。美国政府实施了以下政府干预措施：

第一，接管美国两大抵押贷款巨头房利美和房地美，动用大量纳税人资金支撑抵押贷款市场以维护其运转。

第二，将美国最大保险商美国国际集团（AIG）收归国有，更换AIG首席执行官，并计划分拆出售该保险商。

第三，扩大政府的银行存款保险范围，为规模高达3.4万亿美元的货币市场共同基金提供担保。

第四，对799只金融类股票实施卖空禁令，禁止投资者通过压低股价从中渔利，而卖空是股票交易关键的一部分。

第五，允许或鼓励华尔街两大独立投资银行雷曼兄弟和美林公司破产或出售自身。

第六，要求国会同意用纳税人的钱从金融机构收购数千亿美元不良资产，以便这些机构能够筹集资本并重新放贷。

始终处于隔岸观火的欧洲国家，尽管以谈"国有化"为耻，但随着发现自己已是自身难保时，也明白了事态的严重性。2008 年 10 月 4 日，欧盟轮值主席国法国做东，召集德国、法国、英国、意大利等首脑举行峰会。会后发布联合声明，宣布将保护他们国家的金融系统。

10 月 5 日，德国表示，将对所有储户的银行存款提供全面保证。同时，德国政府还安排了对房地产贷款巨头德国地产融资抵押银行的救助。

10 月 12 日晚间，比利时、荷兰和卢森堡政府联手，分别对富通集团在本国境内银行子公司实行部分国有化。也是这一天，意大利银行业巨头 UniCredit 董事会宣布，将紧急增加 30 亿欧元的资本金。

冰岛最大的银行 Kaupthing，它的资产和债务遍及整个欧洲，政府作出了接管该行的决定，此举意味着冰岛金融服务管理局现在已经接管了该国三大银行。

然而，欧洲国家更大的救市计划还在酝酿中，10 月 8 日早上股市开盘前，英国财政大臣达林公布，政府将向英国最大的 8 家银行机构注资总计 500 亿英镑。

位于金融"风暴眼"之中，外汇储备丰裕的中国和中国的金融机构，反而成了全球市场的救星。而值得一提的是，中国的金融体系之所以避免了这场危机的直接打击，恰恰是因为没有按照新自由主义的概念孤独开放资本市场。

2008 年金融危机的来临，向人们宣告：新自由主义死了，凯恩斯主义复活了。1929 年大萧条催生了罗斯福的"新政"，强调国家积极干预经济活动的凯恩斯主义。但是，对"国家"的过度依赖最终导致了新的问题，凯恩斯主义一手造成了 20 世纪 70 年代弥漫整个西方世界的"滞涨"，欧洲的福利制度也越来越难以维系。于是，20 世纪 70 年代，里根和撒切尔"革命"，提出了回归自由市场经济、放松国家管制、激发社会中个体的创造力，从而获得更高的经济效率的决定。如今，以格林斯潘为代表的金融监管者又一次放松管制，吹大了新自由主义的泡沫，最终导致泡沫破掉了，海啸爆发了……

之后，欧盟国家首脑们先后就进行国有化救市做了表态：英国首相布朗表示，欧盟国家不会让有偿债能力的银行因缺乏流动资金而倒闭；法国财长则说，法国政府不会让任何一家法国银行倒闭。

是谁搞垮了华尔街——华尔街的危机根源

新世纪金融公司成立于 1995 年，它的创始人是三位多年从事抵押贷款业务的专家，上个世纪 90 年代初期，他们共同服务于一家位于加利福尼亚州的贷款发放公司。1995 年的时候，他们获得了风险投资基金的青睐，共获得大约 300 万美元的风险投资，从而创办了自己的新世纪金融公司。新世纪金融公司于 1997 年在资本市场顺利实现上市，并在 1998 年的时候，成功避免了当时因为亚洲金融危机而引发的次贷风险。在 21 世纪的头几年里，美国的房地产市场迎来了难得的繁荣期，在这段顺风顺水的时间里，新世纪金融公司凭借高效率的管理和服务体系，一举成为次贷市场上冉冉升起的一颗新星，在《财富》杂志曾举行的一次100家增长最快的公司排名中，排在12位，并在2006年的时候，成长为仅次为美国国家金融服务公司的全美第二大次优贷公司。然而，就是这个拥有12年历史、美国第二大次级贷款公司2008年的时候因为过度借款给购房者而苦恼万分，公司被一连几个月已经不断出现的次级抵押贷款违约事件折磨得疲惫不堪，而各债权人对它的屡屡逼债行为也使它的前景越发的黯淡，无论新世纪金融公司怎么挣扎，怎么努力，怎么绞尽脑汁、想尽办法，可破产的厄运还是在不断向它招手。

那么，到底什么是次贷呢？在美国抵押贷款市场，"次级"及"优惠级"是以借款人的信用条件作为划分界限的。信用低的人申请不到优惠贷款，只能在次级市场寻求贷款。两个层次的市场服务对象均为贷款购房者，但次级市场的贷款利率通常比优惠级抵押贷款高2%～3%。次级抵押贷款是指银行或贷款机构提供给那些信用等级或收入较低、无法达到普通信贷标准的客户的一种贷款。这种贷款通常不需要首付，只是利息会不断提高。

随着美国住房市场的降温，尤其是短期利率的提高，次级抵押贷款的还款利率也大幅上升，购房者的还贷负担大为加重。同时，住房市场的持续降温也使购房者出售住房或者通过抵押住房再融资变得困难。这种局面直接导致大批次级抵押贷款的借款人不能按期偿还贷款，进而引发"次贷危机"。

次贷本不是大事，但是经过了三级放大，次贷变成了大事。经过打包评级、杠杆交易、担保，一个本来可以控制住的次贷规模，经过三级放大，变成了一个非常大的金融客体，因此产生了很大的问题。

随着房地产下滑、经济放缓等一系列原因，次贷本身的价值开始出现贬值。在贬值过程中，经过会计减值、卖空、又一次评级降级的三级加速，使一个高速膨胀的次贷从一个有限的问题变成了巨大的问题。

金融危机的直接根源是过度投机。投机活动无处不在，但是最容易发生在哪里呢？"资本惧怕没有利润或利润过于微小的情况。一有适当的利润，资本就会非常胆壮起来。只要有10%的利润，它就会到处被人使用；有20%，就会活泼起来；有50%，就会引起积极的冒险；有100%，就会使人不顾一切法律；有300%，就会使人不怕犯罪，甚至不怕绞首的危险。如果动乱和纷争会带来利润，它就会鼓励它们，走私和奴隶贸易就是证据。"通过这段话不难看出，哪个行业利润高，哪个行业就容易产生投机行为，利润越高，投机产生的风险就越大。

经济中的某个行业如果处于利润过高的状态，根据西方经济学中"市场是一只看不见的手"的原理，必然会有很多资本包括投机资本流入该行业，其结果就是造成该行业的过剩和其他行业的短缺，这种局面如果维持时间过长的话，经济的不平衡状态会逐步加剧直到出现该行业因为严重过剩，企业大量破产的局面，最终造成银行大量坏账，进而波及其他行业，损害实体经济的发展。

高额的利润诱发过度投机行为。我们从一些数据来看一下金融业和地产业的高利润状况。根据美国官方公布的数据，美国房价2004年平均涨幅为11%，2005年平均涨幅为13%，美国2000年到2006年全国房价平均价格上涨了90%，其增长速度均超过同期利率回报水平；在国内金融界，2007年11位金融高管年薪过千万；2007福布斯中国富豪榜前10名中，涉足地产的达到6位，前4名均涉足地产。从这些数据中不难看出，金融业和地产业的利润程度，如此高额的利润岂能不诱发资本的逐利行为？其行业投机程度由此可窥见一二。

金融危机的深刻根源是信用交易失控。为什么金融业和房地产业容易成为经济危机的重灾区，或者说，为什么在金融业和地产业更容易产生投机呢？投机需要大量的资本来支撑，在资本不足的情况下，杠杆交易成了投机者最好的工具。正是因为在金融和地产领域广泛存在着杠杆交易，才使得这两个行业成为投机活动的重灾区。

次贷危机的开端正在于打包和评级。就是把很多的次贷，上千个人，把这一千个人的次贷合同放在一个包里，全部把它放在一个特殊公司里，评级的时候，就把这些放进来的次贷发一个债券，然后对债券评一个级。评级就是指信用评级，是专业机构对债务人就特定债务能否准时还本付息及意愿加以评估，分为资本市场、商业市场及消费者三类评级，其中资本市场评级居中心地位。这个评级是关键。

光是打包和评级是不会有什么问题的，如果到这里就能停止，也不至那么严重。但我们又看到了次贷的第二级放大，叫杠杆放大。而杠杆交易是一种以小钱做大仓位的交易，例如，如果买100元证券，2倍的杠杆度只需要50元就可以交易。杠杆交易可能带来倍增的利润，也可能令投资者的亏损因杠杆的比率而放大，放大的程度与杠杆度有关。

信用违约危机最重要的特点是信用违约掉期（CDS）等金融衍生品市场的全面危机。这个阶段，我们会一直看到信用衍生品违约的问题，包括银行的烂账，金融衍生品市场会越来越糟糕。这次冲击和上一次次贷危机比起来是多大的规模呢？据测算，今年一年的金融风暴对全球金融市场造成的冲击大概是去年次贷危机的三倍。

目前，世界上许多投资银行为了赚取暴利，采用20～30倍杠杆操作，假设一个银行A自身资产为30亿，30倍杠杆就是900亿。也就是说，银行A以30亿资产为抵押去借900亿的资金用于投资，假如投资盈利5%，那么A就获得45亿的盈利。反过来，假如投资亏损5%，那么银行A赔光了自己的全部资产还欠15亿。相关资料表明：贝尔斯登、雷曼兄弟、美林、高盛、摩根斯坦利等著名美国投资银行及其交易对手出现的流动性危机，都是源于高财务杠杆率支配下的过度投机行为。美国投资银行平均表内杠杆率为30倍，表外杠杆率为20倍，总体高达50倍。

第三级放大，是最严重的放大，就是担保的放大。有时候评级公司评了3A，投资者不信，或者说评出来只有2A，甚至只有1A，投资者就觉得不够有把握，担心投资风险，这时候有些保险公司站出来了，说没有关系，我来担保这个东西吧，它卖了一个CDS。

CDS是信用违约掉期的缩写，是目前全球交易最为广泛的场外信用衍生品。CDS的出现使得信用风险可以像市场风险一样进行交易，解决了信用风险的流动性问题，从而转移担保方风险，同时也降低了企业发行债券的难度和成市。

无论是东南亚金融危机，还是此次起源于美国的金融危机，其起源都是金融和房地产泡沫的破裂，这恰好反映出一个问题：金融业和地产业在危机爆发前存在着利润过高和规模过度膨胀的情况。可以说，过度投机使这些高利润甚至是暴利行业过度膨胀，最终助长了经济危机的发生。

创新本无罪——谁来监管华尔街

1867 年，一个叫范德比尔特的企业家控股铁路公司，当时，范德比尔特想把三大通向纽约市的铁路公司整合起来，但其中有一条伊利铁路被一个叫德鲁的股票操纵家操控着。而这个人不跟范德比尔特合作。于是范德比尔特决定收集很多伊利铁路公司的股票，同时他买通了一个法官制定法律，不允许这个公司增加新股，但是德鲁买通了另外一个法官把法律重新反了过来，与此同时，他把大量伊利铁路的可转债转成了股票，而且发了大批量的新股，这些范德比尔特都不知道。然后德鲁把这些新股全部到市场上抛售，最后卷走了 700 多万美元现金。700 多万美元在 1867 年相当于纽约股市的整个资金额度，市场上融资额度差不多就这么一个规模，他把钱全部卷走了。

在美国历史上，总共出现了三次金融危机，1929 年股灾导致的世界经济大萧条、互联网泡沫破灭导致的一些监管变革、2008 年次贷危机。通过这段历史的回顾，我们不难发现，在 1929 年之前的美国，它的资本市场是一个绝对的自由市场，而且非常紊乱。钱权勾结、内幕交易、操纵市场、虚假披露、卷款逃跑等等问题都存在于金融市场当中，最终，股市操纵者战胜了企业家。直到 1929 年，股市泡沫的破灭，导致了全球的经济大萧条，这时美国政府才下决心对监管进行改革。

20 世纪 70 年代，《格拉斯－斯蒂格尔法案》的废除，现代金融法案的实行，这又是一次金融创新的体现。在华尔街，创新从来没有停止过，20 世纪 70 年代末，对金融衍生品、期货交易，各种各样的债券在金融市场上异常活跃，创新层出不穷。

然而，创新本无罪，在金融史上，我们会发现这样的现象，利润高的创新一出现，人们就一拥而上，有人做过头，经济周期一变，他们就又死到临头了。在金融市场，优胜劣汰、弱肉强食的状况一次又一次上演，新的创新立足后总会淘汰旧的，华尔街这个历史的转轮经过几百年的创新发展，并将继续同样的创新之旅。

华尔街就是一个高风险场所，因此任何情况下发展金融都必须让金融的风险能够有效地化解、分散和控制，做到风险可控、可测、可防范。这时怎样看待华尔街的风险就很重要了。

在资本市场中，人们总是追求高利润，在资本市场有涨跌停板的时候，恨不得自己的股票天天涨停板，行为高度地短期化，收益要求高，这就是人的贪婪。后来，华尔街进行了一个创新——抵押贷款证券化，说得通俗一点，就是按揭证券化这一系列的产品创新。华尔街投资银行找到商业银行，要求他们把按揭的现金流卖给自己，投行从全国各地买很多的按揭现金流，然后将它打包，在打包的过程中，风险就分散了。然后华尔街投行再把它"切切剁剁"，重新再卖给广大的投资者，这其中包括退休基金，甚至商业银行本身。

贷款过程中，还款能力是需要严格监督的，但现在不一样了，商业银行贷完款之后，把风险和按揭现金流全部通过投行卖给别人了，就不必去监督贷款质量了，从监督质量改成强调数额，而借款方的贷款就是次级贷。为了提高贷款数量，商业银行开始冒险做了很多低息的贷款，鼓励那些没有购买力的家庭去购买房子，而这些贷款风险不需要商业银行兜着，而是通过华尔街传给别人了。

因此，正是因为市场监管的缺乏，商业银行发放了很多高风险的贷款，并通过华尔街传到了世界各地，这才埋下了危机的种子。假如房地产价格还会继续往上走，危机也不会发生，因为在次贷证券背后支撑它的是房子的价格。但是 2006 年之后，美国的房地产一路下滑，最终导致次贷证券蒙受巨额亏损，次贷危机就这样产生了。

事实上，在美国金融发展史上，金融创新和金融消费者利益保护，从来就像是"天平"的两端。监管制度的每一次变化，都是决策者对两者权衡的结果。20 世纪 30 年代，新组建的美国证券交易委员会以及其他监管机构吸引了大量聪明能干且理想主义的精英加盟，如果换个时代，他们很可能会驰骋华尔街，然而在那个年代，他们最终选择了监管华尔街。绝非巧合的是，他们主导和见证了前所未有的金融稳定，以及国家整体上持续稳定的经济增长。

监管者也应得到更好的薪酬回报。在整个联邦政府系统中，美国证券交易委员会仍然是薪酬最差的部门之一。甚至今天，在美国证券交易委员会我们很难找到一位工资超过 10 万美元的职位。然而薪水涨到什么水平却是有限度的，毕竟美国财长的年薪才略低于 20 万美元，但负责全球金融系统稳定的监管者的收入超过高盛的前台接待员应该是合理的。

金融和政治之间的纽带关系一日不破，这种不正当的利益交换就不会终止。而放松监管、资产泡沫和危机、潜藏道德风险的援助计划等一系列故事就会继续。因此，只有严格限制政府和金融机构之间的关联。解决这个问题的一个办法就是让美国和其他国家的监管机构变得更加独立。这种独立性可以有多种形式，例如它们执行立法规定时，可以被给予更大的自由裁量权。另外，监管机构也可以通过许多途径增加监管者的独立性。例如，美联储并非联邦政府的一部分，更加确切地说，恰如其官方网站所描述的，美联储是"政府内部一个独立的实体，它既有公共目的，也有私人部门的特征"。因此美联储承担更多的监管责任可以使监管者更具有独立性。再者，仅仅因为监管者不必向立法部门负责，还不能使监管俘获问题消失。例如美联储内部最重要的权力中心，即著名的纽约储备银行委员会，就被华尔街的银行所控制。政治独立性并不必然意味着监管独立性。因此在考虑彻底性的结构改革时，这一点值得认真对待。

美国近百年的金融发展史，既向我们展现了金融创新诱人的魅力，也暴露了损害消费者利益的惨痛代价。事实上，无论在美国还是其他国家，金融监管机构都面临着如何实现平衡的难题，即在不损害有效创新给消费者带来利益的前提下，为消费者提供最大限度的保护，而后者，往往是监管的本职所在。美国金融监管上的"一波三折"，并不意味着其失去了价值。对于金融市场仍处于初级建设阶段的国家而言，建立真正的自由市场才是要务。

风暴席卷全球各个行业——华尔街痛苦，全球共同品味

2008 年，当金融海啸彻底倾覆了美国华尔街，当那些曾经如雷贯耳的金融巨头们纷纷倒下，祸水正沿着大西洋和太平洋向外蔓延，迅速波及五湖四海。无论是原本就步履蹒跚的欧洲经济体，还是近年来像亚洲这样一路飞奔的新兴市场，眼下都被金融危机的

逆风裹胁，艰难向前。可以说，华尔街的金融危机，不仅点燃了自己，也烧焦了别人。

在 2008 年 9 月 27 日上午举行的达沃斯论坛"全球增长的风险"讨论会上，中国银监会主席刘明康指出，在这场全球性的金融危机中，没有一个国家是孤岛。

因此，美国不是此次金融危机中唯一的受害者，不管是同属发达国家的英国、日本，还是经济尚未开放的非洲；不管是坐享石油美元的中东，还是新兴崛起的国家，都感受着金融海啸的震撼。在全球化的今天，没有哪个国家可以成为美国金融危机的绝缘体。

1. 德国：经济难振

德国统计部门证实，2008 年，由于投资和消费支出急剧下降，德国国内生产总值在截止 6 月份的 3 个月中，萎缩了 0.5%。而德国商业景气指数，则连续第三个月出现下跌，8 月份跌至 94.8，是 3 年多来的最低水平。分析师们表示，德国的经济减速是对欧洲央行的一次警告，它将不得不考虑降低利率。

2. 英国：入不敷出

欧洲也许不是这场逆风中最受伤害的一个，却是最无辜的一个。华尔街的恶果，是欧盟的噩梦。在所有经济体一起随美国下坠的过程中，欧盟速度最快。英国与西班牙首当其冲，随后欧洲经济相继由放缓进入衰退。信贷紧缩、通货膨胀、面临燃料、食品、日用品样样涨价的英国人的生活开始捉襟见肘，不得不动用储蓄来弥补不足。经济学家表示，消费者面对涨价压力已经到了入不敷出的程度，并且经过连续 11 个月的萎缩，英国的房地产市场受到巨大的冲击，而这种趋势还在继续。

3. 乌克兰：雪上加霜

2008 年初，国际货币基金组织曾警告乌克兰，过高的通货膨胀率可能会引发该国经济危机。几个月后，由美国次贷危机引发的全球性金融危机真的让乌克兰经济雪上加霜。之后，乌克兰央行已开始频繁干预市场，但取得的效果尚不明显。

乌克兰房地产市场出现"拐点"，销售非常困难。金融危机迫使银行不断提高贷款利率，目前乌克兰银行对外贷款的年利率水平已高达 20% ~ 25%，基本上扼杀了居民贷款消费的欲望。房地产市场的停滞不前又使银行面临大量呆账、坏账的风险。

据乌克兰国家统计委员会公布的数据，2008 年前 9 个月，乌克兰的通货膨胀率高达 16.1%。尽管政府采取了一系列旨在降低通货膨胀的措施，但收效甚微。

4. 非洲：并非危机绝缘体

尽管非洲在全球经济中相对孤立，还未与全球紧密结合，但也并非此次美国金融危机影响的绝缘体。虽然金融危机对非洲整体经济的影响还未立即表现出来，但我们发现，非洲大部分股市显然已"心慌慌"。内罗毕证交所最近进行的调查显示，由于通货膨胀导致燃料和其他基本生活必需品价格上涨，许多肯尼亚投资者正在抛售手中股票。

因为从 2008 年 3 月开始，尼日利亚受世界粮食危机冲击，基本生活品，如大米、面粉、鸡蛋等物价暴涨，普通股民不得不压缩资本市场投资，将资金兑现以备日常之需。

5. 冰岛：面临破产的国家

2008 年 10 月 6 日，冰岛总理盖尔·希尔马·哈尔德通过电视讲话，对全体国民发出警告："在最糟的情况下，冰岛的国民经济将和银行一同卷进旋涡，结果会是国家的破产。"不久，随着冰岛第二、第三大银行被征服接管进入破产保护模式程序，政府同时宣布放弃冰岛克朗的固定汇率，该国金融危机将进一步加剧。

6. 韩国：亚洲版冰岛

虽然这次亚太地区受国际金融危机的冲击相对较小，但是随着北欧国家冰岛面临经济破产的消息，不少专家和媒体认为同样实行开放式金融市场的韩国有可能成为"亚洲版的冰岛"。

2008 年 10 月 10 日，韩国首尔股市综合指数以 1241.47 点报收，结束了"跌跌不休"的一周。在过去的 5 个交易日里，首尔股市总跌幅逼近 15%，股指也创下近 27 个月来新低。据统计，2008 年以来韩国股市市值已经累计缩水 300 万亿韩元，约合 2290 亿美元。与此同时，韩元不断贬值的趋势也没有停止的迹象。

随着韩元持续疲软，那些身背美元或日元贷款的中小企业度日维艰，只能看着所需偿还的本金和利息越滚越多。而韩国银行为了保证外汇储备，禁止了部分到期外币贷款的延期，令不少企业面临破产的命运。

7. 日本：修鞋铺、修包店火爆

以制造业出口为其经济增长的唯一支撑的日本市场，面对需求萎缩的全球市场，无异于被折断了最后一根稻草。日本在 20 世纪 90 年代泡沫破灭后的通缩泥潭中挣扎度日10 余年，全靠对美、对欧以及对中国的大幅出口来养活本国居民。但 2008 年以来油价、粮价的飙升使得全球原材料价格上涨，让日本制造业的成本水涨船高。

日本两位首相在上任不久后都不堪压力而黯然下台，接连两大汽车生产商发布惨淡的赢利数据。本来就虚弱无力，在这股全球逆风中，日本更加无法起身。可见，股市暴跌、物价上涨、日元飙升已经对日本经济产生了广泛影响。

2008 年 8 月日本全国百货商店女性服装的销售额同比减少 5.3%，女式手提包等随身用品的销售额同比也减少 3.6%。相反，修鞋铺、修包店却出现火爆场面。自 2008 年 5月以来，月营业额均同比增长三到五成。

8. 印度：严防投资者自杀

华尔街金融危机的严重打击，让人们失去了信心。美国国会通过的 1500 亿美元的救市计划，不但在印度没有引起任何正面反应，反而很多投资者认定美国经济已病入膏肓，与美国经济联系紧密的印度将难逃池鱼之殃。印度有些警方甚至已经开始监视湖泊、运河等地，以免投资失利者自杀。

9. 巴西：散户含泪忙套现

2008 年 2 月，当圣保罗股市跃上 6 万点大关时，很多巴西人几乎将自己所有的积蓄用来购买势头强劲的巴西石油公司和淡水河谷公司的股票，希望这两只股票的收益，能够帮自己一圆前往中国旅行的梦想。但是，受国际金融环境影响，巴西股市一路向下，短短半个月就下跌 1 万多点。

政府是市场经济的守夜人——华尔街金融危机与救援

在华尔街，差不多每 20 年就会有一次危机，差不多是一代人忘记上一次暴跌教训的时候，危机就又来一次。1792 年有一次，1819 年、1837 年、1857 年、1873 年、1893 年、

1907 年还有 1929 年，然后平静了一段时间，之后，1987 年有一次，2008 年又有一次。

1929 年，因为美联储长时间里，一直降低借款利率，让人们很容易得到银行贷款进行股市投机。危机爆发后，股民聚集到纽交所门口，恐惧的情绪在庞大的人群中蔓延。经济危机间接引发了遍及整个资本主义世界的大萧条：5000 万人失业，无数人流离失所，上千亿美元财富付诸东流，生产停滞。

1929 年经济大萧条时期的股市大崩盘之后，政府颁布的法规数量最多，例如《格拉斯—斯蒂格尔法案》，1933 年的《证券法》，1934 年的《证券交易法》，1940 年的《投资公司法》。

在美国，每一次金融危机都会促使一些法案的通过，这是因为当灾难来临时，人们都希望他们的政客有所作为，挽救日益严重的经济形势。正如同亚当·斯密所说，他把政府的职责定义为守夜人，政府是市场经济的守夜人。

所谓守夜人，就是夜间看护人员，在资本市场迎来灾难性的时刻，守夜人必须发挥他的巨大作用，保护市场中企业和人民的安全。政府担当市场经济的守夜人，及时拯救金融危机，这是历史发展的过程，是金融市场发展的必然趋势。

市场经济作为发达的商品经济运行而建立的一种经济体制，十分重视市场的作用，市场作为配置适合资源的基础性手段和社会运行所围绕的中心。在现代市场经济体系中，市场调节社会资源发挥不可替代的作用，提高了资源配置的效率，而事物具有两面性，市场在配置资源的过程中并不是万能的。一个市场经济国家的健康稳定发展是市场调节和政府干预共同作用下的结果，自由竞争和宏观调控是相互联系、相互交织、缺一不可的重要组成部分。

当市场经济处于紧急时刻，政府就要充当全社会的最高权威，把全国的经济转入正式轨道。2008 年金融危机爆发，此时的美国就处于这样的紧急时刻，从个人到机构，从华尔街到整个世界，都在质问谁应该对此负责。如果政府不采取果断干预措施，金融体系就可能面临崩溃的边缘。因此，在这个时候，政府可以介入金融体系，介入经济，这是它必须做的事情，即使是在非紧急状态下，政府也应该维护市场规则，保持市场运行的良好秩序。

政府如何履行自己的守夜人职责，如何对市场经济进行监管，这其中很重要的一步就是要切实做好金融监管。金融市场在运作时常常会出现失灵和存在不少的缺陷，其潜在的道德风险也会对金融市场的正常运行带来危害。政府应该从以下几个方面进行金融监管：有效控制和管理货币供给，实现货币供求均衡，为经济发展创造一个良好的货币金融环境；确保负债性商业金融机构的稳定性和安全，提高商业性金融机构的生存能力，增强金融市场的内在稳定性；保护债权人、存款人的利益，约束债务人行为，维持金融市场的稳定和秩序；改善金融市场的资源配置效率，实现有效配置和社会公平。

热点篇：
与金融大事面对面

第二十四章　当今经济形势下的货币战争

——了解诸元之战要学的金融学

"棒杀"欧元：做空、再做空

欧洲是对美国的巨大威胁。美国的政治家、战略家，多届美国政府的幕僚布热津斯基多次说过：美元是美国全球战略最重要的支柱之一。欧元想抢班夺权，盘踞于美国的大财团们绝不会轻易放弃美元这个抽血的机器。于是，欧元还没有诞生，美国就开始操纵"金融部队"——对冲基金和投资银行等金融机构，开始了对欧元的打击。对于美国来说，一个势力均衡的欧洲、不统一的欧洲，才能让美国在欧洲获得最大的利益。欧元一旦建立起来，势必对美元体系的霸权产生严重的动摇作用。伦敦—华尔街轴心与德法同盟之间的货币冲突日趋激烈。

无论做多与做空，美国资本的力量牢牢地控制着世界。国际银行家们的梦想就是如何打垮马克和尚未成型的欧元构想，决不能让新德国重建成功。1990年，英国政府居然不顾伦敦金融城的反对，悍然加入欧洲货币兑换体系（ERM），眼看欧元体系逐渐成型，日后必然会成为伦敦—华尔街轴心的重大隐患，国际银行家于是策划各个击破的打法，欲将欧元体系绞杀在摇篮之中。

欧洲从1992年决定欧元启动，到1995年欧元启动进入关键阶段，当时为了顺利推出欧元，就要把每个国家的公共赤字都降下来，以达到启动欧元的标准，整个欧盟国家的货币都在紧缩当中。

在1995～1997年间，欧洲货币对美元却是大幅度贬值，如德国马克贬值了25%，法国法郎贬值了30%。这背后就是以美国财团为主的做空力量在搞鬼。那些美国大财团很清楚地认识到，如果欧元取代了美元，那么整个世界经济食物链就要被改写，他们的统治地位就会消失，这是美国资本所无法容忍的。于是，从那个时候开始，美国资本就开始了对欧元有计划地做空。

第一步是英美经济学界对欧元的唱空。虽然英国是欧盟国家，但是英国没有加入欧元，这恐怕跟英国依附于美国有关。这帮英美经济学家就是美国财团控制的舆论武器，你想想，如果大家都看好欧元，那么美国财团为了自身利益做空欧元是那么容易的事吗？所以，通常大庄家——美国财团在操作前，都会事先通过舆论宣传武器进行所谓符合逻辑的宣传攻势，由那些学术权威出面，才能起到引导游资做空欧元，起到事半功倍的作用。

任何事物都不会完美无缺，他们首先攻击的就是欧元区的软肋——固定汇率制度。对于欧元的固定汇率制度，欧洲人颇为自豪，他们认为欧元的成功还有一层深远的重大意义，就是在浮动汇率似乎逐渐成为世界潮流的时代，欧元反其道而行之，成为支持固定汇率之中流砥柱，亦可能成为未来真正世界货币之先驱。

什么是固定汇率制度呢？比如：1 欧元等于 40.3399 比利时法郎，1 欧元等于 1.95583 德国马克等。这个兑换标准是固定的，这就叫固定汇率。欧盟的固定汇率被英美经济学界视为非常愚蠢的做法，因为英美经济学界认为浮动汇率才是符合经济运行规律的。经济学家保罗·克鲁格曼先生就有著名的"三悖论"：货币政策独立、固定汇率和资本账户开放三者不能同时成立。比如：欧元区如果实行固定汇率和资本账户开放，那么就没有办法实现货币政策的独立。而这也正是导致现在欧元区债务问题难以解决的重要原因之一。所以，英美经济学界认定：欧元区如果无法控制各国的独立货币政策，那么必须放弃固定汇率制度。

展开舆论宣传攻势的同时，美国财团就开始发动对欧元的做空行动了。1995～1999 年间，美国互联网蓬勃发展，经济有了新的动力支撑，很多资金看好美国的经济。但欧洲经济被英美经济学家唱空之后，很多资金都对欧元的前景持怀疑的态度，究竟未来欧元是强势还是弱势，大家都不确定，再加上欧洲财政紧缩，机会比较少，在美国财团的带领下资本纷纷撤出欧洲，投向美国的互联网等新兴行业。这就顺理成章地造成欧元的持续贬值。而做空并不意味着一定赔钱，虽然美国股市泡沫四起，但美国财团早就布局，也就成为最大的赢家。资本撤离，欧元持续贬值，缺乏流动性，真的是雪上加霜。

美国财团使出了最厉害的第三招：战争。1999 年 1 月欧元启动，1999 年 3 月 24 日北约就发动了对南联盟的空中打击，科索沃战争爆发。战争一打起来，欧洲人还当了美国的帮凶，欧元就跟着一直往下掉。

如果欧元长期处于低位，而美元还处于高位，这对美国的经济复苏很不利，因为欧元、美元不正常的比价，使得美国的出口没法复苏，同时进口大量增加，美国逆差增加，美国国内工商业持续低迷。于是美国财团们在互联网热潮大赚了一笔之后，选择了美元的贬值之路，以发行美元来刺激美国的经济复苏。其实对于美国财团来说，世界仍控制在他们的手中，无论做多与做空，他们用资本的力量牢牢地控制着世界。

华尔街一直在慢慢地卖空欧元，建立空头仓位。三个月的时间，索罗斯们已经吸纳了足够的空头持仓。这其中还利用欧盟可能要救援的消息来做反弹，洗掉了看空的散户。

到了 2009 年 12 月，美联储的货币基数增速忽然从 11 月的 4.29% 降到了 0.19%。于是 2009 年 12 月 3 日，华尔街开始发力往下砸盘，轰轰烈烈的第一次狙击欧元就这样开始了。

第二次建仓则又是另外一种情况。美联储提前几个月就放出风来，说本·伯南克又要撒钱了，二次量化宽松的规模至少有 5000 亿美元，经济学家、财政金融官员都在激烈地讨论。

欧元闻讯大涨。到了 10 月份，欧元又涨不动了，于是华尔街又在建空仓。到 11 月 3 日，二次量化宽松的方案公布了，6000 亿美元的规模，超过了市场预期。于是欧元突破盘整上冲，很多人跟着就追买进去了。2010 年 11 月 5 日，对冲基金发威，将欧元砸出一根大阴线来。

最近两次狙击欧元的时机很有特点，都是在年底 11、12 月发动攻击。这样有两个好处：一是年底投资者套现的欲望比较强，发现形势不好，容易跟风抛售；二是银行年底的回笼资金也会让机构投资者更倾向于抛售。另外，年底开始狙击，可以让这些国家的年终财政数据比较难看，有利于以后几个月的攻击。

美元、欧元、人民币、日元的四角关系

到目前为止，这个世界仍然在美国大财团的掌控之中，在世界经济的整个大棋局中，美元、欧元、人民币、日元构成了一个四角关系，也构成了国际货币生态系统里重要的四大家族。

虽然美元已经多到这个世界快无法承受了，虽然美元也深陷危机，但美国依然是老大。美元不仅自己遭受到了危机，即使把危机转嫁出去，也只是把世界拖入深渊，然后再浑水摸鱼中，凤凰涅槃般重新获得领先的地位。

次贷危机引发投机日元回流，造成日元持续升值，日本买的美国国债造成了数十万亿日元的巨大损失。欧元会回到历史的低点附近，贬值的欧元，混乱的欧洲，是硬币的正反两面。欧日之间的麻烦可能会把中国卷进来，美国可能会导演中欧日互相攻击。

对于美、欧、日、中四种货币在整个世界中的关系，进行以下分析：

1. 欧洲债务危机中，欧元与美元的关系

欧元与美元是一对冤家，它们两者每一次对抗都是美国财团步步走在前面，无论美元升值还是贬值，美国财团都处于有利地位，是货币战争的常胜将军。

美元的大量发行，不断贬值充斥全球市场，美元贬值造成欧元升值，同时也造成石油、铁矿石等大宗商品的炒作。而欧洲对于石油、天然气的高依赖性，让欧洲在货币升值的前提下，依然出现了高通胀。由于欧洲经济还是以高端制造业为主，持续的欧元升值让欧洲的制造业出口越来越困难，进口越来越多，经济萎靡不振。高通胀与低增长并存，让欧洲经济遭受双重打击。最后美国次贷危机引发全球危机，需求全都下降，给欧洲经济一个致命性的打击。

欧洲经济遭到轮番打击，政府不得不做见不得人的勾当，而最终引发了欧债危机。欧洲金融体系杠杆比例比华尔街还要高，欧洲银行的贷款额甚至超出存款额，欧洲投资次贷衍生品远远超过美国，这也是对欧洲经济的致命伤害。

欧元不断贬值，虽然短期造成国内经济不景气，但长期来说对于欧洲的制造业出口是有利的。通过欧元贬值，大量发行欧元，让债务缩减，同时欧债危机造成欧元贬值，购买力下降，带动全球石油等大宗商品需求减少，价格下降。通缩中，欧元贬值，出口增加，未来欧洲经济会缓慢复苏，但丧失了与美国在货币领域的竞争力。

2. 欧元与日元的关系

与欧洲经济类似，遭受了日元升值的打击，国内高通胀与低增长并存。此次次贷危机后，投资美国市场的日元大量回流，这种回流进一步加深了日本经济的负担，为日本经济的复苏蒙上了巨大通胀的阴影。同时，日本手中的巨额美国国债，支撑了美国的过度消费，形成一个日美之间的货币循环，这次却因为美元的巨大贬值，缩水达到数十万亿日元。

所谓名义汇率，就是政府表面上规定的汇率牌价。实际汇率是指按照实际购买力计

算的汇率水平。原来 1 美元 =100 日元，结果日元升值了，1 美元 =80 日元了，那么按照名义汇率的话，假设一辆日本制造的汽车，价值 100 万日元，原来出口要 1 万美元，现在出口就需要 1.25 万美元，因此，日本的车自然就不好卖了。

一方面因为日元名义汇率提高以后，可以通过多发票子来购买很多国外的资源，另一方面，国内的物价水平上涨之后，使得同样的东西在日本国内要比国外卖得贵一些，这就造成中国人不愿意把手里的日元拿到日本消费，而是愿意换成美元去美国消费，也减少了日本国内的通货膨胀。

次贷危机爆发后，美国房价持续下降，借出的日元投机资金回流，不断买入日元，卖出美元，日元升值，美元贬值，这样日本持有的美国国债就相当于贬值了，据说达到了数十万亿日元。同时，欧元对于美元的贬值，美元对日元的贬值，也加深了欧元对日元的进一步贬值，欧洲货币竞争力进一步提升，也造成了对于日本国内以出口立国经济模式的打击。

3. 人民币与美元、日元、欧元的关系

作为世界的制造工厂，中国这些年的迅速崛起让世界刮目相看，是由于次贷危机的发生，一下子人民币升值的压力大了起来。美国人、日本人、欧洲人都在说人民币要升值。虽然都要求人民币升值，但是他们的想法却各有不同。

近年来，中国对外贸易一直处于顺差，这种顺差有一部分恐怕是国际热钱借贸易之名，流入国内市场，这其实就很难保证中国的资本账户不对外开放，同时 QFII 虽然不多，但也是一部分外资。另外中国大型国企在中国香港上市，如果未来继续做空其他亚洲市场，港币贬值，港股下跌，同样也会造成国内的热钱撤离。

美国之所以施压人民币升值，是认为中国实行的"盯住美元汇率"政策，使美元贬值的积极效用没能全面发挥，只是"极大地增强了中国企业的出口竞争力，刺激了中国产品的出口"，尤其是 2002 年美元贬值的同时，美国外贸逆差却创出了 4352 亿美元的历史峰值，对华贸易逆差达到 1031 亿美元。实际上美国外贸逆差剧增的原因不在于中国的人民币汇率政策本身，而是美国产业结构调整、对外直接投资扩大、个人消费支出的增长以及美元贬值的 J 曲线效应等多种因素综合作用的结果。

美国处于食物链最高级，所以美国最重要的利益是美元。既然大家都是给美国打工的，都处于经济萎靡不振的时期，都要赚美元，那么必须打击竞争对手。要求人民币升值，降低中国产品的国际竞争力，打击中国的出口，让中国经济发展速度放缓。

美国虽然也不希望中国强大，但是美国的想法与欧日有点不太一样。因为，现在欧洲已经被摆平了，欧元处于贬值的状态，暂时不会出事，这就让美国有了休养生息的时间。但是日本的债务负担非常重，未来日本经济放缓，肯定影响美国在东亚的战略布局，如果中国趁机崛起，显然会在东亚取代美国，成为经济的核心，这就会对美国形成挑战，直接威胁美元在东亚的地位。

所以，美、欧、日都在等着，都在压迫人民币升值，野心昭然若揭。其中最可悲的就是日本，当年用原子弹炸日本的是美国，逼迫日元升值的是美国，让日本的美国国债打了水漂的是美国，甚至搞垮丰田的也是美国，可日本还要给美国做打手，逼迫人民币升值。

汇率大战，窥视中国金融市场为哪般

华尔街搞货币战争的手法是比较强硬的。如果某国家不从，华尔街就会用"武力"相威胁，如当初华尔街拿苏联恐吓西德和日本，拿朝鲜恐吓韩国。对于一些"乖"国家，华尔街就会用一些政治理念和一些利益诱惑来使它就范，对待俄罗斯，华尔街喜欢讲"市场经济"和"普世价值"，并加以经济上的援助、加入 G8 等进行诱惑。然后国际货币基金组织就会出面，组织西方国家来对它进行休克疗法的"治疗"。同样的，对于东亚国家，最后也会面临这样的"治疗"。

在对中国的货币战争中，华尔街基本上还是采用这个套路。但由于中国的特殊情况，华尔街的手法有了一些改变。但威胁利诱仍不在话下，要么人民币升值，要么就进行贸易制裁，然而在对外发展过程中，中国人始终保持清醒的头脑，深知美国人葫芦里卖的什么药。

我国理论界的实证研究表明，改革开放以来人民币汇率的每一次波动，都对我国的进出口贸易、外商直接投资、经济增长率带来不同程度的影响。具体数据是：人民币实际汇率每贬值 1%，我国国内生产总值上升 0.9%；人民币实际汇率每上升 1%，经济增长速度下降 0.12%。这表明，两者的当期效应都不是十分显著，但长远效应还是显而易见的。

人民币的升值会使得外商的投资成本增加，也有可能会使得我国吸收的外国直接投资减少；人民币的升值还会使得对外投资成本降低，并且使得出口面临困境，使得国内的工作机会外流，从而导致本国的产业空洞化。

华尔街经过多年努力，在中国培养了不少思想上亲美的群体，经济上也培养了一些买办，也能在一定程度上影响经济政策。但这些人在中国并不占主流，还不足以让政府制定有利于华尔街抢掠的政策。

其实，我们应该认识到，华尔街要想成功地进行货币战争是需要一定条件的。首先，要有能够影响目标国政府的政策制定；其次，目标国的财政收支需要出现严重问题，一般是负债严重；再次，目标国资本市场要有严重的泡沫。只要目标国出现社会不稳定的状况，事情也就达到他们的要求了。

当然，这些条件都符合的国家并不多，但华尔街凭借其超强的能力，一贯是有条件要上，没有条件创造条件也要上。虽然华尔街不能让中国制定有利于他们狙击人民币的政策，但随着中国经济的发展，负债率超过平均水平也属于情理之中，2008 以后中国的股市一直较为低迷，所以泡沫很少，而楼市的泡沫很大，中国政府也在努力挤压楼市泡沫。

华尔街狙击完欧元后，使得很多资金流向东亚，如果人民币持续升值，那就会有大量热钱进入中国市场，从而达到吹大泡沫的作用。

其实，美国人清楚人民币升值后对美国来说逆差还是会存在，因为劳动密集型工业产品需要大量的进口，即使不从中国进口也要从其他国家进口。在美国，劳动密集型工业所产生的就业机会也只能提供给偷渡客，这种高强度、低工资的工作，美国公民是不屑去做的。

我们回头看看过去几次美国对别国货币升值的问题，别国的货币升值从来没让美国的贸易逆差减少过，也没有让美国国内的就业机会增加。在货币升值的问题上，美国政府、国会都是给华尔街打工的，在义务地帮老板赚钱。每次逼迫别国货币升值，美国老百姓都没赚到什么好处，倒是华尔街赚了大钱。但是，美国政府也是能够得到一定的好处的，例如，如果这次华尔街赚了钱，它也肯定会想办法帮助奥巴马推行他庞大的经济复苏计划。

随着中国政治经济的发展，国际地位的不断提高，人民币升值早已经成为必然的趋势，否则也不符合中国的利益。近几年，在我国大量的外汇储备中，很多都不是我们出口赚的钱，而是国际游资。它们都是看到了人民币的升值前景，因此大量涌入中国兑换人民币。人民银行为了防止人民币汇率被大幅推高，只好自己把这些外汇买了下来。这些外商换了人民币后再存到商业银行里去。商业银行增加这么多存款，就扩大贷款规模，这样就形成了乘数效应。后来，这样的钱越来越多，国内通货膨胀也越来越严重。因为这些购买外汇的钱等于是增发的人民币，如果人民币一直不升值，那么外汇增加多少，人民币就要增发多少。如果中国允许推高物价，从而用通货膨胀的方式使人民币贬值，就会引起严重的社会问题。到了最后，央行终于招架不住，被迫放弃跟美元的联系汇率，开始升值了。2005 年 7 月 21 日，中国央行宣布从即日起，我国开始实行以参考一篮子货币进行调节、有管理的浮动汇率制度。人民币的汇率不再只盯住美元，形成了更富弹性的人民币汇率机制。

人民币升值会使得外币相对贬值，从而使得中央银行持有的外汇储备的价值减少，目前我国持有的外汇储备在 2 万亿美元之上，且其中以美元国债居多，外汇储备贬值的损失就更为严重。同时，本币的升值也会吸引外资的流入，使得外汇储备增加。

面对人民币的缓慢升值，美国实在有点等不及了，恨不得人民币马上大幅升值。事实上，美国有些议员非要逼人民币立刻升值 20% 不可，除了为了中期选举外，还有就是华尔街的部分热钱一直在赌人民币升值。而这些热钱是有借贷成本的，每一天的利息都不少，自然等不起。中国这样做，肯定让这些投机客很恼火。中国不愿让这些热钱大赚便宜，于是总是搞些假动作，等热钱外流后再升值。

如果目前这种快进快出赌人民币升值的大多是小基金和小公司，那还不至于让美国国会这么兴师动众的。关键在于现在背后的强大庄家是整个华尔街。欧元战争还没打完，就要对付亚洲。东亚的经济龙头是中国，如果人民币一直稳着，其他亚洲国家就觉得有盼头。只有迫使人民币大幅升值，吹大资产泡沫后再一下子打下去，这样才能让其他亚洲国家恐慌和绝望，这样华尔街的钱才好顺利地退出东亚。

美国金融核弹轰炸下的日本经济

克林顿时代的美国财政部长萨莫斯说过："一个以日本为顶峰的亚洲经济区造成了大多数美国人的恐惧，他们认为日本对美国所构成的威胁甚至超过了苏联。"

东亚国家的经济在二战以后的迅速崛起，给伦敦华尔街的银行家们敲响了警钟。日本作为亚洲最先起飞的经济体，无论是经济增长的质量、工业产品出口竞争力、还是财富积累的速度和规模，都迅速达到让国际银行家惊恐的程度。一切可能阻挠和破坏由他们主导的世界政府和世界统一货币的任何潜在竞争对手，都必须严加防范。

二战后的日本以模仿西方产品设计起家，20 世纪 60 年代日本就已经开始在汽车工业中大规模使用工业机器人，将人工失误率降到几乎为零。20 世纪 70 年代的石油危机使得美国生产的 8 缸耗油轿车很快就被日本物美价廉的省油车打得落花流水，使得美国在低技术含量的汽车工业中，逐渐丧失了抵抗日本车进攻的能力。20 世纪 80 年代以后，日本的电子工业突飞猛进，索尼、日立、东芝等一大批电子企业的快速发展，很快就掌握了除中央处理器之外的几乎所有集成电路和计算机芯片的制造技术，在工业机器人和廉价劳动力的优势之下，重创了美国电子和计算机硬件行业。这引起了美国的极大恐慌，美国的产业工人开始担心日本的机器人会最终会抢走自己的饭碗。

当整个日本沉浸在一片"日本可以说不"的快感高潮之时，国际银行家们早就为日本金融准备了一场绞杀战。

1985 年 9 月，美英日德法 5 国财长在纽约广场宾馆签署了"广场协议"，让美元对其他主要货币"有控制"地贬值，日本银行在美国财长贝克的高压之下，被迫同意升值。在"广场协议"签订后的几个月之内，日元对美元就由 250 日元比 1 美元，升值到 149 日元兑换 1 美元。

1987 年 10 月，纽约股市崩盘。美国财政部长贝克又向日本首相中曾根施加压力，让日本银行下调利率，通过这种方法，使得美国股市看起来比日本股市更有吸引力一些，以吸引东京市场的资金流向美国。在贝克的威胁下，中曾根屈服了，很快日元利率跌到仅有 2.5%，日本银行系统开始出现流动性泛滥，大量廉价资本涌向股市和房地产，东京的股票年成长率高达 40%，房地产甚至超过 90%，一个巨大的金融泡沫开始成型。

在如此之短的时间内，货币兑换发生剧烈变化，1988 年，世界前 10 名规模最大的银行被日本包揽。此时，东京股票市场已经在 3 年之内涨了 300%，房地产更达到令人瞠目的程度，东京一个地区的房地产总盘子以美元计算，超过了当时美国全国的房地产总值。日本的金融系统已经到了岌岌可危的地步。

1982 年，美国芝加哥商业交易所"研制"成功了股票指数期货。它本是用来抢夺纽约证券交易所生意的工具，当人们在芝加哥买卖对纽约股票指数信心时，不必再向纽约股票交易商支付佣金。股票指数无非就是一组上市公司的清单，经过加权计算得出的数据，而股票指数期货就是赌这个清单上的公司的未来股票价格走势，买卖双方都不拥有，也不打算拥有这些股票本身。正是动用了这一金融武器，才对日本金融系统进行致命的一击。

在东京的股票市场上，保险公司是一个非常重要的投资者。当摩根斯坦利和所罗门兄弟公司等一批投资银行深入日本时，"股指认沽期权"当时在日本闻所未闻，而他们手握大量现金四处寻找这样潜在的目标。至今已无法统计到底有多少这样的金融衍生合同在股市暴跌之前成交，这就像是一种无人察觉的"金融病毒"。

1989 年 12 月 29 日，日本股市达到了历史巅峰，日经指数冲到了 38915 点，大批的股指沽空期权开始发威。

1990 年 1 月 12 日，美国交易所拿出了"日经指数认沽权证"这一杀手铜，高盛公司从日本保险业手中买到的股指期权被转卖给丹麦王国，丹麦王国将其卖给权证的购买者，并承诺在日经指数走低时支付收益给"日经指数认沽权证"的拥有者。

高盛公司借用丹麦王国的信誉，对高盛手中的日经指数期权销售起着超级加强的作用，使得该权证在美国立刻热卖，大量美国投资银行纷纷效仿。日本股市再也吃不住劲了，"日经指数认沽权证"上市热销不到一个月就全面土崩瓦解了。从 1990 年算起，日本经济陷入了长达十几年的衰退，日本股市暴跌了 70%，房地产连续 14 年下跌。

威廉·恩格在评价日本在金融的溃败时是这样说的：

"世界上没有一个国家比美国从前的敌人——日本更加忠实和积极地支持里根时代的财政赤字和巨额花销的政策了。甚至连德国都不曾那样对华盛顿的要求无条件满足过。而在日本人看来，东京忠诚和慷慨地购买美国国债、房地产和其他资产，最终换来的报偿竟是世界历史上最具破坏性的金融灾难。"

1990 年至 2000 年，日本经济年均增长率仅为 1.75%，大大低于同期美国经济增长水平。据日本政府预测，2001 年度日本名义和实际 GDP 增长率，分别为 -2.4% 和 -0.9%，2002 年度分别为 -1% 和零增长，经济形势空前严峻。

与日本企业相似，我国国有企业也存在着管理制度不适应时代要求、缺乏活力的问题。要推动国有企业改革，加快建立现代企业制度，提高微观经济的活力。我国实施积极财政政策要吸取日本的经验教训，做到既能充分发挥积极财政政策的效果，又能防止陷入债务过度扩张的陷阱。要正确把握宏观经济走势，相机抉择财政政策的取向和力度。注意防止把财政资金投入从启动投资需求的带头者、引导者地位拖至主力军地位。加快研究解决制约我国经济发展的深层次问题，要将扩大内需同调整经济结构、深化经济体制改革、增加就业、改善人民生活、促进可持续发展结合起来。要加快金融改革，注重发挥货币政策及其他宏观调控手段的作用。日本的教训告诉我们，一定要坚决转变政府管理观念，处理好政府与市场、企业的关系，减少对微观经济活动的直接干预，防止对市场行为的扭曲。要积极推进政府职能转变，进一步减少政府对企业活动的直接干预。

东亚，理想的货币战争对象

二战之后，东亚国家和地区创造的"东亚奇迹"引起了世人的瞩目。正当人们为东亚模式大唱赞歌的时候，1997 年东亚金融危机爆发了。这场危机沉重打击了东亚人民对东亚发展模式的信心。美国联邦储备委员会主席格林斯潘甚至断言：东亚模式已不再奏效，只有美国风格的自由市场系统才是成功的。

当在墨西哥发生的金融危机余波未平，7 月以后，肇始于泰国的金融危机像病毒一样在东亚国家和地区中广为蔓延。先是从泰国传染到东南亚各国，形成东南亚金融危机；再又冲击中国的台湾和香港，后又跨越香港和台湾而波及韩国，形成东亚金融危机。所到之处，币值连创新低，股市巨幅波动。几十年来东亚人民所创造的"东亚奇迹"面临着严峻的考验。

当日本陷入衰退后，由于长期的低利率，货币供应充足，大量的闲置资金从股市和房市中流出，转向东亚其他国家和地区。因为中国制造业的崛起，当地的工业已经有所萎缩，不是合适的投资方向。这些钱过来后还是主攻股市和房地产，倒也在一定程度上促进了当地的虚假繁荣。

随着日元的升值，原来的低息日元贷款成了高利贷。于是受援国就要求日本减免债务，或者用美元还债。而日本从来都是对弱者只赚便宜不吃亏的主，自然断然拒绝了这一要求。

这些东亚国家大多采取联系汇率制，也就是说他们的货币都是盯死美元的。联系汇率制是非常容易被狙击的。华尔街1992年狙击欧洲货币时，也是因为抓住了当时西欧国家间的联系汇率制这个弱点。当热钱大量涌入的时候，为了保持联系汇率，防止本币升值，所在国货币当局就会出面，大量抛出本币，买入外币。这样一来，就等于这个国家大量发行了很多货币。这些增发的货币和热钱一起流向市场，时间长了就会造成严重的通货膨胀，产生大量的金融泡沫，给货币狙击手们巨大的机会。

一开始，泰国拿出自家的320亿美元外汇储备来跟华尔街对打，大败而归。日本资金见势不好，马上回撤国内，但这样做引起了更大的灾难。要是上世纪80年代，这些国家和地区还可以向日本银行求助，但从1990年起，日本大银行破产了好几家，剩下的也家家都有巨额坏账，不可能给东亚各国政府任何支持了。除了中国外，东亚国家借贷无门。

由于人民币咬着牙不贬值，还在香港跟华尔街坚决抵抗，最后逼退国际炒家。美国人也觉得再打下去会出问题，不如见好就收，也给东亚剩口气，等它们缓过来以后再抢。于是国际货币基金组织开始出场清理，东亚各受害国被迫接受了种种苛刻的条件，这为日后美国热钱的进出提供了更多的方便。

1996年，东亚国家（不含中国、日本）的项目账户上经常有330亿美元的赤字。随着热钱的进入，这些国家1998～1999年有了870亿美元的外汇结余。到了2002年，这些外汇结余达到了2000亿美元。这些钱大部分都被买了美国国债，也就是说又流回了美国国内。

东亚金融危机有两个明显的特点：一是"起病急，病情重"。如泰国，从泰铢暴跌到发生经济萧条仅几个月时间；二是"传染快，范围大"。泰国的货币危机迅速蔓延到马来西亚、菲律宾和印尼，形成"金融风暴圈"，旋即冲击中国香港、新加坡、中国台湾，再转向东亚的韩国、日本，除人民币与港币外，所有东亚国家（地区）的货币均遭贬值。在极短时间内，一个地区有那么多经济体的货币同时下跌，这在世界上都是罕见的。

中国在亚洲金融危机中的积极贡献是有目共睹的。雷曼公司副总裁罗伯特·霍马茨说，在缓解亚洲金融危机中，中国的表现很负责任，发挥了重要的稳定和建设性作用。中国设法维护人民币汇率，在危机之初就向泰国提供了10亿美元紧急援助，并在地区和国际努力方面也积极合作。如果人民币也贬值，那就会对其他国家的货币造成更大冲击。这些事实显示，中国在国际上的地位得到了加强，但仍然不能低估中国经济面临的挑战，如失业问题、银行体制改革和国有企业改革。中国这个拥有12亿多人口的大国，正在从农业经济向工业经济、服务经济转变，过去的封闭式经济也在加快国际化。这个发展的进程不会一帆风顺，也不是一日之功。中国需要谨记这次东亚经济危机的经验教训，避免这样的危机再次发生。

日元国际化，有利也有弊

20世纪70年代后期，日本经济异军突起，成为国际货币基金组织的第八条款国，从而开始了日元的国际化进程之路。一国货币的国际化，离不开本国经济实力的支撑。在

1998 年的东亚金融危机之前，日元国际化的进程加速，为日元在国际市场上的自由流动创造了有利的条件。

进入 20 世纪 80 年代，日本的经济地位不断上升，成为当时仅次于美国的第二大经济体。日元国际化也开始进入了快速发展阶段，从日元的可自由兑换，到开放资本项目。1980 年 12 月，日本大藏省颁布了新的《外汇法》，实现了日元的可自由兑换。紧接其后，日本加速了金融自由化改革。1984 年对外汇交易的两个规则作了修订，其中包括了外币期货交易中的"实际需求原则"，也就是说，任何人都可以进行外汇期货交易，而不受任何实体贸易的限制。第二个是"外币换为日元原则"。企业可以自由将外币换成日元，也可以将在欧洲日元市场上筹集的资本全部带回日本。此后，日本政府又在东京创设离岸金融市场，开放境外金融市场这些改革举措为日元在国际市场上的自由流通创造了条件，有力推动了日元的国际化。

就对日本本国经济的影响来看，日元国际化后，作为一种世界流通的货币，对本国经济有着双重的影响，既有有利影响也有不利影响。

首先，日元国际化有助于日本经济的稳定增长。使日本在国际商业、国际金融和国际投资舞台上能够自由活动，加强其经济活动的主动性和经济安全保障。

其次，日元国际化促进了日本金融业的发展。由于日元国际化的迅速推进，日本国内日元市场不断扩大，外国金融机构纷纷涌入，这使日本从提供银行服务或其他金融服务中取得利益。

但日元国际化不仅仅对日本经济产生了积极作用，在很多方面也产生了不利的影响。主要表现在以下几个方面：

首先，日元的国际化，境内利率逐步与国际市场上的利率挂钩，随着汇率的波动，外国人手中持有的日元会迅速转换成其他货币，大量的资金会在日本外汇市场上兴风作浪，尤其在日元面临外在压力不得已升值的情况下，不少外国投资者会进一步增加对日本房地产业的投资，以图在日元升值时获得更大的利益。因此，日元国际化会加剧外汇市场的动荡，干扰货币管理当局有关政策的顺利实施。

其次，日元迅速国际化，境外日元急剧增加，对日元币值的稳定也会产生不利影响。20 世纪末，欧洲货币市场有相当 600 多亿美元的境外日元，加上各国官方外汇储备中的日元，日本的境外日元已超过 1000 亿美元。这是一条巨大的资金游龙，如果日元的国际地位提得过高，日元很可能重蹈美元的覆辙：过多的日元流向国外，一遇风吹草动，难免发生抛售日元现象，甚至酿成日元危机；另一方面，若日元汇价波动频繁，则可能影响国内价格的稳定。

另一方面，日元成为世界流通的货币后，对世界经济也产生了重要影响，正所谓"有利也有弊"，日元国际化对世界经济的影响也分为有利影响和不利影响。

其一，有利影响。

首先，日元国际化有利于世界经济的稳定。1999 年创立的欧元以将近 10 年的实践显示出它具有稳定国际货币体系的作用。同样，日元的国际化亦将有助于国际货币秩序的稳定。因为日元的国际化要求日元汇价保持基本稳定，这有助于使国际金融领域向有序化状态发展。随着日元国际化的迅速推进，将提供更多的国际流动资金，以弥补国际储备货币的不足，起到润滑世界经济的作用，使国际货币关系向多中心方向发展，以适应目前世界经济发展的多样化、集团化、区域化的需要。

其次，有利于在亚太地区形成"日元经济圈"。20世纪60年代以来，亚太地区是世界上经济增长最快的地区。随着经济的快速增长，它们对资金的需求会日益扩大，日本则处于提供这种资金的最佳位置。尤其是东京离岸金融市场的设立，使亚太地区国家中央银行的外汇储备和外国企业闲置资金都有可能被吸引到该市场。在这种情况下，东京离岸市场将如同一个不停工作的心脏，日元、美元、欧洲货币单位将像血液一样由这个心脏不断地泵出，最终导致"日元经济圈"的形成。

再次，日元的国际化将促进国际贸易、国际金融、国际投资的进一步扩大，有利于国际储备的多元化。20世纪80年代以来，随着日本金融自由化和日元国际化，日本的短期资金市场及债券市场都有了很大发展。目前，日元已经以它较高的国际信誉和较稳定的币值受到国际贸易和国际投资机构的青睐，它将被越来越广泛地用于国际经济活动中，这不仅会大大促进亚太地区之间的国际分工、相互投资和国际贸易，而且有利于整个国际贸易和国际投资的扩大。日元在各国官方外汇储备中的份额也大大增加，这在相当大程度上增强了国际储备分散化和多元化的趋势，有利于国际利率和汇率的一体化和均衡化。

其二，不利影响。日元国际化将会引起美元、欧元和日元三个货币中心之间新的角逐，使目前美国、西欧、日本之间的贸易摩擦向金融领域转化和深化，从而增大了发达国家间货币政策协调的难度。同时日元国际化将使亚太地区的一些国家在国际金融方面加深了对日本的依赖性。

1997年东亚金融危机后，欧元的诞生给日元带来了巨大的压力，同时日本经济泡沫的破灭大大影响了日本的经济实力，日本转而追寻以区域金融合作为基础的日元国际化新战略。

尽管日元的国际化已经推行了30年，但是在全球范围内，日元并没有能够实现其结算货币、储备货币、交易货币的国际化功能。这一点从日元与美元、欧元的数据对比上就可以看出。随着欧元的兴起、日本经济的急速滑坡，日元国际化的进程在进入2000年后不进则退。我们也可以看到，美元在国际市场上依旧占据着主导地位，而日元不仅与美元，即使与欧元也还有着相当大的差距。尤其是在日本经济地位下滑的背景之下，日元的国际化之路还有很长的距离。

地位提升：走向世界的人民币

2008年12月，中国在与韩国达成货币互换协议的基础上，决定对广东和长江三角洲地区与港澳地区、广西和云南与东盟地区的货物贸易实行人民币结算试点。2009年1月又与中国香港、马来西亚，3月与白俄罗斯分别签署双边货币互换协议。所有这些举措，都引发了人们对人民币国际化的关注。虽然从金融学上看，人民币结算与人民币国际化并非完全一码事，但中国与白俄罗斯的货币互换实质上已经意味着人民币国际化版图从亚洲扩张到了东欧。

那么，什么是人民币国际化呢？人民币国际化是指人民币能够跨越国界，在境外流通，成为国际上普遍认可的计价、结算及储备货币的过程。目前，人民币已在境外流通，但并不等于人民币已经国际化。说穿了，就是人民币可以在国际上自由兑换、交易、流通，成为世界各国普遍认可的结算、储备货币。

从国际经济发展规律看，任何一个国家的经济实力增强以后，该国货币必然要走向国际化。究其原因在于，货币国际化能够带来诸多好处，如节约外汇储备、增加铸币税收入、优化外债规模和结构、扩大贸易和投资，等等。

其中最直接、最大的好处是获得国际铸币税收入。所谓铸币税，是指纸币发行面额与纸币发行成本之间的差额。人民币国际化后，中国就可以通过发行人民币这种国际货币"从别国征收铸币税"。要知道，这种收益可是没有成本的。

人民币升值是一个长期的趋势，但在升值的路径和时点选择上主要应以中国自身情况为基准，其中一个最重要的因素就是人民币的国际化，并适当考虑外围经济体的反应。由于金融危机的影响，2008年中期至今，人民币汇率回到了事实上的盯住美元制。随着中国经济有可能率先走出衰退，人民币升值之声再次响起。在西方世界，由于美国的经济复苏不确定性很强，欧元区还依然在债务危机泥淖中难以自拔，急于转嫁风险，或让中国在复苏的道路上等一等，要求人民币新一轮升值的呼声日趋高涨。

人民币升值是一个长期的趋势：

首先，给全世界一个明确的答案，人民币在未来一个很长的时期内，将会处于一个逐渐的上升状态之中。长的时间范围来看，升值毋庸置疑，我们是世界上最大的发展中国家，在新兴经济体中，无疑起主要的"领头作用"，中国三十年的改革开放取得的巨大成果支撑我们的货币走高走强。经济发展给货币升值以强力支持，这是给世人一个明确的预期，但这个道路是漫长的，甚至是曲折的。

另外，这次危机给世界各国带来了深重灾难，欧元区依然还在泥泞中痛苦前行，给中国带来的教训也是惨重的。中国虽然是贸易大国，但又是一个典型的货币小国，危机逼近，美欧借助其储备货币的霸主地位，转移其危机造成的损失。记得OPEC历次面临美元贬值，其石油美元储备大幅缩水时，都会动用原油价格的武器来保护自己，通过石油涨价强迫美国政府保持美元的稳定。

人民币国际化也许是免被征收美元铸币税的唯一选择。但一国主权货币要走向国际化是各种综合因素的结果：国家的综合实力、国际政治经济格局、本国的政治军事稳定等。单从货币职能上讲，必须使该币在国际范围内行使三种职能：计价单位、交易媒介、价值储备；对应的国际货币形式由低到高依次是：结算货币、投资货币、储备货币。

从世界经济发展的角度来看，人民币走向国际化是大势所趋。

一是稳定的政治格局。中国国内政局一直十分稳定，同时具有较强的世界政治地位，在世界政治舞台上发挥着重要的作用。中国外交战略十分开放，积极参与国际事务，是负责任的大国。中国还与广大发展中国家之间存在着广泛的、多方面的合作关系。这种较强的政治地位可用以加强中国货币在国际上的地位，中国人民可以充分利用这些有利条件。

二是不断增强的经济实力。强大的经济实力并保持宏观经济稳定是实现货币国际化的根本保证。美元、英镑、日元等货币之所以能够长期发挥世界货币作用，其发行国经济实力雄厚是最基本的原因。中国的经济基础虽然原来比较薄弱，但多年来一直保持着较快的发展速度。

三是健全的金融体系。充当世界货币的纸币，既要受发行国中央银行调控，又要受整个银行系统和其他经济体进入机构的影响。一种纸币能否胜任世界货币职能，其发行国还必须有一套先进的银行体系。宏观金融调控能力的强弱很大程度上决定着金融业的稳定，进而影响着本币对外汇率和币值的稳定。随着中国人民银行向世界先进中央银行的目标迈进，商业银行经营管理水平的不断提高，业务创新能力的显著增强，一个健全的金融体系正在逐步形成。

四是国际储备充足。实现人民币的国际化，为应付随时可能发生的兑换要求，要求一国政府必须要有充足的国际储备，尤其是外汇储备。中国近年来外汇储备稳步上升，为人民币走向国际化之路提供了可靠的保证。要使人民币在将来成为储备货币，必须对持有者具有吸引力，不但要有稳定的预期，甚至还要有升值的预期，境外居民自愿主动持有就是最大成功。所以在各信用储备货币长期贬值趋势之下，人民币的缓慢升值或能形成强烈的对比。信用货币所代表的财富不被侵蚀也许是我们今天所面临的最大难题。中国要利用人民币升值的现实和预期推动人民币国际化的进程。

必须清楚人民币国际化对中国经济可能产生的影响，人民币成为国际货币后，将会被许多国家储存和使用。一旦国外货币需求的偏好发生变化，将会导致国内货币供需发生波动，从而导致汇率的波动。

人民币成为国际货币，既能获得巨大的经济利益，又可以增强中国在国际事务中的影响力和发言权，提高中国的国际地位。同时也应该认识到，货币国际化也将为中国经济带来不确定因素。如何在推进货币国际化的进程中，发挥其对中国经济的有利影响的同时，将不利因素降至最低是我国政府必须认真考虑的事情。

人民币国际化虽然是大势所趋，可是却不会一帆风顺，主要存在的问题有：

首先，我国经济实力还不够强、人民币国际流通量不足。一般认为，一国货币要成为世界性货币，其经济总量至少应该达到全球经济总量的8％，而我国2008年年末这一比例还只有6.85％左右。人民币国际流通量不足，是人民币国际化的主要障碍，主要原因在于我国对外直接投资的规模还很小很小。其次，增加了宏观调控、现金管理的难度。这主要是因为人民币国际化后，作为一种国际货币，人民币对我国利率、汇率、物价水平的影响作用会大大增加，大规模的货币需求可能会使得我国货币政策的制定和执行陷于被动状态。更不用说，国际化后的人民币还必须承担稳定国际金融的任务，当类似于这次全球金融海啸来临时，必须挺身而出充当最后贷款人角色。

亚洲货币绞杀战

美国人在亚洲花数年工夫布局，在狙击欧元之后，发动了对亚洲的攻击。而且，欧元被狙击后，大批资金从欧洲流出，这些钱有些流入了美国，但买成美元资产只能避险，不容易增值。因此更多的钱会流入亚洲。东亚经济发展速度快，可以提供丰厚的回报，包括美国国内的很多钱也会都流向东亚。当然现在又加上了"开放怀抱等你"的印度。

美国发动一场亚洲货币绞杀战旨在达到的主要战略目的是：敲碎"亚洲发展模式"这个招牌，让亚洲货币对美元严重贬值，既压低了美国的进口价格以便于操控通货膨胀率，又可将亚洲国家的核心资产贱价抛售给欧美公司，加快"有控制的解体"的执行进度。还有一个非常重要的目的，那就是刺激亚洲国家对美元的需求。

巨额外债是发展中国家陷入危机的主要原因。高负债必然导致经济健康状态的脆弱，在现实世界中，国际银行家操纵着国际地缘政治的走势，可以轻易使原来看起来很可靠的金融环境突然逆转，从而大幅度地增加发展中国家债务的负担，金融黑客再乘势发动猛攻，得手的概率相当大。

国际银行家的目标首先锁定在泰国身上。1994年以来，在人民币和日元贬值的上下挤压之下，泰国出口已显疲弱，而与美元挂钩的泰铢又被强势美元拖到了极为空虚的程度，危机已然成形。在出口下降的同时，大量外来的热钱持续涌入，不断推高房地产和股票市场价格。与此同时，泰国的外汇储备虽然有380亿美元之多，但其外债总额更高达1060亿美元，从1996年起，泰国净流出的资金相当于其GDP的8%。为对付通货膨胀，泰国银行不得不提高利率，这一措施，更使深陷债务的泰国的处境雪上加霜。

泰国在与金融黑客的交手的正面战场全面失利之后，又错误地主动投入了IMF的圈套。对"国际组织"的盲目信任，将国家的安危轻易交给外人来裁决，再次犯下了无可挽回的错误。2003年，泰国提前偿清120亿美元债务，终于从国际货币基金组织赎身后，泰国总理他信站在巨大的国旗前面发誓，泰国将"永远不能再做（国际资本）受伤的猎物"，决不会再乞求国际货币基金组织的"援助"。

泰国只有一条出路了，那就是主动迅速地让泰铢贬值。国际银行家们估算，其损失主要在于美元债务变得更加昂贵，外汇储备会减少100亿美元左右，但这种损失会随着国际金融市场对其果断应对的肯定而得到迅速恢复。但是金融黑客们断定泰国政府必会拼死一战，力保泰铢，决不会束手就擒的。

世界银行的首席经济学家斯蒂格利茨认为，韩国陷入金融危机源于美国财政部当初竭尽全力地逼迫韩国进行全面和快速的金融资本市场开放。作为克林顿首席经济顾问的斯蒂格利茨坚决反对这种鲁莽行为，他认为这种开放无助于美国的安全利益，而有利于华尔街的银行家。

韩国政府被迫接受了美国的诸多苛刻条件，允许美国建立银行分支机构，外国公司可以拥有上市公司的股份从26%上升到50%，外国个人可拥有公司的股份从7%上升到50%，韩国企业必须使用国际会计原则，金融机构必须接受国际会计事务所的审计，韩国中央银行必须独立运作，完全资本项下的货币自由兑换，进口许可证程序透明化，公司结构监督，劳工市场改革等。美国银行家对韩国企业早已垂涎三尺，只待韩国签署协议，就准备蜂拥而入将猎物撕得粉碎。

之后，政府果断出面从银行系统中冲销了700到1500亿美元的坏账，当政府接手这些坏账之时，银行的控制权重新掌握在政府手中，从而将IMF排除在银行系统重建之外。因此，韩国挺过最难熬的1998年春天，韩国的出口盈余迅速回升，而当时马来西亚的经济复苏得一般，虽然没有像泰国那样直接陷入动乱，但政治斗争却异常激烈。随着经济发展，社会也不断进步，马来人继续搞种族主义政策就有点行不通。然而，马来西亚政府并不敢得罪美国资本，美国资本很自然地在马来西亚股市呼风唤雨。大摩做这些事一向比较有优势，1987年就创立了马来西亚基金并在纽约上市。小摩（J.P.摩根）也很积极，近期一直大讲马来西亚股市是安全避难所，呼吁华尔街同行都去掺和。

在华尔街的努力下，马来西亚股市也涨势凶猛。2010年11月就冲破了金融危机前的高点，打出了新高1531.99点。为了打击房地产投机，控制金融风险，马来西亚政府于2010年12月宣布，今后购买第三套房时，首付提高到三成，购买第一、二套房的，首付依然是一成。

日本不是中国那样金融半封闭的国家，也没有中国那样大的国内市场。中亚以东到处都是日本投资，也是日本重要的出口市场。一旦亚洲遭狙击后出现金融危机，又怎么可能躲得过呢？最后，日本首相桥本龙太郎只得表示，"我们不至于自大到认为我们有能力充当复苏亚太区（经济）的火车头"。尽管日本在援助一些受创的亚洲国家方面有所贡献，但把亚洲拉出经济泥沼并非它应该扮演的角色。

亚洲国家企图建立自己的"亚洲基金"来紧急救助陷入困境的区内国家时，理所当然地遭到西方国家的普遍反对。美国副国务卿塔尔博特说，"我们认为要解决这类问题的适当机构，是跨区域性及国际性的组织，而不是交给新成立的区域性组织，因为这问题本身影响深远，超越亚太区域的疆界"。美国财长萨默斯在纽约对日本协会致词时坚持，"这种在危机时刻依赖区域援助的金融区域化观念……存在着真正的风险"。他指出，这样的做法会减少可以用来应付未来风暴的资源，也会削弱应付"跨洲危机"的能力。"这是我们认为国际货币基金组织必须扮演中心角色的重要原因"。

当设立亚洲基金的建议在香港举行世界银行和国际货币基金会年会上提出时，马上引起美国和西方国家的警惕，他们担心这将破坏国际货币基金会的工作。亚洲国家建立自己的基金以便在危难之中相互扶持原本是件天经地义的事，却极端不合情理地遭到伦敦—华尔街轴心的坚决反对，而日本作为区域内最大的经济体，却完全受制于人，缺乏领导亚洲经济走出困境的起码魄力和胆识，不能不令处境绝望的东南亚国家心寒。

世界何时会进入货币多极化时代

国际货币体系改革是2011年11月戛纳峰会上的首要议题，这是法国担任20国集团轮值主席国时选定的。

的确，近年来的几次经济下滑都可以归咎于全球货币体系的不足。

以下现象——全球流动性过剩，以美元计价的储备资产积累过度，处理经常项目盈余和赤字的政策非常不稳定，新兴国家不愿意对汇率作出必要调整，全球范围内通货膨胀和通货紧缩共存——都在某种程度上反映出国际货币体系存在共同的问题。

但是，法国既不明确指出全球货币体系改革预期解决哪些问题，也没有提出一个总体计划。相反，它对问题逐一讨论，试图就每个问题分别取得共识。2010年韩国担任轮值主席国期间，20国集团内部就以下问题进行了讨论：加强危机时期流动性供应的多边机制，强化多边监管，寻求就合理使用资本控制达成共识，准备修改特别提款权的一篮子货币的构成。

这种逐个击破的方法在政治上是明智的，但在逻辑上夹缠不清，因为它并没有给出任何关于总体计划的线索，很难把各个单独的问题串联起来。

纵观历史，国际货币体系很少经历变革，因此为改进这一体系所付出的努力只是万里长征的一小步。这一小步改革是否成功，需要用长期视角来评判，至少需要10年到15年时间。

目前最有可能出现的是多极化局面，除了美元之外，一种或几种其他主要国际货币将会崛起，欧元和人民币是主要候选对象。

长远来看，当前每种货币都存在严重不足，有可能这些货币当中只有一种货币继承国际货币地位，也有可能还会有其他一些货币崛起。但是，经济逻辑明显趋于多极化。

欧洲经济的稳定，中国等新兴经济体的崛起，这些事实都促使全球货币进入多元化时代，对美元的霸主地位形成挑战。美国利用美元在国际贸易中的主导作用，降低了在国际贸易中的交易费用，同时通过铸币税的形式获得了高额收益。当发生金融危机的时候，美国利用美元的霸主地位，降低了本国的债务，把别国的财富转移到美国。

美元的霸主地位给美国带来了庞大的利益，但美国依靠这种霸主地位剥夺别国的做法引起各国的不满，这种不满随着美元的不断贬值而进一步加剧。一些国家的政府开始向美元的全球霸主地位发出挑战，其中表现最为突出的是欧元和金砖四国的货币。

欧元挑战美元的霸主地位，有其合理性和客观需求。根据国际货币基金组织发布的官方外汇储备货币构成数据，目前138个国家地区所提供的数据表明，欧元现在大有和美元抗衡的趋势。1999年至2007年间，美元在外汇储备中的比重从55%下降到41%，同期欧元在外汇储备中的比重从13.86%上升到16.82%，从外汇储备的币种构成趋势上出现欧升美降的趋势。

对于欧元来说，一方面成为国际储备货币，欧盟各国在国际贸易中将会削减大量的汇率成本和风险，同时使本国经济受汇率波动的影响降低，促进本国企业国际化；同时欧盟各国也将获得一定的铸币税，推动欧盟经济的发展。

但另一方面，欧元挑战美元的地位依旧困难重重。IMF的数据表明，尽管近年来欧元作为储备货币的比重有所上升，但远远未达到威胁美元地位的状况。

同时欧元自诞生以来，欧盟一直将精力放在东西欧之内而没有把欧元的影响力尽力外推到全球，这非常不利于欧元向美元霸主地位的挑战。

而对于新兴的金砖四国而言，各国货币在国际贸易中仍处于较弱的地位，对美元的霸主地位基本不能造成任何威胁。但不能否认的是，金砖四国的实力正在不断加强，国力上升的同时会带动本国货币进行越来越多的全球化尝试。

以中国为例，国际金融危机爆发以来，中国央行先后与韩国央行、香港金管局、马来西亚央行、白俄罗斯央行、印度尼西亚央行、阿根廷中央银行签署了总计6500亿元人民币的六份双边本币互换协议并有进一步拓展趋势。人民币将在国外担当计价和结算工具，与中国有贸易来往的海外非居民也将可以持有人民币，人民币由此成为中国和外国之间的"硬通货"。中国的这些尝试无一不是促使人民币国际化的战略手段，这些尝试尽管没有对美元的霸主地位产生威胁，但星星之火必将有一天呈现燎原之势。

中国的政策体系还是侧重以本国为中心。欧元区目前压力很大，当前的危机有可能令它在淬炼中得以巩固，但是，如果想要扮演更重要的国际角色，它还必须扭转传统的中立立场，使欧元走向国际化。至于美国，它至今仍然不愿意为其宏观经济行为的国际影响承担全部责任。

如果从中期而言，国际货币体系确实正朝着多极化的方向发展，那么国际协调的作用就在于和这一市场主导的进程相互配合，从中充分获益，并降低相关风险。有关将人民币纳入特别提款权一篮子货币的讨论，以及有关协调双边货币互换安排的商榷，其意义正在于此。

短期而言，不具备围绕着某一"准全球货币"建立多边体系，从而实现全球流动性集中管理的条件，尤其是因为没有大国愿意放弃优先考虑本国利益。但是，将来这一方案有可能重新占上风，比如在另一场全球危机爆发的情况下，就有可能实现"准全球货币"下的多边体系，但是这种可能性并非最大。

如果在各个货币之"极"之间，资本能够自由流动，汇率能够自由浮动，并在每个相关地区之间建立起基准债券的流动性市场，那么国际货币体系的这种变革就是积极的。但是，不能想当然地认为真正的多极体系就一定非常稳定。稳定的前提条件是，无论在和平时期还是危机时刻，各个货币之"极"都不能仅仅优先考虑本国利益，而是应当随时准备好承担起国际责任。

未来国际货币格局猜想：美元、欧元、亚元三足鼎立

孟买 Johu 海滩的黄昏，就像一只装满金黄色溶液的玻璃器皿，陶醉着一群穿得花花绿绿的游客。离海滩不远的小商贩们从他们不停拍照的"标签动作"里早已作出判断：这是一群日本人。和往常一样，在导游的引导下，日本游客来到商贩们面前，DhanSak（用肉和蔬菜煮成的咖喱小吃）和独一无二的果拉冷饮自然是不可错过。但和往常不一样的事情发生了：日本游客从鼓鼓的钱包里抽出的并非印度卢比，在他们手上挥舞的是一张张印有"铁臂阿童木"头像的彩色票据。瞬间的沉默后，蹩脚的、熟练的英语同时响起："亚元！"这不是轻喜剧电影中的情节，这是本世纪中叶以前注定要发生的一幕。这是"欧元之父"蒙代尔所描绘的亚洲未来图景："到那时，类似的场景必将发生在上海、东京和新加坡等亚洲所有城市乡村；到那时，印着孔子、甘地和阿童木头像的亚元将直接挑战印着华盛顿、丁丁头像的美元、欧元，世界金融格局也将从此改变。"

博鳌亚洲论坛理事长拉莫斯认为："对于区域外世界而言，亚元的出现将最终促成全球货币三足鼎立的局面，这是星系之间的关系，而不是恒星与行星的关系。"

当今世界经济业已形成美国、欧洲和亚洲三分天下的大格局，东亚新兴经济体是带动全球增长的主要力量，唯有三者在现代多元化世界货币体系中以相当的分量共同发挥应有的作用，方能有效建立一个更为公平、公正、健康、稳定的国际经济新秩序。

1999 年欧元的诞生为国际货币体系新格局的形成提供了很好的思路和方向。但仅仅只有欧元还不够，稚嫩的欧元在一段时间内还无法与美元抗衡，它还需要一个新的角色

出现，这样才能形成稳定的三足鼎立的均衡局面，亚元无疑是充当这种角色最好的选择。亚元作为亚洲经济体的代表，已经呼之欲出。

未来的亚元有理由被看好。一是因为亚洲经济增长前景趋好，处于上升期。二是因为亚洲对外贸易是顺差，有可能吸引美元、欧元资产流向亚洲。亚元的面世，将有助于国际货币领域公平竞争，对美元及欧元形成一种真正挑战和制衡。整个国际货币体系出现美元、欧元和亚元三分天下的格局，对 21 世纪的世界经济将产生极为深远而重大的影响。

博鳌亚洲论坛秘书长龙永图发出声音："亚元是一个值得追求的长远目标。"亚洲经济正以全球最快速度增长，区域一体化因后发优势而加速进行，亚元的重要性也日益明显。拉莫斯认为，亚元的重要性体现在区域内外两个方面：

对内而言，统一货币对区域经济发展将贡献良多。首先，现今世界 70% 的外汇储备都在亚洲、美元和欧元的波动对于亚洲各国的影响是直接的，而如果有自己的货币且能保持稳定，这块的可能消极作用就会最小化；其次，统一货币可使区域内国家间的商品流通程序简化、交易成本降低，并成倍提高区域内贸易；再次，以亚元给亚洲各国发行债券定价还可以减少证券投资风险。对于区域外世界而言，亚元的出现将最终促成全球货币三足鼎立的局面，有利于防范国际风险和抵御美元通过量化宽松等货币政策输出通货膨胀，强噬世界各国的财富。

就眼前利益而言，美国不会希望世界金融市场出现美元、欧元和亚元的三极化局面。这一点可以从欧元一诞生就受到美元的阻击中得到印证，同样在亚元开始酝酿的时候，不可避免地也遭到了美国的反对。

为什么总是美国人在反对？欧元之父蒙代尔指出，当国际货币改革关系到本位币时，超级大国总是持否定意见。"在全球化条件下，世界性货币是必然需要""世界货币是出于一种强势货币或创造一种新货币，但是世界最强的货币从来都是统一货币的阻碍，19世纪时英国反对统一货币案，而 1943 年美国拒绝统一货币时，英国却积极推动"。亚洲尤其是东亚和东南亚，实际上是泛美元区，美国在这里具有巨大的经济利益和政治影响力。这种情况之下，美国当然不愿意看到亚元的出现。

在欧元诞生以前，美元作为唯一的国际货币，它可以肆意地掠夺别国的财富，因为全世界都需要以美元作为计价、储备和支付手段，美国可以直接用美元在世界金融市场上任意借贷而不必担心任何的汇率风险。一旦发现外债过多，美国可以不受限制地自行将美元贬值，而在悄无声息中减免自己的债务。而且，只要美国愿意，它可以肆无忌惮地印刷美元钞票，从而以向全世界"征收"铸币税的形式，洗劫世界人民的血汗钱。

因此，美国阻击欧元、阻挡亚元，保护自己的既得利益，也就是情理之中的事了。但美国的态度无论如何转变，都不可能阻挡历史发展的必然趋势。

亚元可以作为长远目标来追求，而且值得追求，原因有二：一是现在世界上 70% 的外汇储备都在亚洲，亚洲正在攒钱。如果亚洲在这种情况下有自己的货币，而且这种货币可以保持稳定的话，这对亚洲无疑是有利的。二是过去一段时间只有美元，出现欧元后，中国的外汇储备就有了第二种选择。如果出现亚元，全球货币三足鼎立的局面就会形成，这样整个世界货币的体制就会变得非常稳定。

最近 10 年以来世界上出现了近 50 次金融危机，且频率越来越高、强度越来越大。

专家分析认为，欧元区形成之后美元区也已初见端倪，亚洲地区的金融风暴压力不是越来越小而是越来越大，"如果亚元迟迟不能出现的话，那么，'乌云'将始终笼罩亚洲上空"。

众所周知，世界上的货币有核心和外围之分。拥有核心货币，就可以不断向外围货币收取"铸币税"，这本身就是一种经济资源，正是在这个背景下欧洲才创设了欧元以对抗美元；而亚元若是不出，亚洲国家在世界竞争中将很难改变传统的弱势地位。长城金融研究所所长、加拿大西安大略大学终身教授徐滇庆认为，共识其实还源于对金融危机的共同恐惧，"加速货币整合是攻击性的防御手段，是防范金融风险的必由之路"。

现代金融理论里有一条"不援助法则"：即货币整合要付出一定代价，目的是换回一个稳定的金融环境；如果不参加货币整合，又能够享受稳定的金融环境，对于参与货币整合的国家来说显然是不公平的。欧元形成过程中对此也是作出明确规定，欧元区在任何情况下都不会援助欧元区外的货币——不参与合作的国家被直接地、孤零零地暴露在国际金融投机巨鳄的面前。

金融是经济的核心，而货币又是金融的核心。货币状况对一个国家一个地区的国际地位具有决定性影响——英镑本位决定英国世纪，美元本位决定美国世纪。有人认为，强美元与弱日元的夹击是 1997 年亚洲金融危机真正的罪魁祸首。欧元从酝酿到诞生，花了 40 多年，今天欧元的地位虽然与美元相比还有差距，但这种差距正在缩小。从欧元的角度来看亚元，尽管亚洲金融合作至今尚无法和欧元区同日而语，但人们完全有理由相信，过程或许漫长，但前景一定美好。

第二十五章　昔日可买一房，今日只抵一瓶酒

——了解通货膨胀要学的金融学

通货膨胀：钱为什么越来越不值钱了

2007年6月康师傅等高价方便面率先提价后，从7月26日开始，以华龙、白象等为首的中低价方便面价格也整体上调，方便面平均涨价两三毛钱。

康师傅"五连包"涨了1元，单袋涨了0.2元。根据统一的调价通知，该品牌单袋方便面从1.3元涨到1.6元，"五连包"和单袋的涨幅分别达到14%和9%。

此轮涨价与成本增长有关。自2006年以来，方便面原材料的价格不断上涨，持续到2007年上半年，仍无下降趋势。其中，棕榈油从去年均价4200元/吨，猛增到现在的8000元/吨，仅此一项，方便面成本即上升11.12%。而面粉价格上涨也影响到方便面成本使其上升1.72%。此外，辣椒、马铃薯、淀粉等主要原材料价格都在上涨，综合估算，方便面因原料价格的上涨而导致的成本增加在13%以上，有的企业原料成本则上扬20%。

你会发现，手中的钱还是那么多，甚至比原来多了不少，可是却不经用了。这到底是怎么回事？为什么你的钱会越来越不值钱了？要解释这个问题还要从通货膨胀说起。

英国经济学家哈耶克认为，要找出通货膨胀的真正原因，就必须先对通货膨胀的概念进行界定，分清什么是通货膨胀，什么不是通货膨胀。他认为物价上涨是否具有通货膨胀性，关键看其原因何在。如果通货膨胀是货币数量过度增加而引起的，那么货币数量过多是形成通货膨胀的唯一原因。

有个聪明的穷人A想挣钱，他在海边捡了一颗石子，说这颗石子值100万，把它卖给了一个人B，B觉得自己所有的钱加一起也没有100万啊，怎么办，于是向银行借，银行也没有这么多钱，于是把印钞机打开，印了这100万，借给了B买了这颗石子。

然后B开始转卖这颗石子，100万卖给了C，由于A把钱花了，所以岛上的钱多了，所以这100万可以筹集到，多买些产品就有了。但当C把这颗石子以200万转让的时候，钱庄只能又印了100万，就这样钞票越印越多。可是当这颗石子不停地流动时，大家并不觉得岛上的钱多，产品价格还是原来的那样。可是当这颗石子不流通或流通得慢时，大家觉得钱多了。可是如果当持有石子的人把它扔到大海里，那就等于岛上凭空多出N多个100万来，怎么办，央行最害怕的就是这颗石子没了。它没了岛上产品的价格就会飞涨，就会通货膨胀。那么持有石子的人就绑架了岛上的经济。

通货膨胀指在纸币流通条件下，因货币供给大于货币实际需求，也即现实购买力大于产出供给，导致货币贬值，而引起的一段时间内物价持续而普遍地上涨现象。其实质是社会总需求大于社会总供给。

因此，通货膨胀只有在纸币流通的条件下才会出现，在金银货币流通的条件下不会出现此种现象。因为金银货币本身具有价值，作为贮藏手段的职能，可以自发地调节流通中的货币量，使它同商品流通所需要的货币量相适应。而在纸币流通的条件下，因为纸币本身不具有价值，它只是代表金银货币的符号，不能作为贮藏手段，因此，纸币的发行量如果超过了商品流通所需要的数量，就会贬值。例如：商品流通中所需要的金银货币量不变，而纸币发行量超过了金银货币量的一倍，单位纸币就只能代表单位金银货币价值量的1/2。在这种情况下，如果用纸币来计量物价，物价就上涨了一倍，这就是通常所说的货币贬值。此时，流通中的纸币量比流通中所需要的金银货币量增加了一倍，这就是通货膨胀。

在经济学中，通货膨胀主要是指价格和工资的普遍上涨，在经济运行中出现的全面、持续的物价上涨的现象。纸币发行量超过流通中实际需要的货币量，是导致通货膨胀的主要原因之一。纸币发行量超过流通中实际需要的货币量，也就是货币供给率高于经济规模的增长率，是导致通货膨胀的主要原因。那么一般在什么样的情况下，纸币的发行量会超过实际需要的货币量呢？

首先是外贸顺差。因为外贸出口企业出口商品换回来的美元都要上交给央行，然后由政府返还人民币给企业，那么企业挣了很多的外汇，央行就得加印很多人民币给他们，纸币印得多了，但是国内商品流通量还是不变，那么就可能引发通货膨胀。

其次，投资过热。在发展中国家，为了使投资拉动经济发展，政府会加大对基础设施建设的投入，那么就有可能印更多的纸币。通货膨胀的实质就是社会总需求大于社会总供给，通常是由经济运行总层面中出现的问题引起的。

其实在我们的社会生活中还有一类隐蔽的通货膨胀，就是指社会经济中存在着通货膨胀的压力或潜在的价格上升危机，但由于政府实施了严格的价格管制政策，使通货膨胀并没有真正发生。但是，一旦政府解除或放松这种管制措施，经济社会就会发生通货膨胀。

当发生通货膨胀，就意味着手里的钱开始不值钱，但是大家也不用提到"通货膨胀"即谈虎色变。一些经济学家认为，当物价上涨率达到2.5%时，叫作不知不觉的通货膨胀。他们认为，在经济发展过程中，搞一点温和的通货膨胀可以刺激经济的增长，因为提高物价可以使厂商多得一点利润，以刺激厂商投资的积极性。同时，温和的通货膨胀不会引起社会太大的动乱。温和的通货膨胀即将物价上涨控制在1%～2%，至多5%以内，则能像润滑油一样刺激经济的发展，这就是所谓的"润滑油政策"。

从宏观上来讲，普通老百姓对抑制通货膨胀无能为力，必须要依靠政府进行调控。政府必须出台相关的经济政策和措施，例如上调存贷款利率，提高金融机构的存款准备金率，实行从紧的货币政策，包括限价调控等。对于我们普通人而言，应该有合理的措施来抵消通货膨胀对财产的侵蚀，如进行实物投资、减少货币的流入等，以减少通货膨胀带来的压力和损失。

通胀预期：临渴掘井还是未雨绸缪

2010 年，当中央政府表示希望将 CPI 控制在 3％ 的时候，社会舆论就开始炒作 3％ 的所谓"红线"，而到了 2011 年，外界又开始炒作 4％ 的通货膨胀预期。

在我国的 CPI 统计框架中，33％ 的权重是食品。2010 年 2 月 CPI 上涨 27％，其中食品上涨 62％、住房价格上涨 3％，这两个加起来拉动 CPI 增长 1.3 个百分点。而在食品类商品中，猪肉价格又占据了较大的比重，因此，CPI 涨幅不仅与食品供应量变化关系较大，与猪肉的关系更是密不可分，具有"猪周期"的特征。

CPI3 的涨幅曾经被当作判断通胀是否来临的一道"红线"，CPI 低于 3％ 还忧虑通货膨胀简直就是杞人忧天。而从数据上看，尽管有着 2010 年下半年以来一路回升，但到 2011 年 3 月份，CPI 同比涨幅 2.4％，一季度为 2.2％，仍在红线范围之内。因此，面对我们口中的通胀压力，国家统计局的判断是"总体上基本稳定"。而我们对于通胀的感受，却显然没有这么"稳定"。据中国人民银行对中国银行储户的问卷调查显示，储户对未来物价上涨预期指数高达 73.4％，已连续四个季度上升。

为什么现在人们感到恐惧？因为全民都在炒作通胀预期。

通胀预期是一种较为简便的算法，是把前面几年的通货膨胀率相加，再除以年限，实际上就是一个算术平均数。是指人们已经估计到通货膨胀要来，预先打算做好准备要避免通胀给自己造成损害，然而防范通胀的措施本身就会造成资产价格的上升，即对通胀的预期本身就会加快通胀的到来，准备得越充分通胀越严重。

1987 年夏天出现的抢购商品潮，2007 年的股票市场疯涨和房地产价格的大幅上扬，都是通胀预期推动价格飙升的具体案例。同时，通胀预期可能引发甚至加剧经济波动，因为通胀预期对人们的经济行为会产生很大的影响，而这些影响又会使人们作出一些难以理解的行为。

通胀预期是导致通胀的重要原因，但通胀预期往往比通胀本身更可怕。一旦消费者和投资者形成强烈的通胀预期，就会改变其消费和投资行为，从而加剧通胀，并可能造成通胀螺旋式的上升。比如，如果消费者和投资者认为某些产品和资产（地产、股票、大宗商品等）价格会上升，且上升的速度快于存款利率的提升，就会将存款从银行提出，去购买这些产品或资产，以达到保值或对冲通胀的目的。这种预期导致的对产品和资产的需求会导致此类资产价格加速上涨。而这些产品或资产的价格一旦形成上涨趋势，会进一步加剧通胀预期，从而进一步加大购买需求，导致通胀的螺旋式上升。

从一定意义上讲，通胀预期是一种心理预期，不是真正的通胀，但它却能影响人们的消费行为和投资者的市场行为，引导市场供求关系发生重大变化，推动形成实际通胀，进而影响经济和社会稳定。因此，管理通胀预期不能有丝毫松懈和麻痹。

心理预期是影响通货膨胀的主要非经济因素，对通货膨胀起着推波助澜的作用。

具体来看，通胀预期推升通胀压力需要通过两条路径：

一是从投资需求的角度。投资者的通胀预期会使其扩大投资，推动资产价格上涨，进而从源头开始影响最终消费品和服务的价格。

二是从消费需求的角度。消费者的通胀预期会增加消费，消费需求的冲击引起物价上行。可以看出，通胀预期与通胀之间存在自增强效应和放大效应，两者相互鼓励，通胀预期通过传导机制增强通胀的压力，而物价的大幅上涨又会进一步放大通货膨胀预期，加剧通胀的上行压力。所以说管理好通胀预期是当前我国宏观调控的重大任务之一。社会各主体应主动适应政策环境的变化，改变非理性预期，管理好自身的资产和负债，有效配置资金和风险，共同营造良好的经济金融环境。政府利用宏观政策管理通胀预期的手段主要有以下几个方面：

其一，管好通胀预期，应努力消除或减少引起通胀的体制性因素。

继续深化投融资体制改革，关注地方投资的扩张，增强区域政府投融资的透明度，防止出现区域性财政风险。防止和减少各地对金融机构正常经营活动的干预，有效防范金融风险。

其二，应努力增强经济发展的内生性。

继续增加农产品的有效供给，尤其是扶持粮食、生猪、油料、奶业、禽类的生产，同时加强对农产品流通的管理和规范。特别是应注重用经济和法律的手段管好市场，制止哄抬价格、串通涨价、散布涨价谣言等违法行为，保持市场的正常秩序和消费者的理性决策。重视收入分配改革，逐步提高居民收入在国民收入分配中的比重，提高劳动报酬在初次分配中的比重，使低收入群体不因价格上涨而降低生活水平。

其三，应保持融资总量的适度增长。

既要密切关注融资总量的增长，又要积极促进融资结构的调整，推进中国经济资本化的进程，推进利率市场化改革，完善宏观调控机制。应密切关注经济金融发展趋势，把握好不同宏观政策目标的均衡，合理选择政策工具，调控市场中的流动性，保持货币信贷的合理增长。建立更加审慎的金融管理制度，适时调节和防范风险。加强对国际资本流动的监测和管理，防止短期资本的冲击。同时，继续深化金融改革，积极推动金融转型，促进发展方式转变。

当前，我国经济继续保持平稳快速增长，国内外对中国经济增长的信心增强，但与此同时，也面临物价上行的压力。在此背景下，中央强调要更加注重稳定物价总水平，管理好通胀预期，防止经济出现大的波动。政府治理通胀预期的主要手段是实行紧缩性的财政政策，即主要通过削减政府支出和增加财政收入来抑制通货膨胀。

综上所述，管理好通胀预期是当前我国宏观调控的重大任务之一。

货币发行：钞票印得太多必然会贬值

李老头和几个老朋友在一起打麻将。与以往不同的是，以前5张牌一局，现在变成了10张牌。每一局输完就是输50块钱，相应地每张牌代表10块钱。现在既然是十张牌，每张牌就只是代表5块钱了。李老头有些不开心，5张牌多好，一张牌可以代表10块钱。现在10张牌了，一张牌只代表5块钱，心理上总有失落感。所以李老头不自觉就说了句：

好端端干嘛增加牌数，搞得我每张牌都贬值了！

像故事中的牌一样，当总牌数增加的时候，每张牌所代表的钱数就减少了；在经济体中，如果钞票发行太多，则钞票就会贬值，越来越不值钱了。一般性通货膨胀为货币的市值或购买力下降，而货币贬值为两经济体间之币值相对性降低。前者用于形容全国性的币值，而后者用于形容国际市场上的附加价值。纸币流通规律表明，纸币发行量不能超过它象征性地代表的金银货币量，一旦超过了这个量，纸币就要贬值，物价就要上涨，从而出现通货膨胀。

在金融和经济学中，我们所说的钞票，或者是钱，被叫作货币。货币是商品交换产生之后才产生的，是一种交换媒介。在出现货币之前，人们主要是以物易物的交换，比如一头猪换两袋大米，或者一只羊换两把刀。在物物交换的世界里不会发生通货膨胀的问题，但是物物交换也存在很多问题。比如说，物品不利于携带，一个人要出远门，他不能牵着一群羊或者背着成袋的大米，难以负重。另外，假如一个人只有一把刀，那么他想换别人的羊就很麻烦，总不能让别人把羊宰掉分给他一半，那另外半只羊就不好处理了。正是由于物物交换的许多弊端，逐渐出现了稳定的充当交换物的商品。金属货币大量使用，最理想的就是金银，因为它们容易切割，又容易分清成色和重量，且便于携带，比其他物品具备更多的充当交换媒介的条件。再随着经济的发展，更加便携的纸币、电子货币等出现，更大大促进了人们日常的交易。

纸币的出现无疑是货币史上的重要发明，但是不同于金属货币的是，金属本身也是商品，也具有价值，纸币却只是交易媒介，本身并无价值，只是货币符号。因此，为了保证纸币可以随时随地正常充当交换媒介使用，就必须要有信用担保，并且要有足额的金属货币，以保证纸币能顺利兑换成等价的金属货币。国家政府信用是最高的信用，因此后来货币就统一由中央银行发行，政府信用担保。但是说到底，政府信用如何，到底有没有足等价的黄金或者金属货币的保证是无人作证的，货币的发行和政策的制定一般由中央银行说了算，真实情况如何并不为人所知。尤其是现在，各种电子货币大量使用，货币的价值更多地取决于政府信用了。如果政府为了短期或者站在纯政府利益的角度增发货币，则很可能引起流通中货币增加，货币贬值的结果。

货币是由一国中央银行发行，有经济发行和财政发行的区别。经济发行是指为了满足商品流通而发行的货币，这种发行流通中货币量与商品总量是平衡的，符合经济发展的需要；财政发行是为了满足财政的需要，弥补财政赤字。流通中的货币量是央行发行的货币量再减去回流到央行的货币量，简单地说就是一直在市场上循环流通的货币。回流到央行的货币怎么解释呢？很简单，就是央行回笼的货币，比如发行债券，则居民将手中的货币换成债券，央行回收这部分货币，不再让其进入流通，流通中的货币量就减少了。

货币发行过多会引起货币贬值很容易理解。比如一个经济体里有总产品 Y，货币量为 M，则每单位的货币量所购得的实物产品为 Y/M，现在货币发行量增多，也就是分母 M 增大，那么在分子不变的情况下整个分数 Y/M 的数值就会变小，也就是增加货币量后每单位货币所代表的实物产品减少，相同的钱只能买到更少的产品，也就是货币贬值了。

中央银行可以通过三种方式来调节货币的供给量，改变再贴现率、调整基准存款准备金率和公开市场操作。通常来讲，调整存款准备金率对货币流通量影响太过激烈，改变再贴现率也有很大的弊端，所以比较常用的是公开市场操作。如果要加大货币流通量，政府就回购债券，将货币流通到居民手中，居民又拿货币去投资和消费。如果要减少货币供给量，则政府就发行债券，将居民手中的钱回笼，退出市场流通。

如果一个政府为了转嫁危机或者获取财富，从而增加货币发行量，使货币贬值，造成通货膨胀，以此敛取财富。同样地，某些世界货币也一样，它们通过增发一定货币，造成纸币贬值，从而敛取全球范围内的财富。比如看这么一个故事：

一个美国人用 10 万美元换成 80 万元人民币，在中国上学和游玩。这期间除了上学之外，他还游遍了中国的名山大川，美好河山尽收眼底。学完以后，他准备回国。此时他花去了近 16 万元，还剩 64 万余元。他又将这笔钱换成美元，此时美元贬值人民币升值，他用 64 万元人民币又换回了近 10 万美元。于是美国人欢乐地回国了，因为不考虑利息和时间成本，他等于是白在中国游学几年！

所以在国际国内道理都通用，货币发行量过多，超过流通中的需求则必然导致货币贬值，广大居民利益受损，而短期内货币发行者则可以获利。但是，货币是由信用担保的，长时间的贬值必然引起信用危机，货币制度也会遭受严峻挑战，如果不加以限制，最终不是导致经济崩溃就是政府崩溃。

历史上也并不是没有先例，解放前国统区就出现过这种大危机，最终共产党赶走了国民党，但是经济还是个大烂摊子，百废俱兴，重新建立起货币制度经济才逐步恢复正常。这里联系到一个有趣的问题，为什么中国不发行大面额钞票呢，比如说 500 面额，或者 1000 面额？解放前的国统区曾发行大量大面额金圆券，最高出现 100 万元 1 张，甚至被百姓拒用。一般情况下，人们出门不会带很多现金在身上，有储值卡或者信用卡即可。一方面大面额钞票更容易出现假钞，另一方面发行大面额钞票主观上会让人增强通胀的预期，很有可能让通货膨胀进一步恶化。

通货膨胀率：怎样衡量货币贬值了多少

通货膨胀程度到底如何，在实际生活中很难准确去衡量。因为经济体里面涉及的商品种类千千万万，没有人能完全统计得清楚。但是就没有办法衡量通货膨胀了吗？当然也不是，既然通货膨胀就是一定时间内物价持续明显上涨的现象，那么显然可以通过价格指数来计算通货膨胀率。

那么通货膨胀率是什么呢？打这么个比方，如果用气球的体积来表示物价水平，那么在吹气球的过程中气球体积变化的快慢，也就是气球膨胀的速度，就是我们所讲的通货膨胀率，即物价上升的幅度。在国内的基础经济学教材上有这样一个公式来表示通货膨胀率：

通货膨胀率 $\pi = (p - p0) / p0$

其中 p 表示当期价格，p0 表示上一期的价格。

通常情况下有三个大家非常熟悉的指标来表示通货膨胀率：

1. 消费者物价指数（CPI）

提到 CPI 没有人觉得陌生，因为它与人们的日常生活息息相关，也是人们茶余饭后关心的问题。消费者价格指数指的是普通家庭对常用商品支出的价格变化，也就是同样一组商品，今天需要花费的钱和过去需要花费多少钱的一个比率。国家每隔一段时间都会公布一次消费者价格指数，如月度 CPI、季度 CPI 及年度 CPI 等。CPI 是国家统计局根据编制的"一篮子"物品的价格统计出来的，篮子里的物品并不是永久不变，而是根据人们生活消费的变化而变化。比如随着时代的发展，有些物品如同火柴逐渐淡出人们的生活，而有些物品如同汽车逐渐走入寻常家庭，于是这些物品都是要根据时代的变化而变化，得出最贴近生活的数据。

CPI 的测算标准是很重要的，曾经美国就出现过商务部和劳工统计局所统计的 CPI 差别相当大的结果。其误差的主要原因就在于当时两个部门在统计 CPI 时所选择的规则并不相同，人们消费结构变化，不断有新产品的发明使用，商务部根据变化采取了新的测算标准，而劳工统计局并没来得及调整，因此就得出了不一样的结果。

消费者价格指数如今是全球各国都通用的一个指数，因为消费品价格基本上都是商品的最终价格了，能够比较切实地反映出流通中商品对货币的需要量。

2. 生产者价格指数（PPI）

与消费者价格指数相对应的还有一个生产者价格指数。消费者价格指数衡量的主要是最终商品和劳务价格变动情况，生产者价格指数则主要反映生产资料价格的变化，也就是商品生产成本的变化。

为什么有了消费者价格指数，还要有生产者价格指数呢？两者有很重要的关联关系。生产者价格指数主要反映的是生产资料价格的变动，消费者价格指数主要衡量最终消费品价格的变动，但是大家都知道，商家永远只可能转移成本而不可能自己承担成本的，所有生产资料价格的变动都会最终反映到消费品价格上，因此生产者价格指数对预测未来价格变化很重要，这就是其得到重视的主要原因之一。

正常情况下，PPI 和 CPI 的趋势是一样的，PPI 上涨势必会导致 CPI 上涨，CPI 上涨对 PPI 也会有促进上涨的作用，但是同一个季度或者同一个观察期内消费者价格指数和生产者价格指数也可能呈现不一致的情况，比如说 PPI 倒挂，就是有时候 CPI 明明是在降的，但是 PPI 却在上涨。这是怎么回事呢？其实也不难理解。因为本期生产资料价格的上涨要到下期才能反映到消费品身上，并不是立即显现的，商品生产的过程有一定的时间差。这里需要注意的问题是当出现这种倒挂时，并不能放心地认为消费者价格指数降下来了，不会有通胀的危险，而是要提高警惕：既然这期 PPI 在上涨，那么 CPI 的上涨也不远了，所以要做好防范和准备应对的工作。

3. 零售物价指数（RPI）

零售物价指数指以现金，包括信用卡等形式来支付的零售商品的价格变化情况。零售物价指数与城乡居民的生活支出以及对国家财政收入都有重大关联，直接影响居民购买力和市场需求平衡，是对经济活动进行观察的一个有力武器。

在我国，零售物价指数主要有：零售商品议价指数、零售商品品牌指数以及全社会零售物价总指数和集市贸易价格指数。在美国，商务部每个月都会对全国性企业进行抽样调查，除不包括服务业消费之外，超市里销售的物品和药品等等商品都是调查对象。

零售物价指数是市场价格变动的基本标志，当个人消费增加，社会需求增加，在供给来不及变动的情况下物价上升，导致零售物价指数也上升，随之而来的必然是通货膨胀的压力，为缓和通货膨胀政府需要紧缩银根，利率趋于上升，于是相应汇率也会发生变化，因此许多外汇市场分析人员十分注重这个指数。

消费者物价指数和零售物价指数有何区别呢？消费者价格指数是测量一定时期内城市个人和家庭所消费的商品与劳务的价格变动情况，而零售物价指数则是包括城市和农村居民零售商品的价格变动情况。

通胀的分类：价格上升有多快

从 2008 年开始，不少上班族们发现，虽然每月工资没少，但好像越来越不够花，工资怎么缩水了？与此同时，各种涨声响成一片：粮价涨了，油价涨了，猪肉价涨了，房价更是涨得离谱……这是怎么回事呢？一切都是由通货膨胀引起的。

通货膨胀，是货币相对贬值的意思。简单地说，是指在短期内钱不值钱了，一定数额的钱不能再买同样多的东西了。比如在以前，8 元钱能买 1 斤猪肉，可是现在却需要 13 元才能买 1 斤猪肉。当你环顾四周发现，所有商品的价格都在上涨时，那么，通货膨胀就真的发生了。通货膨胀会对人们的生活产生不利影响，因为辛辛苦苦赚来的钱变得不值钱了——尽管在通货膨胀时，人们往往赚得更多。

通货膨胀可以分为好几类，而且不同的通货膨胀对人们生活以及社会经济的影响也不相同。如果从价格上升的速度加以区分的时候，通货膨胀可以分为以下四种类型：

1. 爬行的通货膨胀

这种通货膨胀率始终比较稳定，一般保持在 2%～3%。有的经济学家认为，当物价上涨率达到 2.5% 时，才叫作不知不觉的通货膨胀，低于 2.5% 都不能算是通货膨胀。

这种温和的通货膨胀不会引起社会的动乱，相反，还会对社会有利，因为物价提高可以使厂商多得利润，可以刺激社会投资的积极性。因此，对社会经济的发展有"润滑"作用。

2. 飞奔的通货膨胀

疾驰的或飞奔的通货膨胀亦称为奔腾的通货膨胀、急剧的通货膨胀。它是一种不稳定的、迅速恶化的、加速的通货膨胀。在这种通货膨胀发生时，通货膨胀率较高（一般达到两位数以上），所以在这种通货膨胀发生时，人们对货币的信心产生动摇，经济社会动荡，所以这是一种较危险的通货膨胀。

3. 超速的通货膨胀

这是一种通货膨胀率非常高的通货膨胀，一般会达到三位数以上，且失去控制。其结果是导致社会物价持续飞速上涨，货币大幅度贬值，人们对货币彻底失去信心。这时整个社会金融体系处于一片混乱之中，正常的社会经济关系遭到破坏，最后容易导致社会崩溃、政府垮台。这种通货膨胀在经济发展史上是很少见的，通常发生于战争或社会大动乱之后。迄今为止，世界上发生过 3 次这种通货膨胀。第一次发生在 1923 年的德国，当时第一次世界大战刚结束，德国的物价在一个月内上涨了 2500%，一马克的价值下降到仅及战前价值的一万亿分之一。第二次发生在 1946 年的匈牙利，第二次世界大战结束后，匈牙利的一个潘戈价值只相当于战前的八十多万分之一。第三次发生在中国，从 1937 年 6 月到 1949 年 5 月，伪法币的发行量增加了 1445 亿倍，同期物价指数上涨了 36807 亿倍。

4. 受抑制的通货膨胀

由于政府对社会经济中存在的通货膨胀压力或潜在的价格上升危机实施了严格的价格管制政策，所以通货膨胀并没有真正发生。当政府一旦松手，通货膨胀就会发生，因此又被称为隐蔽的通货膨胀。

从宏观上来讲，抑制通货膨胀我们普通老百姓无能为力，主要是依靠政府进行调控，出台相关的经济政策和措施，例如上调存贷款利率，提高金融机构的存款准备金率，实行从紧的货币政策，包括限价调控令、严禁哄抬商品价格等。从微观上来说，老百姓自身也可以采取一些措施，以应对通货膨胀。首先，可以努力工作，多赚钱，减少开支，以减轻通货膨胀的压力。其次，可以通过各种理财工具来抵消通货膨胀对财产的侵蚀，但需要针对不同程度的通货膨胀考虑选择投资理财的工具。

温和通货膨胀一般是经济最健康的时期。这时一般利率还不高，经济景气良好。应当充分利用你的资金，分享经济增长的成果，最可取的方法是将资金都投入到市场上。此时，无论股市、房产市场还是做实业投资都很不错。一般不要购买债券特别是长期的债券。要注意的是，对手中持有的资产，哪怕已经有了不错的收益，也不要轻易出售，因为更大的收益在后面。

当通货膨胀达到 5% ~ 10% 的较高水平，通常这时经济处于非常繁荣的阶段，常常是股市和房地产市场高涨的时期。这时政府往往会出台一些政策来调控经济运行，所以投资股市、房市应小心为妙。

在更高的通货膨胀情况下，经济明显已经过热，政府必然会出台一些更加严厉的调控政策，经济软着陆的机会不大，基本上经济紧接着会有一段衰退期，因此这时一定要离开股市。这时财务成本较高，不要贷款买房，也不要投资房产。因为这时的利率较高，所以不妨买进一些长期债券，还要买些保险。

当出现了恶性的通货膨胀的时候，任何金融资产都没有价值，甚至实物资产如房产、企业等都不能要，因为经济必将陷入长期的萧条，甚至出现动乱。对于普通老百姓来说，最好的方法是多选择黄金、收藏等保值物品，以减少损失。

综上所述，通货膨胀的原因有很多种，也比较复杂，比如物价指数提高、经济过热、大宗商品交易价格上升、政治因素等。对于我们普通人来说，关键是如何应对，以减少通货膨胀带来的压力和损失。

通货膨胀效应：通货膨胀有弊也有利

二战以后，主要资本主义国家经济高速发展，直至 20 世纪 70 年代以前，这些国家每年的物价上涨率基本上都稳定在 2% ~ 3% 的水平，最高上限不超过 10%。此时主要资本主义国家经济蓬勃发展，人民安居乐业，不断应用科技革命所带来的成果，加强世界联系，进一步巩固了经济的发展。

而20世纪70年代以后，美国以至于整个西方世界都陷入严重的通货膨胀，西方七个主要发达国家的年消费物价指数一度达到9.4%，美国一度平均通胀率达到8%，同时失业率也曾达到9%，经济陷入滞涨时期，严重阻碍了经济社会的发展脚步。

为什么同样是物价上涨，却带来截然不同的结果，一个促进了经济发展，一个阻碍了经济发展呢？原因就在于，国家对通货膨胀的承受能力是不同的，物价上涨的程度也是不同的，在国家可以承受的范围内，一定的通胀对经济发展有好处，而一旦通胀的速度超过了国家的承受能力，势必就要影响经济的发展。不同程度的通胀除对经济影响不同之外，通货膨胀效应主要有两个方面：

1. 通货膨胀与收入再分配

首先，对于靠固定货币收入为主的人群来说，通货膨胀是一种打击。对于大多数固定薪资的人群，或者是靠固定救济、政府福利或者是各种政府转移支付而生活的人来说，一旦发生通货膨胀，则表示物价上升，而他们的总收入却没有变化，购买相同数量物品所需要的货币就增多，这也代表着这批人的实际收入下降了，他们的生活水平也会因此而下降。而相对应的，通胀对靠利润或者工资能够随生活费用上涨而上涨的人群则是有利的。因为对于利润分享者来说，物价上涨，则他们的收入也上涨，并且利润的上涨还更快。工资能够随着生活费用上涨的人群也一样，他们能在物价上涨的时候获得大幅度的加薪。

其次，通胀与债权人和债务人的关系。

通货膨胀对债权人不利，对债务人有利。为什么这么说呢？因为债务是固定的，发生通货膨胀时负债不变，但是相同的货币所代表的实际利益却下降，因此同债务人借债时候相比，此时的那笔借款已经贬值了。例如说，甲向乙借款一千元买一台电视，现在发生通货膨胀，甲还是欠乙一千元，但是此时电视已经涨价了，如果乙还给甲一千元，甲却买不到一台电视了。同样的，通胀对储蓄者是不利的。储蓄者就相当于债权人，存款的购买力随着价格的上涨而下降，所以对于持有现金或者是固定储蓄的人，财富是在缩水的。

2. 通货膨胀对产出变化的影响

情况之一，如果在需求的拉动下通货膨胀导致产出增加，随着产出的增加居民收入增加，最终得到的是促进经济发展的有利结果。很多经济学家都认为这种需求拉动的温和通胀是有利于刺激经济发展的，因此鼓励保持一定的通胀水平。例如凯恩斯就提出过"半通货膨胀"理论，旨于利用温和的通货膨胀使经济活动得到刺激，而这一理论和实践也确实对解决20世纪30年代的经济危机起到很关键的作用，但是后来由于温和的通货膨胀最终发展成为奔腾式的通货膨胀，凯恩斯主义也就经受了巨大的考验并且遭到许多经济学家的质疑。

情况之二，除了需求拉动的通货膨胀，我们讲到还有成本推动的通货膨胀。如果发生成本推动的通货膨胀。当工人工资上涨时，为了节约成本，企业雇主会选择减少雇佣人工，而此时就会造成大量失业，失业又导致购买力下降，购买力又会影响总产出。

情况之三，严重的通货膨胀，也即"奔腾式"的通货膨胀，很容易导致经济的崩溃。通货膨胀一旦发展为奔腾式的，就会引起居民的恐慌，并且人们的通货膨胀预期不断加强，于是会引发抢购风潮。为了不至于手里的钱逐渐贬值变成废纸，人们会疯狂地购买物品。起始阶段也许还是理性购买，到后来形势严重时就变成盲目的过度购买，引起经济秩序混乱，同时储蓄和投资都会大量减少。储蓄和投资的减少会致使企业贷款更加困难。同时物价的上涨致使生活费用不断上升，工人要求增加工资以弥补物价上升的损失，而工资增加又使企业生产成本上升，于是企业又减少人工，扩大生产的积极性严重受挫。

其实通货膨胀是会一直持续伴随着经济发展的，在合理的程度之内通货膨胀的影响都会通过其他地方来抵消。比如说，居民的投资方式总会有很多种，大家都知道不要把鸡蛋放在一个篮子里，所以家庭理财时会有一部分投资股票，还有一部分购买债券、基金、保险，甚至还有投资黄金，另外留存一些现金和储蓄。当通胀影响到现金和储蓄时，其他的股票、基金和黄金等不固定收入可能会盈利，于是抵消损失。

另外，如果工资能够灵活跟着通货膨胀而变动，则人们的实际收入还是不变的。当然现实里工资的变动总是滞后于物价的变动，出现"除了工资，什么都涨"的局面。

总之，通货膨胀不可怕，可怕的是严重的通货膨胀。

通货膨胀的利与弊：通胀也有可爱的一面

如今，很多人每天都在抱怨物价上涨，自己的钱不够花。看起来成为一个百万富翁确实挺难。不过，早几年的时候，要想变成一个百万富翁很简单，只要一张飞机票。那时候，津巴布韦首都哈拉雷的机场豪华、现代、气派十足。每一个海外游客，刚一落地，马上就可以摇身一变成为百万富翁。因为根据当时津巴布韦的官方汇率，每10美元就可以换到10.1万津元，而黑市价则可以达到官方汇率的两至三倍。也就是说，你只要有不到1000元人民币，马上就可以跻身百万富豪之列，但是你不能高兴得太早，因为这些钱也就只够一辆出租车的起步费。这就是通货膨胀给人们生活带来的影响。

随着物价的不断上涨，我们经典的问候语"吃饭了吗？"已经退居二线，"今天，你海豚（囤）了吗？"成为后起之秀，大有取而代之之势。米和油都涨价了，猪肉也涨价了，连蔬菜也比以前贵……当不少人纷纷感慨如今物价飞涨钱越来越不值钱的同时，却有人说："我们中国要想成为强国，非得是三高：物价高、人价高、钱价高。"不知道这位老兄是不是真的不食人间烟火。

可以说，通货膨胀和货币是紧紧联系在一起的。诺贝尔经济学奖得主米尔顿·弗里德曼曾有一个著名的论断："无论何时何地，通货膨胀无一例外都是货币现象。"

同样是在严重的通货膨胀时期的德国，某天晚上，有个小偷去别人家里偷东西，看见一个筐里装满了钱币，他把钱倒了出来，只把筐拿走了。为什么呢？因为在当时，德国货币贬值到了几乎无法想象的程度。当时德国政府日夜不停地开动印钞机，把纸币发行到天文数字，同时也把物价推到了天文数字。如在1922年初拥有价值3亿元的德国债券——堪称巨富，而在两年之后，这么多的钱连一块冰糖都买不到。

看来，通货膨胀可以防止你的家产被小偷偷走。很多人谈到通货膨胀，都会有谈虎色变的感觉。例如，季羡林先生回忆起他在20世纪40年代当教授时，金圆券飞涨，一发工资就赶快跑步去买米，跑快跑慢米价都不一样。其实，通货膨胀和市场经济是一对孪生兄弟，历史几乎一样漫长。绝大多数时候的通货膨胀都是温柔的，不仅没有危害，而且对经济还起到促进的作用，只有在特殊时候，通货膨胀才能带来毁灭性的破坏作用。

在经济学中，通货膨胀一般是指纸币发行量超过商品流通中的实际需要的货币量，引起纸币贬值。它的直接反映是物价持续上涨。如果你走进市场，发现大米或者猪肉的价格上涨了，你不能说已经发生了通货膨胀；但是当你环顾四周，看到绝大部商品的价格都上涨了，你就可以断定通货膨胀确实发生了。

经济学家还发现了通货膨胀很可爱的几点。以下面几个例子来说明：

1. 丝袜效应

大多数情况下，当女人穿的裙子较短时或者非常短时，股市正处于牛市或者即将进入牛市。原因是穿短裙需要配合丝袜，而丝袜较贵，这需要有较强的经济实力。同样，当女性穿的裙子较长或者非常长时，股市就会处于熊市。

2. 口红效应

当商店中的口红卖得少且较慢时，一般经济都会处于繁荣或者即将繁荣的阶段，也就是通货膨胀潜伏期。因为这时的女性充满自信，喜欢淡妆。而当商店中的口红卖得较快时候，此时的经济一般处于衰退期，也就是通货膨胀期。因为此时的职业女性充满不自，需要靠化妆来掩饰自己。

3. 皮鞋成本

通货膨胀期间，人们会经常地跑银行提现金，这种频繁的跑步会让你的皮鞋磨损得更快。不过，这只是一个比喻，只为在手头上保留较少的现金，你必须付出必要的时间和资源。

另外，还有人说通货膨胀期间，人们出门要坐公共汽车，不能坐出租车。因为出租车是下车才交钱，而公共汽车是上车交钱。就这么一会儿工夫票价已经涨上去啦！

涨价对我们来说已经不是什么新鲜事了，甚至已经见怪不怪了，但是还是有很多新闻会刺激我们已经要麻木的神经：这边菜农因为菜价低自杀了，那边油价又涨了，让我们又不"淡定"了。很多人面对生活中的各种涨价，虽然深受其扰却百思不得其解。各种涨价如同百米冲刺般争先恐后，可是百米冲刺还有终点，但物价上涨却不知何时终结，尤其是房价越来越高，让很多人徒唤奈何：眼睁睁地看着，却无能为力，任你消失在世界的尽头。那么，面对通胀给我们带来的压力，与其坐以待毙，不如果断出击，保险、基金和定存多管齐下，打一套漂亮的组合拳，战胜通货膨胀。

什么在助涨通胀的烈火

据联邦统计局日前估计，2007年德国的消费价格平均上涨2.2%，总体的通货膨胀情况堪忧。物价飙涨，这在德国已是一个不争的事实，而且足以让德国人闻之色变。据统计，与2006年同期相比，德国11月份的通货膨胀率已达3.1%，甚至打破了1994年1月所创下的 2.8% 的纪录。直至 12 月份，物价上涨的情况才有所平息。可以说，2007 年总体的通货膨胀情况令人堪忧。根据北威州、巴符州、巴伐利亚州、黑森州、萨克森州和勃兰登堡六个地区的物价上涨情况，联邦统计局估计，2007 年德国总体的通货膨胀率达到 2.2%。

高价背后总有钱多的影子。离开了钱多的推动，不可能有高物价。钱多为源，才生出高价之水；钱多为本，才长出通胀之木。因此而从根本上来讲，导致总价格上涨的根本原因就是货币供给的扩张、或者说商品和服务供给的紧缩。

货币主义者认为，在一个稳定的经济体内，货币供给与商品和服务的数量总体上是一种平衡关系。当然，在这一框架内，如果某一商品或服务的需求发生变化，那么其价格也将发生变化。不过，这种变化会被系统内的其他变化所抵消，总需求和总价格仍将保持不变。

物价总水平上涨是因为流通中钱的总量太多，超过了商品和服务供给的可能。如果仅仅大力打压高价，抑制通胀就难以期望好效果。

通货膨胀是个侵蚀财富的大问题，物价总水平的持续、全面的上涨，就是所谓的通货膨胀。作为一种货币现象，大家所熟知的它的原因之一就是印的票子太多了。使货币供给的增长率远远高于经济体整个产出量的增长率，而让更多的货币在市场的供求中追逐和竞购较少的物品。

成本推动的通货膨胀，这种观点认为，由于生产成本增加而引起的通货膨胀。资源价格上涨后生产率没有相应地提高，那么最终将导致产品价格提高。比方说，对一家汽车制造商来说，钢铁的成本便是钢铁制造商出售钢铁的价格。而当钢铁价格上升时，那么汽车生产的成本就会增加，由此带来整个价格水平的上升。

需求拉动的通货膨胀，这种观点认为，由于总需求过大而引起的物价水平上升，通货膨胀是由于总需求过度增长所引起的。由于太多的货币追逐过少的产品，或是由于产品和劳务的需求超过了现行价格条件下可能的供给而导致物价水平上升。

从最近一次全球性的通货膨胀的客观原因来讲，美国的次贷危机是制造最近一次通货膨胀的实际幕后黑手。

在美国，奉献和创建更美好未来的观念已不再受人欢迎，取而代之的是今朝有酒今朝醉、轻松易得的信贷和消费导向正是美国人甚至不惜举债消费的根本原因。在严峻的次贷危机形势下，美国继续实行宽松的货币政策，从 2007 年 9 月起下调利率，从 5.25% 大幅下调至 2008 年 10 月份的 1.5%，并有可能继续下调，甚至可能突破 2004 年时 1% 的低点。同时，美国还联合各国央行为市场注入流动性，美元急剧贬值，货币数量的快速增长为未来发生更严重的通货膨胀埋下了伏笔。

如果从全球的视野来看，美元的霸权地位实际上在满足本国无限膨胀的消费欲望的同时，降低了世界其他国家人民的生活水平。在全球化大背景下，在世界范围内广泛流通、具有霸权地位的货币，便为掌控它的主人掠夺世界人民的财富提供了便利。简言之，拥有霸权货币支配地位的国家，通过加印纸币就可以合法地换取其他国家人民辛苦创造的财富。

在全球大宗商品价格飙升的过程中，美元持续、快速地贬值。美国施行的弱势美元政策，在客观上造成了向世界各国输送流动性的后果，从而，在大范围内造成了输入型通货膨胀的泛滥，导致一些国家所采取的应对通胀的措施无法产生预期效果。

美国通过不断发行货币换取其他国家辛辛苦苦生产出来的劳动成果，美元从本质上来讲，只是印上了美丽图案的纸，由于美国政府以信誉作为担保，赋予了它代表财富的功能。对于美国而言，它通过发行美元就可以"稀释"自己的债务，以纸张和印刷的低廉成本，换取世界的财富。

美元作为全球金融体系和贸易体系的计价单位、支付和储备手段，使得美国具有了天然的向世界输出通货膨胀的便利。美元持续大幅贬值是引发全球通货膨胀的根源。在这一过程中，大宗商品价格飙升，生产成本大幅上升，而美国早已经把污染严重的制造业转移到发展中国家，它既摆脱了环境污染之苦，又避免了原材料成本上升带来的利润损耗。美国轻而易举地将通货膨胀的危机转嫁给了世界各国。

英国经济学家哈耶克认为，要解决通货膨胀，就要先找出引发这次通货膨胀的真正原因，找到推动"通货膨胀的幕后黑手"，这样才有助于从根本上采取措施，抵御通货膨胀的侵袭。

恶性通货膨胀离我们并不遥远

20世纪90年代，日本经济完全是在苦苦挣扎中度过的，不少日本人哀叹那是"失去的十年"。

人们的需求是无穷无尽的，经济社会中，我们的财产迅速积累，获得无数的幸福。中国人总讲，祸福相依，离不开它的收益我们自然也拒绝不了它带来的毁灭。经济市场自始就是个充满了各种诱惑和陷阱的大染缸，为了利益人们总是展开不可避免的博弈争斗，各种价值冲突愈演愈烈。货币的发明就是人类利益驱使下的产物，恶性通货膨胀也由此产生。一般情况下的通货膨胀都比较温和，只有在特殊时期，通货膨胀才如同洪水猛兽，将你的财产一夜吞噬。

宏观经济学认为，通货膨胀率在100%以上时，被称为恶性通货膨胀。

所谓恶性通货膨胀，也称为脱缰的通货膨胀、急速的通货膨胀或者超速的通货膨胀。这种通货膨胀一旦发生（一般达到三位数以上），唯一的结果就是导致物价飞速上涨、货币大幅贬值，人们对货币彻底失去信心。这时，整个社会金融体系就处于一片混乱之中，正常的社会经济关系遭到破坏，引发全面经济危机，经济崩溃，政府垮台等。急剧的恶性通货膨胀发生时，总体价格会以20%、100%、200%，甚至是1000%、10000%的速度增长。发生这种通货膨胀的地区，在价格被竭力稳定后，会出现严重的经济扭曲现象，并且对本国货币会失去信心，会运用一些价格指数或外币作为衡量物品价值的标准。恶性通货膨胀，被称为经济的癌症，这种致命的通货膨胀以百分之一百万，甚至是百分之万亿的速度上涨，在短时间内摧毁市场经济。

世界史上有所记载的恶性通货膨胀都发生在20世纪。别以为泡沫总是过去的故事，历史总是惊人地相似。

美国 1973 年 3 月到 1974 年 11 月的恶性通货膨胀由 1973 年 10 月第四次中东战争和第一次石油危机（1973～1974 年）引起，国际市场上石油价格从每桶 3 美元涨到 12 美元，上涨了 3 倍。但在石油危机前，1973 年 9 月美国通货膨胀率已达到 7.36%，1974 年 11 月达到最高点 12.19%，1976 年 12 月回落到 5.02%，石油危机加剧了美国通货膨胀的程度。

1973 年 3 月到 1974 年 11 月美国恶性通货膨胀时期，物价持续快速上涨，股市大幅下跌，CPI 累计上涨 18.7%，股市累计下跌 36.8%。恶性通货膨胀时，利率随物价上涨而大幅度提高，联邦基准利率从 1973 年 3 月的 7.09% 提高到 1974 年 7 月的 12.92%。联邦基准利率上调到最高后开始下调，两个月后股市触底反弹，4 个月后物价达到最高涨幅，5 个月后物价开始下跌，利率下调幅度更大，导致 1974 年 9 月到 1978 年 1 月持续两年多的负利率。

1974 年 9 月到 1978 年 1 月负利率时期，物价累计上涨 23.9%，股市虽有波动但总体趋势上涨，累计上涨 39.9%。

第一次石油危机后，美国 1975～1978 年通胀率均在 5% 以上。1978 年 2 月到 1980 年 3 月，美国 CPI 同比涨幅从 6.24% 持续上涨到 14.61%，此次恶性通货膨胀始终没有改变股市震荡走高趋势。CPI 累计上涨 25.4%，股市累计上涨 33.6%。1980 年 5 月到 9 月美国再次出现负利率，短短 5 个月物价累计上涨 2.6%，股市累计上涨 25.1%。这次通货膨胀时间长，但物价涨幅不高，大部分时间属于温和通货膨胀。这次通货膨胀全过程股市仍呈持续缓慢走高趋势，2004 年 10 月到 2006 年 8 月，CPI 累计上涨 12.5%，股市累计上涨 70.9%。回望历史，通货膨胀几乎在每个国家都发生过，所到之处便会给该国经济带来沉重的打击。

从第一场恶性通货膨胀开始，人类就创造了一个又一个的泡沫奇迹。2006 年，我国也接连创造了"兰花泡沫""红木泡沫""普洱泡沫"等等。我们的兰花 2006 年一年之内就涨了数十倍，单株兰花的最高价曾达到 2000 万元，不过随着媒体的披露，泡沫瞬间破灭。2004 年开始，海南黄花梨、小叶紫檀的家具价格成倍地往上翻，上涨 10 倍以上的家具比比皆是，到了 2007 年下半年，泡沫破灭，许多红木家具的"身价"都被"腰斩"……

似乎所有泡沫的过程都是相似的：在狂热中上涨，似乎所有人都疯狂投入其中，直到发现荒谬，于是开始恐慌，最后噩耗此起彼伏……所有这一切，源头皆为利。通货膨胀？不是离我们很远么？其实恶性通货膨胀就近在眼前，历史似乎又重现。经济可以活跃社会，但同样也可以覆灭一个社会。

通货膨胀已经成为全球性大难题

除了不断攀升的国际油价外，通胀的压力也逐渐成为摆在世界各国和地区面前的棘手问题。截至 2008 年 11 月中旬，油价价格开始大幅度下跌，短短几个月时间，恍如隔世。但是，这并不意味着全球通货膨胀就此结束了。现在只是下一轮全球性通货膨胀前的可怕寂静。比如，油价的这次快速下跌，既是次贷危机后石油消费下降的结果，也是美国借机洗劫盘踞在油价中的投机资金和挫伤俄罗斯、中东产油国的需要——迫使这些国家的资源及国际游资流向美国。

最近几年，通货膨胀成为全球性大难题，2007 年人们的感触尤其明显。这一年，粮价、油价、铁矿石……放眼望去，许多产品价格都创出了新高。直到次贷危机以不可遏止的速度恶化，全球性物价上涨的势头才止住脚步。

2008 年 12 月 4 日，来自国家发改委的一份统计显示，近几个月来，世界各主要国家和地区 CPI（居民消费价格指数）普遍高位上涨，其中，中国 10 月份 6.5% 的 CPI 涨幅在全球二十多个主要国家和地区中排名第八。

在这连涨五周的同时，记者发现猪肉价格上涨背后暗藏着三个连环套……

我国 CPI 在 9 月份短暂回落后，10 月份又反弹至 8 月份创下的 6.5% 的十年来新高。而从世界范围看，物价上涨已经成为一种全球现象，不仅仅是中国一家。其中，新兴市场经济国家和地区近两个月来的物价涨幅最为抢眼。据统计，9、10 月份 CPI 涨幅超过 5% 的国家和地区主要有俄罗斯（10.8%）、南非（9.7%）、阿根廷（8.6%）、越南（8.1%）、印度尼西亚（6.9%）、罗马尼亚（6.8%）、印度（6.7%）、中国（6.5%）和中国台湾（5.3%）。

而发达国家在此轮全球性通胀中也难以独善其身。据美国商务部公布的数据，10 月份美国 CPI 涨幅达到 3.5%。如果国际油价持续维持在目前的水平，年底美国 CPI 涨幅将达到 5%。此外，虽然欧元兑美元升值降低了通胀压力，但 10 月份欧元区 CPI 涨幅还是达到了 2.6%，比前一个月上升 0.5 个百分点，连续两个月超过欧洲央行 2% 的预期目标。

对于本轮全球性物价上涨，花旗银行中国区首席经济学家沈明高分析称，除了与世界经济持续增长导致全球流动性过剩有关外，石油、粮食、食用植物油、铁矿石等大宗商品价格持续上涨，对此轮全球物价上涨也起到了推波助澜的作用。

粮食：2008 年 3 月 27 日，联合国亚洲及太平洋经济社会委员会公布的报告显示，亚太地区各国面临的食品价格大幅上涨将是未来几年内的最大挑战。报告称，2007 年农作物产品的价格涨幅达到 30 年来的最高点，如大豆价格达 34 年最高，玉米价格达 11 年来最高点，小麦和油菜籽的价格也创历史新高。报告认为，亚太地区许多国家都面临着食品短缺的威胁，并且"食品价格膨胀"比"油价高涨"具有更大的危险性。

就在报告发布的当天，泰国大米报价从每吨 450 美元涨到了每吨 760 美元，涨幅超过 30%，达到 20 年来的最高点。

铁矿石：以中国进口铁矿石的价格来看，年年都在上涨。2005 年上涨了 71.5%，2006 年上涨了 19%，2007 年上涨了 9.5%，2008 年又创下了几年来的最大涨幅，力拓的 PB 粉矿、杨迪粉矿、PB 块矿在 2007 年基础上分别上涨 79.88%、79.88%、96.5%。

在国际大宗商品价格暴涨的同时，美元在同步下跌，或者说，大宗商品价格的上涨就是美元贬值的结果，因为国际大宗商品价格基本都是以美元计价的。

以欧元兑美元的走势来看：2000 年 10 月 26 日，1 欧元兑换 0.8225 美元。2008 年 7 月 15 日，1 欧元兑换 1.6037 美元。近 8 年间，美元的贬值速度之快，令人震惊。

如果对比美元的走势和石油、铁矿石等世界主要大宗商品的价格走势就会发现，大宗商品价格单边上扬的走势恰好与美元单边下跌的走势相对应。美元贬值导致国际大宗商品价格上涨的结论，得到了许多人的认可。

在全球化的今天，在美元霸权地位依旧的今天，是任何国家都难以逃避的。正由于美元的无处不在，因美国滥发钞票所导致的通货膨胀令人无所遁形。美元供给增加所形成的通货膨胀，当美元贬值时，国际市场通货膨胀变得严重起来，包括中国在内的发展中国家对美欧等发达国家的贸易顺差就会增大，同时，国际收支的资本项目也失衡，表现为资本顺差过大。这样，进出口出现的贸易顺差与资本项目出现的资本顺差就构成了国际收支的双顺差。

除了货币供给因素，由于美元贬值导致的国际市场上石油、铁矿石等大宗商品价格的上涨，抬高了我国进口这些基础产品的价格，从而引起国内市场价格上涨，并最终引发成本推动型通货膨胀。

输入型通货膨胀压力主要集中在原材料和上游产品领域。由于我国产品大都属于低附加值产品，在国际分工中处于较低位置，不得不承担更多的全球性的通货膨胀成本。并且，在我国由于上游产业大都由垄断企业经营，进一步扭曲了分配关系，使得企业利润过于向上游集中。这种状况同样给中国企业的竞争环境带来了不利因素。

美元贬值下的全球性通货膨胀，美国几乎是唯一的受益者，而相关国家则苦不堪言。全球通货膨胀，美国是重要根源之一，而通货膨胀正是劫掠财富的重要手段之一。经济学家莫瑞·罗斯巴德对此有过系统的论述，在世界经济一体化的今天，拥有国际货币发行权的国家和政府本质上都是通货膨胀主义者，它们利用各国政府和世界中央银行操纵的某种世界通用纸币以同样的比率在各地膨胀。

外汇储备过大引发了我国财产缩水，美元储备在美元贬值的条件下会缩水，即使买了美国的债券，也会使我们受损失，尤其是有些债券风险甚大，例如我们到2007年已持有美国房利美和房地美这两家房地产公司的债券达3760亿美元，尽管这两家公司的债券有美国政府的担保，但这两家公司的巨大危机仍然会使我国资产深陷缩水的困境。

英国《经济学家》杂志评论说，美国政府之所以放任美元贬值，一方面是希望通过弱势美元促进出口，带动经济增长；另一方面更是为了减轻美国的巨额债务，由于美国的外债绝大部分是以美元计价的，美元的贬值实际上即意味着债务负担的减轻。

不得不承认，通货膨胀的危机正在一步步向世界各国逼近。世界上许多国家的本国货币大都在国内流通，而非像美元那样可以把通货膨胀压力向世界输送，因此，在美元霸权之下世界上大多数国家往往遭受着比美国更严重的通货膨胀压力。

伴随通货膨胀而来的危害

哈耶克认为，加速度的通货膨胀已把经济带到了一个危险的境地，或是悬崖勒马，或是全面崩溃，没有其他途径。到达这种境地后，无论选择哪一条路，出现大量失业都是必然的，这是社会错误政策深为遗憾但无法回避的后果。

通货膨胀一方面通过破坏市场机制，导致供求失调，造成资源在极大范围内的配置不当，使规模失业在所难免。通货膨胀对当前中国民众的生活和经济发展至少有三大危害。

第一，通货膨胀将使得中国已经不平等的收入分配结构更加不平等。

人们都知道通货膨胀会降低消费者的实际生活水平。但是很多人并不十分清楚，通货膨胀对低收入民众的生活的冲击最大。土地、资本和其他财产所有者可以在轮番涨价的通货膨胀中通过提高土地和产品的价格来降低通货膨胀损失，甚至在通货膨胀中获得一些收益。由于低收入民众只有工资收入（或者养老金收入），而工资收入的增长不仅总是在落在通货膨胀之后，而且上涨的幅度永远也比不上物价上涨的幅度。这就是普通劳动者总是在通货膨胀面前感到完全无能为力的原因。这种情况在劳工权利缺乏的中国更加明显。

第二，通货膨胀给投资和消费带来的巨大的不确定性。

这种不确定性将使得中国本来已经扭曲的经济结构更加扭曲。商品的价格应该是市场对生产者发出的信号，生产者根据这个信号来掌握市场对自己产品的需求，从而相应地提高或者减少生产规模，以保证各种社会经济资源能够得到更好地运用。但是在通货膨胀的情况下，一种商品价格的上涨，并非是由于市场的真正需求的上涨，而只是由于生产者的投机冲动或者消费者对价格进一步上涨的恐慌造成的。由于并不是每一个生产者都能掌握市场的全面信息，因此这种由不确定性带来的投机和恐慌很可能推动没有根据的进一步的投资冲动。如果中国政府不能有效迅速地制止这一轮通货膨胀，人们将在若干年后发现，中国长期累积的过度投资和生产能力过剩的现象将更加严重。中国调整宏观经济结构的努力将更加困难。

第三，通货膨胀给国内就业带来了沉重的打击。

一方面，扰乱了相对价格和工资体系，产生许多错误的信息，将劳工引导到并不是社会真正需要的部门中，劳工错误的在部门间转移，实际上加剧了劳工市场的矛盾。因此，哈耶克认为，通货膨胀是失业增加的原因，而不是治理失业的药方。"现在的失业乃是过去25年实行所谓充分就业政策的直接的、不可避免的后果，许多人仍然错误地相信，总需求的增长，将消除暂时失业。他们没有意识到，这种办法尽管暂时奏效，但在以后会带来更多的失业。"

另一方面，大量增加的失业反过来又加剧了通货膨胀，公众向政府施加压力，并随时有可能触发政治动乱。因此，当政府许诺承担充分就业的责任时，为了维持较低的失业率，只能继续增发货币并不断地提高货币工资，在这种情况下，超过生产率增长的每一次工资提高，都必将使总需求增长，因此，货币数量的经常注入成为持续不断的过程，致使通货膨胀愈演愈烈。于是，持续的通货膨胀带来了更大的失业，而失业急剧增加又促发了更严重的通货膨胀。

第四，通货膨胀将阻碍劳动生产率的提高，从而降低中国的国际竞争能力。从生产者的角度看，在一个通货膨胀时期，最简单的谋取利润的办法就是涨价；而且是争取自己的产品以更快的速度涨价。虽然到头来轮番的价格上涨将冲销自己产品涨价所带来的大部分甚至全部的收益，但是如果不涨价损失则将更高。这种俗话说的"浑水摸鱼"的价格战略是企业在通货膨胀中的唯一理性选择。既然直接涨价能够迅速地带来更多的收益，那么谁都不会花气力去从事新产品的研发、新技术的应用，劳动生产率的提高。中国经济已经是一种外延型的经济，技术的含量并不高，在国际上完全靠价格低廉来赚取微薄的利润。通货膨胀不仅将使得中国经济长期无法摆脱在国际分工中的这种低端地位，甚至有可能使得中国在与其他劳动密集型经济在争夺国际市场份额的竞争中败北。

针对通货膨胀带来的种种危害，政府主要通过运用以下几种方式来治理通货膨胀：

一是增加税收，使企业和个人的利润和收入减少，从而使其投资和消费支出减少；二是削减政府的财政支出，以消除财政赤字、平衡预算，从而消除通货膨胀的隐患；三是减少政府转移支付，减少社会福利开支，从而起到抑制个人收入增加的作用。

同时政府应加强对资本市场和房地产市场的监管，完善相关法律制度。政府需要运用税收和转移支付手段，给予企业和居民各项财政补贴。针对国际收支盈余增长过快的输入型通货膨胀，可以采取降低出口退税率，对国内稀缺的生产要素加征出口关税，减少出口。进一步削减进口关税，给予企业进口补贴，扩大进口，使贸易不平衡问题得以缓解。

对于流进我国的热钱，可以采取征收托宾税的办法，防止资本市场膨胀带来的通货膨胀，稳定汇率和减少资本账户盈余。

针对成本和结构型通货膨胀，财政政策要适时扩大增值税转型试点范围，降低企业税率，同时对受到通货膨胀影响较大的企业，如粮油面、石油、电力等给予财政补贴，以减轻这些企业由于成本上升造成的通货膨胀压力。

通货膨胀还会对居民产生财富效应，尤其对低收入者的影响最大。在治理通货膨胀的过程中，政府要把财政支出不断地向教育、医疗卫生、社会保障领域倾斜，向低收入人群倾斜，使财政收入的分配格局更加合理化。这不仅有利于保障社会公平，而且有利于提高人民的生活水平和消费能力，扩大内需，保持经济又好又快发展。

政府如何治理通货膨胀

20世纪70年代是美国经济混乱的时期。这10年是从决策者力图降低20世纪60年代遗留下来的通货膨胀开始的。尼克松总统实行了对工资和物价的暂时控制，而美联储通过紧缩性货币政策引起了衰退，但通货膨胀率只有很少的下降。当工资与物价控制取消之后，控制的影响也结束了，而衰退又如此之小，以至于不能抵消在此之前繁荣的膨胀性影响。到1972年，失业率与10年前相同，而通货膨胀高出了3个百分点。

在1973年年初，决策者不得不应付石油输出国组织（欧佩克）所引起的大规模供给冲击。欧佩克20世纪70年代中期第一次提高油价，使通货膨胀率上升到10%左右。这种不利的供给冲击与暂时的紧缩性货币政策是引起1975年衰退的因素。衰退期间的高失业降低了一些通货膨胀，但欧佩克进一步提高油价又使20世纪70年代后期通货膨胀上升。

整个20世纪80年代是美国经济政策发生根本性变化的时代。这些变化受以下因素的影响：20世纪80年代初始的经济条件、罗纳德·里根总统的风格和政治哲学以及经济学家和行政官员中新的社会思潮倾向。20世纪70年代末惊人的高通货膨胀率和迅速增长的个人税赋以及六七十年代庞大的政府支出，已引起公众普遍的不满。罗纳德·里根1980年当选为总统反映了这样一种公众情绪，人们期待新总统降低通货膨胀、降低税率以及削弱政府对经济的干预。

通货膨胀是一个世界性的难题，多少年来经济学家们一直为解决通货膨胀苦苦思索，当然也为理清这一问题作出了巨大的贡献。

治理通货膨胀，必须逐步消除经济过热，切实引导扩大社会总需求，实行积极的财政政策和适度从紧的货币政策，下决心压缩固定资产投资规模，严格控制公务消费，引导和扩大民生内需的增长。以美国20世纪70年代发生的通货膨胀为例：

1979年沃尔克就任美联储主席，强力提升美元利率。高息的强势美元政策，吸引了大量的外国资本流入美国，将美国推入强势美元时代。沃尔克执掌美联储的前几年，因为布雷顿森林体系的垮台，通胀达到了13.5%（1981年），沃尔克成功把它降到了3.2%（1983年）。

他是怎么做到的呢？1979年联邦基金利率，美国的同业拆借利率是11.2%，1981年被沃尔克抬到20%，银行基准利率跟着涨到了21.5%。但是利率飙升极大损害了美国的农业，愤怒的农民们开着拖拉机闯进华盛顿街区，堵住了埃克尔斯大楼（美联储所在地）的大门。

尽管付出了惨重的代价，但是事实证明，沃尔克的这一政策非常成功，三年后通胀被抑制，到1983年，美国的通货膨胀率降到了3.2%，并在此后一直将其保持在低水平上。最重要的是，即使在1982年出现经济衰退期间，美联储也坚持实行高利率，这种在面临通货膨胀威胁时大力加息、在通货膨胀比较温和时才下调利率的做法为美联储赢得了声望。

不过，沃尔克最被人所诟病的也正是他紧缩的货币政策。因为这一政策，美国失业率直逼20世纪30年代的经济大危机，并陷入一场经济衰退中，直到里根时代才有根本改观。然而此后，美国经济出现了前所未有的连续25年高增长，这充分证明了其政策的有效性。那么在如何对抗通货膨胀的问题上，应该注意哪些问题呢？

第一，避免经济上的损失。经济增长速度与财政收入、企业效益和职工生活水平之间存在着连锁反应关系。只有经济增长达到一定速度，财政收入才能有保证，企业才能有效益，职工生活水平才能提高。经济发展速度慢下来以后上述问题便会暴露出来。同时，采取暂停止政府财政性投入的办法，缩减政府平台项目，削减基建，势必形成地方政府投资平台多数转为BT、BOT方式融资。2008年以来在建项目停工待建，也会降低原来的社会福利水平，造成物质的大量闲置。从国际经济关系看，避免因放缓经济增长，必将丧失许多竞争和发展机会，影响国际形象，减弱经济实力。

第二，释放安稳压力。长期以来，社会制度下存在着就业刚性、个人收入刚性和财政支出刚性。人们可能忍受一定程度的通货膨胀痛苦，但很难容忍失业和实际收入的减少。实行适度从紧的货币政策后，可能会有一批企业减产、停业甚至破产倒闭，失业人员会增加，职工收入水平也不可能普遍提高或下降，可能会产生新的情绪，但整个市场的物质供求还是比较平衡的，物价保持基本稳定。

第三，信贷投放计量管理。从本质上看，目前的通胀压力反映了自2009年以来的货币供应增加，以及资源价格上涨的趋势。数据显示2010年11月份我国新增信贷达到5640亿元，人民币信贷余额47.43万亿元，同比增长19.8%。截止2010年11月，当年新增信贷额7.44万亿元，为年初监督管目标7.5万亿的99.24%；11月份M1，余25.94万亿，同比增长22.1%，增幅较1月份降低近18个百分点。那么随着货币供应增速的持续下降，GPI是否也会如期回落，对此信贷投放的增减决定价物价的控制。

第四，加强流动性管制。今年以来央行六次调整存款准备金率已高达18.5%的历史高位，充分显示了政府抑制通胀和收紧流动性的决心。应对美国第二轮量化宽松政策一定会通过某种形式带来资金的流入，国内银行体系的流动性也非常宽松，在特定时期，提高准备金率有利于宏观调控。控制屡创新高的物价为目的，减少银行可用信贷资金规模，起到收缩流动性的作用，最终起到控制物价的目的，控制信贷需求，将信贷资金调整到实体经济，按需审查支付，防超边界使用。

第五，经济滞胀的危险。在治理通货膨胀的过程中，都把主要目标放在需求管理方面，而忽视了改善供给，出现了滞涨的局面。要防经济供给有余而有效需求不足，内需疲软的现象产生，它容易导致结构失衡，引发经济衰退。短缺型经济，有效供给长期不足，这是经济增长过热，容易失控的一个重要原因。大力压缩社会总需求是正确的，但收得太急容易出现扩大内需受阻，不但难以实现紧缩目标，还有可能严重影响有效供给，市场供应减少。治理通货膨胀要时间，需要长短期措施的配合，而对通胀日益加剧的形势，迅速采取措施是必要的，更需从长计议，不能顾此失彼，防止出现经济滞涨的可能，出台的政策应当适应未来的发展需要。

第六，货币结构回归常态。贷款需求和供给反映了发行货币的结构关系，分析认为不会出现较大的衰减。截止 2010 年 11 月末，M2 余额已经达到 71.02 万亿元，比较 2009 年末的 61.02 万亿元，增长 16.04%，以年初监管部门的目标同比增长 17% 来看，12 月份的 M2 不超过 4000 亿元，运用 10 年的数据分析显示除 2007 年外，其余年份 12 月比 11 月份增加的 M2 量均高于这一水平，且自 2008 年以来更超过了 1.5 万亿元。不过将货币供应控制在今年 17% 的增速内，准备金年调整按货币乘数 4.32（3 季度）计算已能使货币供应量扩张减少 1.5 万亿元左右，而存款准备金的调整对经济体的影响相对温和，就商业银行而言，盈利水平影响将不到 1%，新增信贷规模，货币供应结构，都将逐步向常态回归。

除此之外，还有其他一些方法也可以改变或改善通胀：通过货币政策进行调整。比方说，央行为了减缓通货膨胀采用升息的政策，以引导市场利率上升，使企业融资的成本增加，承担较多的利息支出，从而降低了投资的需求。另一方面随着更多的资金回流到银行体系，有助于抑制消费从而缓和过渡期的经济。在格林斯潘就任期间，这个目标的实现过多的是依靠个人判断而不是制度保证。事实上，近年来，全世界的许多中央银行都在采用各种措施来抵制通货膨胀的威胁。

通货紧缩：当通货膨胀走到马路对面

与通货膨胀对应还有一个词，叫通货紧缩。前者是指钱更不值钱了，后者是指钱更值钱了。通货膨胀不好，因为它让我们口袋里的钱缩水，买不到之前那么多东西了。所以我们应该喜欢通货紧缩，因为它让我们口袋里的钱购买力更强，同样数额的钱可以买更多的东西。也许的确有人这么想，但经济学家可不这么认为。因为他们知道，不管是通货膨胀还是通货紧缩，最终买单的还是广大老百姓。

由通货膨胀可以很容易联想起通货紧缩表示一定时期内商品和劳务的价格持续明显下降。发生通货紧缩时物价处于疲软状态，商品的有效需求不足，货币供应量逐渐减少，生产者无意增加生产，潜在失业风险以及失业率都大为上升，经济衰退，投资低迷。

这里就开始初现端倪：为何经济学家们不认为通货紧缩是好事。在短时期内，我们手中的钱更值钱，能够花很少的钱就能买到一直想买的东西，没有消费者不为这个而感到高兴。但是，消费者开心了，生产者可不开心，他的钱就不像以前那么好赚了，日子变得难过。当商品始终价格疲软，市场需求不足，生产者则会缩小生产规模，减少人工数量或者降低工资，以及减少机器损耗，更别提扩大生产了。消费者同样是劳动者，需要工作需要赚取工资，当生产者作出上述决定时，一部分消费者将失去工作，也就是失去收入来源；而一部分消费者可能会收入减少。所以最终，消费者的消费能力降低，哪怕是商品便宜了，但最终可能还是不能为所欲为地购买甚至出现买不起的情况。这个分析告诉我们经济是一个事关大局的系统，每一个环节都是紧扣着另一个环节相互影响的，短期的非正常利益总不可能维持太久。

从大家的熟悉程度来说，很显然通货紧缩比通货膨胀陌生。但通货紧缩同通货膨胀一样，当发生程度比较严重时，对经济体的打击都是毁灭性的。当然，总体上来说通货紧缩的危害还是不及通货膨胀的。

根据发生的程度不同通货紧缩也有几种类型：

一是温和的通货紧缩。这表示物价在一定时期内有普遍下降的现象，但是还不够剧烈，是居民和国家可以承受的范围，经济不会发生严重的衰退。

二是恶劣的通货紧缩。此时物价持续明显剧烈地下降，生产萎缩严重，大量工人失业，经济发生严重衰退，整个市场低迷，严重影响经济的运行。

另外也可以从供求的角度来分析通货紧缩。一种是需求不足的通货紧缩，一种是供给过剩的通货紧缩。如果总需求不足，正常供给的商品则会过剩，此时供给大于需求，价格就会下降。总需求包括消费需求以及投资需求，也分为国内需求和国外需求。因此总需求不足的原因可能会相对复杂，甚至要考虑到一个国家（或者经济体）的经济结构。如果一个国家严重依靠国外需求，那么当国外需求减少时就很容易发生总需求不足的情况。而如果不依靠外国需求，当国外需求减少时，本国需求仍然旺盛，那么对经济的打击就不大。投资需求和消费需求同理。如果一个国家一定时期内科技突发猛进，生产效率大大提高，于是这个时期的产品库存大量增加，远远超过市场需求所能消化掉的量，则也会发生通货紧缩。当然，可以预见这种通货紧缩只是一定时期内的，或者只处于经济发展的某一阶段。随着生产率的发展，旧的落后的产品必然遭到淘汰，新产品逐步被人们接受并广泛使用，于是经济体又恢复到了平衡的状态。

通货紧缩到底是如何形成的呢？不同的国家不同的时期，原因肯定是不一样的，但是也必然会有些共通之处。

其一，通货紧缩也是个货币现象，市场中流通的货币量过多会造成通货膨胀，相对应如果货币供应量不足，则容易形成通货紧缩。货币的发行是由国家来控制的，如果国家采取紧缩的货币政策，紧缩银根减少货币发行量，以及将转移支付和公共开支等相关都减少，当商品市场和货币市场失衡，相对商品总量来说货币过少，则会发生通货紧缩。

其二，有效需求不足。当经济形势并不是太乐观，并且人们预期的实际利率一再下降，投资的回报甚至不及储蓄的回报，人们就宁愿储蓄或者持有现金，而不再愿意去投资或者消费，导致总需求下降，也有可能引起通货紧缩。

其三，经济周期和新技术的应用。这种就是供给过剩的情况，当经济进入繁荣周期或者有新技术应用时，劳动生产率会大幅度提高，生产成本也大大降低，生产能力过剩，商品出现供过于求，引发周期性或者过渡性的通货紧缩。

其四，体制因素。由于体制的不同，人们的消费习惯也不同。比如有些国家是超前消费，因此储蓄率低。而有些国家则储蓄率超高，人们对消费很慎重。这与习惯有一定关系，但是与背后的保障关系更大。如果国家的企业体制和社会保障比较完善，后顾之忧比较少，自然不需要大量储蓄来"以防不测"和养老之用。而高储蓄率导致的则是低消费，总需求则会不足，也会引起通货紧缩。

其五，汇率因素及国际市场的冲击。如果汇率制度不够合理，比如钉住强币的汇率制，当本国汇率被高估时就会导致出口下降，国内商品供给过剩。在对外贸易密切的国家，受国外市场影响比较大，当外部需求减少时出口下降，同时外资流入减少又进一步降低国内的需求，使得国内价格下跌，形成通货紧缩。

通货紧缩是方兴未艾，还是强弩之末

2008年10月，冰岛陷入主权信用危机，先是三大银行被政府接管，然后冰岛总理发出警告：冰岛可能"国家破产"。主权信用危机无疑会使全球经济雪上加霜，以经济晴雨表股市的反应为例，主权信用危机造成全球性的股市震荡。迪拜危机爆发的第二天，摩根斯坦利新兴市场股指下跌2.2%，道·琼斯泛欧600股指下跌3.3%，第三天亚太市场出现近三个月以来的最大跌幅，香港和首尔股市跌幅超过5%。希腊主权信用被降级后，欧洲股市尤其是银行股大幅跌收，英国富时100股指、德国DAX指数和法国CAC-40指数分别下跌1.7%、1.7%和1.4%，处于风波中心的希腊股市大跌6%。

发债过多导致的主权信用危机是制约经济复苏的一个重要因素。目前，美国利率走势和其他各种指标都显示出，我们正处在经济周期中最寒冷的冬季。在经济全球化时代，全世界是联动的，因此全世界都处在经济周期的寒冬之中。

在全世界经济泡沫破裂和信贷紧缩的状况下，媒体和房地产的利益相关者依然还在诱惑着我们。它们向我们招手示意称："价格已经下跌至低点，现在正是投资买进的好时机。"政府也在下调利率，欲把大众的资产"由储蓄拉向消费"，甚至为了促进物价上升鼓动大家快点儿消费。然而，光是偿还债务已经使财务看起来很紧张了，而且由于实体经济发展的停滞，就业也处于非常不稳定的状态，所以消费并没有增加。人们想尽办法偿还债务，尽可能地不再欠下新的债务。银行也不相信贷款人的信誉，不愿意再贷出资金。不知不觉间，债务紧缩已来到我们的面前。

通货紧缩与通货膨胀都属于货币领域的一种病态，但通货紧缩对经济发展的危害比通货膨胀更严重。首先，通货紧缩会加速经济衰退。由于物价水平的持续下降，必然使人们对经济产生悲观情绪，持币观望，使消费和投资进一步萎缩，加速经济的衰退。其次，物价的下降会使实际利率上升，企业不敢借款投资，债务人的负担加重，利润减少，严重时引起企业亏损和破产。由于企业经营的不景气，银行贷款难以及时回收，出现大量坏账，并难以找到赢利的好项目，经营也会出现困难，甚至面临"金融恐慌"和存款人的挤提风险，从而引起银行破产，使金融系统面临崩溃。再次，经济形势的恶化与人们的预期心理相互作用，会使经济陷入螺旋式的恶性循环之中。同时这种通货紧缩还会通过国际交往输出到国外，而世界性的通货紧缩又会反过来加剧本国的通货紧缩局面。

通货紧缩对经济增长的影响有短期和长期之分。适度的短期通货紧缩有利于经济的增长。因为，通货紧缩将促使长期利率下降，有利于企业投资改善设备，提高生产率。在适度通货紧缩状态下，经济扩张的时间可以延长而不会威胁经济的稳定。

上一代人普遍认为，房价不停在涨，货币价值总在跌，人们对通货膨胀束手无策。因为在他们那个年代里，通货紧缩和经济衰退只经历了很短的一段时间，房地产价格一路上涨。在美国，这个年龄层的人出生时恰逢婴儿潮，人口的增加助长了通货膨胀。我们这一代人同样经历了这次通货膨胀的顶峰（夏季），现在的我们正身处经济周期的秋季，因此价值观处于混乱状态。

最让人担心的是，现在已经呈现的主权信用危机只是冰山一角，迪拜危机引发希腊危机，希腊危机不仅是欧元危机，更是美国债务危机，是西方发达国家的债务危机。在应对金融危机的过程中，美国、欧元区成员国、英国、日本等发达国家积累了高额的公共债务，如果这些债务问题不能得到妥善解决，世界经济不仅无法实现真正的复苏，还可能遭受一场更加深重的危机。

我们通过网络等渠道可以了解道·琼斯、韩国股指指数的价格走向和波动幅度的实时信息，通货紧缩时期往往伴随着股市的下跌。

拥有 100 多年历史的美国股市流传着至今仍被称作"传说中的投资者"的故事。杰西·利佛摩尔、理查德·威科夫和吉姆·罗杰斯等正是这样的人物。他们的最高投资原则就是"损失最小化"。这些我们熟知的传说中的投资大师们不是以赚多少钱为目标，而是在股市投资中坚持"损失最小化"的原则。证券监督机构对于股票下跌期出现的价格操纵行为没有开展任何调查。如果大家能够看透这一政策上的漏洞，就已经接近明智的投资者了。

事实上，政府在股票下跌期为对抗下跌趋势，常常会动员一些机构投资者参与救市。在 20 世纪 80 ~ 90 年代的股价暴跌期，韩国政府动员了证券市场基金和信托投资公司遏制股票价格下跌。而在 2008 年下半年则利用养老保险，以及韩国股指市价总额列于前位的股票支撑价格的作用来抵抗股价下跌。这些都是政府干涉股票市场的典型例证。事实上，我们可称其为"政府与股价的战争"。

同时，政府还会使用另一个方法遏制股价下跌，即暂时禁止卖空和"裸卖空"。卖空本是非法的，一直都存在着管理不善的问题，即使到现在才作出这样一种处理，却也是常常不作调查就全面禁止了所有的空头交易。所以很不幸，好不容易作出的空头补进却坚持不了多久，因为投机者会撤离股票市场。这样的股市无人进入，价格自然就会下跌。

全世界的中央银行和政府都竭力使货币贬值以缩减债务。但是各国要结束这个冬天，不能靠开动印钞机，也不能靠政府出台的五花八门的经济复兴政策。如果大家知道了"经济周期就是信贷周期，即负债周期"，就会明白我们清偿债务的时候，冬天才会结束。依靠不良的媒体新闻政府政策来规划我们的未来，无异于将鲜鱼交给馋猫保管。要想清偿债务，有两种方法。第一种，债务人努力赚钱还债；第二种，通过破产或债务注销，债权人放弃收债。

随着各国政府出台的经济刺激政策生效，美国在第二季度曙光初现，降幅收窄，在第三季度停止了连续四个季度的下滑，开始实现缓慢的增长。中国在 2009 年保持了相对较高的经济增长速度，经济回升态势十分强劲。总体来说，2009 年世界经济出现二战以来的首次负增长，让人难以忘怀，但是下半年的复苏迹象点燃了人们走出经济衰退的希望。

2010 年 4 月 8 日，日本和欧洲央行都先后宣布将维持利率不变，继续维持宽松的货币政策。事实上，早在 2009 年末，有的国家就已经开始着手经济刺激退出计划。譬如澳大利亚，从 2009 年 10 月至 2010 年 4 月 7 日，澳大利亚央行已经连续五次加息，其基准利率为 4.25%。英国对于退出经济刺激计划十分谨慎，但仍然在年初把消费税从 15% 恢复到先前的 17.5%，算作是经济刺激退出的一小步。

美国实施退出政策十分隐秘和低调，高调宣称仍将在相当长的一段时间里维持接近于零的利率政策的同时，也在回收流动性，如运用各种手段将其因援助而持有的银行、企业相关证券缓慢变现。政府退出的世界经济还能不能继续增长，还是一个大大的疑问。

不同国家受金融危机的影响不同，退出刺激经济的时机也不尽相同。退出时机的选择对于各国经济能否顺利走出衰退格外重要，过早的退出不利于经济复苏，而过晚的退出则会诱发通货膨胀风险。理论上存在最佳退出时机，实际操作起来却很难把握，非常考验决策者的智慧。各国的相关决策人员是不是能够在正确时候作出正确的决定，便成为经济复苏的另一不确定性因素。正如乔治·索罗斯所说，我很遗憾地告诉大家，复苏的势头可能会停止，甚至随之出现再次衰退。

通货紧缩的隐性危害

按照通货紧缩的发生程度不同，可以分为相对通货紧缩和绝对通货紧缩。相对通货紧缩是指物价水平在零值以上，在适合一国经济发展和充分就业的物价水平区间以下，在这种状态下，物价水平虽然还是正增长，但已经低于该国正常经济发展和充分就业所需要的物价水平，通货处于相对不足的状态。这种情形已经开始损害经济的正常发展，虽然是轻微的，但如果不加重视，可能会有量变到质变，对经济发展的损害会加重。

绝对通货紧缩是指物价水平在零值以下，即物价出现负增长，这种状态说明一国通货处于绝对不足状态。这种状态的出现，极易造成经济衰退和萧条。根据对经济的影响程度，又可以分为轻度通货紧缩、中度通货紧缩和严重通货紧缩。而这三者的划分标准主要是物价绝对下降的幅度和持续的时间长度。一般来说，物价出现负增长，但幅度不大（比如 -5%），时间不超过两年的称为轻度通货紧缩。物价下降幅度较大（比如在 -5% ~ -10%），时间超过两年的称为中度通货紧缩。物价下降幅度超过两位数，持续时间超过两年甚至更长的情况称为严重通货紧缩，上个世纪 30 年代世界性的经济大萧条所对应的通货紧缩，就属此类。

界定通货紧缩，在一般情况下可以而且能够用物价水平的变动来衡量，因为通货紧缩与通货膨胀一样是一种货币现象。但是如果采取非市场的手段，硬性维持价格的稳定，就会出现实际产生了通货紧缩，但价格可能并没有降低下来的状况，而这种类型的通货紧缩就是隐性通货紧缩。

通货紧缩是比通货膨胀更危险的敌人，通货紧缩通常被认为是经济衰退的先兆，严重的通货紧缩将会造成经济的大萧条，使经济发展倒退几十年，并且在较长时间内难以复苏。难怪日本经济学家把曾经发生在日本的一场通货紧缩称为"可怕的通货紧缩幽灵"。很多经济学家由此得出一个结论："通货紧缩对经济所造成的损害要比通货膨胀大得多。"

假设一个自主经营的小裁缝店在1年前从银行借了100元，那时候一件上衣的价格是100元。到了通货紧缩时期，货币的价值大幅上升，而价格却大幅下降。假设1年后，一件上衣的价格变成了50元，这位裁缝店在1年前制作1件上衣就可以还掉的贷款，在1年后却要制作2件上衣才能还掉。也就是说，人们为了还债，必须要付出双倍的劳动。

经济学有句话叫通缩比通胀更可怕，宁要通胀不要通缩。在通货紧缩的情况下，如果消费者能维持原有的收入，那么物价的下降将提高消费者的生活质量，但是很多情况下企业会因利润下降被迫降薪或裁员。

由于通货紧缩形成的原因比较复杂，并非由单一的某个方面的原因引起，而是由多种因素共同作用形成的混合性通货紧缩，因此治理的难度甚至比通货膨胀还要大，必须根据不同国家不同时期的具体情况进行认真研究，才能找到有针对性的治理措施。

反思我国通货紧缩局面的形成，无不跟政府主导型发展战略有关，像国有企业大量亏损、失业现象严重、重复建设造成经济结构的扭曲，短缺与无效供给的并存都与政府对市场的过度干预紧密相连。因此，要想尽快走出通货紧缩的困境，必须加大改革力度，充分发挥市场机制的作用，增强企业的活力，使其真正发挥促进经济发展的关键作用。

一般而言，要治理通货紧缩，必须实行积极的财政政策，增加政府公共支出，调整政府收支结构。就是要在加大支出力度的基础上，既要刺激消费和投资需求，又要增加有效供给。而通货紧缩既然是一种货币现象，那么治理通货紧缩，也就必须采取扩张性的货币政策，增加货币供给，以满足社会对货币的需求。作为中央银行可以充分利用自己掌握的货币政策工具，影响和引导商业银行及社会公众的预期和行为。在通货紧缩时期，一般要降低中央银行的再贴现率和法定存款准备金率，从社会主体手中买进政府债券，同时采用一切可能的方法，鼓励商业银行扩张信用，从而增加货币供给。财政政策与货币政策的配合运用，是治理通货紧缩和通货膨胀的主要政策措施。

谁是造成通货紧缩的罪魁祸首

在通货紧缩时期，汽车生产商仍然在生产卖不出去的汽车。库存增加是因为没有销路的商品在错误的信息引导下不停地被生产出来。人类对物质的占有欲是无限的，每个人都想开豪车。然而，想到价格和维护费用，拥有它的乐趣显然敌不过牺牲金钱的痛苦。

有谁不想住好房子？按照目前的房价水平和月薪水平，想要住好房子必须每天工作 12 小时，并且连续工作 30 年，尽可能地省去一切享受性的开销。如果你想每天舒服地工作 6 个小时，节假日还想去旅游度假的话，就要打消这个买好房子的念头。如此说来，最重要的影响因素是价格和生产力。

早在 20 世纪 90 年代初经济泡沫破灭后不久，在日本经济运行与发展中就开始出现一系列通货紧缩性迹象。对此，日本政府虽然一再告诫"日本经济正面临着陷入通货紧缩恶性循环的危险"，但始终都未承认日本经济已经处于通货紧缩状态。直到 2001 年 3 月的阁僚报告会上，政府才公开认定"现在日本经济正处在缓慢的通货紧缩之中"。

经济学者普遍认为，当消费者价格指数连跌三个月，即表示已出现通货紧缩。通货紧缩就是生产过剩或需求不足导致物价、工资、利率、粮食、能源等各类价格持续下跌。人类比以往任何时候都具备按需生产的能力，所以积压的库存是不会太多的。

通货紧缩在还没有发生产品积压的时候就已经开始了，到了现在——通货紧缩的高峰期，库存量反而在增加。究其原因，是因为错误的政府政策和漏洞百出的统计信息使得企业难以预测和规划未来。

尽管不同国家在不同时期发生通货紧缩的具体原因各不相同，但从国内外经济学家对通货紧缩的理论分析中，仍可概括出引起通货紧缩的一般原因：

1. 紧缩性的货币财政政策

如果一国采取紧缩性的货币财政政策，降低货币供应量，削减公共开支，减少转移支付，就会使商品市场和货币市场出现失衡，出现"过多的商品追求过少的货币"，从而引起政策紧缩性的通货紧缩。

2. 经济周期的变化

当经济到达繁荣的高峰阶段，会由于生产能力大量过剩，商品供过于求，出现物价的持续下降，引发周期性的通货紧缩。

3. 投资和消费的有效需求不足

当人们预期实际利率进一步下降，经济形势继续不佳时，投资和消费需求都会减少，而总需求的减少会使物价下跌，形成需求拉下性的通货紧缩。

4. 新技术的采用和劳动生产率的提高

由于技术进步以及新技术在生产上的广泛应用，会大幅度地提高劳动生产率，降低生产成本，导致商品价格的下降，从而出现成本压低性的通货紧缩。

5. 金融体系效率的降低

如果在经济过热时，银行信贷盲目扩张，造成大量坏账，形成大量不良资产，金融机构自然会"惜贷"和"慎贷"，加上企业和居民不良预期形成的不想贷、不愿贷行为，必然导致信贷萎缩，同样减少社会总需求，导致通货紧缩。

6. 体制和制度因素

体制变化（企业体制、保障体制等）一般会打乱人们的稳定预期，如果人们预期将来收入会减少，支出将增加，那么人们就会"少花钱，多储蓄"，引起有效需求不足，物价下降，从而出现体制变化性的通货紧缩。

7. 汇率制度的缺陷

如果一国实行钉住强币的联系汇率制度,本国货币又被高估,那么,会导致出口下降,国内商品过剩,企业经营困难,社会需求减少,则物价就会持续下跌,从而形成外部冲击性的通货紧缩。

在全球范围内通货膨胀爆发的原因并不完全相同,目前从我国来看,在通货膨胀压力下发展的经济,主要是由内外两种因素共同造成的。

1998年,由于受到亚洲金融危机的影响,我国国内出现了有效需求不足和通货紧缩趋势明显的问题。在这种情况下,我国政府果断决定实施积极的财政政策,不仅有效抵御了亚洲金融危机的冲击,而且推动了经济结构调整和持续快速增长。

2004年以来,我国经济开始走出通货紧缩的阴影,呈现出加速发展的态势。但也出现了部分行业和地区投资增长过快等问题,通胀压力不断加大。在这种情况下,从2005年起将积极的财政政策转向稳健的财政政策。

对形成我国通货紧缩局面的主要原因,存在着不同看法。有的学者认为,导致我国通货紧缩的主要原因不在国内,而是由国际通货紧缩的大背景决定的,亚洲金融危机不仅使世界经济增长率大幅度下降,而且使生产能力大量过剩,需求减少,导致国际商品价格大幅度下降;同时,东南亚一些国家和地区为摆脱危机,大幅度贬值本国货币,向世界市场低价出口其商品,大大增加了我国商品出口的竞争压力,而商品出口已成为我国总需求的重要组成部分,出口的受阻,必然影响我国的需求,因而出现了通货紧缩。

更多的学者认为,外部冲击只是一个诱因,导致我国通货紧缩的主要原因只能在国内寻找,而且要从总量、结构和体制等角度去寻找。我国正处于制度变迁和转型时期,由于原来的稳定预期被打破,居民的消费行为变得更为保守,都在推迟消费需求,而现实消费需求的不足则会使商品过剩;我国多年来盲目投资,重复建设,形成了极不合理的产业结构和生产结构,而低水平生产能力的大量过剩,必然造成众多产品供大于求,引起物价下降,出现通货紧缩;面对通货紧缩局面的慢慢形成,由于缺乏经验,货币政策调整的滞后,加剧了通货紧缩的形成。

政府应该如何治理通货紧缩

2010年5月4日,诺贝尔经济学奖得主保罗·克鲁格曼警告说,日本式的通缩已初露端倪。

英国中央银行英格兰银行行长默文·金12日指出,2010年下半年直到2012年底,英国的通货膨胀率将低于政府确定的2%的目标;同时,英国经济的衰退程度比以前估计的严重,而且即使经济开始复苏,步伐也将是缓慢的。

2010年6月英国通胀水平达到了1.8%,低于5月的2.2%,创下自2007年9月以来的最低纪录。英国央行同时预计,通货膨胀率还可能暂时跌破1%。这一报告也显示,英国经济正面临陷入通缩的风险。

通货紧缩是指货币供应量少于流通领域对货币的实际需求量而引起的货币升值，从而引起的商品和劳务的货币价格总水平的持续下跌现象。

购买力上升，影响物价之下跌，造成通货紧缩。依据诺贝尔经济学奖得主保罗·萨缪尔森的定义："价格和成本正在普遍下降即是通货紧缩。"经济学者普遍认为，当消费者物价指数（CPI）连跌两季，即表示已出现为通货紧缩。通货紧缩就是物价、工资、利率、粮食、能源等统统价格不能停顿的持续下跌，而且全部处于供过于求的状况。

很多人会认为，这不是正代表着抑制通货膨胀的目标实现了吗？这是好事啊。其实不然。这就是通货紧缩，整体物价水平下降，是一个与通货膨胀相反的概念。

长期的货币紧缩会抑制投资与生产，导致失业率升高及经济衰退。因为物价的持续下降会使生产者利润减少甚至亏损，继而减少生产或停产；同时使债务人受损，继而影响生产和投资；生产投资减少又会导致失业增加居民收入减少，加剧总需求不足。通货紧缩是比通货膨胀更危险的敌人。

2008年下半年，韩国几家经济报曾刊载过股神沃伦·巴菲特的新闻。舆论媒体在新闻中引用了沃伦·巴菲特在《纽约时报》刊登的文章中的一句话："买美国股票吧，我也在买。"并像沃伦·巴菲特那样告诉人们："现在的股票价格已经到达最低点，以投资的长远目光来看，正是购买股票的好时机。"媒体的这种宣传误导了很多散户投资者买进股票。

事实上，舆论只是想让我们产生错觉而已。因为沃伦·巴菲特通过《纽约时报》力劝人们购买的是美国的股票，而不是韩国的股票。可是韩国新闻却报道巴菲特劝买的是全世界的股票，结果使众多散户投资者陷入了混乱之中。

通货紧缩时期由于信贷紧缩，跟我们生活密切相关的房地产和股票价格开始下跌。这一时期，各国中央银行会通过下调基准利率以期能增加市场流动性。各商业银行因为可以低利率融资，所以极力把筹得的资金贷给个人或家庭。它们努力通过这种方式遏制股票和房地产价格的下跌。但是，中央银行下调基准利率后，股票和房地产的价格并不会上升。中央银行持续下调基准利率反而成为经济衰退恶化的信号。

下面以我国存在的通货紧缩为例，提出治理通货紧缩的一般措施，包括以下几个方面：

一是宽松货币政策。采用宽松的货币政策，降低利率，可以增加流通中的货币量，从而刺激总需求。

二是宽松财政政策。扩大财政支出，可以直接增加总需求，还可以通过投资的"乘数效应"带动私人投资的增加。

三是调整经济结构。对由于某些行业的产品或某个层次的商品生产绝对过剩引发的通货紧缩，一般采用结构性调整的手段，即减少过剩部门或行业的产量，鼓励新兴部门或行业发展，如发展新能源汽车等。

四是增加人民信心。政府通过各种宣传手段，增加公众对未来经济发展趋势的信心。在通货紧缩时期，温家宝反复强调"信心比黄金更重要"。

五是完善社会保障。建立健全社会保障体系，适当改善国民收入的分配格局，提高中下层居民的收入水平和消费水平，以增加消费需求。

在通货紧缩时期，如泡沫般不断膨胀的资产价格也开始试图寻找一个合适的价格水平。任何领域都不会一直下跌至底。这不是媒体、政府能够操控的，只有依靠市场的自我调节——唯有当价格下跌到一个市场认可的、合适的水平时，价格才会停止下跌。日本经历了通货紧缩，在过去近 20 年的时间内，住房价格一直在下跌。日本政府和中央银行在这"失去的 20 年"里，虽然持续实施了通货再膨胀政策，试图诱使通货膨胀发生，并没有取得任何效果。我们不应该忘记日本房地产市场的教训。

第二十六章　资产价格泡沫的国际传播

——了解资产泡沫要学的金融学

泡沫的产生：风起青萍之末

我们在倒啤酒的时候有这种经验，明明是倒了满满一杯，但泡沫下去以后杯中酒却所剩无几。如果把这充满泡沫的酒当作幸福的寄托，那么这句话就最恰当不过：幸福就像泡沫，脆弱而易消逝。是的，泡沫是酒杯里虚胖的酒，只是酒杯的虚假繁荣。

泡沫意味着缺少实体的支撑，泡沫经济则因为虚拟资本过度增长，与虚拟资本相关的交易持续膨胀最终逐渐脱离实物资本的增长，造成经济的虚假繁荣，最终当泡沫破灭时会导致经济崩溃，甚至社会动荡。

1986 年 12 月到 1991 年 2 月之间，这是日本战后的第二次经济大发展时期。随着大量投机活动的全面展开，日本的经济在周边国家一片萧条的背景下开始飞速发展，似乎在瞬间，一个普通的发展中的国家就变成了遍地黄金的富裕之地。1989 年日本迎来了投机经济的最高峰，资产价格仍然一路飙升，但是因为泡沫资产价格上升过快而无法得到实体经济的支撑，最终开始出现危机。1991 年日本泡沫经济开始正式破裂，日本的经济像一座建立在泡沫上的高楼大厦，在泡沫破裂的瞬间崩塌。

泡沫经济从形成到破裂有一个过程，从 1986 年 12 月到 1989 年高峰之前，都是形成和繁荣阶段，直到高峰之后则开始走下坡路，最终泡沫破裂。因此泡沫经济可分为三个阶段：形成阶段、膨胀阶段以及破灭阶段。

泡沫状态是由于一种或一系列资产在一个连续的过程中陡然涨价，在价格上升的过程中不断引发人们的上涨预期，于是更多的买主又被吸引，更多的买主加入之后更加助推了这种资产的上涨趋势，于是人们在这种疯狂的涨势下很容易丧失判断力，忽略了资产本身的盈利能力，而所有眼光都压在了通过这种资产谋利的方面。然而，没有足够实体支撑的经济是不可能一直持续上涨升值的，随着涨势的逆转，价格最终会下滑甚至暴跌，最后便是金融危机甚至发展成为经济危机。

说到底，泡沫经济的根源在于极度鼓吹虚拟经济，导致虚拟经济对实体经济偏离，虚拟资本的膨胀导致现实经济所能够产生的虚拟价值远低于虚拟资本，最终无法得到支撑而经济崩溃。

所谓现实资本，就是以生产要素形式和商品形式存在的实物形态的资本，比如钢铁厂生产出钢铁，织布厂生产出布匹，玩具厂生产出玩具，那些产品是我们能够实实在在看得见摸得着的东西。

与现实资本相对，虚拟资本则主要是以有价证券的形式存在的，如同股票、债券、不动产抵押单等。人们在进行股票债券交易的时候，交易者持相关账户进行交易，虽然是与众多数字打交道，但并未能接触实物产品。

在实物经济的世界里，是不会产生泡沫的。这很容易理解，因为双方是以实物形态为媒介，是等价交换，并未产生不合实物的价值符号。而虚拟资本的运作则不同，它们可以产生大量的超过实体经济的资本。所以一般认为，泡沫经济总是起源于金融领域。

然而，经济是一个整体，尤其是全球经济如此紧密相连的今天，不仅各行各业联系紧密，各个国家的经济联系也非常紧密。不同行业和不同经济体之间的渗透力是相当高的，任何一个环节出现问题都有可能引发全局性的问题。

随着雷曼兄弟破产、美财政部和美联储接管"两房"以及美林"委身"美银，AIG告急等一系列事件的爆发，震惊美国乃至震惊全世界的美国金融危机爆发。这次危机起因于商业银行的次级贷款，在商业银行放出次级贷款之后，又将其转手卖给投资银行，投资银行又将其打包卖给全世界，于是引发了世界性的金融危机。

2008年金融危机印象最深刻的是沿海很多外贸企业破产，很多人失业，导致了一度的返乡潮。随着美国金融危机的影响，中国也迎来了股市的暴跌，2007年股市的大好景象如今只能是刻在股市历史上的一道风景线，让人们记忆深刻的应该是从6000点到3000点的弧线。

由此看来，泡沫经济前期主要是经济的繁荣期，这段时间里大家的感觉都是美好的，因为人人都会从繁荣的经济中获利，大家都感觉自己的资产更多，幸福感更重。股市的利好给投资者带来更多收益，房产市场的景气能让地产投资者更有信心，从事房产经营或者使房东们收入更加稳定，投资者也更乐意投资。金融衍生品会越来越多越来越丰富，交易也越来越频繁，与此相对应，信用的透支也会越来越严重。然后，这背后确实存在着巨大的陷阱和深层危机。

当股市泡沫破裂，股价大幅振动并下跌，痛失资金的仍是投资者；当房地产动荡，地产泡沫破裂，曾一度居高不下的房价突然下跌，房产投资者们将迎来残酷的寒冬。无论是股市还是地产，无论是其他金融衍生品交易还是任何一个借贷或者保险信用环节发生问题，最终整个大盘必定会受到牵连和影响。而且，以往的泡沫经济现象表明，泡沫经济持续的时间越长，发展的程度越高，牵连的资本体或者行业越广，则泡沫破灭以后对经济、对社会的危害越大、越持久、越深刻。

滚滚而来的资金和资产泡沫

经济泡沫问题古已有之，只是于今为烈。17世纪荷兰的"郁金香狂热"、18世纪法国的"密西西比泡沫"和英国的"南海泡沫"，只要是接触过世界经济史的人都是耳熟能详的。中国古代历史上很少有经济泡沫的记录，如果不是进行严格范畴的界定，那么"洛阳纸贵"也可能是一种经济泡沫。资本主义与市场经济视经济投机为正常理性的行为，因此将经济泡沫无论在广度、频度、烈度上都不断推向新的极致，以致于我们今日之生活近乎与泡沫为伍。经济泡沫形形色色，当下人们最为关注的是房市与股市的疯狂，这就是资产泡沫。

在世界经济史上，一国往往因为经济政策不当而导致资产泡沫，而资产泡沫最后引致金融危机的事情屡见不鲜。资产泡沫最容易在股票市场与房地产市场生成，最典型的是日本资产泡沫和金融危机。

1985年，日本土地资产总值是176万亿日元，到1989年达到521万亿日元，四年上升近两倍。东京地价上涨尤为严重，1990年其商业区地价是1985年的2.7倍，住宅区地价是1985年的2.3倍。在地价飚涨的同时，股市价格也急剧上升。日经225股价指数在1985年为13083点，到1989年已上升至38916点，四年上升同样近两倍。"日本奇迹"泡沫巨大，最终幻灭的后果也严重而持久。20年后，日经平均指数还在1万点徘徊，是当年高峰的1/4，日本六个最大城市的平均住宅地价也只是20年前的1/3。

当今世界，凡是以房地产推动经济增长、促进社会繁荣的国家，最后几乎都未能逃过资产泡沫膨胀与金融危机的命运，似乎必然要遭受"摩天楼魔咒"。通常在一国经济上扬过程中，该国政治家或企业家一般豪情万丈，大家都通过兴建摩天大厦来"宣扬国威"。远有1908年纽约胜家大厦、1931年帝国大厦及1974年芝加哥的威利斯大厦；近有1997年落成的吉隆坡双子塔、2004年启用的台北101。这些摩天大厦建成之日，通常差不多也就是泡沫经济破灭、金融危机爆发之时。有经济学家做了苦心研究，发觉"摩天楼魔咒"的灵验程度还不低。舞会有曲终人散之时，色彩斑斓的泡沫也有最终爆破的一天，真所谓"眼见他起朱楼，眼见他宴宾客，眼见他楼塌了"，一个个试图要刺破青天的摩天楼由此往往成为见证轻狂岁月的标志。

1997～1998年的东南亚金融危机，资产泡沫也扮演了重要角色。20世纪90年代后，菲律宾和马来西亚房地产价格在最高和最低时的比率达到了3倍和2倍，泰国和印度尼西亚房地产最高和最低价格的比率分别为1.25和1.32倍，相对较小，但这两个国家房地产的空置率却远较马来西亚高，分别达到了15%和10%，1997年以后不动产供给过剩的现象更加严重。空置率居高不下是房地产泡沫形成的一个显著标志，因为投资者购买房产并非使用，而是套利。

就当前的情况来看，短期国际资本涌入新兴经济体将助长其已经初步形成的资产价格泡沫风险。美欧日等主要发达国家经大幅降息后，利率仍然保持接近于零的低位，而新兴经济体利率均高于发达国家，过多的流动性在全球涌动，特别是欧美发达国家重启第二轮量化宽松政策后，套利资金重新大规模涌入新兴经济体，一些新兴经济体成为短期国际资本（俗称国际游资或热钱）觊觎的对象，包括股市、楼市在内的资产泡沫再一次被急剧放大。

就世界经济史来看，资产泡沫越大，爆破时破坏力也就越大。对于资产泡沫的产生，结果不外乎流动性催生出来的，政治家或金融家吹出来的，还有投资者跟出来的。一个超级资产泡沫的诞生通常都是伴随着宽松的货币政策环境，正是宽松的货币政策，产生过多流动性（就是容易得的钱，是投机资金，是游资），累起泡沫的土壤，播下泡沫的种子。金融资本总是不断争取自己的最大自由，最好不受任何约束与监管，而监管缺失的金融投机则成为资产泡沫酵母。如此，金融投机在低成本资金、高财务杠杆、高债务的基础上，迅速做大一个个资产泡沫。当然，在这个对知识崇拜的时代，经济泡沫的不断膨胀少不了经济学家的帮腔，他们不断撰文表示，资产泡沫有利于激发"财富效应"，如楼价与股价上涨有助于消费者增加开支，股价上升有助企业融资与再投资，更加有利于经济增长。

在资本向新兴经济体大量流动的过程中，有几个特点需要格外引起关注：第一，当前资本流动中有大量短期投机资本（即俗称的"国际游资"或"国际热钱"），这为宏观经济管理带来了政策挑战。由于新兴经济体处于复苏的先行者地位，经济增长的前景以及利率上行的可能性引致投机资本的流入，增加了政策管理的难度。第二，银行资本在收缩中。与2007年相比，私人信贷从2008年开始下降，其中2009年借贷为净流出，这与国际银行的去杠杆化有关，2010年估计将下降73%。目前，这种收缩的状况还在保持，特别是小型与信用级别较低的公司的借贷难度加大。第三，新兴经济体内部的资本流动在增加。新兴经济体在2007年的经常性账户盈余成为持有发达经济体大量债权的原因。由于美元汇率的不稳定以及国债收益率的波动，导致当前持有发达经济体资产的收益在下降。

理性繁荣和非理性繁荣

在人类对市场进行了或理论或抒情的狂轰滥炸式的描述后，理性和非理性的边界似乎已经模糊了。找到边界也许并不比格林斯潘在上世纪90年代的决策简单多少，他深邃地洞见了市场的非理性繁荣特质，却不愿用更强硬的货币政策来浇湿市场的热情，不管格林斯潘是不是预见到了这一幕，希勒所预言的泡沫破裂最终还是发生了。

我们一直以殚精竭虑的努力，来试图描绘呼唤金融和市场的理性繁荣。当然，也包括记录非理性繁荣的征候。

在我们的梦中，和金融市场相关的理性繁荣大致有这样一些面容：相信市场的力量，也恰当适时地弥补市场失灵；坚定推进结构改革，也精心设计选择最可行的方案；有战略勇气魄力和胸怀，也审时度势并不冒进；充满远见高瞻远瞩，也脚踏实地选择最优路径；着力于基础架构的建设，也动态敏锐捕捉瞬息万变以修正决策和对策……

在经济学不断自我完善的旅途上，"完全理性"已经逐渐被"有限理性"所取代。不过，由于可获信息的有限性和人类情感和行为的缺陷，最为"市场化"的金融市场确实给有限理性的铺陈留下了很多的局限，尤其是当个人、机构的"有限理性"最终聚合为市场的整体理性时，完美的市场模型往往失灵，套利限制就是一个最典型的例子。不过，当人们说起"非理性繁荣"，更多的含义是说价格已远被高估，泡沫已被吹起。人类历史上无数次市场泡沫的堆积和破裂给理性和非理性的争论留下了这样的注解：只要是泡沫，就必然会破裂，这个总会回到均衡点的神奇功能可能才是市场的最大理性。

赚钱之心，人无不有；赚钱之术，人有不有。在中国现今的股市中，庄家有庄家的能耐，散户有散户的招数，这早就不是什么秘密，但结局却总是有亏有盈。可是既然如此，为什么总是有人要甘愿冒赔掉本钱的风险，也要拿出他那一点菲薄的收入去股市里"跟庄"呢？无论是机构投资者还是个体投资者，都难以摆脱各种"非理性"因素的影响。即使投资者是在追求一种理性的目标，往往也是难以实现的。亏了想翻本，赚了的还想赚得更多，市场就这样被自我放大、自我增强起来。于是，"社会传染病"也就由此而生。

当人们无法利用掌握的信息进行理性判断时，他们就会依据这些行为模式行事。例如：

在美国的南加利福尼亚，当时人们从全美国四面八方聚集到那儿参与住房的投机。整个美国的报纸长篇地赞美加利福尼亚宜人的气候、美丽的景色以及加利福尼亚人式的生活方式。早晨起来你开始观光，在你到达的第一个街区就会看到在建的大楼，并且随着你的旅程的延续，你看到的会更多。那首老歌总是在你的脑海里萦绕："我的眼睛看到了主的荣耀。"你十分自然地想用"我的眼睛看到了繁荣的奇妙"来替代。

"这是怎么回事啊？"你问。我们回答："繁荣。""那么，什么是繁荣呢？"你再问。我们将同样的询问抛向了生活在各个领域中的几十个人，但没有一个人能给我们一个答案。有人告诉我们这是这个国家前所未有的金融及经济现象。我们问这种现象是否可以持续，得到的回答是，正如它不请自来一样，也有可能不辞而别。

从这些发表在19世纪80年代繁荣时期的美国各地报纸上的文章来看，当时的繁荣感觉上是全国性的，因为全国各地几乎每个人都在谈论这件事，而且来自其他州的许多人都涌入南加利福尼亚并参与其中。但没有任何证据表明出现过全国性的事件，人们也不会认为这种繁荣会传递到他们的城市。与这次繁荣有关的文章总是强调这是加利福尼亚的繁荣，对该地区罕见美景和宜人气候的追捧也推动了这次繁荣。

疑惑仍然没有能够完全消除。加利福尼亚是一个广大的地区，宜人的气候遍布该地区的大部分地方，而且在19世纪80年代，还存在着相当数量的可以用来建造住房的农场和尚未开发的土地资源。但令很多人大惑不解的是，只有加利福尼亚的城市成为独一无二、令人神往的地方，因此也让那里的房子拥有了独特的价值，而且这种价值还一直保持到了现在。

那么我们将怎样证明在19世纪80年代，花如此高的价钱在那里买下一栋房子的合理性？因为就在距离他们房子不远的地方，花同样的钱，可以买到一处很大的农场。从某些方面看，他们的选择当然是正确的：南加利福尼亚城市区今天的地位仍然非常重要——这些地区扮演着社交、文化和经济活动中心区的角色。如果要说当时他们有什么没想到的话，那只是他们没想到19世纪80年代以后的住房价格竟然会如此之高，如此之快。人们把价格突然上升的原因归于在美国范围内非常意外地发现了像加利福尼亚这样的城市的重要地位，而没有将此归结到繁荣的心理影响方面。正如我们所看到的，确实有 些人好像也知道繁荣的心理学反应。但更多人并不清楚这一点，而且他们本身也没有足够的智慧来对人性的本质作出判断，甚至没能意识到他们其实已经被卷入了一个非常特别的市场心理旋涡之中。这里所说的"他们"就是指那些购买了房产，推动了繁荣的人。

每一场繁荣都需要有一个故事——一个能让人深信不疑的故事，一个能说明价格的上涨是合理的而不是暂时失常的故事。当然，推高市场的整个过程时间那么长，也不是所有人都对这样的故事一直深信不疑。

这种对泡沫真实属性理解上出现的缺失，根本不可能让人们对所接收到的信息作出理性的反应，因为这些芸芸众生在当时的情形下正自我陶醉在观念传染的心情故事之中。这个用来证明泡沫合理性，而且对某些人来说听起来似懂非懂的故事被慢慢地扩散，通过观念传染向四处传播。在一个新泡沫形成的过程中，伴随着把住房描绘成每个人都可以投入的最好的投资项目这个说法，它的传染率很高就是再自然不过的事了。

所以不要轻信现实中的繁荣景象，它完全有可能是非理性且难以持久的。

资产泡沫与银行危机

2001 年 6 月，英国中央银行公布了一份研究报告，开宗明义地概述了目前全球银行业发生的危机。在过去的 1/4 个世纪里，与在此之前的 25 年相比已迥然不同，许多银行危机在全世界陆续出现。

银行业是金融业的主体，在一国社会经济生活中具有非常重要的地位，也关系到广大的民众。银行业危机的影响之大也非一般行业危机可比，它可能会波及一国的社会、经济、政治等方方面面。引发银行危机的往往是商业银行的支付困难，即资产流动性缺乏，而不是资不抵债。只要银行能够保持资产充分的流动性，就可能在资不抵债、技术上处于破产而实际上并未破产的状态下维持其存续和运营。

20 世纪 90 年代以来，世界金融业呈现出起伏动荡的态势。银行危机具有多米诺骨牌效应。因为资产配置是商业银行等金融机构的主要经营业务，各金融机构之间因资产配置而形成复杂的债权债务联系，使得资产配置风险具有很强的传染性。当资产泡沫破灭的时候，银行也会破产。则单个或局部的金融困难就会演变成全局性的金融动荡。

1929 年到 1933 年期间，美国大约有三分之一的银行倒闭。不同于今日的是，当时并没有存款保险，所以当银行倒闭以后，储户的存款也随之遭受损失，而政府也没有钱来补偿在倒闭银行里损失的存款。另外值得一提的是，存在这些倒闭银行中的绝大多数存款是在繁荣时期赚来的，而这种繁荣也是在信贷宽松的情况下形成的。如果信用扩张的速度没那么快，那么经济的增长就会趋缓，存款获得的回报自然就变少了。换句话说，这些在银行破产中毁于一旦的存款，绝大多数是在破产前的经济泡沫中创造的。

一旦银行倒闭、存款消失，货币供给就会随着存款基础的崩溃而一蹶不振。这么多财富在银行体系中被毁灭，或者说货币供给急剧下降，正是让经济大萧条变得如此严重和持久的原因。

对此，政府必须审慎地对银行进行监管。美国通过了许多相关法案，成立联邦存款保险公司向大众提供存款保险。法律制定者都相信，存款保险可以增强公众对银行体系的信任，进而降低银行挤兑和倒闭的可能性。在银行倒闭的事件中，存款保险能够缓解其对货币供给以及经济造成的负面影响。

如果要让储户避免受到银行的拖累，政府付出的代价将非常高。对某些国家来说，这些财政成本甚至高达国内生产总值的 55%。从 1980 年起，若干国家还经历过两次或两次以上的银行危机，如阿根廷、印度尼西亚、马来西亚、菲律宾、泰国及土耳其等国。许多危机至今还在持续，如阿根廷所发生的银行危机到现在还十分严重。该国政府已经受到严重的债务拖累，无法筹措到足够的资金来偿还公众的存款。储户在辛苦赚得的积蓄受损后，通常都会以暴力回应，因此在 2001 年阿根廷政府就因流血冲突不断而垮台，政治陷入极不稳定的状态。

以史为鉴，美国的金融部门很可能会受到经济危机的严重打击。资产证券化或许会把商业银行的风险降至最低。可是，由于 20 世纪 90 年代过度扩张造成的弊病，很可能在未来对金融业造成严重损害。不管这些危机是出自于保险业、政府支持的企业还是银行业，政府出于政治的需要都会被迫支出庞大的资金来收拾残局。

从美国未来 5 年的发展形势来看，财政赤字会随着税收的减少和财政刺激计划支出的不断增加而日益恶化。在这种情况下，政府救助金融业所付出的代价必定越来越大。前景不容乐观，尤其是考虑到政府在社会保障方面的资金补足后，就更没有轻松的理由了。

美国政府采取的观点是必须对银行谨慎地加以规范和监控，这样才能避免银行破产。换句话说，在任何一家银行的倒闭事件中，政府的政策就是干预，把银行储户损失的钱重新归还给他们，以预防银行倒闭的风潮波及其他银行，引起储户的恐慌，避免货币供给紧缩对经济造成损害。

目前，在国际货币基金组织的影响下，近 30 年来经历过银行危机的绝大多数国家都以政府财力做后盾，贷款给储户以弥补储蓄损失。不论在银行倒闭前是否存在正式的存款保险制度，各国通常都会执行这一政策。一般来说，如果银行出现危机，而且过去没有正式的存款保险制度，政府就会宣布银行体系的所有存款都会受到政府的担保。多数国家都会这么做以预防银行体系陷入更大的危机，进而防止对银行部门、货币供给及整个经济造成进一步损害。另一方面，政府在对所有储户提供担保的同时，也承担起相应的义务，对储户在银行倒闭时遭受的损失提供补偿。

但是，我们也应该理性地认识到，目前仍然存在各种理由表明银行危机还会不断发生，而且程度也会越来越严重。因为最近几年，当美国经常账户赤字像气球一般膨胀到史无前例的程度时，国际收支的不稳定性还将恶化。只要从美国流出的美元继续在全球泛滥，那么新一轮的资产价格泡沫就一定会如期发生。

房地产崩塌及衍生品泡沫破裂

Ruty 毕业于英国剑桥大学，五年前涉足房地产业。在过去的几年中，由于房地产市场异常红火，房价扶摇直上，贷款政策也异常宽松。在此期间，Ruty 在新泽西州先后对多处房地产进行投资，装修之后再高价转手。但是当房地产市场进入熊市，房屋价格大幅下滑，她已经不再赚钱。她现在持有四套房产，两处是在新泽西，一处在佛罗里达，另外一处在纽约布鲁克林。由于面临按月还贷的压力，这些房产随时都有可能被银行收走。在新泽西出租的房产建于 2002 年，当时的开发商在底层的车库后面又连了一层带厨房和卧室的一居室公寓。这样本来供两房家庭住的公寓可以出租给三户人家。但是最近市政府忽然禁止出租这所谓的第三套公寓，违规者罚款 4000 美元，而且租客必须搬出。

由于这个原因，Ruty 的租金收入下降为原来的 2/3，只有 2600 美元，而这栋房产的月供是 4000 美元。纽约布鲁克林的豪宅是 Ruty 最喜欢的，两年前她以 93.5 万美元的价格买下这处房产，装修又花掉 6 万美元。在房地产最红火的时候，这栋房子的价格曾经达到 120 万美元，但也仅仅是曾经而已。Ruty 表示即使卖幢这幢房子也不能还清债务。

当时，美国房价上涨不是普涨，各个州之间差异较大，暴涨狂升的主要是大城市的产权公寓以及部分地区的家庭别墅。特殊地区和特殊类型的房屋的暴涨是拉动美国整体房价上扬的重要因素。纽约、芝加哥、旧金山、波士顿等大城市最近几年豪华公寓的价格上涨幅度都在 100% 以上，纽约曼哈顿地区豪华公寓平均价格上涨幅度达到 153%，其中一些新开发区域的公寓价格更是暴涨 318%，而数量是豪华公寓好几倍的合作公寓售价在四年里仅上涨了 36%。夏威夷州、加利福尼亚州、佛罗里达州等风景旅游区集中的八个州 2005 年房价涨幅均超过 20%，而位于南大西洋的北卡罗莱纳州、乔治亚州、南卡罗莱纳州以及西弗吉尼亚州涨幅不超过 10%。

美国的次贷危机开始于房价下跌，然而房价下跌仅仅是次贷危机的导火索，或者说是压死骆驼的最后一根稻草，并不是次贷危机的根本原因，次贷危机从本质上讲是一种泡沫的破裂。

泡沫就像一个幽灵，在最近 30 年游荡在地球村，骚扰着不同的人家，几乎当今世界所有主要的经济体都曾吃过它的苦头。泡沫破裂的故事在当今世界经济中可谓愈演愈烈，正如现任美联储主席伯南克所言："从 20 世纪 80 年代起，主要工业国家均经历了股票和房地产价格'泡沫兴起—泡沫破灭'的多个显著周期，全球金融体系不稳定性明显的增加。"

在次贷危机之前，人类历史上有九大著名的泡沫，最早的当属 17 世纪的荷兰郁金香泡沫。"房地产泡沫"就是资产泡沫的一种，它是以房地产为载体的泡沫经济。一般是指由房地产投机引起的房地产价格脱离市场基础价格的持续上涨现象。通常表现为在经济繁荣期，地价飞涨形成泡沫景气，但到达顶峰状态后，市场需求量急剧下降，房价大跌，泡沫也随之破灭。因为建筑产品系劳动产品，其价格相对比较稳定、比较容易判别，所以房地产泡沫实质上是指地价泡沫。地价泡沫则是指土地价格超过其市场基础决定的合理价格而持续上涨。

根据经济学的解释，房地产泡沫是由于虚拟需求的过度膨胀导致价格水平相对于理论价格的非平稳上涨。泡沫过度膨胀的后果是预期的逆转、房屋的高空置率和房价的暴跌，即泡沫破裂，它的本质是不可持续性。

房地产泡沫的存在意味着投资于房地产有更高的投资回报率。在泡沫膨胀期间，大量的资金集聚于房地产行业，投机活动猖獗。而一旦这个泡沫破灭，经济和社会结构就会失衡，而且还极易带来金融危机、生产和消费危机以及政治和社会危机。

就像历史上所有的泡沫一样，是泡沫就有破灭的那一天，只是或早或迟的问题。从 2004 年开始，美联储开始不断调高基准利率，次级房贷的利率也不断水涨船高，低收入家庭承担的利息越来越重，还款的压力越来越大，终于开始不堪重负——很多低收入的家庭开始选择违约。从 2004 年开始，次级按揭贷款的违约率不断攀升，次级贷款"高风险"的一面开始显露出来，而且人们渐渐发现次级贷款的违约率比当初预想的要高得多！

这个信号传导到次级债券市场便是"次级债券的基础资产出现了问题——流入资产池的现金流将大大低于预期"。一时间，次级债券的价格暴跌，接着是发行次级债券的贝尔斯登等公司的股票价格暴跌，然后是投资者对整个美国经济前景的担忧，继而是美国整个金融市场的大动荡，巨大的房地产泡沫一瞬间破灭并且消失在空气中。

日本泡沫经济的兴起、破灭与后果

日本泡沫经济的基本特征是资产价格泡沫，从 1985 年起脱离了经济基本面支持，形成泡沫。现在一般认为，1985 ~ 1986 年为日本泡沫经济形成期，1987 ~ 1989 年为膨胀期，1990 年以来，日本股价、房地产价格相继急剧暴跌，泡沫经济破灭，日本步入长期萧条时期。

川濑从东京理工大毕业后就职于一家公司，不到 40 岁就成了公司的核心技术人员，一直在东京品川公司总部工作。对公司发展贡献很大，基本工资近百万日元。1985 年，也就是泡沫经济形成初期，川濑辞职创办了一家住宅制作工厂。一起步就发展很顺利，到 1988 年，川濑不仅贷款扩大了生产规模，同时在东京的一等地还购买了一套近 2 亿日元的高档公寓。没想到，1990 年后，形势急转直下，工厂的订单几乎为零。川濑 1 亿 2 千万把东京的公寓抵押给了银行，希望渡过难关、保住工厂。可最终还是在 1997 年破产了。原公司的高层念川濑的能力和多年的交情又让他又回到公司，但是工资却只有 40 万。

日本泡沫经济期间，资产泡沫不仅存在于股票、房地产两大主流资产市场，同时蔓延到了文物、收藏品、珠宝乃至高尔夫会员证等另类资产领域，某些另类资产价格涨幅比主流资产价格涨幅有过之而无不及，如东京附近几家高级高尔夫球俱乐部会员证价格超过 100 万美元，相当于一个普通公司职员两三年的收入。但论对经济社会影响之大，仍以股票、房地产为最。

各家银行由于在泡沫膨胀时期深深地卷入资产市场，发放了大量房地产贷款和不动产及证券抵押贷款，并进行了大量股票投资，券商则大量投资于证券、股指期货、发放证券抵押贷款和提供担保，保险公司也依靠股市和房地产投资收益弥补因日元升值等原因遭受的对外证券投资亏损，资产泡沫急剧破灭导致日本金融机构全线陷入巨额亏损和呆账的泥潭，并且金融业的不良资产规模与日俱增。

1990 年新年伊始，日本的股票价格开始暴跌。1990 年 4 月，日经平均股价跌至 2.8 万日元，下跌幅度为 27.5%。8 月 2 日，海湾战争爆发，石油价格上涨，股价继续下跌，股市呈现空前的恐慌。1992 年 4 月，股价跌至 1.7 万日元。同年 7 月 22 日，又进一步跌至 1.4 万日元，下跌幅度达到 60%，突破了二战后日本股市的最大下跌纪录。继股市暴跌之后，地价也开始狂泄。到 1992 年，股票和地价的合计资产价格比高峰期下跌了 40 万亿日元，相当于日本名义国民生产总值的 88%。在 1991 年 7 月至 1992 年 7 月这 1 年里，京都住宅区地价下跌了 15.1%，大阪府为 27.8%，京都府为 27.5%。受地价跌风之影响，大批以不动产投资为主的企业陷入了不能自拔的深渊。

日本泡沫经济的兴起并急剧破裂，人口老龄化和德国统一造成的国际资本流动逆转等"天灾"的作用固然不可忽视，但主要还是日本经济缺陷及其自身决策失误的"人祸"所致。

就其自身的经济缺陷而言，日本是一个资源严重依赖进口的国家。要获取资源，日本必须要用他国需要的商品来进行交换。如果投向不动产的资金越来越多，日本整个产业结构和就业结构就会向不动产业倾斜。出口创汇的制造业就会萎缩，能够从他国获取的资源也就越来越少。10年、20年后，随着发展中国家的崛起，本来无价格优势的日本产品连技术优势也将会失去，再没有了可以和别国交换的商品，日本人对不动产的争夺就如同贫穷的村民去争夺无电、无暖、无气、无油的土坯草房。

在政府的决策方面，由于长期的创新能力不足，经济结构调整不力，致使过剩资本无从投入实体经济部门推动经济可持续发展，只能涌向资产市场吹大泡沫。而就中短期而言，在宏观层次上，错误的货币政策、扩张性过强的财政政策等对造就泡沫经济难辞其咎；在微观层次上，银行、企业、居民个人等微观主体投融资行为的演变又极大地放大了货币供给膨胀推动资产泡沫膨胀的作用，日本金融监管部门却盲目片面推行金融自由化，致使微观主体的道德风险未能受到有效遏制而极度膨胀等等，所有这一切因素相互促进，将日本经济推向了深渊。

1990年日本泡沫经济崩溃，日本经济近20年萧条的严重性表现在已经明显堕入流动性陷阱。尽管随后日本央行实行了宽松的货币政策，大幅调低央行贴现率，1995年至今的官方贴现利率几乎为零，先是引入零利率政策，后又引入定量宽松政策，随后又延长了短期资金供给，承诺未来将继续实行定量宽松的货币政策，并采取信贷宽松政策（购买商业银行持有的资产支持证券、资产支持商业票据、股票），但效果却非常的不理想。猛烈而又漫长的货币供给收缩导致物价持续低迷，物价低迷和通货紧缩又造成企业效益不佳、投资动力不足、失业率居高不下。

由于陷入流动性陷阱，20世纪90年代以来，昔日高度重视健全财政的日本政府不得不一再依靠财政刺激景气，致使财政欠账越积越多。财政赤字及中央和地方债务数字惊人，在工业革命以来的发达国家中堪称史无前例，人们纷纷担心今后利率上升和增税的问题，消费处于非常低迷的状态。虽然有小泉内阁曾推行财政改革，但由于日本社会老龄化导致社保负担加重、累积债务利息负担加重、经济增长和财政收入增长乏力等问题，财政状况一直未好转。

东亚经济奇迹和亚洲金融危机

在亚洲一些发展中国家和地区，它们在经济上并没有采取赶超的措施，却取得了快速的经济增长，成为世界经济发展中的明星。第一个成功的事例发生在日本，紧随其后的是地处东亚的韩国、新加坡、中国的台湾和香港。在过去数十年，这些国家和地区，它们的经济起点大致相同，但是却各自实现了完全不同的发展绩效，成为世界经济中高速、持续经济增长的典型，被誉为"东亚奇迹"。

与大多数的发展中国家和地区一样，日本和亚洲"四小龙"也是自第二次世界大战后从较低的经济发展水平上起步的。特别是亚洲"四小龙"国家和地区，其工业化水平在 20 世纪 50 年代初期仍然很低，资本和外汇十分稀缺。但是，这些国家的经济在二三十年的时间里持续、快速增长，并且随着资本、技术的积累，它们又逐步发展资本、技术密集型的产业，成为新兴工业化经济，进入或接近发达经济的行列。值得指出的是，在这些国家的经济中，高速增长还伴随着收入分配的相对均等、经济结构的优化以及一系列社会福利指标的提高。

关于日本、东亚"四小龙"何以能够成功地实现经济快速增长从而达到赶超发达经济的目标，学术界存在着种种不同的解释。有不少研究者的解释已经超出了经济范畴，以为这些国家的成功与经济因素无关。其中一种是从文化的角度进行解释。例如：

有人观察到日本和亚洲"四小龙"都深受儒家思想的影响，认为勤恳耐劳和奉行节俭的儒家文化是这些国家的经济实现成功赶超的原因。如果事实真正如此，其他国家实现经济成功发展的机会就相当有限了，因为文化是不同的，而且难以在短期内发生变化。然而问题在于，这些国家和地区长期以来就一直在儒家文化的濡染之下，但为什么它们并没有在 16 世纪、17 世纪率先实现现代化和经济发展？此外，同样受到儒家文化影响的许多其他国家并没有实现同样的经济成功，而许许多多与儒家文化无缘的国家却更早地实现了经济现代化？可见，用儒家文化解释不了"李约瑟之谜"，也无法回答东亚奇迹产生之谜，正如这种解释本身就否定了用所谓"新教伦理与资本主义精神"对著名的"韦伯之疑"所作解释的有效性一样。

还有一种解释是由一些从政治地理的角度观察问题的学者作出的。他们认为，由于长期的东西方冷战，美国和西方国家向日本和亚洲"四小龙"提供了大量的投资和援助，以期减弱社会主义阵营对这些国家和地区的影响，同时美国也更加乐于向这些国家和地区转移知识、技术和开放市场。然而，当年卷入冷战的国家远不止这些实现成功赶超的国家，为什么成功者寥寥无几？按照这个逻辑，亚洲的菲律宾和大量拉丁美洲国家都应该在这个成功者的名单上；而恰恰是这些国家成为经济发展不成功的典型事例。可见，由于冷战的需要而形成的政治因素对经济发展的影响，充其量可以视为促进成功的经济发展的辅助性因素，而远非决定性因素。

从理论上看，一个国家怎样才能发挥其比较优势呢？根据赫克歇尔—俄林模型，如果一个国家劳动资源相对充足，该国的比较优势就在于劳动密集型产业。如果这个国家遵循比较优势，发展轻工业即劳动密集型产业为主的产业，由于生产过程使用较多的廉价的劳动力，减少使用昂贵的资本，其产品相对来说成本就比较低，因而具有竞争力，利润从而可以作为资本积累的量也就较大。

日本和亚洲"四小龙"实行的是市场经济，政府又较早地放弃了赶超战略，因此，各种产品和要素的价格基本上由市场的供给和需求竞争决定，能够较好地反映各种要素的相对稀缺性，企业在做产品和技术选择时就能利用各个发展阶段显现出来的比较优势。此外，政府不对价格的形成进行干预，还可以减少社会中的寻租行为。这样，企业和个人要增加收益就只能通过提高技术水平和管理水平，私人的生产活动也就会是社会的生产活动。

亚洲金融危机(香港、台湾又称亚洲金融风暴)发生于 1997 年 7 月至 10 月,由泰国开始,之后进一步影响了邻近亚洲国家和地区的货币、股票市场和其他的资产价值。印尼、韩国和泰国是受此金融危机波及最严重的国家,中国香港、老挝、马来西亚和菲律宾也受到影响。而中国、中国台湾、新加坡受影响程度相对较轻(中国在此次金融危机前实行宏观调控,并因市场尚未完全开放,使损失得到减少)。

危机迫使除了港币之外的所有东南亚主要货币在短期内急剧贬值,东南亚各国货币体系和股市的崩溃,以及由此引发的大批外资撤逃和国内通货膨胀的巨大压力,给这个地区的经济发展蒙上了一层阴影。但是日本处在泡沫经济崩溃后自身的长期经济困境中,受到此金融危机的影响并不大。

亚洲金融危机导致东南亚国家和地区的外汇市场和股票市场剧烈动荡,大批的企业、金融机构纷纷破产和倒闭。例如 :

泰国和印尼分别关闭了 56 家和 17 家金融机构,韩国排名居前的 20 家企业集团中已有 4 家破产,日本则有包括山一证券在内的多家全国性金融机构出现大量亏损和破产倒闭,信用等级普遍下降。泰国发生危机一年后,破产停业公司、企业超过万家,失业人数达 270 万,印尼失业人数达 2000 万。

东南亚金融危机演变成经济衰退并向世界各地区蔓延。在金融危机冲击下,泰国、印尼、马来西亚、菲律宾四国经济增长速度极速下降,危机爆发的第二年,上述四国和中国香港、韩国甚至日本经济都呈负增长。东亚金融危机和经济衰退引发了俄罗斯的金融危机并波及其他国家。巴西资金大量外逃,哥伦比亚货币大幅的贬值,进而导致全球金融市场的剧烈震荡,西欧美国股市大幅波动,全球经济增长速度放慢。

美国次贷泡沫的根源、影响与启示

今天,美国次贷已经不仅仅是美国的事了,而是全世界的事,是全球性的金融危机。这次危机是 20 世纪 30 年代大萧条以来最大的一次危机。

次贷危机从根本上说是由于虚拟经济发展过快,不能如实反映实体经济的发展,从而引发的市场经济的自我调整。其表现形式就是美国房地产十多年的繁荣和大量次级抵押贷款的产生。

20 世纪 80 年代末以来,美国政府通过低利率政策刺激房价上涨,再加上美国金融监管的松动,使得大量房贷机构贷款给信用等级差和收入较低的购房者,进一步激发了美国人买房的热情。大量的次级抵押贷款的产生,使得金融机构将其打包成一系列的次级抵押贷款证券,加强信用后再由信用评级机构评级,最终出售给投资者。经过一系列的金融衍生化,信用等级不断增强。"9·11"事件后,美国经济陷入衰退境地,为了刺激经济增长,政府采取了继续放松银根的货币政策。低利率政策刺激了房地产业的发展,美国人的买房热情不断升温。在房地产价格持续上扬的条件下,各金融机构为了招揽客户,进行信贷规模的扩张,降低住房消费者市场准入标准,让大量的无资格或偿还能力较低的借款者进入住房信贷市场。之后,美联储为了抑制通货膨胀,又开始连续加息,美国房地产市场开始降温，房地产价格出现下滑，加上利率连续攀升，增加了次级按揭贷款人的负担，导致越来越多的次级抵押贷款者无力还贷，购房者难以将房屋出售或者通过抵押获得融资，产生了大量的房贷违约和银行坏账。

这个例子很好地描述了美国次贷的背景。然而什么是 sub-prime？即次优抵押贷款，它是相对于优质贷款而言。主要是对无收入、无工作、无资产的人贷款。美国次贷相关系的是三无人员（无收入、无工作、无资产）。为什么这次美国次贷影响这么大，主要是次贷相关的衍生产品国际化。为什么会有这种情况出现？是因为 2001 ~ 2004 年，美联储降息，贷款利率在 4% 徘徊。买房房价是很重要的一个因素，除了房价，每个月按揭就要考虑利息，利率越高的话，每个月要还的按揭也越多，利息越低的话，买房相对来说越便宜。同时在美国可以了房子做抵押，借钱再买房子，也可以借钱消费。

在 2001 年以后，因为利率非常低，房价涨得非常厉害，因为需求短时间内增加非常快。所以金融机构也认为，贷款条件没有什么关系，反正房子在涨价，到时候金融危机的话房子可以再收回来，大家都不担心。美联储指出，次优抵押贷款在抵押贷款市场所占的比重从而迅速上升，而发给"三无"人员的次级抵押贷款就占到了整个贷款数额的四分之一，实际上就是把贷款贷给了无力偿还的那一部分人，并且还在不断上涨。

当美国网络泡沫以后，美联储为了刺激经济，实现经济软着陆，最后形成利率越来越低，实际上也就是说从网络泡沫变成了一个新的泡沫，最后从网络危机变成一个新的危机。这个危机就是我们今天讲的美国次贷危机。

自次贷危机爆发以来，越来越多的经济体已经卷入其中，逐渐发展成为全球性的金融危机，世界经济的总体形势趋于严峻。世界主要发达国家都深陷危机的泥淖，金融危机不仅全面侵袭了各国的金融市场和主要金融机构，而且开始快速向实体经济蔓延，首先是具有投资性质的商品价格急速下挫，进而耐用消费品与非耐用消费品的生产和消费都出现大幅度下降，在打击各国内部复苏力量的同时，将危机传递至贸易和投资伙伴国家和地区，导致世界主要新兴经济体和发展中国家都不同程度地受到危机的影响。与发达国家不同，危机对发展中国家的影响首先就作用于实体经济，在发达国家进口需求大幅度萎缩的情况下，发展中国家的出口产业出现危机，进而传导至非贸易产业和虚拟经济。

美国次贷危机所产生的影响与潜在的影响使得我们必须给予足够的重视，我们要做的不是危机爆发后才对银行进行救助，而应该事前做好准备以防止危机的产生。同时它也给我们带来了一些很重要的启示。

其一，增强银行的抗风险能力。银行的本质是风险经营，要减少危机对银行本身的冲击就必然要求银行有抵御风险的能力。而有效的金融创新已被证明不仅能为银行带来直接的收益，也能为银行化解风险提供更多、更有效的工具。目前我国商业银行资产证券化还不成熟，放贷风险基本集中于银行本身，银行应该积极开拓新的金融产品以达到转嫁风险的目的。

其二，完善监管体系。银行经营应保持其安全性、流动性，之后才是盈利性。由于银行本身资产结构的高负债比例，容易使股东或管理者从事高风险业务。为了保障广大债权所有者的利益，必须对银行进行有效的监管，使其从事业务体现利益相关者的利益。外部监管应该与银行内部监管部门同心协力，对商业银行进行有效监管。外部监管体系的完善，包括相关法律法规的健全和监管机构的建立，相关法律法规应该对银行的高风险业务经营进行有效的约束，而监管机构应该依照相关法律法规对银行的违法违规行为给予应有的惩罚。外部监管应该引导银行业的稳健运行，从而维护金融市场的稳定。内部监管部门应对本行的资产和业务进行客观的风险评估，从根本上对风险进行有效的控制。

其三，培养住房贷款居民的风险意识。不可避免的是有些居民对自己以后的还贷能力没有进行有效的估计，为以后的无力偿债埋下了隐患。在这方面就要求银行职员应该让消费者充分了解其中的风险，帮助其分析各种风险产生的可能性。

其四，完善我国证券市场。房地产上市公司市值占我国证券市场很大一部分比重。其股价波动很大程度影响着整个证券市场的稳定与否。房价的飞速增长，将间接拉大了二级市场与一级市场中获得房地产公司股票价格之间的差距，这就会大大增加了二级市场投资者的风险。

第二十七章　谁在"爆炒"股票市场

——了解股指背后的热钱要学的金融学

"野狼群"来自何方

在弱肉强食、狡诈冷酷的金融市场，只有像狼那样善于伪装、善于"猎捕"，才不会被其他的强者猎食。在当今水深火热的国际金融市场，热钱狼群是真正的强者。它们的正式名字叫"对冲基金"，是一种新的投资模式的代名词，起源于上世纪60年代初的美国，是基于最新的投资理论和极其复杂的金融市场操作技巧，充分利用各种金融衍生品，进行高风险、追求高效益的投资模式。

热钱野狼是怎样产生和出现的呢？

自20世纪60年代在中美洲的加勒比海诞生以来，对冲基金在那个只有阳光、海滩、烧烤的地方享受着美好的日子，过着没有监管者，没有规矩，只有"狼族"的无拘无束的生活，它们的一切行为都不受任何国际机构的任何监管。它们常年隐藏在暗处，其投资操作神秘不定，显露于明处的目标，往往使得它们几乎每次都是战无不胜。

这其中最著名的例子便是乔治·索罗斯，在这个拥有美国籍的犹太货币投资家身上，充分体现了犹太商人的精明和狡猾。他是一个不折不扣的"金融天才"。从1969年建立"量子基金"至今，他创下了一个又一个财富奇迹，平均每年35%的综合成长率，让所有的投资专家都望尘莫及。他成为美国金融界真正的一匹"领头狼"。但是他的成功不是一蹴而就的，而是从前辈的经验和残酷的国际金融市场中历练出来的。一场又一场的金融风暴，使这些投资家练就了严格的行为准则和极其敏捷的行动力，形成了真正的"热钱野狼群"。

乔治的父亲是一名律师，他对乔治的影响是巨大的，从小就使乔治懂得了自尊自重、坚强自信。童年时代的乔治在各方面表现都很好，是各种活动的常胜将军，但是这种生活没有持续多久，随着纳粹的侵略，乔治一家人开始了逃亡生涯。正是这段最艰难的日子，锻炼了乔治的狼性生存法则，使他从生死危难中学会了生存的技巧，这些经验对他以后的投机生涯有很大的帮助。

17岁的乔治来到伦敦，对伦敦的美好想象彻底破灭了。伦敦很美好，但那是富人的世界，并不是穷人的。他只能靠打零工维持生计。为了改变自己的命运，乔治考入了伦敦经济学院。毕业后，由于一次偶然的机会，进入了银行，他的金融生涯也由此拉开了序幕。乔治非常喜欢这个工作，并且很快就成为一名在黄金股票套汇方面很有专长的交易员。这时伦敦已经不能满足日渐成长的乔治，他决定到世界最大的金融中心——纽约去闯一闯。于是，他带着仅有的 5000 美元来到了纽约。在朋友的帮助下，他进入了梅叶公司，专事于黄金和股票的套利商。经过调查，他发现，由于安联股票和不动产业务上涨，其股票售价与资产价值相比大打折扣，于是他建议人们购买安联公司的股票，当时，只有摩根担保公司和德雷福斯购买了大量安联公司股票，其他人并不相信。事实证明乔治是正确的，安联股票的价值翻了三倍，乔治也成了知名人物。随后，他在知名的大公司做过分析员、研究部主管，但是乔治并不满足于这样的成就，他成立了自己的公司。多年的历练，乔治已经成为华尔街的名人。

热钱军团的"野狼"们是过去二三百年来残酷的国际金融市场中历练出来的精英中的精英，在他们的祖父、父亲和他们自己的一场场血与火的生死大战中，已经形成了极为强大冷酷的神经，极为严格的行为准则和极其敏捷的行动力，并成为狼的基因代代相传。

你不要不服气，因为狼们都是经历这个过程挺过来的，他们在投资者的每一个成长阶段，都有过同样的经验和教训，因而面对每个市场信号和舆论时，他们对散户的每种心理反应和操作行为都了如指掌。所以，现在"羊群"和牧羊人首先要做的第一件事就是学习，了解狼性，了解热钱之性，从而群策群力找到对付狼的方法，否则永远只能是狼的猎物。

二次大战时，世界资本的狼王军团之间正惨烈的厮杀。在推动国际经济和金融一体化后，那些聪明的狼们开始考虑合作，组成越来越大的热钱军团，开始对全世界的"羊群"进行打劫，在这些羊群中就包括中国的香港。香港在"野狼群"的洗劫中，经济几近崩溃，要不是在中国政府的经济支持下，帮助香港全力阻击"野狼群"，香港所遭遇的这场洗劫在所难免。之后，这场对新兴国家市场的"洗礼"，逐渐指向发展迅速的中国，一场巨大的热钱战役已经瞄准中国市场。野狼军团早已做好全面部署，随时准备向中国挺进。对于这些野狼群，他们可以说是无所畏惧，如果说有的话，那就是当时任美联储主席的格林斯潘。

在市场中摸爬滚打 30 年的格林斯潘，是最了解狼性的人，格林斯潘的话却从来都是模棱两可的，其中意味深长，难以琢磨已经成为他多年来在金融界一贯的说话风格。尽管如此，依然没有人敢忽略他说的每一句话。这个精明的老头对金融界的影响是任何人都不能忽视的，于是他的每一句话，大家都竖着耳朵以期望能够听出其中的意思，他不会给狼任何明确的撕咬的目标和机会。对付这些具有高度警觉的"狼群"，他有着自己的一套方法，那群"狼"一打盹，就立刻制造声响，震醒他们，让他们永远达不到安眠。时间长了，就使"狼群"在疑神疑鬼中神经衰弱。然而只有格林斯潘才能够制止"狼群"，因为他手中握有世界上最强大的"打狼棒"——世界主要交易和储备货币的汇率及利率的决定权。

在美国，因为有着格林斯潘的影响，使得每次热钱行动都和美联储和美国财政部保持高度默契。当"狼来了"的声音不断在中国回响时，"野狼群"已经面向中国，蓄势待发，提防热钱在中国兴风作浪的部署已经迫在眉睫。

暴风雨前的宁静：热钱掣肘

中国外汇储备猛增，凶猛的热钱正在涌入中国。一般来说，某个国家或地区的经济形势在符合下列两个条件时就会导致国际间热钱大规模流入：首先是短期利率正处在波段高点，或还在持续走高；其次是短期内本币汇率蓄势待发，并且伴有强烈的升值预期。眼下中国及其他亚洲国家和地区恰好满足上述条件。面对重重防线，热钱又是如何进入中国的呢？

"热钱"是一些商家为追求高回报，低风险，在国际金融市场上迅速流动的短期投机性资金。换言之，投机商博彩的筹码就是"热钱"。而中国现行的固定汇率制度和美元的持续贬值造就了热钱进出的套利机会。

从 2009 年开始，热钱流入中国就有加速情况，但当时海外银行普遍处于"惜贷"状况，因此当时全球流动性并未得到完全释放，还处于蛰伏状态。随着经济复苏与乐观情绪蔓延，这种状况出现逆转。中国现在所面对的才是真正的海外热钱冲击。同时，由于热钱对人民币升值预期，股市和楼市上升的预期，这种预期产生了一种推动作用，这些领域也成为它的主要瞄准的对象和目标。

目前热钱流入中国的渠道有 30 ~ 40 种之多，其中贸易信贷、短期信贷、FDI 以及地下钱庄等构成了热钱流入中国的主要渠道。第一，虚假的贸易信贷。在这一渠道中，国内企业与国外的投资者可联手通过虚高报价、预收货款、伪造供货合同等方式，把境外的资金引入国内；第二，外商投资进行增资扩股。外商投资企业在原有注册资金基础上，以"扩大生产规模""增加投资项目"等理由申请增资，资金进来后实则游走他处套利。在结汇套利以后要撤出时，只需另寻借口撤消原项目合同，这样热钱的进出都很容易；第三，收入转移。通过不同地区间进行汇款等货币转换方式进行跨地区操作，从而使大量热钱"自由进出"；第四，地下钱庄。地下钱庄是外资进出最为快捷的方式。假设你在香港或者境外某地把钱打到当地某一个指定的账户，被确认后，内地的地下钱庄自然就会帮你开户，把你的外币转成人民币了，根本就不需要有外币进来。此外，货柜车夹带现金以及赡家款等都是热钱的流通渠道。

甄别热钱以及确定热钱的数目大小，并非易事。因为热钱并非一成不变，而且流动隐秘，一些长期资本在一定情况下也可以转化为短期资本，短期资本可以转化为热钱，关键在于经济和金融环境是否会导致资金从投资走向投机，从投机走向逃离。

"热钱"不得不防，热钱大量进入，会加大外汇占款规模，影响货币政策正常操作，扰乱金融体系的正常运行，加剧国内通货膨胀的压力。泰国在 1997 年前奉行高利率政策，大量"热钱"涌入；泰铢贬值后，"热钱"迅速逃逸，使泰国的经济大厦轰然倒塌。

对于以赚取人民币升值、房价上涨等超值收益的境外资本而言，中国房地产市场无疑具有相当大的吸引力。权威部门官员曾表示，外资进入我国房地产市场，由于方式隐蔽，在账面上的表现似乎并不明显。但是通过对典型案例的解剖来看，确实有违规信贷资金进入房地产领域。

中央出台楼市"组合拳"，全面打压了房价过快上涨，但楼市调控采取的对三套房停贷和上调首付款比例等方式，压缩的是房贷，并没有压缩可以全款买房的游资。在这样的预期下，游资购买房屋则会把预期透支并转嫁给开发商。

这样的地产调控使得开发商的资金异常紧张，造成民间融资利率暴增，游资在房地产领域的作为是给开发商放高利贷，而这样的放贷还隐藏在买方里面以此确保资金的安全和高利贷的利益，因为高利贷非法但是对于购房的消费者却是大力保护的。因此这次调控游资不是撤离房市而是大举进入房地产，借着调控的资金紧缺谋取更高的利息收入。每一次的调控都是高利贷游资赚钱的好机会。

中国金融行业的贷款门槛非常高，尤其是商业流通领域的贷款，企业要进行贷款需要完善的资料就能有几百页，而繁复的审贷工作，使最正常的程序也要一个月以上。但对外贸企业来说，接到订单后就必须立即投入紧张的生产，而短期内对资金的需求，能够在短时间内放款的只有游资的高利贷是可行的路径。

游资的放款主要根据的是信用，在快速贷款需求下实际上就算有抵押物也是难以抵押操作的，因为即使是你拿着房产证要证实证件的真伪办理抵押登记的时间也不允许。游资实际上是中国金融市场唯一的信用贷款者，对于资金不足的外贸企业而言，正规的渠道根本不可能取得贷款，游资则成为最好的解决办法。

游资通过控制供销实际控制了商品，这样的行为起到廉价囤积大宗商品的目的，真正的储存商品往往费用很高，但通过对渠道进行控制却可以达到以低成本博高利润的目的。

截至 11 月 15 日，国内商品期货市场收盘，郑商所棉花期货主力合约 1105 已经连续四天大幅暴跌，收盘价格已经较 11 月 10 日创出的历史高位 33720 元每吨跌落 5600 元，跌幅超过 16%。与棉花同命相连的白糖期货同样从较高位下跌 15% 以上，尽管"棉花糖"联袂冲击历史新高的行情告一段落。但游资的炒作等因素直接导致棉花和白糖价格翻番，并带来 CPI 的上涨，从而加剧通胀等因素。从 2009 年 10 月份开始，棉花涨价就势不可当。2009 年 10 月份棉花价格 12000 元一吨，而现在每吨棉花的价格近 24000 元，1 年之间价格已经翻番。一年多前白糖市价一度维持在 2700 元 / 吨的水平，去年底突破 5000 元 / 吨。目前，糖价相较去年同期上涨 70% 不止。

中投顾问食品行业研究员周思然认为，各种农产品一路飙涨，导火线是南方干旱及北方低温等天气灾害引发的减产问题，而游资则利用一些农副产品季节性强、地域性显著、产量小等特点进行炒作，进而推高价格。

"燃烧"的钱，最终会灼伤经济

热钱具有高收益性与风险性、高信息化与敏感性、高流动性与短期性和投资的高虚拟性与投机性的特征。海外大量的投机资金会以各种方式向新兴国家或地区输入大量资金，人为制造或做大经济泡沫，在泡沫行将破裂的关键时刻迅速撤资，获取丰厚回报，转嫁危机，影响输入国的经济稳定。

首先是热钱进来对经济造成推波助澜的虚假繁荣。从我国目前的情况看，热钱在赌人民币升值预期的同时，乘机在其他市场如房地产市场、债券市场、股票市场以及其他市场不断寻找套利机会。

其次，热钱大量进入，加大外汇占款规模，影响货币政策正常操作，扰乱金融体系的正常运行，加剧国内通货膨胀的压力。2004年全年基础货币投放达到6600多亿元人民币，按照测算大约1000亿美元的热钱流入，就有8000多亿元人民币，因此，仅仅热钱流入就超过了全年的基础货币投放额。这迫使央行在公开市场大量运用央行票据强行冲销，仅2004年央行就发行了近1.5万亿元票据对冲，这大大增加了央行的操作成本，同时也使得我国货币政策主动性不断下降，货币政策效果大打折扣，增加了通货膨胀的压力。

再次，热钱流入，人为加大了人民币对外升值的压力。我国现行的汇率体系以及美元持续贬值，才能吸引热钱进来。因此，只要人民币升值预期不变，随着流入热钱的增多，人民币升值的压力就会越大。最后，热钱的流出，也同样会使经济剧烈波动。随着美联储的连续升息，美元利率提高增强美元吸引力，加上对人民币升值预期不确定性增加，如果热钱大规模迅速流出，就会使一些投机气氛较大的市场价格大幅波动，如房地产价格迅速回落、债券价格以及股票市场大幅震荡等。

海外"热钱"的逐利行为，不仅会进一步加剧我国国际收支不平衡的状况，也会使我国流动性过剩的问题更加恶化，增加中国资本市场的不确定因素，甚至可能引发金融风险。

由于目前中国经济前景仍然看好，可以预期海外"热钱"的涌入将不是一个短期行为，其中的风险将会逐渐积累。当前要构筑好国内经济安全的"防火墙"，不能任由境外投机资本侵蚀我国经济安全，干扰国内经济稳定。

政府工作报告在论述从紧的货币政策时，已明确指出要"加强跨境资本流动监管"。看好国门，就决不能允许国际短期资本（一年及以内）"说来就来，想走就走"。急需加强监管、加大打击非法跨境汇兑力度，制定可操作的有效方案，及时查堵海外"热钱"的流入通道。监管层要非常坚决地对国际游资进行严格管制，多个部门协调、共同合作，加大对国际资本流入的控制。

近年来海外"热钱"在投机中国的同时，还伴随着一边"唱空"一边"抄底"的"惯用手段"。无论在楼市还是在股市，都能找到一些生动的案例。对于这种投机"双簧"，应密切关注和研判这一动向，在参考这些论调的同时，应该保持独立的判断，不可人为地为海外"热钱"创造"抄底"的机会。

热钱对经济造成的影响，一方面会对进入地区的经济发展起到刺激投资的正面作用，同时，太多的热钱将会给该国带来通货膨胀、汇率剧烈波动、泡沫迅速扩张等负面影响。当热钱套利机会变小，如本币币值上升时，热钱就会迅速撤出，从而引起本国金融市场的剧烈动荡。这方面，亚洲金融危机可谓前车之鉴。

近年来，借助美元贬值趋势、国际政治局势动荡、油价和大宗资源品价格高企，主要由私人资本构成的热钱所从事的投机活动愈演愈烈。

国际投机资本的流动具有极强的投机性、无序性和破坏性。目前，美国有1万多只共同基金拥有近4万亿美元资产，8000多只对冲基金拥有近1万亿美元资产，"迄今为止，不少新兴市场国家均被美国投机基金所攻击，使这些国家陷入严重的经济金融危机。"而后，国际垄断资本还会收拾残局，廉价收购金融机构。亚洲金融危机后，危机爆发国金融机构和企业倒闭、破产成为普遍现象。国际垄断资本得以低价收购东南亚国家的金融机构和企业，而后者此时已无讨价还价余地。可以说，近30年来，每一次金融危机发生后，热钱都得到了长足的迅猛发展。

世界银行年度报告2006年《全球发展金融》指出，尽管油价高企、全球利率上调、全球国际收支不平衡日益严重形成了种种不确定性，但流向发展中国家的私人资本流量仍然出现急剧上扬。2005年流向发展中国家的私人资本净流量达到破纪录的4910亿美元，驱动因素是私有化、企业并购、外债再融资以及投资者对亚洲和拉美地区本币证券市场的强烈兴趣。世界银行首席经济学家、主管发展经济学的副行长弗朗索瓦布吉尼翁警告说：“这将对发达国家和发展中国家如何保持经济增长和金融稳定构成了难以应付的挑战。”

尤其是对于热钱中最具代表性的投机资本——对冲基金，香港署理行政长官许仕仁在出席“第31届国际证券事务监察委员会组织周年大会”时，对之表示了强烈担心，“过去数年，大量流动资金流入新兴市场包括经济增长最快的亚洲市场，从而获取较高的投资回报。一旦低利率周期结束，资金流向新兴市场的趋势亦会急剧逆转。”在他看来，经过金融风暴之后，尽管市场监管已经有所改善，但衍生工具及对冲基金对市场的影响仍然值得关注，“自亚洲金融危机后，对冲基金的资产已增大到1.5万亿美元。”

而且，热钱的危险性和复杂性还不仅在于它强烈的逐利色彩。事实上它还是国际垄断资本在金融全球化过程中大肆扩张的重要手段，比如美国金融霸权中，进行资本对外扩张、实现其高额垄断利润的重要方式，就是热钱组成的投机资本的冲击。

热钱加速流入中国

美国量化宽松政策导致全球流动性泛滥，热钱加速流入新兴经济体，而人民币加息和升值预期更吸引热钱重返中国。

截至目前，中国唯一获得官方委托调查地下钱庄活动的学者黎友焕，通过对全国100个地下钱庄的监测，6500亿热钱五大路径暗度陈仓30%或流入股市。30%！即便是对于一直跟踪地下钱庄的黎友焕，这也是一个惊人的数字。据他监测，11月半个月短短15天内，通过地下钱庄流入国内的热钱，比10月整个月暴增30%。事实上，监测数字的变化从8月开始。黎友焕的记录中，9月热钱流入比8月增加了17%～18%，10月比9月又增加了23%～24%，理财周报推测11月，如果按照现在的热钱流速，很有可能比10月翻倍。

一般来讲，通过地下钱庄流入内地的热钱几乎都来自于香港地区。在有关部门的统计中，目前囤积在香港蓄势待入的热钱，可能已经高达6500亿港元。而这仅仅是数月以来，热钱大潮中的一小部分。

在香港称热钱为黑钱，来路去向都不明。

“我们的工资都是发人民币现金的，公司私底下会有大量的现金运到东莞。”一个不愿透露姓名的外贸公司工作人员透露。货币走私是两地最原始的方式，最早的是书包里夹带现金，到如今的大卡车偷运人民币，此种方式进入大陆的资金较小。如果是大资金的话，就通过私人汇兑店了。记者从很熟悉汇兑店的人士处了解得知，深圳关口有很多看似小门面的汇兑店，只要账号就可以将外币转成人民币，并不受金额限制。

虽然在香港地下钱庄是合法的，但是大陆的地下钱庄受国家取缔，大笔的热钱用这种方式运往大陆安全性并不高，于是衍生出经营项目方式将资金打入大陆。

一位长年在苏丹做贸易生意的李先生，他在上海、广州、深圳多处开了分公司。除了一些贸易生意外，有大部分原因是人民币升值，将苏丹的资金转到国内来做其他投资。在他广州分公司的名下，有十几套房产都在该公司名下，买房的钱就是从国外转进国内的资金。项目的方式有很多种，长期在香港做资本运作的马先生，以披着增资扩股的外衣进入大陆，外管部门是不会拒绝的。所以大陆有些濒临破产的企业也可以轻易将数以亿计的资金带入中国。

这些方法走得安全是因为资金都通过银行系统，只要外商手续齐全，很难查到汇入的资金是属于热钱范畴。一位在外资行办理结算业务的资深工作人员透露，很多家外资行包括中资行都在大量做跨境贸易人民币业务，银行都想在这里面分一杯羹，因为跨境贸易人民币业务里面能给银行带来较大的利润，大有操作的空间。热钱给银行带来高利润催使其他更可怕的可能，甚至某些银行直接帮国内的大企业在香港开账户这种情况并不新鲜。

高筑墙能挡住热钱洪流吗

国内打击非法集资和游资的力度加大，而人民币升值的压力加大，造成的空间也在加大，这样海外热钱与国内游资的互惠操作就更加流行。而热钱游资成规模后的出境就比个人资金容易得多，经常的手段就是在对外的经常贸易项目下进行交易，把正常外贸应得的利润在国内以人民币现金支付，让国内外贸企业老板也可以避税，然后就是大家看到的中国出口商品的利润奇低，地下钱庄在浙江表现得异常活跃，黑钱成为游资洗钱出境的中介。

由于国内的灰色问题，很多游资赚取的钱基本上是要逃往国外洗白的，同时由于境外的热钱要到境内炒作人民币的升值，而热钱入境以后赚钱的方式也与游资类似，这样它们就存在对冲的利益需求，可以非常方便地进行与各种对冲基金运作类似的对冲，即国内的游资利润直接以现金给了海外热钱的所有者，而海外的热钱直接把美元汇到游资操盘者的海外账户中，这样的货币对冲没有经过国际外汇清算系统，中国的外汇监管部门根本看不到外汇进出，由于游资经常是集中了大量的个人资金有诸多的私人账户，从而使得大额的热钱资金隐匿于众多的游资人群中难以发现和监管。

据香港《文汇报》报道，约6500亿港元的"热钱"正流入香港，英国最著名的投资基金经理安东尼·波顿已于今年4月创立了"富达中国特殊情况信托基金"，并募集4.6亿英镑资金进军香港；而"金融大鳄"索罗斯在亚洲的首个办公室也已落户香港，而这些热钱无不窥视着中国大陆金融政策的一举一动，随时准备伺机而入。

而中国已经着手打击热钱的进入，宏观调控的政策，就要弱化市场过度的投机性的利益导向；另一个方面，利用管理部门的手段严厉打击违法违规的热钱。世界银行在近日发表的《东亚与太平洋地区经济半年报》中警告，庞大的资金流入令股票市场、物业价格和其他资产价值受到刺激而飙升。热钱涌入将造成资产泡沫危机，有关当局应慎防亚太区再次爆发类似1997年的金融风暴。

对于防止游资炒作现象现在可以采取几个方面的措施：第一，不允许炒作群众基本生活必需品，如粮油蛋等；第二，政府要进一步完善制度。游资能炒作的产品肯定是供小于求的产品，比如炒作大蒜，是因为减产了，棉花也存在供需缺口；第三，建立一个专门的机制。应该对游资的动向有一个监控，严格制止他们再进入实体经济，特别是居民的生活必需品市场炒作，要建立专门的机制来防范。

近日，国家住建部和外汇管理局联合发布《关于进一步规范境外机构和个人购房管理的通知》，规定境外个人在境内只能购买一套用于自住的住房；在境内设立分支、代表机构的境外机构只能在注册城市购买办公所需的非住宅房屋。

至此，"热钱"警报全面拉响，监管部门也比之前更加"严阵以待"。为应对打击"热钱"违规流入，外汇局发布了《关于加强外汇业务管理有关问题的通知》。《通知》中对"外汇流入"做了比以往更加严格的监管规定，尤其还加大了对违规行为的处罚力度。

防范热钱的对策正在不断地完善当中，在一定程度上也必将起到阻碍热钱洪流的作用。

消除人民币升值预期，降低热钱套利空间。热钱流动的最大动机是为了追逐国际市场上汇率变动利益差额，因此，只有降低人民币升值的心理预期，才能阻止这种投机性资金的流动。一是要进一步完善汇率形成机制，在保证人民币汇率基本稳定的前提下，扩大汇率的浮动空间，破坏热钱对人民币的无风险预期；二是协调利率政策与汇率政策，减少本外币的利差，降低国际游资的获利空间；三是在对外贸易中追求国际收支的动态平衡，降低进口贸易中的各种壁垒，缓解汇率升值的国际压力。

完善相关政策，减少热钱投机漏洞。首先，应该调整外商投资的优惠政策，取消外商企业在我国的超国民待遇，规范外资登记注册、项目审批、注销清算等程序，严格把好各个外资运作流程，杜绝违规操作。其次，要将地方政府招商引资的考核标准由量的多少转化到质的优劣上，预防热钱通过盲目引进外资的漏洞流入。第三，要完善外汇管理政策，对大额长期预收货款、延期付汇、外汇应收应付款的管理进行完善，将其全额纳入备案管理范畴。

加强联合监管，建立热钱预警机制。热钱的监测管理是一项需要各部门联动配合的工作，加强工商、海关、税务、外汇、公安等部门的密切配合，改进对货物贸易、服务贸易、外商直接投资、个人等渠道资金流入监管，继续严格控制短期外债增长，严厉打击地下钱庄和违规进入股市楼市的行为，为宏观调控和结构调整争取时间和空间。完善国际收支统计监测预警机制，对国际资本流动冲击做到早发现、早预警、早反馈，并针对可能出现的形势逆转，提前制定应急措施，不断增强对扩大开放过程中防范国际经济风险的能力。

加强我国金融体系建设，强化应用外资的能力。在国际经济金融动荡，不少国家面临形势逆转的环境下，国际资本持续流入我国既是挑战也是机遇。积极培育创新金融工具，健全完善金融市场，增强资本市场消化外资的能力，将热钱转化为国家经济发展的资源，把对国际热钱的被动防御变成主动防御将是更有效的办法。

日元套利交易之后的美元套利狂潮

穆赫伦来了。他穿着一件鲜艳的马球衬衫和一条卡其布裤子，身材高大结实，浅黄色的头发有点蓬乱，一副爱尔兰人的面孔上透着和善。他27岁，看上去像一个发育过快的在校学生。穆赫伦现在美林公司工作，协助组建一个套利业务部。他当初在美林公司面试时也是一身休闲行头，随意、休闲的打扮成了他的标志。他的上司刘易斯（也是慧眼识才招他进来的人）曾试图以强迫手段让他晚上参加社交活动时穿正规套装，但他执意我行我素，即使与布斯基这样的被刘易斯视为天才的套利人见面也是如此。穆赫伦偕同妻子南希来到时，刘易斯夫妇和布斯基夫妇已经在席上等候他们。布斯基之所以想结识穆赫伦这个年轻后生，并不是对穆赫伦的中层天主教徒家庭背景有认同感，而是因为眼热穆赫伦独树一帜的套利方法。穆赫伦在套利业务中开发出了一些新的方法和技巧，从事股票购买权的交易，只几年工夫就跻身于华尔街上最精明能干的股票购买权交易员之列，而布斯基在这方面基本一窍不通。股票购买权交易比传统的以利差买卖股票利润空间更大。布斯基犹如馋猫逐鱼一样，追逐任何可带来更高利润的东西，穆赫伦套利方法中蕴藏的巨大获利潜力简直令他着迷。

次贷危机后，美元进入低息时代，美元开始受到套利交易者的青睐，成为套利交易的融资货币，并在国际金融市场上扮演着重要的角色。投资者将借入的低息美元兑换成高息货币并投资于相关的资产市场或投资于高收益的资产市场。由于美国的经济总量、货币政策机制、货币地位、投资主体与其他国家不同，与传统的日元套利交易也不同，可以说美元套利交易的规模更大、影响更加广泛，对国际金融市场的冲击和扰动更大。

在美联储的两轮QE下，美元套利交易盛行，给新兴市场、全球金融市场和美国自身产生不可忽视的影响，在为国际金融市场提供海量廉价流动性的同时，推高了新兴市场的通货膨胀和资产价格泡沫，为全球经济的复苏带来更多的变数，为美国实现社会调整和经济复苏争取了时间和空间，为美国削弱潜在竞争对手出力不少，为美国实现债务重置和攫取金融收益提供了可能。

2010年美元套利交易空前活跃，据保守测算，美元为借贷货币的套利交易盘大约在1.2～2万亿美元之间，主要分布于高息货币、新兴国家资产市场和大宗商品市场。套利盘占这些市场成交量的5%～10%。美国银行业统计显示，仅2009年上半年美元套利交易规模就达4000亿美元。美联储于2010年11月推出的QE2进一步促使美元套利交易的泛滥，推高美元套利资本规模。

美元套利交易主要活跃于外汇市场、商品市场和新兴国家的资产市场（包括股票、债券和房地产），其他的市场还有诸如金融衍生品市场，发达国家资产市场等。外汇市场的美元套利交易主要集中于美元与商品货币（加元、澳元和新西兰元等）和新兴国家货币（如俄罗斯卢布和墨西哥比索）之间，以卖出美元买入商品货币或新兴国家货币为主，此类投机性较强的外汇衍生品交易以短期套利交易居多。对以美元计价的大宗商品来说，美元走势直接影响了大宗商品价格的涨跌波动。新兴市场国家近年来经济增长速度高，资产回报率也高于发达国家，在美元贬值的背景下，新兴国家的资产市场成了低估的价值洼地，吸引了大量的美元套利交易参与到新兴市场资产泡沫的制造进程中。2009 年以来中国房地产价格暴涨的背后就是活跃的美元套利交易在境内的专称"热钱"在泛滥。

在美联储施行零利率政策及美元汇率因避险因素而上涨的时候，正是美元套利交易盛行的时候。美元的大趋势是贬值，因而在美元因为避险因素而短期内上涨的时候拆借美元进行套利相对比较安全，而在美元继续下跌的时候拆借美元则可能面临美元反转的汇率风险。

2009 年 3 月，全球股市和大宗商品价格都已经跌至低点，处于价值低谷，而美元指数已经有近 30% 的涨幅，发达国家和新兴国家的汇率都降到了低点，这可能正是最好的美元套利时机。随后 2009 ~ 2010 年全球资产价格的快速上涨而美元指数相应走低证明了此轮美元套利交易的发生，2010 年 3 月 QE1 结束，美元指数上行，出现了一波美元套利交易获利平仓潮，全球资产价格大幅下跌，这一轮美元套利交易至此结束。QE1 结束后，并没有取得预想的效果，市场普遍预期 QE2 的推出，于是新一轮的美元套利交易大潮再次涌向全球资产市场。QE2 在 2011 年 6 月结束，这一轮的美元套利交易获利了结和平仓结账的行动已经到来。

在恰当的时机拆入低息升值的美元换成高息贬值的其他货币，投机套利于大宗商品市场、外汇市场和新兴国家的资产市场，推动全球资产价格的大幅上涨，从而获得丰厚的收益，一有风吹草动就会平仓离场，并在撤退时反手做空，再度获利，这正是美元套利交易者的普遍做法。

美元套利交易主要有两种套利模式：一种是拆入低息美元投资于美元资产或以美元计价的资产。美元资产包括美国股票、债券和房地产，美元计价资产主要指以美元计价的大宗商品，诸如黄金、原油等；另一种是拆入低息美元投资于高收益的非美元资产市场，包括新兴市场国家的资产市场和其他发达经济体的高息资产。这两种模式的套利交易其自身面临的风险不同，对全球经济的影响程度也不同。

美元套利交易的狂潮将造成大规模的私人资本流出美国，短期内导致美国流动性短缺，形成国际收支项目逆差资本净流出的局面。在金融危机前，美元本位制下美国仅通过输出美元符号就可以换取大量国外的产品和资源，并在恰当的时候引导美元从世界各地获利回流，从而实现美元的国际循环。美元套利交易的狂潮则会引起资本大规模从新兴市场回流美国本土。大规模的私人资本的回流，将改善美国经济的基本面，有助于美国经济的复苏，为新一轮的美国经济起飞奠定资本基础。

驯服"狼性"是反热钱的根本

由于美国的经济衰退，使得更多的热钱流入中国资本市场，中国从"宽进严出"转化为"严进宽出"，虽然中国政府一直强调"严进宽出"，但是这些热钱依然可以通过贸易渠道和地下渠道流进中国市场。"严进宽出"根本就改不了"狼"的本性，要想使热钱不影响中国的资产价格泡沫膨胀，只有从根本上杜绝"狼性"。

"严进"也就是把紧中国的市场大门，严禁国际资本项目的热钱进入中国市场。"宽出"就是鼓励中国的企业和个人将资金汇出。这个政策在理论上看起来很有道理，把自己的大门关紧一些，国际资本就进不来，把出去的门开大一些，方便国内的资本走出去，这样在很大程度上就能够使中国的国际收支平衡了。

中国政府似乎采取了非常有效的控制手段，来应对大量国际资本进入中国市场的形势，但事实上，这样并不能从根本上解决"热钱"流入的问题。据业内专家指出，"严进宽出"虽然能够有助于遏制热钱的大规模进入，但是却不能防范热钱突然大规模撤离。当中国实施"严进宽出"的同时，那些已经进入的热钱在境内已经大肆流动，这时候中国政府所采取的"宽出"政策反而为热钱的逃离造成了有利的条件。

建立国际收支应急机制是现阶段处于弱势的金融主体防止金融危机、加强自我保护能力的一项重要措施。因为这不仅可以保证中国在资本流动严重影响经济运行的时候采取合法必要的管制措施，而且能够维护国家经济和金融安全，且有效遏制当前国际资本大规模涌入的势头。

对入境"热钱"，周小川表示，中国可采取总量对冲的措施。也就是说，短期投机性资金如果流入，通过这一措施把它放进"池子"里，而不会任之泛滥到整个中国实体经济中去。等它需撤退时，将其从"池子"里放出，让它走。这样可以在很大程度上减少资本异常流动对中国经济的冲击。对于如何筑池，花旗中国研究主管、大中华区首席经济学家沈明高在接受媒体采访时表示，存"热钱"的池子可能会是一组措施：让热钱留在香港、进入A股市场、央行用货币政策等手段吸收对冲，或加强监管。财经专家高志凯表示，允许外部资金流入并投入到私募股权基金发展的时候，可以设立一个所谓的"池子"，确定是专款专用，流入的量和最后退出的时间、方式以及兑款的方式等，都可以事先有一个确定。

当大家以为国家的"严进宽出"可以平复人们对热钱恐惧情绪的时候，"严进宽出"的弊端才开始显露出来。所谓的"严进"没有尽到把好大门的责任，事实上，这个政策使热钱的流入更加迅速。而"宽出"的确做到了对出口资本越来越宽，国内个人向海外汇款的额度越来越高，从最初的1万美元，扩大到5万美元，但是当中国的资本进入到国际市场时，随着美元的下跌，这些资本将不可避免熊市的到来，全部沉没于泥沙之中。在损失惨重的情况下，不得不重新退回到内地。

"严进宽出"的政策失误了，不仅没有起到平衡国际收支的作用，反而使国际热钱偷渡内地更加变本加厉，源源不断地流入中国市场。

热钱的"野狼"本能使我们看到"严进宽出"是不可能改变"狼"的本性的。热钱就如"狼"一样高度警惕，它对金融投机机会非常敏感，行动迅速且配合默契。可以说是来去如风，变幻莫测，逢暴利就一拥而上，大肆地席卷着中国市场；而当遇到反击则以迅雷不及掩耳之势迅速撤离，使人找不到半点踪影。在这里，热钱的狼性被淋漓尽致地表现出来，它们潜伏在暗处观察目标，当时机成熟便呼朋引伴共同围猎突击，制造骚动和恐慌，使"猎物"吓得失去了反抗的行动力而束手就擒。在人们还没有弄清楚金融市场将会出现何种变化时，热钱已迅速地进入了中国市场，使得本已水深火热的金融市场再度处于风雨飘摇之势。

在这个过程中，"狼"最本质的东西都被激发出来，很多投资者就在这种涨涨停停的过程中锻炼出了"狼"的投资头脑。他们了解热钱，更了解"狼"的投资战略。于是形成了对热钱的"狼性"。

在热钱最为横行的 2008 年，随着热钱的洗劫，国内股市令 125 家上市公司的散户平均亏损了 4.34 亿元。随着 A 股的持续下跌，这些市值高达 1324.14 亿元的股票将为 782.18 亿元，也就是说，在短短几个月的时间，这些公司的市值损失已经高达 541.96 亿元，平均每家要亏损 4.34 亿元。

热钱来无影去无踪，热钱的掌门人更是若隐若现、神出鬼没。热钱代表着一种丛林法则的思维模式、一种市场主义的经济学思潮、一种弱肉强食的生活方式、一种"狼性"文化，甚至是某种文明的化身。反热钱就是要保卫我们的财富，也是为了捍卫我们的精神家园——我们的价值观。热钱的背后有西方精英的强人逻辑思维，所以，欲反热钱，就要反热钱的逻辑思维，就要有先拯救西方精英的思想灵魂。必须对热钱进行迎头痛击：我们拥有反击热钱的七种武器。公平与效率并不矛盾；对内开放应优先于对外开放。严格控制人民币兑美元的升值速度，以控制热钱规模、提高热钱的偷猎成本，也给本土企业以喘息之机。

法国密西西比灾难

在荷兰郁金香泡沫逆裂 80 年后，在 1719 年又出现了著名的法国密西西比股市泡沫。这两个泡沫的相同之处是：法国股票市场的价格和当年郁金香价格一样在很短的时期内大起大落。从 1719 年 5 月开始，法国股票价格连续上升了 13 个月，股票价格从 500 里弗尔涨到一万多里弗尔，涨幅超过了 20 倍。法国股市从 1720 年 5 月开始崩溃，连续下跌 13 个月，跌幅为 95%。密西西比股市泡沫和郁金香泡沫的不同之处在于：荷兰郁金香泡沫基本上是民间的投机炒作，但是法国密西西比股市泡沫却有着明显的官方背景。郁金香泡沫所炒作的只不过是一种商品，牵涉到的人数有限，而法国密西西比股市泡沫却发生在股票和债券市场，把法国广大的中下阶层老百姓都卷了进去。从这一点来说，法国密西西比股市泡沫更具有现代特色。

从历史发展方面来看，在法国政府一方面国库枯竭、国债巨额，另一方面对经济又有强干预性的紧要关头，货币理论的一代怪才约翰·劳诞生了。他主张因为不受金银储量的限制所以纸币本位制灵活于贵金属本位制，拥有货币发行量的银行应有权管理国家的税收，并以税收和不动产为基础发行纸币，以保证提供足够的通货来支持经济繁荣和进行宏观调控。这种银行纸币发行论正好为法国摄政王奥莱昂的财政窘困、国债资金融通问题献上了一计。约翰·劳本人也因此倍受摄政王的重用。

大众投机者永远是盲目的。狂热时他们被贪婪蒙住了眼睛，恐慌时他们被害怕吓破了胆。密西西比灾难发生之前，每天从早到晚，想要申请购买股票的人挤破了头，将约翰·劳的家围得里三层外三层。约翰·劳不得已搬了家。但是新家也立即被疯狂的人们包围了。最后，他只好以极高的价格买下了加里格南亲王的大庄园当作交易所，亲王自己则留下了庄园的后花园，随后又通过在花园里出租帐篷狠赚了一笔。

公众如此疯狂，约翰·劳的股票价格当然是节节高升，一天之内上涨两三成是常有的事。与此同时，各种离奇夸张的小道消息不胫而走，让人分不清真假。有人说，约翰·劳家所在大街的一个鞋匠把摊位租了出去，同时向前来买股票的人提供纸笔，每天能赚200利弗尔。一个驼子把驼背出租给投机者当书桌，也狠赚了一笔。

由于贵族们都跑去约翰·劳那里买股票了，连摄政王都受到了冷落，再无人拜访。摄政王有一次发愁让哪位公爵夫人代替自己去陪伴女儿，旁人进言道："到约翰·劳家里找，全法国的贵妇都在那里呢！"

在18世纪初，由于法国国王路易十四连年发动战争，便得法国国民经济陷于极度困难之中，经济萧条，通货紧缩。当时法国的税制很不健全，不仅对法国王室贵族豁免税收，而且担负着巨额的债务，以及每年9000万里弗尔的利息负担，这对于法国是一个十分沉重的负担。

就在此时，货币理论的一代怪才约翰·劳来到了巴黎。约翰·劳的货币理论无疑使正在发愁的法国摄政王奥尔良公爵眼前一亮，似乎法国只要建立一个能够充分供给货币的银行就可以摆脱困境。

1720年初，约翰·劳攀上了他一生的顶峰。他一手掌管政府财政和皇家银行的货币发行，另一手控制法国海外贸易与殖民地发展。他的印度公司负责替法国征收税赋，持有大量的国债。随后，印度公司干脆接管皇家银行的经营权。由于印度公司的股票价格持续猛涨，吸引了大量欧洲其他国家的资金流入法国。约翰·劳为了抬高印度公司股市行情，宣布其股票的红利与公司的真实前景无关。他这种深奥莫测的说法进一步鼓励了民间的投机活动。空前盛行的投机活动必然极大地促进了对货币的需求。

在大量增发货币之后，经过了一个很短的滞后期，通货膨胀终于光临法国。1719年法国的通货膨胀率仅为4%，到1720年1月迅速上升为23%。如果说在1720年之前只是一些经济人士对约翰·劳的政策表示怀疑，通货膨胀则直接给广大民众敲响了警钟。随着民众信心的动摇，在1720年1月印度公司的股票价格开始暴跌。为了维持印度公司股票价位，约翰·劳动用了手中所掌握的财政大权。他把股票价格强行固定在9000里弗尔，并且维持在这个价位上两个多月。约翰·劳的政策使得股票货币化，进而迅速推动了通货膨胀。1720年3月25日货币发行扩张3亿里弗尔，1720年4月5日扩张3.9亿里弗尔，1720年5月1日扩张4.38亿里弗尔。在一个多月的时间内货币流通量增加了一倍。据估算当时流通中的纸币有26亿里弗尔之多，而全国的硬币加起来还不到这个数目的一半。

到了1720年5月，约翰·劳实在支持不下去了。

约翰·劳使出了全身解数希望能够恢复民众的信心，但是他的声音很快就被淹没在民众的怒骂中。在股票崩盘中倾家荡产的法国人认定约翰·劳是欧洲的头号骗子。约翰·劳犹如过街老鼠，人人喊打。在四面楚歌声中，他只好出走比利时。法国的货币流通手段又恢复到以硬币为基础的旧体制，密西西比泡沫的破灭连累"银行"这个名字在法国被诅咒了一个世纪。

密西西比泡沫原始地印证了当代关于泡沫经济的一些一致认识：一是证券市场是具有不完全性质的市场，不存在一个帕累托效率的均衡点，容易出现哄抬价格的泡沫现象。这是泡沫经济存在的本质理论原因，也解释了密西西比股价为什么能够完全背离公司盈利实力而纯粹受制于股票需求和股票买卖价差关系。二是扩张性的货币政策往往是泡沫生成的外部条件。三是政府对经济生活的直接介入，往往是泡沫经济的触媒。这两点在密西西比泡沫中都体现得尤为淋漓尽致。股票担负起清偿国债的功能，皇家银行大发纸币为其呐喊助威，政府出台政策只为保住股票价格，完全混淆了公司与政府的不同定位、分工和不同作用、目的。四是由于泡沫或迟或早、必不可免的破灭会造成巨大的资源损失，所以宏观经济当局应积极设法防止泡沫经济的生成，或者在泡沫生成后努力防止突然崩盘造成灾难性的后果，这也正是一个政府的真正职责所在。

南海投资泡沫

1720 年 2 月 2 日这一天，当英国下议院通过支持南海公司对南美洲贸易垄断权的议案时，南海公司的股价立即从 129 英镑跳升到 160 英镑；而上议院也通过时，股价涨到了 390 英镑。全英迅疾掀起投机狂潮，就连英国国王与大科学家牛顿也不能免俗。如同一场梦魇，南海事件吹起了证券市场的第一个大泡泡。此后，"熊市"一词被广泛使用。

如今，一提到"牛市"和"熊市"，没有人会把它们与买卖牛或熊的市场联系起来。因为"牛市"和"熊市"是用来表示股市行情的涨落。那么，为什么是熊和牛而不是猪和马与股市行情相连？

早在 16 世纪，英格兰就流行着这样一句谚语："To seil the bear's skin before one has caught the bear"，直译为"还没捕到熊就开始叫卖熊皮"，寓意是"小心上当受骗"。而卖熊皮的"Bear skin jobber"是指那些还没捕到熊就把熊皮卖出去的投机商人。

这些投机商人承诺，在未来某一天以约定的价格交货，根据他的预测，到约定交货的日期，商品的价格一定会下降。届时，投机商会以较低的价格从别处买来指定商品，进行交割，从而赚取其中的差价。换句话说，投机商在赌约定商品的价格会下跌，bearskin 很快就简化成了 bear，起先是指投机商进行投机的商品，后来演变为投机商本身。Bears and bulls 的用法最早出现于 18 世纪早期的英格兰，而 Bear 一词被广泛使用，是在"南海泡沫事件"之后。

这是人类历史上第一次"全民炒股"，英国的王室、贵族、学者、平民都加入了狂欢，就连牛顿都没有例外。然而，当泡沫破灭，英国被笼罩在阴霾中整整一个世纪。在这次事件中，充分暴露了金融市场发展过程中的投机与舞弊问题，导致了英国金融在其后很长一段时间内处于停滞阶段，可以说，南海事件延缓了英国走向世界金融中心的步伐，但是也对其后的发展提供了现实的教训。

"我能计算出天体的运行轨迹，却难以预料到人们如此疯狂。"这是牛顿在南海泡沫破灭后的感慨。南海泡沫事件是世界证券市场首例由过度投机引起的经济事件。英文中的"经济泡沫"和"泡沫经济"就源于这一事件。

17 世纪末到 18 世纪初，英国正处于经济发展的兴盛时期。长期的经济繁荣使得私人资本不断集聚，社会储蓄不断膨胀，投资机会却相应不足，大量暂时闲置的资金有待寻找出路，而当时股票的发行量极少，拥有股票还是一种特权。在这种情形下，一家名为"南海"的股份有限公司于 1711 年宣告成立。

南海公司是一家与政府、王室和贵族有密切联系的特权公司。南海公司从成立之初就有个众所周知的企图：攫取蕴藏在南美洲海岸的巨大财富。当时，人人都知道秘鲁和墨西哥的地下埋藏着巨大的金银矿藏，只要能把英格兰的加工商送上海岸，数以万计的"金砖银石"就会源源不断地运回英国。加上有政府支持，社会公众对南海公司的前景充满信心。

彼时英国经济兴盛，人们的资金闲置，储蓄膨胀，而发行量极少的股票是特权的绝对象征。南海公司的股票理所当作地被投资者看好。

1720 年，南海公司决定对高达 3100 万英镑的全部国债提供资金，以提高其声誉。此举不仅深受英国政府欢迎，也迎合了众多投机者的需要。1720 年 1 月 1 日，南海股票指数为 128 点，一天之内，翻了 3 倍，并从此以惊人速度上涨。5 月 23 日，原为每股 126 镑（1719 年）的股票，一下子涨到 500 镑，6 月 2 日又涨到 890 镑，到 6 月底竟狂涨到 2000 镑。对股票价格狂涨现象，国王沾沾自喜，认为此举可以使国债在巩固的基础上整理，而国家信用则得以维护。由此，公司的一些董事被捧为有功之臣，并封为男爵。

尝到甜头的南海公司开始持续采取欺诈手段制造虚假繁荣。1720 年 4 月 12 日，南海公司以每股 300 英镑的价格发行新股；5 月，公司又发行了每股 400 英镑的新股；6 月 15 日，他们更是以现付 10% 的方式再次发行新股，此时的股价已升至 800 英镑；7 月 1 日，南海股票指数飙升至 950 点，并一度摸高 1050 点，较首次发行价的 130 英镑上涨了 7.08 倍！

南海公司股票价格的狂涨，导致各种股票价格的上涨和创办公司的热潮，各种莫名其妙的公司如雨后春笋般出现。这些公司大多数是子虚乌有的"泡沫"公司，其公开业务往往荒诞不经，例如，以铅炼金、发明永动机、捞取珊瑚、输入体躯庞大的西班牙驴马、建立私生子养育院，以及镇压海盗、承揽葬仪等，无所不有。投机家通过创办泡沫公司，靠股票价格上涨获取暴利。

但不可思议的是，从只有几便士的穷汉，到百万富翁，无不上当受骗。人们见股票就买，而不问其余。有一家公司甚至说以后再公布自己的经营对象，也能诱骗一些轻信的人。这样，股市就在这些盲目的股民的支持下，日日看涨。另外，一小撮投机家散布谣言，哄抬股市，更起到了推波助澜的作用。

最终，利润预期的"泡泡"巨大到令人惊恐的程度，股票从 100 多英镑快速涨到了近 1000 英镑，股市崩盘不可避免。议会见势不妙，赶紧出台了严格管制股市的《泡沫法》（Bubble Act of Junell，1720）用以推卸责任。1720 年 8 月，南海公司一些董事和高级职员意识到公司股价暴涨和毫无起色的经营业绩完全脱钩，开始大量抛售手中的股票。投资者也终于识破南海公司的真相，更加疯狂地抛出所持股票。

"泡泡"破灭，股价暴跌，怎么涨上去的，就怎么跌下来，前后过程大约 10 个月。整个英国股市此时完全崩溃，为数众多的银行倒闭，公司破产；无数家庭倾家荡产，许多人倾尽所有却血本无归；社会问题加剧，政府信用破产，政治危机一触即发。

刚刚兴起的股份公司在英国被视为金融欺诈团体，进而被宣布为非法。"南海泡泡"

阴影笼罩英国股市近百年，人们闻股色变，老实了许久，股票在英国市场上几乎销声匿迹。这就是震惊西欧的南海泡沫事件。

1720年底，政府对南海公司的资产进行清理，发现其实际资本已所剩无几，那些高价买进南海股票的投资者遭受巨大损失。许多财主、富商损失惨重，有的竟一贫如洗。此后较长的一段时间里，民众对于新兴股份公司闻之色变，对股票交易也心存疑虑。历经长达一个世纪，英国的股份公司和股票市场才走出"南海泡沫"的阴影。

热钱监管与索罗斯狙击中国

国家外汇管理局公布《2010年中国跨境资金流动监测报告》，被各界频繁估算的"热钱"规模和结构首次得到"官方解释"。中国证券报认为，外汇当局将"热钱"置于阳光下监管，可以起到正本清源的作用，防范和避免对"热钱"的误读和曲解误伤中国金融体系和实体经济。更为重要的是，这一举措意味着中国跨境资本管理更为透明，这也将成为人民币国际化和资本项目开放进程的重要一步。

"热钱"是为追求高额利润及低风险的短期资本，具有极强的高敏感度和高流动性，为逃避资本管制、降低资金运用成本，"热钱"又有很高的隐蔽性。恰恰是它的神出鬼没为流入国带来困扰。无论是上世纪80年代的拉美债务危机，还是1997年亚洲金融危机，都有其翻云覆雨的影子。

"热钱"在中国已成为一个相当敏感而热闹的议题。市场上对"热钱大量流入流出"的大量分析和测算并不准确且千差万别，却往往对市场投资者的预期、选择和利益带来意想不到的影响，甚至会产生负面效应。

2010年3月24日，索罗斯在香港注册成立了一家基金管理公司，入股资金为3500万港元（约合人民币3000万元），但有媒体这样称，索罗斯是否要狙击中国？

20世纪90年代初期，索罗斯的助手琼斯当时驻扎在中国香港，不过大部分时间是马不停蹄地造访周边的东南亚国家，为索罗斯基金的大举进攻寻找突破口和准备作战计划。"那一年我们在这一地区飞来飞去，我们直接与开发商见面，也与银行甚至当地记者交流。"他发现整个楼市泡沫已经很多，部分开发商支付利息都有困难，"但银行还是帮开发商找来很多美元贷款"。

资产泡沫堆积、外资不断涌入、银行短期外债高筑、开发商勉强支撑但已开始摇摇欲坠。"我们把这些信号综合起来后花了很长一段时间仔细研究，到底会出现什么样的情况？局势会如何发展？"研究的结果是，这一局面难以维持，琼斯于是向索罗斯建议，沽空泰铢。"为了这一仗，我们提前6个月准备，逐步建立起沽空仓位。"

"我们是1997年初开始行动的。"1月份，索罗斯基金联合其他国际对冲基金开始对觊觎已久的东南亚金融市场发动攻击，一开始就大肆抛售泰铢，泰铢汇率直线下跌。在对冲基金气势汹汹的进攻面前，泰国央行一是入市干预，动用约120亿美元吸纳泰铢；二是禁止本地银行拆借泰铢给离岸投机者；三是大幅提高息率，三管齐下，泰铢汇率暂时保持稳定。

5 月份的时候，资金大量流出泰国，泰国开始资本控制。6 月份，对冲基金再度向泰铢发起致命冲击，泰国央行只得退防，因为仅有的 300 亿美元外汇储备此时已经弹尽粮绝。6 月 30 日，泰国总理在电视上向外界保证："泰铢不会贬值，我们将让那些投机分子血本无归。"但两天后，泰国央行被迫宣布放弃固定汇率制，实行浮动汇率制。当天泰铢重挫 20%，随后泰国央行行长伦差·马拉甲宣布辞职。8 月 5 日，泰央行决定关闭 42 家金融机构，至此泰铢陷入崩溃。

在此期间，对冲基金还对菲律宾比索、马来西亚林吉特和印尼盾发起冲击，最后包括新加坡元在内的东南亚货币——失守。工厂倒闭，银行破产，物价上涨等一片惨不忍睹的景象。

在一些亚洲人的心目中，索罗斯是一个十恶不赦、道德败坏的家伙。马来西亚总理马哈蒂尔说：我们花了 40 年建立起来的经济体系，就被这个拥有很多钱的白痴一下子给搞垮了。这个拥有很多钱的白痴就是乔治·索罗斯，而索罗斯打败亚洲的武器就是热钱。

热钱，又称游资，或叫投机性短期资本，指为追求最高报酬及最低风险而在国际金融市场上迅速流动的短期投机性资金。它的最大特点就是短期、套利和投机。

类似危机还发生在 1992 年的英国。英国为保持欧洲统一汇率机制，英镑高估。国际热钱趁机大量抛售英镑，买入德国马克，最终致英国耗尽 200 多亿美元外汇储备，迫使英镑贬值 15% 并退出统一汇率机制，国际热钱从中净赚约 20 亿美元。

当热钱流入国门之后，一般会如何在人们的经济生活领域发生影响呢？

高度繁荣和泡沫化的资本市场首先吸引热钱，也是热钱兴风作浪的首选；房地产市场因为需要的资金量大，热钱经常大进大出；凭借热钱雄厚的金融操作技巧、市场运作能力和资金实力，它经常在商品期货市场操纵获利；当时机成熟时，热钱则可在黄金市场、民间金融市场乃至 PE 市场获取高额回报。石油、股市、楼市、粮市……任何大宗商品价格的涨跌都与热钱脱不了干系。2008 年油价的大起大落，全球股市的巨大动荡都与这只市场中的"黑手"有着密切的关系。

在发展中国家，热钱充分享受到经济成长为其带来的暴利。

过多热钱进入中国会加大市场的流动性，造成流动性过剩，而货币供给越多，中国面临的通胀压力就越大。此外，热钱还加大了人民币升值压力。而投机资金进入股市、楼市后，容易制造泡沫，热钱还会给股市造成严重伤害。2007 年的 G8 峰会上，德国总理默克尔继续呼吁各国加强对对冲基金和投机热钱的监管。

总的来说，预防热钱危机要做好以下几方面的工作：

其一，加强外汇监测体系，及早察觉外汇在本国的异常流动。

其二，注意政策、制度的可逆性设计，一旦热钱大量外流时，政策制度可以进行相应的应对和补救。

其三，保持理性政策，防止经济大起大落。保持经济的平衡增长而不是追求过度的繁荣，始终是稳定国家货币和金融体系的根本。

以越南为例，在经历热钱危机后，在金融开放进程上不再过于求大求快，而是通过制度化对资金进行约束，引导它为优化经济结构服务。央行不仅缩减了货币供应量，还对贷款采取了更加严格的措施。此外，越南还计划对外国资本占有股份上限加以规定，据悉，目前越南的上市公司外国资本只允许最多占有49%。在2008年5月，东南亚国家联盟10国以及中国、日本和韩国3国计划出资至少800亿美元建立共同外汇储备基金，以帮助参与国抵御可能发生的金融危机，维护地区金融稳定，这无疑是构筑了一道强大的堤坝，以遏制"热钱"再度兴风作浪。

中国证券报认为，将"热钱"置于阳光下监管、定期对跨境资本流动进行监控统计，更是人民币国际化和资本项目开放的重要一步。中国证券报认为，要防止"热钱"兴风作浪，除了在"管"和"堵"的措施之外，还需有效疏浚。要处理好贸易、外汇、资本市场等最容易受"热钱"侵袭的部分，增强国内市场"免疫力"，最根本的还是要在制度和结构上下手。要改善贸易顺差和外汇储备过快增长状况，缓解人民币升值压力，深化人民币汇率形成的市场机制改革，增强人民币汇率弹性，稳步治理资产市场，防止泡沫。但根本之道在于调整经济结构，优化产业升级，提高国际竞争力，让"热钱"变成"冷钱"为我所用。

第二十八章　全球经济衰退滞缓到何时

——了解世界经济大势要学的金融学

为什么美国一打喷嚏，全世界都会感冒

金融市场上流传着一个古老的谚语："美国一打喷嚏，世界就会一直感冒。"尽管这种说法是老生常谈，但是大量事实证明这种现象的确存在。美国是世界上规模最大、实力最强的经济体。一旦美国经济出现问题，那些依赖于美国源源不绝的消费需求、为美国提供从原材料到最终消费品等种种商品的国家也就无法独善其身。

19世纪，大英帝国是主宰世界经济的超级大国，每一次它都被卷入金融危机，接着对原材料和制成品的需求直线下降，其贸易伙伴都会因此遭受间接损失。20世纪，美国继承了英国的主导地位，在危机的前夕，美国的GDP占到全世界的四分之一。考虑到美国存在7000亿美元的经常项目逆差，它在全球经济中占据的实际份额更大。当美国陷入了严重的经济萧条时，世界各国都难以幸免，包括墨西哥、加拿大、中国、日本、韩国、新加坡、马来西亚、泰国和菲律宾等等。中国的处境尤为困难，因为我国近年来经济增长主要依赖对美国的出口贸易。数以千计的中国工厂倒闭，雇员从城市返回农村地区，地球的另一端也陷入了灾难。

回顾19世纪50年代以来全球经济发展史，我们就可以清楚地看到，自从美国成为世界第一经济大国和推行国际贸易自由化以来，每每美国经济只要有个风吹草动，全世界经济就会跟着打哆嗦。这次随美国经济严重衰退而来的，同样是世界经济无法逃脱一场剧烈而痛苦的经济放缓。这种美国和世界经济一荣俱荣，一损俱损的现象是不争的事实。

这种动态作用在金融危机时期会导致严重后果。在世界经济强国爆发的某个金融问题可能顷刻间演变为一场毁灭性的全球性金融危机。在全球性金融中心出现的股票市场崩盘、大型银行倒闭或者是其他意想不到的崩溃事件，都可能演变为一场全国性的恐慌，接着蔓延成世界性的灾难。无论是在19世纪的英国，还是之后的美国，这种情景已经多次出现过。

当美国被2006年末至2007年期间的次贷危机击垮时，传统观念认为，世界上其他国家可以与这个深陷金融危机泥潭的超级大国"互不相干"。这种观点最初是由高盛的分析师提出的，后来变成了人们的共识：巴西、俄罗斯、印度和中国等国家经济的蓬勃发展取决于其国内需求，这些国家可以安然无恙地渡过次贷危机。这些世界新兴经济体可以逃脱历史的诅咒。

而事实恰恰相反，危机冲击了大陆上的每一个国家，包括巴西、俄罗斯、印度和中国。有时，这种共同承担的痛苦是一个全球相互依赖的问题：危机通过各种各样的渠道逐步蔓延开来，传播到其他国家经济中的健康领域。但是，传播这个词并不能充分地解释金融危机，尽管它常常被人们提及。危机从一个经济出现问题的强国蔓延到其他经济正常运行的国家，这个过程并不是一个简单的疾病传播过程。一旦受到经济危机的冲击，其他那些长期实施内生性泡沫刺激政策的国家已经不堪一击了。的确，最初看起来似乎仅仅是美国人自己的问题，但是事实上其波及面达到了让人无法相信的程度。那么为什么美国一打喷嚏，全球经济就要感冒呢？

这是因为：第一，美国一直是世界经济发展的领头羊，美国的国民生产总值在以往的一百多年里，一直占全球国民生产总值的30%以上。因此美国经济出现衰退，必然较大影响世界经济发展。

第二，美国推行贸易自由化政策，引导世界走上了全球经济一体化的道路，其他国家同美国经济紧密挂钩，相互依存。因此，通过贸易渠道、金融渠道、货币渠道、投资渠道、信心与政策渠道会把美国经济和金融的负面冲击传导到全世界。

第三，美元作为世界货币，各国都把它作为外汇储备，美国经济发展危机，美元贬值，各国的财富大量缩水，造成经济损失。

那么美国衰退对他国经济、金融和股票市场发生传染效应的渠道到底是怎样的？

其一，金融传导。美国次贷市场崩溃、雷曼兄弟公司及其他几大金融机构的破产，不仅给美国的金融市场造成了广泛和严重的金融危机，而且通过这些跨国公司传导到欧洲、澳大利亚和世界其他地方。这种金融传染的根源在于，约有一半的美国证券化金融工具是卖给外国投资者的。这就是为什么在拉斯韦加斯、凤凰城和克里夫兰由抵押贷款违约所导致的金融损失会在欧洲、澳大利亚甚至挪威的小村庄暴露出来。因为来自全球各地的投资者购买了这批有高度风险的证券祸害。结果就是我们在欧洲和其他地方目睹了紧跟着就出现的金融风暴。金融传染是通过股市发生的，美国股市暴跌，紧接着就是亚洲和欧洲股市开盘暴跌。

其二，进出口贸易传导。实体经济传染主要是通过直接贸易纽带而发生的。如果美国发生经济衰退，由此而来的私人消费、公司资本支出和生产就会减少，从而导致美国消费品、资本品、中间产品和原材料进口的减少。美国的进口即别国的出口，因此其他国家出口的收缩，便导致它们的经济增长率降低。例如美国衰退所导致的私人消费的萎缩会直接影响到中国对美国的消费品出口，中国的大批出口企业就要压缩生产，职工下岗。

其三，美元进一步贬值的全球通缩效应。美国经济放缓以及随之而来的美元利率下调已经导致美元对其他主要货币的大幅贬值。尽管弱势美元能够提升美国出口竞争力，但这对向美国出口的国家来说却是坏消息，它们的货币对美元升值，其产品在美国市场上会因涨价而削弱其出口竞争力，直接影响出口国经济发展。

总而言之，上述所有渠道都意味着美国衰退将对全球经济增长和金融市场产生痛苦影响。遇上好年景，贸易全球化和金融纽带会大力促进经济增长；但在坏年头里它们也会把美国等大国的负面冲击传导到全世界。国际金融体系和全球贸易犹如一张网络，当危机来临，任何一个国家都无法独善其身，如果低估了危机的危险性与传播速度，那么它很可能会使得一国的金融危机演变成了全球性的经济危机。

究竟谁才是导致全球经济失衡的罪魁祸首

全球不平衡会引发"犯罪"的事实是毫无争议的，每个人都一致认为全球不平衡现象日趋严重。美国和其他一些发达国家入不敷出，而其他大部分国家，如中国、东亚新兴市场国家、石油输出国家、许多拉丁美洲国家以及德国和欧洲的少数国家则刚好相反。然而，至于谁才是全球失衡的罪魁祸首？谁应该受到惩罚？答案却莫衷一是。

关于全球经济失衡的争论很容易让人想起黑泽明的经典电影《罗生门》中的情节。在这部传奇影片中，在森林里发生了一起恐怖的凶杀案，每个当事人都从自己的角度讲述了事情的经过，承认了犯罪事实，但是说法各异，谁才是真正的罪犯呢？

全球经济失衡是指美国与以中国为代表的发展中国家之间的经常收支的不均衡状态。其原因之一为美元的流动性过剩，从而引起其价值下降。所谓全球经济失衡是指这样一种现象：一国拥有大量贸易赤字，而与该国贸易赤字相对应的贸易盈余则集中在其他一些国家。2005 年 2 月 23 日，国际货币基金组织总裁拉托在题为"纠正全球经济失衡——避免相互指责"的演讲中正式使用了这一名词。并指出当前全球经济失衡的主要表现是：美国经常账户赤字庞大、债务增长迅速，而日本、中国和亚洲其他主要新兴市场国家对美国持有大量贸易盈余。

美国作为当今主要国际储备资产的供给国，其国际收支与其他国家的美元储备资产之间具有一定的对应关系，世界各国对美元储备资产需求的增加可能导致美国国际收支逆差的增加；美国国际收支逆差的增加，也可能导致其他国家储备资产被动增加。因此，要理解当今全球经济失衡就有必要分析当今国际储备货币的供求状况。

国家持有外汇储备的主要原因是对付无法预测和临时的国际收支不平衡，因此储备需求理论认为合理的国际储备规模应该由一个国家基于储备用完情况下产生的宏观经济调控成本和持有储备的机会成本的平衡来决定。

近年来世界国际储备总量增长很快，但世界各国储备倾向的发展却很不平衡。从储备与进口的比率看，发达经济体的储备倾向自 20 世纪 80 年代中期以来比较稳定，近年来还有下降的趋势。而新兴市场国家无论是从储备与进口的比率或储备与短期债务的比率，其储备增长倾向非常快，其中亚洲新兴市场国家最为突出。而发展中国家的储备增长倾向有所增长，但不如新兴市场国家突出。

发展中国家，尤其是新兴市场经济国家在经历了一系列货币金融危机以后，加强了国际储备。但应该看到，这对他们而言，是在经济开放过程中应对动荡不定的国际经济环境的一种不得已的选择。发展中国家由于资本相对稀缺，其投资的边际生产率往往很高，所以其高储备的机会成本十分高昂。

正是由于美国在国际储备货币供给中的垄断地位和发展中国家、尤其是新兴市场国家对国际储备的强烈需求，使美国的经常项目逆差与亚洲国家经常项目的顺差和国际储备的大量累积相对应，从而导致国际社会所关注的全球经济失衡问题。

事实上，在美国经常账户赤字不断走高的过程中。尤其是 2001 年以来，其他一些因素扮演了更为重要的角色。为了克服经济衰退，布什政府向国会提交的大规模减税政策使美国的财政赤字激增。从上个世纪 90 年代开始，美国政府债台高筑，开始大规模发行国债，并被中国和其他新兴市场所购买。在这个过程中，这些国家的罪过仅是购买了那些债券；相反，美国的罪过则是有意实施了加速经常账户赤字的政策。

美国的经常账户赤字不断刷新纪录，而在这一过程中，美联储也同样难辞其咎。2001 年以后，美联储实施宽松货币政策，大量发行基础货币，而对金融系统的监管却又鲜有作为。

这些政策而非"全球储蓄过剩"创造了房地产市场的繁荣，致使美国储蓄率下降，住宅投资率上升。虽然国外储蓄为美国房地产提供了资金融通，但起初却是美联储创造了这种不可持续的繁荣，并吸引了这些国外资金。

上个世纪 90 年代，美国经常账户赤字的上升主要是因为网络泡沫和相应的股市繁荣吸引了国外资本流入，这反过来又促使美国人储蓄更少、消费更多，进一步助推赤字扩大。泡沫破灭之后，赤字规模本应下降，但事实却恰恰相反，布什政府主导的、不计后果的财政政策使赤字继续飙升。

2004 年之后，松懈的联邦监管助长了难以持续的房地产泡沫，美国经常账户收支持续恶化，储蓄率继续下降，国外投资者疯抢各种各样的抵押贷款衍生证券。直到 2007 年之后，房地产泡沫破灭，进口下降，家庭储蓄增加，美国的经常账户赤字才最终下降。另外，石油价格的下降也进一步促使赤字规模的收缩。过去几十年来，正是美国所实施的政策带来了这个恶果。轻率的税收减免政策，漫不经心地放纵房地产泡沫，最终使美国自掘坟墓。

从长期看，解决全球经济失衡的根本途径在于减少世界各国对美元储备资产的需求，但这是以美元霸权削弱为条件的，它必将遭到美国政府的反对。而美国目前所主张的解决全球经济失衡的措施不利于问题的根本解决，从长期看还会进一步加剧全球经济失衡。因此，对全球经济失衡问题的解决将是一个漫长、充满矛盾和摩擦的过程，具体措施的选择将因不同时期国际经济格局的变化而不同。我国作为一个经济还相对落后的发展中国家，明智的选择是力所能及地参与国际经济协调与合作的同时，尽最大努力保持国内经济快速、健康发展。

风暴过后重创的美国经济

"一只南美洲亚马逊河流域热带雨林中的蝴蝶，偶尔扇动几下翅膀，可以在两周以后引起美国德克萨斯州的一场龙卷风。"这是美国气象学家爱德华·罗伦兹 1963 年在一篇提交纽约科学院的论文中所提到的著名的"蝴蝶效应"。

随后的 30 年后，一场声势浩大的全球性灾难又一次印证了这一理论。2008 年 9 月 15 日，由于陷于严重的财务危机，美国第四大投资银行雷曼兄弟宣告破产，成为华尔街金融风暴全面爆发的导火索。此次金融危机波及的不仅仅是美国，在经济全球化趋势演变下，华尔街金融风暴对欧洲乃至世界的经济都产生了巨大的破坏力。

追究其原因，这次华尔街金融危机的爆发和美国近几十年来过于宽松的金融监管制度密切相关。长期以来，美国金融体系发展的一个重要特征就是虚拟经济的发展速度和规模远大于实体经济。

从 20 世纪 80 年代起，美国开始鼓励华尔街的金融精英人士进行金融创新，房地产市场的贷款证券化就是金融创新的主流之一，金融衍生品和资产证券化产品被大量使用，越来越多的与住房贷款相关的证券化等金融衍生品被不断开发，种类和规模都达到了空前的饱胀状态。20 世纪 90 年代中后期至今股票市值与 GDP 的比例达 130%，债券市值占 GDP 的比例达 150%，股票市场和债券市场与实体经济呈现明显的脱离状态。而金融衍生品就更加严重，2000 年金融衍生品的交易量已是美国 GDP 的 8 倍。从 2003 年到 2007 年，华尔街信用类金融衍生品的金额从不到 3 万亿美元猛增到 60 万亿美元，其中大部分由美国五大银行控制，摩根大通占有 30 万亿美元，美国银行和花旗银行各有 10 万多亿美元。在这一系列的创新过程中，潜在的风险被无限放大，因为美国每天的流动资金绝大部分都在金融市场上进行着投资、投机等行为，极少用在实体经济上。而虚拟经济的发展过程中极容易产生系统性风险，问题一旦爆发就会导致意想不到的灾难，金融危机便由此引发。

2008 年华尔街金融风暴爆发后，美国的经济遭受前所未有的打击，甚至引发经济的衰退。在今天，美国终于现出了其虚拟经济的原形。在科技的不断更新和世界经济全球化的推动下，美国为了维持现有的国际地位，不得不使其付出更大的代价。除了 2008 年华尔街金融风暴的影响外，美国一直遭受世界反美力量的困扰，10 年前的 "9·11" 恐怖袭击依然清晰在目。近年来，美国为了维护自己的利益，以作为对恐怖分子残暴行径的反击，美国发动了耗时超过一战与二战的阿富汗、伊拉克两场战争。与此同时，昔日的霸主美国开始重新认识世界并开始寻求各国政府的响应和声援，掀起了一场全球性的 "反恐" 行动。

最终萨达姆和塔利班政权先后被推翻，作为 "基地" 组织精神教父的本·拉登也被终结，其核心成员亦被剿灭殆尽。美国从 "9·11" 之后全球性反恐格局中，显示出其强大的控制力。但 "9·11" 带给美国经济的转变同样引人注目。由于 "9·11"，一方面，美国政府将大量精力投入到反恐和中东战争布局，使得美国本应在网络经济泡沫破灭之后及时启动的经济与产业变革被拖延了 10 年，其后实施的挽救经济措施毫无起色；另一方面，"9·11" 使美国耗费了大量的经济资源，仅阿富汗和伊拉克战争，美国就支出了高达 3 万亿美元的军费，导致美国政府赤字持续飙升，债务危机空前严重，并将如今的美国推向几近破产的边缘。

由于财政状况的恶化以及经济实力因反恐而大大透支，美国的国家信用遭遇到了空前的质疑，其综合国力和竞争实力日渐衰微，崛起的俄罗斯又加入了美国竞争的行列，由此削弱着美国在全球经济舞台上的影响力与话语权。

历数美国经济危机，目前无论从持续的时间上，还是从衰退程度上都超过美国第二次世界大战以来所发生两次最大的经济衰退。

1973～1974 年和 1981～1982 年两次经济危机持续的时间都在 16 个月，目前的经济衰退将至少持续 19 个月以上；1973 ~ 1974 年经济衰退 4% 以上，1981 ~ 1982 年经济衰退 6% 以上，而目前的经济衰退预计在 8% 以上。更有悲观的观点认为，美国本次经济衰退的时间可能是 36 个月，而不是 19 个月，是前两次经济衰退时间的 3 ~ 4 倍。2009 年，美国实际 GDP 将下降到 -2.2%，预计年实际 GDP 也仅达到 1.5%。

近来，影响美国经济中的重要因素接连出现负面迹象，先是失业率重回 9.2% 的高位，再是制造业、消费增长等多种重要经济指标大幅下挫，使得人们日益担忧经济二次衰退即将来临。

由于投资者对美国乃至世界经济前景等多方面的担忧，导致纽约股市经历了自 2008 年金融危机以来的最大跌幅。连续下挫的 8 个交易日，使得标准普尔 500 家股指重挫 10.8%，道·琼斯指数一周内暴跌 5.8%，其中美国国会通过债务上限法案后，股市不但没有出现明显上涨，反而使道指在 8 月 4 日一天暴跌 513 点，跌幅高达 4.31%，让全世界资本市场震惊。与此同时，在标准普尔和美国财政部门争执的情况下，标普于当地时间 8 月 5 日周五晚间，决定把美国的债务评级从 AAA 下调为 AA+，使美国失去了保有 70 年之久的 AAA 评级，此举也意味着美国今后借债成本将上升，而且世界各国的美债持有者的资产安全受到威胁。

股市及标准普尔的举动，不但反映了投资者对美国经济前景的担忧，更表明人们对美国主要政党把党派争斗置于国家经济利益之上的恐慌。

从美国债务形势未来发展趋势看，英国颇具权威性的《金融时报》社评称，美债闹剧并未因上限议案的通过而落幕。实际上，美国两党围绕预算的政治争斗不但仍将继续下去，且将面临更加恶劣的政治环境和经济氛围。

《金融时报》社评同时呼吁美国："美国总统和国会中的两党领袖都应该冷静下来想一想。全世界刚刚见证了一场严重的治理失误。如果美国不能修补其政治中的漏洞，美国自身乃至整个世界，都将面临一条死路。"

同年 8 月 7 日，西方七国集团及二十国集团经济决策者们在周末分别举行紧急电话会议，共商避免金融危机突然降临的应对策略。如果效果难以预料，世界金融乃至经济将又一次开启危险旅程。

飓风之下重挫的欧洲经济

2009 年 12 月全球三大评级公司下调希腊主权评级，希腊的债务危机随即愈演愈烈，金融界普遍认为希腊经济体系小，发生债务危机影响不会扩大。但随着事态的发展，欧洲其他国家也开始陷入危机，包括比利时这些外界认为经济较稳健的国家及欧元区内经济实力较强的西班牙，都预报未来 3 年预算赤字居高不下，希腊已非危机主角，整个欧盟都受到债务危机困扰。德国等欧元区的龙头国都开始感受到危机的影响，因为欧元大幅下跌，加上欧洲股市暴挫，整个欧元区正面对成立 11 年以来最严峻的考验。

2009 年 10 月，希腊新任首相乔治·帕潘德里欧宣布，其前任隐瞒了大量的财政赤字，随即引发市场恐慌。截至同年 12 月，三大评级机构纷纷下调了希腊的主权债务评级，投资者在抛售希腊国债的同时，爱尔兰、葡萄牙、西班牙等国的主权债券收益率也大幅上升，欧洲债务危机全面爆发。

此次欧洲经济危机主要表现在：

一是欧元区主权债务危机。希腊目前国家负债为 7500 亿欧元，相当于中国人民币 65000 多亿元，约等于 2009 年中国 GDP 的近 1/4。除了希腊之外，欧盟的其他国家——葡萄牙、爱尔兰、西班牙以及欧元区最大债务国意大利，这次欧元区危机国总债务将超过 38000 亿欧元（其中希腊 2360 亿，爱尔兰 8670 亿元，西班牙 11000 亿，葡萄牙 2860 亿，意大利 14000 亿），与中国 2009 年的 GDP 相当。主权债务危机严重挫伤欧元及欧洲经济，也冲击了其他国家出口贸易，在全球经济处于低谷的时刻进一步加重了经济复苏的难度。

二是货币信用危机。2009 年底，希腊债务危机爆发之初，欧盟认为，希腊是由于不遵守欧盟在稳定与增长公约设定的财政赤字和公共债务上限而出现债务危机的，希腊必须本身为此埋单，并付诸相应的紧缩和改革政策。实际上欧盟当时为防止道德风险的发生，履行的是"不救援"条款。但意想不到的是，希腊危机和欧洲债务风险已经蔓延到了全球金融市场，并导致 5 月第一周出现了罕见的全球金融市场动荡。

目前，欧债问题在紧缩、援助、再紧缩、再援助的循环中愈演愈烈。

2011 年 6 月，意大利政府债务问题使危机再度升级。在欧元区 17 国中，以葡萄牙、爱尔兰、意大利、希腊与西班牙等 5 个国家的债务问题最为严重。

鉴于金融市场已经"失控"，欧盟在极短的时间内再次和国际货币基金组织出台了一系列救援计划，涉及资金高达 7500 亿欧元，已经超出了市场的预期。一则显示欧盟对危机救援的决心，二则隐含地认为欧洲债务问题的严重性。但是，这个救援方案并没有很好地解决希腊和欧洲的债务危机。2011 年 7 月不得不进行针对希腊的第二轮救援计划，欧元区国家将向希腊提供 1090 亿欧元的融资，另外私人部门提供 370 亿欧元。这次救援的总规模也远超出市场的预期。希腊债务问题的严重性更甚一步。

此时的欧洲正处在双重危机下。

国债危机刚刚开始发酵，银行危机又紧随而来。美国信用评级机构纷纷下调法国两家银行和意大利的信用评级，这对欧洲来说无疑是雪上加霜。

2011 年 9 月 14 日，穆迪投资者服务公司下调了法国兴业银行与法国农业信贷银行的评级，表示将延续并观望对法国巴黎银行的评级。评级下调的原因是这三家银行持有规模较大的希腊主权债务。

9 月 20 日，标普下调了意大利的信用评级，将主权评级从 A+ 下调至 A，并将评级前景设为负面。标普同时也下调了意大利的经济增速预期，认为意大利的经济增长前景和脆弱的政府不能有效削减意大利的政府债务规模，从而导致意大利的负债水平高于此前预期。标普的理由很简单：意大利近期通过的 540 亿财政紧缩方案不足以改变标普的决定。

9 月 26 日，在对意大利债和 7 家意大利银行进行评分降级后，标普又将 11 处意大利 A+ 级大区和省市地区评分降到了 A 级。据报道，此次标普降级涉及 11 处地区中包括米兰、博洛尼亚、热那亚等意大利主要大城市。

此举对与其有关联的德国和法国，还有持有大量欧元区成员国国债的很多银行来说，蕴含着众多风险。首先，欧洲银行彼此之间滋生的不信任情绪，会令它们的融资能力受限，并面临潜在的信心缺失风险；一旦欧洲银行爆发流动性危机，银行体系和金融市场的动荡将迫使银行进一步减少对企业私人部门的贷款，这反过来又会恶化欧元区债务问题，加大政府减少预算赤字的难度，使其陷入更深的偿债困境。

一旦欧洲危机蔓延，可能一举击溃西方经济复苏的市场信心，也可能通过贸易渠道影响新兴经济体的发展，后果将不堪设想。

而当下，全球政经界人士关注点都聚焦在希腊是否会在国债上违约的问题上，如果希腊违约对欧洲第三大经济体意大利的债务危机会带来什么样的后果。

若希腊最终出现违约，其产生的多米诺骨牌效应将同时重击葡萄牙、西班牙与意大利。就意大利目前的债务总量而言，要是出现类似希腊的困局，连现有的 EFSF 也未必能拯救得了。

瑞银证券经济学家拉里·哈瑟韦对希腊如果违约表明看法：由此所致的持有债券的损失不仅仅会危及希腊的银行，也会置其他有相似的债券持有情况的银行于险境。其经济影响可能扩散至欧洲经济。此后主权违约将在欧洲整个金融行业掀起波澜。

另外，欧洲各银行所持有的希腊债券，若其违约，将面临全部 4000 亿欧元以上的亏损，如果再加上前期对希腊的两轮救助，希腊退出的成本，仅欧元区承担规模将超过 6000 亿欧元以上。

重要的是希腊退出欧元区带来的示范效应，可能进一步导致欧元及欧元区经济的不稳定，对全球经济贸易会产生剧烈不利影响。

如今，在债台高筑的局面下，"欧洲 5 国"要想自救，就必须削减财政开支并增加税收。尽管在正常的经济状况下不会带来太大问题，但如今欧洲国家经济疲软，财政紧缩无异于紧缩经济，也可能使欧洲成员国陷入财政紧缩和经济低迷的恶性循环之中。

危机重压中的日本经济

直到 1997 年亚洲金融危机时日本经济已经渐渐缓和，但 2000 年 IT 泡沫破灭又经历一次大打击。连带上世纪 70 年代的石油危机，1989 的经济泡沫，1997 亚洲经济危机，2000 的 IT 泡沫以及最近的金融风暴，日本至少已经经历了五次较大的经济危机。其中最惨的时刻是 1989 年从经济高峰跌下来的那次，之后日本开始处理不良债券，并延续了十年之久。

实际上，日本经济自 2007 年 10 月后就进入了经济衰退阶段，而在 2008 年 9 月之后美国此次爆发的次贷危机给日本经济带来了沉重打击。

影响一，日本的金融业受到严重冲击。

相关数据显示，日本四大银行（三菱 UFJ、瑞穗金融集团、三井住友和住友信托银行）2007 ~ 2008 财年次贷相关亏损预计达 47 亿美元，约占其预期利润的近 30%。美国次贷危机给日本银行界带来的影响正在不断扩大。

曾成功进军美国 RMBS 业务领域的日本最大的证券商野村控股株式会社也表示，受美国次贷危机影响，该公司去年第三季度利润下滑 71%，净收入也大幅下跌至 226 亿日元。

影响二，汽车行业是日本重要的经济支柱之一，金融危机也同样影响了日本的汽车行业。日本汽车业三大巨头丰田、本田和日产公司相继宣布，受全球金融危机的影响，汽车销售市场低迷不振，导致 1 月份汽车产量锐减。

已经取代了美国通用汽车全球销量第一宝座的丰田公司在一份声明中说，其 1 月份全球汽车生产量比去年同期下降了 39.1%。仅为 48.8 万辆。其中丰田在日本本土的汽车产量下滑了 34.6%，海外工厂的产量降低了 44.2%。该公司日前证实，丰田汽车 2008 年出现亏损，预计亏损 500 亿日元。这将是丰田汽车 46 年来首次亏损。丰田汽车公司副社长木下光男表示，上一次丰田汽车出现经营亏损，是因为第二次世界大战。这一次则因为金融危机，目前丰田汽车在北美和欧洲市场的销量大幅减少。

影响三，金融危机也冲击了日本的电器行业。由于日本、欧洲和美国等主要经济体经济衰退，导致消费者削减开支，为了抵御全球经济危机所导致的巨额亏损，松下预计截至 3 月份的当前财年将净亏损 3800 亿日元（约合 42 亿美元）。松下财务主管上野山实表示，该公司计划在 2009 年 3 月底之前关闭 27 家工厂，裁员 1.5 万人，预计至 2010 年该数字会进一步增加。

NEC 公司与日立公司 1 月 30 日下调了 2008 年业绩预期。受半导体业务下滑与日元升值影响，NEC 预计将净亏损 2900 亿日元（约合 219 亿元人民币），并宣布将在 2010 年 3 月底前在集团内裁员 2 万余人，其中正式员工与非正式员工各裁员 1 万人以上。另外，日本的东芝与索尼等电机企业也出现了巨额亏损，纷纷宣布裁员。

影响四，受全球金融危机影响，2008 年底以来外部需求低迷，日本出口遭受重大打击。

日本财务省发布的最新统计报告显示，日本去年经常项目顺差较前年下降 34.3%，其中商品和服务贸易顺差下降 81.7%。2008 年全年日本经常项目顺差为 16.28 万亿日元（1 美元约合 92 日元），较 2007 年下降 34.3%。商品和服务贸易顺差为 1.8 万亿日元，较前年骤降 81.7%。去年日本商品贸易出口额为 77 万亿日元，较前年减少 3%；进口额为 73 万亿日元，增长 8.8%；商品贸易顺差为 4 万亿日元，比前年减少 67.3%。

影响五，日本工薪阶层的薪金普遍下降，失业率升高。

据日本媒体不完全统计，日本工薪族的月薪和年终奖金持续几年连续下滑。统计显示，金融危机使普通的工薪阶层薪水缩水 5% 至 25% 不等，临时雇佣者的时给也有所下调。2008 年 12 月，失业率已经升至 4.4%，攀升到 40 年最高水平。

影响六，受金融危机影响，也改变了日本普通高中生报考大学的观念，在选择志愿时他们变得更为务实。"学费和考试费低廉、就近选择大学就读、减少报考大学数量即所谓"便宜""离家近""志愿少"成为他们的报考标准。

日本自金融危机经济遭受重创后，可谓一波未平，一波又起。之后的地震和海啸使得受灾地区的工业生产暂时停顿，核泄漏事件进一步影响了日本国内的消费和投资信心。日本经济自 2010 年 4 季度起已经连续三个季度负增长。

在地震发生前，日本经济便处在衰退的边缘。2009 年，日本经济萎缩 5%，创二战后最大降幅，这也是世界发达国家中最为严重的。尽管在 2010 年，日本经济实现 4% 的强劲增长，然而在下半年，日本经济又出现停滞迹象。因为日本国内民众的购买欲望已大幅下降，到了 12 月份，日本 GDP 实际下滑了 0.3%。

关于日本债务问题，在日本信用 Aa2 等级被穆迪评级公司列入负面观察名单之后不久，8 月 24 日，穆迪又将日本主权信用等级下调至 Aa3 级。本评级下调的原因是政府财政赤字和主权债务过高以及政府首相频繁更迭等。

时间追溯到 1990 年以前，日本经济发展主要是靠银行借贷支撑，但此后日本金融危机发生，银行借贷停滞，政府为了托住经济增长，开始大量发债投入公共基础设施建设，尤其是在利率近乎为零的背景下，政府几乎可以无成本借债，这也促使日本国债数额骤增。

日本政府支出不断增长、债务规模越来越大还有一个十分重要的原因就是老龄化社会迫使政府社会福利性开支大幅上涨。

就是在这样的背景下，日本债务水平早在 15 年前就已经越过占比 GDP60% 的安全线。尤其是近几年，美国金融危机之下，日本政府救市，加之 2011 年大地震的影响，都毫无疑问地进一步增加了政府开支，这使得日本国债水平一举突破 200%。

目前，日本央行已经采取了其他央行没有采取的果断的放宽货币政策的措施，并以此阻止日元的急速升值。虽然如此，日本经济现状和前景仍十分严峻。

世界金融的现状：危机与希望并存

国际货币基金（IMF）2009 年对全球经济危机程度的估计是：第四季度，发达经济体的实际国内生产总值前所未有地下降了 7.5%，估计 2010 年第一季度会以同样快的速度下滑。受贸易不振和资金减少影响，新兴经济体经济 2009 年第四季度整体收缩 4%。在这轮席卷全球的金融危机中，全球各国损失预计将达到 4.1 万亿美元。其中美国成为损失最大的国家，预计损失将超过 2.7 万亿美元。

而进入 2011 年以来，世界经济总体上保持了复苏态势。但是还有很多复杂的因素，日本地震和海啸导致日本经济衰退，并陷入负增长。近一段时期，欧洲主权债务危机愈演愈烈，救援计划收效甚微，美国经济放缓明显，都为世界经济增长带来了新的不确定性。

在主要发达经济体中，美国增长放缓十分明显，有数据表明，一季度 GDP 增长率仅为 1.8%，二季度没有明显变化。美国经济面临的主要问题是低迷的房地产市场与就业增长缓慢。房地产价格和成交量依然在低位徘徊，不仅拖累了房地产投资，也使银行的资产质量无法提升，进而不敢扩大信贷投放。由于人口不断增长，美国每个月必须创造 12.5 万个新增就业才能保证失业率保持不变。但由于新增就业增长缓慢，6 月份美国失业率反而上升到 9.2%。从 2009 年 10 月达到 10.1% 的顶点之后，已经过去 20 个月，而美国失业率下降还不到 1 个百分点，这在二战后是绝无仅有的。

这充分说明此次金融危机对美国经济带来的是一个结构性的影响，而不仅仅是一个周期性的调整。

由于受通胀压力上升的影响，世界各国纷纷采取紧缩性货币政策，而美国的第二轮量化宽松政策已于6月底如期结束。这一轮全球流动性过剩和大宗商品价格上涨与美国宽松的货币政策紧密相关，如果美国改变货币政策方向，全球流动性可能发生逆转，甚至会引发部分资产泡沫较大、外部资金流入较多的新兴经济体的经济和金融市场动荡。美国未来货币政策的走向将值得关注。

美联储主席伯南克表示，如果经济增长放缓到一定程度，美联储可能会再度启动量化宽松政策。但近期内实施第三轮量化宽松可能性较小。一是目前美国通胀压力已经比一年前有明显上升，美国的物价指数保持高位运行，6月份CPI同比增长3.4%，PPI同比增长7%，均与5月份持平。不包含食品和能源价格的核心CPI已经连续7个月上升。不过，随着近期油价下跌，6月份CPI环比下降0.2%，是12个月来第一次，未来通胀压力有可能适当减轻。二是美国经济虽然放缓，但还不至于出现二次探底。因此，美联储短期内继续维持零利率政策的可能性较大，不会轻易启动新的量化宽松政策。

此外，美国实施宽松货币政策还有财政和汇率方面的考虑。美国国债余额为14万亿美元，利率上升25个基点就意味着利息支出将因此增加350亿美元。而且，宽松货币政策使美元汇率疲软，对于刺激美国出口有积极作用。贸易逆差的缩小已成为近期美国经济增长的重要贡献因素。出于这两方面的考虑，美联储也不会过快收紧货币政策。

欧盟仍然保持缓慢增长态势。其中德国经济的表现最佳，其失业率屡创统一以来的新低，继续拉动整个欧洲经济增长。其他主要经济体均乏善可陈，不过这也符合其正常的增长态势。陷入主权债务危机的国家仅能勉强维持正增长，导致金融市场对其偿债能力产生质疑，其债务违约风险再度上升。近一段时期，主权债务危机有从希腊、葡萄牙、爱尔兰等边缘国家向意大利、西班牙等大经济体扩散的趋势。如果意大利这样的国家出现债务违约，其对世界经济和金融市场的冲击会远超过希腊这样的小国。

有人认为，像意大利这样的经济体，不是"太大而不能倒"，而是"太大而不能救"，因为没有人能救得了。值得关注的是，对欧洲主权债务问题持悲观态度的多是英美人士，而欧洲大陆的分析家则没有那么悲观。最近，尽管面对诸多压力，但希腊和意大利政府先后通过紧缩性财政预算，这说明，只要政治意愿足够，危机是可以适当避免的。

日本则在大地震发生之前，其经济就已经遭受了打击，步履维艰，这次灾难无疑使日本陷入更严重的经济衰退。但随着地震海啸影响的逐渐消退以及日本政府实行宽松的财政和货币政策以维持经济增长。日本地震可能会使全球经济增长速度比原来预期的要略低一点，但不会影响到世界经济复苏的大趋势。

对于新兴经济体（金砖国家和金钻国家）来说，将继续保持快速增长，目前增长速度和势头已经回归危机前的常态。大宗商品价格上涨推动了资源和能源出口国的经济增长，这些国家获得的外汇收入通过扩大进口和对外投资又回流到了其他新兴经济体和发展中国家，新兴经济体再度呈现出金融危机爆发之前全面增长的态势。

新兴经济体投资和消费的增长也成为拉动部分发达经济体出口增长的重要因素。比如，新兴经济体和发展中国家对美国和日本2010年出口增长的贡献分别达到66%和77%。近一段时期主要新兴经济体纷纷收紧宏观经济政策以应对通胀压力，经济出现了放缓趋势。主要新兴经济体消费物价指数继续高位上行，意味着保持紧缩性政策的需求依然存在，这会对新兴经济体的增长带来一定抑制作用。但新兴经济体增长的长期动力没有发生变化，仍可以继续保持稳健的增长态势。

自由贸易与贸易保护主义的较量

对于"自由贸易"和"贸易保护主义"，是人类社会自有了国家和贸易之后一个持久的争议焦点。

所谓的自由贸易是指在没有进口关税、出口补贴、国内生产补贴、贸易配额或进口许可证等因素限制下进行的贸易或商业活动。自由贸易理论产生的基本依据是比较优势理论：各地区应致力于生产成本低效率高的商品，来交换那些无法低成本生产的商品。

而与之相对的贸易保护主义是指通过关税和各种非关税壁垒限制进口，以保护国内产业免受外国商品竞争的国际贸易理论或政策。关税、进口配额、外汇管制、烦琐的进出口手续、歧视性的政府采购政策等都是国际贸易保护的重要手段。

如今，金融危机席卷全球，很多国家为了自保，纷纷拥护贸易主义，令贸易保护主义大行其道，令世界经济再生变数。英国前任首相布莱尔曾分析，贸易保护之所以抬头，是因为西方世界的经济衰退进一步恶化。

卡特彼勒集团总裁卡特彼勒一直是全球开放自由贸易的积极倡导者。他认为自由贸易的好处是显而易见的。自由贸易不仅能够拓宽客户群体，而且自由贸易能够创造就业机会。美国五分之一的就业就来源于贸易；自由贸易同时也有利于消费者。日益增长的全球贸易让全球的消费者能够以最具竞争力的价格买到最优质的产品。自由贸易和开放市场无论对一个国家的经济增长还是个人的切身利益都有深远影响。这也是为什么我们需要积极推动市场开放的原因。越开放，得到的利益就会越多。

他的言论表明自由贸易在推动经济发展，不论对国家还是个人都有着举足轻重的作用。

那么，应如何看待和应对贸易保护主义倾向？

西方七国集团表示，将在继续致力于稳定经济和金融形势的同时，强调要反对贸易保护主义。世界银行行长佐利克也表示，在目前这一关头，"经济爱国主义"的做法从经济的角度或爱国主义的角度来看都没有意义，因为这种做法可能符合政治需要，但从经济角度来看则是不正确的。目前各方面临的问题是跨国界的，因此不应当局限于从一国国内来解决问题。

20国会议也重申反对贸易保护主义，各国领导人表态，要进一步推进多边贸易的谈判。自由贸易要长期推进，否则贸易保护就回潮。

多哈回合贸易谈判，原定于2005年前全面结束，但至今仍然无果。世贸组织各成员国特别是发达国家固守保护主义理念，是谈判失败的最重要原因之一。多次谈判失败，不但农产品、工业品以及服务领域的贸易丧失了发展的新机遇，可促进贫穷国家经济增长和发展的更加强有力的贸易规则也无法完成。最严重的是，谈判的破裂导致对发达国家农业补贴进行根本改革的多边计划无法达成，在造成经济损失的同时，也造成了巨大的政治损失。

历经10年的多哈谈判依然无果，正是自由贸易和贸易保护主义的力量对决。因此，反对贸易保护主义各国要达成共识，在舆论上应该制造高压。

而从历史经验和经济学常识表明，面对金融危机，贸易保护主义也绝不是出路，很可能会加剧世界经济的困境。

从历史经验看，贸易保护主义其实什么也保护不了。在上世纪30年代经济大萧条中，美国等国家采取保护主义措施引发贸易战，对国际贸易和世界经济造成严重不利影响。对此造成的后果，英国财政大臣达林说："当下与保护主义作斗争比过去任何时候都显得更有必要"；德国财政部长施泰因布吕克则表示，"要尽全力确保大萧条时期的历史不会重演"。

英国《每日电讯报》在一篇文章中提到，以上世纪30年代发生在美国的经济大萧条为例，指出保护主义解决不了危机，信奉保护主义的人最终只能是搬起石头砸自己的脚。美国商会的布拉多克认为，全球消费者约有95%生活在美国以外地区，一旦其他国家针对这一条款采取报复措施，也只购买本地产品，那么，首先受到冲击的就将是美国企业。

从经济学常识看，贸易保护主义是一种相对落后的思维。而发展自由贸易，通过竞争发挥各自的比较优势，有益于所有贸易参与方。当然，发展自由贸易需要关注一些易受影响的人群，需要帮助一些行业发展其比较优势，需要建立更加公正、合理的国际贸易秩序。但保护主义却不是从这些角度出发，其本质是拒绝竞争，试图关起门来保护少数人的利益。因此，在全球化日益发展的今天，保护主义注定难以取得成功。

加拿大国际贸易部长斯托克韦尔·戴最近指出，美国采取贸易保护主义举措将引发贸易战，不利于世界经济复苏，没有任何国家会从中受益。而日本财务大臣中川昭一则表示，贸易保护主义会对全世界造成负面影响，日本会坚决反对这一做法。在西方七国集团财长和央行行长会议召开前，英国和德国官员接受媒体采访时均表示，在应对金融危机时，应反对贸易保护主义倾向。

贸易保护主义还将对一些不太发达的国家造成灾难性影响，使目前的金融危机演变成一场人道主义危机。过去几年，全球贸易持续增长，使得不少贫穷国家经济逐步发展、民众生活逐步改善。但随着金融危机持续发展，不少贫穷国家再次陷入困境。世界银行日前指出，2008年和2009年，全球因金融危机新增贫困人口数量有可能超过2亿，今后几年金融危机还将导致贫穷国家婴儿死亡率上升。毫无疑问，贸易保护主义抬头不但引发贸易纠纷，对国际贸易体系造成冲击，而且将加剧世界贫困问题，酿成更多悲剧。

当今国际金融危机是一场全球性的挑战，而加强合作是战胜危机的有效途径。在全球化的进程中，国与国之间的联系更加紧密，如果各国潜在的对贸易保护主义的反制措施或者报复性措施，都是制约贸易保护的一种表现。只有加强合作，共同努力，才能有效应对危机。历史经验表明，越是危机关头越要坚持开放与合作。贸易保护主义不仅会加大危机的严重程度，还会使危机持续更长时间。因此，各国要积极推进贸易投资自由化便利化，深化国际经贸合作，推进多边贸易体制健康发展，从而早日渡过经济难关。

一波三折的多哈回合谈判

世界贸易组织 2001 年 11 月在卡塔尔首都多哈举行的第四届 WTO 部长级会议上，正式发起多哈回合谈判，因而此轮谈判被人们称为"多哈回合"。多哈回合是首轮以促进发展为使命的多边贸易谈判，也是发展中国家参与最多、贡献最大的一轮谈判。其谈判内容涉及农业、非农产品市场准入、服务贸易、规则谈判、争端解决、知识产权、贸易与发展以及贸易与环境 8 个主要议题。谈判的关键是农业和非农产品市场准入问题，主要包括削减农业补贴、削减农产品进口关税及降低工业品进口关税三个部分。与以往的多边谈判相比，这是包括议题范围最广，参与成员最多的一轮谈判。

十年来，世贸组织发达成员和发展中成员举行过多次会议和磋商，但一直未能在农业补贴、农产品关税和工业品关税的削减幅度、削减公式和削减方法上达成一致，具体来说是由于发展水平不同，因此利益和需求也不同。美欧等发达成员的主要目标是进一步打开发展中成员的工业品和服务市场，而发展中成员则希望美欧降低农业补贴并开放农业市场，如何达成一项平衡的协议，使各方均得到好处而又尽量避免损失就成了谈判中的最大难题。

多哈回合自启动以来，多哈回合谈判可谓命途多舛，久而不决。它历年的谈判结果说明，实际上多哈谈判是自由主义和贸易保护主义两大阵营的对峙。这个问题不解决，多哈谈判就难以向前推进。

2003 年在墨西哥坎昆召开的 WTO 第五届部长级会议就无果而终。此后，经过广大成员的共同努力，各方于 2004 年 7 月达成"多哈框架协议"。根据这一协议，发达成员方同意在具体时限内取消所有形式的农业出口补贴，对扭曲农业贸易的国内支持方面进行实质性的削减。作为补偿，发展中成员方同意降低工业品的进口关税和其他壁垒，进一步开放非农业产品市场，降低市场准入门槛；对一些极度贫穷的成员方，协议允许他们继续在一些关键领域实行贸易保护政策。同时，还增加了对最不发达成员和新成员的待遇安排上的灵活度。但这一协议只设定指导原则和基本内容，不包含具体的减让数字，框架协议明确了多哈回合谈判结束的时间将推迟，并确定了 WTO 第六届部长级会议将于 2005 年 12 月在中国香港举行。

多哈谈判在框架协议达成后恢复了以往的态势，经过包括大连会议等一系列小型部长会议的政治推动，各主要谈判方均表示愿推动谈判，把 2006 年结束多哈谈判作为目标，力争在 2005 年底在香港举行的 WTO 第六届部长级会议上就主要议题的谈判模式达成一致。但由于在主要谈判议题特别是农业议题上分歧巨大，各方未能在 2005 年 7 月底之前就"协议初稿"达成协议，谈判再次陷入低潮。

2005 年 9 月，美、欧、G20（巴西为首的 20 国集团协调组）等主要成员通过各种渠道试图恢复谈判势头。新任 WTO 总干事拉米提出，只有在香港部长级会议前完成多哈回合三分之二的谈判工作，才能确保 2006 年顺利结束多哈谈判，各方对这一建议表示赞同。

2005 年 10 月 10 日，世贸组织 15 个成员的贸易部长在瑞士的苏黎世举行会晤，就 2005 年 12 月举行的香港部长级会议将涉及的农产品问题、市场准入问题、服务贸易问题、发展问题以及贸易规则问题进行谈判，希望打破目前多哈回合多边贸易谈判陷入的僵局。

世贸组织总干事拉米表示，各成员应在谈判中"抵制诱惑、抑制野心"，促成香港会议的成功。此次会晤，各成员必须在 2005 年 10 月中旬前确定香港会议的议题，在 2005 年 11 月中旬拟定好书面文件。此次会晤将集中讨论关税削减系数，美国关税的削减幅度以及美国取消国内支持的期限。欧盟的提议是将贸易扭曲国内支持的削减幅度定为 65%。

另外，20 国集团的贸易部长也将对农产品谈判的进程进行评估，提供意见。20 国集团是世贸组织农产品谈判的核心，其在国内支持、市场准入以及出口竞争等方面提出的建议被认为是全面的、诚恳的、有建设性的。

2005 年 10 月 19 日，FIPS（美国、欧盟、印度、巴西、澳大利亚组成的"5 个兴趣方"）的部长已重返日内瓦举行密集磋商，11 月上旬将再次在日内瓦举行小型部长会议，力争协调各方分歧，以便在 11 月中旬提出香港会议谈判模式的草案。

2005 年 12 月 13 日，WTO 第六届部长级会议在中国香港举行。经过 6 天谈判后，发表了《部长宣言》。会议虽在农业等重大议题上未取得进展，但在发展和棉花贸易问题上取得了进展。会议决定 2013 年取消农产品出口补贴，发达国家 2006 年取消棉花出口补贴与国内支持尽快取消，并在 2008 年前向最不发达国家给予免关税、免配额待遇。期间，会议正式批准汤加加入 WTO。

世贸组织总干事帕斯卡尔·拉米 16 日夜向各成员的部长们提交了一份有关削减农产品出口补贴的妥协方案，以推动农业贸易领域的谈判。该方案呼吁美国和其他发达国家保证，如果欧盟在削减农产品补贴方面作出让步，他们也要作出对等的让步。

对于这一方案能否打破美国和欧盟在农业贸易谈判方面的僵局，世界贸易组织发言人罗克韦尔表示"还有待观察"。

2009 年 11 月 30 日至 12 月 2 日世界贸易组织第七届部长级会议在日内瓦举行。在避谈多哈回合的同时，这次的世贸组织部长级会议将重点放在了审视自身。在金融和经济危机的大背景下，这次会议的主题被选定为"世界贸易组织、多边贸易体系和当前全球经济形势"，意在继续推动世贸组织和多边贸易体系的发展，探讨如何在逆境中扩大全球贸易，帮助世界经济走出困境。

世贸组织总干事拉米在一封公开信中说这次的部长级会议将与以往略有不同，它将不是一次多哈回合谈判的会议，而是为与会部长们提供一个回顾、审议世贸组织工作的平台，包括回顾、审议多哈回合的进展情况。

尽管如此，各方代表还是作出了口头承诺。在当前经济危机的总体环境下，各方代表就 2010 年结束多哈回合谈判作出了政治承诺。世贸组织总干事拉米在会议开幕式上呼吁各成员加强协调和对话，为在 2010 年结束多哈回合谈判而"众志成城"，共同努力。美国贸易代表科克也表示，美国致力于多哈回合谈判取得结果，并认为在 2010 年成功完成谈判是可能的。

目前，已经历时十年的多哈回合再次面临严重危机。由于美国缺乏谈判诚意，谈判中的分歧今年来不仅未能减少，反而更加尖锐。毋庸置疑，如果多哈谈判就此失败，冲击将会是灾难性的。世贸组织前总干事萨瑟兰表示，多哈回合若死亡，将严重打击整个多边贸易体系，是世贸组织的巨大灾难。他指出，现有出价能够使各方获得巨大利益，因此各方应该更加认真地对待谈判。

今年的 4 月 21 日，世贸组织总干事拉米和各谈判组主席发布了关于多哈回合启动十年来各议题谈判的报告和现有谈判案文。拉米在报告中着重指出，由于成员们在非农部门减让问题上的严重分歧，2011 年结束谈判已无可能。

世界政府是否会出现

提到政府，会让人首先联想到强大而无处不在的权力，想到其没有法律约束的暴力后盾，这里所说的世界政府不是原始共产主义的乌托邦，不是强大的无所不在的专制强权，而是建立在个人自由意志基础上的，符合现代人类社会进步潮流，能够捍卫全人类基本的道德价值，解决世界范围内纷争的最低限度的必要的公共权力机构。这个世界性公共权力机构的根本宗旨是保护弱势群体的权利，尤其是维护每一个个体的权利，在世界范围内解决纷争，为全人类的提供交流合作服务。

在西方思想史上，最早提出这一概念的是但丁，在他的《论世界帝国》曾经提及。在 17 世纪欧洲主权国家体系出现之后，世界政府论的基本主张是组织主权国家联盟，以通过一致行动来维持和平、解决争端。国际组织的早期理论家有克吕西、佩恩、圣彼埃卡、卢梭和康德等，但直到《国际联盟盟约》（1919 年）和《联合国宪章》（1945 年）缔结之后才具有实际的影响。1992 年，联合国开发计划署的世界发展报告在最后一节提出了建立一个世界政府的主张。报告认为，世界政府的设想是有基础的，这就是业已建立的七国集团、国际货币基金组织、世界银行、各地区的开发银行、关税及贸易总协定、跨国公司、非政府组织和联合国组织。

虽然说世界政府带有强烈的理想主义色彩，这种政治主张也未曾实现过，但世界政府是否会出现？目前依然难以定论。

当今，世界政府引发的新思潮有两种截然不同的声音。

响应这一思潮，并觉得有可行性的一派认为：

"如今全球化已经进入一个新的阶段，各种国际法规和准则也在逐步趋同，特别是人类的价值观基本有了较为一致的看法，也有国际社会比较认同合法性的联合国等国际机构，目前应该着手对成立全球性民主政府进行思考。"法国经济学家雅克·阿塔利在一篇文章中提到。

2011 诺贝尔经济学奖得主蒙代尔也曾在一次论坛上表示，世界确实需要一个全球的政府，这样才能够提高各方面的效率，包括在金融和经济领域。任何体系的国家都按照有一个世界政府的架构来形成并且遵守我们想象中的世界政府应该发出的一些指令。

而另一种声音则认为："建立世界政府的一个前提条件是每个国家都要让渡它们的主权，否则，像联合国或任何与它类似的国际组织都很难发挥实际作用。世界政府不可能实现，是在于它同现实中以国家为中心的国际体系的不相容性。世界政府将是集权型的，国际政治中的权力被集中到世界政府机构手中；现实中的国际体系则是分权型的，国际政治中的权力由分散的、独立的国家分别掌握。以国家为中心的国际体系反映了世界多元性的特点，它包容着不同的制度、文化、信仰和价值观念，这种体系即使在很远的将来也是不可取代的。另一方面，在为成员提供安全方面，世界政府在逻辑上也做不到这一点，因为世界政府只有在获得了成员自主权的转让后，才能保护其成员，而成员在确定世界政府保护自己之前，它们又不能轻易将自己的权力让渡给世界政府。"

不管怎样，在全球化的今天，都需要一个统一有效、拥有合理民主制度的世界政府，来共同应对经济危机，伸张国际正义，解决国与国之间的合作与冲突问题。在统一有效的民主世界政府未建立起来之前，人类世界也不会出现真正的新秩序。即使一时间不会出现世界政府，各种跨国联盟、跨国联合体也会不断涌现，同时，联合国的职能也会不断扩大和强化。

如今，世界已经有了联合国这个公共权力机构的雏形，在联合国之下，还有各种经济机构，如WTO、国际援助机构、海牙国际法院、环境保护机构等等。此外，各个地区性机构，如欧盟，正在迅速超越国家边界，世界政府以及各个层次的超国家政府是一个世界性进程，我们不需要创造，而是要去完善和推进。

国际法院位于荷兰海牙和平宫，与一所私立的国际法研究中心海牙国际法学院共用一座建筑。国际法院的部分现任法官亦是该学院的校友或前教员。设立国际法院的目的，是裁决国家之间的纠纷。国际法院曾审理过战争罪、非法的国家干预及种族清洗的案件。其中，仍有案件尚在审理中。

2002年，在经过了联大发起的一系列国际讨论后，国际法院的相关机构国际刑事法院开始运作：这是首个负责审判触犯国际法最严重罪行（包括战争罪和种族灭绝罪）的常设国际法院。国际刑事法院在人事和财政上独立于联合国运作。但是，国际刑事法院理事机构的一些会议、《罗马规约》缔约国大会则由联合国负责举办。国际刑事法院和联合国订立了关系协定，以规范和指导双方的关系与合作。

因此，我们所说的世界政府并不是一种崭新的创造，也不是历史上曾经多次出现的理性构建的乌托邦，这只是顺应全球化的一种趋势和潮流。从前面的对世界政府的构想来看，可能并未感觉如何新奇，因为那些机构在当今世界都已经以各种形式存在，虽然有些还仅仅处在萌芽状态。世界政府的实现道路，也不可能是一个清晰的途径，事实上，随着科技进步，随着经济全球一体化，人类越来越多的道德共识，我们正在向这一自然的趋势迈进。

宣召"真正的欧洲社会模式"

近年来，随着欧洲一体化的不断发展，欧盟作为一个超国家组织广泛地介入了成员国的就业与社会政策事务，在欧洲福利国家改革过程中发挥着越来越重要的作用。2000年，欧盟提出了推动"欧洲社会模式现代化"的基本思路，建立了一套新型的政策体系，给世界各国体制建设带来了一股清新的空气。

欧盟是世界上最大的联盟国家，是一种保持各参加国主权而形成的比较紧密的共同体性质的国家联盟。这是世界上国与国形成的联盟模式，从目前来看，而且也是成功的首创。国与国的联盟在 20 世纪前期有一个苏维埃社会主义国家联盟，但在 20 世纪 90 年代初解体，世界上只有欧盟成功了。

事实证明，欧盟自成立以来，经济快速发展，1995 年至 2000 年间经济增速达 3%，人均国内生产总值由 1997 年的 1.9 万美元上升到 1999 年的 2.06 万美元。欧盟的经济总量从 1993 年的约 6.7 万亿美元增长到 2002 年的近 10 万亿美元。

欧盟提出的这一新型政策"欧洲社会模式现代化"包含两方面的意思：一是肯定西欧国家推崇"社会公正""社会平等""社会团结"与"社会和谐"的社会模式的合理性。二是强调必须对这种社会模式进行调整与改革。要增强原有社会政策体系的适应性，在经济全球化、新技术发展、人口老龄化等挑战面前立于不败之地。

经过几年的实践，欧盟已经将这种思路落实为一系列政策。例如，倡导成员国将解决失业问题的社会开支拿出一部分用于对失业者进行技能培训，提高他们在就业市场上的竞争力；鼓励企业建立多种形式的职业培训计划，使雇员在就业期间"终生学习"；在解决妇女和青年就业问题的时候，对企业采取一些政府补贴的手段，将福利开支用于增加就业等。总的来看，欧盟推行的社会政策改革理念是实行就业优先，同时增强社会福利制度的针对性。

目前，社会政策改革仍然是欧盟各成员国的内政。但是，欧盟建立了一种称为"开放的协调方式"的制度框架，从而在这一领域中比较充分地发挥了联盟应有的作用。这种方式的主要特点是，一方面，尊重成员国在社会政策领域中的差异性，不采取统一的和强制性的政策指令。另一方面，联盟在社会政策改革的各主要领域中都提出自己的理念和思路，并以此为依据建立了成员国之间具有可比性的"标准化"信息交流与情况通报体系。这就使得各成员国在落实联盟相关政策方面的情况"一目了然"，对情况较差的国家形成了一定程度上的"软压力"。从积极的方面看，这种方式对于推广成员国中具有创造性的政策措施也大有好处，有利于各国在改革过程中进行政策方面的协调、交流与学习。

那么，欧盟的这种社会模式对我们来说应如何借鉴？我们可以先来了解欧盟和美国、中国的差异性。

欧盟和美国的分歧是在体制和发展观念上，这种分歧主要表现在对世界存在问题的认知上。在民主理念上没有什么根本不同，只是在价值观上有差异。美国表现民主理念上的自我中心，欧盟则表现出对所有人的尊重。在经济问题上，美国视自己利益高于一切，欧盟则表现了把平等、互惠作为各国关系的原则。在军事问题上，美国认为美国强大的军事力量应居于主宰地位，欧盟军事力量有必要加强但只能作为美国军事力量的补充力量，欧盟认为建立一支独立的军事力量，才能确保欧盟的利益，美国认为对有的国家可以先发制人，欧盟认为军事力量是最后的手段。在国际关系上，美国认为自己当之无愧的居于主宰地位，承认美国的一极统治，世界才会有持久的和平，因而也忽视联合国的作用；欧盟认为加强与俄、中、印和世界其他国家的伙伴关系是必要的，认为世界是多极的，只有共同发展、共同进步才能保证世界的持久和平，加强联合国的作用才能有效促进国际的合作和和平事业。

中国与欧盟在发展观念上存在着差异性，比如，在全球化时代所面临的问题与挑战中既有共同性也有差异性。共同性是都需要提高自身的国际竞争力，在全球竞争中占据有利位置；差异性是欧洲国家目前主要想保持其在高端市场上的优势地位，而我国具有国际竞争力的领域仍以劳动密集型的低端市场为主。

我们在面对这种体制差异性的同时，应该结合自身体制的优势和劣势，打破传统思维并不断完善体制，向"真正的欧洲社会模式"趋同，以便更好地响应全球化经济化趋势，增强自身的经济实力。

如今，欧盟不仅因为新加入国家正处于经济起飞阶段而拥有更大的市场规模与市场容量，而且欧盟作为世界上最大的资本输出的国家集团和商品与服务出口的国家集团，再加上欧盟相对宽容的对外技术交流与发展合作政策，对世界其他地区的经济发展特别是包括中国在内的发展中国家至关重要。虽然欧洲经济正饱受金融危机的困扰，但经济"巨人"这个称号欧盟实至名归。这一切都得益于欧盟这一新型的政策——欧洲社会模式现代化。

美元如果破产，世界将会怎样

有一段揭露未来美元破产惨象的火爆搞笑视频一直在网络上疯传，这段视频的结局是：美国遭受致命的最后一击，OPEC 成员国宣布停止美元交易直至另行通知，他们只接受欧元、人民币或者黄金交易，随后美联储宣布向股市注资 1 万 5 千亿的消息刺激了海外市场，虽然如此美国依然死气沉沉。美国萧条协会主席发出了紧急警告信，在信里他怀着巨大的悲哀告诉协会成员，警告人们并着手准备超级大萧条，现在已经失去任何意义……挪揄的背后也同样隐喻拯救美国的金融市场，不如说在拯救美元。美国需要世界恢复对美元的信心，否则世界抛弃美元之日，就是美国破产之日。

按照常理，利用借贷过活的美国早就应该破产，但为什么没有破产？

这要先从美国的现代政治说起，美国政治一直是建立在民众高期望值的基础上的，政府已经充分掌握如何掩盖不利的经济信息这一手段，目的是让国内的消费者和国外的贷款者对美国的经济始终保持信心。在这种心理的驱使下，美国政府和华尔街联手制造了一个美国经济运行良好的假象。比如，通货膨胀是美国一个严重的问题，但美国政府为了安抚民众情绪，对外宣称通货膨胀始终适中，并且在可以控制的范围内，实际上背道而驰的美国虚拟经济维持着高通货膨胀率。然而美国民众面对目前的经济形势似乎开始觉醒，空前的消费和借贷正在使美国的负债连年刷新纪录。如果不采取有力措施，美国未来的国民收入和国内消费将受到严重影响。

而从大多数国家的中央银行来看，他们不断用积累的美元去购买美国的国债和抵押证券，来帮助美国应对日渐扩大的赤字问题，并保证房地产市场持续上扬。它们一方面不希望随着债权国的破产而破产，另一方面也同美国民众一样得到有利的经济信息，其至也抱有一种幻想，那就是美国庞大的经济体系是不会衰退，更不会崩溃，无形中也同美国的经济直接挂钩。

经济学家季莫菲耶夫指出，目前俄罗斯的外汇储备有2/3和美国经济及美元直接相关，一旦美国信用等级被调低，俄罗斯经济将受影响。

墨西哥约80%的出口产品销往美国。墨西哥对美国的经济依赖程度已达到"美国打个喷嚏，墨西哥就感冒"。受全球金融危机影响，在2008年至2010年，墨西哥的贫困人口从4880万增加到5200万。

哥伦比亚总统桑托斯表示，拉美国家的外汇储备高达7000亿美元，而这些储备正在因为美债违约危机而贬值，这导致拉美国家必须奋力对抗通货膨胀。

然而，美国经济也会遇到大问题。由于美国的国内储备严重缺少以及美国政府的高额支出，世界各国所持美国国债的比例不断上涨，经常项目赤字占GDP的7%导致美元的贬值。而美元贬值又影响了长期利率和住房抵押贷款的利率下滑，刺激房地产泡沫的进一步扩大，使得美联储不得不提高短期利率以应对进口价格的上涨和通货膨胀。这样的做法势必会延缓经济的增长。而当前的美国既没有储蓄也不参与生产，陷入消费和借贷的恶性循环中，日渐依赖国外的供货商和借贷机构，这样除了能延缓一段时期的经济危机，但是不足以避免日后经济危机的爆发。

我们再说美元，良性的美元"软着陆"会对世界经济的发展有利，而美元大幅度下跌将会给整个世界带来不可估量的破坏力。起初贬值主要针对欧元，但美元汇率的持续下跌完全有可能成为一个信号，从而使亚洲各国政府对美元资产停止积累，甚至有可能会抛售这些资产。

如果美元继续下跌，那么外国的中央银行就会开始将美元资产权重很高的外汇储备资产组合多样化，此举会加快美元的贬值。如果更严重的情况发生，那首先引发的后果是美国的出口可能会受益，但这远比不上美元崩溃给经济带来的冲击和造成通货膨胀的后果严重。如果美元在这段时间内贬值20%，那么一年中的通货膨胀就会上升10%，金融市场将遭到重创。美元贬值给股票市场的普通投资者带来损失，同时也会严重打击消费者的信心，并且这种打击将是长久性的。

在美国处在经济低迷时，美联储在2008年12月17日宣布将联邦基金利率从1.0%下调至0～0.25%，降息幅度为75至100个基点，为1954年以来最低点，自2007年9月美联储开启本轮降息通道以来，美国联邦基金利率已经从5.25%的高点一路降至目前的几近零利率。美联储将收购国债以压低个人消费和公司的借款成本，又会刺激国债市场的走高。

美国房市的逆转最有可能导致美元崩溃，它会对美国消费支出造成严重的打击。在这种情况下，美联储可能会采取措施暂停或者改变逐步提高短期利率的现行政策，因此会进一步刺激美元贬值。美元一旦崩溃，那么美国一定会陷入前所未有的经济衰退和恶性的通货膨胀之中，而美元和美国的债务问题早已对世界经济运行产生了连带作用，全球经济将会陷入极度严重的危机之中。

危机之下，中国经济何去何从

美国公布的数据显示，福特汽车仅 9 月份的销量就降低了 24%，这是 15 年来美国汽车销量首次不足 100 万辆，日本丰田汽车的销售量也降低了 30% 之多。这表明美国、日本的国内消费水平已经大幅度下降，老百姓已经开始不消费或者减少消费，一些企业或者金融机构的股票大跌。

可见，这次金融危机造成的经济衰退对美国以及世界经济都有着长期的负面影响。

而对于中国来说，这场全球性的金融危机既有挑战又有机遇。我们主要面临的挑战有：

挑战一，对中国宏观经济形势的挑战。

2008 年中国经济增长率下降为 9.0%，连续十几年的两位数字增长降为个位数字增长。国外经济机构预测，2009 年中国的经济增长率将下调至 5.6% ~ 7.5%。2010 年中国经济需要保持 10% 的经济增长速度，才能实现工业化和城镇化的目标，如果经济增长速度达不到 5%，就意味着"经济硬着陆"。因此，中国政府提出 8% 的经济增长目标，实现这一任务是非常艰巨的。2009 年财政赤字 9500 亿元，绝对为新中国成立 60 年以来之最，财政赤字占 GDP 的比重上升到 3%，负债率约 20%。作为基础产业的中国地产市场销售量急跌。根据现有的存量房与月销售速度推测，存量房需要 2 年 ~ 3 年以上时间才能消化。当房地产销量迅速下滑后，同国民经济发展关系密切的钢铁、水泥、建材和诸多家居产品等 60 多个产业必然市场萎缩。

挑战二，对中国进出口的挑战。

2009 年中国实际出口增速将放慢。全球 GDP 变动 1%，影响中国出口近 5%。如果 2009 年世界经济增长比 2008 年下滑 1.5 个百分点，就会造成中国出口增速回落 7.5 个百分点。出口下降减缓了工业增加值的上涨。2009 年 1 ~ 2 月，在推动工业增加值增长的投资、内需和出口这三大车轮中，出口和外需拖了后腿。

挑战三，对中国国外直接投资的挑战。

大部分出问题的债券总金额是 5200 亿美元。其中美国自己占了 3/4，1/4 是海外投资者持有。在这 1/4 里面，中国占大部分，最高的时候接近 4000 亿美元。股票、其他债券的风险，大约在 1000 亿美元左右。中国企业销售给美国产品所形成的 2000 亿美元以上的应收账款信用风险。中国政府持有的超过 7000 亿美元美国国债资产面临贬值的风险。FD1 每下降 1%，中国外贸出口将下降 15%。

挑战四，对目前中国社会建设的挑战。

金融危机使国内大量企业倒闭造成失业上升。中国有 6000 ~ 7000 万人直接从事出口行业工作，有 2000 多万农民工面临失业问题。780 万毕业大学生中有 25% 是用助学贷款，毕业后就业形势严峻，影响社会稳定。

面对挑战，中国的经济将如何发展？

首先，拉动内需是中国经济发展的主要动力。

经济危机所引发的种种问题，依靠出口拉动依然是中国经济增长的主要方式之一，美国经济的放缓使得出口减少，这对中国经济来说是不利的。在 2001 年美国经济衰退的时候，中国的出口增幅从 30% 下滑到 6% 左右，美国需求的下降将会导致中国出口的下降。现在全球经济都处于低迷阶段，而且短时间内难以改变，中国经济要想保持平稳、快速的发展，唯一的选择就是拉动内需，国家采取一些措施使国民内需增加，以补偿外需减少的影响。

温家宝在 2008 年夏季达沃斯论坛上说：“信心比黄金更重要。”所以还是要以提升居民的消费信心和投资者的投资信心为主。

我们所说的启动内需不是要人们把银行的钱取出来去消费，而是需要有更多的思路或者说是开辟更多样的消费方式。比如，中小企业出现融资困难，从这点考虑，很可能制造大量的内需。还有一个方法解决民生问题。民生领域是一个内需的主要领域，加大民生领域的投入，完善居民的卫生、医疗、教育、社会保障等问题，既可以解决民众的后顾之忧，还可以缓解国内储蓄率偏高的问题。

其次，推动中国从外向型经济向内向型经济转型。

中国经济增长的模式一直是以外向型为主。有些经济学家提出，这正是中国经济转型的良好时机，中国经济应该从外向型经济向内向型经济转化，打破原来那种不平衡的发展模式。如果能把握得好，这场危机反而会促进中国经济的转型。但是中国在中小企业、民间融资的发展、民生领域以及一些节能、环保等公共设施建设方面都还有很多不足，中国要想步入发达国家的行列，需要有足够强大的内向型经济发展动力。比如，中国是一个能源大国，但是煤炭、石油等资源并不能真正转化为国家的财政收入，由于价格机制不合理，煤炭、石油等资源价格太低，再加上对环境污染的综合考虑它们并不赚钱。如果能有效的扶持太阳能等节能产业，中国的能源产业也可以实现盈利。

最后，房地产恢复和稳定发展是中国经济复苏的主要动力。

在政府促进经济稳定发展的计划中，房地产市场的稳定发展仍是一个很重要的问题。有数据显示，截至 2008 年 7 月，电力热能、交通运输和水利环境在固定资产投资中占比之和不到 25%，制造业投资超过 30%，房地产投资占 33%，这决定了仅靠基础建设投资还不足以撑起经济增长，单纯政府投资也难以弥补房地产、制造业投资的下降。房地产投资需求萎缩已经产生连锁反应，逐步影响到相关行业，如钢铁、建材、家具等。为了促进房地产业的发展，我国政府制定了加快建设保障性安居工程，不断加大对经济适用房的投资和建设，不断制定出合理的住房消费政策，加快完善二手房市场和租赁市场的相关体系，不断完善房产市场的监管体制，规范房产交易市场的秩序等政策。

目前，外部经济环境不利于中国国内的经济发展，中国现在最主要的任务是尽量减少全球经济对中国的负面影响，只要中国能够尽快启动内需，就可以保存中国的经济实力。

全球即将步入资源为王的新时代

有没有一种财富储备方式可以不受金融危机的掠夺，不仅可以在危机中保值，在未来还能有数倍的增值呢？有，那就是资源，尤其珍贵、稀缺资源的储备。因为全球正在步入资源为王的时代。

津巴布韦更像是一个寓言。纸币是靠不住的，在未来资源将是真正意义上的财富。

谁拥有足够多的资源，谁就能富甲世界。因此，中国必须全力以赴守卫资源。

在纸币脱离黄金、白银和一切实物而变成代表财富的符号之后，货币与废纸之间的界限就变得不是那么容易区分。例如，非洲国家津巴布韦近来物价飞涨，2008年3月份的通货膨胀率达到令人吃惊的100500%，当地货币的纸面价值已经低于纸的价值。而到了2008年6月份，津巴布韦的通货膨胀率急剧攀升至2200000%。但独立经济学家认为，官方通货膨胀率被严重低估。他们估计，实际通货膨胀率可能已经高达10000000%～15000000%之间。津巴布韦中央银行决定在2008年7月21日发行单张面额1000万津元的钞票。

如果说货币霸权的掠夺性是导致金融危机越来越频繁地爆发的根本原因，那么金融衍生品规模的过度扩张及以此为依托的虚拟经济规模的膨胀则是金融危机危害性越来越大的根本原因。那么，有没有一种财富储备方式可以不受金融危机的掠夺？

资源储备包括两个部分：一是包括煤炭、石油和铟、稀土等在内的日渐稀缺的矿产资源；二是建立在高科技基础上的知识产品的研发、技术人才的培养和储备。

后者也是一种重要的资源而存在，但是却很容易就被忽略。日本在自然资源缺乏的情况下，通过以知识和技术为核心构筑起资源体系，同时通过在世界范围内采购、囤积稀缺资源或收购、入股此类公司来弥补自然资源的短缺，奠定了其大国基础。

纸币信誉的逐渐崩溃，是资源代表的财富成倍上涨的一个重要催化剂。津巴布韦的现状，在暗示我们一种趋势，哪怕目前看起来尚且非常强势的货币，其强势状态只能是短暂的，而贬值趋势则是长期的和必然的。事实上，纸币的历史早已证明了这一点。纸币的发行者在最初的时候，就把基于纸币的这种掠夺性演绎得淋漓尽致。

纸币以及其衍生出来的电子货币，潜在的贬值源于货币掌控者的贪婪和不受抑制的欲望的膨胀，以及财政赤字下政府对通货膨胀税的偏好，这种状况正在给人们带来越来越大的不安全感。

实际上，在纸币贬值已是大势所趋的情况下，全球未来将逐渐步入资源为王的时代。什么是资源为王？就是以有色金属（包括黄金）、煤炭、森林等珍贵自然资源和以高科技人才与知识产品为核心，构筑起来的最安全的财富体系，这些资源既是重要的原料，又是最强势的最值得信任的货币。谁拥有的资源（尤其珍贵、稀有资源）越多，谁就拥有更多的财富和更强的购买力。

无论何时，资源都是最靠得住的、最货真价实的货币。

全世界的稀缺资源由于消耗量增大正在快速减少，资源面临着枯竭的威胁，自然，其价值也会越来越大。英国石油公司在2007年6月13日公布的《世界能源统计评估》中称，如果按照现在的消费水平计算，世界上目前探明的石油储量还可供人类使用40年。但是，一些科学家却表示，统计数字中包含了许多政治因素，仅2011年对于石油的需求就将超过产出，石油枯竭将提早来临。

另一方面，用以计算这些稀缺资源价值的货币（如美元）是在持续贬值的，反映到资源的价格上，自然是上涨的。国际大宗商品的价格大都是以美元计算的，以美元报价的商品价格与美元汇率之间有着较强的负相关性：美元贬值时，商品价格上涨；而当美元升值时，商品价格下跌。比如，2000～2004年底，美元贬值30%，黄金价格上涨57%，原油价格上涨112%，铜价格上涨116%。

以珍贵资源（比如黄金）为核心建立起来的货币体系，由于规模不可以随意无限制扩大而受到制约，不易引发通货膨胀；而以国家信用为基础构建起来的货币制度则会因滥发纸币而引发通货膨胀。资源不是货币，但是未来人们将越来越清晰地认识到，资源的购买力将远远大于目前以纸币为核心的货币体系所代表的购买力，资源不仅具有货币所具有的功能，还具有货币没有的功能。比如，资源作为工业原料的功能就是纸币所缺乏的。

将来哪个国家拥有的资源最多，哪个国家的以资源为依托的纸币就能得到更大的信誉保障。一个国家拥有的资源越多，这个国家就越主动。美国、日本等西方国家，对在本国开采资源有着非常严格的规定，外国人根本别想染指。美国早在1920年颁布的《矿产租赁法》中就规定，除非通过持有某公司的股权，否则禁止外国人享有租赁物所有权。此后的一系列法律，进一步强化了其对资源的控制和保护。

资源不是货币，但是，在未来，人们将越来越清晰地认识到，不是货币的资源远远大于目前以纸币为核心的货币体系所代表的购买力，资源不仅具有货币所具有的功能，还具有货币没有的功能。比如，资源作为工业原料的功能，就是纸币所缺乏的。拥有越来越稀缺的资源，就意味着拥有持续升值的财富，意味着，随时可以兑换成任何一种货币的财富！

全球经济何时全面回暖

美国亿万富翁沃伦·巴菲特曾在美国主流财经媒体CNBC电视台一档节目中说，美国经济已"坠下悬崖"，但他对长期经济前景仍保持乐观。

巴菲特预测，经济不会"马上出现转折"，在这场经济衰退结束前，美国失业率仍有可能大幅攀升。美国劳工部3月初公布的数据显示，今年2月份失业率已升至8.1%，创1983年年底以来新高。

巴菲特强调，恢复经济，需要先恢复民众信心。他说，过去几个月，消费者和投资者被恐惧和混乱所笼罩，为了恢复民众信心，美国民主、共和两党应该放下党争，认识到美国正处于一场"经济战争"中。

他说，现行经济刺激政策的一个可能恶果是未来的通货膨胀，而且可能将超过上世纪70年代晚期的通胀水平，但这是美国人为经济复苏而不得不付出的代价。

但巴菲特仍秉承一贯的长期看好信念，认为今后5年美国经济将转好，因为美国拥有有史以来最伟大的经济机制。

国际货币基金组织表示，证券化市场的回暖是全球经济复苏的关键组成部分，但实施改革必须在维护市场可持续性和成本控制之间达成平衡。国际货币基金组织在一份研究中指出，重新启动私人领域证券化市场是十分必要的，尤其是在美国，该举措能够抑制危机产生的长期危害。

国际货币基金组织同时敦促各国政府将证券化市场建立在一个更加稳定且更具有可

持续性的基础上，以避免危机前那种高风险产品的重现。

尽管对于金融危机第二波的担忧尚未驱散，但欧美已经有权威声音表示世界经济衰退已接近谷地，反弹复苏可能将在不远的未来发生。欧洲央行行长特里谢表示，尽管目前世界经济仍在不断下滑的过程中，但已经有迹象表明经济复苏已不遥远。对于美国经济前景，公布的一份调查结果显示，受访经济学家普遍认为，美国国内经济下半年将有望复苏。

经济总有波动，基本上可以认定是规律性波动，像声波一样有低谷，有高峰，经济学上将低谷定义为经济衰退或紧缩，高峰定义为经济过热或通胀，处在低谷向高峰的阶段是经济增长或逐渐衰退的时间段。经济复苏简单可以认定是从低谷向高峰的运动。

曾经一度暴涨的原材料价格也开始下跌。由于投资机构的去杠杆化，致使原材料价格下降，这也加速了经济停滞造成的需求下降。而原材料价格的急速下跌使人们陷入极度的恐慌之中。某种原材料的价格跌至生产成本价格，甚至跌至比生产成本更低的水平。

例如，石油价格曾上涨到每桶 145 美元，让人们切实经历了石油峰值的恐怖。但是，仅过了 3 个月，石油价格暴跌到每桶 35 美元，又让人们体会了谷底的恐慌。伊朗、俄罗斯、委内瑞拉等原油出口国的收入急剧缩减，俄罗斯更是雪上加霜地暴发了外汇问题。

由于原材料价格下跌，生产原材料的企业陷入了资金紧张的困境。石油、煤炭和天然气的探索作业几乎被迫中断，负债的企业（进口商）到达了破产边缘。因此，许多原材料企业缩小规模，进入供给崩溃阶段。

供给崩溃就是这样由价格问题引发的。没有人会用高价购买原材料，所以消费急剧减少。原材料价格大幅下跌的原因有两个，一是那些通过杠杆作用购买了期货、现货的投资机构开始亏本出售货物，市场上出现的原材料过多造成了供大于求的局面；再者就是经济衰退导致了需求的减少。原材料价格过低，相关原材料生产商就会缩小生产规模，从而引发供给崩溃的现象，而在未来，这种现象很可能会由于原材料的短缺而持续下去。并且供给崩溃现象会导致原材料价格跌至低谷。

一些经验丰富的分析专家认为供给崩溃迟早会使原材料价格反弹，尤其是各国史无前例的经济复兴政策会致使原材料价格急剧走高。不远的将来，原材料价格虽有可能持续走高，但考虑到当今通货紧缩的规模，不可排除原材料价格还要在价格低谷徘徊好几年的时间。

金融危机爆发以来，美国政府为了保持美元国际通货的地位而采取了多种救市举措。这些举措也确实能在一定程度上起到稳定市场、提振信心的作用，但是，如前所述，这场危机所深刻揭示出的全球经济、金融失衡不会因为这些举措而得到根本性扭转。以"购买美国产品"等为口号的贸易保护主义却重新抬头，其实无异于缘木求鱼，其结果不仅无助于根治美国国内储蓄／消费失衡的痼疾，反而还可能会因为祸水外引导致各国经济共同恶化。

尽管经济的复苏存在多重制约，但长期作为世界经济火车头的美国经济并不会就此一蹶不振。目前来看，支撑其能够在比较合理的时期内取得复苏的理由同样可分为短期、长期两类，其中前者包括：其一，爆发金融危机以来，美国迅速采取了连续降息、财政救助等多种手段，其力度之大、范围之广、行动之快，在西方集团内部可谓卓然；其二，包括金融危机等因素所导致的石油等大宗商品价格的深度回调，大大降低了美国经济运行的成本；其三，美元适度贬值客观上有利于美国削减政府债务且大幅收窄贸易逆差；其四，在金融系统基本稳定的前提下，美国居民储蓄率有望企稳并取得小幅增长。

可以预测，这次的经济衰退结束时，原材料价格自然会上升。尽管各国政府错误的政策会阻碍经济复苏，但总有一天，经济结构会经由市场调节转换为适应现今经济发展的结构。

经济复苏，高油价会否再次来临的隐忧再现。在可能出现的"石油开发瓶颈时代"，发展新能源，建立多元供应格局，仍将是一个长期课题。

近日,51名来自顶级金融机构、公司和学术机构的经济学家接受了《蓝筹股经济指数》月刊调查。他们中大多数认为，个人消费开支持续萎缩、房地产投资进一步锐减以及出口不断下降等将导致2011年上半年美国经济形势继续恶化，其中第一季度国内生产总值（GDP）按年率计算将大幅下挫5.3%，第二季度的降幅将为2%。

不过，经济学家同时预计，第三季度美国经济将出现复苏曙光，GDP有望回升0.5%，第四季度的涨幅将增至1.8%。他们认为，下半年美国经济回暖的主要促因包括能源成本大幅下降、减税政策的实施以及信贷紧缩局面有所缓解等。不过，房价大幅下挫和失业率居高不下等仍将影响消费者情绪。

对于美国经济2011年全年走势，受访的经济学家普遍认为将收缩2.6%，高于其一个月前预计的下降1.9%，从而将创出"大萧条"以来最大年跌幅。不过他们同时预计，2012年美国经济有望加速回升，第一季度有望增长2.3%，到年底经济增速将达到3.1%。

这是一个金融的世界，人人难以置身其外。金融与我们每个人一生的幸福息息相关，与一个国家强弱盛衰的运势息息相关。